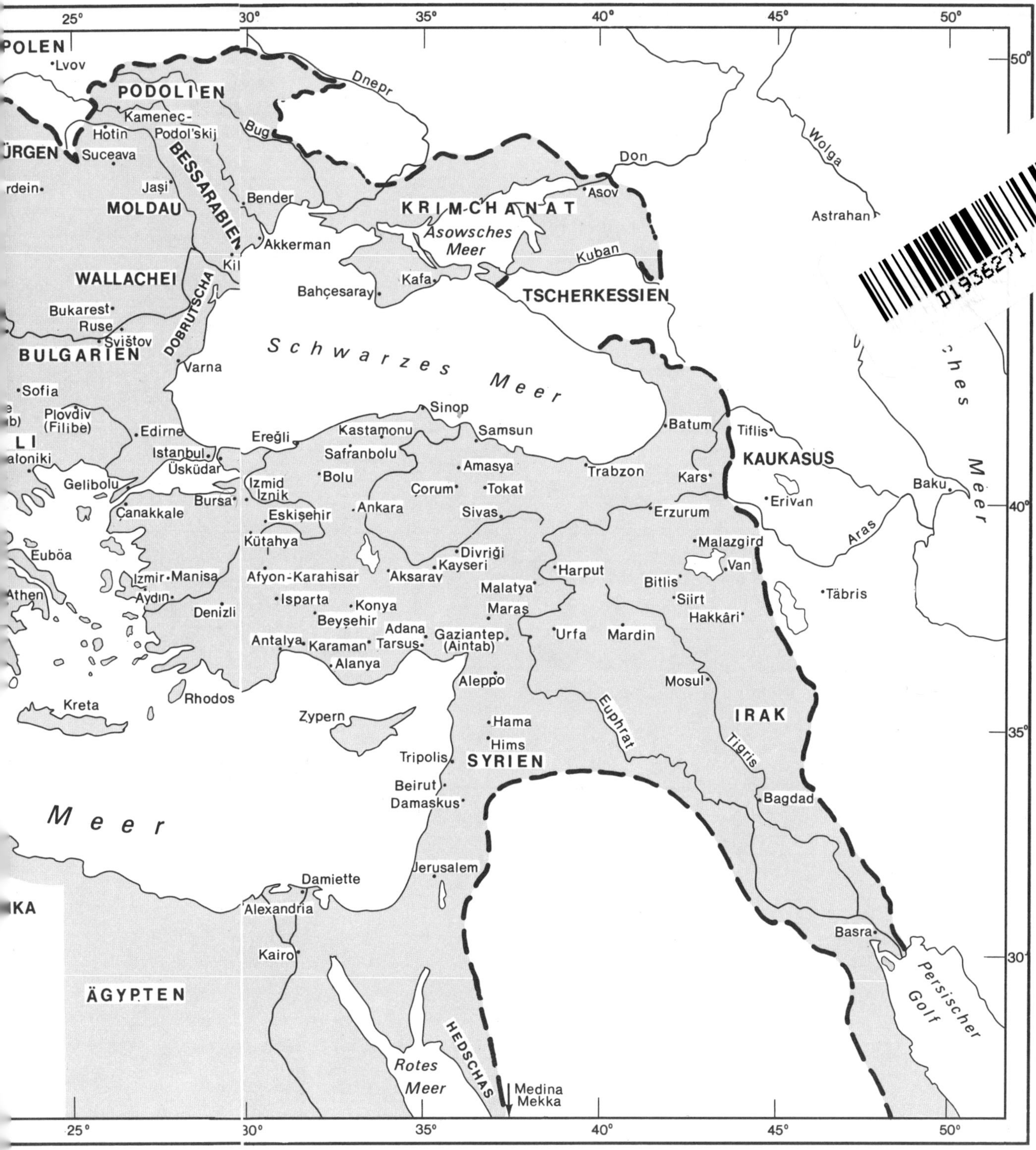

25°
30°
35°
40°
45°
50°
POLEN
Lvov
PODOLIEN
Kamenec-Podol'skij
Hotin
ÜRGEN
Suceava
BESSARABIEN
Jaşi
rdein
MOLDAU
Bender
Dnepr
Bug
Don
Wolga
Astrahan
Asov
KRIMCHANAT
Asowsches Meer
Akkerman
Kil
WALLACHEI
DOBRUTSCHA
Kafa
Bahçesaray
Kuban
TSCHERKESSIEN
Bukarest
Ruse
Svištov
BULGARIEN
Varna
Schwarzes Meer
Sofia
Plovdiv (Filibe)
Edirne
LI
aloniki
Istanbul
Üsküdar
Gelibolu
Sinop
Ereğli
Kastamonu
Safranbolu
Samsun
Amasya
Trabzon
Batum
Tiflis
KAUKASUS
Kars
Baku
Izmid
Iznik
Bolu
Çorum
Tokat
Bursa
Çanakkale
Eskişehir
Ankara
Sivas
Erzurum
Erivan
Aras
Kütahya
Euböa
Divriği
Kayseri
Malazgird
Van
Harput
Bitlis
Izmir
Manisa
Afyon-Karahisar
Aksarav
Malatya
Siirt
Täbris
Athen
Aydın
Isparta
Konya
Maraş
Hakkâri
Denizli
Beyşehir
Adana
Urfa
Mardin
Antalya
Karaman
Tarsus
Gaziantep (Aintab)
Alanya
Aleppo
Mosul
Rhodos
Kreta
Zypern
Euphrat
IRAK
Hama
Hims
Tigris
Tripolis
SYRIEN
Beirut
Damaskus
Bagdad
Meer
Jerusalem
Damiette
Alexandria
IKA
Basra
Kairo
Persischer Golf
ÄGYPTEN
HEDSCHAS
Rotes Meer
Medina
Mekka
ches Meer

Türkische Kunst und Kultur aus osmanischer Zeit

Türkische Kunst und Kultur aus osmanischer Zeit

VERLAG AUREL BONGERS RECKLINGHAUSEN

CIP-Kurztitelaufnahme der Deutschen Bibliothek

Türkische Kunst und Kultur aus osmanischer Zeit. —
Recklinghausen: Bongers
Ausstellungskatalog
ISBN 3-7647-0374-1
ISBN 3-7647-0369-5 (gültig für d. 1. Aufl.)
Bd. 2. — 2., erw. Aufl. — 1985.

Zweite erweiterte Auflage

Herausgegeben vom Museum für Kunsthandwerk im Auftrag der Stadt Frankfurt, Dezernat Kultur und Freizeit in Verbindung mit dem Villa Hügel e. V., Essen-Bredeney

Lithographien: ReproGrafik GmbH Recklinghausen

Herstellung: Graphische Kunstanstalt Bongers KG Recklinghausen

Printed in Western Germany

ISBN 3-7647-0374-1

INHALTSVERZEICHNIS

JOHANNA ZICK-NISSEN	Osmanisches Kunsthandwerk	7
JOHANNA ZICK-NISSEN	Fernöstliche und abendländische Einflüsse	16
HANS-CASPAR GRAF VON BOTHMER		
	Buchkunst	29
	Buchmalerei	33
	Illumination	38
	Kalligraphie	39
	Bucheinbände	41
	Papiere	42
	Tughra	44
JOHANNA ZICK-NISSEN	Keramik	129
HANNA ERDMANN	Die historische Entwicklung des türkischen Teppichs	193
	Zur Technik des Knüpfteppichs	202
JENNIFER SCARCE	Das osmanisch-türkische Kostüm	221
INGRID BINIOK	Osmanische Stoffe und Kostüme	240
NAZAN TAPAN ÖLÇER	Türkische Metallkunst	274
SABAHATTIN TÜRKOĞLU	Höfische Goldschmiedekunst	300
DOROTHEA ROHWEDDER	Schmuck	311
MICHAEL ROGERS	Osmanische Holzarbeiten	320
MICHAEL ROGERS	Osmanisches Glas	332
MICHAEL ROGERS	Osmanische Elfenbeinkunst	339
PETER JAECKEL	Wehr und Waffen der Türken	343
	Anmerkungen zur Technik der Bogen- und Pfeilherstellung	349
	Anmerkungen zur Türkenbeute	351
DAVID A. KING	Osmanische astronomische Handschriften und Instrumente	373
Bibliographie		379
Glossar		397
Fotonachweis		399

INHALTSVERZEICHNIS BAND 1

Grußworte .. 6
Geleitwort .. 9
Vorwort .. 10
Leihgeber .. 12
Autoren .. 14
Vorwort der Redaktion .. 15
Hinweise zur Schreibung des Türkischen, Arabischen und Persischen .. 16
Hinweise zur Aussprache des Türkischen .. 16
Zeitangaben .. 16

ZUR EINFÜHRUNG

MICHAEL ROGERS — Osmanische Kunst .. 19
HANNA ERDMANN — Vorstufe: Seldschuken und Emirate .. 39

GESCHICHTE UND KULTURGESCHICHTE DER OSMANEN

KLAUS SCHWARZ — Das Osmanische Reich – Historischer Überblick .. 45
KLAUS SCHWARZ — Staatsverwaltung und Repräsentation .. 57
WINFRIED RIESTERER — Das osmanische Heerwesen .. 62
WINFRIED RIESTERER — Die osmanischen Seestreitkräfte .. 67
WOLFGANG MÜLLER-WIENER — Der Hof des Großherrn .. 71
KLAUS KREISER — Zur Kulturgeschichte der osmanischen Moschee .. 75
KLAUS KREISER — Die Tekke und das Derwischwesen .. 87
BARBARA FLEMMING — Literatur und Gesellschaft im Osmanischen Reich .. 92
MARKUS KÖHBACH — Das Osmanische Reich und der Westen
Zur Rezeption europäischer Kultur durch die Osmanen .. 105
MARTIN STROHMEIER — Wirtschaft, Landwirtschaft, Handel, Handwerk .. 109
HELMUT PIEGELER — Zur Geschichte des osmanischen Münzwesens .. 116
HANS WILSKI — Die Münzen des Osmanischen Reiches .. 121
WOLFGANG MÜLLER-WIENER — Stadtbild und städtisches Leben .. 131
WOLFGANG MÜLLER-WIENER — Haus – Garten – Bad .. 141
GUSTAV SCHOSER / SOFIA RENZ-RATHFELDER — Osmanische Blumen – Der Weg einiger osmanischer Pflanzen nach Mitteleuropa und ihre Geschichte im 16. Jahrhundert .. 152
MICHAEL URSINUS — Die Eß- und Trinkgewohnheiten der Osmanen .. 155
URSULA REINHARD — Das Musikleben in osmanischer Zeit .. 159
ANDREAS TIETZE / INGEBORG BALDAUF — Karagöz – das türkische Schattentheater .. 164
WOLFGANG MÜLLER-WIENER — Architektur .. 169
Katalog von Kat. Nr. I/1 bis I/66 .. 191
HANS GALEN/GERD DETHLEFS — Türkenbeute aus Westfalen .. 255
Katalog von Kat. Nr. I/67 bis I/75 .. 256

OSMANISCHES KUNSTHANDWERK

. . . „*Solche Herren* (die Paschas in Syrien im 16. Jh.) *lassen, ob schon reich, ihnen zum Gedächtnis Kapellen, Kirchen* (Moscheen), *Lager* (Karawansarais) *aufrichten, nicht bald große Gebäude* (für sich), *behalten ihren Reichtum mehr in Gold, Silber, etc.*

. . . „*leiden in ihren Kirchen* (Moscheen) *und Kapellen* (Türben) *keine Bilder, wollen, daß man den einigen Gott, Schöpfer Himmels und der Erden, solle anbeten, haben also dafür gemähl von schönen Gewächsen alß Rosen etc. und Schrifften ihrer von ihrem Propheten Mahomet, darum auch auf ihren guldinen und silberlin Münzen keine Bildnisse ihrer Potentaten wie auf den unsrigen zu sehen, sondern allein die Namen derselben, die Stätt, da sie geschlagen worden . . .*"

Also folgert der Augsburger *Doctor der Artzeney* Rauwolf 1583 nach mehrjähriger Erfahrung über das Kunstschaffen im Osmanischen Reich.[1] Rund hundert Jahre später vermittelt der Literat und Reisende Evliya Celebi Einblick in die Wertschätzung eines osmanischen Gebildeten, wenn er nach dem Besuch der mit bemalten Fliesen ausgestatteten Moscheen und des Jenáni-Bades in Erzerum sagt, es sei „*die Seele belebend*".[2]

Die ersten beiden Aussprüche Rauwolfs beruhen auf seinen Folgerungen aus der beobachteten Abhängigkeit hoher Beamter und bezeugen darüber hinaus die Verbindlichkeit einer religiösen, muslimischen Grundhaltung im Kunstschaffen. Im Vergleich zum Leben unter deutschen Fürsten, Kaufleuten, Meistern und Gelehrten bemerkt er in Syrien eine Bevorzugung literarischer und musikalischer Unterhaltung, eine vorrangige Schätzung von Schreibern und Kalligraphen, da diese die heiligen und frommen Texte vermitteln. Der Muslim und Osmane hingegen empfindet die Wirkung der Bestrebungen von Künstlern und Handwerkern als Erhöhung des eigenen Lebensgefühls mit respektvoller Dankbarkeit.

Neben derartigen Reiseberichten stehen dem heutigen Kunsthistoriker osmanische Annalen, Inventare, Abrechnungen, Baudaten zur Verfügung, um die Formierung des Kunstschaffens in der klassischen Periode in einem historischen Ablauf zu erkennen, Anhaltspunkte für die künstlerische Entwicklung zu befestigen. Fragen nach einer zeiteigenen Zielsetzung, der Auswahl und Wertung, sowie handwerksmäßiger Abhängigkeiten können nur annäherungsweise erkannt werden.

Zweckgerichtete Bauanlagen, wie das Saray in Istanbul ermöglichen hier durch ihre Anlage und Ausstattung, durch die Dokumentation offizieller und interner Vorgänge, vorrangig Aufschluß über Aufträge, den Einsatz von Handwerkern und Künstlern. Die arabischen Verse für das am 4. 4. 1478 begonnene Bâb-i Humâyûn bezeugen: „*ER ist der Aufrechte! Die Erbauung wurde auf die Hilfe Gottes . . . begründet . . . auf Befehl des . . . Herrschers der beiden Kontinente und Fürst der beiden Ozeane, der Schatten Gottes in der Welt der Menschen und der Geister . . . Muhammad Chān, Sohn des Sultans Murād Chān, Sohn des Sultans Muhammad Chān . . .*". Vor der Ausführung durch den berühmten Kalligraphen ʿAlī b. Yaḥyā aṣ-Ṣofī – durch den Beinamen als Mystiker oder Derwisch gekennzeichnet – wurden jedoch solche Verse eliminiert, die die herrlichen Gärten, den Vergleich mit dem Himmelsgewölbe, die Bezeichnung eines Heiligen Bezirks (Kaʿba) seiner Majestät nennen.[3]

Hier wird die Prozedur von Entwurf, Vorlage, Diskussion, Auftragserteilung sichtbar, die künstlerischen Eifer beschränken konnte. Dennoch bezeugt der Zustand z. Zt. Selims II. derartige Vorstellungen, besonders durch einen in der Achse des dritten Hofes errichteten Köşk inmitten eines Teiches, zeigt das Nichtverstehen kaiserlicher Botschaftsangehöriger in der Wendung über wie aus einem Sack geschüttelte,[4] verstreute Gebäude für das Türkische und Osmanische in diesem Konzept. Wie der Chān türkischer Stämme in der nach Süden offenen Yurte empfängt, sitzend gegenüber dem Eingang in der linken (nördlichen) Raumecke als Ehrenplatz, so folgen im Saray auf den Eckbau mit dem Diwanraum im zweiten Hof der Zugang zum dritten und achsial der Köşk für die Audienz des Sultans (*arz odası*). Der Sultan empfängt dort in der linken Ecke auf einer Polsterbank sitzend, und wiederum in der linken Ecke des umgebenden Hofes liegt der Raum für die heiligen Reliquien des Propheten und des Staates, die der Scherif von Mekka in Ägypten Selim I. übergab. Europäische Beschreibungen und Darstellungen zeigen den Sultan mit untergeschlagenen Beinen, mit dem Rücken gegen Polster nach Art der verzierten Kleidertaschen im Zelt. Vom Baldachin hängen eine oder mehrere Zierkugeln herab, Teppiche und Polster sind mit Gold und Juwelen besetzt, die Wände mit Fliesen, bemalt wie Stoffmuster, bedeckt.

Von muslimischer, wie von türkischer Tradition und Geisteshaltung bestimmt ist auch die Ausführung von Möbeln und Gewändern für den Sultan. Für die Herstellung, und das bei mehrfach belegter Anordnung für die Ausführung – Schriftfliesen für die Moschee Selim II. in Edirne, Fliesen nach übersandtem Muster, Teppiche mit durchgehender Musterung und nicht mit ‚Nischen' –, sind entwerfende Meister (*nakkaş*) im Saray tätig und besoldet, die Lehrlinge aus dem Sklavenstand aus der Rekrutierung (*devşirme*) heranziehen, sowie Meister aller intern benötigten Handwerke. 29 *nakkaşan* mit 12 Gehilfen (*şagird*) enthält ein Verzeichnis von 1525, ferner einen Keramiker (*çiniciler*, also für Feinkeramik) mit 11 Gehilfen, 34 Goldschmiedemeister mit 24 Gehilfen, 10 Gold- und Silberschmiede mit 12 Gehilfen, 6 Teppichmacher mit 9 Gehilfen. Im Jahr 1568 sind von 647 Handwerkern (*ehl-i hiraf*) 369 Schneider (*terziler*), 1577 arbeiten 88 von 268 Webstühlen in Istanbul für das Saray, 1609 werden 947 Handwerker aufgeführt.[5]

Unter den Erzeugnissen des Handwerks, die für das Saray hergestellt wurden, ist Gerät hervorzuheben, dessen Gebrauch und Gestaltung sowohl bezeichnend für die osmanische Gesellschaft ist, aber auch verwurzelt in türkischer Tradition. Der im Auftrag Sultan Bayezids II. in Holz und Elfenbein ausgeführte, monumentale Behälter (*kürsi*, d. i. Thron) für die einzeln gebundenen Abschnitte des Korans (*cüz*) (Kat. Nr. 8/2) besitzt die Form eines Herrscherthrones unter einer zwölfseitigen Zeltkuppel. Die ausgewählten Koranverse beginnen an der Front mit dem Thronvers (Sure II, 255), es folgen solche, die bezeugen, daß der Islam die einzig (wahre) Religion sei, aber auch derjenige, der die Aufforderung des für die Muslime als rechtgläubig geltenden Königs Salomon an das Volk von Saba zitiert, sie mögen als Muslime zu ihm kommen. Es ist hier zu unterstellen, daß ein Scheich – jeder Sultan hatte seinen persönlichen –, ein Kalligraf, ein entwerfender Meister sowie ausführende Handwerker unter den Augen des eifrig-frommen Sultans dem geistigen und weltlichen Anspruch des Staatswesens Gestalt verliehen in einem Möbel. Ob dieser Auftrag der Ausstattung der vom Sultan gestifteten Moschee in der Stadt und mit seiner Türbe galt, ist unbekannt, der *kürsi* diente offenbar schließlich der Koranlesung in der Türbe Selim II (vgl. Kat. Nr. 2/69), die außerhalb der vom Hof besuchten Agia Sofiya Cami an der Mihrab-Seite liegt.

Asiatisch-türkischen Ursprungs sind Form und Funktion der Trinkwasserflasche des Sultans (*matara*), die bei allen zeremoniellen Anlässen neben dem Sultan bereitgehalten wurde. Ihre Beutelform mit zwei seitlichen Tüllen bewahrt die Form einer genähten Ledertasche, auch wenn sie nun in Gold, oder für den Schatz (*hazine*) in Bergkristall mit Gold und Edelsteinen (Kat. Nr. 7/3), aus chinesischem Porzellan umgearbeitet wurde, für das Feldlager in vergoldetem Kupfer (Kat. Nr. 6/9) ausgeführt wurde. Bezeichnend für die Funktion erscheint der für eine solche Flasche mit Lederapplikation in Wien überlieferte Zusammenhang mit der Einladung des Sultans Murad III. an Kaiser Rudolf II., aufzubrechen zur Reise, um den Beschneidungsfeierlichkeiten für Prinz Mehmed beizuwohnen. Eine zweite Form der ursprünglich ledernen, beutelförmigen Flasche mit einem Ausguß (Kat. Nr. 11/34), wie sie im 17. Jh. aus dem osmanischen Heerlager in die Hände von Siegern kam, hat den gleichen Ursprung und fand schon früh, im chinesischen Reich der T'ang-Dynastie künstlerische Nachbildung in feiner Keramik.

Wie diese Beispiele zeigen, ist die Gestaltung eines Gerätes nicht zwangsläufig bedingt durch das ursprünglich die Form bestimmende Material. Vielmehr bleiben Typ und Funktion auch im repräsentativen Bereich des Hofes ausschlaggebend. Dies wird ebenso deutlich bei der Ausführung von Schreibgeräten (Kat. Nr. 2/3). Porzellangleiche Keramik übernimmt Profil und Inneneinrichtung von Vorgängen in tauschiertem Metall in timuridischer und mamlukischer Zeit, und wie dort weist die Dekoration – hier arabische, bisher nicht in ihrem Sinn erkannte Schrift, auf die Verantwortung im Amt eines Schreibers, das ihm mit solchem Gerät übertragen wird. Die hundert Jahre jüngere Arbeit aus reliefgeprägtem und vergoldetem, gefärbtem Leder zeigt noch die gleiche Profilierung und Einrichtung. Das bürgerliche Silbergerät des 18. Jh. wird von Keramikmeistern in gleicher Form ausgeführt.

Das Querformat, wie die Dekoraufteilung der Deckplatten von Polsterkissen im Rücken der entlang der

Wand Sitzenden (*yastık*), beruht auch im 16. und 17. Jh. weiter auf dem Vorbild der im Zelt in gleicher Funktion benutzten Kleidertasche (Kat. Nr. 5/19). Ist an den Entwürfen für Samt- und Brokatpolster zur Benutzung im Saray oder durch hohe Würdenträger ein Kalligraf beteiligt, erweist eine spiegelbildliche Anordnung von Wünschen für Glückseligkeit, Segen (göttlichen), und Sieg (z. B. gegen die Ungläubigen), eine dem Sultan traditionell gewidmete Fürsorge. Form und Gehalt beruhen dabei auf einer seit dem 7. Jh. in Ägypten zu beobachtenden und in mamlukischen wie mongolischen Seiden wiederkehrenden Übung.[6] Die Anwendung der gleichen Wünsche im applizierten Nischen- und Blumendekor von Zelten im 17. Jh. weist die Innenausstattung eines Zeltes in Krakau auf.

In der Flächengliederung von Schlafdecken in Samt oder Brokat, aber auch übernommen bei Stickerei auf Leinen, beruht das auffällige Durchschneiden einer fortlaufenden Stoffmusterung durch eine breite, den Rand wiederholende Linie auf der traditionellen und auf Miniaturen des 15. Jh. wiedergegebenen Form der wattierten Seidendecke mit breitem, aus anderem Stoff aufgesetztem Rand.

Innerhalb der Vielfalt von Mustern auf Gewand- und Wohntextilien und auf Möbeln tritt mit dem 16. Jh., und begrenzt auf den osmanischen Bereich, die Figur der drei Kugeln, gewöhnlich als *çintamani* benannt, auf. Ihr Ursprung wird neuerdings jedoch als ein stellares Diagramm mit spezifisch türkischer Tradition verstanden.[7] Als „Sterne der Nacht" verwenden Koranilluminatoren diese Figur bei Versen, welche nächtliche Vorgänge offenbaren und wo sie zugleich „Wolken" als Rahmung oder Begleitung der Schrift zeichnen. Wolkenartig stilisiert erscheinen gelegentlich auch die paarig und wellig gezeichneten Bänder, die meist gemeinsam mit den Drei-Kugeln als Flächen oder Bortenmusterung auftreten (Kat. Nr. 2/66). In der glatten Form werden sie kunstgeschichtlich auf Tigerfellmusterung und den iranischen Helden Rustam bezogen. Belegbar ist dies durch Illustrationen für das *Schahname* des Firdusi, das schon früh ins Osttürkische übersetzt war. Mit der Funktion und Person des siegreichen Sultans steht aber auch das stellare Diagramm nachweisbar in Zusammenhang. Die heute mit alpha, beta, epsilon bezifferten Sterne im Bild des Widders markieren auf dem Weg der Sonne den astronomischen Ort der Tag-und-Nachtgleiche im Frühjahr und daß der Sultan (Mahmut II.) „hier wie die Sonne im Widder throne", sagte eine Verszeile am Hasan Paşa Köşk im Frühlings- und Herbstharem des Sarays in Istanbul. Daß in diesem Köşk zur Zeit v. Hammer ein *alter, hölzerner Thron mit Sonnen geschmückt* (Drei-Kugeln?)[8] stand, verweist parallel dazu auf traditionelle kosmische Vorstellungen im Zusammenhang mit der Person des Sultans (Kat. Nr. 8/1). In einem Strahlennimbus werden die Drei-Kugeln links von der Tughra Mahmut II. wiedergegeben, während rechts Neumond und Stern stehen auf einer Kalligraphie im Ethnografischen Museum von Ankara. In Form von Kugeln, Scheiben, Punkten werden üblicherweise Einzelsterne in astronomischen Handschriften und auf Geräten eingezeichnet, so auch in Loqmans *Zübdet-i Tevarih* von 1581 die Sterngruppen von Stationen auf dem Weg des Mondes, die zugleich figürlich gestaltet angezeigt sind.[9] Hierfür gibt es nur im osttürkischen Kulturbereich des 9. Jh. eine Parallele, wo Tempelfresken bei Karachotcho die Mondstationen als Figur, mit Diagramm und mit uighurischer und chinesischer Namensbezeichnung wiedergeben, und hier trägt die Personifikation der ersten Mondstation einen Rock mit Streifenpaaren und Dreierpunkten.[10] Daß die Form der Drei-Kugeln in türkischer Tradition ein Motiv darstellt, bezeugen Münzprägungen von Seldschukensultanen seit Alp Arslan, bei den Isfendiyar und Sarukhan, bei Selim II. und Mahmut I. Wenn sie nun bei persönlichen Gewändern für Selim II. in der Musterung Verwendung finden, sowie bei Textilentwürfen für den Bereich des Sarays, ist wohl an die Idee einer kosmischen Stellung des Sultans zu denken, aber im weiteren Bereich, zumal bei Teppichen und Fliesen, Feinkeramik (Kat. Nr. 2/26, 2/66), liegt der Bezug auf die Zeit der Frühjahrsfeier (*nevruz*) zugrunde. An diesem privat und im volkstümlichen Bereich gefeierten Tag hielt z. B. der Bektaschi-Orden eine spezielle Zeremonie ab, am Hof und ans Volk wurden spezielle Süßigkeiten verteilt, so daß auch in solchem Zusammenhang ausgelegte Teppiche sehr wohl ein entsprechendes Muster haben durften. Gab es doch laut Verzeichnis von 1505 im Saray auch Bayram-Teppiche und Frühlingskleider.[11]

Beispielhaft für den Bezugswandel von Formen sind die gewellten Doppellinien, und bei Teppichmusterung liegt der Rückschluß auf den Gedanken an den Ursprung aus dem Fell als Bodenbelag zunächst (Kat. Nr. 3/29). Außer dem Bezug auf das Tigerfell

Rustams ist aber auch die Hochschätzung des Tigers vor dem einem turkestanischen Türken unbekannten Löwen zu denken. Ein özbegisches Beispiel für die Vermengung beider Vorstellungen sind an der Front der Medrese Shir-dar in Samarkand zwei Löwenfiguren mit dem Sonnengesicht – also astrologisch das Haus der Sonne, astronomisch traditioneller Höchststand der Sonne – aber mit gestreiftem und gepunktetem Fell.

Wie derartige Entwürfe für Gewand und Gerät der Umgebung des Sultans auf dem Zusammenwirken von geistlichen, gelehrten und gebildeten Osmanen beruhen, wird am Gerät gelegentlich auch die Verbreitung und damit Wirkung der Verse von Hofdichtern erkennbar. Solche, bisher nicht ausgewertete Beispiele bietet weiße, blumenübersäte Feinkeramik aus Iznik. In zwei Fällen sind es Verse von Qasiden auf die Frühlingszeit, wie von Revânî und Fuḍûlî (Kat. Nr. 2/27–2/29), die das Blühen, das Sprudeln des Wassers, den frischen Tau besingen, in den Dekor einbezogen von Gefäßen, die der Männergeselligkeit in der Natur beim Genuß von Wein, oder bei der Betrachtung der Gestirne, des wie ein Leopardenfell gefleckten Himmels besingen.[12] Die Bemalung bei Tellern ergänzt jedoch bald den inspirierenden Einfluß von Blauweiß-Porzellan der Mongolenzeit in China durch die Aufnahme der Tulpe als der turkestanischen Frühlingsblume, der Rose, des Jasmins, von Hyazinthe und Veilchen, Nelke in ihr Repertoire. Derartiger Blütendekor wird jedoch offenbar nur am Rande in die höfische Buchkunst aufgenommen, z. B. als Papierschnitt-Kleinkunst, die von Derwischen geübt und auch verkauft wurde. Von dem für diese Kunst berühmten Derwisch Fahrî aus Bursa ist eines der zwei Blätter im Album Murads III. in Wien signiert. Solche Einzelblätter mögen als Geschenke von Meistern an den Sultan und zu festlichen Anlässen üblich gewesen sein. So enthält ein Register von Bayram-Geschenken (o. J.) ein *„peri sûreti"* von Şahkulu.[13]

Tuschzeichnungen, wie solche Figur einer Fee mit turkestanischen oder sogar uighurischen Eigenarten, Drachen, Phönix (*humay*), Schlangen, Reiher und gefiederten Blättern, repräsentieren einen ausschließlich am Hof geschätzten, hochentwickelten Kunststil. Aus den Jahrzehnten seiner Geltung erhielten sich Übungsblätter, Entwürfe für Dekorationen, Skizzen, die für das *nakkâşhane* des Sarays als Archiv- bzw. Studienmaterial Verwendung fanden, bis sie im 18. Jh. verstreut wurden in der Bibliothek des Topkapi Sarays, wie in der Berliner Staatsbibliothek (Kat. Nr. 2/81 bis 2/89). Derartige, durch Nadelung als Pausen verwendete Entwürfe sind Zeugnis für die Arbeitsweise der Maler, für eine Anwendung bei Dekorationen. Das schönste Beispiel für solches Enderzeugnis bilden die m. E. für den *havuz-köşk* Selims II. ausgeführten Fliesenbilder, die heute am späteren *sünnetodası* versetzt sind, sowie kleinere Sechseckfliesen (Kat. Nr. 2/65, 2/66), ein Teller mit Reiher und Schlange im Blattgewirr (Kat. Nr. 2/10). Für das Motiv des Reihers (Kat. Nr. 2/81b, 2/81c) kann die Übertragung eines chinesisch-taoistischen Sinnzusammenhangs Vorbild gewesen sein. Aber auch der Istanbuler Volksglaube zur Zeit Evliyas enthält die Überzeugung, die Reiher in Eyyüb ließen jedes Jahr zwei Federn auf das Grab des Standartenträgers des Propheten fallen, und für den Alevi Derwischorden bedeutet der Kranich die Manifestation Alis und seiner Göttlichkeit.[14]

Meister aus Hatay (heutige Provinz Sinkiang) etwa, *hatayi*-Dekorelemente werden mehrfach genannt; Konkurrenz und Wetteifer zwischen „persischen" und türkischen Dichtern und Buchkünstlern wird sichtbar, aber eine Bedeutung der ethnischen Abkunft von Künstlern tritt zurück gegenüber ihrem Beitrag zur Entstehung einer „osmanischen" Kunst, die alle Gewerbezweige, alle Provinzen umfaßt. Am Hof herrschende Einschätzungen und vom Hof erteilte Aufträge, die Forderung nach höchster Qualität waren maßgeblich für die Handwerker und Künstler aus Konia und Larenda, die Mehmed II. 1468 nach Istanbul befahl, die Handwerker und Gelehrten, die er 1473 nach seinem Sieg über die Turkmenen Uzun Hasans überführen ließ, die italienischen Meister wie Bellini und Costanzo di Ferrara, Meister der Holzschnitzerei und Einlegekunst, Bronzebildner, die er von Venedig, Ferrara und Florenz erbat, die Meister die Selim I. in Täbris registrieren und „zur Belebung des Marktes von Istanbul" verpflanzte samt ihren Familien.[15] Die 1585 aus Kairo von Sultan Murad III. berufenen Teppichmeister hatten bereits „osmanische" Dekorelemente am Ort übernommen, waren nur durch Material und Technik überlegen, aber die Folge am Ort war ein beginnender Niedergang der Produktion, ähnlich liefert Syrien nicht mehr die berühmten, emaillierten Glasampeln, verkauft vielmehr das Kali nach Venedig, wohin der Hof die Entwürfe für Ampeln sandte.[16]

Schließlich dürfen an den Hofwerkstätten ausgebildete Knaben aus dem *devşirme*-System, auch Sklaven, sich später in der Stadt selbständig machen, womit eine Ausbreitung des Hofstils ermöglicht wird.
Eine beredte Quelle für die Kenntnis höfischer Repräsentation und der Ausmaß der Übermittlung kunsthandwerklicher Erzeugnisse im diplomatischen Verkehr sind historische Wiedergaben offizieller Ereignisse, wie der Empfang des Botschafters von Şah Tahmasp, Şahkulu Sultan vor Sultan Selim II. in Edirne 1567 nach dessen Thronbesteigung. Der Sultan sitzt auf einem Thron in einem überkuppelten Raum des Sarays, trägt den ihm eigenen Turbantyp mit Reihergesteck und über einer niedrigen Kappe, hält in zeremoniellem Gestus das Tuch in der Hand. Şahkulu Sultan trägt unter dem großen Turban den safawidischen Typ der roten Filzkappe mit stabartiger Endung. Ein Fenster des Raumes ist mit verzierten hölzernen Läden innen geschlossen (Kat. Nr. 1/45, 6/16), die Wände sind mit Fliesen verkleidet. Zur Linken stehen die sechs Wesire, voran Mehmed Sokullu, gebürtiger Serbe und an der Pagenschule des Sarays ausgebildet und erzogen. Die Szene erfolgt an einem vor dem Sultan ausgelegten rotgrundigen Teppich mit zentralem Spitzmedaillon, Arabesken- und Päonienmusterung, ein Charakteristikum der für Hofaufträge tätigen Manufaktur von Uşak. Im Vordergrund – im unteren Teil dieser rechten Seite einer doppelseitigen Malerei – tragen osmanische Hofbeamte die vom persischen Gesandtschaftspersonal übernommen Geschenke vorbei. Der Bericht des Reichshistoriographen (*şahnameci*) Sayyid Loqman nennt u. a. die hier sichtbaren Bücher, einen Koran, der von Ali selbst geschrieben sein sollte, in Goldstoff und mit Juwelen, ein *Şahname* des Firdusi, (goldene) Behältnisse mit Perlen und Edelsteinen, juwelengefaßte Reihergestecke. Ferner zählt er auf: acht Tassen aus blauem Prozellan, die angeblich Gift in Speisen anzeigen konnten, zwei Zelte mit gestickten Landschaften, zwanzig große seidene und vier kleine persische Teppiche, auf denen Vögel, Tiere und Blumen in Gold gestickt sind, sieben Silberszepter, sieben Säbel, sieben Köcher und sieben Bogen – was auf eine für den türkischen Herrscher traditionelle Symbolik deutet, wie auch die Reihergestecke. Erwähnung erfahren ferner die „vielfarbigen, mit unterschiedlichen Figuren von Vögeln und Tieren gestickten Staatskleider der Perser", dennoch sagt Loqman, überglänzte der venezianische Stoff, in den der türkische Hofstaat gekleidet war, den persischen Goldstoff und schließt mit der Feststellung, daß sich die Türken durch stattlichen Gliederbau und weißere Gesichtsfarbe hervorhüben. „Erzeugnisse der Natur und Kunst des Landes" erhielten die Wesire zum Geschenk. Diesem Gesandtenaufzug hatten auf Befehl die Woiwoden von Siebenbürgen, Moldau, Walachei, Ragusa beizuwohnen, und anwesend war gleichzeitig die polnische, venezianische, französische und kaiserliche Gesandtschaft. Letztere wurde nach siebenmonatigen Verhandlungen empfangen und übergab das jährliche „Ehrengeschenk" – die Zahlung nach dem verlorenen Ungarnkrieg –, dazu vergoldete Silberbecher und Uhren.[17]
Verfasser der in persischer Sprache niedergeschriebenen Ereignisse der Herrschaft Selims II. – *Selimname* – war Şahnameci Loqman, Schreiber der Kalligraf Ilyâs. Es wird berichtet, daß literarische Werke nach der Fertigstellung zunächst von geistlicher und weltlicher Seite begutachtet wurden und dann entschieden, ob und wie weit sie illustriert werden sollen. Für diese Aufgabe stand seit Mehmed II. ein Hofatelier zur Verfügung, in diesen Jahren unterlag die Leitung dem Meister Osman, der mit seinem Schwager Ali arbeitete, Gehilfen und Schülern, jedoch stets erst nach Proben, die der Sultan zu genehmigen hatte. Für eine Serie von Sultansportraits hatte Loqman sorgfältige Recherchen nach bildlichen Vorlagen zu betreiben und schriftliche Zeugnisse zu sammeln. Der dann ausgearbeitete Typ gewann Vorbildqualität, und die Maler der Werkstätten waren in der Lage, ihn bei entsprechender Themastellung oder dem Auftrag einer Kopie in ebenbürtiger Qualität zu variieren. Muster- oder Vorlagensammlungen waren dafür unerläßlich, ein *kârname* wird einmal im Inventar notiert.[18]
Die Ausstattung von Moscheen, ihr Inventar, bilden eine weitere Grundlage für das historische Verständnis kunsthandwerklichen Schaffens. Während vom Sultan, von Angehörigen seiner Familie gestiftete Moscheen in Istanbul vorwiegend mit Marmor und Porphyr ausgestattet sind, überwiegt in solchen von Wesiren oder wohlhabenden Kaufleuten gestifteten Bauten der keramische Dekor. Konnten sie für den Gesamtdekor einen Designer (*nakkaş*) gewinnen, wie es Rüstem Paşa, Piyale Paşa (Kat. Nr. 2/70) und Sokullu Paşa gelang, ist jede Profilkante in den Entwurf einbezogen, waren Fliesenmaler allein am Werk, lieferten sie flächendeckende Muster und

Typen von Borten, allerdings in unendlicher Variationsbreite. Die Gebetsnische (*mihrab*) ist wie schon bei Sultansbauten des 15. Jh. mit floralen Motiven bedeckt, aber auch dem Ampel-Motiv, das bei den Meistern in Kütahya im 19. Jh. sogar zeitgemäß als Lüster oder als Petroleumlampe ausgeführt wurde – denn der Koranvers sagt nur, daß er (Gott) wie das Licht in einer Lampe sei. Die Ausstattung der Türben von Sultanen und ihren Familienangehörigen erfolgte im Unterschied zu den Moscheen weitgehend durch farbige Fliesen, so daß im Innern der Eindruck eines prächtigen Zeltes entsteht, übereingehend mit dem Bautyp und seiner türkischen Tradition.[19] – Zuseiten des Mihrab ist die Aufstellung von großformatigen Kerzenständern (Kat. Nr. 6/25) charakteristisch, Kerzenhalter jeder Größe und Form spielen eine Rolle in Mausoleen (*türbe*), in Derwisch-Tekkes bei religiösen Zeremonien, dazu Räuchergerät für Festtage und Feiern. Zum Vorlesen des Korans sind hölzerne, schön mit Schnitzerei oder Einlegearbeit verzierte Faltpulte (*rahle*) (Kat. Nr. 8/5) notwendig, da das heilige Buch etwa in Brusthöhe zu halten ist. Wie die Korankästen mit dem in Einzelheften gebundenen und damit vielen gleichzeitig zugänglichen Koran sind qualitätvolle Arbeiten eine Stiftung. – Die Teppichausstattung einer Moschee kann gleichzeitig mit dem Bau gestiftet sein und damit diesem entsprechen. So sieht man auf einer Miniatur von 1461 Leila in einem Koranunterricht, und den Boden bedecken nebeneinandergelegte Reihengebetsteppiche (*saff*), etwa 1574 dürften mit der Moschee Selims II. in Edirne auch die Reihengebetsteppiche in Uşak (Kat. Nr. 3/11) fertiggestellt gewesen sein[20], deren Musterdetails im Wanddekor wiederkehren. Die Überreste sind heute im Türk ve Islam Müzesi. Aber auch einzeln gestiftete Teppiche mit in sich geschlossenen Mustern bedecken nebeneinander den Boden von Moscheen, wie z. Zt. Evliyas in der Yeni Vali Cami Teppiche aus Kairo, Persien, der Türkei. Akt einer besonderen Ehrerbietung ist das Geschenk eines Teppichs durch einen Sultan an ein Heiligengrab, wie es von Süleyman für das Grab von Mevlana in Konya und für das Grab von Sayyid Gazi Battal in Eskişehir überliefert wird, – allerdings ohne nähere Hinweise auf die Art des Teppichs.[21]

Für die Erfüllung dieser weitreichenden Aufträge wurde das städtische Handwerk herangezogen, einerseits in Istanbul, bei spezialisierten Handwerkszweigen, wie der Textil- und Keramikherstellung, jedoch verblieb die Produktion in vordem hauptstädtischen Zentren, wie in Bursa mit dem nahe gelegenen Iznik für Textilien und Feinkeramik, in Kütahya für Feinkeramik, in Uşak für Teppiche. Die Überlegenheit ihrer Produkte bezeugt die Beifügung der Herkunftsangabe in Schatzverzeichnissen im Saray, Preislisten, Zollakten, Handelsverträge geben Aufschluß über wirtschaftliche Zusammenhänge. Aufträge über Fliesenausstattungen für Köşks und Räume des Sarays, für Moscheen des Sultans sind durch amtliche Schreiben (*ferman*) an den Kadi von Iznik, den von Kütahya sind in Einzelheiten über Entwurf, Qualität und Lieferfristen, Verkaufsbeschränkungen und wirtschaftliche Schwierigkeiten zu verfolgen von 1569 bis 1719. Durch Befehle an den Kadi von Kütahya und an die Obersten von Dörfern wird erreicht, daß das notwendige Material, wie Borax, Tannenholz, angekauft wird, daß Meister mit Spezialkenntnissen, wie das Zermahlen von *havuz*-Stein, wie für den Ofenbau, aufgesucht und schließlich herangezogen werden, um in Istanbul eine Manufaktur einzurichten, die die gleiche Qualität erreichen soll.[22] Daß auch Wesire die „*Sähle*“ ihres Sarays mit Fliesen aus Iznik auskleideten, verlautet in dem Bericht[23] des Gesandtschaftspredigers Gerlach, daß Fliesen aus dem früheren Saray des Sokullu Mehmed Paşa angekauft werden für die Ausstattung der Moschee von Sultan Ahmed I. (Blaue Moschee), erklärt ferner die an diesem Ort auffallenden Motive der Panneaux mit Zypressen und Weinranken (Kat. Nr. 2/73). Privataufträge für Händler sollten von den Meistern in Iznik nur nach Erfüllung der Sultansaufträge erlaubt sein, müssen jedoch immer möglich gewesen sein, wie eine Fliesenbestellung des Botschafters Ungnad für den Kaiser, wie Geschenke im diplomatischen Verkehr (Kat. Nr. 2/32, 2/36, 2/44) bezeugen. Auftragsarbeiten für den Patriarchen, Stiftungen für Klöster, wie auf dem Athos, in Jerusalem (Kat. Nr. 2/79), Aufträge für armenische Geistliche (Kat. Nr. 2/4) sind vom frühen 16. bis ins 17. und 18. Jh. belegt. Die Meister in Kütahya wenden dafür im 16. Jh. den gleichen künstlerischen Stil an, wie für den Hof, was nun auch für Silberschmiede erkannt werden kann durch ein 1559–1560 angefertigtes Flabellum und eine liturgische Wasserkanne für den Erzbischof Makario Sokolović in Peć (Serbien), einem Bruder des Paschas Sokullu Mehmed[24] (Kat. Nr. 6/23). Als Arbeiten von selbständigen Keramikmeistern und -malern ist in der andersartigen Quali-

Abb. 69
Repräsentanten der Fenstermacher-Zunft. Aus: Lokman, Surname, Istanbul, Topkapı Sarayı Bibliothek H. 1344

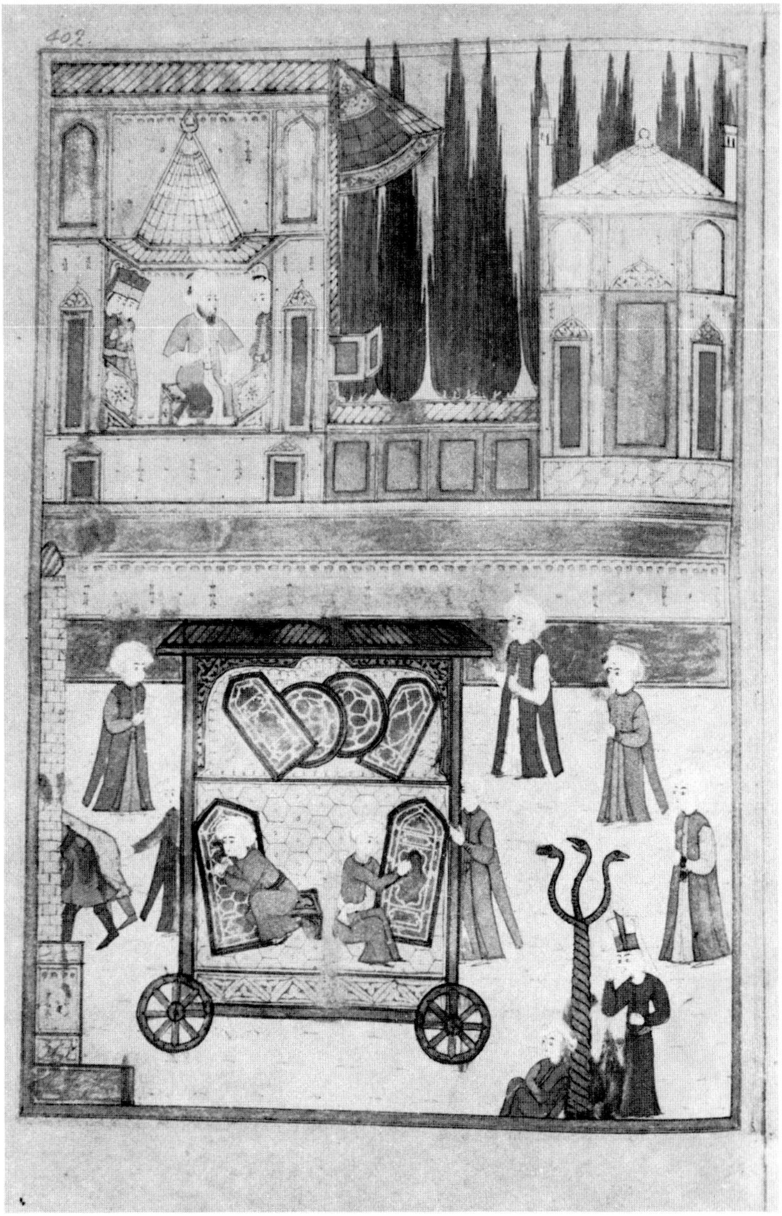

tät, sowie dem bürgerlichen Charakter der Bemalung von Tellern des 17. Jh. deutlich (Kat. Nr. 2/41 bis 2/43, 2/47 bis 2/48). Ihre Motive wie die Beschriftung gestatten einen Einblick in das städtische Leben mit traditionellem Brauchtum, Festtagen, die oft von Muslimen wie von Christen beachtet und z. B. durch Besuchen von einem *ayazma* (Heilbrunnen mit christlicher Tradition) gefeiert wurden. Die Malerei zeigt hier die Hand von Meistern, die in der Stadt vom Verkauf von Zeichnungen lebten, die den Stil des Malers Levni reflektierten, denen ferner die Zusammenstellung von Trachten- oder vielmehr Chargenbüchern für Fremde zuzurechnen ist. Datierte, griechische Randaufschriften sind hier aufschlußreich für eine Periode der Pflege griechischer Sprache und Tradition durch den Patriarchen, dem es dank der Unterstützung des griechischen Pfortendolmetschers gelang, daß der Sultan dem Patriarchat die Aufsicht über das Heilige Grab in Jerusalem übertrug. Um die gleiche Zeit überwiegen unter den Erzeugnissen von Kütahya Geräte mit einer kleinteiligen, andersartigen Bemalung (Kat. Nr. 2/49), mehrfach mit armenischen Aufschriften, meist mit Malerkennzeichen im Fuß. Hier wird nicht nur für den Bürger chinesisches Porzellan oder Meissener kopiert, hier wird auch im Blütendekor ein Einfluß von Buch- und Druckornamentik aus dem römisch-katholischen Bereich im Osten sichtbar. Zugezogene Armenier, wie solche 1580 vom Osten in den Westen Anatoliens umgesiedelt wurden, könnten hier wirksam gewesen sein (Kat. Nr. 2/55, 2/58).

Für muslimische, wie für christliche Meister und deren Zünfte galt im hanefitisch ausgerichteten, osmanischen Rechtswesen gleiches Recht, auch wenn sie in getrennten Quartieren untergebracht waren, die einen dem Kadi, die anderen dem geistlichen Recht unterstanden. Bei der Schilderung von öffentlichen Aufzügen durch Loqman und Evliya wird allerdings vermerkt, daß sie keinen Patron haben, speziell Porträtmaler, deren Gewerbezweig dem frommen Muslim versagt ist. Das Zunftwesen dieser Zeit beruht auf einer in allen islamischen Ländern vorhandenen Tradition, die feste Regeln, ethische und religiöse Ausrichtung besaß.[25] Zur Zeit Evliyas waren in Istanbul Handwerker und Kaufleute, Facharbeiter und Unternehmer in über 150 bedeutenden Zünften organisiert. Jede Zunft hatte ihren Patron, der nach ihrer Überlieferung meist zur Zeit des Propheten durch Salman, einen Perser im Iraq, gegürtet wurde. Vom Lehrling (*şagird*) bis zum Gehilfen und Meister waren Ausbildungszeiten und Prüfungen festgelegt, die auch die persönliche Haltung berücksichtigten. Jeder Zunft gehörte ein Scheich an als Ratgeber und Vertreter der Geistlichkeit, ein Vorsteher und vier „Obere“, es bestand auch eine Kleiderordnung. Die „Oberen“ organisierten die Materialbeschaffung, überwachten den Qualitätsstandard. Auf den Märkten sorgte der Marktaufseher für Korrektheit im Handel. Jedes Gewerbe hatte in der Stadt seinen festgelegten Markt, Meister konnten auch im Besestan einen Laden unterhalten, sich am Überland- und Seehandel beteiligen. Preise nach Typen und Qualität, Steuern und Zölle wurden nach der Wirtschaftslage festgelegt, und auch Luxusverbote für Kleidung und Stickereien, Einschränkungen für den Verbrauch von Silber für diese werden erlassen.

Offiziell traten die Zünfte vor dem Sultan, den Wesiren, Kadis, Mullahs und der Bevölkerung in Erscheinung bei Beginn eines Feldzuges. Prunkvoll und mit der Demonstration ihres Handwerks verbunden ist ihr Auftritt im Rahmen der Feierlichkeiten zur Beschneidung von Prinzen. Derartige Umzüge sind ausführlich beschrieben und illustriert z. B. im *surnâme* Lokmans für 1582/3, durch Evliya Çelebi für das 17. Jh. Im *surnâme* schildert der Autor Intiẕâmî den 55 Tage andauernden Umzug anläßlich der Beschneidung von Murads III. Sohn, Prinz Mehmed, zu der auch der Kaiser eingeladen worden war. Der Hofmaler Osman entwarf die doppelseitigen Illustrationen mit absoluter Genauigkeit (Abb. 69) vor den Tribünen für Gäste am *meydan* (Hippodrom) und dem Aussichtserker für den Sultan und Prinzen am Palast des Ibrahim Paşa, der für Staatszwecke benutzt wurde. Die Glasbläser, die nach Gerlachs Bericht am Eyyubansaray[26] ihre Gläser machen, führten auf ihrem Wagen die Arbeit am Glasofen vor, in Festkleidung schreiten ihr *şeih*, die *kethüda*, die vier „Oberen“, voran und präsentierten langhalsige Flaschen. Glanzvoll war ferner der Aufzug der Seidenweber, der Verkäufer von Feinkeramik aus Iznik, aber Darstellungen von Teppichknüpfern, einer Töpfer- oder Fliesenwerkstatt sind nicht erhalten, oder diese gehörten nicht zu den Gewerben am Ort in dieser Zeit. Jede Zunft defilierte zuerst vor den geladenen Gästen und demonstriert so den Glanz und die Fülle der Handwerke im Staate, tritt danach vor den Sultan und die nun ins mannbare Alter getretenen Prinzen unter die Augen und betet für den Sultan. Daß die Ausbildung solcher Meister verbunden war mit Bildung, wie sie in der Umgebung des Sultans und gleichermaßen durch Geistliche, wie im Saray herangezogene Beamte und Militärführern, vermittelt wurde, begründete die stilprägende Kraft ihrer Erzeugnisse in der Provinz, wie deren Hochschätzung an den Fürstenhöfen des christlichen Abendlandes. Ihre Kunst ist im Unterschied zu der in anderen muslimischen Ländern charakterisiert durch ihre Haltung als „osmanli“ sowie die Wahrung von Traditionen durch die „etrak“ die „Türken“ auf dem Lande, in Dorf und Zelt.

1 Rauwolff 1583, S. 78 f; 376—377.
2 Evliya Çelebi 1834—1836, S. 128.
3 Kreiser 1982, S. 260—270.
4 Salomon Schweigger. Ein newe Reyssbeschreibung auss Teutschland nach Constantinopel und Jerusalem. Nachdr. d. Ausg. Nürnberg 1608. Graz 1964 (Frühe Reisen und Seefahrten in Originalberichten, 3), S. 62.
5 İnalcık 1973, S. 83. — Otto-Dorn 1941 — Anhegger, S. 184—186.
6 Kat. Stuttgart 1984, S. 202, Nr. 193.
7 Zick-Nissen 1984 (im Druck).
8 Die Osmanen, Constantinopel und der Türkische Staat. 2. Ausg., Leipzig 1828, S. 96.
9 G. Renda, Istanbul Türk ve Islam Eserleri Müzesindeki Zübdet-üt Tevarih'in Miniatürleri. In: Sanat 6 1977, S. 58—67.
10 A. Grünwedel, Bericht über archaeologische Arbeiten in Idikutschahri und Umgebung, im Winter 1902—1903. Abh. K. P. Akademie der Wissenschaften, I Kl., XXIV, Bd. 1, Berlin 1909, S. 144 f, Tf. XXIV.
11 Rogers, Luxury trades, Nr. 77, vgl. Nr. 94 und 203.
12 E. J. W. Gibb, A History of Ottoman Poetry. Bd. 3. London 1904, S. 187—189. — Vgl. Rogers, Luxury trades, Nr. 99.
13 Kreiser 1978, S. 555.
14 Mélikoff 1984, S. 151.
15 F. Babinger, Mehmed der Eroberer und seine Zeit. München 1959, S. 290 f; 426. — Otto-Dorn 1941 — Anhegger S. 180 f. — Zick-Nissen 1975.
16 Rauwolff 1583, S. 37.
17 Hammer-Purgstall 1963, 3, S. 513—522.
18 Rogers, Luxury trades, Nr. 261, Nr. 26, Nr. 115.
19 Meinecke-Berg 1972, S. 42—47. — Aslanapa 1971, S. 227, Abb. 182; Türbe Selims II., S. 242; über den Grabbau: S. 70—78 und 135—146. — Öz 1957, Tf. XXX—XXXI.
20 Çağman —Tanındı 1979, Abb. 16.
21 Hasluck 1973, S. 705 f. — Aus dem Grabheiligtum des Seyyid Gazi Battal kamen zwei Teppiche vom Typ der Osmanen-Muster in das Türk ve İslam Eserleri Müzesi, Istanbul; s. Ş. Yetkin, Osmanlı saray halılarından yeni örnekler. In: Sanat Tarihi Yıllığı 7 1977, S. 143—164.
22 Otto-Dorn 1957, S. 160 f. — Otto-Dorn 1941 — Anhegger, S. 171 und 176.
23 Otto-Dorn 1957, S. 96. — Stephan Gerlach, S. 380.
24 Šakota 1981, Abb. 10. — El Arte en la Servia, Museo del Prado 1981, Nr. 72.
25 İnalcık 1973, S. 150 f. — Evliya Çelebi I. 1834, S. 187—249.
26 Gerlach 1674, S. 454; 336. — J. M. Rogers, Glass in Ottoman Turkey. In: Istanbuler Mitteilungen 33 1983, S. 239—266.

DIE OSMANEN UND DER OSTEN

... *„ein Aussehen, wie eine chinesische Bildergalerie"* bemerkt Evliya Çelebi in der Yeni Valide Camii in Istanbul angesichts der dort liegenden *„persischen und ägyptischen Teppiche ..."*, und er rühmt ... *„sogar mit der Schreibfeder auf chinesischem Papier könnten die Ornamente am Tor nicht feiner sein ..."*, vor der Yeşil Cami in Bursa. Vor der Moschee in Täbris schließt derselbe osmanische Reisende und Literat ... „ *mit çini* (Chinaware) *bekleidet und verziert mit Malerei, hängendem Schmuck, so daß jede fast eine chinesische Galerie sei ...*"[1]

Solche Aussagen eines gebildeten Osmanen des 17. Jh. zeigen, daß er in dem künstlerischen Entwurf „persischer Teppiche", der Pracht von „Fliesenmalerei" in der früheren persischen Residenz Täbris, sowie der Bauornamentik in der alten osmanischen Residenz Murads II. „Chinesisches" erkennt, und sein Vergleich mit „einer chinesischen Galerie" setzt derartige Sammlungen im osmanischen Bereich voraus. Blätter chinesischer Tuschmalereien mit Blumen und Vögeln, zerschnittene Teile aus Querrollen mit Szenen und Holzschnitte aus dem 15.–17. Jh., erhielten sich in der Tat in Sammelalben in den Sultanspalästen zu Istanbul[2]. Eines davon ist mit dem Namen des Eroberers verbunden, andere sind aufschlußreich durch die Beifügung von Skizzen, Zeichnungen und Pausen von muslimischen Meistern für eine Verwendung durch Kunsthandwerker (Kat. Nr. 2/81[3]). Zeichenweise und figürliche Details weisen vielfach auf den Stil zur Zeit der mongolischen Yüan- und der ersten chinesischen Ming-Kaiser hin; daß sie nun neuen, osmanischen Entwürfen als Vorlage dienten, spiegeln Fliesenmalereien aus dem Anfang des 16. Jh. (Kat. Nr. 2/66).

Welche Vokabel Evliya Çelebi dabei für „chinesisch" anwandte, gibt die Übersetzung nicht an, welchen Bereich dieselbe kulturhistorisch abdeckt, ist eine offene Frage. Reiseberichten und Inventarverzeichnissen zufolge darf aber geschlossen werden, daß *hatayi* auf einen Stil aus der chinesischen Kunst weist, der in der nordchinesischen Provinz Shensi unter dem Einfluß mongolischer Herrscher und Beamter blühte, daß *fagfuri* die besondere Qualität kaiserlichen Auftragsporzellans bezeichnete, *çini* jedoch „chinesischen Ursprungs", „von chinesischer Qualität" bedeutet. Die Bezeichnung *hatayi* findet sich in osmanischer Zeit ebenso im Hinblick auf Dichtungen in türkischer Sprache, wie bei der Kennzeichnung von Malerei und Ornamentik, die eine Kunstflora aus geschwungenen Blättern, Päonien, Lotos, Wolken, Wasser und Felsen meint, verbunden mit fledermausförmigen Agraffen, Symbolen und Emblemen buddhistischen, taoistischen und lamaistischen Ursprungs. Bei der Betrachtung osmanischer künstlerischer Arbeiten aus der Periode zwischen 1430 und 1530 bis 1550 ist in dieser Hinsicht stärker als gewöhnlich auf Stammesbeziehungen, auf eine Volkskultur außerhalb der Städte – bzw. unter Handwerkern – sowie deren Verhältnis zu Derwischorden zu achten, deren kulturelle Wirkung neben den offiziellen Kontakten verläuft.

Beispiele dieses Stils bieten die Fliesenmalerei und Schnitzerei in der Moschee und Türbe Murads II. in Bursa, ferner Räume, die er für den Mevlevî-Orden in Edirne errichtete (später Moschee) und ein dortiges Paneel mit Tierfigur in Päonienranken[4] wie auch Päonienranken auf Paneelen, die heute an den Türen des Pavillons Süleymans im Serail von Istanbul versetzt sind. Zu dieser Stilphase gehört dort auch die Fliesenausstattung am Pavillon des Eroberers, wo außer Band- bzw. Schleifenformen das Siegelkufi im Quadratfeld und mit muslimisch-frommer Devise eingefügt ist. Dieses besitzt eine formale und inhaltliche Funktion, die mit den mongolischen Ilchan-Herrschern in den Iran getragen wurde, mit chinesischen Seiden nach Ägypten gelangte[5]. Den Päonienblüten mit zentraler Glückwunschdevise folgen dort muslimische Abwandlungen im Dekor von Keramik[6], im frühosmanischen Bereich eine Teppichmusterung, deren Blüten den endlosen Knoten umfangen[7]. Das schon bei den Seldschuken angewandte Emblem zählt, zusammen mit dem Lotos, im Buddhismus zu den „acht Symbolen" der Reli-

TAFEL IX
Dame in türkischer Kleidung (Kat. Nr. 4/14)

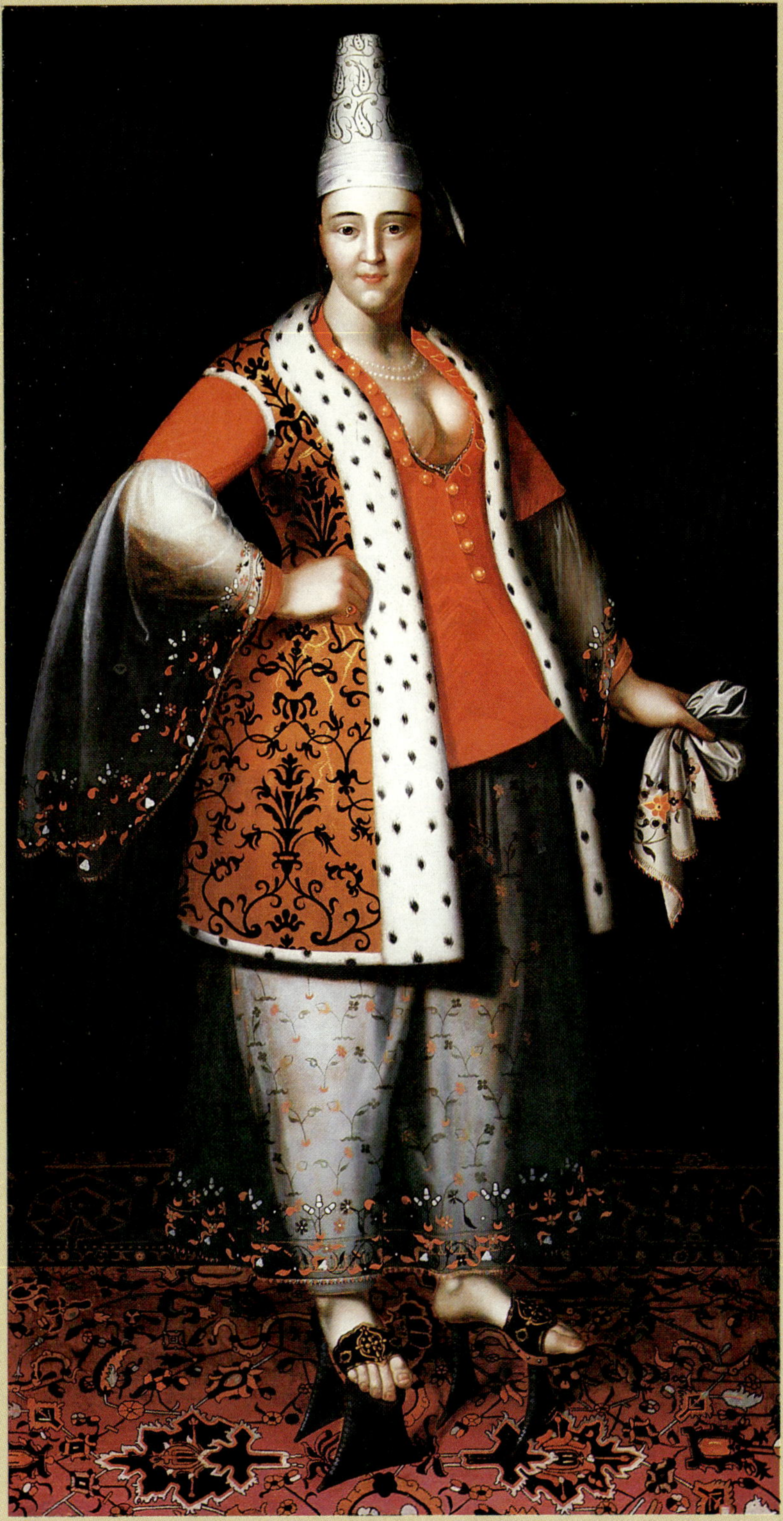

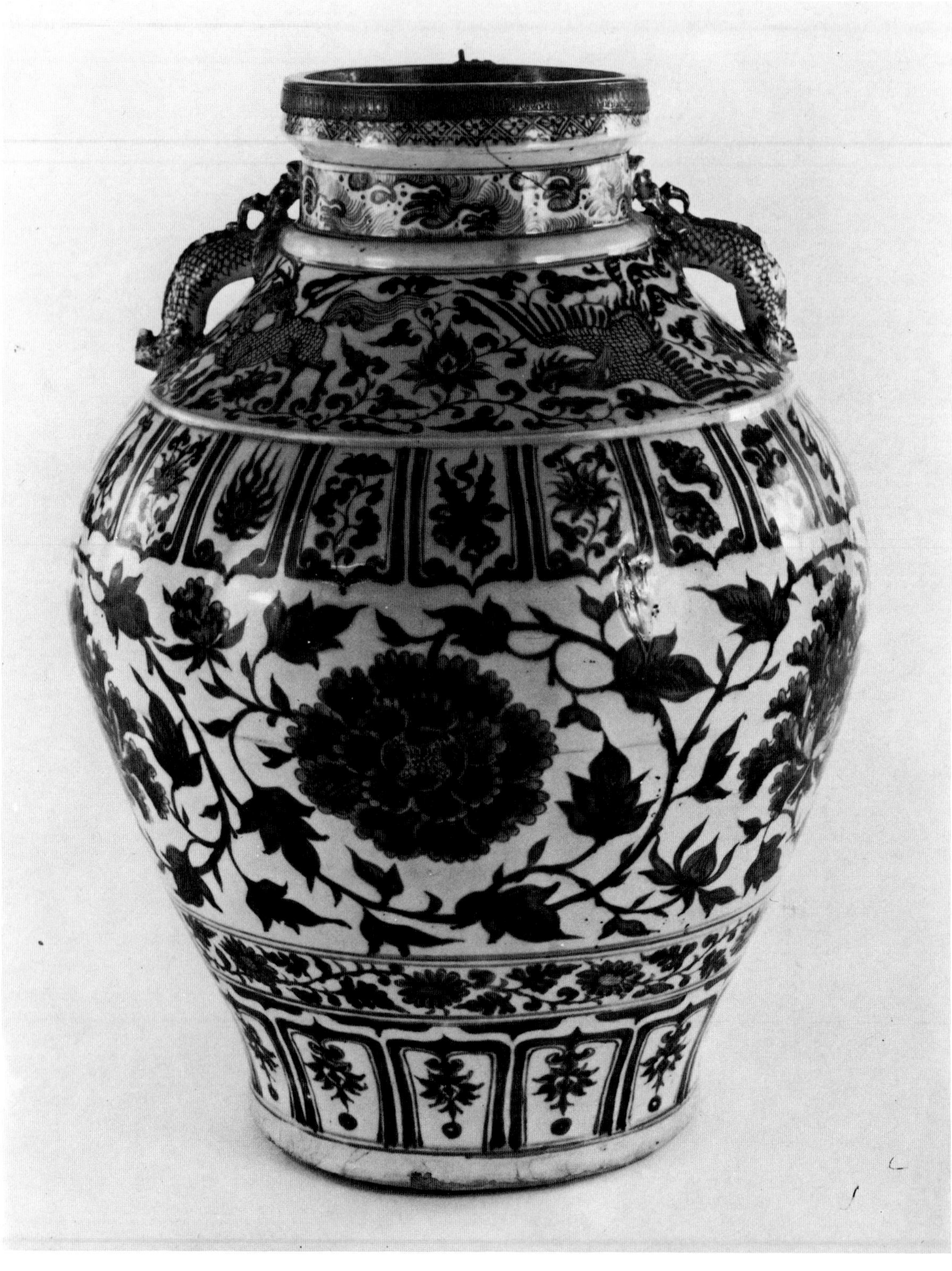

gion, zu osmanischer Zeit im Lamaismus, gemeinsam mit der Päonie, zu den „acht Opfern"[8]. Nachrichten, die hier für das Gebiet der Bildenden Kunst historisch Aufschluß geben könnten, sind äußerst selten, die Vergleichbarkeit von Dekorelementen ist begrenzt durch die Unsicherheit, wie lange ein Stil beibehalten oder auch wiederaufgenommen wurde und wie weit eine Anwendung auf inhaltlicher Tradition beruht. Andererseits sind im künstlerischen Bereich auch Beispiele für Beziehungen belegbar, deren historischer Hintergrund nur vage erfaßbar ist. So besaß das Serail in Manisa – benutzt meist als Prinzenresidenz von Murad II. bis Murad III. – im 16. Jh. zwei pagodenförmige Pavillons. Sie waren dreistöckig und achtseitig, wie das Minarett der Moschee in der Stadt Xi'an aus der ersten Hälfte des 15. Jh.[9]. Ein nischenförmiges Fliesengemälde an der Kiblawand des Vorhofes der Rüstem Paşa Camii in Istanbul zeigt um 1560 von bizarren Felsen aufwachsende Pflanzen, der Mihrabschmuck der Moschee in Xi'an einen solchen Felsen als Ausgangspunkt von Päonienranken, während Lotosranken eine muslimisch-arabische Anrufung im oberen Teil rahmen. Hier stehen sich fremdländische Lebensformen im höfischen, privaten Bereich und landesübliche Formen und Embleme im religiösen Bereich gegenüber[10]. Daß aus der Zeit der Mongolenkaiser in China stammende Holzschnittillustrationen zu Mythen und Märchen formal wie inhaltlich im osmanischen Dekor auftauchen können, ist offenbar, daß gleichzeitig buddhistische Blockdrucke mit ihren dekorativen und emblematischen Elementen eine Rolle spielen können, wahrscheinlich[11]. Eine Päonienrahmung, ähnlich dem Mihrabdekor in Xi'an, erhält der Eingang zur Sultan Camii von Manisa 1522, während um die gleiche Zeit dort die Gattin Selims I. und Mutter Süleymans, eine tatarische Prinzessin, den Brauch des Nevruz-Festes für den Hof und das Volk wieder einführt[12]. Jahreszeitlich bedingtes Brauchtum wurde neu gefördert und konnte mit Pflanzenelementen, wie den Emblemen buddhistischer und lamaistischer Abkunft im Bereich des Dekors im Kunsthandwerk Fuß fassen[13]. Hier ist die Bedeutung des auf Khorasan zurückzuführenden Ordens der Bektaşî-Derwische mit seinen besonderen Praktiken und der Feier des Nevruz-Festes als Geburtstag von Ali, dem Wächter der Wolken, in Betracht zu ziehen, zumal das von ihnen seit dem 16. Jh. betreute Grabheiligtum des Seyyid Gazi Battal bis in neuere Zeit jährlich Pilger aus Ostturkestan herbeiführt[14]. Eine weitere Möglichkeit für die Übermittlung bildhaltigen Bildungsguts bieten Schreiber am Hof, z. B. aus Badachschan bei Sultan Süleyman, die für die zentralasiatische Korrespondenz nötig waren.

Abb. 70 Weingefäß, London, British Museum

Beweis für die Vermittlung von Luxusgütern zwischen dem chinesischen Kaiser und dem Sultan ist in einem in Seide gefaßten Dokument in chinesischer und uighurischer Sprache von 1452 das Siegel des Ming-Kaisers Jingdi[15]. Es handelt sich um Seidenlieferungen, jedoch im weiteren werden, zusammen mit einer Stadt Lar, dort lebende und Feinkeramik produzierende Türken erwähnt. Dieser, bisher nicht aufgeklärte Hinweis, dürfte sich geografisch auf den Transportweg über Hormuz und Yazd beziehen, wäre somit ein Hinweis auf das Gebiet der Provinz Kirman, die um 1600 berühmt wurde für die Einführung osmanischer Dekortechnik in die persische Feinkeramik[16]. Daß umgekehrt rotgrundige, geometrisch gemusterte Teppiche des frühen 15. Jh. am Kaiserhof benutzt wurden, läßt die Porträtdarstellung des ersten Ming-Kaisers vermuten, da der Typ der Wiedergabe trotz späterer Ausführung auf ein älteres Vorbild schließen läßt[17].

Chinesisches Porzellan und Seladon verzeichnen die frühesten, erhaltenen Inventare des Schatzhauses im Serail von Istanbul im Jahr 1495; bereits 1514 sind es 62 Teile mehr. Auf welchem Weg diese, aus der Yüan- wie aus der Ming-Ära zu datierenden Gefäße nach Istanbul kamen, ist nicht gesagt, wird jedoch gerne in Zusammenhang gebracht mit Siegen über Ak Koyunlu- und Safawiden-Fürsten. Die Präsenz von Blauweiß-Porzellan gehörte unter diesen wie unter den Mamluken und Timuriden zur Hofhaltung. In der Zeit der Osmanensultane wird öfter gerühmt, daß solche Schalen Gift in Speisen anzeigen könnten; sie werden im inneren Dienst des Serails verwendet und bei öffentlichen Bewirtungen, z. B. anläßlich von Beschneidungsfeierlichkeiten aufgeführt. Daß Süleyman mit einer größeren Zahl von Porzellan, Geschenk des indischen Botschafters, eine Armenküche (*imaret*) ausstattete, gilt als Besonderheit [18]. Für den Dekor von Yüan- und frühen Ming-Gefäßen ist eine für die mongolische Periode charakteristische Aufteilung der Bemalung in Bordüren

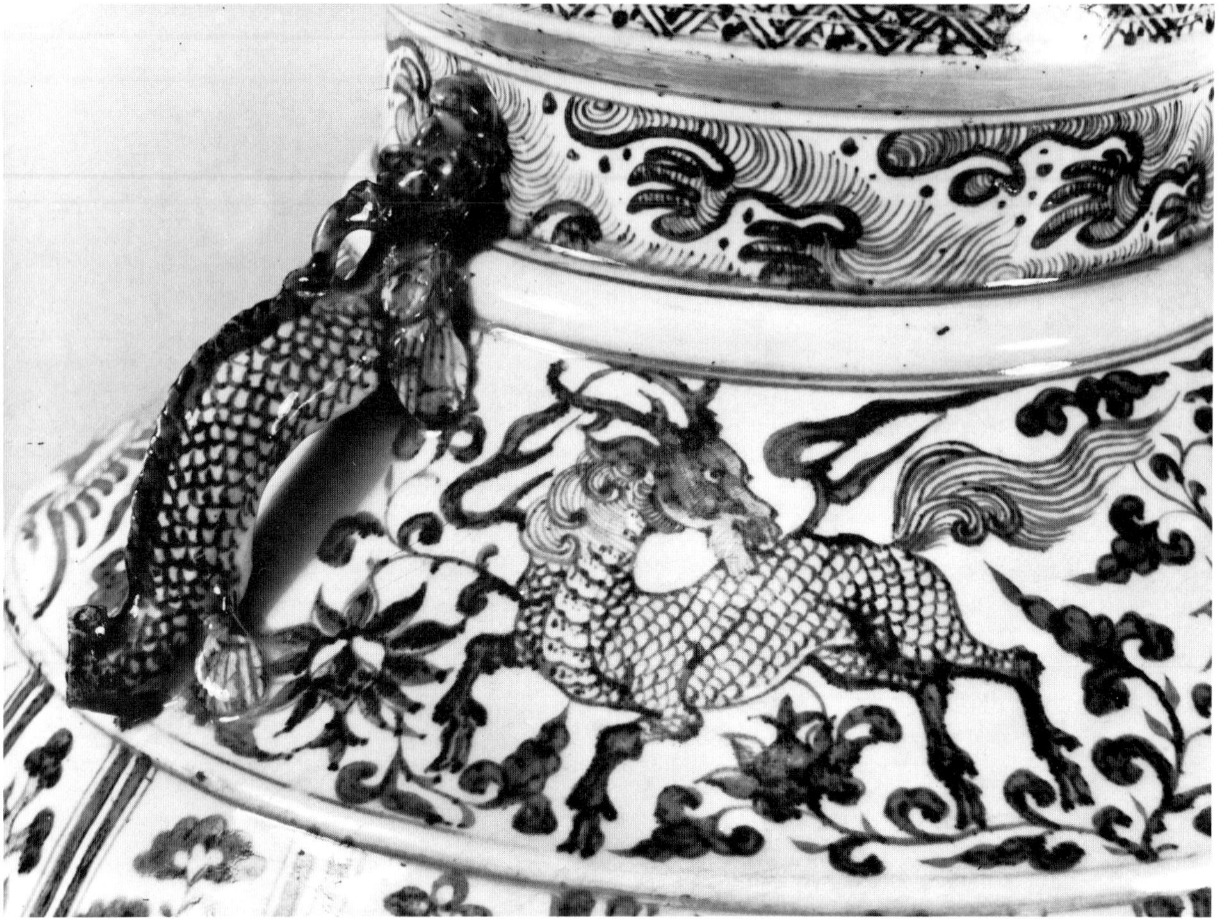

Abb. 71 Weingefäß (Detail), London, British Museum

oder Felder kennzeichnend, die beim Farbauftrag zeichnende wie lavierende Handhabung, seltener auch applizierte Reliefteile und Drachenfiguren (Abb. 70, 71[19]). Während Lotosblüten und die Chrysanthemenranke schon im 15. Jh. auf osmanischer Tonware auftreten, das sprudelnde Wasser zwischen Felsen hauptsächlich im 16. Jh. als Randmuster bei Tellern bevorzugt wird, stellt die Päonie an Ranken ein neu angeeignetes Dekorelement osmanischer Feinkeramik dar[20]. Chinesischen und buddhistischen Ursprungs sind an diesem abgebildeten Weingefäß der Drache als Regenbote zu Ende des Frühlings, der Phönix als gutes Omen für den Kaiser – wie das *qiling* als Glück bringendes, eingehörntes und überlegenes Tier, die „acht kostbaren Dinge" mit Wunschjuwel und Artemisiablatt, im Schulterfries die acht buddhistischen Embleme mit Lotos, endlosem Knoten, Vase und Fischen. Während für den Chinesen die Päonie die Blume des Frühlings ist, gehört sie bei den Mongolen im Lamaismus tibetischer Prägung, zusammen mit dem endlosen Knoten, zu den acht Opfern. Das Wunschjuwel *Dschendman* – eine siebenteilige, feigenförmige Frucht aus dem Milchmeer der Sage, gehört zu den sieben Heiligtümern, die Drei-Kugeln auf Pferd und Elefant, die auf die roten, fürstlichen Standarten gemalt werden[21]. Im osmanischen Dekor erscheint die Päonie bereits zur Zeit Murads II., das einzelne Juwel gegen Ende des 16. Jh. auf Tellerrückflächen. Das Drei-Kugel-Motiv wird jedoch als stellares Diagramm für den Frühlingspunkt der Sonne und Sitz des Sultans als gewähltes Motiv uighurisch-türkischer Tradition, unter Süleyman und bevorzugt bis Murad III. (Kat. Nr. 8/1[22]) wiederbelebt. Uşak-Teppiche, Textilien, Waffen, Einlegearbeiten verwenden diese Elemente besonders, wenn es sich um Gegenstände für das Serail, etwa eine Thronbank, handelt (Kat. Nr. 8/1), oder auch bei Teppichen aus Hofwerkstätten, die z. B. in ein Heiligtum gestiftet werden[23]. Daß sie hingegen im gleichzeitigen persischen Kunsthandwerk fehlen, dann aber auftreten werden, wenn es sich im 14. Jh. um die Wiedergabe eines turkestanischen Fürsten auf dem Thron handelt, ist bezeichnend[24].

Für die technische und künstlerische Herstellung höfischer Feinkeramik mit Blaumalerei vor 1480 mangelt es für Kütahya wie für Iznik an Beweisen, obwohl Scherben aus Istanbul, Iznik und Konya vorliegen, die in Profil und Dekor Typen der frühen Ming-Zeit, wie der Lianzi-Schalen entsprechen[25]. Sie zeigen äußerst feine und lavierende Blaumalerei, dazu handwerkliche Eigenheiten der Töpfer chinesischen Porzellans und Seladons, welch letzteres ebenfalls kopiert wurde: gestuftes Fußprofil, runder Rezeß im Fuß, ein blauer Doppelring, ein Kranz feiner Ranken, drei blaue Parallelstriche, ebenfalls im Fuß (Kat. Nr. 2/1). Dadurch stellt sich die Frage, ob etwa Former und Maler aus einem chinesischen Töpferzentrum durch Vermittlung zugezogen wurden, wie z. B. Mehmed II. Kunsthandwerker für bestimmte Arbeiten in Italien hatte anwerben lassen. Ferner darf erwogen werden, ob Meister aus chinesischen Manufakturen, wie Jaozhou in der Provinz Shanxi mit dem Zentrum Xi'an, abwanderten, als dort die Arbeit um die Mitte des 15. Jh. im Zuge kriegerischer Auseinandersetzungen mit den Mongolen eingeschränkt wurde[26]. Sollten unter ihnen etwa Muslime, womöglich türkischen Stammes gewesen sein, wäre dies naheliegend. Die Auftragsorganisation für die Werkstätten lag in den Händen der Eunuchen des chinesischen Hofes, unter denen spätestens zu Beginn des 16. Jh. Muslime die Macht hatten, eigene Aufträge ausführen zu lassen[27].

Die Übernahme von Gerättypen durch osmanische Werkstätten in Kütahya zeigt eine Kanne aus dem Jahr 1510 (Kat. Nr. 2/4) im Vergleich zu einer Porzellankanne mit Drachenhenkel aus der Periode Cheng Hua im British Museum; ein Teller in Berlin (Kat. Nr. 2/8); die Kopie von Profil, Kontur und Bemalung nach einem Typ der Yüan-Zeit. Die Nachahmung eines weißen Tellers mit Reliefzeichnung ist im Serail erhalten. Abwandlungen zeigt dann die Bemalung der „Trauben-Teller“ (Kat. Nr. 2/9), die bald zweifarbig, zusätzlich mit Grün, ausgeführt werden. Für wechselseitige Anregungen spricht, daß in der gleichen Periode wie in Iznik chinesische Blauweiß-Porzellane zusätzlich türkisfarben bemalt werden und rote Aufglasurmalerei angewandt wird, um eine rote Grundfläche, wie dort, zu erzielen (Kat. Nr. 2/20). Hinter Motiven wie dem Reiher mit der Schlange stehen chinesische Mythen, taoistische und muslimische Legenden (Kat. Nr. 2/10). Ein Motiv wie der Affenkönig mit dem Pfirsich zeigt die Kenntnis chinesischer Märchen an (Kat. Nr. 2/38). – Mit dem 17. Jh. setzt in China eine Übernahme ursprünglich osmanischer Tulpenmotive ein, doch nun aufgrund holländischer Vorlagen[29]. In Istanbul und in den Werkstätten von Kütahya wird bürgerliches, buntes Gebrauchsporzellan in Typ und Muster variiert (Kat. Nr. 2/23).

Wechselbeziehungen zur Kunst im safawidischen Persien waren, im Gegensatz zu denen zur zentralasiatischen und chinesischen Kultur, eingeschränkt infolge der dortigen Erhebung der Zwölferschia zur offiziell verbindlichen Form des Islam sowie vernichtender Kriege in den Grenzgebieten. So bezeichnend es auch ist, daß Sultan Selim I. in persischer Sprache dichtete und Schah Ismail in türkischer – dazu den Dichternamen Hatayi führend –, solcher Gemeinsamkeit folgte keine Gleichrichtung in den Künsten, zumal in Persien keine neuen Einflüsse aus den Bereichen von West- und Ostturkestan Fuß fassen konnten. Eher konnten Turkstämme versetzt werden, wie durch Schah Tahmasp aus dem Gebiet von Täbris in die Provinz Kirman, wo sie als Teppichknüpfer einen Ruf erlangten. Die Unterschiedlichkeit der muslimischen Auffassung über bildliche Wiedergabe im schiitischen und sunnitischen Bereich wird zwar in der osmanischen Berichterstattung einmal laut bei der Bemerkung über die figurenverzierten Gewänder der persischen Gesandtschaft zu Selims II. Thronbesteigung, doch wirkt sie weniger

im höfischen Bereich – wenngleich es keine Teppiche mit Figuren gibt –, als im volkstümlich osmanischen Gerät und Hausdekor.
Ähnlichkeiten mit Tellern aus Iznik weisen Typ und Dekor von Tellern aus dem aserbaidschanischen Gebiet auf, das im 16. Jh. und zu Beginn des 17. Jh. jahrzehntelang unter osmanischer Herrschaft stand. Diese nach einem Fundort benannte Kubatscha-Ware ist gekennzeichnet durch Idealfiguren von Persern und Turkmenen als Dekorelement. Dem Schah der benachbarten Provinz Gilan, der Ende des 16. Jh. an den Sultanshof floh, folgte aus seinen Diensten ein Künstler Sayyid Muḥammad Naqqāš. Eine Zeichnung, die mit seinem Namen und dem seines Patrons markiert ist, zeigt die zuvor auch in der osmanischen Kunst entwickelte Stilrichtung, die u. a. im Zusammenhang mit der Zuführung von Meistern aus Täbris unter Selim I. zu sehen ist[30]. Der gleichen Parallelentwicklung im künstlerischen und Nachahmung im technischen Bereich ist es zuzuschreiben, wenn zusätzlich zu Fiederblättern und Kompositblüten Tulpenpaare als Randdekor einen in Amol gefundenen Teller des Teheraner Nationalmuseums zieren[31].
Von den als Kalligrafen tätigen Dichtern und Gelehrten, die sich aus politischen Gründen, um Ruhm zu gewinnen oder aus Bildungs- und Reiselust, von Persien aus in den Bereich des Sultans begaben, sind persönliche Angaben bekannt[32]. Für ihre Wertschätzung war es demnach nicht ausschlaggebend, ob sie einer persischen oder türkischen Familie entstammten und in welcher Sprache sie schrieben. Am osmanischen Hof wurde ihre Bildung und Kunst geschätzt, ganz gleich, ob sie mit den Mitteln der einen, wie der anderen Sprache entfaltet wurde. Welche Wirkung die Verse der Dichter hatten, beweist ihre Anbringung als Schmuck von Objekten der höfischen und städtischen Welt (Kat. Nr. 2/27, 2/29). Sie drücken die lyrische Stimmung aus, die hinter den Dingen liegt und auf die der gemalte Dekor antwortet, und ebenso gehören sie als Wegweisung zum Baudekor.
Der Kalligraph und Sekretär Schah Ismails, Fatḥullāh Kātib, von Täbris nach Istanbul befohlen, bekleidete dort das Amt des Schreibers für den Sultan Selim I. Der Maler Šāhqulī aus Täbris, offenbar türkischer Abstammung, wurde in Istanbul 1525/26 in den Besoldungslisten des Serail geführt und war Leiter des Malerateliers (*nakkaşhane*). Er war gemeinsam mit dem Dichter ʿĀrif im Dienst eines Bruders von Schah Tahmasp, der 1547/48 als politischer Flüchtling Istanbul erreichte. ʿĀrif stieg zum Amt des Hofhistoriographen (*şahnameci*) auf. Für die Illustration seines Werkes über Leben und Taten Süleymans wurde ein Atelier mit Künstlern eingerichtet[33]. Seine Dichtung ist in persischer Sprache geschrieben, die Sachtreue in der Malerei historischer Ereignisse gab der islamischen Kunst eine neue Wendung und war osmanische Eigenleistung. Sein späterer Nachfolger, Seyyid Lokman, stammte aus Westpersien und wurde gefördert durch den Großwesir Mehmed Sokollu. In zwanzig Amtsjahren, und besonders unter Selim II., blühte unter ihm die Kunst von Malern und Schreibern, die u. a. die Weltchronik *Zübdet üt-Tevarih* ausstatteten. Er erfuhr jedoch auch herbe Kritik dafür, daß sich seine Gruppe von Malern und Schreibern die Pforte zum Aufenthalt gemacht habe, daß er Gelder von Muslimen verschwende und das Persisch seiner Dichtung Mängel aufweise.
Anatolische Gelehrte und Poeten galten jedoch als den neuen Persern aus Täbris gewachsen. Auch ein Vorwurf Selims I., daß diese Künstler von den Rumis („Anatolier") nicht als Vorbild akzeptiert würden, wurde damit beantwortet, daß sich die Begabten von *Rum* im Schatten seines Glücks bemüht hätten und sich mit den Persern als Kalligraphen, Maler, Seidenweber usw. messen könnten. Die Buchbinder von Rum seien sogar, was die Feinheit der Ausführung und Verzierung der Einbände und Textumrandungen angehe, ihren persischen Kollegen überlegen. Ein tiefer führender Vergleich zu dem Werk des osmanischen Dichters Haleti kann hier in übertragenem Sinn auch auf die Kunst der Buchmaler verstanden werden: er vereine in sich die Zierlichkeit und Reinheit Persiens mit dem Scharfsinn und der Anmut Rums[34].
Was sich in der Entstehungsphase der osmanischen Kunst und des kunsthandwerklichen Dekors als Übernahme aus voraufgehenden Entwicklungen in Persien wie Zentralasien erweist, beruht auch auf dem türkischen Anteil an der Kultur dieser Gebiete. Und wenn in der Spätphase der osmanischen Kunst europäischer Einfluß in der Stadt aufkommt, so gewinnt am Ende des 18. Jh. der preußische Gesandte Heinrich Friedrich von Diez dennoch den Eindruck, daß die Türken nicht den Europäern ähnlich sein wollten, daß sie nie aufgehört hätten, Asien als ihr rechtes Vaterland anzusehen[35].

... *„ein solches Bild vom Paradies, daß man bei seinem Anblick am liebsten gleich den Geist aufgeben möchte ...*“ und *„... daß man wahrhaftig sagen muß: Was die Malkunst anlangt, sind die Franken sogar den Indern und den Persern überlegen.*“

So äußert sich der osmanische Schriftsteller und Reisende Evliya Çelebi nach seinem angeblichen Besuch des Wiener Stephansdomes, nachdem er dort von seinen Begleitern Antworten erhalten hätte wie:

... *„Unser Glaube verbietet uns nicht, Bilder herzustellen, denn für unsere Priester ist es zu schwer, bei ihren Predigten und Mahnreden zum Volk mit so wohlgesetzten Worten und trefflichen Ausdrücken zu sprechen, wie es euere Prediger vermögen. Daher führen wir .. Gottes Herrlichkeit in Bildern vor Augen ...*“

Diese Aussagen im Bericht über eine osmanische Gesandtschaftsreise an den Hof von Kaiser Leopold I. im Jahr 1665 läßt eine Definition der unterschiedlichen Absichten im Kunstschaffen erkennen und zugleich eine Wertung der künstlerischen Leistung, aber auch die Überzeugung des Osmanen Evliya Çelebi, daß der Kunst der Sprache in seiner Kultur Vorrang zukomme. Im weiteren Bericht stellt er als Mangel fest, daß in den Kirchen keine Teppiche lägen[1]. Dazu kann man die Aussage des Reisenden Petrus Gyllius aus der osmanischen Hauptstadt in Betracht ziehen: *„Aus den Marmorgöttern macht man Kalk, die Erzbilder werden in Geschütze umgegossen, aus den Bronzeplatten der Standbilder macht man Münzen, die alten Säulen werden in Schnittsteine verkleinert, um daraus neue Moscheen zu errichten oder Bodenplatten der türkischen Bäder herzustellen... Die Türken glauben Besseres zu schaffen. Sie wollen der Stadt ein neues, ein mohammedanisches Gesicht geben.*“ Dabei wird die Gegensätzlichkeit deutlich[2]. Gilt dem Renaissancemenschen ein Kunstwerk als Zeugnis der Leistung des begnadeten Einzelnen in einer historisch voraufgehenden Zeit, so basiert die künstlerische Leistung für den Osmanen auf der Vollendung der immerwährenden Aufgabe, die Vollkommenheit der göttlichen Schöpfung wiederzuspiegeln. Die Begegnung beider Kulturen konnte daher nicht zur Übernahme von Themen oder Motiven führen. Das beidseitig rege künstlerische Interesse richtet sich hingegen auf überlegene Technik, künstlerische Mittel, Formelemente und Prinzipien der Flächenfüllung. So bezeichnet etwa im 16. Jahrhundert ein Künstler oder Kunsthandwerker in den freien Reichstädten, in den Fürstentümern, im Habsburgerreich mit Spanien, den Niederlanden, Ungarn, seine neuartigen Ornamentserien als *„türckisch*“, wie der vornehme Kunstkenner seine Teppiche (Abb. 72). Der Verwalter des Sultansschatzes kennzeichnet 1505 hingegen die vorhandenen Mustersätze, Drucke, Bilder und Bücher als *„von den Ungläubigen*“[3]. Dabei ist die Blickrichtung des Osmanen bestimmt durch die Einnahme der kaiserlichen Position durch den Sultan mit Sitz in Konstantinopel und Herr über christliche Minderheiten und Vasallenstaaten. Süleyman der Gesetzgeber begründete dies damit, daß es wie einen Gott auch nur einen Kaiser geben könne, und ihm gilt Karl V. nur als „König von Spanien“ und „der Deutschen“.

Das Trennende beider Kulturen hinderte aber osmanische Gelehrte und Künstler nicht, sich bestimmter thematischer Bereiche und ihrer künstlerischen Form zu bedienen, sofern diese sich den eigenen Zielen als dienstlich erwiesen. In Typ und Form des Porträts, in der Neuartigkeit der Gestaltung einer Weltgeschichte, der Behandlung floraler Elemente tritt eine grundlegende Kenntnis der voraufgehenden abendländischen Entwicklung zutage, die im 16. Jahrhundert bereits eine eigene Form fand. Es war nicht nur einem Anliegen Mehmeds entsprechend, vielmehr auch infolge diplomatischer Absichten von Venedig, Ferrara und Florenz, daß in den Jahren 1453–1480 Porträtmedaillen sowie das Gemälde Gentile Bellinis mit der Büste des Sultans an der Brüstung eines Renaissancebogenfensters ausgeführt wurden (Kat. I/3, I/4). Das Resultat einer Verwendung derartiger Vorbilder durch den Maler Gentile Bellinis Sinan offenbart das Wirken eigener Tradition. Dem Gemälde Maler entsprechend ist der Kopf in Dreiviertelansicht und zart modelliert wiedergegeben, die Büste jedoch wird – türkisch-mittelalterlicher Tradition folgend – verbunden mit dem Körper in der Haltung des mit untergeschlagenen Beinen sitzenden Sultans, und wie dort hält eine Hand das Tuch. Neuartig aber erscheint die Geste der rechten Hand, welche zwischen den Fingern natürlich gezeichnete Rosenblüten emporführt. Die Beibehaltung der Dreiviertelwendung des Kopfes und der Sitzhaltung kennzeichnet 1579 die zwölf Sultansdarstellungen des Malers Osman. Obwohl für diesen Auftrag Murads III. in Venedig und in Istanbul durch den Großwesir Mehmed Sokollu und den Hofhistoriographen Lokman nach authentischen

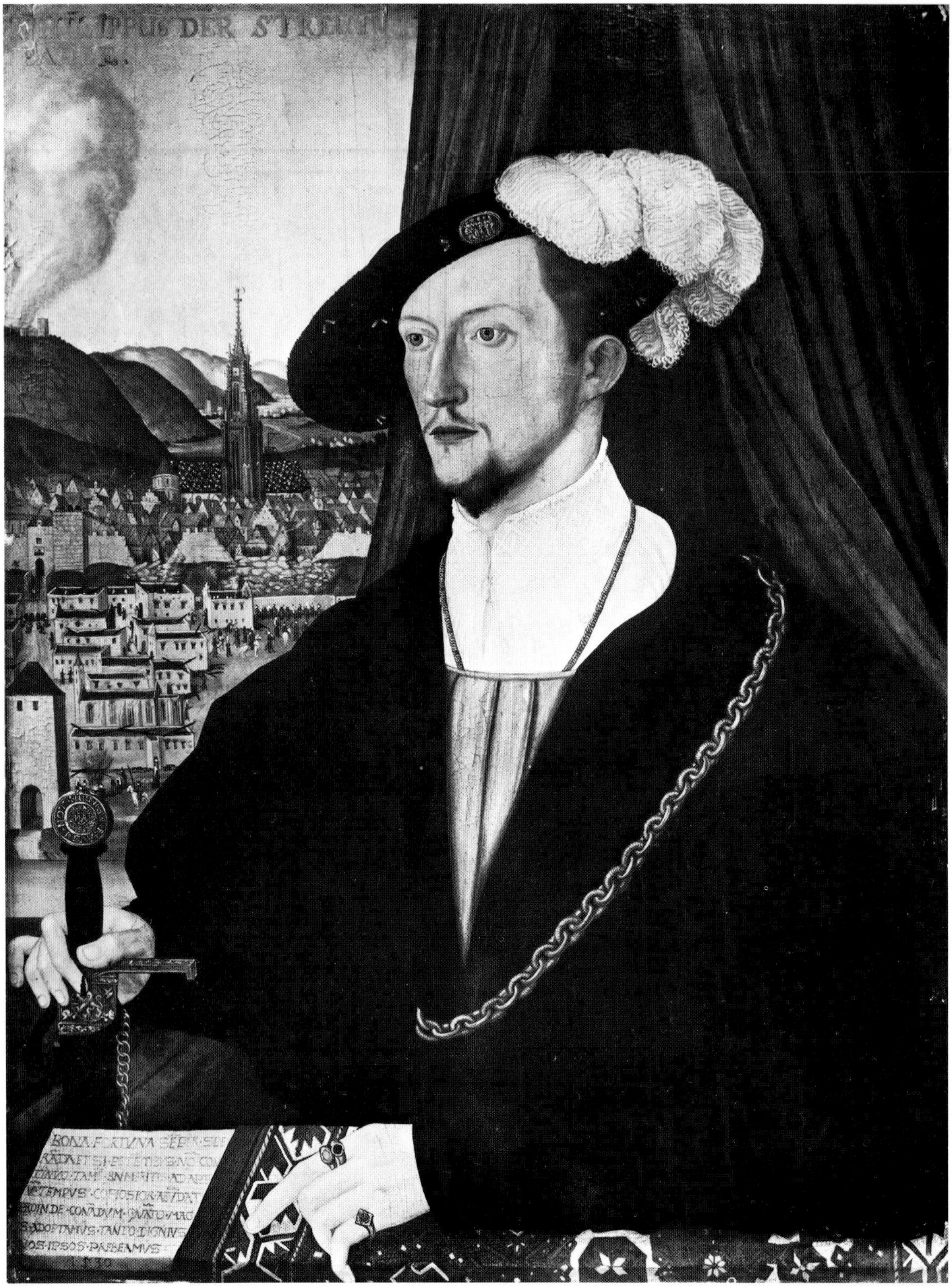
DER STREIT
BONA·FORTUNA
TEMPVS
ADOPTAMVS·TANTO·DIGNIVS
NOS·IPSOS

Bildzeugnissen recherchiert worden war und demgemäß italienische Personenwiedergaben wahrscheinlich im *nakkaşhane* studiert werden konnten[4], dominiert die türkisch-osmanische Tradition und muslimische Art: Vermeidung der Körpermodellierung, Rahmung durch herabschwingende Zwickelfelder anstelle von Bellinis bogentragenden Pfeilern, Angabe von Sitzpolstern und einer fliesenverkleideten Wand. Wesentlich und neuartig ist die Sorgfalt im Spiel der Hände, wobei das Halten von Nelken oder Rosen weniger an Porträts van Eycks erinnert, als an uighurische Stifterbildnisse aus Ostturkestan, wo die Haltung der erhobenen Hand mit zusammengelegtem Daumen und Mittelfinger die Geste des Wissens, wie sie bei buddhistischen und hinduistischen Gottheiten genannt wird, ausführt. Das Bild hat die Aufgabe, die Angaben zu Charakter und Persönlichkeit im Text zu unterstützen.

Die Maler des *nakkaşhane* verwendeten diese Sultansdarstellungen erneut 1583 für die abschließende Schilderung der Herrschaft des Hauses Osman im *Zübdet üt-Tevarih* Lokmans, einer Weltchronik. Gegenüber Vorgängern dieser Thematik im islamischen Bereich, der Textvorlage in Rollenform, verbinden sich in der Ausstattung des Werkes wiederum westliche Geistesgeschichte und Kunst mit zeitgenössischer, osmanischer Aussage. Die formale Verbindung und inhaltliche Gegenüberstellung von einer Szene der Menschheitsgeschichte und einer aus der islamischen Heiligenlegende in der Malerei einer Buchseite ist übernommen aus der Tradition der „biblia pauperum", der „bible moralisé". Den Abschnitt der Schilderung der Schöpfertätigkeit Gottes jedoch nimmt das astronomische Schema des Kosmos nach Ptolemaeus ein, nun ergänzt um die Figuren der Mondstationen einer Tradition aus uighurisch-türkischer Zeit[5]. Die Drehbewegung des Kosmos erfolgt hier, im Unterschied zu Schedels Weltchronik oder Dürers Himmelssphären, im muslimischen Sinn durch Engel, der Lauf der Gestirne setzt im osmanisch-türkischen Sinn mit dem ersten Neumond im Widder ein, während, aktueller Sternbeobachtung und Kalenderberechnung folgend, die Sonne – am 21. 3. – in den Fischen steht.

Abb. 72 Peter Gärtner, Herzog Philipp der Streitbare, 1530.
München, Bayerisches Nationalmuseum. Inv. Nr. R 28.

Eine Besonderheit innerhalb der Entwicklung islamischer Kunst stellt die Natürlichkeit und Gestaltung von Blumen auf Keramiken, Fliesen und Brokaten, sogar im Ornamentgefüge von Teppichen dar. Sie entspricht einerseits der Buchmalerei des 15. Jahrhunderts in Italien und Frankreich, ist schmückender Bestandteil bei italienischen Gemälden und in den dort wiedergegebenen Brokatmustern mit wiederkehrenden Typen von Rosenknospen, Nelken und gefiederten oder gelappten Blättern. Waren es vielleicht italienische Musterzeichner für Textilien, die in Bursa erstmals derartige Entwürfe für den Export konzipierten? Nahmen sie dabei Anregungen aus dem osmanischen Milieu auf, obwohl im dortigen Kunsthandwerk die türkische Vorliebe für Tulpen und Hyazinthen erst im 16. Jahrhundert ihre Ausbreitung erfuhr? Skizzen von Künstlern und Mustersätze waren im Westen das Werkzeug des Kunsthandwerkers, wie es Musterbücher zur Ausführung von „Lapp-Werk" (Blattwerk) für das späte 15. Jahrhundert bezeugen, und sie spielten im Austausch von Anregungen mit Sicherheit eine Rolle[6]. Während solche Vorlagen im osmanischen *nakkaşhane* nur aufgrund vorhandener italienischer Drucke zwischen den Übungen und Pausen der Hofmaler[7] vermutet werden können, reflektiert die Bemalung einer Gruppe von Keramiktellern und Schüsseln Stoffmuster sowie bildliche Vorlagen in ihren Ranken mit zweifarbigen, geschwungenen Blättern und lose im Grund folgenden Haken, die für die Buchmalerei des 15. Jahrhunderts typisch sind. Hier könnten Kontakte zu italienischer und französischer Kunst historisch wahrscheinlich sein, wenn sich die Annahme bestätigte, daß sie in der Stadt Kütahya mit ihrem traditionellen christlichen Bevölkerungsanteil entstanden wären. –Wenig später erscheint im Hofstil diese Flora, vereint mit der Figur eines vielfältig gefiederten und gelappten Blattes. Das Lanzettblatt islamischer Tradition hat hier eine aufschlußreiche Wandlung erfahren durch eine Wiederbegegnung mit seinem Ursprung, der Akanthusranke antiker und byzantinischer Form. Es ist, wie in der westlichen Buchmalerei, blau oder zweifarbig beiderseits der Rippe entfaltet, den Schwung der Rippe bestimmt jedoch die kalligraphische Manier turkestanischer Pinselmalerei.

Werkstattbeziehungen zwischen Iznik und italienischen Keramikzentren lassen sich auch aus den Profilen von Tellern, Kannen und dem Typ der Omphalosschale folgern[8], ohne daß historische Zeugnisse bekannt wären. In Florenz wird um 1510–1520 die schattierende Blaumalerei ‚*alla turchino*' genannt, in Iznik verrät die Malweise eines Tellers mit Porträtbüste italienische Schulung (Kat. Nr. 2/12), lateinische Buchstabenmonogramme im Gefäßboden weisen in die gleiche Richtung (Kat. Nr. 2/34); in Padua übernehmen 1640 Maler die osmanische Frühlingsflora[9]. Zu Nachahmungen osmanischer Fliesenkunst kommt es in Ungarn und Salzburg zu Anfang des 17. Jahrhunderts[10]. Während auf die Musterung osmanischer Seiden, Samte und Brokate aus Bursa im 16. Jahrhundert Kopien und Variationen in Italien folgen und italienische Seiden sogar zeitweise am Hof bevorzugt werden[11], blieb bei weitreichendem Export die Herstellung von Teppichen stets eine türkische Domäne. Die Musterung von Teppichen, die seit Anfang des 16. Jahrhunderts auf Altarbildern des Augsburger Meisters Hans Burgkmaier, auf Porträts von Bayernfürsten (Abb. 72) und auf Gemälden Hans Holbeins getreu wiedergegeben ist, beruht auf einer türkischen Stilentwicklung des 15. Jahrhunderts. In der Nachahmung dieser Teppiche vom Typ der sogenannten kleingemusterten Holbeinteppiche (Kat. Nr. 3/25) kommt es im Westen zu kennzeichnenden Änderungen: in Spanien kehrt der Knüpfmeister für eine Tafeldecke die Blickrichtung der Flechtkufiborte um, die für einen am Boden sitzenden Türken konzipiert war. In Basel übernimmt 1533 der Sticker nur das Flechtband für die Feldmusterung und bereichert diese durch Löwenfiguren, die Borte durch Wappen[12]. Vermutlich im Balkan gefertigte Beispiele sind gekennzeichnet durch die Nichtbeachtung des Wechselspiels von Muster und Grund[13]. In ähnlicher Art entbehrt die Arabeskenmusterung der nach dem Maler Lorenzo Lotto benannten Gruppe der Lotto-Teppiche, von denen zumindest ein Teil in Südosteuropa entstanden sein dürfte[14], die lebendige Vielfalt osmanischer Arabesksysteme. Ihr Typ erscheint auf keiner osmanischen Miniaturdarstellung, um so mehr ab 1520 auf europäischen Porträts, auf Altarbildern, als Tafeldecke und als Decke des Totenlagers[16]. Ihre Beliebtheit reflektiert die zeitgenössische Aufnahmefreudigkeit für ‚türkische', ‚heidnische' oder ‚moreske' Ornamente, wie sie von Peter Flötner (Abb. 73), Virgil Solis (Kat. Nr. 2/86), Pellegrino, Melchior Lorichs, Hieronymus Cock als Vorlagen für das Handwerk in Kupferstichen verbreitet wurden[17].

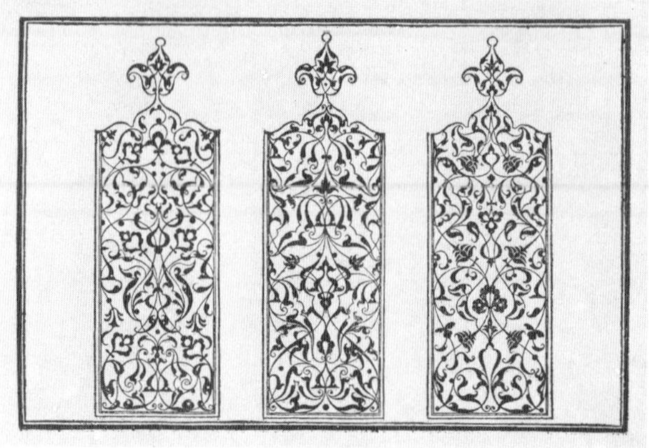

Abb. 73 Peter Flötner, Arabesken, Zürich 1549. Berlin SMPK, Kunstbibliothek O. S. 19, Bl. 13.

Fast alle enthalten sie den Arabesk-Vierpaß, wie er auf den Teppichmustern verwendet ist, folgen auch der Linienführung der Ranke, der Zeichnung des Gabelblattes, des Wolkenbands und der Blüte, ohne jedoch das Prinzip der endlosen Fortsetzbarkeit der Ranke über Lanzett- und Gabelblatt zu erfassen. Sollten türkische Knüpfer Bestellungen unter Beigabe derartiger Entwürfe erhalten und nach eigenem Verständnis teppichgerechte Flächenmuster danach ausgeführt haben? Der gleichen Schwierigkeit bei der Ausführung nach westlichen Vorlagen war der Maler in Iznik unterworfen, dem gedruckte Grotesken-Ornamente aus der zweiten Jahrhunderthälfte vorgelegen haben (Kat. Nr. 2/31).

Das eindrucksvollste Beispiel für eine Übernahme von Vorlagen bei substantieller Abwandlung von Form und Funktion bietet die Fliesenauskleidung der von Sinan 1543–1548 errichteten Şehzade-Türbe. Zwischen den Fenstern, sowie am Zusammenstoß der Wände zeigt die Fliesenmalerei Säulen und darüber Spitzbogen. Die Form der Säulen gleicht einer Säule auf einem italienischen Skizzenblatt des 15. Jahrhunderts[18] mit profilierter Basis, kartuschengemustertem Schaft und tragendem Blattkapitell. Bei der Säule des Fliesenmalers sind die Streifen von Basis und Kapitell bei gekehlter Kontur durchgemustert mit Wolkenbändern bzw. Arabesken, ein Schriftband mit frommem Anruf bildet den Kapitellansatz, den Säulenschaft überziehen Blüten- und Arabeskranken in rautenförmigem Verlauf[19]. Die osmanische Türbe bietet an dieser Stelle keine traditionelle

Funktion für eine Säule, die formale Ausführung in Fliesenmalerei nimmt ihr zusätzlich jegliche tragende Eigenschaft. Die Übernahme einer Renaissancevorlage spiegelt das aktuelle Interesse an den künstlerischen Leistungen westlicher Meister wieder, die Ausführung jedoch bringt die Bauauffassung des muslimischen Architekten und Fliesenmalers wieder zur Geltung.

Westliche Stilelemente werden fortan und bis in das 19. Jahrhundert studiert und dann, losgelöst von ihrem Ursprung, dem eigenen Werk eingefügt. Im europäischen Westen entwickelt sich dagegen eine neue Aufnahmebereitschaft für türkisch-osmanische Bau-und Stilelemente, der Architekt tendiert zur Flächenmusterung, die Fliese wird in den Bauentwurf einbezogen, Keramiker versuchen sich in der Nachahmung von Dekor und Technik der Iznik-Gefäße. Künstler beginnen in ihrer Auseinandersetzung mit der Gestaltung von Fläche und Linie die Welt des Orientteppichs zu entdecken. Während nun der fortschrittliche osmanische Maler in Paris studiert, erlebt gleichzeitig die Kalligraphie eine neue Blüte, historisierende Ornamentik schmückt in traditioneller und nationaler Absicht graphische Erzeugnisse und Bauten im osmanischen Reich.

Anmerkungen zu Beziehungen Ost

1 Evliya Çelebi 1834, I, S. 165; II, S. 7; S. 135.

2 O. Aslanapa, Türkische Miniaturmalerei am Hofe Mehmet des Eroberers in Istanbul. In: Ars Orientalis 1, S. 77–84. – E. J. Grube, Studien zur Malerei der Timuriden, I. In: Kunst des Orients 5 (1968), S. 1–23. – G. İnal, Uzak Doğuda Resim ve İslâmda Minyatür. In: Sanat Tarihi Yıllığı VIII (1979), S. 109–128.

3 M. Ş. İpşiroğlu, Saray-Alben. Diez'sche Klebebände aus den Berliner Sammlungen. Wiesbaden 1964; İpşiroğlu-Eyüboğlu 1953.

4 Istanbul, Türk ve İslam Eserleri Müzesi, unveröffentlicht.

5 J. H. Schmidt, Alte Seidenstoffe. Braunschweig 1958. Abb. 130; 131.

6 Cairo University, Faculty of Archaeology, Museum, Unveröffentlichte mamlukische Keramikfragmente.

7 Ş. Yetkin, Historical Turkish Carpets. Istanbul 1981, Taf. 6; S. 20–21. – L. Mackie, Rugs and Textiles. In: Atil, Turkish Art, 1980.

8 Eberhard 1983, S. 50. Abb. 172–173. – P. S. Pallas, Sammlungen historischer Nachrichten über die mongolischen Völkerschaften, 2. Theil. St. Petersburg 1801, S. 157–159, Taf. XV.

9 Cowen 1983, S. 134–147. – Atil 1980, S. 180–181, Taf. 27.

10 Otto-Dorn 1957, Abb. 51. – s. a. Cowen 1983.

11 B. Gray, Some Chinoiserie Drawings and their Origin. In: Forschungen zur Kunst Asiens. In memoriam Kurt Erdmann. Istanbul 1969, Fig. 2. – Crowe 1978, S. 207–214. – Sh. E. Lee and Wai-Kam Ho, Chinese Art unter the Mongols: The Yüan Dynasty. 1968, Nr. 276–281.

12 Otto-Dorn 1957, Taf. 11. – Ünver, A. S., Türkiyede Nevruz ve Nevruziye. In: Vakıflar Dergisi 11 (1976), pp. 221–237 (für Übersetzung ist zu danken Kurt Sollfrank).

13 Zick-Nissen, Triple-ball and stripes (im Druck). – Privatbesitz, Teller der ‚Damaskus-Gruppe' mit Auswahl aus den 8 kostbaren Dingen im Außendekor, unveröffentlicht. – Vgl. Kat. Nr. 2/26–29; 2/66.

14 Birge 1937, S. 219 f; S. 114, 12. – Menzel 1925, S. 93; 95; 107–8. – Vgl. Kat. 2/31.

15 T. Öz, Turkish Textiles and Velvets 1950, S. 25–26, Taf. III.

16 Lane 1957a, Taf. 57; 66; 87; – vgl. Taf. 64 zu Kat. 2/1.

17 Masterpieces of Chinese Portrait Painting in the National Palace Museum, Taipei (1971), Abb. 38.

18 Hammer-Purgstall 1963, I, S. 520–521. – Evliya Çelebi 1834, S. 40. – Vgl. J. v. Hammer-Purgstall, Geschichte der osmanischen Dichtkunst bis auf unsere Zeit II, Pesth 1836, S. 185.

19 Lane 1957 b, Abb. 31. – British Museum, Kanne mit Drachenfigur an Tülle und als Henkel, OA 1936. 10–12. 94 (65), Periode Chenghua. – Vgl. Kat. 2/4, 2/1.

20 Aslanapa 1965, Abb. 30–32. – Otto-Dorn 1957, S. 74–75; S. 78, Abb. 44.

21 P. S. Pallas, Sammlungen historischer Nachrichten über die mongolischen Völkerschaften, 2. Theil, St. Petersburg 1801, S. 163; S. 158–159, Taf. XV.

22 Zick-Nissen, Triple-ball and stripes (im Druck).

23 Yetkin, S., Osmanlı Saray Halılarından Yeni Örnekler. In: Sanat Tarihi Yıllığı VII 1977, S. 146–148. – Für den Vorgang der Stiftung gibt es keinen Beleg, aber Süleyman hielt sich zu Besuch in Seyyid Gazi wie im Mevlana Heiligtum auf (Hasluk 1973, S. 705 f.; Hammer-Purgstall 1963, III, S. 147).

24 Ettinghausen 1959, Fig. 4.

25 Berlin, Museum für Islamische Kunst, unveröffentlichte Fragmente der Studiensammlung; z. T. veröffl.: Zick-Nissen 1976, Fig. 9.

26 M. Medley, The Chinese Potter 1976, S. 193–195.

27 Medley, a. a. O. S. 193–194. – D. Lion-Goldschmidt, Ming-Porzellan 1978, S. 140–142, Abb. 101–103.

28 Raby-Yücel 1983.

29 Kat. Frankfurt 1977, Nr. 81–83.

30 O. Aslanapa, Täbriser Künstler am Hofe der osmanischen Sultane in Istanbul. In: Anatolia 3 1958, S. 15–17.

31 Teheran, Bastan-e Iran Muze, Farbpostkarte.

32 H. Sohrweide, Dichter und Gelehrter aus dem Osten im osmanischen Reich (1453–1600). In: Der Islam 46 1970, S. 263–302.

33 Sohrweide, a. a. O., S. 289–292.

34 Sohrweide, a. a. O., S. 296–298.

35 Denkwürdigkeiten Asiens in Künsten und Wissenschaften, Sitten, Gebräuchen etc. Gesammelt von H. F. von Diez. Bd. 1. Berlin 1811, S. XVII f.

1 Evliya Çelebi 1963, S. 116—117.
2 F. Babinger, Mehmed der Eroberer und seine Zeit, 2. Aufl. München 1959, S. 388.
3 Rogers, Luxury trades, Nr. 26; 131; 281.
4 J. Byam Shaw, Gentile Bellini and Constantinopel. In: Apollo 1984, S. 57.
5 G. Renda, New light on the painters of the Zubdet al-Tawarikh. In: IVème Congrès International d'Art Turc, Aix-en-Provence 1971, 1976, S. 183—200, Abb. 8; 18; 31—37.
6 Zimelien (Berlin 1976), Nr. 115; 126. — The British Library: St Augustine, Explanatio psalmorum, Add. MS 14781; The Roocloster Breviar, Add. MS 11863, flämisch 1475—1550; Geschichte der Herrscher von Burgund, Schule von Gent und Brügge, 1482—86. London, National Gallery: Crivelli, 1491 Madonna mit Kind; G. di Paolo (1420—82), Johannes der Täufer; Piero della Francesca, 1469.
7 Zick-Nissen 1975, Abb. 3—4; Zick-Nissen 1976, Abb. 1—4.
8 Lane 1957a, Abb. 38—41; 45—46. — Lane 1957a, S. 114. Otto-Dorn 1957, Abb. 41; Taf. 14b, l. o. — Musterung wie Fragment einer Ompahlosschale aus Iznik, Berlin, Museum für Islamische Kunst. —T. Hausmann, Maiolika. Berlin 1975, s.: Venedig, Deruta, Urbino.
9 Aslanapa 1965, Abb. 76—77. — Lane 1957a, S. 114. — Zick-Nissen 1978, Abb. 7e.
10 Gervers-Molnár 1979, Abb. 18—19. — Th. Sehmer, Das Geheimnis der Gabrielskapelle zu Salzburg. Innsbruck und München o. J.
11 Hammer-Purgstall 1963, Bd. 3, S. 513—522.
12 K. Erdmann, Europa und der Orientteppich. 1962, Tf. 12.
13 The Eastern Carpet in the Western World. London 1983, S. 52 f, Nr. 7; 10—11.
14 The Eastern Carpet in the Western World. London 1983, S. 67 f, Nr. 33; 34—35.
15 Hans Holbein d. J., Kaufmann Gisze (Berlin). — 1530, Peter Gärtner; 1531, Herzog Wilhelm IV. von Bayern mit Familie; 1534, Pfalzgraf Johann II. (München, Bayer. Nat. Mus.). — 1504, Anna Selbdritt, Augsburger Meister, mit Gebetsteppich mit doppelter Nische (Innsbruck, Ferdinandeum). — H. Burgkmair, 1510, Madonna mit Traube, aus dem Besitz der Fugger (Germanisches Nationalmuseum, Nürnberg).
16 Gervers 1982.
17 E. Forssmann, Säule und Ornament, Acta Universitatis Stockholmensis I (1956). — I. O. Dell-Franke, Kupferstiche und Radierungen aus der Werkstatt des Virgil Solis 1977, S. 169; Tf. 141; 175; 178, S. 43, Tf. 104. A. N. St. Clair, The Image of the Turc in Europe. New York 1973, Nr. 18—29.
18 J. H. Schmidt, Alte Seidenstoffe, Braunschweig 1958, S. 247. Zuschreibung an Pesellino fraglich; Berlin, SPK, Kupferstichkabinett.
19 Öz 1957, Tf. XXX. — Meinecke-Berg 1972, Abb. 13—15. — A. S. Duruçay, Şehzade Mehmed Türbesi. In: Sanat 6 (1977), S. 108—113.

Hans-Caspar Graf von Bothmer

BUCHKUNST

EINLEITUNG

Eine Ausstellung im Herzen Europas, die ohne den Druck eines Gedenktages die Kunst und Kultur der Osmanen darstellen will, wirft einige Überlegungen auf, die schon die Vorbereitungen begleitet haben und das Ergebnis mitbestimmen. Einige davon möchte ich im Hinblick auf die als ‚Buchkünste' zusammengefaßten Teile erörtern, für die ich verantwortlich bin.

Zunächst: was bedeutet die Koppelung der Begriffe ‚Kunst' und ‚Kultur'? Zum einen gewiß, daß es nicht darum gehen kann, nur Spitzenleistungen, fraglose Meisterwerke nebeneinander zu legen. Sondern die Breite des Kunstschaffens soll erkennbar werden, die von der reich bebilderten Prachtausgabe eines im Hofatelier für den Sultan geschaffenen historischen Werkes über illustrierte Dichtung bis hin zu Ausgaben wissenschaftlicher Texte reicht und zur Handschrift, die ein Dilettant zu eigenem Vergnügen hergestellt hat; Bücher zeigt in rubinbesetzten Jadeeinbänden, andere zwischen Deckeln aus Lackmalerei, oder Ledereinbände vom koranzitierenden Prachteinband bis zum bescheiden dekorierten Rechnungsbuch, aber auch die so zurückhaltenden wie anmutigen Broschuren; oder endlich – mit Blick auf die Kalligraphie – muß erkennbar sein, daß neben der fraglosen Erfüllung vorrangiger Aufgaben wie der Koranherstellung auch Platz war für brillante Kunststücke, die Intellektuelles zusammen mit sinnlichem Vergnügen boten; und daß die Schriftkunst bildhafte Kompositionen schuf, die Funktionen des Schmucks erfüllten, aber zugleich zur Meditation religiöser Wahrheiten anhielten, wie es im Abendland den Bildern zukam.

Die Koppelung von ‚Kunst' und ‚Kultur' veranlaßte ferner den Versuch, Objekte auszuwählen, die in mehrfachem Zusammenhang aussagekräftig sind: die als Kunstwerke die Eigenart ihrer Kunst veranschaulichen, als Illustration Einblicke in das Gefüge der uns fremden Welt geben, aus der sie stammen; und schließlich womöglich ein Licht auf das Bild des Osmanenreichs im gleichzeitigen Europa werfen. Deshalb ist in großem Umfang Material aus Sammlungen mit alten Beständen ausgeliehen worden. Manches ist mit türkischen Gesandschaften an europäische Höfe gekommen, anderes wurde in einer der zahllosen kriegerischen Begegnungen erbeutet, wieder anderes stammt aus Sammlungen von Europäern, die ihr Land als Botschafter an der Pforte vertreten haben. Ohne diesen Aspekt eigens ausarbeiten zu wollen, erscheint es mir doch richtig darauf hinzuweisen, daß mehr als die Hälfte der hier ausgestellten Stücke seit über hundert, manche auch schon seit vielen hundert Jahren im Abendland sind.

Daraus werden auch Akzentverschiebungen gegenüber kunstgeschichtlichen Darstellungen verständlich. Dort nimmt die Arbeit der Hofwerkstätten den überwiegenden Raum ein – nicht allein wegen der durchweg hohen, oft höchsten Qualität, sondern auch wegen der vermehrten Einsicht, die literarische Quellen und neuerdings zunehmend zugängliches Archivmaterial gewähren. Nur in Ausnahmefällen haben Meisterwerke der Hofkunst ihren Weg in abendländische Sammlungen gefunden (z. B. Kat. Nr. 1/30); weshalb das, was wir an Hauptwerken der Hofkunst zeigen können, aus dem Besitz des zum Museum gewordenen Sultanspalastes in Istanbul kommt.

Eine andere Akzentverschiebung – die vergleichsweise starke Berücksichtigung der Papierkünste – spiegelt einen kulturgeschichtlichen Sachverhalt, nämlich die Faszination, die diese Erzeugnisse auf die abendländischen Besucher Istanbuls ausgeübt haben. Sie wurden offenbar im Basar feilgeboten, und viele Reisende haben sie gekauft. Was für die Aufnahme einer Sammlung türkischer oder persischer Gedichte vorbereitet war, diente stattdessen nun als ‚liber amicorum'. Und das Entzücken an diesen Werkchen verbreitete sich offenbar so sehr, daß die Versorgung mit türkischem Material nicht sicher schien und man sich daran machte, es nachzuahmen. Ich konnte der Versuchung, dies wenigstens an einem Beispiel zu zeigen, umso weniger widerstehen, als sich dafür ein Büchlein anbot, das in der Fachliteratur bereits als türkisches Erzeugnis Einzug gehalten hat (Kat. Nr. 1/108).

Es sei noch die Gruppe der Trachtenbücher, Kostümalben und sogenannten Manierenbücher erwähnt, die von vornherein nicht für türkische, sondern für ausländische Käufer hergestellt wurden; wahrscheinlich auf Vorrat, ohne unmittelbaren Auftraggeber – die Typenübereinstimmung deutet darauf hin. Doch gab es andere, die – der gleichen Tradition zugehörig – für bestimmte Auftraggeber, z. B. den englischen Reisenden Peter Mundy, hergestellt sind, und schließlich auch solche, die der Hof in Auftrag gab, um einem ausländischen Gesandten – in unserem Fall dem Freiherrn von Diez, Vertreter Friedrichs des Großen an der Pforte – die unvermeidliche Orientierung in der fremden Gesellschaft zu erleichtern und passendes, d. h. dem Rang des Gegenübers angemessenes Verhalten zu ermöglichen.

Ein kulturgeschichtliches Faktum schließlich möchte ich besonders hervorheben; es liegt in der uns fremden Bedeutung der Kalligraphie. In der islamischen Welt genießt sie als erste der Künste höhere Achtung als die Malerei (und übrigens auch die Illumination). Das hat seinen Grund darin, daß dieser Kunst das göttliche Wort in besonderem Maße anvertraut ist. Jeder Kalligraph, gleichgültig, worin seine persönliche Stärke oder Spezialisierung lag, wendete einen großen Teil seiner Schaffenskraft für das Schreiben des Korans auf. Dann aber ist die Kalligraphie auch in Bereichen heimisch geworden, in denen für den Abendländer selbstverständlich das Bild herrschte. Koranzitate sind unentbehrliche Zier jeder Moschee – gleichgültig, in welchem Medium sie ausgeführt sind, ob in Holz, Stein oder Keramik: den Entwurf hatte ein Kalligraph gefertigt. Kalligraphische Tableaux dienten auch gelegentlich als Schmuck der Wohnräume – und in diesem Bereich haben die Kalligraphen eine besondere Phantasie entwickelt, die wirkliche Schrift*bilder* schuf – im äußersten Fall dadurch, daß der Schriftverlauf Figuren konstituierte (Kat. Nr. 1/74).

Das Osmanische Reich ist ein islamisches Reich gewesen. Das bedeutet, daß es Erbe und Träger einer Buchkultur wurde, wie sie weder nach Umfang, noch nach dem Maß der anschaulichen Differenzierung in Europa vor der Erfindung des Buchdrucks denkbar war.

Der quantitative Aspekt hat nicht viel mit der „Buch*kunst*" zu tun. Doch ist es wichtig, die Selbstverständlichkeit, daß das Buch Vermittler von Wissen war, in Zusammenhang zu bringen mit der ungeheuren Verbreitung dieses Wissens. In ihm war antike Wissenschaft ebenso aufgehoben wie vorislamische arabische Poesie oder z. B. indische Weisheitsliteratur; durch das Buch wurde dann jegliche auf der Grundlage der islamischen Religion erfolgte Umarbeitung und Verwandlung allen Wissens in alle Teile des islamischen Orients tradiert. Voraussetzung dafür war die leichte Verfügbarkeit eines vergleichsweise billigen Schreibmaterials. Die Herstellung von Papier hatten die Muslime schon vor 900 n. Chr. von den Chinesen gelernt. In den folgenden Jahrhunderten haben sich Strukturen der Bildung entwickelt, die deshalb hier gestreift werden, weil sie – direkt oder indirekt – Voraussetzung für das waren, was hier interessiert: die Kunst des Buches. Zentren der Gelehrsamkeit waren die Hochschulen; Bibliotheken, die hunderttausende und sogar Millionen von Bänden besaßen, wurden von sultanischen Stiftungen, Staatsmännern oder Gelehrten getragen. Die Fraglosigkeit, mit der die gebildeten städtischen Schichten der islamischen Welt das Lesen- und Schreibenlernen als Zugang zum verfügbaren Wissen (Abb. 74) sahen, spiegelt sich auf amüsante Weise darin, daß (städtische) Dichtung und (höfische) Malerei das klassische Liebespaar, Laila und Madschnun, beides Beduinenkinder, sich in der Schule kennenlernen ließen!

Wenden wir uns der Buchkunst im engeren Sinne zu, dann muß zunächst der kulturelle Hintergrund ihrer Pflege skizziert werden. Die Förderung der schönen Künste ist in der islamischen Welt stets ein Privileg der Herrscher gewesen, es war fester Bestandteil des Herrscherbegriffs wie die Ausübung und Beherrschung von Staatskunst, Kriegstechnik, von Jagd und ritterlichem Spiel. Pflege der Künste und das Sammeln ihrer Werke gehörten zum herrscherlichen ‚decorum'. Dieser Seite ihrer Aufgaben haben sich viele der osmanischen Prinzen und Sultane mit großem persönlichen Engagement angenommen: viele dichteten, andere übten selber eine Kunst aus, Süleyman I. zum Beispiel die Goldschmiedekunst, andere die Kalligraphie; Ahmed III. und Mahmud II. haben es darin zu wirklicher Meisterschaft gebracht. Wieder andere drückten zumindest ihre Achtung vor der Kunst aus, indem sie die Nähe der sie ausübenden Künstler suchten und z. B. dem Kalligraphen das Tintenfaß hielten (so ein auf Sultan Bayezid II. bezogener literarischer *topos*).

Künstler am eigenen Hof zusammenzuziehen und an großen Aufgaben zu beschäftigen war zweifellos ein Mittel, Macht darzustellen. Das galt für Mehmed

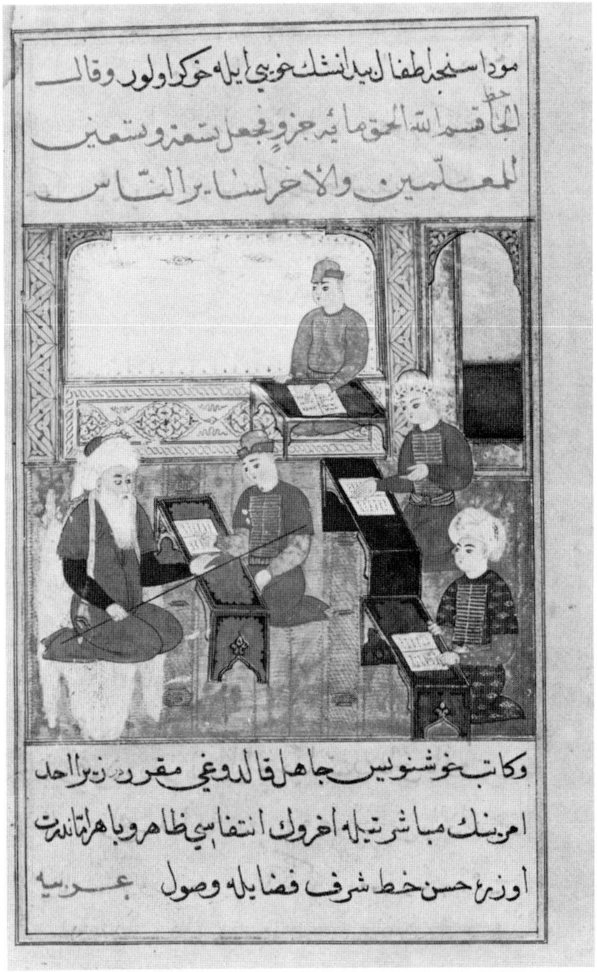

Abb. 74 Leseunterricht. Manuskript der Bibliothèque Nationale, Paris

den Eroberer genauso wie für seine Zeitgenossen, die timuridischen Kleinfürsten in Persien, die der persischen Buchkunst zu einer ihrer glanzvollsten Blütezeiten verhalfen. Schah Ismail, der erste Safawide, entriß ihnen mit der Macht auch ihre Bibliotheken und ihre Hofkünstler. Er seinerseits sorgte sich, so berichtet eine Quelle, sein osmanischer Gegner in der Schlacht von Çaldıran könnte ihm Ähnliches antun; seine besondere Sorge galt dem Kalligraphen Šāh Maḥmūd an-Nīšābūrī (Kat. Nr. 1/22) und dem Maler Behzād. Tatsächlich sind auf Umwegen kostbare Werke aus den Bibliotheken der Timuriden in die Palastbibliothek nach Istanbul gelangt. Die Safawidenhauptstadt Täbris wurde mehrfach erobert und geplündert (was schließlich 1548 zur Verlagerung der Hauptstadt nach Qazwin führte); andere Manuskripte kamen als diplomatische Geschenke. Im Şahname-i Selim Han (Kat. Nr. 1/16c) gehört zu den darstellungswürdigen Ereignissen der Herrschaftszeit Selims II. die Ankunft einer persischen Gesandtschaft, deren kostbare Geschenke von prunkvollen Handschriften angeführt wurden.

Nicht gänzlich unerwähnt soll die vergleichsweise konventionelle Erwerbsform des Kaufs bleiben. Es ist durchaus denkbar, daß etwa in Kairo, dem Zentrum der Buchproduktion des mamlukischen Ägypten, Agenten Ankäufe für den osmanischen Hof tätigten. Und man kann auch unschwer das Interesse benennen, das womöglich den Ankauf einer stattlichen (heute in Berlin befindlichen) mamlukischen Handschrift mit einem Traktat über ritterliche Reit- und Schießkunst für die Bibliothek Bayezids II. veranlaßt hat; jedenfalls befand sie sich dort, lange bevor die Osmanen nach der Eroberung Ägyptens Handschriften und Künstler – erbeutet und/oder freiwillig – nach Istanbul schafften.

Frühe Dokumente scheinen darauf hinzuweisen und Beobachtungen an erhaltenen Werken stimmen damit überein, daß dem Sultanspalast in Edirne, das bis zur Eroberung Konstantinopels die Hauptstadt der Osmanen war, eine Anzahl von Kunsthandwerkern angegliedert war, die in verschiedenen Materialien und Techniken arbeiteten. Später, jedenfalls seit Bayezid II., gab es im Neuen Palast in Istanbul, dem heutigen Topkapı Sarayı, verschiedene höfische Werkstätten, die als *ehl-i hiref* bezeichnet wurden. Das Maleratelier, *nakkaşhane*, ist nach Anzahl der beschäftigten Künstler und nach dem Ausmaß ihrer Wirksamkeit die bedeutendste Gruppe gewesen.

Enge Zusammenhänge zwischen Edirne und späteren, in Istanbul entstandenen Werken bezeugen die Kontinuität dieser Einrichtung (Kat. Nr. 1/4 und 1/7). Nur einzelne der dort arbeitenden Künstler kennen wir mit Namen. Es waren Türken, aber auch Perser, die von Reichtum und Macht der neuen Hauptstadt angezogen wurden.

Mehmed der Eroberer nahm großes Interesse an den abendländischen Künsten, und er hat den König von Neapel und Venedigs Signoria aufgefordert, ihm Maler zu schicken; diese sandte ihren Hofmaler Gentile Bellini, jener den Maler und Medailleur Costanzo da Ferrara. Interessanterweise folgte Mehmed damit einem Brauch, der sich seit der Frühzeit des Islam

gelegentlich wiederholte. So forderte der Umayyadenkalif al-Walıd den byzantinischen Kaiser im späten 7. Jh. auf, ihm Mosaizisten für die Renovierung der Moschee des Propheten in Medina zu schicken; ebenfalls an den byzantinischen Kaiser wandte sich im 10. Jh. mit dem gleichen Wunsch der Kalif von Cordoba. Stets wurde er erfüllt.
Die Folgen, die die zeitweilige Anwesenheit italienischer Künstler in Istanbul für die osmanische Malerei gehabt hat, sind lange diskutiert worden. Es scheint, daß sie sich auf eine Formulierung von Bildlösungen für das Porträt beschränkte, woran Mehmed besonders interessiert war.
Im Jahre 1514 kamen nach der Eroberung und Plünderung von Täbris hunderte persischer Künstler und Handwerker nach Istanbul. Diese beiden *termini* so unterschiedlich zu definieren, wie wir es heute aus Gewohnheit tun, ist im Blick auf die Kunst unter den Osmanen übrigens ähnlich unsinnig wie für die europäische Kunst vor etwa 1750. Viele Künstler kennen wir mit Namen, die aber hier wenig zur Sache tun, weil mit ihnen zumeist nur zu ungewissem Zeitpunkt zugeschriebene Werke in Verbindung gebracht werden können. Jedenfalls ist ihr Wirken für die weitere Ausbildung jener türkischen Maler, die dann in der zweiten Hälfte des 16. Jh. die klassische Phase der osmanischen Malerei getragen haben, von großer Bedeutung gewesen. Sie arbeiteten und unterrichteten in den persischen Traditionen, in denen sie selber geschult worden waren. Dank der reichen Bestände der Sultansbibliothek, wo neben Handschriften ja auch Zeichnungen und Fragmente sorgfältig gesammelt und in großen Alben zusammengestellt wurden, können an ihnen die Quellen solcher Traditionen erfaßt werden, selbst wenn vermutlich diese Manuskripte selber für die konkrete Überlieferung nicht so wichtig gewesen sind.
Die Nachrichten, die literarischen Quellen, wie das von Mustafa Ali (Kat. Nr. 1/18) im späten 16. Jh. geschriebene biographische Werk *Menakıb-ı Hünerveran* (Legenden der Begabten) und die neuerdings erschlossenen Dokumente, können eine Fülle von Einsichten in den Umfang des *nakkaşhane* zu verschiedenen Zeiten, seine personelle Zusammensetzung und hierarchische Gliederung sowie über Ausbildung, Herkunft, Rang und besondere Stärken mancher Künstler und gelegentlich sogar über den Entstehungsprozeß eines einzelnen Buchs (Kat. Nr. 1/16c) geben. Kriterien dafür, wie wir heute die dort hergestellten Werke beurteilen können, finden sich natürlich nicht. Aber im Hinblick darauf ist es z. B. wichtig, die starke Differenzierung der verschiedenen Künste zu beobachten, die das fertige Buch zum Werk zahlreicher, neben- und nacheinander daran arbeitender Kunsthandwerker machte.
Die bedeutende Rolle des *nakkaşhane* liegt, über die Herstellung einzelner Werke hinaus, in der Sammlung und systematischen Auswertung z. T. sehr heterogener und zu verschiedenen Zeiten verfügbar gewordener Motivbestände, gestalterischer Prinzipien, Kompositionsschemata und künstlerischer Techniken. Wieweit vom *nakkaşhane* eine die Kunstübung im ganzen Reich prägende und – wie teilweise vermutet wurde – sogar durch Übersendung von Entwürfen gesteuerte Wirkung ausgegangen ist, bedarf weiterer Untersuchungen. Die Bedeutung des *nakkaşhane* für die Bildung eines homogenen Geschmacks der gebildeten Kreise ist jedenfalls sicher hoch zu veranschlagen.
Offenbar ist ein festes Repertoire dekorativer Elemente entstanden, das ebenso unverwechselbar war wie geeignet, sich unterschiedlichen Gegebenheiten und Bedürfnissen anzupassen. Doch blieben Sonderentwicklungen selbst innerhalb der Hofwerkstätten möglich, die zeitweilig das Bild einzelner Kunstgattungen bestimmen konnten, ohne für andere verbindlich zu werden. Die charakteristische, auf europäischen Stichvorlagen basierende Ornamentik von Goldschmiedearbeiten im späteren 17. Jh. beispielsweise hat – wenn man recht sieht – weder in der Einbandkunst noch in der Illumination Wirkungen gezeitigt, obgleich beide Medien ihrer Anwendung kein grundsätzliches Hindernis entgegenstellten.
So wichtig die Hofwerkstätten gewesen sind, ist doch sicher, daß auch Interessenten, die sich u. a. durch ihr kulturelles Niveau und ihre Finanzkraft vom Hof unterschieden, Zugang zu Werken der Buchkunst hatten. Gelegentlich ist erkennbar, welcher Bevölkerungsgruppe solch ein Mann (Auftraggeber oder Käufer) angehörte.
Da sind zunächst die hohen Beamten, hier vertreten durch den Großwesir Murad Paşa, für den (Kat. Nr. 1/57) angefertigt wurde. Mit Hasan Paşa, der Gouverneur des Irak und ein Sohn des Großwesirs Sokollu Mehmed Paşa (und Enkel Selims II.) war, wird eine mehr als zwei Dutzend Handschriften umfassende, zwischen 1580 und 1610 in Bagdad entstandene Gruppe in Zusammenhang gebracht, deren Kenn-

zeichen eine nicht unbedingt perfekte Malweise und, gegenüber der hauptstädtischen Produktion, stärkere persische Einflüsse sind; in dieser Ausstellung steht Kat. Nr. 1/24 dieser Gruppe am nächsten.
Die Münchener Hamdî-Handschrift (Kat. Nr. 1/8) scheint für eine nicht höfisch gebundene gebildete Oberschicht entstanden zu sein, die der Künstler *ehl-i safa*, „Kenner, Genießer" nennt, die sein Werk beurteilen sollen. Der Sultan oder hochgestellte Höflinge werden schwerlich mit dieser Anrede gemeint sein, vielleicht einer der Literaten. Ein und derselbe Künstler ist zugleich für die Kalligraphie, die Illustrationen, die Herstellung des Lackeinbandes und die Bindung selbst verantwortlich, hat sich also in verschiedenen Zweigen der Buchkunst betätigt, die in den Hofwerkstätten nach Ausweis der Dokumente von verschiedenen Künstlern ausgeübt wurden. Das erregt angesichts der Qualität seiner Leistungen Staunen; zugleich spricht es gegen die Entstehung der Handschrift in der Hofwerkstatt. Da es andererseits viele Übereinstimmungen zwischen den Illustrationen der Handschrift und anderen, älteren wie jüngeren Produktionen der Hofwerkstatt gibt und ein wichtiges Motiv auf eine viel ältere Darstellung zurückgeht (die sich auf einem Fragment in einem der sogenannten Diez'schen Alben in Berlin findet, die ja aus dem Serail stammen), ist es wahrscheinlich, daß dieser Künstler zu denen gehörte, die zugleich Mitglied der Hofwerkstätten waren und auch außerhalb des *nakkaşhane,* mutmaßlich im eigenen Atelier, gearbeitet haben.
Wahrscheinlich stammten aus derartigen freien Ateliers die für auswärtige Besucher angefertigten Kostümalben. Gewiß, mancher Fremde brachte seinen eigenen Maler mit (Kat. Nr. 1/17c und 1/103), doch ist unverkennbar, daß auch diese von Europäern hergestellten Trachtenbücher festen, von einheimischen Malern geprägten Typen folgten.
Schließlich verdienen die Dilletanten Erwähnung, die sich auf sehr unterschiedlichem Niveau einer der Künste widmeten. Im Fall der illustrierten Gulistan-Handschrift (Kat. Nr. 1/16b) sind es sogar drei: der Oberrichter in einer Provinz, der sich im Kolophon nicht ohne Stolz nennt, ist für Schrift, Malerei und Einband veranwortlich. Den Koran (Kat. Nr. 1/67) hat eine weibliche Kalligraphin in der Mitte des 18. Jh. geschrieben, die, wie wir wissen, zahlreiche ähnlich kunstfertige Geschlechtsgenossinen hatte.
Aus dem 19. Jh. stammt der Reisebericht eines weltoffenen, kulturgeschichtlich und naturkundlich aufmerksamen Arztes (Kat. Nr. 1/50), der aus mehr als einem Grund an abendländische Forschungsreisende wie Carsten Niebuhr denken läßt.
Vielleicht ist es nicht falsch, abschließend zweierlei zu betonen: einmal, daß die Werke der osmanischen Buchkunst in besonderem Maße den einzelnen Betrachter ansprechen, daß sie ein fast meditatives Anschauen, ein Sich-Versenken verlangen, um zur vollen anschaulichen Wirksamkeit zu kommen. Zum anderen sollte klar sein, daß die betrachtende Vereinzelung der künstlerischen Leistungen, die die Künstler in ihren verschiedenen Künsten erbracht haben (und die, das sei hinzugefügt, bei der Entscheidung, welcher von ihnen in der Ausstellung und im Katalog der Vorrang zu geben sei, viele Probleme verursacht hat!) zwar in gewisser Weise mit dem Herstellungsprozeß korrespondieren, daß aber das Ziel jener Künstler war, im Miteinander der verschiedenen Teile ein neues Ganzes anschaulich werden lassen.
Darum sollte auch der Betrachter sich bemühen.

BUCHMALEREI

Das frühe Alexanderbuch aus Amasya (Kat. Nr. 1/1) zeigt, daß Interesse am illustrierten Buch zu einem Zeitpunkt bestand, zu dem es kaum Möglichkeiten gab, es aus eigenen Kräften zu befriedigen. So wurden die Miniaturen aus älteren Manuskripten wiederverwendet. Der Schreiber ließ zwar Platz dafür frei, ohne aber ihre Dimensionen zu berücksichtigen; vielleicht kannte er sie gar nicht. Sie wurden durch figürliche Ergänzungen, die die Handlung verdeutlichen, oder durch Ornamentfelder dem Schriftspiegel eingepaßt.
Ähnlich sieht es in der jüngeren Handschrift des Hurşidnâme (Kat. Nr. 1/5) aus. Auch hier ist die Entscheidung, wieviel Platz der Schreiber freilassen sollte, ohne Mitwirkung des Illustrators gefallen. Dieser war ein bescheidenes Talent; seine Zeichnungen scheinen in unsicherer Abhängigkeit Vorlagen zu folgen, die er nicht frei adaptieren konnte, sondern z. T. querstellen mußte, um sie unterzubringen (warum aber manche auf dem Kopf stehen, ist unerfindlich). Während die originalen Illustrationen zum Alexanderbuch ganz von byzantinischen Konventionen bestimmt sind, scheint diesem Maler eine spätmamlukische Handschrift mit volkstümlich-einfacher Bildfolge vorgelegen zu haben.

Trotzdem besteht darin Übereinstimmung zwischen diesen und einigen anderen frühen Illustrationen, daß das Bildfeld rechteckig gerahmt und dem Schriftspiegel eingefügt, also untergeordnet ist. Denkt man an persische Handschriften, in denen das Verhältnis von Schrift und Bild auf ganz unterschiedliche, ebenso vielfältige wie originelle – und sogar die Bildhaftigkeit durch Aufbrechen der Rahmen in Frage stellende – Weise behandelt ist, und vergegenwärtigt man sich, daß solche Handschriften in Istanbul vorhanden waren, dann muß man diese Einfachheit für gewollt halten.

Sie paßt zusammen mit der in vielen Bildern zu beobachtenden Beschränkung auf eine flache, bildparallele Bühne mit wenigen Figuren – ob diese nun byzantinischer, arabischer oder persischer Herkunft sind.

Persischer Einfluß sieht verschieden aus: das Dilsuzname (Kat. Nr. 1/2) scheint auf Werke des 14. Jh. zurückzugehen, die Hamdî-Handschrift von 1515 dagegen (Kat. Nr. 1/8) zeigt auf dem ausgestellten doppelseitigen Bild Züge der Herater Malerei des späteren 15. Jh. Doch nicht nur dieser Einfluß – auch seine Grenzen sind interessant. Genaues Hinsehen läßt nämlich erkennen, daß auch dieser Maler erst zu malen begann, nachdem der Schriftspiegel gerahmt war. Was heißt das, wo doch in dieser Handschrift ein Künstler für alles verantwortlich war? Da er den Schriftspiegel gerahmt hat, bevor er die Bilder ausführte, scheint es für ihn selbstverständlich gewesen zu sein, Bilder solchem Rahmen einzupassen – d. h., er hält es an diesem Punkt wie die Maler anderer früher Handschriften. Die Entscheidung, die Bilder größer zu malen als vorgesehen fiel erst später und wurde dadurch erleichtert, daß sie ohnehin ganzseitig werden sollten. Daran, wie er die Vergrößerung durchführte, zeigt er seine Vertrautheit mit persischen Kompositionsprinzipien, obgleich er sie anders nutzt als dort üblich: er berücksichtigt die zunächst ausgeführten und dann übermalten Rahmenlinien bei der Anlage des Bildes und speziell bei der Plazierung der Figuren; ja, in einer Art mutwilliger Spielerei läßt er ein Stück Rahmen stehen und nutzt es als Unterteilung einer Tür.

Die Texte, die von der frühosmanischen Malerei illustriert wurden, waren überwiegend kleine Epen, türkische Versionen persischer Gedichte. Die medizinische Handschrift (Kat. Nr. 1/3) steht inhaltlich allein. Indem sie aber das Zutrauen in die Fähigkeit der Malerei Wirklichkeit zu erklären bezeugt, weist sie einen Zug auf, der in der Malerei des 16. Jh. ganz offenbar wird.

Einige um 1500 entstandene Illustrationen (Kat. Nr. 1/4) reflektieren mit ihrem Interesse an räumlicher Staffelung und perspektivischer Wiedergabe der Bühne, auf der die Handlung spielt, abendländische Bildvorstellungen. Vorbilder zu benennen, ist schwer; sicher sind diese Darstellungen von den zentralperspektivischen Errungenschaften der Renaissance nicht berührt; eher wird man an mittelalterliche Malerei erinnert, die die Gegenstände auf den Betrachter hin fluchten läßt und durch sprunghafte Verkleinerung gleichartiger Bildelemente Tiefe gewinnt.

Persische Vorbilder sind, wie in der Einleitung angedeutet, auf verschiedenen Wegen und zu verschiedenen Zeiten verfügbar geworden. Bis zum Münchener Hamdî (Kat. Nr. 1/8) sind es die des 15. Jh. Die Wirkung safawidischer Hofmalerei wurde nach der Eroberung von Täbris 1514 möglich: die Neva'î-Handschrift (Kat. Nr. 1/10) zeigt sie in besonderer Dichte, das Münchener Einzelblatt (Kat. Nr. 1/11) und das doppelseitige Jagdbild in der *Gūy u čaugān*-Handschrift aus Istanbul (Kat. Nr. 1/13) setzen sich auf unterschiedliche Weise mit dem persischen Bildbegriff – als Ergebnis des komplexen Miteinanders aller Darstellungselemente in der Fläche – auseinander. Ein späterer Schub scheint dagegen für das Auftreten neuer Bildaufgaben neben der Illustration verantwortlich gewesen zu sein: im zweiten Drittel des Jahrhunderts beginnt die große Zahl von Einzelblättern, in denen – im Gefolge des *saz*-Stils mit seiner stark kalligraphischen Qualität – chinesische Elemente wieder auftauchen, die die islamische Malerei sich lange zuvor angeeignet hatte. Hierher gehört das Drachenblatt aus Cleveland (Kat. Nr. 1/14), dessen phantastisches Blattwerk das *saz*-Blatt zum vollwertigen Bildgegenstand macht, verwandt sind auch die immer wieder gemalten Bilder höfischer Engel mit *saz*-Blatt-Flügeln (Kat. Nr. 1/15).

Seit der Mitte des 16. Jh. wurde die Herstellung reich illustrierter Ausgaben zeitgeschichtlicher Werke zur wichtigsten Aufgabe der Hofmalerei. Es gibt kaum Vorläufer. Zu Beginn der langen Herrschaft Süleymans des Prächtigen war einmal eine Geschichte Selims I. entstanden, deren Bilder aber nicht über das Mittelmaß hinausreichen. Einen Vorgänger gab es schon im 15. Jh.: einen Alexanderroman in Venedig, den wir vergeblich auszuleihen hofften (ob er

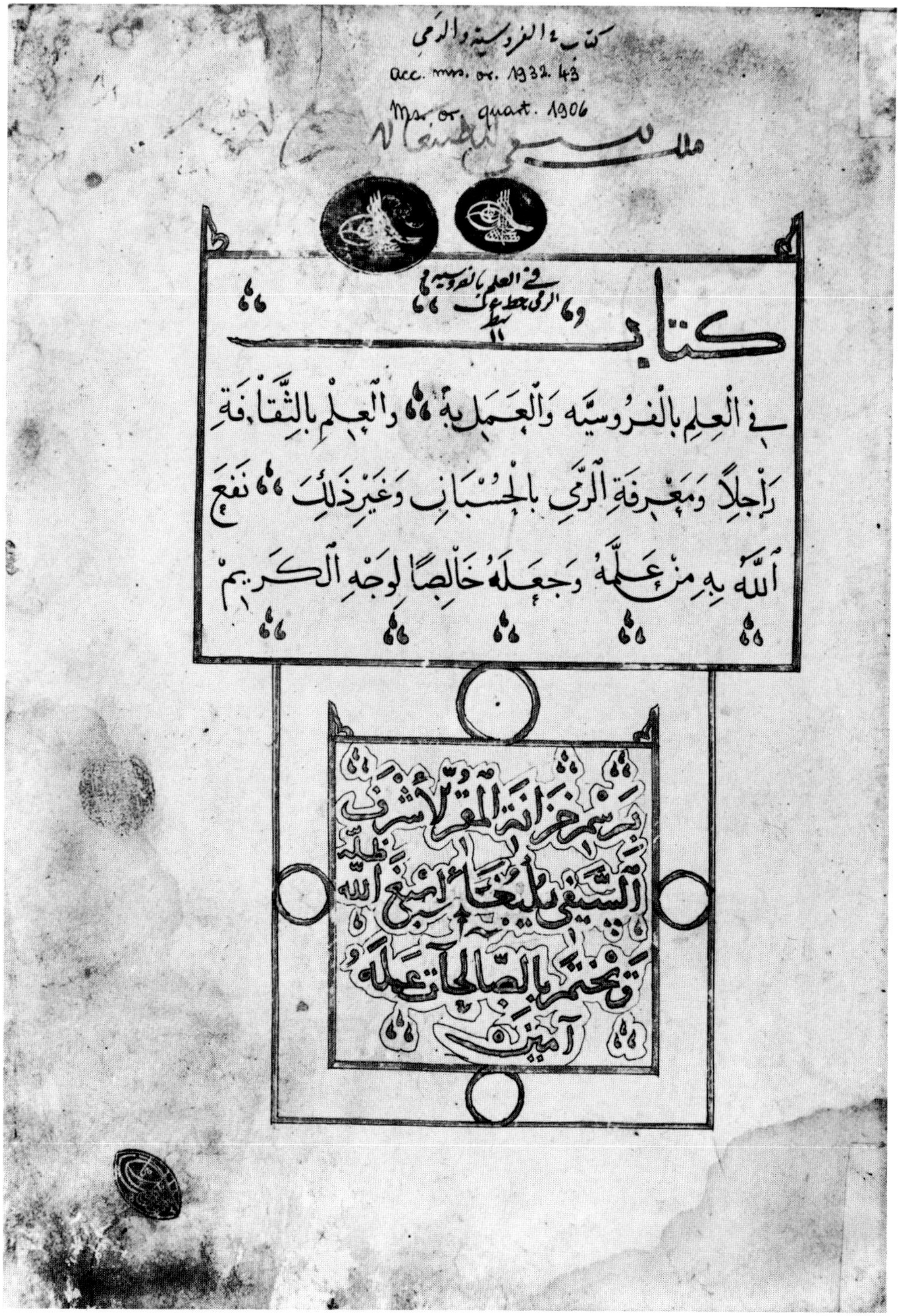

Abb. 75 Mamlukische Handschrift mit u. a. Bibliothekssiegel Bayezids II.

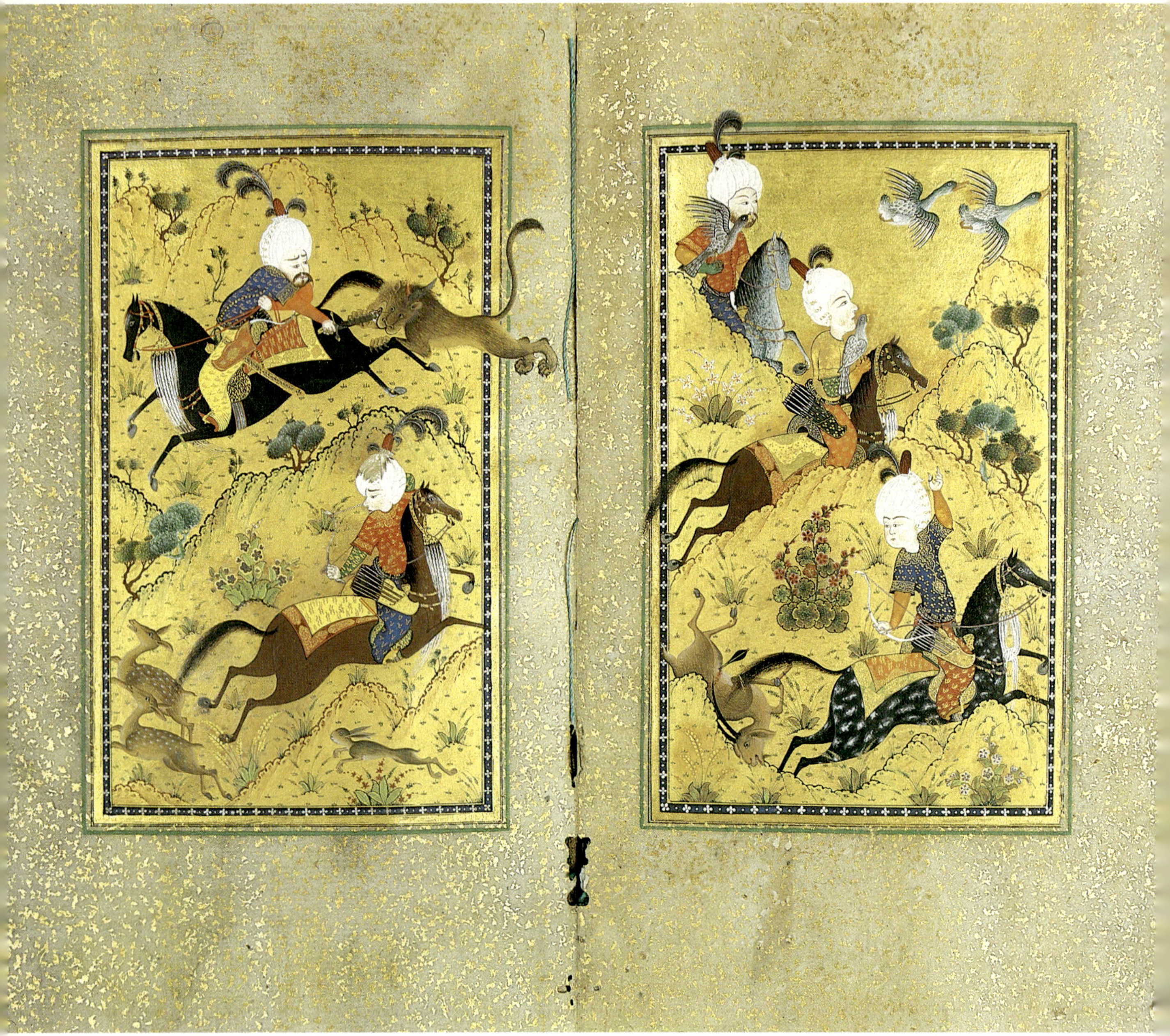

Miniaturmalerei Löwenjagd (Kat. Nr. 1/13)

um 1460 entstand, wie Grube vorgeschlagen hat, oder eher gegen Ende des Jahrhunderts, wie ich annehmen möchte, kann dahingestellt bleiben). Der Text führt die epische Handlung bis in die Regierungszeit Bayezids I. fort, und es gibt auch ein paar Illustrationen zu diesem ‚Anhang'. Die Verquickung heroischer Vergangenheit mit der Geschichte der Osmanen erinnert an die späteren genealogischen Werke (Kat. Nr. 1/34, 1/36, 1/61).

Die historischen Werke des 16. Jh. bedienen sich in ihren Darstellungen von Feldzügen und Schlachten panorama-artig geweiteter Landschaften, die den jeweils gemeinten Ort durch charakteristische Einzelheiten treffend vergegenwärtigen. Die Verwendung der Kavaliersperspektive schafft Raum für die Tiefenstaffelung und erlaubt, die Heeresteile übersichtlich anzuordnen. Für diese Art der Ortswiedergabe liegen die künstlerischen Voraussetzungen in Illustrationen wie denen, die Matrakî Nasuh 1537 vom Irak-Feldzug Süleymans auf der Grundlage eigener Skizzen angefertigt hat (daneben sind für die topographisch richtige Wiedergabe vieler Orte zeitgenössische westliche Darstellungen verantwortlich gemacht worden). Matrakî's Illustrationen, deren berühmteste ein Doppelblatt mit der Hauptstadt ist, verzichten auf jede szenische Bereicherung, die in den späteren historischen Werken die Hauptsache sind. Matrakî's Interessen verdienen ebenso, ‚wissenschaftlich' genannt zu werden wie das des Pirî Reis, des Seeoffiziers und Geographen, der uns in einer 1513 hergestellten Kopie die Weltkarte mit den Entdeckungen des Kolumbus überliefert hat und dessen die Küsten des Mittelmeers darstellendes Kartenwerk nach Ausweis der zahlreichen Kopien über Jahrhunderte wichtig blieb (Kat. Nr. 1/37).

Dieses Bemühen um rationales Erfassen der Wirklichkeit, das sich schon in der frühen chirurgischen Handschrift (Kat. Nr. 1/3) gezeigt hatte, bestimmt auch die Darstellungen der Heiligen Stätten (Kat. Nr. 1/17b, 1/29). Während die Kaaba in der persischen Malerei stets in ‚heilsgeschichtlichem' Zusammenhang dargestellt wird, tief unten unter dem bei seiner nächtlichen Himmelfahrt nach Jerusalem reitenden Propheten, wird bei den Osmanen topographisch zuverlässige Auskunft über sie gegeben.

Wie läßt sich der Gesamtzusammenhang der historischen Darstellungen charakterisieren? Absicht aller Werke, jedes ihrer Bilder ist es, Ordnung darzustellen. Mittelpunkt und Bezugspunkt dieser Ordnung ist der Sultan. Er wird immer wieder porträtiert – als Süleyman, als Selim, als Murad, als Mehmed, als Osman – immer ist es vor allem der Sultan. Er wird in einer begrenzten Zahl von Beschäftigungen gezeigt, die seine Person (z. B. Murad in seiner Bibliothek, Kat. Nr. 1/17a), doch mehr noch sein Amt definieren. Die Bilder des Hofes geben seine Ordnung wieder, Bilder von Kriegszügen, die des Heeres, und sie stellen das ordnende Ausgreifen des Sultans in die Welt dar – gleichgültig ist, ob er selber daran teilnimmt oder sie führen läßt. Der Sultan ist Herr und Beschützer der Heiligen Städte, und er ist der *gazi*, der Anführer des Heiligen Kriegs gegen die Ungläubigen, den er führt, wie seine Väter es vor ihm getan haben. Insofern ist die Darstellung der Taten von Vorfahren (Kat. Nr. 1/26) Wiedergabe des ewig Gleichen; die individuellen Unterschiede heben sich auf, wie sie in den der Legitimation dienenden Porträtfolgen trotz getroffener Unterscheidungen untergehen gegenüber dem Typischen. Die Huldigung seiner Wesire setzt den Sultan über sie und bestätigt damit die Ordnung, und sie zeigt die Verteilung der Macht auf verschiedene Ämter. Auch die großen Feste, wie das im Surname geschilderte Beschneidungsfest, dienen der Bestätigung der vorgegebenen Ordnung: die Bevölkerung, nach Berufen geordnet, legt eine Art Parade vor dem Herrscher ab, wird gemustert; alles muß in Ordnung sein, die Reihenfolge bis hin zum Ende des Zugs, den die Straßenkehrer bilden – auch sie zünftig organisiert.

Es gibt religiöse Darstellungen (Kat. Nr. 1/20, 1/23); sie zeigen die Propheten an einem ihnen zugewiesenen Ort innerhalb der historischen Ordnung, an deren gegenwärtigem Ende die Osmanen den ihren haben. Die Welt besteht nicht für sich, der Mensch ist nicht in ihr aufgehoben, sondern er hat sie geordnet, sich untergeordnet, in ihr Zeichen gesetzt, die diese Ordnung sichern.

Dieses Weltbild ist kaleidoskopartig verteilt auf die Illustrationszyklen in einigen Dutzend Handschriften. Diesen Serien liegt ein umfangreiches, aber doch sehr repetitives System von Kompositionsschemata zugrunde, die nicht Erfindung eines Malers und nur von ihm verwendet sind, sondern kollektiver, wiederhol- und adaptierbarer Besitz; darin lag z. T. die Schlagkraft der Hofschule. Daraus wird jedoch auch verständlich, daß diese Situation der ähnlich ist, wie sie bei der Kalligraphie erläutert ist: nach den individuellen Zügen des Osman (Kat. Nr. 1/16c, 1/17a)

oder des Nakşî (Kat. Nr. 1/30) brauchen wir nicht Ausschau zu halten; ihre Individualität verliert sich für uns fast völlig zwischen stark ausgeprägtem Zeitstil einer- und ebenso charakteristischem Gattungsstil andererseits.
Die Malerei des 17. Jh. sei „a virtual blank“ hat Michael Rogers kürzlich formuliert. Ganz trifft es wohl nicht zu; in den ersten zwanzig Jahren hat die Hofmalerei eine Reihe wichtiger Werke geschaffen, zu denen hier z. B. Kat. Nr. 1/30 gehört.
Es ist erstaunlich, wenn man bedenkt, daß nach den Rechnungsunterlagen im *nakkaşhane* in diesem Jahrhundert immer noch eine große Anzahl von Malern beschäftigt wurde. Die Beispiele aus dem 17. Jh., die wir zusammenbringen konnten, sind zu disparat — und auch nur z. T. mit höfischer Produktion in Zusammenhang zu bringen — als daß sie dem genannten Zitat entgegengestellt werden könnten. Es scheint, als habe jener Eindruck tatsächlich nicht nur mit unserer mangelhaften Kenntnis der Überlieferung, sondern mit dem Zustand dieser Kunst zu tun. Im frühen 18. Jh. ist die herausragende Figur der Maler Levnî, dessen *Surname-i Vehbi* die Veranstaltungen des 1720 gefeierten Beschneidungsfestes für die Söhne Ahmeds III. darstellt und weit stärker als das berühmte Vorbild des späten 16. Jh. etwas vom Vergnügen und sogar festlichem Taumel der beteiligten Menschenmengen erkennen läßt. In dieser Ausstellung ist Levnî mit dem europäischen Gecken (Kat. Nr. 1/39) und einigen ihm zugeschriebenen Albumblättern vertreten. Andere Figurenmaler von erkennbarer Eigenart, wie Abdullah Buhari und der Armenier Rafa'il sind in Sammelalben in Istanbul mit größeren Bildserien erhalten.
Besonders erwähnt zu werden verdienen die Landschaftsbilder, die die Villenlandschaft am Bosporus (Kat. Nr. 1/40) und das gesellige Vergnügen im Schloßpark von Kâğıthane (Kat. Nr. 1/44) zeigen. Beides sind geordnete, vom Menschen geformte Landschaften, sie haben aber in diesen späten Bildern eine eigene Lebendigkeit gewonnen, wie sie früher einmal in dem fast naiven Bildchen mit Şirin im Bade (Kat. Nr. 1/12) auftauchte.
Hier, kurz bevor die osmanische Tradition sich gänzlich zugunsten der übermächtigen Kunst Europas aufgab, die am frühesten in lärmenden Herrscherbildern voll hohlen Pathos' auftrat, hat sie ein letztes Mal zu eigenen Leistungen gefunden, die Bewunderung hervorrufen.

ILLUMINATION

Die Illumination — als nicht-figurale malerische Ausstattung von Codices — hat sich aus bescheidensten Anfängen in frühislamischer Zeit zur gleichberechtigten Teilhaberin an der Gesamtwirkung von Prachthandschriften entwickelt.
Sie taucht in ältesten Koranfragmenten auf, wo sie dazu dient, die Zäsur zwischen den einzelnen Suren zu verdeutlichen. Bald wurden diese Trennleisten aufwendiger, der spätantike Formenkanon trat noch einmal voll in sein Recht, machte aber schnell abstrakteren Dekorationssystemen mit geometrischen und naturfern-vegetabilischen Elementen Platz.
Die Illumination stellt verschiedene Aufgaben, die in einer großen Werkstatt auch von mehreren spezialisierten Illuminatoren ausgeführt werden konnten. Die einfachste ist die Herstellung des *cedvel*, der Liniengruppen, die den Schriftspiegel rahmen. Ihre sorgfältige Ausführung, rechte Proportionierung und zarte Farbigkeit verleihen einer Schriftseite Festigkeit und Distinktion. Dann gibt es die fortlaufenden Randdekorationen, die sich häufig der Goldgrisaille bedienen und gelegentlich Figürliches enthalten. Endlich gibt es die mehrfarbigen Auszeichnungen der Anfänge.
Illumination unterscheidet nicht den Inhalt der zu schmückenden Werke; das Motivrepertoire für Koran und poetisches oder wissenschaftliches Werk ist identisch (Kat. Nr. 1/18, 1/73). Anlaß zu größter Prachtentfaltung ist der Textbeginn. Oft wird der Schriftspiegel reduziert, um der Illumination mehr Platz einzuräumen (Kat. Nr. 1/49, 1/53), und es können — zumal in Koranen — doppelseitige Illuminationen (die gelegentlich als ‚Teppichseiten‘ bezeichnet werden) dem Text vorangehen (Kat. Nr. 1/54). Im weiteren Verlauf heben illuminierte Leisten bzw. Kopfstücke jeden neuen Anfang heraus; sieht man von den Koransuren ab, so ist immer dafür gesorgt, daß ein neuer Abschnitt auf der rechten Seite beginnt.
Das Motivrepertoire osmanischer Illuminatoren ist reich. Um 1500 unterscheidet es sich kaum von dem persischen, was nicht nur an der Beteiligung persischer Künstler liegt, sondern auch daran, daß das Ideal, was vollendete Buchkunst sei, sich am persischen Vorbild ausrichtete. Fast immer werden Motive miteinander kombiniert, die die türkische Terminologie (die im Katalog zugunsten gegenständlicher

Benennung nicht verwendet wird) als *rumî* und *hatayî* unterscheidet. Damit wird zutreffend die letztlich zugrundeliegende Herkunft der vorherrschenden Elemente: von Arabeske und Gabelblatt einerseits, von Wolkenband und Päonienblüte andererseits benannt: *rumî* verweist auf die mediterrane Antike (Rom = Byzanz ist darin enthalten); *hatayî* auf China. Doch wird dabei die Tatsache außer acht gelassen, daß die osmanische Kunst die längst erfolgte Mischung beider Motivgruppen von älteren islamischen Kulturen übernommen hat. Soweit osmanische Illumination sich auf diese Motive stützt, ist sie vom Farbklang Blau-Gold bestimmt; weitere kleinteilig vorkommende Farben können Akzente setzen, nicht aber dominieren.

In der Mitte des 16. Jh. wird aus *hatayî*-Elementen das *saz*-Blatt entwickelt, ein stark gefiedertes Blatt mit einer Mittelrippe von ausgeprägt kalligraphischem Charakter und federnder Spannkraft – die ihr jähes Umbrechen nicht ausschließt (Kat. Nr. 1/14, 1/59). Daneben spielt ein etwa S-förmiges, flächiges Motiv eine zunehmend wichtige Rolle, das aus dem außerordentlich modulationsfähigen Gabelblatt gebildet wird und fast als eine *rumî*-Variante zum *saz*-Blatt erscheint (Kat. Nr. 1/101). Anders als jenes ist das *saz*-Blatt nicht dauernd dem dekorativen Kontext der Illumination eingebunden, sondern es tritt, ins Übergroße transponiert, auch allein auf und kann dann bildbeherrschender ‚Gegenstand' von Zeichnungen oder Lackmalerei (Kat. Nr. 1/88, 1/89) sein. Die um 1550 beliebten naturnahen Blütenmotive (sogen. *quatre-fleurs*-Stil) kommen in der Illumination nur vereinzelt und am ehesten in Randgrisaillen vor (Kat. Nr. 1/18, 1/56, 1/73).

Seit dieser Zeit verändert sich die Farbigkeit, sie wird reicher, insgesamt heller und stellt zumal in einfacheren Handschriften statt des Blau oft Rottöne gleichberechtigt neben das Gold.

Motive abendländischer Herkunft finden im 18. Jh. Eingang ins osmanische Motivrepertoire, können hier aber nicht schon mit Beispielen der ‚Tulpenzeit', sondern erst des späteren 18. bzw. fortgeschrittenen 19. Jh. belegt werden (Kat. Nr. 1/67, 1/72).

Zwei aus vorosmanischer Zeit übernommene Ordnungsprinzipien haben fast durchgängig Geltung: zum einen die mehrfache Symmetrie, zum anderen die Überlagerung verschiedener, in sich geschlossener Musterzusammenhänge. Nur vollkommene Sorgfalt der Ausführung setzt sie anschaulich in ihr Recht. Mir scheint, daß zumal das zweite Ordnungsprinzip für den Eindruck von Perfektion verantwortlich ist, der so leicht zum entmutigten Abgleiten des für das Auffassen derartiger Kunst nicht geschulten abendländischen Auges führt.

KALLIGRAPHIE

Mit der Kalligraphie kommen wir in einen Bereich, der in der islamischen Kultur eine zentrale Bedeutung einnimmt, uns aber – gleichgültig, ob Laie oder Kunsthistoriker – von Haus aus fremd ist. Wer sich nicht gleich mit Desinteresse gegen das unangenehme Gefühl der Fremdheit wappnet, nimmt vielleicht den „Reiz" mancher Werke dieser Kunst wahr. Doch es fehlt unseren Augen die Schulung, zu sicherer Anschauung zu gelangen.

Ein Stück weit kann man sich einheimischen Quellenwerken anvertrauen, von denen es so viele gibt – solange sie Fakten bieten. Diese erlauben es, unter allen möglichen Gesichtspunkten Gruppen zusammenzustellen: nach den beherrschten Duktus, nach Schulzusammenhängen, geographischer Herkunft, bevorzugten Aufgaben usw. –: aber irgendwann kommt wieder der Punkt, wo die grundsätzliche Fremdheit sich nicht übersehen läßt. Was meinen z. B. die manchem berühmten Kalligraphen gegebenen Ehrentitel, welches sind die Maßstäbe des Urteilens?

Im frühen und hohen Mittelalter werden von der Überlieferung Kalligraphen wie Ibn Muqlah, Ibn al-Bawwāb oder Yāqūt gerühmt, weil sie durch Reformen die arabische Schrift systematisiert haben. Aus einer großen Zahl namentlich bekannter Schriftarten, von denen die meisten nicht faßbar sind, hebt sich eine fast kanonische Gruppe der meistgebrauchten ‚Sechs Schriften', *aklam-ı sitte* heraus. Sie wurden – und werden – in der Türkei seit vorosmanischer Zeit gepflegt. Viele ihrer Meister kennen wir namentlich aus biographischen Handbüchern und auch aus signierten Handschriften. Zwei von ihnen sind in osmanischer Zeit vor allen anderen berühmt; und zwar wiederum, weil sie, der Überlieferung zufolge, die Schreibgepflogenheiten reformiert und ihren eigenen „Stil", *üslub*, herausgebildet haben. Es sind Şeyh Hamdullah (1429–1520) und Hafız Osman (1642–1698).

Wie ist die Rede von ihrem „Stil" zu verstehen? Er wird immer wie eine bekannte Größe erwähnt; doch *was* diese Stile charakterisiert, erfährt man nirgends. Was unterscheidet denn das *nesih* des Şeyh und seiner in seinem Stil schreibenden Nachfolger von dem *Nasḫī* des Yāqūt, oder was das *nesih* des Hafız Osman von dem jener beiden Älteren? Geht es wirklich um persönliche Eigenart? Oder müssen wir vielleicht die Beurteilung künstlerischen Ranges vom Begriff künstlerischer Individualität lösen? Wenn der Zusammenhang beider für die abendländische Kunstgeschichte zu selbstverständlich ist, als daß er oft bedacht würde —: darf man ihn dann auch in außereuropäischen Kulturen als selbstverständlich annehmen?

Könnte es nicht im Gegenteil sein, daß islamische Kalligraphie in dem Maße vollendet ist, wie sie dem Ideal nahekommt, das jedem Duktus zugrunde liegt, und daß Voraussetzung dafür ist, daß Verunklärungen vermieden werden, die von dem Individuum herrühren, das diese Kunst ausübt? Ist es vielleicht so, daß die andauernde strenge Übung, von der immer wieder berichtet wird, weniger mit unserem flachen Begriff von ‚Fitness' zu tun hat als daß sie dem Ausmerzen derartiger individueller Zufälligkeiten dient? So daß dann eine vollkommene Leistung gerade das nicht aufweist, wonach wir suchen, wenn wir nach dem Stil fragen? Wären dann Meister, die die Ehrentitel *hattat kıblası*, ‚Orientierungspunkt der Kalligraphie', oder *reis el-hattatin*, ‚Führer der Kalligraphen' (Kat. Nr. 1/83) erhielten, vorbildlich in ihrer Haltung und im Maß des Erreichten, aber nicht in der Originalität? Das scheint teilweise zuzutreffen, nämlich vor allem bei der Aufgabe, Bücher abzuschreiben — und besonders den Koran (und wohl auch in einigen speziellen Bereichen, in denen die inhaltliche Allgemeingültigkeit ihr Äquivalent in einer über-individuellen Schrift hat — bei Dokumenten im Kanzlei-Duktus des *diwani* ebenso wie — überraschenderweise — bei der Herstellung der *hilye-i nebi*, jenem angeblich von Hafız Osman erfundenen sprachlichen Porträt des Propheten (Kat. Nr. 1/111).

Andererseits gibt es in der osmanischen Türkei zahlreiche Kalligraphen, deren Werk entschieden individuelle Züge aufweist, die nicht Folge eines Zufalls, sondern eines Strebens nach Besonderem zu sein scheinen. Auffälligerweise heißt es von ihnen nicht, sie hätten einen eigenen Stil gefunden; vielleicht heißt das, daß sie nicht schulbildend waren, obwohl sie Schüler hatten? Ein ungewöhnlich origineller Kalligraph ist Ali b. Yahya es-Sufi gewesen, der im 15. Jh. unter Mehmed II. lebte und u. a. das Bogenfeld am Bab-i Hümayun mit seiner auf den ersten Blick chaotischen Verschränkung verschiedener Schriftrichtungen entworfen hat. Ein ebenso außergewöhnlicher Kalligraph im 16. Jh. war der von Sultan Süleyman geförderte Ahmed Karahisari (gest. 1556). Die Doppelseite der Istanbuler Handschrift (Kat. Nr. 1/76) ist zu recht berühmt, und ihre Außergewöhnlichkeit bedarf vielleicht nur der einen Erklärung, daß es die Doppelseite vor Beginn des koranischen Textes ist, der seinerseits gänzlich innerhalb der Regeln der Tradition geschrieben ist. Auch das Einzelblatt (Kat. Nr. 1/77) weist eine nicht sehr auffällige (im Katalog beschriebene) Besonderheit auf, die sich zwar im Werk seines Schülers Hasan Çelebi wiederholt, sonst aber nicht vorkommt. Das Außenseitertum Ahmeds zeigt sich nicht an einem Mangel an Förderung, sondern im Ausbleiben einer andauernden Wirkung. Es ist bezeichnend, daß auf diese exzentrischen und oft hochartistischen Werke uns am ehesten spontane Zustimmung möglich ist. Weniger begeisternd ist die Schrift in den Koranen, z. B. des Mehmed b. Celaleddin el-Amasi mit dem vollendeten, ruhig bewegten Gleichmaß der Schrift (Kat. Nr. 1/53, 1/73). Ein glücklicher Zufall brachte die beiden Handschriften aus der Feder dieses zu seiner Zeit hoch geachteten Meisters ans Licht. Mehmed stammte aus einer Familie von Kalligraphen in Amasya und wird mit seinem Bruder zu den Sieben Meistern von Rum gezählt, als deren größter Şeyh Hamdullah gilt, der sein Vetter war. Am Koran des Kestner-Museums (Kat. Nr. 1/53) kann übrigens ausnahmsweise einmal das Verhältnis zwischen — normalerweise imaginärer, hier aber trotz Blindheit deutlich erkennbarer — Grundlinie und dem Verlauf der Schriftzeilen beobachtet werden; es weicht weit vom uns Gewohnten ab!

Die beiden den Namen des Şeyh Hamdullah tragenden Handschriften (Kat. Nr. 1/71, 1/75) wirken neben denen des Mehmed unauffällig, und zeigen Unterschiede, die man unbefangen als solche der Qualität auffassen möchte.

Die übrigen Kalligraphien beweisen kaum besondere Originalität, sie können aber zeigen, daß für Einzelblätter der Spielraum nocht weit größer war, so daß die Schrift bis hin zum Bild geführt werden konnte. Das Blatt mit dem Kampf zwischen Löwe und Drache (Kat. Nr. 1/74), in dem der Schriftverlauf die Figuren konstituiert, hat Vorgänger mindestens schon im 16. Jh. (ähnlich, aber einfacher: (Kat. Nr. 1/79). Bedenkenswert ist das Spielerische dieser Gratwanderung zwischen Schrift und Bild auch deshalb, weil es keineswegs Ernst und mystischen Nebensinn ausschließt. Dagegen ist die Schreibung der Basmala in Form einer Tughra (Kat. Nr. 1/78) ein eher belangloser ‚Gag', am ehesten bemerkenswert daran ist noch sein frühes Datum; er ist heute noch in der Reklame zu sehen.

BUCHEINBÄNDE

Eine Geschichte der türkischen Einbandkunst gibt es nicht; das reichlich überlieferte Material ist, mit Ausnahme der höfischen Prachteinbände in Istanbul, noch nicht gesichtet, und vielfach ist eine Abgrenzung von der persischen Einbandkunst nicht eindeutig möglich. So können die folgenden Bemerkungen auch nur einige Gesichtspunkte zu der zeitlich weitgespannten, große Niveauunterschiede umfassenden und eine Vielzahl von Techniken belegenden Auswahl geben.

Der osmanische Bucheinband ist ganz überwiegend in Leder gearbeitet, dessen Dekoration mit geprägtem und vergoldetem Medaillon und Eckstücken dem persischen Standardtyp folgt und sich von ihm am ehesten in den Proportionen, und in ungewöhnlichen Kombinationen verschiedener Techniken unterscheiden läßt.

Die beiden Einbände aus der Zeit Mehmeds II. zeigen enge Zusammenhänge mit der Hofkunst Ägyptens und Irans und sind durch ein selten wieder erreichtes Maß an Ausgewogenheit der Proportionen und der Verteilung des Schmucks ausgezeichnet. (Kat. Nr. 1/84, 1/85).

Der großformatige, wohl auch höfische Ledereinband des 16. Jh. (Kat. Nr. 1/86a) schließt sich der gleichzeitigen Illumination an einer ungebräuchlichen Stelle an; normalerweise verfügen diese Einbände über das Motivrepertoire an *rumî*- und *hatayî*-Elementen und nehmen auch spätere Entwicklungen kaum andeutungsweise auf.

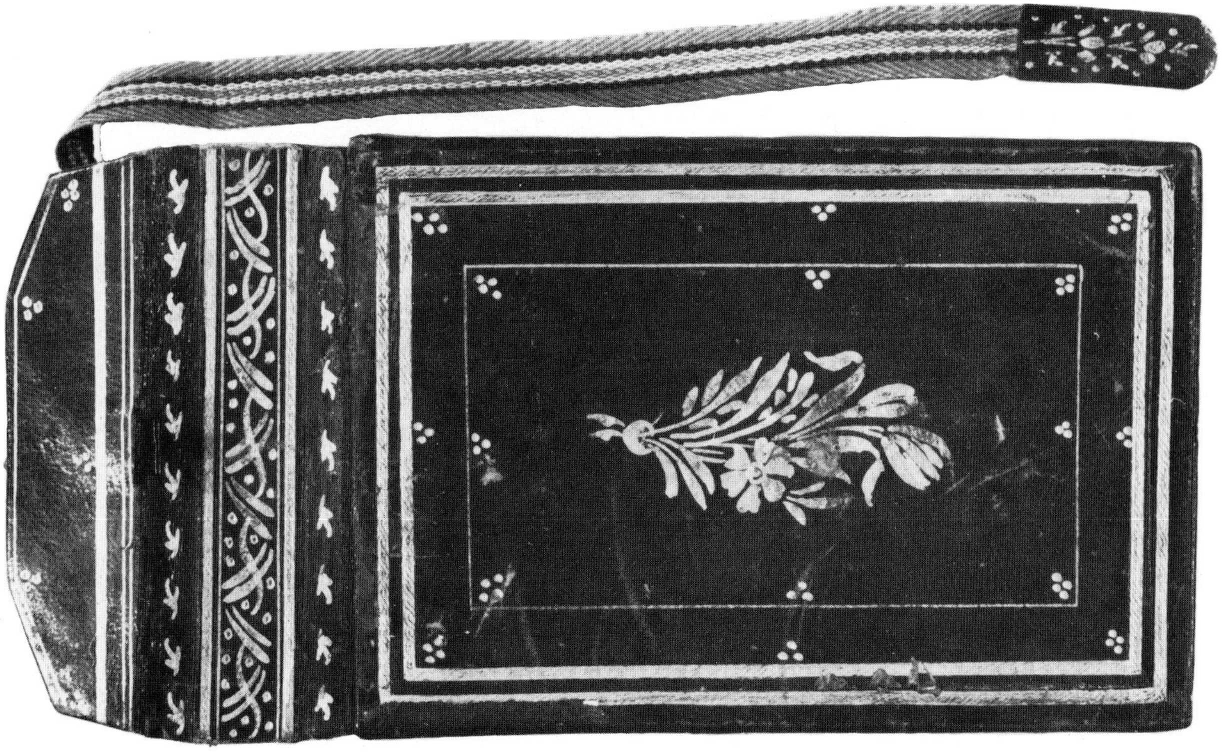

Abb. 76 Ledereinband. Nürnberg, Stadtbibliothek (Kat. Nr. 1/108).

Zwei höfische Prachteinbände zeigen die kostbare Verbindung von Edel- und Halbedelsteinen mit Gold (Kat. Nr. 1/86b) bzw. die Übertragung textiler Techniken auf einen in Leder gut belegten Typ (Kat. Nr. 1/18).
Die Technik der Lackmalerei ist für die Einbandkunst seit dem 15. Jh. faßbar, sie hat aber in der Türkei keine so spektakuläre und breite Entwicklung gehabt wie in Persien, woher entscheidende Anregungen stammen. Immerhin hat es im 16. Jh. auch figürliche Darstellungen in dieser Technik gegeben. Der Münchener Hamdî (Kat. Nr. 1/8) ist wegen der sicheren Datierung wichtig und auch deshalb, weil er eine technische Besonderheit aufweist, die man bald aufgegeben hat; er besteht aus Leder, das der Lackmalerei schlechteren Halt bietet als ein Pappkern. Eine überraschende Wiederaufnahme der Kombination von Leder und Lackmalerei, hier aber als gleichwertig mitsprechende Elemente, zeigt der stark abendländischen Anregungen verpflichtete Berliner Einband (Kat. Nr. 1/99). Meisterwerke der Lackmalerei sind die beiden Schreibunterlagen des führenden Istanbuler Meisters im 18. Jh., Ali el-Üsküdari (Kat. Nr. 1/88, 1/89).
Eine etwas dichtere Gruppe bilden die um 1800 entstandenen Einbände (Kat. Nr. 1/91–1/99) mit recht unterschiedlichen Kombinationen verschiedener Techniken, abendländischer Überformungen und farblicher Experimente. Das westlichste Stück stellt der Einband (Kat. Nr. 1/72) dar, dessen orientalische Elemente durch mitteleuropäische Stempel vermittelt sind.
Einfachste Beispiele kartonierter Einbände sind der schöne Ebru-Einband (Kat. Nr. 1/109) und der ganz aus allen Vergleichen fallende Pappeinband mit kalligraphischem ‚Geschmiere' (Kat. Nr. 1/92) – eine Art Derwisch unter den türkischen Einbänden!

PAPIERE

Das Papier osmanischer Handschriften unterscheidet sich, wie islamisches Papier zumeist, von den uns vertrauten Papierarten. Es ist nie ganz weiß, sondern immer leicht getönt; oft erinnert seine Farbe an Pergament. Seine dichte, glänzende Oberfläche ist Folge starker Leimung und das Ergebnis eines Polierverfahrens, das den Herstellungsprozeß abschloß, und dem auch die seit dem 17. Jahrhundert zunehmend aus Europa importierten Papiere unterworfen

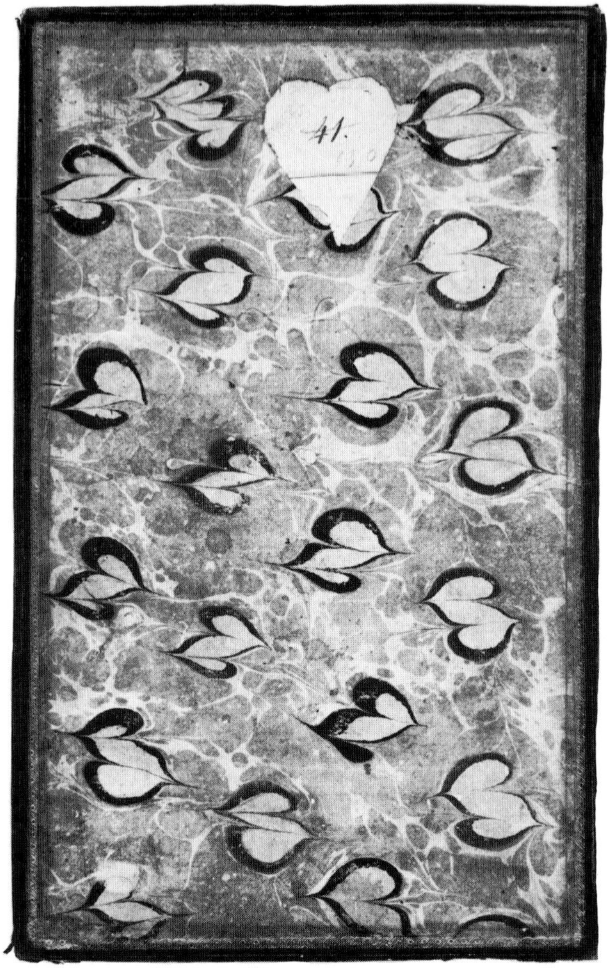

Abb. 77 Marmorpapier. München, Bayerische Staatsbibliothek (vgl. Kat. Nr. 1/109, 1/110).

wurden. Erst dann waren sie dem verwöhnten Geschmack eines türkischen Käufers zuzumuten. Es lohnt sich, beim Anschauen zumal von Zeichnungen und Kalligraphie darauf zu achten, welchen Anteil am Gesamteindruck die besondere Eigenart des Papieres hat!
Eine einfache und beliebte Art, den Eindruck eines Manuskriptes zu bereichern, bestand in der Verwendung zartfarbiger Papiere in regelmäßigem Wechsel oder in bestimmten Abständen zwischen normales Papier geschossen (Kat. Nr. 1/70, 1/101).
Das Silhouettenpapier scheint das vornehmste unter den verschiedenen Arten türkischen Buntpapiers gewesen zu sein. Ein frühes Beispiel, aus der Mitte

des 16. Jahrhunderts, ist eine Gedichtsammlung des Muhibbî (unter diesem Namen dichtete Süleyman der Prächtige). Das Papier war dafür unter Verwendung von Schablonen mit lichten Farben getränkt und die Zeichnung später durch Ergänzung von Kontur und Binnenzeichung verfeinert worden (Kat. Nr. 1/104); die naturnahe Darstellung verschiedener Blumen entspricht einem gleichzeitig in vielen Medien beliebten Stil *(quatre-fleurs*-Stil). Silhouettenpapiere mit gereihten oder rhythmisch versetzten Motiven (Kat. Nr. 1/103) sind weniger anspruchsvoll, häufiger anzutreffen und waren vielleicht für ein breiteres Publikum gedacht.

Die Technik, Kalligraphie im Scherenschnitt herzustellen, wurde im 16. Jh. von Meistern wie Mehmed b. Gazanfer (Kat. Nr. 1/13) und Fahri aus Bursa (Kat. Nr. 1/102) geübt, hat aber Voraussetzungen schon im Mittelalter. Der Kalligraph konnte das Negativ und/oder das Positiv benutzen, also die ausgeschnittene Schrift auf farbiges Papier kleben oder dem übriggebliebenen Blatt andersfarbiges Papier unterlegen; er konnte aber auch Ton in Ton arbeiten, wobei er mit dem Schatten des minimalen Reliefs rechnete.

Neben der Scherenschnitt-Kalligraphie, die äußerster Konzentration ein Moment des Spielerischen abgewinnt, gehören die aus farbigen Papieren ausgeschnittenen und zusammengesetzten Bilder zu den köstlichsten Erzeugnissen osmanischer Hofkunst. Es gab sie seit dem 15. Jahrhundert bis zum Ende des Osmanischen Reiches, und die Ausstellung zeigt anmutige Beispiele (Kat. Nr. 1/100, 1/105, 1/106). Größere und in Farbigkeit und Reliefschichtung komplexere Kompositionen enthalten Alben in Wien und Istanbul, andere wurden, durch Glas geschützt, in den Deckel eines Schreibkästchens gefügt.

Für die Europäer, die Istanbul besuchten, war *„thürkisch papier"* gleichbedeutend mit Marmor-(Ebru-)Papier. Die Türken selber schätzten es anscheinend nicht so hoch ein, und in höfischem Zusammenhang wurde es m. W. nicht verwendet. Man trifft es vor allem als Vorsatzpapier in Gebrauchshandschriften und als bescheidenen Schmuck kartonierter Einbände (Kat. Nr. 1/109). Die Begeisterung der Europäer führte dazu, daß sie es in Stammbüchern u. ä. verwendeten, deren Einträge wichtige Anhaltspunkte für die sonst schwierige Datierung des in unterschiedlichen Mustern hergestellten Papiers geben (Kat. Nr. 1/107). Schon früh im 17. Jahrhundert

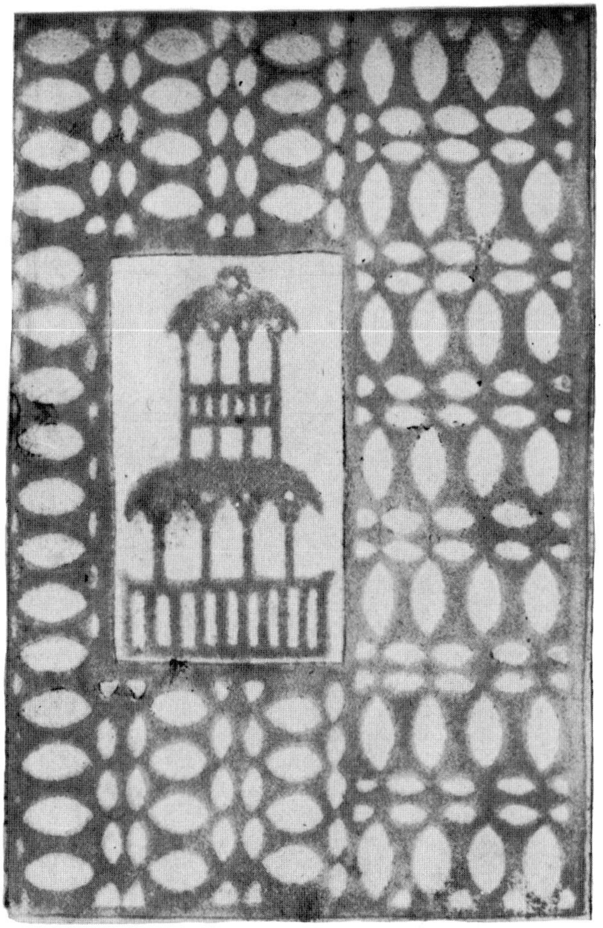

Abb. 78 Silhouettenpapier. Nürnberg, Stadtbibliothek (Kat. Nr. 1/108).

begann man im Abendland, sie zu imitieren, und es wurden auch Verbindungen verschiedener Techniken probiert. Das Nürnberger Büchlein (Kat. Nr. 1/108) enthält z. B. mehrere Blätter mit Darstellungen, die durch partielles Abdecken des Papiers vor dem Marmorieren entstanden sind; darunter eines, das einen leichten, fast fernöstlich anmutenden Pavillon zeigt, ganz ähnlich einem türkischen Scherenschnitt in einem Londoner Album des frühen 17. Jh. (Abb. 77 und 78); in beiden spiegelt sich die Vorliebe jener Zeit für den *köşk*.

Der Reiz aller Arten von Marmorpapier liegt in ihrer Farbigkeit und vor allem im Moment des Zufälligen, das jedem Blatt jenseits seiner Typenzugehörigkeit eignet. Man mag sich fragen, ob womöglich darin ein Grund liegt sowohl für ihre Geringschätzung innerhalb der osmanischen Welt wie für das Wohlgefallen, das die Abendländer an ihnen hatten.

TUGHRA

Die Tughra ist das Schriftbild des großherrlichen Namens ungeachtet seiner jeweiligen Zusammensetzung. Bild ist sie, Herrschaftszeichen auch, aber nicht, wie oft gesagt wird, Monogramm; denn sie besteht nicht aus einer Ligatur oder Verschränkung verschiedener Initialbuchstaben, sondern aus Name und Titel des Sultans, Name und Titel seines Vaters und einer unter Murad II. eingeführten und seither nicht wieder aufgegebenen Wunschformel: *muzaffer daima,* ‚siegreich immerdar'. Ihre Gestalt ist unverwechselbar und ohne Parallelen in anderen Kulturen.

Die Einrichtung der Tughra als Bestandteil der Diplomatik geht vermutlich auf das Handzeichen, *pence*, zurück, das von zentralasiatischen Türken vorosmanischer Zeit verwendet wurde. Nach Ausfertigung offizieller Dokumente wurde sie deren Text vorangestellt und verlieh ihm Rechtskraft. Dies zu vollziehen war Aufgabe eines eigenen hohen Hofbeamten, des *tuğrakeş* (oder *nişancı*). Der Entwurf der Tughra oblag dem jeweils führenden Kalligraphen, die Illumination wurde von Mitgliedern des *nakkaşhane* ausgeführt. Auf einfachen Dokumenten wurde die Tughra mit goldener oder roter Tinte, seit dem 18. Jahrhundert zunehmend auch im Druck oder als Stempelabdruck eingefügt. Außer bei Urkunden fand die Tughra als Münz*bild* und im Beschaustempel für Edelmetalle und gelegentlich auch in monumentalem Zusammenhang Verwendung.

Einige der ausgestellten Dokumente wiesen neben dem Schriftbild des Herrschernamens noch ein kleineres Feld mit der Formel *mucibince amel oluna* „soll entsprechend ausgeführt werden" auf, die vom Sultan eigenhändig geschrieben wurde, wobei mancher seine kalligraphischen Fähigkeiten unter Beweis stellte.

Die charakteristischen, unveränderlichen Bestandteile der Tughra sind die beiden ineinanderliegenden Schleifen, in deren innerer das *da'ima* der Wunschformel Platz hat, rechts davon die drei hohen Hasten, die für den Buchstaben Alif stehen, und oben gern kleine oder längere Fahnen tragen, die *zülfe*, ‚Haarlocke' genannt werden. Am Fuß dieser Hasten finden sich, von unten nach oben zu lesen, die Namen und Titel in schwer lesbarer Verdichtung. In der obersten Zeile steht, aus drei engen Schleifen gebildet, das *muzaffer,* dessen ‚R' in schwungvoller Linie nach links die innere Schleife durchfährt und in der äußeren endet.

Es ist erwogen worden, ob die Illustration eine Sicherungsaufgabe hat, ob sie, dem Wasserzeichen oder den Wellenlinien einer Banknote vergleichbar, die Fälschungssicherheit erhöhen sollten. Wenn damit schwer vereinbar scheint, daß die Tughren schon zeitlich dicht benachbarter Dokumente eines Herrschers sehr unterschiedlich illuminiert sein können, so trifft andererseits zu, daß die Illumination ganz auf der Höhe der Zeit steht und damit jedenfalls auf lange Sicht ihre Entstehungszeit auf wenige Jahre eingeschränkt werden kann. Hier sind weitere Untersuchungen nötig.

Wahrscheinlich ist, daß die Qualität der Ausstattung etwas mit der Bedeutung des im beglaubigten Dokument niedergelegten Rechtsaktes und zudem mit dem Rang desjenigen zu tun hat, der durch diesen Rechtsakt begünstigt wird bzw. in dessen Interesse eine Zweitschrift ausgestellt wurde. Insofern ist es von besonderem Interesse, nicht nur den Motivbestand, sondern auch die Qualität der Ausführung der beiden Tughren Mehmeds III. (Kat. Nr. 1/114, 1/115) miteinander zu vergleichen.

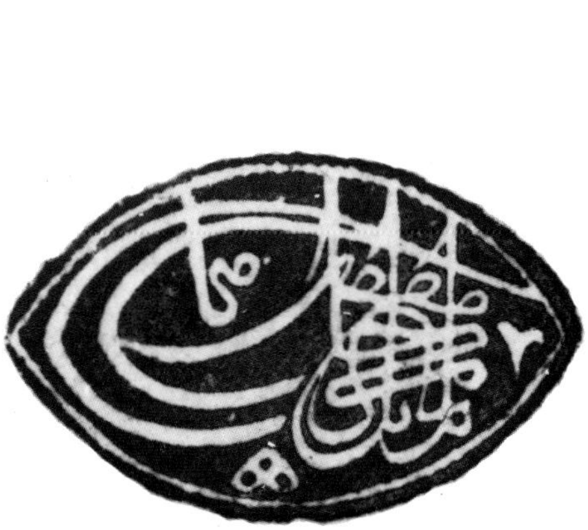

Abb. 79 Bibliotheksstempel Sultan Bayezids II. in Form einer Tughra (siehe auch Abb. 75).

1/1
Alexander verfolgt ein wildes Tier

Ahmedî, *Iskendername*
Amasya, 819/1416
Tinte und Gouache auf Papier. Kalligraph: Mehmed b. Mevlâna Pir Hüseyn, gen. Hacı Baba el-Sivasi
339 Bl., 25,5 x 17 cm. 20 Illustrationen

Paris, Bibliothèque Nationale, Ms.turc 309, Bl. 117 b (F)

Die meisten der Miniaturen stammen aus älteren Illustrationsfolgen und sind durch dekorative, z. T. auch szenische Ergänzungen dieser Handschrift eingepaßt; nur drei sind ursprünglich für sie entstanden. Ihr schlechter Erhaltungszustand erschwert ein Urteil über ihre Eigenart: einfache, bildparallele Kompositionen vor roten oder grünen, mit gelben Dreipunktgruppen gemusterten Gründen. In der kräftigen, fast bunten Farbigkeit und der farbigen Modellierung zeigt sich Verwandtschaft zur spätbyzantinischen Malerei

Dieses Bild zeigt Alexander, der auf ein wildes Tier schießt, das sich auf einen Berg links oben im Bild geflüchtet hat. Wie seine beiden Gefolgsleute ist er nimbiert.

Lit.: Stchoukine I, Nr. 1, Taf. 1,2. – Atıl 1973, 106, Abb. 1.

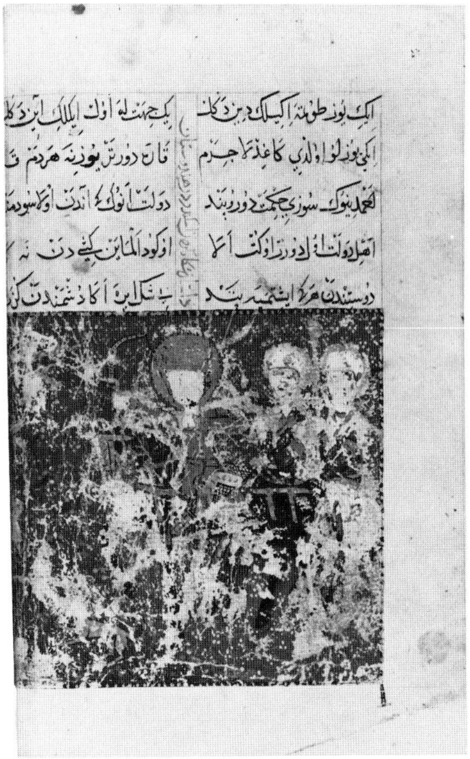

1/2
Höfische Unterhaltung

Badi ed-Din Tebrizi, *Dilsuzname*
Edirne, 860/1455–56
Tinte und Gouache auf Papier
105 Bl., 16,5 x 11,5 cm. 5 Illustrationen

Oxford, Bodleian Library, Ms. Ouseley 133, Bl. 80 b

Der Text ist ein Gedicht über Rose und Nachtigall, eines der beliebtesten Themen orientalischer Poesie. Die Illustrationen sind dem Schriftspiegel eingefügt und folgen mit ihrer Zweiteilung der Gliederung des Textblocks. Rechts sitzt Şah Nevruz, jugendlich wie alle Figuren; er wird durch seinen Thron hinterfangen und vereinzelt, wenn auch seine Haltung und Gesten ihn der Gruppe links zuwenden. Dort stehen drei Höflinge, drei Musikanten spielen auf Harfe, Flöte und Schellentrommel, und der sitzende Mundschenk reicht seinem Herrn die Trinkschale.
Mit der bildnahen, bildparallelen Komposition ähnelt das Bild Kat. Nr. 1/1

Lit.: Stchoukine 1967. – Atıl 1973, 106 f. – Çağman 1976.

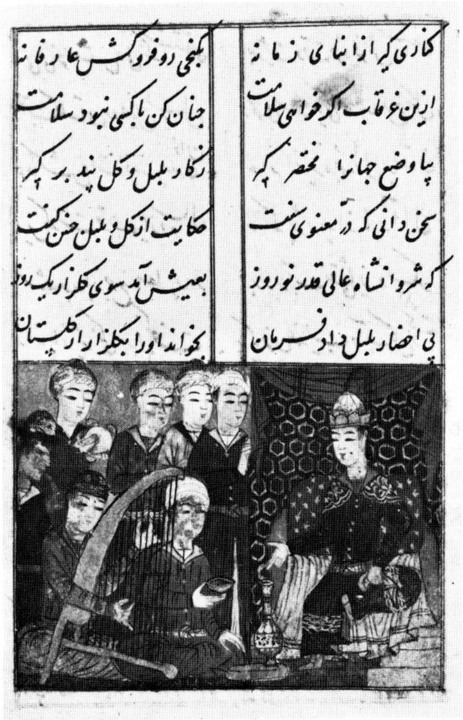

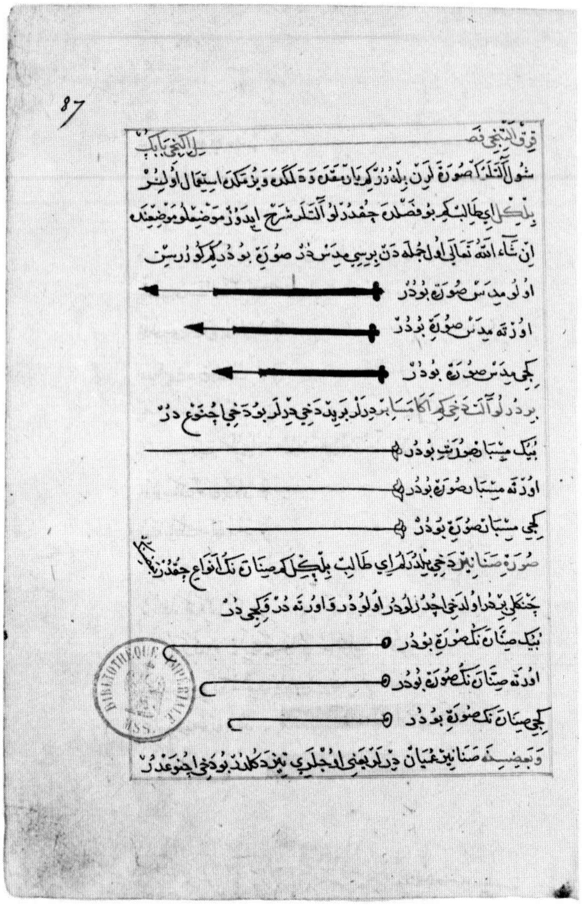

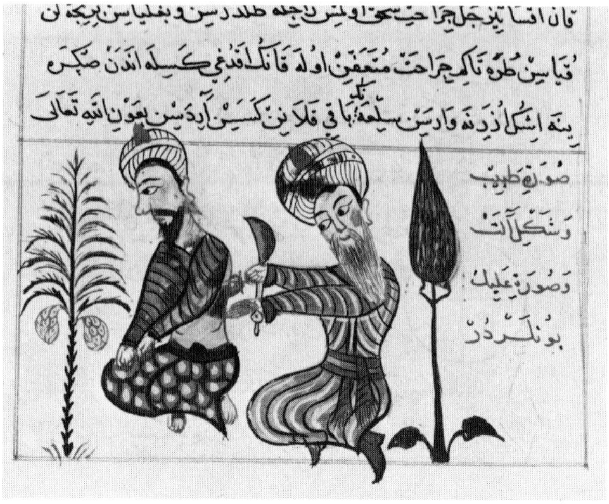

1/3

Operation am Rücken eines Mannes

Şeref ed-Din, *Cerrahiye-i Ilhaniye*
Amasya, 870/1465—66
Tinte und Gouache auf Papier.
206 Bl., 26,5 x 18 cm. 138 Illustrationen

Paris, Bibliothèque Nationale, Ms. suppl. turc 693, Bl. 86b/87a (E)

Diese chirurgische Abhandlung ist, wie der Titel erkennen läßt, die türkische Bearbeitung eines persischen Werks. Ihr Autor lebte als Arzt in Amasya und widmete sein Werk Sultan Mehmed dem Eroberer, der als Prinz Statthalter in Amasya gewesen war. Es ist folglich sehr wahrscheinlich, daß diese Handschrift dort entstanden ist.

Die Illustrationen sollen die Situation verdeutlichen, in denen der Arzt — immer ein weißbärtiger Alter — mit der Behandlung beginnt, mit der Hand, mit Geräten oder auch mit Brachialgewalt. Häufig sind kritische Zonen durch Umkreisen oder durch schwarze Punkte markiert. Erläuterungen in roter Tinte sind den Bildfeldern eingefügt. Mit Ausnahme gelegentlich vorkommender vegetabiler Bildfüller fehlt jede Ortsbezeichnung; Dinge werden nur gezeigt, wenn der Arzt (oder die Ärztin!) sie braucht, z. B. zum Einrenken verrenkter Glieder.

Rechts das Bild einer Tumor-Operation am Rücken eines Mannes. Links drei Gruppen unterschiedlich dimensionierter, spitzer oder hakenförmiger Geräte.

Lit.: Huard-Grmek 1960. – Atıl 1973, 107.

1/4
Bahrām Gūr und die russische Prinzessin

Amīr Husrau Dihlawī, *Hamsa* (Fünf Epen), persisch
Istanbul (?), 903/1497–98
Tinte und Gouache auf Papier. Schreiber: Mahmud Mir el-Hac · 201 Bl., 28 x 19 cm. 28 Illustrationen

Istanbul, Topkapı Sarayı Müzesi, H. 799, Bl. 172 a

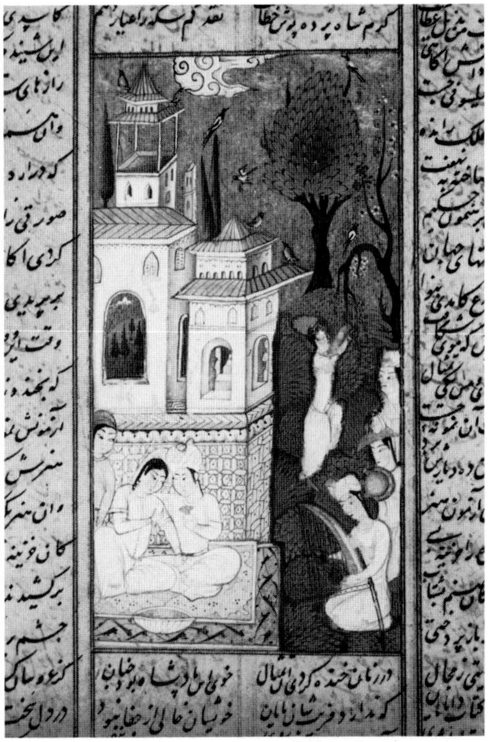

Zwanzig der Miniaturen sind in einem der Herater Schule verpflichteten Stil gemalt, nur acht unterscheiden sich durch Züge, die sie mit anderen Werken frühosmanischer Malerei gemeinsam haben.
Der Sassanidenkönig Bahrām Gūr, Held des einen, *Hašt Bihišt* genannten Epos, besucht sieben Prinzessinnen in ihren verschiedenfarbigen Pavillons; hier ist es der rote. Zweifellos stehen kosmologische Vorstellungen hinter der Zuordnung der Farben zu den verschiedenen Weltgegenden, aus denen die Prinzessinnen stammen.
Das kleine Bild nimmt den oberen Teil der beiden mittleren Schriftkolumnen ein. Zwei Bauten: der polygonale, zweigeschossige Pavillon, vor dem das Paar sitzt, und die Kirche – der Prinzessin aus dem christlichen Rußland zugeordnet – bestimmen den Bildraum. Seine trotz des abschließenden Goldgrundes beträchtliche Tiefe und die perspektivischen Versuche basieren auf westlichen Voraussetzungen. Im Vordergrund bereiten Diener das Mahl zu. Einzelheiten wie das Rautenmuster oder die Gesichtsbildung mit winzigen Mündchen und Schlitzaugen sind den Bildern in Kat. Nr. 1/2 verwandt und lassen Werkstattzusammenhänge annehmen.

Lit.: Stchoukine I, Nr. 3, Taf. 4. – Atasoy-Çağman, Taf. 2. – Çağman-Tanındı, Nr. 129. – Atıl 1980, Abb. 70.
Vgl.: MMA Bull. Herbst 1978, 46 f. – Titley 1983a, Taf. 21 f.

1/5
Szene am Brunnen

Cemalızade, *Hurşidnâme* · Türkei, um 1500
Tinte und farbig angelegte Federzeichnung auf Papier
186 Bl., 23,5 x 15,5 cm (stark beschnitten).
29 Illustrationen

Paris, Bibliothèque Nationale, Ms. turc 355, Bl. 28b (F)

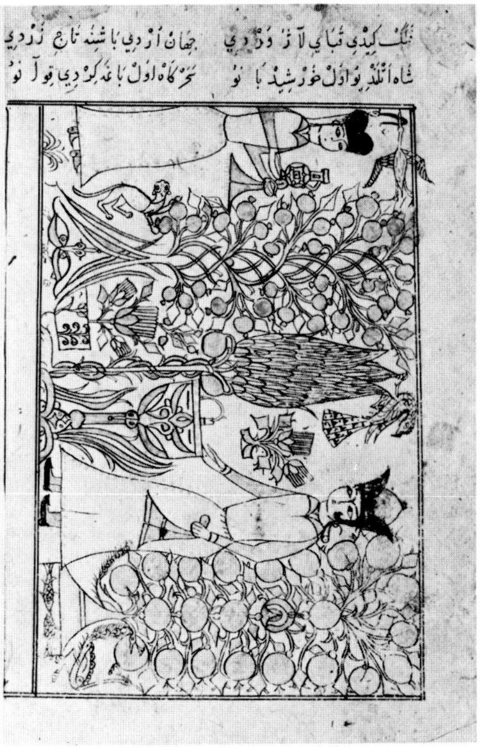

Die Dichtung entstand zu Lebzeiten Sultan Bayezids I. und ist ihm gewidmet. Sie beruhte auf einem wenig bekannten persischen Epos des Nizāmī.
Die wenig anspruchsvollen Darstellungen folgen eher spätmamlukischen als persischen Vorbildern. Charakteristisch ist die gelegentlich vorkommende Unterteilung in Bildstreifen, die Zusammenfassung in Haupt- und Nebenszenen durch architektonische Gliederungen und die Verwendung übergroßer Kompositstauden als Zäsur. Die schlanken Gestalten und großäugigen Gesichter finden sich z. B. in Kat. Nr. 1/8 wieder. Aus schwer einsehbaren Gründen hat der Illustrator manche Bilder quer oder auf den Kopf gestellt.

Lit.: Berthier-Halbout 1981, 220 f. – Vers l'Orient, Nr. 34.

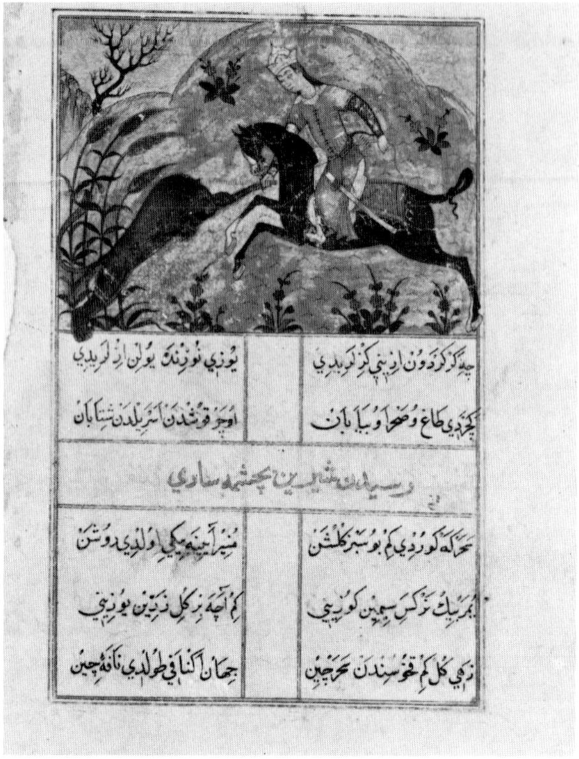

1/6
Şirin erschießt einen Löwen

Şeyhî, *Hüsrev ü Şirin*
Tinte und Gouache auf Papier. Schreiber: Halil b. Abdüllah Edirnevi · Türkei, 905/1499-1500
230 Bl., 17,3 x 11,1 cm. 15 Illustrationen

Uppsala, Universitätsbibliothek, Ms. O. Vet. 86, Bl. 49 a

In der Liebesgeschichte von Hüsrev und Şirin machen sich beide auf den Weg, einander zu suchen. Bei einer Rast fällt ein Löwe die schlafende Şirin an, doch ihr Pferd verteidigt sie erfolgreich; als sie erwacht, erschießt sie den Löwen. Das ganzseitige Bild zeigt die beiden Tiere im Vordergrund; möglich, daß der ermattete Löwe schon die Folgen des Schusses zeigt; Şirin hält jedenfalls die Hand erhoben, sie hat also schon geschossen. Im Baum hängen ihre Waffen. Baum und Wasser erklären, daß die Prinzessin hier rasten wollte; die wilden Tiere, die die Landschaft beleben, verdeutlichen die Einsamkeit des Ortes. Sie sind unter Verwendung von Formeln gemalt, die noch länger gültig blieben. Die Abhängigkeit von persischer Malerei in Herat ist offenbar; dorther stammt auch die vergnügliche Figur des felswerfenden Bären.

Lit.: Lamm 1958. – Stchoukine I, Nr. 4.

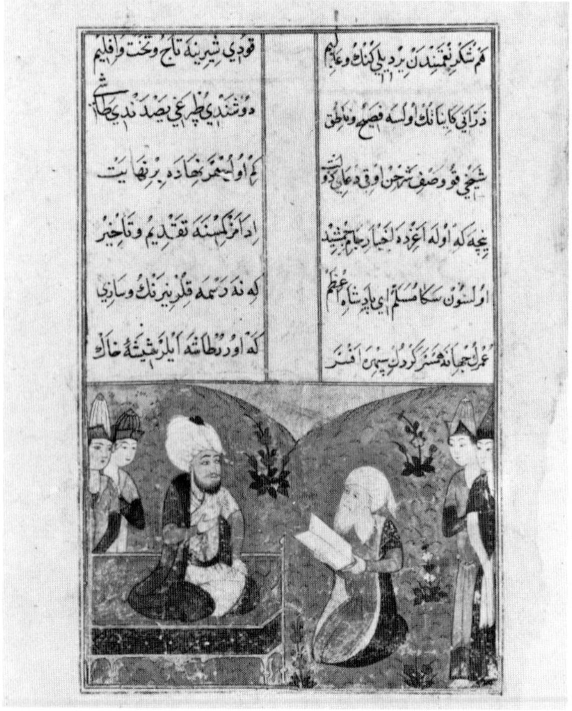

1/7a, b
Şirin kämpft gegen den Löwen; Ein weiser Alter vor einem Herrscher

Şeyhî, *Hüsrev ü Şirin* · Türkei, um 1500
Tinte und Gouache auf Papier
2 Einzelblätter, 7,5 bzw. 7 x 10 cm · Miniaturen

Genf, Musée d'art et d'histoire (Donation Pozzi)

Die Blätter stammen aus einer verlorenen Handschrift, aus der vier weitere Blätter in die Keir Collection gelangt sind. Die Bilder stellen Begegnungen dar; nur einmal, im Bild der kämpfenden Şirin, gewalttätige. Ein oder zwei Assistenzfiguren sind häufig dabei, stehen nahe dem Rande oder werden von ihm überschnitten. Die Landschaft schließt mit nahem Horizont ab, dessen Verlauf sich auf das Geschehen bezieht. Meist trägt sie allenfalls einige Blüten, doch kann durch Architektur, ein Requisit wie den Thron, oder Schilfrohre (als Sumpfversteck des Löwen) ein besonderer Ort bezeichnet werden. Die Beobachtung *einfa cher Komposition* und *trockener Malweise* (Wiet) verstehen wir nicht als Tadel, sondern als Charakterisierung.
Der Figurenstil, das Komponieren von Gruppen, die Verwendung perspektivischer Architekturdarstellung und endlich das klare Querformat rücken die Bilder ganz aus der persischen Tradition und verbinden sie mit Werken von der Mitte des 15. Jh. bis weit ins 16. Jh. hinein (Kat. Nr. 2, 4, 8 und ..12).

Lit.: Kat. Genf 1974, Nr. 243/244.
Vgl.: Meredith-Owens 1976, IV, 1–4. – Wiet 1943, Nr. 82–86.

1/8 a, b

Höfisches Fest

Hamdî, *Yusuf u Züleyha*
Istanbul, 921/1515
Tinte und Gouache auf Papier
261 Bl., 17,5 x 10,5 cm. 4 (2 doppelseitige) Illustrationen, Lackeinband

München, Bayerische Staatsbibliothek, cod. turc. 183, Bl. 132b/133a

Dies ist die älteste illustrierte Handschrift des Sultan Bayezid II. gewidmeten und weit verbreiteten Werkes. Ein – leider ungenannter – Künstler ist laut Kolophon für Kalligraphie, Illumination und Illustrationen sowie für den Einband verantwortlich.
Links steht das Schloß; der Thron des jugendlichen Herrschers unter großem Sonnenschirm im Freien bildet ein Gegengewicht. Ein Gast sitzt auf schönem Teppich vor dem Herrscher und redet zu ihm, während die Dienerin neben ihm eine Flasche zum Eingießen bereithält. Weiter vorn ein anderer Prinz, dem ein Mädchen die Trinkschale reicht. Musikanten spielen auf, Diener und Dienerinnen eilen, für das leibliche Wohl der Feiernden zu sorgen. Vom Turm des Schlosses aus beobachten einige Mädchen das Treiben. Im Vordergrund fallen zwei Diener auf, die eine große Kumme blau-weißen, vermutlich chinesischen Porzellans schleppen.
Der Lackeinband (auf Leder statt auf Pappkern) gehört zu den frühesten datierten Beispielen.

Lit.: Kat. München 1982, Nr. 140. – Kat. Ingolstadt 1979, Nr. 178, farb. Abb. 31. – Gratzl 1924, Nr. 34, Taf. 18. – Bothmer, VOHD XVI/2.

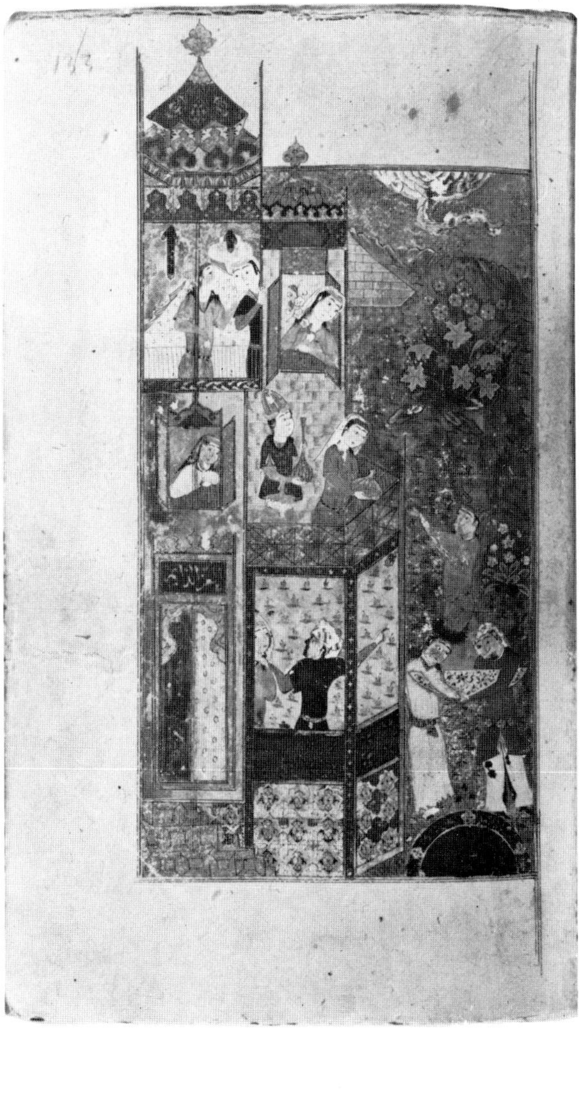

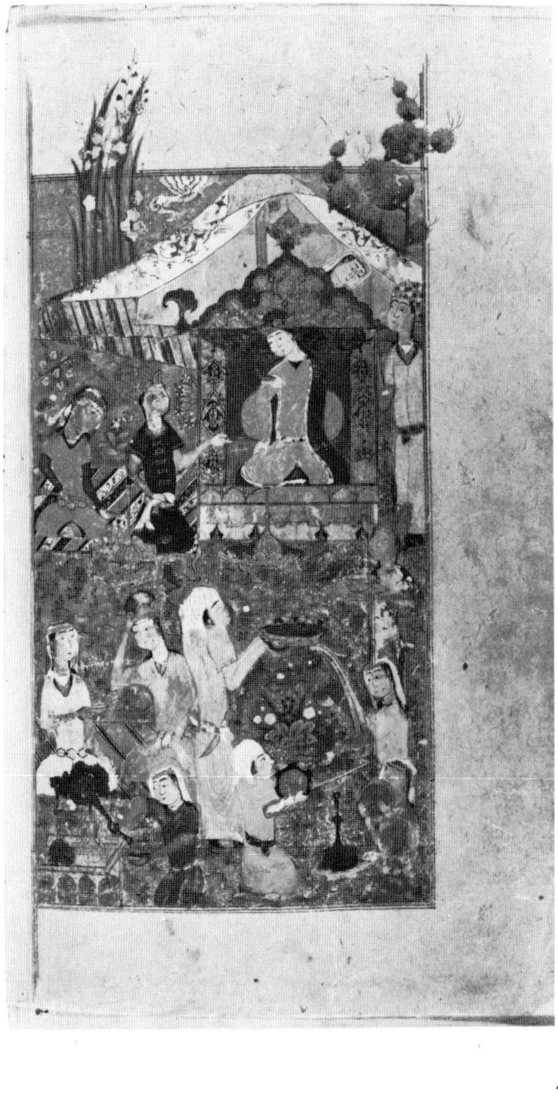

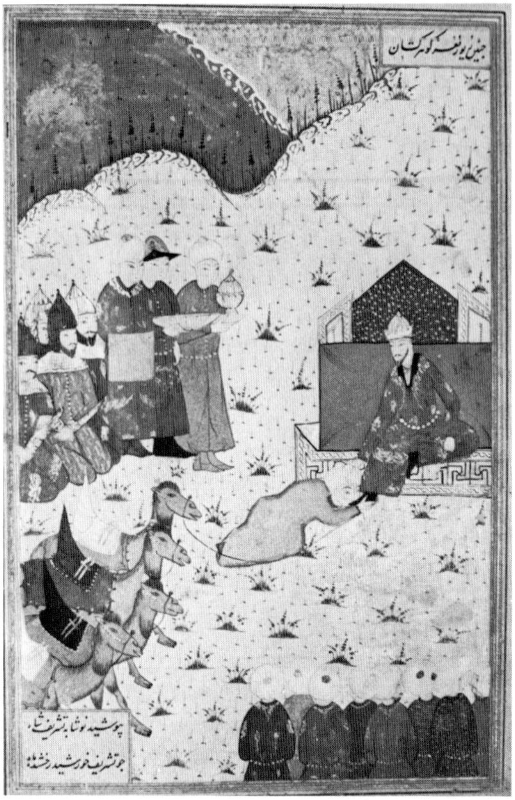

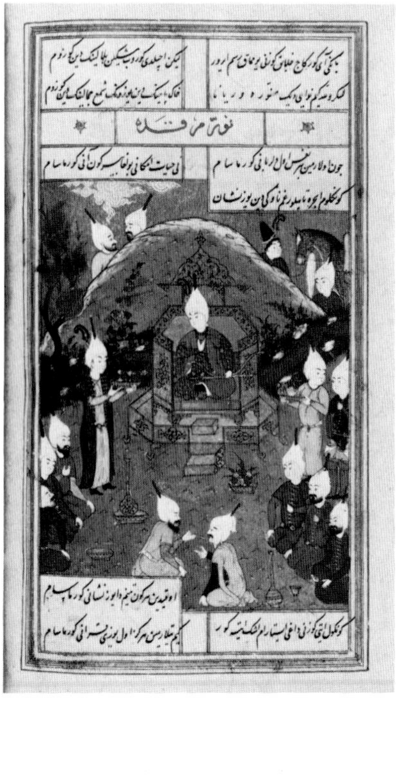

1/9

Vor einem Herrscher sich niederwerfender Jüngling

Niẓāmī, *Iskandarnāme*, persisch
geschrieben und illuminiert in Herat ca. 1490, illustriert in der Türkei (Istanbul ?), um 1520
Tinte und Gouache auf Papier · Einzelblatt, 25 x 17,5 cm

Sammlung Edwin Binney, 3rd, USA

Auf mächtigem Thron sitzt der Herrscher, kleiner und feingliedriger gebildet als die Menschen vor ihm. Beide Hintergrundebenen bestimmen seine Position: die Kontur der vorderen erreicht über ihm ihre höchste Erhebung, die der hinteren zielt in starkem Abfall direkt auf ihn. Mit der Kamelgruppe links unten beginnt das Hauptthema der Annäherung; zunächst in der Staffelung der Reittiere, dann im Vortreten der drei Jünglinge gegenüber den sitzenden Gewappneten, und schließlich in dem durch seinen Ort in der Bildmitte ausgezeichneten Jüngling, der sich prosterniert und den Fuß des Thronenden küßt. Als unbeteiligte Chronisten des Geschehens, aufgereiht wie die Grasbüschel des Bodens, steht unten eine Wand von Rückenfiguren. Das Blatt stammt aus einer heute in der British Library befindlichen Handschrift (Or. 13948).

Lit.: Turkish Treasures, Nr. 5.
Vgl.: Titley 1983 b.

1/10

Herrscher und Hofstaat im Freien

Ali Şîr Neva'î, *Divan* · Istanbul (?), ca. 1520/30
Tinte, Gouache und Gold auf Papier
224 Bl., 23,3 x 15,8 cm. 6 Illustrationen

London, British Library, or. 13061, Bl. 125 b (F)

Diese Handschrift ist ein besonders reich und fein ausgestattetes Exemplar einer Gruppe, die so viele Züge der Täbriser Malerei aufweist, daß sie lange als dorther stammend galt. Dafür sprechen in diesem Bild z. B. das Bildschema, wichtigste Figurentypen, die differenzierte Farbigkeit und Details wie die Wolke und vor allem die langen roten Turbanstäbe, die unter Schah Ismail in Iran eingeführt worden waren. N. Titley hat dagegen auf abweichende Züge, vor allem im Sinne größerer Lebendigkeit des Ausdrucks zumal von Profilfiguren hingewiesen (wofür es allerdings auch im 15. Jh. persische Voraussetzungen gibt) und daraus geschlossen, daß es sich vielleicht um in Istanbul entstandene Werke persischer Maler handelt. In diesem Fall können wir hier einen ersten Schritt zur Modifikation des Überlieferten sehen, der von den persischen Malern gewiß erwartet wurde, wenn sie für osmanische Auftraggeber arbeiteten; die durchaus eigenständigen Züge der Entwicklung im 15. Jh. zwingen zu dieser Annahme.

Lit.: Titley 1978. – Titley 1981, Nr. 55. – Titley 1983 a, 142–144. – Kat. London 1983, Nr. 13.
Vgl.: Çağman 1978, 24.

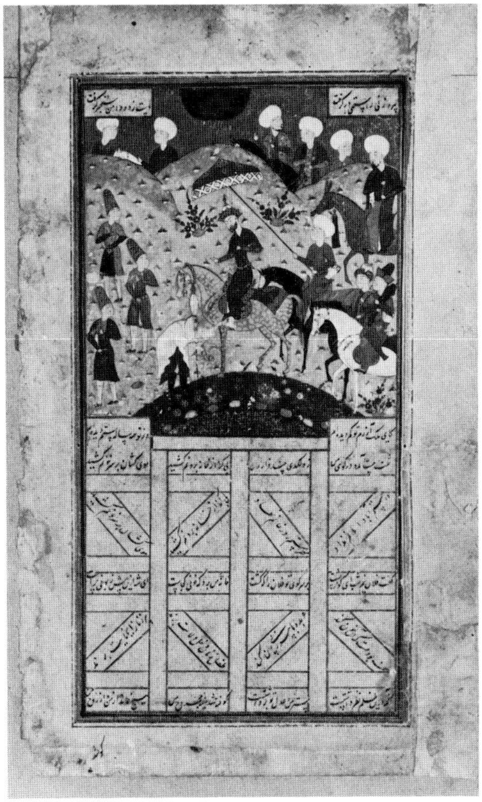

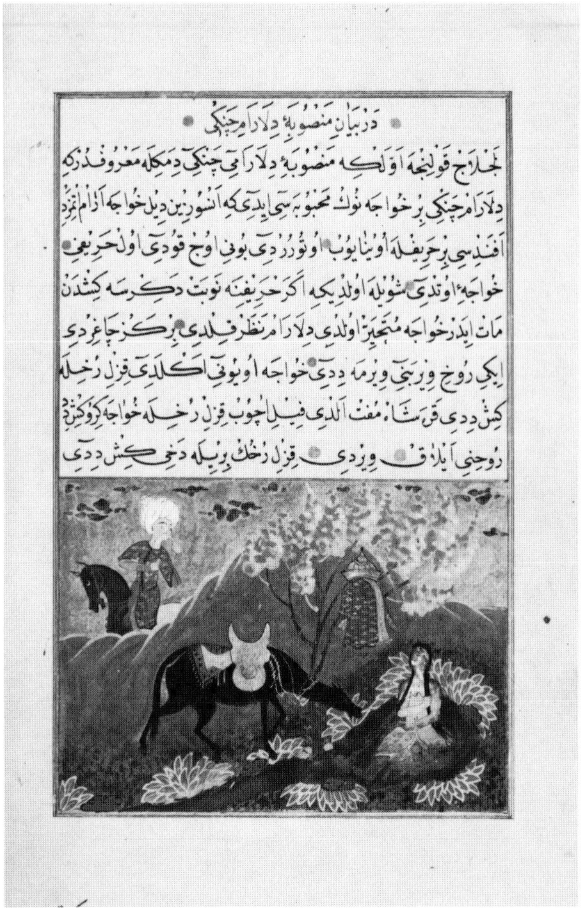

1/11

Sultan Sanǧar und die alte Frau

Niẓāmī, *Maḫzan al-asrār*, persisch
Istanbul, erste Hälfte 16. Jh.
Tinte und Gouache auf Papier
Einzelblatt, 25,9 x 15,5 cm

München, Staatliches Museum für Völkerkunde, Inv. Nr. 77-11-395

Die häufig dargestellte Szene, in der eine alte Frau dem Seldschukenherrscher wegen der Disziplinlosigkeit seiner Truppen Vorwürfe macht, ist in enger Anlehnung an persische Bildlösungen wiedergegeben. Doch der Abstand von dieser Tradition ist schon handgreiflich und zeigt sich vor allem in der strengen Systematisierung der Komposition, der auch die Starrheit der Einzelfigur dient, und in der kühlen Farbigkeit mit ihren unpersischen Farbstellungen.

Lit.: Bothmer 1982, Nr. 48.

1/12

Hüsrev belauscht die badende Şirin

Şatrançnâme (Schachbuch) des Firdevsî Edirnevî
Istanbul (?), 1. Hälfte 16. Jh.
Tinte und Gouache auf Papier
88 Bl., 25 x 17,5 cm. 3 Miniaturen

München, Bayerische Staatsbibliothek, cod. turc. 250, Bl. 37v

Das Bildthema war in der persischen Buchmalerei zu meisterhaften, komplexen Kompositionen entwickelt worden, in denen die Verquickung von Schrift und Bild sowie das Aufsprengen des hochrechteckigen Bildfeldes eine wichtige Rolle spielte. Es ist hier in eine klare, dem Textblock gleichgeordnete, breit gelagerte Komposition umgesetzt, deren Elemente zwar persischer Tradition verpflichtet sind, jedoch wie Vokabeln, die statt in komplizierten syntaktischen Verhältnissen nun in klar gebauten Sätzen verwendet werden. Die warme Farbigkeit und der leichte, fast impressionistische Farbauftrag verleihen dem Bild seine Anmut.

Lit.: Kat. München 1982, Nr. 141. – Bothmer, VOHD XVI/2.

1/13 FARBTAFEL S. 36

Doppelseitige Jagdszene

ʿĀrifī, *Gūy u čaugān*, persisch
Istanbul, 946/1539-40
Gouache und Gold auf Papier
Kalligraph: Mehmed b. Gazanfer
35 Bl., 24,2 x 15 cm. 2 Miniaturen

Istanbul, Topkapı Sarayı Müzesi Kütüphanesi, H. 845, Bl. 34b/35a

Trotz der geringen Größe (jeweils 11 x 6,6 cm) gehören diese Bilder zum Besten, was die Hofmalerei in der ersten Hälfte des 16. Jh. geleistet hat. Die Lebendigkeit der Zeichnung, die sich vor allem in gerundeten Konturen (bis hin zum Karikaturhaften an den Köpfen) realisiert, der volle Klang der von Gold getragenen Farbe, und ein dichtes Gefüge von kompositionellen Beziehungen, die über die fast ganz respektierten Grenzen der Bilder reichen, machen ihren Reichtum und Rang aus, den ein Vergleich mit wenig älteren, ebenfalls vorzüglichen Behandlungen desselben Themas besonders deutlich macht (z. B. Wien, ÖNB, cod. A. F. 92 und cod. mixt. 399). Bemerkenswert die Idee, den plötzlichen Angriff des Löwen durch einmaliges Überschreiten der Bildgrenze anschaulich zu machen.
Der Text dieses mystischen Liebesgedichtes ist von einem der großen Kalligraphen des 16. Jh., Mehmed b. Gazanfer, aus Papier geschnitten, auf verschiedenfarbiges Papier geklebt und mit illuminationsartigen Scherenschnittfeldern geschmückt worden.

Lit.: Stchoukine I, Ms. 15, Taf. 16. – Atasoy-Çağman, 25. – Çağman-Tanındı, Nr. 132. – s. a. Çiğ 1957, 161, Abb. 1,2. – Vgl.: Kat. Wien 1980, Nr. 137 (Abb. 46), Nr. 138 (Farbabb. 14). – Duda 1983, Abb. 328 f., 333 f.

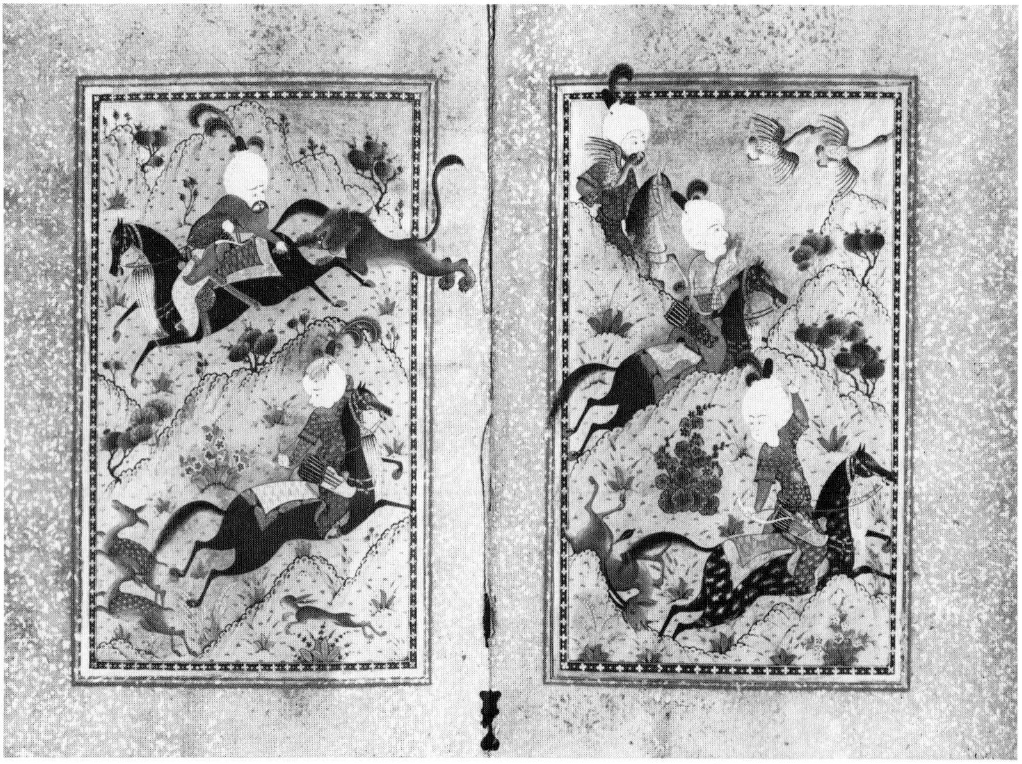

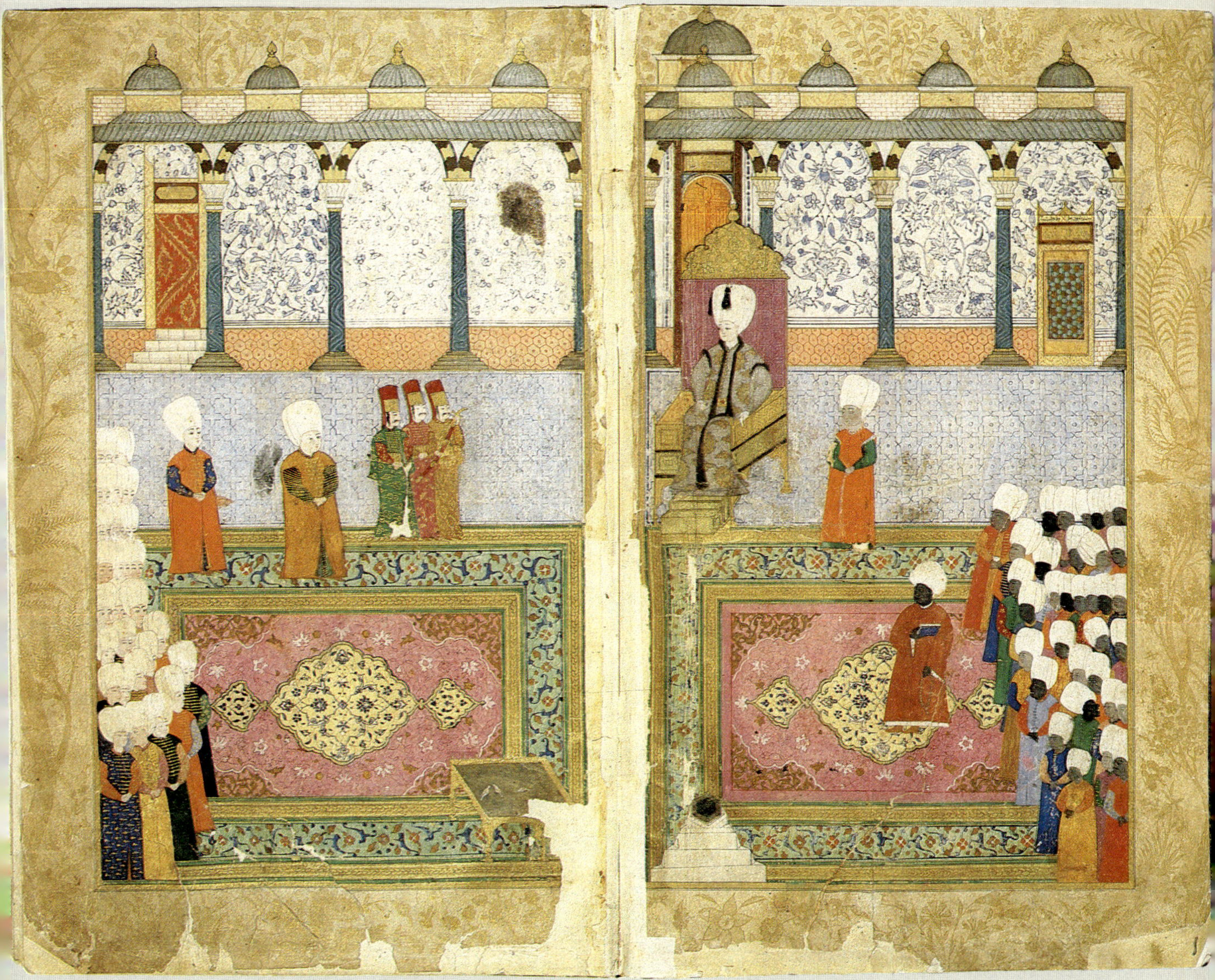

Empfang des Sultans (Kat. Nr. 1/30)

1/14
Drache mit Blättern

Istanbul, Mitte 16. Jh.
lasierte Federzeichnung auf Papier
Albumblatt 17,5 x 40 cm

Cleveland, Museum of Art, Inv. Nr. 44.492

Das Blatt stammt aus einem Album und trug auf der Rückseite eine reich illuminierte Tughra Mehmeds IV. (1648–1687).
So irreal wie die Gegenstände sind auch die Gesetze, nach denen sie sich entwickeln. Ein mächtiger Drache schreitet, vielfach geschlängelt, nach links. Das ihn bedrängende Blattwerk geht aus von seiner vorgesetzten, und einer hinteren Tatze. Aus einer großen Blattpartie links bildet sich der Kopf eines *Simurgh*, eines phönixartigen Fabelwesens, dessen aufgerissener Schnabel dem offenen Rachen des Drachens entgegensteht. An anderer Stelle endet ein Blatt in einem Löwenkopf, der den Drachen im Genick packt. Die Schönheit der Zeichnung beruht auf der kalligraphischen Lebendigkeit der Linien, ihren schwingenden Bewegungen mit plötzlichen Umbrüchen. Das Sujet und die Technik, die an Chinesisches erinnern, sind über turkmenische und persische Vorstufen vermittelt.
An chinesische Phönix-Drachengruppen erinnert auch die Plazierung des Siegelabdrucks, dessen Koranzitat (aus Sure 40, 44) *Ich stelle meine Sache Gott anheim* an dieser Stelle apotropäisch wirkt.

Lit.: Martin 1912, Bd. II, Taf. 217 B. – Grube 1961, 181 f. – Grube 1962. – Grube 1982, Abb. 191.

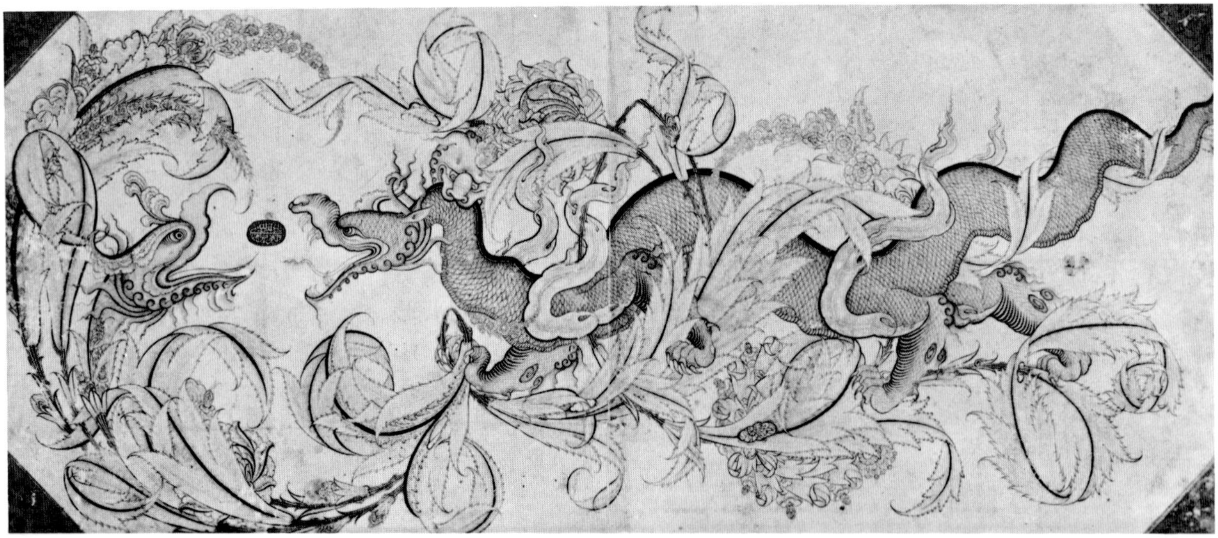

1/15

Engel mit Krone

Istanbul, Mitte 16. Jh.
Lavierte Federzeichnung in einem Album. Vali Can zugeschrieben (F)

Engel mit Blüte

Istanbul, Mitte 16. Jh.
Federzeichnung auf Papier, in einem Album

Paris, Musée Jacquemart-André, Inv. Nr.I261, I262 (E)

Beide Darstellungen sind einander sehr ähnlich. Beide verzichten auf jede Ortsangabe; bei einem Engel hat man den Eindruck, er schwebe, was auch mit dem ins Unbestimmt-Weite gehenden Blick und dem ausgebreiteten Saum sowie den ondulierend ausschwingenden, mehrfach zu Knoten geschürzten Bändern zusammenhängt. Der andere Engel hat eine ausgesprochene Sitzhaltung und blickt auf die Blume: er ist präsenter als der andere. Beides sind reich geschmückte „höfische" Wesen: eines ist durch Krone mit Hoher Federagraffe ausgezeichnet, das andere durch die Blätterkrone (insofern ist dies eher eine Peri, ein feenartiges Naturwesen; doch diese Unterscheidung führt hier zu nichts). Beide tragen Ohrringe, beide ähnliche Gewänder, deren Reichtum beim einen eher die Stoffülle, beim anderen mehr die Musterung ausmacht. Beide Engel halten ein *mendil,* ein Taschentuch höfischer Etikette (s. Kat. Nr. 29); der eine hat feintätowierte Hände, den anderen schmücken Fußreifen und ein Ring. Die Flügelpaare mit der kalligraphisch an- und abschwellenden Hauptlinie und der sie umspielenden zarten Befiederung sind ikonographisch wie kompositionell wichtig. — Beide Darstellungen variieren persische Prototypen. Der Engel mit der Blüte folgt z. B. wörtlich einer persischen Miniatur im Album Murads III.

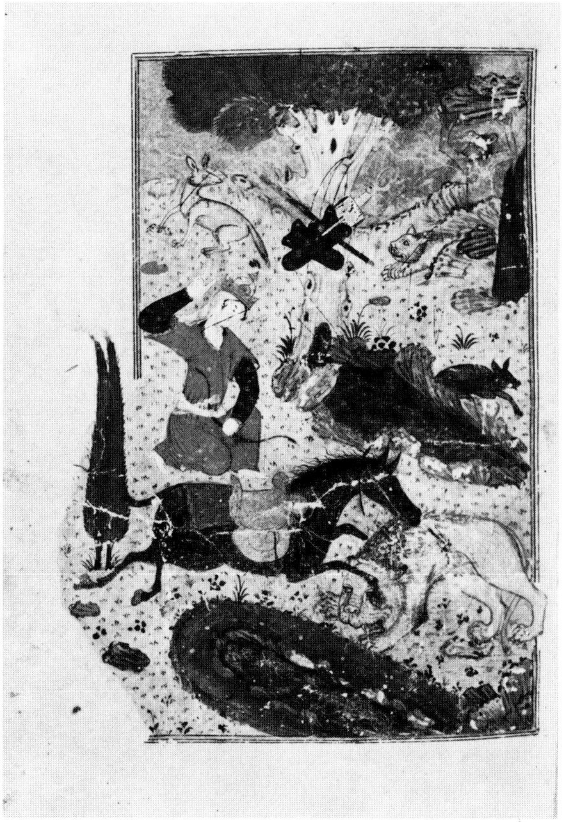

Lit.: Blochet 1929, Taf. 147 f. – Grube 1982, Abb. 189. – Vgl.: Duda 1983, Abb. 351.

1/16 a

FARBTAFEL Bd. 1, S. 89

Der Großwesir Sokollu Mehmed Paşa und weitere Wesire huldigen Sultan Selim II. (1566)

Lokman, *Selimhannâme*
Istanbul, um 1575 (?)
Tinte und Gouache auf Papier
31 Bl., 44,4 x 27,2 cm. 8 Illustrationen (weitere unausgeführt)

London, British Library, or. 7043, Bl. 14a

Die Huldigung findet in einem flachen, bildparallelen Raum statt, den der hohe, kastenartige Thron (vgl. Nr. 29) beherrscht. Rechts hinter dem Thron stehen zwei hochrangige Höflinge, der Waffenträger *(silâhdar)* und der Wasserträger *(mataracı)* des Sultans. Der Sultan hält ein *mendil* in der Hand, seinen Turban schmücken kostbare Agraffen. Vor dem Herrscher stehen die Wesire in ehrerbietiger Haltung, sie sind niedriger ins Bild gesetzt.
Die Komposition folgt im wesentlichen einer etwas figurenreicheren Darstellung in einer 1568/69 vollendeten Handschrift, einer Chronik eines Feldzugs nach Ungarn unter Süleyman, die sich in Istanbul befindet. Mit der trotz ihres Detailreichtums ruhigen und ausgewogenen Komposition stimmen die fast perfekte Malweise und der warme, volle Farbklang gut zusammen.
Die Datierung dieser Handschrift ist umstritten. Meredith-Owens machte die nach seiner Meinung identische Schrift von Text und 1687/88 datiertem Schenkungseintrag zur Grundlage einer Datierung ins späte 17. Jahrhundert; ihm folgte N. Titley. Die türkische Forschung dagegen sieht in ihr die im Vorwort zur zweiten illustrierten Version (Kat. Nr. 1/16 c) erwähnte ältere Fassung und setzt sie um 1575 an. Rogers schließlich hat jüngst eine Entstehung um 1580—90 angenommen und dafür Beobachtungen zur Komposition geltend gemacht. Eine Entscheidung ist ohne Vergleich beider Handschriften nicht möglich, doch ist eine Entstehung im 16. Jahrhundert wahrscheinlicher als die im späten 17. Jahrhundert.

Lit.: Meredith-Owens 1962. – Çagman 1972/73, 412, n. 5. – Titley 1981; Nr. 47. – Atil 1980, 196. – Kat. London 1983, Nr. 79. – Vgl.: Stchoukine I, Taf. 27.

1/16 b

Der Meisterschuß des Knaben

Sa'dī, *Gulistān*, persisch
Türkei, 978/1570–71
Schreiber und Maler: Sefer Ali b. Hudaverdi
Tinte und Gouache auf Papier
157 Bl., 17 x 10,5 cm. 3 Illustrationen

München, Bayerische Staatsbibliothek, cod. pers. 150, Bl. 93a

Laut Kolophon stammen Abschrift, Illumination und Bilder von einem Dilettanten, dem obersten Richter von Karasubaşi und Tomak.
Das Bild gehört zur Geschichte des Königs, der einen kostbaren Ring auf einer Kuppel befestigen ließ und ihn dem versprach, der ihn mit dem Pfeil durchschießen würde. Vierhundert Bogenschützen versuchten es vergeblich; ein Junge aber, der auf einer benachbarten Terrasse spielte, traf den Ring mit spielerischem Schuß. Erst der hügelige Horizont und die Felsgebilde darüber machen den vergitterten rosa Grund als Landschaftsgrund verständlich. Die Darstellung ist in zwei Register zerlegt: oben der Kuppelbau inmitten von Anbauten, rechts davon drei kniende Bogenschützen; zahlreiche Pfeile in der Luft. Ganz rechts der Knabe, der nach erfolgtem Schuß den Bogen senkt. Unten legt der König zu Pferde, von Höflingen umgeben, den Kopf aufblickend zurück und den „Finger des Erstaunens" an den Mund.
Wörtliche Genauigkeit in der Schilderung, eine matte, fast nachträglich koloriert wirkende Farbigkeit und ein großer Abstand zu gleichzeitigen Werken höfischer Malerei kennzeichnen dieses Werk eines Dilettanten.

Lit.: Kat. München 1982, Nr. 142. – Bothmer, VOHD XVI/2. Vgl.: Turkish Treasures, Nr. 34a/b.

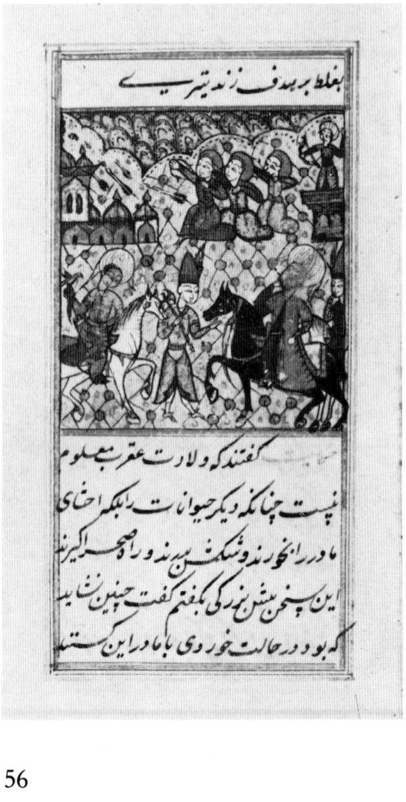

1/16 c

Die Schlacht bei Navarino

Lokman, *Šāhnāme-i Selīæm Hān*, persisch
Istanbul, 988/1581
Tinte, Gouache und Gold auf Papier. Kalligraph: Ilyas Katib, Maler: Osman und Ali
158 Bl., 34,5 x 24 cm. 44 Illustrationen

Istanbul, Topkapı Sarayı Müzesi, A. 3595, Bl. 130b/131a (Çagman 1973) bzw. 128b/129a (Atasoy-Çagman)

Diese Handschrift mit der Geschichte der Regierungszeit Sultan Selims II. (gest. 1566–1574), die Lokman, der Hofhistoriograph seines Nachfolgers Murad III., auf persisch verfaßt hat, ist eines der Meisterwerke, die das Malatelier der Hofschule in seiner klassischen Phase geschaffen hat. Im Vorwort dieser ‚Ausgabe' (vgl. Kat. Nr. 16 a) berichtet Lokman über die Vorgeschichte des Auftrags und schildert die umfangreichen Vorbereitungen seiner Ausführung, wobei Konsultationen mit Gelehrten und die Vorlage von Schriftproben und Bild-Entwürfen der Auftragserteilung vorangingen. Im Vorwort nennt er auch den Namen des Kalligraphen, während die Namen der beiden Maler — sie zählen zu den großen Meistern der Hofschule — von Filiz Çagman in Dokumenten des Istanbuler Staatsarchivs gefunden wurden. Auf Bl. 9 gibt es eine kleinformatige Darstellung einer Vorbesprechung Lokmans mit einem gelehrten Ratgeber sowie dem Kalligraphen und den beiden Malern.
Die doppelseitige Darstellung der Schlacht zwischen Türken und Venezianern übertrifft auf beiden Blättern die Schriftspiegelbreite und gewinnt damit ein Schlacht-Panorama. Seitlich der Festung rücken die Heeresverbände vom Horizont her ins Bild. In den Buchten des Vordergrundes liegen Schiffe der osmanischen Flotte rechts und ein Schiff der Venezianer links. Ein Scharmützel ist im Gange, das einige Venezianer das Leben gekostet und andere zur Flucht veranlaßt hat: schwimmend suchen sie ihr Schiff zu erreichen.
Das leuchtende Rot gibt dem Bild Lebendigkeit und teilt ihm die Dramatik mit, die sich vorerst noch auf die kleine Kampfszene beschränkt. Die Darstellung gilt als Werk des Osman.

Lit.: Stchoukine I, Nr. 30, Taf. 28–30. – Çagman 1972/73. –Atasoy-Çagman, 34–36, Taf. 14–16. – Çagman 1977b, Taf. 5. – Çagman-Tanındı, Nr. 150. – Atıl 1980, 196, Abb. 93.

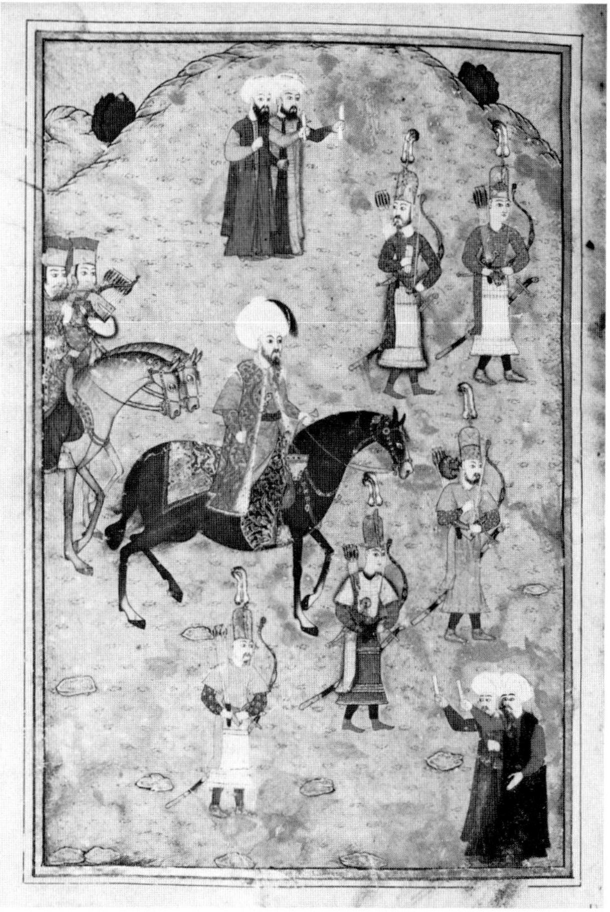

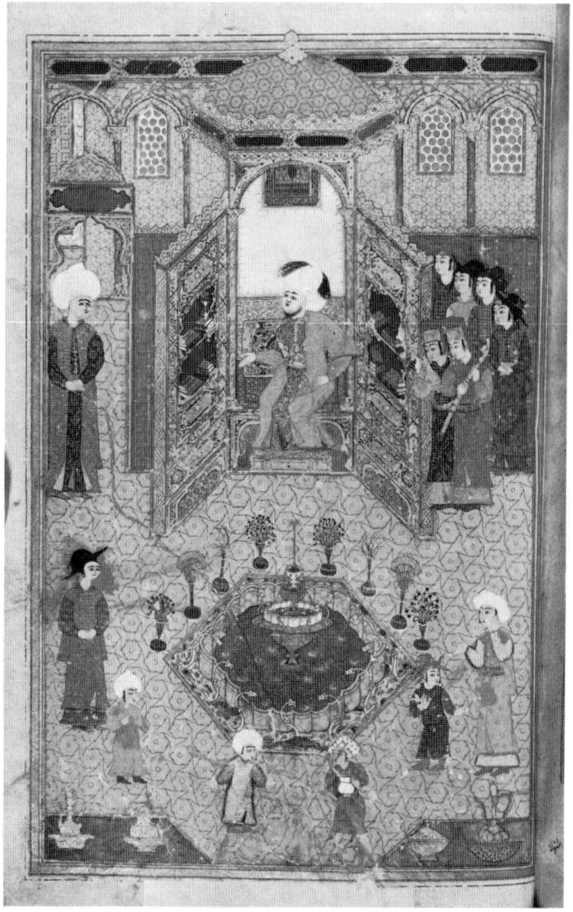

1/17 a

Sultan Murad III. zu Pferde; Sultan Murad III. in seiner Bibliothek

Mustafa Cenabi, *Cevahir el-garaib fi tercemet bahr el-garaib*
Istanbul, 990/1582
Bl. 252 a dem Osman zugeschrieben.
Gouache auf Papier (mit jüngeren Ausbesserungen)
320 Bl., 29 x 20,3 cm. 11 Miniaturen. Hier: Bl. 252a/217a

Sammlung Edwin Binney, 3rd, USA

Der Autor dieses Werkes gehörte zum Hof Sultan Murads III., und ein Widmungsblatt am Anfang besagt, daß diese Handschrift für die Schatzkammer des Sultans angefertigt wurde.
Beide Bilder sind ganzseitig. Das eine zeigt den Sultan, prächtig gewandet auf reich aufgezäumtem Roß und gefolgt von Schwert- und Bogenträger, und begleitet von einer Garde aus fünf *solaks,* wie er Bittstellern begegnet, die ihm ihre Petitionen entgegenhalten. Der berittene Sultan — wie ihn schon ein eindrucksvolles Portrait von Murads Großvater Süleyman in monumentaler Vereinzelung zeigt — ist hier in einen szenischen Zusammenhang gesetzt. Die Darstellung hat den Charakter eines Historienbildes.
Das andere Bild zeigt den bibliophilen Sultan in seiner Bibliothek, flankiert von zwei Regalen, in denen die Bücher — teils längs, teils quer, so daß der Schnitt sichtbar bleibt, der oft den Titel trägt (z. B. Kat. Nr. 65) — aufeinander liegen. Zahlreiche Höflinge umgeben ihn, unter denen besonders vier Zwerge im Vordergrund auffallen. Hinter ihnen ein Wasserbecken mit Springbrunnen und seitlichen Wasserspeiern, und herumgestellt Vasen mit Blumensträußen (vgl. Kat. Nr. 106b, d). Als Maler dieses Blattes hat E. Binney Osman, den Hofmaler Murads III., benannt; F. Çağman hat außerdem den weniger bekannten Molla Tiflisi beteiligt gesehen.

Lit.: Binney 1978. – Turkish Treasures, Nr. 17.
Vgl.: Blochet 1929, Taf. 173

1/17 b

Die Heiligen Stätten in Mekka und Medina

aus einem Pilgerhandbuch, persisch
Mekka, 990/1582
Gouache und Tinte auf Papier, Schreiber: Mahmud b. Can Mahmud el Balhi
22,8 x 15,2 cm

Slg. Edwin Binney, 3rd, USA

Die Handschrift, aus der die beiden Darstellungen stammen, befand sich zu Beginn des Jahrhunderts in Berlin in der Slg. Zander. Die Bilder zeigen in den schematischen Wiedergaben der Heiligtümer die typische Verbindung von Grund- und Aufriß der Baugruppen, bezogen jeweils auf die Mitte. Wenn auch der Schreiber aus dem Iran stammte, so ist doch die Wirksamkeit türkischer Konventionen in der Auffassung im Großen wie in vielen Details unübersehbar (s. Nr. 19a). Die Darstellung Mekkas zeigt innerhalb der charakteristischen hufeisenförmigen Arkade mit Ampeln die Kaaba und rechts davon, halbkreisförmig gefaßt, das Grab Ismails, dessen Vater Abraham dem Muslimen als Begründer und Bauherr der Kaaba gilt. Darum, innerhalb des zweigeschossigen Hofs die Gebäude der vier Rechtsschulen, der Brunnen Zemzem und eine Kanzel. Ob das siebte Minarett zu einer nahegelegenen theologischen Hochschule gehört, die 1586 begonnen wurde, oder ein unter Ahmed I. errichtetes meint —: beides ist später als die Abschrift der Handschrift und weist auf eine zeitliche Verschiebung zwischen Abschrift und Ausmalung.
Im Bild der Grabesmoschee des Propheten in Medina dominiert der Grabbau durch Kompaktheit, Reichtum der Musterung und durch den die Höfe überragenden Kuppelaufbau.

Lit.: Turkish Treasures, Nr. 100. –
Vgl.: Kat. München 1982, Abb. 46 (unsere Nr. 19a).

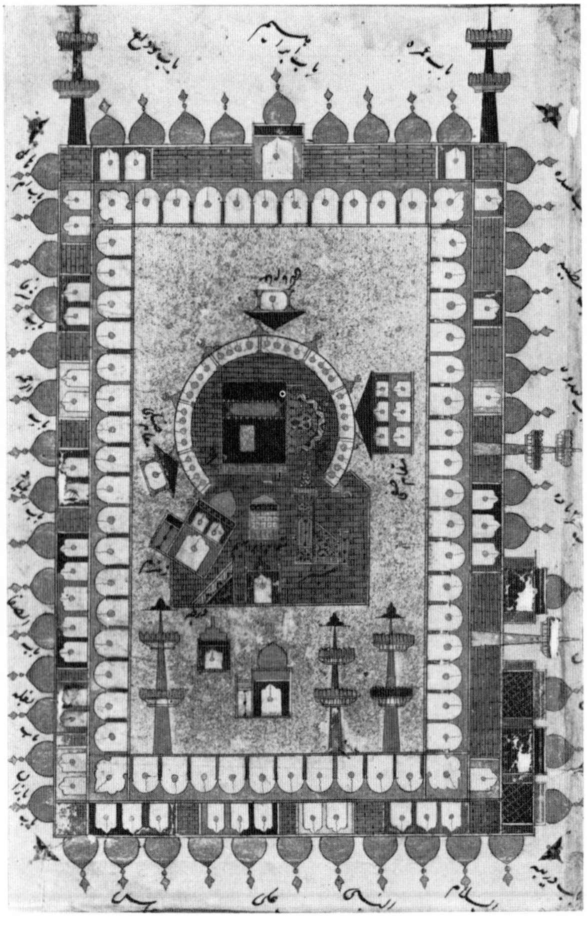

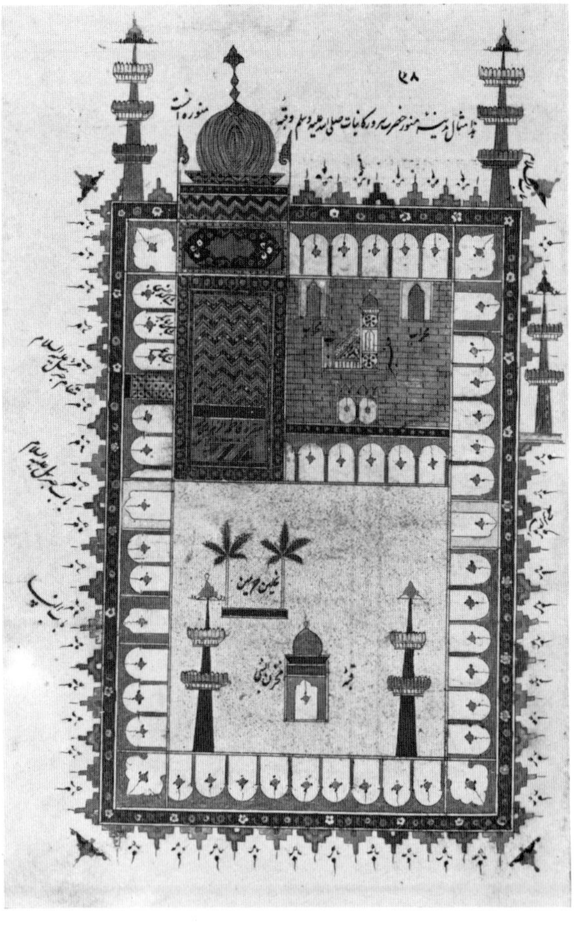

1/17 c

Sogen. Türkisches Manierenbuch

deutsch (?), spätes 16. Jh.
Wasserfarben und Tinte auf Papier (mit Wasserzeichen)
159 Bl. (davon 5 Leporellos), 19,8 x 15 cm (Bl. 55 : 74,5 cm; Bl. 56 : 41 cm breit)

Kassel, Landesbibliothek und Murhardsche Bibliothek, 4° Ms. hist. 31

Die Klappbilder zeigen wohl zwei Abschnitte desselben Aufzugs, einer kaiserlichen Gesandtschaft zum Sultan. Bl. 55 zeigt in Kostüm und Bewaffnung unterscheidbare Gruppen türkischer Soldaten und Höflinge, teils beritten, teils zu Fuß, auf dem Weg durch ein mächtiges Tor. Bl. 56 zeigt den dritten Hof des Sultanspalastes. Vorn ein Spalier von Janitscharen nahe dem Eingang zum Audienzbau. Dessen Stirnwand kann aufgeklappt werden und gibt den Blick frei auf die Audienz. Der Sultan, wohl Murad III., sitzt links im Mittelgrund eines kahlen, gefliesten Raumes. Zwei Höflinge führen ihm einen Gesandten zu, ihr fester Griff zwingt ihn zur vorschriftsmäßigen tiefen Verbeugung. Nahe der Tür seine Begleiter. Im rechten oberen Teil der Darstellung befindet sich — anstelle einer nachlässig übermalten Gruppe — in anderem Maßstab ein interessantes Detail: an langem Tisch sitzen kleine, einheitlich rot gewandete Figuren: Pagen der Palastschule, die hier ihre Quartiere hatten, und aus deren Mitte die höchsten Beamten des Reichs hervorgingen. Daneben sind unter den Arkaden reich geschmückte goldene Geräte und Gefäße ausgestellt; offenbar das in der Bildunterschrift von Bl. 55 erwähnte kaiserliche „persennt". — Bl. 60 zeigt „Thürkhische Kurtzweil zur Zeit irer Ostern" — ein handbetriebenes ‚Riesenrad'.

Unveröffentlicht. Erwähnt bei Struck 1930, 123 f. – Babinger 1959, 14 f., Anm. 51.
Vgl.: Taeschner 1925, bes. Taf. 46. – Haldane 1983, Taf. 136

1/18 FARBTAFEL S. 72

Lale Mustafa Paşa gibt ein Festmahl

Mustafa Âlî, *Nusretnâme*
Istanbul, 992/1584
Gouache und Gold auf Papier. Kalligraph: Mustafa b. Abdülcelil
257 Bl., 38,5 x 23 cm. 56 Illustrationen

Istanbul, Topkapı Sarayı Müzesi, H. 1365, Bl. 34b (Das abgebildete Foto gibt zur Ergänzung der in der Ausstellung gezeigten Seiten eine weitere Abbildung wieder.)

Lale Mustafa Paşa war der Feldherr des von 1578 bis 1580 dauernden Feldzuges, der gegen Persien und zur Erobe-

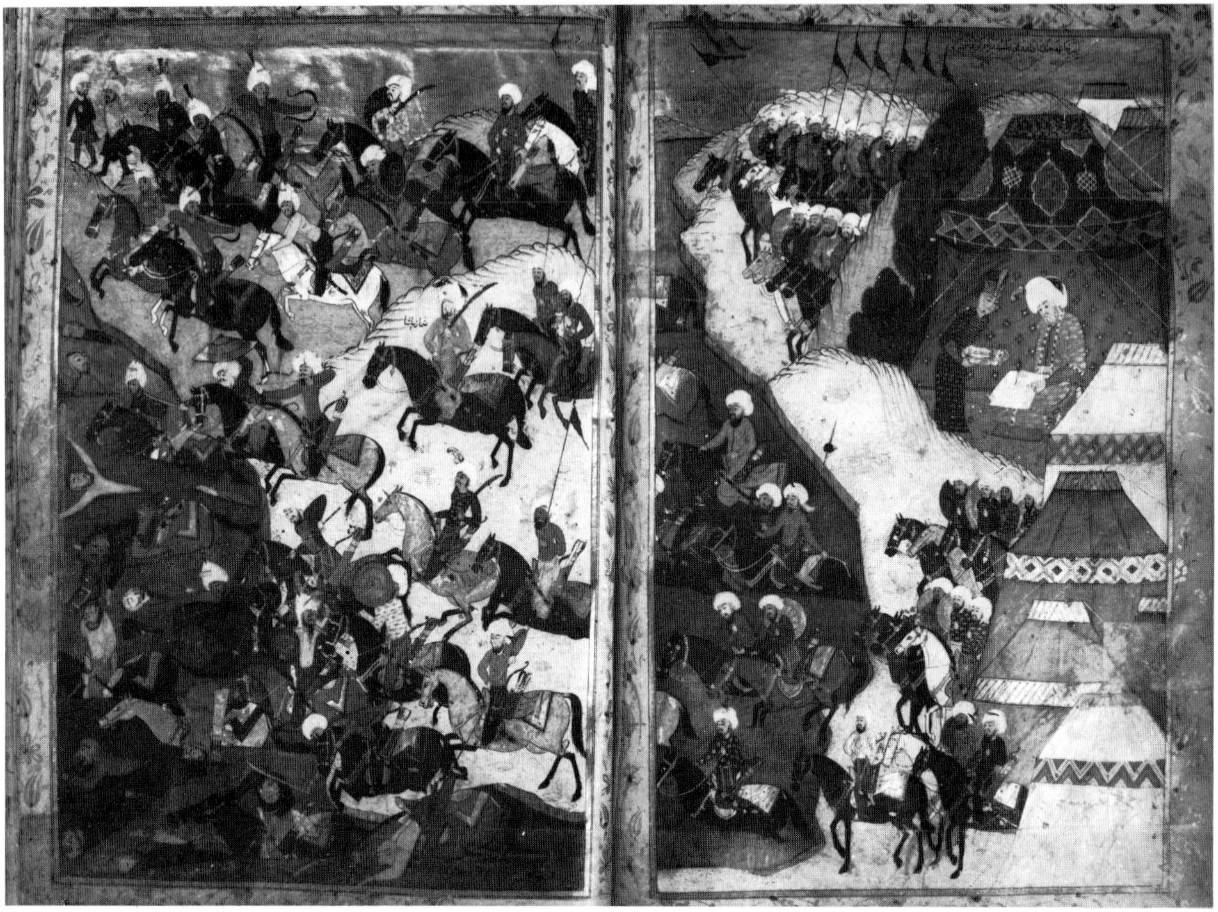

rung Georgiens führte. Mustafa Âlî aus Gallipoli, der diesen Bericht darüber schrieb, nahm an der Kampagne als Sekretär des Feldherrn teil. Eine der Illustrationen zeigt ihn, wie er sein Werk dem Pascha überreicht. Schreiber war der Kalligraph Mustafa b. Abdülcelil, einer der persönlichen Schreiber Sultan Murads III.

Dieses Bild gibt ein Bankett wieder, das der Feldherr bald nach Beginn des Feldzugs hohen Janitscharen-Offizieren gab. Das Festmahl findet im Freien statt, wie Boden und Zelt erkennen lassen. Der Gastgeber sitzt vor seinem reich ausgestatteten und von Sonnensegeln flankierten Zelt und präsidiert der Tafel. Ein Teppich ist ausgelegt, auf dem die Gäste knien. Zwischen ihnen steht, in mächtiger Diagonale das Bild durchziehend, die lange Reihe kostbarer, einladend gefüllter Schalen, aus denen die Offiziere mit Löffeln essen. Eine durchsichtige Serviette liegt über den Beinen von Gastgeber und Gästen zu seiner Linken.

Das Bild gibt detailliert Auskunft über die nach Rang unterschiedenen Kopfbedeckungen und bestätigt mit der Schilderung von Pracht der Kleidung und der Ausstattung, was der Bestand der Türkenbeute in abendländischen Schatzkammern über den materiellen Glanz der Feldlager vermuten ließ.

Der Einband aus rotem, mit goldenen und farbigen Fäden besticktem Seidenstoff ist ein berühmtes Beispiel für diese Technik, die gelegentlich für Bucheinbände verwendet wurde. Die Deckel folgen dem üblichen Schema; das Wellen- und Kugelgruppen-Muster auf dem Steg ist dagegen — so beliebt es in Textilien, Stoffen und auch Papieren war — an Einbänden ganz ungewöhnlich.

Lit.: Esin 1960, Taf. 9. – Stchoukine I, Ms. 44, Taf. 59–61. – And 1978, Taf. 57. – Atasoy-Çağman, Taf. 27 f. –Çağman-Tanındı, Nr. 154. – Papadopoulo, Taf. 22 f. –Einband: zuletzt Kat. Istanbul 1983, Nr. E. 124. – Papadopoulo, Taf. 24.

1/19 a

Felsendom und Aksamoschee in Jerusalem

(Pseudo-) Ibn al-Wardī, *Geographie und Naturgeschichte*
(arab. Harīdat al-ʿaāʾib wa-farīdat al-ġarāʾib
Türkei, um 1590
Tinte und Gouache auf Papier
227 Bl., 27 x 18 cm. 6 Illustrationen

München, Bayerische Staatsbibliothek, cod. arab. 461, Bl. 45 a

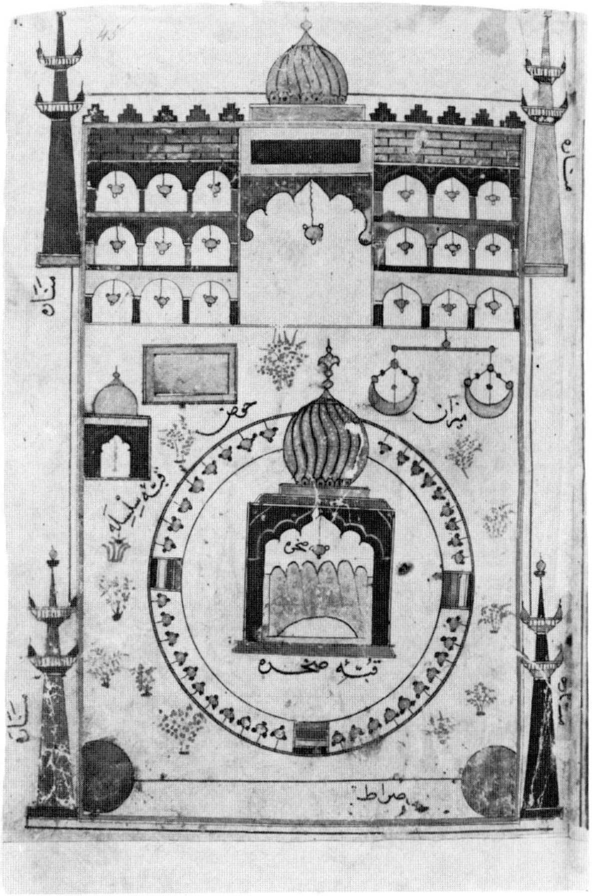

Neben schematischen Darstellungen der islamischen Hauptheiligtümer in Mekka und Medina, deren Schutzherren die Osmanen seit 1517 waren und die in zahllosen Pilgerbüchern abgebildet wurden, enthält diese Handschrift eine selten vorkommende Darstellung des *haram* in Jerusalem, des Heiligen Bezirks mit Aksa-Moschee und Felsendom. Nicht photographische Richtigkeit und Genauigkeit, sondern schematische Wiedergabe des Ganzen und Angabe charakteristischer Details ist beabsichtigt. Oben (im Süden der Anlage) die Aksa-Moschee mit breitem Mittelschiff und Kuppel, sowie je drei Seitenschiffen mit Stützen und Arkaden, in denen Moscheeampeln hängen. Den Felsendom bestimmt die —hier zwiebelartige — Kuppel. Ein weiter Bogen gibt den Blick ins Innere frei, um den Felsen zu zeigen, der deutlichkeitshalber auch beschriftet ist. Seitlich des Felsendoms der sogen. Kettendom, an allen vier Ecken des *haram* Minarette. Treppen führen zur Plattform des Felsendoms, bei der Zeichnung der ampelbehängten Zwischenstücke nahm sich der Illustrator größere Freiheiten.

Lit.: Kat. München 1982, Nr. 143. – Bothmer, VOHD XVI/2.

1/20

Ali mit seinen Söhnen, vom Erzengel Gabriel besucht

Darir, *Siyer-i Nebi* · Istanbul, ca. 1590
Gouache auf Papier, als Albumblatt montiert
Einzelblatt, 16,8 x 22,5 cm

Sammlung Edwin Binney, 3rd., USA

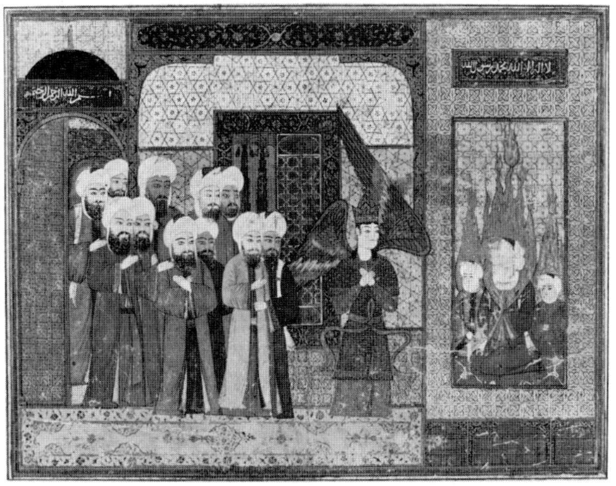

Eine dreiteilige Architekturgliederung organisiert die Darstellung. Links das Vorjoch mit der *basmala* über dem Portal, darüber eine überhöhende Kuppel; hierher kommen die Heiligen, die den Erzengel zu zweien in doppelter Reihe begleiten. Im breiten Mittelstück mit seiner halbgeöffneten Türe steht rechts der gekrönte Erzengel; von seinen mächtigen Flügeln nimmt der aufgerichtete die schräge Staffelung der Heiligen auf und greift über auf den rechten Abschnitt, in dem — thronartig gerahmt — Ali mit Hasan und Hüseyn im Flammennimbus erscheinen; über ihnen das Glaubensbekenntnis. Alis Gesicht ist, wie sonst oft das des Propheten, aus religiöser Scheu verschleiert. Inhalt und stilistische Merkmale lassen vermuten, daß dieses Blatt aus einem der reich illustrierten Bände des *Siyer-i Nebi,* der Prophetenbiographie des Darir, stammt.

Lit.: Turkish Treasures, Nr. 22. – Fisher 1981, 106 f., Taf. 48.

1/21
Kampf zwischen Menschen und Ungeheuern

Mehmed Fenarî, *Ferasetnâme*
Türkei, spätes 16. Jh.
Tinte und Gouache auf Papier
62 Bl., 28 x 19 cm. 5 Miniaturen

Paris, Bibliothèque Nationale, suppl. turc 1055, Bl. 14b/15a (F)

Auf lachs-orangefarbenem Grund, den milchgrüne Berge nach hinten begrenzen, und die beide eine lila konturierte Zeichnung aufweisen, findet der Kampf des Helden mit den Fabelwesen statt. Links der Zweikampf zwischen einem bis auf einen orange-grünen Schurz nackten Wilden und dem berittenen, goldgerüsteten Helden, wobei nackte Gefährten oben links auf den Kampf herabschauen. Zwei Reiter beobachten ihren Anführer, und auf der rechten Seite folgt ihm sein Heer mit rotem und grünem hängenden Banner. (Eine Schulszene aus dieser Handschrift: Abb. 74).
Der Autor widmete dieses Werk, einen physiognomischen Traktat, Sultan Murad III.

Lit.: Stchoukine I, Nr. 68. – Kat. Paris 1977, Nr. 481. – Berthier-Halbout 1981, 225. – Vers l'Orient, Nr. 52 (Farbabb. S. XII).

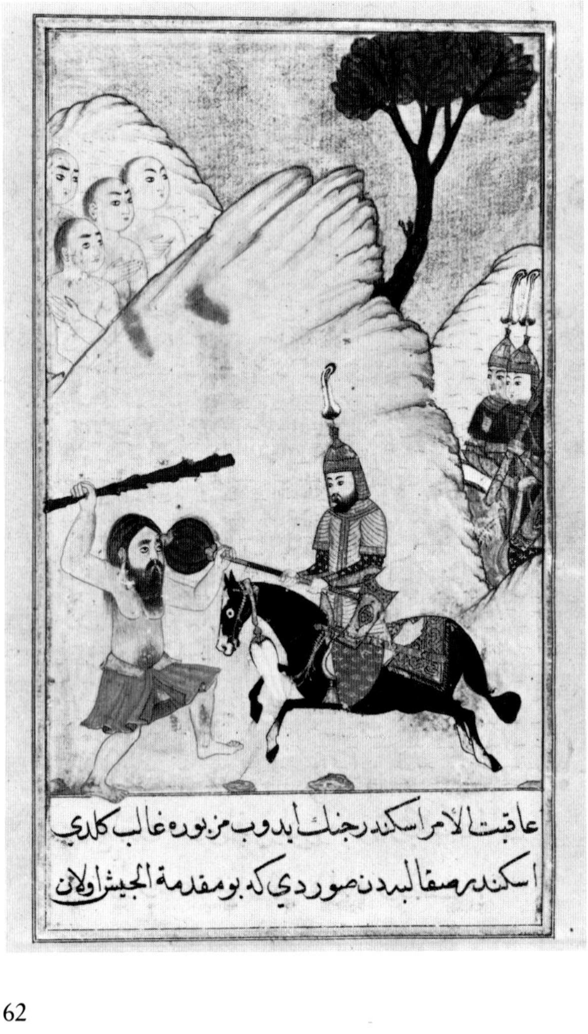

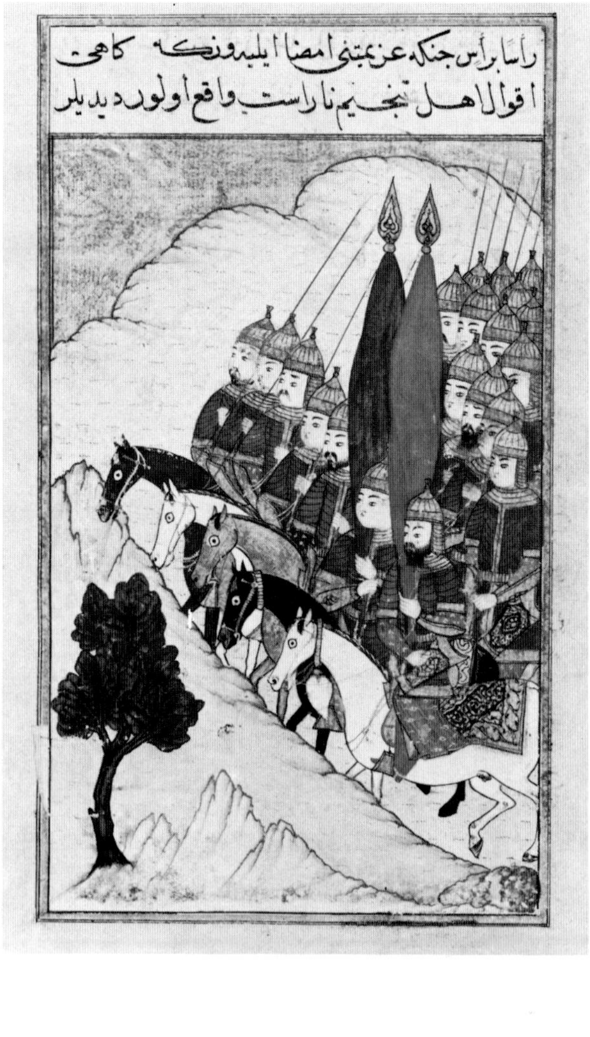

1/22
Jüngling vor seinem Oheim, dessen Tochter er liebt

Ǧāmī, *Silsilat aḏ-ḏahab,* persisch
Täbris, 1. Hälfte 16. Jh. — Istanbul, Ende 16. Jh.
Gouache und Gold auf Papier, Kalligraph: Š Maḥmūd an-Nıæšābūrī
82 Bl., 24,5 x 17,5 cm. 11 Illustrationen

Wien, Österreichische Nationalbibliothek, Cod. mixt. 1466, Bl. 49a

Die Handschrift wurde von dem berühmten Kalligraphen Šāh Maḥmūd an-Nīšābūrı am Hof der Safawiden in Täbris geschrieben. Wahrscheinlich ist sie bei einer der Eroberungen der Stadt durch osmanische Truppen — Ursache für die Verlegung der Residenz nach Kaswin im Jahre 1548 — erbeutet und nach Istanbul gebracht worden. Dort malte man später die für Illustrationen freigelassenen Plätze aus und fügte die Randornamentik hinzu.
Die Illustrationen folgen stark vereinfachend persischen Vorbildern. Einzelheiten, wie die Verwendung der Zwickel, vor allem aber die locker gefügten Randgrisaillen zeigen die türkische Herkunft an.

Lit.: Kat. Wien 1980, Nr. 153. – Duda 1983, 208 f.

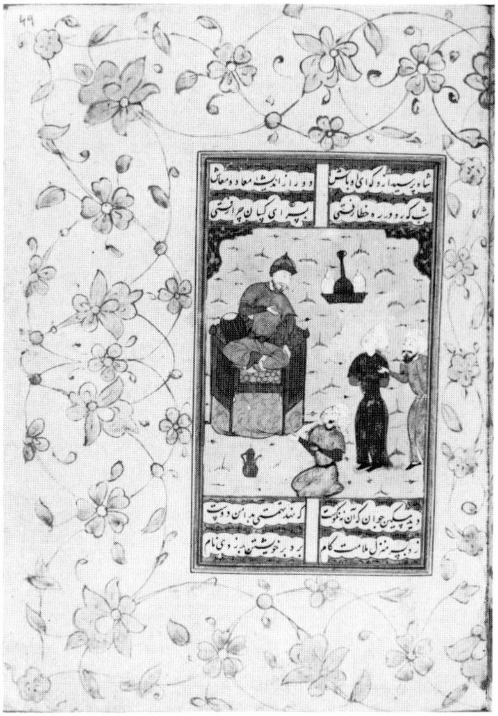

1/23
Das Höllenungeheuer bedroht die Muslime

Ahval-ı kıyamet, anonyme alttürkische Übersetzung
Istanbul, ca. 1610/20
Tinte, Gouache und Gold auf Papier
62 Bl. (verbunden), 22 x 14 cm. 22 Illustrationen

Berlin, Staatsbibliothek Preußischer Kulturbesitz, Ms. or. oct. 1596, Bl. 28b

Ein vielköpfiges, drachenartiges Ungeheuer, das Engel mühsam an Ketten zurückhalten, spuckt Feuer und attackiert nur mit einem Schurz bekleidete Männer: Ungläubige und „Heuchler" des Koran. Eine kopfreiche Menge von Gläubigen steht oben links hinter vier durch den Nimbus als Propheten gekennzeichneten Männern, Abraham, Jakob, Muhammad und Elias, die die Hände abwehrend vorstrecken. Muhammad wird von den vorislamischen Propheten durch seinen die ganze, grüngewandete Figur umfassenden Nimbus und den reicheren Flammennimbus anstelle des Gesichts ausgezeichnet. Die intensive und kontrastreiche Farbigkeit der Gewänder steht in starkem Gegensatz zu den grauschwärzlichen Tönen des Ungeheuers.
I. Stchoukine hält die Malerei für ein Werk der Hofschule.

Lit.: Stchoukine u. a., VOHD XVI/1, Ms. 85, Nr. 2896. – Stchoukine II, Nr. 12. – Kat. Berlin 1980, Nr. 98.

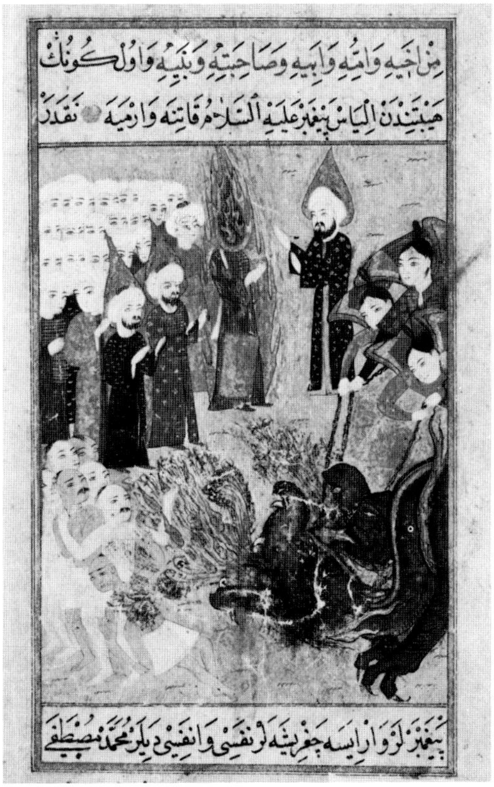

1/24
Yusuf Paşa in Konya

Beschreibung der Reise des Tscherkessen-Aga Yusuf Paşa von Istanbul nach Basra im Jahre 1602/03
Türkei, 1014/1605–06
Gouache und Tinte auf Papier
39 Bl., 23,5 x 13,2 cm. 7 Illustrationen
Paris, Bibliothèque Nationale, ms. turc 127, Bl. 7b/8a (E)

Die beiden Bilder illustrieren Begebenheiten während des Aufenthaltes in Konya, wo Yusuf Paşa mit seinem Gefolge an einer Zeremonie der Tanzenden Derwische teilnahm (rechts) und das Mausoleum der seldschukischen Sultane besuchte; oben hängen goldene Waffen und Zeremonialgeräte. Die lebendige Farbigkeit wird durch starke Oxydationsschäden beeinträchtigt.

Lit.: Stchoukine I, Nr. 85. – Blochet, Inventaire I, S. 3. – Trésors d'Orient, Nr. 271. – Vers l'Orient, No. 20.

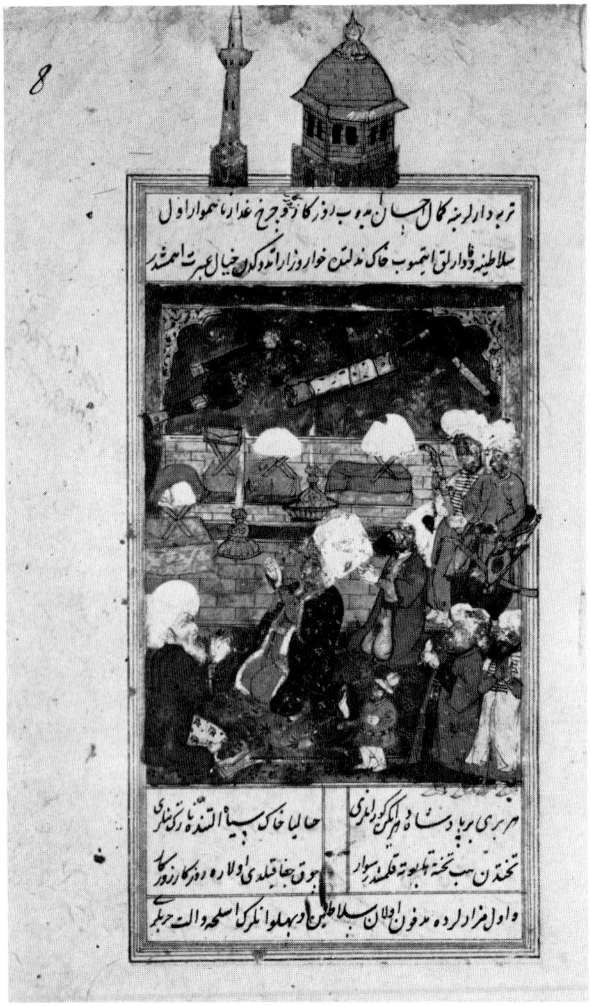

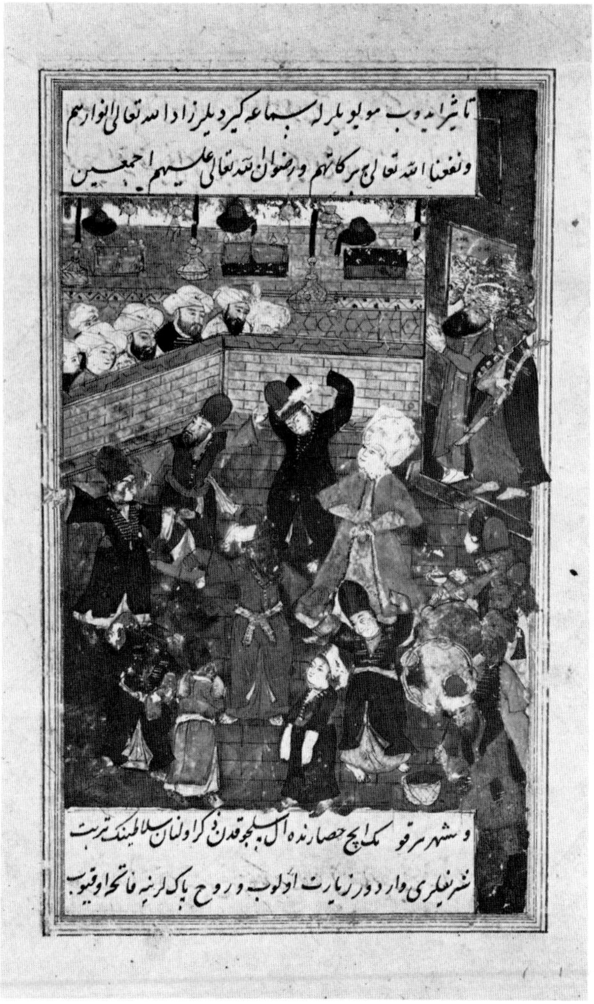

1/25

Jüngling mit Falke und Vogel (Ahmed I. ?)

Mustafa b. Ahmed, gen. Ali, *Işrak et-tevarih*
Istanbul, frühes 17. Jh. · Gouache und Gold auf Papier
17 Bl., 27,4 x 17,4 cm. 45 Bildnismedaillons, 2 ganzseitige Bilder

Karlsruhe, Badische Landesbibliothek, Hs. Rastatt 201, Bl. 16b

Der Text ist die türkische Version eines arabischen Geschichtswerks und reicht von Adam bis etwa 1600. Die Genealogie des Hauses Osman endet mit Mehmed III. (gest. 1603); darauf folgen das Bild eines thronenden Herrschers und das eines Knaben mit Falke und Vogel; sowie einige Kalligraphien.
Die Medaillonportraits sind bis auf das letzte so getreue Wiederholungen des Zyklus, den Osman Nakkaş im späten 16. Jahrhundert zu einem Text des Lokman gemalt hat, daß die Annahme einer Entstehung in Istanbul, wenn nicht sogar in einer Hofwerkstatt naheliegt. Das Ganzfigurenbild ist mit dem Medaillonportrait Mehmeds III. in den Gesichtszügen identisch.
Wen aber stellt das folgende Bild dar? Ist es ein Portrait? Zunächst ist es eine ganz ungewöhnliche Darstellung; der Junge steht in fast meditativer Haltung da, mit leicht gesenktem Kopf, und scheint den Vogel in seiner Linken vor dem Falken schützen zu wollen, den er auf der handschuhgeschützten rechten Hand hält. Ganz sicher ist es nicht das Bild eines beliebigen Falkners. Die Einrichtung des Blattes gleicht der des Sultansportraits, mit zweifacher Kartusche oben und farbigen Ecken darunter. Der Junge ist ungewöhnlich reich gekleidet: über gelben Stiefeln und weißer Hose trägt er ein rotes Untergewand und einen pelzverbrämten Mantel aus weißem, medaillonverzierten Stoff – es ist das gleiche Gewand, das auch der Sultan trägt. Wer anders als ein Prinz dürfte an dieser Stelle wie der Sultan gekleidet sein? Allenfalls ein weiterer Sultan. Könnte dies eine Art Privatportrait von Mehmeds III. Sohn und Nachfolger Ahmed I. sein, der als Dreizehnjähriger Sultan geworden ist?

Lit.: Unveröffentlicht. Kat. Karlsruhe 1955, Nr. 532. – Petrasch 1977, Farbtaf. 1.
Vgl.: Stchoukine 1976, Taf. 1, 2.
Stchoukine 1976 = Ivan Stchoukine, Un portrait du Sultan Moḥammad III par Ḥasan Naqqāsh, in: Arts Asiatiques 32, 1976, 3–7

1/26

Die Hochzeit Sultan Murads II. (1424); Sultan Murad in der Schlacht von Varna (1444)

Hoca Sa'deddin, *Tac et-tevarih*
Istanbul, 1025/1616 · Tinte und Gouache auf Papier
492 Bl., 21,3 x 12 cm. 14 Illustrationen

Paris, Musée Jacquemart-André, Inv. Nr. I 1314 (D. 262), Bl. 138a/163a

Das Werk wurde verfaßt vom Lehrer und späteren Ratgeber Sultan Murads III. und umfaßt die Geschichte der Osmanen vom Ende des 13. Jahrhunderts bis zum Tod Selims II. (1520).
Die Hochzeit des Osmanensultans mit einer Enkelin des Fürsten von Kastamonu, einer der am längsten neben dem erstarkenden Osmanenreich bestehenden unabhängigen Herrschaften in Anatolien, verfolgte zweifellos dynastische Absichten. Das Bild wird bestimmt von der Vielzahl der höfischen Unterhalter. Mit Ausnahme der *silâhdare* seitlich des Sultans und der beiden Eunuchen in der Tür bemühen sich alle Anwesenden, ob Musikanten, Tänzer oder komische Figuren, um die Unterhaltung des hohen Paares. Bemerkenswert ist der Hofzwerg rechts. Das Bild setzt persische Bildtypen voraus, die mit „Lokalkolorit" bereichert sind.
Die Darstellung der Schlacht von Varna folgt den Bildlösungen, die für die großen historischen Bildzyklen des späteren 16. Jahrhunderts gefunden wurden. An Einzelheiten von Tracht und Bewaffnung (Feuerwaffen) ist die unbefangene Übertragung zeitgenössischer Verhältnisse in das vorausgegangene Jahrhundert deutlich. Auch die Komposition, die dicht gedrängte Gruppen von Christen und Türken einander gegenüberstellt, verwendet ein Schema des 16. Jahrhunderts.

Lit.: Halbout de Tanney 1979.

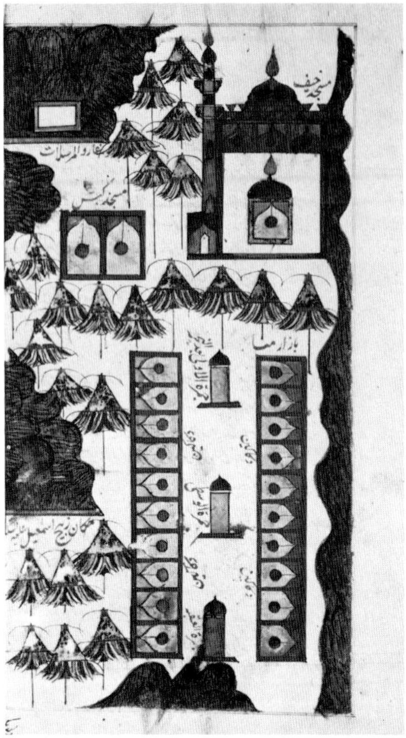

1/27

Pilgerstationen im Hedschas nahe Mekka

Mehmed Aşik Hanefi, *Ahbar-i Mekke*
Türkei, 1026/1617
Tinte und Gouache auf Papier
208 Bl., 26,5 x 16 cm. 16 Illustrationen

Paris, Bibliothèque Nationale, suppl. turc 1081, Bl. 31b (E)

Das Werk über die Besonderheiten der beiden Heiligen Städte wurde 1603 vollendet. Die wenig jüngere Handschrift war offenbar eine nicht-höfische Gebrauchshandschrift; der flotte Duktus von Schrift und Malweise spricht dafür.
Neben den üblichen Wiedergaben der Hauptheiligtümer sind auch Bauten und für den Pilger bedeutsame Orte in ihrer Umgebung dargestellt, so hier, rechts oben, die Moschee von al-Haif in der Nähe der Schlucht von al-Mina, wo der Prophet einmal kampiert haben soll.

Lit.: Bertier-Halbout 1981, 220. – Vers l'Orient, Nr. 113.

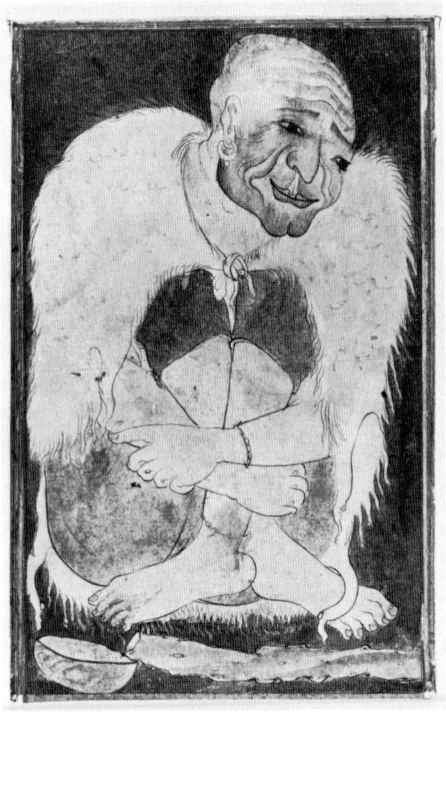

1/33

Derwisch

Türkei (?), 17. Jh.
Kolorierte Federzeichnung
Einzelblatt, 21,1 x 13, 6 cm

Sammlung Edwin Binney, 3rd, USA

Eng zusammengekauert, mit um die Knie geschlungenen Armen, sitzt der Mann da, den der grobe Knüppel und die Bettlerschale, wie auch Details seiner Aufmachung, Ohrring und Kahlköpfigkeit, bloße Füße und Fellumhang, als Derwisch ausweisen.
Der Bildtypus folgt älteren turkmenischen Darstellungen, oft Zeichnungen von Gefangenen. Die karikaturhaften Züge, und die das ganze Blatt füllenden Ausmaße geben diesem Mann eine außerordentliche Präsenz.
Eine spiegelbildliche Version im Besitz des Metropolitan Museum in New York ist kürzlich als indisch (im Dekkan entstanden) bezeichnet worden.

Lit.: Turkish Treasures, Nr. 56. – Vgl. Zebrowski 1983, Abb. 68.

1/28
Vor einem Jüngling kniender Derwisch

Anthologie türkischer Gedichte
Türkisch, frühes 17. Jh.
Tinte und Gouache auf Papier
27,5 x 18 cm. 16 Illustrationen

London, British Library, or. 4129, Bl. 75a (F)

Die undatierte Handschrift stammt vermutlich aus der Regierungszeit Sultan Ahmeds I., auf den sie Lobgedichte enthält.
Unter einer Pinie sitzt auf einem Teppich der selbstbewußt posierende Jüngling, neben dem ein kleiner proportionierter Mundschenk steht, der ihm eine Schale reicht und eine zweite in der Rechten hält. Der Derwisch mit brauner Derwischmütze hält in der Rechten ein Buch, als läse er daraus.
Die auf wenige große Figuren sich beschränkenden Illustrationen sind gekennzeichnet durch eine effektvolle Farbigkeit und eine routiniert wirkende Knappheit der Details. Sie illustrieren die Gedichte nicht eigentlich, sondern stellen allbekannte, als Gemeingut islamischer Liebesdichtung anzusehende Situationen dar, in denen ein(e) Geliebte(r) vom Liebenden verehrt wird, und sind insofern mit den Gedichten assoziativ verknüpft.

Lit.: Meredith-Owens 1963, 28, Abb. 21. – Stchoukine I, Nr. 88. – Titley 1981, Nr. 19. – Kat. London 1983, Nr. 99.

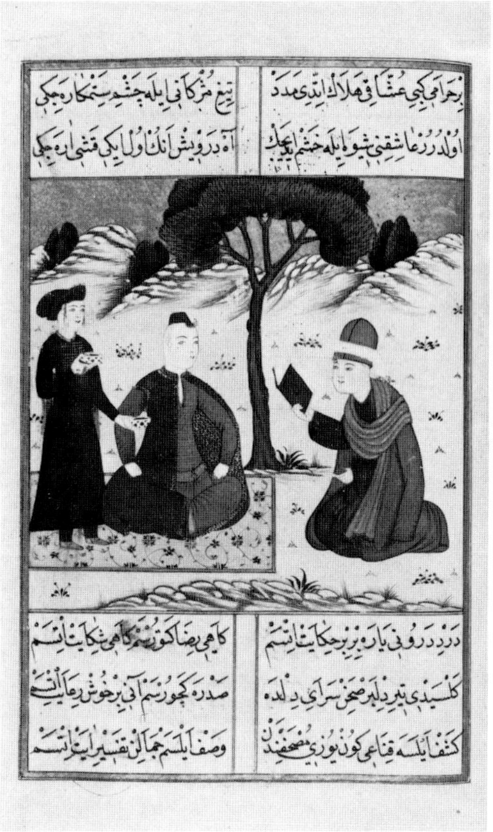

1/29
Bildnis Sultan Ahmeds I.

aus einem Album
Istanbul, erstes Drittel 17. Jh.
Gouache und Gold auf Papier
Mit Rahmen 29 x 19,9 cm, ohne Rahmen 19 x 12,7 cm

Edinburgh, Royal Scottish Museum, Inv. Nr. 1888.88 Bl. 11A

Der jugendliche Herrscher sitzt, von einem Kissen leicht gestützt; in der linken Hand hält er das *mendil,* ein Zeremonial-Taschentuch, in der rechten einen querformatigen Gedichtband, *sefine* (s. Kat. Nr. 1/59). Dem kleinteiligen Reichtum der Gewanddarstellung entspricht die detailliert-abwechslungsreiche Musterung aller ihn umgebender Flächen, die einen Thron bilden – der mit dem im Topkapi Saray als Thron Ahmeds I. gezeigten allerdings nichts zu tun hat. In auffälligem Kontrast zur übrigen Darstellung stehen die schwarzgrundigen Arabesken-Zwickel, die Gesicht und Turban des Sultans rahmend hervorheben. Die goldenen Partien sind farbig lasiert oder dicht punziert.
In der linken unteren Ecke steht auf lichtem Grün eine *el-fakir Süleyman* (der geringe S.) nennende Inschrift: die Signatur eines sonst nicht faßbaren Malers.

Lit.: Propyläen-Kunstgeschichte, Taf. 416.
Vgl.: Kat. Istanbul 1983, Nr. E. 190.

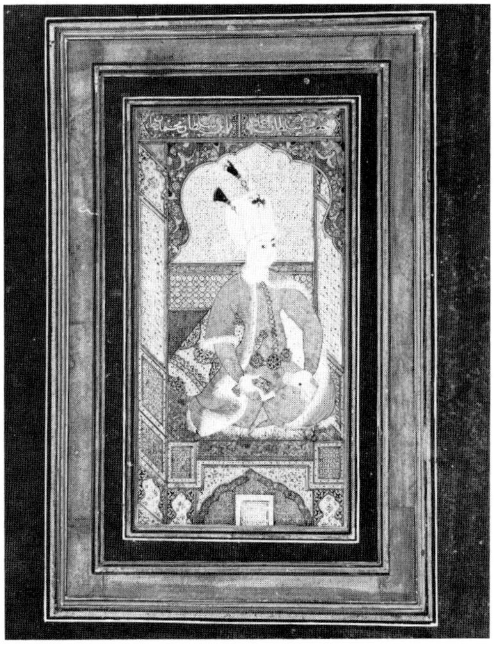

1/30 FARBTAFEL S. 53

Sultan Osman II. und sein Hofstaat

Mehdî, *Şahnâme*
Istanbul, 1029/1620
Gouache und Gold auf Papier
304 Bl., 39,3 x 25 cm. 28 Miniaturen

Uppsala, Universitätsbibliothek, Ms. Celsius 1, Bl. 1b/2a

Der Übersetzer dieser Prosaversion des persischen Nationalepos, Mehdî, hat sein Werk Osman II. gewidmet. Die Handschrift enthält den ersten Teil des Werks (s. Kat. Nr. 1/31). Das doppelseitige Widmungsbild ist von einem — stark beschnittenen — Rand mit Goldgrisaillen umfaßt. Es ist bestimmt von einer Bogenreihe unter Kuppeln und den die ganze Breite ausfüllenden Teppichen. Auf ihnen stehen die Gruppen weißer und schwarzer Eunuchen; einzelne Höflinge und eine Dreiergruppe von Janitscharen sind durch Position und die Farbe ihrer Gewänder ausgezeichnet. Der alleinstehende, dunkelhäutige Mann rechts hält als einziger ein Buch in der Hand; man mag in ihm den Übersetzer vermuten.
Der jugendliche bartlose Sultan sitzt oberhalb des Teppichs auf hohem Thron, gekleidet in ein pelzverbrämtes goldbroschiertes Gewand von erlesener Zurückhaltung seines Grau. Zusätzlich zur Lehne des Throns überhöht ihn auch die doppelte Kuppel und das hellorangefarbene Tor, in dem man das Bab üs-saâde erkennt und das hier als Bab-es-Sultan bezeichnet ist.
Dieses Bild ist mit der großzügigen und gelassenen Verteilung der Gruppen und in der Placierung von Farben und kompositorischen Akzenten ein Meisterwerk; es wurde von E. Atıl zusammen mit der Mehrzahl der Illustrationen zum Text dem Maler Nakşî zugeschrieben.

Lit.: Grohmann-Arnold, Taf. 95. – Kat. Stockholm 1957, Nr. 131. – Atıl 1978, 106 f.

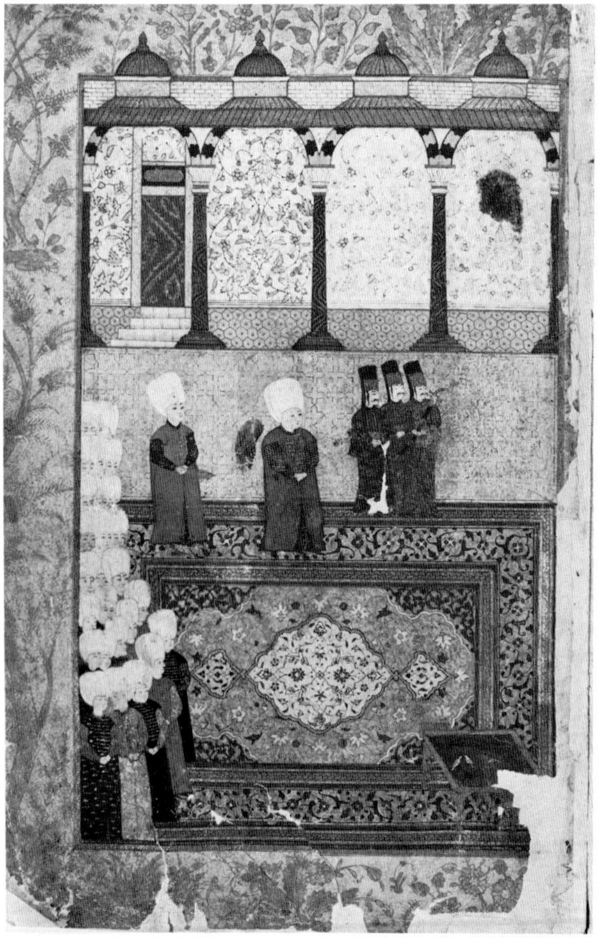
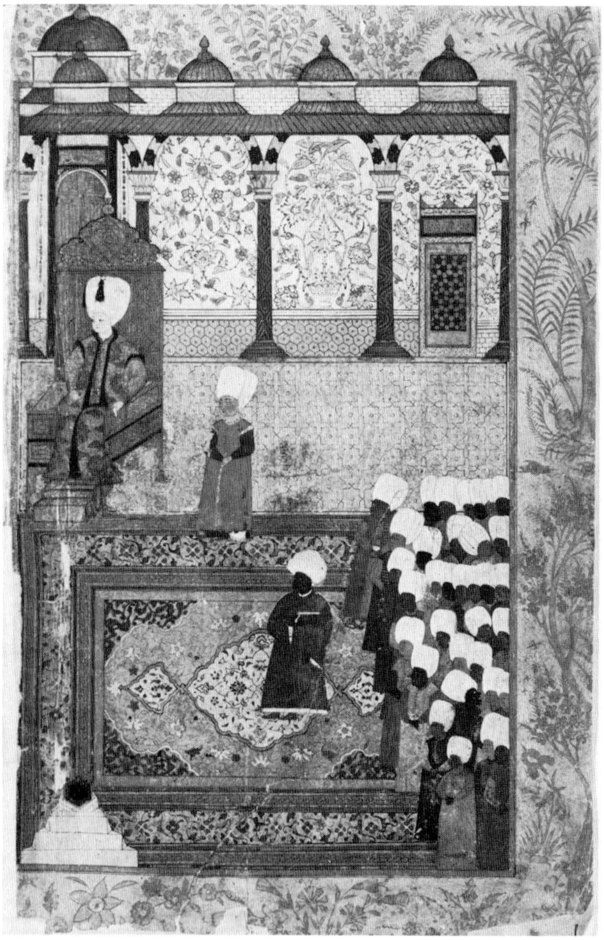

1/31

Gayūmart tötet einen Dīw

Mehdî, *Şahnâme*
Istanbul (?), zweites Viertel 17. Jh.
Tinte, Gouache und Gold auf Papier
235 Bl., 33 x 21,5 cm. 15 Illustrationen

Paris, Bibliothèque Nationale, ms. suppl. turc 326, Bl. 17b (F)

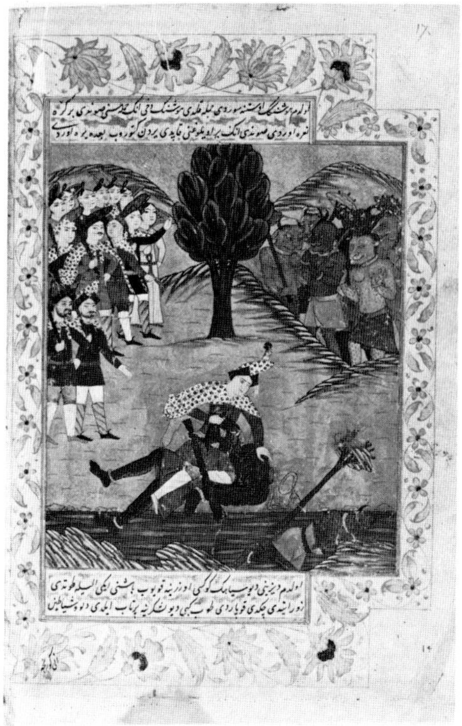

Der Text, eine Prosaversion des persischen Nationalepos, wurde von Mehdî übersetzt und Sultan Osman II. gewidmet. Die Handschrift enthält den zweiten Teil des Textes, laut Atıl ist sie der zweite Band zu der Handschrift in Uppsala (Kat. Nr. 1/30). Sie ist nicht vollendet. Nur ein Bild, das Widmungsbild Bl. 4a, ist von besonderer Qualität und dem Nakşî zugeschrieben worden. Im weiteren setzt die Rahmung des Schriftspiegels aus, vorgesehene Plätze für Illustrationen blieben frei und Randgrisaillen gibt es nur für illustrierte Doppelseiten.
An der Grenze zwischen grüner Vordergrundszone mit Felsen und dem roten Hintergrund, dessen Horizont ein Baum überragt, tötet Gayūmart einen Dīw (Dämon). Links bei seinem Gefolge — Männer mit Fellen über untürkischen Kleidern — stehen Engel in langen Gewändern; rechts ein Trupp Diwe, deren freundlicher Ausdruck nicht recht zum Geschick ihres Anführers paßt.

Lit.: Stchoukine II, Nr. 49 f. – Atıl 1978, 107. – Vers l'Orient, Nr. 123.

1/32

Persischer Jüngling

Kostümbuch
Istanbul, drittes Viertel 17. Jh.
Gouache auf abendländischem Papier
160 Bl., 14,8 x 9,3 cm

Berlin, Staatliche Museen Preußischer Kulturbesitz, Kunstbibliothek, Inv. Nr. Lipp. Lb 17, Bl. 116

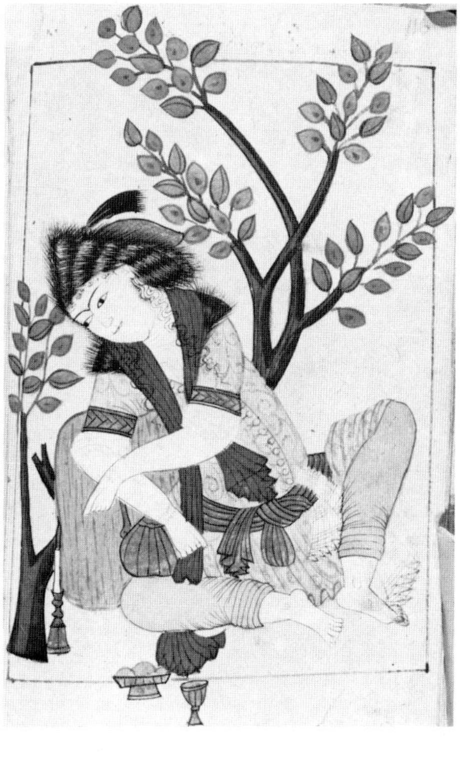

Das kleine Album bezeichnet die dargestellten Figuren mit der türkischen Bezeichnung in Umschrift, und in italienischer Übersetzung. Es beginnt mit Portraits der Sultane Mehmed IV. und seines Vaters Ibrahim, was auf eine Entstehung zu Mehmeds IV. Lebzeiten (1648—1687) schließen läßt.
Für diesen Ansatz sprechen auch die persischen Vorlagen, die offenbar für die wenigen Darstellungen von Persern verwendet wurden. Sie zeichnen sich durch komplizierte oder kokette (Bl. 89) Haltungen aus, die sogar, verglichen mit der Korrektheit türkischer Dargestellter, eine Spur lasziv sein können. Eine Darstellung wie diese wäre undenkbar ohne die Isfahaner Malerei des frühen 17. Jahrhunderts, wie sie durch ihren Hauptmeister Rizā-i 'Abbāsī bestimmt wurde. Die Abhängigkeit von fremden Vorlagen ist auch daran erkennbar, daß hier der Maler nicht mit dem durch die schlichte Linie begrenzten Bildfeld auskam.

Unveröffentlicht

1/33 siehe Seite 66

1/34

Die Sultane Selim I., Süleyman der Prächtige, Selim II., Murad III. und Mehmed III.

Derviş Mahmud b. Şeyh Ramadan, *Subhat el ahbar*
Istanbul (?), um 1680
Tinte, Gouache und Gold auf Papier, Maler: Hasan el-Musavvir el-Istanbuli
20 Bl., 30 x 18,5 cm. 102 Miniatur-Medaillons

Wien, Österreichische Nationalbibliothek, cod. A. F. 50, Bl. 14b/15a

Diese kurzgefaßte Weltgeschichte beginnt bei Adam und Eva und führt über die großen Propheten, die sagenhaften Herrscher ältester Zeiten und die mittelalterlichen Dynastien des Nahen Ostens bis zum Haus Osman, und endet mit Mehmed IV.

Neben den Bildnismedaillons der Sultane stehen kleinere Schriftmedaillons mit den Namen der Prinzen. Die Texte sind entweder strahlig um das Medaillon angeordnet und mit Rankenwerk locker verbunden oder darüber geschrieben. Die Sultansbildnisse haben nur geringe Ähnlichkeit mit der Serie der von Osman Nakkaş im letzten Viertel des 16. Jahrhunderts geschaffenen Portraits, die von Osman I. bis zu Murad III. reichen. In der Figurenauffassung und der Art der Modellierung der Leiber, wie auch in einer gewissen Individualisierung der Gesichter, sind Unterschiede gegenüber ähnlichen Serien spürbar, die auf abendländischen Einfluß deuten. Bemerkenswert ist das Interesse an der Zeichnung der Kleiderstoffe und der Kissenplatten. Zu Füßen des letzten Sultans, der auf einem Thron sitzt, hat der Maler signiert: *Hasan el-Musavvir* (der Maler) *el-Istanbuli*.
Die Handschrift kam als Teil der Türkenbeute in die Bibliothek des Prinzen Eugen.

Lit.: Kat. Wien 1980, Nr. 156. – Faksimile-Ausgabe, Istanbul 1958. – Stchoukine II, Nr. 81.

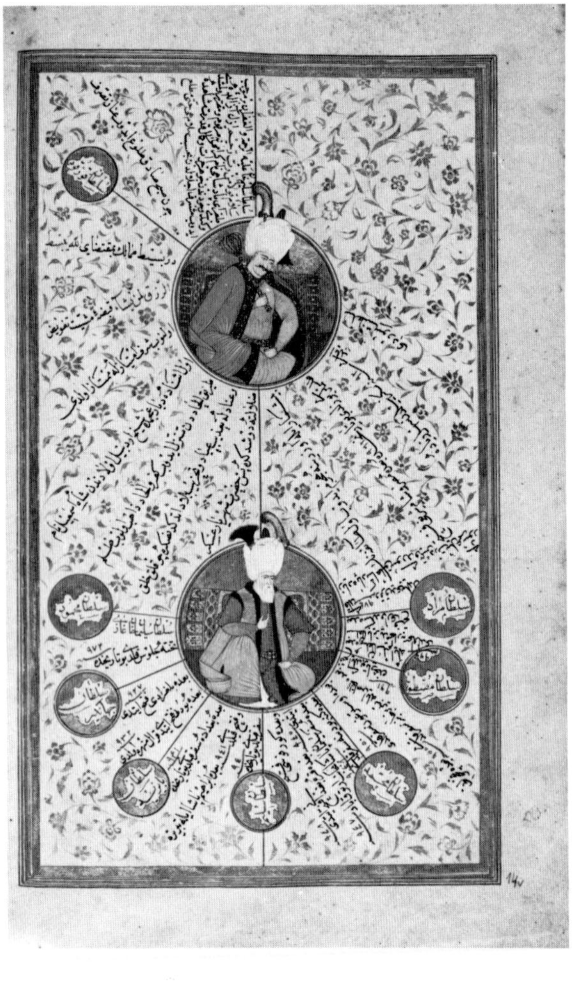

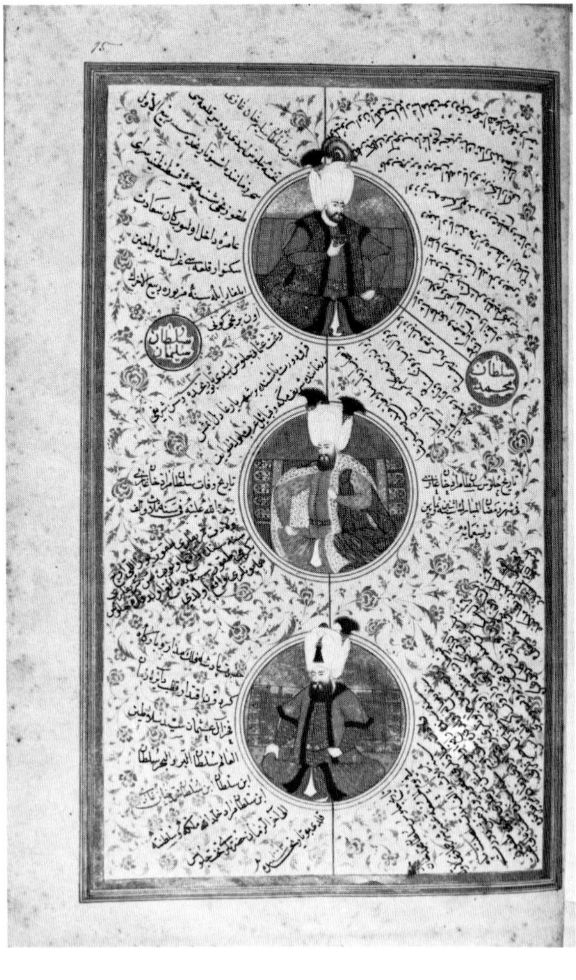

1/35
Der Nil mit Palmengärten und Nilometer

Rudusizade, *Aca'ib el-mahlukat*
Istanbul, 1096/1685
Tinte und Gouache auf Papier. Kalligraph: Ismail b. Ahmed b. el-Murtaza
166 Bl., 25,5 x 17 cm. 5 Illustrationen (E)

Paris, Bibliothèque Nationale, suppl. turc 1063, Bl. 27b

Der Text ist eine türkische Kurzfassung von Qazwīnīs berühmter Kosmographie des späten 13. Jahrhunderts, die ihr Übersetzer, Mehmed b. Mehmed, gen. Rudusizade dem Sultan Mehmed IV. gewidmet hat. Diese Abschrift entstand zu Lebzeiten des Sultans. Ob Blochets Vermutung zutrifft, es sei die für den Sultan hergestellte Kopie, erscheint angesichts der wenigen vorgesehenen Illustrationen (eines normalerweise hunderte von Bildern umfassenden Werks) fraglich.
Das hier gezeigte Blatt unterscheidet sich von den anderen, stärker persisch ausgerichteten Illustrationen der Handschrift durch seinen ganz türkischen Charakter. Der Nil windet sich durch akkurat ausgerichtete Palmenreihen, im Hintergrund ist die karge Felslandschaft jenseits des fruchtbaren Tales sichtbar. Vorn der Nilometer, ein im 9. Jahrhundert von einem Abbasidenkalifen errichteter Pegelstandsmesser, der für die Beobachtung des für Ägyptens Wohl und Wehe entscheidenden Wasserstandes, und der Festlegung der jährlichen Feste, die die steigende Flut feierten, wichtig war. Die einzig anwesende menschliche Figur, ein Bärtiger, weist auf ihn hin.

Lit.: Stchoukine II, Nr. 76. – Bertier-Halbout 1981, 226. – Vers l'Orient, Nr. 121.
Vgl.: Turkish Treasures, Nr. 17, Bl. 70a.

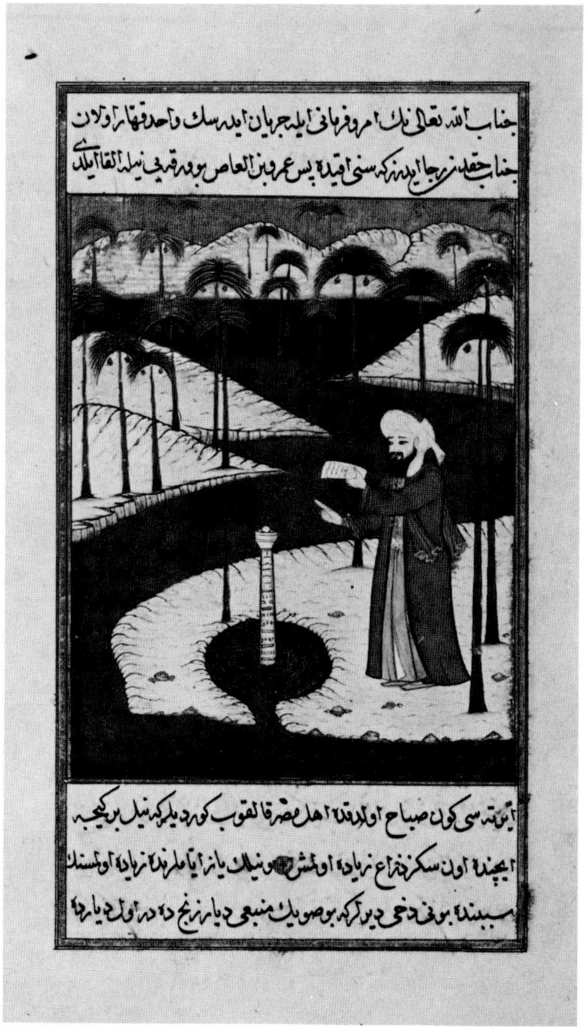

1/36
Die Sultane Mehmed IV. und Süleyman II.

Genealogisches Album, anonym
Istanbul, 1104/1692–93
Maler: Hüseyn el-Musavvir el-Gilani
Farbige Tinten und Gouache auf abendländischem Papier
Querformat, 36 Bl., 22,5 x 43,5 cm. 209 Bildnismedaillons

Wien, Österreichische Nationalbibliothek, cod. A. F. 17, Bl. 36

Von der wenig älteren Handschrift (Kat. Nr. 1/34) unterscheidet sich diese bei der Erfüllung derselben Aufgabe mehrfach: die Ausstattung ist insgesamt einfacher, auf eine blattfüllende Illumination ist verzichtet; die Medaillons geben nur Brustbilder vor neutralem Hintergrund. Andererseits ist der Bildniszyklus umfangreicher — auch er beginnt bei Adam und Eva — und er ist, wie auch am gezeigten Blatt erkennbar, insofern genauer, als die die Medaillons verbindenden Linien nicht nur die Herrscherfolge geben, sondern zugleich deren Deszendenz klarstellen. Hier z. B. stammen beide Sultane vom selben Vater ab; die auf den linken — Süleyman — folgenden (hier nur

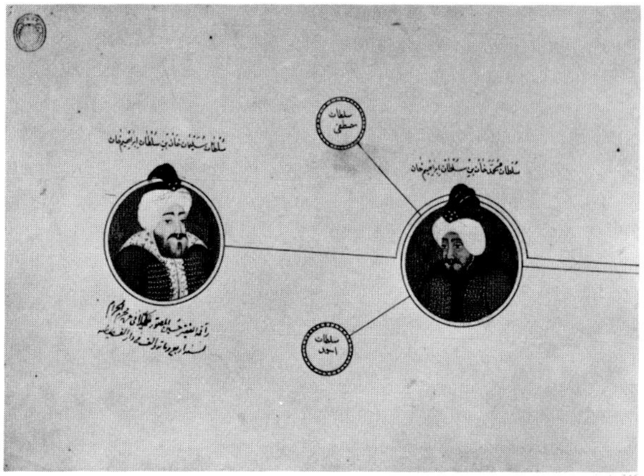

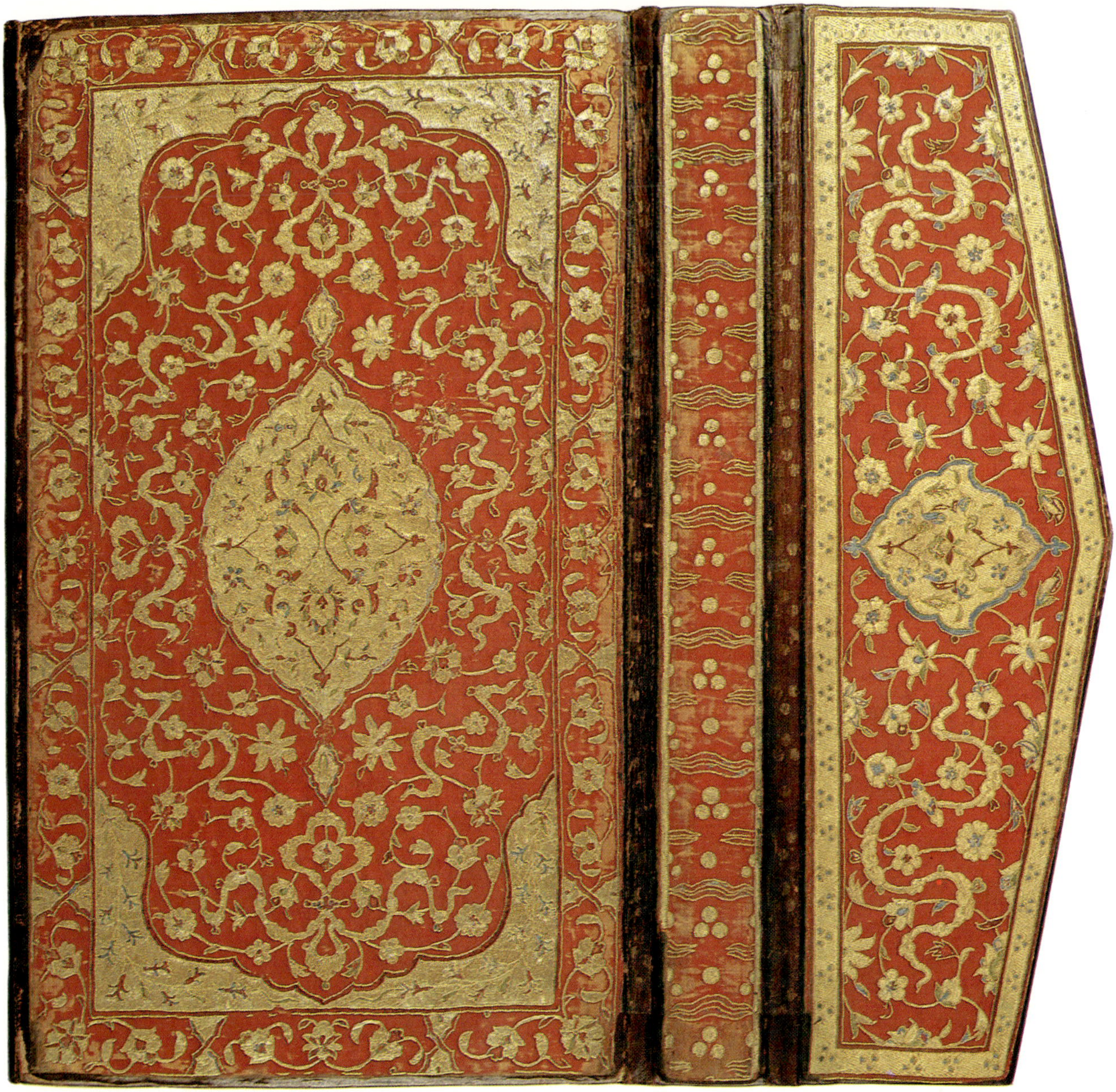

Bucheinband aus Seide (Kat. Nr. 1/18)

mit Namen genannt, weil sie noch Prinzen sind), vom rechten Sultan stammt Mehmed IV.
Der zweizeilige Text unter Süleyman II. nennt den Namen des Malers: *Hüseyn el-Musavvir* (der Maler) *el-Gilani* — also aus dem nördlichen Iran stammend — sowie Datum und Ort der Herstellung.

Lit.: Kat. Wien 1980, Nr. 88.

1/37
Venedig und seine Lagune

Pirî Reis, *Kitāb-i Bahriye*
Istanbul (?), um 1700
Tinte, Gouache und Gold auf Papier
434 Bl., 33,5 x 23 cm. 219 Karten

Paris, Bibliothèque Nationale, suppl. turc 956, Bl. 216b/217 (E)

Dieses Portolanwerk, das *Buch der Meere des Pîrî Reis* (gest. 1554), des erfolgreichen Kriegsmannes und gelehrten Seefahrers, ist seit seiner Entstehung in zahlreichen Exemplaren verbreitet worden. Es stellt in Ausschnitten den gesamten Küstenbereich des Mittelmeeres dar. Die Karten sind schematisch, die Ortsbilder auf markanteste Gebäude verkürzt. So sind hier, in der Darstellung Venedigs, der geachteten Rivalin der Pforte um die Herrschaft im östlichen Mittelmeer, die Lage von Markuskirche und -platz charakteristisch erfaßt, und ebenso die Festungswerke, die die Öffnungen der Lagune zum Meer sicherten. Wenn auch eine Datierung anhand der Karten ohne ausgedehnte vergleichende Untersuchungen nicht möglich ist, so schließt doch das illuminierte Kopfstück auf Bl. 3b eine Datierung ins 16. Jahrhundert aus, und dürfte eine Entstehung nicht lange vor 1711, dem Zeitpunkt, zu dem das Werk sich in französischem Besitz befand, richtiger sein.

Lit.: Bertier-Halbout 1981, 219. – Vers l'Orient, Nr. 50.

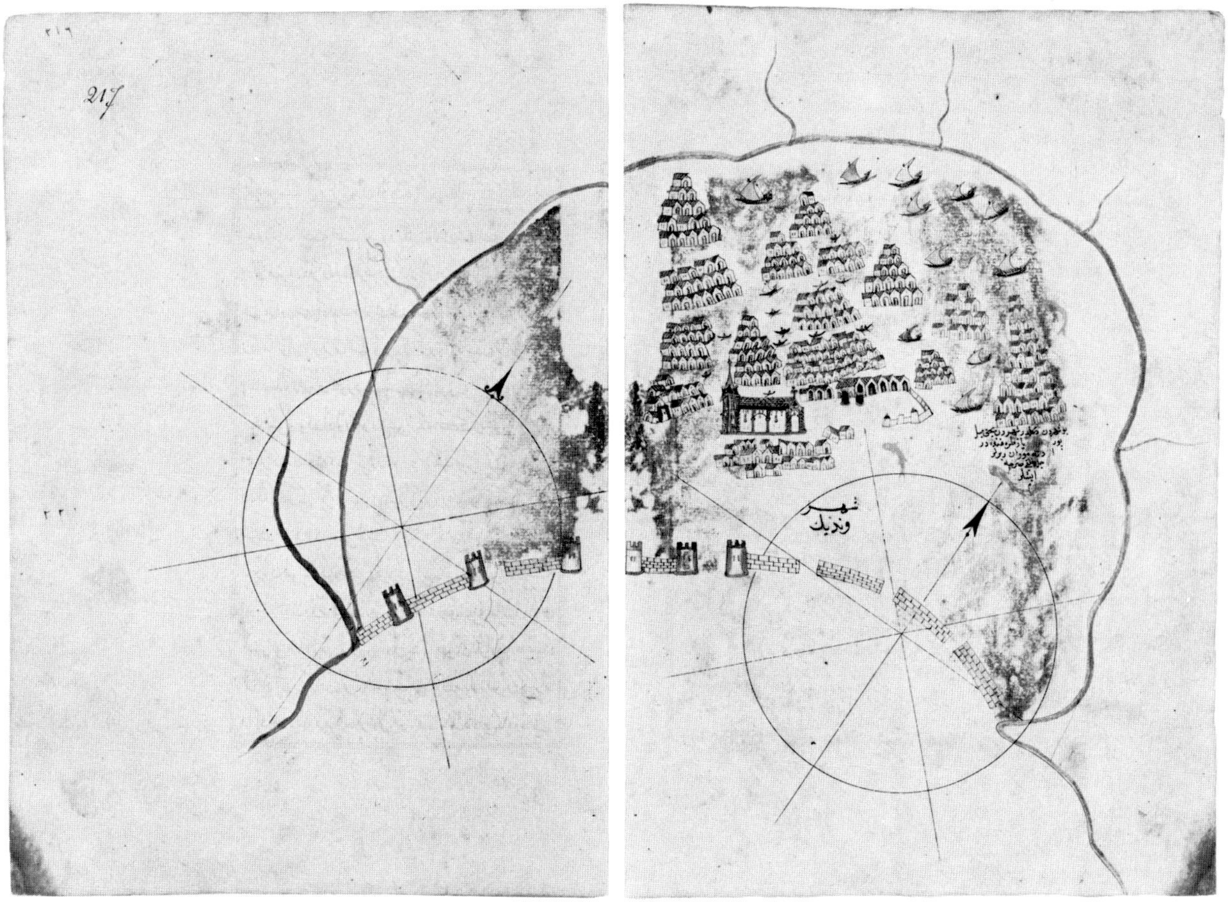

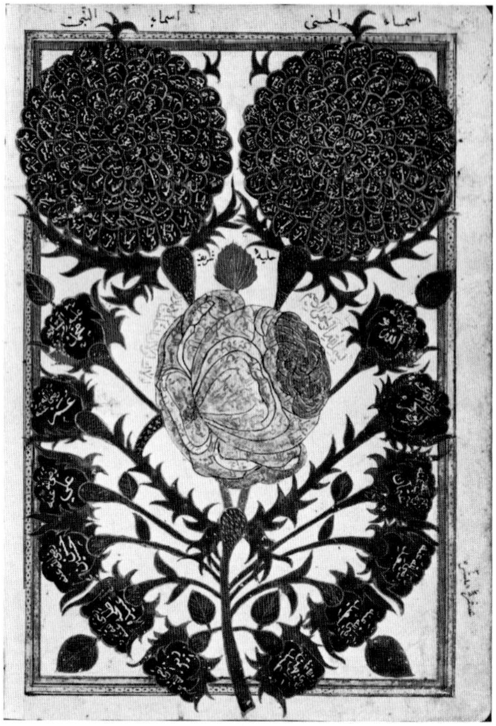

1/38
Beschreibung des Propheten
Sammelhandschrift
Türkei, 1119/1707 und 1121/1709
Tinte und Gouache auf Papier
54 Bl., 24 x 16,5 cm. 23 Bildseiten und Schriftbilder

Berlin, Staatsbibliothek Preuß. Kulturbesitz, Ms. or. oct. 1602, Bl. 48b

Die Illustrationen dieser Handschrift gelten alle dem dritten der enthaltenen Texte, einem anonymen Text *Ahlak-ı Rasul Allah* ‚Der Charakter des Gesandten Gottes'. Teils sind es schematische Darstellungen der Heiligen Stätten, teils Schriftbilder, teils Mischformen, wie auf dem hier gezeigten Blatt. Eine Rose mit symmetrisch angeordneten Blüten und Knospen füllt das Blatt. Oben offene Blüten, die die ‚Schönen Namen Gottes' (rechts) und die ‚Namen des Propheten' auf den Blütenblättern tragen, an den Seiten Knospen mit den Namen Gottes, des Propheten Muhammad, der vier rechtgläubigen Kalifen, der Söhne Alis und Namen weiterer Gefährten des Propheten. In der Mitte endlich, durch ihre hellrosa Farbe unterschieden von all den übrigen weinroten, die erblühende Rose mit der *hilye*, dem verbalen Portrait des Propheten (vgl. Kat. Nr. 1/83).

Lit.: Stchoukine u. a. VOHD XVI/1, Hs. 92, Nr. 2953.

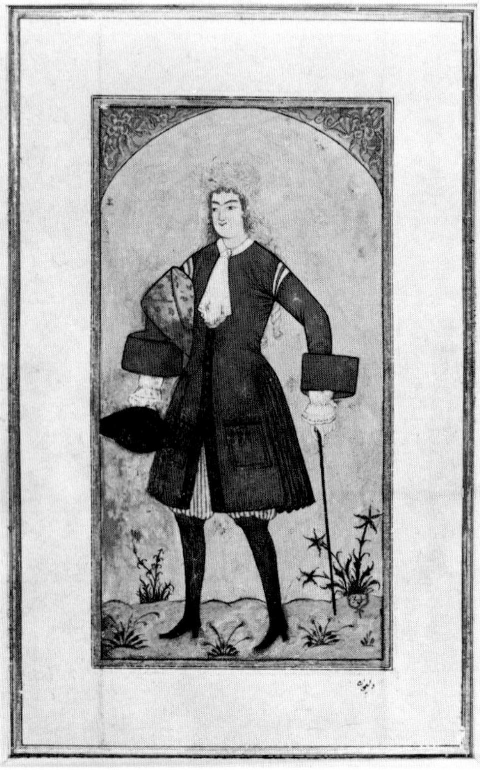

1/39
Eleganter Franzose
Istanbul, frühes 18. Jh.
Gouache auf Papier. Signiert: Levnî
Einzelblatt, 16 x 8,6 cm

London, British Museum, Dept. of Oriental Antiquities, Inv. Nr. 1960-11-12-02

Das Blatt hat ein Gegenstück in derselben Sammlung; wahrscheinlich stammen beide aus einer Serie von Darstellungen, die Menschen aller Art, und zumal Amtsinhaber verschiedener Ränge zeigen, wie die Kostümalben oder *Manierenbücher* sie zusammenfassen. Die Mappe unter dem Arm könnte in dem französisch gekleideten Herrn mit Perücke einen Diplomaten vermuten lassen. Ob der humoristische Effekt, der uns heute erfreut, beabsichtigt war oder Folge davon ist, daß der türkische Maler das ihm Fremde betont (das ja auch uns sehr fremdgeworden ist), ist schwer zu entscheiden.
Unsicher ist, ob es sich um ein Werk von der Hand Levnîs handelt oder um ein Blatt in seiner Art, was zu der zeitgenössischen Zuschreibung an diesen Hauptmeister des 18. Jahrhunderts geführt hat.

Lit.: Lewis 1976, Abb. S. 298. – Rogers 1978, Nr. 44. – Titley 1981, Nr. 69 (Abb. 54: Pendant). – Vgl. Stchoukine II, Taf. 86a.

1/40
Ansicht des Bosporus

Ata'î, *Hamse*
Istanbul, 1151/1738
Tinte und Gouache auf Papier
241 Bl., 25,7 x 15,6 cm. 30 Illustrationen
London, British Library, or. 13882, Bl. 68b/69a

Die über beide Blätter reichende und beiderseits den Schriftspiegel überschreitende Darstellung zeigt — in fast herzförmigem Ausschnitt — beide Seiten des Bosporus mit schematischer Wiedergabe der beiden osmanischen Festungen auf europäischer und anatolischer Seite, Rumeli Hisar und Anadolu Hisar, und zahlreiche benachbarte Villenkomplexe in lichten Farben.
Diese und eine jüngere Handschrift in Istanbul enthalten zahlreiche, z. T. sehr freizügige erotische Darstellungen.

Lit.: Titley 1981, Nr. 14. – Titley 1983a, 151 f., Abb. 55.
Vgl.: Surieu 1967, 46–49 u. ö.

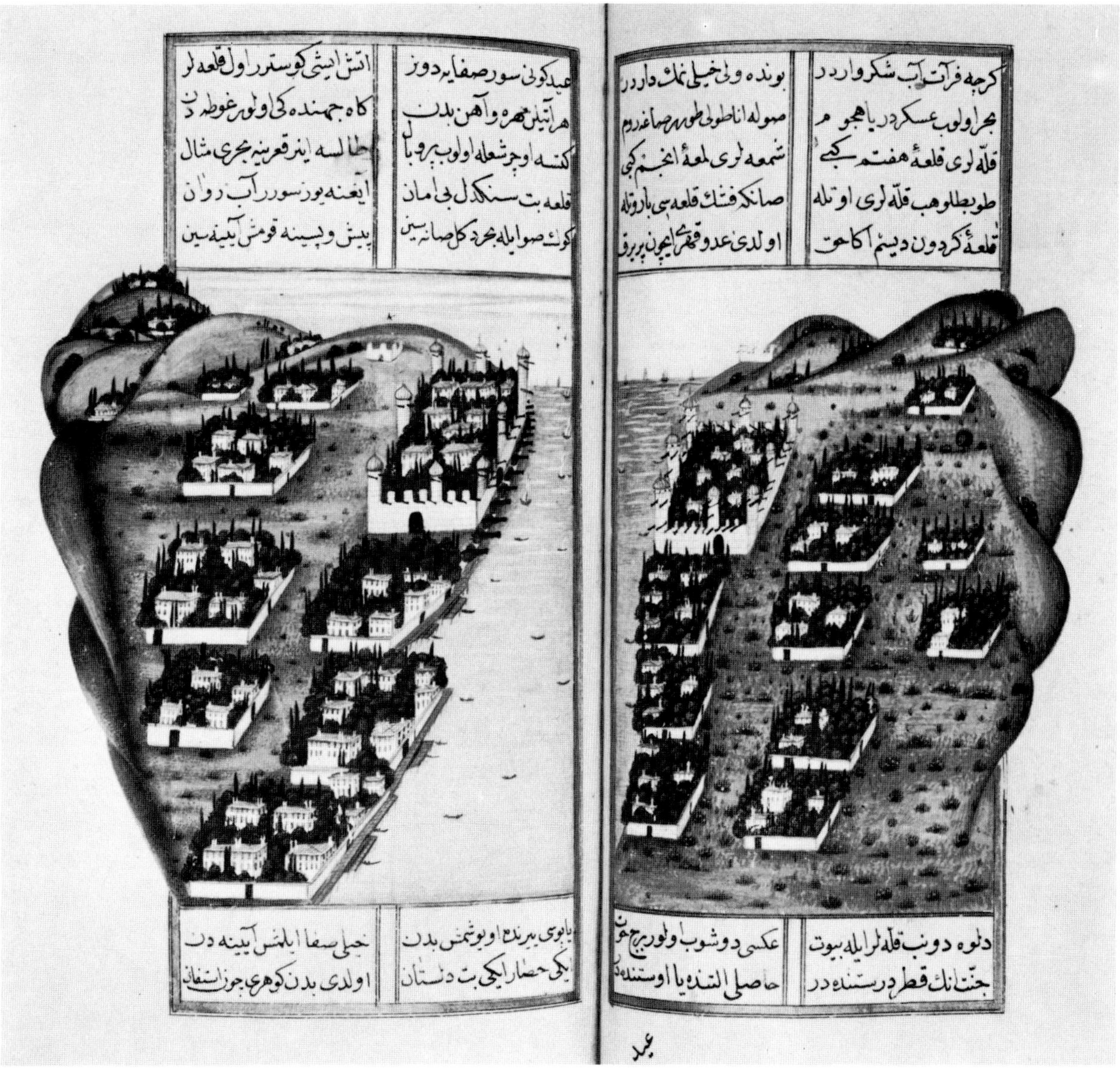

1/41
Jüngling; Molla Murad

Album des 18. Jahrhunderts
Istanbul, erste Hälfte 18. Jh.
Gouache auf Papier, Marmorpapier. Levnî zugeschrieben
35,5 x 24 cm

Paris, Bibliothèque Nationale, arabe 6077, Bl. 11b/12a (F)

Rechts das Bild eines Jünglings von großer farblicher Vielfalt: der Grund verbindet Gelb, Lilagrau und das Lachsrosa der Rückwand, davor der Jüngling in blau, dunkelgrün, braunlila, weinrot und dunkelbraun gemustertem Gewand. In der linken Hand hält er ein Messer, die rechte faßt das Gürtelende. Über dem ruhigen, flächig-großzügigen Gesicht ein weinroter, goldgerandeter Turban.
Die linke Seite zeigt den als *Murad Molla* bezeichneten Alten auf lilagrauem Teppich stehend; in der einen Hand hält er ein weißes Schälchen, mit der anderen eine lange, mit goldenem Gehänge versehene Pfeife. Im Gürtel steckt ein silbernes Schreibzeug.
Die Blätter sind von in Muster und Farbe verschiedenem Marmorpapier gerahmt. Beide tragen links unten eine Tintensignatur mit dem Namen Levnî; wobei es sich, wie schon Blochet sah, eher um Zuschreibungen als um authentische Signaturen handeln dürfte. Derartige Signaturen gibt es noch mehrfach in diesem Album.

Lit.: Blochet, Inventaire XI, 173. – Blochet, Enluminures, 152, Taf. 108c.
Vgl.: Çağman-Tanındı, Taf. 67. – Edhem-Stchoukine 1933, Taf. 10.

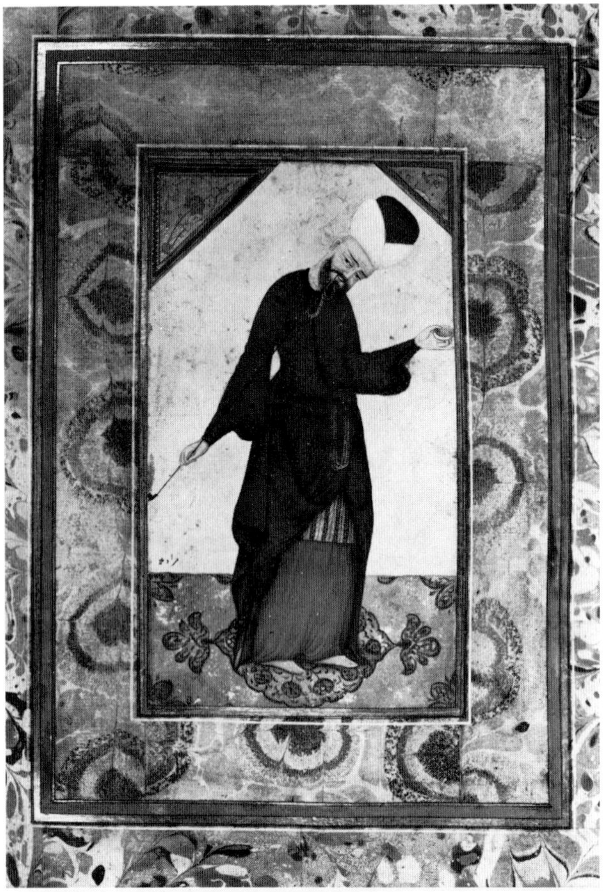

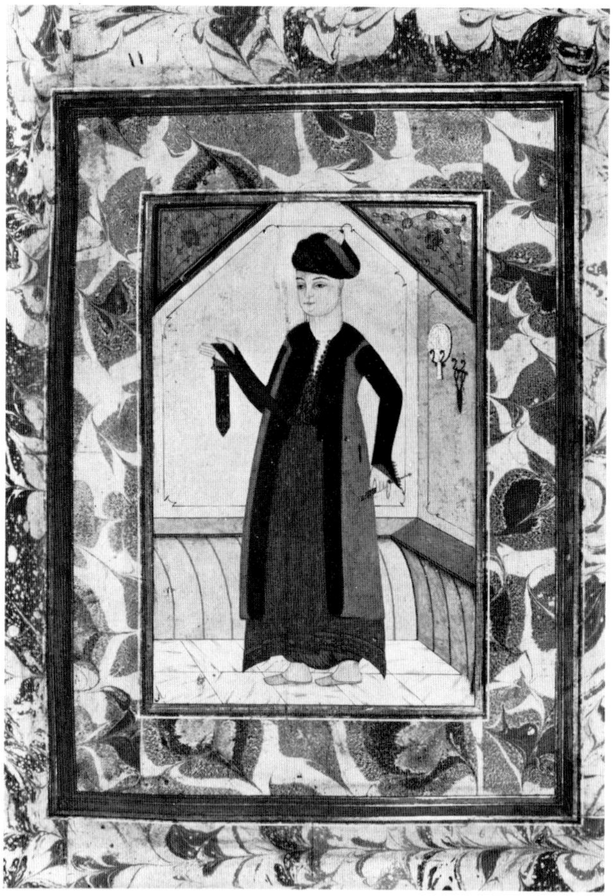

1/42
Badedienerin; Gelehrter

Album des 18. Jahrhunderts
Istanbul, 18. Jh.
Gouache auf Papier, Marmorpapier
35,5 x 24 cm

Paris, Bibliothèque Nationale, arabe 6075, Bl. 14b/15 (E)

Das rechte, von Lila und ihm nahen Grauwerten bestimmt, zeigt eine nackte, bis auf einen Zopf kahlköpfige Frau auf hohen Badeschuhen, mit einem lila Rock auf den Hüften und einer die Brüste weitgehend verdeckenden Schärpe um die Schultern. Oben Konsolen, mit Bandelwerk und Blattornamenten verziert. – Links ein alter Mann mit scharfgeschnittenen Zügen, inschriftlich als Şeyh Galib Dede bezeichnet, dessen insgesamt dumpffarbene Kleidung nur gelegentlich, wie im orangefarbenen Mantelfutter, kräftige Akzente hat; unter dem linken Arm trägt er ein Buch, die rechte Hand hält den Mantel zu.
Das Ebrupapier bezieht sich auf die Farbigkeit der Bilder.

Lit.: Blochet, Inventaire XI, 168 f.

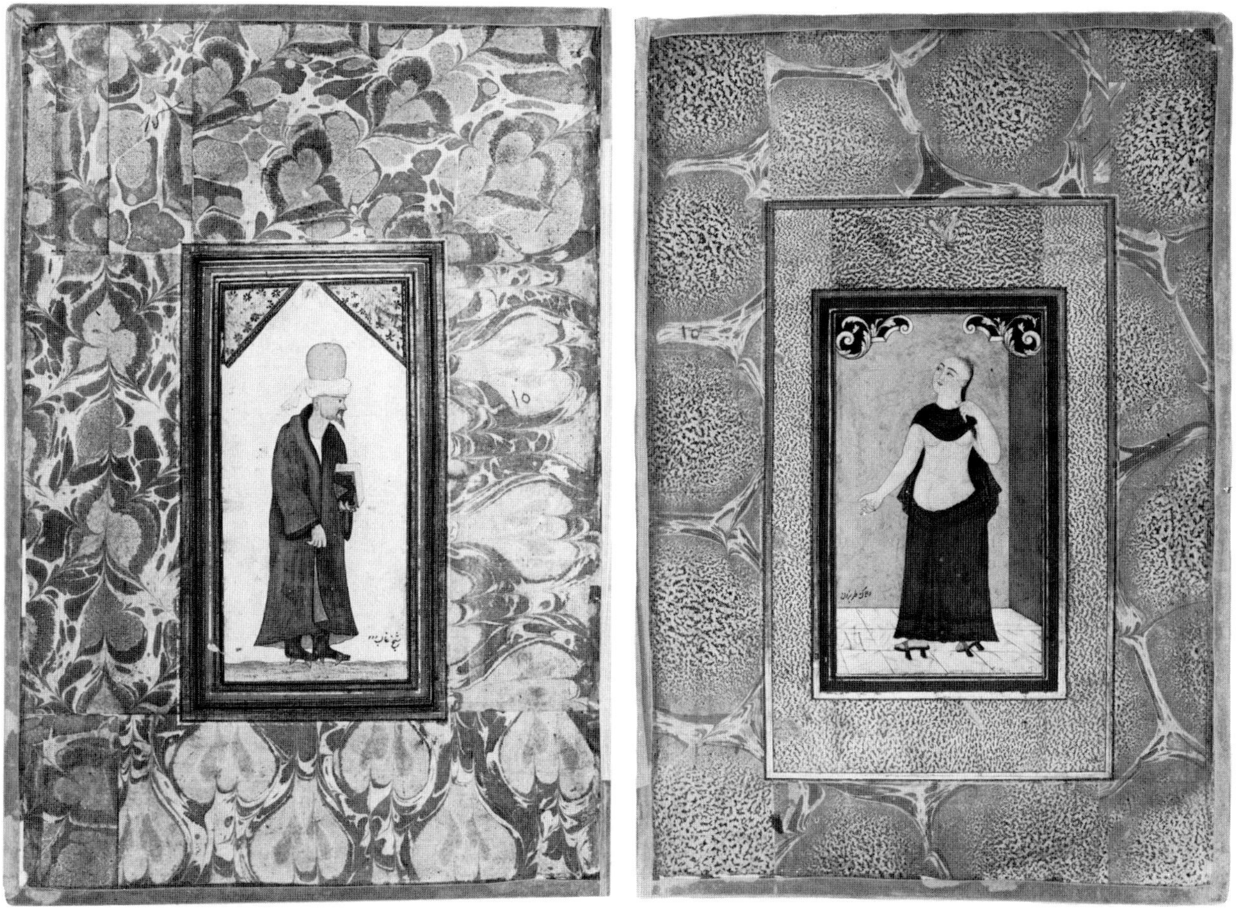

1/43
Sultans-Gemahlin in großer Robe

Zweiter Band eines Kostüm-Albums
Istanbul, ca. 1780 · Aquarell auf Papier
38 x 23 cm, 111 (1. Band: 114) Bilder

London, British Museum, Dept. of Oriental Antiquities, Inv. Nr. 1974-6-17-012 (2), Bl. 5

Die Gemahlin des Sultans im Staatsgewand eröffnet den zweiten Band dieser großformatigen Sammlung, deren ersten Band drei Darstellungen des Sultans eröffnen. Dort folgen Bilder der Hofbeamten, der Staatsmänner und Militärs; hier eine lange Reihe weiblicher Trachten: von nichttürkischen Bewohnerinnen der Hauptstadt, Damen der Provinzen; ferner Angehörige verschiedener Derwischorden, Berufsstände, Musiker, usw. sowie auch nichtislamischer Glaubensgruppen im Osmanenreich.
Der Reichtum des Gewandes und der mit ihm getragenen edelsteinbesetzten Schmuckstücke findet seine bestätigende Parallele in dem Bericht der Lady Montagu über ihren Besuch bei der Witwe Sultan Mustafas II., im März 1718. Das Album ist im Auftrag Sultan Abdülhamids I. für den Botschafter Friedrichs d. Gr. bei der Pforte, den Freiherrn von Diez, hergestellt worden, jenen Diez, dessen spätere Studien zur Literatur des Orients eine wichtige Anregung für Goethes Arbeit am Westöstlichen Diwan gewesen sind.

Lit.: Titley 1981, Nr. 6 (Bd. 1: Nr. 5). – Titley 1983a, 158 f.

1/44
Sommerliche Vergnügungen an den Süßen Wassern Europas

Fâzıl-i Enderûnî, *Zenannâme*
Istanbul, Ende 18. Jh.
Gouache auf Papier
56 Bl., 20,9 x 15,1 cm. 40 Illustrationen

London, British Library, or. 7094, Bl. 7a (F)

Der Folge ganzfiguriger Bilder schöner Frauen aus aller Welt in den für typisch geltenden Kostümen ist dieses Bild vorangestellt, das sommerliche Vergnügungen im Schloßpark von Sa'dabad zeigt. An einem seit Jahrhunderten für

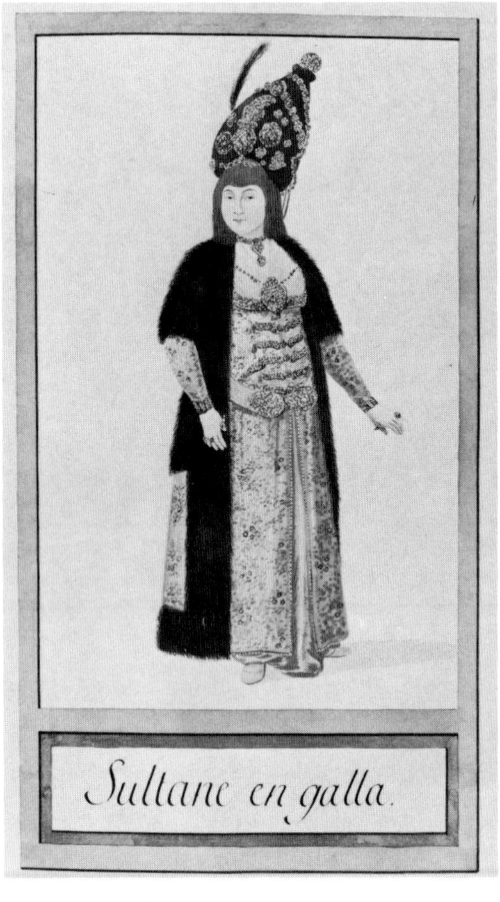

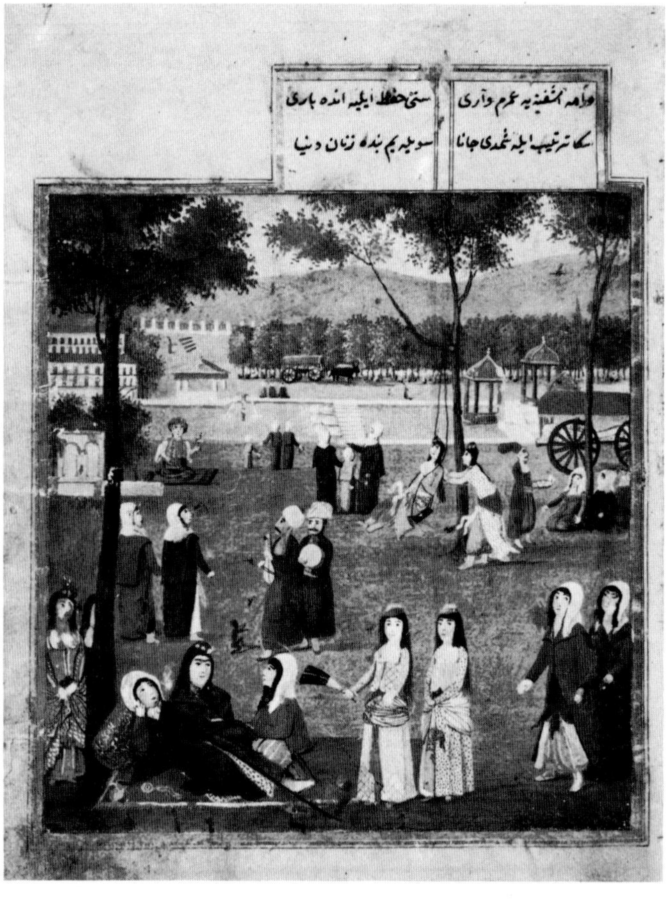

Picknicks und Landpartien beliebten Ort bei Kagithane am Ende des Goldenen Horns hatte Sultan Ahmed III. seit 1721 einen Palast mit Park, beides nach französischen Plänen, errichten lassen.
Im Vordergrund eine figurenreiche Gruppe von Frauen. „Manche nehmen zwei oder drei Musiker in die von der Stadt entfernten Spaziergänge und auf die erhabenen Plätze, welche eine angenehme Aussicht haben, mit. Hier auf Rasen oder Teppiche an Bäumen gelagert rauchen sie und hören der Musik zu" (Mouradjea d'Ohsson, 1787/90). Im Mittelgrund zwei Musikanten mit Fiedel und Trommel, die ein Äffchen an der Leine mit sich führen. Weiter hinten zwei Damen beim Schaukeln — ein höfisches Vergnügen wie im Frankreich des 18. Jh. — und ein Gärtner, der Getränke oder Gebäck anbietet. Über das Wasser mit Springbrunnen und Stromschnellen, über Brunnenhäuser und Pavillons, über eine Allee und die ferne Begrenzung des Lustparks führt der Blick auf die verblauenden, bewaldeten Hügel am Horizont.
In seiner Verbindung von Farbperspektive und Tiefenwirkung durch die stark beschleunigte Verkleinerung der Figuren sind abendländische Anregungen aufgenommen, wie schon einmal, fast 300 Jahre früher.

Lit.: Titley 1981, Nr. 23. – Titley 1983a, Farbtaf. 30.
Vgl.: Edhem-Stchoukine 1933, Abb. 23. – s. a. Titley 1983a, Farbtaf. 23. – Atasoy-Çağman, Taf. 2.

1/45
Geburtsszene

Fâzil-i Enderûnî, *Zenannâme*
Istanbul, spätes 18. Jh.
Gouache auf Papier
Einzelblatt, 25,2 x 14,4 cm

Sammlung Edwin Binney, 3rd, USA

Ein etwas erhöhter Blickpunkt dient der Übersichtlichkeit der räumlichen Verhältnisse, in denen die Geburtsszene sich abspielt. Es ist ein reiches Haus, mit vertäfelten Wänden, hohen, unten vergitterten Fenstern, einer oberen, mit Malereien verzierten Zone und mit geblümten Tapisserien am Wandsockel und auf dem Boden.
Die Gebärende sitzt auf einem Lehnstuhl, zwei Frauen fassen ihre Hände, eine links stehende hält eine Schale mit Erfrischungen bereit. Die Hebamme zieht das Neugeborene unter dem Rock hervor und wird es bald in die im Vordergrund bereitstehende Wiege legen, auf die ein Zwerg, sicher ein Eunuch, von links hinweist.
Der Zusammenhang, in dem die fast identischen Darstellungen in Handschriften in Istanbul und London stehen, läßt erkennen, daß das Geschehen nicht im höfischen Ambiente, bei den Frauen im Serail, sondern im Hause christlicher Untertanen des Sultans stattfindet.
So unübersehbar der europäische Einfluß ist — nicht nur auf die Malerei, vor allem auch auf die dargestellte Welt! — so sicher handelt es sich um das Werk in Istanbul lebender orientalischer Maler — seien sie nun Muslime oder Christen.

Lit.: Turkish Treasures, Nr. 80.
Vgl.: Edhem-Stchoukine 1933, 24 f. und Taf. 11b. – Titley 1981, Nr. 23.

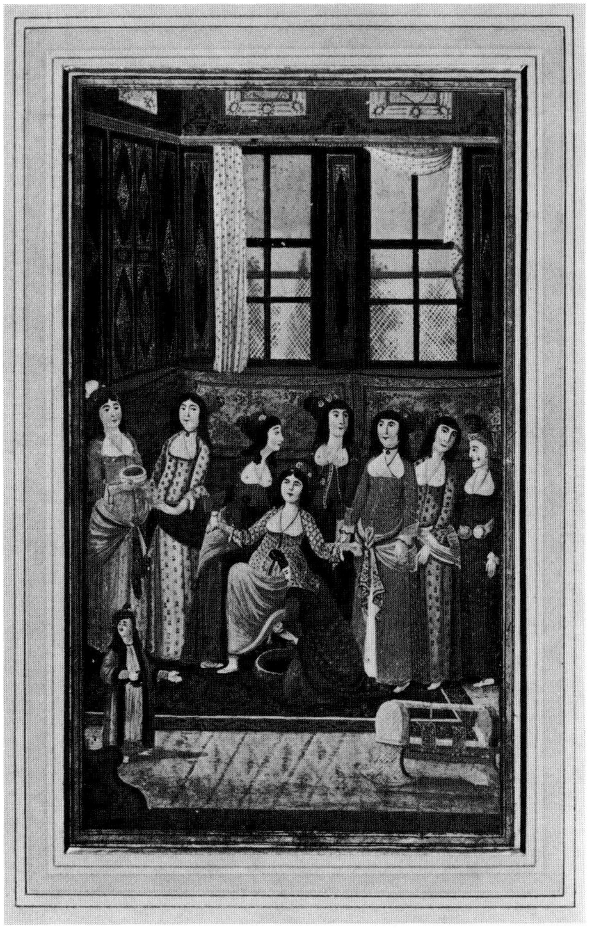

1/46
Löwentragender Derwisch

Türkei, frühes 19. Jh.
aquarellierte Tuschzeichnung, 47 x 33 cm

München, Staatliches Museum für Völkerkunde, Inv. Nr. 31–7–1

Das schlecht erhaltene Blatt stammt älteren Nachrichten zufolge aus einem Bektaschi-Kloster. Es war früher einmal gerahmt und hat vermutlich als Wandschmuck und als Meditationshilfe gedient, wofür auch das große Format spricht.
Die charakteristische Mütze und der um den Hals getragene Bektaschi-Stein weisen den Mann als Bektaschi-Derwisch aus. Das Motiv des Löwen lenkt die Gedanken auf die Person Alis, der den Beinamen *Haidar* (pers. Löwe) trug. Trotz der bescheidenen Qualität und ansatzweiser Modellierung, die an europäischen Einfluß denken läßt, aber auch durch persische Malerei der Kadscharenzeit angeregt sein kann (womit wiederum der Gesichtstypus gut zusammenginge), ist das Fortwirken islamischer künstlerischer Konventionen erkennbar, vor allem in der Art, wie der Zusammenhang von Figur und Landschaftselement gewonnen ist: die von rechts hinten nach vorn fingerartig ausgreifende Bodenplatte entspricht genau dem Lauf des Mannes.

Lit.: Kat. Ingolstadt 1979, Nr. 201.

1/47
Bektaschi-Mütze, *Zulfikar* und Löwe

Türkei, vor 1826
Tinte, Gouache und Gold auf Papier
28,5 x 25 cm

München, Staatliches Museum für Völkerkunde, Inv. Nr. 31–7–3

Wie Kat. Nr. 1/46 und 1/74 stammt auch dieses Schriftbild aus einem Bektaschi-Kloster, wo es wohl als Wandschmuck gedient hat. Diese Herkunft macht die Derwischmütze erkennbar. *Zulfikar*, das legendäre, in zwei Spitzen endende Schwert des Schwiegersohnes des Propheten Muhammad, Ali, ist hier gewonnen aus der – farblich abgesetzten – Unterlänge des letzten Buchstabens vom Namen Alis. Hierin wird eine mystische Bedeutung des Blattes angedeutet, die sich der Versenkung ins Geschaute erschließt. Die um Ali kreisende Bedeutung sichert ebenso der Löwe: *Haidar* (pers. Löwe) ist ein Beiname Alis. Sein Leib trägt einen türkischen Doppelvers, den E. Krüger so gelesen hat: *Du legtest an als Halsgehänge der Locken Kette. Sag, Löwe mein, sei so lieb, gehörst du zu den Haidar-Leuten?* Mit der volkstümlich einfachen Zeichnung der Dinge kontrastiert die feingliedrige Eleganz der goldenen Illumination.

Lit.: Kat. Ingolstadt 1979, Nr. 199.

1/48
Sultan Mahmud II. als Halbfigur und zu Pferde

Osmanzade Ahmed Taib, *Hadikat el-müluk*
Türkei, 1260/1844
Gouache, Gold und Silber auf Papier
79 Bl., 30 x 19,5 cm. 32 ganzseitige Bilder

Berlin, Staatsbibliothek Preußischer Kulturbesitz, Cod. or. fol. 3064, Bl. 73b/74a

In der Reihe der Sultansportraits von Osman I. bis zu Abdülmecid, die den vom Kalligraphen Seyyid Abdüssamed Ismet geschriebenen Text begleiten, ist Mahmud II. — der große Reformer, der u. a. nach der Zerschlagung der alten Janitscharentruppe Moltke zur Neuorganisation des Heeres ins Land holte — als einziger zweimal dargestellt. Einmal, rechts, als Halbfigur im Oval, dem Typus folgend, den eine von seinem Vorgänger Selim III. in Auftrag gegebene, in England gestochene und von John Young 1815 veröffentlichte Portraitfolge verwendet hatte (wobei es jedenfalls im islamischen Indien schon im 17. Jh. ganz ähnliche Lösungen gab, gewiß auch unter europäischem Einfluß); zum anderen als oberster Kriegsherr zu Pferde, in dunkelblauem Cape hoch über die Weite der Landschaft emporgehoben. Eine fast identische, aber farblich veränderte Darstellung seines Sohnes in einer jüngeren Handschrift in London.

Lit.: Stchoukine u. a., VOHD XVI/1, Ms. 105, Nr. 3715, 3716. – Kat. Berlin 1980, Nr. 117.
Vgl.: Anafarta 1967 Taf. 14, 15. – Turkish Treasures, Nr. 84. – Titley 1981, Nr. 56, Abb. 45.

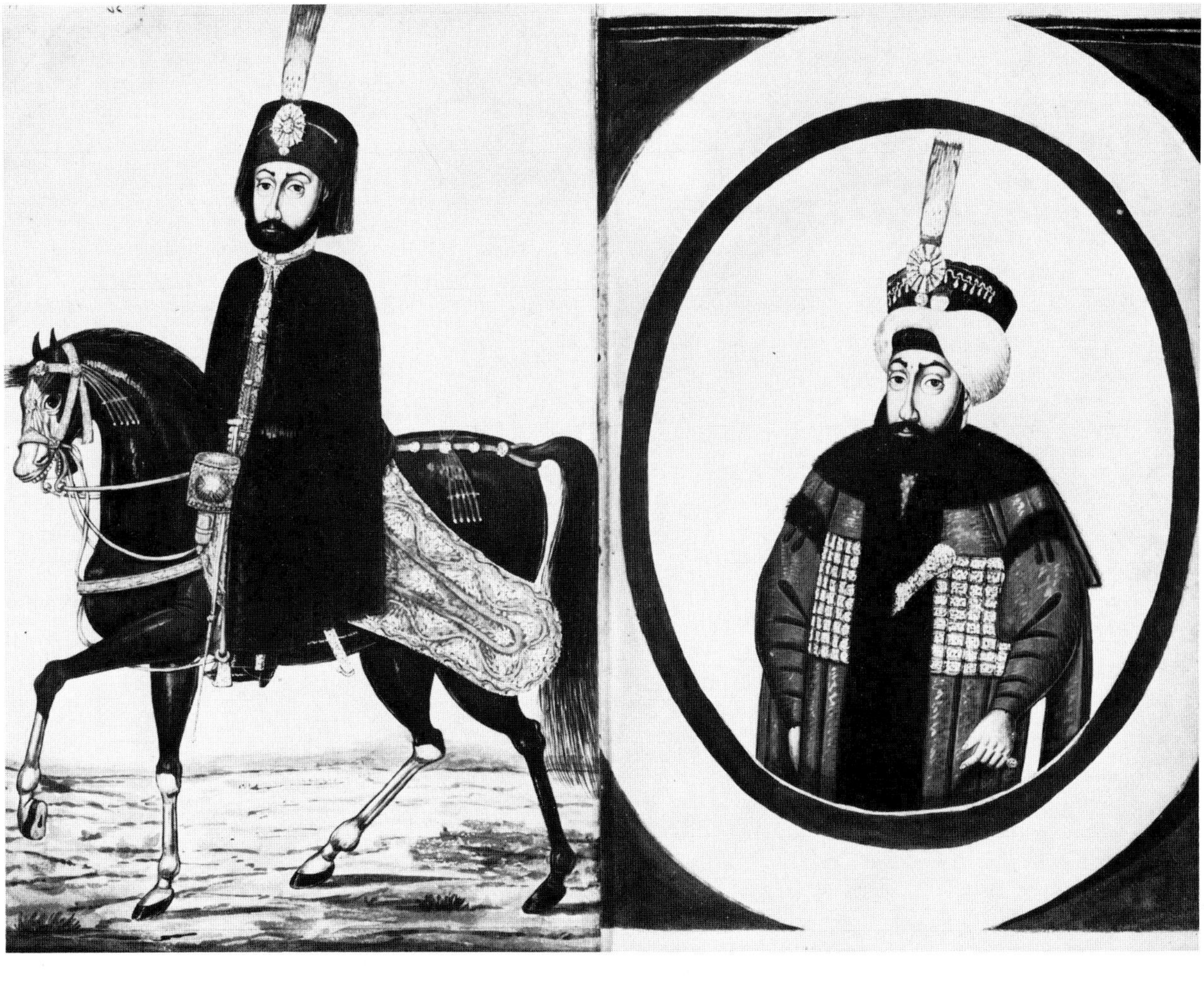

1/49

Ansichten von Mekka und Medina

al-Gazūlī, *Dalā'il al-ḫairāt*, arabisch
Türkei, 1246/1830
Gouache und Gold auf Papier, Kalligraph: Mustafa Rifki
97 Bl., 16 x 11,7 cm. 2 Veduten

München, Bayerische Staatsbibliothek, cod. arab. 2646, Bl. 19b/20a

Der weit verbreitete Text, der Gebete, Aufzählung der ‚Schönen Namen Gottes' u. ä. mit einer Beschreibung der Heiligen Stätten verbindet, ist hier vom Kalligraphen Mustafa Rifki, Schüler des Osman, bekannt als Damad Ibrahim el-Afif, geschrieben. Der schönen Kalligraphie entspricht die reiche Illumination, von deren Anmut auch die beiden Bilder mit ihrer zugleich hellen und kühlen Farbigkeit, der floralen Ausstattung der Zwickel um die ovalen Bildfelder und die Punzierung des Grundes etwas erkennen lassen.

Lit.: Bothmer, VOHD XVI/2.

1/50

Konak des Ibrahim Pascha in Hodeida/Jemen

Mustafa Hami Paşa, *Bericht über eine Militäraktion im Jemen* · Istanbul (?), 3. Viertel 19. Jh.
Farbige Tuschzeichnungen auf Papier
82 Bl., 25 x 17,5 cm. 26 Illustrationen

Berlin, Staatsbibliothek Preußischer Kulturbesitz, Ms. or. fol. 4066, Bl. 69

Nachdem der Jemen im 16. Jh. erstmals durch Sinan Paşa (s. Kat. Nr. 116) osmanischer Oberhoheit unterworfen worden war, versuchten im frühen 19. Jh. Muhammed Ali, damals noch Gouverneur in Ägypten und sein Sohn Ibrahim Paşa, ihre Macht über die arabische Halbinsel auszubreiten; sie konnten sich zeitweilig in der Tihama, der Küstenebene am Roten Meer, festsetzen, zogen sich aber 1840 zurück. 1849 fand eine „Befriedungs"aktion der Osmanen statt, an der der bekannte Arzt, Mustafa Hami Paşa teilgenommen hat und worüber er diesen Bericht verfaßte. Er beschrieb hauptsächlich Hodeida, die Hauptstadt der Provinz und bebilderte den Bericht mit zahlreichen dilettantischen Zeichnungen naturkundlicher und topographischer Art, darunter vom Stadthaus Ibrahim Paşas, das sich in veränderter Form bis zum Verfall in unserer Zeit erhalten hat.

Lit.: Flemming, VOHD XIII/1, Nr. 212. – Kat. Berlin 1980, Nr. 116.

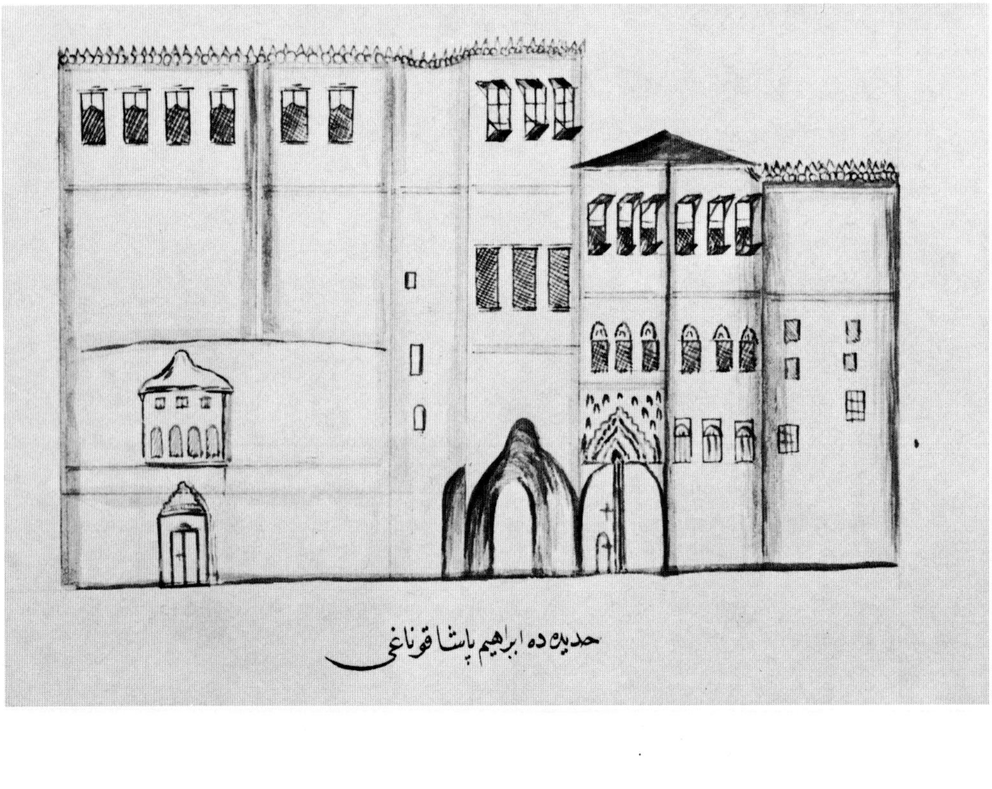

1/51
Illuminierte Zierleiste

Assr, *Mihr ü Müşteri*
Türkei, drittes Viertel 15. Jh. (?)
Tinte und Gouache auf Papier
190 Bl., 27 x 18,5 cm

München, Bayerische Staatsbibliothek, cod. turc. 178, Bl. 1b

Der Text ist eine anonyme türkische Übersetzung von ʿAṣṣārs persischem Gedicht gleichen Titels; davor stehen zwei Lobgedichte auf Sultan Murad II. (gest. 1451).
Der Text ist in vorzüglichem Nashi geschrieben. Am Kopf des ersten Lobgedichts eine Zierleiste, die vom Kontrast zwischen dem leuchtenden Blau und einem — weitgehend abgeriebenen — Türkis an Schrift und Rahmenkanten bestimmt war. Die dekorativen Elemente, darunter die um 1500 so wichtige Spiralranke, sind klar nebeneinander verwendet.

Lit.: Bothmer, VOHD XVI/2.
Vgl.: Petsopoulos 1982, Abb. 171.

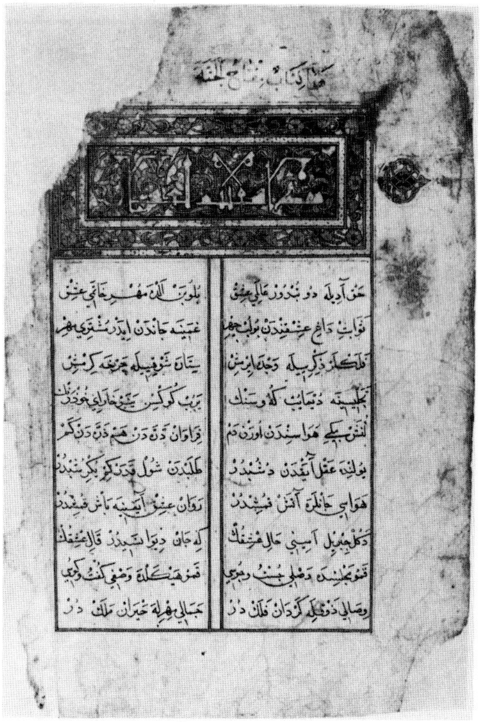

1/52
Illuminierte Zierleiste

Faḍl Allāh, *Āṯār mulūk al-ʿağam*
878/1473
Tinte und Gouache auf Papier
Kalligraph: Hacı Nurullah b. Yahya el-Ankari
166 foll., 26 x 17 cm
München, Bayerische Staatsbibliothek, cod. pers. 228, fol. 1v

Den Text, Werk eines persischen Autors der Mongolenzeit, hat ein aus Ankara stammender Kalligraph geschrieben. Die Handschrift gehörte nach Ausweis eines Besitzerstempels in die Bibliothek Sultan Bayezids II.
Einziger Schmuck ist die Kopfleiste am Anfang, die einem älteren persischen Typus folgt, der geringfügige Modifikationen erfahren hat. Die schlichte Ausführung, die von Blau und Gold bestimmte, durch Schwarz und Weiß ergänzte Farbigkeit entsprechen dem „wissenschaftlichen" Charakter des Werkes.
Der Einband mit schönem Marmorpapier (Typ hatip ebrusu) stammt aus dem 18. Jh.

Lit.: Katalog München 1982, Nr. 138. – Bothmer, VOHD XVI/2.

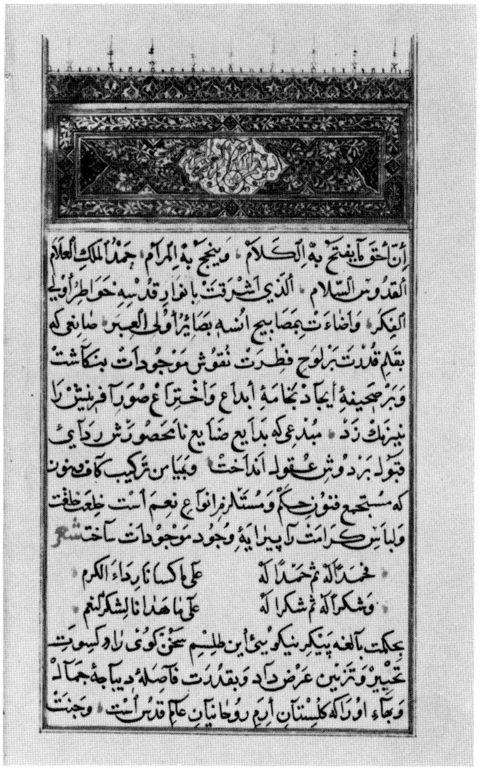

1/53 FARBTAFEL S. 90

Illuminierte Doppelseite

Koran

Amasya, 906/1500–01

Tinte, Gouache und Gold auf Papier. Kalligraph: Mehmed b. Celaleddin el-Amasi

291 Bl., 38,8 x 26,6 cm

Hannover, Kestner-Museum, Inv. Nr. 4852, Bl. 2 b/3 a

Dieser Koran, den einer der großen Kalligraphen seiner Zeit, ein Verwandter des Şeyh Hamdullah, geschrieben hat, besitzt eine dem Rang seiner Kalligraphie entsprechende malerische Ausstattung auf den ersten Seiten. Auf zwei *şemse*-Seiten folgt der Beginn des Textes, den weiße Wolkenbänder tragen und den ein Goldgrund auszeichnet. Gold und Blau bestimmen die Felder darüber und darunter sowie die beide Seiten zusammenfassende Borte. Diese Disposition folgt dem persischen Schema.

Der zeitgenössische Einband mit vergoldeter Arabesken-Prägung – ungewöhnlich durch den Verzicht auf die Überlagerung mehrerer Muster und völliges Fehlen von Wolkenbändern – ist von erlesener Feinheit.

Lit.: Zick-Nissen 1981, Taf. 16 c.
Vgl.: Ayverdi 1953, 22 f.

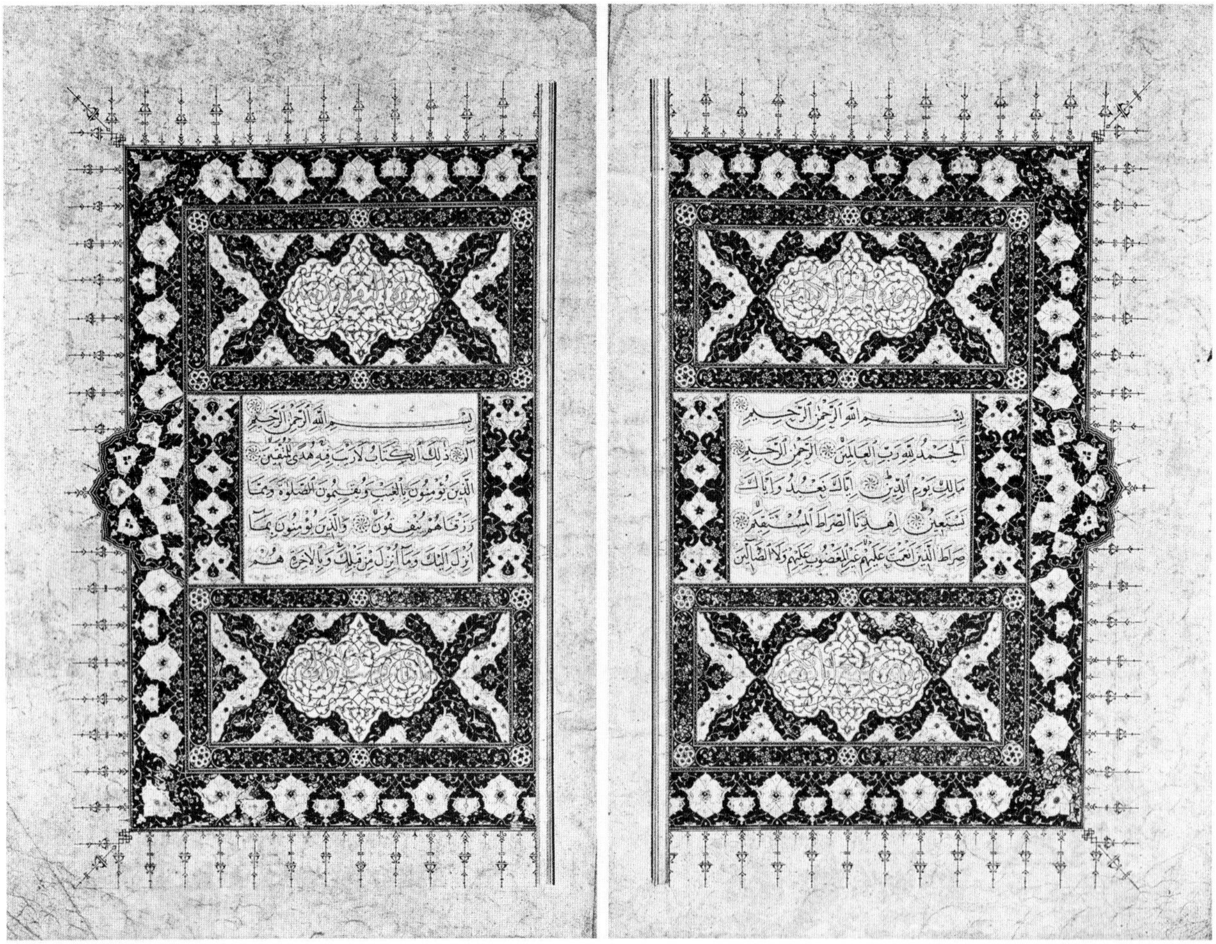

1/54
Illuminierte Seite

Koran · Istanbul, Anfang 16. Jh.
Gouache und Gold auf Papier · Einzelblatt, 40,5 x 28 cm

Lissabon, Fundação Calouste Gulbenkian, Inv. Nr. M 65

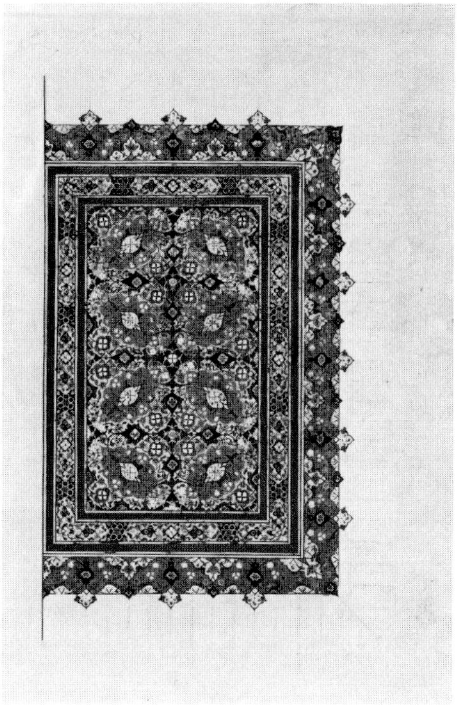

Die illuminierte Seite ist der rechte Teil einer ehemals doppelseitigen Illumination am Anfang eines Koran. Acht goldene Medaillons sind schräg vor blauen Grund gesetzt und durch ein Bandwerk zugleich verbunden und konstituiert, das auch Begleitmotive mit einschließt. Der innere Rahmen reiht längliche Kartuschen und sechsstrahlige „mamlukische" Sterne zwischen Flechtbändern; der äußere, dreiseitige, gleichmäßig rhythmisierte Rahmen sicherte den Zusammenhang mit der anderen Seite.
Die zarten blauen Randstrahlen sind durch Wasserschaden verloren und bei der Restaurierung nicht wiederhergestellt worden. Dafür sind die vorbereiteten Konstruktionen sichtbar.
Die hier vorgeschlagene Frühdatierung basiert auf der Tatsache, daß sich auf der Vorderseite ein spitzovaler Stempel mit der Tughra Sultan Bayezids II. (1481–1512) befindet und zwar in der linken unteren Ecke, wo auch andere, aus der Bibliothek dieses Herrschers erhaltene Handschriften dieses Besitzerzeichen tragen. Im 18. Jh. hat Sultan Mahmud I. (1730–1754) den Koran als fromme Stiftung abgegeben, wie eine Nestalik-Inschrift und sein Vakıf-Stempel zeigen.

Lit.: Kat. Lissabon 1963, Nr. 153 (frühes 17. Jh.) – Umur 1980, Abb. 95 (Siegel Bayezids II.), Abb. 214 re (Vakıf-Siegel Mahmuds I.) Vgl.: James 1980, Nr. 73.

1/55
Illuminierte Anfangsseite

Ahmed Paşa, *Divan* · Türkei, 927/1521
Tinte, Gouache und Gold auf Papier,
Kalligraph: P. v Ahmed b. Iskender
177 Bl., 17 x 10,5 cm

München, Bayerische Staatsbibliothek, cod. turc. 411, Bl. 65 b

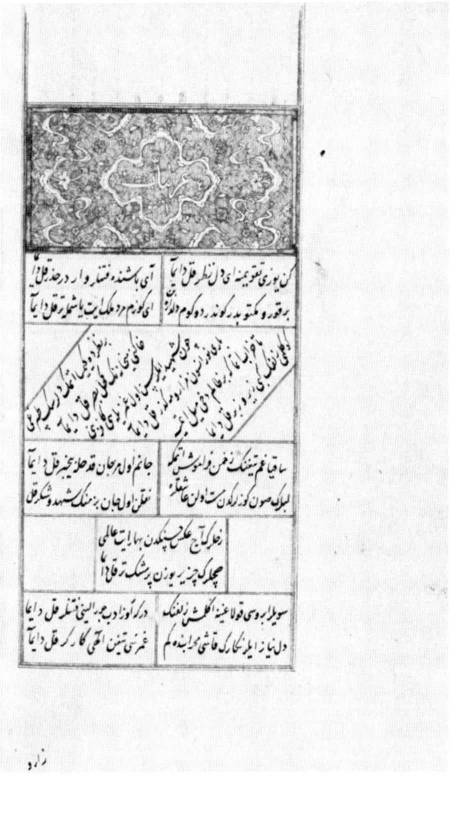

Ahmed Paşa war ein enger Vertrauter Mehmeds des Eroberers und diente seinem Nachfolger Bayezid II. als Gouverneur von Bursa; er starb 1497. Seine Gedichtsammlung liegt hier in schönen *talik* geschrieben, in einer fast zeitgenössischen Ausgabe vor.
Das Kopfstück am Anfang des 2. Teils der Sammlung, die seine Gaselen umfaßt, ist überwiegend gold; hellfarbige Wolkenbänder bilden die Überschriftskartusche und den Rahmen. In seiner ganz unpersischen Art unterscheidet sich dies stark von dem sehr persischen Kopfstück auf Bl. 1 b.

Lit.: Kat. München 1982, Nr. 139. – Bothmer, VOHD XVI/2.

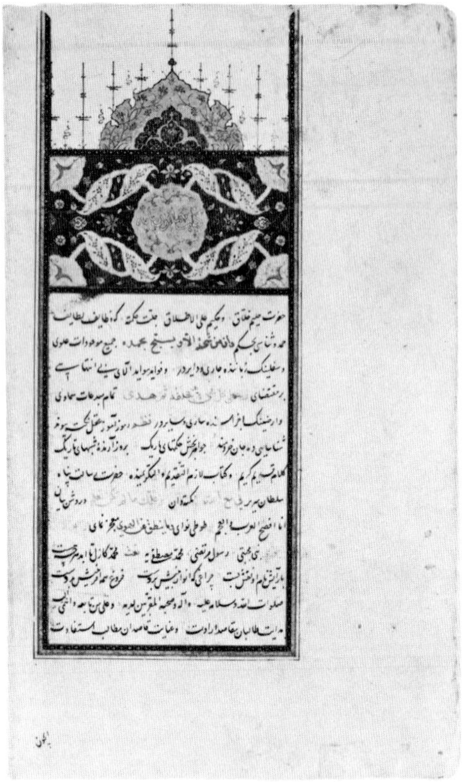

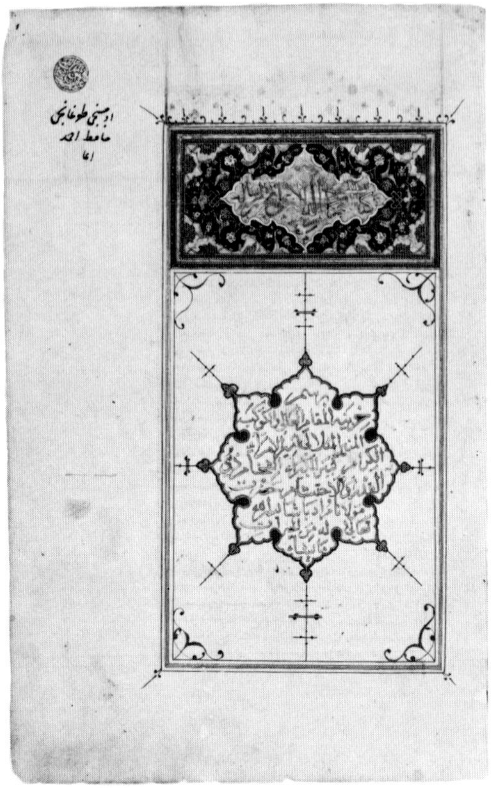

1/56
Illuminierte Anfangsseite

Hümayunnâme · Türkei, 969/1561–62
Verschiedenfarbige Tinten; Gouache und Gold auf Papier
459 Bl., 25,5 x 16 cm

München, Bayerische Staatsbibliothek, cod. turc. 193, Bl. 1b

Der Text ist eine türkische Version der *Fabeln des Bidpāi,* des berühmten, aus dem Indischen stammenden Fabelwerks, das bei den Arabern als *Kalīla wa-Dimna,* in der persischen Literatur als *Anwār-i Suhailī* bekannt und beliebt war.
Ein ganz von persischer Tradition losgelöstes Kopfstück, in dem das fast runde, den Titel des Werks tragende Mittelfeld von vier Zweiergruppen großer Blätter umgeben, und so mit dem Querformat verbunden ist. Den Grund überziehen weite, nicht mehr spiralig gebundene Blütenranken. Das Miteinander von Hellblau und Hellgrün vor dem intensiv blauen Grund gibt der Illumination eine irisierende Wirkung. Das dazu kontrastierende warme Braunrot findet sich an kompositionell wichtigen Stellen: in den großen Blüten seitlich der Kartusche und an den Gabelblättern der Ecken sowie in den Nelkenblüten der Bekrönung, die üblicherweise nicht in Illuminationen vorkommen.

Lit.: Bothmer, VOHD XVI/2.

1/57
Illuminierte Widmungsseite

al-Qušairī, *Risāla,* mit Kommentar des al-Anṣārī. Arabisch
Türkei, 988/1580
Tinte, Gouache und Gold auf Papier · 275 Bl., 30 x 19 cm

München, Bayerische Staatsbibliothek, cod. arab. 136, Bl. 1a

Diese Handschrift mit al-Quašairı's berühmtem mystischen Traktat wurde für den Großwesir Murad Paşa (gest. 1611) geschrieben. Das besagt die goldene Widmungsinschrift im achtstrahlig gerahmten Mittelfeld, während der Titel des Kommentars, der den des kommentierten Werks enthält, in der goldenen Kartusche des blaugrundigen Kopfstückes steht. In der arabesken Ornamentik spielt das Gabelblatt eine besondere Rolle, zumal in einer fast gleichseitigen Klammerform, in der es auch in den Ecken des Widmungsfeldes, von seiner vegetabilen Herkunft völlig gelöst, vorkommt (vgl. Kat. Nr. 1/56).

Lit.: Kat. München 1982, Nr. 74. – Bothmer, VOHD XVI/2.

1/58
Zwei illuminierte Seiten

Koran

Istanbul, 3. Viertel 16. Jh.
Gouache und Gold auf Papier (Wasserschäden)
17b) 67 x 42,5 cm; 17d) 67 x 41,5 cm (stark beschnitten)

Lissabon, Fundação Calouste Gulbenkian, Inv. Nr. M 17b/d

Beides sind rechte Hälften von aufeinander bezogenen illuminierten Doppelseiten, die an Anfang und Ende eines außergewöhnlich — in schierer Größe ebenso wie in der Ausstattung — monumentalen Koran-Exemplars gestanden haben:
b) ist der Anfang der 1. Sure, d) der Anfang von unmittelbar auf die letzten Suren (sie stehen auf der anderen Seite des Blattes) folgenden Gebeten. Beiden Blättern gemeinsam ist eine überwältigende, differenzierte Dichte der Dekoration, die durch unterschiedliche Farben vor dem vorherrschenden Blau in eine vor allem rhythmische Ordnung gebracht, jedoch nie festgelegt ist. Hier wie dort nimmt der Text die Mitte in einer zugespitzten Vielpaßform ein. Einmal (d) wird sie auf herkömmliche Weise in ein dreiteiliges Feldersystem (vgl. Kat. Nr. 1/53) eingebaut, das die gleichmäßig gemusterte Borte umrahmt; im anderen Fall (b) wird dieses System aufgegeben, doch die Dreiteiligkeit bleibt spürbar; das zentrale Schriftfeld wird hier beantwortet, umspielt und als bis in den Rand hin wirksam dargestellt. Darin besteht große Ähnlichkeit zur Illumination in einem Prachtkoran in Berlin, der angeblich aus der Türbe Selims II. stammt.
Die in den Rand reichenden Strahlen sind fast verloren.

Lit.: Kat. Lissabon 1963, Nr. 152.
Vgl.: Meisterwerke Berlin 1980, Taf. 39.

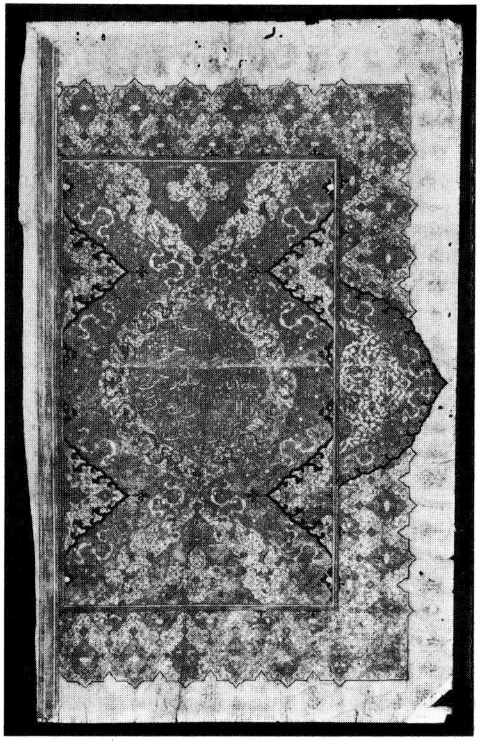

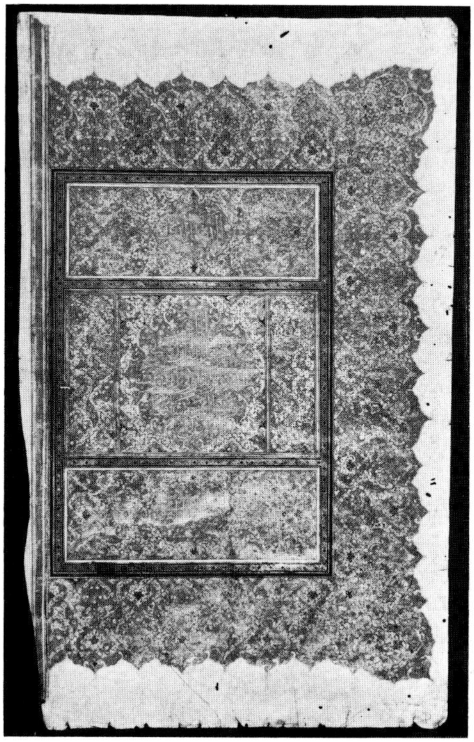

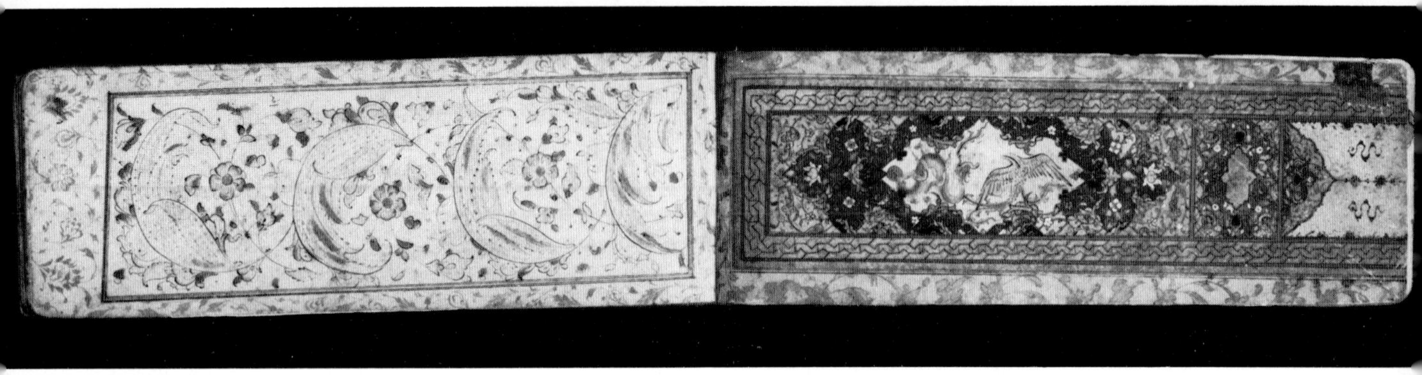

1/59
Illumination und Federzeichnung

Gedichtsammlung
Istanbul (?), 2. Hälfte 16. Jh.
Tinte, Gouache und Gold auf – z. T. farbigem – Papier
20,2 x 7,2 cm

London, British Library, or. 12976, Bl. 2b/3a (F)

Das Büchlein vertritt den für Gedichtsammlungen gern verwendeten *sefine*-Typus, bei dem die Seiten im Hochformat genutzt und von oben nach unten geschrieben werden, die Bindung aber an der Schmalseite erfolgt (vgl. Kat. Nr. 1/15).

Bl. 2b besitzt auf bläulichgrünem Papier eine reiche Illumination persischen Charakters; in der Mitte faßt sie eine Zeichnung mit der Konfrontation von Drache und Simurgh (s. Kat. Nr. 1/14). Wie dieses Motiv, so stammen auch die gefiederten, stark geschwungenen, mit menschlichen Profilen besetzten Blätter auf Bl. 3a aus dem Repertoire der höfischen Ateliers, sie finden sich z. B. im sogen. Album Murads III. in Wien, was annehmen läßt, die Handschrift sei im späteren 16. Jh. in Istanbul unter dem Einfluß, wenn nicht als Werk der Hofmalerei entstanden.

Lit.: Kat. London 1983, Nr. 20 (mit Farbtaf.).

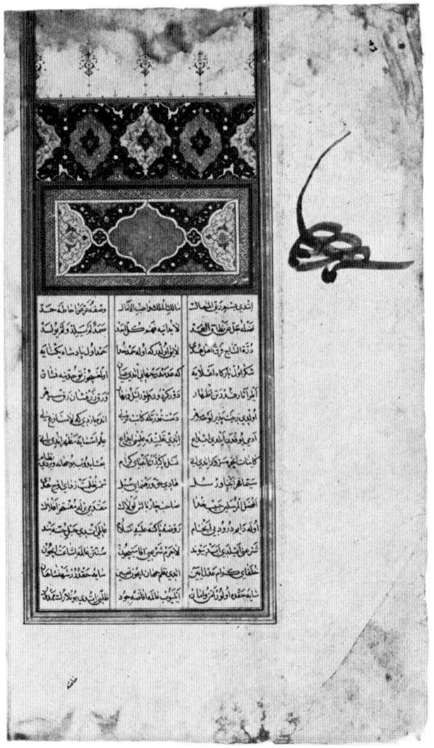

1/60
Illuminierte Anfangsseite

Hoca Sa'deddin, *Tac et-tevarih* · Bagdad, 998/1590
Tinte, Gouache und Gold auf Papier
264 Bl., 28 x 16,5 cm

Paris, Bibliothèque Nationale, suppl. turc 150, Bl. 1b/2a (F)

Die Handschrift macht trotz der vorgesehenen, aber nicht ausgeführten Illustration einen reichen Eindruck. Der Text, in schönem *nesih* geschrieben, enthält Hervorhebungen in Grün, Blau und Gold. Eine mehrfarbige Leiste rahmt den Schriftspiegel, und das Kopfstück auf Bl. 1b ist reich gebildet. Seine beiden Teile sind klar voneinander unterschieden und – bei gemeinsamer Verwendung wichtigster Farben wie Tomatenrot und Blaugrün – doch auch farblich differenziert. Das untere hat in der Mitte eine Kartusche, die den Titel tragen sollte; das Gold, das mit Blau den bestimmenden Akkord bildet, ist je nach Verwendung blank, stumpf oder punziert; oben sind drei Medaillons gereiht.
Fein in sich differenzierte blaue Strahlen reichen in den Papiergrund hinein.
Neben dem Kopfstück ein weinrotes, tughraartiges Zeichen; auf dem Rand von Bl. 2a ein Besitzerstempel, wohl des 18. Jh.

Lit.: Vers l'Orient, Nr. 46.

1/61

Illuminierte genealogische Tabellen

Mehmed Edirnevi, *Nuhbet et-tevarih ve l-ahbar*
Türkei, Mitte 17. Jh. (?) · Tinte und Gold auf Papier
218 Bl., 28,7 x 20,3 cm

Berlin, Staatsbibliothek Preußischer Kulturbesitz, Ms. or. fol. 4097, Bl. 58b/59a

Das Werk, eine kurzgefaßte Geschichte der islamischen Dynastien von Muhammed bis zu den Osmanen, ist hier in seiner Sultan Osman II. (1618–1622) gewidmeten ersten Fassung überliefert. Mit der aufgeschlagenen Öffnung beginnt die Geschichte der Osmanen; zunächst wird auf zwei Doppelseiten ein tabellarischer Überblick gegeben, dann folgt der eigentliche Text.
Es wird deutlich, daß der Schriftspiegel vorhanden ist, ohne eigentlich benötigt zu werden; woraus folgt, daß er jeder Seite aufgetragen war, bevor der Schreiber an die Arbeit ging, und nicht hinterher zugefügt wurde. Immerhin nimmt der Schreiber auf ihn Rücksicht, indem das genealogische Schema im engeren Sinn ganz diesem Rahmen eingeschrieben ist und nur die Erläuterungen darüber in den abermals umrandeten Randbereich hinausgehen. Die Illumination besteht aus zarten goldenen Zweigen, die innen, und kräftigeren Blütenranken, die außen überwiegen.
Als *terminus ante quem* dient ein 1094/1682–83 datierter Abdruck eines Besitzersiegels auf Bl. 1a.

Lit.: Flemming, VOHD XIII/1, Nr. 86. – Kat. Berlin 1980, Nr. 24.

1/62

Illuminiertes Kopfstück

Niẓāmī, *Lailī u Maǧnūn.* Persisch
Türkei, 1027/1617 · Einzelblatt, 28,4 x 17,4 cm

München, Staatliches Museum für Völkerkunde, Inv. Nr. 77-11-410

Über dem querrechteckigen unteren Feld, dessen goldene Mittelkartusche den (fast verlorenen) Namen des Epos trägt, steht das große Lünettenfeld, das ungewöhnlich gebildet ist und dieses Blatt durch seine Farbigkeit von vielen anderen unterscheidet.
Quantitativ überwiegen Blau und Gold; akzentuierend eingesetzt ist Braun (vgl. die wenig ältere Handschrift Kat. Nr. 1/60), bestimmend aber ist das mit Blau und Weiß kontrastierend verbundene Orange, in einer schnellen Reihe dem Halbkreis innen folgender kleiner Formen. Außen sind blaue Einzelformen anstelle der Strahlen.
Die Farbigkeit erinnert an armenische Buchmalerei.

Lit.: Bothmer 1982, Nr. 49.

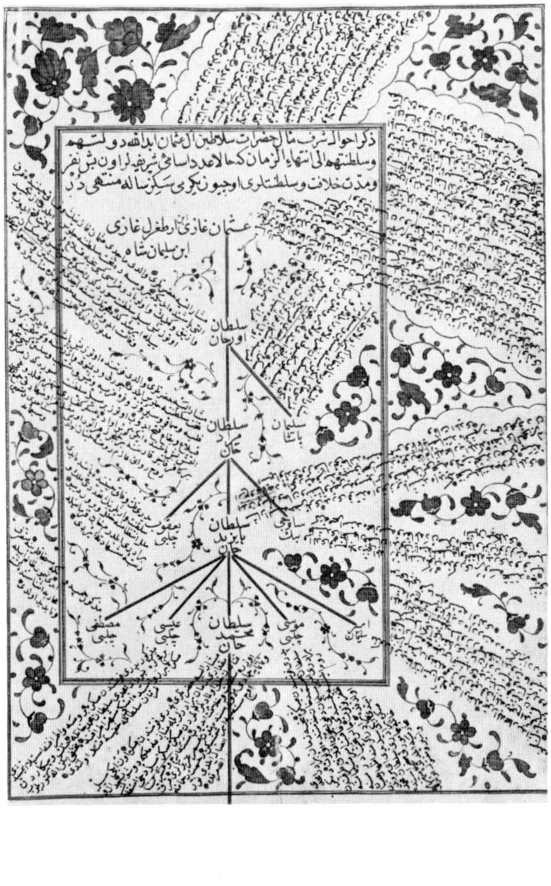

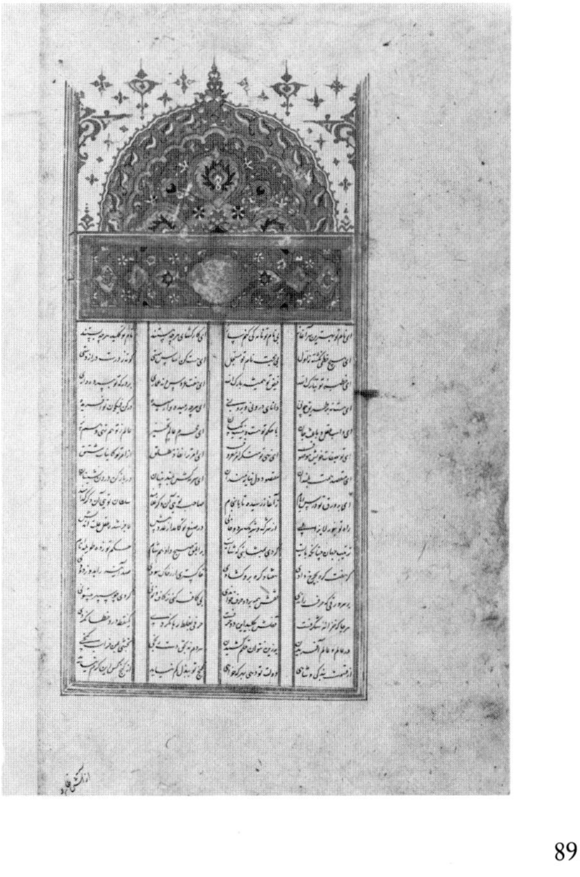

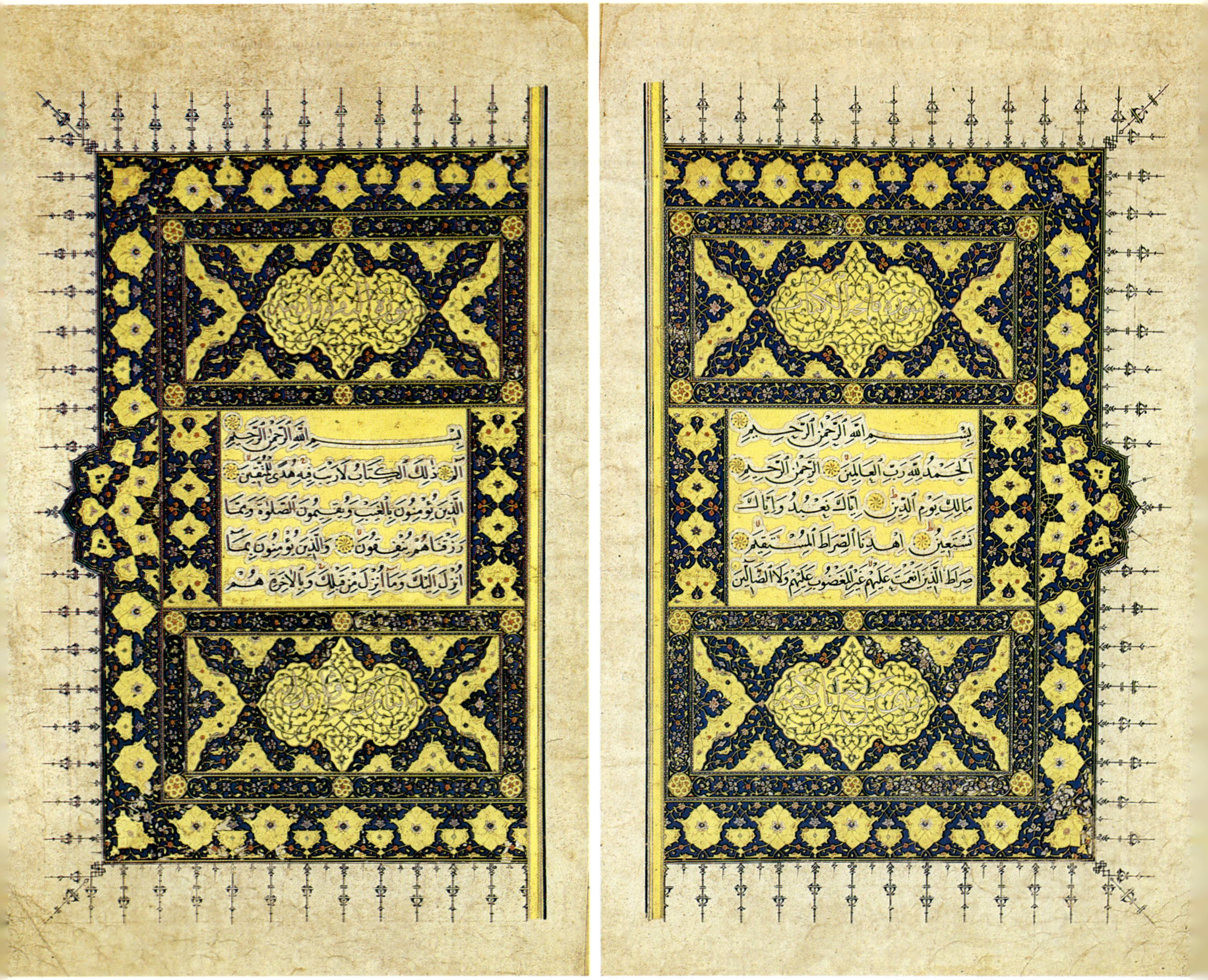

Anfangsseiten eines Korans (Kat. Nr. 1/53)

1/63
Illuminiertes Kopfstück

Hoca Sa'deddin, *Tac et-tevarih* · Türkei, 17. Jh.
Tinte, Gouache und Gold auf Papier · 578 Bl., 28,5 x 16,5 cm (stark beschnitten!). 9 illuminierte Kopfstücke

Berlin, Staatsbibliothek Preußischer Kulturbesitz, Ms. or. fol. 3387, Bl. 357b

Das Kopfstück markiert den Beginn des Abschnitts über die Herrschaft Sultan Bayezids II. in diesem wichtigen Geschichtswerk. Es unterscheidet sich z. T. sehr von anderen, mehr „türkischen" Kopfstücken der Handschrift. Hier gehen türkische Züge wie das lünettenartige Oberteil (s. Kat. Nr. 1/62) und das stumpfe Rosa mit eher persischen wie dem Arabeskenwerk zusammen, dessen Gabelblättern oben und unten wichtige, aber sehr unterschiedliche Aufgaben zufallen: oben golden, das heraldische Gegenüber seitlich der Zentralform; unten weiß, das Abgrenzen des dunklen Grundes von den goldgrundigen Randstücken am oberen und unteren Rand.

Lit.: Flemming, VOHD XIII/1, Nr. 129, Farbtaf. I (Bl. 1b: stark restauriert). – Kat. Berlin 1980, Nr. 22.

1/64
Illustrierte Anfangsseite

Kâtib Çelebi: Kaæšf aẓ-ẓunūn fī asāmī l-kutub wa-l-funūn. Arabisch
Damaskus (?), 1139/1726-27
Tinte, Gouache und Gold auf Papier
410 Bl., 31,5 x 19,5 cm

Wien, Österreichische Nationalbibliothek, Cod. A. F. 25, Bl. 1b

Das berühmte bibliographische Werk des vielseitigen und berühmten Verfassers ist ein bis heute unentbehrliches Quellenwerk für die Kenntnis islamischer Literatur und ihrer Verbreitung im Osmanenreich. Auf einen Blick als wissenschaftliches Werk erkennbar, wie auch die malerische Ausstattung mit farbigem Kopfstück und Goldgrisaille-Ranken auf dem Rand im Vergleich zu anderen derartigen Handschriften (vgl. Kat. Nr. 1/65 und Nr. 1/69) zeigt, setzt hier das kräftige Grün einen starken Akzent. Für das 18. Jh. typisch ist das Zerfasern der Randstrahlen.

Lit.: Kat. Wien 1980, Nr. 69.

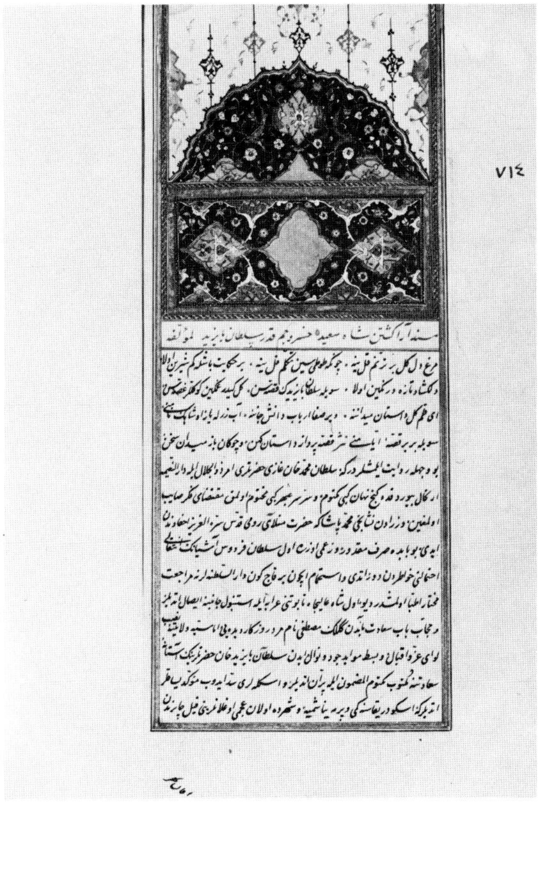

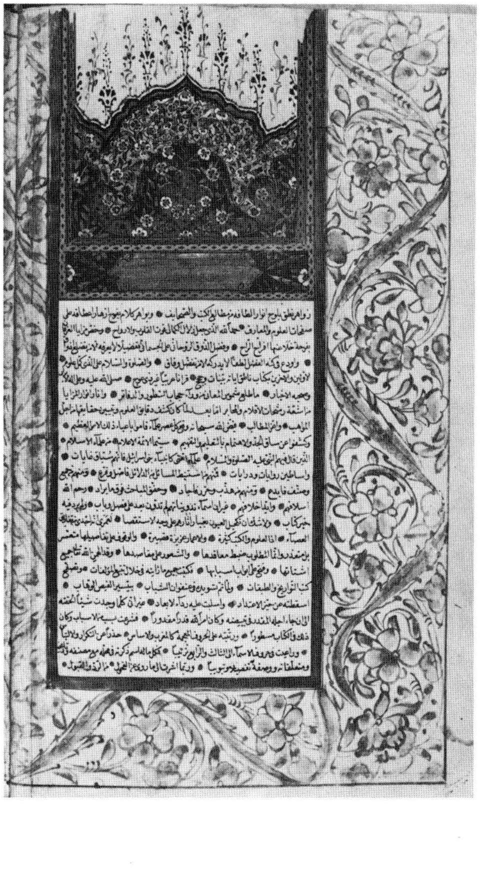

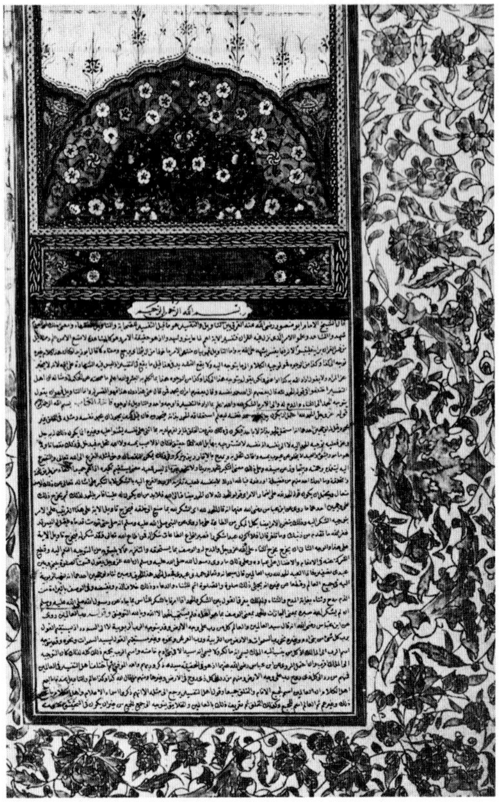

1/65
Illuminierte Anfangsseite

Abū Manṣūr Muḥammad b. Muḥammad al-Māturīdī, *Ta'wīlāt al-Qur'an*. Arabisch · Türkei, 1. Hälfte 18. Jh.
Tinte, Gouache und Gold auf Papier
565 Bl., 32,5 x 21,5 cm

Berlin, Staatsbibliothek Preußischer Kulturbesitz, Ms. or. fol. 4156, Bl. 1b/2a

Das Schriftbild dieses Korankommentars mit den zahlreichen eng beschriebenen Zeilen ist typisch für wissenschaftliche Texte. Nur die erste Doppelseite ist verziert: mit dem Kopfstück auf Bl. 1b und dem breiten, dicht gefüllten Rand mit goldenen Blütenranken, die mit weit schwingenden Gabelblättern verflochten sind. Das lünettenförmige Oberfeld mit einer äußeren goldenen und einer inneren blauen Zone ist mit verschiedenfarbigen Blüten verziert; seitliche Zwickel tragen Rosen, wie sie z. B. in der Tughra Illumination seit dem 18. Jh. gut belegbar sind. Die dem Text voranstehende *basmala* liegt in einem goldenen Streifen mit schwarzen verflochtenen Gabelblattreihen, wie sie, sozusagen identisch, auch der Einband hat, gold auf rot.

Lit.: Schoeler, VOHD XVII B/2.

1/66
Illuminierte Anfangsseite

Altı Parmak, *Kitab-i delâil-i nübüvvet-i Muhammedî ve-şemail-i fütüvvet-i Ahmedî*
Türkei, 17./18. Jh.
Tinte, Gouache und Gold auf Papier
359 Bl., 26,5 x 17 cm. 3 illuminierte Kopfstücke

Karlsruhe, Badische Landesbibliothek, Hs. Rastatt 207, Bl. 121b

Der Text ist ein theologischer Traktat über den Propheten, vom Perser Miskīn verfaßt und von Altı Parmak (gest. um 1624) ins Türkische übersetzt. Der wissenschaftliche Charakter des Werkes zeigt sich schon im Schriftbild. Stichwörter und Zitate sind durch farbige Tinten hervorgehoben. Die anständige, wenn auch etwas langweilige Illumination bezeugt den hohen Standard auch der „normalen" türkischen Buchproduktion vor Verbreitung des Buchdrucks. Auf Bl. 1b ein Kopfstück aus einer älteren Handschrift in zweiter Verwendung.

Lit.: Kat. Karlsruhe 1955, Nr. 533.

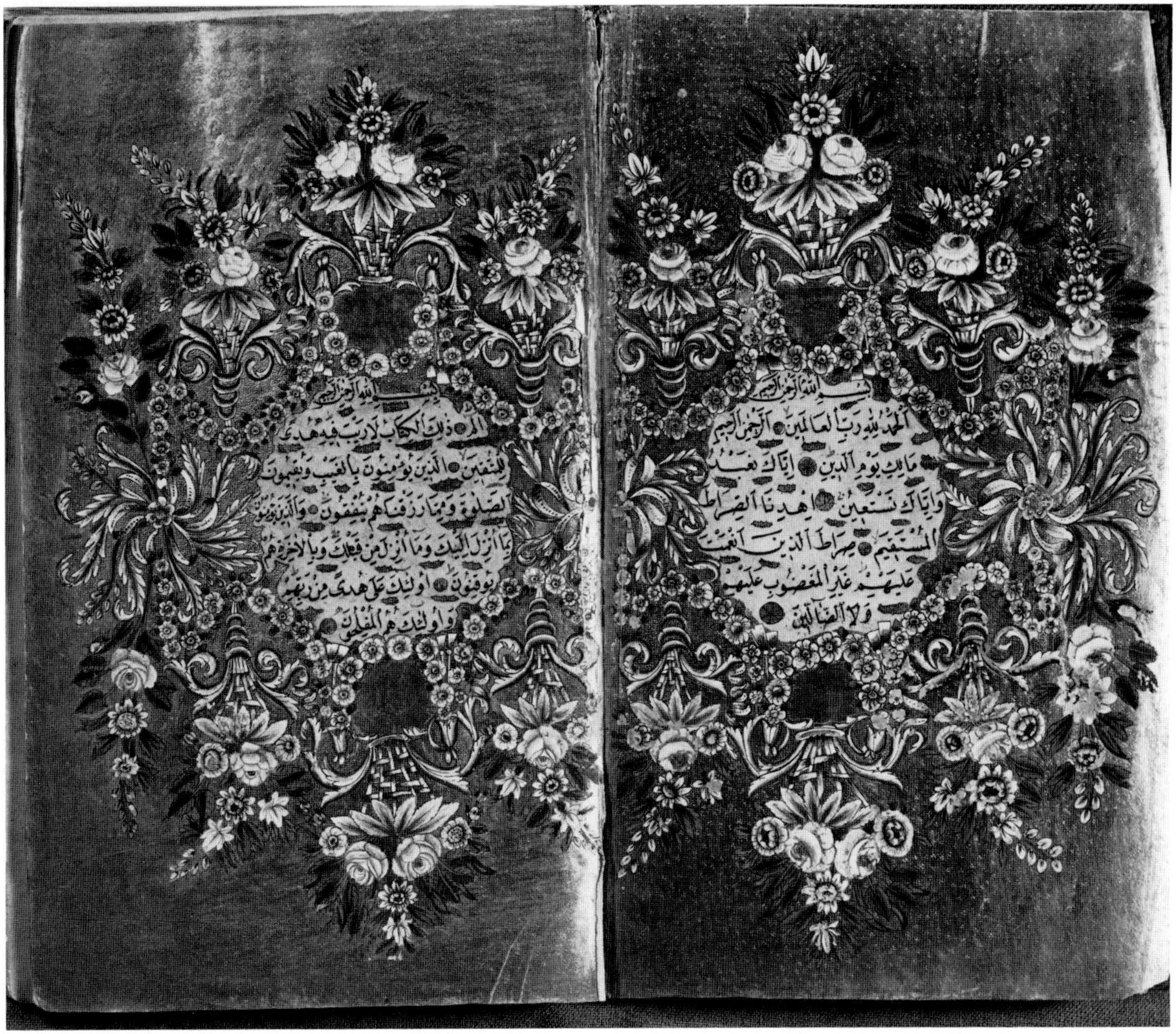

1/67
Illuminierte Anfangsseiten

Koran
Türkei, 1170/1756–57
Tinte, Gouache und Gold auf Papier
301 Bl., 19,3 x 13,3 cm

Sammlung Edwin Binney, 3rd., USA

Die erste Sure auf der rechten und der Anfang der zweiten auf der linken Seite sind auf Wolkenbänder geschrieben, zwischen denen der goldene Grund sichtbar bleibt, der auch den reichen Randschmuck trägt. Auf lineare Rahmung ist gänzlich verzichtet. Blütengirlanden schwingen auf den Text zu, lassen in der Mitte links und rechts Platz für einen Spiralwirbel aus fedrigen Blättern und nehmen in ihre Bögen außen Körbe und Füllhörner voller Blütensträuße auf.

Die anmutige Dekoration erinnert an das europäische Rokoko, ohne daß sich das motivisch nachweisen ließe.

Bemerkenswert ist die Handschrift aber auch, weil sie von einer Frau geschrieben wurde, was zwar nicht ganz selten geschah, aber bei weitem nicht verbreitet war. Die Schreiberin nennt sich im Kolophon nicht namentlich, sondern nur als *Tochter des Mehmed el-Kunilli.*

Der Einband hat im Spiegel ein doppelt schwingendes, stark gefiedertes Blatt, zusammengebunden mit Blüten.

Lit.: Turkish Treasures, Nr. 71.

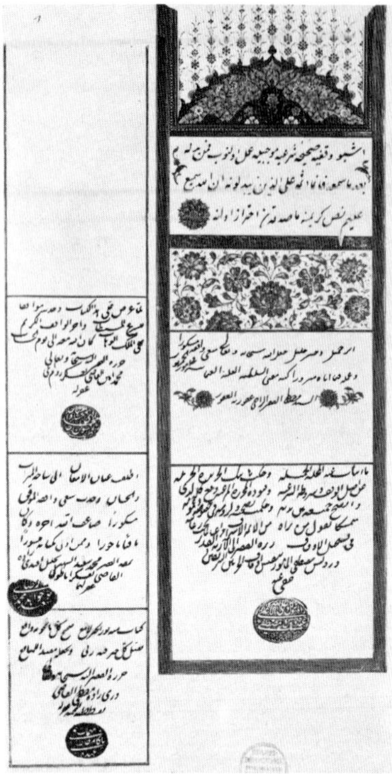

1/68

Illuminierte Anfangsseite

Vakıfname

Türkei, 1154/1741 bzw. 1155/1742

Tinte, Gouache und Gold auf Papier

22 Bl., 29,9 x 15,5 cm

Berlin, Staatsbibliothek Preußischer Kulturbesitz, Hs. or. 8518, Bl. 1b/2a

Die erste Seite in dieser Stiftungsurkunde, die nicht als Rolle, sondern als Codex ausgefertigt ist (vgl. Kat. Nr. 1/115), hat zwischen einem flachbogigen Kopfstück und einem Feld voll großer Blüten in Gold einen vom Schreiber der Urkunde geschriebenen dreizeiligen Text. Die übrigen Schriftzusätze sind jeweils in eigene Felder gesetzt und fast alle von Siegelabdrücken begleitet; es sind Beglaubigungen der Abschrift der Vakıf-Urkunde, deren Text auf Bl. 2b beginnt. Dieser Teil endet auf Bl. 13b und trägt das erste der genannten Daten, der zweite Teil, Bl. 14b unter schlichterem Kopfstück beginnend, endet mit dem jüngeren Datum.

Unveröffentlicht

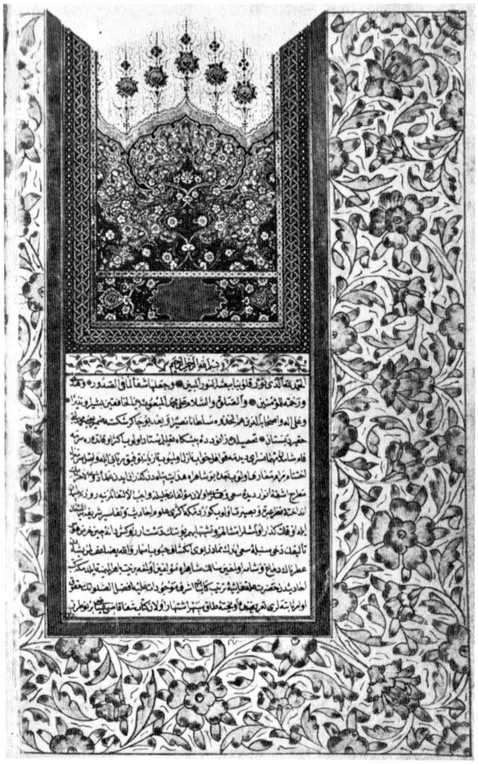

1/69

Illuminierte Anfangsseite

Mehmed Lübbi, *Tercemet eş-Şifa fi şemail sahib el-istifa*

Türkei, 2. Hälfte 18. Jh.

Tinte, Gouache und Gold auf Papier

261 Bl., 20,5 x 13,5 cm

Berlin, Staatsbibliothek Preußischer Kulturbesitz, Ms. or. oct. 1635, Bl. 1b

Der Text, eine Prophetenbiographie, ist die auszugsweise Übersetzung eines arabischen Werkes, die laut Kolophon im Jahr 1161 (1748) vollendet und dem Qǐzlar aḡası Beşir Aḡa gewidmet wurde (1165/1752 hingerichtet).

Die Illumination hat enge Beziehungen zu Kat. Nr. 1/65. Stärker als dort ist das Kopfstück — trotz fester Zusammenfassung mit dem Textblock — vom Text durch mehrfache eigene Rahmung abgesetzt, und zugleich in sich weniger entschieden zweigeteilt. Auf blauem Grund wird das Muster durch hellblaue Wolkenbänder und goldene Gabelblattranken organisiert, die schwarze Umrandung oben sondert ein betontes Mittelstück aus.

Die Ausführung ist von außergewöhnlicher Sorgfalt, was sich sowohl in der Akuratesse der mehrfarbigen Strahlen oben als auch in der Vielfalt der Goldbearbeitung erkennen läßt. Die goldenen Blatt- und Blütenranken des gleichfalls nochmals gerahmten Randes (wie Kat. Nr. 1/65) sind ruhiger in Disposition und Ausführung, was sich an Blattkonturen und Blütenbildung am besten beobachten läßt.

Lit.: Götz, VOHD XIII/4, Nr. 200, Farbtaf. 2 (verfälscht). – Kat. Berlin 1980, Nr. 9.

1/70

Illuminierte Doppelseite

Gedichtsammlung, *Mecmua-i nefise*
Türkei, 19. Jh.
verschiedenfarbige Tinten; Gouache, Gold und Silber auf farbigen Papieren
168 (u. 13) Bl., 19,1 x 11,3 cm

Berlin, Staatsbibliothek Preußischer Kulturbesitz, Hs. or. 7938, Bl. 107b/108

Dieser Band enthält eine Sammlung von Gedichten verschiedener Dichter osmanischer Zeit. Er verdient Aufmerksamkeit weniger wegen einzelner Höchstleistungen als wegen der zugleich schlichten und erlesenen Noblesse der Ausführung.
Das Papier ist verschiedenfarbig zart getönt. Der — exzellente! — Kalligraph nahm darauf Rücksicht bei der Wahl seiner Tinten. Der Illuminator, welcher der Macht abendländischer Vorbilder oder dem entsprechenden Geschmack seiner Klientel erlegen ist, fügte Kopfstücke in — vor der Oxydation gleichmäßiger gleichwohl ungewöhnlichen — Verbindungen von Gold und Silber mit „kranken" Farben dazu.
Der Einband ist türkisch, aber unter Verwendung europäischer Matrizen für das Rocaille-artige Mittelstück, dem Halbmond und Stern beigefügt sind, entstanden.

Unveröffentlicht; erwähnt bei Schwarz 1982, 263.
Vgl.: Krüger 1982.

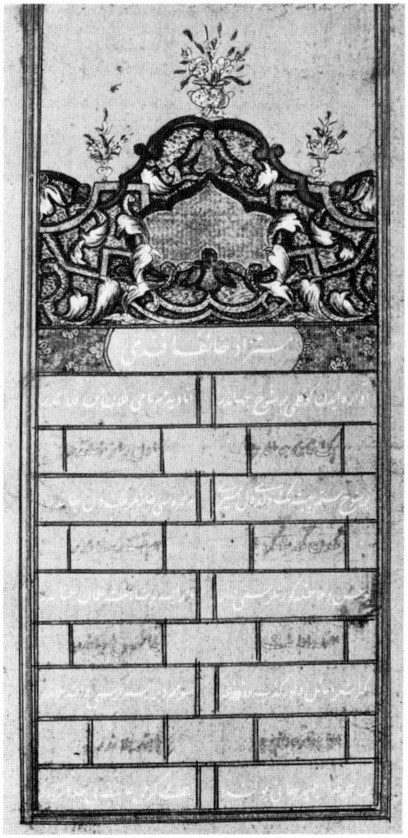

1/71

Koran, 6. Sure

Istanbul, um 1500
Tinte und Gold auf Papier.
Kalligraph: Hamdullah b. eş-Şeyh
29 Bl., 20 x 12,5 cm

München, Bayerische Staatsbibliothek, cod. arab. 2619, Bl. Bv/14.

Diese Koranabschrift, die einem der berühmtesten Kalligraphen der osmanischen Türkei zugeschrieben ist, kombiniert in einer dem 15. Jh. geläufigen Weise zwei in Dimensionen und Charakter verschiedene Duktus, nämlich *sülüs* für die drei großen Zeilen und zweimal drei kleinere mit *nesih* (vgl. Kat. Nr. 1/77). Bemerkenswert ist die Breite der Ränder.

Lit.: Kat. München 1982, Nr. 63a.

1/72
Illuminierte Anfangsseiten

Koran

Türkei, Rebi I 128 (?) / zwischen 1863 und 1873
Tinte, Gouache und Gold auf Papier. Kalligraph: Yusuf b. Sidki
304 Bl., 12,6 x 8,6 cm

München, Bayerische Staatsbibliothek, cod. arab. 2647, Bl. 1b/2a

Eine Taschenausgabe des Koran (vgl. Kat. Nr. 1/75). Der Schreiber nennt sich im Kolophon einen Schüler des Talib Faiki. Die beiden Anfangsseiten haben, im Unterschied zum weiteren Text, eine minutiös kleine Schrift, die fast untergeht im reichen Rahmen. Auf den ersten Blick wirkt er barock üppig, tatsächlich aber sind in seinen Elementen und in der von Gold, Dunkelblau und Weiß bestimmten (durch Grün und Rot bereicherten) Farbigkeit eher klassizistische Anregungen verarbeitet.

Lit.: Bothmer, VOHD XVI/2.

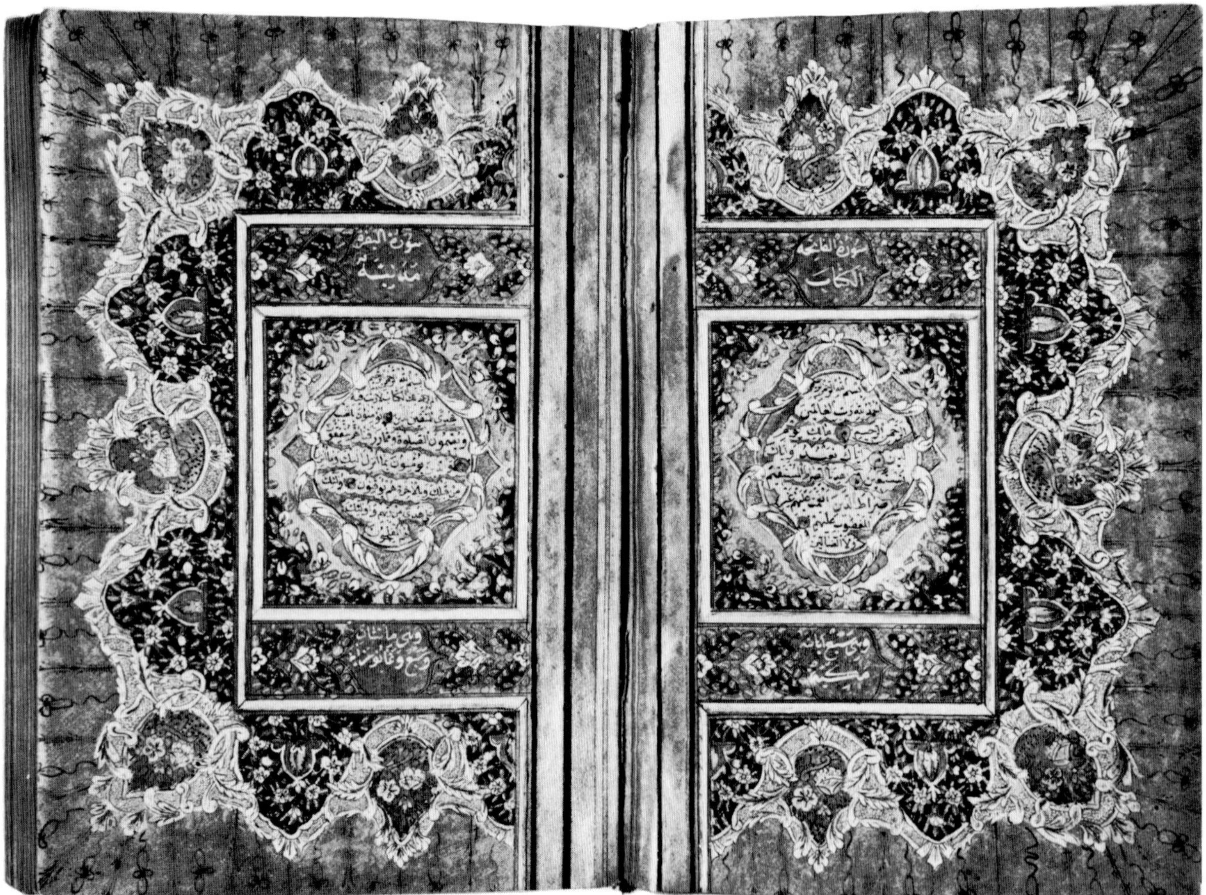

1/73

Illuminierte Doppelseite

Koran · Amasya (?), 923/1517 (Illumination Ende 16. Jh.)
Tinte, Gouache und Gold auf Papier. Kalligraph: Mehmed b. Celaleddin el-Amasi · 409 Bl., 28,5 x 19,5 cm

Berlin, Staatsbibliothek Preußischer Kulturbesitz, Ms. or. fol. 3307, Bl. 338b/339a

Diesen Koran hat derselbe bedeutende Kalligraph geschrieben wie Kat. Nr. 1/53. Seine malerische Ausstattung ist umfassender, ihre Entstehung kompliziert. Neben zeitgenössischen Teilen stammt der größte Teil der Goldgrisaille-Dekoration auf den Rändern außerhalb des Schriftspiegels aus dem späten 16. Jh., gelegentlich wurde zu einem schwer bestimmbaren späteren Zeitpunkt die farbige Akzentuierung vorgenommen; um 1800 schließlich fanden grobe Umdeutungen mancher Ornamente statt. Diese Randdekoration enthält typische Motive wie Nelken- und Tulpenblüten (vgl. Kat. Nr. 1/18), und ist für die Zeit Sultan Murads III. charakteristisch.

Lit.: Schoeler, VOHD XVII B/2. · *Vgl.: Papadopula, Taf. 22 f.*

1/74

Schriftbild: Löwe packt Drachen

Türkei, 1210/1795–96
Tinte, Gouache und Gold auf Papier · 32 x 43 cm

München, Staatl. Museum für Völkerkunde, Inv. Nr. 31-7-2

Das Blatt zeigt den Kampf zwischen dem Guten und dem Bösen, verbildlicht in Löwe und Drache; durch das lichte Grau bzw. das tiefdunkle Grün ist es der Hell/Dunkel-Metaphorik angenähert. Ein persischer Zweizeiler, der rechts unten in einer Kartusche geschrieben ist, dient in kunstvollem, aber schwer lesbaren Arrangement teils der Bildung des Konturs, teils zur Binnenzeichnung beider Tierleiber. Er lautet: „Den bösen Trieb abzutöten ist jedermanns Ideal. Ich habe die Schlange erledigt, sie ist in Haidars Klauen" (E. Krüger; A. Schimmel benennt ʿAṭṭār als Dichter, ihre Übersetzung weicht von dieser weit ab).
Ihre religiöse Zielrichtung gewinnen Text und Schriftbild durch die Gleichsetzung von Löwe und Ali, der diesen Beinamen trägt. – Aus einem Bektaschi-Kloster.

Lit.: Schimmel 1970, Taf. 47a. – Kat. Ingolstadt 1979, Nr. 200.

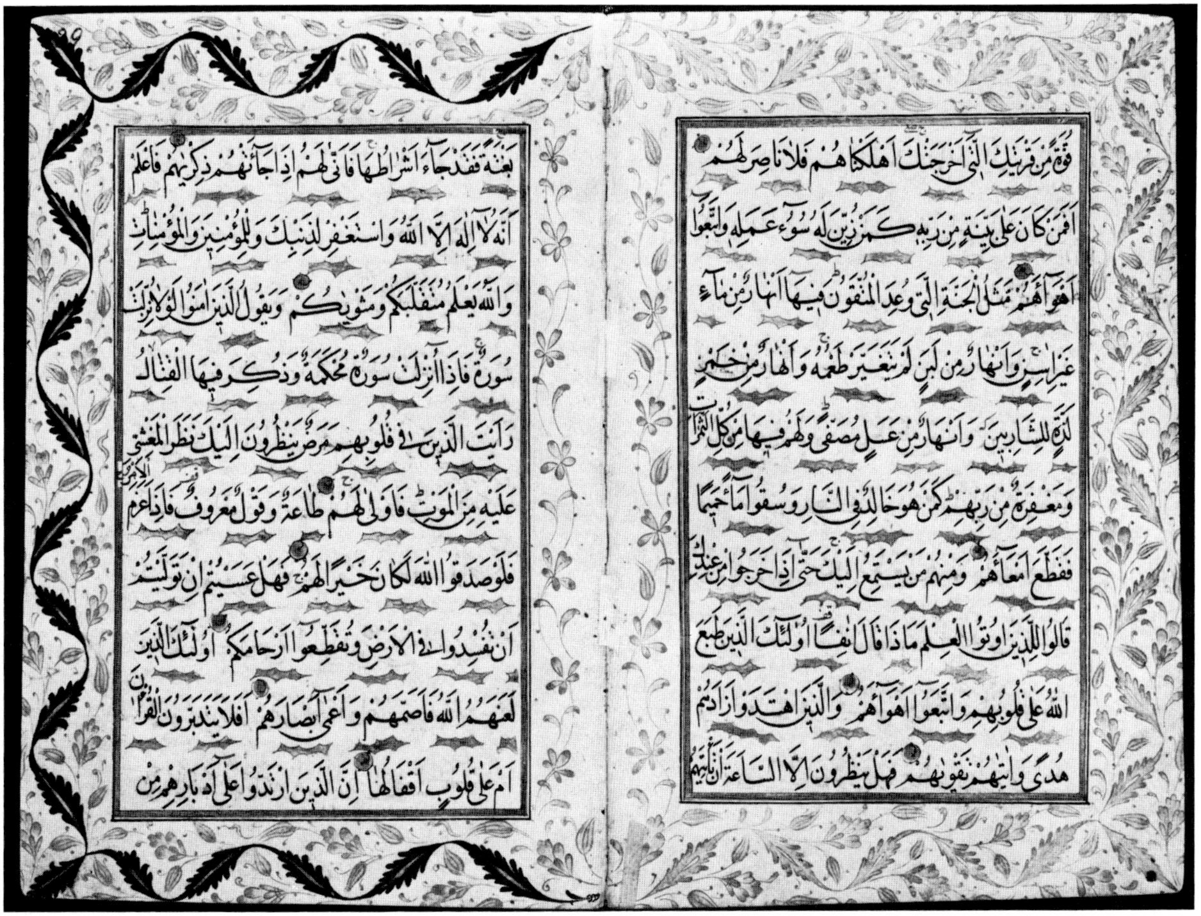

1/75

Illuminierte Doppelseite

Koran
Istanbul, um 1500
Tinte, Gouache und Gold auf Papier.
Kalligraph: Hamdullah b. eş-Şeyh
395 Bl., 13 x 9 cm

München, Bayerische Staatsbibliothek, cod. arab. 1116, Bl. 1b/2a

Die in *nesih* geschriebene Taschenausgabe des Koran besitzt eine einfache Ausstattung, die nur die erste und den Beginn der zweiten Sure durch rahmende Illumination auszeichnet. Spiralranken und arabeske Elemente überziehen oder trennen Blau- und Goldpartien. Die blauen Strahlen sind durch Nelkenblüten akzentuiert.
Buchblock und (jüngerer) Einband werden durch ein Futteral des frühen 19. Jh. geschützt.

Lit.: Kat. München 1982, Nr. 64.

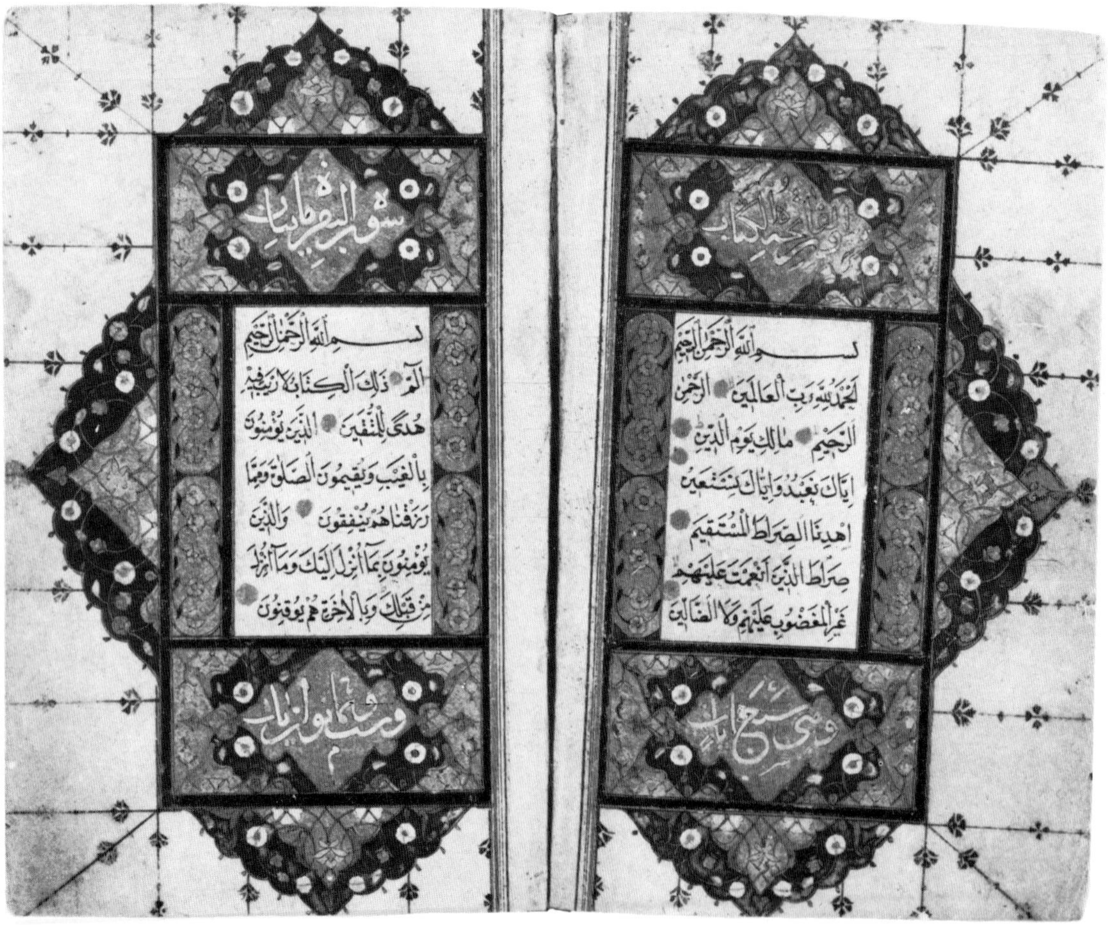

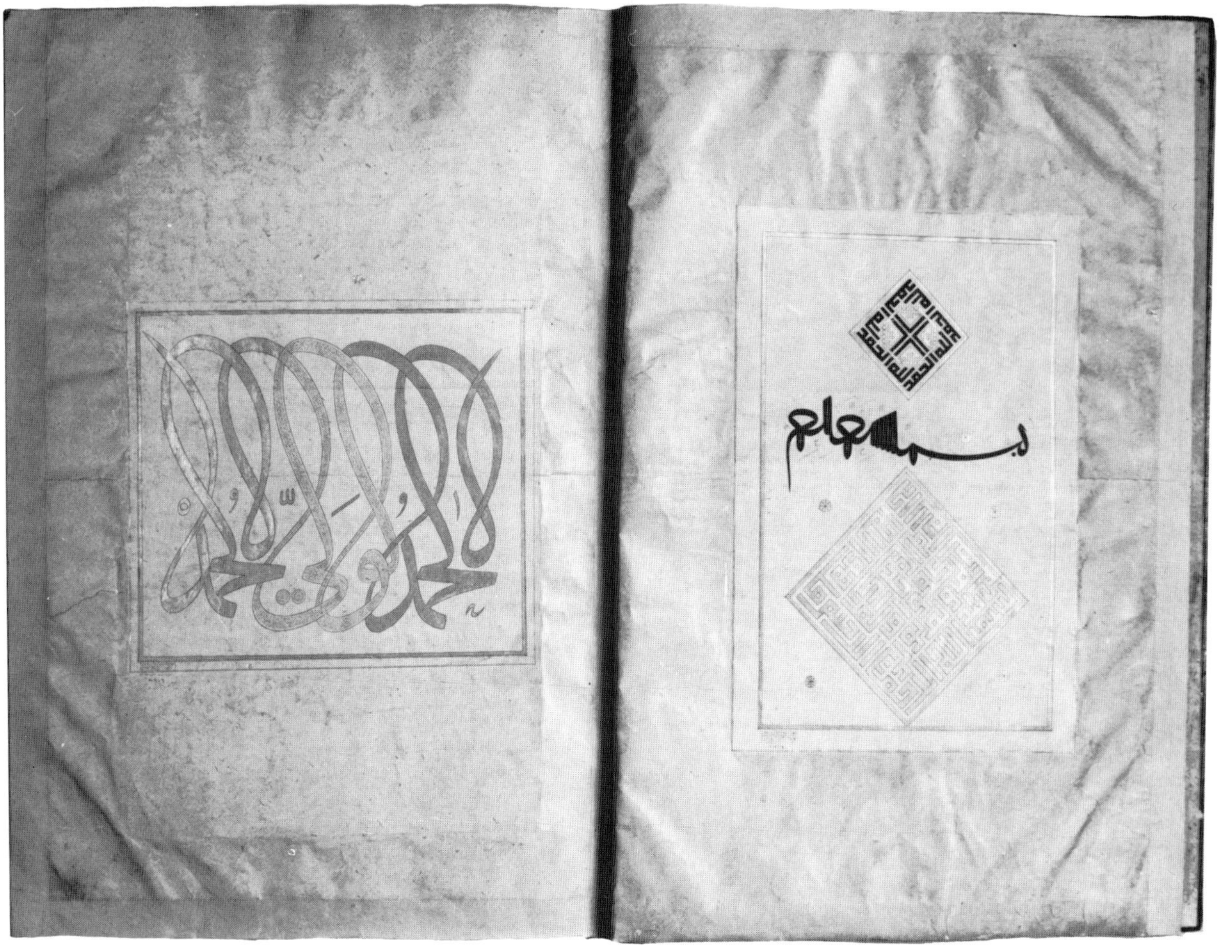

1/76

Religiöse Formeln und Verse

6. Sure des *Koran*
Istanbul, Mitte 16. Jh.
Tinte und Gold auf Papier. Kalligraph: Ahmed Karahisari
28 Bl., 50 x 34 cm

Istanbul, Türk ve Islam Eserleri Müzesi, Inv. Nr. 1443, Bl. 1b/2a

Vor Beginn des koranischen Textes stehen zwei Seiten mit außergewöhnlichen Beispielen meisterhafter Kalligraphie, die durch die Originalität zumal der *basmala,* und der Kombination von verschiedenen Formeln überraschen.
Im rechten Blatt dominiert die eher an der Rhythmik ihres Schriftverlaufs – erkennbare – als durchgehend lesbare *basmala* „Im Namen des barmherzigen und gnädigen Gottes" in stark stilisierter *müselsel* (ungebrochen) genannter Variante des *sülüs.*
Darüber und darunter zwei auf die Spitze gestellte Quadrate: späte Beispiele des vor allem in der mittelalterlichen Epigraphik beliebten ‚quadratischen Kufi'. Oben wird viermal wiederholt „Lob sei Gott", unten die ganze 112. Sure. Auf der linken Seite „Lob dem Lobenswerten" in einem durch verflochtene Oberlängen charakterisierten monumentalen *sülüs;* die *basmala,* mit der die Sure beginnt, ist in gleicher Schrift geschrieben. Im übrigen ist der Text der Sure im Wechsel von goldenem *sülüs* und kleinem schwarzen *nesih* geschrieben, in Kat. Nr. 1/77 fast in gleicher Einteilung.

Lit.: Kat. Washington 1966, Nr. 179. – Lowry 1982, 183. – Kat. Istanbul 1983, Nr. E. 60.

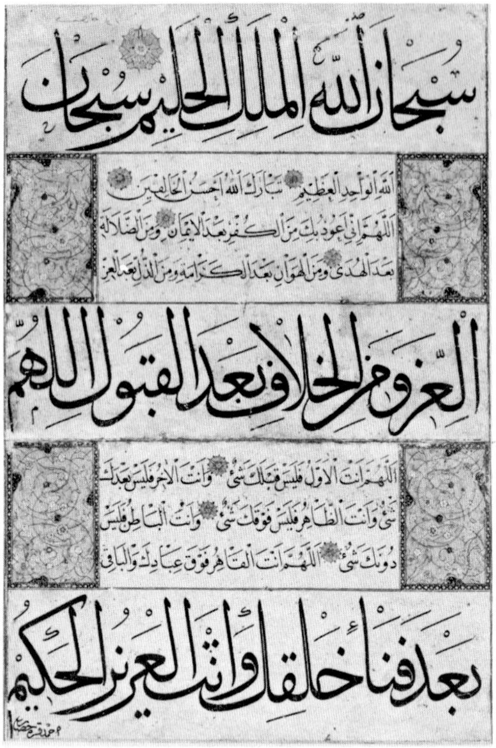

1/77

Kalligraphisches Blatt

Gebete
Istanbul, Mitte 16. Jh.
Tinte, Gouache und Gold auf Papier. Kalligraph: Ahmed Karahisari
Einzelblatt, 22 x 14,6 cm

Berlin, Staatliche Museen Preußischer Kulturbesitz, Kunstbibliothek, Inv. Nr. 4019 M, Bl. 9

Die Einrichtung des Blattes mit je einer Zeile in großer *sülüs*-Schrift an Anfang, Mitte und Ende des Blattes und mehreren Zeilen eines kleineren Duktus *(nesih)* dazwischen wurde von Ahmed Karahisari selbst für Korane verwendet (Kat. Nr. 1/76) und war auch sonst gebräuchlich (Kat. Nr. 1/71). Von erlesener, eigenartiger Eleganz sind die drei Zeilen des *sülüs,* in denen die haarfeine Trennung von Auf- und Abstrich bei den Buchstaben *lām* und beim *kāf,* sowie die offenen Köpfe von *wāw* und *fā* auffallen. Entsprechend den anderen Proportionen des *nesih* sind auch die Zeilen kürzer; die dadurch seitlich gewonnenen Felder tragen Spiralwerk.

Lit.: Schimmel 1970, 28, Taf. 38a.

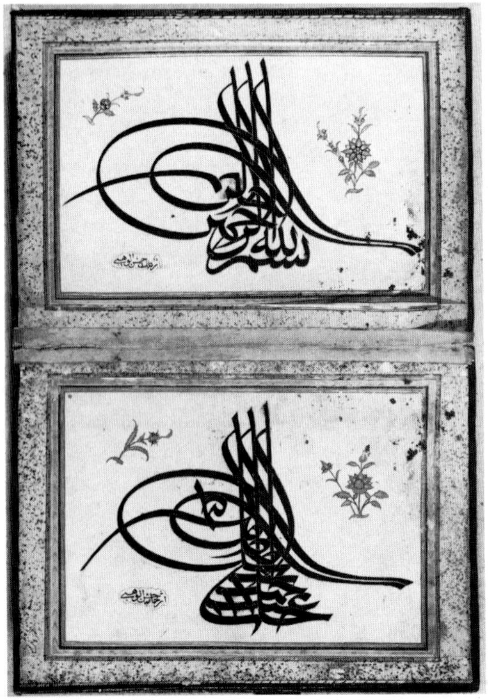

1/78

Tughra Sultan Abdülhamids I., und *basmala* in Gestalt einer Tughra

Istanbul (?), 1188/1774
Tinte, Gouache und Gold auf Papier
Kalligraph: Hasan el-Vehbi
Leporello-Album, 14 Bl., 19,5 x 26,4 cm

Wien, Österreichische Nationalbibliothek , cod. mixt. 249, Bl. 1b/2a

Die beiden Tableaux stehen, entsprechend der Tughraform, quer zum Buchformat. Die *basmala,* die fast allen Suren im Koran, und bis heute allen Texten in der islamischen Welt vorausgehende Formel „Im Namen des barmherzigen und gnädigen Gottes" ist der Tughra gleich gestaltet, ohne daß das Maß an Unlesbarkeit durch Verflechtung zustande kommt, das bei der Herrscher-Tughra üblich ist. Die Artikulation des Kontur mit goldenen Linien hat ehrwürdige Vorgänger in großformatigen Koranen des Mittelalters. Hier wird zusätzlich die Durchdringung der Buchstabenkörper und -schäfte geklärt.
Links, jeweils die Signatur des Kalligraphen Hasan el-Vehbi, der sich an anderer Stelle in diesem Album auch als bekannt als Müftizade bezeichnet, und gelegentlich die Jahreszahl beifügt.

Lit.: Kat. Wien 1980, Nr. 157.

1/79
Schriftbild: Derwischmütze

Türkei, (1)251/1835
Goldene Schrift auf dunkelblauem Karton. Kalligraph: Izzet Mustafa Yesarizade · 44,5 x 32,5 cm

Berlin, Staatsbibliothek Preußischer Kulturbesitz, Hs. or. 6543, 16

Yâ Hażret-i Mevlânâ — eine Anrufung des Stifters des Mevlevî-Ordens der sogenannten Tanzenden Derwische (vgl. Kat. Nr. 1/24), des großen Mystikers Celâleddin Rûmî. So ist die Schrift zu lesen; als hohe Mütze der Mevlevî-Derwische erinnert ihr Bild auch an den Ordensstifter.
Bei genauem Hinsehen ist die für das Verständnis der kalligraphischen Praxis wichtige Beobachtung möglich, daß der so sicher und einheitlich wirkende Schriftzug nicht das Ergebnis eines Ansatzes, sondern vielfacher Ergänzung und Neu-Ansetzens ist.
In das Schriftbild ist in kleinerem Duktus eine Signatur eingefügt, in der „Izzet" lesbar ist und die als Izzet Mustafa Yesarizade (gest. 1844) gedeutet wurde. Das ist möglich, wenngleich seine Signatur normalerweise anders, und vollständig lesbar ist.

Lit.: Kat. Berlin 1980, Nr. 56. – Schwarz 1982, 266.

1/80
Schriftbild: menschliches Gesicht

Türkei, 19. Jh.
Tinte und Gouache auf Papier
48 x 38 cm

Köln, Orientalisches Seminar der Universität, Max Freiherr von Oppenheim Stiftung, Inv. Nr. 1161

Die Symmetrie des Gesichtes ergibt sich aus der weitgehenden Spiegelung des (noch nicht gelesenen) Textes. Anklänge an den Namen Muhammad, beginnend mit den Augen, und an Allah (helles Zeichen an der Nasenwurzel) lassen sich jedoch nicht zur vollen Lesbarkeit verfolgen.
Die vier Ecken nehmen zierliche Gebinde ein.

Unveröffentlicht
Vgl.: Aksel 1967

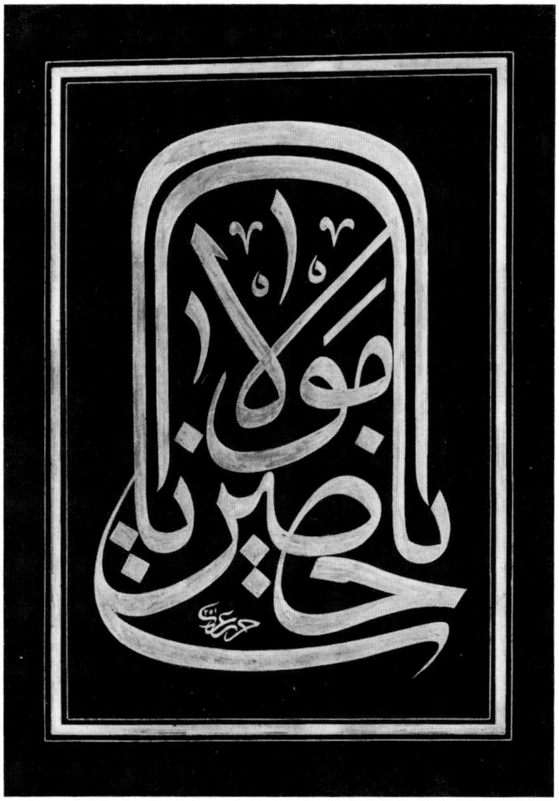

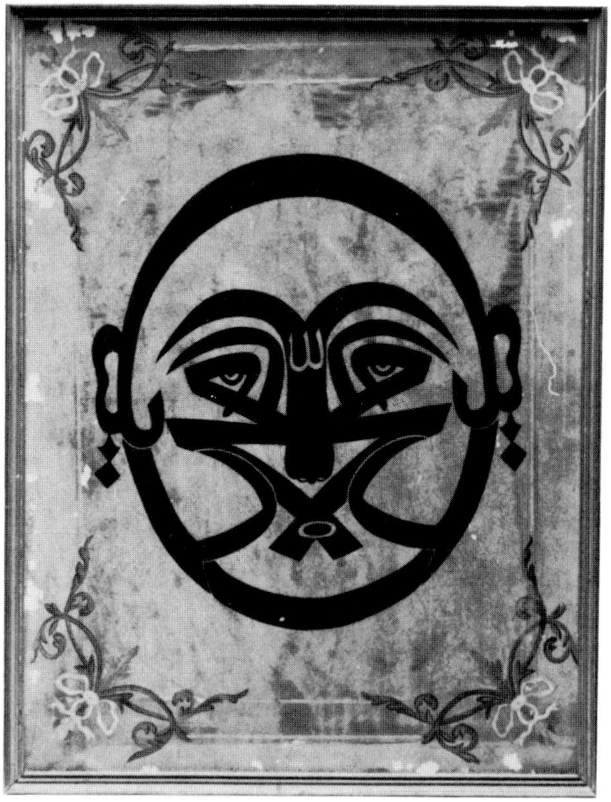

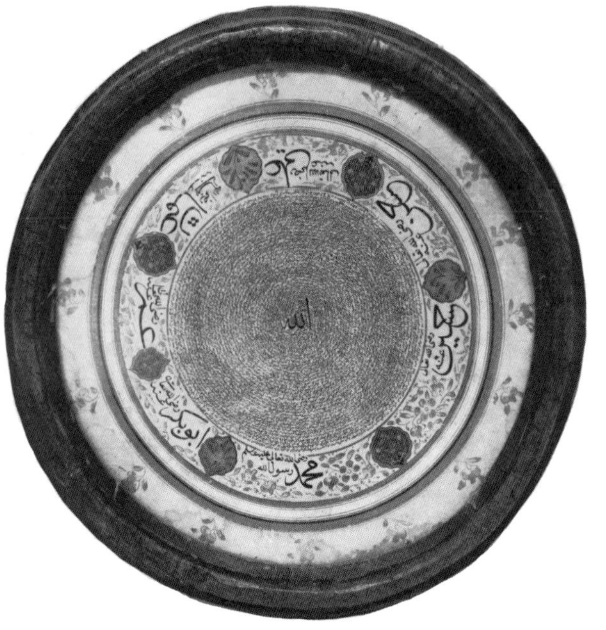

1/81

Kreisförmiges Schrifttableau

Türkei, 19. Jh.
Tinte und Gold auf Papier
Durchmesser 29,5 cm

Köln, Orientalisches Seminar der Universität, Max Freiherr von Oppenheim Stiftung, Inv. Nr. 2398

Das Tableau stellt ein Bekenntnis religiöser Grundüberzeugungen sunnitischer Richtung dar; es ist vergleichbar den in Moscheen häufig angebrachten runden, seltener rechteckigen Schildern mit den ‚Bildern' der Namen Gottes, des Propheten und seiner vier Nachfolger.
Die Mitte dieses Tableaus nimmt der Name Allah ein; Gott inmitten seines Wortes, umgeben von dem spiralig von innen nach außen in großer Dichte geschriebenen, wohl nicht vollständigen, Text des Koran. Auf dem inneren Rand die Namen Muhammads, seiner ersten vier Nachfolger und seiner beiden Enkel Hasan und Husain, jeweils mit einer darauf folgenden Eulogie-Formel. Diese sieben Namen sind ungleich verteilt, doch so, daß Muhammad auf der Achse unterhalb Allahs, Ali, der ihm nahe Verwandte, oben gegenüber steht. Dazwischen Vielpaßmedaillons und goldenes Blattwerk.

Unveröffentlicht

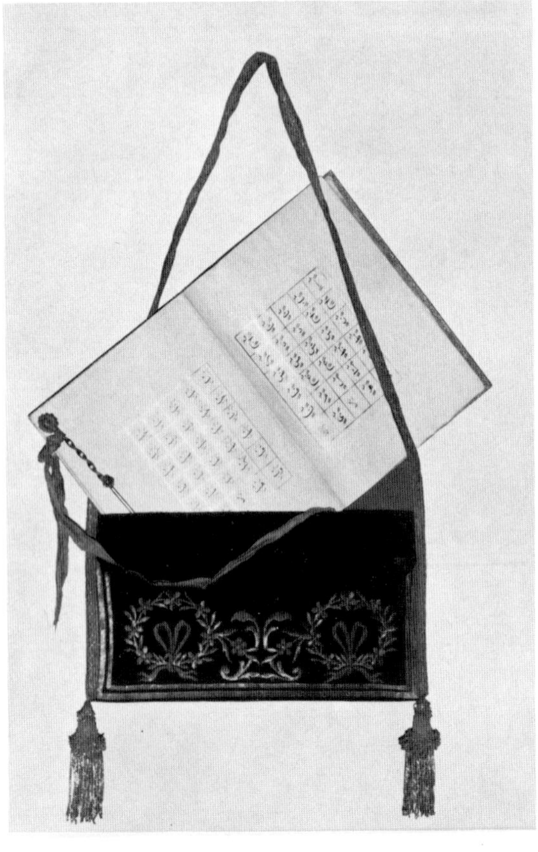

1/82

Leseübungsheft mit Zeigestift und Tasche

Istanbul, 19. Jh.
26,5 x 18 cm

Köln, Orientalisches Seminar der Universität, Max Freiherr von Oppenheim Stiftung, Inv. Nr. 5589 (1012)

Den Schriftspiegel, der mit goldenen Linien umrandet und in 30 Felder unterteilt ist, umgibt ein selten so breit erhaltener Rand. Die rechte der gezeigten Seiten macht den Schüler wie auf den Seiten davor mit den Buchstaben in ihrer unverbundenen Form, und zugleich mit der Schreibung der drei unbestimmten Endungen -un, -in und -an vertraut. Die linke Seite stellt alle Buchstaben vor einen Konsonanten, das B; es zeigt sich, welche Buchstaben nach links angebunden werden können und welche in Anfangsstellung unverbunden bleiben müssen. Beide Seiten heben das *lām-alif* rot heraus; denn es ist eine Ligatur, nicht ein eigener Buchstabe, und damit entfällt die Anwendbarkeit des hier Demonstrierten.
Das Büchlein, denkbar geeignet, aus dem ABC-Schützen einen Kenner und Liebhaber der Buchkünste zu machen, und der zugehörige Zeigestift gehören in eine Tasche aus grünem Samt, die reich mit Goldfäden bestickt ist, wobei das Motiv eines mit einer Schleife zusammengebundenen Blütenkranzes dominiert. Auch das Tragband und die Quasten sind aus Goldfäden.

Unveröffentlicht

1/83

Beschreibung des Propheten *(hilye)*

Istanbul, 1349/1930–31
Tinte, Gouache und Gold auf — teils farbigem — Papier.
Kalligraph: Hacı Ahmed Kamil (Akdik)
Illuminator: Bahaeddin
52,3 x 27,7 cm

Berlin, Staatsbibliothek Preußischer Kulturbesitz, Hs. or. 6543, 17

Dieses meisterhafte Tableau stammt aus der Feder des Kalligraphen Hacı Ahmed Kamil (Akdik), der den Ehrennamen *reis el-hattatin*, „Führer der Kalligraphen" führte (gest. 1941); der Illuminator Bahaeddin hat seine im selben Jahr ausgeführte Arbeit in der weißen Rahmenlinie unten signiert. Die das Aussehen des Propheten beschreibenden *Hadithe* (Überlieferungen) im oberen Kreis *(in talik)* sind nach alter Tradition von einem mondsichelartigen Rahmen gefaßt. Die Kreismedaillons in den Ecken aber, in denen traditionell die Namen der vier rechtgläubigen Kalifen stehen, enthalten hier mit Maḥmūd, Ḥāmid und Ḥamīd vier den Namen Muḥammad variierende Namensformen in *reyhanī*-Schrift. Die Rahmenleisten verbinden Gold mit Braun bzw. Braunrot. Die Illumination seitlich der großen Schriftfelder zeichnet sich durch besonderen Farbreichtum aus, den der sattblaue Grund zusammenhält.

Unveröffentlicht; erwähnt bei Schwarz 1982, 265.
Vgl.: Derman 1971. – Derman 1976, Taf. 7 (Hilye desselben Jahres). – Derman 1982, Taf. 48.

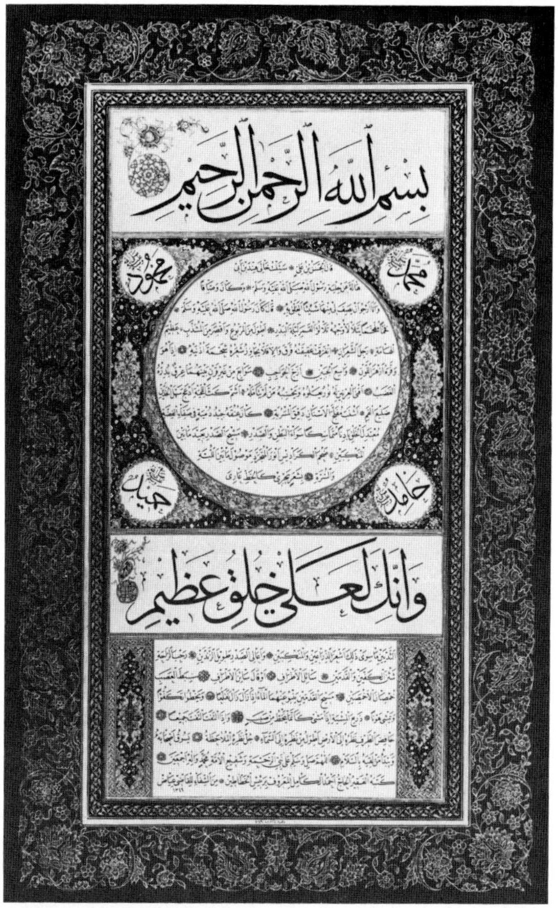

1/84

Bucheinband

Istanbul, 869/1465
glattes braunes Leder mit vergoldeter Prägung auf Pappkern, 35 x 22 cm

Istanbul, Topkapı Sarayı Müzesi, R. 706

Eine reich illuminierte Widmungsseite am Anfang des Manuskripts besagt, daß es für die Schatzkammer Mehmeds II. geschrieben wurde.
Der Einband besitzt eine graziöse Leichtigkeit, die ebenso das Verhältnis von geschmückten und glatten Flächen wie die zartlienigen Konturen mit ihren herzförmigen Knoten zwischen den konvexen Bögen, wie auch die lockere Füllung der Felder bestimmt. In der Mitte des Spiegels ein längliches Vielpaßmedaillon mit Anhängern, darin asymmetrisch geführte Ranken mit verschiedenartigen Blüten, in den Ecken reich geschweifte Eckstücke, die blütenbesetzte Arabesken tragen. Der Schmuck der Klappe ist ähnlich, aber nicht identisch; der Steg trägt den Titel des Werks, *şerh el-hamase.* – Alle verzierten Felder haben einen schwarzen Grund, der dem Gold besondere Brillanz verleiht.

Lit.: Çig 1971, Taf. 1 – Atil 1980, 157, Abb 65/66. – Kat. Istanbul 1983, E 4 (and. Abb.).

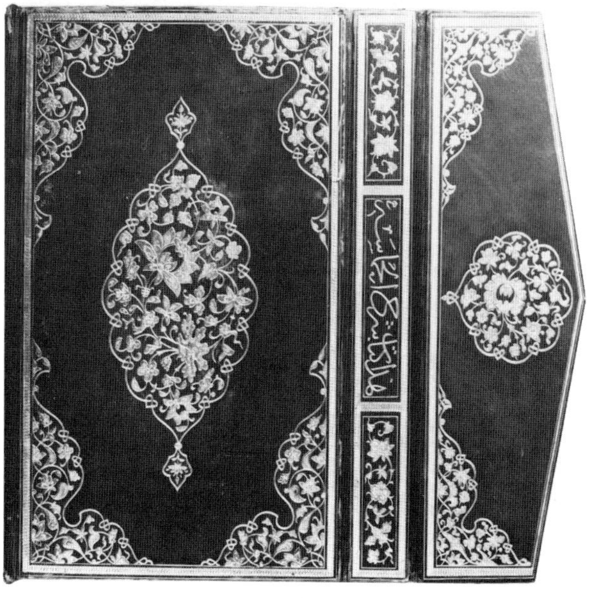

1/85
Einbanddeckel

Istanbul (?), drittes Viertel 15. Jh.
glattes braunes Leder mit Vergoldung und Blau über Pappkern
31,2 x 21 cm

London, Victoria & Albert Museum, Inv. Nr. 531-1983

Verschiedenartige vergoldete Flechtbandleisten und blaue gestrichene Linien bilden den Rahmen. Der Spiegel trägt in seiner Mitte ein freigestelltes Kreismedaillon, dessen Blütenkranz auf goldenem Grund (vgl. Kat. Nr. 1/51) das filigranhaft zarte sechsteilige Arabeskenwerk der Mitte umfaßt, und dessen gleichfalls zart gebildeter „Zinnen"-kranz zu den Anhängern oben und unten überleitet, die sich deutlich auf die Eckfüllungen beziehen. Die Klappe ist im Gegensatz dazu dicht gemustert, so daß Zentralform und Ecken (auch hier blau konturiert) weniger deutlich erkennbar sind.
Die Abhängikeit von älteren persischen Einbänden ist ebenso deutlich wie die Verwandtschaft zu reichen Einbänden spätmamlukischer Zeit.

Lit.: Haldane 1983, Nr. 129.
Vgl.: Ağa Oğlu 1935, Taf. XV. – Aslanapa 1979, Taf. XII. – Kat. München 1982, Nr. 94. – James 1980, Nr. 107.

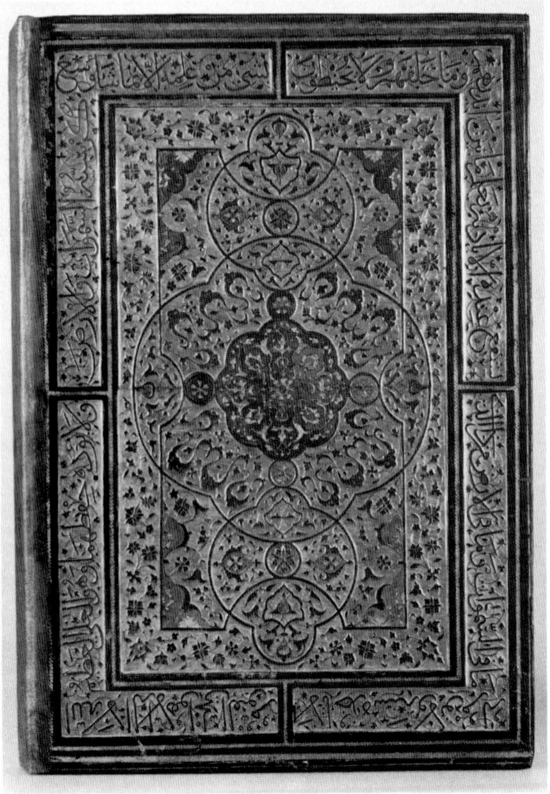

1/86 a
Prachteinband eines Koran

Istanbul, Mitte 16. Jh.
Hellbraunes, reich geprägtes, weitgehend vergoldetes Leder, z. T. blau konturiert
53 x 36 cm

Düsseldorf, Kunstmuseum, Inv. Nr. 16093

Vollendet kalligraphierte Koranverse auf den Außenseiten des Einbandes – darunter der berühmte Thronvers (Sure 2, 255) – sowie das große Format zeigen, daß dies der Einband eines Korans war. Die vollendete Harmonie aus Farbigkeit, Verhältnis von Schrift und Ornament, sowie seinen verschiedenen ordnenden oder füllenden Elementen, sind das Werk eines Meisters, der den Einband wahrscheinlich – dafür spricht auch das ungewöhnliche Format – am Hof oder in seinem Auftrag geschaffen hat.
Der von Winkelleisten gebildete und die Kalligraphie tragende Rahmen umfaßt den Spiegel, der den Rahmen mit einer Blütenleiste wiederholt. Vierpässe stellen – einander schneidend – eine geometrische Ordnung her, in die sich arabeske, florale und Wolkenband-Elemente einfügen.
Diese Gliederung des Spiegels hat ihre nächste Parallele in der Illumination eines etwa gleichzeitigen Prachtkorans in Berlin.

Lit.: Hauptmann-v. Gladiss.
Vgl.: Meisterwerke Berlin, 1980, Taf. 39.

1/86 b

Prachteinband eines Koran

Istanbul, 16. Jh.
Jade, Gold und Rubine
18 x 11 cm

Istanbul, Topkapı Sarayı Müzesi, Inv. Nr. 2/2095

Zarte Linien aus eingelegtem Goldfiligran bilden die Zeichnung, die das einfachste Schema von Einbänden gibt: ein längliches Achtpaßmedaillon mit Anhängern in der Mitte, dazu geschweifte Eckstücke. Das Medaillon enthält einen achtzackigen Stern mit einem kleinen Rubin auf jeder Spitze und einem größeren ovalen in der Mitte. In den Eckstücken und auf dem – normalerweise freibleibenden – Grund zwischen ihnen und dem Medaillon sind Rubine derart gereiht, daß zwei filigrane Bögen sie miteinander verbinden. Die roten Steine sind von flachen goldenen Kelchen unterfangen; offenbar sind sie als Blüten gedacht. Dazu passen auch die kleinen Blättchen an allen Filigranbögen.

Dies ist eines der schlichten Beispiele dieser Art von Bucheinbänden mit Halbedelsteinen, von denen die Schatzkammer des Sultanspalastes zahlreiche besitzt. So einfach die Disposition, so vornehm ist der ruhige, nur durch die ‚Perlung' des Goldes belebte Dreiklang von Jadegrün, Rubinrot und Gold.

Steg und Rücken bestehen aus goldenem Kettpanzer, die Klappe ist mit goldenen Arabesken bemalt.

Unveröffentlicht

Vgl.: Çig 1971, Taf. 33. – Skelton 1978. – Kat. London 1983, 150, Nr. 213.

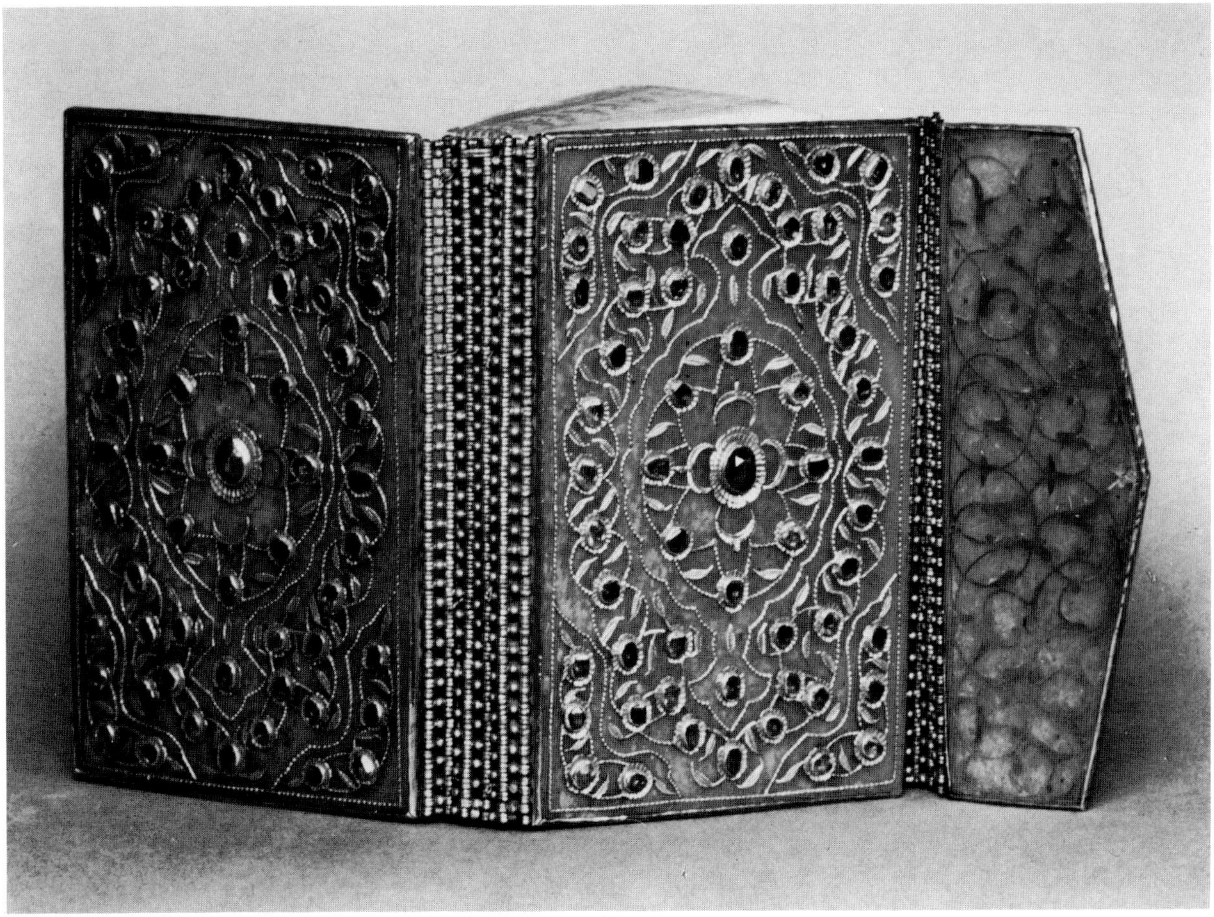

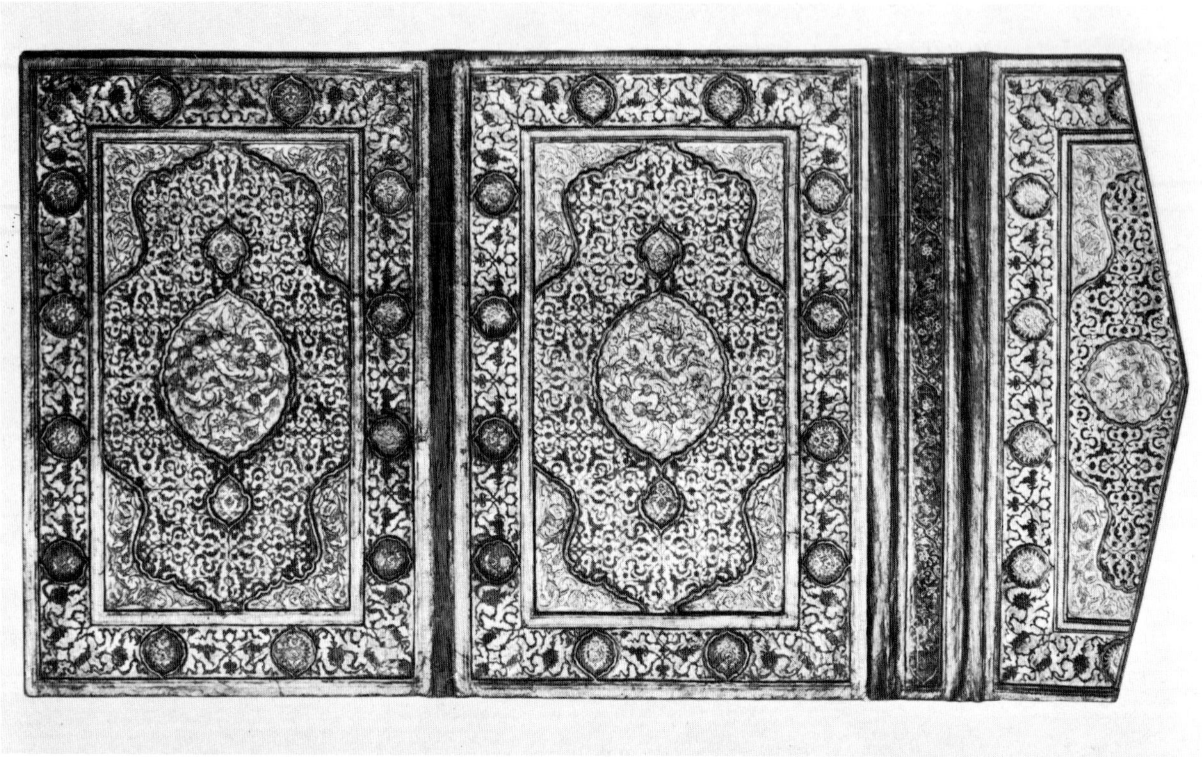

1/87

Bucheinband

Türkei, letztes Viertel 16. Jh.
Geprägtes, teilweise eingesetztes Leder, mit Rot, Blau und Gold farbig gefaßt
Deckel 44,5 x 30 cm

Lissabon, Fundação Calouste Gulbenkian, Inv. Nr. R 44

Die Mitte des Spiegels nimmt ein mandelförmiges Vielpaßmedaillon mit Anhängern ein. Ihr Dekor gleicht dem der stark geschweiften Eckstücke, er verbindet Blüten und *saz*-Blätter. Medaillon, Anhänger und Eckstücke sind aus vergoldetem Leder eingesetzt. Den mit mehreren Stempeln geprägten Grund überzieht ein überaus zartes Muster aus blütenbesetzten Spiralranken, das ein System doppelt symmetrisch angeordneter Wolkenbänder überlagert. Auf diese wiederum richten sich große Gabelblätter aus, die im übrigen den Zusammenhang mit den Spiralranken sichern. Diese sich überlagernden Muster stehen erhaben und rot gefaßt vor goldenem Grund. Der Spiegel ist kräftig abgesetzt von der Borte, die eingesetzte, je eine geprägte Kompositblüte fassende Medaillons trägt, zwischen denen sich eine ungewöhnliche Kombination zittrig verlaufender, dunkel vor goldenem Grund stehender Bänder mit Blüten befindet. Der Steg zur Klappe hin ist als einziger Bestandteil nicht aus geprägtem, sondern bemaltem Leder.
Die Innenseite trägt eingesetzte Zentralmedaillons und Eckstücke in einem gold bemalten, rotgrundigen Feld, dessen Dekor dem entsprechenden der Außenseite sehr ähnlich ist.
Der Datierungsvorschlag stützt sich auf die enge Verwandtschaft des dichten Dekorationssystems mit Illumination und Einbänden aus der Zeit Murads III (1574—1595).

Lit.: Kat. Lissabon 1963, Nr. 154 (Farbabb. nach Abb. 113). – Kat. London 1976, Nr. 628.
Vgl.: Duda 1983, Abb. 349, 356. – Çig 1971, Taf. 12, 13.

TAFEL XIV
Kanne mit Silbermontierung (Kat. Nr. 2/33)

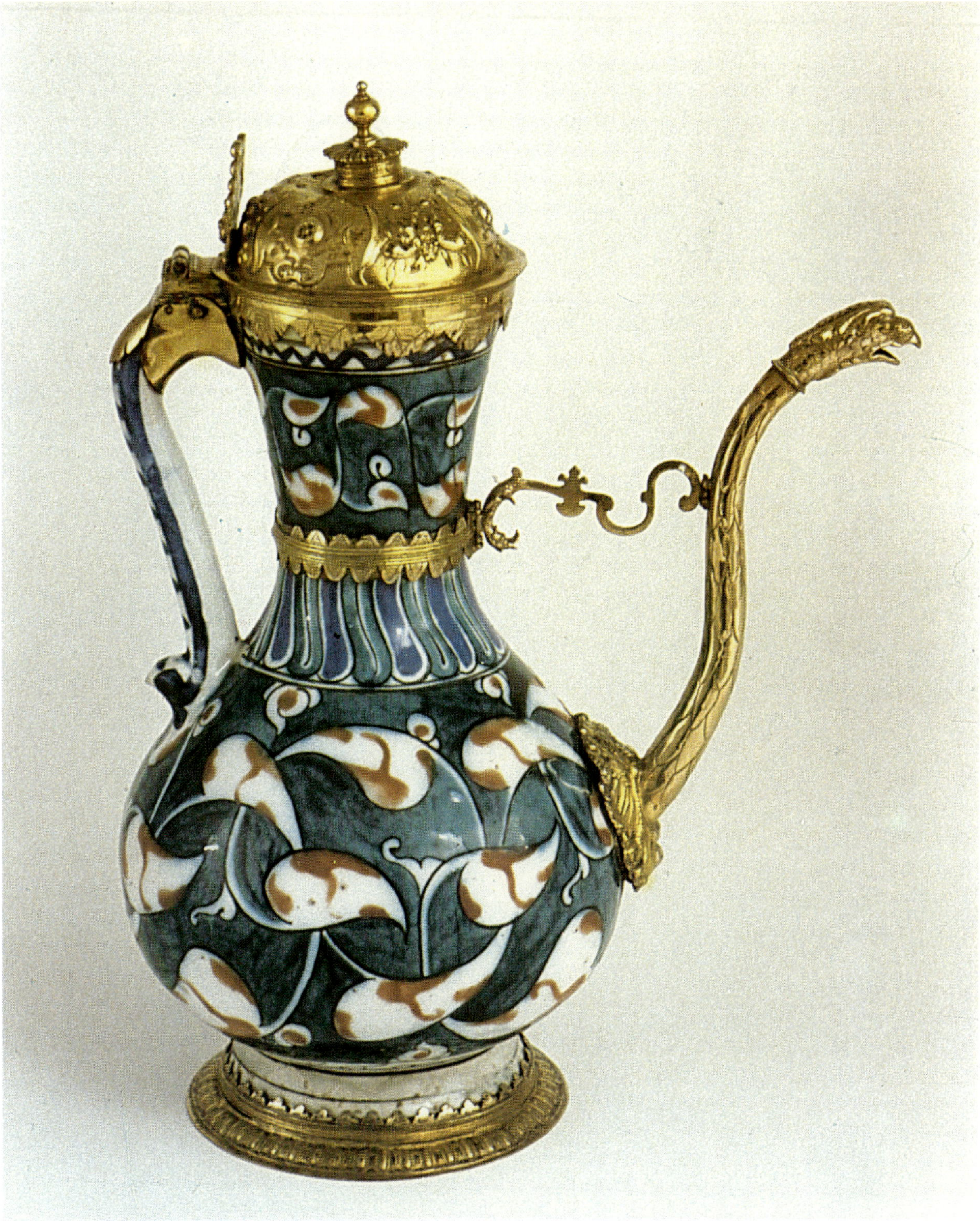

1/88
Bemalte Schreibunterlage

Istanbul, 1146/1733–34 · Lackmalerei auf Pergament
Maler: Ali el-Üsküdari · 30,5 x 19,5 cm

Offenbach, Deutsches Ledermuseum, Inv. Nr. 10730

Die beiderseits komplett und reich bemalte Schreibunterlage ist deutlich nach Haupt- und Nebenseite unterschieden: die (stark beschädigte) Vorder- = Hauptseite hat im Spiegel einen aus Lapislazuli und Metallsplittern gebildeten, schwärzlichen Grund mit reicher Bemalung in verschieden getöntem Gold, umgeben von einem dreiteiligen Rahmen, dessen breiterer Mittelstreifen buntes Blüten- und Blattwerk vor rotem Grund trägt. Die Zeichnung des Spiegels entwickelt sich vollständig aus einer unteren Blattstaude; die entsprechende Haltung der Unterlage erlaubt es, unter ihr die — bisher übersehene — Signatur des Malers Ali el-Üsküdari und die Jahreszahl zu finden. Die — hier gezeigte — Rückseite hat einen gleichartig gegliederten, aber farblich reduzierten Rahmen und einen achtförmig mit Blütenranken gefüllten, braungrundigen Spiegel (vgl. Kat. Nr. 1/89).

Lit.: Sarre 1923, Taf. 32, 33 (auf dem Kopf; farblich mißglückter Druck). – SPA, Taf. 970 (persisch, 2. V. 16. Jh.). – Offenbach, Kat. 1974, Nr. 1.20.70 (Persien, 17. Jh.) – Bothmer, Ergänzungen.
Vgl.: Çiğ 1949.

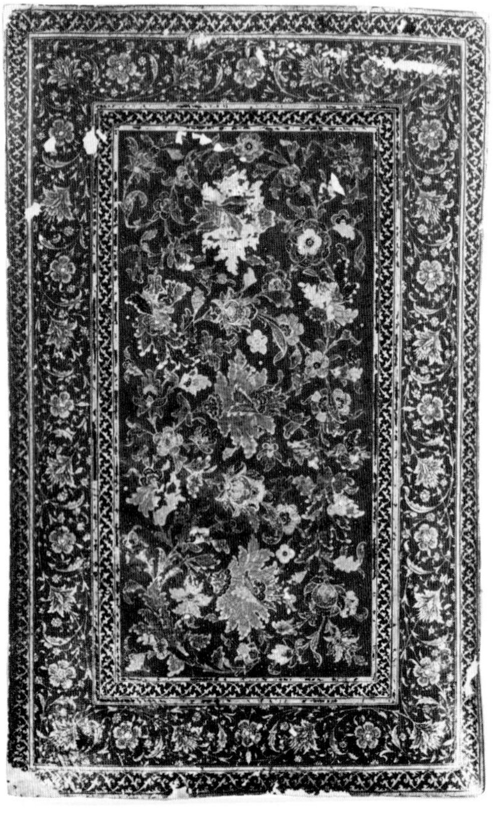

1/89
Bemalte Schreibunterlage

Istanbul, 2. Viertel 18.Jh. · Lackmalerei auf Pergament
Maler: Ali el-Üsküdari · 29,5 x 18,5 cm

Frankfurt, Museum für Kunsthandwerk, Inv. Nr. 13322

Die enge Verwandtschaft mit Kat. Nr. 89 läßt sich nur durch Zuweisung an denselben Maler erklären, der jenes Stück signiert hat: Ali el-Üsküdari. Wie dort sind auch hier Haupt- und Nebenseite unterschieden. Die Nebenseiten sind bei beiden Platten sozusagen identisch. Die — hier gezeigte — Hauptseite hat, wie jene, im Spiegel eine goldene Zeichnung vor schwärzlichem Grund: ein schwebendes Komposit-Blatt, völlig hypertrophiert, wenn man an die Herkunft des Motivs im *saz*-Blatt des 16. Jh. denkt (s. Kat. Nr. 1/59), und gefügt aus Einzelelementen, die ein gutes Teil Eigenleben führen. Das Blatt wird von anders dimensionierten Blüten und Blättern umgeben, die sich locker auf das Hauptmotiv beziehen. Die Borte ist bei dem Frankfurter Stück zweiteilig, es fehlt die schmale äußere Gabelblatt-Leiste. Einfacher als das Offenbacher Stück ist diese Borte auch in den Details der Blüten im breiten Streifen.

Lit.: Kat. Neuerwerbungen, Nr. 216 (Iran, 16. Jh.), Farbtaf. XX. – Bothmer, Ergänzungen.
Vgl.: Ciğ 1949.
b20

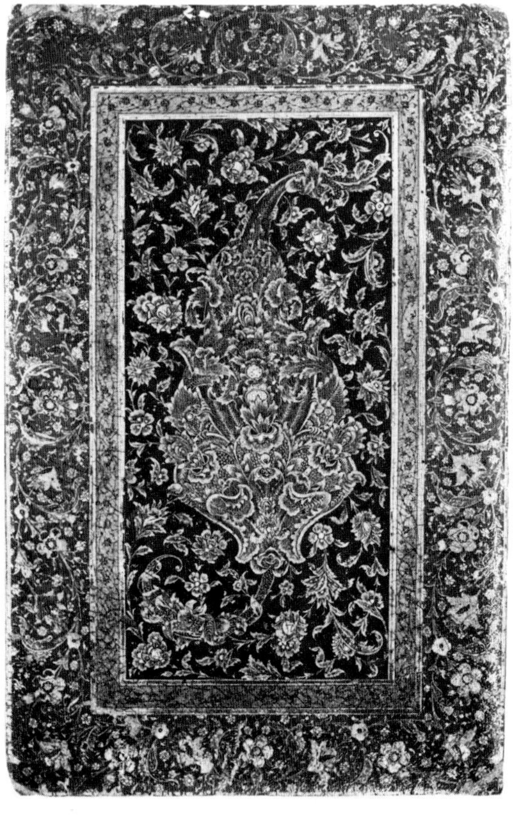

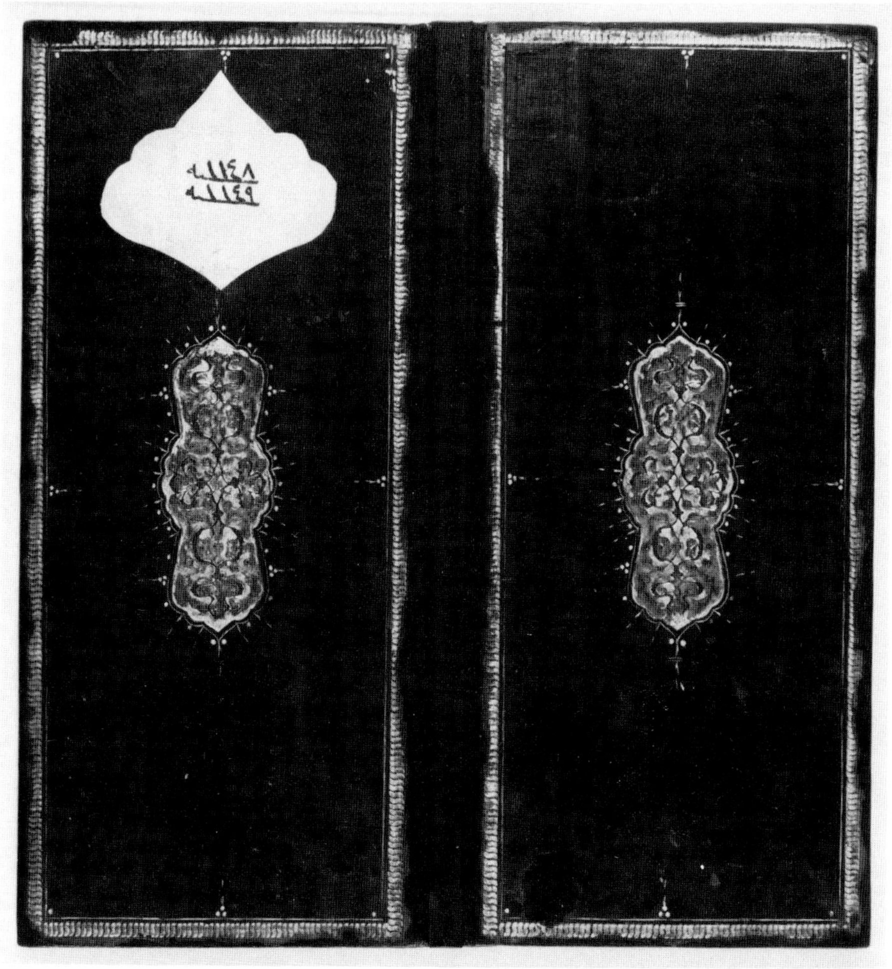

1/90

Einband eines Einnahmebuches

Türkei, erstes Viertel 18. Jh.
Dunkles braunes Leder mit vergoldeter Prägung
35 x 16 cm

München, Bayerische Staatsbibliothek, cod. turc. 416

Das schmale, überlange Format des Buches läßt es als Bestandteil der Verwaltung, und nicht der literarischen Kultur, erkennen. Es enthält das Verzeichnis der Einnahmen einer geistlichen Vereinigung für das Rechnungsjahr 1148/49 (Mai 1735 – Mai 1736), wie das große, geschweifte Etikett der Vorderseite vermerkt. Der glatte Spiegel ist einfach gerahmt, die Mitte nimmt ein längliches Medaillon charakteristischer, und bevorzugt bei überlangen Formaten verwendeter Gestalt ein; sein Dekor besteht aus einander überlagernden Blattranken und Wolkenband-Arrangements, die sich auf die Symmetrieachsen des Medaillons ausrichten. Zarte Strahlen nach außen.

Unveröffentlicht

1/91

Einbanddeckel

Türkei, 18. Jh.
Dunkelbraunes Leder auf Pappe, mit vergoldeter Prägung
20 x 12 cm

Offenbach, Deutsches Ledermuseum, Inv. Nr.

Ein Zopfmuster bildet die schmale Rahmenleiste. Den Spiegel füllt ein Gitter aus zarten Ranken mit Korbblüten in Schräg- und vollen Knospen in Seitenansicht.

Lit.: Sarre 1923, Taf. 20. – Kat. Offenbach 1974, Nr. 1.20.62.

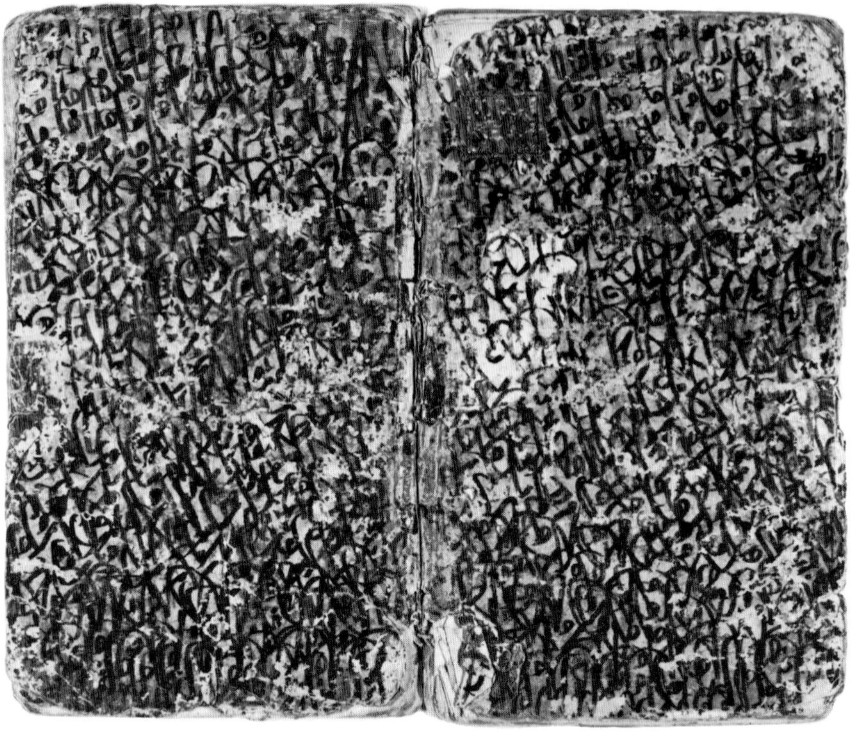

1/92
Bucheinband

Türkei, 18./19. Jh. (?)
Beschriebenes Papier auf Pappe
19,5 x 11 cm

München, Bayerische Staatsbibliothek, cod. turc. 229

Ein einfacher Pappeinband für eine 1009/1600 datierte Handschrift. Er ist mit einem bräunlichen Papier bezogen, dessen „Muster“ aus einer dichten Überlagerung einzelner Buchstaben besteht, unter denen *wāw* und *dāl* überwiegen.
Es erinnert an Schreibübungen, wie sie von manchen bedeutenden Kalligraphen erhalten sind.

Unveröffentlicht

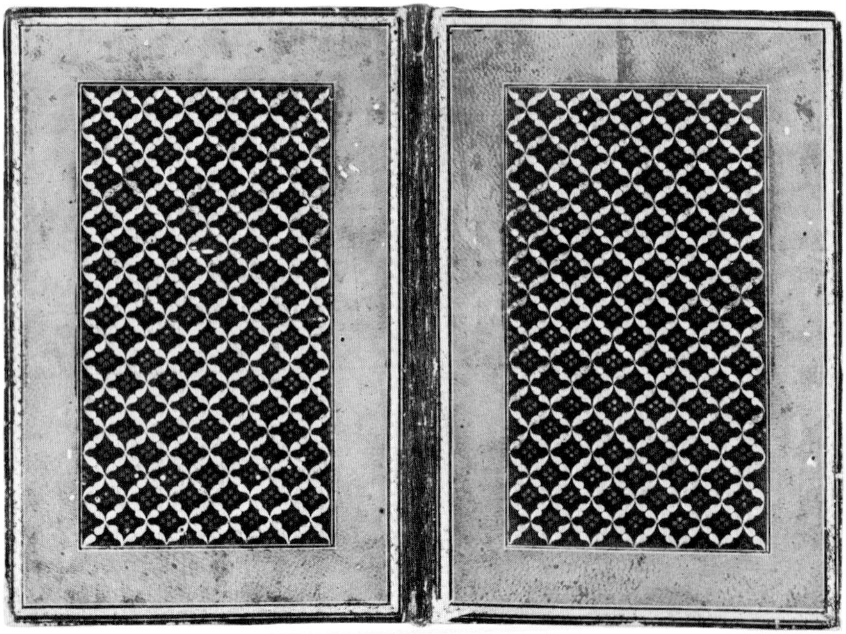

1/93
Bucheinband

Türkei, frühes 19. Jh.
Farbiges, teilweise ritzverziertes Leder
19,5 x 13 cm

München, Bayerische Staatsbibliothek, cod. turc. 410

Die farbige Unterscheidung von dunklem, dicht verzierten Spiegel und glattem, stumpfroten Rand verleiht diesem Einband hohen ästhetischen Reiz. Die Dekoration: gleichmäßige Gitterung mittels kaum noch als floral erkennbarer Motive war um 1800 sehr gebräuchlich.

Lit.: Kat. München 1982, Nr. 144.

1/94
Buchdeckel
Türkei, 18. Jh.
Schwarzes Leder auf Pappe, mit geprägter Vergoldung
17 x 11 cm

Düsseldorf, Kunstmuseum, Inv. Nr. 8167

Ein Vielpaß-Medaillon mit Anhängern steht auf dem dunklen Grund, den stark geschweifte Eckstücke einengen. Das Medaillon trägt ein doppelt symmetrisches feines Blütenrankenmuster, das von zwei in der Mitte einander gegenüberstehenden, nahe den Spitzen aber verknoteten Wolkenbändern überlagert ist. Ähnlich sind die Eckstücke; feine Strahlen gehen in die dunkle Fläche. Die Borte verbindet zwei rahmende Flechtbänder mit einem durch Päonienblüten rhythmisch unterbrochenen Blütenrankenstreifen.

Lit.: Hauptmann – v. Gladiss.
Vgl.: Çiğ 1971, Taf. 26.

1/95
Bucheinband
Türkei, 19. Jh.
Hellbraunes Leder auf Pappe, mit flach geprägter Vergoldung · 23 x 14 cm

Düsseldorf, Kunstmuseum, Inv. Nr. 8205

Dieser Einband verbindet Gestaltungsprinzipien, wie sie in Kat. Nr. 1/98 und 1/99 gesondert auftreten. Wie beim Berliner Einband nimmt die Mitte eine stark gelängte Kartusche mit (hier merklich dichterer) Arabeskenfüllung ein. Ähnlich wie in Kat. Nr. 1/98 die Rose, wird hier diese Kartusche als eine Figur verstanden und mit einem an den Ecken konkaven Rahmen umgeben. Anders als dort gibt es hier eine Füllung: durch arabeske Anhänger und Punktrosetten mit feinen Strahlen. Die äußere Zone des Spiegels, den nur eine Zopfleiste rahmt, ist terrakottarot; sie trägt stark reduzierte Eckstücke und Punktrosetten mit Strahl. Die Innenseite schmückt auf hellem Grund ein farbiges Kompositblatt (vgl. Kat. Nr. 1/89).

Lit.: Hauptmann – v. Gladiss.

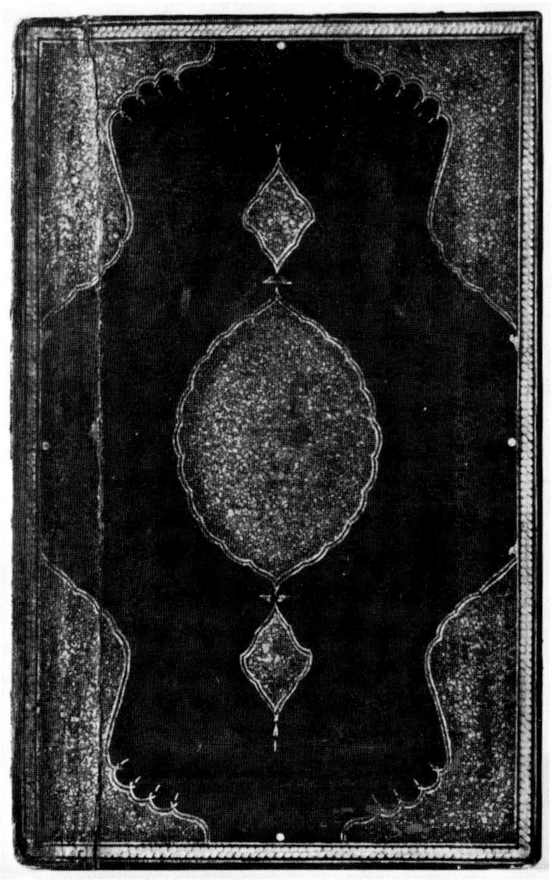

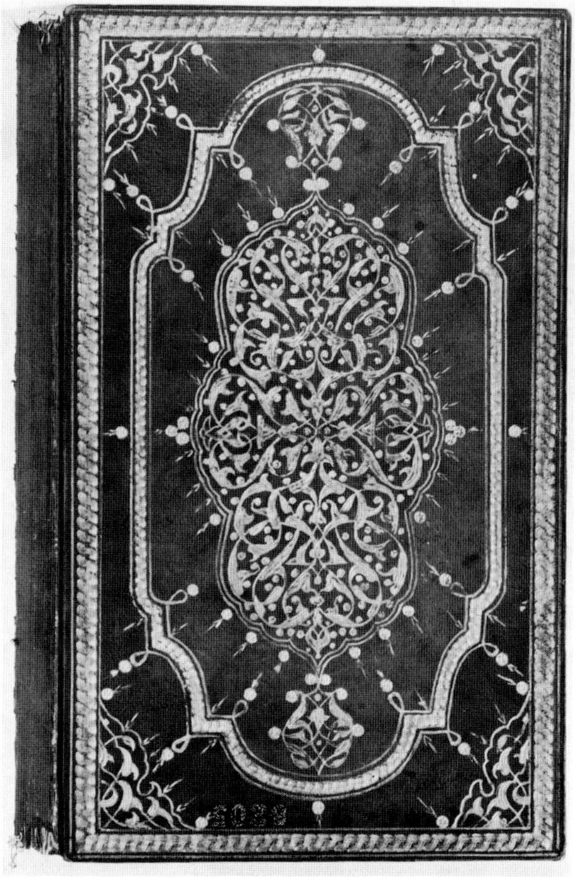

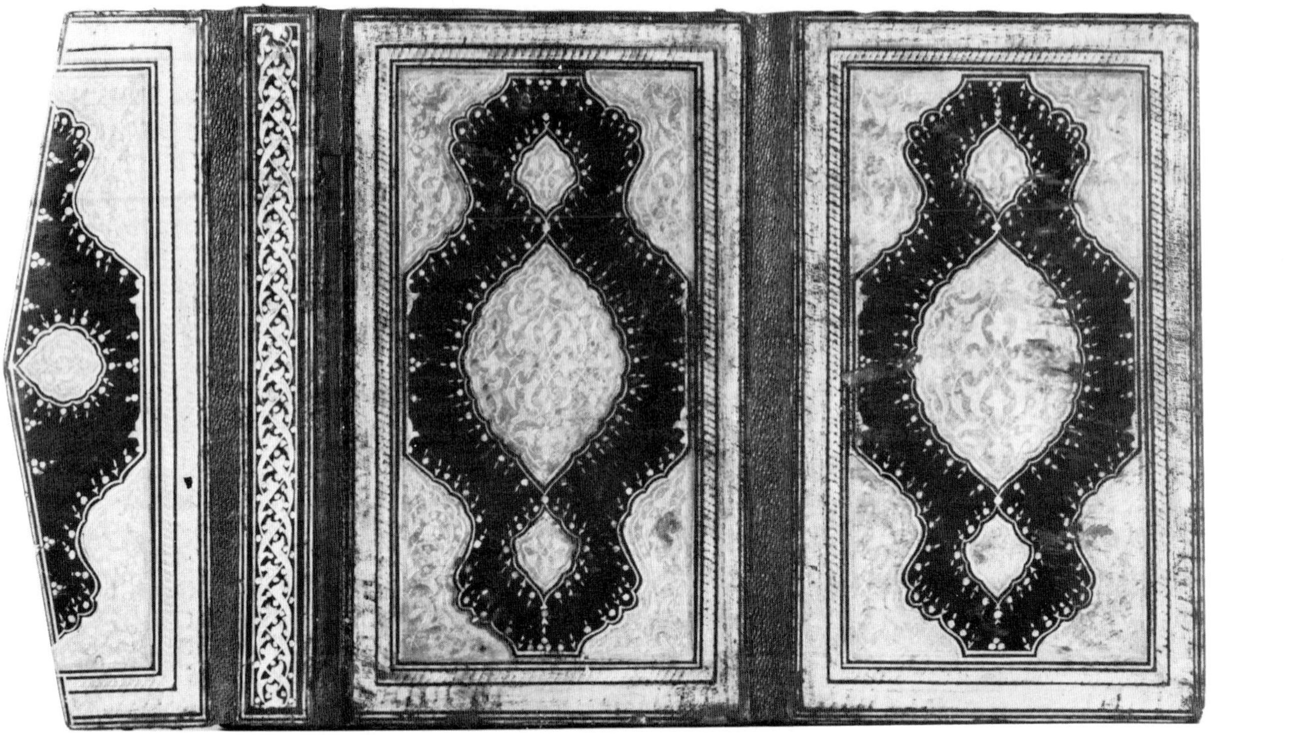

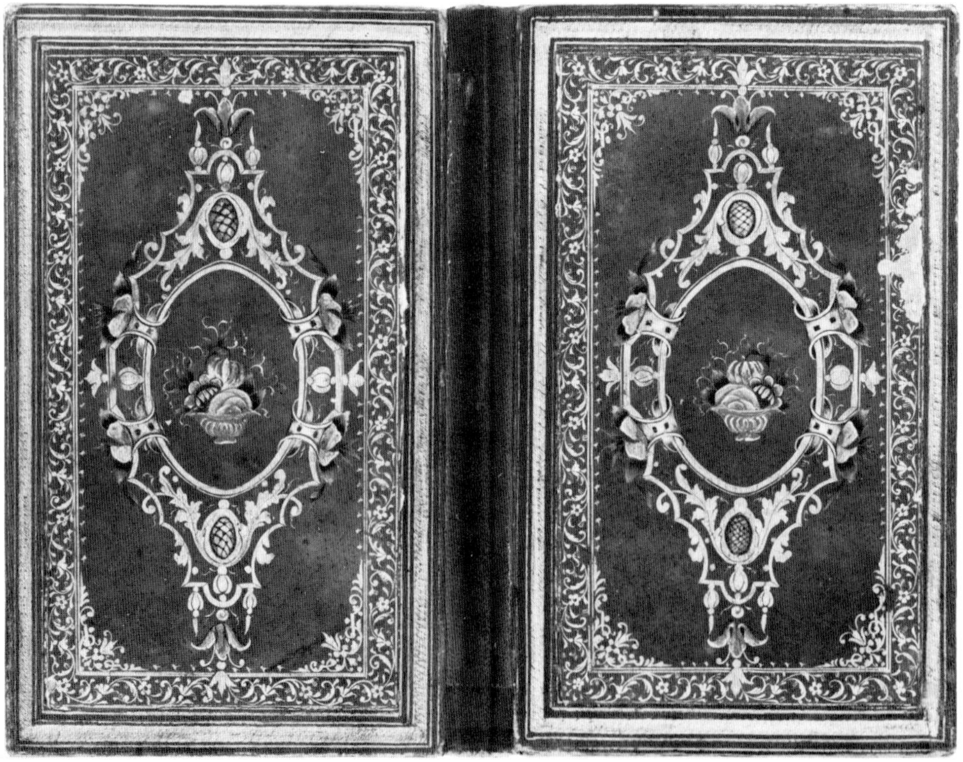

< 1/96

Bucheinband

Türkei, um 1800
Rotbraunes und graugrünes Leder mit flach geprägter Vergoldung
19 x 12 cm

Düsseldorf, Kunstmuseum, Inv. Nr. 8203

Die ältere Disposition wie sie Kat. Nr. 1/94 zeigt, ist auch hier übernommen, aber mit einer im 17. und 18. Jh. nicht üblichen, fast geritzt wirkenden arabesken Prägung (vgl. Kat. Nr. 1/95) von Medaillon, Anhängern und Eckstücken ausgeführt. Diese Partien sind farblich vom Grund unterschieden, und sie weisen eine weitere Eigentümlichkeit auf, wie sie sich in Illuminationen des frühen 16. Jh. manchmal findet: innerhalb des Feldes gibt sich das Muster jeweils selbst einen Rahmen. Bemerkenswert schließlich, daß die Eckstücke miteinander verbunden sind und insofern stärker zum Rahmen gehören, der hier aus einer goldenen Linie und zwei Zopfleisten besteht.

Lit.: Hauptmann – v. Gladiss.

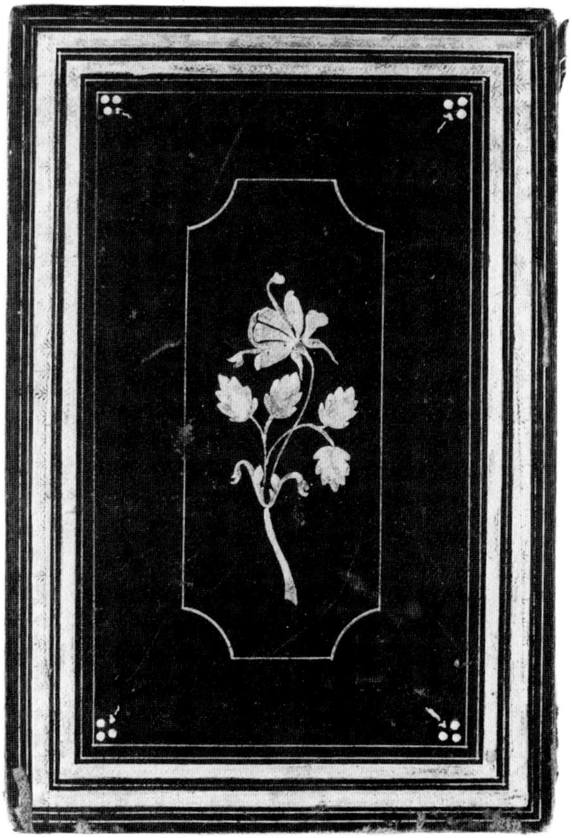

< 1/97

Bucheinband

Türkei, zweite Hälfte 19. Jh.
Lackmalerei und Leder auf Pappe
21 x 12,5 cm

München, Bayerische Staatsbibliothek, cod. turc. 409

Der Einband verbindet eine mehr in Indien und Persien als im Osmanenreich gebräuchliche Technik – mit Metallstaub bereicherte Lackmalerei – mit westlichen Motiven wie dem Blumenkorb im komplizierten Beschlagwerk-Rahmen. Auch die Ranke der Borte, und mehr noch die Eckstücke, sind re-importierte abendländische Umsetzungen islamischer Dekorationselemente.

Lit.: Kat. München 1982, Nr. 146c.
Vgl.: Krüger 1982.

1/98

Einband

Istanbul (?), um 1800
Dunkles braunlila Leder auf Pappe, mit Goldprägung und -bemalung
17 x 11,5 cm

Privatsammlung

Der schlichte Einband mit dem ausgewogenen Verhältnis zwischen dunklem Grund und sparsamer, zwei Goldtöne für die Rahmenleisten wie für das Rosenmotiv verwendende Zier stehen dem sogenannten Stil von Edirne nahe. Die Handschrift, ein Andachtsbüchlein eines Ali b. Sultan Mehmed el-Kari, ist 1186/1772 datiert. Da dies aber nicht mehr der originale Einband ist, kann sich seine Datierung nicht auf diese Jahreszahl stützen.

Unveröffentlicht
Vgl.: Kat. München 1982, Nr. 145a.

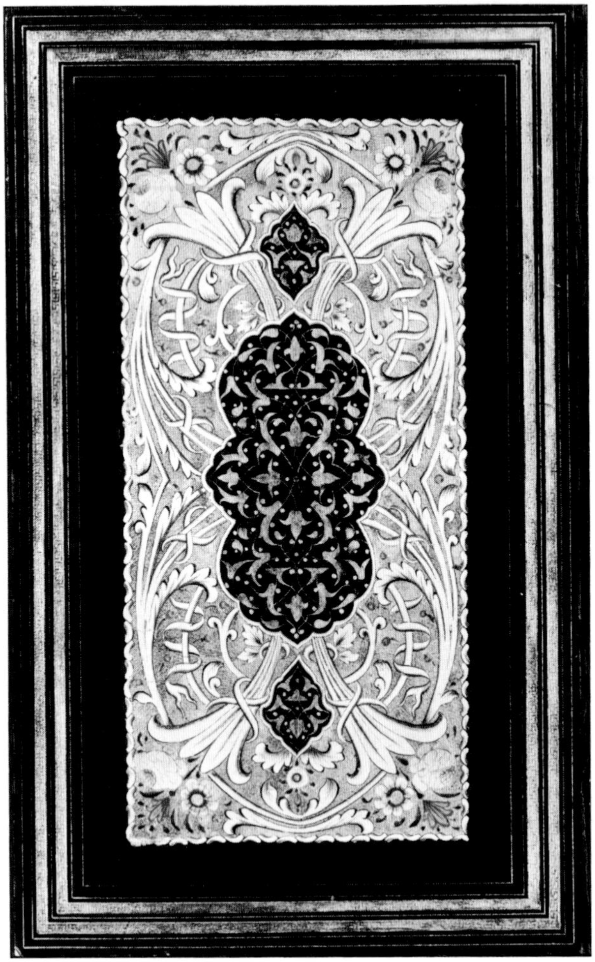

1/99

Bemalter Einband

Türkei, frühes 19. Jh. · Schwarzes Leder mit Vergoldung und Lackmalerei. Mit Klappe · 32 x 20 cm

Berlin, Staatsbibliothek Preußischer Kulturbesitz, Ms. or. fol. 3326

Dieser Einband verwendet eine für die türkische Einbandkunst früherer Zeit sehr charakteristische Kombination von Leder und einer Art von Lackmalerei. Goldene Linien und goldgeprägte Mäanderleisten bilden den Rahmen um den Spiegel, der nicht gänzlich ausgemalt ist, sondern das Leder in einer breiten Außenzone und in der mit goldenem Arabeskenwerk bemalten, stark gelängten Mittelkartusche samt Anhängern wirksam bleiben läßt. Darin führt von der Mitte der Schmalseiten zur Mitte der Kartusche Blattwerk mit eckständigen, aus gelben Blattkelchen wachsenden Blüten.

Lit.: Kat. Berlin 1980, Nr. 10 (mit Farbtaf.). – Schoeler, VOHD XVII B/2.

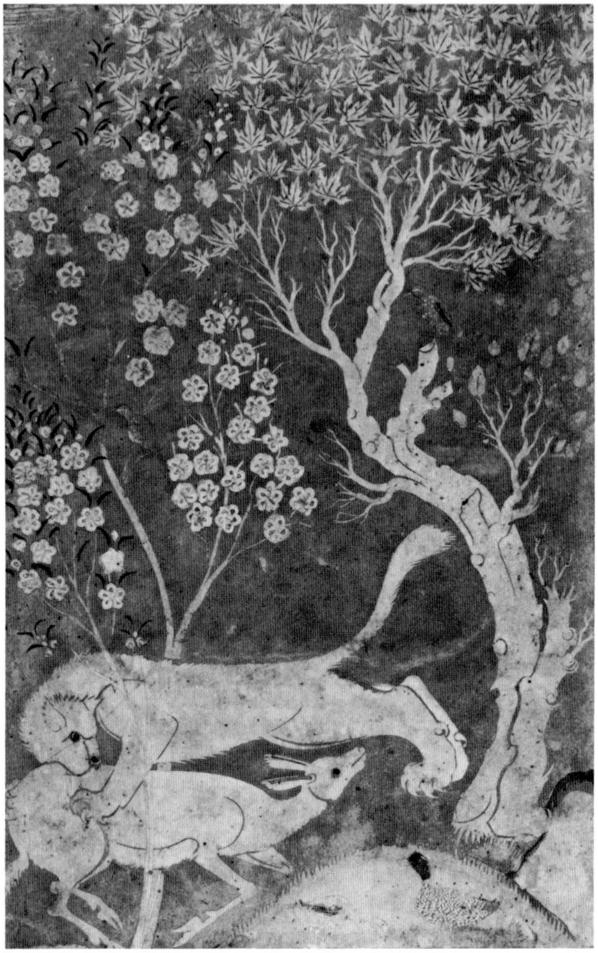

1/100

Löwin schlägt Gazelle

Scherenschnitt
Türkei, spätes 16. Jh.
farbige Papiere auf Papier
Einzelblatt, 18,9 x 12,2 cm.

London, British Museum, Department of Oriental Antiquities, Inv. Nr. 1953-2-14-01

Am Rande eines Teiches, auf dem Enten schwimmen, ist eine Gazelle unter dem Ansprung einer Löwin zusammengebrochen. Ein knorriger Baum, wohl eine Platane, und ein Blütenbaum bestimmen den Ort und füllen das Blatt; sie bieten dem Meister Gelegenheit, Fleiß und Können zu beweisen.

Lit.: Titley 1981, Nr. 64. – Kat. London 1983, Nr. 8.

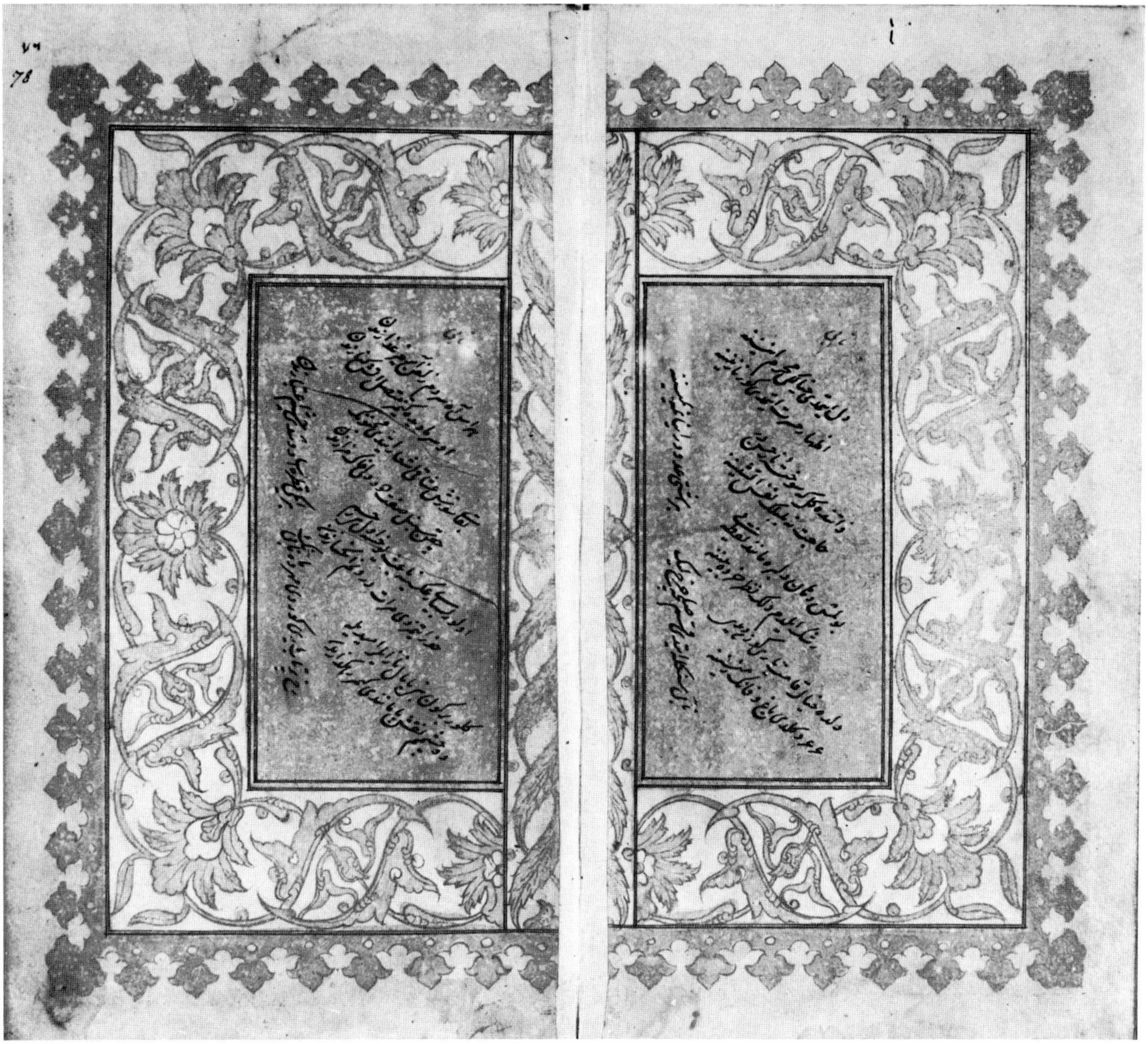

1/101
Illuminierte Doppelseite

Anthologie persischer und türkischer Gedichte
Istanbul, 3. Viertel 16. Jh.
Farbe und Gold auf Papier
82 Bl., 18,8 x 11 cm

Wien, Österreichische Nationalbibliothek, cod. N. F. 122, Bl. 77b/78a

Ein farbiger Schriftspiegel trägt Fünfzeiler, je vier Zeilen schräggestellt und eine vertikal laufend. Seitlich zum Falz hin eine schmale Blätter-Leiste, an den drei Außenseiten ein breiter, dekorierter Rahmen. Die Muster sind mit der Schablone farbig aufgetragen und dann mit Gold konturiert bzw. mit Binnenzeichnung versehen. Große Kompositblüten an den Ecken und in der Mitte, von ihnen ausgehend weit schwingende Gabelblätter; sie bilden, indem sie sich überschneiden, etwa S-förmige Figuren, die ein für die osmanische Ornamentik charakteristisches Motiv sind.
Die Gedichte haben persische und türkische Kalligraphen des 15. und 16. Jh. geschrieben, die Rahmenzier stammt einheitlich aus dem späteren 16. Jh. und ist ein wichtiges Zeugnis für die Buchkunst unter Murad III.

Lit.: Blauensteiner 1936. – Kat. Wien 1980, Nr. 152. – Duda 1983.

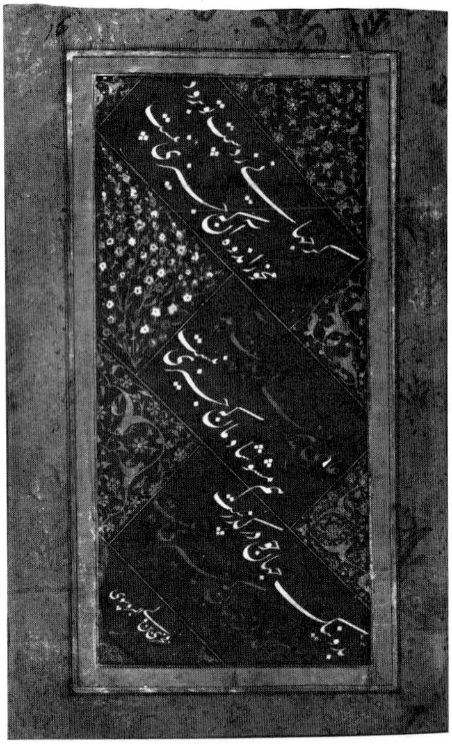

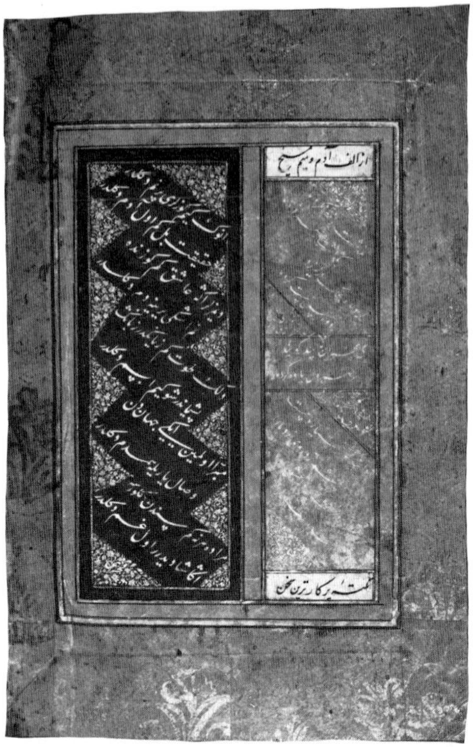

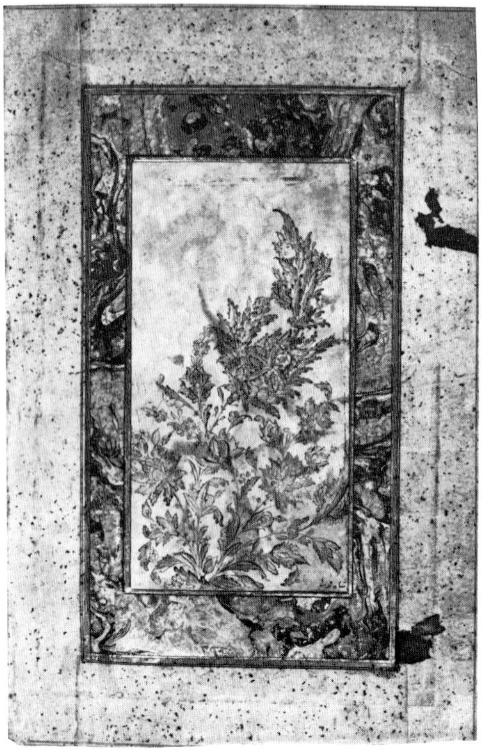

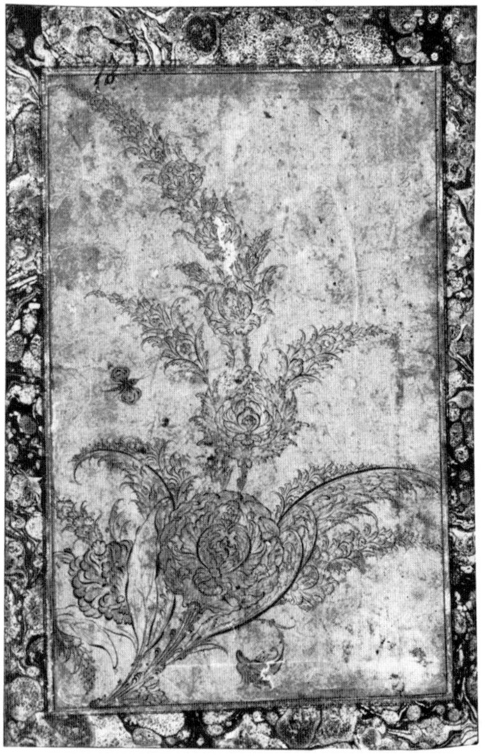

< 1/102 a–d
Scherenschnitt-Kalligraphie

in einem Album des 18. Jh.
Bursa, zweite Hälfte des 16. Jh.
Papier auf getöntem Papier. Kalligraph: Fahri el-Brusevi
22 Bl., 22 x 14,5 cm

Paris, Bibliothèque Nationale, cod. arabe 6074, Bl. 15b/16a

Beide Seiten tragen Gedichte, deren Schrift in *nasta'lik*-Duktus ausgeschnitten und auf getöntes Papier geklebt ist. Links drei schräggestellte Verse mit Fahris Signatur darunter, rechts zweimal fünf Verse, dazu zweimal die ausführliche Signatur: Fahri b. Vali el-Brusevi. Bl. 16b, eines der anderen von Fahri stammenden decoupé-Blätter, trägt das Datum 995/1587. Floraler und arabesker Schmuck ist teils gemalt, teils aus farbigen Papieren zusammengesetzt und aufgeklebt.

Lit.: zum Album: Blochet, Inventaire XI. – Sakisian 1936, 16. – Vers l'Orient, Nr. 126.
Vgl. zu Fahri: Çiğ 1957. – Kurz 1972.

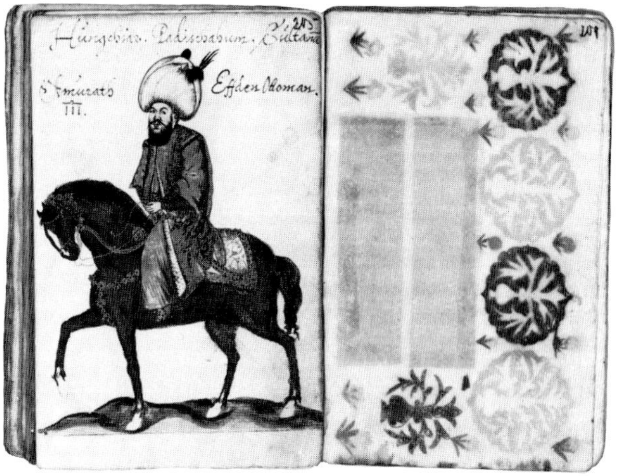

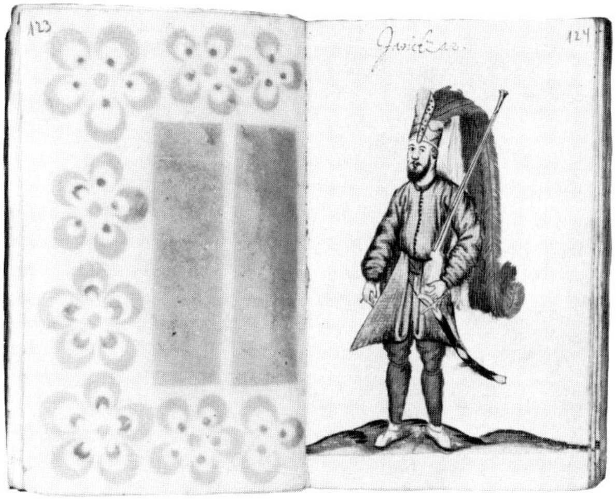

1/103 a–c
Silhouettenpapier

(und abendländische Bilder)
sogen. Trachtenbuch
Istanbul, letztes Viertel 16. Jh.
mit Farben getränktes Papier; Gouache auf Papier
224 S. (europ. Zählung), 20,5 x 13,5 cm

Kunstsammlungen der Veste Coburg, Inv. Nr. Hz 12, S. 123 (Frankfurt), *S. 189* (Essen)

Das Trachtenbuch kombiniert Bilder des üblichen Typs von Einzelfiguren verschiedener Ränge und Professionen mit türkischen Silhouettenpapieren. Das Bild zeigt Sultan Murad III. zu Pferde (vgl. Nr. 1/17a), drei leporello-artig gefaltete längere Bildstreifen zeigen szenische Darstellungen (vgl. Nr. 17 c).

Auf S. 123 ist ein für Verse in zwei Kolumnen gegliedertes Schriftfeld von unterschiedlich dimensionierten, meist fünffach zu blütenartigen Figuren zusammengestellten *chintamani*-Kreisen umgeben, denen durch eine Binnenzeichnung aus exzentrischen Kreisen die Wirkung von Mondsicheln gegeben ist (vgl. Kat. Nr. 1/104 und 1/108). Gegenüber ein Janitschare.

S. 184 umgibt ein zweiteiliges Schriftfeld mit gereihten farbigen Vielpaßformen, in denen Vasen mit starr gespreizten, axial ausgerichteten Zweigen ausgespart sind. Auf dem oberen und unteren Rand steht dieses Vasenmotiv je einmal positiv auf hellem Grund; in den Zwickeln zwischen den Vielpässen kleine farbige Blumen. Auf der Seite gegenüber ein nach links gewandtes stehendes Dromedar.

Lit.: Haemmerle 1961, 39, Abb. 25.

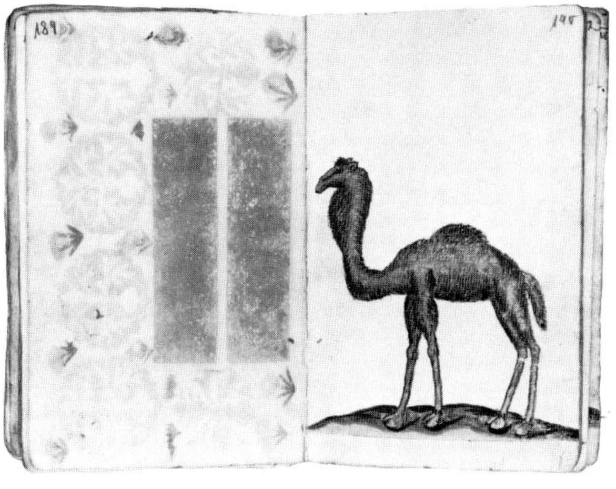

1/104
Silhouettenpapier
für eine Gedichtsammlung vorbereiteter Band
Istanbul, spätes 16. Jh. (?)
Mit Farben getränktes Papier
276 Bl.

Kassel, Landesbibliothek und Murhardsche Bibliothek, Ms. orient. 21, Bl. 158 (Essen), Bl. 254 (Frankfurt)

Der Codex besteht aus vielfältig dekorierten farbigen Silhouettenpapieren, zu deren Schonung weiße Blätter zwischengeschossen sind. Die Farben wurden mit Schablonen aufgetragen und vom Papier teilweise aufgesogen. Die zwei hochrechteckigen, parallel gestellten Felder waren zum Beschreiben mit in Halbverse gegliederten Gedichten vorgesehen.
Das in Frankfurt gezeigte Blatt trägt eine klassische Zusammenstellung von Hyazinthe, Rose, Nelke und Tulpen, jener Blütengruppe, die einem in der 2. Hälfte des 16. Jh. verbreiteten Dekorationsstil seine Bezeichnung *quatre fleurs*-Stil eingetragen hat. Das Papier ist noch nicht fertig; zusammen mit der Konturierung und zugleich Festigung des Schriftspiegels pflegte eine feinere Nachzeichnung der Blumen in Umriß und Binnenzeichnung zu erfolgen, wie ein verwandtes, um 1560 entstandenes Manuskript mit Gedichten Sultan Süleymans in Istanbul zeigen kann (vgl. auch Kat. Nr. 1/101).
Das in Essen gezeigte Blatt umgibt die rosa Schriftkolumnen mit olivgrünen *chintamani*-Motiven: als Halbmonde wirkende Dreiergruppe von Kreisen zusammen mit dem Wellenmuster; ein in der frühosmanischen Dekoration sehr beliebtes Motiv.

Unveröffentlicht
Vgl. Haemmerle 1961, Abb. 26 f. – Denny 1978, Abb. 12. – Petsopoulos 1982, 8.

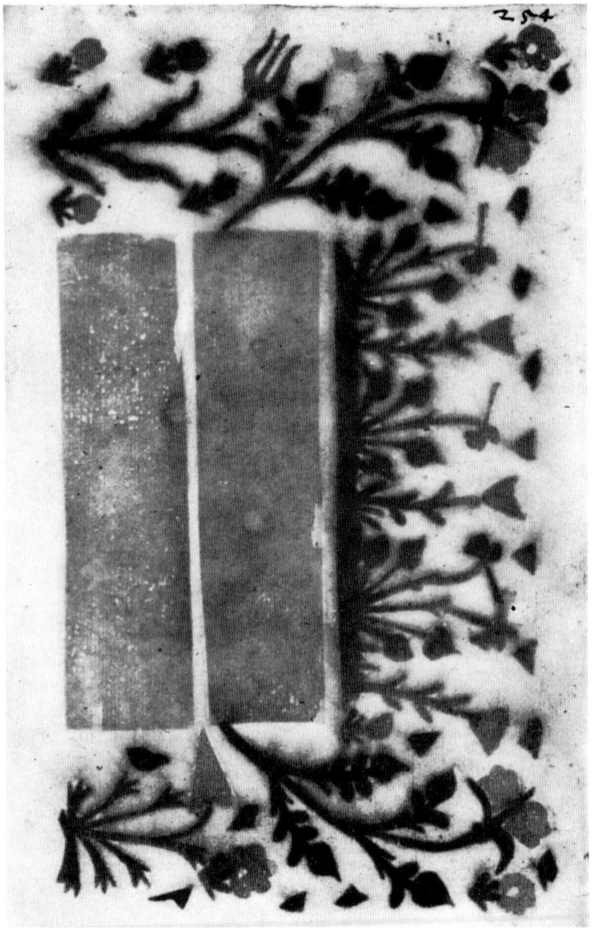

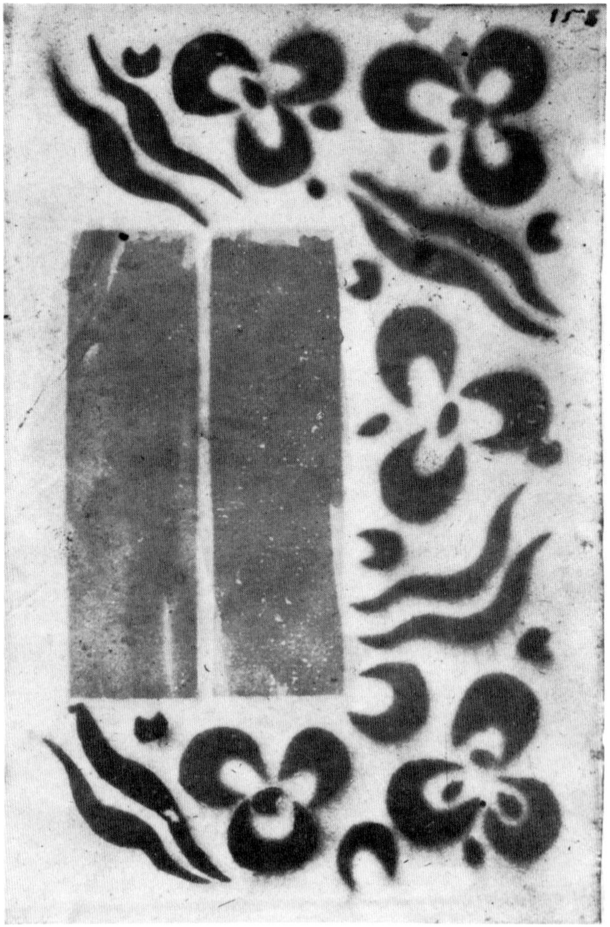

1/105
Bild einer türkischen Dame; Scherenschnitte

Album des Peter Mundy
Istanbul, 1618
Gouache auf Papier; farbige und Marmorpapiere auf Papier
59 Bl., 20 x 13 cm, 59 Bilder, 6 reine Scherenschnittseiten

London, British Museum, Department of Oriental Antiquities, Inv. Nr. 1974-6-17-013, Bl. 47b/48a

Das Album wurde für den englischen Reisenden Peter Mundy in Istanbul gefertigt — der Einband trägt seine Initialen — und er hat es auch in seinen kulturgeschichtlich wertvollen Aufzeichnungen erwähnt. Es unterscheidet sich von zahlreichen ähnlichen Alben durch die Kombination der Figurenbilder, wie sie zur Orientierung der Fremden dienen sollten (vgl. Kat. Nr. 1/43 und 1/17c), mit den sie rahmenden oder auch frei arrangierten Scherenschnitten aus bunten Papieren. Die hier dargestellte Dame ist wohl auf dem Weg ins Bad; Narzissen flankieren sie. Gegenüber Zypressen und eine Vase (vgl. Kat. Nr. 104), gefüllt mit Rosen, Nelken und Fliederzweigen.

Lit.: Titley 1981, Nr. 7. – Kat. London 1983, Nr. 9. – Titley 1983a, 158.

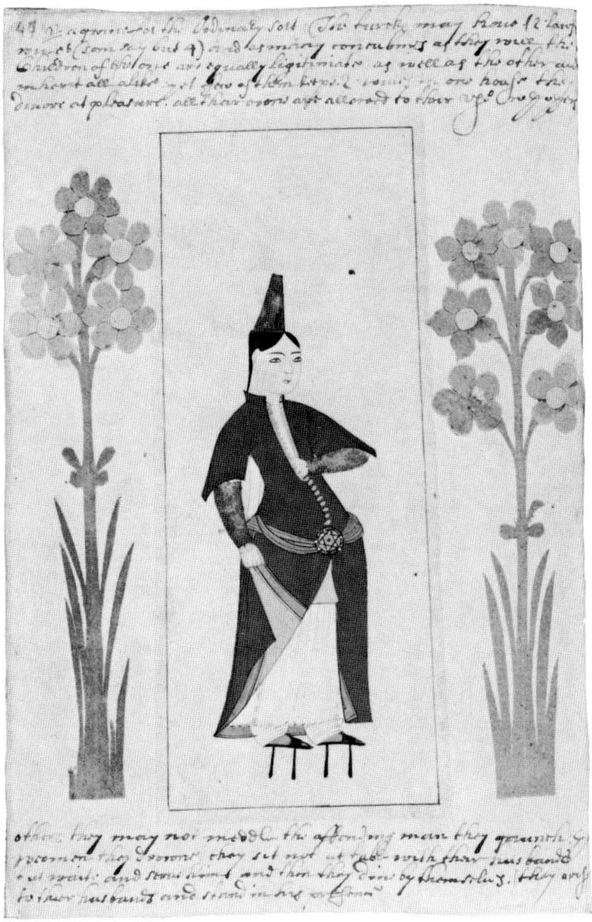

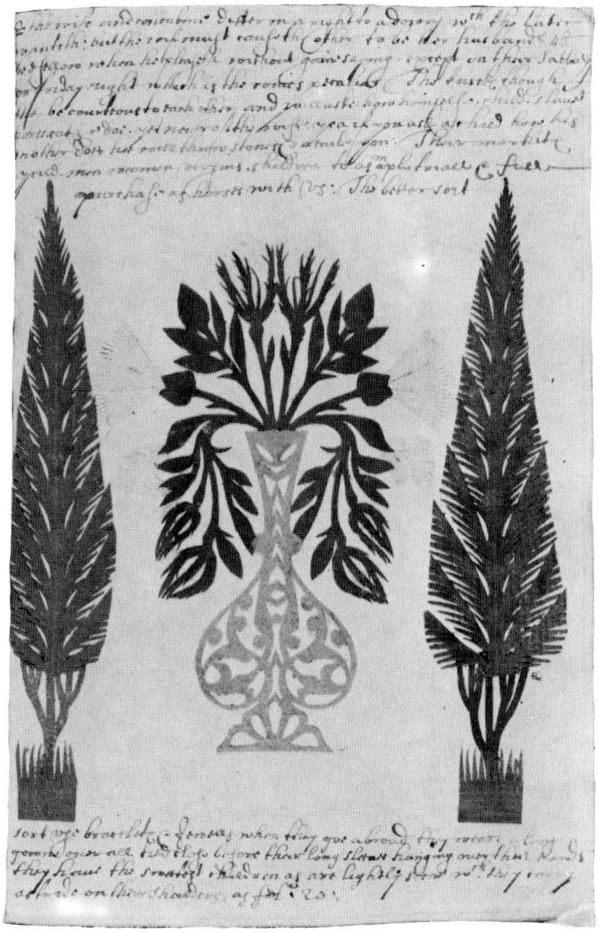

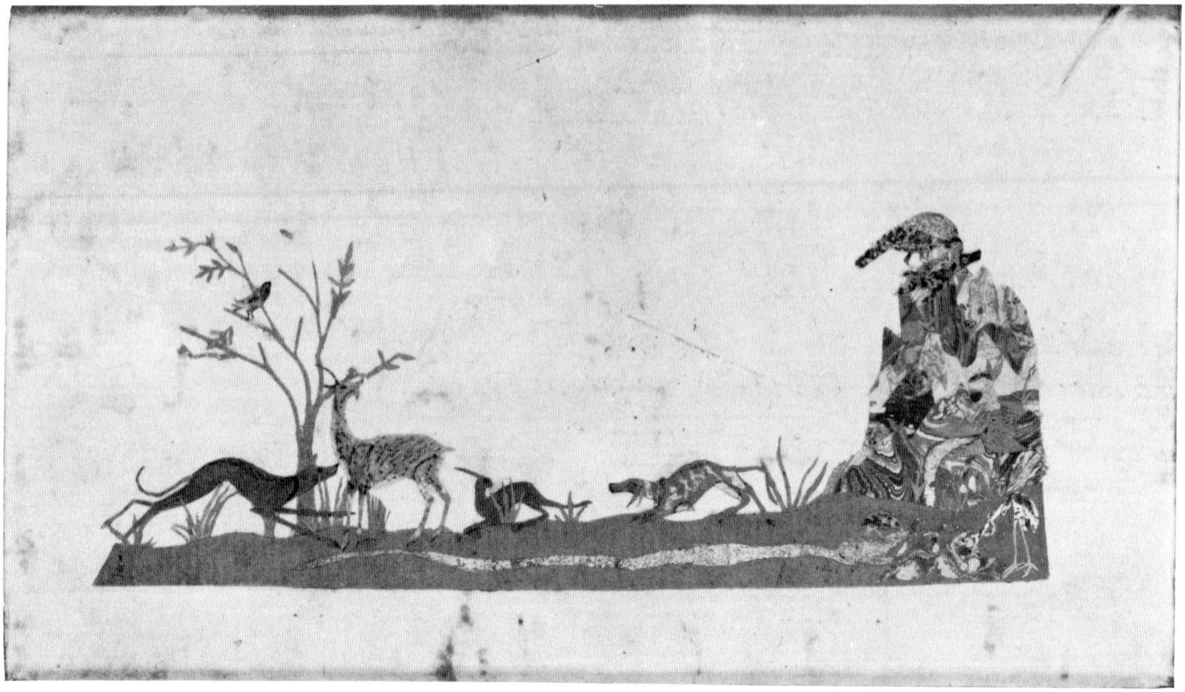

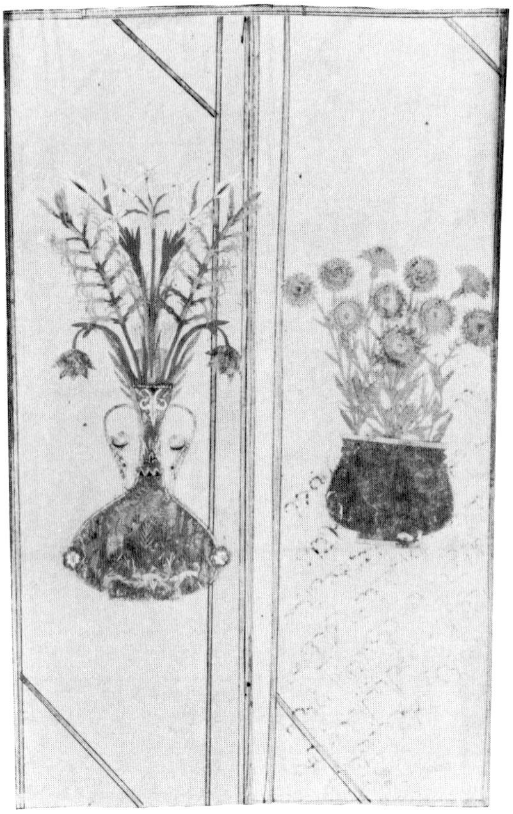

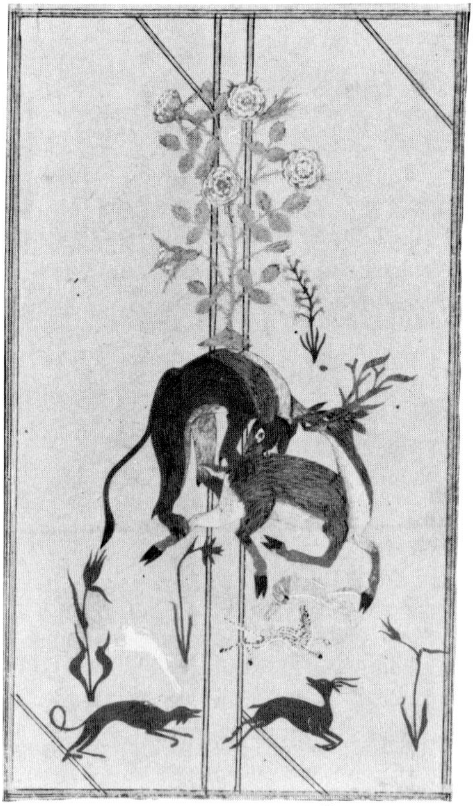

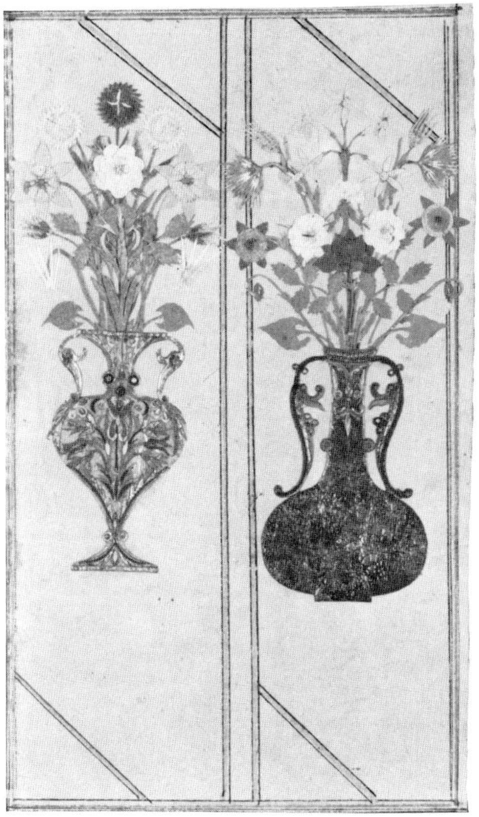

1/106 a–d
Vier Scherenschnitt-Bilder

aus einer Gedicht-Anthologie
Istanbul, frühes 17. Jh. (?)
Farbige und Marmorpapiere, Gold und Silber, auf abendländischem Papier
Blattgröße ca. 16 x 9,5 cm

London, British Library, or. 13763 (A-D) (F)

A: eine idyllisch scheinende Welt aus einem welligen Bodenstreifen mit schroff abschließendem Berg rechts, einem Baum links und einem silbernen Gewässer vorn ist der Lebensraum von Tieren, der kaum friedliches Dasein, sondern überwiegend Bedrohung, Kampf und Tod birgt. – Der Fels besteht aus Stückchen verschiedenartigen Marmorpapiers, die Tiere aus einfarbigem, mit wenigen Pinselstrichen gezeichnetem Papier.
B: eine Vase mit schlankem Hals und einer Jagdszene auf dem Bauch, darin ein Strauß aus Hyazinthen, Tulpen und Narzissen; rechts ein gedrungener Topf mit einem Strauß von Korbblütlern; alles aus verschiedenfarbigem Papier zusammengeklebt und z. T. mit Gold und Silber gehöht.
C: ein Löwe schlägt einen Hirsch, unten springen Hase, Fuchs und Antilope, dazwischen wachsen – den pyramidalen Aufbau verdeutlichend – Tulpen, Narzisse und Hyazinthe, und ein zusammengesetzter Rosenstock.
D.: zwei elegante Vasen mit reich gemischten Blumensträußen.
B-D zeigen die Einrichtung der Blätter für die beabsichtigte Füllung mit schräggesetzten Halbversen in zwei Kolumnen.
Die zugehörige Handschrift besitzt einen Besitzereintrag aus dem späten 18. Jh.; N. Titley hat zudem auf verwandte Scherenschnitte des 18. Jh. hingewiesen. Demgegenüber betont M. Rogers eine auffällige Ähnlichkeit der Vasen und Sträuße mit denen, die Miniaturen im *Surname* zeigen, die die Umzüge anläßlich der Beschneidung kaiserlicher Prinzen im Jahre 1582 wiedergeben, und hält die technische Qualität für gleich mit der meisterhafter und berühmter Scherenschnitt-Tableaux des 16. Jh. in Wien und Istanbul. Die Auffassung der einzelnen Blumen und die Gestalt von Vasen mit Blumen haben Parallelen im frühen 17. Jh., z. B. im Mundy-Album (Kat. Nr. 1/105) oder in Bildern, die Kat. Nr. 1/108 enthält (vgl. auch Kat. Nr. 1/17a, Bl. 217a).

Lit.: Titley 1981, Nr. 63. – Kat. London 1983, Nr. 10 (Farbabb.: C u. D). – Titley 1983a, 243.
Vgl.: Grohmann-Arnold, Taf. 98. – Çiğ 1957, Abb. 10. – Stchoukine I, Taf. 49.

1/107
Marmorpapier

Stammbuch des Wolfgang Leutkauff
Türkei, ca. 1615
14 x 9,5 cm

London, Victoria & Albert Museum, Inv. Nr. 1392-1889, Bl. 127

Dieses *liber amicorum* enthält Einträge zwischen 1616 und 1632, und dazu eine köstliche Sammlung zur Zeit der Herstellung in Istanbul verfügbarer „thürkhischer papier“. Dies sind Marmor- und Silhouettenpapiere (vgl. Kat. Nr. 1/104), außerdem gibt es türkische Bilder einzelner Blüten sowie von europäischer Hand Figurinen und u. a. eine amüsante Darstellung fröhlichen Jahrmarkttreibens (Farbabb. bei Haldane), mit verschiedenen Arten von Karussellen, Schaukeln und Riesenrädern.
Das hier gezeigte dreifarbige Marmorpapier verbindet eine große, achtteilige blütenartige Zentralform mit feinem Kamm-Marmor. Gegenüber Verse unter einem illuminierten Kopfstück von türkischer Hand.

Lit.: Haemmerle 1961, Abb. 27, 38, 39. – Haldane 1983, Nr. 136.

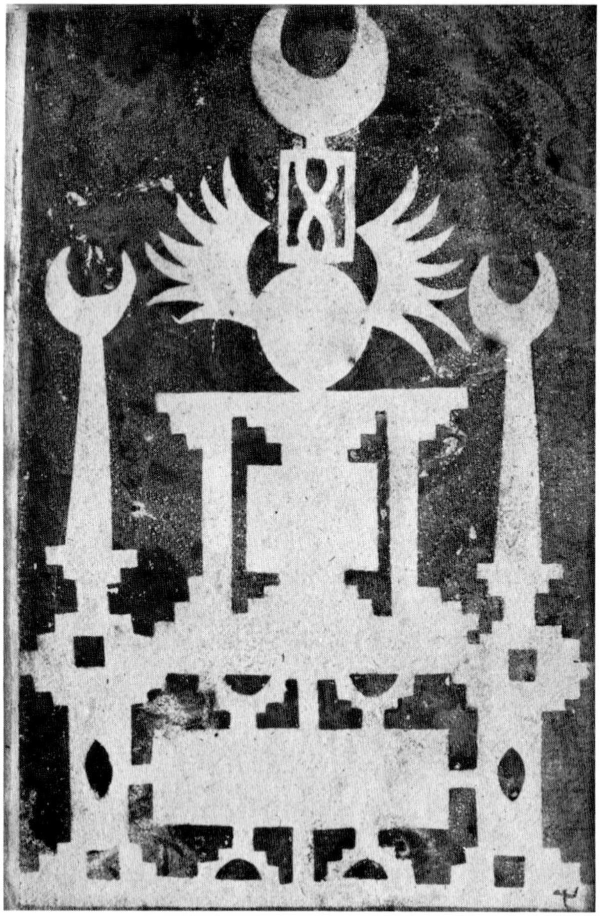

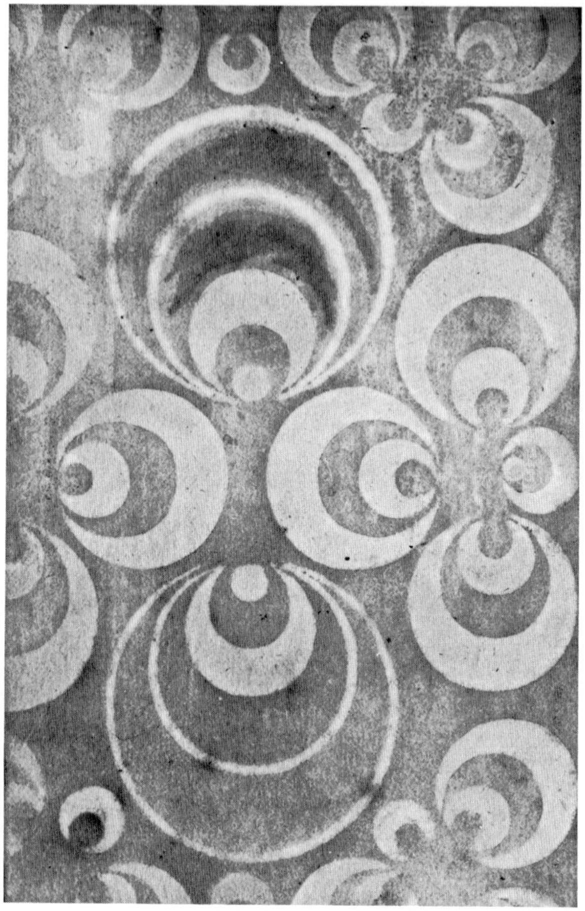

1/108

Silhouettenpapier

abendländisch, 17. Jh.
557 Bl., 11,5 x 16,5 cm

Nürnberg, Stadtbibliothek, Amb. 26,8° Bl. 7 (Frankfurt) Bl. 10 (Essen)

Ein querformatiges Büchlein, das seinen mutmaßlichen Zweck als *liber amicorum* nie erfüllt hat. Sein schwarz genarbter Ledereinband trägt die Initialen I*S*D*E und darunter die Jahreszahl 1675. Es besitzt 16 (allein gezählte) Blätter, die überwiegend einseitig farbig sind, sei es als Marmorpapier, sei es, überwiegend, als Silhouettenpapier. Dazwischen jeweils ca. 32 Blatt unbenutzten weißen Papiers. Das Papiermaterial des Buntpapiers ist nach Ausweis seiner Wasserzeichen abendländisch, seine Oberfläche wurde auch nicht, wie in der Türkei üblich, nachbehandelt und geglättet. Die Silhouettenpapiere folgen z. T. türkischen Anregungen; so hat Bl. 10 das Motiv von Dreigruppen mehrteiliger Mondsicheln (vgl. Kat. Nr. 1/104, Bl. 158); überwiegend aber finden sich so untürkische Motive wie Fischblasen-Maßwerk oder eine abbreviaturartig dargestellte Kirche mit Kruzifixus und seitlichen Assistenzfiguren sowie einem Christus-Monogramm.

Die Marmorpapiere sind Versuche, türkisches Ebrupapier zu imitieren, doch ergibt sich kein Muster, sondern farbreiches Chaos. Auf Blatt 7 ist eine Phantasie-Architektur mit türkischen Motiven ausgespart.

Die Datierung um 1600 und die Annahme türkischer Provenienz sind unhaltbar. Doch sind diese Papiere frühe und wichtige Zeugen für den Versuch, in diesem Bereich von türkischen Importen unabhängig zu werden.

Lit.: Haemmerle 1961, Abb. 28–31.
Vgl.: Haemmerle 1961, Abb. 40–44.

1/109
Bucheinband aus Ebru-Papier

Türkei, 18. Jh.
Farbiges Marmorpapier auf Pappe
30,5 x 18 cm

München, Bayerische Staatsbibliothek, cod. turc. 234

Rote Blüten auf dunkelgrauen Stengeln stehen vor grünlich-hellgelb marmoriertem Grund, von dem sie ein helles Grau leicht absetzt. Beide Deckel sind zum Rücken hin symmetrisch bezogen. Trotz beträchtlichen Abriebs ist die Grazie dieses bescheidenen Einbandes noch zu erkennen.

Lit.: Kat. München 1982, Nr. 146.
Vgl.: Kagıtçı 1976.

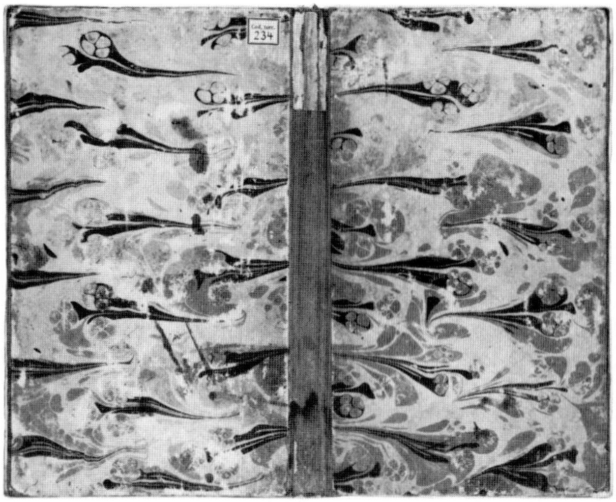

1/110
Ebru-Papier

Sammlung persischer Texte
Türkei, Ende 19. Jh.
23 Bl., 20,5 x 14 cm

München, Bayerische Staatsbibliothek, cod. pers. 414, Bl. 5b/6a

Nur selten wurde Marmorpapier anstelle einer Randillumination als Rahmung für den Schriftspiegel verwendet. Hier wird feineres Papier derart gerahmt. Wo unterschiedliche Muster nebeneinander stehen, ergibt sich leicht ein unruhiger Effekt. Anders bei dieser Öffnung; das dreifarbige Papier beider Seiten hat ein grünes, federartiges Muster von daunenhafter Leichtigkeit und Fülle.

Lit.: Kat. München 1982, Nr. 146b.

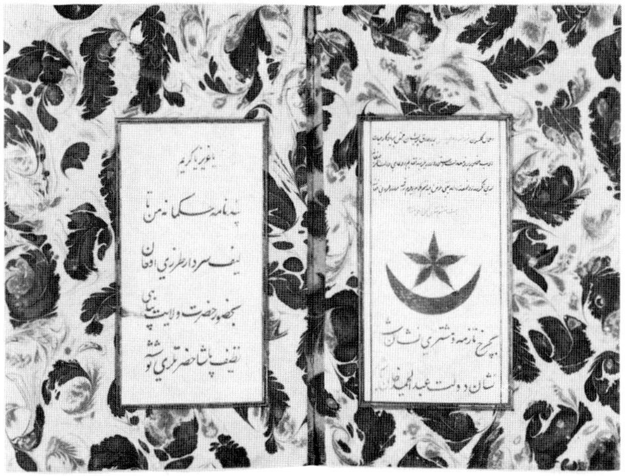

1/111
Kalligraphie mit Ebru-Rahmen

Istanbul, 19./20. Jh.
Tinte, Gold und Farbe auf Papier. Kalligraph: Abdullah Zühdi.
Kalligraphie inkl. innerem Rahmen 12,6 x 18,8 cm

Berlin, Staatsbibliothek Preußischer Kulturbesitz, Hs. or. 6543, 1

Das kalligraphische Tableau stammt von Abdullah Zühdi, der es links signiert und 1259/1843 datiert hat. Der Ebru-Rahmen stammt aus diesem Jahrhundert und gehört zu einer Gruppe, die nach Necmüddin Okyay (gest. 1976), einem bedeutenden Buchkünstler und langjährigen Professor an der Istanbuler Kunstakademie, *Necmüddin-Ebru* genannt wird. In schwebender Reihung stehen schlanke gefiederte schwarze Figuren nebeneinander, die durch Position und Intensität des dazugesetzten Rot als Blumen — und gelegentlich durch ihre Form als Tulpen — verstanden werden. Sie sind von einem ruhig geäderten lichten Grau umgeben.

Unveröffentlicht; erwähnt bei Schwarz 1982, 265.
Vgl.: Kağıtçı 1968. – Yazır 1981, 162 – Derman 1982, Taf. 44.

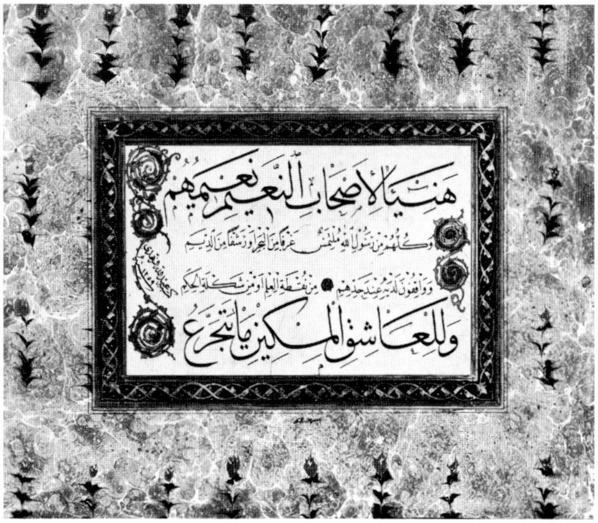

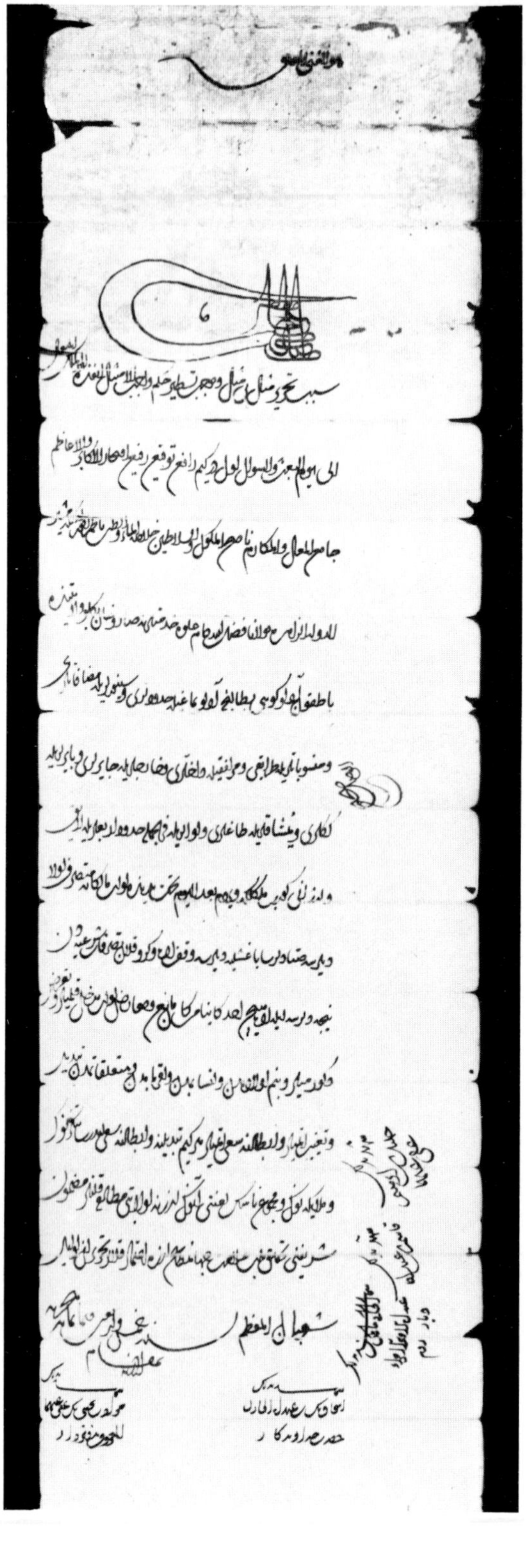

1/112

Tughra Murads II.

auf einer Urkunde · Edirne, 845/1441
Tinte auf Baumwollpapier · 77 x 18,5 cm

Berlin, Staatsbibliothek Preußischer Kulturbesitz, Hs. or. 8178

Dies ist die fünfte und jüngste der bisher bekannt gewordenen Urkunden Murads II. in türkischer Sprache. Sie wurde in seiner Kanzlei ausgestellt zugunsten des Wesirs Fazlullah, dem ein Dorf in der Nähe von Plovdiv (Bulgarien) zugewiesen wird.
Die Urkunde enthält den Namen des Sultans, Namen und Titel seines Vaters und die Wunschformel „siegreich immerdar", die erstmals in Namensbildern dieses Herrschers auftaucht und dann kanonisch wurde.
Wie die anderen erhaltenen Beispiele zeigt auch diese Tughra Murads II. keine künstlerische Durchformung oder Ausschmückung des Schriftbildes.

Lit.: Schwarz 1983 · Vgl.: Kühnel 1955. – Umur 1980.

1/113

Tughra Sultan Süleymans des Prächtigen

Istanbul, ca. 1550 · 57 x 44,5 cm

London, British Museum, Department of Oriental Antiquities, Inv. Nr. 1949-4-9-086

Die Schrift der Tughra ist schwarz mit goldener Kontur. Von den steil aufgerichteten Oberlängen schwingen drei 'Fahnen' herab, deren Spitzen die äußere Schleife oberhalb der Abschlußformel *daima*, 'immerdar' berühren. Die Illumination unterscheidet drei Bereiche: leicht schwingende Blütenranken mit begleitenden Wolkenbändern an den Oberlängen; arabeske Spiralranken mit großen goldenen Gabelblättern in der inneren Schleife und in der äußeren eine überaus zarte, gleichmäßig sich erweiternde, mit Blüten besetzte Spiralranke, deren Verlauf Wolkenbandreihen folgen.

Lit.: Kat. London 1983, Nr. 32. · Vgl.: Schaendlinger 1983.

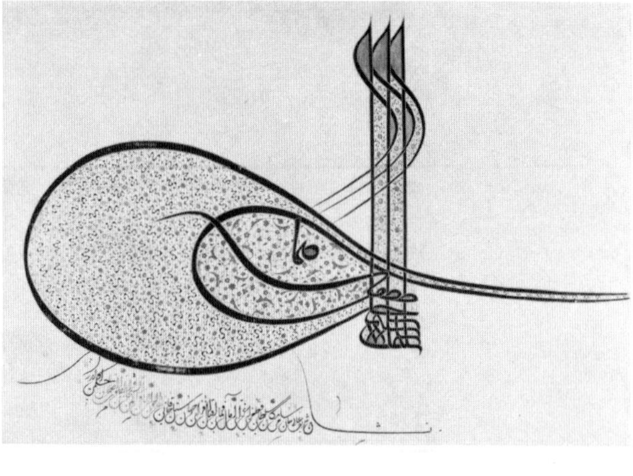

1/114
Tughra Sultan Mehmeds III.

Berat · Belgrad, um 1600
Tinte, Gouache und Gold auf Papier · 162 x 47 cm

München, Staatliches Museum für Völkerkunde, Inv. Nr. I 308

Der Text dieses *berat* vergibt ein Lehen als Belohnung für tapfere Kriegsdienste. Er ist wie üblich in *divani*-Duktus geschrieben.
Wie die Schrift der Tughra, so ist auch die Illumination überwiegend golden. Spiralranken, die von Gabelblättern und Wolkenbändern überlagert werden, füllen die äußere Schleife. In beiden Teilen der inneren Schleife finden sich Blütenstauden: oben Gold vor rotgepunktetem Grund, unten in z. T. grün lasiertem Gold, mit roten Blütenrispen. Das Grün, mit dem der ‚Sockel' und die ‚Fahnen' hinterlegt sind, trägt feinste goldene Zeichnung, die sich, deutlicher artikuliert und mit roten Partien durchsetzt, oberhalb der ‚Hasten' fortsetzt. Der Winkel zwischen Schleifen und Oberlängen ist mit Arabeskenwerk gefüllt, aus dem goldene Blütenranken wachsen. Darunter eine Tulpe, die sich durch das Schwarz von Stengel und Blättern in Beziehung setzt zur auffälligen schwarzen Füllung des aus Schleifen-Buchstaben gebildeten ersten Wortes der Segensformel *muzaffer daima* (siegreich immerdar). Die Tughra einer 1008/1599—1600 datierten Urkunde in Berlin ist weitgehend gleich, wird aber von einem durch goldene Blütenranken gebildeten, helmförmigen Feld umgeben. Die oberste Textzeile ist in dieser Urkunde dichter als in der von Süleyman (Kat. Nr. 1/113) mit der Tughra verbunden.

Lit.: Kat. Ingolstadt 1979, Nr. 188, Taf. 51, 52.
Vgl.: Kühnel 1955, Abb. 9.

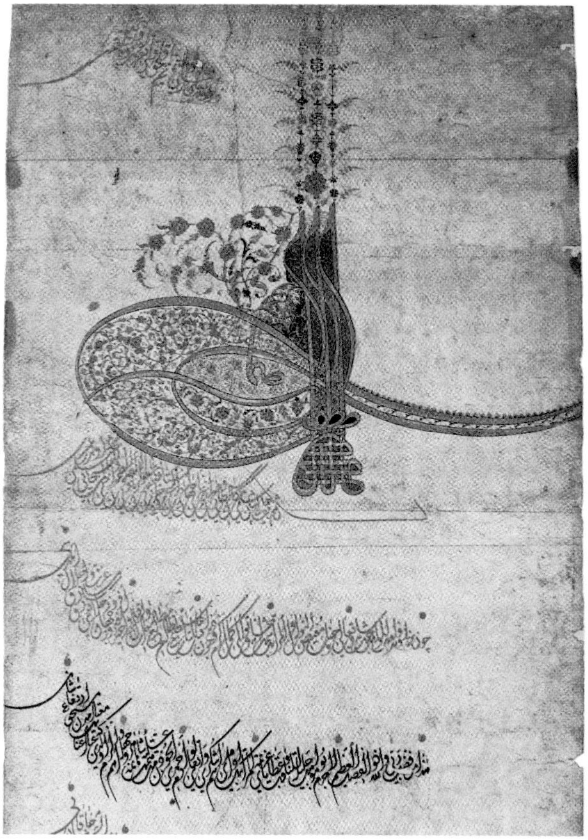

1/115
Tughra Sultan Mehmeds III.

Abschrift einer Stiftungsurkunde des Sinan Paşa
Gelibolu (Gallipoli), zwischen 1593 und 1603
Gouache und Gold auf Papier · 18 Bl., 24,5 x 16 cm

Berlin, Staatsbibliothek Preußischer Kulturbesitz, Hs. or. 8302, Bl. 1b

Text einer Stiftungsurkunde, mit der Großwesir Koca Sinan Paşa (gest. 1596) eine Külliye, einen Komplex von Moschee, Herbergen, öffentlichen Küchen, Bädern und Läden in Uzuncaova (Bulgarien) stiftete.
Anders als Kat. Nr. 1/114 hat das Dokument nicht die gebräuchliche Rollenform, sondern die eines Codex. Das mag damit zusammenhängen, daß es sich um eine — beglaubigte — Abschrift handelt (von der Parallelen existieren), nicht aber um das Original.
Der Text beginnt auf der Rückseite dieses Blattes unter einem für das 16. Jh. charakteristischen illuminierten Kopfstück. Die Illumination der golden geschriebenen Tughra wird von ineinander gelegten goldenen spiraligen Blütenranken und blauen Spiralranken mit Nelkenblüten bestimmt. Die Ausführung ist weniger vollkommen als Kat. Nr. 1/114, was wiederum daran liegen mag, daß es sich um eine Abschrift des Originals handelt.

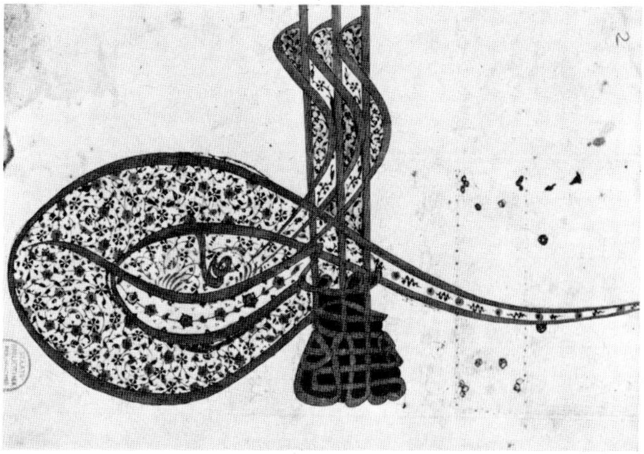

Lit.: Schwarz-Kurio 1983.

1/116
Tughra Sultan Ibrahims

Schenkungsurkunde · Istanbul, 1049/1639
verschiedene Tinten, Gouache und Gold auf Papier
423 x max. 63 cm

Köln, Orientalisches Seminar der Universität, Max Freiherr von Oppenheim Stiftung, Inv. Nr. 209

Das durch die Tughra in Kraft gesetzte Dokument ist die Bestätigung von Schenkungen, die Murad IV. gemacht hatte, durch Ibrahim. Begünstigte ist seine Mutter, die Valide Sultan Mahpeyker (Kösem). Die Tughra ist mit Gold geschrieben, sie hat besondere Festigkeit dadurch, daß der Sockel und die Oberlängen mit dunklen Farben hinterlegt sind, und so die großen Bögen links und deren lange Enden rechts auszubalancieren scheinen. Darüber eine seit Murad III. vorkommende hohe Dreieckskomposition, gefüllt mit goldenen Spiralranken und goldenen, roten und blauen Blüten; wobei letztere, wenig auffällig, durch blaue Ranken verbunden sind. Dadurch, daß dieselben Ornamente auch die Schleifen ausfüllen, ergibt sich der Eindruck, als hingen sie herab und hinterfingen die Tughra. Eingesprengt sind eine große, arabeske Vielpaßform auf der Hauptachse, und kleinere Wirbelblattrosetten, jeweils drei dicht beieinander in der äußeren Schleife der Tughra selbst und im oberen Dreieck. Sie bereichern den Gesamteindruck, ohne *die ruhige Wirkung . . . entschieden (zu) stören* (Kühnel); im Gegenteil, sie sichern diese. Der Rand ist mit S-förmigen goldenen Blättern besetzt und endet in einer hoch- und freigestellten arabesken Form.

Lit.: Caskel 1952. – Vgl.: Kühnel 1955.

1/117
Tughra Sultan Mehmeds IV.

Mülknâme · Istanbul, 1080/1669–70
verschiedene Tinten, Gouache und Gold auf Papier
228 x 58,5 cm

Köln, Orientalisches Seminar der Universität, Max Freiherr von Oppenheim Stiftung, Inv. Nr. 210

Vergleicht man die Tughra Mehmeds IV. auf diesem *Mülknâme* für einen Ort in Ägypten mit der seines Vaters und Vorgängers (Kat. Nr. 1/116), so hat sich im Prinzip nichts geändert, und dennoch ist die Wirkung gänzlich anders. Nicht nur der ‚Sockel' und die Oberlängen, sondern auch die Schleifen sind dunkel hinterlegt. Dadurch verliert sie ihre leicht beschwingte Eleganz, wird ein kompakter Block, der nicht mehr eins ist mit dem Dreiecksfeld, sondern in Gegensatz zu ihm steht. Die Betonung der Mittelachse ist auch hier gegeben, sie beginnt aber nicht bei dem Sockel, sondern erst in den rot akzentuierten Oberlängen. Auf der Mittelachse wechseln sich umgekehrt herzförmige und quergelagerte Kartuschenformen ab. Links und rechts verschieden große Kreise mit goldener Spiralranke. Das Muster des Grundes, dem in Kat. Nr. 1/116 ähnlich, tritt hier völlig zurück. Auch die goldenen Blätter des Randes sind zu einem kompakten Streifen zusammengerückt; nichts mehr von lockerer Eigenbeweglichkeit. Ebenso fehlt sie der abschließenden, kurzhalsig aufgesetzten Lilienform. — Dieser Vergleich, der zugunsten des älteren Dokumentes ausgeht, wäre ungerecht, wenn verschwiegen würde, daß dieses Tughra eine qualitätvoll ausgeführte Arbeit eines guten Illuminators ist.

Unveröffentlicht.

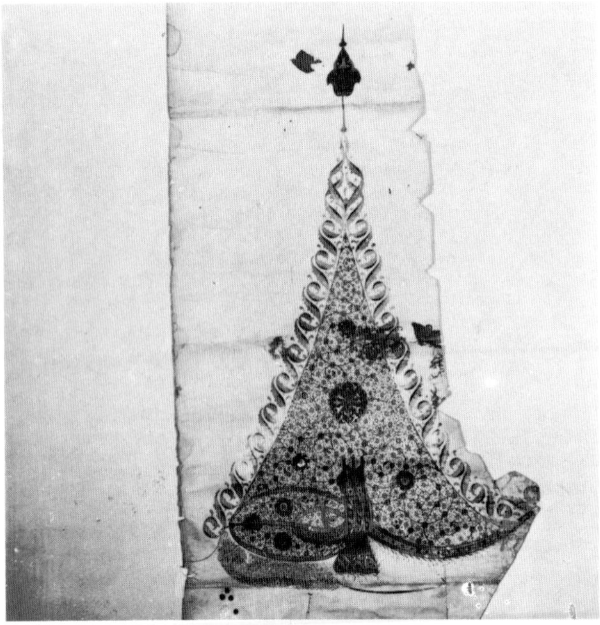

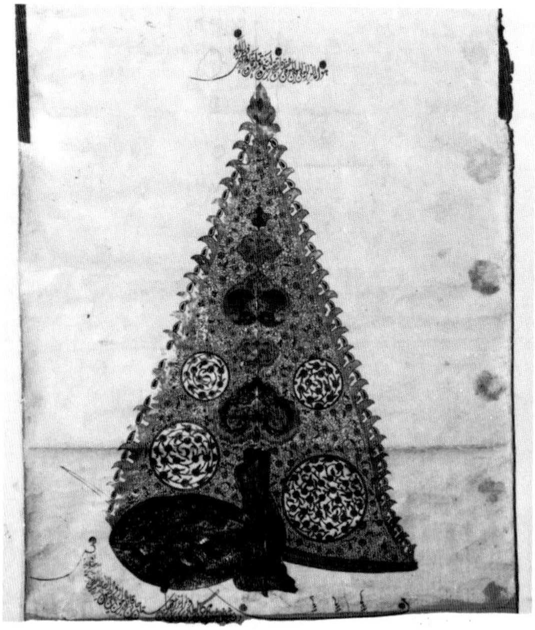

1/118
Tughra Sultan Mustafas III.

Urkunde
wo ? 1173/1759–60
Tinte, Gouache und Gold auf Papier
98 x 50 cm

Privatsammlung

Die Tughra dieses — noch nicht gelesenen — großherrlichen Dokuments ist in ihrer Pracht und Ausgewogenheit unvergleichlich.
Der Schriftteil steht kompakt auf dem Sockel, dessen untere Linie nur durch das M des Vatersnamens Ahmed unterbrochen ist (es handelt sich um eine Tughra des 2. von diesem Sultan geführten Typs). Sie ist blaugrundig mit verschiedenfarbigen Blüten hinterlegt. An den Bögen der Tughra setzt das mächtige Zierfeld an, das wenige Parallelen hat. Der Kontur dieses Feldes entnimmt das Prinzip seines Verlaufs von der Tughra: es wechseln konvexe mit konkaven Bögen, und es bilden sich gelegentlich kleine Spitzen. Der sattblaue, mit zarten Blütenranken überzogene Grund ist nicht identisch, aber abgeleitet von dem Grund der Tughra selbst. Auch in der Füllung des Grundes mit ovalen Vielpaßfeldern kann man eine Anlehnung der Dekoration an die Tughra sehen, denn sie sind den Schleifen ähnlich.
Von ihnen deutlich unterschieden das querovale Feld, in das die Hasten hineinreichen; hier befindet sich, vom Sultan mit eigener Hand geschrieben, die Formel, die den Vollzug des Dokumentes anordnet; dafür wird ein häufig vorkommendes Motiv (vgl. Kat. Nr. 1/117) verwendet. Anders als die Mehrzahl der Medaillons tragen zwei davon keine Füllung aus Gabelblättern und Ranken, sondern Blumenbuketts; das eine sitzt auf der Mittelachse, die damit nochmals einen leichten Akzent erfährt, das andere rechts, wohl als Ausgleich zum Gewicht der Tughra-Schleifen.
Zart schwingende blütenbesetzte Strahlen begleiten den Kontur und führen zu einer ebenso zarten Nelke auf dem goldenen Abschlußknauf.

Unveröffentlicht.
Vgl.: Bayramoğlu 1979, Taf. 4. – Umur 1980.

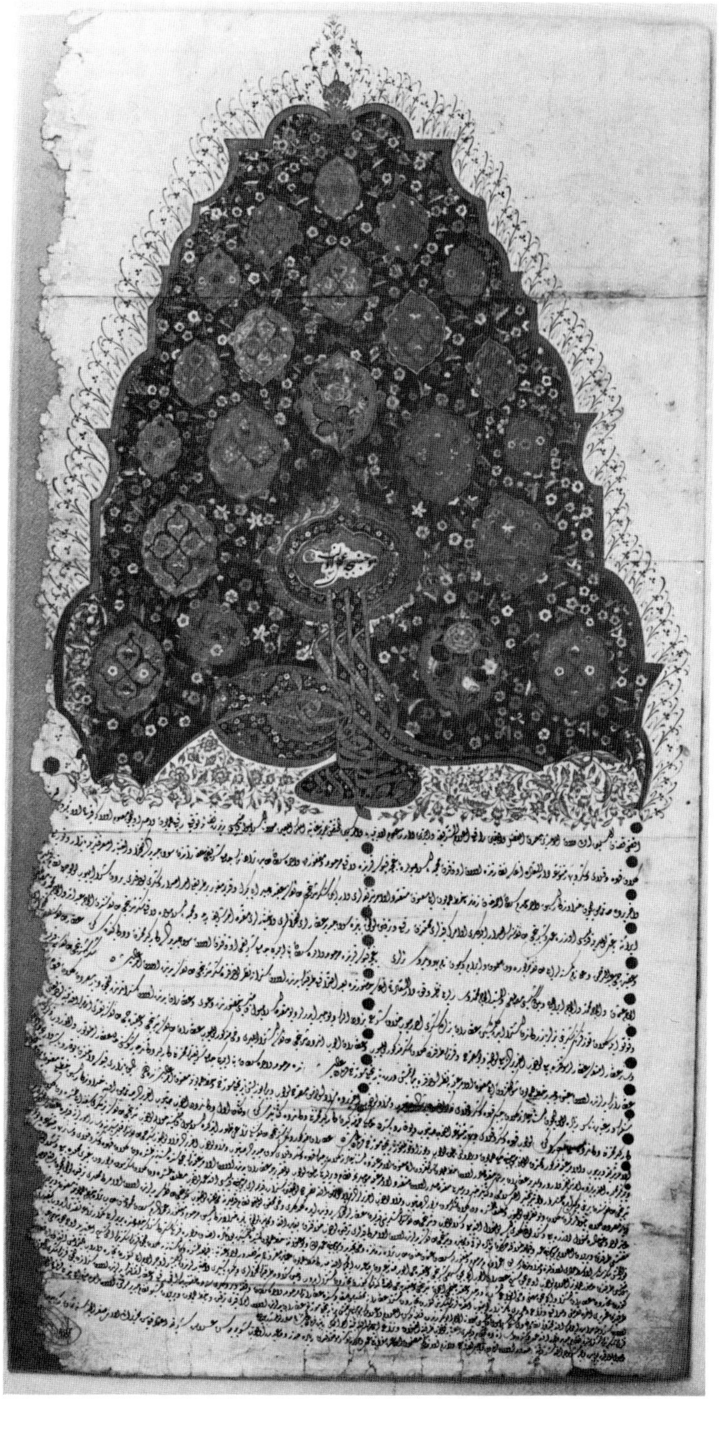

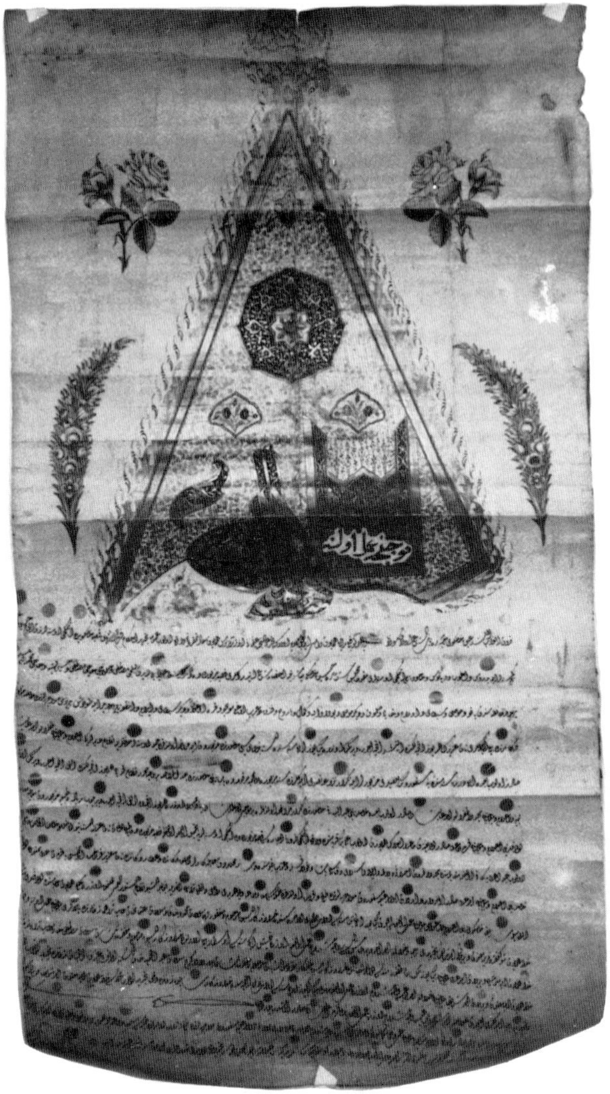

1/119
Tughra Sultan Mustafas IV.
Ferman
Istanbul, 1222/1807
Tinte, Gouache und Gold auf Papier
54,5 (?) x 52 cm

Köln, Orientalisches Seminar der Universität, Max Freiherr von Oppenheim Stiftung, Inv. Nr. 207

Diese Tughra steht nicht auf gleicher künstlerischer Höhe wie die Reihe der älteren Beispiele, ist aber in mancher Hinsicht aufschlußreich.
Die Fassung der handschriftlichen Bestätigung des Sultans ist fast wie das Kopfstück am Anfang einer Handschrift gebildet. Das ist eine typische Lösung für diese Aufgabe; der Zusammenhang von Buchillumination und Tughrendekoration kann nicht deutlicher werden.
Dieses Zierfeld bringt allerdings die Schrift der Tughra in Bedrängnis; seine linke Kante nimmt die Mittelachse ein, nicht mehr das Hastenbündel der Schrift. In der Verteilung der achteckigen Zentralform oben (vgl. Kat. Nr. 1/116) und der kleineren Blumenkartuschen, wie auch der außerhalb zugefügten Rosen und Blütenzweige ist das Bemühen um Symmetrie traditionell verbindlich; doch gedankenlos, weil die veränderte Ausgangssituation unten nicht berücksichtigt wurde. Der Grund verwendet ein dichtes goldenes Blattmuster, wie es sich auf den Rändern von Handschriften schon des 17. und 18. Jh. und bis ins 20. Jh. als Rahmen für Kalligraphie in Gebrauch findet (s. Kat. Nr. 1/65, 1/69 und 1/83).

Unveröffentlicht.
Vgl.: Kühnel 1955, Abb. 23.

KERAMIK

„. . . durch die Herstellung der Fayencen von Rum in Iznik bekannt und sie sind angenehmer als die Ware von China und schöner . . .".

In dieser Form vermerkt 1530 der arabische Reisende Badr eddin al-ǧāzī eine überlegene Qualität von Feinkeramik, der er in anderen Ländern des osmanischen Reiches offenbar nicht begegnet war. Dabei gilt die deutsche Übersetzung durch Anhagger[1] mit dem Begriff ‚Fayence' nur für eine weiße, fein bemalte Qualität, und ‚Ware von China' kann sowohl Porzellan wie Seladon betreffen. Eine inschriftlich 1529 datierte weiße Flasche mit kleinem Spiralrankendekor der Slg. Godman im British Museum[2] präsentiert solchen Typ: der fast weiße Scherben ist nach heutigen keramischen Normen als Quarzfritte-Keramik zu bezeichnen (64–84 % Quarz, weißer Ton, pulverisiertes Glas), über einem dünnen, weißen Anguß und bedeckt mit einer transparenten Blei-Alkalī-Glasur liegt eine kobaltblaue, äußerst zarte Bemalung. Der Brand dürfte etwa 1200° erreicht haben.

Die Rekonstruktion einer stufenweisen Entwicklung der Feinkeramik im osmanischen Reich bedient sich der Gliederung nach technischen und künstlerischen Merkmalen von Gruppen, die zunächst entweder nach diesen, oder nach ersten Fundplätzen benannt wurden. Zusätzliche Kriterien erbrachte die natur- und kunstwissenschaftliche Forschung der letzten Jahre. Dennoch sind Fragen nach dem Einsetzen eines technischen und künstlerischen Fortschritts, der Unterscheidung von Produktionsorten, die Beurteilung eines Qualitätsgefälles am Ort, die Nachahmung fremder Vorbilder, offen. Ferner bedarf das historische Bild der Ergänzung durch Kenntnisse über die Rolle der Keramik im offiziellen wie privaten Leben.

Etwa mit der Regierungszeit von Sultan Murad Khan (1421–51) setzt sich in Form und Dekor eine Tonware mit Unterglasurbemalung, die sogenannte Milet-Ware, ab von der Gefäßkeramik Syriens, Ägyptens, Persiens und anatolischer Ware mit Ritzdekor. Teller mit ebenem Rand, Schalen, sind starkwandig und nach dem Schrühbrand bemalt mit weißem Schlicker – auch zusätzlichen, blauen Details –, oder auf weißem Anguß mit schwarz, blau, manganrot, türkisgrüner Fritte. Die transparente Glasur ist farblos, transparent-grün oder -braun und eine Blei-Alkali-Komposition. Die Bemalung ist frei mit dem Pinsel ausgeführt, die schwarzen Linien mit dem Malhorn. Der Dekor reicht von Arabesken- und Kassettenwerk, Mensch- und Fischfigur, Lotusblüten zu Blütenranken. Die Produktion ist durch archäologische Grabungen in Milet, Iznik, Kütaliya nachgewiesen, an weiteren Plätzen vermutet.

Für die Baukeramik im Innenraum ist die Verwendung von transparent-grün oder dunkelblau glasierten Sechseckfliesen mit aufgebranntem Blütenmuster in Gold 1419–21 belegt für die grüne Moschee und die grüne Türbe Murads II. in seiner Residenz Bursa, 1472 für den Pavillon Mehmeds II. im Saray zu Istanbul. Technisch und kompositionell neuartig sind gleichzeitig versetzte Fliesenflächen mit vielfarbiger Emailbemalung (cuerda seca-Technik) in diesen Räumen, wie 1447 in einem von Murad für den Orden der Mewlewi-Derwische in Edirna errichteten Bau, der später als Moschee genutzt wurde. Mit Wahrscheinlichkeit spiegelt sich hier der Aufenthalt des Innenarchitekten in Samarkand wieder, wohin er in jungen Jahren mit Timurs Heer geriet – speziell bei neuen Elementen wie Lotosranken und Päonienblüten. 1432 ist der Mihrab des Imarets in Laranda, Hauptstadt der Emire von Qaraman in der gleichen Technik, im gleichen Stil ausgeführt (Museum in Çinili-Kösk, Istanbul), 1433 Fliesen für das Grab des Işak Fakih in Kütahya. Historisch liegt die Entwicklung nach Timurs Sieg über die Osmanen zugrunde, die Regentschaft dessen Sohnes Şah Ruh in Kütahya, die Wiedereinsetzung der Emire von Qaraman, deren vorübergehende Hoheit über Kütahya und die schließliche Überstellung Kütahyas an die Osmanen durch Versippung 1429. Ob lokale Werkstätten oder eine spezialisierte Truppe für die Herstellung der Fliesen tätig waren, ist unbekannt, wenn auch in Iznik technisch relevante Glasurproben gefunden wurden[3].

Die ersten weißgrundigen, blau unter der Glasur bemalten Pastien finden sich 1447 an den Muqaruas des Mihrabs der Muradije Cami in Edirne, und im

gleichen Raum Sechseckfliesen mit Blaumalerei im Stil timuridischer Buchkunst. 1448 präsentieren Fliesenfelder am gleichen Ort in der Moschee Murads II. (üç Şerefli) Unterglasmalerei in Dunkelblau, Manganrot, Schwarz auf weißem Grund, parallel zur Technik der Gefäßkeramik.
Für die Produktion von Gefäßen aus weißscherbiger Quarz-Fritte-Keramik gibt es – trotz eines Fragments mit figürlicher Bemalung im mongolischen Stil[4] – auch zur Zeit von Mehmed II. bisher keine Beweise. Vorgänge, die eine Bereicherung der künstlerischen Produktion zur Folge haben konnten, sind 1473 sein Sieg über Usun Hassan mit nachfolgender Heranziehung von türkmenischen Gelehrten und Künstlern, 1468 die Überführung von Meistern aus Laranda und Konya, seine Neigung für Kunsthandwerker aus Florenz und Venedig. Eine Spur sind Päonien und Wolkenschleifen in den Goldmustern der Fliesen in seinem Pavillon im Saray zu Istanbul, Päonienranken und ‚Siegel-Kufi' in der in Konya und Karaman und Beyşehir vordem verbreiteten Technik des Fayencemosaik am gleichen Bau.
Erste historische Belege für eine blau bemalte, porzellanähnliche Gefäßkeramik, für adäquate Fliesen, liefert die Zeit von Bayezid II. und Selim I.: in Kütahya werden 1487–9 für die Hisar Bey Cami Bortenfliesen mit Blaumalerei verwendet, 1489–90 registriert in Kütahya die Kirche der Hlg. Mutter Gottes einen Stifter, dessen Vater ‚Çīnījī', d. h. Hersteller porzellangleicher Keramik ist, 1495 wird eine derartige Qualität in einem Verzeichnis aus dem Saray von Istanbul erwähnt, 1505 enthält das Inventar der Schatzkammer außer kaiserlich-chinesischem Porzellan (fağfur) 11 Fußschalen mit der Qualifizierung ‚Izniq çīnīsinden' und ein Becken mit Kanne[5] ‚Izniqī', 1510 lautet das Datum einer Kanne (Kat. Nr. 2/4), die in Kütahya angefertigt wurde, etwa 1520 wurden für die Türbe Bayezids II. Ampeln hergestellt (Kat. Nr. 2/7). Die Bemalung dieser Gefäße setzt bei zeichnender, wie aussparender Malweise eine handwerkliche und künstlerische Ausbildung voraus, die Vorstufen für die Dekorationselemente liegen um Jahrzehnte zurück, so daß nicht auszuschließen ist, daß die Produktion bereits vor den frühesten erhaltenen Vermerken einsetzte.
Für die Entwicklungsphase beispielhaft ist eine große Schüssel auf kräftigem, profiliertem Fuß (Abb. 80): vorderasiatisch-islamische Tradition bewahrt die Flächengliederung durch Borten, die Begleitung der Außenkante durch einen in arabischen Buchstaben kursiv geschriebenen Text – Sprüche oder Verse –, das in Kandelaberschleifen zentrierte, fünfpassige Arabeskwerk der Innenwandung. Das Sterngeflecht aus Lancettblattranken im Boden; aus der Seldschuken- und Mongolenzeit rührt das Flechtwerk des ‚endlosen Knotens' her – einer der ‚acht Schätze' im Buddhismus, während die Form der Agraffe an das im Chinesischen Glück verheißende Motiv der Fledermaus erinnert und ihre Spitze dem ‚Wolkenhaupt' im Lamaismus gleicht; neu ist ein Rankendekor, dessen Blüten und Knospen Päonien bilden, die in schattierender Malweise erscheinen. Ein Künstlerentwurf und verschiedene Traditionen, gelegentlicher Mangel an formaler Konsequenz bei der Verbindung der Arabeskgruppen, dazu handwerkliche Eigenarten dieser Gruppe, führen zu der Annahme des Zusammenwirkens unterschiedlicher Kräfte, dabei solchen aus dem turkestanisch-chinesischem Kulturbereich, also sunnitischen Türken, wie sie auch unter den 1514 durch Selim I. aus Tabris fortgeführten Meistern gewesen sein dürften, die als aus Khorassam stammend bezeichnet werden. Kleinblütige Päonienranken sind Kennzeichen der nach ‚Abraham-a Kütahya' – zu dessen Gedächtnis 1510 eine Kanne (Kat. Nr. 2/4) gestiftet wurde – benannten Gefäßgruppe mit kobaltblauer Bemalung. Scherben von Feldbränden bezeugen die Herstellung in Kütahya, aber auch aus Iznik stammen eine Glasurprobe aus einem Ofen, sowie Fragmente mit Produktionsfehlern. Solche bestehen in einer partiellen Verschiebung der Bemalung durch Befassen vor dem Brand, was auf Anwendung der Inglasurmalerei (Fayencetechnik) deutet, wie auch die spezifische Schichtung von Glasur, mit Farbauftrag, Scherben[6] . Der Charakter der Glasur, ihr spannungsfreies Aufliegen, der Glanz der Farben läßt vermuten, daß Kalk zugesetzt wurde, zumal 1588 Lubenau, die weiße Qualität der Iznik-Ware rühmend, schließt: „denn sie haben Marmorstein genug"[7]. Eine besondere Feinheit der Glasur hebt ebenso 1585 Mehmed 'Āşiq hervor. In Form und Dekor wetteifert derartige Gefäßkeramik mit vergoldetem Silbergeschirr (Kat. Nr. 2/33). Das späteste Datum für den Päoniendekor, 1559/60, trägt ein für den serbischen Erzbischof Peć gearbeiteter liturigischer Fächer[8].
Von gleichartiger Qualität, in der Farbskala wiederholt bereichert durch türkisgrün, sind Gefäße (Kat. Nr. 2/6) mit flächenfüllendem Spiralrankendekor.

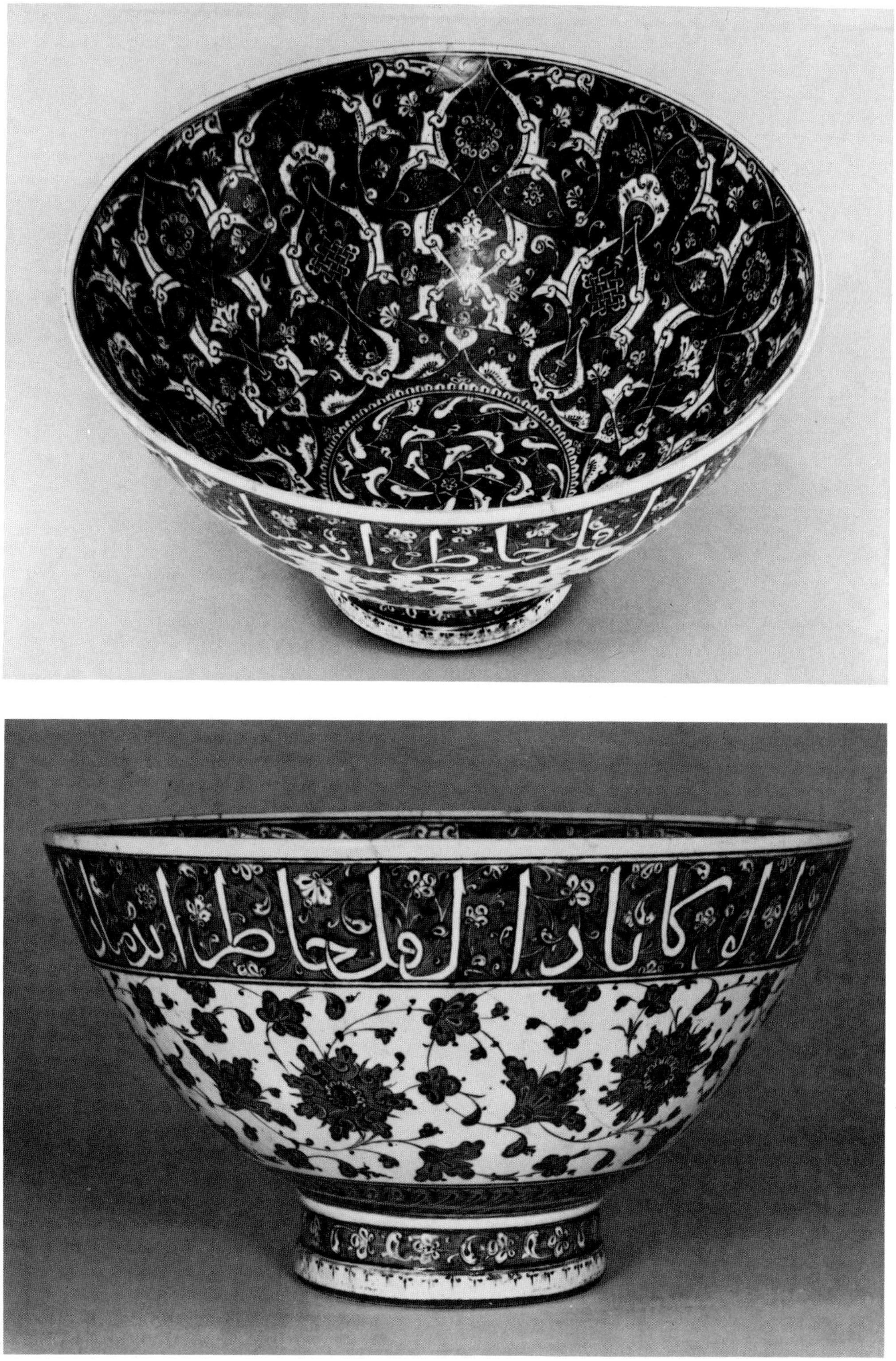

Abb. 80
Schale mit Arabesken-,
Päonien- und Schriftdekor.
Iznik um 1520
London, British Museum

Nach dem ersten Fundplatz werden sie als ‚Golden-Horn-Ware' bezeichnet, ein Fehlbrand ohne Herkunftsangabe befindet sich im Türk ve Islam Eserleri Müzesi von Istanbul[9]. Daten für die Produktionszeit geben mit ‚1529' die armenische Inschrift einer Wasserflasche, die ‚aus Kütahya' bestellt wurde[10], mit ‚1565' die Ornamentik einer Tughra Suleimans I. Scherben aus Töpferwerkstätten fanden sich in Iznik. Ob das Muster auch in Saloniki um 1560 aus weißer Keramik nachgeahmt wurde, ist eine Frage aufgrund neuerlich bekannt gemachter Quellen, sowie der Tatsache des Auftretens dieses Dekors mit Kopistenmerkmalen und bei abweichender keramischer Qualität an Gerät von italienischem Formcharakter[11]. Die gelegentliche Ausführung der Spiralmuster in schwarzgrün, eine Zufügung von roten Blüten in die Blaumalerei[12] erweist sich als Ansatz der Entwicklung künstlerisch und technisch differierender Typen von Unterglasurmalerei, für deren Herstellungsort mehrfach keine historisch eindeutige Angabe vorliegt. Alle Typen kommen als Scherben in dem Schutt von Izniks Werkstätten vor, andererseits ging eine jahrzehntelange Parallelproduktion mit Kütahya voraus. Wird dennoch von Zeitgenossen die Qualität von Iznik höher eingestuft, so ist dies ein Ergebnis direkter Abhängigkeit von den Künstlern am Saray – eine Übersendung von Mustern ist 1569 erwähnt – oder von der Tätigkeit dort geschulter Meister am Ort. Hierfür ist die Malerei des Wiener Tellerfragments in Blaumalerei mit türkisfarbenen Details beispielhaft (Kat. Nr. 2/10). Die Reiherszenerie entspricht einer durch Pausen übertragenen Zeichnung von der Art der Werkstattzeichnungen, wie sie in den Berliner Saray-Alben erhalten sind. Das Motiv der Tulpen an der Außenwandung tritt 1548 zuerst in Erscheinung an den Glasurfarbenfliesen in der Türbe Sehzade Mehmeds, Sohn von Suleiman I., dann 1549 an der Moscheeampel des British Museums, die aus Suleimans Neuausstattung des Felsendoms stammen soll und von einem Meister in Iznik beschriftet wurde[13]. Bei keramischer Gleichartigkeit unterscheidet sich der pflanzliche Dekor der Frankfurter Schüssel (Kat. Nr. 2/11). Die Einfachheit der Zeichnung, die Nähe zu westlicher Dekorationsweise ist eher in Kütahya als in Iznik zu erwarten. So könnten auch in Kütahya Teller und Krüge mit farbigem Anguß und Schlickermalerei mit farbiger Lasur gefertigt sein (Kat. Nr. 2/12), zumal in Iznik Scherben eine weit überlegene, rotgrundig dekorierte Qualität bezeugen.
In der Farbskala von Blau, Türkis, Olivgrün, Dunkelgrün der Ampel von 1549 entsprechend, meist durch manganviolett bereichert, von künstlerisch hervorragender Freiheit der Komposition und Eleganz, sind Teller mit einer Bemalung von Rand zu Rand (Kat. Nr. 2/15), oder einem bogig konturierten Rand mit Wasser- und Felsen-Dekor (Kat. Nr. 2/16, 2/17). Aufgrund der syrisch-osmanischen Fliesen entsprechenden Farbstellung, sowie dem Vermerk eines Sipāhīzāde von 1585 über eine Unterschiedlichkeit zwischen Schalen von Iznik und Damaskus, wird die Art als ‚Damaskus-Ware' bezeichnet[14]. Die Farbstellung tritt zuerst an der Fliesenverkleidung des Yeni-Kapliça-Bades in Bursa auf, das durch den Wesir Rüstem Paşa 1552/3 eingerichtet wurde, wobei jedoch die Fliesen von einem Bad des 15. Jh. genommen sein sollen[15]. Damit ist der historische Ursprung erneut in Frage gestellt, zumal andererseits eine kunsthistorische Studie eine Datierung in die Jahre 1560–80 vorschlägt[16]. Die Anwendung von manganviolett scheint jedoch in Iznik mit den Jahren 1561–65 zu Ende zu kommen, da in Adana die gleichen Fliesenmuster an den Gräbern der Ramadan-oğlu einmal dieses, dann aber das Rot aufweisen, für das die Produkte von Iznik berühmt sind.

Diese rote Farbe, die bei hoher Qualität reliefstark hervortritt, wird erzielt durch die Verwendung eines Schlickers aus einer eisenhaltigen Tonader in dem Tonlager, aus dem der weiße Ton entnommen wird, welcher für die Gefäße und Fliesen nötig ist. Erste Daten für eine künstlerische Anwendung bietet der Baudekor in der Moschee Süleimans I. in Istanbul von 1557, der seines Schwiegersohns und Großvesirs Rüstem Paşa von 1560/1. Die Fliesenmalerei der folgenden Jahrzehnte zeigt großflächige Kompositionen in der Farbzusammenstellung von zweierlei Blau, Rot, Grün, Türkis, Manganbraun und Schwarz (Kat. Nr. 2/67–2/75). Ihre wesentlichen Dekorelemente sind die Arabeske (‚rumi'), das Wolkenband, Lotos und Päonien, Kompositblüten (‚hatayi', d. i. chinesisch-turkestanische Manier), und schwungvolle, an den Kanten gefiederte Blätter mit Mittelrippe (‚saz', d. i. Gras, Schilf), die Kalligraphie wird von Meistern am Saray, wie Kara Hissari, später Mollah Hassan entworfen.

Gleichwertige Gefäßkeramik ist in wenigen Stücken erhalten, im Dekor überwiegt dann die Frühlingsflora (Kat. 2/21). Häufig sind die Farben der Malerei

flacher, was auf eine Bewirtschaftung des Rohmaterials für Kobaltblau und Rot, von Marmor für Kalk als Glasurzusatz deutet, zumal aus den Quellen mehrfach technische Schwierigkeiten, wie 1590 die Beschaffung von Borax, ersichtlich sind. Die Gruppe wurde aufgrund der Erhaltung zahlloser Beispiele in den Häusern von Lindos und Rhodos nach dieser Insel ‚Rhodos-Ware' genannt. Die der von Iznik ‚ähnliche' Feinkeramik von Kütahya erscheint neben jener in einem Palast-Inventar des Inneren Dienstes unter Selim II. von 1573/4, sowie unter der Unzahl von Gefäßen zum Gebrauch bei den Beschneidungsfeierlichkeiten des Sohnes von Murad III. 1582[18]. Zu der Vielfalt von Geschirren bemerkt Rauwolf etwa 1575/6 in Syrien, daß es Hochzeitsgaben seien, die mehr zum Gefallen aufbewahrt werden als zum Gebrauch. Daß die Auswahl des Dekors auch jahreszeitliche Bräuche berücksichtigt, zeigt die Bereicherung um Frühlingsverse nahmhafter Dichter, sowie besinnlicher und solcher auf die Trinkfreude (Kat. Nr. 2/27–2/29). Eine weitere Funktion als Geschenk im diplomatischen Verkehr erhielten Krüge, Humpen und Teller nach Ausweis von deutschen und englischen Silberfassungen der 80er Jahre, der Anbringung eines polnischen Botschafterwappens um 1634, der Montage in eine Kirchenfassade in Choroschewo bei Moskau (Kat. Nr. 2/33, 2/37, 2/45)[19]. Die Art der Feinkeramik von Iznik wird 1592 als grenzenlos vielfältig bezeichnet, 1590 zählt eine Marktpreisliste bei unterschiedlichen Zweckformen wie für Joghurt und Serbet daneben auch Fabrikate aus Kütahya auf[20].
Daß in Istanbul 1595 die Zunft der Töpfer bei einem Umzug ihr Gewerbe glänzend präsentierte, berichtet Lewenklaw, daß am Ort eine der von Iznik ähnliche Feinkeramik hergestellt wurde, berichtet Evliya. Dem entspricht eine vorhandene Ware mit leicht farbigem Scherben, der Quarzkörner enthält, mit starkem weißem Anguß, transparenter, zum Springen neigender Glasur, die einen grünen Stich haben kann, und mit einem Dekor von Töpfermalern (Kat. Nr. 2/41). Einem bürgerlich-osmanischen Geschmack entsprechend, erscheinen Figurinen, schiitische Aspekte im Derwischbrauchtum, Motive aus dem Leben christlicher Osmanen und Kirchenfestdaten (Kat. Nr. 2/42), und auch den Ruhesitz des Patriarchen auf dem Athos zieren Teller dieser Gattung[21]. Solcher Aufschwung in Istanbul entspricht dem Niedergang des Gewerbes in Iznik, das von 300 Werkstätten z. Zt. Ahmets I. nach Evliya auf 9 im Jahr 1648 heruntergekommen war. Parallel dazu nimmt die Produktion in Kütahya zu, und 1608 erwähnen die Quellen die ungläubigen Tassenmacher, 1669 das Stadtviertel der ungläubigen çīnījī. Der keramische Scherben ist fein wie in Iznik, etwas farbig, die blaue Farbe ist seltener und von minderer Qualität, Rot wird nur in winzigen Tupfen verwandt, Gelb ist eine Besonderheit (Kat. Nr. 2/51). Die Bemalung ist kleinteilig und von Hausmalerqualität, die Maler verwenden Marken, chinesisches Porzellan wie ostkirchlicher Buchdekor liefern Vorbilder (Kat. 2/50, 2/79). Die Fliesenherstellung für Sultansbauten begegnet im 17. Jh. mehrfach Schwierigkeiten, so daß wie bei der Ahmet Cami 1609, im Saray, wiederholt Fliesen andernorts abgelöst und neu verwendet werden. Mit Hilfe von in Iznik gefundenen Meistern gelingt dann 1724 eine Fabrikation in Istanbul beim Tekfürsaray, aber Farben und Glasur erreichen nicht mehr die Qualität von Iznik. In Fliesen aus Kütahya lebt der hochosmanische Stil nach, daneben aber werden zunehmend Aufträge für christliche, bildlich bemalte Fliesen wie fromme Stiftungen ausgeführt in traditionellen Motiven und Typen, die alten Handschriften entnommen werden und die Fertigkeit lokaler Töpfermaler wiedergeben (Kat. Nr. 2/58, 2/79). Im 19. Jh. erhält das Handwerk Auftrieb durch denkmalpflegerische Aufgaben, und historisierende Muster machen sich auf der Kleinware breit.
Zu Ende des 18. Jh. erfährt eine provinzielle Tonware in Çanakkale nahe der ägäischen Küste Kleinasiens einen Aufschwung. Schalen, Teller, Krüge zeigen mehrfarbig-ornamentale Schlickermalerei, sodann auf cremefarbenem Grund flott gepinselte Genremotive in zweierlei Braun unter transparenter Glasur. Eine üppig mit teils figürlichem Relief ausstaffierte Ware mit brauner oder grüner Glasur reflektiert im 19. Jh. europäische Dekorationsware.
Als in Istanbul 1894 die Voraussetzungen für Porzellanherstellung geschaffen wurden, produzierten wieder akademisch, aber im europäischen Ausland herangebildete Designer ein osmanisches Luxusgeschirr – andererseits bestellte Abdul Hamid II. Porzellan in China, das in Istanbul mit kalligraphisch gestalteten Koran- oder auch Sinnsprüchen durch Aufbrennen von Gold vollendet wurde.

(Nicht redigiert)

1 Otto-Dorn (1941) — Anhegger, S. 186, Nr. 33.
2 Carswell (1972), I, S. 79—80.
3 Aslanapa (1974), S. 30, Abb. 8.
4 Istanbul (1983), Nr. D 61.
5 Otto-Dorn (1941), Anhegger, S. 179; Rogers, The luxury trades in later Islam, British Museum, Occasional Papers, 268.
6 Zick-Nissen (1976), S. 251, Fig. 8.
7 W. Lehnhäuser, Glasuren und ihre Farben (1966), S. 19—20; 100—101. — T. Hausmann, Maiolika. Berlin 1972, s. Faenca, Jahre 1510—1515. — Otto-Dorn (1941) — Sahm, S. 129.
8 Radojković (1965), Fig. 13. — Šakota (1981), Fig. 10.
9 Ünal (1969), S. 86—87. — Kolsuk (1977), S. 54.
10 Rogers, A group of ottoman pottery in the Godman Bequest, (im Druck, Burlington Magazine), Anm. 43.
11 Otto-Dorn (1957), Abb. 41. — Teller im Museum für Islamische Kunst. Geschenk A. U. Pope, Inv. Nr. I.13/1959, unveröffentlicht.
12 Düsseldorf (1973), Nr. 305; 304—306; Für die vorher benannte Milet-Ware s. d., Nr. 302—303. — Victoria and Albert Museum, London, Kleine Vase mit Spiralrankendekor und roten Rosettblüten, Inv. Nr. C. 158—1909.
13 Lane (1957), S. 53—54; Tf. 38.
14 Otto-Dorn (1957), S. 96; 149—159.
15 Carswell (1984).
16 Rogers, A group of ottoman pottery, s. o., Nr. 10.
17 Denny (1976), fig. 2; 5.
18 Raby (1983); Rogers, s. o., Nr. 10, Anm. 41, betr. Ö. L. Barkan, Belgeler iX (Ankara 1979), S. 116 (2) a—e.
19 Miller (1972), S. 153—154. — Zick-Nissen (1978), S. 933.
20 Öz (o. J.), S. 26—27.
21 Zick-Nissen (1978), S. 928; Abb. 1.

2/1
Schultertopf

Kütahya (?) · drittes Viertel 15. Jh.
H 24,5 cm, Fuß Dm 14,5 cm
Quarzfritte-Keramik mit Unterglasurmalerei

London, Victoria and Albert Museum
C 57 – 1952

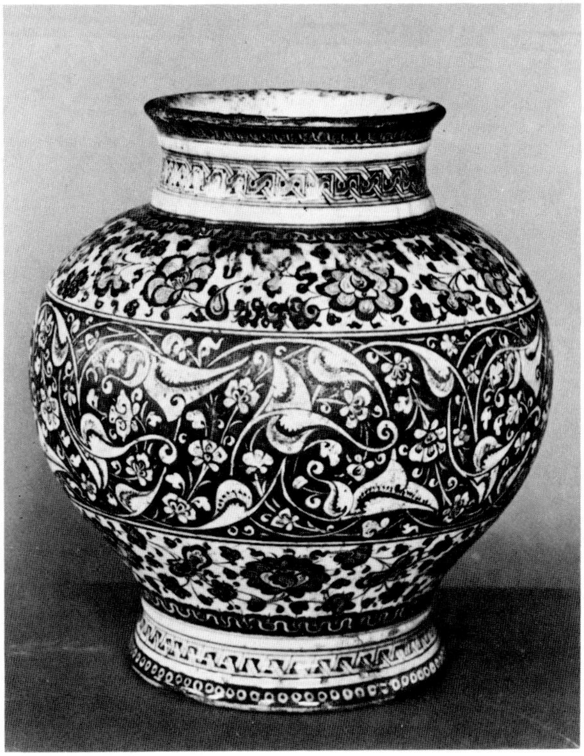

Schultertopf auf ausgestelltem Fuß, mit zylindrischem Hals und Randlippe. In tiefblauer Malerei folgen, teils zeichnend, teils aussparend gemalt, Friese der Form des Gefäßkörpers. Im blaugrundigen Hauptfries Komposition aus zweierlei überlagernden Gabelblattschwüngen, darunter wellenförmige Päonienranke. Auf der Schulter Ranke mit Päonienblüten, Lotosblättern, wolkenförmigen Rispen, und gegen den Fuß Päonienranke, überlagert von Wolkenschleifen. Das dunkle Blau sowie der Glanz der Glasur ist einer Gefäßgruppe eigentümlich, deren Malerei auf chinesische sowie timuridische Vorbilder weist. Bodenmarkierungen durch glasurfreie Flecken, Stufung, blaue Ringe oder Blütenkranz (Kat. Nr. 2/6) weisen in die gleiche Richtung. Die zeichnerische Durchbildung der Päonie, die Pinselmalerei der Wolken, Lotosblätter und Rispen, die Detaillierung der geblähten Gabelblätter deuten auf einen mit Pinselmalerei vertrauten Maler, der die Technik der Reservemalerei beherrschte, Vorlagen timuridischer Malerei wie mamlukischer Koranillumination des 15. Jh. kannte, aber keine Schulung in der Kunstform der Arabeske besaß.

Lit.: London (1976), Nr. 405; Lane (1959), Abb. 3–9, 31.
Vergleiche in der Literatur: Lane (1957a), Tf. 23; Düsseldorf (1973), Nr. 308; Berlin, Museum für Islamische Kunst, unveröffentlichte Scherben aus Istanbul; London (1976), Nr. 126, 115.

2/2
Teller

Iznik oder Kütahya · Ende 15. Jh.
H 7,4 cm, Dm 40 cm
Quarzfritte-Keramik mit Unterglasurmalerei

Paris, Musée du Louvre, A. O. no. 6321

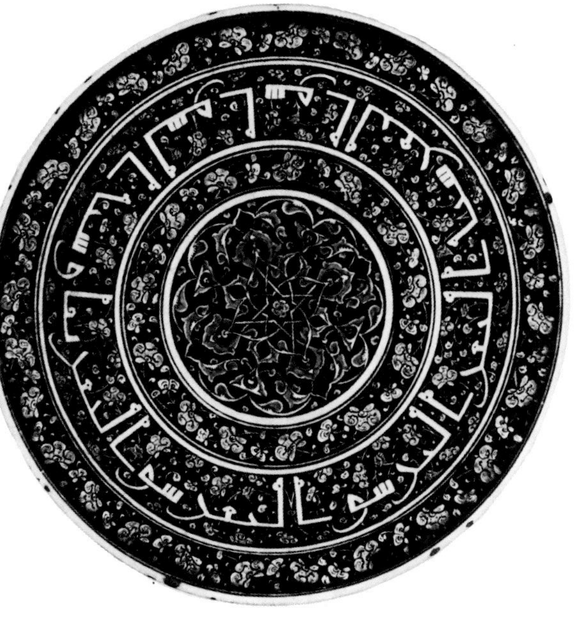

Rund gewölbter Teller mit ebenem Rand auf Ringfuß. Auf blauem Grund in aussparender und zeichnender Malweise ein aus Arabeskranken und Wolkenbändern geflochtener Achtpaß im Spiegel, umgeben von einer Päonienrankenborte, die auf dem Rand wiederkehrt. In der Wandung über einer Spiralranke mit Päonien, weiß, und im gravitätischen *Sülüs*-Duktus eine Folge von sich wiederholenden Schriftzeichen, wobei die Oberlängen der arabischen Buchstaben sechsmal radial und paarweise zur Mitte gerichtet sind.

Lit.: Lane (1957b), S. 259, Abb. 8; Paris (1971), Nr. 90; (1977), Nr. 581; London (1976), Nr. 407.

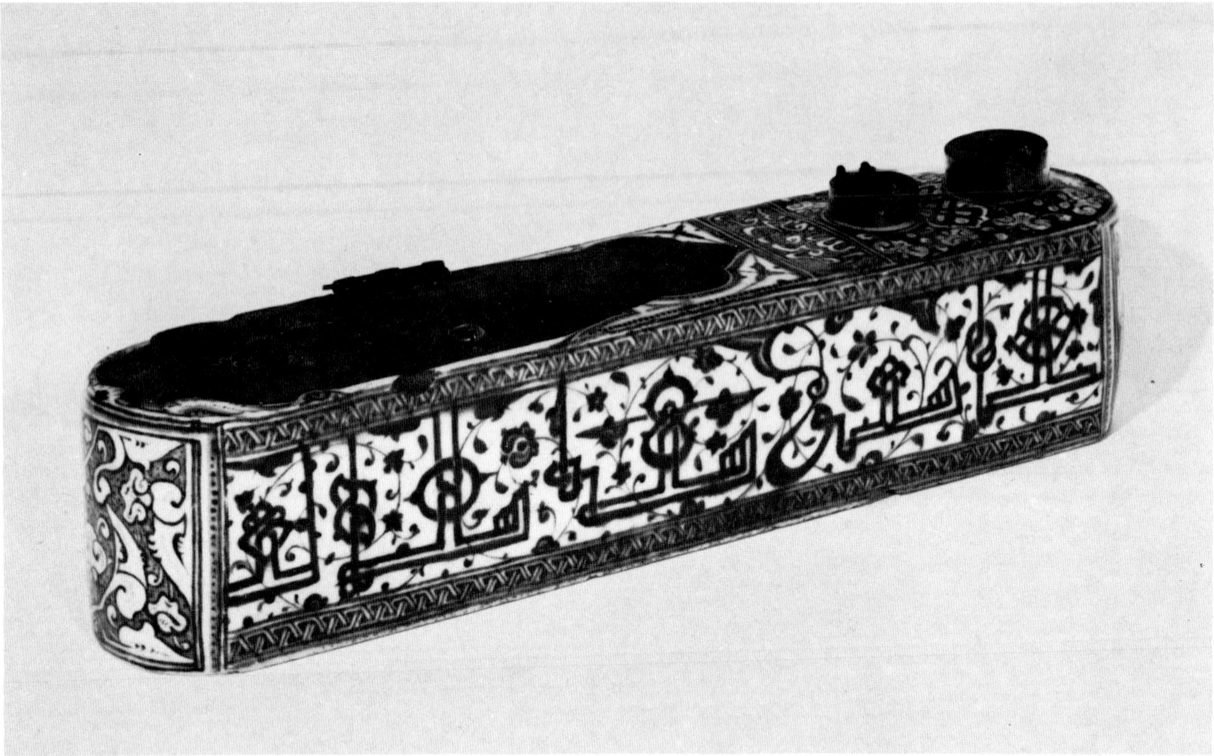

2/3

Schreibkasten

Iznik oder Kütahya
Anfang 16. Jh.
H 6,5 cm, B 30 cm, T 6,2 cm
Quarzfritte-Keramik mit Unterglasurmalerei; Silber

London, British Museum, G. 1983.7 Godman Bequest

Der zur Hälfte geschlossene Schreibkasten umfängt zwei Tuschebehälter mit Silberverschluß und das offene, kurvig umgrenzte Fach für Schreibrohre und Federmesser. Es wird bedeckt von einer gravierten Silberplatte mit der Tughra von Selim III. Die Profilierung der Außenwandung entspricht sowohl älteren Metallarbeiten, wie späteren aus Leder. Blaue Zeichnung auf Weiß, und weiß aussparende Malerei auf Blau, schmückt die Innen- wie Außenflächen mit Spiralranken, Päonien, Arabesken, Wolkenbändern und Flechtornament. Die kursiv geschriebene Devise *naṣr min Allāh wa-fatḥ qarīb* (Hilfe von Gott, und ein baldiger Erfolg) trennt Rohr- und Tuschebehälter, diese wiederum verbindet ein Flechtknoten, Symbol für langes, glückhaftes Leben. Die Seitenwände begleitet in stilisiertem *Kufi*-Duktus eine Wortfolge, in deren Mitte der kursiv gestaltete Buchstabe *wāw* auffällt. Für das Verständnis der Zeile ist die Lesung *ṣalāb, sifr, wa-sa'd, salām* (Strenge, die Heilige Schrift und Glück, Heil) neu vorzuschlagen, da sie in Übereinstimmung mit kalligraphischen Entwürfen des 14./15. Jh. als Ausspruch die Parallele ergibt zum tauschierten, astrologischen Dekor syrischer Schreibkästen aus dem 13./14. Jh.: einem (hochrangigen) Amtsträger wird für sein Handeln Segen gewünscht. Dem entspricht die Anordnung von Wort und Bild auf dem osmanischen Gerät.

Lit.: Godman (1901), pl. XLIX, no. 296; Lane (1957a), pp. 45–8, pl. 25b und (1957b), p. 259, fig. 23; Rogers (1984), pl. XII.

2/4

Kanne

Kütahya (?)
datiert 959 armen. 1510, 11. März
H 17 cm, Dm 11,2 cm, Dm Fuß 7,3 cm
Quarzfritte-Keramik mit Unterglasurmalerei

London, British Museum, G. 1983.1 Godman Bequest

Bauchige Kanne auf getrepptem Fuß, mit hoher Tülle, über flacher Schulter und Wulst ansteigender Kelchmündung, an welcher der Henkel in Gestalt eines Schlangendrachens anliegt. Den Gefäßkörper bedeckt eine Folge von

weiß- und blaugrundigen Friesen mit Päonien, Arabeskblattranken, den Halswulst ein Flechtband, das zwölfmal ein Kreuz umschließt. Die Tierfigur ist plastisch gestaltet, während der Schwanz in Malerei übergeht. Das mit spitzen Zähnen besetzte Maul ist der Mündung so angelegt, daß die aufwärtsgerichtete Leibesbewegung nun als Henkel abwärts verläuft. Im Fuß befindet sich in armenischer Sprache und Schrift die Angabe: dieses Gefäß (oder: Meßkanne) dient zur Erinnerung an den Diener Gottes, Abraham von K'ot'ay, im Jahr 959, 11. März.
Eine christliche Persönlichkeit dieses Namens und im Zusammenhang mit der Stadt Kütahya ist ebensowenig bekannt geworden, wie die eines Bischofs Tēr Martiros in Ankara, der inschriftlich als Auftraggeber einer Wasserflasche mit der armenischen Datierung auf das christliche Jahr 1529 in Erscheinung tritt. Beide Stücke gaben Anlaß, eine Produktion dieser blau bemalten Gefäßkeramik in Kütahya zu suchen, eine knappe Analyse schien es zu bestätigen und neue Grabungsfunde am Ort sprechen ebenfalls dafür.

Lit.: London (1901), Taf. LV, Nr. 35; Lane (1957), S. 255 u. 271, Abb. 27–28; Carswell (1972c), I, S. 78–79; Rogers (1974); Şahin (1981–1982).

2/5
Kerzenhalter

Iznik oder Kütahya
Erstes Viertel 16. Jh.
H 21 cm, T 15,5 cm
Quarzfritte-Keramik mit Unterglasurmalerei

London, British Museum, 78 12-30 522

Kerzenhalter mit konkav geschwungenem Leib, vertiefter, durch Profil abgesetzter Schulter und geschwungenem Hals mit Wulstring und zylindrischer Tülle. Die kobaltblaue, zeichnende und aussparende Bemalung begleitet die Form in einer Anordnung von Friesen mit wellenförmigen Lanzettblatt- und Blütenranken, dem Schaftablauf folgt eine schwingende, Kanneluren nachahmende Bemalung, an seinem Ansatz verläuft eine Knospenborte. Die Bemalung im Hauptfries bereichert die Blütenranke durch die Ausformung der Chrysanthemenblüten, sowie hinzugefügte Päonienknospen und eine scheinbare Verknotung mit der Lanzettblattranke. Der Rankenverlauf an der Tülle erfolgt regelwidrig nach rechts. Die Malerei ist freihändig nach vorgegebenem Schema ausgeführt.

Lit.: Aslanapa (1965), Abb. 69.

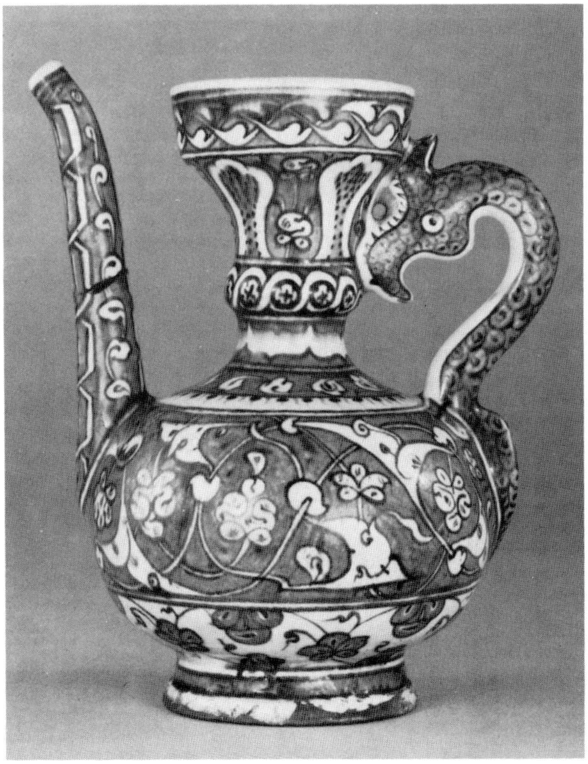

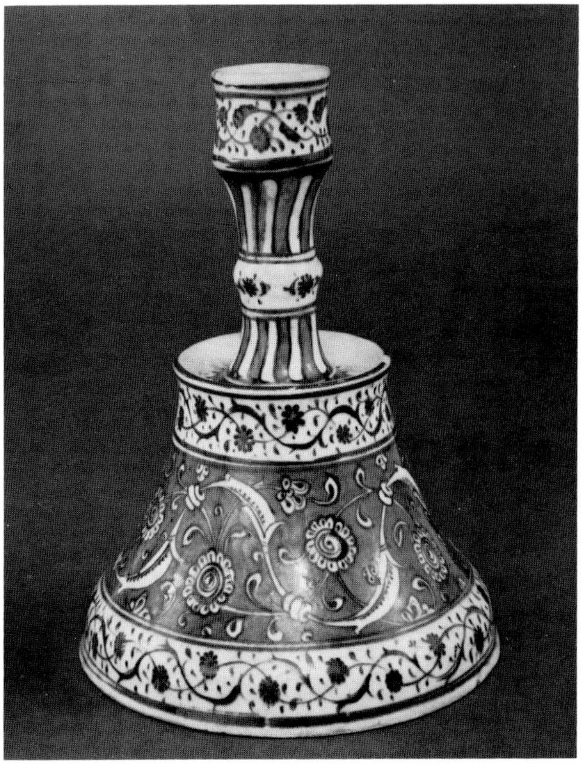

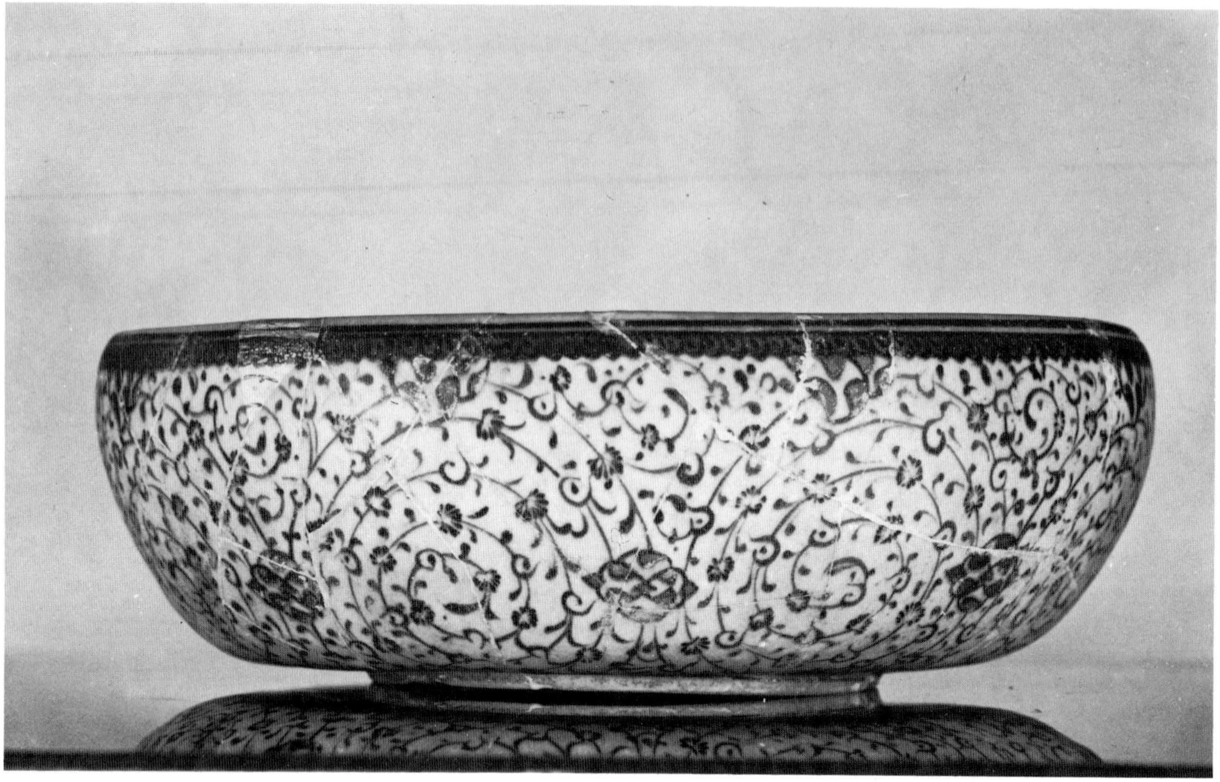

2/6
Schale
Iznik
vor 1529
H 7,5 cm, Dm 23,5 cm, Dm Fuß 11,5 cm
Quarzfritte-Keramik mit Unterglasurmalerei

Berlin, Staatliche Museen Preußischer Kulturbesitz, Museum für Islamische Kunst, I. 5567

Schale mit runder Wandung und eingezogenem Rand, auf Ringfuß stehend. Im gerahmten Spiegel breiter, blau gezeichneter Rankenfries mit sieben türkisfarbenen S-förmigen Agraffen, im Zentrum Wirbel aus Blütenranken. Um die Außenwandung Spiralranke, die achtmal gegeneinander, gegen den Rand und die untere Bordüre durch Arabesk-Agraffen verbunden ist. Im Fuß zwischen zwei konzentrischen Doppelringen ein Kranz aus Blüten und Schleifen, im Zentrum eine Blüte. Die Form der Schale entspricht Metallgerät, möglicherweise gehörte ein Deckel dazu. Gefäße mit derartigem Dekor werden im Hinblick auf den ersten Bodenfund „Golden-Horn-Ware" genannt. Ihre Produktion jedoch ist in Iznik durch Grabungen bezeugt, auf Kütahya bezogen durch Rückschluß aus der Aufschrift einer Flasche, die 1529 im Auftrag eines Bischofs von Ankara hergestellt wurde. Neuerdings ist aufgrund italienischer Quellen zu fragen, ob gleichartige Gefäßkeramik in Saloniki hergestellt wurde, da der Typ in Kopistenqualität auftritt, die nicht lokalisiert ist.

Lit.: Zick-Nissen (1976), S. 251; Öney (1976), S. 125. Vergleiche in der Literatur: Rogers (Burlington Magazine, im Druck), A group of Ottoman pottery in the Godman Bequest, Anm. 47 und zugehöriger Text.

2/7
Ampel
Iznik
Anfang 16. Jh.
H 28,5 cm, Dm 18,5 cm, Dm Fuß 10,5 cm
Quarzfritte-Keramik mit Unterglasurmalerei

London, British Museum, G. 1983.4 Godman Bequest

Bauchige Ampel mit trichterförmigem Hals und auf hohem, gekehlten Fuß. Auf der Schulter drei angelegte Ösen, zugehörige Kupferketten mit milchiggrauen Stein- und braunen Holzperlen. Kobaltblaue Bemalung in zwei Tönen, um den Leib Friesfolge, im Fuß zwölfzackiger Flechtstern, Zinnen- und Zierborte. Den Flechtband- und Lanzettblattborten am Fuß folgen Päonienranken an Leib und Hals, während in der Hauptzone unter den geschuppten Ösen ein symmetrisches Flechtknoten- und Wolken-

bandornament liegt als Achse einer weißen Zinnenfläche, von deren Spitze blaue Blütengewinde zur folgenden blaugrundigen Zinnenfläche schwingen. Diese umfängt ein symmetrisches, arabesziertes Wolkenbandornament in aussparender Malweise. Die Oberkante umschließt eine Abfolge von drei miteinander verflochtenen, blaugrundigen Kartuschen mit weißer Nesih-Schrift. Aus dem 13. Vers der 61. Sure ist zitiert . . . *Hilfe von Gott und ein nahe (bevorstehende)r Erfolg. Bringe den Gläubigen gute Nachricht . . .*, angeschlossen wird die Anrufung Muhammads sowie die gemeinsame von Allah, Muhammad und Ali.
Die Ampel gehört zu einer Gruppe, die aus der Türbe des 1512 verstorbenen Bayezid II. in Istanbul stammt. Ihr künstlerischer Stil vereint Elemente der Arabeske, der Päonien- und Wolkenornamentik, des Flechtwerks, mit einer für diese Periode kennzeichnenden frommen, kämpferischen Anrufung, die Ali einschließt.

Lit.: Lane (1957a), S. 45–48, Abb. 25a; (1957b), S. 258, Abb. 21; Ünal (1969), S. 82–83, Abb. 25; Rogers (1984), Abb. 1.

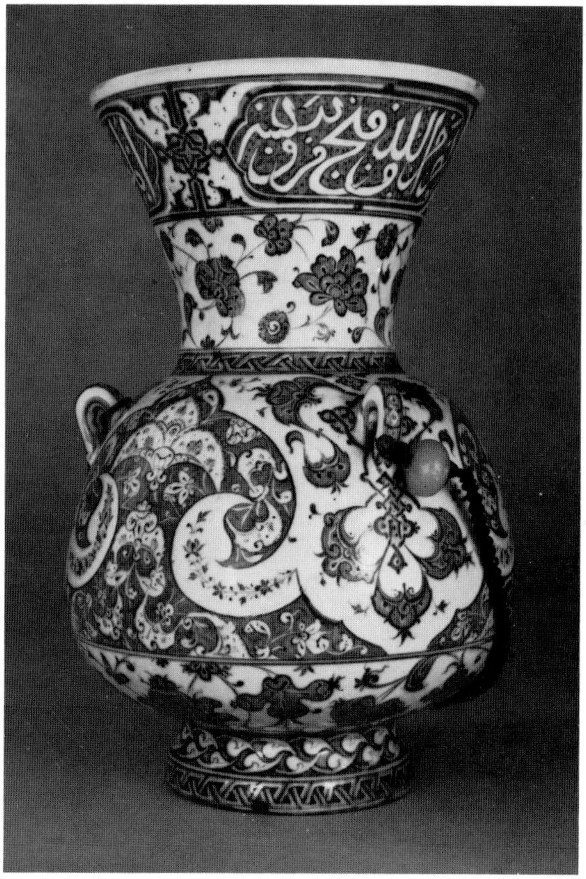

2/8
Teller

Iznik
Erste Hälfte 16. Jh.
H 6 cm, Dm 40,2 cm, Dm Fuß 21,7 cm
Quarzfritte-Keramik mit Unterglasurmalerei

Berlin, Staatliche Museen Preußischer Kulturbesitz, Museum für Islamische Kunst, I. 4201

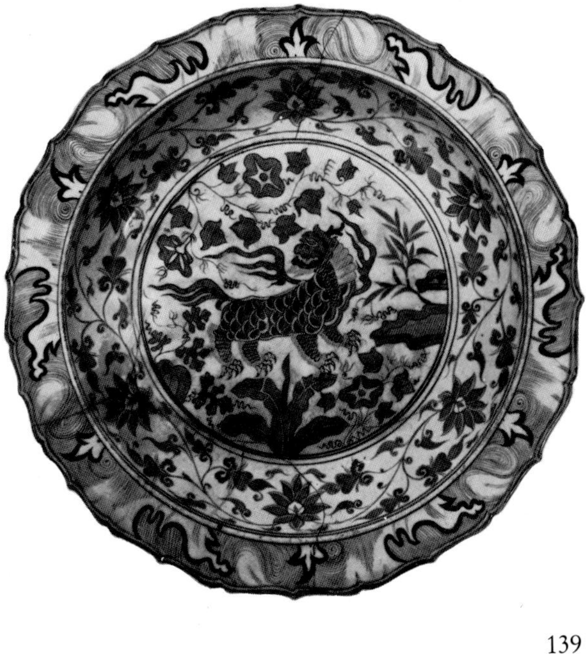

Rund gewölbter Teller mit ebenem, zwölfmal durch Doppelschwünge kurvig beschnittenem Rand auf weitem Ringfuß mit einwärts geschrägtem Profil. Im gerandeten Spiegel ein Fabeltier nach rechts mit Tigerpranken und -kopf, geschupptem Leib, einem Horn auf dem Kopf, Flammen an Keulen und Schwanz. An der Wandung außen wie innen Blattranken mit jeweils sechs stehenden, bzw. hängenden Palmettblüten. Auf dem Rand markante kalligraphische Wiedergabe von sprudelndem Wasser in sechsfacher Wiederkehr.
Das Tier ist das glücksbringende *Khilin* der chinesisch-buddhistischen Legende, Wohlergehen verheißen die Pflanzen: Kürbis, Winde, Bananenstaude, Lotos, die es umgeben, sowie die Wiederkehr der Anzahl von zwölf und sechs in der Bemalung. In seinen Dekorelementen wie in der Form stellt der Teller eine Kopie nach einem Porzellanteller des späten 14. Jh. dar, aber auch die Schulung von Malern durch überkommene Zeichnungen im Besitz der Werkstätten des Serail spielt eine Rolle.

Lit.: Zick-Nissen (1976), S. 251, Abb. 7; Rogers (1983), S. 99, Abb. 9.

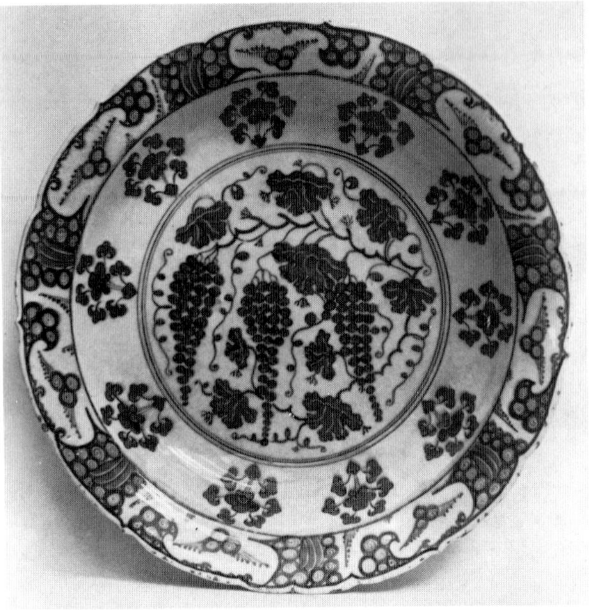

2/9
Teller
Iznik
Zweites Viertel 16. Jh.
Dm 38 cm
Quarzfritte-Keramik mit Unterglasurmalerei

Kopenhagen, Davids Samling, Isl. 110 (F)

Großer, rund gewölbter Teller mit eben ausladendem, durch sieben Doppelschwünge begrenztem Rand. Im Spiegel von rechts eine Rebe mit drei Trauben und lappigen Blättern, in der Wandung zehnmal wiederholt eine von Blättern umstandene Blüte, auf dem Rand siebenfach in typisierender Vereinfachung sprudelndes Wasser an blauen und grünen Felsbrocken.
Die Malerei vertritt etwa in der Zeit der weinliebenden Sultane Selim II. und Murad III. einen außerordentlich häufig wiederholten Typ von chinesischen Porzellantellern der frühen Ming-Periode. Das Motiv selbst, in China mit der Blaumalerei im 14. Jh. als westlicher Einfluß aufkommend, findet im osmanischen Bereich eine Neubelebung, jedoch ausschließlich für Tafelgeschirr. Erst im 17. Jh. wird es, zusammen mit der Zypresse, auf Fliesen, wie auf Grabsteinen angewandt. Die osmanischen Töpfermaler gehen bald von der exakten Kopie über zu einer farbigen Bereicherung durch Türkisgrün, später durch Smaragdgrün und Schwarz bei zunehmender Vereinfachung der Zeichnung.

Lit.: Kopenhagen (1975), S. 100.
Vergleiche in der Literatur: Pope (1972); Medley (1973).

2/10
Teller

FARBTAFEL Bd. 1, S. 36

Iznik · Zweites Viertel 16. Jh.
Dm 38 cm · Quarzfritte-Keramik mit Unterglasurmalerei

Wien, Österreichisches Museum für angewandte Kunst, 17598 788

Rundgewölbter Teller mit flach ausladendem, durch Doppelschwünge konturiertem Rand. Seine Umrißlinie wiederholt sich beim Ansatz des Randes, sowie als Umgrenzung des Spiegels. In Blaumalerei verläuft auf dem Rand, wie um die Außenwandung, eine Ranke mit Chrysanthemen- und Päonienblüten im Wechsel. Um die innere Wandung gruppiert sind acht stehende Tulpen, flankiert von kleinen Nelkenblüten, zwischen ihnen stehen dekorativ gestaltete Pflanzen, darunter Päonien, Chrysanthemen, Ackerwinde.
Im Spiegel eine Komposition in abweichender Handschrift: ein Reiher mit türkisfarbenem und blauem Gefieder auf einem Felsbrocken inmitten kurvenreicher, verschlungener und sich überschneidender und durchwachsender Fiederblätter, durch deren eines sich eine türkisfarbene Schlange windet, sowie von Knospenblüten und Blütenknospen.
Die Anlage des Dekors steht in der Tradition der Nachahmung von Porzellan des späten 14. Jh. aus freier Hand und bei eigenmächtigen Bereicherungen aus der natürlichen Pflanzenwelt. Die Zeichnung des Spiegels hingegen basiert auf einer Schulung von Malern in den Saray-Werkstätten, wo Meisterzeichnungen gesammelt, kopiert und komponiert wurden zur Anwendung im Kunsthandwerk.
Während das Blattwerk einen neuen kurzlebigen Istanbuler Hofstil wiedergibt, folgt die Zeichnung des Reihers und die Zuordnung zu einer Schlange Vorlagen, wie sie in den Saray-Alben der Berliner Staatsbibliothek erhalten sind.

Lit.: Zick-Nissen (1976), S. 250, Abb. 5; Rogers (1983), S. 98, Abb. 8.

2/11
Schüssel
Kütahya (?) · Zweites Viertel 16. Jh.
H 12 cm, Dm 29,5 cm
Quarzfritte-Keramik mit Unterglasurmalerei

Frankfurt, Museum für Kunsthandwerk, 13 299

Rund gewölbte Schüssel auf Ringfuß. In zweitoniger blauer Bemalung mit türkisfarbenen Details, um die Wandung wellenförmige Ranke mit flächig stilisierten Rosettblüten und Knospen, entsprechend dem Typ der Päonienranke. Im Innern gerandeter Spiegel mit aus blauem Wolkengrund ausgespartem Feld mit einer natürlich schwingenden Nelkenstaude; in der Wandung Wellenranke, sechsmal belegt durch dreifarbige, große Rosettblüten, welche Blattranken

TAFEL XV
Wasserflasche aus Bergkristall (Kat. Nr. 7/3)

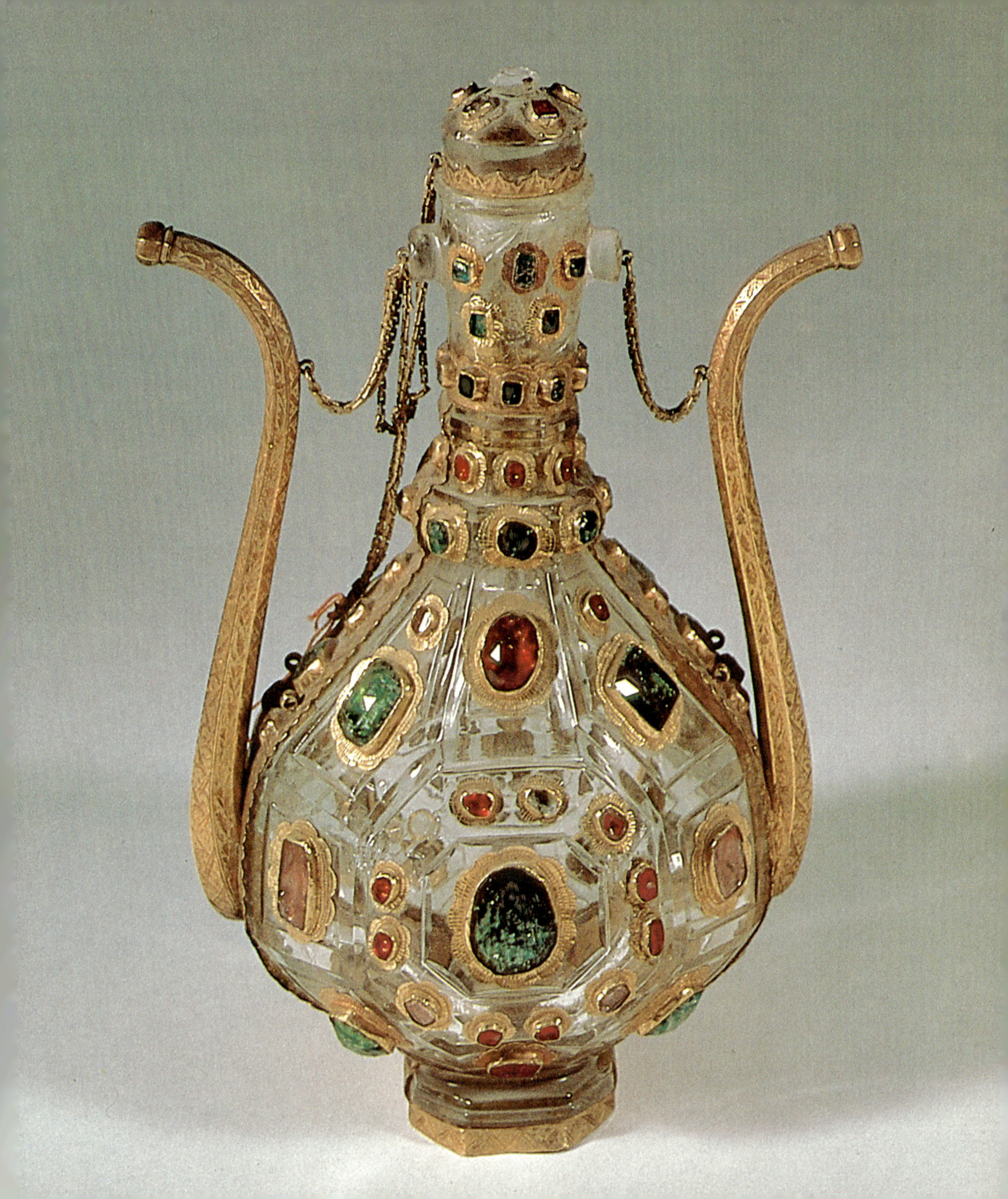

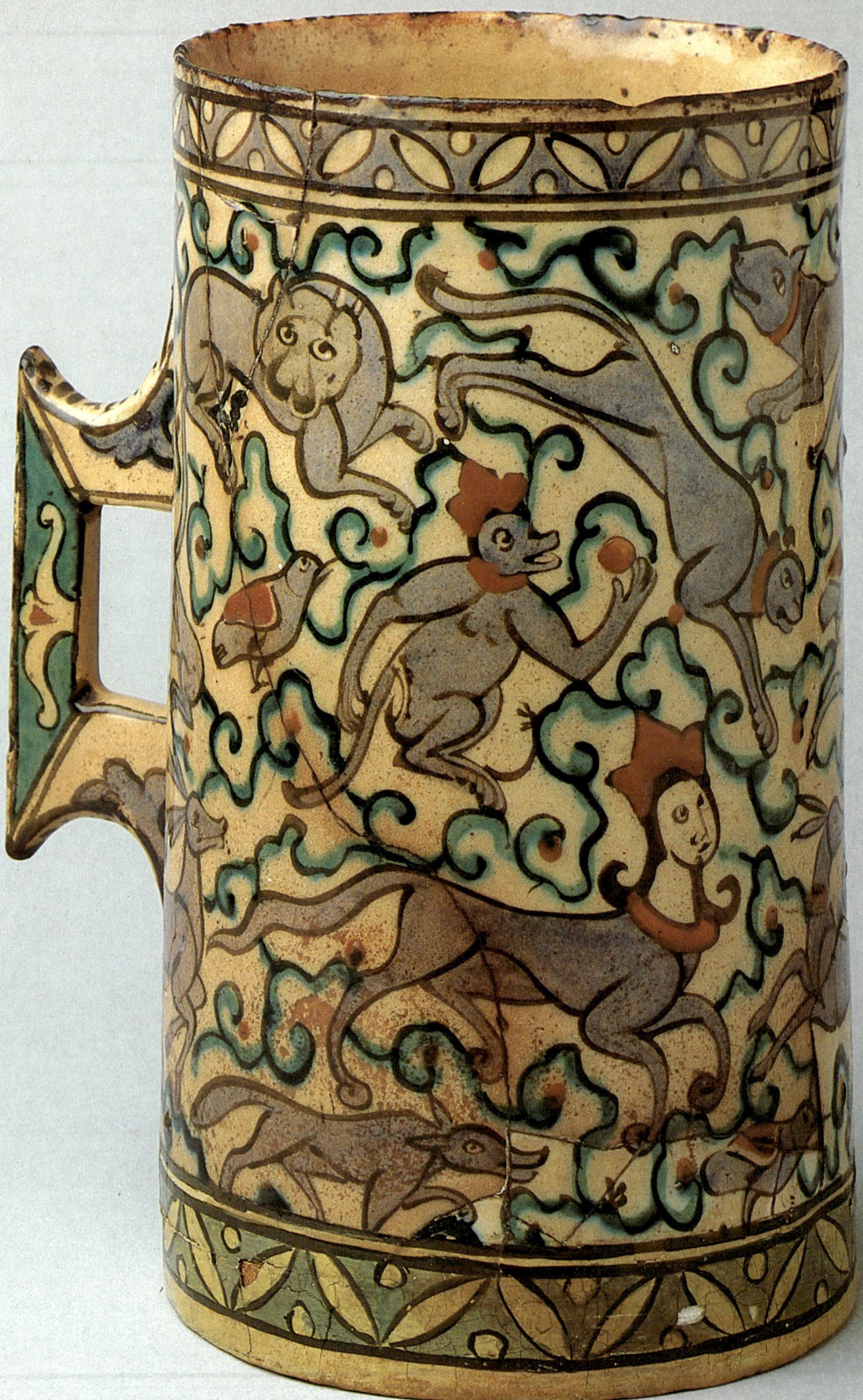

überlagern, die einmal am Rand, das andere Mal am Spiegel anliegende Palmettblüten entsenden.
Die zeichnerische Eigenart, das wolkig begrenzte Feld im Spiegel, der Verlauf der ornamentalen Ranke bei naiver Hinzufügung von Pflanzen erinnern an einige Teller mit Blumenvasen über einem Bau mit Innenhof, mit einer Schlange, die im Baum einen Vogel beschleicht. Die keramische Qualität entspricht Gefäßen mit Spiralranken und Päoniendekor (Kat. Nr. 2/6–7). Die Maler verwenden schon das zweifarbige, gefiederte Blatt, die natürliche Blüte, jedoch ohne die zeichnerische Schulung von Hofmalern. Diese Differenz legt es nahe, auch in dieser Gruppe eine Produktion von Kütahya zu vermuten.

Lit.: Unveröffentlicht. – Vergleiche in der Literatur: Lane (1957a), Tf. 30 und 33A; Lane (1959), S. 267, Abb. 38–39.

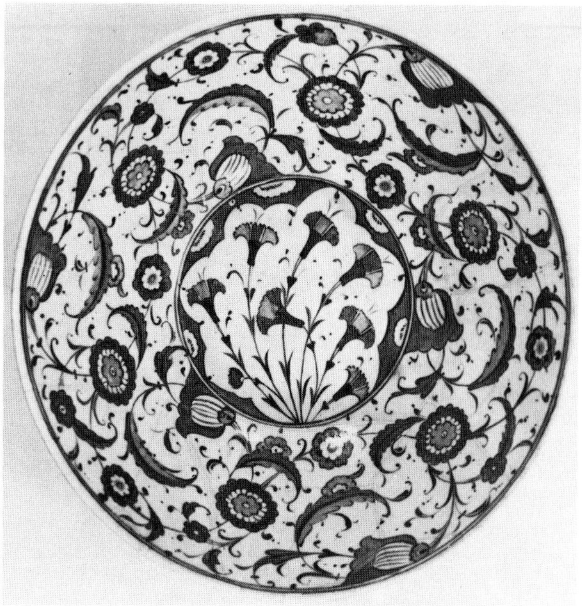

2/12
Teller

Iznik · Zweites Viertel 16. Jh. · Dm 26,4 cm
Quarzfritte-Keramik mit Unterglasurmalerei
London, Victoria and Albert Museum, 5763 – 1859

Teller mit breitem, flach ausladendem Rand. Im Spiegel gerandetes Medaillon mit Porträtbüste nach links und Landschaftsangabe mit Kirche in blauer und graugrüner Zeichnung. Wandungsmusterung durch blau gefüllte Schuppen mit acht ausgesparten Spitzovalen mit fünf gebündelten Tulpen, dazwischen Paare von mondförmigen Perlen. Außen an den Profilen blaue Begleitränder. Ein bogenförmiger Ausschnitt im Rand – restauratorisch ergänzt – dürfte darauf beruhen, daß der Teller als Barbierschale Verwendung fand.
Der unbärtige „Franke“ trägt eine Kappe mit wulstigem, graugrünem Rand und Feder, ein graugrünes Gewand mit blauen Spiralranken auf weißem Kragen. Sein Gesicht ist modelliert, der Blick gerichtet, das Profil ist von Schatten hinterfangen.
Italienische Sgraffitoware mit Porträtbüsten ist für das Ende des 15. Jh. in Syrien erwiesen, Majolika aus dem Anfang des 16. Jh. mehrfach in Milet, Istanbul, Alexandria, Kairo. Bellini und Costanzo da Ferrara liefern Porträtmedaillen in Istanbul. Um 1520 gestalten die Majolikamaler von Urbino, Deruta und Gubbio Köpfe mit olivfarbener Modellierung und Schattenhinterfangung, der Typ der Mütze ist 1504 bei Filippo Lippi zu finden, Schuppenmusterung ist für Majoliken aus Deruta geläufig. Der Maler des Tellers war somit an italienischen Vorbildern geschult oder selbst ein Christ, wie es Elviya Çelebi hundert Jahre später bezeugt, da *uns nach unserem Gesetz die Porträtmalerei verboten ist.*

Lit.: Lane (1957a), S. 52, Tf. 31A; Lane (1959), S. 268, Abb. 41. Vergleiche in der Literatur: Meyer zur Capellen (1983), S. 210–12.

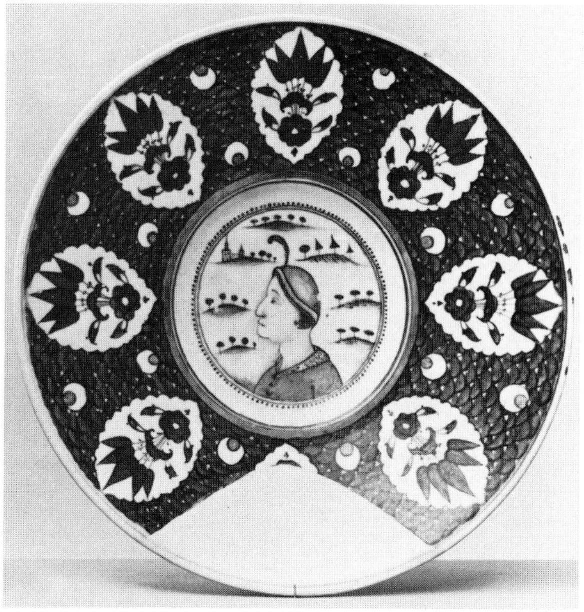

TAFEL XVI
Humpen mit Tieren (Kat. Nr. 2/38)

2/13
Deckelschale

Iznik
Mitte 16. Jh.
H 19,15 cm, Dm 22,3 cm, Dm Knauf 8,4 cm,
Schale H 12,8 cm, Fuß 9,6 cm
Quarzfritte-Keramik mit Unterglasurmalerei

London, British Museum, G. 1983. 31 Godman Bequest

Rund gewölbte, hochfußige Schale mit leicht eingezogenem Rand. Flach gewölbter Deckel mit gehöhltem Knauf in konkavem Kontur, wie der Fuß. Dreifußspur im Deckelinnern, Spuren roter Brandstützen am Knaufrand. Wiederholende Bemalung aller Flächen bei schwarzer Zeichnung: gruppierte und gebündelte Blüten, Wolkenschleifen, in den Farben Blau, Türkisgrün, Manganrosa, Graugrün. Um die Wandung siebenmal stehende Blattkelche mit einer blauen Tulpe, türkisfarben zentrierte Rosen, blaublühende Rispen; auf dem Deckel Rosenpaare und Hyazinthen, im Spiegel gerahmtes Rund mit blauen Kelchblüten, Rosen, Wolken, im Deckel Medaillon mit Rosen und Tulpen, im Knauf Rosette. Um Fries und Knauf blauer Fries mit Tulpenknospen in Gruppen im Wechsel mit einem „Wunschjuwel". An den Kanten von Schale, Deckel und Knauf als Borte Reihen von spiralig gezeichneten Tropfen, gruppiert mit blauen Perlen.
Der Schalentyp geht zwar überein mit iranischen Metall- und Keramikgefäßen ilchanidischer Zeit, wird jedoch dort nicht weiterentwickelt, während er im 15. Jh. an italienischen Höfen als Tafelgeschirr erscheint, was die Darstellung eines aufwartenden Dieners in einer Kupferstichserie Mantegnas für das Tarock-Spiel bezeugt.

2/14
Kelchschale

Iznik
Zweites Viertel 16. Jh.
Dm 23,8 cm
Quarzfritte-Keramik mit Unterglasurmalerei

London, Victoria and Albert Museum, C. 1991 – 1910

Tiefe Schale mit runder Wandung, die in einen sockelartigen Fuß übergeht. An Spiegel und Außenwandung auf tiefblauem Grund weiße Arabeskblätter mit attachierten grünen und weißen Wolkenbändern im Verband mit Rosenranken, welche Kompositblüten mit Lotosblütenkern in einem lappigen und durchbrochenen Blattkranz tragen. An Rand und Fuß Gruppen von weißen Tulpenblüten in blauen Feldern, unterbrochen durch türkisgrüne Zwickel bzw. Perlflächen. Manganrosa erscheinen Rosen, Lotosblüte, sowie die ornamental geschwollenen Rippen der Gabelblätter, an welchen zusätzlich Moosgrün auftritt.
Die Form entspricht Metallarbeiten des 13.–14. Jh., wie z. B. tauschierten Kelchen, Dosen, Kesselpauken zur Falkenjagd, aber auch Keramikschalen der Sultanabadgruppe. Die Malerei weist in den durchbrochenen Blütenblättern und der Lotosblüte zurück auf die Gefäße der nach Abraham von Kütahya benannten Gruppe (vgl. Kat. Nr. 2/4), die Komposition auf eine um 1557 zu datierende Ampel für die Süleymaniye Camii in Istanbul.

Lit.: Lane (1957a), S. 51, 53, Tf. 348.
Vergleiche in der Literatur: Lane (1957), S. 56, Tf. 38–39; Hobson (1932), Fig. 106. – Vgl. Victoria and Albert Museum: 1275/6 dat. Sultanabadschale Nr. C. 53-1952; osman. Gefäße Nr. C. 277-1893 und C. 413-1887.

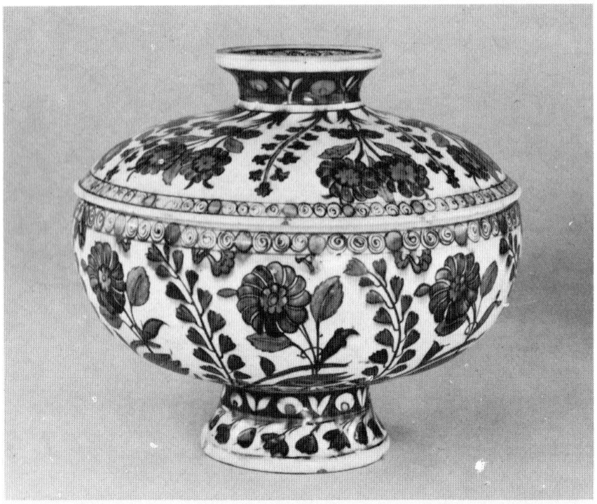

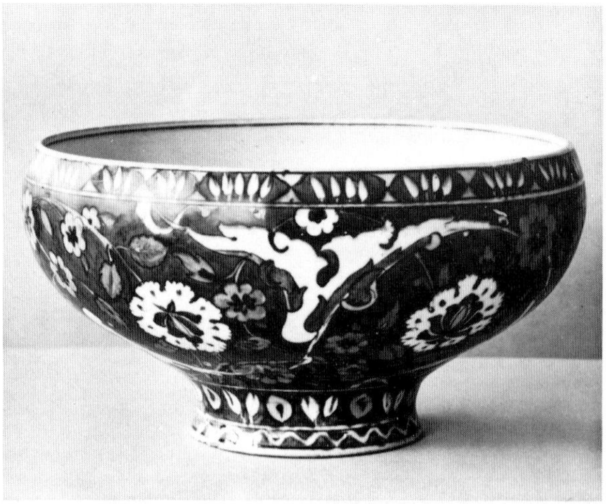

2/15
Teller
Iznik
Zweites Viertel 16. Jh.
H 8 cm, Dm 37,5 cm
Quarzfritte-Keramik mit Unterglasurmalerei

Paris, Musée du Louvre, A. O. K. 3449

Teller auf kleinem Ringfuß, mit weiter Wölbung und abgewinkeltem, bogig beschnittenem Rand. Auf der Oberfläche von Rand zu Rand greifende und durch diesen überschnittene Bemalung, um die Außenwandung Wechsel von sieben blauen Blütenbuketts und Blüten in grau und rosa. Schwarz gezeichnet und grau, rosa, tiefblau und türkisblau gemalt, umspielt ein Stamm mit schuppiger Krone die Mitte, drei schwingende Ranken mit mehrfarbigen Fiederblättern und Päonien, Rosettblüten und Knospen sind mit ihm am Wurzelwerk zusammengebunden mit Blättern, Tulpen, Veilchen. Eingefügt ist seitlich der Mitte eine Pfauenfigur, an der Spitze von Fiederblättern Gewürm (vgl. Kat. Nr. 2/10), vom Rand überschnitten Wolkenschleifen, Gestrüpp am Baum.
Zusammengebundene Zweige und Blüten malten mamlukische Meister nach chinesischem Vorbild zu Anfang des 15. Jh. auf Schalen, jedoch zu Kompositionen von Rand zu Rand kommt es bei islamischer Keramik nur in Perioden der Tätigkeit von Künstlern der Buchkunst. Für den Meister in der osmanischen Gesellschaft ist der Pfau zum Paradies gehörig, desgleichen die phantastischen wie die naturalistischen Blumen und die Schlange.

Lit.: Paris (1977), Nr. 590; Rogers (1983), S. 98, Abb. 10; Kiefer, Ch., Les céramiques musulmanes d'Anatolie, Les Cahiers de la Céramique (1956), Nr. 4. Lane (1957); M. Ş. Ipşiroğlu (1980), Abb. 22, S. 53, Tf. B; Rogers (1983), Nr. 115; Rogers (im Druck 1984, Burlington Mag.). Vergleiche in der Literatur: Aslanapa (1954), Abb. 1.

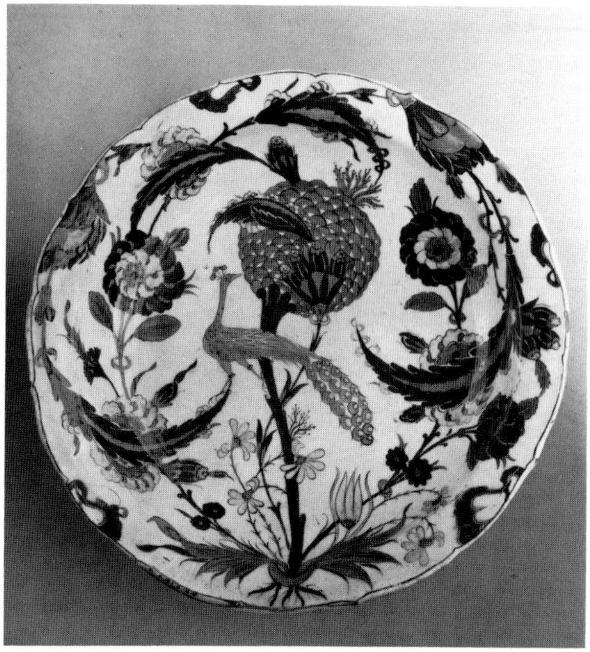

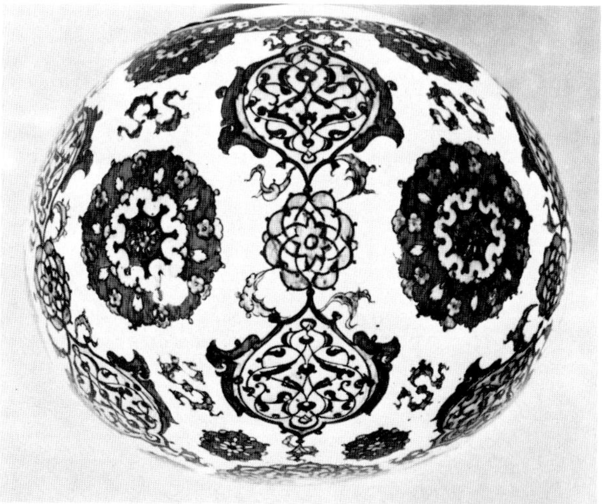

2/16
Hängezierat
Iznik
Erste Hälfte 16. Jh.
Dm 27,5 cm
Quarzfritte-Keramik mit Unterglasurmalerei

Athen, Benaki Museum, Nr.9

Großformatige Hohlkugel mit Wandungsmusterung aus versetzten, mehrfarbigen Achtpaßblüten, manganvioletten Wolkenbändern, sowie durch Achtpässe gekoppelten, türkisfarbenen Spitzovalen mit schwarzem Arabeskornament, umfangen durch ein blaues Gabelblattpaar. Die untere Schauseite deckt ein türkisfarbener Vielpaß mit schwarzer Arabeske, oben schließt ein Kartuschenfries die Wandungsmusterung ab gegen eine freie Deckfläche.
Keramikkugeln, eine Besonderheit der osmanischen Kultur, hingen an einer Kordel oder Kette, welche am unteren Ende eine Quaste als Schmuck wie als Abschluß sehen ließ. Miniaturmalereien von Szenen in der Moschee wie im Palast zeigen sie im 16. und 17. Jh. ebenso, wie europäische Schilderungen des Sultansthrones im 17. und 18. Jh. (Kat. Nr. I/5).

Lit.: Macridy (1937), Abb. S. 136.

2/17
Teller
Iznik (Istanbul?)
letztes Viertel 16. Jh.
H 5,3 cm, Dm 28,7 cm, Dm Fuß 15,2 cm
Quarzfritte-Keramik mit Unterglasurmalerei

London, British Museum, G. 1983. 165 Godman Bequest

Rundgewölbter Teller mit abgewinkeltem, glatten Rand auf Ringfuß. Im blaugrundigen, rot und grün gerandeten Spiegel ein Hirsch mit rotem Geweih inmitten weißer und grüner Tiere mit rotem Halsband, Rebhühner und Uhu mit grünen Flügeln, roten wolkenförmigen Geländebrocken. Auf dem Rand in fünfmaliger Wiederholung grüne Felsbrocken und in spiraliger Zeichnung stilisiertes, sprudelndes Wasser. Außen um den Rand fünfmal ein blaues Tulpenpaar im Wechsel mit grünen Rosettblüten mit blauem Zentrum.
Bizarre Jagd- und Fabeltiere auf farbigem Grund sind bekannt auf Tellern, Humpen, Flaschen des späten 16. Jh. Daß Tiermalerei in Blau und in feiner künstlerischer Qualität bereits im 15. und 16. Jh. geübt wurde, zeigen Gefäßfragmente aus Istanbul und aus Iznik. Ihre Vorläufer haben sie in blauer Malerei auf weißem Anguß bei der rotscherbigen Tonware, wie sie in Iznik und Bursa gefunden wurde.

Lit.: London (1901), Tf. LXI, Ms. 93.
Vergleiche in der Literatur: Lane (1957), Fig. 32; Düsseldorf (1973), Nr. 306.; Grube (1961), Abb. 28–31; Rogers (1983), Nr. 143; Aslanpa (1969), Abb. 9. 5; Zick-Nissen (1976), S. 252, Anm. 30.

2/18
Teller
Iznik · Mitte 16. Jh.
H 5,2 cm, Dm 23 cm, Dm Fuß 9,7 cm
Quarzfritte-Keramik mit Unterglasurmalerei

London, British Museum, G. 1983. 163 Godman Bequest

Teller auf profiliertem, hohen Ringfuß und mit Rezeß im Fuß, eingetieftem Spiegel, schräg und weit ausladendem Rand. Im gerahmten Spiegel wie auf der Wandung auf grünem Grund zwischen Gruppen schwarzer Zypressen natürliche und fantastische Tiere mit blauen Streifen. Auf der Außenseite sechsmal blaue Rosettblüten mit grünem Zentrum im Wechsel mit Dreiergruppen von Tulpen.
Im Spiegel ein Löwe von links, der eine gehörnte, ihn umwindende und beißende Schlange mit dem Maul packt. Um den Rand zwischen radial gerichteten Zypressen ein Löwe und zwei fliegende, gehörnte Hüma's, die Hirsche, Hasen, Vögel hetzen.
Im Unterschied zu den häufigen Tier-Dekorationen (Kat. Nr. 2/38) weisen die Hörner des Schlangendrachen und des Hüma (auch *sīmurġ*, *'anqā*), ihre blaue Streifung wie die des Löwen, auf einen allegorischen Zusammenhang. Der Angriff des Löwen entspricht bei den Bektaşî-Derwischen der Auffassung von 'Alī als Löwe Gottes, der das Übel bezwingt. Die Tiere der Wildnis passen in solche Allegorie, und der Schatten des Vogels Hümā ruft auch nach den osmanischen Dichtern beim Überfliegen segensreiche Wirkung hervor.

Lit.: Aslanapa (1969), Abb. 14.
Vergleiche in der Literatur: München (1979), Nr. 200, Abb.; Krug mit gleichartiger Bemalung im Nationalmuseum von Kuwait.

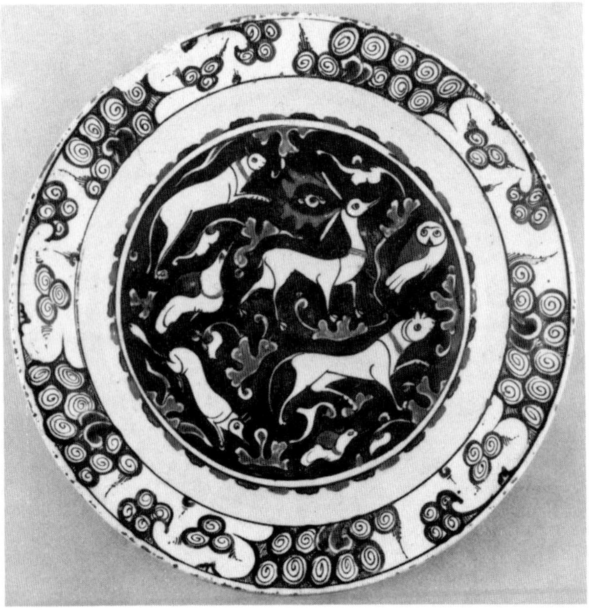

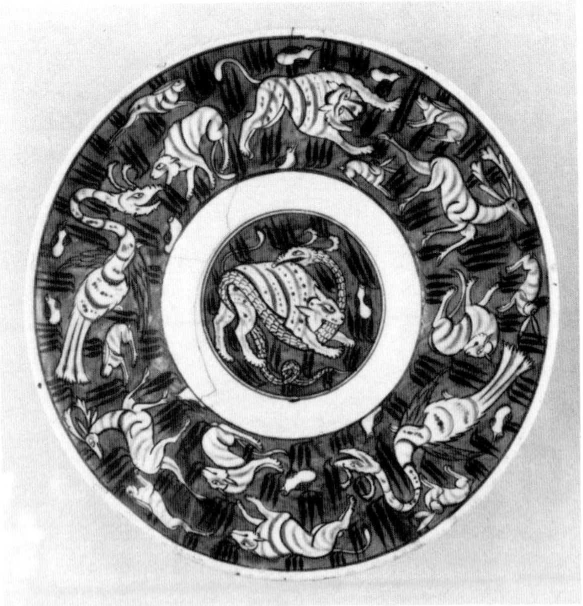

2/19
Deckel einer Schale

Iznik · Mitte 16. Jh.
H 3,5 cm, Dm 20,5 cm
Quarzfritte-Keramik mit Unterglasurmalerei

Paris, Musée du Louvre, A. O. 5960

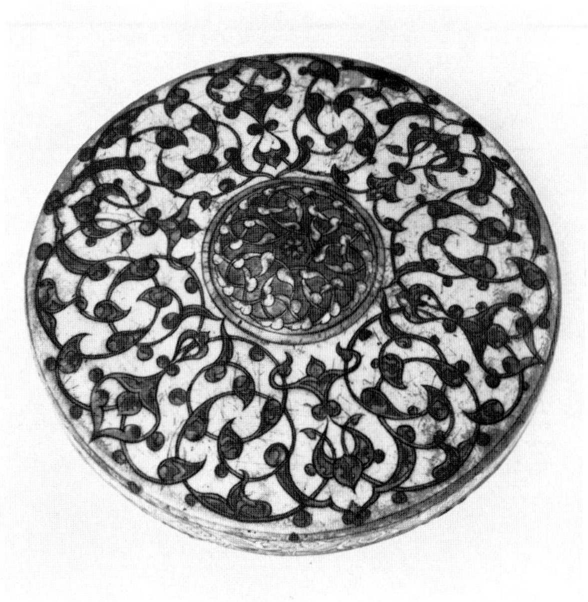

Rund gewölbter, flacher Deckel mit einer Anordnung von je drei aufrecht stehenden, spiraligen Arabeskranken in schwarzer Zeichnung auf weißem Grund, verbunden durch Über- und Unterlagerung mit drei quergerichteten, S-förmigen Lanzettblattranken. Die Achsen der Arabeskranken verlaufen radial und sind durch Agraffen mit rückschlagenden Lanzettblättern musterbestimmend. Im gerahmten, blauen Mittelfeld mit zentraler, sechsblättriger Blüte hell ausgesparte, rot akzentuierte Lanzettblattranken, die in Überschneidungen sechsfach Kreise bilden. Die rot gemalten Blattformen werden durch blaue an den Innenkonturen unterteilt.
Der Deckel dürfte nach seinem Durchmesser zu einer Schale auf geschwungenem Fuß — wie Kat. Nr. 2/13 — gehört haben. Form und Dekor entsprechen Metallgefäßen, wie sich solche denken lassen aufgrund der Vorlagenzeichnung von Holbein d. J. um 1534 (Kat. Nr. 2/82 und 83). In beiden Fällen spielt das Arabeskblatt islamisch-mittelalterlicher Tradition eine sekundäre Rolle.

Lit.: Paris (1922), II, Nr. 215; Paris (1977), Nr. 594; Kühnel (1977), S. 29–30, Tf. 14, 24a.

2/20
Teller

Iznik
Mitte 16. Jh.
H 5 cm, Dm 28 cm, Dm Fuß 16 cm
Quarzfritte-Keramik mit Unterglasurmalerei

Berlin, Staatliche Museen Preußischer Kulturbesitz, Museum für Islamische Kunst, I. 5370

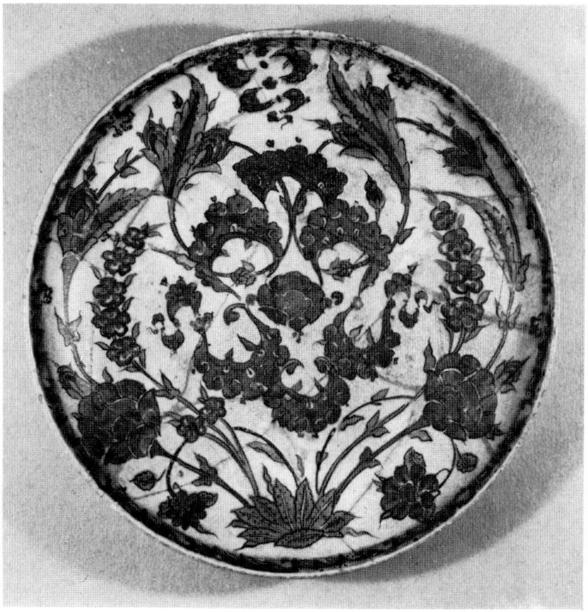

Flach gewölbter Teller mit glattem Rand auf zierlichem Ringfuß. Im Innern achsialsymmetrische Anordnung von Ranken mit blauen Blüten, blau und rot detaillierten Päonien, und gefiederten Blättern, die gemeinsam aus einem Blattkelch entspringen und im Zentrum durch gruppierte, blaue Wolkenbänder mit zentraler Päonienblüte überlagert sind. Am Innenrand Zierstreifen mit Wasserwellencharakter. An der Außenwandung sechs Dreiergruppen aus blauen, radial gestellten Tulpenknospen, dazwischen blaue Rosettblüten.
Der Teller ist ein Beispiel aus der ersten Zeit der Anwendung der reliefstark aufgetragenen, roten Farbe. Nach seiner Zeichnung, Komposition und Farbigkeit steht er der Gruppe der sog. Damaskusware nahe.

Lit.: London (1976), Nr. 414; Kühnel (1963), S. 161; Miller (1978), S. 75.

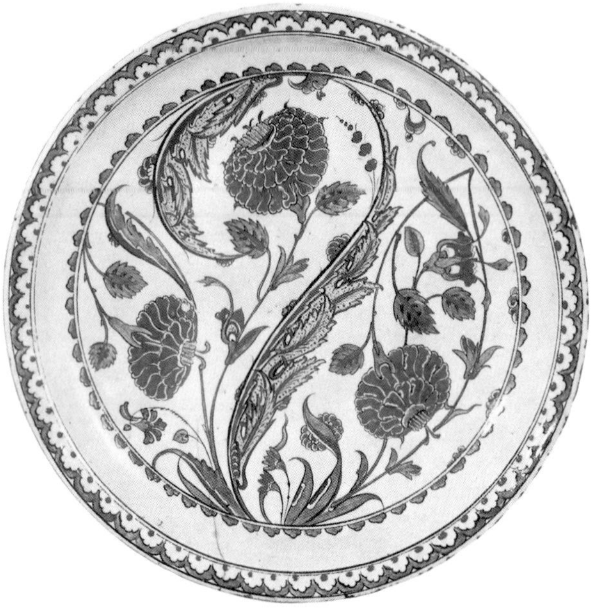

2/21

Teller

FARBTAFEL S. 159

Iznik · Drittes Viertel 16. Jh.
H 4,8 cm, Dm 35 cm
Quarzfritte-Keramik mit Unterglasurmalerei

Frankfurt, Museum für Kunsthandwerk, 622

Teller mit niedriger Wandung und Randlippe. In einem von einer blauen Blattfolge gerahmten Spiegel Komposition von Blütenstielen, die aus einem grünen Blattkelch aufsteigend und in Schwüngen und Knickungen das Feld füllen. Die Achse beherrscht ein S-förmig schwingendes, blau gezeichnetes Fiederblatt mit roten Details. Den kalligraphischen Schwung des Blattrückens umspielen gefiederte, sich durchdringende Blattenden, Blüten, Ranken, eine rote Agraffe. Ein Wolkenband ist vom Rand überschnitten. Drei voll erblühte Rosen, eine Knospe, kleine blaue Nelken ergeben gleichgewichtig verteilte Farbeffekte. Um die Außenwandung sechsmal Rosetten im Wechsel mit Dreiergruppen von Tulpen, im Boden eine schwarze Randlinie. Der Künstlerentwurf wird lange und in verschiedener Qualität von Töpfermalern wiederholt.
Das im Kunststil als *saz* bezeichnete Blatt geht zurück auf Tuschzeichnungen, wie sie für Murad III. in Alben gesammelt wurden. Die schlichte Randborte konzentriert den Blick auf die feine Ausführung der Malerei, die noch Türkisgrün verwendet.

Lit.: Unveröffentlicht.
Vergleiche in der Literatur: Kopenhagen (1975), S. 105.

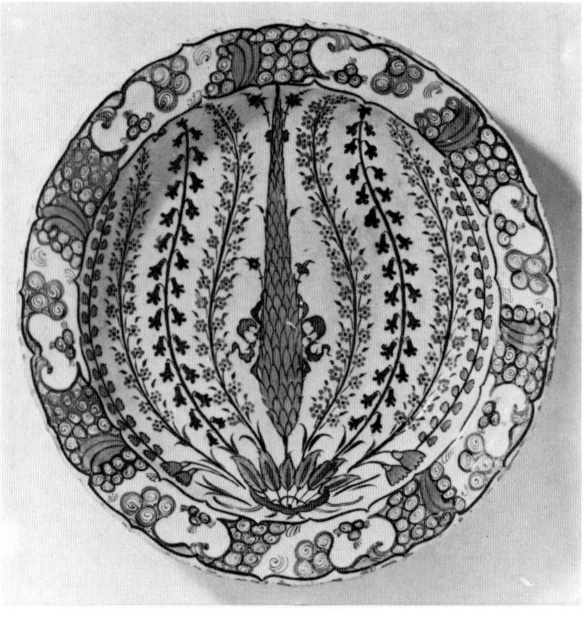

2/22

Teller

Iznik · Drittes Viertel 16. Jh.
Dm 35 cm · Quarzfritte-Keramik mit Unterglasurmalerei

Kopenhagen, Davids Samling, 4/1962 (F)

Rund gewölbter Teller mit flach ausladendem Rand, der zwölffach durch Doppelschwünge konturiert ist. Über Spiegel und Wandung in Schwarz, Smaragdgrün und Türkis, Rot und Blau eine symmetrische Gruppe von Blütenstielen, Nelken, Hyazinthen um eine achsiale Zypresse, die an der Wurzel von einer roten Agraffe umfaßt und von grünen, gefiederten Blättern bedeckt ist. Hinter dem Baum vortretende Teile eines Wolkenbandes kleiner Blätter und Blüten. Auf dem Rand in sechsfacher Wiederholung die ornamentale Wiedergabe sprudelnden Wassers an blauen und grünen Felsbrocken.
Die Eleganz der Zeichnung entspricht der Gruppe von Gefäßen mit Bemalung im Palast-Stil und geht überein mit Buchilluminationen. Das Wolkenband erinnert noch an das 15. Jh., aber das ursprünglich chinesische Randmotiv hat hier eine neue, osmanische Fassung gefunden, desgleichen die Wiedergabe der Pflanze in ihrem Wuchs.

Lit.: Kopenhagen (1975), S. 102.

2/23
Teller

Iznik (?) · Zweite Hälfte 16. Jh.
Dm 30 cm · Quarzfritte-Keramik mit Unterglasurmalerei

London, Victoria and Albert Museum, C. 2010-1910

Rund gewölbter Teller mit abgewinkeltem, elffach kurvig geschweiftem Rand. Deckender, rotbraun gefärbter Anguß mit weißer, z. T. blau überfangener Schlickermalerei bei schwarzer und grüner Zeichnung. Im Innern von Rand zu Rand eine Staude von weißen Tulpen und blauen Blüten an schlanken Halmen. Auf dem Rand und zwischen Begleitlinien dreizehnmal sich neigende Tulpen im Wechsel mit drei kleinen, blauen Blüten an feinen Stielen. An der Außenwandung wechselnd blaue Rosettblüten und ein Wolkenschleifenornament in schwarzer Zeichnung.
Farbige Angüsse in Verbindung mit Schlickermalerei kennzeichnen eine Gefäßgruppe, von welcher jedoch in Iznik keine Fragmente gefunden wurden. Andererseits verweisen die Farbeffekte dieses Tellers handwerklich auf rotscherbige Gefäße mit weißer Schlickermalerei und blauen Markierungen, wie sie in Iznik hergestellt wurden zu Ende des 15. Jh. Da rotgrundige Iznik-Ware des 16. Jh. technisch stärker differiert, kommen andere Ateliers für die Produktion in Frage, sogar an einem anderen Ort. Eine floral-lineare Maler-Kennzeichnung im Fuß eines vergleichbaren Tellers des Victoria and Albert Museums (C. 1995-1910) läßt an Kütahya denken.

Lit.: Lane (1957a), S. 58, Abb. 44B.
Vergleiche in der Literatur: Aslanapa (1969), Abb. 2, 12–14; Berlin (1979), Nr. 569; Hobson (1922), S. 88, Fig. 102; Mostafa (1961), Abb. 38; Rogers (1963), Nr. 130, 135; Fehérváry (1973), Nr. 237.

2/24
Kanne *(ibrik)*

Iznik (oder Kütahya) · Zweite Hälfte 16. Jh.
H 22 cm, Dm 15 cm
Quarzfritte-Keramik mit Unterglasurmalerei

Düsseldorf, Hetjens-Museum, 1973/169

Gebauchte, zwiebelförmig und über Halswulst ansteigende Kanne mit trichterförmiger Öffnung, angelegtem Henkel und eingesetzter, leicht geschwungener Tülle (obere Partie ergänzt). In blauer Zeichnung und blauer Bemalung um Leib und Hals rautenbildende, wellenförmige Blattranken – durch Agraffen verklammert –, darunter liegend ein im Versatz parallel laufendes, feinliniges Rankennetz mit Päonienblüten sowie Agraffen auf den Schnittpunkten. Ein Deckel fehlt, dürfte aber dazu gehört haben.
Der Typ dieser Kanne ist persisch und entspricht gleichzeitigen Metallkannen am Hof von Isfahan. Unter osmanischen Keramiken des 16. Jh. ist er selten. Man darf vermuten, daß Schalen, zusammen mit einer solchen Kanne ein Waschgeschirr bildeten, wobei die Schalen ein Gitter, evtl. aus Metall, besessen haben müßten (Kat. Nr. 2/61).

Lit.: Düsseldorf (1973), Nr. 310.
Vergleiche in der Literatur: Düsseldorf (1973), Nr. 312–313; Rogers (1984), Nr. 126; A. S. Melikian-Chirvani, Islamic Metalwork (London 1982), S. 382, Nr. 129; Carswell (1972), II, Tf. 35; chinesisches Porzellan im Topkapı Sarayı Müzesi, spätes 16. Jh. und ein 1716 datiertes Geschirr eines Pilgers, Sohn eines Abraham aus Kütahya.

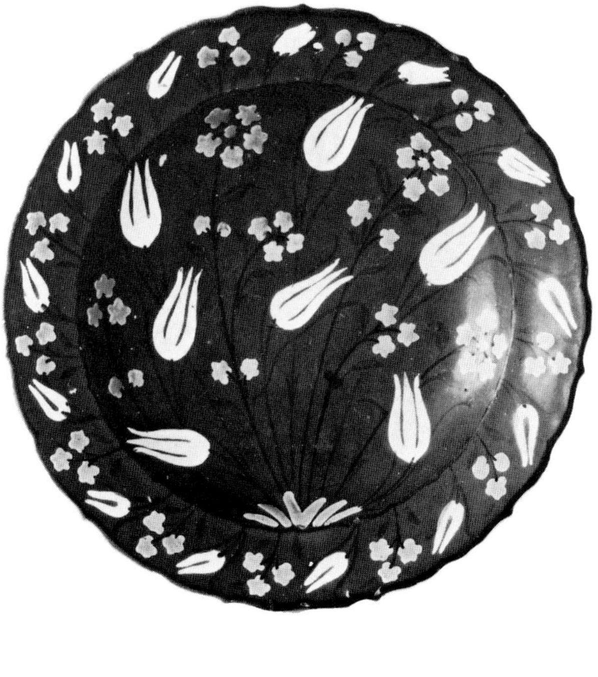

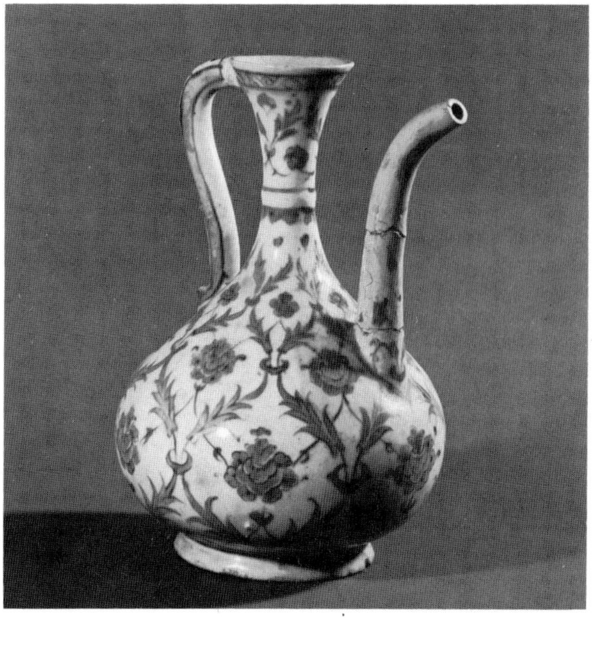

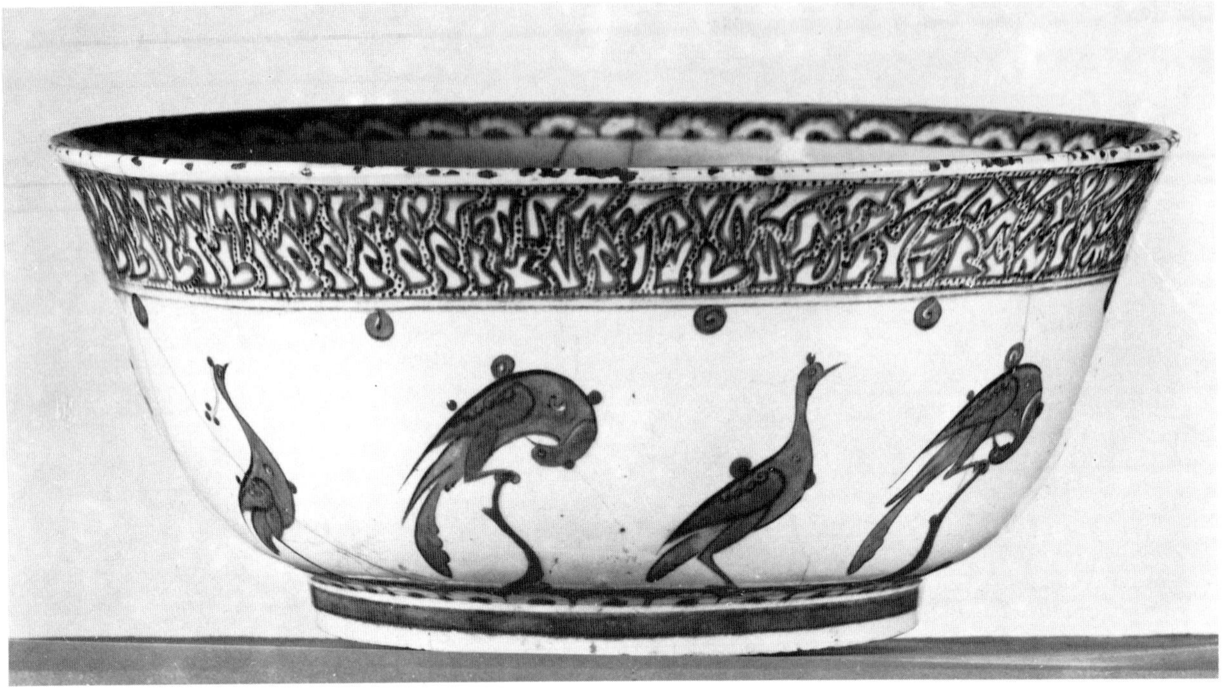

2/25
Schüssel

Iznik · Anfang zweite Hälfte 16. Jh.
H 16 cm, Dm 38 cm, Dm Fuß 20,5 cm
Quarzfritte-Keramik mit Unterglasurmalerei

Berlin, Staatliche Museen Preußischer Kulturbesitz, Museum für Islamische Kunst, 99,97

Tiefe Schüssel mit leicht ausschwingendem, geraden Rand. Im Spiegel blaue, grün und rot detaillierte, achtpassige Rosette in Doppelring, am inneren Rand blaue Borte mit weißen Halbrosetten. Um die Außenwandung in einem breiten Fries und über einer Halbrosettenborte zehn Vogelfiguren mit grünem und blauem Gefieder, die auf Ästen hockenden Papageien und stehenden Reihern ähneln, und an deren Umrissen rote Perlen erscheinen. Ähnliche Perlen oberhalb am Ansatz einer kräftigen Randborte mit marmorierender Musterung in Blau. Im Fuß blauer Ring als Manufakturmarkierung.
Die Marmorierung ahmt Porphyr nach und sie erscheint in der Fliesenmalerei für architektonische Gliederungen zuerst in den Türben für Süleyman Kanuni und seine Lieblingsfrau Hurrem Sultan (Roxelane), anschließend unter Selim II. an dessen Loge in seiner Moschee zu Edirne, an seiner Türbe (Kat. Nr. 2/69), schließlich unter Murad III. im Zugang zu seinem Raum im Serail, an seiner Türbe. Die Wiedergabe von Porphyr und Marmor erscheint damit als Ausdruck des Kaisertums, seine Anwendung begrenzt sich auf die kaiserliche Familie. — Die Natürlichkeit der Vogelfiguren weist auf evtl. weitreichende Wirkung von deutschen Vorlageblättern für das Kunsthandwerk, wie die von Hans Janssen (Kat. Nr. 2/84).

Lit.: Berlin (1979), Nr. 578. – Vergleiche in der Literatur: Meinecke-Berg (1972), S. 35–39; Aslanapa (1965), Tf. 35.

2/26
Flasche

Iznik · Zweite Hälfte 16. Jh.
H 30,3 cm, Dm 16 cm, Dm Fuß mit Montage 10,1 cm
Quarzfritte-Keramik mit Unterglasurmalerei
Kupfer; vergoldet, getrieben und ziseliert

London, British Museum, 78 12-30 466

Melonenförmige Langhalsflasche auf ausladendem Ringfuß. Der Ringwulst am Hals, die Kante des Randes sind beschliffen für die Montage vergoldeter Kupferfassungen. Deckel, Schnabel und Rand sind fest miteinander verbunden, um den Fuß durchbrochene Fassung. Um Leib und Hals bei schwarzer Zeichnung stufenweise Musterung durch ein Gitter aus paarigen, roten Wolkenwellen in horizontaler und diagonaler Richtung. In den resultierenden Dreiecksfeldern blaue Drei-Kugel-Gruppen mit anhängenden, grünen Perlen. Am Hals über einer Borte ein Fries blattförmiger Zungen mit rotem Mittelgrat.
Der Typ der Karaffe ist in Iran, wie im osmanischen Bereich seit dem 15. Jh. verbreitet und Buchmalereien zeigen ihn bei Vergnügungen der Männergesellschaft im Palast und im Garten. Eine osmanische Illustration zu der

Dichtung Fuzulîs über den Wettstreit zwischen dem König Wein und dem Haschisch bezeugt zugleich die Benutzung von Koppchen (Kat. Nr. 2/54) zum Weintrinken.
Die Metallmontage ohne Henkel, der kappenartige Verschluß mit Schnabel weist in seinen nachgeahmten Barockformen auf einen orientalischen Auftrag im 17. Jh.

Lit.: Rogers (1983), Nr. 138; London (1976), Nr. 418.
Vergleiche in der Literatur: Berlin (1984), Orientalische Illustrierte Handschriften aus Museen und Bibliotheken der Deutschen Demokratischen Republik, S. 31 und 136, Abb. Nr. 44.

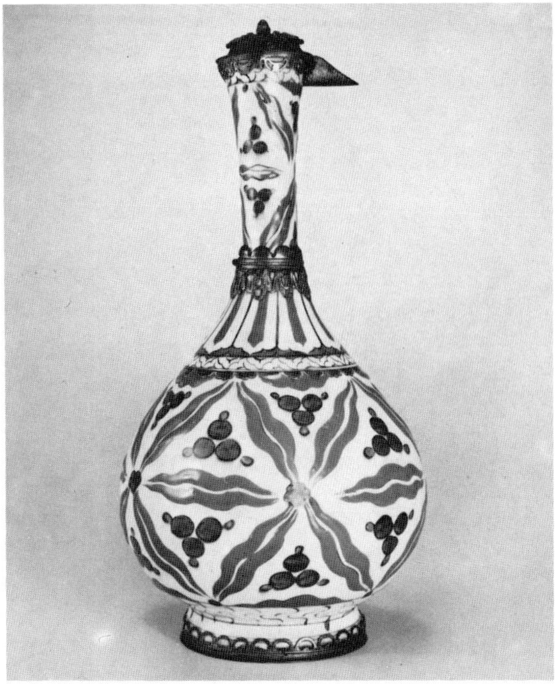

2/27
Krug

Iznik · Drittes Viertel 16. Jh.
H 34,5 cm, Dm 21,2 cm, Dm Fuß 11 cm, Dm Öffnung 11,6 cm · Quarzfritte-Keramik mit Unterglasurmalerei

London, British Museum, 78 12-30 468

Bauchiger Krug auf Ringfuß mit angelegtem Wulsthenkel. Am Übergang vom Leib zum Hals Wulstprofil, unterhalb des Randes Rillung. Um Leib und Hals Gruppen mit vom Rand aufsteigenden grünen Blättern, geschweiften Fiederblättern mit applizierten Tulpen und Blüten, im Gegenschwung hundertblättrige Rosen und eine kleine, blaue Blüte, blaue Tulpen im gleichen Schwung. Am Halsansatz lappiger Zinnenfries in Blau und mit roten Wolkenornamenten und Tupfen unterhalb einer Flechtbandborte mit roter Füllung auf blauem Grund. Gegen den Rand vier Kartuschen mit je einem Verspaar. Auf dem Henkel blaue Querstreifen, an seinem oberen Ansatz blaues, spitzovales Feld, am unteren ein grünes Fiederblatt mit blauer und roter Füllung als Linienablauf. — Die z. T. entstellten Verse liest und überträgt M. Rogers:

Der Frühling ist da. Die Tulpe nahm wieder genußvoll das Glas in die Hand, Das Veilchen setzte sich ganz neckisch seine Nachtkappe auf.

Wie Luftbläschen im Wein dreht der Kopf des Abstinenzlers sich zum Wein, Er trank und wurde zum Dauergast (wö. Vagabunden), spaziert von Schenke zu Schenke.

In der (Trink)Runde umfaßte er seinen Liebling und stahl ihm einen Kuß, Oh Weinschenk, er soll bei Gott das Räubern von Weingläsern (d. h. roten Lippen) sein lassen.

Er trägt Quartals- (Frühlings)Kleider und ständig trinkt er gemischten Wein, am besten Platz der Weinschenke ließ er sich ungeniert nieder.

Sei gescheit, Revanî, tu den Pokal mit dem Salomonssiegel nicht aus der Hand. Du weißt ja, auch der Herr der Welt, Salomon, hat nicht ewig gelebt.

Dies ist ein Gasel auf den Frühling von dem 1523 verstorbenen, als Sufi und Weintrinker bekannten Revanî.
Diese erstmalig auf einer Iznik-Keramik identifizierte Dichtung erlaubt es fortan, das Gefäß und seine Gestaltung vor dem Hintergrund der osmanischen Gesellschaft zu erkennen.

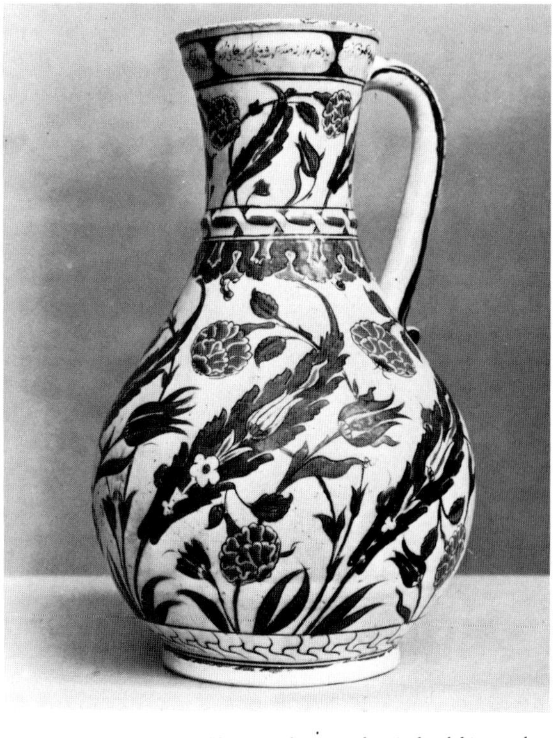

Lit.: Aslanapa (1965), Abb. 93; Fahir Iz. Eski Türk edebiyatında nazım (Istanbul 1966) I/1, 224; Revanî, Istanbul Üniversitesi Merkez Kütüphanesi, T. Y. 752, folios 32a–b.

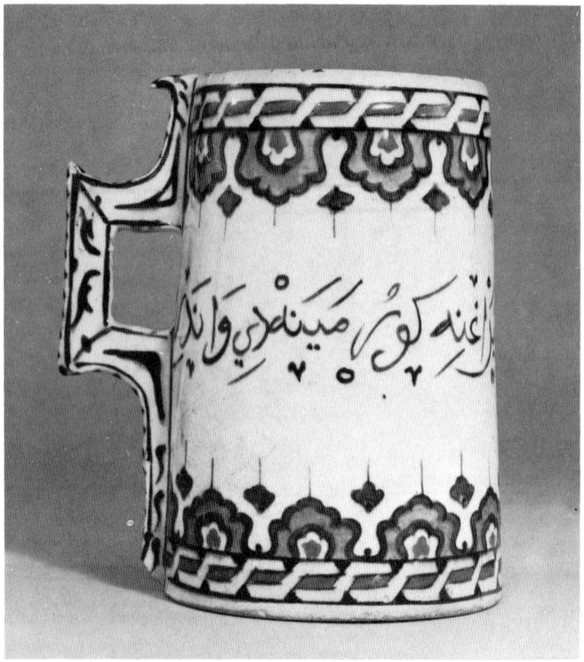

2/28

Humpen

Iznik · Zweite Hälfte 16. Jh.
H 19 cm, Dm 11,3 cm oben
Quarzfritte-Keramik mit Unterglasurmalerei

London, British Museum, G. 1983. 130 Godman Bequest

Zylindrischer, leicht verjüngter Humpen mit angesetztem, kurvig und winklig profiliertem Griff mit Daumenstütze. Auf dem Griff schwarze, die Form begleitende Linien. Um die Ober- und Unterkante läuft ein weißes Flechtband mit roter Füllung auf blauem Grund, sowie angrenzendem lappigen Zinnenfries in blauer Zeichnung und mit rötlicher Füllung. Um die Leibesmitte umlaufend ein kursiv geschriebenes Sprichwort in türkischer Sprache: „Die Welt ist eine Herberge, wer nicht begreift, daß er weiter muß, ist nicht bei Verstand" und unter dem Henkel als Schlußpunkt ein Dreikugel-Motiv.
Der Ausspruch an diesem Gefäß für Buza-Bier spielt mit dem Vergleich zwischen Gasthaus und Welt sowie der menschlichen Leichtfertigkeit. Die drei Kugeln können darüber hinaus verstanden werden als Hinweis auf die Konstellation für die Nevruz-Zeit und demgemäßes Feiern mit Sang und Trank (Kat. Nr. 2/26, 2/29).

Lit.: London (1901) Tf. LX, Nr. 81. London (1976). Nr. 419.
Vergleiche in der Literatur: Zick-Nissen, J., Triple-ball and stripes, First Int. Kongr. on the Turkish Carpet, Istanbul 1984 (im Druck).

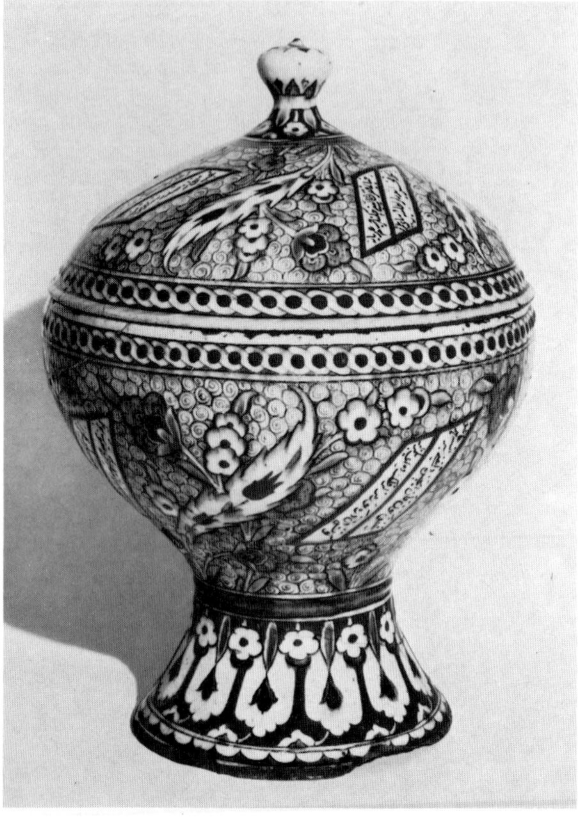

2/29

Schüssel mit Deckel

Iznik (Istanbul ?) · Anfang 17. Jh.
H 37,4 cm, Dm 27,8 cm, Dm Fuß 18,4 cm
Quarzfritte-Keramik mit Unterglasurmalerei

London, British Museum, G. 1983. 139 Godman Bequest

Bauchiges Gefäß auf hohem Fuß und mit hohem, kuppeligen Deckel, bekrönt von zwiebelförmigem Knauf. Zwischen den rotgrundigen Borten mit vertikalen Kartuschen am konisch ansteigenden Fuß und Deckelknaufansatz sind Körper wie Deckel überzogen mit einem Grund aus spiralig gezeichneten, grüngrauen Tropfen oder Blasen von sprudelndem Wasser, auf dem jeweils sechs blau geränderte Blüten sowie Blätter aufgelegt erscheinen. Zwischen ihnen lose verstreute Albumseiten mit Versen der Dichter Revanî (am Körper) und Hayalî (am Deckel).
Die Gefäßform besitzt Parallelen in chinesischem Porzellan des 15.–17. Jh., allerdings mit durchbrochenem Deckel zum Zweck des Räucherns. Hier liegt es jedoch nahe, an einen Weinbehälter zu denken, der im geselligen Kreis von Sufis und Derwischen in der Frühlingszeit benutzt werden sollte.

Lit.: London (1901), Tf. LXIV, Nr. 52; Rogers (1984), S. 26. Abb. 4–5.
Vergleiche in der Literatur: H. Garner, Oriental Blue and White (London 1964), Tf. 77, S. 49.

2/30
Krug

Iznik · Zweite Hälfte 16. Jh.
H 31,5 cm, Dm 19,3 cm, Dm Fuß 12,5 cm
Quarzfritte-Keramik mit Unterglasurmalerei

London, British Museum, 1927 7-15 1

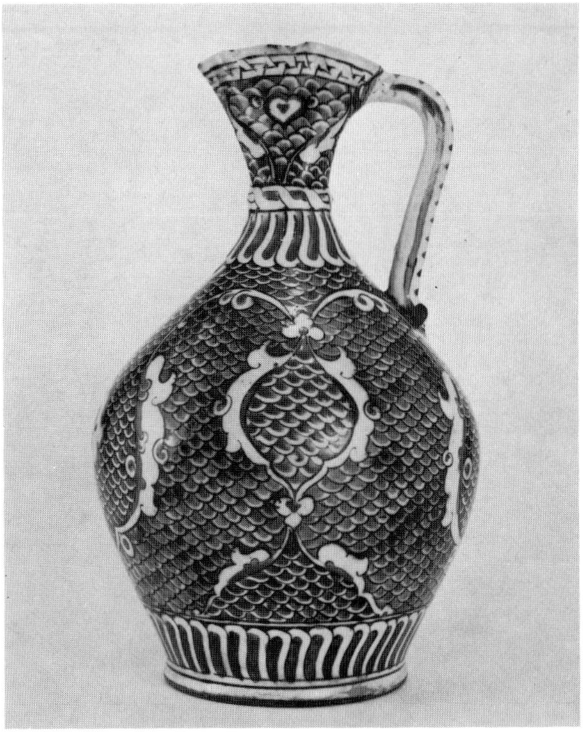

Bauchiger Krug auf Ringfuß, mit zum Hals übergeführter Schulter und gequetschter Tülle über Halsring. Angelegter Wulsthenkel.
Über Leib und Tülle ausgebreiteter Mustergrund aus hell gerandeten Schuppen, abgesetzt durch Zungenfriese in Blau an der Basis, in Rot am Hals. Auf dem Henkel blaue Querstreifen, als Abschluß grüner Blattkranz. Ein weißes, symmetrisches Arabeskornament mit roten Blattrücken umschlingt die Wandung und bildet an Front und Rücken blau gefüllte Kartuschenfelder, auf den Breitseiten schließen sie ein rotes Feld ein. Auf den Kompartimenten an Fuß und Hals und an der Tülle ist die Schuppung blau, und sie wechselt ihre Richtung ebenso wie der Zungenfries.
Die Verteilung der Arabeske erlaubt, bei der Betrachtung in figürliche Ornamentik hinüberzuwechseln und auf dem Leib zweimal Adlerfiguren zu sehen, die Tülle als Vogelkopf. Ein solches Spiel des Entwurfes ist zugleich bei italienischen Formen und zur Zeit des Aufkommens der Groteske im Abendland, denkbar (Kat. Nr. 2/32), zumal Vogelkopfkannen seit den Seldschuken in Iran und Syrien vorkommen.

Lit.: Rogers (1983), Nr. 144.
Vergleiche in der Literatur: Aslanapa (1965), Abb. 82.

2/31
Tiefe Schale

Iznik · Zweite Hälfte 16. Jh.
H 12,8 cm, Dm 18 cm
Quarzfritte-Keramik mit Unterglasurmalerei

Lissabon, Fundação Calouste Gulbenkian Museu, 209

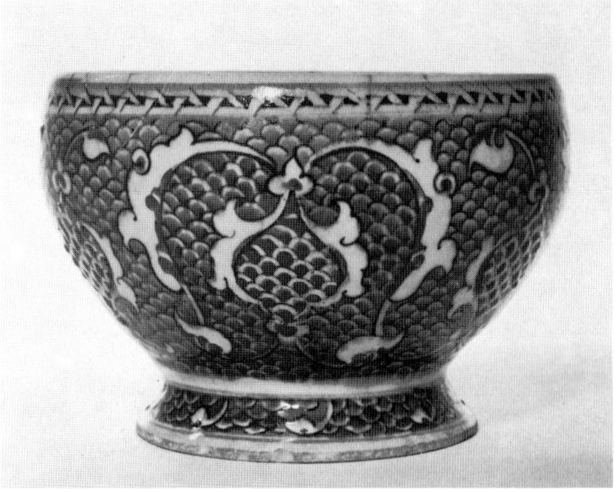

Tiefe, bauchige Schüssel auf ausladendem Fuß. Ein zugehöriger Deckel fehlt (Kat. Nr. 2/35). Türkisgrüne, hell gerandete Schuppen bedecken in gegensätzlicher Richtung die Borte am Fuß sowie die Wandung und kehren in der Bemalung des Spiegels wieder. Weiße, durch rote Rippen verstärkte Lanzettblätter umschließen im Wechsel ein spitzovales Feld in hängender und in stehender Richtung. In diesen Feldern erscheint die Schuppung blau mit weißen Rändern. Eine Flechtborte mit rotem Grund umläuft die Kante. Im Innern ein blaues, von Arabesken gehaltenes Medaillon auf grünem Schuppengrund.
Die Musterung kehrt wieder auf Kannen (Kat. Nr. 2/30) und auf Tellern. Daß sie dabei nie gleichartig abläuft, zeigt die dem geschulten Maler gewährte Freiheit der Gestaltung innerhalb eines Typus. Kennzeichnend ist für die Gruppe die helle Randung an den Bögen der Schuppen, was im Gegensatz steht zu einer hellen Markierung an der Wurzel bei dem Schuppenmuster des Tellerrandes von Kat. Nr. 2/12. Da die Markierung der Wurzel charakteristisch ist für Fayencen aus Deruta, ergibt sich ein weiteres Indiz für Verbindungen von Werkstätten in Iznik zu italienischen Majolikamalern.

Lit.: Lane (1957a), Tf. 35A; Rogers (1983), Nr. 144.
Vergleiche in der Literatur: Fehérváry (1973), Nr. 263, 264; Col. Pl. IV; Aslanapa (1969), Abb. 12, 13.

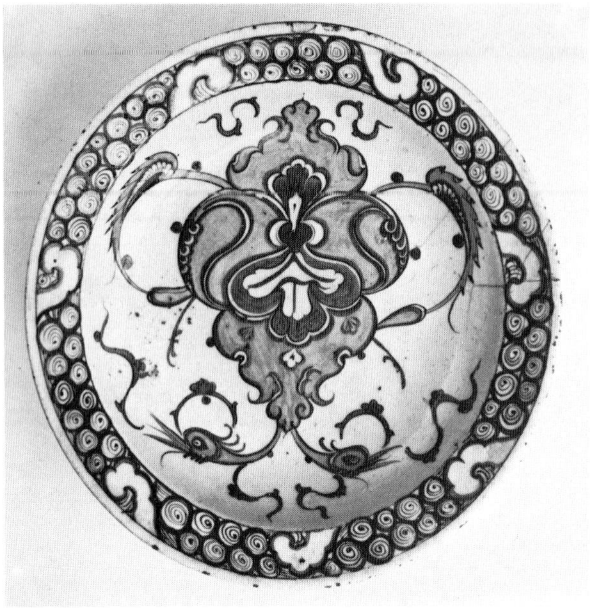

2/32
Teller

Iznik · Drittes Viertel 16. Jh.
H 6,5 cm, Dm 31 cm
Quarzfritte-Keramik mit Unterglasurmalerei

Paris, Musée du Louvre, A. O. 7880-83

Gewölbter Teller mit abgewinkeltem, geraden Rand auf Ringfuß. Über Spiegel und Wandung eine hell- und dunkelblau gestaltete Ornamentfläche mit grünen, rot nuancierten Details und begleitet von Wolkenbändern. Auf dem Rand siebenmal wiederholt die Abwandlung des Themas von Fels und Wasser zu einer Folge von wolkigen Halbpalmetten.
Die Ornamentfigur besteht aus einer durch blattartige Details und Konturen aus Lanzettblättern umrissenen und zentrierten Fläche, an deren unteren Spitzen symmetrisch Reiherköpfe ausschwingen, dazu seitlich von der größten Weite flügelähnliche Blattschwünge, die in Keulen mit Krallen münden.
Die Figur ist trotz der Lanzettblätter und Vogelköpfe nicht aus der islamischen Ornamentik und nicht als Abstraktion eines Doppeladlers zu sehen. Die achsialsymmetrische Aufeinanderfolge von S-förmigen Schwüngen entspricht hingegen einem „grotesken" Dekor „à la candeliere", wie er auf Majolikatellern des Meisters Nicolò von Urbino zwischen 1525 und 1530 gestaltet wurde. Masken im Zentrum, Ranken, die in Schenkel oder Gliedmaßen enden, sind dort aus blauem Grund ausgespart und grau modelliert (Kat. Nr. 2/85).

Lit.: Paris (1977), Nr. 605; Rogers (1984), S. 98, Abb. 11; Denny (1974), Abb. 18.
Vergleiche in der Literatur: T. Hausmann, Maiolika (Berlin 1972), Nr. 173.

2/33 FARBTAFEL S. 107
Kanne mit vergoldeter Silbermontierung

Iznik; London
vor 1597
H 31,5 cm, Dm 15,7 cm, Dm Fuß 9,7 cm, Halsöffnung Dm 8,8 cm
Quarzfritte-Keramik mit Unterglasurmalerei; Silber, getrieben, graviert und vergoldet

London, British Museum, 1897 Franks Bequest

Bauchiger Krug mit über Wulstprofil ansteigender Trichteröffnung und angelegtem Wulsthenkel. Um Leib und Hals auf blaugrünem Grund Friese mit gegeneinander versetzten und verschlungenen, weißen Lanzettblättern mit roten Gabelblattdetails, am Nacken in Blau und Grün ein tonquierter Zungenfries, einfache Borten an Fuß, Rand, Henkel, Palmette als Henkelbasis.
Die Kanne erhielt in London eine eigens entworfene Edelmetallfassung durch einen Goldschmied „HB" unter dem Datum 1597-8. Dem Leib ist über einer grotesken, gehörnten Blattmaske eine geschweifte Tülle angefügt und mit dem beringten Hals durch einen geschwungenen Steg verbunden. Der Henkel trägt die Halterung für den kuppeligen, mit plastischen Fruchtgehängen verzierten Deckel, Rand und Fuß sind einfach gefaßt.
Die Tülle erscheint geschuppt und endet in einem durch Akanthuslaub bereicherten Drachenkopf mit offenem Rachen. Solch ein Krug aus Edelmetall ist zu Anfang des 16. Jh. wiedergegeben auf einem Altarbild der Marburger Elisabethkirche mit der Geburt Johannes des Täufers.

Lit.: Cat. of Silver Plat. Nr. 23; Rogers (1983), Nr. 128.
Vergleiche in der Literatur: Hobson (1932), S. 86; F. Sarre in M. Sauerlandt, Edelmetallfassungen in der Keramik (Keramik- und Glasstudien, Heft 2, Berlin 1929).

2/34
Unterteil eines Deckelgefäßes

Iznik · Ende 16. Jh.
H 18,5 cm, Dm Fuß 18,5 cm
Quarzfritte-Keramik mit Unterglasurmalerei

London, British Museum, G. 1983. 148 Godman Bequest

Mehrfach profilierter Körper auf Fußplatte, getrepptem Sockel, mit ansteigendem Leib und von Lochöffnungen besetzter Schulter, sowie wulstigem Hals mit vertikalem Rand. Bei schwarzer Zeichnung rot, blau und grün bemalt. Friese von Lappen-Zinnen und Blattwerk an Hals und Fuß. Um die Wandung in viermaliger Wiederholung S-förmige Blattranken, die zwei Nelken umfangen, dazwischen und ebenfalls von der Frieskante aufwachsend, Zweige mit Blüten besetzt. Wolkenbandornamente von der oberen Frieskante überschnitten. Im Fuß schwarzes Monogramm im Charakter der miteinander verbundenen Buchstaben „T“ und „S“.
Ein gleichartiges Gefäß im Victoria and Albert Museum beweist durch seinen kuppeligen und durchbrochenen Deckel, daß der Verwendungszweck nicht einer Vase für Blumen entspricht, vielmehr für Duftblätter oder auch Räucherwerk. Das Monogramm deutet auf eine persönliche Verbindung zu italienischen Manufakturen, wie auch die Form abendländisch ist. Keramik-Räuchergefäße dieser Form sind zu Anfang des 18. Jh. in China, wie in Frankreich und Süddeutschland bekannt.

Lit.: Lane (1957a), S. 59–60, Tf. 41A, S. 114; London (1976), Nr. 415.
Vergleiche in der Literatur: Rogers (1983), Nr. 131; Aslanapa (1965), Abb. 77.

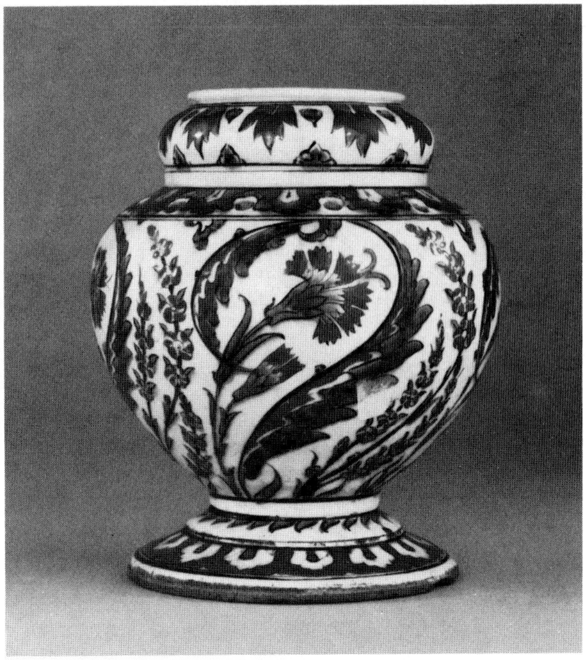

2/35
Schüssel mit Deckel

Iznik · Drittes Viertel 16. Jh.
H 27 cm, Dm 24 cm
Quarzfritte-Keramik mit Unterglasurmalerei

Paris, Musée du Louvre, A. O. 7880-101

Bauchige Schüssel auf geschwungenem Fuß und mit kuppelig gewölbtem Deckel mit hohem Knauf. Beide Teile mit gleichartigem, aufeinander abgestimmtem Dekor. Bei schwarzer Zeichnung auf blauem Grund rot gerandete, weiße Lambrequins, in den Zwickeln weiße, halbierte Vierpaßformen mit zinnenförmiger Spitze. Blaue Bordüren mit halbierten, rot gefüllten, weißen Rosettblüten. Am Fuß umlaufend unterhalb eines Flechtbandes hängende, blaue Lambrequins mit roten Details.
Der die Form begleitende Dekor erinnert an Metallgerät mit Treibarbeit und kommt gleichartig auf Flaschen, einem Untersatz, aber nicht auf Tellern vor. Die großzügige, elegante Linienführung entspricht Fliesen für Rahmungen von Wandflächen. Für von Fliesenmalern gelieferte Gefäßkeramik ist ein Preisverzeichnis aus dem Jahr 1600 erhalten. Darin sind u. a. genannt eine große Iznik-Schale mit Deckel und Untersatz, eine Schale für Kompott *(hoşaf)* mit Deckel und Untersatz, und es wird deutlich, daß ‚Sätze‘ von Geschirr im Angebot waren.

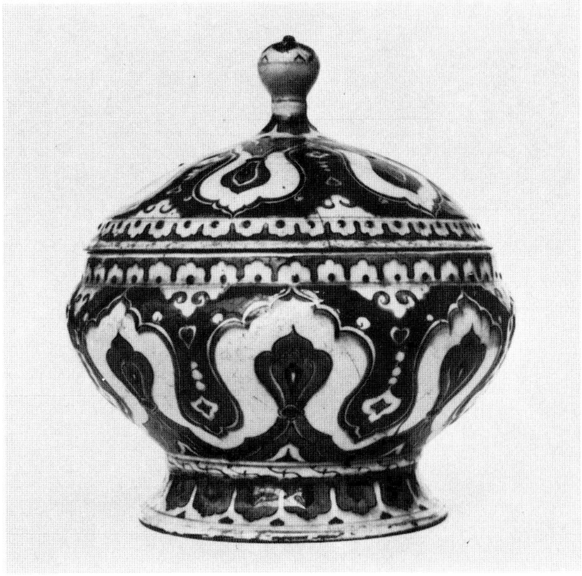

Lit.: Paris (1977), Nr. 597.
Vergleiche in der Literatur: Aslanapa (1965), Abb. 89; Düsseldorf (1973), Nr. 331; Öz (1957), S. 26.

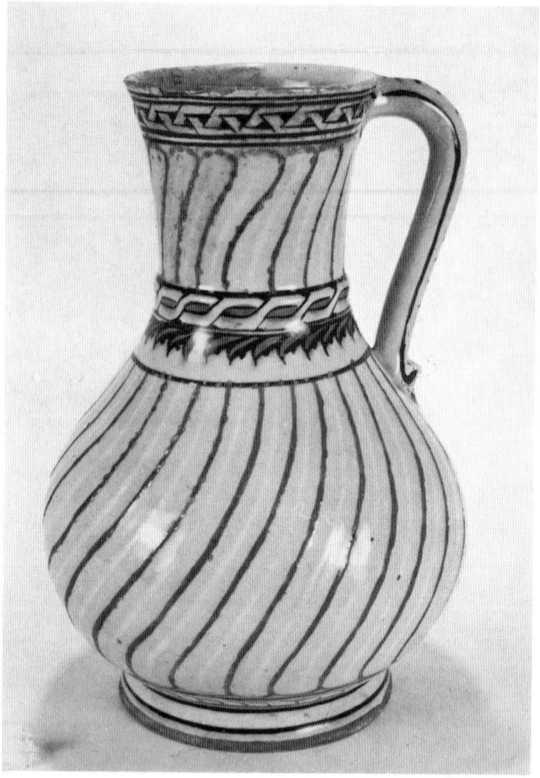

2/36
Krug
Iznik · Zweite Hälfte 16. Jh.
H 25,5 cm, Dm 17,7 cm, Dm Fuß 11,8 cm
Quarzfritte-Keramik mit Unterglasurmalerei

Nürnberg, Gewerbemuseum der Landesgewerbeanstalt, 667

Bauchiger Krug auf profiliertem Ringfuß, mit Wulstring am Übergang vom Leib zum Hals und angelegtem, leicht profiliertem Henkel. Zwischen einfachen Borten mit Blattkranz- und Flechtbandornament an Leib und Hals durchgehend gemalte torquierte Buckelreihen mit Angabe von Glanzstreifen.
Die Bemalung dieses Kruges entspricht europäischem Edelmetallgerät um 1500, wie solches als diplomatisches Geschenk an den Sultanshof gelangen konnte. Umgekehrt waren diese Krüge als Geschenke z. B. in England geschätzt, wo sie sodann mehrfach Silberdeckel erhielten (Kat. Nr. 2/33). Weiße Feinkeramik gleicher Qualität konnte man in den christlich-europäischen Ländern noch nicht herstellen.

Vergleiche in der Literatur: Berlin (1979), Nr. 576; Düsseldorf (1973), Nr. 309, 314, 320, 322; Lane (1957a), S. 59, Tf. 44A; Hobson (1932), Abb. 102, 96–97.

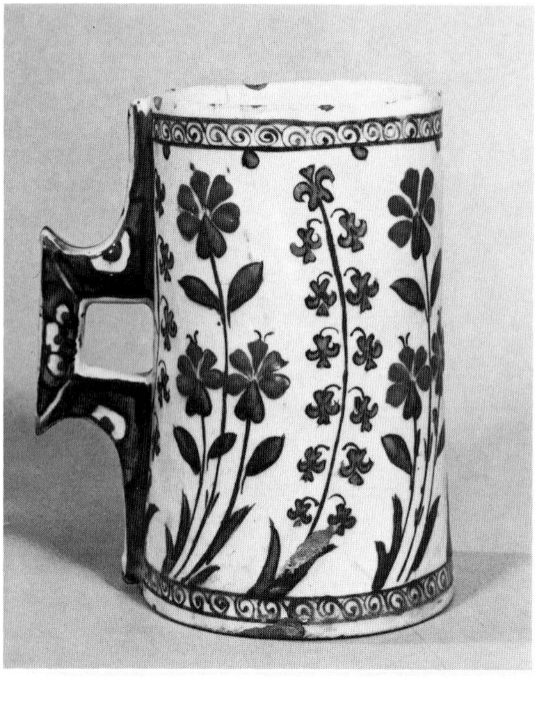

2/37
Humpen
Iznik · Zweite Hälfte 16 Jh.
H 17,2 cm, Dm 9,4 cm, (unten 10,8 cm)
Quarzfritte-Keramik mit Unterglasurmalerei

Frankfurt, Museum für Kunsthandwerk, 3466

Leicht konischer Humpen mit angesetztem Griff von kurviertem Kontur und mit quadratischer Öffnung. Um die Wandung, gefaßt zwischen schmalen Borten mit spiralig gezeichneter Tropfenfolge, von der Basis aufschwingende blaue Hyazinthen und rote Nelken mit grünen Blättern bei schwarzer Zeichnung. Auf dem blauen Henkel mit grüner Innenkante Blütenblätter mit roten Staubgefäßen.
Passend zu einem Humpen dieses Formates, der ebenso im Zusammenhang mit diplomatischen Missionen ein Geschenk gewesen sein dürfte, war ein Silberdeckel gearbeitet, der das Wappen des ersten protestantischen Administrators vom Erzstift Magdeburg, Joachim Friedrich von Brandenburg, trug und die Worte: *zu NICEA bin ich gemacht und gen Halle in Sachsen gebracht, Anno 1582.*
Dieser, heute im Museum Moritzburg nicht mehr vorhandene Deckel, sollte im Zusammenhang gesehen werden mit dem Konzilort Nicäa/Iznik, da in den Jahren 1558–81 zwischen führenden Protestanten und Philologen, wie Melanchthon und Crusius, und dem Patriarchen in Istanbul mehrfach Kontakte erfolgten.

Lit.: Unveröffentlicht.

Vergleiche in der Literatur: Sarre (1939), S. 341; Zick-Nissen (1981), S. 4 u. 14; Otto-Dorn (1941), S. 142; Otto-Dorn (1957), S. 136, Abb. 81.

2/38
Humpen

FARBTAFEL S. 142

Iznik
Drittes Viertel 16. Jh.
H 24 cm, Dm 13 cm
Quarzfritte-Keramik mit Unterglasurmalerei

Hamburg, Museum für Kunst und Gewerbe, 1906, 434

Zylindrischer Humpen mit angesetztem, winklig konturierten Griff. Auf ursprünglich weißem Grund, begrenzt durch schmale, blaue Borten (die untere ergänzt) eine lückenlos füllende Zeichnung von Jagd- und Fabelgetier zwischen grün modellierten Geländeangaben mit roten, wolkenförmigen Felsbrocken.
Zwischen den von Hund und Gepard (mit rotem Halsband) gejagten Tieren: blaue Hasen und Löwe, Hirsch und Reh, Bock mit roten Hörnern und Zunge, rot geflügelten Rebhühnern, erscheinen ein rot gekrönter Affe und ebenfalls rot gekrönt Burāq, das Reittier des Propheten auf der Himmelsreise. Größe und Richtung der Tiere wechseln nach dekorativen Prinzipien.
Diese auf einen Humpen projezierte Menagerie verweist durch den Affen mit dem Pfirsich auf eine chinesische Vorstellung vom Paradies- und Frühlingsgarten, durch Burāq auf den Himmel der Muslime. Die Komposition jedoch erinnert an süddeutsche Edelmetallhumpen mit Jagdszenen, wie sie als kaiserliches Geschenk an das Serail gekommen sein dürften, lassen aber ebenso an handwerksübliche Kupferstichvorlagen aus dem Reich denken.

Lit.: Otto-Dorn (1957), S. 136, Abb. 81; Sarre (1939), S. 341; Zick-Nissen (1981), S. 4, Abb. 14.

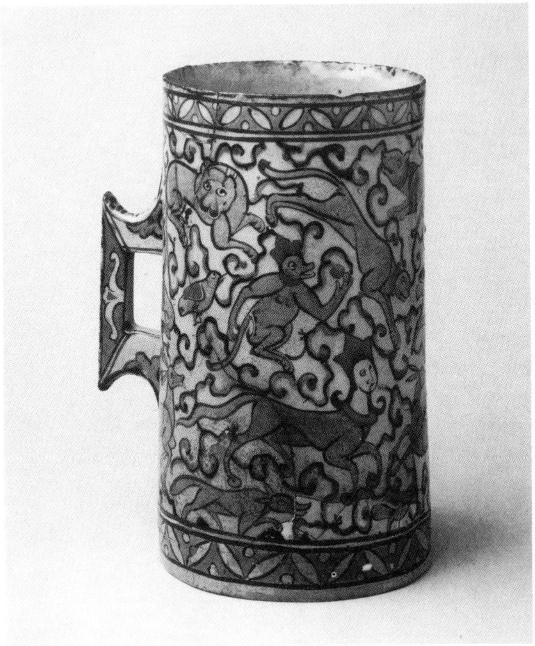

2/39
Teller

Iznik, Mitte 16. Jh.
Dm 35 cm
Quarzfritte-Keramik mit Unterglasurmalerei

Paris, Musée du Louvre, A. O. No. 6320

(Nicht in der Ausstellung).

Rundgewölbter Teller mit ebenem, neunfach durch Doppelkurven begrenztem Rand und auf Ringfuß. Über Spiegel und Wandung türkisfarbener Schuppengrund mit einer Gruppierung von drei mit Blütengewinden geschmückten und einem Mond ähnelnden Ornamentformen in weiß. Auf dem blauen Rand elfmal radial angeordnete, türkisfarbene Spitzovale mit S-förmigem Wolkenband, dazwischen von der ausgesparten, inneren Randkontur ausgehend, Rosettblüten und Tulpenknospenpaare.
Art und Anordnung des aus mondförmigen Ornamenten zusammengefügten Dekors weist auf textile Vorbilder, die Ausführung der Schuppenmusterung auf einen in Unkenntnis eines sinnvollen Zusammenhangs rezipierenden Maler. Brokate der Zeit weisen eine klare Zuordnung von drei Kreisflächen auf, die mit einem runden, als Ausschnitt erscheinenden Teil einander zugekehrt sind. Auch dort können die Kreisflächen ihrerseits mit Ranken verziert sein. Die Abkunft solcher Musterung ist in einem Sterndiagramm zu sehen, das in osmanischer Zeit in Verbindung mit dem Nevruz-Tag zu verstehen war.

Lit.: Paris (1922), II, Nr. 203; Paris (1977), Nr. 592; Rogers (1983), S. 103, 95. Fig. 13.
Vergleiche in der Literatur: Rogers (1983), S. 95, Fig. 4; Zick-Nissen (1984, im Druck).

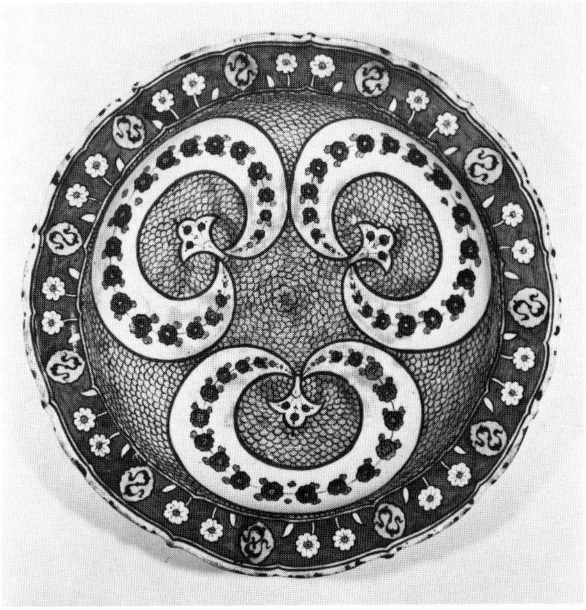

2/40
Teller
Iznik
Ende 16. Jh.
H 6,3 cm, Dm 31 cm
Quarzfritte-Keramik mit Unterglasurmalerei

Berlin, Staatliche Museen Preußischer Kulturbesitz, Museum für Islamische Kunst, I. 22/60

Teller mit ausladendem Rand auf kräftigem Ringfuß. Im Spiegel das Motiv eines von einem braunen Löwen von rückwärts angefallenen schwarzgrauen Stiers, gerahmt durch zwei am Rande symmetrisch entspringende Ranken mit gefiederten Blättern und mehrfarbigen Blüten und Knospen. Auf dem Rand eine Borte mit fünffach wiederkehrender Anordung von Wasser, das an Felsbrocken sprudelt. Um die Außenwandung sechsfach wiederkehrend ein blaues Juwel und grüne Knospen.
Ein Halsband kennzeichnet den Ochsen aus den Fabeln von Kalīla wa-Dimna, der in einen Hinterhalt gelockt wurde. Daß dies literarische Motiv den Malern in den Hofwerkstätten im Serail vorlag und mehrfach skizziert wurde, beweisen Zeichnungen aus Sammelalben, die heute in der Staatsbibliothek in Berlin sind.

Lit.: Erdmann (1965), Abb. 22; Ettinghausen (1964), S. 171, Abb. 13; Zick-Nissen (1978), S. 929, Abb. 2.
Vergleiche in der Literatur: M. Ş. Ipşiroğlu, Saray-Alben, Diez'sche Klebebände aus den Berliner Sammlungen. Wiesbaden 1964.

2/41
Teller
Iznik
um 1600
H 6 cm, Dm 33,6 cm
Quarzfritte-Keramik mit Unterglasurmalerei

Frankfurt, Museum für Kunsthandwerk, 623

Rund gewölbter Teller auf Ringfuß mit geradem, abgewinkeltem Rand. Bei schwarzer Zeichnung im gerahmten Spiegel auf blauem Grund vier Reihen Wolkenballen und Perlen (?) um eine zentrale Rosette kreisend. In der Wandung weiße, radial gerichtete Lambrequins mit roter Füllung und rotem Begleitrand. Weiß ausgesparte, stehende Blüten in ihrer Mitte, sowie im Grund der Zwickel. Auf dem Rand in sechsmaliger Wiederholung die Abfolge von grünen Felsbrocken und sprudelndem Wasser.
Wolkenballen in aussparender Malerei und feiner Zeichnung erscheinen in Blaumalerei bereits zu Anfang des Jahrhunderts, wie ein im südlichen Kaukasus gefundener, fragmentarischer Krug lehrt. Die Glück bringende Wolke als Ornament erreichte die osmanische Kunst aus der türkisch-mongolischen Kultur, und wird auf Fliesen, wie auf Flaschen und Krüge gemalt. Der Maler des Tellers hat die Form vereinfacht, wie er auch das Wasserornament des Randes ins Lineare abwandelte.

Lit.: Unveröffentlicht.
Vergleiche in der Literatur: Aslanapa (1965), Abb. 91; Fehérváry (1973), Nr. 261, Tf. 105; Miller (1972), S. 140–141, Abb. S. 142; London (1976), Nr. 417.

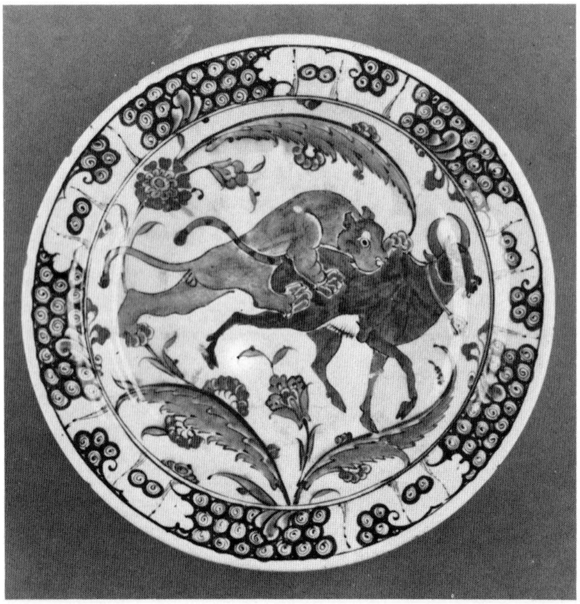

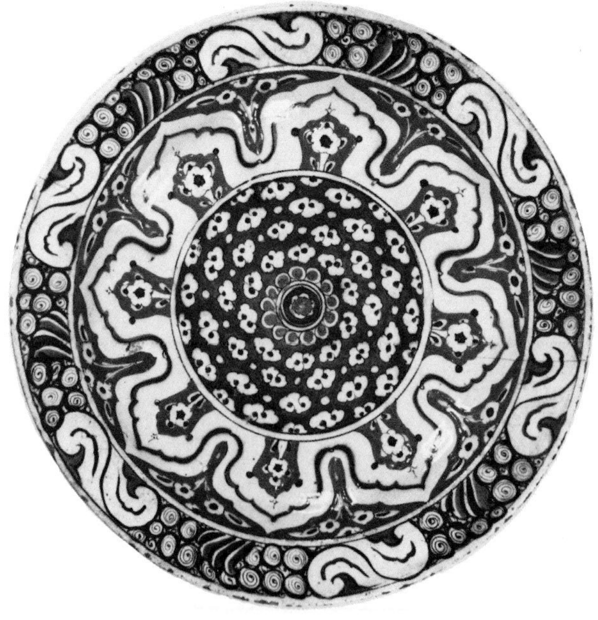

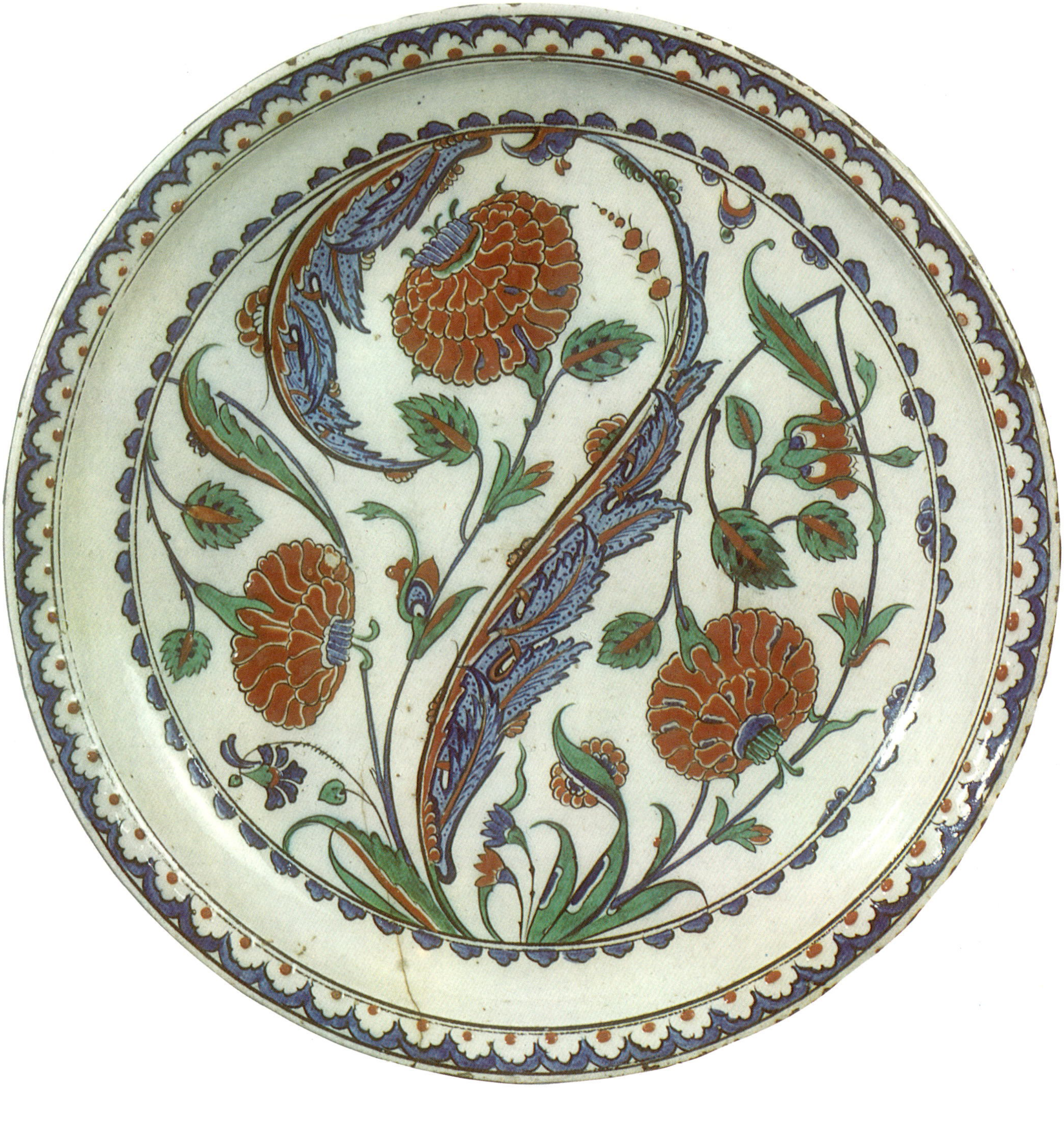

Iznikteller mit Blüten (Kat. Nr. 2/21)

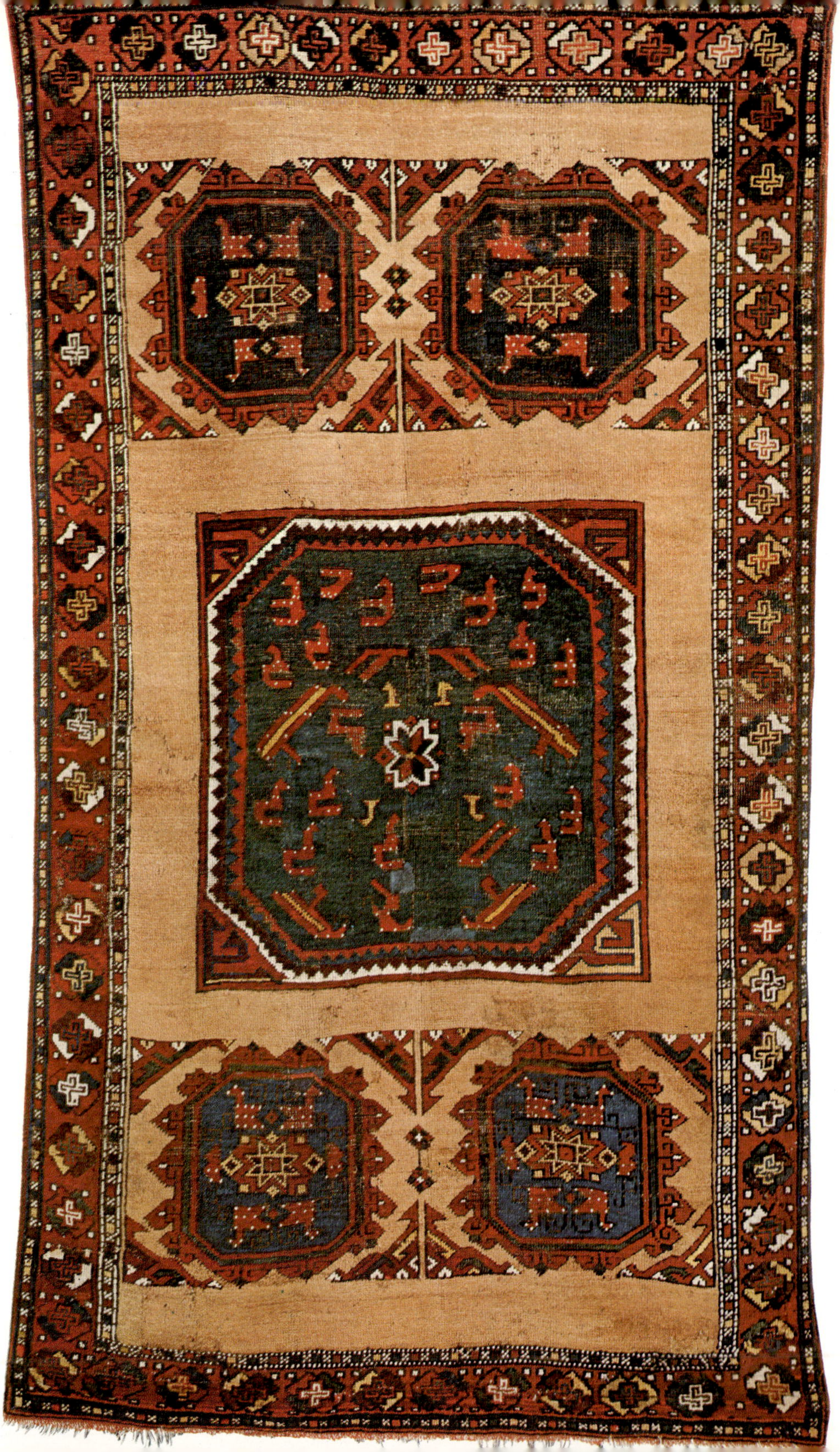

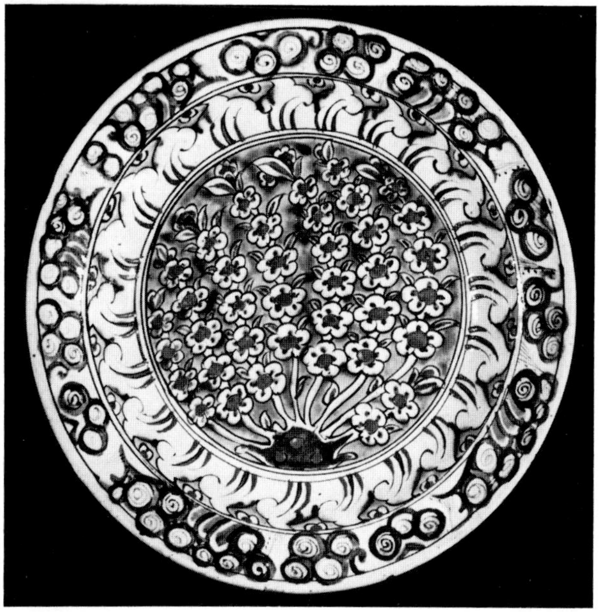

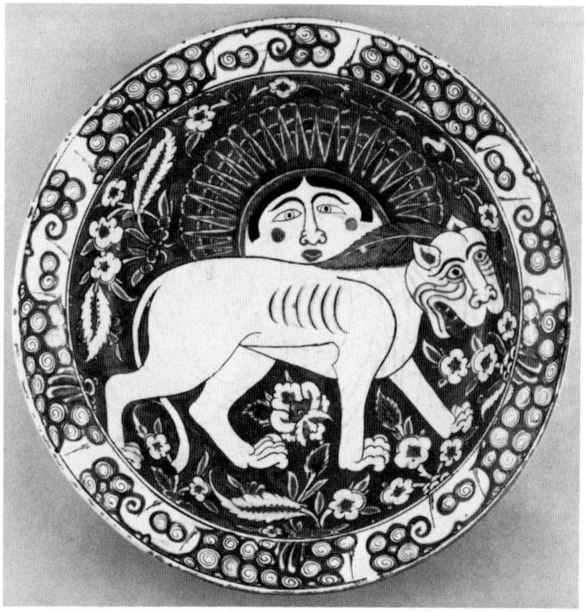

2/42
Teller
Istanbul (?) · 1015/1606-07
H 6,5 cm, Dm 33,7 cm
Quarzfritte-Keramik mit Unterglasurmalerei

Château d'Écouen, Musée de la Renaissance, Cl. 8108

Rund gewölbter Teller mit abgewinkeltem, ebenem Rand. Auf der Oberseite gerandeter Spiegel mit einem Strauch voll weißer Blüten mit roten Staubgefäßen sowie der Angabe von drei kugeligen Knospen an seiner Wurzel. In der Wandung kurvig bewegte Wellen (?) und vom Rand überschnittene Blüten, auf dem Rand in fünffacher Wiederkehr Felsbrocken und sprudelndes Wasser in blauer und schwarzer Zeichnung. Um die Außenwandung viermal im Wechsel Blüten und Knospen und am Rand eine schwarze, in Doppelschwüngen gebrochene Konturlinie. Im Fuß eine flüchtig neben- und ineinander geschriebene Aufschrift in türkischer Sprache mit der arabischen Jahresangabe.
L. Kalus entziffert und überträgt: „mille années quinze; toujours des plaintes et les lamentations, résous-les avec des fruits, l'acquéreur de çeci est Muḥammad Şāh", und verweist darauf, daß der Name durch seinen Bestandteil, 'Schah' auf einen Derwisch schließen läßt.
Tränen und Tropfen, Frühlingsblüte und Wein sind ständig wiederkehrende Begriffe der Dichtung des 16. Jh. Die persönliche Aufschrift in türkischer Sprache ist ein Sonderfall und weist den Teller als bestelltes Geschenk aus.

Lit.: Kalus (1979), S. 258–260.

2/43
Teller
Istanbul (?) · Erstes Viertel 17. Jh.
H 8,5 cm, Dm 39,8 cm, Dm Fuß 22,5 cm
Quarzfritte-Keramik mit Unterglasurmalerei

London, British Museum, G. 1983. 123 Godman Bequest

Großformatiger, rund gewölbter Teller mit an seiner Innenfläche getrepptem Fußring. Von Rand zu Rand vor blaßblauem Grund in schwarzer Zeichnung die Figur eines weißen Löwen nach rechts, mit roter Nase, Ohren und Zunge, graublauer Mähne und Rippen, sowie schwarzer Schwanzspitze. Über seinem Rücken steigt ein Sonnengesicht auf mit schwarzer Frisur, roten Schönheitsmalen, umgeben von einem grünen Strahlenkranz, der blau, rot und weiß hinterfangen ist. Gegen den Rand weiße, rote und grüne Blüten- und Blattgruppen, die an roten Wolkenballen oder Schuppenhaufen wurzeln. Auf dem Rand fünfmal wiederholt Felsbrocken zwischen blau und schwarz gezeichneter Wassergischt. Um die Außenwandung viermal blaue Rosetten im Wechsel mit grünen und blauen Blütenpaaren.
Der Teller ist in Größe und Motiv außergewöhnlich, seine Bemalung zeigt Merkmale jener auf einem 1606/7 datierten Teller (Kat. Nr. 2/42). Den Bektaşî-Derwischen galt der Löwe als Symbol für ʿAlī (Kat. Nr. 2/18). Zwei weitere Aspekte der osmanisch-türkischen Zeit liegen in der astrologischen Symbolik des Löwen als Sternbild des Tierkreises und Haus der Sonne, sowie der astronomischen Fixierung des Sommersolstitiums auf seine Sterne.

Unveröffentlicht.

TAFEL XVIII Knüpfteppich, Anatolien (Kat. Nr. 3/22)

2/44
Teller

Istanbul (?)
Anfang 17. Jh.
H 6,5 cm, Dm 30,5 cm
Quarzfritte-Keramik mit Unterglasurmalerei

Château d'Écouen, Musée de la Renaissance, CL 8374

Rund gewölbter Teller mit ebenem Rand und auf Ringfuß. Auf weißem Grund in brauner Zeichnung mit blauer, roter und grüner Ausmalung die stehende Figur eines Jugendlichen, der von einem losen Blatt Verse in persischer Sprache liest. Hyazinthen, Blüten, korallenrotes Gestein, ein Blattornament in Vogelform deuten einen Frühlingsgarten an. Auf dem Rand achtmal rote Tulpenpaare und eine blaue Päonienblüte, um die Außenwandung viermal blaue Blüten und grüne Blätter im Wechsel.
Aufgrund der volkstümlichen Figuren dieser Gruppe von Tellern, sowie allgemein der Beschriftung von Gefäßen, darf angenommen werden, daß es sich um die Seufzer eines unerhörten jungen Mannes, Ibrahim, handelt. Schilderungen des städtischen Lebens am Goldenen Horn im 17. Jh. gestatten weiterhin den Schluß, daß dort Werkstätten und damit Töpfermaler tätig waren, die auf Bestellungen von Bürgern fabrizierten.

Lit.: Karabacek (1884), S. 10–12; Paris (1971), Nr. 104; Zick-Nissen (1978), S. 931, Abb. 5.

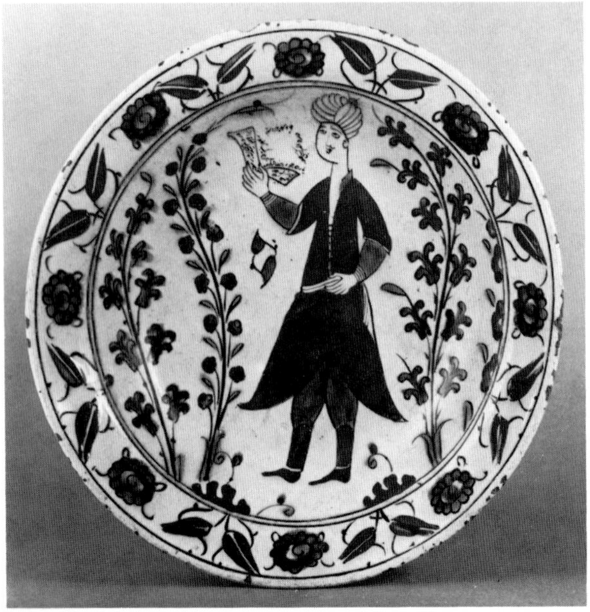

2/45
Teller

Iznik · 1634 (?)
H 3,8 cm, Dm 24 cm, Dm Fuß 9,8 cm
Quarzfritte-Keramik mit Unterglasurmalerei

Berlin, Staatliche Museen Preußischer Kulturbesitz, Museum für Islamische Kunst, 18,27

Emporgewölbter Boden, übergehend in runde, niedrige Wandung, abgewinkelter und flach ansteigender, breiter Rand. Beidseitige Bemalung in Blau, Grün und reliefstarkem Bolusrot bei schwarzer Zeichnung. Im gerahmten Spiegel vier Blumenstengel mit blauen und roten Nelken und einer Tulpe. Gleichartige Pflanzen füllen, vom Wandungsrand aufwachsend, den Rand. Entlang des Außenrandes blaue, überschnittene Ornamente, wie auch beim Spiegel. Ein Viertel des Randes nimmt ein rotgrundiger Wappenschild mit Akanthus-Rahmung und blauer Krone ein, links der Buchstabe „A" und ein Kreuz auf dem Halbmond mit zwei Mondsicheln unter dem Querbalken, rechts der Buchstabe „T". Außen auf dem Rand fünf blaue Tulpenpaare im Wechsel mit blauen Rosettblüten, überdeckt durch einen roten Rand; entlang der Wandung fünf blaue Perlen mit Grün, dazu fünf blaue Blattpaare. Im Boden der griechische Großbuchstabe „G", darunter eine Ziffer, – „9". Die Buchstaben und ihre Stilisierung und die heraldische Form des Kreuzes entsprechen Namen und Wappen des polnischen Gesandten Alexander Trzebinski, der 1634 zu Friedensverhandlungen zu Murad IV. kam.

Lit.: Zick-Nissen (1978), S. 932, Abb. 8; Zick-Nissen (1981), 2,1 A. 12a.

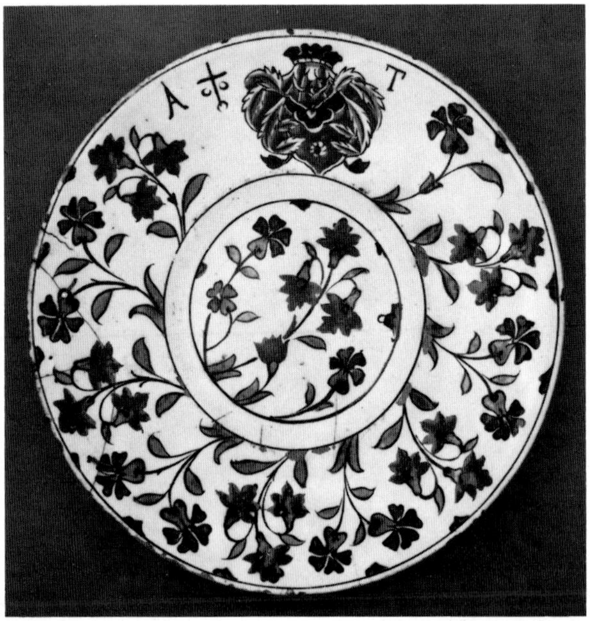

2/46
Humpen
Iznik · Zweite Hälfte 16. Jh.
H 20,7 cm, B 10,7 cm
Quarzfritte-Keramik mit Unterglasurmalerei

Frankfurt, Museum für Kunsthandwerk, 13147/5940

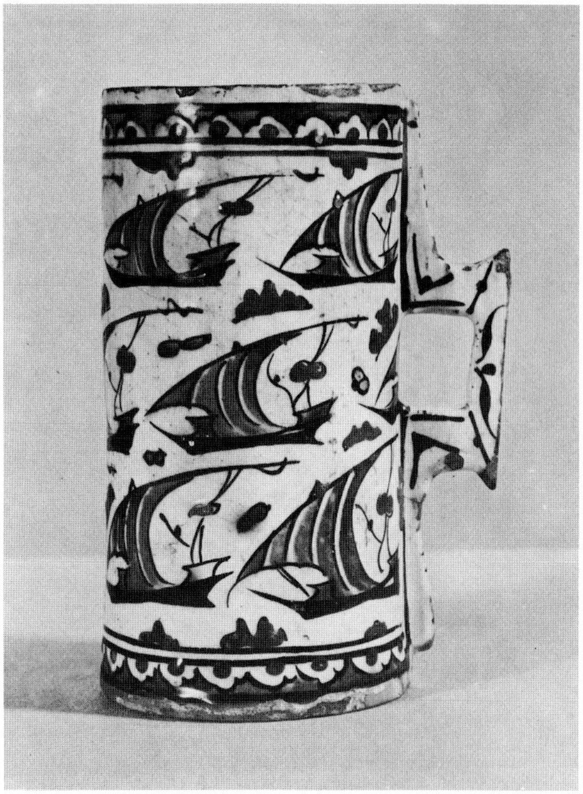

Humpen von zylindrischer Form mit angesetztem, winklig profiliertem Griff. Um die Wandung zwischen blaugrundigen Borten mit weißen, rot gefüllten Blüten umlaufende Bemalung mit gegeneinander versetzten einmastigen Segelschiffen in drei Reihen. Das dreieckige Segel ist blau gestreift und heftig gebläht. Zwischen den Schiffen rote, wolkenförmige Riffe, sowie eingestreute Drei-Kugel-Gruppen (vgl. Kat. Nr. 2/69).
Die Bemalung mit diesem mittelmeerischen Bootstyp arabischen Ursprungs war bis in das 17. Jh. besonders für Krüge und Humpen in Gebrauch und wurde im 18. Jh. vorbildlich für orientalisierende Vasen der ersten Berliner Fayencemanufaktur. Der Humpen als Gerät kommt bei den Osmanen im 16. Jh. mit der Blauweißkeramik auf, wird auch exportiert, aber in Iran oder am östlichen Mittelmeer nicht nachgeahmt. Beispiele aus Metall sind vom Balkan erhalten, Vorläufer aus Holz und Leder sind wahrscheinlich.

Vergleiche in der Literatur: Woldering (1961), Tf. 113; Berlin (1979), Nr. 576, 564; Lane (1952), Abb. 45–46.

2/47
Teller
Istanbul (?) · Anfang 17. Jh. · H 6,8 cm, Dm 36 cm
Quarzfritte-Keramik mit Unterglasurmalerei

Kopenhagen, Davids Samling, 24/1975 (F)

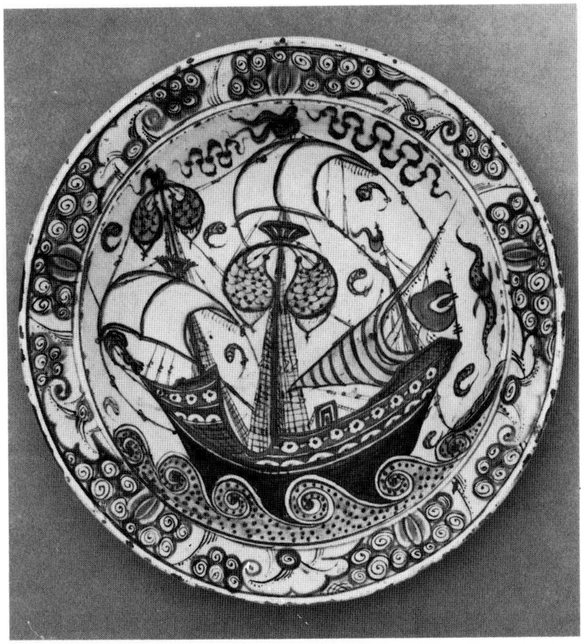

Rund gewölbter Teller mit ebenem Rand und auf Ringfuß. Im Innern das Bild eines rot und grün gemalten Dreimasters auf rollenden Wogen mit Delphinen und anderem Seegetier. Auf dem Rand fünffache Wiederholung der Musterung aus blau gischtendem Wasser an grünen Felsbrocken.
In bizarrer Zeichnung ist der Typ einer Karavelle gezeigt mit geblähtem und gerafftem Rah- und hinterem Lateiner-Segel, Mastkörben, Aufbauten und Laterne. Die vielfache Wiederholung des Typs auf Tellern läßt auf gebräuchliche Vorlagen für Maler schließen.
Der im 16. Jh. vervollkommnete Schiffstyp erscheint auf osmanischen Illustrationen bis zum Ende des 17. Jh. in Gegenüberstellung mit besegelten Galeeren der osmanischen Flotte. Schiffe dieser Art dürften die Pilger nach Ägypten gebracht haben, von denen, wie Evliya Çelebi berichtet, um den 24. April jährlich 700 Schiffe in Istanbul starteten.

Vergleiche in der Literatur: Atasoy (1974), Tf. 45; Düsseldorf (1973), Nr. 330; Lane (1957a), Tf. 46 B.

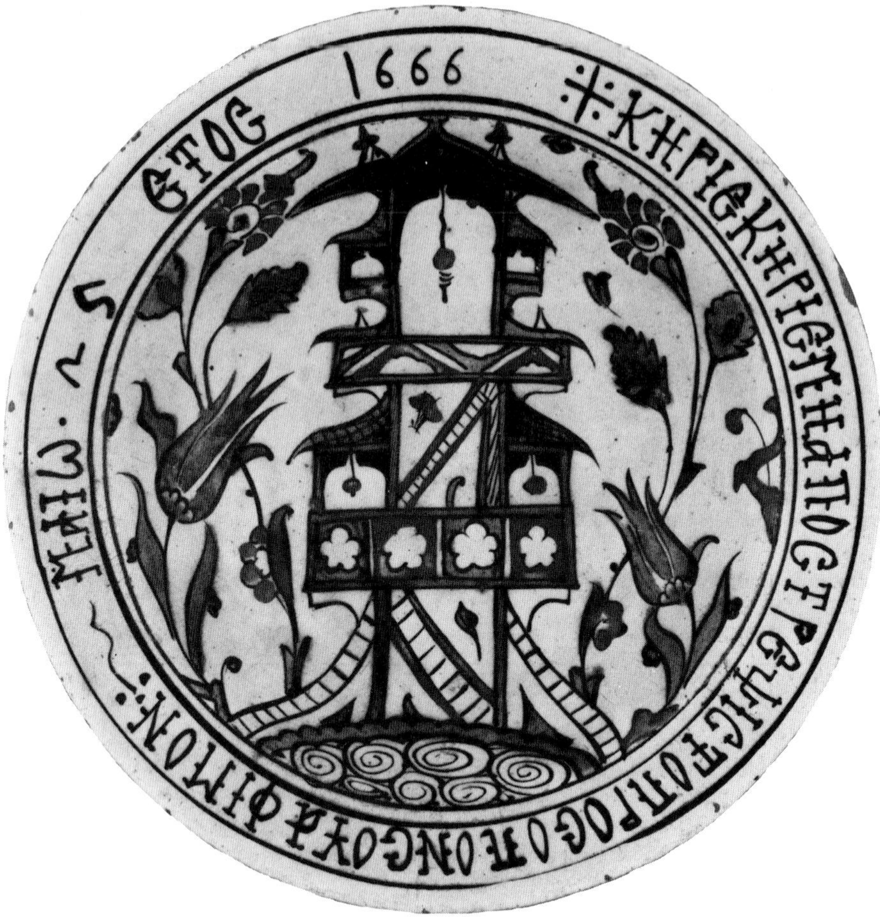

2/48
Gedenk-Teller

Istanbul (?)
25. Mai 1666
H 5,5 cm, Dm 26 cm, Fuß Dm 13,4 cm
Quarzfritte-Keramik mit Unterglasurmalerei

London, British Museum, Franks Bequest 87 2-13 3

Rund gewölbter Teller mit leicht ansteigendem Rand und einwärts gerichtetem Ringfuß. Weißer Anguß auf rosagrauen, körnigen Scherben, transparente, ins grünliche spielende Glasur. In schwarzer Zeichnung von Rand zu Rand die Darstellung eines Köşks zwischen Tulpen und Kompositblüten in Grün, Rot und Blau. Rechts ein vom Rand überschnittenes Wolkenband. Auf dem Rand in griechischen Großbuchstaben die Aufschrift: *Herr, Herr, wende nicht Dein Antlitz von uns – 25. Mai, Jahr 1666.* Außen unbemalt, Fuß teilglasiert.
Der zweigeschossige Köşk ist über Treppen zugänglich und steht an, oder über ‚Wasser' (vgl. Kat. Nr. 2/8–9), in seinen Räumen hängen Zierkugeln (vgl. Kat. Nr. 2/16) von der Decke. Ein fast identischer Teller im Benaki-Museum Athen trägt die Aufschrift *„Herr, rette die Frommen und erhöre uns"*, sowie das gleiche Datum. Am 25. Mai ist in der griechisch-orthodoxen Kirche Gottesdienst anläßlich der dritten Wiederauffindung des Hauptes Johannes des Täufers; ein Köşk über (!) einem Wasser muß auf einen der Istanbuler Heilbrunnen *(ayazma)* bezogen werden. Die Aufzählung eines *ayazmas* unterhalb der Aya Sofya Camii durch Evliya Çelebi, die Nennung einer Stätte der Enthauptung des Täufers unterhalb dieser Moschee durch Gerlach, der Bericht Gylles' über Besuch und Wallfahrt zum *ayazma* unter dem İncili Köşk Murads III. an der Ufermauer des Serails weisen allgemein auf eine stark besuchte Stätte in diesem Bezirk, und die Zweigeschossigkeit des İncili Köşks gibt Anlaß, diesen mit den Darstellungen auf den Tellern in Zusammenhang zu bringen.

Lit.: Hobson (1932), S. 89; Zick-Nissen (1978), S. 934–35; Wien (1983), Nr. 25/39. Lane (1971), S. 60, Tf. 47 B.
Vergleiche in der Literatur: Paris (1971), Nr. 108.

2/49
Teller

Istanbul (?) · 8. Mai 1669 · H 5,5 cm, Dm 26 cm
Quarzfritte-Keramik mit Unterglasurmalerei

München, Staatliches Museum für Völkerkunde, 17-33-32

Teller mit runder Wölbung und leicht ansteigendem Rand, wie Kat. Nr. 2/48. Auf der Innenfläche die szenische Darstellung der Abführung eines jungen Mannes durch einen Janitscharen in schwarzer Zeichnung bei roter, blauer und grüner Ausmalung. Unterhalb der Figuren eine Tulpe, links ein Blütenzweig, rechts kleine Kelchblumen. Auf dem Rand die Aufschrift: *Flapoulēs · ke Primēk(ē)ryos Maio 8. etē 1669* (Bannerträger? und Kerzenträger?).
Typ und Kleidung des jungen Mannes, der von dem Janitschar mit geschulterter Flinte gebunden abgeführt wird, entsprechen denen der christlichen Balkanbevölkerung, und ähnliche Tracht ist bis heute in Karpathendörfern der Westslowakei bekannt. Ein näherer Hinweis auf die Personen oder das Geschehen könnte erst eine eindeutige Lesung der Aufschrift bringen. – Der 8. Mai gilt in der griechisch-orthodoxen Kirche dem Gedächtnis des Apostels Johannes, dessen Bruder Jakobus auf Herodes Befehl getötet wurde, sowie dem Hl. Arsenios. Der Gottesdienst folgt der Ordnung für das Fest des Hl. Georgius (23. April), Befreier der Gefangenen. – Es ist offen, ob eine Legende dargestellt ist, oder ein historisches Ereignis. Ein solches aus der Familie des Auftraggebers könnte mit der Festtagsangabe seinen Wunsch auf Freilassung eines Gefangenen reflektieren.

Lit.: München (1910), II, V, Nr. 1457; Otto-Dorn (1941), S. 143; Otto-Dorn (1957), S. 138, Abb. 83; Ingolstadt (1979), Nr. 240, Abb. 33.

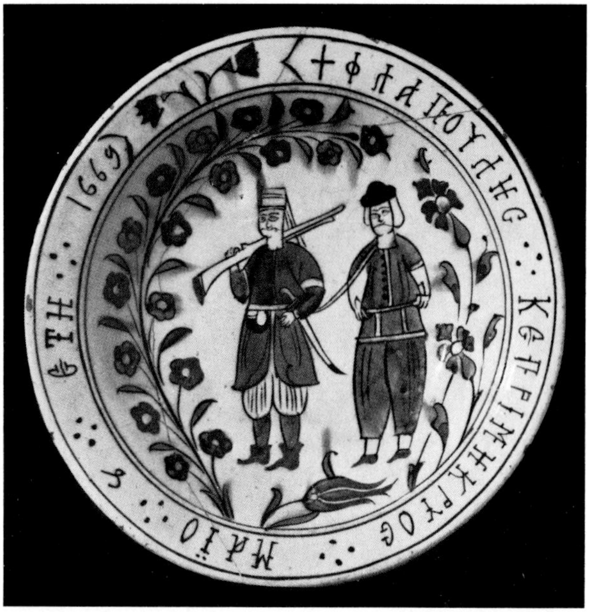

2/50
Vase

Kütahya · Zweite Hälfte 17. Jh.
H 21 cm, Dm 16,2 cm
Quarzfritte-Keramik mit Unterglasurmalerei

Düsseldorf, Hetjens-Museum, 1973/206

Vase mit plump eiförmigem Körper auf ausschwingendem und kantig abschließendem Fuß mit vertikaler Ringöffnung. Auf weißem Grund in schwarzer Zeichnung und blauer Ausmalung um die Wandung vier vertikale, zypressengestaltige Felder mit zackiger Rahmung und achsialer Blütenstaude in aussparender Malweise. In den Zwischenräumen vertikale Ranken mit zentraler Blüte und lappig, spitzig schwingenden Blättern. In feiner Strichzeichnung Borten an Fuß und Hals. Im Fuß in linearer Zeichnung ein spitz zulaufendes Blatt.
Die Gefäßform und die blasse Nuance des Blau korrespondieren mit Porzellan aus nicht kaiserlichen Öfen zu Ende der Ming-Dynastie, die Zypressenform hingegen entspricht osmanischem Geschmack. Die Malermarke im Fuß ist charakteristisch für die Werkstätten von Kütahya. Ein Gegenstück zu der Vase ist ebenfalls im Hetjens-Museum vorhanden.

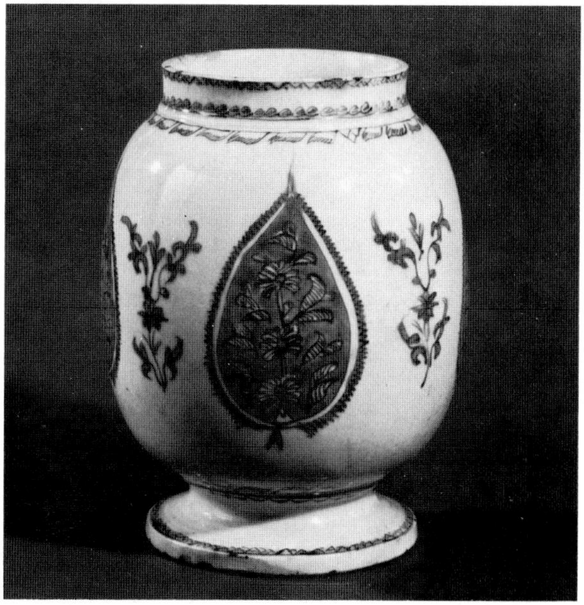

Lit.: Düsseldorf (1973), Nr. 375.
Vergleiche in der Literatur: H. Garner, Oriental Blue and White, (London 1964), Tf. 60B, 61A; G. Gabbert, Chinesisches Porzellan (Frankfurt 1977), Nr. 81–83.

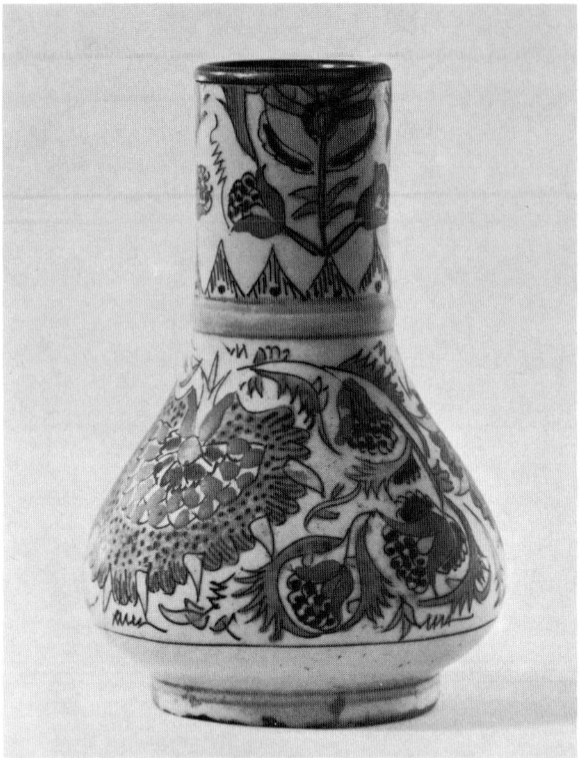

2/51
Flaschen-Fragment

Kütahya · Ende 17. Jh. · H 12,8 cm, Dm Fuß 5,7 cm
Quarzfritte-Keramik mit Unterglasurmalerei

Frankfurt, Museum für Kunsthandwerk, 13128/3836

Zwiebelförmiger Körper mit zylindrischem Halsansatz von einer Spritzflasche für Rosenwasser *(gülâbdan)*. An der Bruchstelle mit Silber gefaßt. Um Leib und Hals schwarz gezeichneter Fries mit Blütenabfolge: zwei blaue, dunkelblau getupfte Kompositblüten mit durchbrechenden gelben Spitzen und manganrotem Kern und seitlich ausladende Blattranken mit roten und manganfarbenen Kelchblüten, über einem gelben Wulstring am Hals schwarz gezeichnete Zackenborte unter einem dreifach wiederholten Pflanzenkandelaber. Um den Ringfuß blaue Doppellinie.
Der weiße Körper, das klare Blau in zwei Tönen, das Tomatenrot besitzen die Qualität von Iznik-Ware. Dort jedoch ist das Gelb an Gefäßen der klassischen Zeit nicht nachgewiesen, obwohl eine Brennprobe mit gelber Glasur ausgegraben ist, neuerdings auch ein Scherben mit Gelb als Grundfarbe. Der zeichnerische Stil dagegen ist ausschließlich in Kütahya anzutreffen.

Lit.: Frankfurt (1974), Nr. 175, Abb. 97.
Vergleiche in der Literatur: Carswell (1966), II, Fig. 10a; I S. 87–88, Tf. 37.

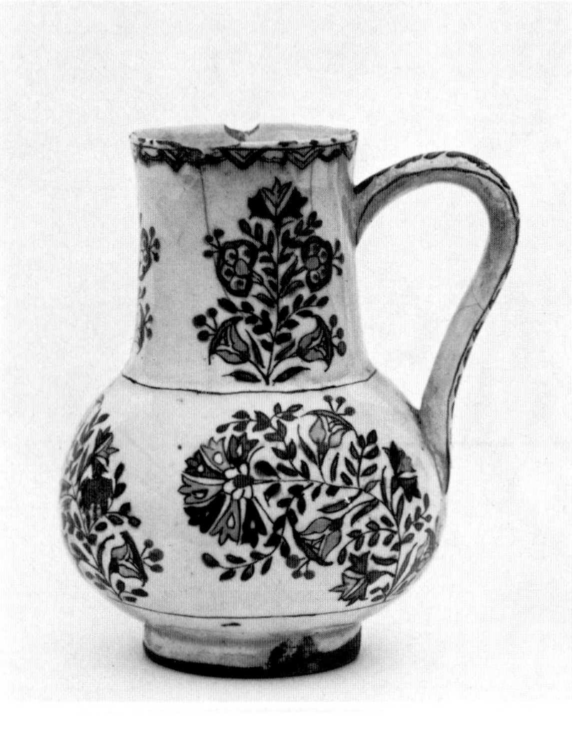

2/52
Krug

Kütahya · Ende 17. Jh. · H 14,5 cm, Dm 11 cm
Quarzfritte-Keramik mit Unterglasurmalerei

Köln, Kunstgewerbemuseum, E 862

Bauchiger Krug mit zylindrischem Hals und angelegtem Wulsthenkel. Bei schwarzer Zeichnung mit Ausmalung in Blau, Türkisgrün, Rot und Gelb um den Leib ein Fries mit dreifach wiederholtem, nach links schwingendem Blütenstil mit zweifarbiger Nelke an der Spitze, Kelchblüten und Nelken seitlich zwischen Zweigen mit paarigen Blättern. Um den Hals dreimal stehende Blütenzweige gleichen Charakters mit seitlichen Kelchblüten, Rosen und einer Nelke an der Spitze. Schwarze Striche begleiten die Profile, um den Rand Musterung aus hängenden Zacken in Blau und Schwarz.
Charakteristisch sind die vorspringenden, kleinen roten Tupfen als Staubgefäße der Blüten, die klare gelbe Farbe, das Blau. Die Krugform geht zurück auf Metall- wie Keramikgefäße des 15. Jh. Die einfache, klare Pflanzenwiedergabe und ihre Kombinationen handhaben die Maler in Kütahya in Parallele zu denen in Holland und China. Gefäße, aber auch Druckwerke, haben wohl eine enge Beziehung von Handel, Handwerk und Käuferschaft begründet.

Lit.: Köln (1966), Nr. 89.
Vergleiche in der Literatur: Carswell (1966), II, Tf. 7g; Lane (1960), Tf. 37C; H. Garner, Oriental Blue and White (London 1964), Tf. 63.

2/53
Kasten

Kütahya · 18. Jh. · H 3,5 cm, B 6 cm
Quarzfritte-Keramik mit Unterglasurmalerei

Düsseldorf, Hetjens-Museum, 1973/236 A + B

Rechteckiger, geradwandiger Kasten mit einem in einer Nut geführten Schiebedeckel. Auf dem Deckel bei schwarzer Zeichnung spiralige, grüne Blattranke, die zwei Rosettblüten in blauer und gelber Malerei umfängt. Auf den Längsseiten wellige Blatt- und Blütenranke in Grün, Blau und Gelb, auf den Schmalseiten gleichartige Staude. Auf der Kante wie am Deckelrand bilden S-förmige Linien ein umlaufendes Kordelornament.
Quadratische Schreibkästen mit Deckelplatte dürfen nach chinesischem Vorbild schon zu Anfang des 16. Jh. in Kütahya oder Iznik hergestellt worden sein, wie eine Platte mit Spiralrankendekor und Kantenornament zeigt; mehrfarbig bemalte, langrechteckige Kästen aus der 2. Hälfte des 18. Jahrhunderts, deren Stulpdeckel verloren ist, sind im Louvre und im Victoria and Albert Museum erhalten.

Lit.: Düsseldorf (1973), Nr. 441.
Vergleiche in der Literatur: Berlin (1979), Nr. 555; Paris (1971), Nr. 97.

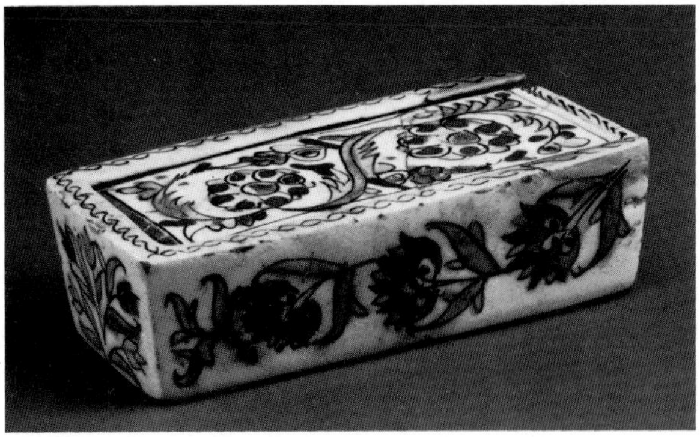

2/54
Trinknapf

Iznik (?) · Ende 16. Jh. · H 5 cm, Dm 7,5 cm, Fuß Dm 2,7 cm
Quarzfritte-Keramik mit Unterglasurmalerei

Berlin, Staatliche Museen Preußischer Kulturbesitz, Museum für Islamische Kunst, 80,277b

Allseitig transparent glasiertes Näpfchen (Koppchen) mit drei blauen Ornamenten an der Außenwandung: vierblättriger Blütenstern mit Knospen in den Zwickelflächen. Dieses Koppchen unterscheidet sich von der vielfarbigen Kütahya-Ware durch stärkere Sinterung und den linearen Auftrag der Bemalung in einer Farbe. Es kommt aus der Grabung Theodor Wiegands in Milet.

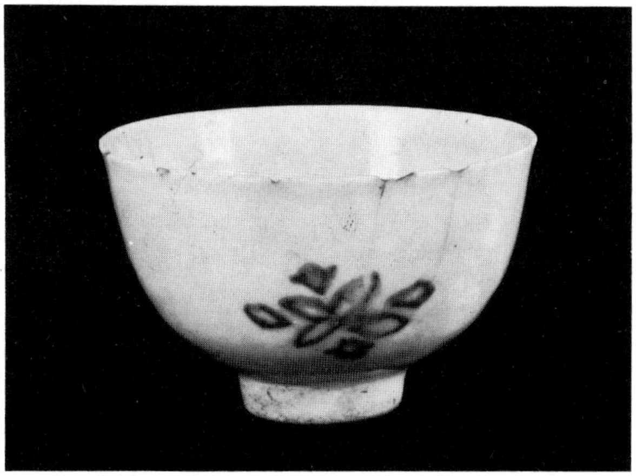

2/55
Trinknapf

Kütahya · Ende 17. Jh. · H 4,7 cm, Dm 7,5 cm, Dm Fuß 3 cm
Quarzfritte-Keramik mit Unterglasurmalerei

Berlin, Staatliche Museen Preußischer Kulturbesitz, Museum für Islamische Kunst, 80,277a

Allseitig glasiertes Näpfchen (Koppchen) mit hoher Wandung, außen mit einem breiten, an der Innenkante mit einem schmalen Fries mehrfarbig bemalt. Zwischen blauen Randstreifen dreimal ein Arrangement aus halb blauen, halb gelben Blättern, grünen und gelben Blattformen mit roten, getupften Spitzen bei schwarzer Zeichnung, dazwischen symmetrisches, florales Ornament in blau, gelb und rot, von welchem seitlich rote Bänder abzweigen. Am Innenrand Wellenranke mit gelben Knospen, grünen Blättern und mit roten Tupfen.
Format, Auswahl und Anordnung der Bemalung lassen Porzellan vom Ende des 17. Jh. als Vorbild erkennen. Im 18. Jh. übernehmen deutsche Porzellanmanufakturen den Typ, im 19. Jh. fabriziert eine russische Manufaktur diese Koppchen für den orientalischen Markt.

Vergleiche in der Literatur: G. Gabbert. Chinesisches Porzellan (Frankfurt 1977). Nr. 165–163; München (1979), Nr. 262.

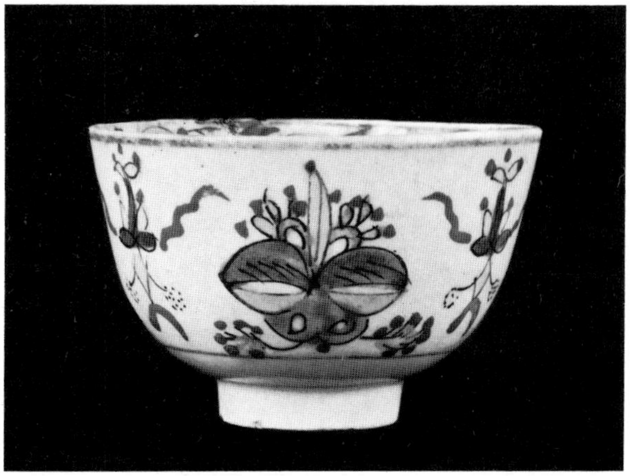

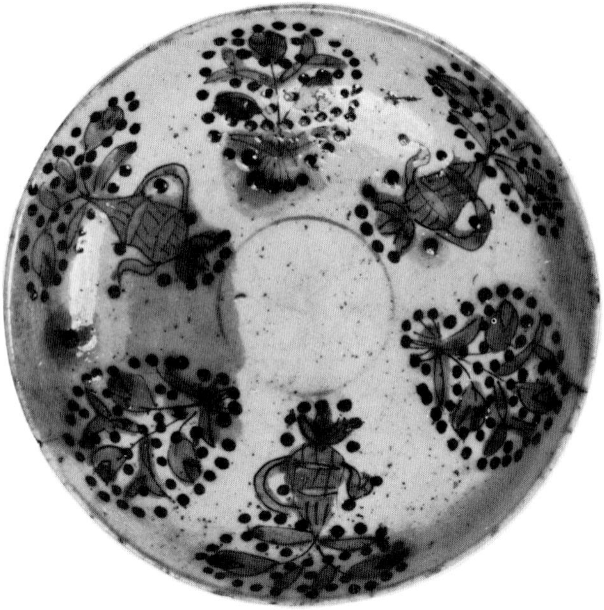

2/56

Schälchen

Kütahya · 18. Jh.
H 2,5 cm, Dm 11 cm
Quarzfritte-Keramik mit Unterglasurmalerei

Berlin, Staatliche Museen Preußischer Kulturbesitz, Museum für Islamische Kunst, 80,278b

Flaches Schälchen auf Ringfuß, bemalt in Blau, Gelb, Grün und Rot bei schwarzer Zeichnung. Auf der Oberfläche drei zu drei Ornamente, radial gestellt, aber durch blaue Ränder wie ein Fries behandelt. Im Fuß blauer Doppelring. Drei Kannen mit Blütenzweigen wechseln mit einem Pflanzenornament mit drei blauen, bzw. gelben Blüten. Alle Formen sind am Rande besetzt mit roten Punkten. Eine Kanne signalisiert im volkstümlichen islamischen Bereich sowohl die Reinheit des Gläubigen wie den Segen. Schälchen dieser Art gehören zu den Trinknäpfchen, seit diese dem Kaffeegenuß vorbehalten sind (Kat. Nr. 2/55). Kütahya war das berühmte Produktionszentrum und belieferte mit gutem Zollgewinn die Krim und Ägypten.

Lit.: Kühnel (1925 und 1963), S. 132, Abb. 95 und S. 163, Nr. 123; Otto-Dorn (1957), S. 163, Abb. 89b.
Vergleiche in der Literatur: Miller (1972), S. 157–174; Gerö, (1978), S. 347–361, Abb. 5.

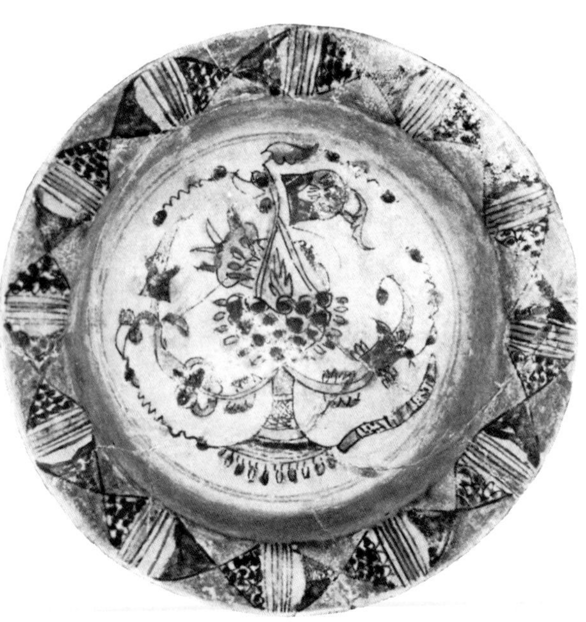

2/57

Kleine Schale

Kütahya · 17.–18. Jh.
H 5 cm, Dm 15 cm, Dm Fuß 6 cm
Quarzfritte-Keramik mit Unterglasurmalerei

Berlin, Staatliche Museen Preußischer Kulturbesitz, Museum für Islamische Kunst, I 6230

Schale mit flachem Boden und senkrechter Wandung mit ausladendem Rand; Ringfuß, beidseitig bemalt. Schwarze Zeichnung mit blauer, grüner, gelber, manganfarbener Flächenfüllung, sowie mit reliefstark aufgetragenem Bolusrot. Im Spiegel umgrenzt ein blauer Doppelring ein achsiales Arrangement aus einem Pokal, Blüten, Blättern und Bändern, in dessen Spitze ein abendländischer Wappenschild einbezogen ist. Auf dem Rand geometrische Felderung mit farbiger Flächenfüllung und Schuppung. Um die Außenwandung zwei Reihen gegeneinander versetzter S-förmiger Linien mit überkreuzender, bzw. einem Fiederblatt entsprechender Strichelung.
Die Einbeziehung eines Wappenschildes erlaubt den Schluß auf eine Bestellung aus dem Bereich des Balkans, oder aus Polen. Die Zusammenfügung der floralen Details spiegelt sowohl kleinasiatische Traditionen wie chinesische Vorbilder der Ching- und Kangxi-Periode.

Lit.: Zick-Nissen (1978), S. 930, Anm. 9.

2/58

Devotional-Ei

Kütahya
Anfang 18. Jh.
H 11 cm, Dm 9,5 cm
Quarzfritte-Keramik mit Unterglasurmalerei

Köln, Kunstgewerbemuseum, E 878

Hohlform mit oberer und unterer Öffnung, auf weißem Grund Zeichnung von Seraphim — zwei an den Öffnungen, vier um die Wandung — sowie acht paarig dazwischen gesetzte Engelsköpfe in grüner und gelber Bemalung bei schwarzen Umrissen. Rest der zugehörigen Seidenschnur mit Zierknoten und Quaste.
Die Farbstellung ist charakteristisch bei Keramikgeräten für den kirchlichen Bedarf aus Kütahya (vgl. Kat. Nr. 2/79). Die Typisierung der Engelschöre am Thron der Dreifaltigkeit geht zurück auf die Mittelalterliche Kirche von Byzanz, sie werden ebenso auf Räuchergerät gezeichnet. Daß die Griechen in Istanbul solche Eier in der Kirche aufhängten, berichtet der protestantische Gesandschaftsprediger Gerlach 1578 vom Himmelsfahrtstag und fügt an, daß man beim Gebet an nichts anderes als an Gott denken solle, so wie der Strauß nur an seine Eier denkt.
Es hängen in Istanbuler Sultanstürben, aber auch in Moscheen, zahlreiche quastengeschmückte, jedoch unbemalte Eier, auch Straußeneier mit Büscheln von Goldflitter, wie Joseph von Hammer-Purgstall um 1800 berichtet. Schmuckkugeln in profanen Räumen unterscheiden sich in Form und Dekor (vgl. Kat. Nr. 2/16).

Lit.: Köln (1966), Nr. 92.
Vergleiche in der Literatur: Carswell (1972c), S. I, Tf. 24, S. 85–86, S. 95, S. 99.

2/59

Zitronenpresse

Kütahya · 1741/2
H 5,3 cm, Dm 14,4 cm, Dm Boden 8,3 cm
Quarzfritte-Keramik mit Unterglasurmalerei

Frankfurt, Privatbesitz

Leicht gewölbtes, tiefes Schälchen mit innen aufgesetztem, vierrippigen und gekerbtem Zapfen, der von drei Abflußöffnungen unterhöhlt ist, welche zu einer zentralen Öffnung im ebenen Boden führen. Bei schwarzer Zeichnung und blauer Malerei um die Innenwandung fünfmal ein liegendes, geschwungenes Blatt mit Blütenblättern, im Boden Doppelreihen von Diagonalkreuzen, um den Rand Wellenranke. Um die Außenkante in kursiv geschriebenem, osmanischen Türkisch:

افندم لطف ايله دوشنه فكر ايله
شمدى عصر فنا اولدى الكره دولتله شكر ايله

Mein Herr, mit Verlaub
denk mal gut nach.
Jetzt sind die Zeitläufte
schlecht geworden, danke
erst deinem Glück. (?)

Der Reiz des Verses ergibt sich aus seiner Doppeldeutigkeit, die mit der arabischen Schrift zusammenhängt, die oft verschiedene Lesungen erlaubt.
Die Zitronenpresse war notwendig zur Herstellung der zahllosen Sorten von Scherbet, für welche am Hof wie in der gesamten Bevölkerung viel Sorgfalt und Fantasie verwandt wurde. Hersteller und Verkäufer von Scherbet bildeten im 17. Jh. einen glanzvollen Teil der Zunftumzüge mit Porzellan und Seladon-Gefäßen für dies Getränk, das *‚die Seele befriedigt und dem Körper neues Blut zuführt'*, wie sie nach dem Bericht von Evliya Çelebi ausrufen.

Lit.: Düsseldorf (1973), Nr. 459.
Vergleiche in der Literatur: J. Carswell, The lemon-squeezer, IVème Congrès International d'Art Turc. Aix-en-Provence, 1971. Aix-en-Provence 1976, S. 29–48.

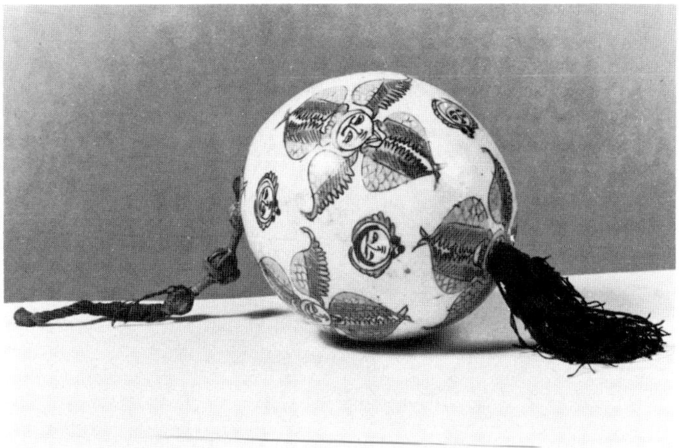

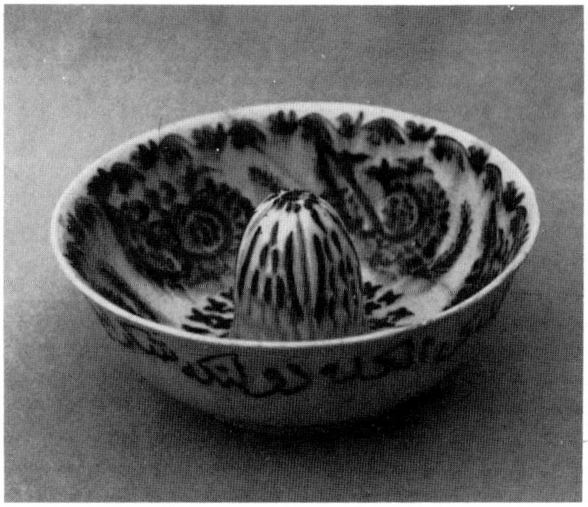

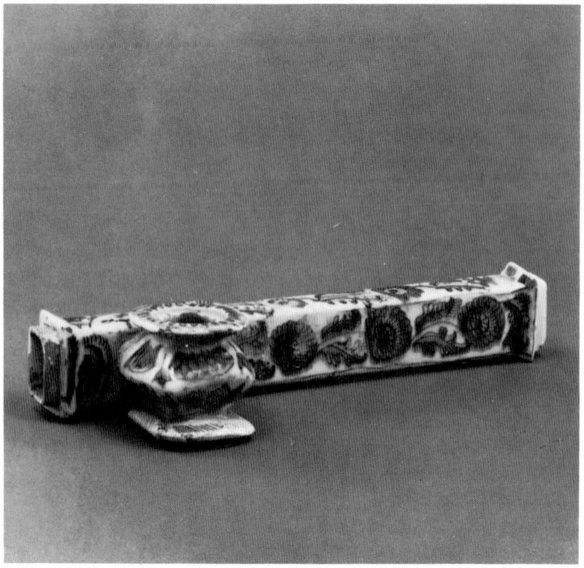

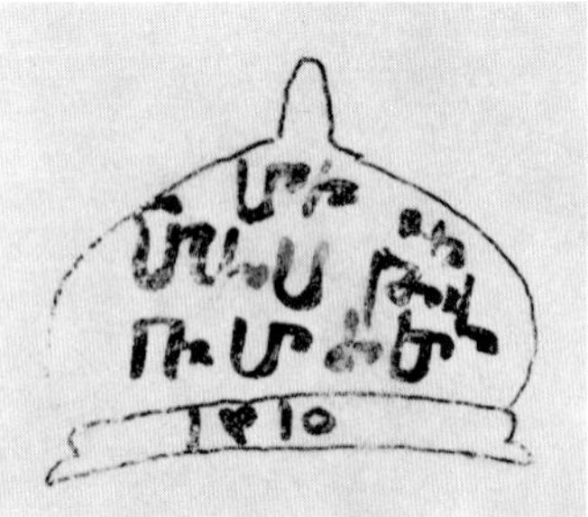

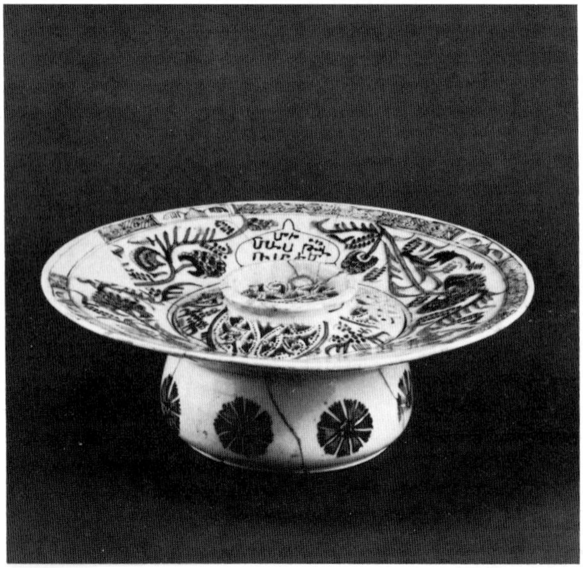

2/60

Schreibzeug *(divit)*

Kütahya · Zweite Hälfte 18. Jh.
H 4,3 cm, B 22,5 cm
Quarzfritte-Keramik mit Unterglasurmalerei

Düsseldorf, Hetjens-Museum, 1973/252

Schmaler, rechteckiger Behälter für Schreibrohre *(kalem)* mit angesetztem, bauchig-vierkantigen Tuschebehälter auf quadratischer Fußplatte. Der Kasten schließt an den Enden mit kantigen Profilen, an der Stirnseite fehlt der Stulpdeckel aus Metall (Silber?). Über alle Flächen verteilt Ranken mit fiedrigen Blättern und Rosettblüten in schwarzer Zeichnung und blauer Malerei, lineare Ornamentierung der Kanten. An der Unterseite die Aufschrift „Mehmed Ağa“. Die Form des Gerätes wiederholt die von Silberarbeiten, die Bemalung ähnelt derjenigen einer durch Aufschrift in das Jahr 1763/4 datierten Pilgerflasche im Mechitharistenkloster San Lazzaro, Venedig. Der Name ist aufgrund der Angabe zur öffentlichen Position als der des Bestellers anzusehen.

Lit.: Düsseldorf (1973), Nr. 457.
Vergleiche in der Literatur: Carswell (1966), Tf. 38c; Carswell (1972c), I, S. 91

2/61

Waschbecken *(leğen)*

Kütahya
1215/1800-1
H 10,8 cm, Dm 30,9 cm
Quarzfritte-Keramik mit Unterglasurmalerei

Düsseldorf, Hetjens-Museum, 1973/251

Bauchiges Becken mit ansteigendem, weit ausladendem Rand und herausnehmbarem Einsatzgitter mit durch Steg gerandeter Mitte. In schwarzer Zeichung und blauer Ausmalung um den Leib rosettförmige Nelken, auf der Randfläche Blütenranken, am Rand schmale Borte mit viermaliger Unterbrechung durch eine graphische Figur im freien Feld. Auf dem Gittereinsatz vier Zwickelflächen mit Blütengruppe. Ein helmförmig begrenzter Schild zwischen den Ranken enthält die Jahresangabe in arabischen Zahlen und armenischen Buchstaben, sowie den Eigennamen Minas: „1215 RMZE MJ NAS THW“ (Lesung J. Faensen, nach PI-Tabelle).
Das Becken fängt das Wasser auf, welches aus einer zugehörigen Kanne über die Hände gegossen wird, nach dem Mahl wie vor dem Gebet im Haus. Die Stilisierung der Blüten und Fruchtranken spiegelt in grober Form Vorlagen des osteuropäischen Kirchenbarocks wieder, wie sie im Buchdruck verbreitet waren.

Lit.: Düsseldorf (1973), Nr. 456.
Vergleiche in der Literatur: M. Antonowytsch, Kultur der Ostslawen, S. 55–125. In: Handbuch der Kulturgeschichte (Potsdam 1936), S. 68, Lemberger Apostelbriefe von 1574.

2/62
Kanne *(ibrik)*

Kütahya
18. Jh.
H 27 cm
Quarzfritte-Keramik, Reliefformung mit Unterglasurmalerei

Frankfurt, Museum für Kunsthandwerk, 13 141

Kanne auf tellerförmig ausschweifendem Fuß und mit angelegtem Wulsthenkel. Die geschwungene Tülle ist mit dem Nacken verbunden durch ein Gitter aus geschwungenen Ranken. Um Leib, Hals, Nacken geformter Reliefdekor, der über dem deckenden, gelben Anguß in rhythmischem Wechsel von dunkelblauer Farbe überfangen wird. Um den Leib in spitzovalen Flächen deren Kontur wiederholende Zypressenbäume, zwischen ihren Spitzen Gruppen von sieben Punkten. Am Nacken eine einfachere Wiederholung, darüber torquierte Kannellierung. Ein Deckel oder Stöpsel muß ursprünglich dazu gehört haben.
Der Dekor der Kanne wiederholt traditionelle türkische Formen von Metallgerät, worauf auch die Verwendung der gelben, für Kütahya kennzeichnenden Farbe verweist.

Lit.: Unveröffentlicht.
Vergleiche in der Literatur: Düsseldorf (1973), Nr. 454; 435.

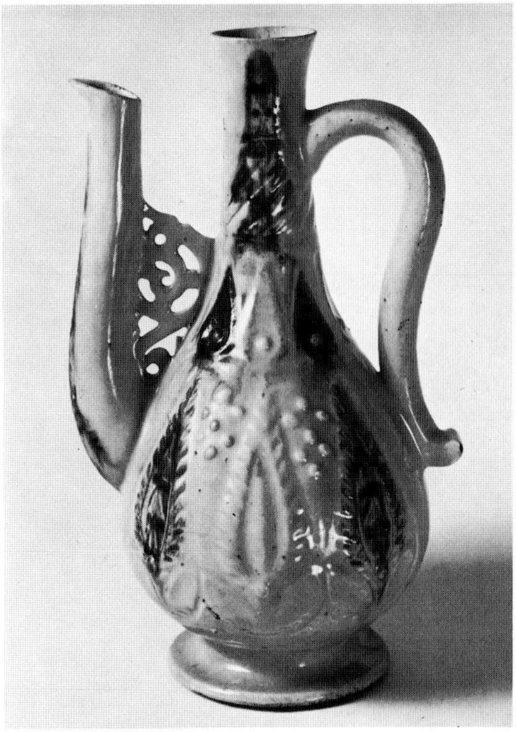

2/63
Krug

Kütahya (?)
18. Jh.
H 23,5 cm
Quarzfritte-Keramik mit Unterglasurmalerei

Frankfurt, Museum für Kunsthandwerk, 13143

Bauchiger Krug mit angelegtem Wulsthenkel und auf Ringfuß. Auf hellem Grund an beiden Seiten und an der Front der Laibung eine raumgreifende, radförmige Fläche mit zwölf weißen, vier blauen „Speichen" und gelbem, blau markiertem Zentrum. Die Rahmung ist senfgelb und rot, der Grund jeden Feldes ist in schwarzer Zeichnung geschuppt. Unter- und oberhalb dieser Flächen wirbelförmige Blüten, sowie Kompositblüten an Blattstielen und eine um den Rand und über den Henkelrücken geführte Blattranke in den Farben Senfgelb, Rot, Blau, Grün, Manganviolett, bei schwarzer Zeichnung. Unterhalb des Henkels die Figur eines Seraphim, jedoch ohne Gesichtsangabe, in den Farben Rot, Manganfarben, Schwarz. Charakteristisch für diesen Krug ist die trübe Färbung des Grundes und der Bemalung, von der die übliche Kütahya-Keramik des 17./18. Jh. sich durch die Qualität des Materials und eine provinzielle Eleganz abhebt. Die lineare Zeichnung jedoch und der barocke Typ von Blüten und Blättern ist von keiner weiteren Manufaktur der Türkei bekannt.

Lit.: Frankfurt (1974), Nr. 176, Abb. 98.

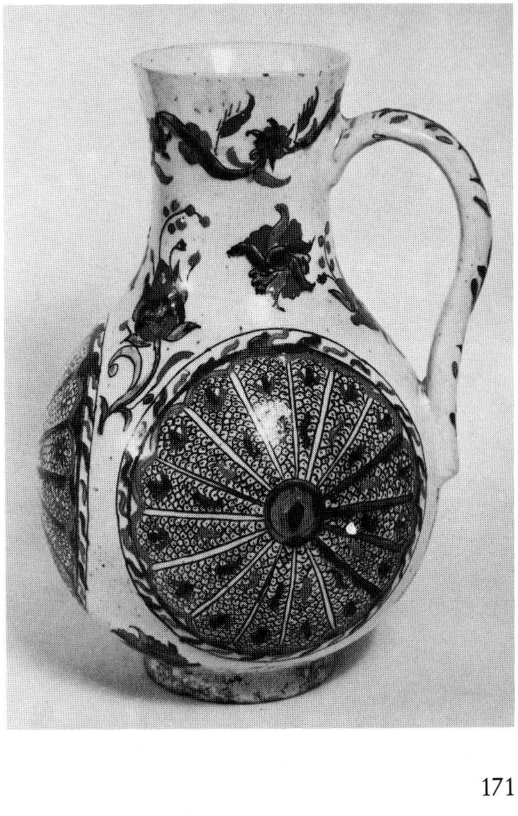

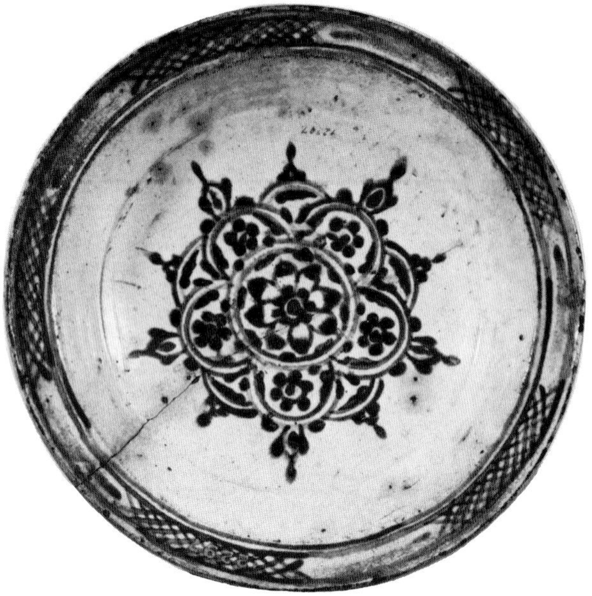

2/64
Teller

Çanakkale · Mitte 18. Jh. · H 6,5 cm, Dm 28,8 cm
Tonware mit Unterglasurmalerei

Düsseldorf, Hetjens-Museum, 1973–260

Rund gewölbter Teller auf Fußring und mit geradem, profiliertem Rand. Auf hellem, bräunlichen Anguß und unter farbloser Glasur bemalt mit einem zentralen, fünfpassigen Medaillon in brauner, linearer Gliederung und mit braunen Rosettblüten gefüllt. Auf dem Rand graugrüne Kreuzschraffuren mit fünf kartuschenförmigen Unterbrechungen. Außen unbemalt.
Beispiel einer Gruppe großformatiger Teller mit mehrfarbiger Bemalung in Engobetechnik. Die Verwendung der Farbtöne Braun/Grün, — gelegentlich auch Weiß —, die Übereinstimmung zwischen der Anzahl von Randflächen und Seiten des geometrischen Spiegelornaments beruht noch auf der Disziplin von Musterentwürfen der klassischen Zeit, nun bei Einsatz einfacher handwerklicher Mittel.

Lit.: Düsseldorf (1973), Nr. 465.
Vergleiche in der Literatur: Öney (1971), S. 52, Nr. 1–14.

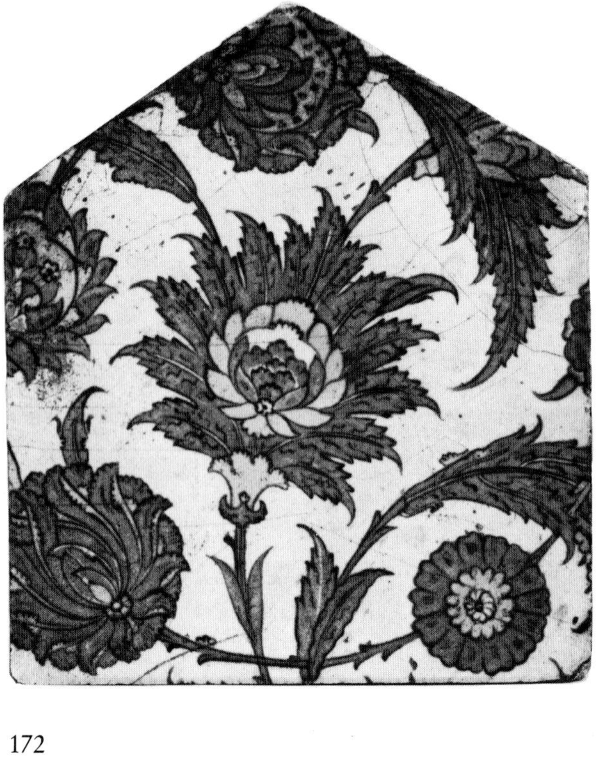

2/65
Zwei Fliesen

Iznik · Zweites Viertel 16. Jh.
H 20,5, B 18, Schrägkante 10,5 cm
Quarzfritte-Keramik mit Unterglasurmalerei

Hamburg, Museum für Kunst und Gewerbe, 1877, 131–132

Teile aus paarweise komponierten Fliesenbildern. Der gewählte Ausschnitt enthält eine zentrale, gefiederte Palmettblüte an einer Ranke mit gefiedertem und geädertem Blattwerk in lavierender Blaumalerei mit türkisfarbenen Details. Der Kern dieser Blüte ist eine künstlerische Kombination aus Granatfrucht und Päonie mit Samenansatz, eine Lotosblüte, vereint mit einem Artemisiablatt liegt einer Ranke auf, die durch und hinter das Blattwerk kriecht und Päonienknospen und Rosettblüten trägt.
Die künstlerische Gestaltung entspricht zwei Paaren von über einem Meter hohen Bildfliesen mit Fabeltieren und Vögeln, die seit dem 17. Jh. den Eingang zum Beschneidungszimmer der Prinzen im Serail von Istanbul schmükken. Über ihre ursprüngliche Verwendung ist nichts bekannt, aber derartige Kompositionen wurden mit Sicherheit ausschließlich für das Serail berstellt.
Das außergewöhnliche Niveau der Fliesenmalerei entspricht einer Gruppe von Tuschzeichnungen von Hofkünstlern, die dem Kreis um Şahkulu-u Bağdadî angehört haben dürften, der um 1520 an den Hof kam und bis 1545 entlohnt wurde.

Lit.: Unveröffentlicht. Gleiche Fliesen in London, Leighton House.
Vergleiche in der Literatur: Atıl (1980), S. 193–195; Rogers (1983), S. 98, 103, 124, Nr. 25, 48, 51.

2/66

Bildfliese

Iznik · Mitte 16 Jh.
Dm 28 cm
Quarzfritte-Keramik mit Unterglasurmalerei

London, British Museum, 92 6–13 69

Sechseckige Bildfliese mit blauem Rand und weiß ausgesparten Rosettblüten. Die Komposition von drei geschwungenen, geknickten, sich durchdringenden Ranken mit Fiederblättern, Knospen und Kompositblüten umfängt ein bei einer Blattgruppierung stehendes Entenpaar. Im Zentrum befindet sich eine Kompositblüte mit Formen von Päonie und Granatfrucht. Die Malerei ist in Schattierungen von Kobaltblau ausgeführt, Details der Enten und Blüten sind türkisfarben. Auffällig sind Punktreihen entlang einiger Konturen, die entweder tatsächliche Spuren der Übertragung von einer Pause sind, oder deren Verstärkung aus Gewohnheit und Manier.
Daß die Komposition vielfach wiederholt wurde, beweisen Fliesen im Victoria and Albert Museum sowie in Leighton-House in London. Nach Format und Komposition dürften sie einzeln zwischen Flächen aus einfarbigen Fliesen verlegt gewesen sein.
Das Entenpaar, Päonie und Granatfrucht besitzen nach mongolisch-chinesischer Tradition glückverheißende Bedeutung.

Lit.: Lane (1960), S. 19–20, Abb. 14b; Rogers (1983), Nr. 140.

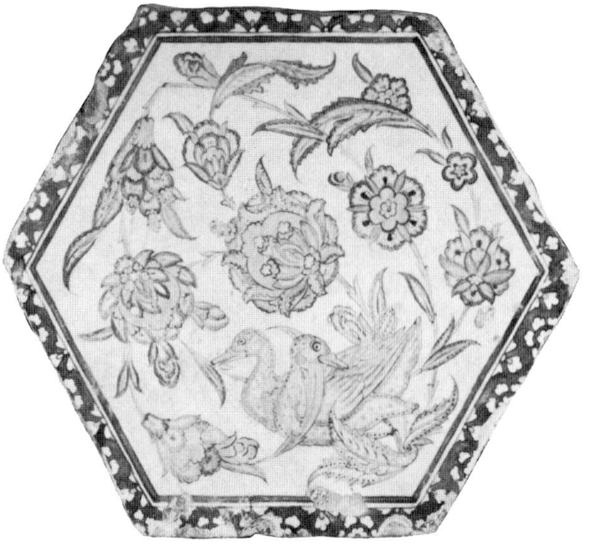

2/67

Fliesen-Fries

Iznik · Zweite Hälfte 16. Jh.
H 39,6 cm, L 230,3 cm
Quarzfritte-Keramik mit Unterglasurmalerei

Kopenhagen, Davids Samling, Isl. 181 (F)

Friesabschnitt mit kartuschenförmig gerahmtem Koranvers auf blauem Grund bei schwarzer Zeichnung und mit türkisfarbenen und roten Details. Blühende Pfirsichzweige füllen die Zwickel, eine reziproke Zinnenborte schließt die Oberkante ab. Spiralige, weiße Ranken mit verschiedenartigen Blüten und Blättern, am unteren Rand eine einzelne Tulpe, am oberen eine Wolke sowie überschnittene Arabeskkartuschen umspielen und unterlaufen die weiße Schrift im Sülüs-Duktus. Der Text kombiniert den Anruf ‚im Namen Gottes, des Gnädigen, des Barmherzigen' mit einem Zitat aus dem 255. Vers der 2. Sure: ‚Gott (ist einer allein); es gibt keinen Gott außer ihm. (Er ist) der Lebendige und Beständige. Ihn überkommt weder Ermüdung noch Schlaf . . .'.
Dieser Vers gehört zu den am frühesten als Glaubensbezeugung gegenüber Ungläubigen zitierten. Die vorangehenden Verse nehmen Bezug auf die Propheten einschließlich Jesus, die nachfolgenden weisen auf die Sicherheit der Gläubigen in Gott.
Die Konzeption einer Ranke unter der Schrift ist ein altertümlicher Zug, und zuvor 1548 bei Schmelzglasurfliesen in der Türbe Şehzade Mehmeds in Istanbul verwendet, wo bereits ebenfalls eine einzelne Tulpe zugefügt ist. Die Anwendung roter Unterglasurmalerei jedoch bezeugt die spätere Ausführung durch einen eklektischen Maler.
Angeblich stammt der Fries aus der Piyale Paşa Camii (s. Kat. Nr. 2/70).

Lit.: Kopenhagen (1975), S. 109–110.
Vergleiche in der Literatur: Öz (1957), Tf. XXXI, S. 19–20.

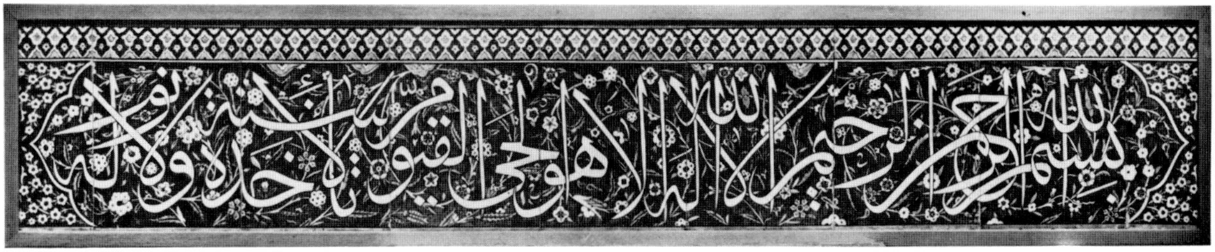

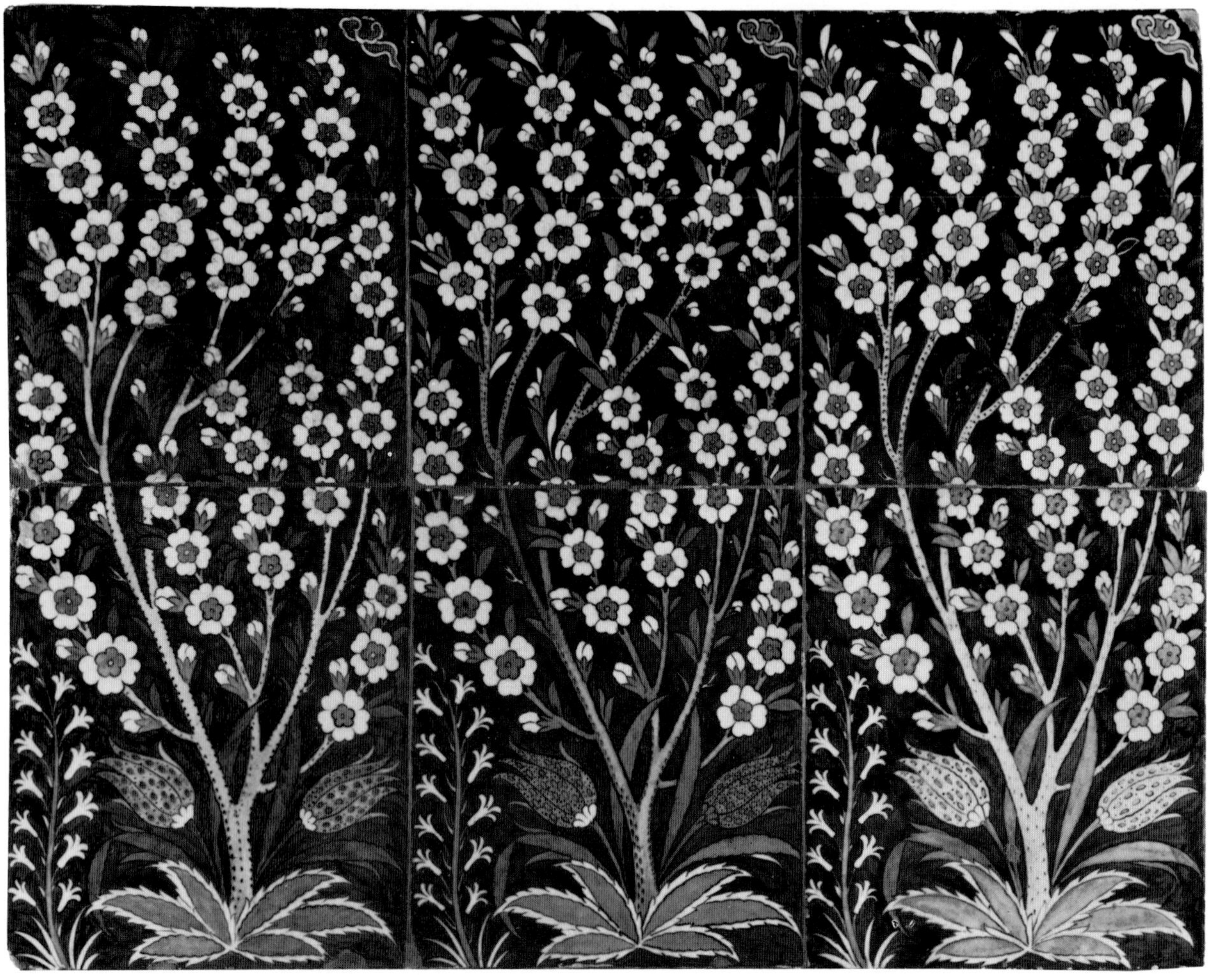

2/68

Fliesenfolge aus einem Fries

Iznik
Drittes Viertel 16. Jh.
H 61 cm, B 79 cm
Quarzfritte-Keramik mit Unterglasurmalerei

Kopenhagen, Davids Samling, Isl. 182

Sechs Fliesen aus einer Wandverkleidung mit wiederholender Bemalung auf blauem Grund und mit türkisfarbenen, sowie olivgrünen Details bei schwarzer Zeichnung. Auf zwei übereinander folgenden Fliesen in friesartiger Anordnung das Motiv eines verzweigten Pfirsichbäumchens in Blüte. An der Wurzel ist es flankiert von türkisfarben gefleckten, weißen und blauen Tulpen und verdeckt von einer Blattgruppe, türkis mit weißem Rand und olivgrün. Links seitlich eine vom unteren Fliesenrand aufwachsende, weiße Hyazinthe und oben rechts eine türkisblaue, weißrandige Wolke.

Von den Fliesen wird angenommen, daß sie aus einem von Selim II. im Topkapı Sarayı von Istanbul errichteten Bad stammen. Die für das 16. Jh. neuartige Anordnung der nebeneinander von der Bildkante aufwachsenden Pflanzen findet ihre Entsprechung im farbigen Scherenschnitt, dessen künstlerische Höhe die um 1570 und 1572 entstandenen Blätter im Sammelalben in Istanbul und Wien bezeugen.

Lit.: Kopenhagen (1975), S. 144.
Vergleiche in der Literatur: Çağman (1983), im Druck; Rogers (1983), S. 18–19; Lane (1960), Tf. 14c, S. 20; Lissabon (1963), Nr. 64: zwölf Fliesen.

2/69
Fliese

Bereich von Diyarbakır · Zweite Hälfte 16. Jh.
H 33, B 32,5 · Quarzfritte-Keramik mit Unterglasurmalerei

Sèvres, Musée National de Céramique, 18024

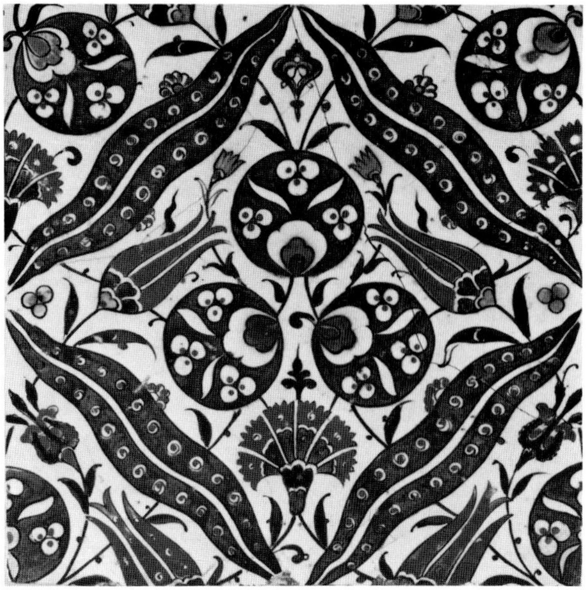

Fliese aus einer Flächenkomposition von gleichen Einzelteilen. In schwarzer Zeichnung wiederholen sich blaue Drei-Kugel-Gruppen in versetzter Reihung inmitten blauer, Rauten bildender Wolkenbänder. Ranken mit roten Tulpen, Nelken und Rosen, grünen Blättern unterlagern das System in netzförmiger Spannung.
Format, Glasur und Farbigkeit der Fliese sind charakteristisch für eine nicht lokalisierte Produktion im Gebiet der Stadt Diyarbakır. Moscheebauten der ersten osmanischen Valis, die als Medrese gegründete Hüsrev Paşa Camii mit den später zugefügten Fliesen der Behram Paşa Camii enthalten Bortenfliesen entsprechender Musterung. Der quadratische Typ ist am Ort nicht erhalten, jedoch bei gleichen Borten ein Panneau im Victoria and Albert Museum.
Der Musterentwurf entspricht Stoffen und Sultansgewändern, deren datierbare Beispiele besonders aus der Türbe und der Zeit Selims II. stammen. Das als „Cintamani" bezeichnete Drei-Kugel-Muster ist weniger auf den Buddhismus rückführbar, als auf eine türkische Tradition in der Beachtung der Sterne der Mondstationen. Die Sterne der zweiten Station stehen kalendermäßig in Bezug zum Nevruz-Fest, das vom Hof festlich begangen wurde, und das bei den Bektaşî-Derwischen mit einer eigenen Zeremonie gefeiert wurde.

Lit.: Paris (1971), Nr. 99; Raby (1977–78), S. 440–50, Tf. 155, 1 und 158, 1 sowie S. 457–8, Tf. 162.
Vergleiche in der Literatur: Öz (1946), Tf. V, VI, XXIII, XXX; Zick-Nissen (1984 im Druck); Frankfurt (1974), Nr. 204 a, Tf. XXII.

2/70
Fliesenfeld

FARBTAFEL Bd. I, S. 72

Iznik · Drittes Viertel 16. Jh. · H 72, B 141 cm
Quarzfritte-Keramik mit Unterglasurmalerei

Köln, Kunstgewerbemuseum, E 810

Eines von sechs erhaltenen gleichartigen Fliesenfeldern in Giebelform, die über Türen oder Fenstern ihren Platz hatten. Begrenzt durch eine blaue Borte mit fortlaufender Gruppierung aus S-förmig geschwungenen Ranken mit Rosettblüte und von Tulpen geschmückten Fiederblättern, ein achsialsymmetrisches rotes Wolkenband. Dieses wird unterfangen und durchdrungen von spiraligen Ranken, welche von einer gefiederten Palmettblüte inmitten der Wolkenschleife seitlich entsandt werden. Die Palmettblüte ist wie die Lotos-, Rosett-, Komposit- und Pfirsichblüten und Knospen in zweierlei Blau gemalt, rot und weiß detailliert, — wie auch die grünen, teils von Blüten besetzten Fiederblätter.

Der zeichnerische Stil, der künstlerische wie botanische Formenschatz, sprechen für eine Ausführung in den siebziger Jahren des 16. Jh. Eine durch Nachmessen nicht bestätigte alte Nachricht verweist auf eine Herkunft aus der Moschee einer Stiftung des Wesirs und Schwiegersohnes von Selim II., Piyale Paşa, einem gebürtigen kroatischen Schusterssohn. Sie gehörte zu einem Ensemble von heute nicht erhaltenen Bauten wie Medrese, Türbe, Grundschule, das über einen eigens angelegten Kanal vom Goldenen Horn aus zugänglich war. Vom Mihrab dieser Moschee befinden sich Fliesen in Lissabon (Kat. Nr. 2/71) und Berlin. — Ein verwandtes, rundbogiges Feld mit bekrönender Zinne im Hamburger Museum für Kunst und Gewerbe, und im Gulbenkian-Museum in Lissabon.

Lit.: Köln (1966), Nr. 121; Düsseldorf (1973), Nr. 343.
Vergleiche in der Literatur: Hamburg (1930), Tf. XXVIII; Lissabon (1963), Nr. 52; Paris (1971) Nr. 102; Schloß Halbthurn (1977), Nr. 55, Abb. S. 77; Lane (1960), S. 21; Gelder (1955), S. 113, Tf. XV, 1; Berlin (1979), Nr. 639, Abb. 89; Staatl. Museen zu Berlin, Islamisches Museum, nicht veröffentlicht.

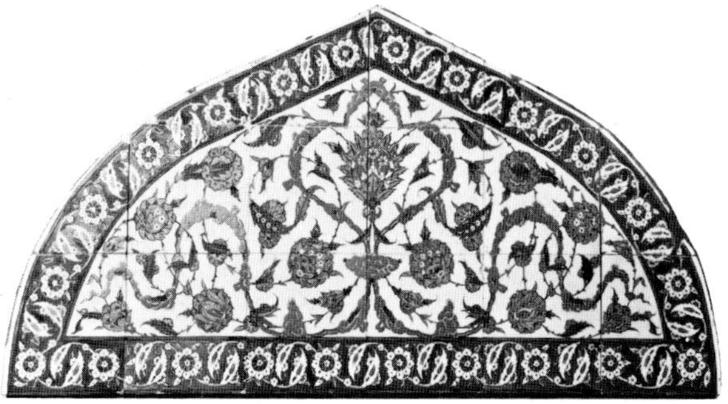

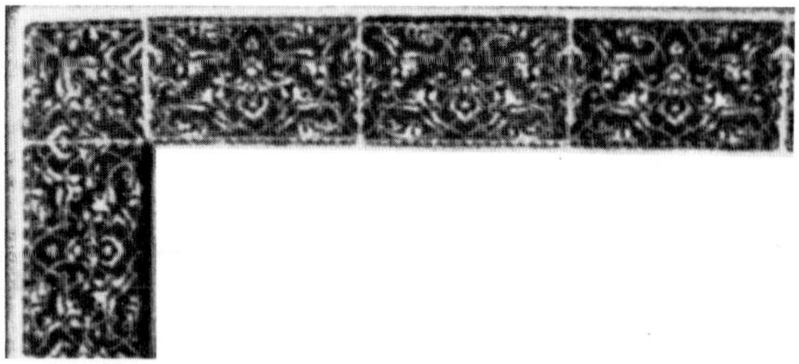

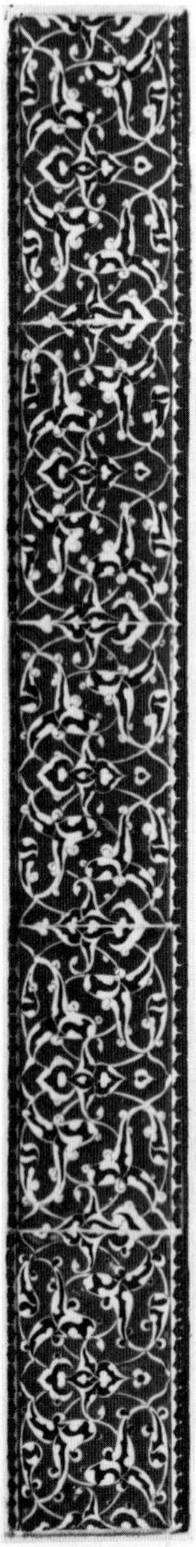

2/71
22 Fliesen aus Wand- und Türrahmungen, Istanbul, Saray

Iznik · um 1578
Quarzfritte-Keramik mit Unterglasurmalerei

Lissabon, Fundação Calouste Gulbenkian Museu, 1635

Querrechteckige Fliesen mit kontinuierlicher Musterung aus schwarz gezeichneten, weißen, im Grund blau gefüllten Arabesken auf brillantem, tomatenrotem Grund bei farbig abgesetzten Kanten. — Dieser Fliesentyp wurde in großem Umfang um das Jahr 1578 verwendet in den Räumen für Murad III. Als Borten begleiten sie alle Zonen der Wandverkleidungen, die Marmorfassungen der Türen, der Wandnischen und Brunnen-Nische.
Das Arabesksystem wird gebildet durch zwei gleiche, gegenständig und symmetrisch ablaufende, von einer Palmette entsandten, rollenden Ranken mit einem Lanzett- und einem Gabelblatt. Die Spitzen des Gabelblattes schlagen zurück zur Achse der ersten, voraus zu der der zweiten Palmette, wodurch aus der Nachbarschaft der beiden Gabelblätter scheinbar eine neue Figur entsteht. Die Überschneidungen beider Arabesken sind vielfältig, die detaillierenden Gabelblattformen innerhalb jeden Elements überspielen die Gleichförmigkeit des Ablaufs. Diese Formschöpfung bedeutet einen Rückgriff auf die Tradition des 15. Jh., Fliesenkompositionen in der grünen Moschee Murads II.

Lit.: Lissabon (1982), Nr. 113.
Vergleiche in der Literatur: Öz (1946), Tf. XLIX, L, XIII, XVI.

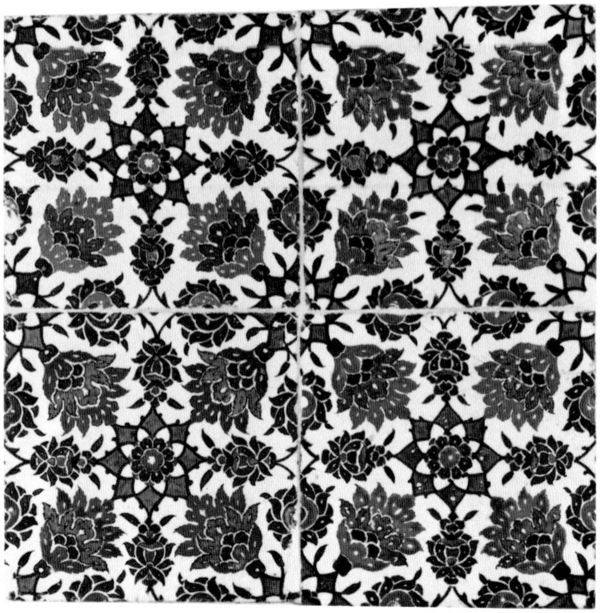

2/72
Fliesenfeld

Iznik · um 1585—1587
Quarzfritte-Keramik mit Unterglasurmalerei

Lissabon, Fundação Calouste Gulbenkian Museu, 1643/1694

Vier quadratische Fliesen mit blauer, türkisfarbener, roter und grüner Zeichnung. Eine der Fliesen variiert in der Detailausführung. Im Zentrum jeder Fliese, gleichartig als Viertelfigur auf den Ecken, ein achtzackiger Flechtstern, der mit vier großen, auf ihn gerichteten, bzw. von ihm ausgehenden Kompositblüten verbunden ist. Aus dem Richtungswechsel der Blüten resultiert bei der Montage in der Fläche als sekundäre Musterstruktur die versetzte Reihung von Varianten, sowie eine Verspannung in der Diagonalen.
Flechtsterne dieser Art, sowie die lappigen, in ihren Blättern durchbrochenen Kompositblüten, bestimmen in der Fliesenmalerei zu Anfang des Jahrhunderts in zweierlei Blau gemalte Muster in Unterglasurtechnik, aber fast gleichzeitig auch die von rotscherbigen Fliesen mit Emailbemalung in Blau, Grün, Gelb, Weiß. Beide Typen wurden für das Serail von Istanbul verwendet. Ihre quadrierende, im Ursprung textile Rapportmusterung kennzeichnet im 15. Jh. timuridische Teppiche und lebt fort in den osmanischen, kleingemusterten Holbeinteppichen, sowie den blumig gemusterten Teppichen aus Kairo oder Bursa.

Vergleiche in der Literatur: Öz (1957), Tf. LII, S. 28; Öney (1976), S. 74; Darmstadt (1965), Nr. 89; München (1979), Nr. 36, 38; Erdmann (1969), S. 21, Abb. 129, 130.

TAFEL XIX Knüpfteppich, Uşak-Gebiet (Kat. Nr. 3/26)

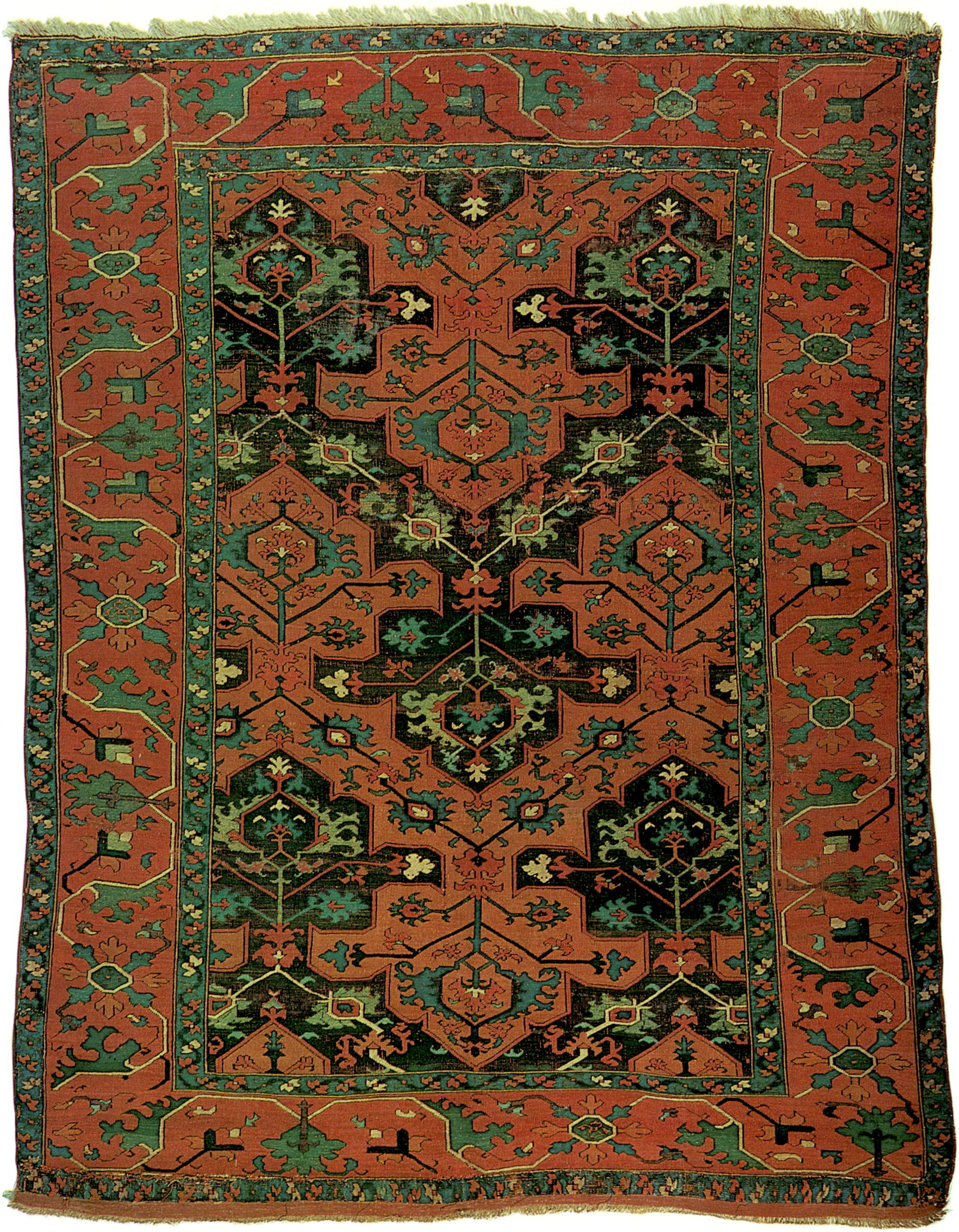

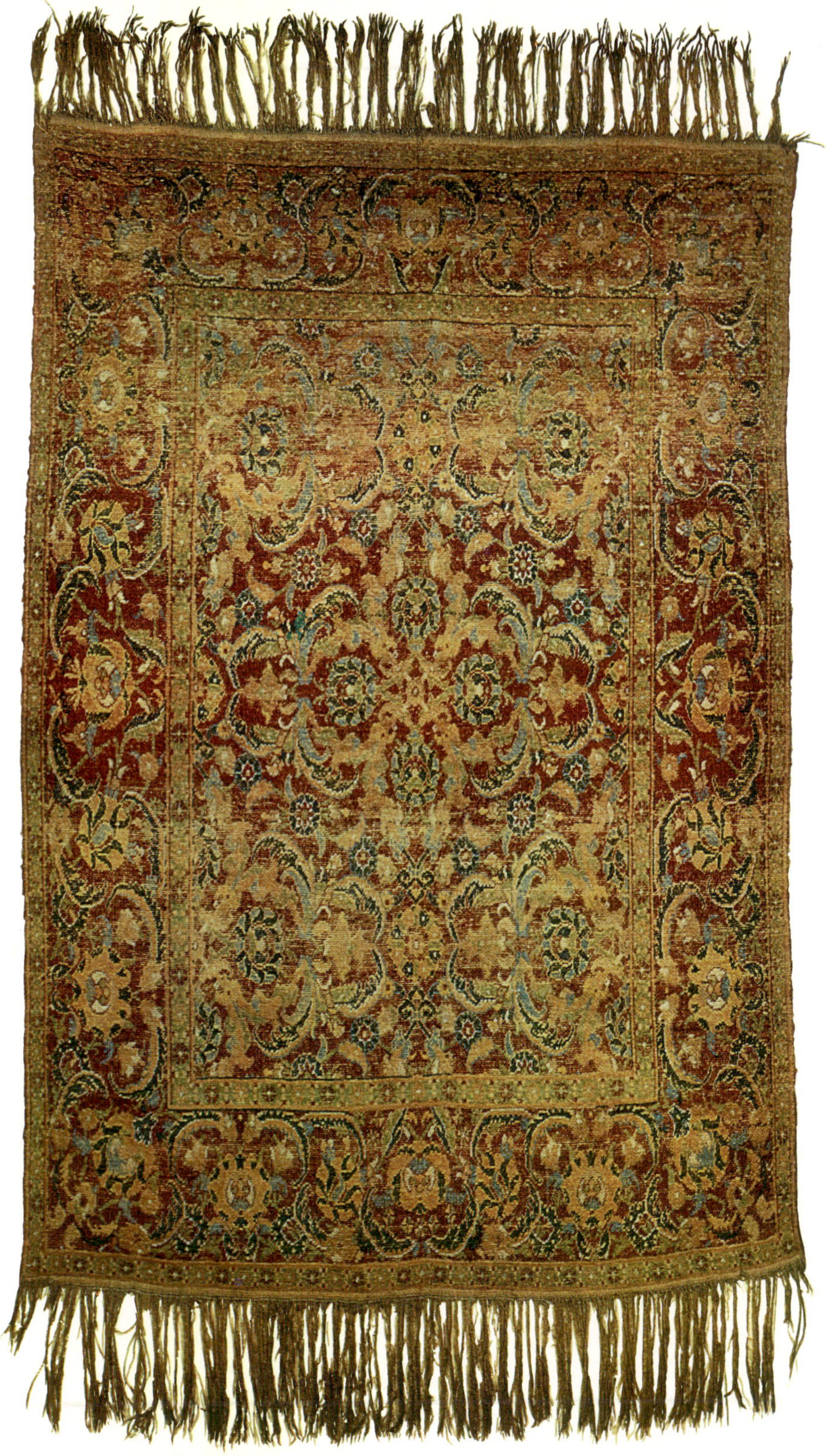

Osmanischer Hofteppich
(Kat. Nr. 3/7)

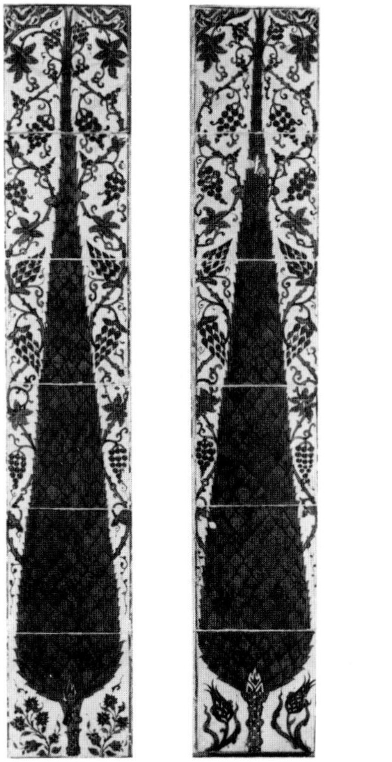

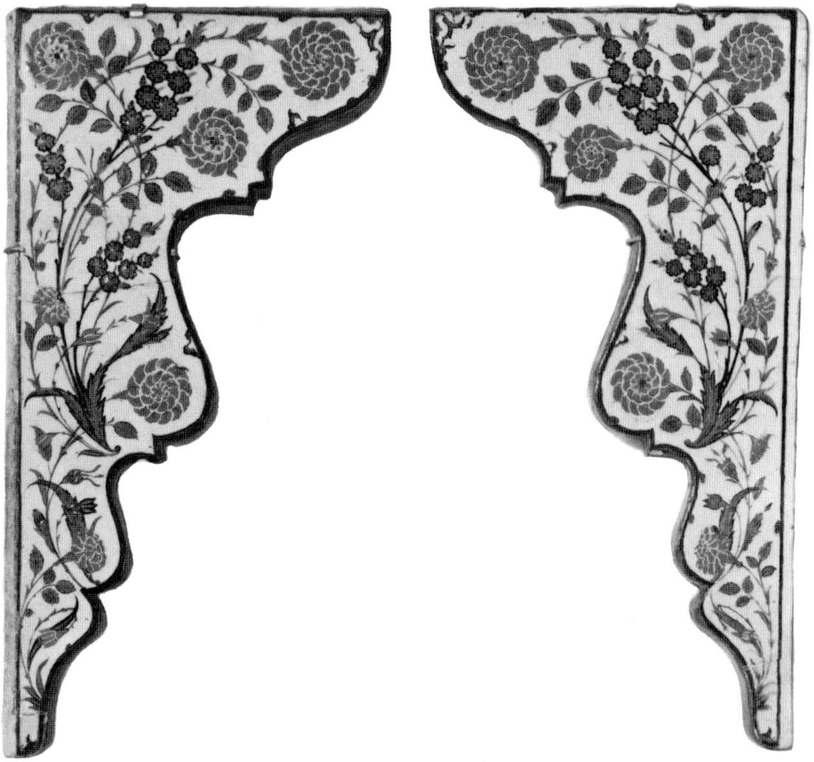

2/73
Zwei Fliesenfelder

Iznik · Anfang 17. Jh. · H 152, B 25
Quarzfritte-Keramik mit Unterglasurmalerei

Lissabon, Fundação Calouste Gulbenkian, 1565a, 1565b

Zwei Fliesenfelder aus je sechs übereinander folgenden Fliesen mit durchgehender Zeichnung einer Zypresse in Schwarz, bemalt in den Farben Grün, Blau und Rot. In den oberen Ecken Zwickelfelder mit Arabesken, seitlich der Zypressen wellenförmig steigende Ranken mit Weintrauben unterschiedlicher Art, neben dem gefleckten Stamm am unteren Rand Tulpen, bzw. Rosen und Kompositblüten. Die Nadelkrone ist schuppenförmig gezeichnet. Die Felder bildeten die Mittelpartie von drei Fliesen breiten Kompositionen mit anschließender Borte, wie sie 1592 für die Takkeci Ibrahim Aga Camii, die Stiftung eines Mützenmachers für Derwische, verwendet wurden. Weinumrankte Zypressenbäume in Gärten schmücken die Galerie der Sultan Ahmed Camii und finden gleichzeitig Anwendung bei der Gestaltung neuer Räume im Serail, wo mehrere Fliesen aus den Jahren 1608—20 signiert sind: resim-i Kemankeş. Sie zeigen, daß die Stämme und Pflanzen höher waren, sodaß mit einer ursprünglichen Höhe der Felder von zehn Fliesen zu rechnen ist. Die künstlerische Qualität der Malerei beginnt aufgrund schwieriger Produktionsverhältnisse in Iznik einfacher zu werden.

Lit.: Lissabon (1963), Nr. 67.
Vergleiche in der Literatur: Öz (1957), Tf. LIII, LIII, LX.

2/74
Fliesenzwickel

Iznik · Letztes Viertel 16. Jh.
H 56 · Quarzfritte-Keramik mit Unterglasurmalerei

Kopenhagen, Davids Samling, 2/1962 (F)

Paar von Vorsatzzwickeln für Wandnischen mit mehrfach geschwungener und gestufter, rot abgesetzter Kante. Aus einer Blattgruppierung wachsen schwarz gezeichnet, elegant und naturalistisch, rote Rosen, blaue Pflaumenblüten und Nelken, sowie grünes Blattwerk. An der Oberkante überschnittene Arabesk- und Wolkenbandelemente. Derartige Zwickel schließen in Reihen übereinander angeordnete Wandnischen und sind in Moschee- und Wohnräumen aus Marmor, Stuck, Holz, im Serail von Istanbul, und in den Provinzen erhalten geblieben. Diese Nischen dienen zum Abstellen von Gerät, zum Aufstellen von Blumenvasen, oder zum Aufbewahren von Büchern.

Lit.: Kopenhagen (1975), S. 106.

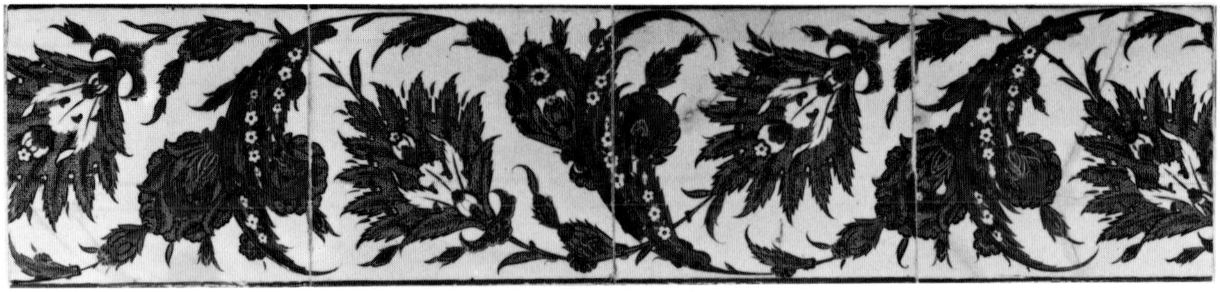

2/75

Fliesen einer Borte aus dem Mihrab der Piyale Paşa Camii, Istanbul

Iznik
1573
Quarzfritte-Keramik mit Unterglasurmalerei

Lissabon, Fundação Calouste Gulbenkian Museu, 1602

Teile aus der inneren Borte der Rahmung einer Mihrab-Nische sowie aus der Vertikalen der tiefergestuften Flachnische mit der von Mukarnas überwölbten Gebetsnische. Die Bortenfliesen tragen eine durchgehende, von den Fliesengrenzen unabhängige Komposition, die über Ecklösungen zur oberen Mitte geführt ist. Entsprechend verhält sich die Rahmenmalerei der Nische, bei der blühende Pflanzengruppen, Rosen und Tulpen, die von Palmett- und Rosettblüten überlagerte Fiederblattranke begleiten. Der Entwurf der Bortenfliesen besteht aus zwei sich überlagernden Wellenranken ohne naturalistisches Detail. Die schwarz gezeichnete Ranke mit Knospen und kleinen Blättern ist regelmäßig besetzt mit über Agraffen entfalteten blauen Kompositblüten aus Fiederblättern mit roten, weißen, grünen Details; im Gegenschwung verläuft eine Fiederblattranke, deren Blattgruppen im Wechsel durch Lotos- und Kompositblüten in zweitoniger Blaumalerei mit weißen und roten Details bereichert sind.
Die lückenlose Ausstattung der Mihrabnische durch Fliesen anstelle von Marmor bei den Sultansbauten kennzeichnet Moscheestiftungen hoher Würdenträger. Ihrem Status entspricht die Wahl eines kalligraphisch gestalteten Gebetes über der Nische anstelle der Wahl eines Verses aus der Verkündigung des Korans. Vergleiche zu dem Moscheekomplex Kat. Nr. 2/70.

Lit.: Lissabon (1982), Nr. 112 und 113.
Vergleiche in der Literatur: Öz. (1946), Tf. XLIV, S. 31; Otto-Dorn (1957), Abb. 62; Berlin (1979), Nr. 639, Abb. S. 89.

2/76

Fliesenfeld von der Türbe Selims II., an der Aya Sofya Camii in Istanbul

Iznik · 1575
H 240, B 155 · Quarzfritte-Keramik mit Unterglasurmalerei

Paris, Musée du Louvré, 3919/2–275a–d

Fliesenfeld mit nischenförmiger Komposition, die sich über 60 Fliesen erstreckt. Eine blaue Borte mit weißen, verschlungenen Wolkenbändern rahmt ein weißes Feld mit roten, kurvig begrenzten Zwickeln, welche von blauen Wolkenbändern gerandet, von weißen gefüllt sind. Das Feld beherrscht eine achsiale Kombination aus grünem Blattwerk mit farbigen Details, aufsteigend aus einer Gruppe von gefiederten Blättern, die auf der Mittelachse ein blaugrundiges, spitzovales Feld mit blühenden Pfirsichbäumchen umfaßt und in der Umklammerung eines kleineren blauen Feldes darüber abschließt. Beide Felder setzen über einer Agraffe an, die untere rot und durch mehrfarbige Blüten- und Blattformen erweitert. Die seitlichen Flächen des Feldes füllen Ranken in kurvigen und spiraligen Schwüngen, die von der achsialen Blattkomposition mehrfach entsandt werden. Lotosblüten, Päonien, Komposit- und Rosettblüten, Knospen in zweierlei Blau, Rot und Weiß, liegen den Ranken auf und werden von deren gefiederten Blättern überlagert oder durchbohrt, während diese grünen, teils mit weißen und roten Blüten besetzten Blätter sich umschlingen, knicken oder Ranken sie durchstoßen. Außergewöhnlich ist das Arrangement von grünen und blauen Blättern am Fuß der Komposition. Ihr Ansatz sind wolkenförmige Knoten. Ihr linearer Ablauf entspricht einer von Kalligraphen im religiösen Bereich gern gestalteten spiegelbildlichen Gegenüberstellung des Wortes „Muhammad", in welchem Fall die vertikalen Blätter zu interpretieren wären als die Buchstaben *lām* und *alif*, oder als der Anruf *yā* vor dem Namen des Propheten. Eine derart in Blattwerk versteckte Aussage wäre an Tür und Wand eines Mausoleums sinnfällig, wie auch die Wahl eines blühenden Baumes vor dem Himmelsblau als Ort im Paradies für jeden Muslim wie für den Türken von althergebrachter Bedeutung war.

Lit.: Paris (1921–22), Nr. 236, Tf. 41.

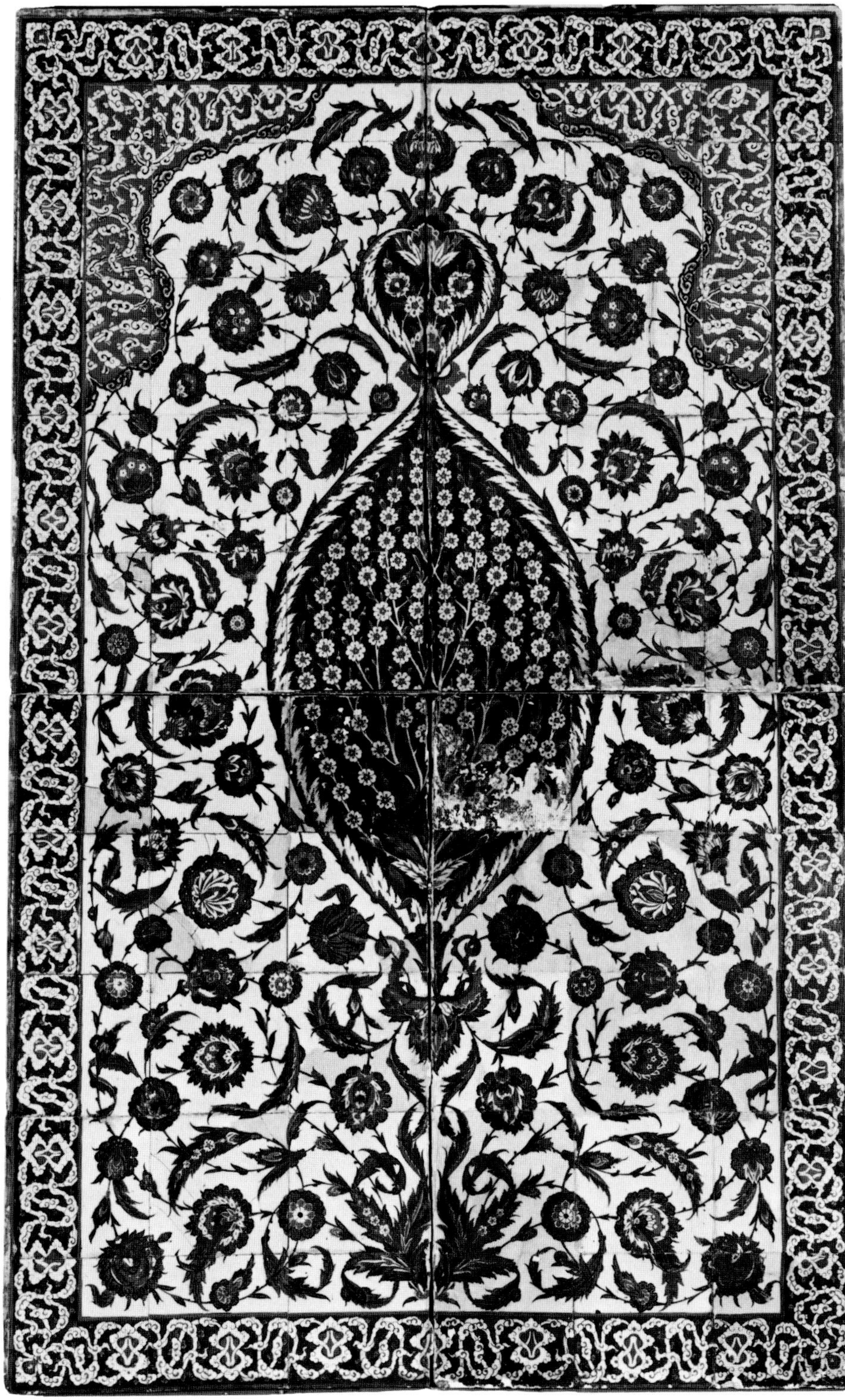

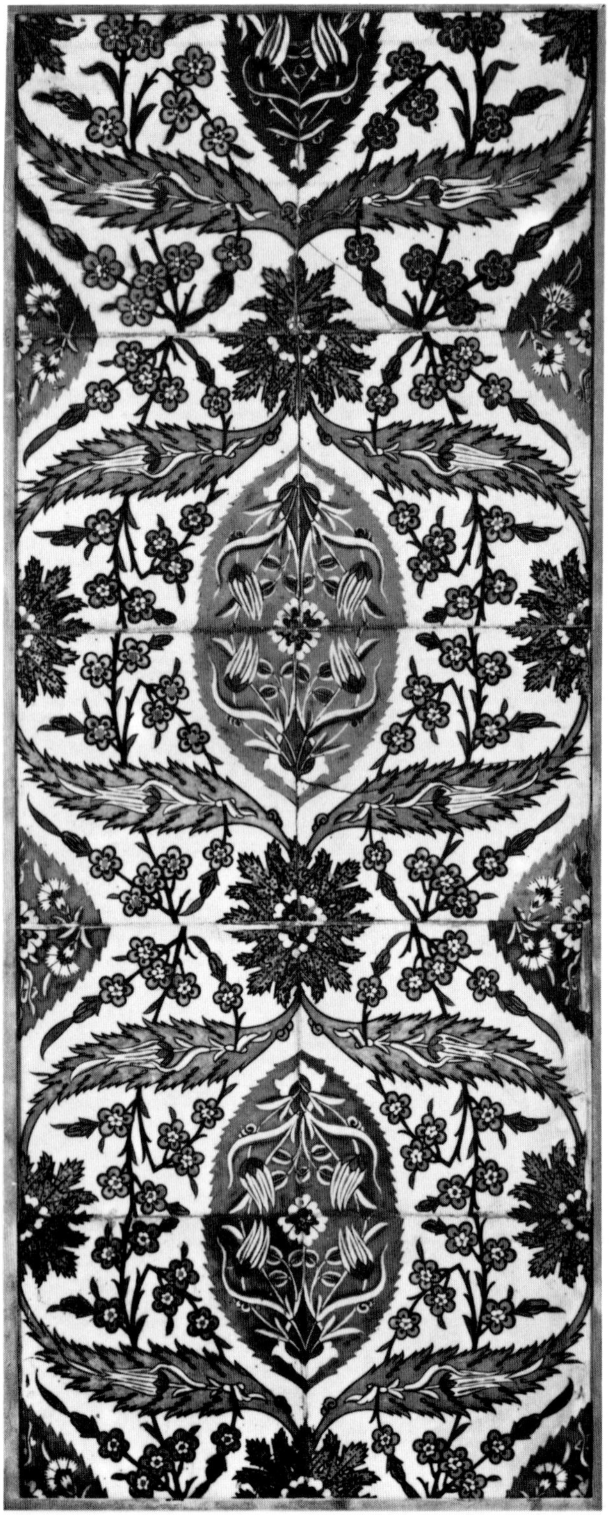

2/77
Fliesenensemble

Iznik · Ende 16. Jh. · Einzelfliese 24 x 24 cm
Quarzfritte-Keramik mit Unterglasurmalerei

Lissabon, Fundação Calouste Gulbenkian, 1709

Fliesen einer Flächenkomposition aus zwei Musterelementen. In versetzten Reihen stehen rotgrundige Spitzovale mit einer symmetrischen, gefaßten Gruppe von Rose, Tulpen und Nelken in Kompartimenten zwischen den Bögen wellenförmig steigender, türkisgrüner Fiederblätter mit aufgelegten Tulpen. Die gegenläufigen Blattschwünge verknüpfen grüne, rot durchflochtene Blattrosetten, und unter ihnen steigt ein geschwungener Blütenast mit seitlich hängenden, geknickten Zweigen.
In der Vertikalen und Horizontalen ausgeglichene Muster aus versetzten Einzelteilen bedecken z. B. im Raum Murads III. im Topkapı Sarayı die Wandflächen oberhalb bildmäßig komponierter Felder und sind von Borten und Zinnenkanten gefaßt (Kat. Nr. 2/73, 2/78). Die mit Pausen ausgeführte, kaum detaillierte Malerei weist auf eine Entstehung zu Ende des 16. Jh. Diese Fliesen, wie die gleichen im Victoria and Albert Museum, sollen aus Bade-Räumen bei der 1591 vergrößerten Moschee des Eyyub-u Ansari am Goldenen Horn stammen.

Lit.: Lissabon (1963), Nr. 67, (1982), Nr. 111;
Vergleiche in der Literatur: Öney (1976), S. 73; Lane (1960), S. 21, Tf. 15; Arseven (1952), Tf. 8; Kopenhagen (1975), S. 112; Mostafa (1956), Nr. 86.

2/78
Fliesenfries

Iznik · Ende 16. Jh. · H 31, B 126
Quarzfritte-Keramik mit Unterglasurmalerei

Lissabon, Fundação Calouste Gulbenkian, 1666 und 1584

Vier Fliesen aus einem Fries, jede mit zwei Zinnen in roter, blauer und grüner Ausmalung. Die verbleibende Grundfläche gewinnt gleichfalls Zinnenform, wodurch eine Verzahnung erreicht wird. Die kelchartige Zinnenform ist konturiert und geschmückt durch weiß gerandete Gabelblätter, die ein achsiales Arabesksystem bilden aus Gabelblättern, Agraffe, Kartusche und Kelchblüte. Eine Knospe bekrönt jede Zinne, und zwischen ihnen stehen aufwärts gerichtete in der unteren Zone.
Zinnenborten dieser Art haben eine Tradition bis in das 15. Jh., wo Reliefzinnen in der Muradiye Camii von Edirne eine Fliesenwand abschließen. In der zweiten Hälfte des 16. Jh. bis Anfang des 17. Jh. werden Zinnenreihen als oberer Wandabschluß unter der Decke versetzt, wie im Topkapı Sarayı in Istanbul. In der osmanischen Provinz Syrien führte man gleiche Muster in Blau und Grün, jedoch ohne die rote Farbe, bis in das 18. Jh. aus.

Lit.: Lissabon (1982), Nr. 116.

2/79
Fliesenfragment aus der St. Jakobs-Kirche in Jerusalem

Kütahya · 1718

H 17,5, B 8,5 · Quarzfritte-Keramik mit Unterglasurmalerei

Sèvres, Musée National de Céramique, 7460/2

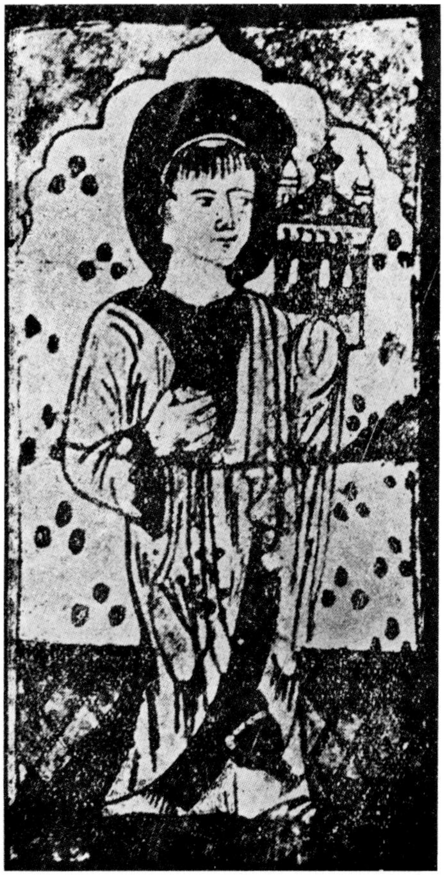

Teil einer Bildfliese mit der Figur des Hl. Stephanus. Der Kopf des Märtyrers ist von einem Nimbus hinterfangen, er hat eine Tonsur, schwingt ein Räuchergefäß und trägt ein Kirchenmodell. Die Zeichnung ist schwarz; grün, blau und gelb sind die Farben von Schultertuch und Stola, die Albe ist weiß. Im Feld der nischenförmig begrenzten Fläche rote Dreipunkt-Gruppen.

Das Stück gehört zu zwei Gruppen von quadratischen Fliesen mit Figuren und Szenen aus den Alten und Neuen Testament. Unter den Patriarchen Johannes und Gregor, zuvor in Istanbul im Amt, sollten sie für die Erneuerung der Grabeskirche, für „Griechen, Lateiner und Armenier" gestiftet werden. In diesem Zusammenhang versteht sich die Wiedergabe eines Kirchenmodells, das der Heilige präsentiert. Die Malereien zu denen dieses Fragment gehört, sind vom Chorleiter Johannes, Sohn des Michael aus Tokat, im Gedenken an seine Familie ausgeführt, die zweite Gruppe von dem Chorleiter Paul, und sie sind in „K'ăt 'uhia Rūmiyeh" hergestellt. Kütahya war ein Zentrum für christliche Buchmalerei seit dem 16. Jh., wo man um 1700 ältere Vorlagen verwendete, daneben auch französische aus dem 13. Jh. Diese mittelalterliche Tradition spiegelt die Zeichnung der Figur wieder, und die Angabe von „Sternen" durch Dreierpunkte war zu gleicher Zeit bei muslimischen Buchmalern geläufig (vgl. Kat. Nr. 2/69)

Lit.: Carswell (1972), S. 12, 14, 46, Tf. 9, B 25; Otto-Dorn (1957), S. 164–5, Abb. 90.

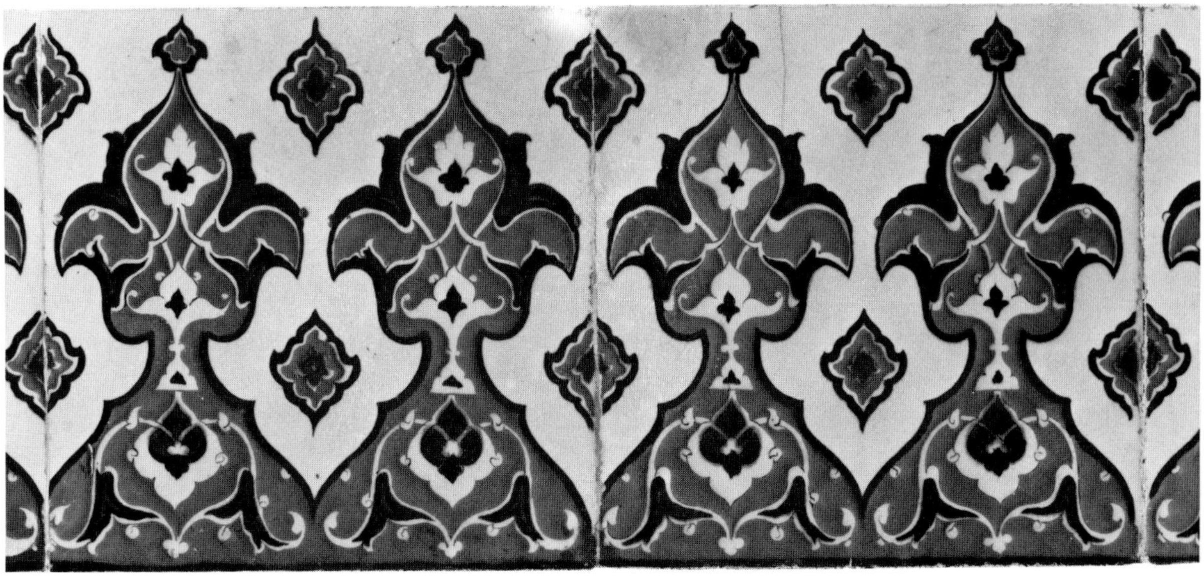

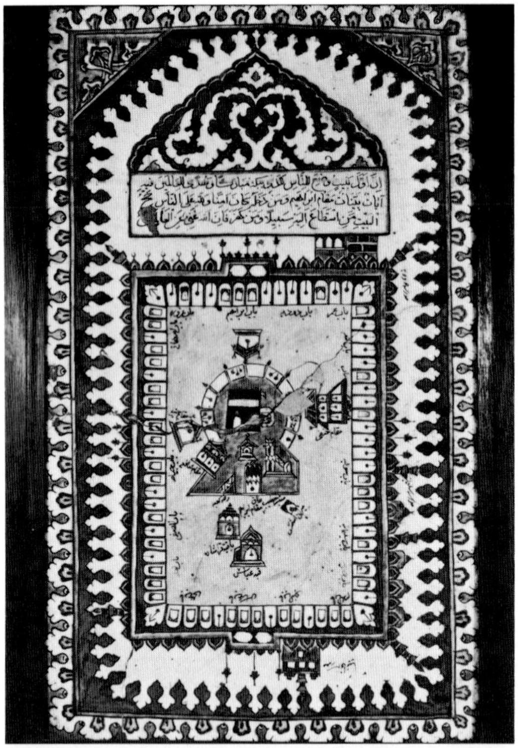

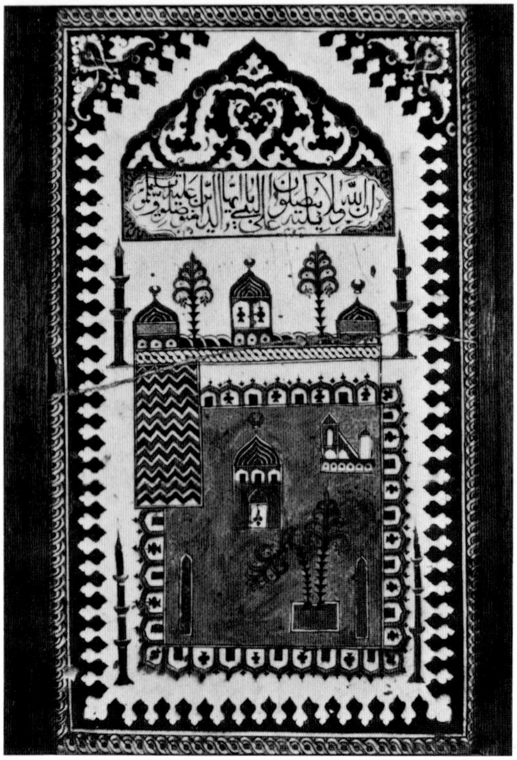

2/80
Zwei Votivfliesen

Iznik · Zweite Hälfte 17. Jh. · H 59,5 cm, B 35,4 cm, b: 57,7 cm, 33,8 cm
Quarzfritte-Keramik mit Unterglasurmalerei

Paris, Musée du Louvre, A. O. 3919/2 – 243 und 244

Bildfliesen mit Wiedergabe der Heiligen Stätten (haremeyn) der Muslime: die Kaaba in Mekka (a) und die Moschee des Propheten in Medina mit seinem Grab und dem seiner ersten beiden Nachfolger. Unterhalb eines wolkengefüllten blauen Bogenfeldes und einer Tafel mit Koranversen die Darstellung des Heiligtums in der Vogelperspektive. Die schwarz gezeichneten baulichen Anlagen sind in Rot, Blau, Grün und mit wenig Gelb bemalt.
a: „Das erste (Gottes)haus, das den Menschen aufgestellt worden ist, ist dasjenige in Bakka (d. h. Mekka), (aufgestellt) zum Segen und zur Rechtleitung für die Menschen in aller Welt. In ihm liegen klare Zeichen vor. (Es ist) der (heilige) Platz Abrahams. Wer ihn betritt, ist in Sicherheit. Und die Menschen sind Gott gegenüber verpflichtet, die Wallfahrt nach dem Haus zu machen – soweit sie dazu eine Möglichkeit finden. Wer jedoch ungläubig ist (ist es zu seinem eigenen Schaden). Gott ist auf niemand in der Welt angewiesen" (Sure 3, Vers 96–97).
Im Zentrum des Hofes ist die Kaaba gezeichnet, der schwarz verkleidete Würfelbau mit dem seit vorislamischer Zeit von den Arabern verehrten schwarzen Stein, der durch die Sultane Süleyman und Ahmed I. erneuerten, goldenen Regentraufe und dem Brunnen Zemzem; rechts das Haus der Hanefiten, sowie in der Nähe Predigtkanzeln und Gebäude der anderen Rechtsschulen. Außerhalb des überkuppelten Umgangs Minarette, von denen das siebente hinzugefügt wurde, als Sultan Ahmed I. in Istanbul seine Moschee mit sechs Minaretten ausstattete, um so den Vorrang der Moschee von Mekka zu erhalten.
b: „Gott und seine Engel sprechen den Segen über den Propheten. Ihr Gläubigen! Sprecht (auch Ihr) den Segen über ihn und grüßt (ihn), wie es sich gehört!" (Sure 33, Vers 56).
In der aus Muhammads Wohnhaus entstandenen Moschee ist links der Bau mit dem Prophetengrab sowie den Gräbern seiner beiden ersten Nachfolger gezeichnet, im Hof der Minbar Muhammads, der Palmstrunk, auf welchen er sich bei der Predigt stützte, und das mutmaßliche Grab Fatimas, seiner Tochter. Die Moschee wurde von der Pilgerkarawane in der Regel auf der Rückreise von Mekka besucht, was jedoch weder Pflicht noch termingebunden war.
Solche Darstellungen beruhen auf unterschiedlichen Traditionen. Im 15. Jh. wird ihr Typ zum Standard durch Illustrationen in dem verbreiteten Gebetbuch ‚Zeugnisse des Guten' (Dalā'il al-hairāt) des marokkanischen Mystikers Abū 'Alī Muḥammad al-Gazūlī. Über vierzig Kaaba-Fliesen sind bekannt, von denen mehrere die Namen von Stiftern und Daten zwischen 1642 und 1664 tragen. Derartige Stiftungen erfolgten bis in das 18. Jh. und wurden auch mehrfach in älteren Moscheen angebracht.

Lit.: Paris (1977), Nr. 210–211; Erdmann (1959), Abb. 1.
Vergleiche in der Literatur: Otto-Dorn (1957), Abb. 78; Berlin (1979), Nr. 17, Abb. 26; Mostafa (1956), Nr. 95–95.

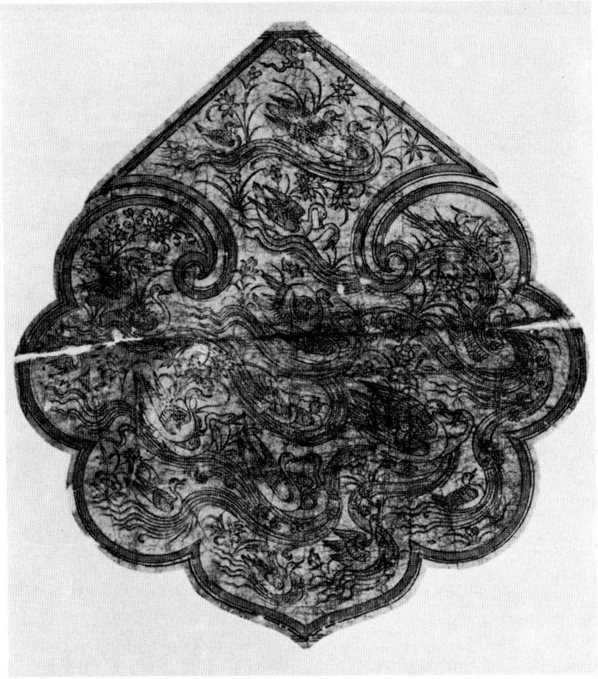

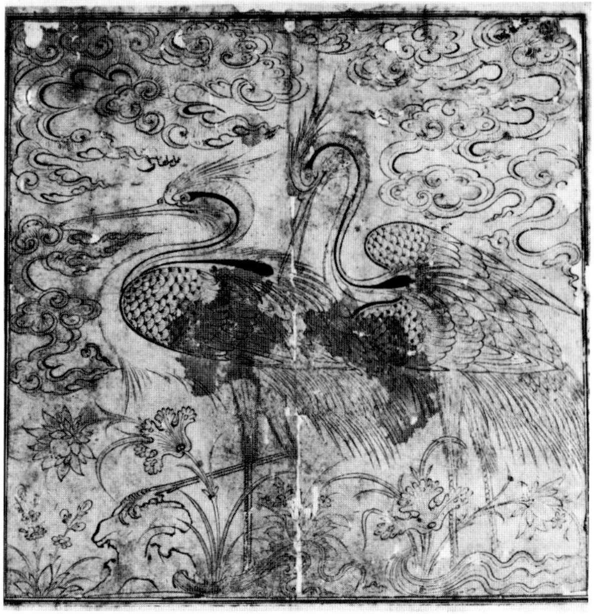

2/81 a

Dekorentwurf – osmanischer Hof

Iran, 15. Jh.
Stil der Schulen von Schiraz und Herat
H 35,5 cm, B 32,5 cm
Pinselzeichnung auf Papier, als Pause benutzt und linear aufgearbeitet

Berlin, Staatsbibliothek Preußischer Kulturbesitz, Diez A. Fol. 73 45/1 (A)

Aus quadratischer Rahmung geschnittener Vielpaß vom Typ des chinesischen Juli-Zenters, des lamaistischen Wolkenhaupts. Zwischen Rinnsalen und sprudelndem Wasser schwimmende, rufende, sich paarende und fliehende Entenpaare, links eine kleine Kranichfigur mit erhobenen Schwingen, oben eine Wolke mit Schweif. Anaturalistische Lotos- und Blütenstauden. Breiter Goldrand und blaue Begleitlinie.
Die gesamte Zeichnung diente als Pause, der Rand deckt nicht die ursprüngliche Umrißlinie. Als Stickerei konnten solche Formen fürstliche Gewänder im 15.–16. Jh. zieren; die Entenfiguren werden auch anderwärts, z. B. im 16. Jh. für Bildfliesen eingesetzt (vgl. Kat. Nr. 2/66).
Daß Keramikdekor mit solchen Mitteln übertragen werden konnte, ist handwerklich bekannt und historisch belegbar.

Lit.: Ipşiroglu (1964), S. 97, Bild 135.
Vgl. Lit.: Gray, B., Some Chinoiserie Drawings and their Origin (Forschungen zur Kunst Asiens, 1969), Fig. 1, S. 159–171. Zick-Nissen (1975), S. 62–70, Abb. 1a, 3–3a.

2/81 b

Kranichmotiv

osmanischer Hof · Anfang 15. Jh. (Iran, Täbris?)
H 24,3 cm, B 23,8 cm
Federzeichnung auf Papier, laviert

Berlin, Staatsbibliothek Preußischer Kulturbesitz, Diez A. Fol. 73 61 A (E)

Ein Reiher in Ruhestellung mit einem Fuß auf einem Felsbrocken, ein zweiter Reiher hinter ihm hebt die Flügel und fährt ihm mit dem Schnabel ins Gefieder. Entlang der Unterkante strudelndes Wasser, das durch den Felsen stürzt, Lotos-, Schilf- und Blütenstauden. Die obere Bildfläche füllen lappig konturierte, schweifende und züngelnde Wolken mit strahlenartiger Binnenzeichnung.
Der Zeichenstil zeigt Eigenarten der Schule von Täbris am Ende des 14. Jh. Der beigeschriebene Hinweis auf einen Künstler ist nicht identifiziert, die Randung dürfte aus der Zeit der Zusammenstellung des Albums zu Ende des 18. Jh. herrühren, es ist die gleiche, wie auf zwei timuridischen Blättern auf der gleichen Albumseite (Ipşiroglu Nr. 192 und 193).
Die Kenntnis derartiger Zeichnungen ist bei Hofkünstlern, die im 16. Jh. Entwürfe für Buchdekor, Lackmalerei, Ledereinbände und -stickereien und Keramik entwarfen, vorauszusetzen (vgl. Kat. Nr. 2/10, 65, 66).
Ungeklärte Beischrift *camal s. l a* oder *I-nī* für *sultani* nicht exakt.

Lit.: Ipşiroglu (1964). S. 109, Tf. XXXII, Bild 194.
Vgl. Lit.: Kühnel E., Malernamen in den Berliner „Saray"-Alben, Kunst des Orients III (1959), S. 77, Abb. 11.

2/81 c
Schlange und Kranich

Anfang 15. Jh. (Iran, Khorassan?)
H 29,8 cm, B 28,7 cm
Papier mit Pinselzeichnung

Berlin, Staatsbibliothek Preußischer Kulturbesitz, Diez A. Fol. 73 64/1 (F)

Eine Schlange windet sich um ein abgeknicktes Blatt und faucht einem von links eingreifenden Kranich entgegen, ein zweiter steht rechts hinter ihr. Sie windet sich durch Lotos- und Päonienblüten, gefiedertes Blattwerk und lappig durchbrochene Lotosblätter. Links oben eine vielgestaltige Wolke, entlang der Seitenkante, am Fuß und hinter den Kranichen flammenähnliche Formen. Schmaler Goldrand mit blauem Begleitstrich.
Im Werkstattbetrieb überarbeitete Tuschzeichnung mit Änderung des Verlaufs des Schlangenschwanzes, Spuren von Nadelung zu Pauszwecken.
Das Motiv darf im Zusammenhang mit dem Thema des Raubes des Götterkrautes durch eine liebende, zur Schlange verwandelte Frau gesehen werden — einem mythischen, chinesischen Märchen. Verstanden oder dekorativ findet es am osmanischen Hof eine erneute Aufnahme (vgl. Kat. Nr. 2/10)

Lit.: Ipşiroglu (1964). S. 111, Tf. XXXVI, 49, Bild 202.

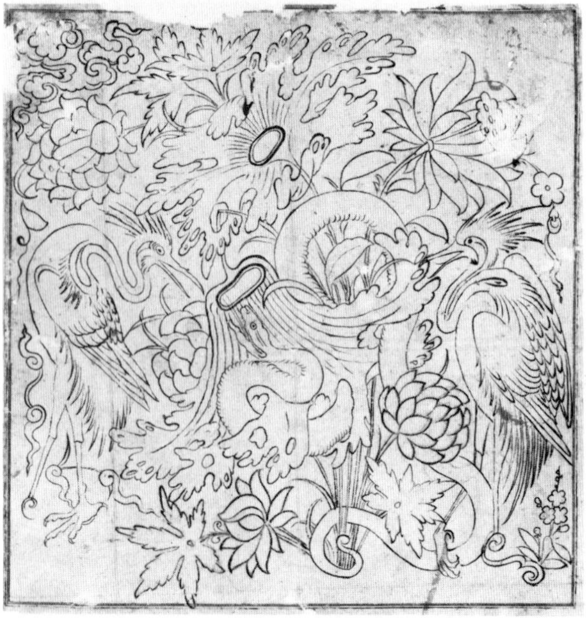

2/81 d
Übungsblatt

osmanischer Hof · 1. Hälfte 15. Jh. (Iran, Herat-Schule)
H 31 cm, B 47,3 cm
Papier mit Feder- und Pinselzeichnung, weiß gehöht

Berlin, Staatsbibliothek Preußischer Kulturbesitz, Diez A. Fol. 73 48 (E)

An den Schmalseiten beschnittene Zusammenstellung von Tierfiguren und Pflanzenformen, später Goldrand mit schwarzen Begleitlinien.
Ein gehörnter Vogel, *hüma,* stößt auf einen fauchenden Tiger mit erhobener Pranke, zwischen beiden schwebt eine flammende Wolke. Entlang der Unterkante Felsgestein, Blüten- und Schilfstauden mit geknickten Blättern, ein rinnender Bach mit geknäulten Schaumkronen, ein knorriger Baum mit fiedrigen Blattbüscheln.
Rechts die kleinen Figuren von Rehbock und Ricke, im Grund fliegende und rufende Vögel. Links am Rand ein Schmetterling, rechts ein Tierschweif mit Flammenquaste.
Die Verschiedenartigkeit der Tierfiguren erscheint eher nach dekorativen Gesichtspunkten als nach motivischen gereiht, die unterschiedlichen zeichnerischen Mittel erscheinen als Zusammenstellung von Übungen — vielleicht verschiedener Hände innerhalb eines Atelierbetriebes. Die Figuren von Bock und Ricke wurden genadelt und gepudert für eine Übertragung. — Derartige Übungen dürften Auftragsarbeien z. B. für Keramik gewesen sein (vgl. Kat. Nr. 2/8). Ob der Zusammenstellung von Tiger, mächtigstes Landtier, hüma und Wolke, eine asiatische Tradition inhaltlicher Art eignet, ist eine Frage.

Lit.: Ipşiroglu (1984), S. 101, Tf. XXX, Bild 155.

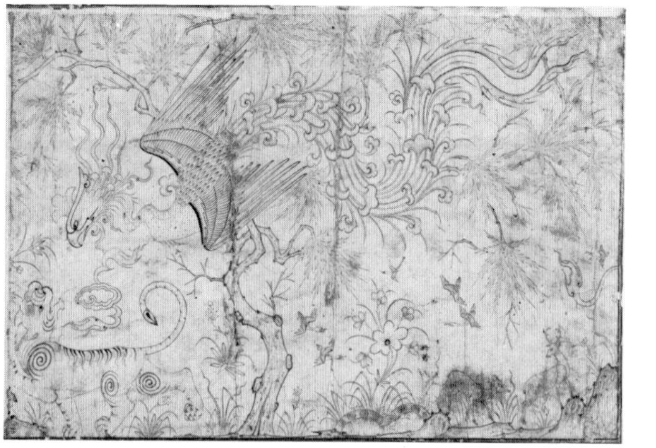

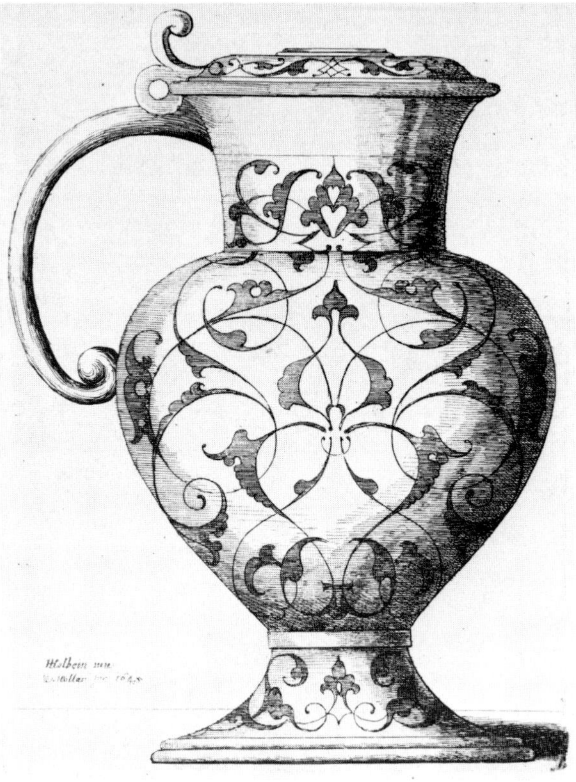

2/82

Radierung einer Kanne

Antwerpen (London)
Wenzel Hollar, 1607—1677 (nach Zeichnung von Hans Holbein d. J.) · 1645
Papier, H 15,4 cm, B 11,3 cm

Berlin, Stiftung Preußischer Kulturbesitz, Kunstbibliothek Inv. Nr. Sign. D 704

Der Entwurf für eine Edelmetallkanne entspricht in der Form italienischer Majolika. Auf Leib, Hals und Fuß in sich geschlossene, symmetrische Arabesksysteme aus s-förmigen Schwüngen mit Lanzettblättern, die auf der Mittelachse Palmettformen bilden. Die Fortentwicklung der Ranke aus beiden Spitzen des „Gabelblattes", das Charakteristikum der muslimischen Arabeske, fehlt ebenso wie die Andeutung einer Fortführung des Ornamentes um die Wandung. Die exotische Eleganz der Linie ist ausschlaggebend.

Lit.: Parthey, G., Wenzel Hollar (1853), 2634, Kühnel (1977), Abb. 24, Mielke, H., Wenzel Hollar (1984), Nr. 143.

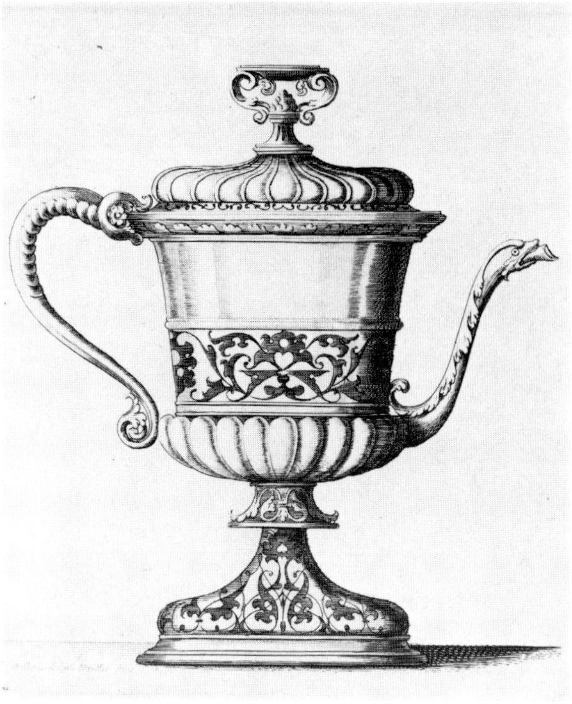

2/83

Radierung einer Kanne

Antwerpen (London)
Wenzel Hollar, 1607—1677 (nach Zeichnung von Hans Holbein d. J.) · um 1645
Papier, H 17,8 cm, B 15 cm

Berlin, Stiftung Preußischer Kulturbesitz, Kunstbibliothek Inv. Nr. Sign. D 704

Die Kanne in Pokalform zeichnet sich aus durch lebhafte Kontur und starkes Relief, vergleichbar einem Pokalentwurf Holbeins von 1536. Gravierte Friese um Wandung und Fuß sind mit Gabelblattranken gefüllt. Die Lanzettblätter zeigen stark ausgesägte Ränder, sind gelegentlich durchbrochen und gestatten schleifenbildenden Linien ein Durchstechen. Die Palmettenbildung gleicht Päonienformen im osmanischen Vorbild. Die Tülle hat Drachengestalt, den Kopf als Mündung, auf dem Rückgrat Akanthuslaub.

Die drachenköpfige Tülle entspricht chinesischem Porzellan der Zeit, während timuridische und osmanische Kannen die Drachenfigur als Henkel anwenden (Kat. Nr. 2/4). Daß ein Londoner Silberschmied wenige Jahrzehnte später diese Tüllenform für einen Iznik-Krug ergänzt (Kat. Nr. 2/33), daß Wenzel Hollar noch hundert Jahre danach diesen Entwurf Holbeins in der Sammlung des Earl of Arundel in Kupfer sticht, zeigt das anhaltende Interesse für asiatisch-osmanische Formen.

Lit.: Parthey, G., Wenzel Hollar (1853), 2637.

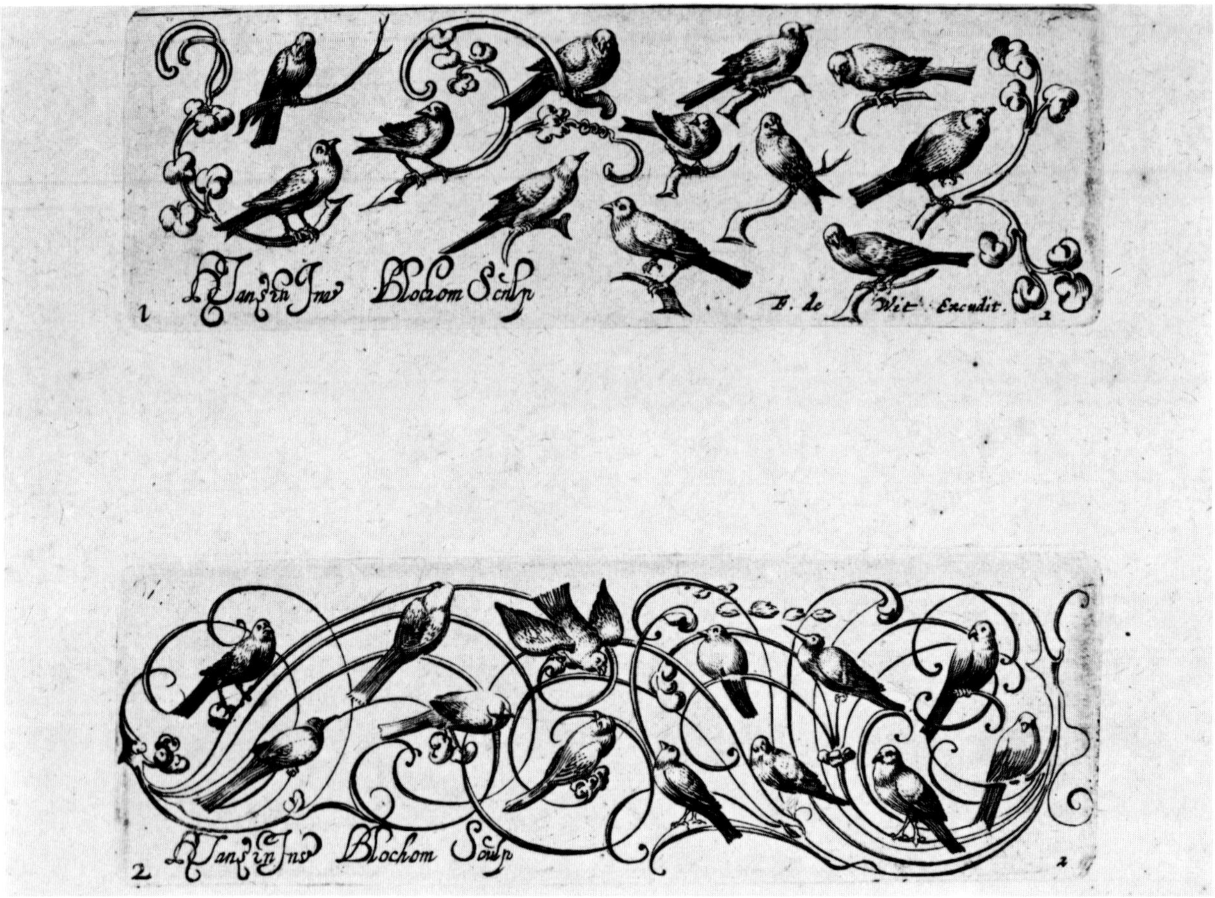

2/84

Kupferstiche

Hans Janssen (1605–1633)
Acht Friese mit Schweifranken und Vogelmotiven, um 1625
je ca. 4,5 x 13,5 cm, K

Bez.: „H. Jansen Inv. B. Lochom Sculp. F. de Wit Excudit."
Frankfurt, Museum für Kunsthandwerk
LOZ 2668–71/Rf 730

Aus einer Folge von acht Blatt, gestochen von Bartholomäus van Lochom aus Amsterdam (auf Blatt 1 der spätere Zusatz, daß sie bei Frans de Wit erschien). Blatt 7–8 Gegenstiche nach Hans Collaert. Blatt 2 eine Wiederholung im Gegensinn.
Vogelfriese waren schon seit dem 16. Jh. sehr beliebt als Schmuckmotiv und u. a. zahlreich von Virgil Solis herausgebracht worden.

Lit.: Berliner/Egger, Nr. 991–992.
OK: Wien 1871, S. 71; Berlin 1939, Nr. 4382. Katalog Frankfurt 1983, Nr. 69.

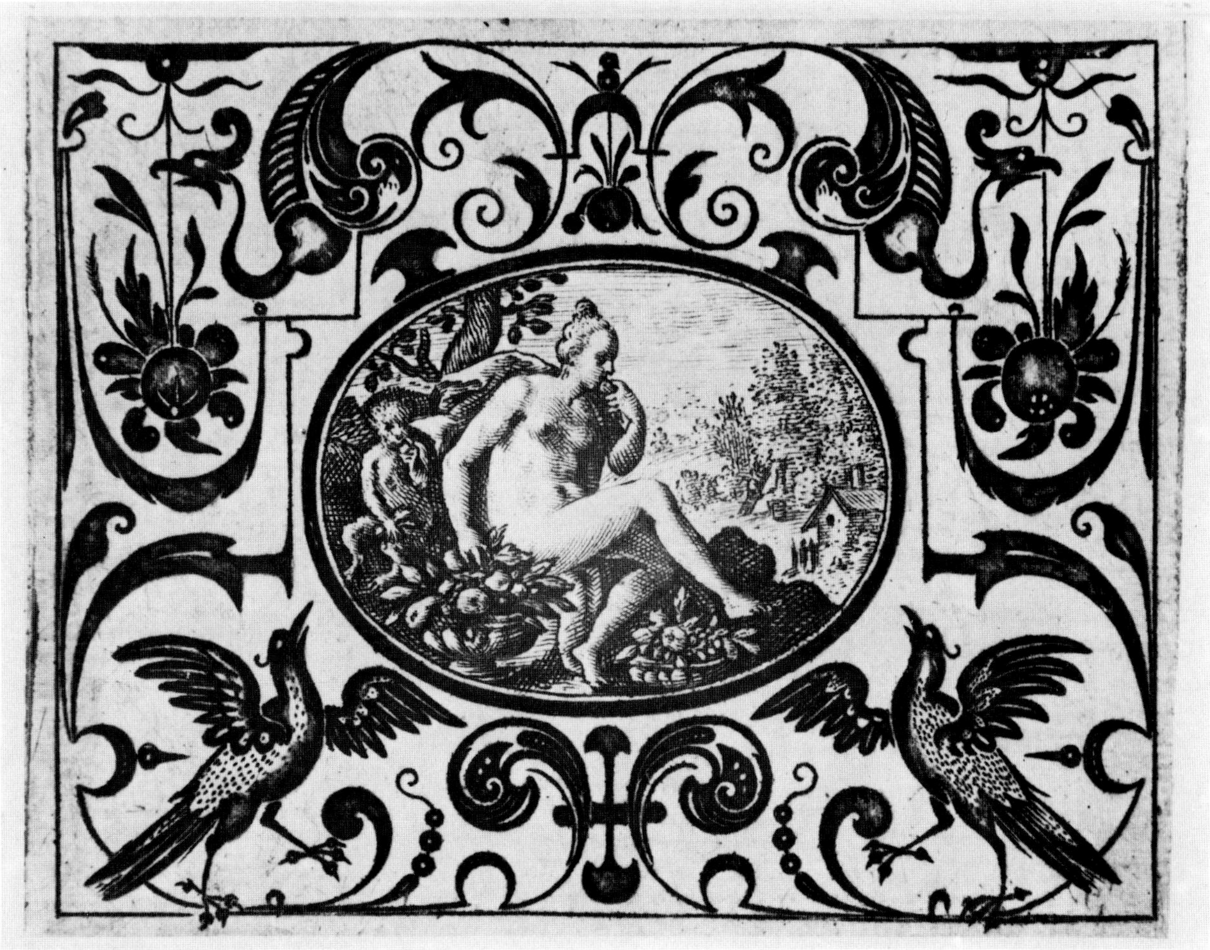

2/85
Kupferstich: Die fünf Sinne

Crispin de Passe I.
1564, 1637
Aus einer Folge der „Fünf Sinne", um 1600
4,7 x 6 cm, K

Frankfurt, Museum für Kunsthandwerk
LOZ 2331–2334/Rf 689

Titel und drei von fünf Blatt der Folge: „QUINQUE SENSUUM typi in usum aurifabroru exparati. Colon: Agr. apud C., spinum Passeum."
Querfüllungen für Goldschmiede. In ovalen Feldern die Darstellungen der Sinne (hier: Geschmack, Gesicht und Tastsinn), umgeben von Schweifwerk mit Tieren in Schwarzornamentik. Die Folge wurde dem Kölner Goldschmied Hinrich Kenbage zugeschrieben, erst bei Berliner/Egger, 1981, Nr. 956, Zuschreibung an Crispin de Passe.

Lit.: Guilmard, S. 372, 48, Warncke 1979, Bd. II, Nr. 784.
OK: Wien 1889, S. 45; Leipzig 1889, S. 99; Berlin 1939, Nr. 633 (2); Hamburg 1960, Nr. 227; Katalog Frankfurt 1983, Nr. 60.

2/86
Kupferstichfolge

Nürnberg
Virgil Solis (1514–1562)
1541 und folgende Jahre
Papier
H 5,8 cm, B 8 cm

Berlin, Stiftung Preußischer Kulturbesitz, Kunstbibliothek Inv. Nr. 616[2]

Titelblatt und vier Typenzusammenstellungen: „Moriskhe und Türckischer Einfacher und Duwelter art Zuglein Durch Virgillius Solis zu Nurmberg geordnet." Ranken mit Lanzettblättern und in verschiedenartigen Verschlingungen sind aus schwarzem Grund hell ausgespart und füllen Friese, Bögen, Kartuschen, Felder aus Gerätgriffen. Wellenranken entfalten sich aus Lanzettblättern und werden über diese weitergeführt, ohne daß es zu der Gestaltung im Sinn der Arabeske kommt, die auf der Spaltung im Gabelblatt beruht. Das Titelblatt ist bezeichnend für ein Vorlagenbuch für Kunsthandwerker, das Kartuschenfeld zeigt gleich vier unterschiedliche Rahmenformen. Aufschlußreich ist die Bezeichnung des Ornamenttyps als „maurisch" und „türkisch" bei dem Nürnberger Meister, während in Frankreich Pellegrini, in den Niederlanden Hieronymus Cock mit der Benennung „Maureske" auf die Zuwanderung der Form aus Spanien Bezug nehmen.

Lit.: Biebrach 133, 137, 138, 140, 141. O'Dell-Franke, J., Kupferstiche und Radierungen aus der Werkstatt des Virgil Solis (1977)

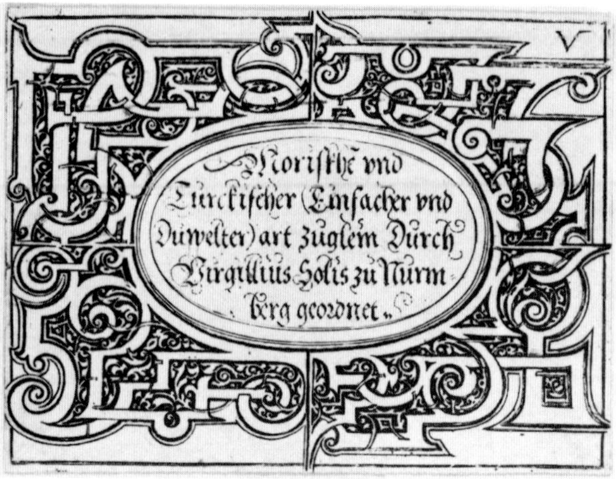

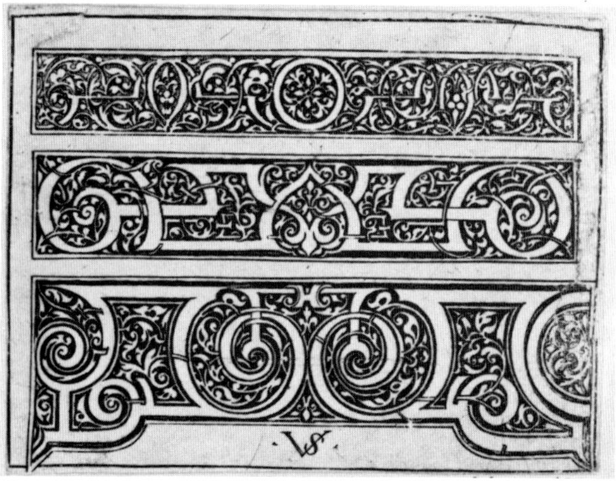

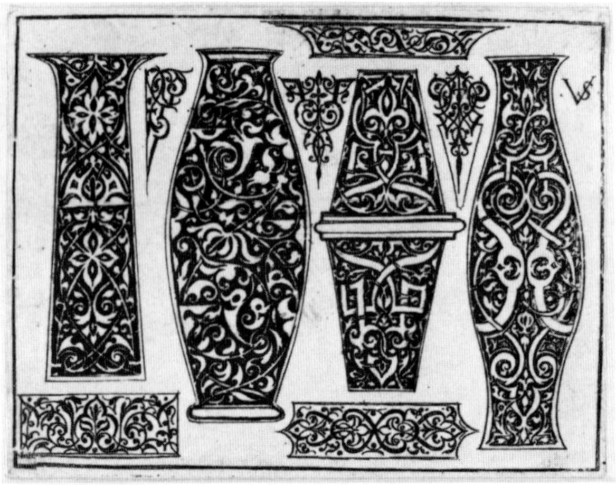

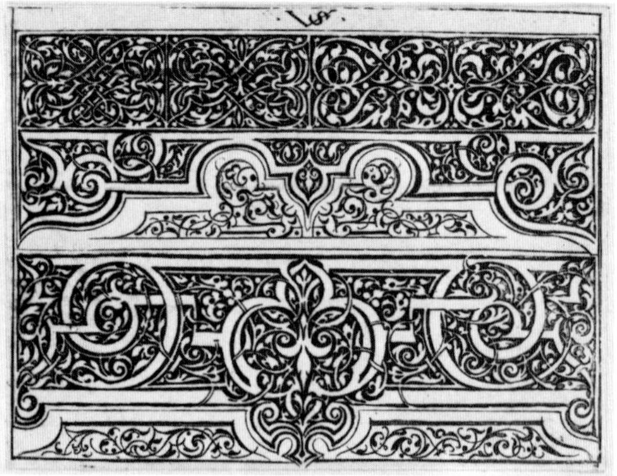

2/87

Kupferstich

Nürnberg
Virgil Solis (1514–1562)
1541 und folgende Jahre
Papier
H 6,7 cm, B 10,6 cm

Berlin, Stiftung Preußischer Kulturbesitz, Kunstbibliothek
Inv. Nr. 616[3]

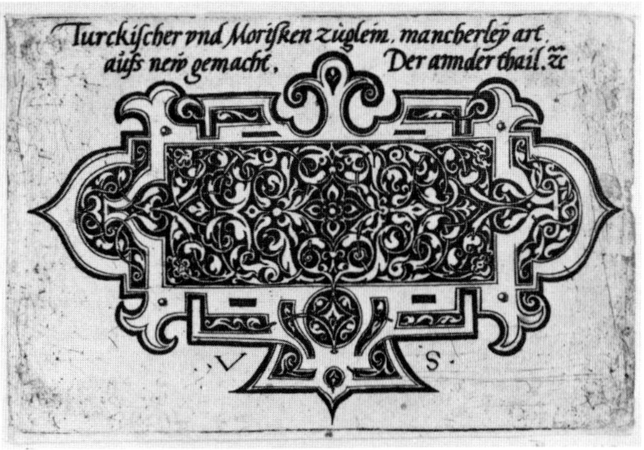

Deckblatt der Serie „Turckischer und Morisken zuglein mancherley art aufs new gemacht, Der annder Thail" im Kartuschenfeld mit kräftiger Bandrahmung vom Typ des Beschlagwerks. In den entstehenden Feldern, weiß aus dem schwarzen Grund ausgespart, symmetrisches Arabeskornament mit schwellenden Lanzettblättern, welche mehrmals den Rahmen durchstechen. Im Zentrum ein Vierpaß. Das Liniensystem läßt sich zurückführen auf von der Mitte aus seitlich gerichtete Kurven, die eine Palmettform bilden und die wiederum überlagert werden durch ein s-förmiges Rankenpaar. Die absolute Flächenfüllung eines Arabesksystems ist erzielt mit den Mitteln der auch im Westen traditionellen Wellenranke, nur mit geschwungenen Lanzettblättern mit Durchschlupfen von Linien nach osmanischem Vorbild.

Lit.: Biebrach. 168, O'Dell-Franke, J., Kupferstiche und Radierungen aus der Werkstatt des Virgil Solis (1977).

2/88

Knotenornament

Albrecht Dürer (1471–1528)
Nürnberg um 1507
27,2 x 21,4 cm, H

Bez.: AD (ineinander gestellt)
Frankfurt, Museum für Kunsthandwerk, LOZ 2129/Rf 634

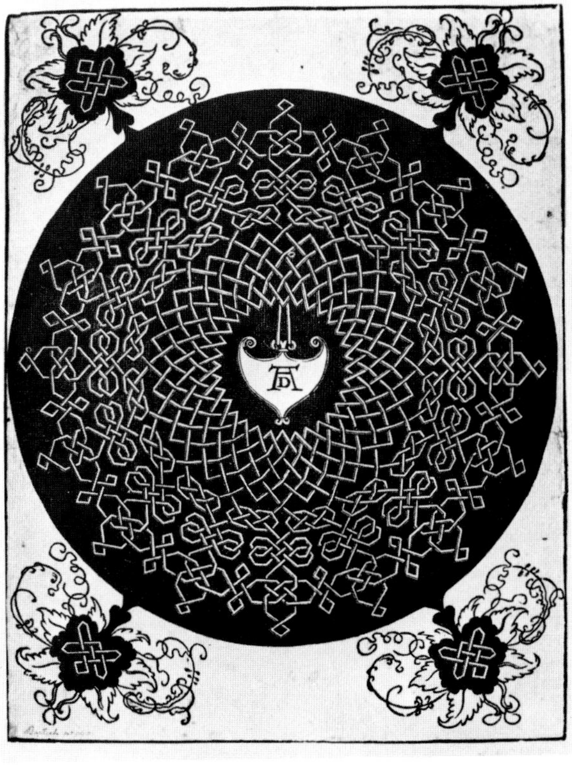

Ein Blatt von sechs Blatt Knoten, in Anlehnung an eine Serie von Knoten aus dem Umkreis Leonardo da Vincis mit der Bezeichnung „Academia Lionardi Vinci" (Mailand um 1483–99). Die Gründe für Dürers Kopie sind ebenso wenig bekannt wie die Anwendung, die intendiert war. Knotenartige Bandschlingen sind in der frühmittelalterlichen Buchmalerei ebenso zu finden wie in der islamischen Dekoration. Die symbolische Bedeutung könnte wenigstens für Dürer als „Sinnbild der Problemlösung" aufgeschlüsselt werden. In praktischer Hinsicht könnte eine derartige Vorlage für Lederarbeiten Verwendung gefunden haben.

Lit.: Bartsch 140; Scherer (S. 91 f., A. 3); Egger, Zur Analyse der sechs Knoten von Albrecht Dürer, in: „Das Antiquariat", Wien Jg. 8, 1952, S. 28 ff.; Dornik-Eger, H., Albrecht Dürer und die Graphik der Reformationszeit, Wien 1969, S. 31; Berliner/Egger, Nr. 40.
OK: Wien 1871, S. 105; Berlin 1939, Nr. 1; Hamburg 1960, Nr. 1; Katalog Frankfurt 1983, Nr. 27.

2/89
Zeichnung

Ein Blatt aus einem Musterbuch für „Türkenbecher" der Porzellan-Manufaktur Nymphenburg
Nymphenburg, um 1780
19 x 35,2 cm, Zeichnung, aquarelliert

Frankfurt, Museum für Kunsthandwerk, LHZ 94/Rf 804

15 Muster von Porzellankoppchen, henkellosen Tassen, die für den Export in den Orient bestimmt waren. Die Bemalung dieser Ware wurde meistens von Hausmalern übernommen. Die Preisangaben nennen den Verkaufspreis.

Lit.: Hofmann, Friedrich H., Geschichte der Bayerischen Porzellan-Manufaktur Nymphenburg, Bd. III, Leipzig 1923, S. 655, Abb. 465; Hofmann, F. H., Das Porzellan der europäischen Manufakturen, Frankfurt a. M. – Berlin – Wien 1980, S. 138 f. – Katalog Frankfurt 1983, Nr. 142.

2/90
Türkenkoppchen

Nymphenburg, um 1765–1780
H 4 cm, Dm 6 cm
Marken: eingepreßter Rautenschild, Schwerter in Unterglasurblau (Nr. 214).
Glasur etwas bläulich angelaufen.

Frankfurt „MKH" 5311/RF

Auf schmalem Standring kugelige Wandung, zur Lippe Borte aus unterglasurblauen Feldern mit Blattmuster in Gold, dazwischen Blüten in stumpfem Eisenrot, Gelb und Braunviolett. In der Mitte Halbblüten und Rosetten mit hellgrünen Blättern.
Diese kleinen Kaffeetassen wurden in mehreren Fabriken in großer Zahl für den Export in die Türkei hergestellt. Die Markierung mit einer der Meißner Marke angeglichenen Form ist in täuschender Absicht aufgebracht, da im Orient die Meißner Erzeugnisse am höchsten geschätzt wurden. In Nymphenburg wurden sie seit den 1760er Jahren hergestellt, ein Blatt mit verschiedenen lieferbaren Mustern und Preisangaben (von 2.50 bis 6 Gulden, Nr. 400 f.)

Lit.: Katalog Frankfurt (1983), 367.

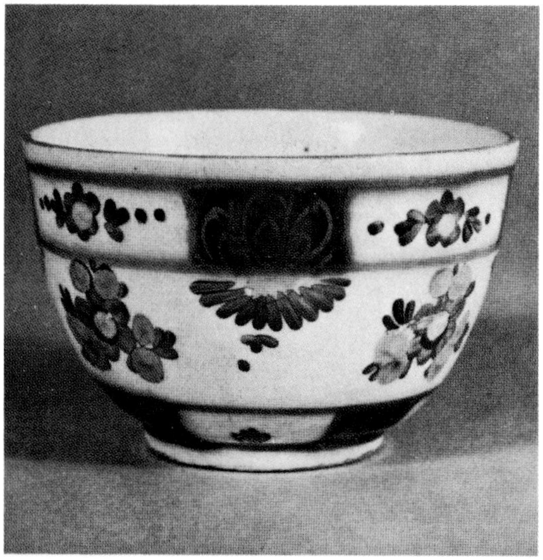

VORSTUFEN

In Kleinasien beginnt die Geschichte des türkischen Teppichs im 13. Jh. In der zwischen 1195 und 1220 erbauten Alaeddin Moschee in Konya wurden 1905 Teppiche entdeckt, die möglicherweise bereits in der Zeit der Rumseldschuken der Moschee gestiftet worden sind. 1929 machte R. M. Riefstahl in der 1296 entstandenen Eşrefoğlu Moschee von Beyşehir einen weiteren Fund von alten Teppichen, darunter drei aus seldschukischer Zeit. 1935 und 1936 endlich fand C. J. Lamm weitere Fragmente seldschukischer Teppiche in Fostat (Altkairo). Alle diese Stücke sind aus Wolle gearbeitet und relativ grob im symmetrischen Knoten geknüpft. Die Muster der Borten sind wuchtig und bestehen aus harten, eckig gereihten Motiven oder pseudokufischer Schrift. Die Feldmuster sind geometrisch, fast kleinteilig gegenüber denen der Borten und bestehen aus Motiven, die gereiht, versetzt gereiht oder gerautet sein können. In ihnen erkennt man stark stilisierte Blüten, sternstrahlige oder einfache Rosetten, eckige Ranken, hakenbesetzte Rautenbänder und chinesisch stilisierte Mäander. Die Farben sind im allgemeinen von *einer düsteren Feierlichkeit, die die Strenge der Muster meisterlich unterstreicht* (Erdmann 1955, 17). Relativ häufig steht Hell- auf Dunkelblau, Rosa auf Kirschrot und Oliv- auf Blaugrün. Dieser Ton-in-Ton-Effekt und die Stilisierung einiger Blüten erinnern an gleichzeitige chinesische Seidenwebereien, die im 13. Jh. im Vorderen Orient bekannt waren. Andere Eigentümlichkeiten, wie die gekästelten Borten und das Pseudo-Kufi, weisen in die Heimat der Turkstämme – nach Zentralasien. Die z. T. recht großen Teppiche mit über fünf Metern Länge müssen in städtischen Manufakturen geknüpft worden sein. Marco Polo, der 1271 durch Kleinasien reiste, schreibt dazu, daß er im Reich der Rumseldschuken in Kayseri und Sivas die schönsten Teppiche der Welt gesehen habe. Sehr wahrscheinlich sind damals aber auch in Konya Teppiche geknüpft worden. Abū l-Fidā (gest. 1331) zitiert den 1274 gestorbenen arabischen Geographen Ibn Sa'īd, der Teppiche aus Aksaray und Niğde erwähnt, die in alle Welt exportiert würden. Das bestätigt Ibn Baṭṭūṭā am Anfang des 14. Jh. Er lobt die Teppiche, die er in Kleinasien bald nach dem Zerfall des Seldschukenreiches sah, und berichtet, daß sie nach Ägypten, Syrien, dem Irak, nach Persien und sogar nach China und Indien exportiert wurden. Im beginnenden 14. Jh. kamen aber auch schon Teppiche auf dem Handelsweg nach Europa. Belege dafür sind Gemälde jener Zeit: Italiener und Spanier malten Teppiche, die vor dem Thron der Madonna liegen, vor Altären, auf Tischen und Fensterbänken. Aber die dargestellten Teppiche tragen andere Muster als die Konya- und Beyşehir-Teppiche. Nur in den Borten gibt es Übereinstimmungen. Diese dargestellten Teppiche, die seit dem Ende des 14. Jh. auch auf persischen Miniaturen auftreten, reichen ursprünglich gewiß bis weit in das 13. Jh. zurück.

Einer der in Konya gefundenen Teppiche trägt als Feldmuster gereihte, rote Oktogone auf weißem Grund, die den *güls* der späteren Turkmenen-Teppiche glichen. Ein ähnliches Stück kommt auf einem chinesischen Rollbild von 1280 vor, auf dem Kubilai Chan auf der Jagd und eine Kamelkarawane zu sehen sind. Auf europäischen Bildern sind Teppiche mit Gül-Muster unbekannt. Sie sind demnach nicht exportiert worden, woraus man schließen kann, daß im 13. Jh. noch eine Reihe weiterer Muster existiert haben muß, von denen nichts mehr erhalten ist.

Prinzipiell unterscheiden sich drei Produktionsarten: 1. Bauern- und Nomadenteppiche, 2. Teppiche aus städtischen Manufakturen, 3. Teppiche aus Hofmanufakturen. Die erste Gruppe zeichnet sich durch kleine Formate aus. Diese Stücke wurden für den Eigenbedarf, meist wohl als Aussteuer hergestellt. Das Material ist durchweg Wolle. Ihre Muster sind nicht nur Schmuck, sondern sie können auch Stammesmotive, Glücks-, Liebes- oder Fruchtbarkeitssymbole u. ä. sein. Die meisten Teppiche dieser Gruppe aus der frühen Zeit sind verbraucht. Die städtischen Manufakturen der 2. Gruppe stellten größere Teppiche für den in- und ausländischen Markt her, was auch die frühen Reiseberichte beweisen. Ihre Muster bzw. Motive stammen aus der 1. Gruppe, sind aber schon erweitert, bereichert und vervielfältigt. Wie

weit der Sinngehalt noch existierte, ist unbekannt. Daneben treten Kunstmuster auf, wie die an chinesische Damaste erinnernden Motive der Konya- und Beyşehir-Teppiche. Die 3. Gruppe, die erst in hochosmanischer Zeit auftrat, wurde für den Hof und den Hofstaat gearbeitet und in den hauptstädtischen Manufakturen als Luxusprodukt hergestellt. Ihre Muster waren oft von Meistern entworfen und richteten sich vor allem nach dem Zeitgeschmack.
Die Gebetsteppiche hatten keine Bindungen an diese verschiedenen Gruppen und Zentren; man knüpfte sie sowohl in nomadisch-bäuerlichen, wie auch in städtischen und höfischen Manufakturen.
Seit dem 13. Jh. wurden aus den städtischen Manufakturen Anatoliens Teppiche nach Europa exportiert, die so beliebt waren, daß zuerst die italienischen und spanischen Maler, später auch niederländische und deutsche Künstler sie auf ihren Bildern malten. Diese Gemälde sind die einzige und zuverlässige Quelle zur Datierung der früh-und hoch-osmanischen Teppiche. Die Muster der dargestellten Teppiche bestehen vom 13. bis zum beginnenden 15. Jh. aus großen Quadraten, oft mit abgeschrägten Ecken, die mit Vierfüßlern oder Vögeln, wie z. B. heraldisch angeordneten Adlern, Doppeladlern oder zwei gegenständigen Vögeln in einem stilisierten Baum gefüllt sind. Ein solcher Teppich hat sich im Original in der Dorfkirche von Marby in Schweden erhalten (Abb. 81). Seltener sind dagegen geometrische Füllungen bei dieser Gattung.

Abb. 81 Knüpfteppich aus der Dorfkirche von Marby (Schweden), Anatolien, Anfang 15. Jh. Stockholm, Statens Historiska Museet

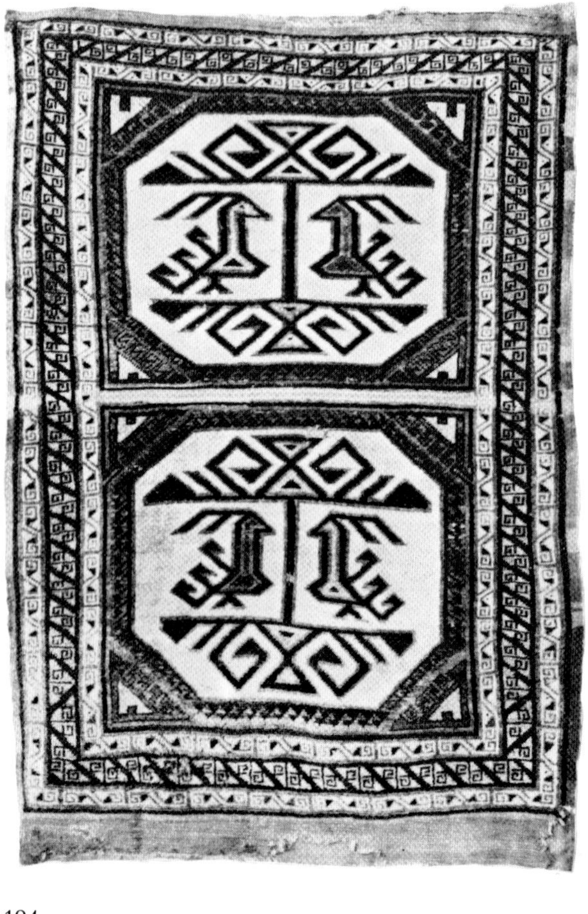

FRÜHOSMANISCHE TEPPICHE

Mit dem 15. Jh., der Zeit der Machtentfaltung des osmanischen Reiches, wandelte sich der Geschmack. Die Osmanen waren in der Auslegung des religiös bedingten Figurenverbotes strenger als die Seldschuken. So treten auf den europäischen Bildern jener Zeit Wiedergaben von Teppichen mit Tierfiguren mehr und mehr zu Gunsten von Stücken mit geometrischen und pflanzlichen Ornamenten zurück.
Drei Gruppen, die wahrscheinlich in der Bergama-Gegend hergestellt wurden, gewinnen im Laufe des 15. Jh. bei den Exportteppichen die Oberhand:
1. Teppiche mit Mustern aus versetzt gereihten kleinen Oktogonen und Rauten (Kat. Nr. 3/1). Man hat sich daran gewöhnt, diese Gattung Holbein-Teppiche zu nennen, obwohl sie schon wesentlich früher auf italienischen Bildern vorkommt. Genauer nennt man sie „kleinteilige Holbein-Teppiche" nach einem Teppich, den der Maler Holbein d. J. auf seinem berühmten Bild „der Kaufmann Gisze" von 1532 gemalt hat. Die kleinteiligen Holbein-Teppiche sind mit Blau, Rot, seltener Flaschengrün, etwas Gelb und Weiß recht dunkel in der Farbstimmung. Sie haben fast ausschließlich Kufi-Bordüren. Diese Gattung reichte vom Anfang des 15. Jh. bis rund 1600. Danach wurden solche Teppiche nicht mehr auf Bildern dargestellt, andere Typen wurden beliebter. In Anatolien hat sich das Musterprinzip bis in das 19. Jh. gehalten, wie die beiden zentralanatolischen Teppiche der Ausstellung zeigen (Kat. Nr. 3/19, 3/20).

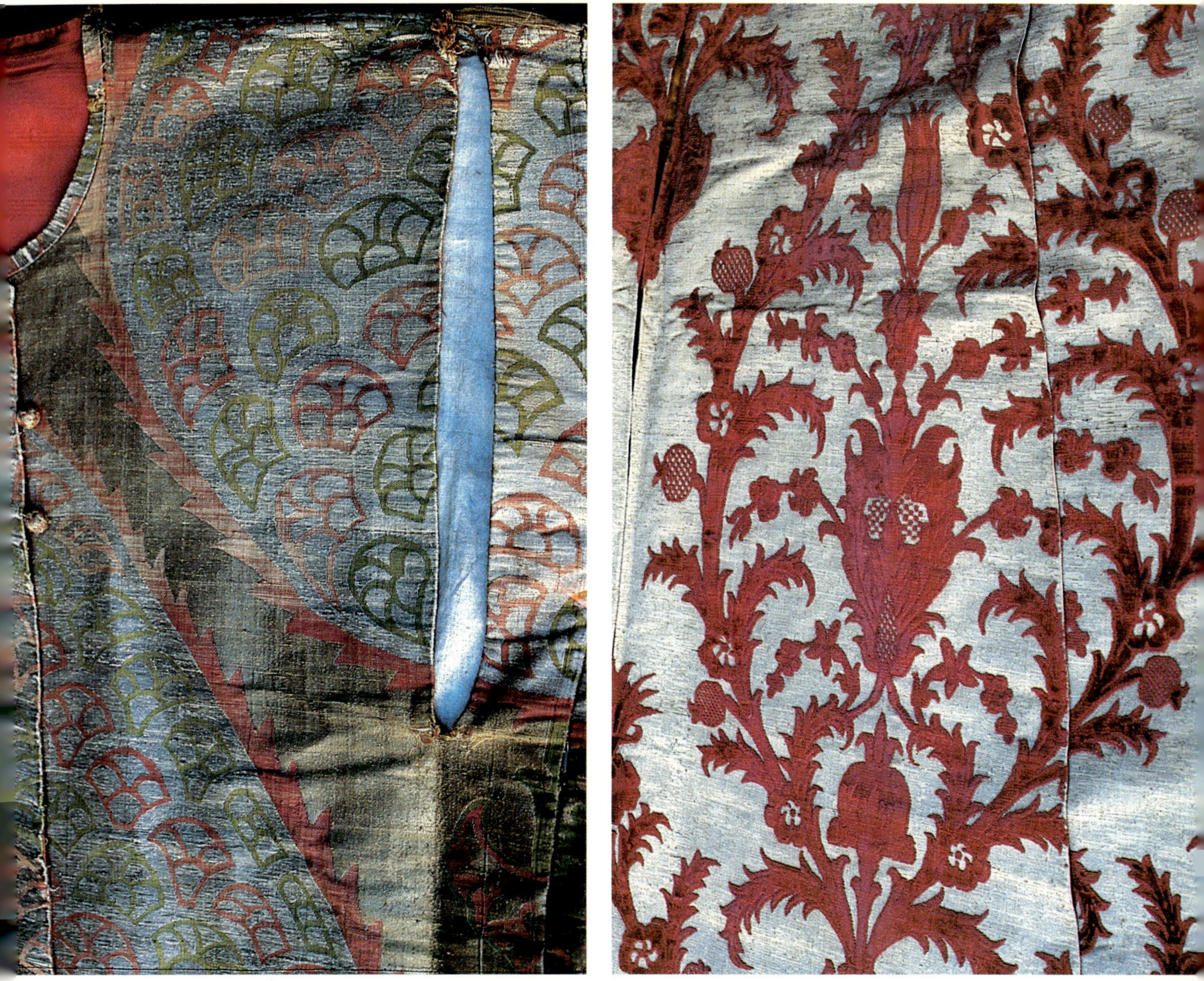

Details von zwei Sultanskaftanen (Kat. Nr. 5/2 und 5/5)

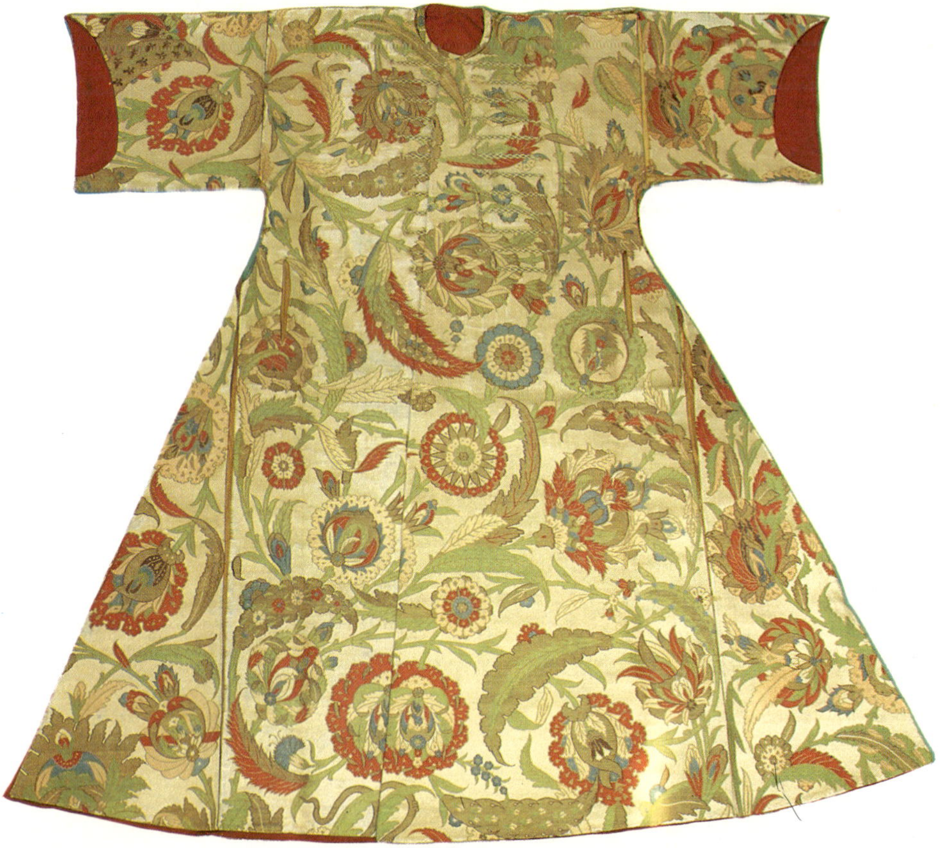

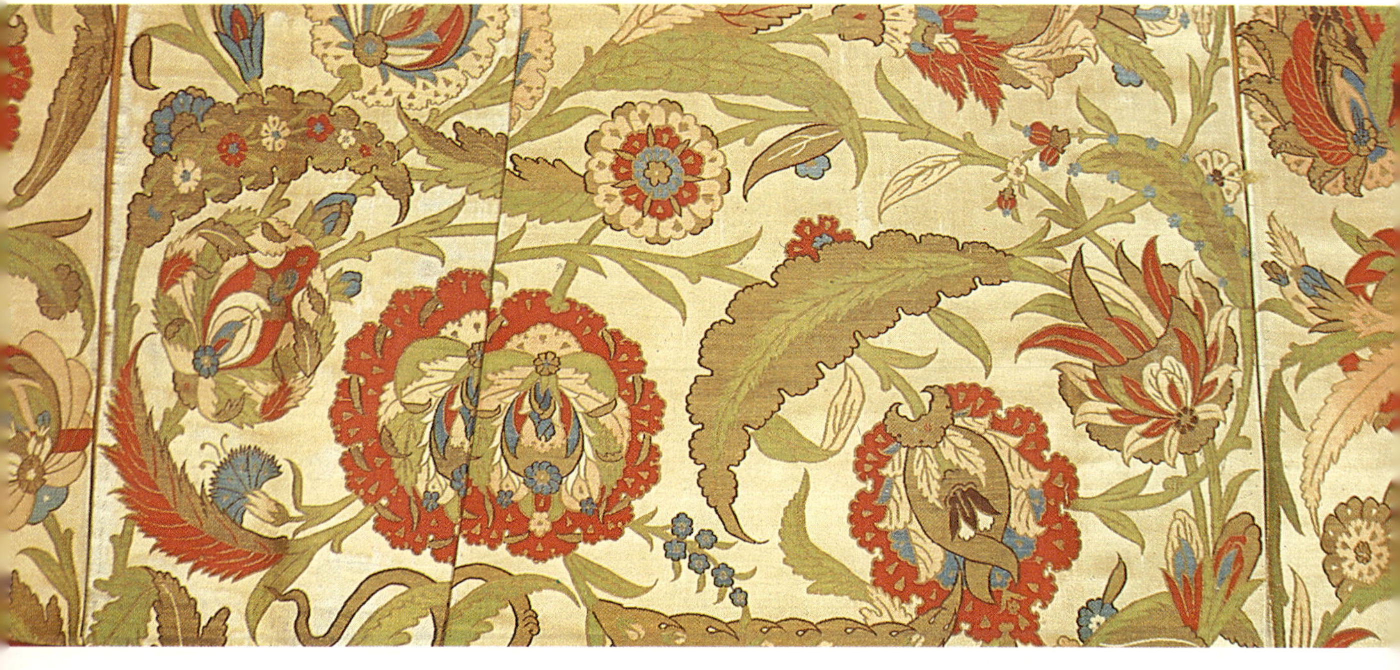

Bei diesen späten Teppichen sind die Farben bäuerlich geworden, die Knüpfung ist grob, das Kultivierte der städtischen Manufakturen ist verloren gegangen, das leuchtende Muster ist jedoch über Jahrhunderte faszinierend geblieben.
Das wirft ein Schlaglicht auf die Teppichgeschichte: Muster, die aus dem Bereich der Bauern und Nomaden in die städtischen Manufakturen aufsteigen, werden dort eine Zeit lang für einen größeren Abnehmerkreis produziert und kommen dann wieder aus der Mode, während sie von Bauern und Nomaden wieder und wieder bis in unsere Zeit geknüpft werden.
Holbein malte aber noch einen anders gemusterten Teppich, so daß noch eine zweite Gruppe in den Anfängen der Teppichwissenschaft nach ihm benannt wurde: die „großteiligen" oder „großgemusterten Holbein-Teppiche". In Farben und Technik gleichen sie der ersten Gruppe. Einen solchen Teppich hat der Maler z. B. auf seiner „Madonna des Bürgermeisters Meyer" im Baseler Kunstmuseum dargestellt. Das Muster besteht aus großen Rechtecken mit einliegenden Oktogonen, die durch Zwischenstreifen voneinander getrennt sind. Auf den erhaltenen alten Teppichen erscheint nur ein großes Rechteck in der Breite und zwei oder mehr in der Länge des Feldes; auf Bildern kommen auch zwei in der Breite vor. Im 15. Jh. waren diese Teppiche so beliebt, daß man sie in Spanien, z. B. in Alcaráz, in großen Mengen imitierte. Das Musterschema ist so verbreitet, daß es selbst auf Flachgeweben (Kelim) wie dem hier gezeigten südostanatolischen Reyhanlı (Kat. Nr. 3/23) vorkommt. Schematisch dargestellt ist die Anordnung der gereihten Rechtecke 1:1 bis 1:1:1:1, seltener mehr.
Daneben gibt es eine Gruppe mit wechselnd großen und kleinen Rechtecken in der Anordnung 2:1:2:1:2, auch 2:1:1:2 oder nur 2:1:2. In Istanbul sind einige sehr imposante Stücke dieser Gattung im Türk ve İslam Eserleri Müzesi ausgestellt, von denen einige kürzlich in der Zeitschrift Halı 6/2 (1984) farbig abgebildet worden sind (Abb. 82).
Andere Varianten dieses Musterschemas zeigen anstelle der großen Rechtecke Sterne, die mit je zwei kleinen Oktogonen wechseln, nach dem Schema 2 : Stern : Stern : 2 (London 1983, 65), was wiederum bis zum

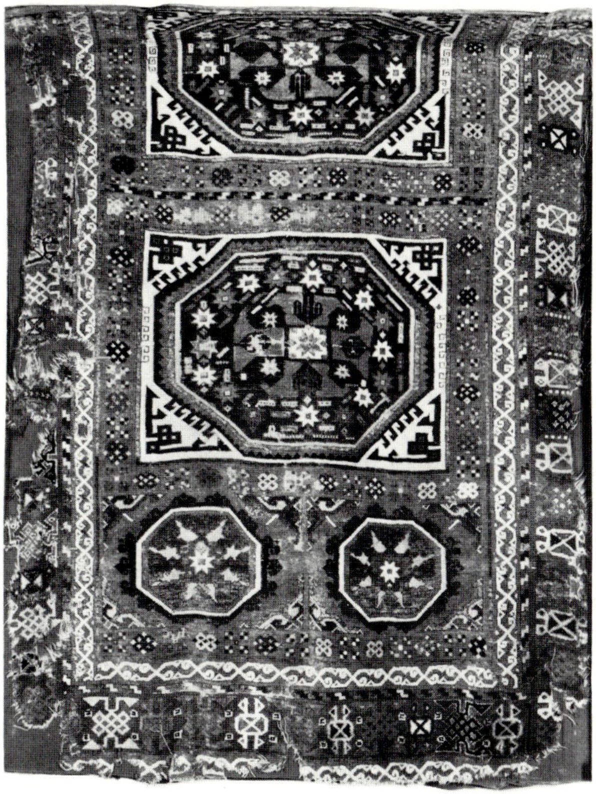

Abb. 82 Knüpfteppich, sogen. großteiliger Holbein-Teppich, Westanatolien, 15. Jh.
Istanbul, Türk ve İslasm Eserleri Müzesi

19 Jh. in kaukasischen Sumaks weiterlebte. Kleine Teppiche älterer Zeit aus dem Istanbuler Türk ve İslam Eserleri Müzesi zeigen Varianten des großteiligen Holbein-Musters mit Kufi-Borten, mit Zinnen und tamgaähnlichen Motiven in den Bordüren, stilisiertern Ranken oder Rosetten. Schema und Muster reichen bis zu den westanatolischen Bergama-Teppichen (Kat. Nr. 3/21) oder zentral- und ostanatolischen Abwandlungen (Kat. Nr. 3/22) der jüngsten Zeit.
Auch dieses Musterschema stammt aus Zentralasien; zeigt doch eine chinesische Bildrolle des 14. Jh. mit Illustrationen zur Geschichte der Dame Wen-Chi, die lange in den Nomadenzelten der Mongolei lebte, Teppiche mit gekästelten Borden und kufi-ähnlichen Motiven und vor allem einer Einteilung der Teppichfelder, wie sie bei den großteiligen Holbein-Teppichen, den Mamluken- und späteren Bergama-Teppichen vorkommt.

TAFEL XXII
Kaftan eines Sultans (Kat. Nr. 5/1)

Im Museum für angewandte Kunst in Budapest ist kürzlich das Fragment eines kleinen Teppichs aufgetaucht, das zu der Holbein-Gruppe gehört. Bei dem Muster handelt es sich um ein frühes Bindeglied zwischen den Tierteppichen des 14. Jh. und den Holbein-Teppichen des 15. Jh. Der Maler Carlo Crivelli hat 1486 einen recht ähnlichen Teppich auf einer Brüstung liegend gemalt, nach dem man diesen Fund „Crivelli-Teppich" nennt (London 1983 No. 15, S. 57 f.).
Mit dem 16. Jh. trat eine weitere Teppichgattung in Westanatolien auf, die in Material und Technik den Holbein-Teppichen nahe verwandt ist und ebenfalls in städtischen Manufakturen geknüpft worden sein muß. Diese Gruppe wird nach dem Maler Lorenzo Lotto benannt, der solche Teppiche auf seinen Bildern darstellte. Diese Teppiche wurden am Anfang des 16. Jh. in Italien gemalt und kamen dann bis zum Ende des 17. Jh. in allen europäischen Malschulen vor. Von dieser Gattung sind viele Stücke erhalten, darunter solche von über sechs Metern Länge. Ihr Musterschema ist zwar im Prinzip, jedoch nicht in den Farben, das gleiche wie bei den kleinteiligen Holbein-Teppichen. Auf einem Quadratnetz wechseln gleichfarbige „Rauten" mit „Oktogonen" in unendlichem Rapport – unsere Abb. 83 zeigt ein solches Oktogon umgeben von vier Rauten. Das wie ein gelbes Gitterwerk auf rotem Grund stehende Muster ist aus eckig stilisierten Arabesken und Palmettblüten gebildet. Manchmal sind Teile in den Palmetten in Blau oder Grün geknüpft. Das Feldmuster ist im Verlauf von 200 Jahren, in denen diese Teppiche hergestellt worden sind, kaum verändert worden, nur die Bortenmuster variieren stark; Kufi kommt vor (Kat. Nr. 3/3), Kartuschen mit Blütenranken (Kat. Nr. 3/2), Wolkenbänder (vgl. die Borte von Kat. Nr. 3/5) u. ä. Das Lotto-Muster hat keine Vorstufen, weder in den Bauern- oder Nomadenteppichen noch in anderen Textilien. Es scheint ad hoc erfunden und ist möglicherweise von dem Schema seldschukischer Wandverkleidungen aus Achteck-und Sternfliesen angeregt worden. Es war eine Zeit lang Mode und wurde dann wieder aufgegeben. In die Volkskunst der Nomaden und Bauern ist das Muster nie eingedrungen. Nur Details der Arabeskblätter und -blüten sind von den später einsetzenden Uşak-Teppichen übernommen worden.
Neben den starkfarbigen Teppichen gibt es eine Reihe weißgrundiger Teppiche mit blassen Tigerstreifen (Cintamani)- oder Vogelmustern (Kat. Nr. 3/4, 3/5), die zwar seltener, aber dennoch schon in der 2. Hälfte des 16. Jh. auf europäischen Bildern vorkommen. Das Musterschema beruht wiederum auf einer kleinteiligen Quadrierung. Es scheint ebenso frei erfunden, wie das der Lotto-Teppiche und hat ebensowenig Einfluß auf die Bauern- und Nomadenteppiche der späteren Zeit ausgeübt.

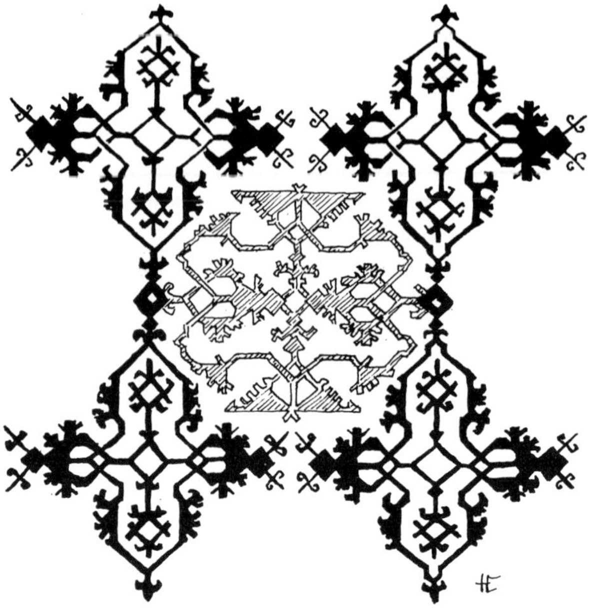

Abb. 83 Musterschema eines Rapportes von einem der Lotto-Teppiche (Kat. Nr. 3/2, 3/3)

Die Produktion der städtischen Manufakturen Westanatoliens war noch weitaus reicher, als die erhaltenen Stücke ahnen lassen, da auf abendländischen Bildern von der 2. Hälfte des 15. Jh. an Teppiche vorkommen, von denen bisher noch kein einziges Stück im Original aufgetaucht ist.

OSMANISCHE HOFMANUFAKTUREN

Mit dem 16. Jh. begann für die Geschichte des türkischen Teppichs die letzte große Phase: eine neue Gattung wurde eingeführt, die Teppiche der neugegründeten Hofmanufakturen. Eingeleitet wurde diese Phase durch den Aufstieg der Osmanen zur Großmacht. Die Eroberung von Täbris (1514) zog eine Welle persischer Einflüsse nach sich. Persische Maler

und Kalligraphen, Meister und Handwerker wurden für die großen Projekte in der neuen Hauptstadt Istanbul arbeitsverpflichtet. Nach der Einnahme Kairos (1517) fielen außerdem die besten westislamischen Teppichmanufakturen in die Hände der Osmanen.
Mit zunehmender Macht stieg das Bedürfnis, durch Prachtentfaltung und Luxus zu repräsentieren. Anregungen aus Europa, Persien und Ostasien wurden zu einer neuen unverwechselbaren osmanischen Kunst verschmolzen. Das Zentrum dieses Prozesses war Istanbul. Sultan Süleyman der Prächtige prägte das Gesicht der wiederbelebten Stadt. Wissenschaft, Literatur und die schönen Künste nahmen einen ungeahnten Aufschwung. So nimmt es nicht wunder, daß ein neuer Teppichstil eingeführt wurde. Ähnlich wie die Vorlagen zu den Fliesenzyklen Izniks wurden die neuen Teppichmuster wohl im *nakkaşhane* – dem Zeichenatelier des Sarays – entworfen, Muster, die stilistisch mit den Fliesenwänden des Sarays und denen der neuen Moscheen harmonierten. Dieser Prozeß vollzog sich in den ersten Jahrzehnten des 16. Jh.
Die neuen Muster sind vegetabil. *Palmett- und Rosettblüten, gefiederte Lanzettblätter aus geschwungenen Ranken und gegiebelte Arabeskblätter, alles Formen, die dem türkischen Teppich bis dahin fremd waren, dagegen typisch für den persischen Teppich sind, bestimmen das Bild. Auch die Gliederung aus vollem Medaillon in der Mitte und Viertelmedaillons in den Ecken ist persisch* (Erdmann 1955, 47). Aber es handelt sich nicht um eine Imitation persischer Vorlagen, sondern um eine Neuschöpfung mit persischen Motiven. Während in den meisten persischen Teppichen die Rankensysteme fortlaufen, werden die Rapporte bei den Osmanen-Teppichen gruppiert: S-Ranken, die gegeneinander schwingen, spiegelbildlich sich wiederholen, an Rautensysteme gebunden, deren Eckpunkte nur noch durch Rosetten oder durch Rosettenkränze betont werden (Kat. Nr. 3/6, 3/7, Abb. 84).
Diese Vorlagen sind zuerst den Kairener Werkstätten in Auftrag gegeben worden, weil die dortige Technik und das ägyptische Material den hohen osmanischen Ansprüchen entsprachen. Das Grundgewebe dieser neuen Gattung besteht aus Wolle, selten aus der feineren und stärkeren Seide oder Baumwolle; gleiches gilt für die Knoten, für die glänzende, feine Wolle verwendet wird. Baumwolle ist manchmal für Weiß und Hellblau, Seide nur in großen Ausnahmen verarbeitet. Die Knoten sind asymmetrisch, ihre Dichte reicht von 2000 bis 7000 auf einen dm^2 gegenüber der Dichte normaler anatolischer Teppiche mit 600 bis 1200 Knoten auf einen dm^2. Die Farbskala ist mit sieben bis acht Tönen eng, ein warmes Rot wird bevorzugt und ein Grün, das stark mit Gelb durchsetzt ist, daneben verschiedene Blautöne und sparsamer Weiß. Es gibt keine starken Kontraste wie bei den Anatoliern. Feld und Borte sind farblich und im Muster nur schwach gegeneinander abgesetzt.
Aufschluß über die Kairener Manufakturen gibt der kürzlich im Palazzo Pitti in Florenz gemachte sensationelle Fund eines fast 11 m langen Mamluken-Teppichs, der dokumentarisch belegt zwischen 1557

Abb. 84 Musterschema des Osmanen-Teppichs aus Düsseldorf, Kunstmuseum (Kat. Nr. 3/6)

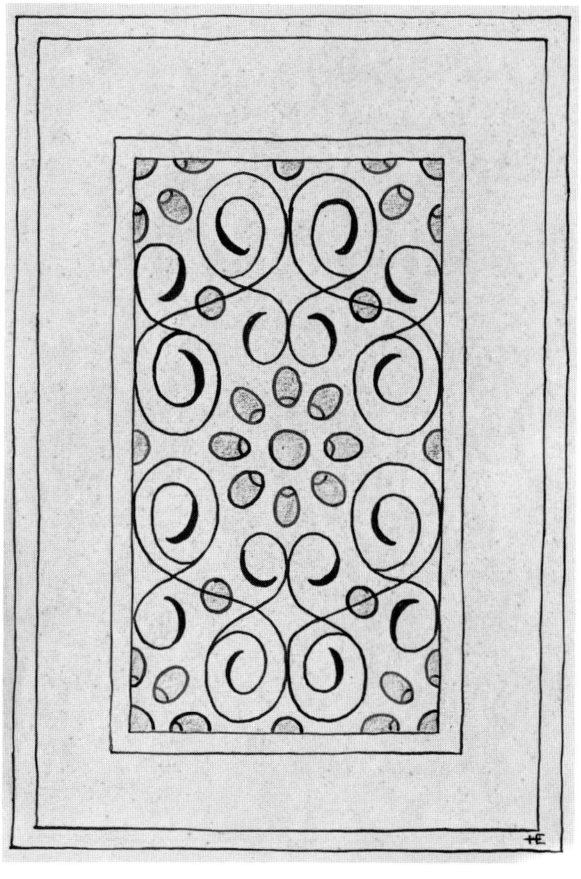

und 1571 via Alexandria in die Sammlung der Medici gelangte und ein fast ebenso großer Osmanen-Teppich, der als *tapetto grande cairino* 1623 dem Großherzog Ferdinand II. von dem Admiral Verrazzano aus Florenz überbracht wurde. Beide Teppiche sind nie benutzt worden und bewahren noch den ganzen Reiz der zarten, ursprünglichen Farben ihrer Entstehungszeit (London 1983, Nr. 21, 56). Diese Entdeckung zeigt, wie bedeutend die Rolle Kairos als Knüpfzentrum war, wie lange sich die Muster der Mamluken-Teppiche unter osmanischer Herrschaft gehalten haben und daß Mamluken- wie auch Osmanen-Teppiche auf Bestellung hergestellt und exportiert worden sind.

Weitere Manufakturen arbeiteten seit dem Ende des 16. Jh. in der Nähe von Istanbul, wahrscheinlich in Bursa. Ihre Nachfolge haben vom späten 18. Jh. an die Manufakturen von Hereke, Bandırma und Kumkapı bei Istanbul übernommen.

Im Laufe des 18. Jh. schlossen die Kairener Werkstätten dann als allgemeine Folge des wirtschaftlichen Niederganges in den orientalischen Staaten ihre Tore.

OSMANISCHE PROVINZ-MANUFAKTUREN

Gleichzeitig mit den Osmanen-Teppichen entstand in den westanatolischen Manufakturen im Uşak (Uschak)-Gebiet eine neue Gattung, die den Namen Uşak-Teppiche trägt. Entgegen den frei erfundenen Mustern der höfischen Teppiche riß die Mustertradition bei diesen Teppichen nicht ab. In den Stern- und Medaillon-Uşaks erkennt man gerade in den Medaillons stark stilisierte Arabeskblattpaare und Palmetten wieder, die wie im Lotto-Muster schematisiert sind. Der Farbkontrast von Ziegelrot, leuchtendem Gelb und Dunkelblau wird beibehalten. Sogar das Kompositionsschema der Quadrierung und Rautung ist geblieben, nur sind die Rapporte stark vergrößert. So wechseln bei dem Kölner Teppich (Kat. Nr. 3/12) große Sterne mit kleinen Rauten, die in der Länge des Teppichfeldes gegeneinander versetzt sind. Die aus der persischen Buchkunst kommende Medaillon-Gliederung wurde von den türkischen Musterzeichnern und Knüpfern sofort ins Textile übersetzt und als kontinuierlich sich wiederholender Rapport aufgefaßt. Bei den Osmanen-Teppichen ist das gleiche geschehen, nur – und auch das ist persisch – werden die Medaillons als zweite Musterschicht über das darunter fortlaufende S-Ranken- oder Blütenmuster gelegt. Deutlich ist das bei dem Pariser Osmanen-Teppich (Kat. Nr. 3/9) an den Viertelmedaillons der Ecken zu erkennen.

Die zweite größere Gruppe der Uşak-Teppiche bilden die Medaillon-Teppiche, bei denen ovale Medaillons mit schildförmigen Anhängern und recht kompakte Sternmedaillons miteinander versetzt wechseln. Farbig sind Medaillons und Sterne immer gegeneinander abgesetzt, Blau und Rot herrschen vor. Die Füllung der roten, gedrückten Medaillons des Wiener Teppichs (Kat. Nr. 3/13) erinnert besonders stark an die Arabesk-Oktogone der Lotto-Teppiche. Wenn bei den Stern-Uşaks die dünnen, eckigen Rankenmuster des Grundes oft mit den Sternen zusammenhängen, so sind die Ranken bei den Medaillon-Uşaks zu reinem Füllwerk der schmalen verbleibenden Flächen zwischen den großen Medaillons geworden.

Bei den späteren Stücken dieser Gattung werden oft die Formate kleiner, so daß manchmal nur noch ein Medaillon in der Mitte des Teppichs bleibt. Die Motive selber haben eine konstante Größe, ein Charakteristikum aller klassischen Teppiche.

Die Stern-Uşaks wurden bis in das 17. Jh. hinein geknüpft. Die in Europa beliebtere Gruppe der Medaillon-Uşaks scheint auch noch im 18. Jh. hergestellt worden zu sein.

GEBETSTEPPICHE

Neben den großen und übergroßen Teppichen sind in allen Manufakturen kleine Teppiche geknüpft worden, die vom 17. Jh. an in größeren Mengen erhalten blieben. Selten findet man sie auf Bildern dargestellt. Gentile Bellini, der 1478/9 am Hofe Mehmed Fatihs weilte, malte aber eine thronende Madonna mit Kind auf einem Uşak-Teppich des Typs Kat. Nr. 3/14. Ähnlich ist ein Teppich auf den Thronstufen der Madonna von Francesco Bassano d. Ä. von 1519 (London 1983, 16). Beide Teppiche sind kleinformatig, möglicherweise handelt es sich um Gebetsteppiche.

Der Koran schreibt ein Stück reinen Bodens für das rituelle Gebet vor. Felle, Matten, Flachgewebe oder Knüpfteppiche dafür zu nehmen, ist naheliegend. In der Literatur stammt die früheste bisher bekannte

Erwähnung von al-Ġazālī (starb 1111), wonach Gebetsteppiche bereits zur Ausstattung eines Mönches gehörten. Der Muslim wendet sich im Gebet nach Mekka. So ist es verständlich, die Spitze der Nische, die den Gebetsteppich von anderen Teppichen unterscheidet, gen Mekka zu richten. Die Form der Gebetsnische (Mihrab) in der Moschee hat die gleiche Funktion und könnte als Vorbild gedient haben. Für das private Gebet dient ein einfacher Nischenteppich: in Moscheen findet man oft Reihengebetsteppiche. Die Nischen haben die verschiedensten Formen vom einfachen Dreieck über üppig geschmückte Felder mit vielfältig gestalteten Bögen (Kat. Nr. 3/15) bis zu Säulen oder Doppelsäulen, die den Bogen tragen (Kat. Nr. 3/17).
Aus dem 15. Jh. könnten einige Reihengebetsteppiche stammen, die heute im Türk ve İslam Eserleri Müzesi in Istanbul aufbewahrt werden (Kat. Nr. 3/11). Im Uşak-Gebiet sind u. a. rotgrundige Teppiche geknüpft worden, die anhand von Technik, Material und Muster, vor allem der Bortenzeichnungen, lokalisiert und datiert werden können (Kat. Nr. 3/14). In der Manufaktur der Vogel-Teppiche im Uşak-Gebiet wurden Teppiche mit Tigerstreifen oder *pelengi* (Leoparden)-Muster geknüpft. Die Gruppe der „Siebenbürger" Teppiche (Kat. Nr. 3/15) stammt aus verschiedenen westanatolischen Werkstätten. Ihre Muster reichen von sehr einfachen bis zu den kompliziertesten Formen, in denen sich häufig höfische Manufaktureinflüsse zeigen. Vegetabile Motive, wie Ranken, Blüten oder Blätter, beweisen das im Detail. Elegante Formen findet man bei den Gördes-Teppichen, deren Manufakturen seit dem 18. Jh. in der westanatolischen Stadt Gördes in voller Blüte standen. Kirschrot und Dunkelblau als intensive Farben, daneben Rosa, Hellblau und Hellgrün, wenig Gelb und Weiß (meist aus Baumwolle) geben dieser Gattung einen frühlingshaften, fast femininen Charakter. Neben den vielen Gruppen und Gattungen der Spätzeit, wie Bergama, Mucur, Melas, Ladik, Konya, Obruk, um nur einige zu nennen, entstand in Kırşehir eine schon europäisch beeinflußte, reizvolle Gruppe, meist sind es Nischenteppiche, mit Purpur, Pistaziengrün, Schwarz und mattem Weiß als Hauptfarben.
Zusammenfassend kann man sagen, daß im 15. und 16. Jh. wahrscheinlich das Bergama-Gebiet führend in der Teppichproduktion war; daß sich vom 16. bis 18. Jh. die Uşak-Gegend in den Vordergrund schob und im 18. und 19. Jh. der Schwerpunkt nach Gördes, Kula und Melas verlagert wurde. In Zentralanatolien sind als Hauptproduktionszentren die Werkstätten von Konya und Ladik über Jahrhunderte hinweg tätig gewesen. Im 19. Jh. setzte parallel zur politischen Situation langsam ein Verfall der Qualität und Mustertradition ein. Man versucht in den letzten Jahrzehnten, an einigen Orten diesem Qualitätsverfall entgegenzuwirken und vorsichtig die Tradition des Knüpfteppichs wieder zu beleben.

FLACHGEWEBE – KELIMS

Über die historische Entwicklung der türkischen Flachgewebe weiß man weit weniger, als über die der Teppiche. In den letzten Jahren sind erstmals zwei Bücher zu diesem Thema erschienen: eine allgemeine Geschichte von Y. Petsopoulos und eine Geschichte der türkischen Flachgewebe von B. Balpınar.
Das Interesse für diese Gebiete ist jung. In der „klassischen" Zeit des Orientteppichs wurden keine Flachgewebe nach Europa exportiert, und im Orient sind sie bis auf den letzten Faden verbraucht worden. Dadurch erklärt sich der geringe Bestand aus älterer Zeit.
Die Einteilung der Flachgewebe in 1. Nomaden- und Bauernkelims, 2. Städtische Kelims, 3. Kelims der höfischen Manufakturen entspricht der des Knüpfteppichs, nur ist die 1. Gruppe die umfangreichste, und es gibt im Gegensatz zu den Teppichen auch in dieser Gruppe große Stücke.
Flachgewebe, Wirk- und Webteppiche, werden in den verschiedensten Techniken hergestellt: *kilim, cicim* (spr. Dschidschim), *zili* und *sumak*, z. T. wird noch von *verneh*, von broschierten Geweben u. ä. gesprochen. Die Gruppe der Kelims ist die größte. Vielfalt und Reichtum der Flachgewebe muß in früheren Zeiten enorm gewesen sein, schreibt doch Ibn Saʿīd (st. 1274), daß im 13. Jh. in der Denizli-Gegend rund 200 000 Turkmenenzelte standen, deren Bewohner mit Kelims, Sklaven und Holz handelten. Gleichzeitig standen zwischen Ankara und Kastamonu weitere rund 100 000 Zelte. Zelte gehören auch heute noch zum Alltagsleben der Nomaden in der Türkei (Yürüken und Turkmenen). Die Zelte waren immer mit Flachgeweben ausgestattet, das zeigen Miniaturen aller orientalischen Malschulen und Zeiten. Diese Nomaden-Flachgewebe, deren Muster

großenteils aus Symbolen und Zeichen der jeweiligen Stämme bestehen, können hier nicht behandelt werden.

Bei den Osmanen spielten Zelte mit zunehmender Machtentfaltung eine immer bedeutendere Rolle. Auf den Eroberungszügen wurde für das Heer eine große Anzahl von Zelten gebraucht, deren Innenwände und Böden in erster Linie aus Flachgeweben bestanden. Großwesire und Wesire, Admirale, Janitscharen und einfache Soldaten lebten viele Monate des Jahres in Zelten, die je nach Rang mit einfachen Streifenkelims oder Filzen, reicher gemusterten Flachgeweben, applizierten und lederbenähten Stoffen bis hin zu den kostbarsten Stickereien ausgestattet waren (Kat. Nr. 11/1).

Eine Reihe der älteren erhaltenen osmanischen Kelims, wie die in Divriği gefundenen, das Stück in Ingolstadt und das Fragment in Hannover (Kat. Nr. 3/10), scheint aus osmanischen Manufakturen Ägyptens zu stammen. Sie bestehen aus dem gleichen Material wie die Kairener Osmanen-Teppiche (Balpınar 1983). Die Muster aus gereihten Blüten, Stauden oder Blättern, die Zinnenränder mit Palmetten oder Medaillons entsprechen dem höfischen Stil des 16. bis 18. Jh. Aus dem privaten Bereich berichtet Mouradgea d'Ohsson 1791 in seinem *Tableau général de l'Empire Othoman,* daß in Istanbul im Sommer die Teppiche gegen ägyptische Kelims ausgetauscht wurden. In Dokumenten des Topkapı Sarayı sind Preislisten von Kelims aus dem 16./17. Jh. zum Vorschein gekommen, aus denen hervorgeht, daß manche Kelims fast ebenso hoch bewertet wurden wie Knüpfteppiche. So ist zu hoffen, daß weitere Dokumente und Funde mehr Licht in die verwobene Geschichte der Flachgewebe bringen werden.

ZUR TECHNIK DES KNÜPFTEPPICHS

Beim Knüpfteppich unterscheidet man zwischen Grundgewebe und Flor oder Knoten. Das Grundgewebe besteht aus Kette und Schuß, wofür beim türkischen Teppich Wolle, seltener Seide oder Baumwolle genommen wird. Zwischen den einzelnen Knotenreihen werden meist drei bis vier Schußfäden eingezogen oder eingeschossen. Der Knoten wird um je zwei Kettfäden geschlungen, die Enden, die an der Vorderseite den Flor bilden, werden entweder beide zusammen zwischen den zwei umschlungenen Kettfäden nach vorn herausgezogen zum „symmetrischen" (Gördes- oder türkischen) Knoten, oder es wird ein Knotenende vor einem Kettfaden, das zweite Ende zwischen den beiden Kettfäden herausgezogen zum „asymmetrischen" (Senneh- oder persischen) Knoten. Jeder Teppich hat einen Vorkelim, d. h. ein kurzes Stück reinen Gewebes, bevor die Knotenreihen beginnen bzw. enden, um die Schmalseiten zu befestigen. Die Langseiten werden mit dem Schußfaden befestigt, den man zwei- bis dreimal um die zwei oder drei äußersten Kettfäden schlingt.

3/1
Knüpfteppich

Westanatolien, Uşak-Gebiet
2. Hälfte 15. Jh.
H 264 cm, B 155 cm
Material: Wolle · Technik: Symmetrischer Knoten

Wher-Collection

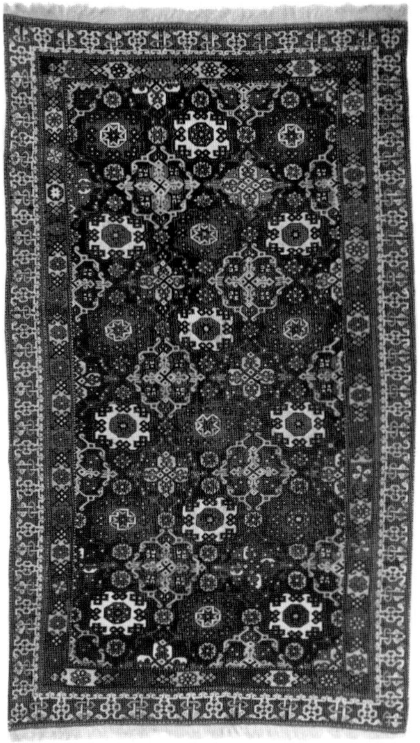

Sogen. Holbein-Teppich mit kleinteiliger Quadrierung aus mehrfarbigen, versetzt gereihten Rauten und Oktogonen auf flaschengrünem Grund. Die Kontur der Rauten besteht aus Arabeskblatt-Paaren, die der Oktogone sind verknotet und haben einliegend acht-strahlige Sterne; Motive, die aus viel früheren Schichten stammen. Die Borte besteht aus zwei gleich breiten Streifen, der innere mit Rosetten in Kartuschen und zu Haken stilisierten Blättern, der äußere aus Ornamenten, die an den Kufi-Duktus der arabischen Schrift erinnern. Die Hastenverflechtungen und die Blattformen der Hasten-Enden weisen den Teppich in die frühe Zeit der Produktion. Trotz einiger Reparaturen gehört dieses Stück zu den besten Teppichen frühosmanischer Zeit.

Literatur: London 1983, Nr. 8; Erdmann 1966 S. 130 ff; Halı 1/4, S. 326-3;
Vergleiche in der Literatur: Erdmann 1977 Tf. V, Abb. 64, 70, Halı 6/2, 1984, S. 156.

3/2
Knüpfteppich

Westanatolien, Uşak-Gebiet
Anfang 17. Jh.
H 263 cm, B 160 cm
Material: Wolle
Technik: Symmetrischer Knoten

Wien, Österreichisches Museum für angewandte Kunst. T 6907.

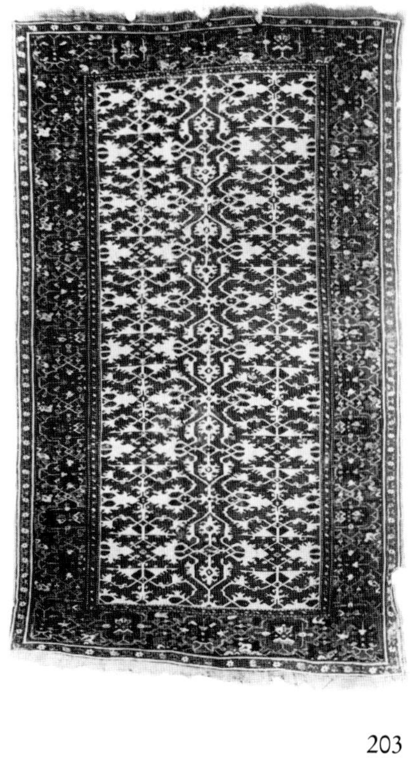

Das Muster der sogenannten Lotto-Teppiche ist in der Anlage dem Rauten- und Oktogon-Rapport der kleinteiligen Holbein-Teppiche verwandt (Kat. Nr. 3/3). Nur sind die Rauten und Achtecke der Lotto-Teppiche nicht farblich gegeneinander abgesetzt, sondern liegen auf ziegelrotem Grund wie ein Gitter aus leuchtend gelbem Arabeskenwerk, das aus stilisierten Palmettblüten und Blattpaaren besteht. Fünf Rauten, die durch die gegiebelten Arabeskblätter in der Längsachse und die großen Palmettblüten in der Querrichtung eher sternförmig wirken, liegen auf der Mittelachse des Feldes. Die Außenseiten der Oktogone werden leicht von der Borte überschnitten. Im dunkelblaugrundigen Hauptstreifen der Borte sind rote Kartuschen gereiht. Über sie läuft eine eckig gezeichnete Wellenranke mit stehenden Blüten. Wie häufig bei türkischen Teppichen gibt es keine Ecklösungen.

Literatur: Wien 1977, Nr. 31; Erdmann 1955, Tf. I; ders. 1966, S. 137

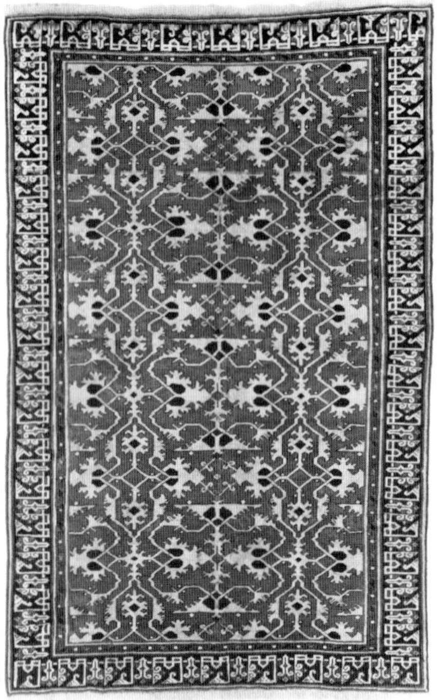

3/3
Knüpfteppich

Westanatolien, Uşak-Gebiet
2. Hälfte 16. Jh. oder 1. Hälfte 17. Jh.
H 182 cm, B 120 cm
Material: Wolle
Technik: Symmetrischer Knoten

Wher-Collection

Der Lotto-Teppich der Wher-Collection gehört zur gleichen Gruppe wie der Wiener Teppich Kat. Nr. 3/2. Die verschiedenen Formate der beiden Teppiche zeigen, daß die Rapportgröße konstant bleibt. So wird bei einem kleinen Teppich nicht die Mustereinheit, sondern die Rapportzahl verringert. Hier liegen drei ganze Oktogone und ein halbes auf der Mittelachse und, seitlich versetzt, drei ganze Sterne und ein halber hintereinander. Die Borte, bei der der äußere Begleitstreifen ringsum fehlt, trägt im dunkelgrünen Hauptstreifen lebendig gezeichnetes, nach außen offenes Pseudo-Kufi.
Der gut erhaltene Teppich hat nur minimale Reparaturen, der äußere Begleitstreifen fehlt.

Literatur: Halı 3/4, S. 282
Vergleiche in der Literatur: Erdmann 1966, S. 134; Mills 1983 Pl. 19, 27.

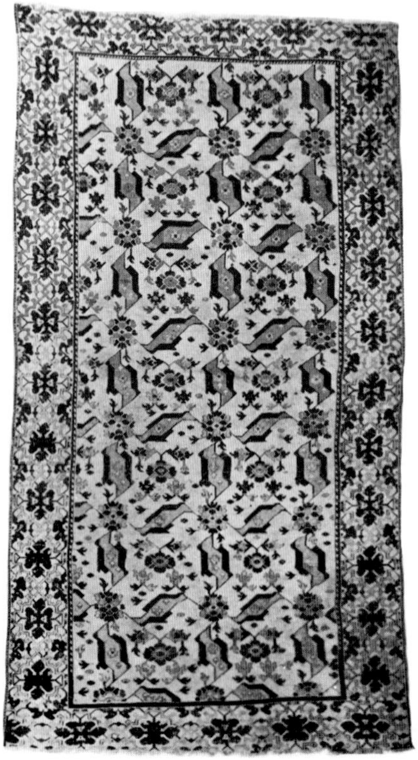

3/4
Knüpfteppich

Westanatolien, Uşak-Gebiet
Ende 16. oder Anfang 17. Jh.
H 289 cm, B 156 cm
Material: Wolle
Technik: Symmetrischer Knoten

Wher-Collection

Der Name „Vogel-Teppich“ für diese Gruppe basiert auf einem Mißverständnis des Musters, in das man Vögel mit spitzen Schnäbeln hineinsah. – Auf elfenbeinfarbenem Grund liegen im Feld versetzt gereihte Rosetten mit verschiedenfarbigen Blättern. Die größeren Rosetten bilden ein Quadratnetz. Aus ihnen wachsen jeweils vier schmale, wirbelartig angeordnete Blätter, die den Wirbelblättern der benachbarten Rosetten gegenüber liegen. Der Grund zwischen den Blättern ist in anderer Farbe geknüpft und bildet so für den oberflächlichen Betrachter einen Vogel. Typisch für die hellgrundigen Teppiche ist die einheitliche Farbe von Feld und Borte. Auf ihr sind mattfarbige Kartuschen gereiht, die von einer doppelläufigen Ranke mit kleinen, knorpeligen Blätter, überlagert werden.

Literatur: London 1983, No. 44, S. 76, farbig S. 37.
Vergleiche in der Literatur: Erdmann 1966, Abb. 10.

3/5
Knüpfteppich
Westanatolien, Uşak-Gebiet
um 1600
H 140 cm, B 67 cm
Material: Wolle
Technik: Symmetrischer Knoten

Frankfurt, Museum für Kunsthandwerk Inv. Nr. 164

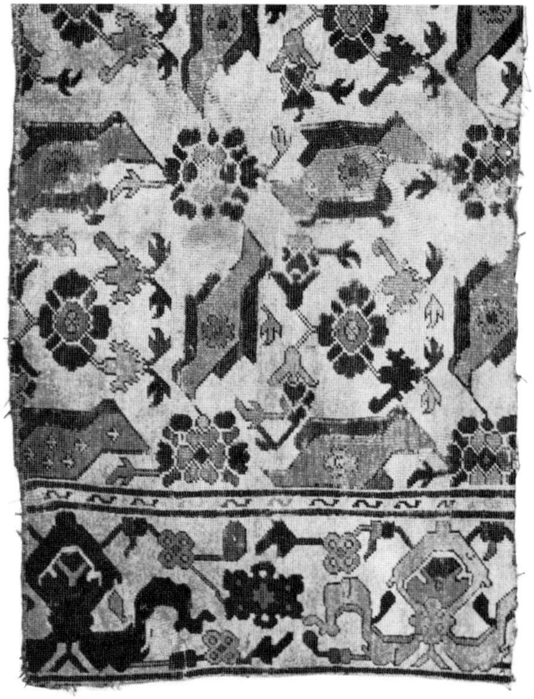

Fragment eines sogenannten Vogelteppichs der gleichen Gattung wie Teppich Kat. Nr. 3/4. Nur die Borte mit dem dunkelblauen und elfenbeinfarbenen Wolkenband unterscheidet sich wesentlich davon.
Die Wolkenbänder, die hier auf einer dünnen Wellenranke mit Blättchen und verschiedenen Rosetten liegen, sind in dieser bewegten und vollen Form typisch für Teppiche aus Westanatolien, wie einige frühosmanische Stücke im Türk ve Eserleri Müzesi Islam in Istanbul zeigen. Die Wolkenbänder sind ein Erbe der chinesischen Kunst. Sie haben ihren Weg über Exportporzellane und Stoffe in den Vorderen Orient gefunden.

Literatur: Erdmann 1966, S. 64
Vergleiche in der Literatur: Aslanapa 1960, Pl. IX; Halı 6/2, S. 162 Abb. 17; Erdmann 1966, Abb. 46, 57.

3/6
Knüpfteppich
Kairo
16. Jh.
H 198 cm, B 133 cm
Material: Wolle
Technik: Asymmetrischer Knoten

Düsseldorf, Kunstmuseum Inv. Nr. 15 150

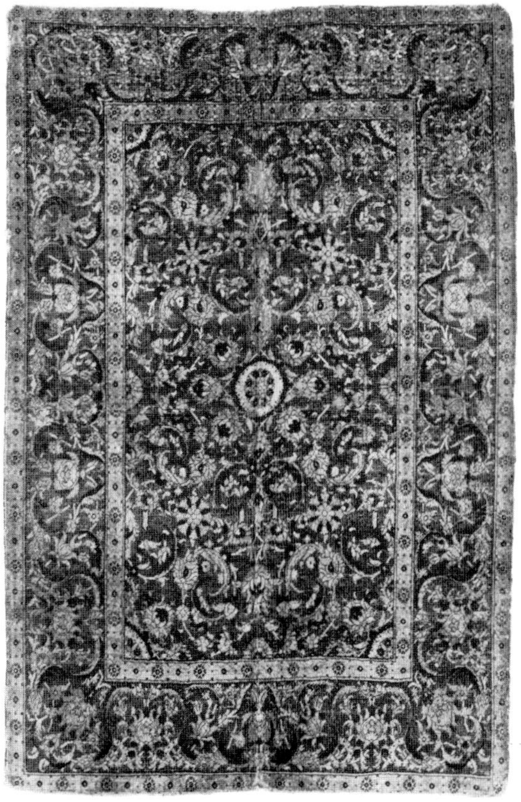

„Die Mitte des roten Innenfeldes nimmt eine von acht radial gestellten Palmettenblüten umgebene Rosette ein. Viertel solcher Rosetten mit je einer ganzen und zwei von der Borte halbierten radialen Palmettblüten erscheinen in den Ecken. Die Musterung des Grundes ist symmetrisch angelegt. In jedem Feldviertel erscheint eine große S-förmig geschwungene gelbe Ranke, die sich spiralig einrollt und zwei kleinere Nebenranken aussendet. Alle Ranken enden in gefiederten Lanzettblättern und sind mit Palmetten- und Rosettenblüten belegt. Eine größere Rosettenblüte mit blauen Strahlen auf gelbem Grund bezeichnet den Wendepunkt des S-Schwunges der Hauptranke. Die Borte hat im Hauptstreifen Palmettenblüten mit Lanzettblättern von gleicher Größe und Zeichnung wie im Feld."
So lautet die präzise Beschreibung von Kurt Erdmann im Hamburger Katalog.
(vgl. Kat. Nr. 3/8 und das Musterschema S. 198)

Literatur: Erdmann 1950, S. 22, Nr. 8; ders. 1955, Abb. 128

3/7

Knüpfteppich

FARBTAFEL S. 178

Kairo
Osmanische Hofmanufaktur
16. Jh.
H 200 cm, B 135 cm
Material: Wolle
Technik: Asymmetrischer Knoten

Frankfurt, Museum für Kunsthandwerk Inv. Nr. St. 136

Der relativ kleine, gut erhaltene Osmanen-Teppich gehört zu der frühen einfachen Gruppe, die in den Werkstätten Kairos gefertigt wurde. Feld- und Bortenmuster unterscheiden sich wenig. Auf dunkelrotem Grund liegen in zwei Grün- und zwei Blautönen, in Elfenbeinweiß von verschiedenen Tönungen, in Rot und Gelb, versetzt gereihte S-Rankensysteme, die vor allem aus gefiederten Lanzettblättern, Kompositblüten im Profil und Rosettblumen gebildet werden. Eng verwandt ist Kat. Nr. 3/6

Literatur: Erdmann 1966, S. 64, Abb. 64
Vergleiche in der Literatur: Erdmann 1955, S. 47 ff.

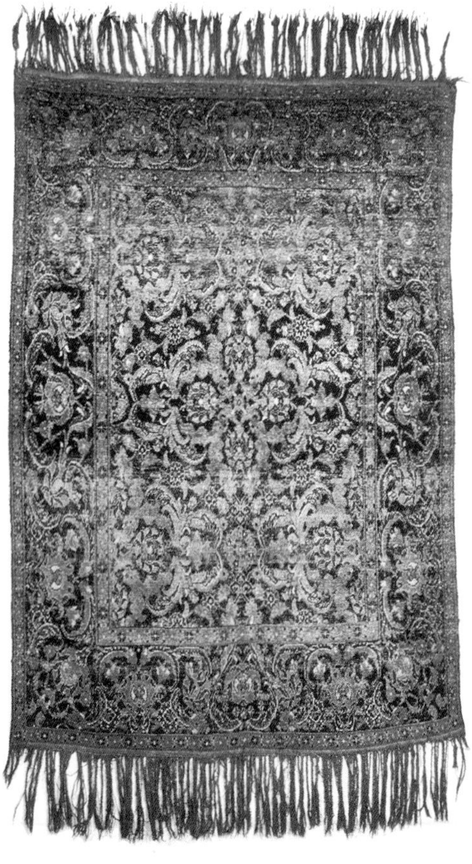

3/8

Knüpfteppich

Istanbul oder Bursa
Osmanische Hofmanufaktur · 2. Hälfte 16. Jh.
H 181 cm, B 127 cm · Material: Kette und Schuß-Seide, Knoten: Wolle, etwas Baumwolle

Wien, Österreichisches Museum für angewandte Kunst
Inv. Nr. T 8327

Der sanft geschwungene, hufeisenförmige eingezogene helle Nischenbogen des Gebetsteppichs steht vor einem weinroten Feld, das mit einem fantastisch angeordneten Blumengebinde aus Lanzettblättern und Blütenrispen, Rosetten, Kompositblüten, Knospen und päoniengleichen Profilblüten gefüllt ist. In den beiden unteren Ecken liegen runde Viertelmedaillons, in den oberen erkennt man Reste von je einem ovalen Medaillon mit Anhänger. Im hellblaugrundigen Hauptstreifen der Borte ist der Blütenreichtum des Feldes durch Nelken, Tulpen, Hyazinthen und Schirmblüten erweitert. Sie sind den großen, wechselnd stehenden und hängenden Stauden zugeordnet. Die bewundernswerten Ecklösungen beweisen, daß die Knüpfer nach genauen Vorlagen gearbeitet haben müssen.

Literatur: Wien 1977, Nr. 5 S. 42 farbig; Erdmann 1955 Tf. VII.

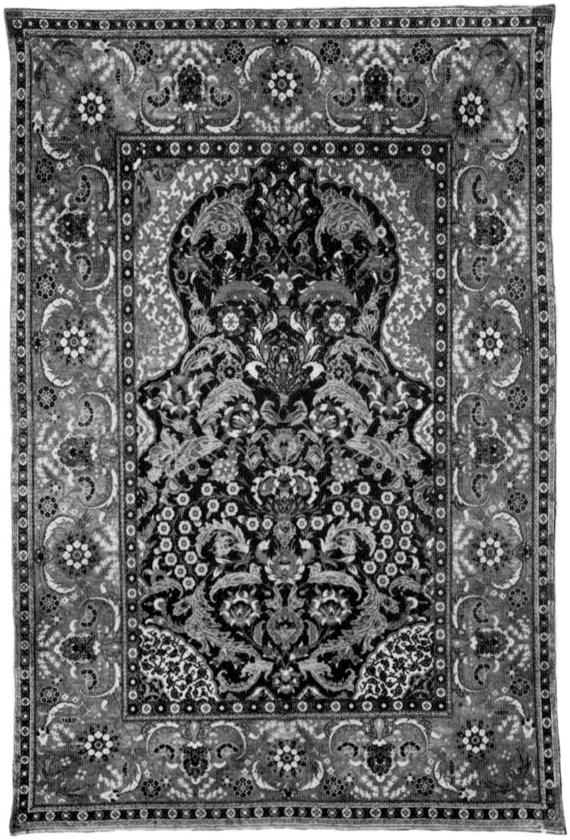

3/9
Knüpfteppich

Kairo
Osmanische Hofmanufaktur · 2. Hälfte 16. Jh.
H 270 cm, B 165 cm
Material: Kette: feine Baumwolle, Schuß und Knoten: Wolle · Technik: asymmetrischer Knoten

Paris – Musée des Arts Décoratifs Inv. Nr. A 7861

Innerhalb der farblich sehr homogenen Gruppe der Osmanen-Teppiche gibt es beachtliche Unterschiede der Musterrapporte (vgl. Kat. Nr. 3/6–8) Dieser Teppich und der Wiener Gebetsteppich haben das gleiche Feld aus Blütengebinden, die hier spiegelbildlich gereiht sind, mit oben und unten einer ganzen Staude in der Mitte, und je einer halben Staude seitlich. Im Gebetsteppich ist das Muster auf eine einzelne Staude in der Nische beschränkt. Zusätzlich ist der Musterrapport durch eine Medaillongliederung bereichert, deren mittlerer Stern an Mamlukisches erinnert. Die Tulpen, Lilien und Nelken, die im Kreis um den mittleren Stern stehen, gehören zu dem Besten, was in den höfisch osmanischen Werkstätten geknüpft wurde. Die gleichen Blütenstaudenrapporte trägt ein Teppich im Victoria und Albert Museum in London, aber ohne Medaillongliederung. Die fast kupferrote Borte unterscheidet sich in den Farben stark, im Muster kaum vom Wiener Gebetsteppich.

Literatur: Erdmann 1955, Abb. 137, S. 47 ff.

3/10
Fragment eines Knüpfteppichs

Istanbul oder Bursa
um 1600
H 105 cm, B 142 cm
Material: Kette und Schuß: Seide, Knoten: Wolle, Weiß ist Baumwolle.
Technik: Asymmetrischer Knoten

Hannover – Kestner-Museum Inv. Nr. 5486

Fragment von der linken Seite eines großen Teppichs, das vor 1899 in Istanbul durch den Hannoverschen Kunstgewerbeverein erworben wurde, gedacht als Anschauungsmaterial zur Schulung zeitgenössischer Handwerker. In der karminroten Borte wechseln Wolkenbänder mit Arabeskblättern, die sich zu einer dunkelblauen Kartusche zusammenschließen. Eine Ranke mit stehenden Blüten bestimmt den Rhythmus. Im ebenfalls rotgrundigen Feld wechseln grüne Kartuschen – eine ist nur knapp zur Hälfte erhalten – mit blütenförmigen Medaillons – von denen etwas mehr als ein Viertel sichtbar ist. Das auf seidenem Grundgewebe sehr fein geknüpfte Fragment (ein qdm = 3120 Knoten) gehört stilistisch und technisch in die Blütezeit der Manufaktur. In Wien befindet sich ein gleichgemustertes Fragment von 436 zu 250 cm.

Literatur: Hannover 1966, Nr. 2; Erdmann 1966 S. 193 f.
Vergleiche in der Literatur: Sarre-Trenkwald I Tf. 58.

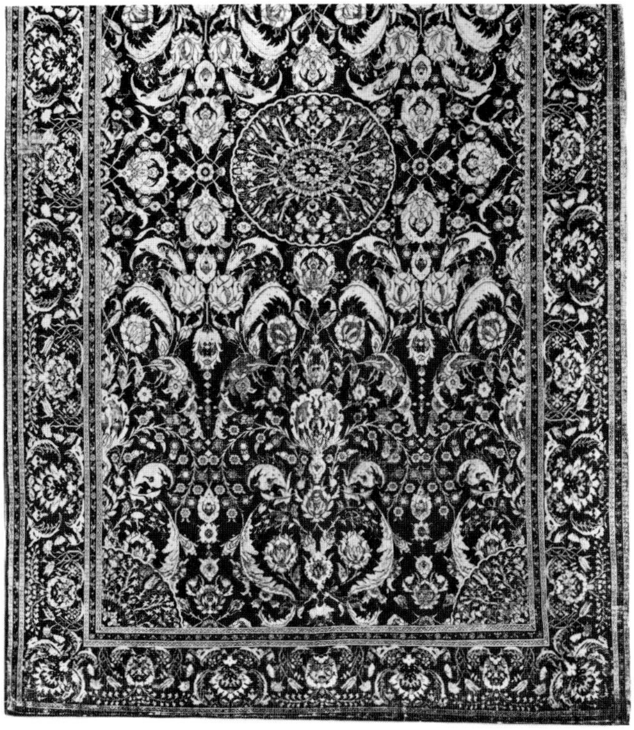

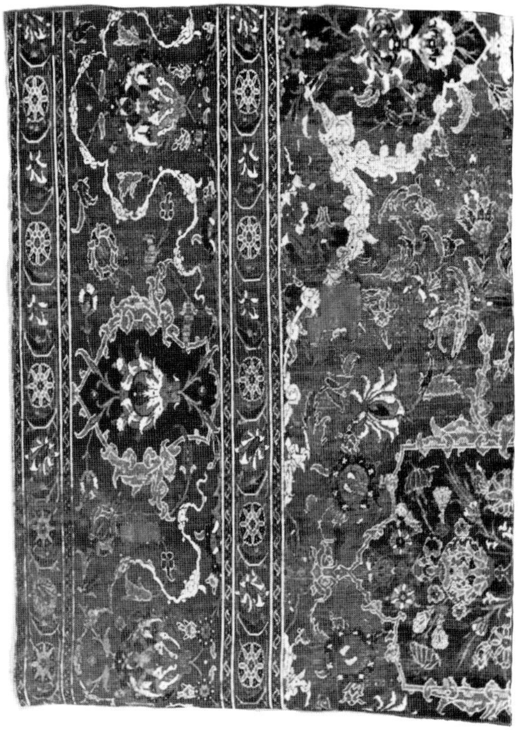

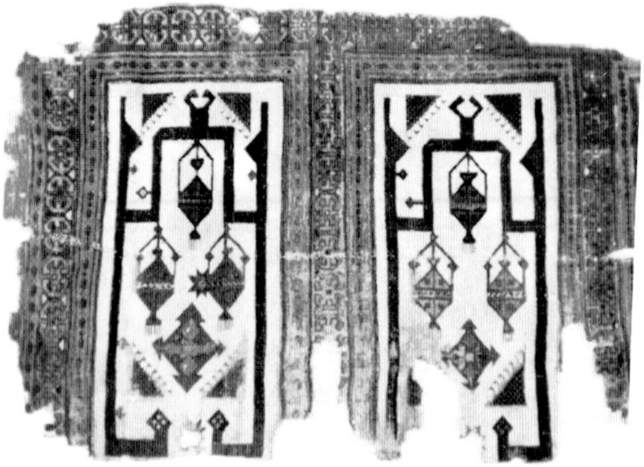

3/11

Knüpfteppich/Reihengebetsteppich

Westkleinasien aus der Şeyh-Baba Yusuf Moschee in Sivrihisar
um 1500
H 126 cm, B 424 cm
Material: Wolle
Technik: Symmetrischer Knoten

Istanbul, Türk ve Islam Eserleri Müzesi 720

Von dem fragmentarischen Reihengebetsteppich sind fünf weißgrundige Nischenfelder erhalten, die den Platz für je einen Beter begrenzen. Als Hauptmotiv hängen in jeder der stark stilisierten, durch grüne, hell- und dunkelblaue Bänder markierten Nischen drei Ampeln, die an die Lichtsure im Koran denken lassen, in der es heißt, daß das Wort Gottes wie das Licht einer brennenden Lampe ist. Ein kleines rhombenartiges Medaillon und vier hakenbesetzte Eckzwickel sind Rudimente des Teppichmusters. Ähnlich wie bei dem Uşak-Gebetsteppich vom „Bellini-Typus" (Kat. Nr. 3/14) ist die Bodenlinie der Nische offen und als Eingang gedacht. Auf dem Hauptstreifen der Borte liegen gereihte Oktogone, die an zentralasiatische Vorbilder erinnern.

Literatur: Darmstadt 1965, S. 83, Nr. 7; Erdmann 1977, Taf. III.

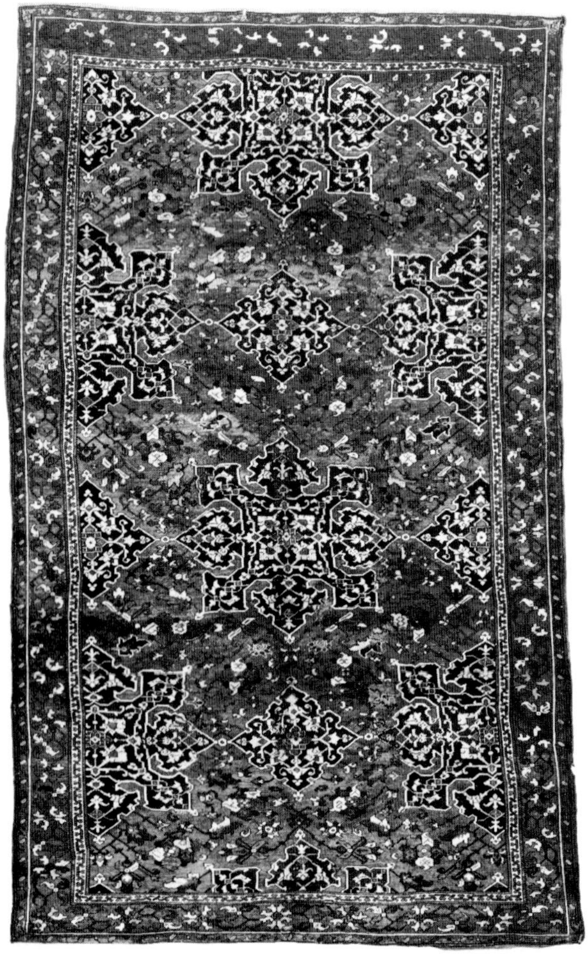

3/12

Knüpfteppich

Westanatolien, Uşak-Gebiet
1. Hälfte 17. Jh.
H 305 cm, B 185 cm
Material: Wolle
Technik: Symmetrischer Knoten

Köln, Kunstgewerbemuseum Inv. Nr. 1046

Bis vor kurzem nahm man Uşak als Produktionszentrum dieser Gattung an. Diese und die großen sternförmigen Medaillons gaben den Teppichen den Namen Stern-Uşak. Die meist rotgrundigen Teppiche mit den versetzt gereihten, sternförmigen Medaillons und den kleineren Rhomben gehören zu einer der großen Teppichgruppen, die in den Werkstätten des Uşak-Gebietes zwischen dem 16. und 18. Jh. geknüpft worden sind. Der Ausschnitt aus dem Musterrapport gibt einen Stern und zwei Rhomben ganz, sechs weitere Sterne und fünf Rhomben von der Borte überschnitten wieder. Der breite, ebenfalls rotgrundige Hauptstreifen der Borte trägt eine Wellenranke mit Blättern und Rosetten, deren Mitte ein Hakenkreuz, bzw. einen Mäander bildet.

Literatur: Hamburg 1950, Nr. 33; Erdmann 1966 Abb. 65
Vergleiche in der Literatur: Dimand 1973, S. 187 ff.

3/13
Knüpfteppich
Westkleinasien, Gebiet von Uşak · um 1600
H 425 cm, B 263 cm
Material: Wolle · Technik: Symmetrischer Knoten

Wien, Österreichisches Museum für angewandte Kunst, T 8343

Die Gruppe dieser Teppiche wird nach ihrem Muster und Entstehungszeitraum Medaillon-Uşak-Teppiche genannt. Es ist eine umfangreiche Gruppe, die sich nicht nur im Orient sondern auch in Europa großer Beliebtheit erfreute. Die Medaillongliederung ist eine persische Erfindung, die auf türkischem Boden in einen fortlaufenden Musterrapport umgesetzt worden ist. Die von den Stern-Uşaks bekannten Mustereinheiten wechseln bei diesem Teppichmuster mit großen, oft gedrungenen Spitzovalen, die ähnlich wie bei den Stern-Uşaks (Nr. 3/12) an den Spitzen schildförmige Anhänger tragen. Auf dem Wiener Teppich wird die Mitte von einem großen Medaillon eingenommen. An den beiden Schmalseiten sind die Anhänger der im Rapport folgenden Medaillons wiedergegeben. Die Kontur des Mittelmedaillons wird von einem Fries stark stilisierter stehender Palmetten und Knospen gebildet, die fast identisch mit den recht beliebten Abschlußbordüren von osmanischen Fliesenverkleidungen ist. Die Hauptproduktion dieser Teppichgruppe beginnt am Anfang des 16. Jh. und endet mit dem 17. Jh. Die Muster sind von einer satten Farbigkeit von leuchtenden Blau- und Rottönen, ergänzt durch Gelb, Grün und Weiß.

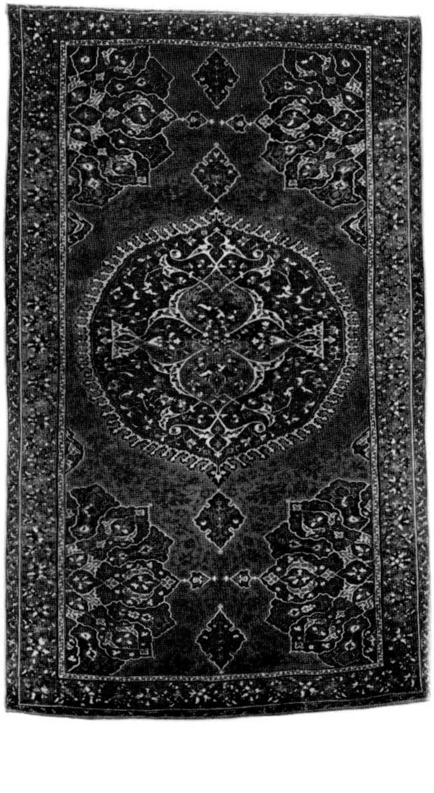

3/14
Knüpfteppich
Westanatolien, Uşak-Gebiet
um 1600
H 167 cm, B 123 cm
Material: Wolle
Technik: Symmetrischer Knoten

Wher-Collection

Rotgrundiger Nischenteppich vom „Bellini-Typus“, wahrscheinlich ein Gebetsteppich. Ein ähnliches Stück besitzt das Museum für Islamische Kunst in West-Berlin. Das kleine Mittelmedaillon erinnert an Formen der Holbein- und Lotto-Teppiche. Die Verteilung der Füllornamente im sonst leeren Feld entspricht der Benutzung des Teppichs beim Gebet: zwei hakenbesetzte Stäbe unten für die Position der Füße, zwei kleine sterngefüllte Oktogone für die Hände, ein Stab, dort wo der Beter mit der Stirn den Boden berührt. Den vielen Deutungen der Schlaufe am unteren Nischenrand als Wasserbecken, Berg, Eingang, Schlüsselloch könnte man hinzufügen: Mihrab im Mihrab – ein häufiges Motiv bei Gebetsnischen – oder erstarrtes Wolkenband, abgeleitet von dem bekannten Ostberliner Gebets-Uşak. Die Borte ist mit Kufi-Bordüren verwandt (vgl. Kat. Nr. 3/20).

Literatur: Eskenazi 1977 Tav. 6; London 1983 No. 16; Brüggemann, Böhmer 1980 S. 126 Nr. 1
Vergleiche in der Literatur: Erdmann 1966 S. 16 Abb. 15.

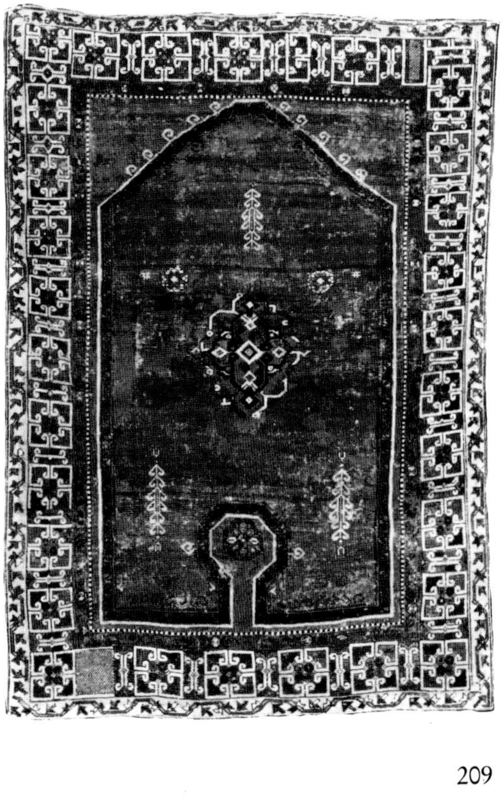

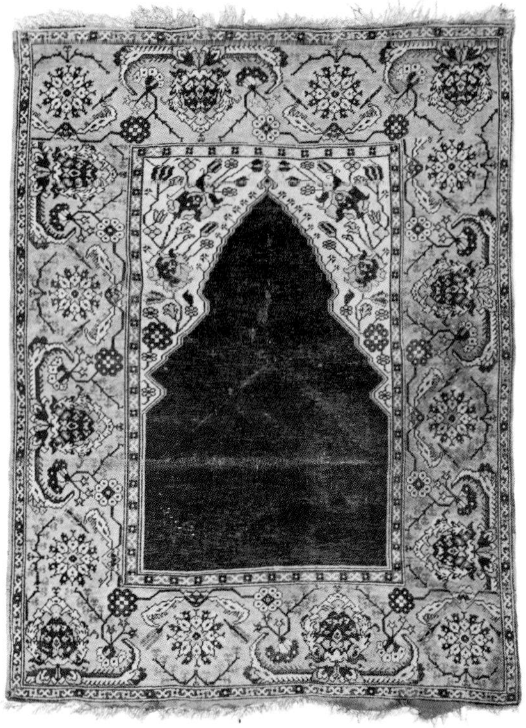

3/15

Knüpfteppich

FARBTAFEL Bd. I, S. 108

Anatolien
17. Jh.
H 162 cm, B 125 cm
Material: Wolle
Technik: Symmetrischer Knoten

Privatbesitz

Unter der ungenauen Bezeichnung „Siebenbürger“ versteht man verschiedene Gattungen kleiner anatolischer Teppiche aus der Zeit zwischen dem 16./17. und 18. Jh., die hauptsächlich aus kirchlichem Besitz in Siebenbürgen stammen. Die Teppiche sind alle kleinformatig wie dieser Gebetsteppich mit der leeren, rotgrundigen Nische und den hellen Zwickeln mit den etwas lappigen Blütenstauden. Die breite, gelbgrundige Borte steht noch ganz in der Tradition der Osmanen-Teppiche (vgl. Kat. Nr. 3/6–9). Palmettenblüten und Rosetten an dünnen roten Ranken wechseln miteinander ab. Hyazinthen, Nelken, Profilblüten und die großen Lanzettblätter sind trotz der Vergröberung und Vereinfachung als Nachfolger der Osmanen-Teppiche zu erkennen.

Literatur: Wien 1983 Nr. 9
Vergleiche in der Literatur: Schmutzler 1932, Spuhler, König, Volkmann 1978, S. 56 f.

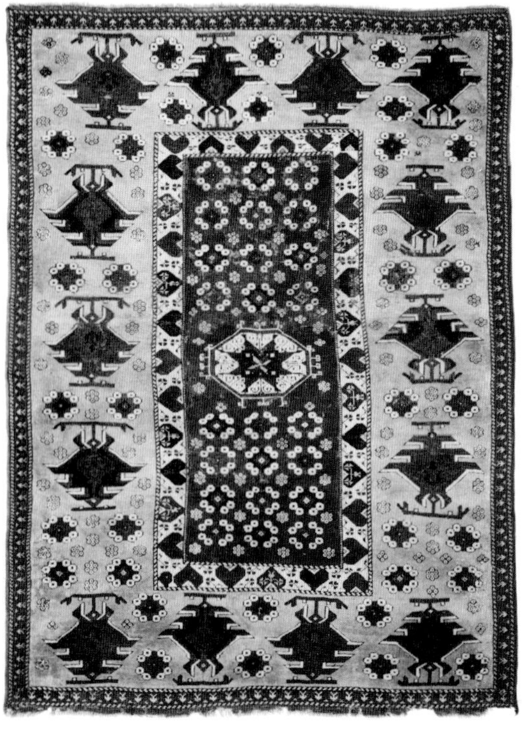

3/16

Knüpfteppich

Westanatolien
18. Jh.
H 218 cm, B 163 cm
Material: Wolle
Technik: Symmetrischer Knoten

Privatbesitz

Im schmalen ziegelroten Feld liegt ein oktogonales Mittelmedaillon, dessen „Vorfahren leicht bis zu den großteiligen Holbein-Teppichen (vgl. dazu Erdmann 1955, Abb. 36, 38 und 41) zurückzuverfolgen sind, ebenso die breiten Rosettformen, insbesondere, wenn man an die erwähnte Abb. 36 denkt“[1]. Im Hauptstreifen der ungewöhnlich breiten Borte stehen stark stilisierte Palmettblüten auf leuchtend gelbem Grund, getrennt durch die gleichen Rosetten wie im Feld. Die fortlaufende Ranke, an der die Palmettblüten gewöhnlich wachsen, ist zu einer kurzen, geraden Standlinie zurückgeschmolzen. Die Farben sind auf Rot, Gelb und zwei Blautöne beschränkt, dazu etwas Elfenbein und Weiß, was für eine Lokalisierung in die Melas-Gegend spricht. Das Oktogon und die Rosetten sind dagegen in Bergama zu Hause.

Literatur[1]: Spuhler, König, Volkmann 1978, S. 70, Nr. 21; Brüggemann 1982, S. 2055–59.
Vergleiche in der Literatur: McMullan 1965, S. 332, Nr. 114; s. Brüggemann 1982.

3/17
Knüpfteppich

Westanatolien
um 1700
H 145 cm, B 125 cm
Material: Wolle
Technik: Symmetrischer Knoten

Wien, Österreichisches Museum für angewandte Kunst
Inv. Nr. T Or 361

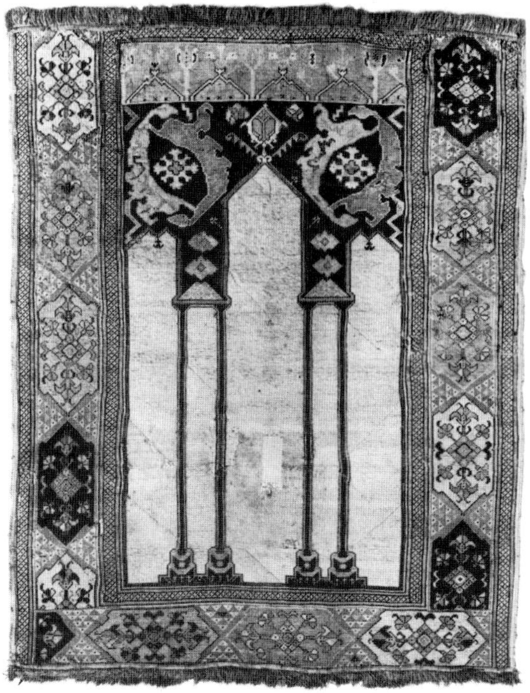

Die Nische dieses kleinen Teppichs ist bildhaft wie eine Arkatur gestaltet. Zwei Säulenpaare tragen den überhöhten mittleren Bogen und die seitlichen schmalen Bögen, was dieser Gruppe, zusammen mit der Lokalisierung, den Namen „Kolonnen-Ladik" eingebracht hat. Im breiten Bogenfeld kreuzen sich schwere Arabeskblätter. Das Paneel darüber trägt einen Zinnenkranz mit stehenden Blumen in den Zwischenräumen, ähnlich bei gleichzeitigen Fliesen. Die Borte, deren obere Schmalseite fehlt, besteht aus gereihten, verschiedenfarbigen, floral gefüllten Kartuschen, wobei die Nelkenblüten an Osmanen-Teppichmotive erinnern. Die Entstehung dieser Teppichgruppe in Ladik wird zu recht bezweifelt, eine Lokalisierung nach Südosteuropa wegen der Ähnlichkeit mit den „Siebenbürgern" vorgeschlagen und eine städtische Manufaktur in Westanatolien angenommen.

Literatur: Wien 1977, Nr. 13, Abb. S. 60.
Vergleiche in der Literatur: Spuhler, König Volkmann 1978, S. 58 Nr. 15; Erdmann 1955 Abb. 160; McMullan 1965 Nr. 90.

3/18
Fragment eines Kelims

wahrscheinlich Kairo
17. Jh.
H 300 cm, B 221 cm
Material: Wolle

Hannover, Kestner-Museum Inv. Nr. 5424

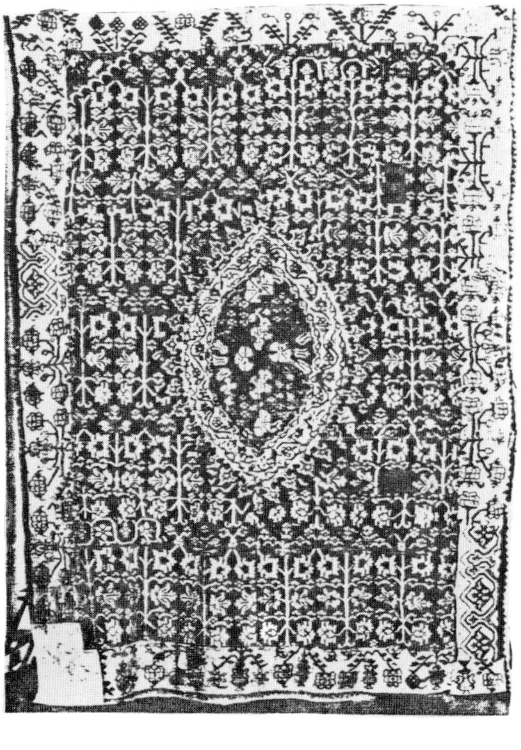

Aus vielen Fragmenten zusammengesetzter, ehemals recht großer Kelim. Die zwei verschiedenen Bortenfragmente bestehen aus einem Streifen mit kleinen Blütenstauden und einem zweiten ebenso breiten mit großen Zinnen, die Palmettblüten einschließen (ähnlich auf Iznik-Fliesen des 16.–17. Jh, vgl. Kat. Nr. 2/71, 78). Alle Fragmente sind an das gestückelte, dunkelblaugrundige Innenfeld angeheftet, das mit gereihten Stauden gemustert ist. Auch das kirschrote Mittelmedaillon ist geschnitten und unvollständig, es trägt Nelken, Tulpen und Hyazinthen ähnlich den Osmanen-Teppichen. Entgegen meiner früheren Ansicht wird jetzt eine Datierung in das 17. Jh. vorgeschlagen. Balpinar lokalisiert den Kelim, zusammen mit Stücken aus Divriği, neuerdings mit guten Gründen nach Kairo.

Literatur: Hannover 1966 Nr. 28 S. 37; Petsopoulos 1979 S. 54; Balpinar 1983 S. 17 ff; dgl. 1982, T. 112–117.

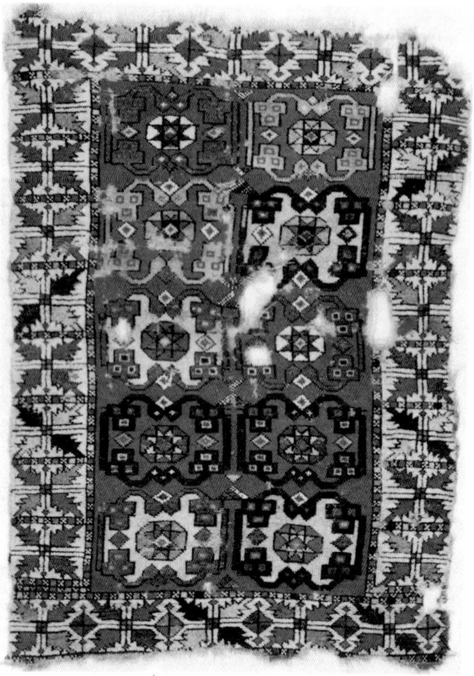

3/19

Knüpfteppich

Zentralanatolien, Konya-Gebiet
19. Jh.
H 235 cm, B 131 cm
Material: Wolle
Technik: Symmetrischer Knoten

Privatbesitz

Im rotgrundigen Feld liegen zwei mal vier Flechtbandmedaillons, die ihre Herkunft von den kleinteiligen Holbein-Teppichen nicht leugnen können (vgl. Kat. Nr. 3/1). Die Zeichnung der Oktogone ist allerdings grob, Konturenverknotung, Farbwechsel und Füllung gleichen den frühen Holbein-Teppichen, die großen Zwischenfiguren sind dagegen weggefallen. Die Rosetten, die wie eine Rautung über dem alten Holbein-Muster liegen, sind hier zu einer Blümchenreihe reduziert. Der Hauptstreifen der Borte hat dicht gereihte Oktogone, der äußere Begleitstreifen Rosetten auf weißem Grund.

Literatur: Wien 1983 S. 132 Nr. 41
Vergleiche in der Literatur: Brüggemann, Böhmer 1980, Nr. 58.

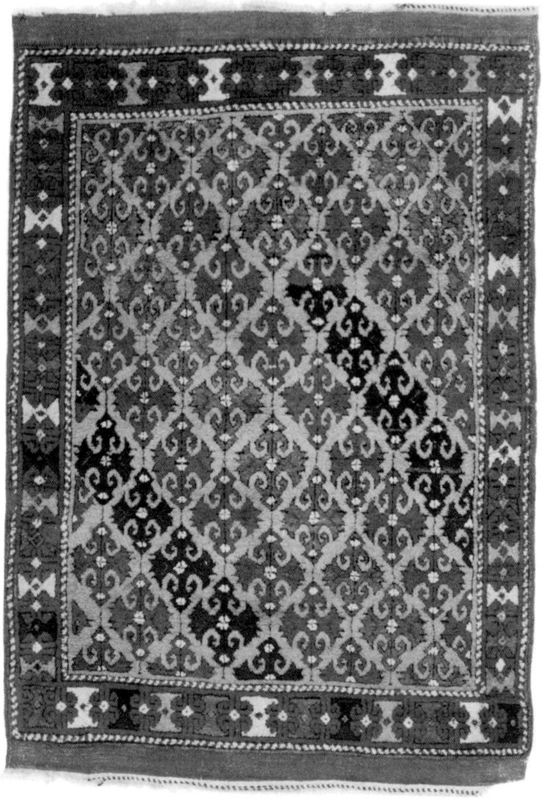

3/20

Knüpfteppich

Zentralanatolien · 19. Jh. · H 160 cm, B 115 cm
Material: Wolle · Technik: Symmetrische Knüpfung

Privatbesitz

Dem Muster des gelbgrundigen Feldes liegt eine kleinteilige Quadrierung zugrunde, die durch zarte senkrechte Linien angedeutet ist. Auf ihr sind in versetzter Reihenfolge rote, blaue und grüne „Lilienkreuze" so auf dem Feld angeordnet, daß sie farbige Diagonalen bilden. Das einfach anmutende Blütenmotiv, das auch auf Flachgeweben vorkommt, kann ebensowohl, wie Brüggemann schreibt von dem zentralasiatischen Sonnenvogel-Symbol hergeleitet werden, wie von dem bei den Yürüken als *eli belinde* mit den Händen in der Hüfte bezeichneten Motiv, und es kann ähnlich wie das Bortenmuster auf eine lange Vergangenheit zurück blicken. Die verschiedenfarbigen stehenden Haken in der gelbgrundigen Borte sind „eine grobe Vereinfachung der sog. Kufi-Bordüre der kleinteiligen Holbein-Teppiche".

Literatur: Brüggemann, Böhmer 1980, S. 60 ff, S. 127 Nr. 1.
Vergleiche in der Literatur: Erdmann 1966 Abb. 45.

TAFEL XXIII Kaftan eines Prinzen (Kat. Nr. 5/4)

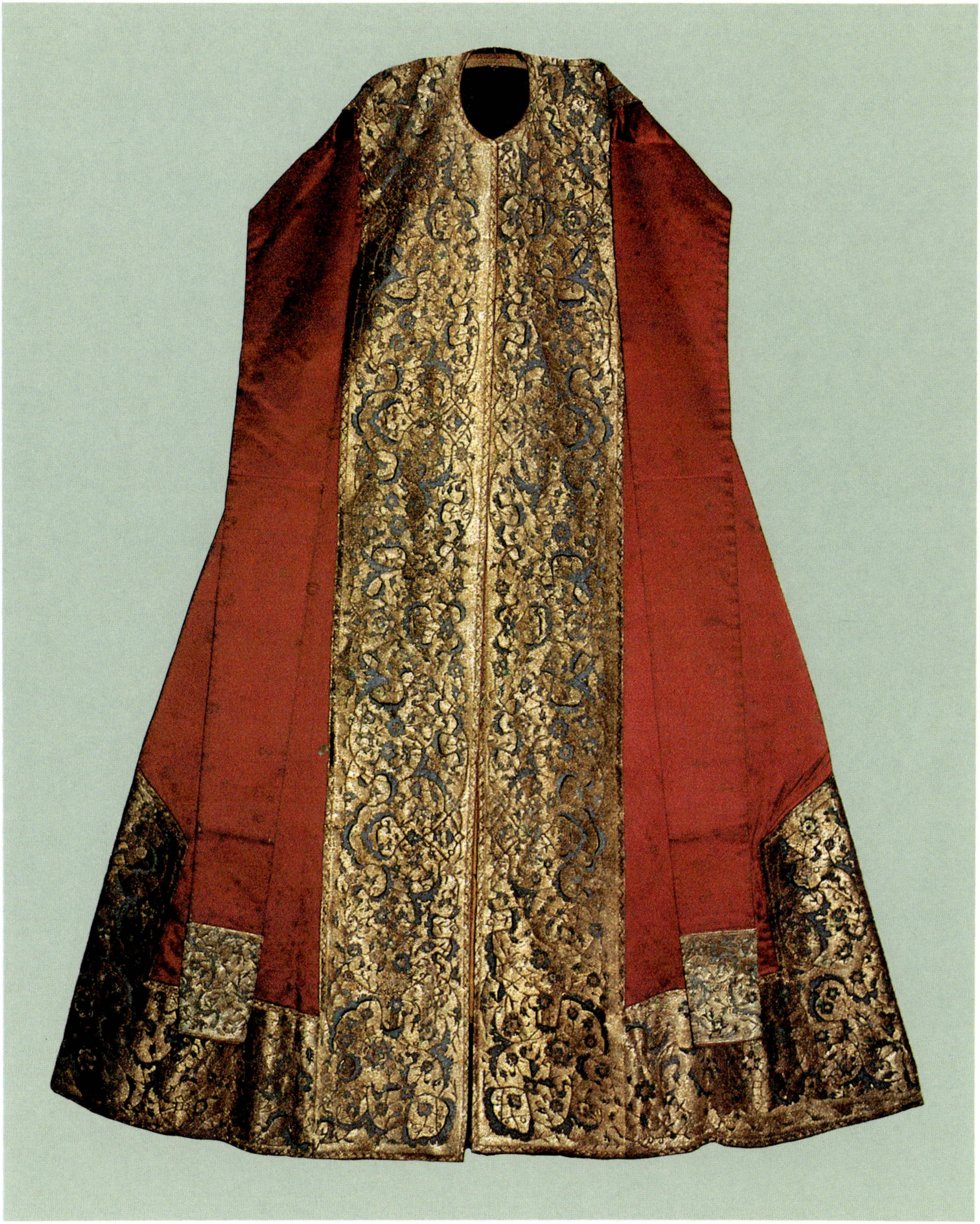

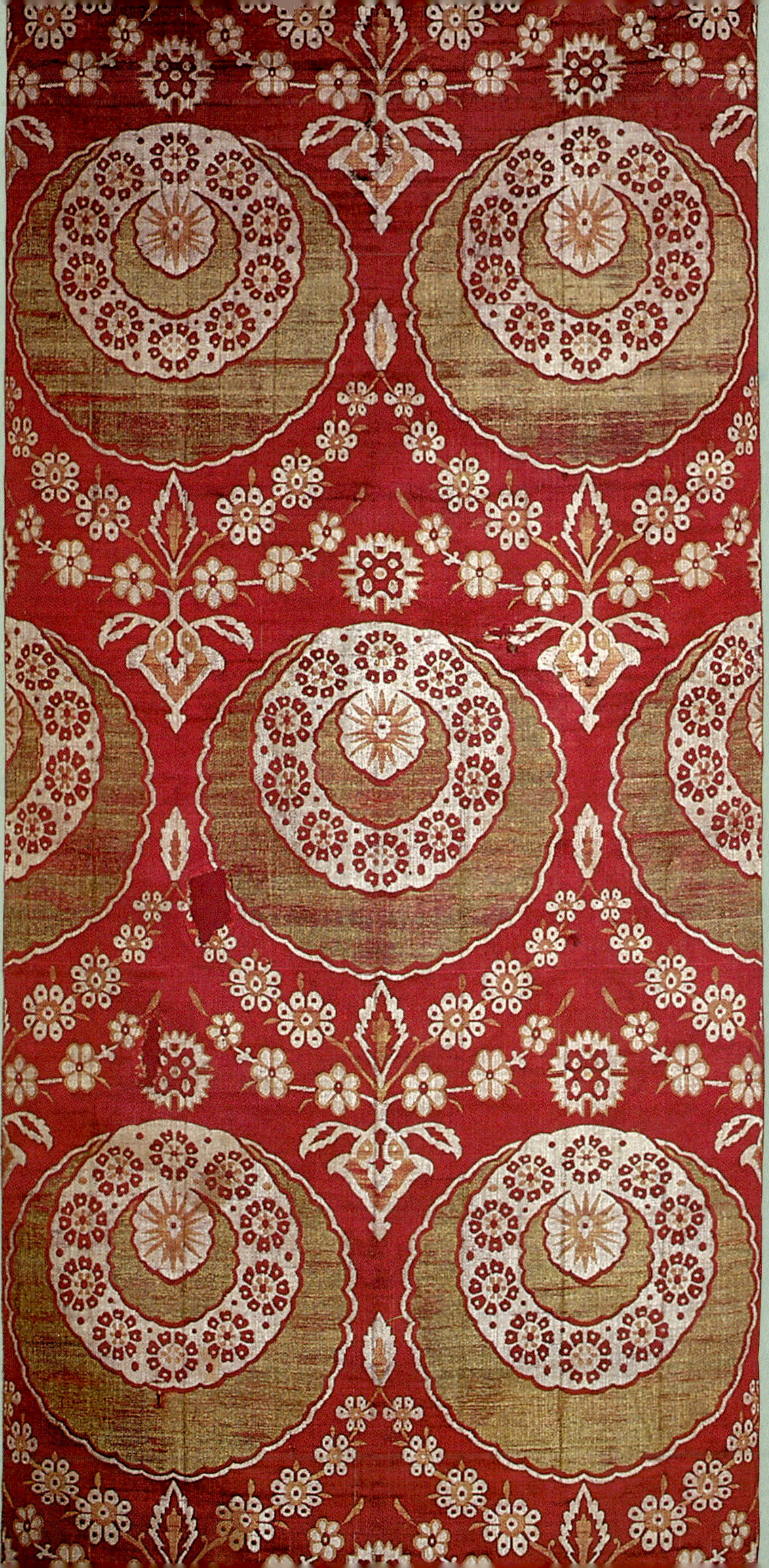

3/21
Knüpfteppich

Westanatolien, Bergama-Gebiet · 19. Jh.
H 172 cm, B 160 cm · Material: Wolle
Technik: Symmetrischer Knoten

Privatbesitz

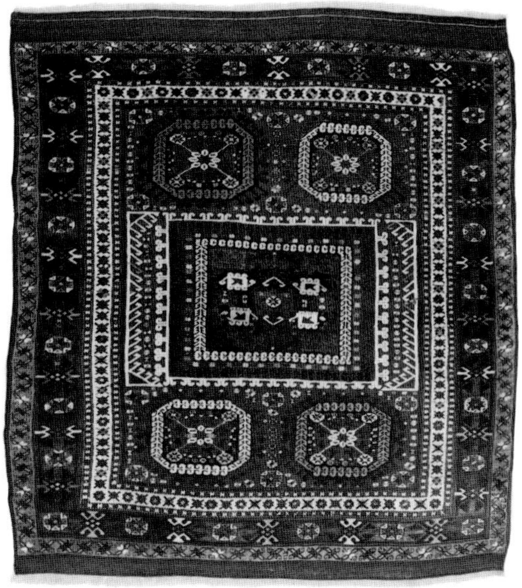

Das Muster des rotgrundigen Feldes bildet ein großes mittleres, hakenbesetztes Rechteck, das an den Schmalseiten des Teppichs von je zwei kleinen oktogonalen Medaillons umgeben ist. Eindeutig geht dieses Muster auf die großteiligen Holbein-Teppiche des 15. und 16. Jh. zurück (Kat. Nr. 3/1), von denen in dieser Ausstellung leider kein Stück gezeigt werden kann. Das Muster ist auf die Teppichfläche begrenzt und für sie entworfen. Es handelt sich nicht um den sonst üblichen unendlichen Rapport, der an beliebigen Stellen von der Borte geschnitten werden kann. Die Borte ist vielstreifig und reich: ein dunkelblauer Hauptstreifen u. a. mit acht-strahligen Sternen in weißgrundigen Oktogonen, die bereits auf einem anatolischen Reihengebetsteppich des 15. Jh. vorkommen, und andere geometrische Motive.

Literatur: Bausback 1975, S. 80, 81; Erdmann 1977, Tf. VIII, Abb. 31, 32.
Vergleiche in der Literatur: Spuhler, König, Volkmann 1978, S. 74, Abb. 2, Erdmann 1955, Abb. 42 Halı 6/2 S. 157 Abb. 5, 6, 9.

3/22
Knüpfteppich

FARBTAFEL S. 160

Anatolien · 19. Jh. · H 205 cm, B 100 cm
Material: Kette, Schuß: Kamelhaar, Knoten: Wolle
Technik: Symmetrischer Knoten

Privatbesitz

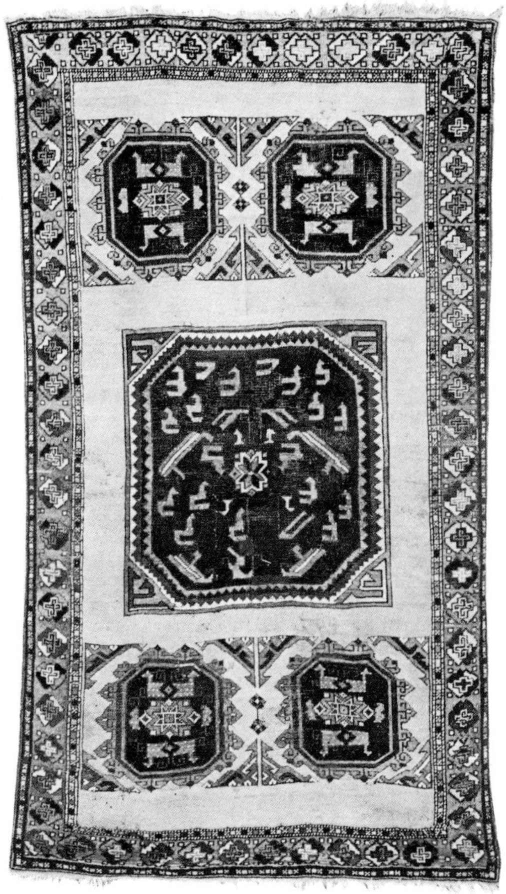

Bei dieser amüsanten Abwandlung des großteiligen Holbein-Musters zeigt sich deutlich die Schwierigkeit der Lokalisierung und Datierung der „späten" Teppiche. Das Stück wurde 1982 (in Hali 4/3 S. 294) als „zentral- oder ostanatolischer Dorfteppich mit Kamelhaargrundgewebe und großgemustertem Holbein-Dessin 16.–18. Jh." vorgestellt, ein Jahr später „westanatolischer Teppich mit Kassettenmuster (Bergama) um 1700" genannt. Die etwas stumpfen Farben, die Verwendung von Kamelhaar, die leeren Flächen zwischen den geometrischen Formen und die Borte mit den gleich schmalen Begleitstreifen außen und innen lassen an eine Entstehung in Ostanatolien denken, das blaugrundige große mittlere Quadrat an die Fischteiche der persischen Gartenteppiche. Eine harmonische Mischung verschiedenster Elemente aus unterschiedlichen Zeiten und Gegenden.

Literatur: Wien 1983, S. 78 Nr. 14; Eskenazi 1982, Tav. 16, S. 37.
Vergleiche in der Literatur: siehe bei Kat. Nr. 3/21.

TAFEL XXIV Seidenstoff mit Halbmonden (Kat. Nr. 5/8)

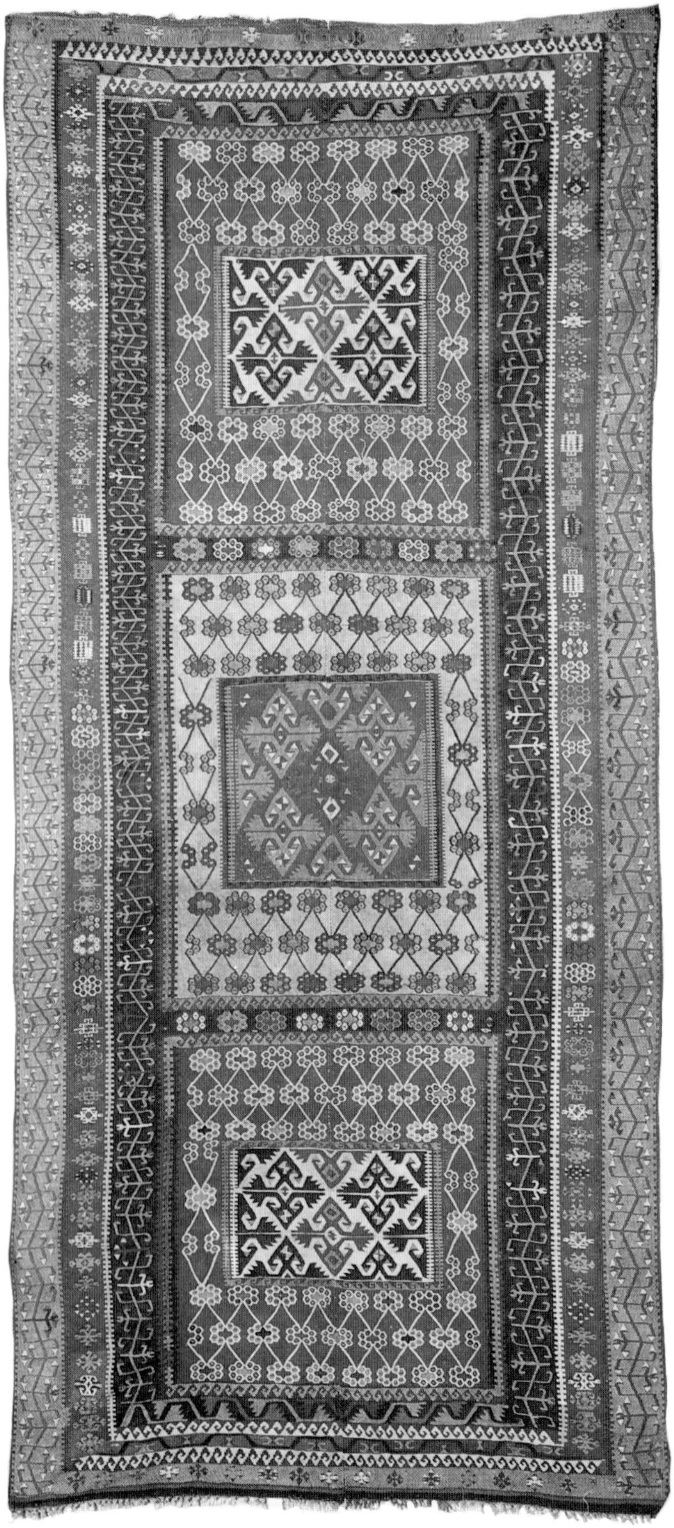

3/23
Kelim
Südostanatolien · 19. Jh.
H 330 cm, B 150 cm
Material: Kette: Wolle, Schuß: Wolle und Baumwolle
Technik: in 2 Teilen gearbeiteter Schlitz-Kelim

Privatbesitz

Wahrscheinlich haben Tscherkessen, die im 19. Jh. von den Osmanen in der Gegend von Antakya angesiedelt wurden, diese Reyhanli genannten Kelims in Heimindustrie für den Markt hergestellt. Die älteren Reyhanlis sind sehr eng und fein gearbeitet, oft auch mit Silber- und Goldfäden durchwirkt und wurden in städtischen Haushalten als Portieren und Vorhänge benutzt. Auf dem langgestreckten, dunkelblaugrundigen Feld liegen drei große Rechtecke, jedes mit einer feingliedrigen, rosettbesetzten Rautung und einem kleineren, einliegenden, mit Palmetten gefüllten Rechteck. Zwei fast gleich breite Bortenstreifen rahmen das Ganze. Das Muster erinnert an die verschachtelten, holzgeschnitzten Muschrabijen, die dem gleichen Zweck dienen.

Literatur: Petsopoulos 1979, S. 175 ff, Abb. 208–10; Vergleiche in der Literatur: Bausback 1982 S. 35. Balpinar 1982 , S. 156, Tf. 51.

3/24
Knüpfteppich
Zentralanatolien
19. Jh.
H 320 cm, B 120 cm
Material: Wolle
Technik: Symmetrischer Knoten

Privatbesitz

Auf safrangelbem Grund sind vier Rechteckfelder mit einliegenden Rauten nach dem Prinzip der großteiligen Quadrierung gereiht. Neben Gelb sind Indigoblau und zwei Töne Krapprot die Hauptfarben; sparsam ist Weiß, Grün, Violett und (nachgeknüpftes) Schwarz verwendet. Alle Konturen, auch die der Füllmotive, sind mit Haken besetzt. Die Borte trägt bizarr erstarrte Z- bzw. S-Ranken. Die Zusatzbordüre oben hat in den zinnenförmigen Feldern Motive, die ihre nächsten Parallelen in den Tamgen der sassanidischen Glyptik haben. „Ursprünglich gehört das Tamga dem nomadischen Bereich an und ist ein Besitzzeichen des Clans, der Sippe, ähnlich wie in der lebenden Heraldik des Mittelalters“[1]. Die Motive in der Zusatzbordüre können so gedeutet werden.

Literatur: Brüggemann, Böhmer 1980, S. 132
Vergleiche in der Literatur:[1] Göbl 1973, Taf. 34, 35, S. 15 f.

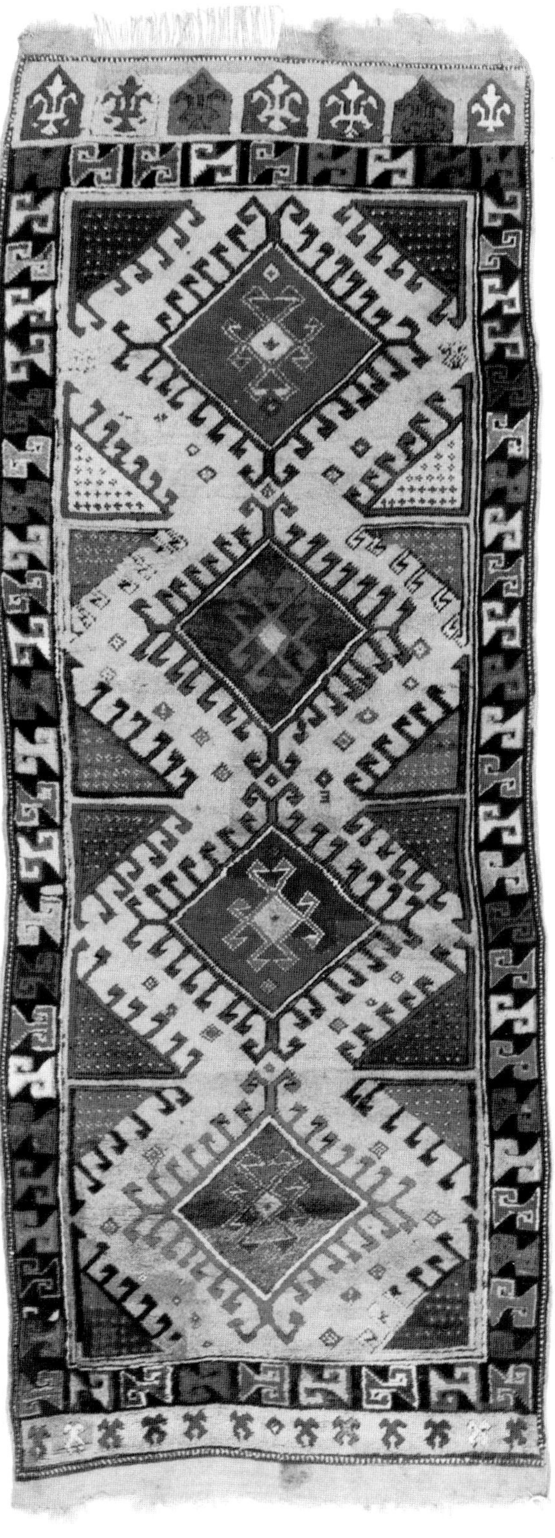

3/25
Knüpfteppich

Westanatolien
19. Jh.
H 185 cm, B 155 cm
Material: Wolle
Technik: Symmetrischer Knoten

Privatbesitz

Ein ungewöhnlich breiter und relativ seltener Teppich mit einem regelmäßigen Ausschnitt aus einem unendlichen Muster von versetzt gereihten Rhomben. Das Musterprinzip ist das der Stern- und Medaillon-Uşaks, die ganzen Rhomben mit den eingeschachtelten Rechtecken, Oktogonen und Kreuzen, die zwei halben und vier Viertel-Rhomben mit ihren einfachen Füllungen, d. h. die Hauptmotive erinnern an die der großteiligen Holbein-Teppiche. In dem gelbgrundigen Hauptstreifen, dem inneren und dem äußeren Begleitstreifen sind kleine kassettenförmige Motive gereiht.

Literatur: Brüggemann, Böhmer 1980, S. 214 f.
Vergleiche in der Literatur: McMullan 1965, Tf. 97.

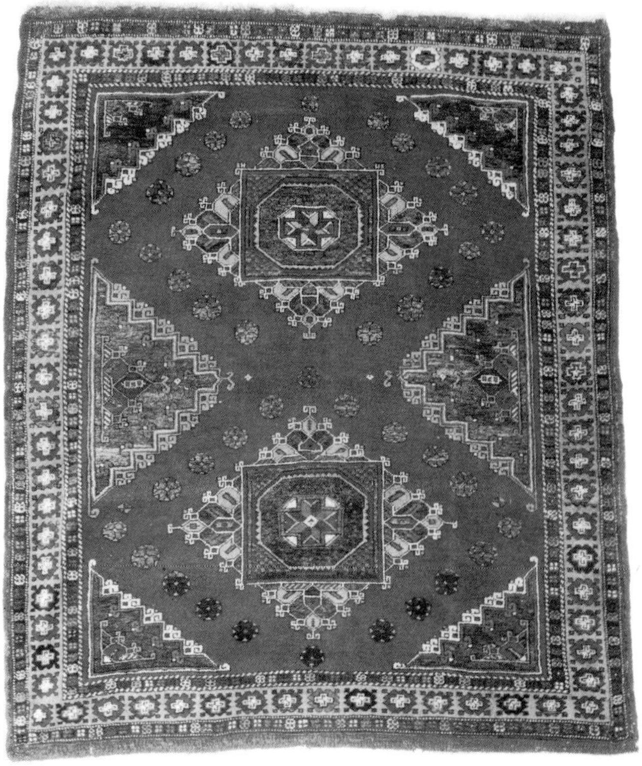

3/26

Knüpfteppich

FARBTAFEL S. 177

Westanatolien, Uşak-Gegend · 17. Jh.
H 281 cm, B 218 cm
Material: Wolle
Technik: Symmetrischer Knoten

Wher Collection

Gut erhaltener Teppich mit Innenfeldmuster aus großen roten Palmetten an einer breiten Zickzackranke, die so gestaltet ist, daß sich ein reziprokes Muster ergibt, d. h. daß der verbleibende schwarze Grund zum gleichen Muster wird. Die Palmetten sind mit blauen, bzw. gelben Arabesken gefüllt, die von Medaillon-Uşaks und Lotto-Teppichen bekannt sind. Dieses Muster tritt bereits in der spätseldschukischen Steinornamentik auf, wie an einem Turm der Gök Medrese in Sivas, von der Riefstahl ein Detail abbildet. Auf dem rotgrundigen Hauptstreifen der Borte läuft eine Arabesk-Ranke mit Profil- und Rosettblüten. Das Teppichmuster ist in osmanischer Zeit selten. Es gibt nur 2 Parallelstücke zu diesem Teppich, eines in Paris, das andere in Berlin.

Literatur: London 1983, S. 153
Vergleiche in der Literatur: Riefstahl 1931, Fig. 22.

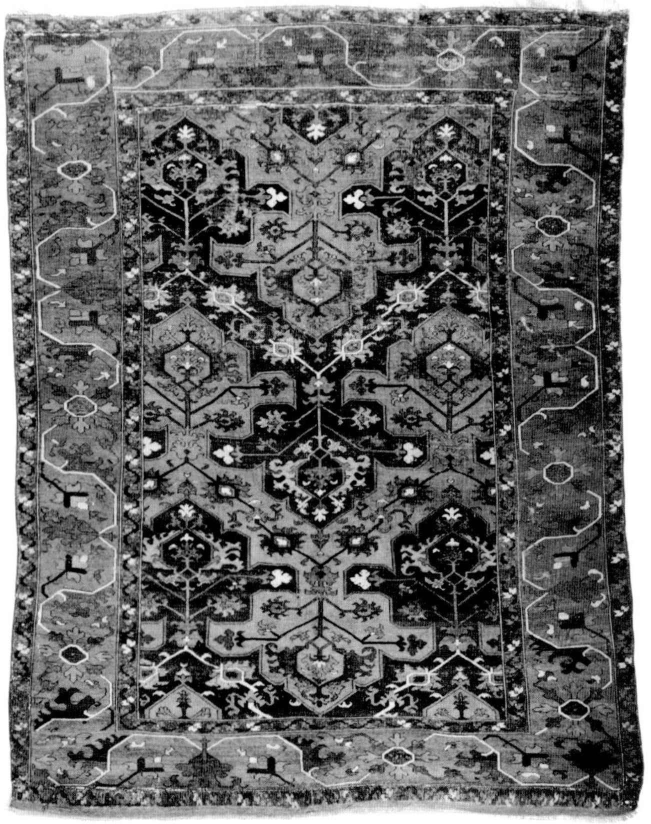

3/27

Kelim

Zentralanatolien · M. 19. Jh.
H 448 cm, B 164 cm
Material: Wolle, wenig Baumwolle mit Wolle gemischt.
Technik: in 2 Teilen gewebt und zusammengenäht.

London, Sammlung Mr. und Mrs. Alexander Philon

Dieser zentralanatolische Kelim gehört zu einer kleineren Gruppe, die wahrscheinlich zwischen der 2. Hälfte des 18. und der 1. Hälfte des 19. Jh. in Anlehnung an die hochosmanischen Nelkenstoffe hergestellt wurde. Das elegante Muster des Feldes besteht aus gereihten, stehenden Nelken, deren Farben von Reihe zu Reihe von Dunkelblau über Rot, Braun, Grün zu Orange bzw. Gelb wechseln. Im Feld ist für den weißen Grund hauptsächlich Wolle verwendet, kleinere Partien bestehen aus einem Wolle-Baumwollgemisch. Die eckig stilisierten Blüten haben ihre Vorfahren in den naturalistischeren runden Blütenformen hochosmanischer Stoffe. Das Feld wird prächtig von einer terrakottaroten Borte gerahmt, an den Langseiten mit einem Zickzackband und rosettähnlichen Füllformen, an den Schmalseiten mit erstarrten Blütenstauden.

Literatur: Petsopoulos 1979, S. 127, Abb. 157.
Vergleiche in der Literatur: Balpinar 1982, Taf. 119.

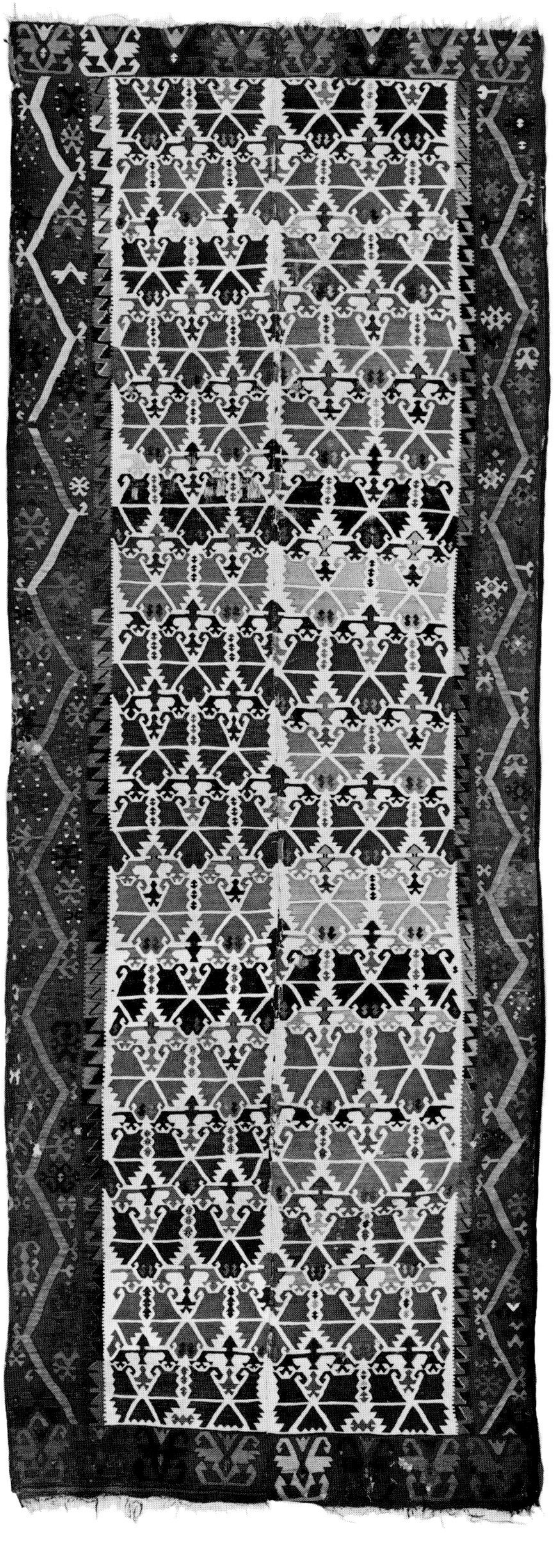

3/28
Flachgewebe

Zentralanatolien
1. Hälfte 19. Jh.
H 210 cm, B 170 cm
Material: Kette und Schuß: Baumwolle, Musterschuß: Wolle
Technik: Wirktechnik

Privatbesitz

Im Gegensatz zur Kelimtechnik wird in der Technik dieses Flachgewebes das Grundgewebe aus Kette und Schuß mit einem Musterschuß bereichert, der vorn über drei Kettfäden geführt ist. Man spricht bei diesen Stücken auch von *zili, verneh* und im Englischen von „broschierten Flachgeweben". – Im Feld laufen weiße Zickzackbänder in der Längsrichtung, die – sich an ihren Spitzen berührend – übereckgestellte, verschiedenfarbige, sterngefüllte Quadrate einschließen. Die Farben der Quadrate: Blau, Rot, drei Brauntöne und sparsam verwendetes Gelb sind so angeordnet, daß sie Diagonalen bilden und damit dem Stück eine starke Dynamik geben. In der Zeichnung des Musters, der Rautung mit den daraufliegenden Haken – nicht aber in den Farben – stecken Erinnerungen an einen Seldschuken-Teppich aus Beyşehir.

Vergleiche in der Literatur: Brüggemann 1979 S. 206 ff.; Balpínar 1982 S. 270 Taf. 108; Aslanapa 1960 Tf. IX,; Erdmann 1977 Abb. 10; Beattie 1972 S. 113 Tf. 114.

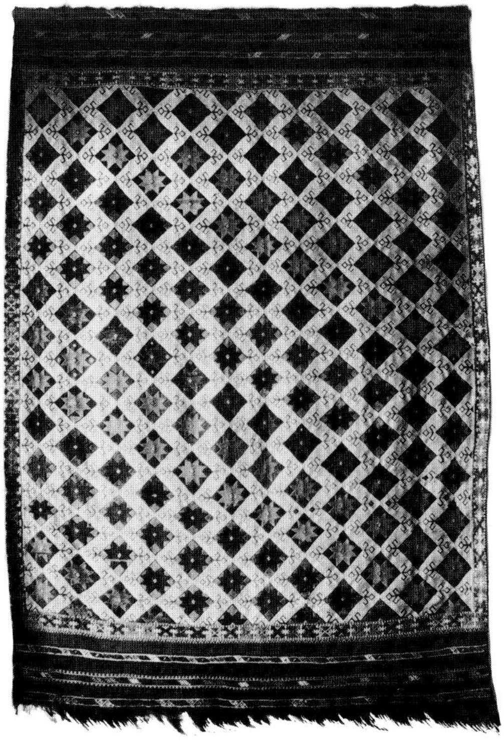

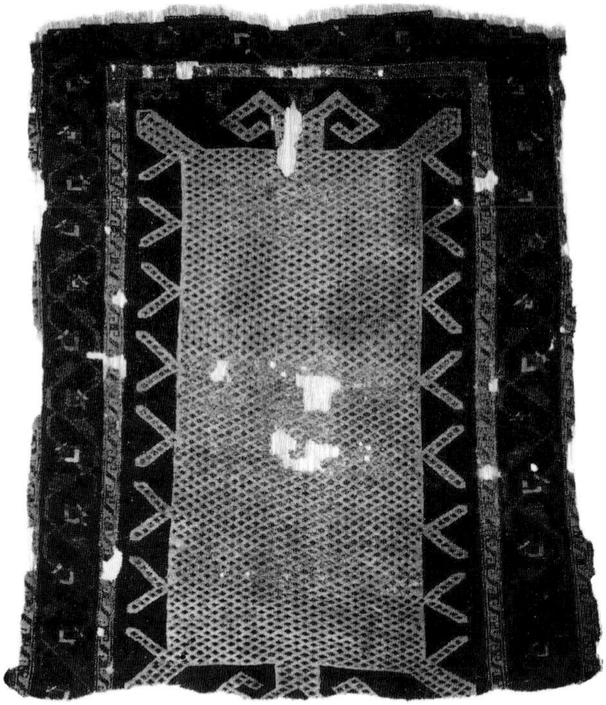

3/29

Knüpfteppich

Anatolien · 18. Jh.
H 171 cm, B 140 cm
Material: Wolle
Technik: Symmetrischer Knoten

Istanbul, Türk ve Islam Eserleri Müzesi, 352

Kleiner, leider schlecht erhaltener Teppich mit der ungewöhnlichen Darstellung eines Tierfelles, das zu einem weißen Rechteck stilisiert ist. An den Schmalseiten sind Haken für Hals und Schwanz breit angesetzt. An den Ecken ist das Fell der Beine und an den Breitseiten die Zotteln des Bauchfelles streng stilisiert widergegeben. Dunkelbraune Tupfen mustern die Fellfläche. Der Gebrauch von Tierhäuten und Fellen als „Gebetsteppich" wird seit dem 9. Jh. in der Literatur erwähnt. In Nordafrika wie in der Türkei findet man Felle recht häufig in Derwischklöstern. Im Topkapi Sarayı in Istanbul wird sogar ein Sultan Süleyman dem Prächtigen (1520—1566) gehörender Gebets„teppich" aufbewahrt, der aus einem Leopardenfell besteht, das auf einen Filz aufgenäht ist.

Literatur: Eski Türk Halílaríndan ve Kilimlerinden Örnekler
Vergleiche in der Literatur: Istanbul 1961, Tf. 14 farbig. Erdmann 1955, Abb. 151; Darmstadt 1965, Nr. 16.

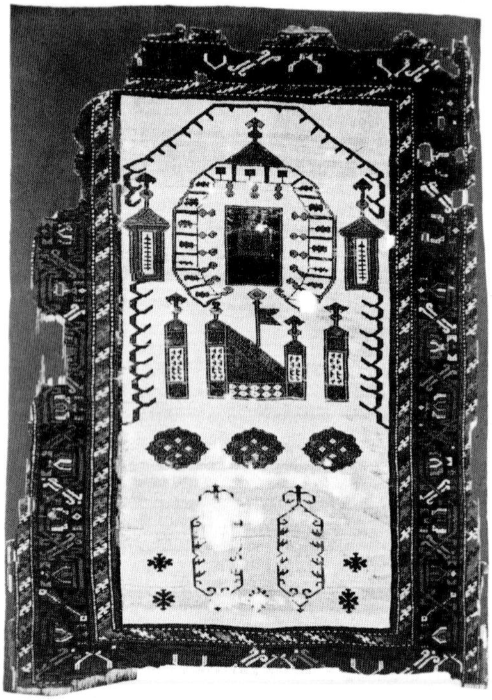

3/30

Knüpfteppich

Zentralanatolien, aus der Alaeddin Türbe in Konya
18. Jh.
H 146 cm, B 111 cm
Material: Wolle
Technik: Symmetrischer Knoten

Istanbul, Türk ve Islam Eserleri Müzesi, 287

Kleiner an den Borten z. T. stark beschädigter Gebetsteppich mit der Darstellung der Kaa'ba in Mekka. Auf weißem Grund ist in der oberen Hälfte des Feldes die dunkle Kaa'ba mit ihrem Tor dargestellt. Sie liegt in der offenen Ringmauer und dem Säulenumgang. Auch die zwischen den Säulen aufgehängten Ampeln sind sichtbar. Vor der Kaa'ba steht die Kanzel (Minbar), rechts und links sieht man jeweils einen weiteren Bau, wohl der Makām des Ibrāhīm und einer der vier weiteren Bauten. Auf drei Seiten ist das Ganze von Arkadengängen *(riwāq)* umgeben. Nach unten aber wird die Darstellung nicht wie in den Pilgerbüchern fortgesetzt. Drei kleine Oktogone trennen die Fußspuren vom oberen Teil des Feldes. Das Mekka-Bild lehnt sich unmittelbar an Darstellungen auf Fliesen an, die im 17. und 18. Jh. in Iznik hergestellt wurden (Kat. Nr. 2/80). Stilistisch ist es eher dem 18. als dem 17. Jh. zuzuordnen. Auf dem dunkelbraungrundigen Hauptstreifen der Borte läuft eine eckig stilisierte Ranke mit Blüten.

Literatur: Erdmann 1966, Abb. 47

Jennifer Scarce DAS OSMANISCH-TÜRKISCHE KOSTÜM

Wie sein Porträt uns verrät, war der junge Sultan Ahmed I. (1603–1617) eine anziehende und würdevolle Erscheinung (Kat. Nr. 4/11). Die sorgfältig ausgewählten ausländischen Gesandten, denen er im Empfangsraum innerhalb des dritten Hofes vom Topkapı Sarayı eine Audienz gewährte, mögen geblendet gewesen sein von der Pracht und Einzigartigkeit seiner Gewänder. Diejenigen seiner Untertanen, die das Privileg besaßen, ihn zu sehen – seine hohen Beamten, seine Frauen und Kinder und die Dienerschaft – und denen derartige Kostümtraditionen vertraut waren, werden die Harmonie von Förmlichkeit und Eleganz des persönlichen Geschmacks geschätzt haben.
Der osmanische Hof war ein Umfeld, worin zur Aufrechterhaltung der Rangfolge im Palast eine sichtbare Unterscheidung im Kostüm unerläßlich sein mußte. Innerhalb dieses Systems hatte der Sultan ebensoviele Regeln und Einschränkungen zu beachten wie der niedrigste seiner Sklaven. Zwischen diesen Kleidervorschriften jedoch blieb etwas Spielraum für vorsichtige Äußerungen seines eigenen Geschmacks, wie eine Reihe von Herrscherporträts mit offiziellem Charakter zeigt, zu denen auch das von Ahmed I. gehört. Seyyid Lokman, Chronist der Sultane Selim II. (1566–1574) und Murad III. (1574–1595), vollendete 1579 sein Werk mit dem Titel *Kıyafet el-insaniye fi şemail el-osmaniya*, worin er eine Beschreibung der Bevölkerung und der Ereignisse im Osmanischen Reich gibt und dabei auch die Sultane abbildet. Die Originalausgabe des Buches, von dem mehrere Kopien erhalten sind[1], enthält zwölf ganzseitige Porträts der Sultane, beginnend bei Osman I. (1299–1324) bis hin zu Murad III. (1574–1595). Überarbeitete und ergänzte Editionen, die während des 17. Jh. entstanden, fügten einfach die nachfolgenden Herrscher an und enden mit Ahmed III. Neben sorgfältig zusammengetragenen Informationen über Erscheinung und Gewohnheiten, nicht ohne die individuellen Unterschiede herauszustreichen, geben sie vor allem über die bedeutendsten Ereignisse während der Herrschaft der einzelnen Sultane Auskunft.
Das Porträt Ahmeds I.[2] demonstriert recht gut die Grundzüge solcher bebilderter Biographien. Ahmed war im Jahre 1603 als dreizehnjähriges Kind auf den Thron gekommen und starb schon 1617 an Typhus. Beschreibungen seines Charakters und Auftretens sind widersprüchlich. Dem Vernehmen nach hedonistisch, war er gleichzeitig tief religiös und opferte große Teile seines privaten Vermögens für den Unterhalt von Wissenschaftlern und einer religiösen Stiftung (Külliye). Er war von praktischer und intellektueller Vielseitigkeit, so schnitzte er Elfenbeinringe und verfaßte bemerkenswerte Gedichte unter dem Pseudonym Bahti.
Dargestellt ist Ahmed I. als schlanker junger Mann. Dem widersprechen die Berichte von Augenzeugen, vornehmlich derjenige des Baron de Salignac, französischer Gesandter bei der Pforte von 1605–1610. Er bemerkte spöttisch, daß der Sultan, obwohl kaum 22 Jahre alt, „so fett wie eine Tonne" sei[3]. Eine plumpe physische Erscheinung ließ sich nicht mit den Attributen eines Herrschers vereinen, so lenkte man taktvoll den Blick auf die ansprechenderen Merkmale, allen voran auf die Reputation des Padişah als Mann von Bildung und kultivierter Lebensart.
Zurückgelehnt an ein Kissen aus Goldbrokat sitzt Ahmed I. inmitten eines mit Kacheln und vergoldeten Holzpaneelen ausgeschmückten Köşk. Beherrscht jedoch wird das Bild von der Wiedergabe des Kostüms. Seit dem beginnenden 17. Jh. hatte sich innerhalb der osmanischen Miniaturmalerei eine Vorliebe für einzelne Figurenblätter herausgebildet, meist von modisch gekleideten Männern und Frauen, deren Kleidung minutiös wiedergegeben wird. Eine der auffälligsten Besonderheiten – beim männlichen und weiblichen Kostüm – ist das Übereinanderdrapieren kontrastreicher Formen und Strukturen. Hier trägt Ahmed I. zwei knöchellange Kaftane von komplementärer Farbigkeit aus frischem Grün und einem leuchtenden Orange. Das grüne Gewand zeigt Arabesken, deren Blattformen goldbroschiert sind, vor einem Gitter grauer Ranken. Der dargestellte Stoff läßt sich möglicherweise als *serenk* identifizieren, ein Seidenbrokat, dessen Muster seit dem 16. Jh. aus Blatt- und Blütenmotiven besteht, die im endlosen Rapport gegen einen farbigen Grund abgesetzt sind.

Im Kontrast hierzu ist der orangefarbene Kaftan einfarbig gehalten und nur mit einem goldenen Schimmer akzentuiert, um als *atlas* erkennbar zu sein. Kontraste fallen auch bei Form und Schnitt der beiden Roben ins Auge. Das graue Untergewand ist relativ streng geschnitten, mit langen engen Ärmeln, einziger Schmuck sind die enggesetzten goldenen Knopfverschlüsse. Das Obergewand mit weiten ellenbogenkurzen Ärmeln und kostbarem Hermelinfutter umgibt den Sultan durch seinen lockeren Fall mit einer gewissen Nonchalance. Accessoires komplettieren und steigern die Wirkung: glatte gelbe Stiefel und ein mit Smaragden und Rubinen besetzter Gürtel, in dem ein juwelengeschmückter Dolch steckt. Solche Dolche waren mehr eleganter Schmuck als zu benutzende Waffe und oft mit Anspielungen aus der osmanischen Dichtung verziert (Kat. Nr. 4/13). Schlicht dagegen mutet die schwarzgefiederte Agraffe an, die den straff gewickelten weißen Turban bekrönt, und der einzelne Rubin am vierten Finger der linken Hand. Das goldgestickte Taschentuch und das kostbar gebundene Buch in seiner Hand vervollständigen das Erscheinungsbild imperialer Würde, gemäßigt durch literarischen Geschmack.

Variationen dieses formellen Kostüms entwickelten sich unter den Nachfolgern Ahmeds I., bis im frühen 19. Jh. Mahmud II. (1808–1839) im Zuge einer Reform, die alle morbid gewordenen Institutionen des Reiches umfaßte, auch radikal mit den überkommenen Kleiderordnungen brach. Er selbst statuierte ein Exempel, als er im Jahre 1815 aus dem Topkapı Sarayı in den mit modernen Möbeln eingerichteten Dolmabahçe Palast umzog und mit einer europäischen Uniform, bestehend aus Rock und Hose, bekleidet war. Hofstaat und Beamte beeilten sich, ihn zu kopieren, und trugen von nun an moderne Uniformen zusammen mit dem Fez. 1829 wurden alle männlichen Untertanen per Gesetz dazu verpflichtet, europäische Kleidung zu tragen, mit Ausnahme der Geistlichkeit. Dieser abrupte Wandel wird dokumentiert in einem Porträt des jungen Sultans Abdülmecid II. (1839–1861), der sich 1840 durch den schottischen Künstler Sir David Wilkie im knielangen „Stambuli" Gehrock, weißen Hosen und Fez malen ließ.[4]

In der osmanischen Gesellschaft war ein Wechsel der Moden nicht allein männliches Privileg. Trotz ihrer traditionell von der Männerwelt abgeschiedenen Lebensweise waren Frauen gewiß nicht ohne Einfluß. Viele von ihnen hatten machtvolle Positionen am Hof inne und verwendeten ihr eigenes, von ihnen selbst verwaltetes Vermögen oft zugunsten bedeutender Bauprojekte. An der Aufrechterhaltung sozialer Kontakte hatten sie lebhaften Anteil. Die Spitze dieser weiblichen Hierarchie bildete der großherrliche Harem, der, obwohl für die Außenwelt unsichtbar, sich durch seinen eigenen weiblichen Verwaltungsapparat, verbunden mit Rängen, Titeln, festen Einkünften und formellen Kostümen, selbst organisierte. Mehrere einflußreiche Persönlichkeiten dieses Haushaltes galten als tonangebend in Sachen Mode. Zwei Porträts der Roxelane oder Hürrem Sultan (1504?–1558), der in Rußland geborenen Gemahlin Süleymans des Prächtigen (1552–1566), gemalt von Nicholas de Nicolay (1551) und Melchior Lorich (1559), vermitteln nur das Bild, das die durch Haremsklatsch angeregte Fantasie des Europäers sich von ihr machte. De Nicolay präsentierte sie überladen gekleidet in gestreiften und gemusterten Gewändern, deren Rocksäume in den Gürtel aufgesteckt sind. Ein Diadem hält den hüftlangen Schleier[5]. Im Gegensatz dazu zeichnete Melchior Lorich ein weniger aggressives Image der Roxelane in einem enganliegenden *entari*, welches das dünne Unterkleid *gömlek* an Halsausschnitt und Ärmeln freigibt[6].

Diese augenfälligen Erscheinungsbilder werden bestärkt durch die Garderobenbestände einer anderen mächtigen osmanischen Dame, der Venezianerin Cecilia Baffo (1552–1583), die als Nurbanu die Frau Selims II. wurde. In zwei Schreiben dankte sie 1578 und 1579 dem venezianischen Bailo für die Übersendung von Seidenstoffen und 21 Kleidern aus zweifarbigem Damast und 19 aus Goldstoff[7]. Da diese Modelle nicht erhalten sind, kann man nur darüber spekulieren, daß sie wahrscheinlich nach türkischem Schnitt gefertigt waren. Der italienische Einfluß blieb zu dieser Zeit weitgehend auf die Übernahme von Musterelementen und einigen Accessoires beschränkt.

Eindeutig die wichtigste Informationsquelle für die Entwicklungsgeschichte des osmanischen Kostüms stellen die erhaltenen Gewänder im Topkapı Sarayı und einigen Privatsammlungen dar, die oft Stücke aus Familienbesitz mit einschließen. Auf diesen Beispielen systematische Analysen aufzubauen, ist nicht ungefährlich, da der Befund mehr oder weniger vom Zufall abhängig ist: es ist keine komplette Garderobe einer Einzelperson auf uns überkommen. Außerdem sind die ältesten Stücke aus dem späten 16. Jh. bis zum frühen 17. Jh. nur fragmentarisch. Mit Annäherung an das 20. Jh. verdichtet sich der Befund, wenn auch das Fehlen von Accessoires zu beklagen ist. Vorsicht ist auch bei Informationen über Herkunftsorte geboten, sie sind oft nur weitgespannte Generalisierungen. Sicheren Boden bieten nur vergleichende Studien von Schnitten, Mustern, modischen Formen, Wahl und Verarbeitung der Stoffe.

Sekundärquellen, wie osmanische Literatur und Miniaturen, erlauben eine Interpretation der Kostüme. Hier sind vor allem diejenigen des 18. Jh. und frühen 19. Jh. von hohem Informationswert, einschließlich des Albums, das auf Anordnung des Sultans für Friedrich Heinrich von Diez, den preußischen Gesandten bei der Pforte von 1784–1791, angefertigt wurde[8].

Europäische Gemälde und Stiche ergänzen die türkischen Miniaturen. Besonders populär waren im 18. Jh. die Zeichnungen des Flamen Van Mour[9], die 1707–1708 entstanden, und die Gemälde Jean-Etienne Liotards. Hinzu kommt im 19. Jh. die Fotografie, die vor allem das Familienleben gehobener Schichten der osmanischen Gesellschaft dokumentiert. Das neue Medium erschloß dem europäischen Betrachter auch die Vielfalt regionaler Kostüme, so anhand des Albums Marie de Launays und Osman Hamdys[10], das bei der Ausstellung in Wien 1813 gezeigt wurde. In gewissem Sinne sind diese Werke die Erben der osmanischen Kostümalben, die auf den Exportmarkt zielten (Kat. Nr. 4/15).

Die Reisebeschreibungen von Lady Mary Wortley Montagu, die ihren Mann 1717–1718 in die Türkei begleitete, und von Julia Pardoe, die Zugang zu den bedeutenden türkischen und griechischen Familien Istanbuls hatte, erlauben es, die Kostüme in ihrem sozialen Kontext zu sehen.[11]

Noch weitgehend unübersehbar ist der reiche Schatz an osmanischen Quellen zu diesem Themenkomplex. Hier sind vor allem Dokumente aus den Palästen Topkapı, Dolmabahçe und Yıldız von hohem Informationswert, desgleichen Gildenregister, Gerichtsakten, Testamente und endlose Listen mit aufgeführten Textilien, die über Qualität und Machart Aufschluß geben.

Von eher privatem Charakter dagegen sind die Memoiren einiger Damen des Hofes aus dem späten 19. bis frühen 20. Jh. Die Erinnerungen der Muzbah Haidar, Tochter des Scherifen von Mekka, und von Emine Fogat Tugay, Tochter General Mahmud Muhtar Paschas, informieren über die Versorgung großer Haushalte mit entsprechender Bekleidung und über die Anlässe, zu denen sie getragen wurde. Bis zum heutigen Tag sind ältere weibliche Mitglieder angesehener türkischer Familien eine unerschöpfliche Informationsquelle für die Beschreibung der Kostüme und der gesellschaftlichen Traditionen während der letzten Jahre des osmanischen Reiches.

In allen Schichten der osmanischen Gesellschaft war das Hauptereignis im Leben einer Frau ihre Hochzeit. Die Vorbereitungen dazu begannen früh, da die Herstellung der Mitgift – das Nähen und Besticken von Kleidungsstücken und im Haushalt zu verwendender Textilien – sie und die weiblichen Familienmitglieder über Jahre hinaus beschäftigen konnte. Besonderes Augenmerk wurde auf das Hochzeitskleid gelegt, dessen Stil regional stark variierte. Beispielsweise verzierte man in Zentralanatolien und Kastamonu schwere dunkle Samtstoffe mit floralen Elementen in Goldstickerei (Kat. Nr. 4/6). Da solche Gewänder sehr kostbar waren, wurden sie gewöhnlich von der Mutter auf die Tochter vererbt. Zum Abschluß ihrer religiösen Erziehung, welcher festlich begangen wurde, durfte die Tochter dieses Hochzeitskleid schon anlegen. Der eigentliche große Augenblick war das Ausstellen ihrer Aussteuer während des mehrere Tage andauernden Hochzeitsfestes. Nach einem Besuch im Hamam (Bad) wurden Hände und Füße der Braut mit Henna verziert in der sog. *kına gecesi*. Gehüllt in ihre kostbarsten Gewänder und das Gesicht durch einen roten Schleier verdeckt, wurde sie dann ihrer Schwiegermutter offiziell vorgestellt. Der Raum, in dem diese Zeremonie stattfand, war mit den von der Braut bestickten Tüchern, Schärpen und dergl. ausgeschmückt. Daran anschloß sich ein Zug, der sie und ihre Mitgift zu ihrem neuen Zuhause brachte. Julia Pardoe beschreibt im Jahre 1835 anschaulich dieses Ereignis anläßlich der Hochzeit von Prinzessin Mihrimah, der Tochter Mahmuds II.[12]. Neben Kutschen, vollbeladen mit kostbarem Haushaltsgerät, notierte sie Körbe voll seidener Gewänder und dem Schmuck der Prinzessin, die in ihrem neuen Heim am Bosporus im dallı odası, das wiederum mit ihren Kleidern geschmückt war, in der *koltuk* Zeremonie ihrem Mann zum ersten Mal ihr unverschleiertes Gesicht zeigen durfte.

Die Kleidungsstücke, die anläßlich ihrer Hochzeit zusammengestellt worden waren, bildeten die Basis ihrer Garderobe, welche durch Artikel, die in den Basaren Bursas und Istanbuls feilgeboten wurden, wie Emily Pardoe anschaulich beschreibt, oder durch Händler, die turnusmäßig die Haushalte besuchten, aufgestockt werden konnte.[13]
Zweimal im Jahr, im Frühjahr und im Herbst, wurden neue Stoffe gekauft, um von dem weiblichen Dienstpersonal unter der Aufsicht seiner Herrin oder einer professionellen Schneiderin verarbeitet zu werden.[14]
Die Anlässe, diese Kleidungsstücke zur Wirkung zu bringen, waren zahllos. Nach der Geburt eines Kindes empfing die Mutter, in ihre feinsten Roben gekleidet, alle Familienmitglieder und Freundinnen in einem Raum, der ähnlich wie bei der Hochzeit mit Schals, gestickten Servietten und Kopftüchern dekoriert war. Diese Textilien stellte man auch anläßlich der Beschneidung eines Sohnes aus. Offizielle Besuche, Picknicks und Hochzeitsfeierlichkeiten erforderten unterschiedliche Kleidung, während eine Gelegenheit, das Hochzeitskleid noch einmal anzulegen, die Rückkehr des Ehemannes von der Pilgerfahrt nach Mekka war.[15]
Bei der Rekonstruktion des osmanisch-türkischen Frauenkostüms ist man auf Abbildungen angewiesen. Die ältesten erhaltenen Kleidungsstücke stammen erst aus dem späten 16. bis frühen 17. Jh. Um die Moden früherer Stadien zu interpretieren, ist es ratsam, bis zu den archäologischen Ausgrabungsfunden von Pazyryk in Sibirien aus dem 5. Jh. v. Chr. zurückzugehen bis hin zu den Fresken des 9. Jh. in Chinesisch-Turkestan. Sie zeigen die Entwicklungsgeschichte des Schnittes auf, der sich durch das Anfügen langer Ärmel und dreieckiger Seitenteile an einen geraden Gewandkern herausbildete.
Eine seltene Gruppe von Gewändern des 16. bis 17. Jh. ist die Hauptquelle für schnittechnische Untersuchungen dieser Epoche.[16] Angeblich stammt sie aus den Türben Istanbuls und Bursas, wo es Sitte war, die Kenotaphe mit den Kleidern des Verstorbenen zu bedecken. Diese Stücke sind alle klein, d. h. Kleidung von Kindern, die wie im zeitgenössischen Europa die verkleinerte Kopie von Erwachsenenkleidung war. Zwei Beispiele mögen dies veranschaulichen (Kat. Nr. 4/1 und 2). Der Stoff besteht aus festgewebter Seide vom Serenk-Typ, der Grund hat Silbereinschüsse in Körperbindung. Das Muster zeigt Tulpen und Sternformen, alternierend mit Rauten in Blau und Karmesinrot. Die Teile bildeten zweifellos den Rücken und die beiden Vorderklappen eines *entari*.
Der Rücken ist aus einer geraden, rechteckigen Stoffbahn geschnitten und von der Taille abwärts zu einem glockenförmigen Rock ausgeschweift. Kurze weite Ärmel sind an den Seiten gerade angefügt. Die Vorderteile haben ebenfalls einen geraden Gewandkern, der an Hals und Hüften der Körperform angepaßt ist. Schmale Dreiecke, an den Vorderkanten angenäht, bilden den Klappverschluß.
Detailliertere Informationen vermitteln die zeitgenössischen Miniaturbilder einzelner modisch gekleideter Mädchen. Das Untergewand bestand eigentlich aus zwei Teilen, den Hosen (*şalvar*) und dem Hemd (*gömlek*). Die Şalvar waren meist aus leichtem, weichfallendem Material gearbeitet und reichten bis zu den Knöcheln. Das Gömlek war immer weiß, entweder aus Leinen oder aus Musselin. Als lockeres Gewand reichte es bis zu den Füßen und besaß lange, weite Ärmel, da es aus einer an der Schulter gefalteten einzelnen Bahn geschnitten und nur am Halsausschnitt etwas abgeschrägt war. Zwei weitere oblonge Stücke formten die Ärmel. Häufig wurden alle Säume mit Goldspitze geschmückt.
Das Entari folgt dem schon beschriebenen Basisschnitt (Kat. Nr. 4/3 und 4), eine Variante ist die kurze, nur hüftlange Form. Ein engverwandtes Kleidungsstück ist das *yelek*, eine ärmellose knöchel- oder hüftlange Weste (Kat. Nr. 4/15).
Accessoires ergänzten das Frauenkostüm, so der Gürtel, *kuşak*, meist schmal gehalten und kunstvoll verknotet. Innerhalb des Hauses wurden vor allem zwei Arten von Fußbekleidung angelegt: weiche gelbe Lederstiefeletten, *terlik*, oder gestrickte gemusterte Strümpfe. Das lange zu Zöpfen geflochtene Haar bedeckte der Tarpuş, eine hohe zylindrische Kappe aus mit Seide überzogener Pappe, von der ein weicher Schal über den Rücken der Trägerin fließen konnte. Von Kosmetika machte man reichlich Gebrauch, die Augen wurden durch schwarzen Kohl hervorgehoben, die Augenbrauen korrigiert und auf die Lippen ein leuchtendes Rot aufgelegt. Verließ die Dame das Haus, verhüllte die *ferace*, ein dunkler, weitgeschnittener Mantel, die prachtvollen Gewänder, und der *yaşmak*, zwei große weiße Schleier, über Kopfputz und Gesicht gelegt, wurden auf dem Hinterkopf verknotet.

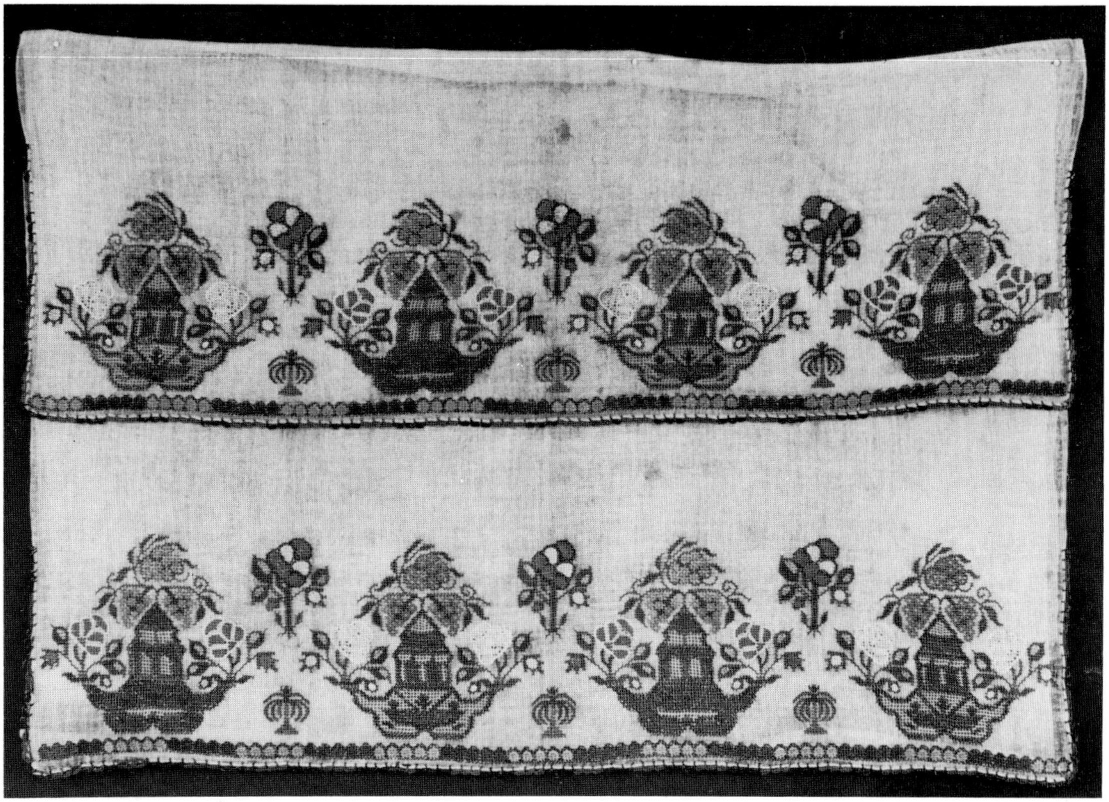

Abb. 85 Gesticktes Hemdtuch, 19. Jh., Privatbesitz

Gegen Ende des 17. Jh. zeichneten sich diejenigen Veränderungen im Frauenkostüm ab, die charakteristisch für das 18. Jh. werden sollten. Die Entaris sind weniger steif, der Tarpuş verbreitert seinen Umriß und kurze Capes kommen als Neuheit hinzu, alles in allem eine Hinwendung zu leichterem Material und anmutigerer Linienführung. Ein Entari des frühen 18. Jh. veranschaulicht diese Punkte (Kat. Nr. 4/3). Aus importierter französischer Seide gearbeitet, zeigt es den neuen schwungvolleren Schnitt, hervorgerufen durch die enge Taille, einen weitschwingenden Rock und schmale, überlange Ärmel, die zu den Handgelenken hin ausgestellt und tief geschlitzt sind. Alle Säume sind mit Kurbelstickerei verbrämt. Mit diesem Kleid vergleichbar ist das aus einer Privatsammlung stammende Entari aus weißgrundiger geblümter Seide (Kat. Nr. 4/4).

Parallell zu diesen gemusterten Stoffen erfreuten sich Kleider aus einfarbiger Seide in Grau, Gelb, Mauve, Rosa, mit aufgestickten Streublümchen in Silber und Gold großer Beliebtheit, wie wir aus den kolorierten Stichen Van Mours von 1707–1708 ersehen können, während Lady Montagu an ihrem weißen, goldgemusterten Entari Gefallen fand.[17] Die Miniaturen des Hofmalers Levnî enthüllen, daß auch die Şalvar und die Ärmel des Gömlek voluminöser geworden sind. Die Farbkontraste der übereinandergetragenen Stoffe werden subtiler. Die Gürtel, juwelenbesetzte schmale Bänder oder flatternde gemusterte Schals, rutschen auf die Hüften. Den neuen Proportionen angepaßt werden die Kopfbedeckungen: den Tarpuş lösen zwei mit Oya-Spitze eingefaßte Schals (*yemeni*) ab. Die jetzt auch in hellen Farben oder mit kontrastierenden Borten abgesetzten Feraces nähern sich der Stromlinienform, sind nicht mehr so weit geschnitten, und der früher undurchsichtige Yaşmak läßt jetzt die Konturen des Gesichts durchscheinen.

Im Laufe des 18. Jh. entwickeln sich die Şalvar, wie besonders aus den Diez-Alben zu erkennen ist, immer mehr zu einem Teil der Oberbekleidung, das vorher über die Knie fallende Gömlek verdeckt sie nicht mehr, sondern wird in den Bund gesteckt. Leuchtende Farben, wie Orange und Gelb, werden beliebt, und die Hosen sind so lang geschnitten, daß sie bauschig über das Schuhwerk fallen. Diese Entwicklung zu mehr Stoffreichtum gipfelt in schleppenartig verlängerten Säumen und ausladend drapierten Kopfbedeckungen, die zusätzlich mit juwelenbesetzten Agraffen geschmückt sind. Stirn und Schläfen verdecken lange Ponyfransen, während die früher lang herabhängenden Zöpfe in den Kopfputz aufgesteckt werden.

Mit dem 19. Jh. schleicht sich immer stärker europäischer Einfluß in das osmanische Frauenkostüm ein. Die Quellen vermitteln ein recht detailliertes Bild städtischer Moden und provinzieller Stilarten. Die Verwendung importierter Stoffe nimmt weiter zu, und aus dem Entari wird ein Kleid mit weitgebauschten Röcken. Westlich mutet auch die Wahl von Entari und Şalvar in derselben Farbe an. Bestickte Samtpantoffeln, *çıpşıp,* und ein Fächer aus Leder oder Straußenfedern bilden das obligatorische Zubehör. Die Ferace in leuchtenden Farben und der fast völlig transparente Yaşmak (Kat. Nr. 4/17) jedoch reflektieren nur den Lebensstil eines städtischen Bürgertums, die Prachtgewänder der ländlichen Gegenden verhüllen weiterhin die Figur der Trägerin.

Der dominierende Einfluß Europas läßt gegen Ende des 19. Jh. die traditionelle Kleidung, zumindest am Hofe und in den führenden Kreisen der Hauptstadt, verschwinden, eine Entwicklung, die schon im 16. Jh. mit dem Import italienischer Stoffe begonnen hatte und sich mit den französischen Seiden konsequent steigerte. Vollends beschleunigt wurde das Ende des osmanischen Kostüms durch die Liberalisierungen Mahmuds II., der die Übernahme westlicher Moden stark förderte. So wird beim Frauenkostüm das Yelek durch eine moderne Jacke ersetzt, an das Gömlek fügt man Spitzenkragen und -manschetten an, bis schließlich rein europäische Kleidung vorherrscht. Sie wird entweder direkt aus dem Modezentrum Paris importiert oder durch Musterblätter der Schneider im Istanbuler Distrikt Pera, dem Viertel der Botschaften und Handelshäuser, verbreitet. Der Wandel ist besonders deutlich an zwei Kostümen erkennbar: einer Kombination aus braunem Samt, bestehend aus einem Rock, der in einer Schleppe ausläuft, und einem knappsitzenden Jäckchen im Stil von etwa 1890 und einem fragilen Nachmittagskleid aus bedrucktem cremefarbenen Voile und Satin mit engem Mieder und schwingenden Röcken; beide sind aus dem Besitz von Fahime, der Tochter Sultan Murads V., und in der Sammlung des Topkapı Sarayı zu betrachten.[18]

(Übersetzung Ingrid Biniok)

1 Istanbul, Topkapı Sarayı, Bibliothek H. 1563; Istanbul, Universitätsbibliothek TY 6087.
2 London, British Library, Department of Oriental Printed Books and Manuscripts Add. 7880.
3 Salignac 1605–1610, S. 32.
4 Wilkie 1843.
5 Nicolay 1576.
6 Lorichs, 121 plates, 1570–83.
7 Skilliter 1982, S. 520–521.
8 British Museum Oriental Antiquities 1974.6–17.012(1) & (2).
9 Coecke van Aelst 1553; Nicolay und Lorichs op. cit.
10 Ferriol 1714.
11 Brindisi, Jean, Musée des anciens costumes Turcs de Constantinople. Paris n. d.; Allom 1845; Preziosi 1883.
12 Hamdî – de Launay 1873.
13 Montagu 1965, vol. 1; Pardoe 1837; White 1844.
14 Haidar 1944; Tugay 1963.
15 Pardoe 1837, vol. 1, S. 496–498.
16 Pardoe 1837, vol. 1, S. 37–38; White 1844, vol. 3, S. 190.
17 Tugay 1963, S. 217–218.
18 Bainbridge 1982, S. 4 & 8.

4/1

Rückenteil eines Kinderkleides *(entari)*

türkisch, frühes 17. Jh.
L 75 cm
Material: Seide, Lampas

Edinburgh, Royal Scottish Museum, 1884.65.14

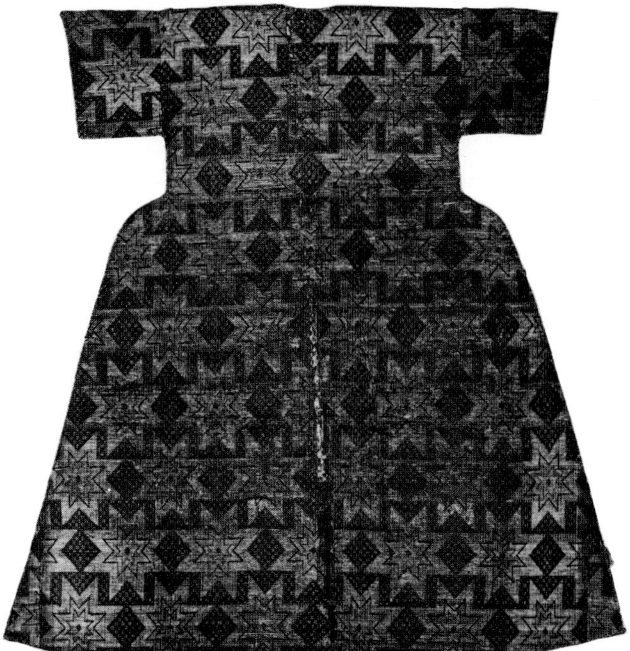

Muster: In endloser Reihung achtzackige Sterne und Rhomben in Blau und Karmesinrot vor einem Grund in Silber.
Schnittechnik und Verarbeitung: bis zur Taille gerade zugeschnittener Stoff, der von der Hüfte zum Saum ausgeschweift, einen glockenförmigen Rockteil bildet. Kurze, gerade angesetzte Ärmel mit vorne leicht gekurvtem Saum. Verblendungen mit aprikosenfarbigem Atlas. Alle Säume haben schmale Nahtzugaben und sind mit Heftstich genäht, dann auseinander gebügelt, so daß sie flach anliegen. Das Rückenteil gehörte ursprünglich zu einem knöchellangen Kleid mit engsitzendem Oberteil und glockenförmigem Rock. Das Vorderteil ist in der Machart von 4/2 zu ergänzen.
Eine ursprünglich zusammengehörige Sammlung osmanischer Textilien wurde im Jahre 1884 auf das Royal Scottish Museum und das Victoria and Albert Museum London aufgeteilt. Vergleichsstücke sind daher dort zu suchen.

Unpubliziert

4/2

Vorderteil eines Kinderkleides *(entari)*

türkisch, frühes 17. Jh.
L 67 cm
Material: Seide, Lampas mit Metallbroschierung

Edinburgh, Royal Scottish Museum, 1884.65.19

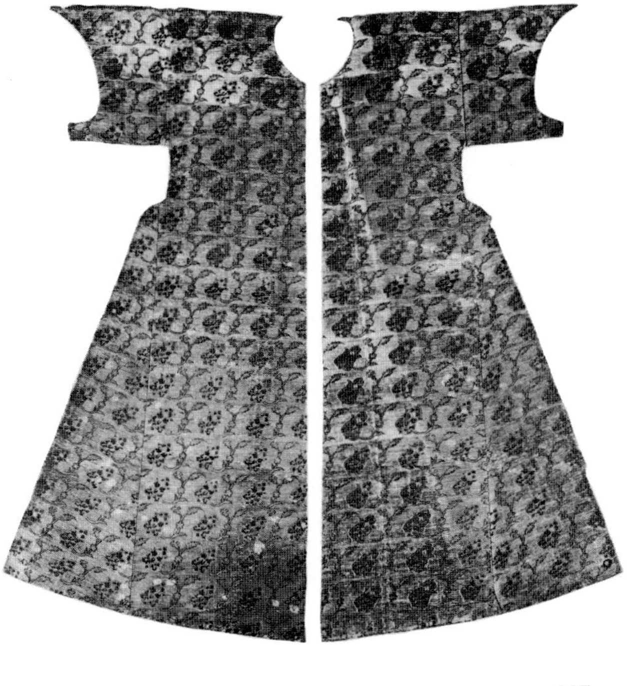

Muster: Schrägranken mit Tulpen in Gold und Karmesinrot auf grauem silberbroschiertem Grund.
Schnittechnik und Verarbeitung: alle Stücke sind gerade zugeschnitten. Jedes der beiden Vorderteile ist am Halsausschnitt rundgeschnitten und von der Hüfte abwärts ausgeschweift, Verbreiterung der Bahn durch angesetzte Dreiecke. Kurze Ärmel mit vorne stark gekurvten Säumen sind gerade angesetzt. Alle Säume sind auch hier mit aprikosenfarbiger Seide verblendet. Vergleichsstücke im Victoria and Albert Museum London.

Unpubliziert

4/3
Mädchenkleid *(entari)*

türkisch, frühes 18. Jh.
L 69 cm
Material: Französische Seide in Leinenbindung

Edinburgh, Royal Scottish Museum, 1974.162

Muster: Cremefarbener Fond mit schmalen Streifen in Altrosa und alternierenden Veilchensträußen.
Schnittechnik und Verarbeitung: ein langes Rechteck, ohne Naht an der Schulter gefaltet, wird vorne geöffnet. Schmale Dreiecke sind an den Vorderkanten und den Seiten angefügt, die Ärmel gerade angesetzt. Als Kragen dient ein schmaler Stehbund. Alle Kanten sind von Seidenspitze mit floralen Motiven eingefaßt. Die Nähte wurden im Heftstich ausgeführt und die zweimal eingeschlagenen Säume mit Hexenstich fixiert.
Vergleichbare Stücke sind in Levnîs Album mit Einzelfiguren (Bibliothek des Topkapı Sarayı H. 2164) fol. 19b „Mädchen in Mauve" und fol. 20b „Mädchen in Blau" abgebildet.

Lit.: Scarce 1980, fig. 8.

4/4
Kleid *(entari)*

osmanisch
Ende 18. bis frühes 19. Jh.
L 140 cm
Material: Seide, silberbroschiert

Privatbesitz

Das Kleid ist aus einer geraden Bahn zugeschnitten, die an der Schulter gefaltet, vorne geöffnet wurde und der Halslinie folgend, leicht abgerundet ist. Die Vorderkanten und Seitenteile sind durch das Anfügen von Dreiecken zum Rock mit Klappverschluß geformt. Die gerade angesetzten Ärmel sind kurz und weit.
Den weißen Grund zieren silberbroschierte kleine Blüten in Grün und Rot. Das Gewebe ist ein spätes Beispiel für die sogenannten Selimiye-Stoffe. Alle Säume und Nähte wurden mit silbernen Tressen verbrämt.

Unpubliziert (Bi)

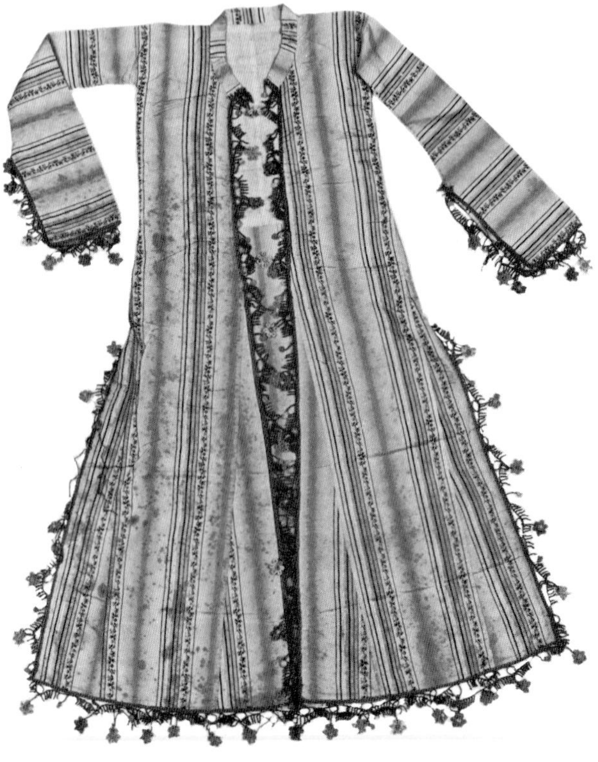

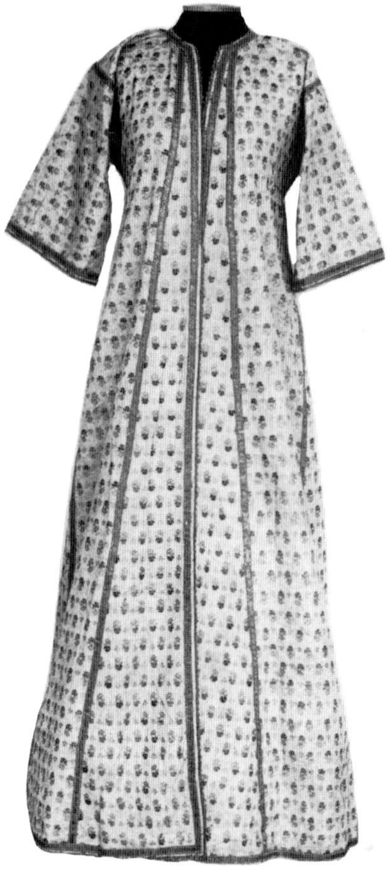

4/5
Kleid *(entari)*
türkisch
19. Jh.
L 137 cm
Material: Halbseide, silberbroschiert

Köln, Orientalisches Seminar der Universität, Max Freiherr von Oppenheim Stiftung, 217

An den gerade geschnittenen Gewandkern sind lange bis zum Ellenbogen geschlitzte Ärmel angesetzt. Dreiecke an den Vorderkanten und Seiten teilen das Gewand und sorgen für die nötige Rockweite. Der Brustausschnitt ist tief heruntergezogen, wird mit Posamentenknöpfen geschlossen und ist zusammen mit den Ärmelsäumen durch Kurbelstickerei verziert. Das kleinteilige Muster zeigt blühende Zweige zwischen verschieden weiten silberbroschierten Streifen.

Unpubliziert (Bi)

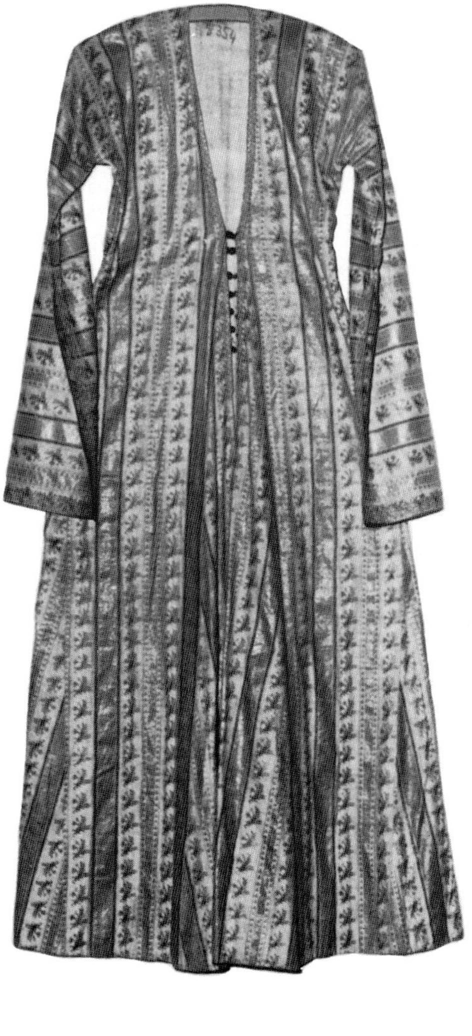

4/6
Hochzeitskleid
Kastamonu
19. Jh.
L 153 cm · Material: Baumwollsamt, Stickerei in Dival-Technik, Pailletten

Köln, Orientalisches Seminar der Universität, Max Freiherr von Oppenheim Stiftung

Ein weites, durch eingesetzte Dreiecke zum Saum hin ausgestelltes Gewand aus flaschengrünem Samt, das vorne geschlossen ist und nur einen spitzen tiefen Halsausschnitt hat. Hinten ist es länger geschnitten, um den Saum als Schleppe auf dem Boden aufliegen zu lassen. Die Ärmel sind lang und laufen zum Handgelenk etwas schmaler zu, den Hals ziert ein hoher Stehkragen.
Der Samt ist mit üppiger Goldstickerei überzogen. Den Rücken bedecken europäisierte Kandelaberformen und Schleifengebinde mit Blüten und Ähren. Den Saum akzentuieren horizontale C- und S-Schwünge und Girlanden. Mit Goldgimpe sind der Stehkragen und die Ärmelsäume eingefaßt.

Unpubliziert (Bi)

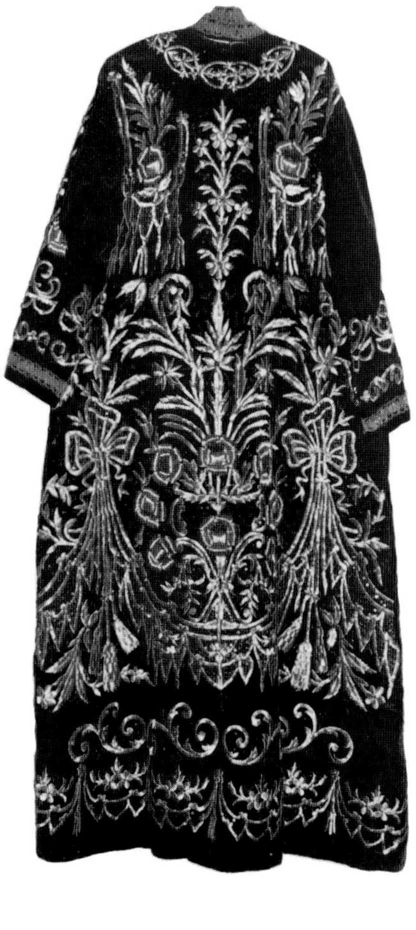

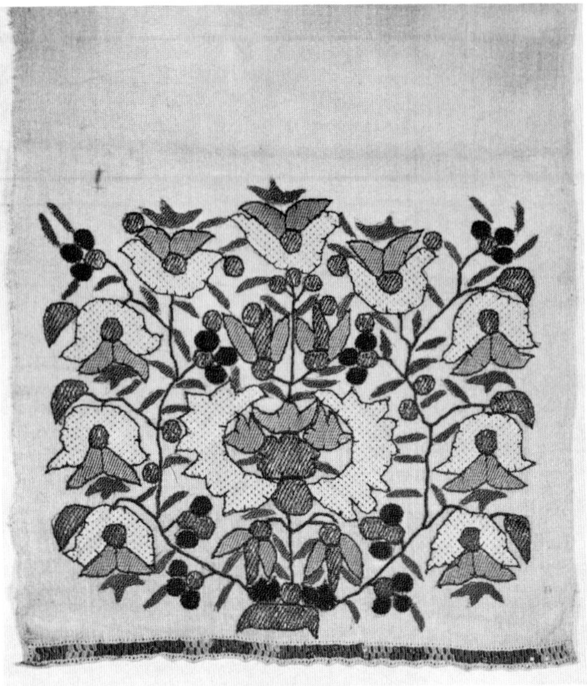

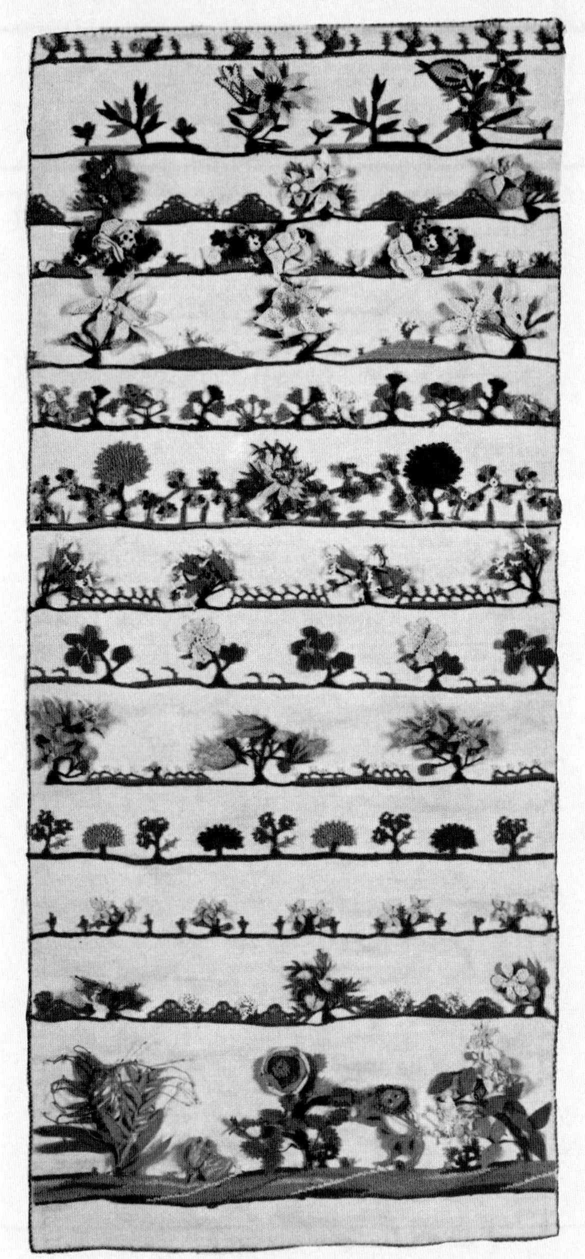

4/7

Gürtel *(uçkur)*

türkisch · Mitte 19. Jh.
L 196 cm, B 27 cm · Material: Leinen, Seidenstickerei

Edinburgh, Royal Scottish Museum, 1873.39.11

Ein schmaler Gürtel, wie er durch den Bund einer voluminösen Frauenhose *(şalvar)* gezogen wurde. An den Enden ein Bukett stilisierter Tulpen mit Seide gestickt in den Farben Rosa, Karmesinrot, Blau, Beige und Weiß unter Verwendung von Silberfäden.

Lit.: Scarce 1983, no. 5.

4/8

Muster mit 14 Borten aus Häkelspitze *(iğne oyası)*

türkisch · spätes 19. Jh.
Jede einzelne Borte ist 24,5 cm lang
Material: feiner Baumwollfaden, gehäkelt

Edinburgh, Royal Scottish Museum, 1974.156 & A-Mm

Die Häkelborten dienten zur Einfassung von Kopftüchern *(yemeni)* und Einschlagtüchern *(çevre)*. Jeweils die erste Reihe wurde auf eine Basis von Pferdehaar gearbeitet und dann in Form von Blüten, Früchten, Bäumen und Tieren weitergeführt.

Lit.: As 1973, 39, 11, no. 1.

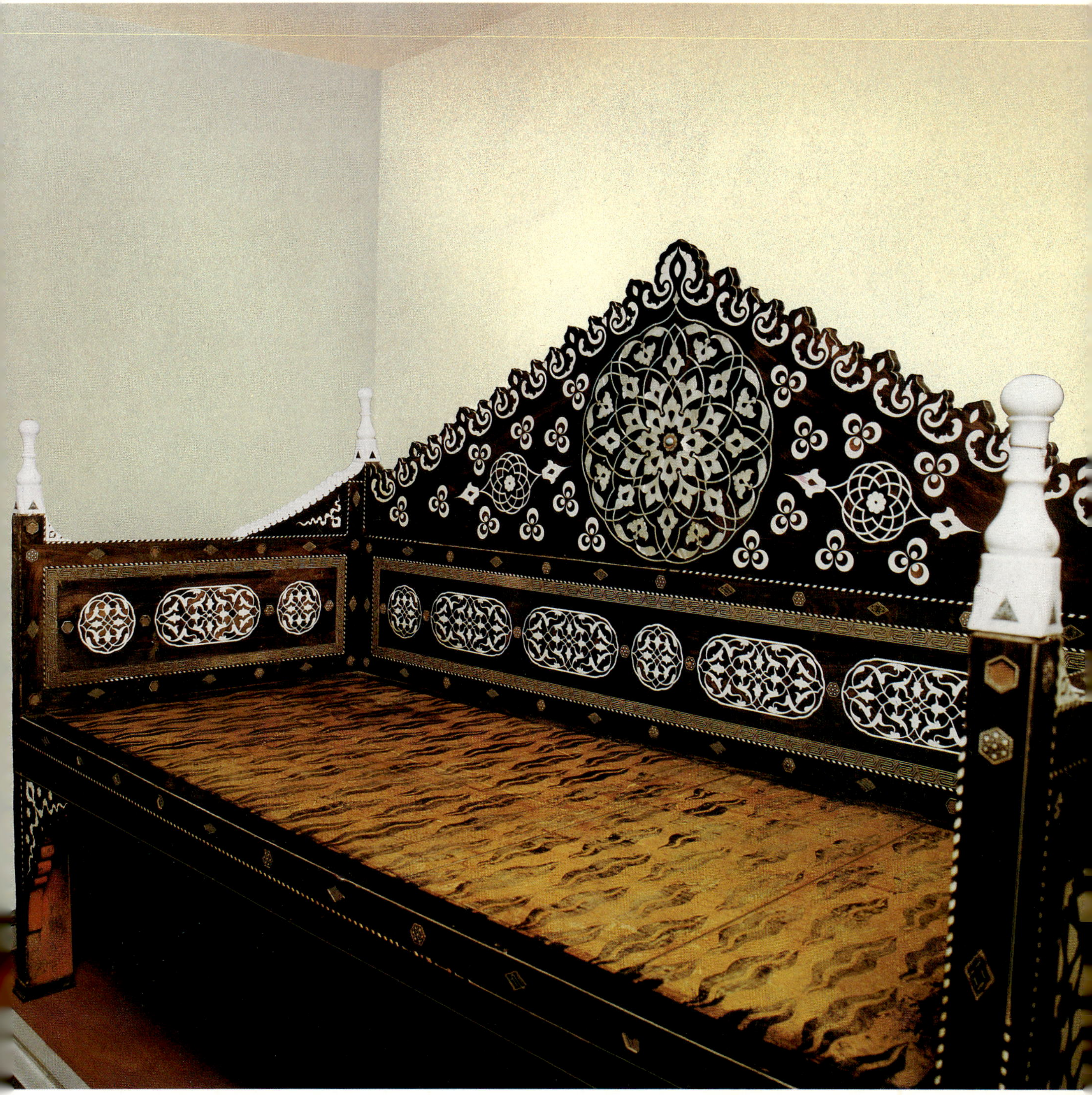

Thron eines Sultans (Kat. Nr. 8/1)

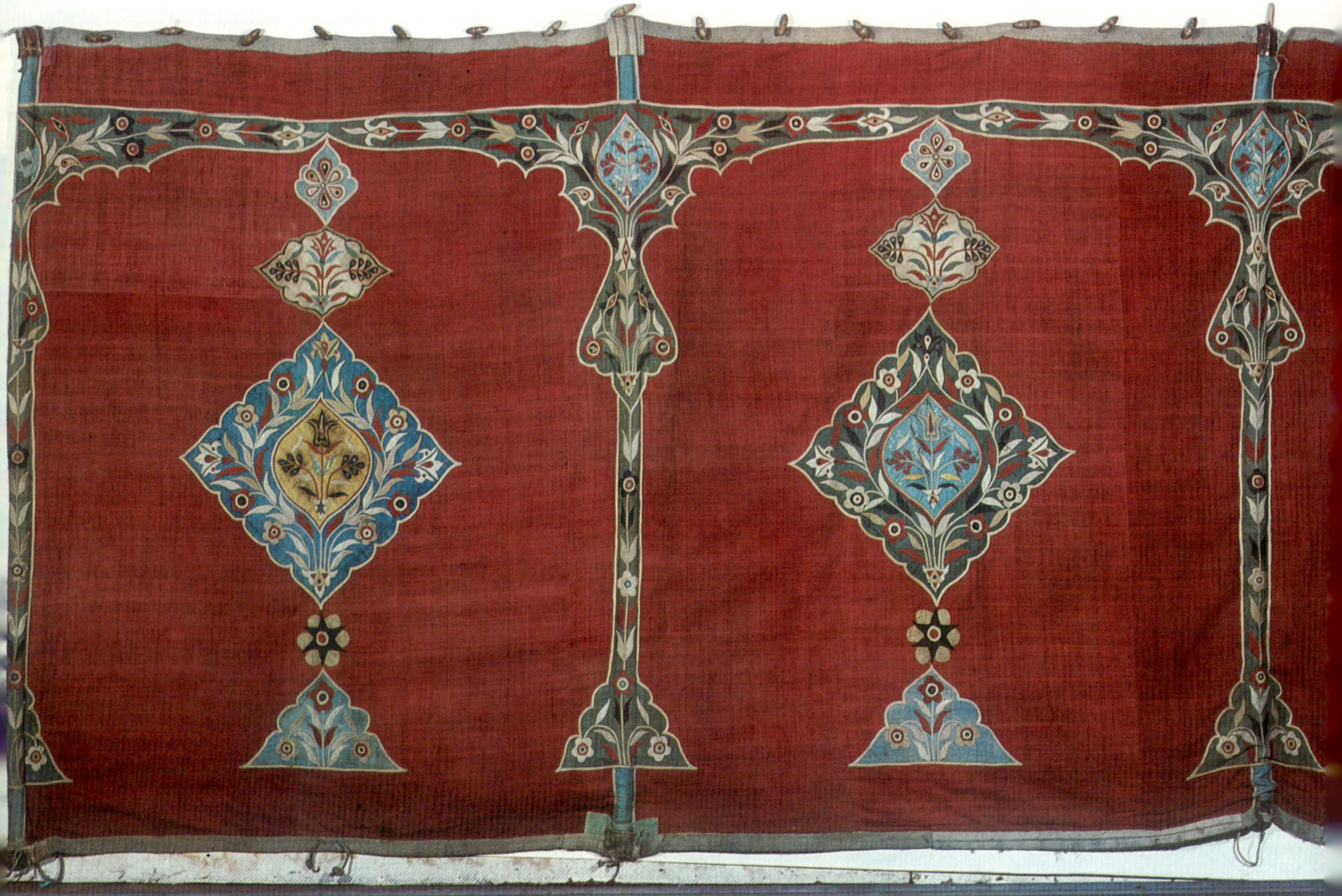

Wandgliederung eines Türkenzeltes (Kat. Nr. 11/1)

4/9
Servietten *(yağlık)*

türkisch, 19. Jh.
a) L 130 cm, B 51 cm
b) L 131 cm, B 47 cm
c) L 89 cm, B 45 cm
d) L 97 cm, B 41 cm
e) L 126 cm, B 43 cm
Material: Leinen, Seidenstickerei, Metallfäden

Edinburgh, Royal Scottish Museum, a) 1975.280, b) 1975.276, c) 1975.285, d) 1975.284, e) 1975.290

Ausgewählte Beispiele polychrom bestickter Servietten:
a) Bordüre an den Schmalseiten mit zweistöckigen Häusern, Brücken und Zypressen. Einfassung durch Goldspitze.
b) Graziöse Sträuße von Nelken und Rosen, gerahmt von einem geschwungenen Blatt.
c) Papageienpaare im Wechsel mit stilisierten Bäumen.
d) Segelschiffe in Wiederholung.
e) Gestreiftes Kamel, geführt von einem Mann. Auf dem Rücken des Tieres wahrscheinlich eine eingehüllte Leiche, die zur Bestattung nach Mekka entsandt wurde.

Lit.: As 1973.39.11, no. 18 (a); no. 1 (b); no. 13 (c); no. 20 (d); no. 16 (e).

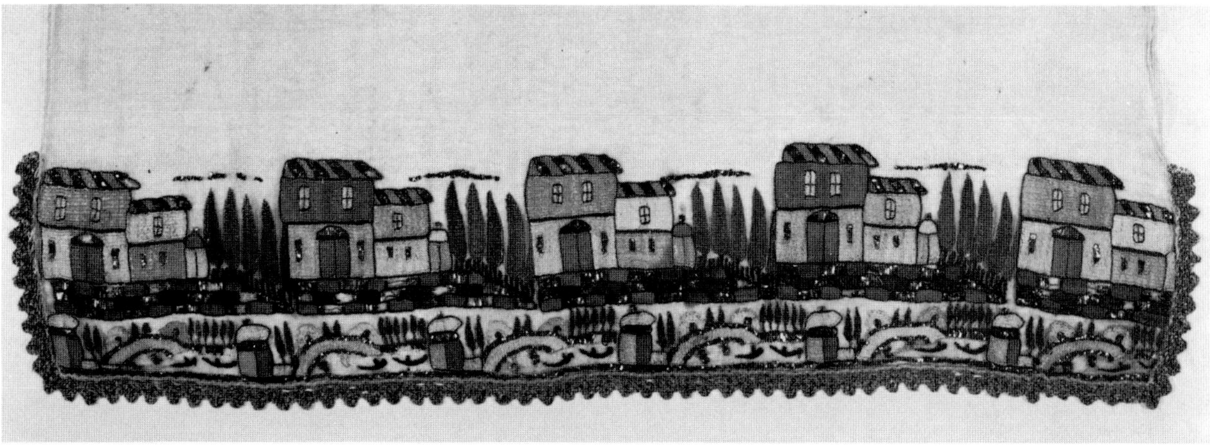

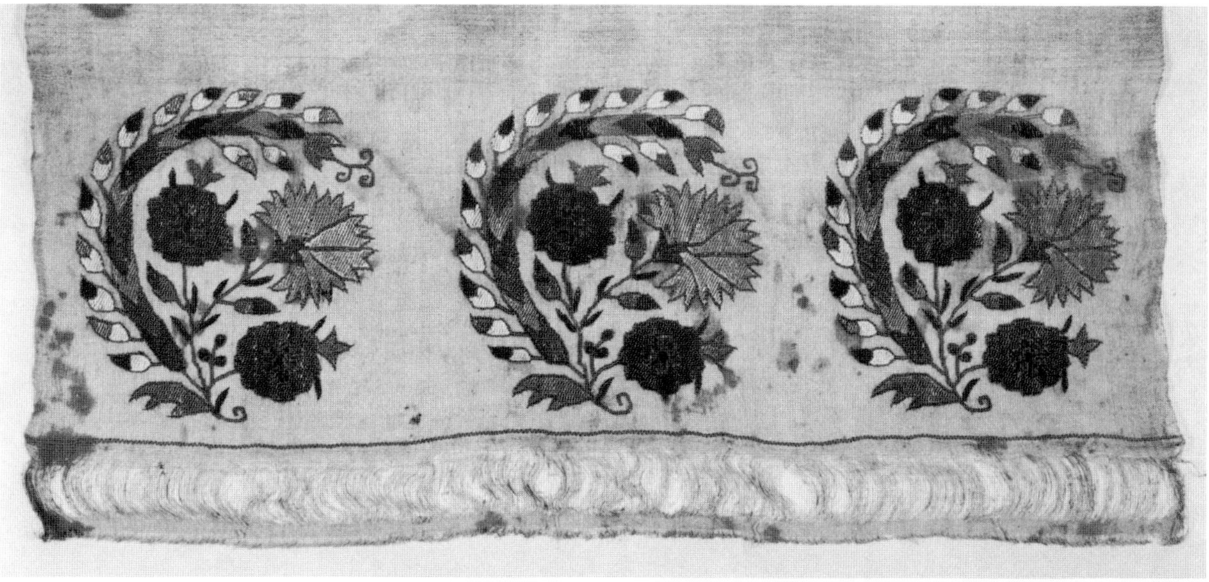

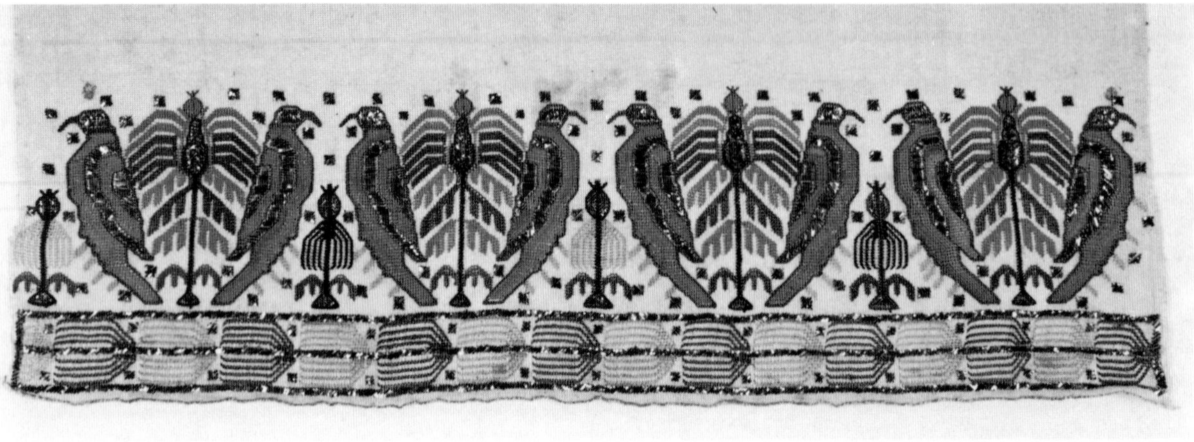

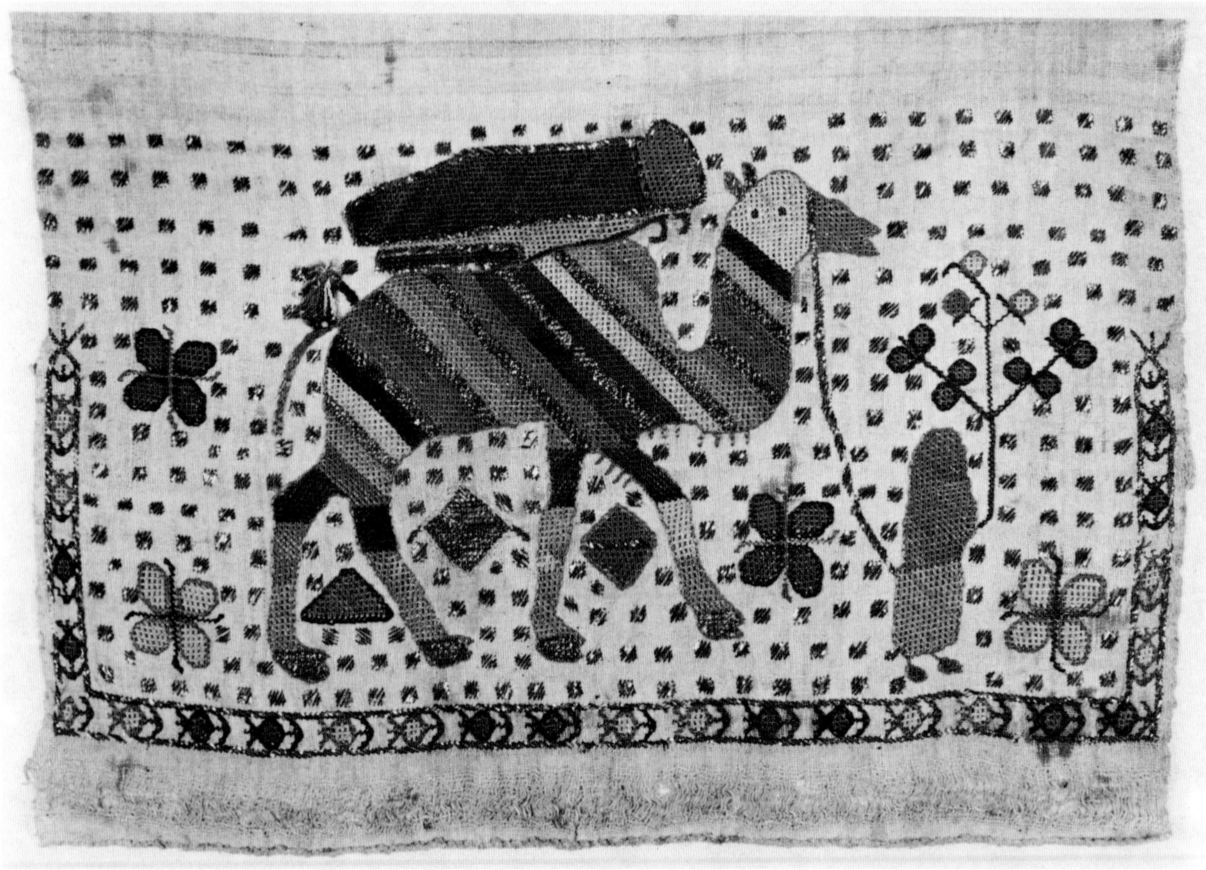

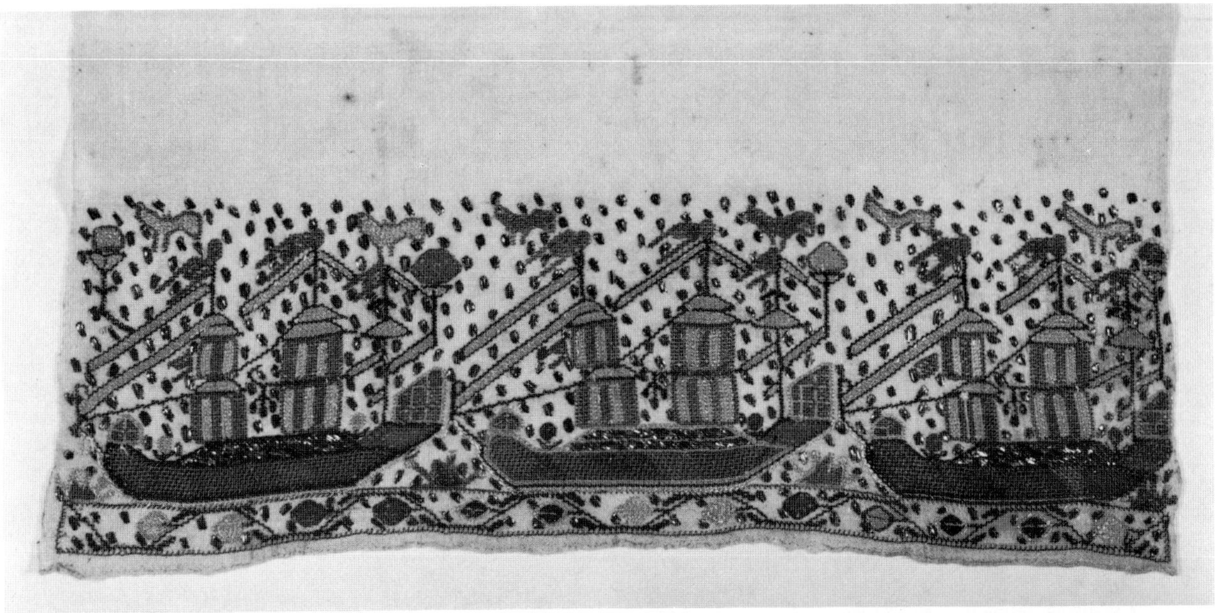

4/11
Porträt Sultan Ahmeds I. (1603–17)

Miniatur, Istanbul
17. Jh.
H 29 cm, B 19,9 cm (mit Rahmen) o. R. H 19 cm, B 12,7 cm
Material und Technik: Malerei mit Mineralfarben auf feinem Karton

Edinburgh, Royal Scottish Museum, 1888.88. fol. 11A

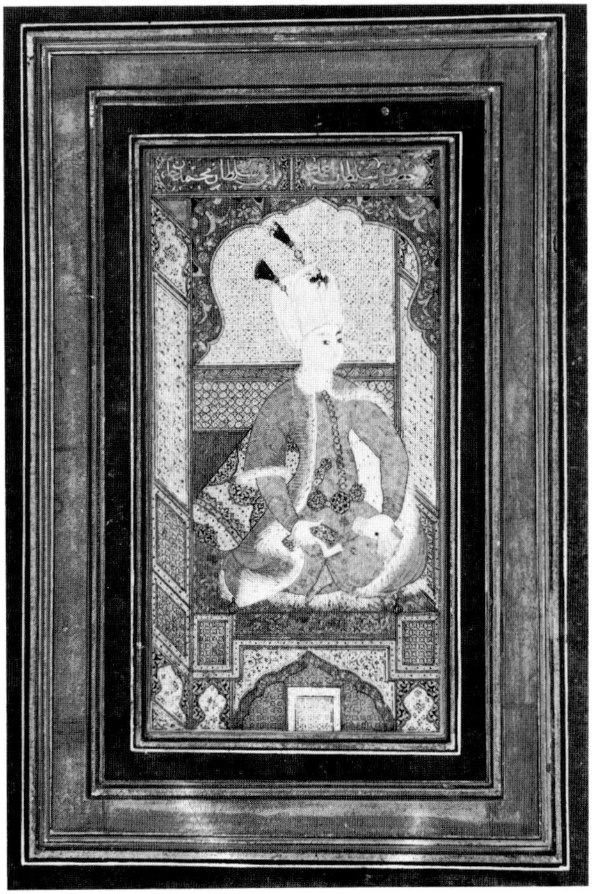

Sultan Ahmed I. sitzt am Fenster eines Köşk, der mit Fliesen und Holzpaneelen reich geschmückt ist. Er wird als hübscher junger Mann mit ansprechenden Zügen und großen Augen gezeigt. Sein elegantes Kostüm ist zweiteilig:

a) ein knöchellanges Untergewand aus türkisfarbener Seide mit silbernen Ranken und goldenen Blättern, bis zur Taille von Goldknöpfen geschlossen. Es wird mit einem üppig verzierten goldenen Gürtel und einem Dolch getragen.
b) Das Übergewand ist aus orangefarbener Seide mit Einschüssen aus Goldfäden gearbeitet und mit Hermelin gefüttert.

Das Zubehör schließt einen weißen Turban mit Agraffen, gelbe Lederstiefel, ein goldgesticktes Taschentuch und ein ledergebundenes Buch ein.
Signatur an der unteren linken Ecke: *Der arme Süleyman.*
Inschrift in zwei Kartuschen oberhalb der Miniatur: *Der gesegnete Sultan Ahmed Han, Sohn des Sultan Mehmed Han.*
Das Porträt gehörte ursprünglich zu einer Ausgabe des *Kıyafet el-insaniye fi şemail el-osmaniye* des Seyyid Lokman, Hofchronist der Sultane Selim II. und Murad III.

Unpubliziert

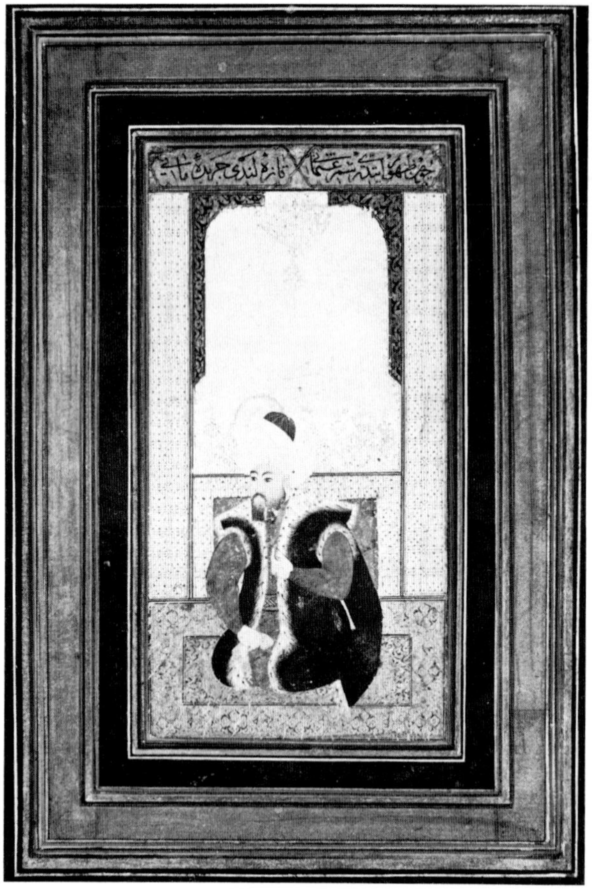

4/12

Porträt Sultan Osmans I. (um 1299–1324)

Miniatur, Istanbul
17. Jh.
H 29 cm, B 19,5 cm (mit Rahmen) o. R. H 19 cm, B 12,7 cm
Material und Technik: Mineralfarben, Malerei auf feinem Karton

Edinburgh, Royal Scottish Museum, 1888.88. fol. 10B

In einem mit Fliesen und erlesenem Rankenwerk dekorierten Raum sitzt Sultan Osman I. auf einem beigegrundigen Teppich mit Arabesken in Karmesinrot und Blau. Dargestellt ist er als bärtiger reifer Mann mit untersetzter Figur. Sein Kostüm besteht aus zwei Gewändern:

a) einer knöchellangen Robe aus dunkelgrauem Stoff, von Hals bis Taille mit Goldknöpfen geschlossen und durch eine goldene Schärpe mit kunstvollem Knoten gehalten.
b) darüber ein Übergewand aus haselnußbraunem Stoff mit überlangen Ärmeln. Die Arme werden durch Schlitze zwischen Schulter und Oberarm gesteckt. Das Gewand hat einen tiefgezogenen Schalkragen und ist mit Hermelin gefüttert. Ein weißer Turban mit roter Kappe und Agraffe, dazu ein goldgesticktes Taschentuch, ergänzten die Kleidung.

Inschrift in zwei Kartuschen am oberen Rand der Miniatur: *Als das Bildnis von Osman sichtbar wurde, erneuerte man das Register des Mani.*

Unpubliziert

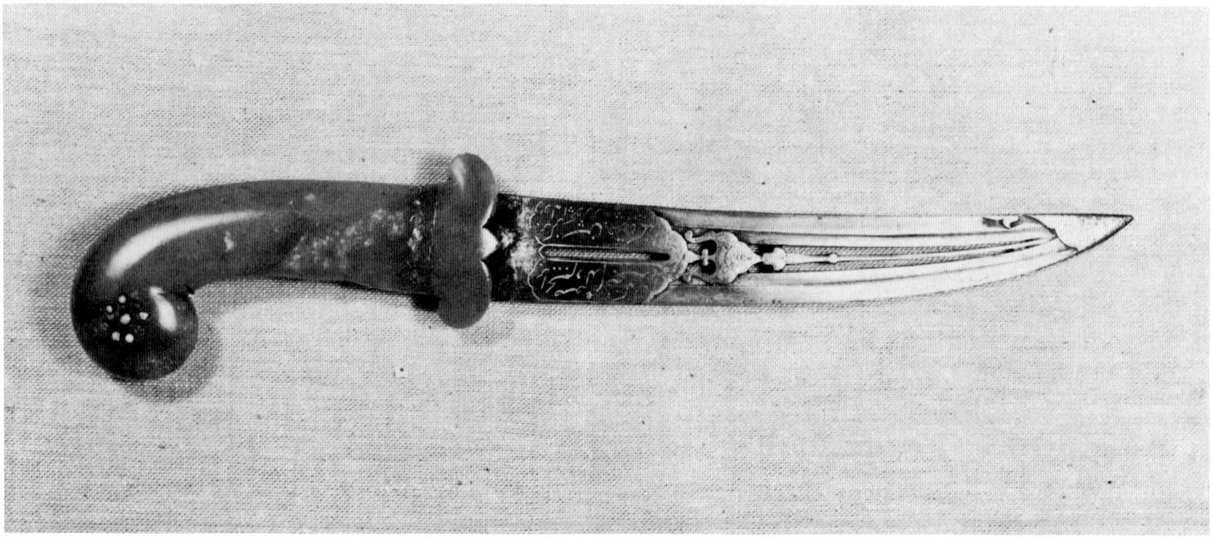

4/13
Zierdolch *(hancer)*
Türkei
spätes 15. Jh. bis frühes 16. Jh.
L 35 cm, L der Klinge 21 cm
Material: Damaszenerstahl mit Goldeinlagen, polierte Jade

Edinburgh, Royal Scottish Museum, 1890.280

Leicht gekrümmte Klinge mit flachem Diamantschliff und durchbrochener Mitte. Am oberen Ende ein ebenfalls durchbrochenes Medaillon, das eine goldtauschierte Inschrift trägt und in einem helmförmigen Motiv aus verschlungenen Arabeskenranken endet.
Pistolenförmiger Griff aus graugrüner Jade.
Die kalligraphische Inschrift gibt die ersten Verse eines Gedichtes *(gazel)* des osmanischen Dichters Necatî (gestorben 1509) wieder.
Die Zeilen lauten wörtlich:
Bir içim su diledüm hancer-i bürranundan
N'ola bir kez içürürsen ne çıkar yanundan
„Ich wünschte mir einen Schluck Wasser von deinem scharfen Dolch. Wie wärs, wenn du mich einmal trinken ließest, was würdest du verlieren?"
Sie können verstanden werden als:
„Ich erflehte ein Zeichen deiner Gunst von deinem durchdringenden Blick. Was würde dir denn abgehen, wenn du mich nur einmal deine Gunst spüren ließest?"
(Übertragung nach John Walsh).
Die Schönheit des Dolches und seine technische Vollendung lassen, zusammen mit der Inschrift A, bei diesem Objekt mehr an ein Zierstück als an eine kriegerische Waffe denken. Osmanische Herren pflegten solche Dolche in ihren Gürtel zu stecken, den sie über dem Kaftan trugen, wie viele Miniaturen überliefern.
Ein vergleichbarer Dolch befindet sich im Topkapı Sarayı Müzesi in Istanbul (Inv. Nr. 2/254). Er gehörte Selim I. (1512–1520), ist 1514 datiert und erinnert mit seiner Inschrift an den Sieg Selims über Schah Ismail von Persien.
Lit.: London 1931, no. 832; Mostra d'Arte Iranica, Rom 1956, Palazzo Brancaccio, no. 462, pl. LXXII; The Arts of Islam, Ausstellung der Hayward Gallery London, Kat. no. 232. (Ro)

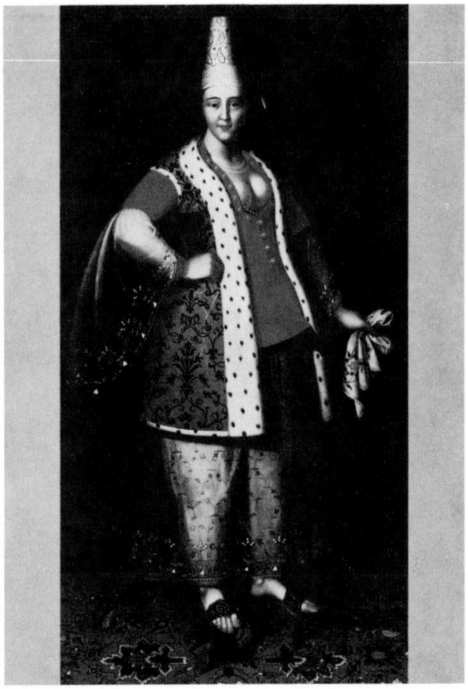

4/14
FARBTAFEL S. 17
Porträt einer Dame in türkischer Kleidung
Umkreis des Jean-Baptiste Van Mour (1671–1737)
Öl auf Leinwand · H 200 cm, B 100 cm

Privatbesitz

Die dargestellte stämmige Dame präsentiert in etwas herausfordernder Haltung ihre kostbare Kleidung.
Über Hosen (*şalvar*) aus geblümter Seide trägt sie ein *gömlek* aus durchschimmerndem Stoff (*bürüncük*) mit Stickerei. Diese Mode ist vermutlich aus Indien gekommen. Ähnlich bestickt sind die Enden des *kuşak*. Sie kommen aus einem hüftkurzen *entari* aus wattiertem *taraklı*-Atlas hervor, über dem ein hermelingefüttertes ärmelloses *yelek* aus italienischer Seide getragen wird. Den Kopf bedeckt der hohe *tarpuş* aus seidenbezogener Pappe. Die bloßen Füße stecken in Badestelzen (Kat. Nr. 4/16), in der Hand trägt die Dame ein blütenbesticktes *çevre.*
Es handelt sich bei der Dargestellten sicher nicht um ein Mitglied aus der Familie des Sultans, da die Damen des Hofes nicht von ausländischen Malern porträtiert werden durften. Es ist eher an ein Mädchen aus dem Kreis von wohlhabenden venezianischen oder auch griechischen Kaufleuten zu denken, die eigene Kolonien in Istanbul bildeten. Die kostbare Kleidung und der Schmuck lassen Reichtum erkennen, das freigiebige Dekolleté entspricht der Mode der Zeit, wie gleichzeitige Trachtenalben überliefern (Kat. Nr. 4/15) (Ro)

Unpubliziert

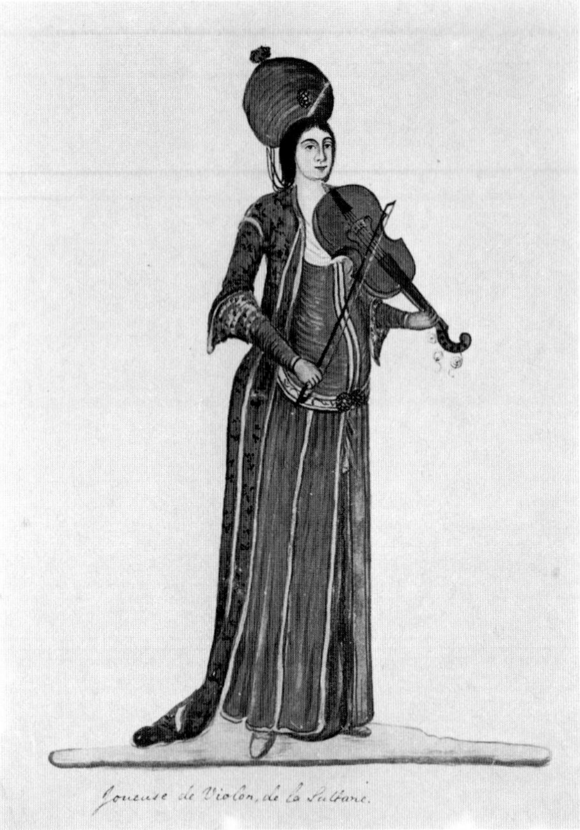

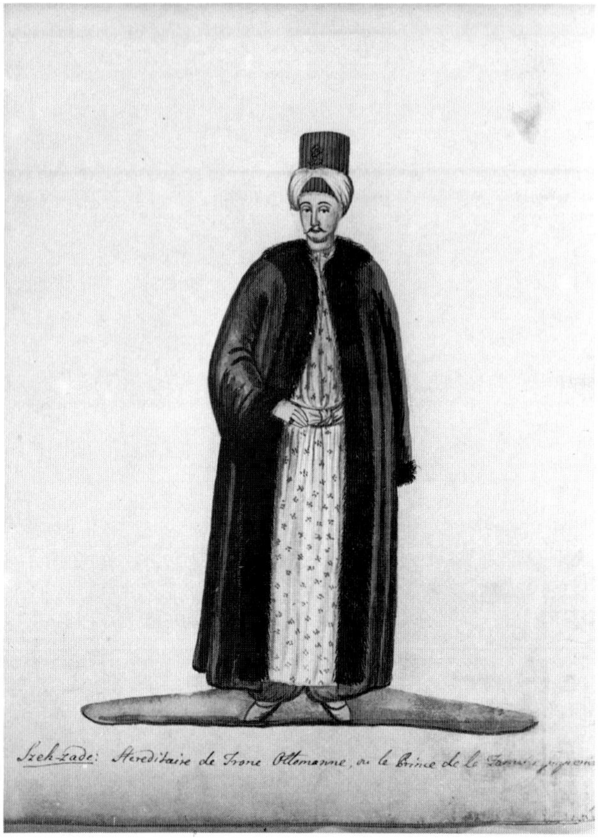

4/15
Europäisches Album türkischer Kostüme

2. Hälfte 18. Jh.
208 Temperazeichnungen auf Papier, brauner Ledereinband
Folioformat 46 x 34 cm

Istanbul, Deutsches Archäologisches Institut

Das Titelblatt trägt die Beschriftung: „Les Portraits des Differens habillemens qui sont en Usage à Constantinople et dans tout la Turquie". Ein winziger Vermerk könnte ein Hinweis auf den ursprünglichen Besitzer des Buches sein, „De la Biblioteque de Kappus Pichelstein". Ein Mitglied dieses Adelsgeschlechtes aus der Krain hatte sich durch die Mitfinanzierung der Türkenkriege einen Namen gemacht. Im Besitz der Familie sollen sich insgesamt 12 Alben mit türkischen Kostümen befunden haben. Die Zeichnungen selbst sind von verschiedenen Händen in unterschiedlicher Qualität ausgeführt; die einheitlichen, von Sachkenntnis zeugenden Beischriften hingegen deuten auf einen in Istanbul ansässigen Levantiner hin.
Die 208 Abbildungen wollen anhand der differenzierten Bekleidung einen Überblick über die osmanische Gesellschaft der Zeit vermitteln. Durch sinnvolle Anordnungen hat man sich bemüht, die hierarchischen Strukturen aufzuzeigen, beginnend mit dem Herrscher, den Würdenträgern des Staatsapparats und den Hofchargen. Während viele Alben in der Darstellung der Pagenkostüme oder militärischer Uniformen schwelgen, sind hier interessanterweise auch die unteren Klassen, vor allem innerhalb des städtischen Milieus, mit einbezogen, so daß man auch Oblatenverkäufer und Gaukler in Aktion sieht. Kulturhistorisch relevant sind zudem die mitabgebildeten Gegenstände wie Musikinstrumente, Schreibgerät etc. oder gar die Reisesänfte einer wohlhabenden Osmanin. Auch die unterschiedlichen Nationalitäten innerhalb des Vielvölkerstaats kommen nicht zu kurz. Begebenheiten des Alltags, wie das Abholen der Reiskessel durch die Janitscharen, werden in kleinen Szenen geschildert.
Bilder, die aus der bis ins 18. Jh. allgemein als heidnisch aufgefaßten türkischen Welt stammten, waren schon früh auf Interesse gestoßen, vor allem der geheimnisumwitterte Palast des Großherrrn und der nicht zugängliche Harem entzündeten die Phantasie der Europäer. Seit der zweiten Hälfte des 16. Jh. hatten Gesandte vielfach ihre eigenen Zeichner dabei, die serienmäßig Kostümblätter anfertigten, wie Nicolas de Nicolay (1551) und Melchior Lorich (1559). Auch einige Alben des 17. Jh. in polnischem Besitz weisen sich durch hohe Qualität der Information und der Wieder-

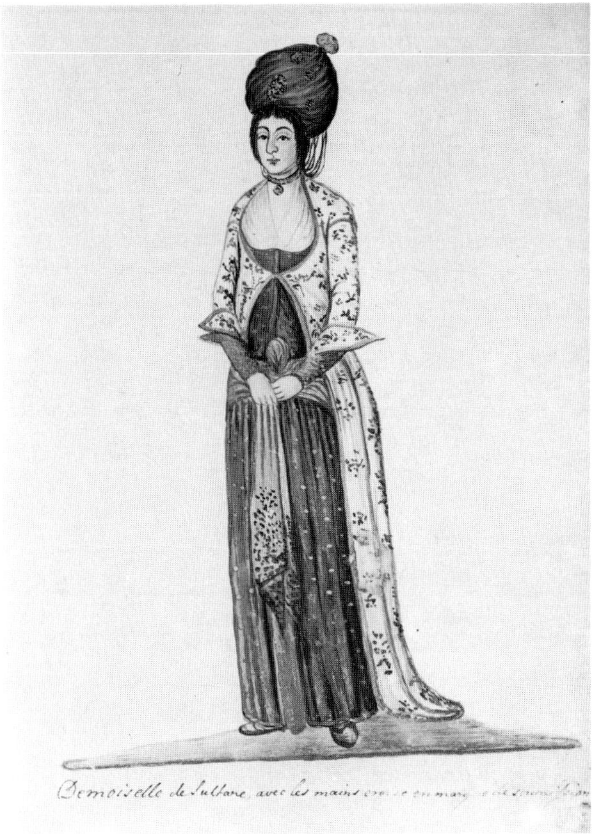

gabe aus. Nicht immer waren die Künstler, wie im vorliegenden Fall, Europäer. Parallell mit den auch bei den Osmanen immer beliebter werdenden Einzelstudien etwa eines Levnî, der den Höhepunkt seines Schaffens zwischen 1720 bis 1730 erlebte, produzierten türkische Maler ganze Serien von Blättern mit den verschiedenen Kostümen der Nationalitäten innerhalb des Osmanenreichs. Hauptabnehmer waren vor allem Europäer, die jetzt immer zahlreicher die Hauptstadt besuchten. Im 18. Jh. fallen, wie auch in der Reiseliteratur, Abhängigkeiten der westlichen Maler untereinander auf. Eine vorgegebene Typik wird selten durchbrochen, man sah nur, was man gelesen oder sich als Zeichnung, Stich etc. vorher visuell angeeignet hatte. Den offenen Blick für die Wirklichkeit erreichte in dieser Zeit vor allem Mouradgea d'Ohsson in seinem „Tableau général de l'empire ottoman", Paris 1787 und 1790, das teilweise wie ein Trachtenalbum anmutet. Er beschreibt freimütig, mit welchen Tricks er die Türken überrumpelte, damit sie sich abbilden ließen. Aus der Vielzahl der Kostümwerke ragen auch diejenigen Alben heraus, die vom Sultan für den preußischen Gesandten Heinrich Friedrich von Diez (1784–91 in Istanbul) in Auftrag gegeben worden waren.

Lit.: Tuchelt 1966. (Bi)

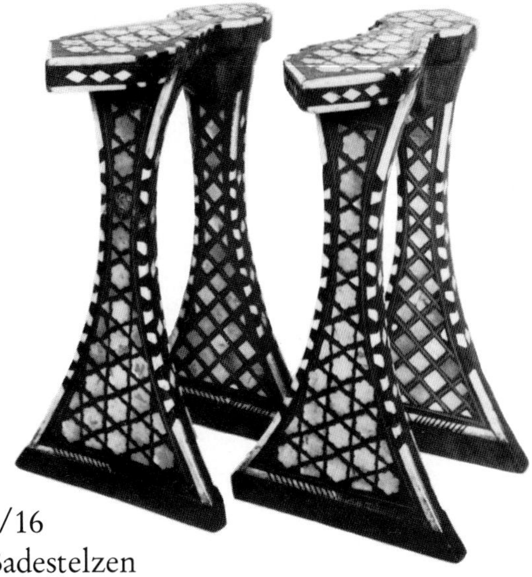

4/16

Badestelzen

Türkei, 19. Jh.
H 33 cm · Holz mit Elfenbein- und Perlmutteinlagen

Köln, Orientalisches Seminar der Universität, Max Freiherr von Oppenheim Stiftung Inv. Nr. 2403 (654)

Hölzerne Stelzschuhe, die auch noch verzierte Riemen zur Befestigung besaßen, wurden vor allem in den Bädern *(hamam)* getragen, um den Kontakt mit dem heißen Fußboden zu vermeiden. Man trug sie aber auch im Haus, wie auf dem Bildnis einer Dame in türkischer Kleidung (Kat. Nr. 4/14) zu sehen ist. (Ro)

Unpubliziert

4/17

Fächer

Türkei, Anfang 19. Jh · Elfenbein, Ziegenleder, Stoff

Offenbach, Deutsches Ledermuseum, 12172

Gedrechselter Griff, Gelenk und seitliche Halterung aus Elfenbein. Fächerteil aus gefaltetem Ziegenleder mit farbiger, teilweise vergoldeter Musterbordüre mit Schriftzeichen. Bandschleife am Griff. Der Typus dieses Fächers, der zu einem vollen Kreis aufgeschlagen werden kann, ist sonst nur mit Straußenfedern überliefert. (Be)

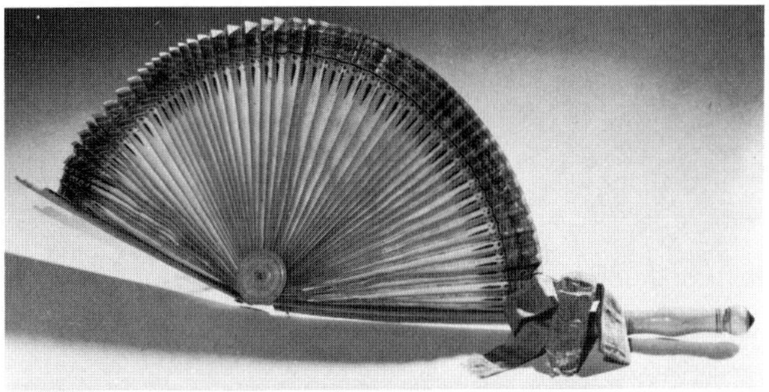

OSMANISCHE STOFFE UND KOSTÜME

Die Glanzstücke der osmanischen Textilkunst verblassen keineswegs neben den Hauptwerken der Keramik, der Buchmalerei und anderer Künste. Will man ihre Entwicklung und Besonderheiten in Gestalt einer flüchtigen Skizze einfangen, zwingt die Fülle der Produkte auch rein zweckdienlicher oder ethnographischer Natur zunächst zur Einengung auf ein Grundmaterial: die Seide.

Im 3. Jh. aus China kommend und in den Geheimnissen ihrer Herstellung unter den Sassaniden eifersüchtig bewacht, gelangte die Serikultur nicht etwa mit den Seldschuken, welche die Rohseide, Technik und Dekorationsprinzip aus dem nahegelegenen Iran importierten, sondern erst im Laufe des 16. Jh. als Folgeerscheinung der kriegerischen Auseinandersetzungen nach Anatolien. Zwar war Marco Polo bei seiner Rückreise aus China (1271–1272) dort die extensive Seidenweberei ins Auge gefallen, jedoch ist von den Textilien der Rum-Seldschuken noch weniger als von der übrigen Kleinkunst erhalten. Nur ein Seidenfragment – heute im Musée Historique des Tissus, Lyon – weist Sultan Ala ed-din Kaykobad (1220–1237) als Auftraggeber aus. Von Perlkreisen umschlossene Löwenpaare lassen noch als ikonographisches Vorbild die sassanidischen Stoffe ahnen.

Vom Glanz des byzantinischen und iranischen Hofzeremoniells verführt, ließen zunächst nur die osmanischen Herrscher trotz des koranischen Verbotes Seidengewänder für ihren persönlichen Gebrauch anfertigen. Sie werden in den Quellen recht vage beschrieben; erhalten ist nur ein Fragment mit Streifenmusterung.

Gegen Ende des 14. und zu Beginn des 15. Jh. mögen neben Fahnen *(sancak, alem)* auch seidene Stoffe für den Wohnbereich in Form von Decken und Kissenhüllen eine Rolle gespielt haben. Eindeutig belegbar ist jedoch nur ein Utensil des iranischen Hofzeremoniells, die *payendaz*, lange Stoffbahnen, über die der Padischah hinwegschritt und die, wie auf späteren Miniaturen zu sehen, als Absperrung dienten, wenn er den Palast verließ. Auf diese Weise sollte eine Aura der Unnahbarkeit um den „Schatten Gottes auf Erden“ geschaffen werden, eine Vorstellung, die im Laufe der osmanischen Epoche konsequent weiterentwickelt wurde bis hin zur fast völligen Entrückung des Sultans von den Untertanen.

Neben den gemusterten Seiden haben bei der Zeremonialkleidung der hohen Hof- und Staatsbediensteten und des Herrschers selbst immer auch kostbare einfarbige Stoffe eine große Rolle gespielt. Anhand des im Serail aufbewahrten Materials, und der die Kleidervorschriften regelnden Kanunnames, von Abbildungen auf Miniaturen und den zahllosen Schilderungen europäischer Reisender und Diplomaten lassen sich vor allem drei Arten von Stoffen herauskristallisieren:

Für die Sultane, Prinzen und ranghohen Mitglieder des Hofstaates und des Staatsapparates ein schwerer Seidensatin, seit dem 15. Jh. mit der Bezeichnung *diba-ı Rum*, später unter dem Begriff *atlas* geführt. Die leichtere Variante heißt *canfes*.

Hinzu kommen steife Seiden in Taftbindung *tafta* vornehmlich für die Kaftane des Padischah.

Für die Kostüme der hohen Ulemas, wie zum Beispiel des Şeyhülislam und der beiden Kaziasker, denen das Tragen von seidenen Stoffen und die Benutzung von Gebrauchsgegenständen aus Gold wie Uhren und dergleichen verboten war, diente ein feiner Wollstoff *sof.* Die Wolle wurde nicht geschoren, sondern ähnlich wie bei der Kaschmirwolle aus dem Vlies der lebenden Angoraziege, die in der Gegend des heutigen Ankara gezüchtet wurde, herausgekämmt und versponnen.

DIE OSMANISCHEN TEXTILMUSTER: MITTLER ZWISCHEN OST UND WEST

Zu den wenigen Stoffen, die sich in das ausgehende 15. Jh. datieren lassen und die Hochblüte der osmanischen Webkunst einleiten, gehören einige Samte und Flachgewebe, deren Mustereinheit aus drei pyramidal angeordneten Tupfen besteht: ein Motiv, das von irakischen Stoffen des 9. Jh. bekannt ist, dann als Wappen Timurs galt und seit seldschukischer Zeit den Namen *benekli*, d. h. „mit den Flecken einer Raubkatze“, trägt. Es wurde mit der Bekleidung aus Tierfellen der frühen Könige und Helden im

Schahname, dem iranischen Nationalepos, assoziiert. Das gleiche gilt für die ebenso beliebten Tigerstreifen, die zum Kostüm des starken Recken Rustam gehören. Noch Murad IV. (1623–1640) kleidete sich anläßlich seiner triumphalen Rückkehr nach einem Sieg über die Iraner trotz der Proteste der Geistlichkeit wie ein altiranischer Herrscher. Er ersetzte gar den weißen Turban, Kennzeichen des muslimischen Osmanen, durch einen vergoldeten Helm mit einem an ein Diadem erinnernden Stirnband.

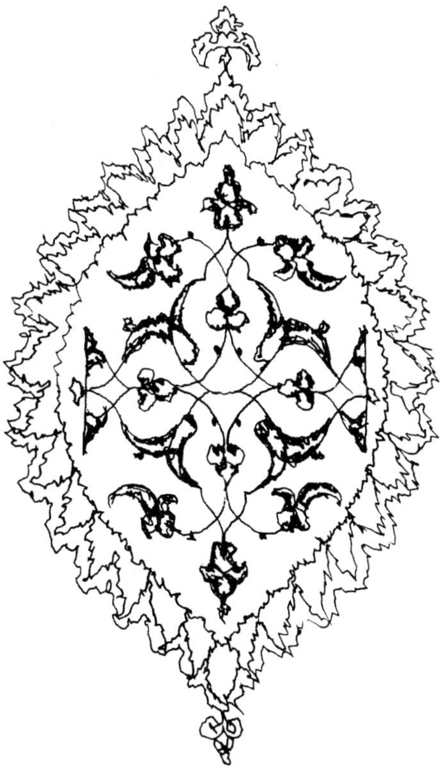

Die das 16. und beginnende 17. Jh. beherrschenden Spitzovale sind weitgehend eine Fortsetzung mamlukischer Stoffe. Die versetzte Aneinanderreihung von Lotosblüten auf chinesischen Damasten des 13. und 14. Jh. wurde durch Stege zu einem Rautensystem verbunden, wobei sich auch gegenläufige Ranken überlagern können (Kat. Nr. 5/11 und 5/12). Besonders diese Stoffgruppe steht wie keine andere in enger Wechselbeziehung zur gleichzeitigen italienischen Seidenweberei. In Anbetracht der Tatsache, daß schon eine Urkunde aus der Zeit Orhans (ca. 1324–1360) über die Anwesenheit genuesischer Händler im Seidenzentrum Bursa Auskunft gibt, ist dies nicht verwunderlich. Mehmed II. (1444–1446, 1451–1481) favorisierte aus politischen Gründen die Florentiner; später wurde vor allem venezianischer Einfluß dominierend. Der Austausch geht weit über eine wechselseitige Adaption einzelner Elemente des Musterkanons wie Artischocken, Nelken, Kronen und dergleichen hinaus. Neben regelrechten Auftragsarbeiten, die nach präzisen Anweisungen des osmanischen Hofes in Venedig ausgeführt wurden, imitierte man in Bursa die italienischen Textilien *(Bursa işi frengi kemha* und *Bursa işi frengi çatma*, d. h. in Bursa hergestellter ausländischer Lampas und Samt) (Kat. Nr. 5/5). Oft können nur materialtechnische Untersuchungen das Problem Venedig oder Bursa erhellen. Die osmanischen Weber verwendeten für die Metallbroschierungen einen fast reinen Silberlahn, der im Gegensatz zum mit Kupfer legierten Silberlahn der Italiener im Laufe der Zeit fast völlig verrottet ist. Da die großflächigen Stoffmuster mit ihrer oft kühnen Linienführung einer Weiterverarbeitung zu enganliegender europäischer Kleidung wenig adäquat schienen, gelangten erbeutete osmanische Textilien meist in Kirchenbesitz und wurden zu liturgischen Gewändern wie Kaseln und Pluvialen umgeschneidert.

Einige Kaseln im Besitz russischer Museen, deren Stoff speziell für den Export hergestellt worden war, zeigen eindeutig Muster mit christlicher Ikonographie wie Heiligenporträts etc. 1548 bestellte ein unbekannter Pole bei einem Kaufmann der Pforte gar einen *haçlu kumaş*, also einen Stoff mit Kreuzen. Ebenfalls für den europäischen Markt bestimmt war eine Vielzahl von Samtpanneaux, deren Verwendung innerhalb eines orientalischen Wohnhauses sinnlos wäre, meist im Quatre-fleurs-Stil, einer Reduzierung des reichen Formenschatzes osmanischen Blütendekors auf Tulpe, Nelke, Rose und Hyazinthe (Kat. Nr. 5/10).

Von der neueren Forschung in die 2. Hälfte des 16. Jh. datiert werden die beiden ursprünglich Sultan Bayezid II. (1481–1512) zugeschriebenen Kaftane im sog. Saz-Stil (von osm. *saz*, der Rohrfeder des Musterzeichners (Kat. Nr. 5/1). Der eine Kaftan weißgrundig, der andere mit nougatbraunem Fond (*sürmeli*, d. h. von der Farbe der Augenschminke), stellen sie den Höhepunkt der osmanischen Textilkunst dar. Neben der um mehrere Zwischentöne erweiterten Farbpalette sind vor allem die langgeschwungenen Fiederblätter im Kontrast zu den in Aufsicht oder Querschnitt gezeichneten Rosetten und Lotosblüten bestimmend. Wie bei der Keramik gibt es bei dieser Stoffart auch eine Variante in Blau-Weiß. Als Vorlage dienten den Webern vermutlich Kartons aus der Hand eines Musterzeichners *(nakkaş)*, die ebenso in Fliesendekor, Buchmalerei etc. umgesetzt werden konnten. Im Topkapı Sarayı ist eine Stickvorlage für einen Kragen erhalten, der ähnlich wie bei der mongolischen Schulterdecke mit zwei Spitzen auf den Ärmeln und den beiden anderen Spitzen jeweils auf Brust und Rücken eines Gewandes appliziert werden sollte.

Während der 1. Hälfte des 17. Jh. wurden die Spitzovale durch ein weiteres ursprünglich aus China stammendes Kompositionsschema in den Hintergrund gedrängt. Es sind diagonal oder vertikal geführte Wellenranken, aus denen Blüten und gefiederte Blattformen in schwungvoller Gegendrehung abzweigen (Kat. Nr. 5/6). Nach Europa gelangt, wurde die Wellen- oder Schrägranke in Lyon zu einem der beliebtesten Motive auf den Seidenstoffen des Rokoko.

Im Laufe des Jahrhunderts wurden dann die großen Rapporte zugunsten kleinteiligerer, komplizierter Muster aufgegeben. An die Stelle der vormals auf wenige stark kontrastierende Farben wie Karmesinrot, Ecru, Grün und Blau beschränkte Skala treten gebrochene Pastelltöne. Hellbraun, Pistaziengrün, Aprikosen- und Honigfarben (*aselî*) heißen die neuen Favoriten.

Der Impuls hierzu ging von Stoffen des safawidischen Iran aus. Allerdings bleibt die Darstellung von Menschen auf Textilien – bei Tieren werden gelegentlich Ausnahmen gestattet, einige Fragmente im Saz-Stil zeigen Vögel und Fische – völlig ausgeklammert, ganz im Gegensatz zu den iranischen Samtbrokaten, die kleine Szenen aus Geschichten und Mythen wiedergeben.

Gegen Mitte des 17. Jh. machte sich im höfischen Bereich ein gewisser Überdruß an den traditionellen Mustern bemerkbar. Murad IV. (1623–1640) gab im Jahre 1631 laut Liste des *terzibaşı*, des Chefs der Palastschneiderei, 133 Gewänder für seinen persönlichen Bedarf in Auftrag, von denen nur zehn gemustert waren.

Man experimentierte mit neuen Textiltechniken. Durch in Blindpressung aufgebrachte Zierelemente wie Salomonssiegel, Halbmonde und stilisierte Ro-

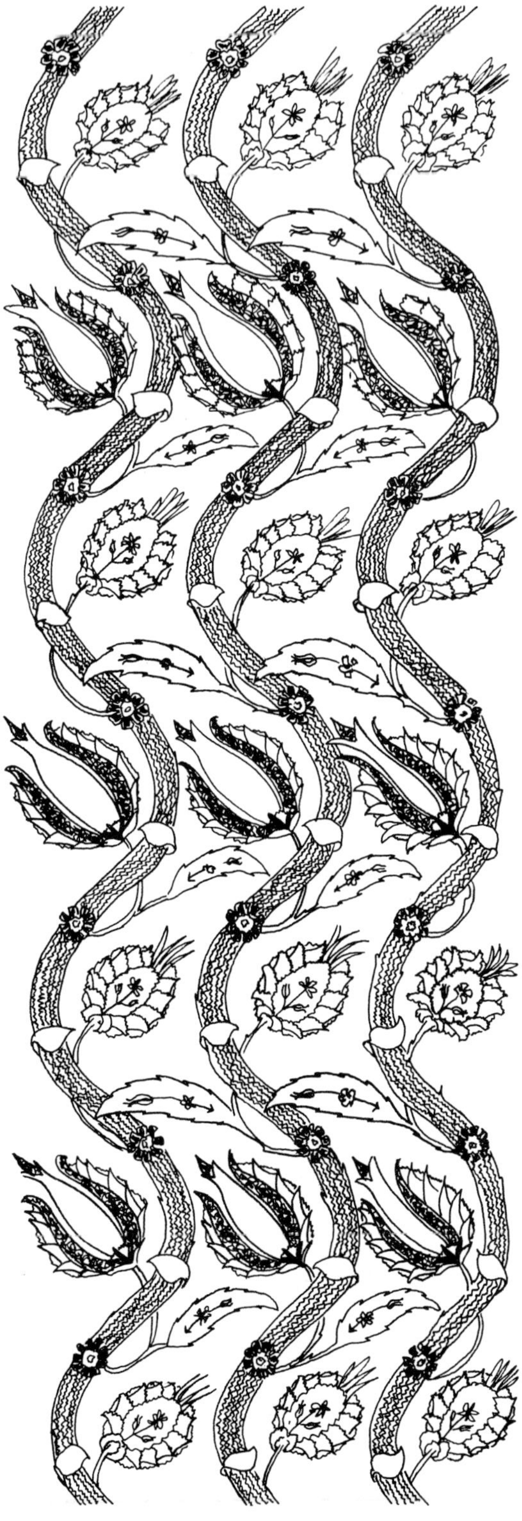

setten wurde die Oberfläche unifarbener Satinstoffe belebt (*taraklı atlas*).
Bevorzugtes Material für Kaftane, die von Sultanen und Prinzen zu Ereignissen außerhalb der Paläste angelegt wurden, ist der schon seit der Zeit Süleymans I. (1520–1566) bekannte Moirérips (*gezi*), uni oder gemustert (Kat. Nr. 5/17). Eine Ton-in-Ton-Struktur des Stoffes wird erreicht, indem zwei befeuchtete Bahnen nach dem Webvorgang übereinandergelegt und mit erhitzten Metallzylindern stark gegeneinander gepreßt werden. Durch den Druck und die verdampfende Feuchtigkeit entstehen dabei flachgepreßte und wellenförmige Musterpartien, die das Licht verschieden reflektieren.
Die versetzt angeordneten Blütenstauden indischer und persischer Importstoffe und Teppiche wurden etwa seit den 80er Jahren des 17. Jh. umgeformt, indem man die fremden floralen Elemente durch die typisch osmanischen Blumen ersetzte.
Die Epoche Ahmeds III. (1703–1730), gekennzeichnet durch eine Renaissance auf allen Gebieten des Kunsthandwerks, versuchte auch mit historisierenden Stoffmustern, wie großformatigen Spitzovalen und Wellenranken, die Glanzzeit des Reiches noch einmal heraufzubeschwören. Der Trend ging jedoch in Richtung der kleinteiligen Streifenmusterung. Es entsprach der europäischen Begeisterung für alles Türkische, die darin gipfelte, daß die Aristokratie sich mit Vorliebe im legeren Kostüm „alla turca" porträtieren ließ, eine Europamode in den Ländern des Orients. So ist der Einfluß der Seidenstoffe aus Lyon nicht zu übersehen. Die Spitzenprodukte des ausgehenden 18. Jh. und der 1. Hälfte des 19. Jh. gehören zur Gruppe der Selimiyestoffe, die nach den Selimiye-Kasernen in Üsküdar benannt sind, in deren näherer Umgebung sich schon vor der Errichtung der Gebäude unter Selim III. (1789–1807), vermutlich seit der Zeit Mahmuds I. (1730–1754), einige Werkstätten etabliert hatten. Sie belieferten den Hof, nachdem die Produktion der Palastwebereien zum Erliegen gekommen war. Das berühmte Gemälde Jean Etienne Liotards in der Sammlung der Sultansporträts innerhalb des Topkapı Sarayı zeigt Selim III. in Kaftan und Schärpe dieser Stoffart. Beide Kleidungsstücke werden im Palast aufbewahrt.
Die metallbroschierten, bis zu zwölf Farbtöne enthaltenden Textilien versuchen zwar alte Zierelemente (Wolkenbänder, Blüten, Blattranken, Muscheln) wiederzubeleben, erwecken aber durch die vertikale Gliederung der charakteristischen schwarz-weißen Schachbrettstreifen (*satranç*) den Eindruck europäischer Stoffe des Rokoko und des Biedermeier. Nachdem die Streifen fortgelassen wurden, degenerierten die alternierenden floralen Gebilde zu undefinierbaren tupfenartigen Formen (Kat. Nr. 4/4). Nicht zuletzt hat die Kleiderreform Mahmuds II. (1808–1839), die durch Einführung westlicher Uniformen die Zeremonialgewänder überflüssig gemacht hatte, der Kreativität auf diesem Gebiet ein sich schon lange abzeichnendes Ende bereitet.
Neben den Selimiye-Stoffen sind einige Produkte karamanischer Herkunft noch erwähnenswert – ein Musterbuch mit Abbildungen und schriftlichen Anweisungen für die Weber befindet sich im Victoria and Albert Museum in London. Ähnlich wie diese weisen die karamanischen Seiden die für die Spätzeit üblichen Streifen und Blüten auf, jedoch in eckigerer Zeichnung und satterer Farbgebung (Kat. Nr. 4/5).
Die Werkstätten in Hereke arbeiteten nicht mehr mit den alten Zugwebstühlen, sondern mit dem aus Frankreich eingeführten Jaquard-Prinzip, bei dem die Musterbildung mit Hilfe einer mechanischen Vorrichtung (Nadeln, Lochkarten) erfolgt. Hier wurden noch bis ins Jahr 1930 die traditionellen Muster „nachgewebt".
Als Datierungshilfen für gemusterte Textilien dienen, neben Vergleichen mit Keramik, Teppichen, Buchmalerei und Papier, falls die dazugehörigen Schreiben noch vorhanden sind, die *karitas*, das sind Säckchen aus Stoff zur Aufnahme von Briefen. Die meisten dieser Hüllen stammen aus dem 17. Jh. und sind aus türkischen und krimtatarischen Geweben angefertigt. Die großherrlichen Schreiben wurden in Karitas aus Brokat verschickt (Kat. Nr. 5/14), die der Großwesire und anderer Würdenträger aus rotem oder weißem Atlas.

HERSTELLUNGSORTE, TECHNIKEN, HANDEL

Frühe osmanische Quellen erwähnen für die Regierungszeit Murads I. (1360–1389) die Stadt Alaşehir als Produktionsort für Ehrengewänder und Fahnen aus roter Seide.
Da das Seidenzentrum Bursa bis in die Mitte des 16. Jh. auf den Rohseidenimport aus der iranischen Provinz Gilan angewiesen war, entwickelten sich entlang der kürzesten Karawanenroute Erzurum-

Erzincan-Tokat-Amasya-Bursa kleinere Produktionszentren. Die Errichtung eines *bezzazistan* unter Orhan (ca. 1324–1360) hatte zur Etablierung persischer Kaufleute in Bursa geführt, während die eigentliche Gilde (*hirfet*) der Seidenweber (*dokumacı*), neben den Juwelieren und Schwertfegern die angesehenste innerhalb der Handwerkerschaft, sich in der Mehrzahl aus Einheimischen muslimischen Glaubens zusammensetzte.
Gleichzeitig unterhielten italienische Handelskompanien ihre Faktoreien an Ort und Stelle, kauften auf, was an Rohmaterial zu erhaschen war, und sorgten für den regen Austausch italienischer und osmanischer Stoffe. Seit 1558 wurde die lokale Seidenraupenzucht in der Region gefördert. Sie erfuhr im Laufe der Zeit eine derartige Steigerung, daß sie im 19. Jh., als der europäische Bestand an Seidenraupen durch eine Seuche stark dezimiert war, diesen fast völlig ersetzen konnte.
Ab dem 15. Jh. produzierte Bursa, das schon unter byzantinischer Herrschaft für seine Seiden bekannt war, einfache Samtstoffe (*kadife*) und Atlas, dessen Fertigungstechnik nach China weist, wie auch die geringen Breiten osmanischer Webstühle, die zwar sehr lange Formate herstellen konnten, aber über die Standardbreite von ca. 65 cm niemals hinaus gingen. Die persischen und italienischen Textilien besitzen dagegen völlig unterschiedliche Abmessungen. Neben Importe aus dem iranischen Yazd und aus Italien traten im 16. Jh. auch noch Atlasgewebe aus Istanbul, Alaşehir und Maraş.
Bedeutend für die Weberei in Bursa, die strenger staatlicher Kontrolle unterlag, wurden vor allem zwei Stoffgruppen: *çatma*, ein schwerer Brokatsamt, bei dem der Grund meist in Satinbindung gewebt ist, während der Flor zur Musterbildung dient und fast immer mit Metallbroschierung des Fonds auftritt. Eine weitere Reliefierung der Oberfläche des Musters konnte durch die Kombination aufgeschnittener und intakt belassener Schlingen erzielt werden. Weniger zahlreich als die *çatmacılar* waren die Weber von *kemha* (*kemhacılar*). Kemha, eine Art Lampas, also ein Kompositgewebe, bestehend aus Atlasgrund und Muster in Köperbindung, unterteilt sich in etwa fünfzig verschiedene Bezeichnungen, die gelegentlich über Farbe und Dessins Auskunft erteilen. Neben dem dreifarbigen Kemha (*serenk*), bei dem der Gold- oder Silberlahn durch gelbe Seide ersetzt ist, gibt es in den Quellen so fantasievolle Namen wie *gülistani kemha*, also Rosengartenkemha. Wie beim Çatma deutet *munakkaş* (gemalt) auf polychrome Motive und *müzehheb* (vergoldet) auf Goldbroschierung hin.
Bevor das kostbare Gewebe von den Schneidern (*terziler*) in den Kaftan eines Paschas oder das Entari einer Favoritin des Sultans verwandelt werden konnte, war es durch viele Hände gegangen: Die *bükümcüler* hatten zunächst die Qualität der Rohseide, die sie von den Seidenhändlern (*hamcılar*) erworben hatten, klassifiziert in hochwertige Seide (*tilan*) und die gröbere Seide (*kenar*) und durch den *dolabcı* zum festgedrehten Kettfaden (*meşdûd*) und dem lockeren Schußfaden (*pud*) verspinnen lassen. Während der *simkeş* den aus einer dünnen Silberfolie, die vergoldet sein konnte, bestehenden Lahn um eine graue oder gelbe Seidenseele mit Hilfe eines einfachen Gerätes spiralförmig wickelte und so den Klaptan für die Broschierung präparierte, färbte der *boyacı* die Seide mit nach gesetzlichen Reglementierungen abgemischten Naturfarben ein. Nun erst, nach dem eigentlichen Webvorgang und nachdem das Produkt diverse Qualitätskontrollen passiert hatte, konnte der Stoff in den Basaren Bursas oder Istanbuls zum Verkauf angeboten oder auf den Weg nach Europa geschickt werden.
Was den Bezug von Textilien aus Bursa angeht, so genoß der Hof dort auch nach seiner Verlegung nach Istanbul noch gewisse Privilegien. Der enorme Bedarf an Kleidung für den Hofstaat und besonders an Ehrengewändern (*hil'at*) machte die Einrichtung von Werkstätten im Topkapı Sarayı unerläßlich, trotz der Vermehrung von Manufakturen in Bursa und in den beiden anderen Zentren Amasya und Edirne. Exklusiv für den Sultan wurde ein großherrliches Atelier (*kârhane-i hassa*) installiert. Daneben siedelten sich innerhalb der neuen Hauptstadt immer zahlreicher Weber an. Unter Süleyman I. (1520–1566) wurden 318 Werkstätten erfaßt, die sich der Herstellung der vier Hauptstoffgruppen Samt, Lampas, Atlas und Taftstoffe widmeten.
Aus dem Kemha, bisher ein Stoff mit dem höchsten Prestige, entwickelte sich eine Spielart, der *seraser* (Kat. Nr. 5/2 und 5/3). 1564 zum ersten Mal schriftlich erwähnt, bedeutet der Name wörtlich „von einem Ende zum anderen", mit Silber- oder silbervergoldetem Lahn durchsetzt. In verschiedenen Qualitätsabstufungen (*has ül-has seraser*, der allerspeziellste Seraser, *beylerbeyi seraseri*, *vezir seraseri*, *evsat seraser*,

gewöhnlicher Seraser) wurde er für die hierarchisch gestaffelte Zeremonialkleidung zu der Stoffart, die die höchsten Ränge signalisierte. Da große Flächen, sogar meist der gesamte Grund metallbroschiert sind, ist die Musterung stärker stilisiert als bei den übrigen Textilarten und auf wenige, pastellige Farben zurückgenommen. Ihm gleich an Wert war nur noch der *zerbeft*, bei dem statt des Silberlahns massiver Golddraht verwoben wurde.

Mit der Herstellung von Ehrengewändern war die *kârhane-i hil'at*, das zweite Palastatelier, betraut. Die Sitte, Ehrengewänder zu geben, leitete sich aus der Fürsorgepflicht des Herrschers ab, und die Entgegennahme war immer die Anerkennung eines Abhängigkeitsverhältnisses; auch als Geschenk an ausländische Gesandte wurden die Gewänder von den Osmanen so empfunden. So wird auch die merkwürdige Praktik verständlich, den Diplomaten nach Verlassen der Audienzräume die erhaltenen Kaftane vor den Toren des Palastes abzukaufen und sie wieder dem Hazine für den nächsten Besuch zuzuführen.

Als Zeichen besonderer Wertschätzung für Untertanen stammte das Ehrengewand aus der Kleiderkammer des Padischah, und am meisten begehrt waren solche Kleidungsstücke, die er selbst getragen hatte. In erster Linie jedoch war das Hil'at Zeichen der Investitur in ein Amt, da es in Machart, Farbe und Muster dem neuen Rang des Empfangenden entsprach. Es wurde bis in die fernsten Provinzen und Einflußgebiete verschickt. Zugleich gab es Ehrengewänder für konkrete Anlässe. Beispielsweise durfte im 17. und 18. Jh. der Großwesir zu Beginn eines Feldzuges den *veda kürkü*, den „Pelz des Abschieds", aus den Händen des Herrschers entgegennehmen, als Symbol des Wunsches einer siegreichen Rückkehr.

Während des 16. Jh. blieb Bursa neben Istanbul weiterhin bedeutendes Webzentrum. Als Selim I. (1512–1520) die Schätze von Schah Ismail plündern ließ, wurden 91 Gewänder aus Bursa-Stoffen gefunden. Zum Rivalen auf dem Gebiet des Handels entwickelte sich immer mehr das weiter westlich gelegene Foça, und auch von Izmir aus exportierten armenische Kaufleute Seide direkt nach Europa. Diese Stadt wurde dann besonders im 17. Jh. Umschlagplatz für orientalische Stoffe aller Art und trat mit Aleppo und Sidon in Wettstreit. Hauptabnehmer der Stoffe waren England, Holland und Frankreich, die im Gegenzug ihre eigenen Produkte wie Wollstoffe (*londra*) und dergleichen ins Osmanische Reich exportierten. Im 19. Jh. konnten schließlich die Stoffe aus Istanbul, Damaskus, Aleppo und Chios nicht mehr mit den Erzeugnissen Europas in Konkurrenz treten.

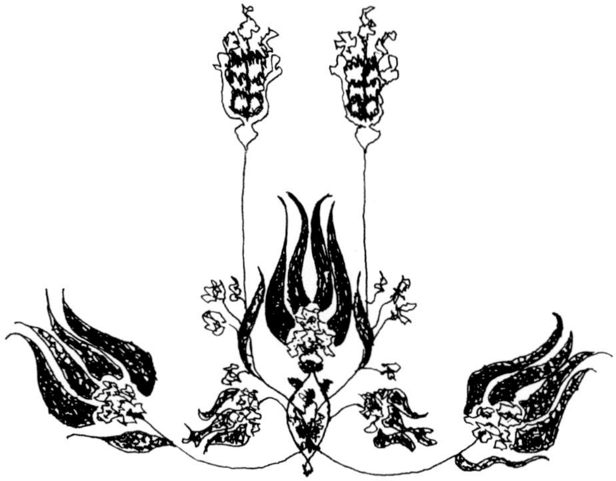

KOSTÜME

Die Kostümformen der Osmanen unterliegen weit weniger als die Muster der Stoffe Veränderungen im Ablauf ihrer Geschichte. In ihren Ursprüngen zentralasiatischer Herkunft, hatten die Osmanen vor allem aus dem iranischen Kulturkreis stammende neue Gewandtypen akzeptiert und ihrer Lebensweise angepaßt.

Das Kostüm war im gesamten Orient viel weniger den Wandlungen der Mode unterworfen als etwa in Europa. Auch setzte der westliche Einfluß auf das osmanische Kostüm erst verhältnismäßig spät ein, während die Übernahme türkischer Kostümformen in Europa nicht erst im 18. Jh. mit der Türkenmode begann. Es sei hier nur an die Schaube erinnert (aus arab. ǧubba, osm. *cübbe*), ein im 15. Jh. in Deutschland gebräuchlicher Mantel. Ganz klar geht dies aus Baldassare Castigliones Cortegiano hervor, dem Knigge des 16. Jh. Der Autor gibt ausführlich seiner Verwunderung darüber Ausdruck, wie sehr doch am Hof des Herzogs von Urbino die türkischen Kleider imitiert würden.

Eine systematische Untersuchung der Zusammenhänge zwischen osmanischen Gewändern und den Kleidern der russischen Bojaren bis zur Zeit Peters des Großen (1681–1725) steht noch aus. Für den türkischen Einfluß auf die Trachten vom Balkan bis hinauf nach Polen ist diese Arbeit zum Teil schon geleistet worden.

Die wesentlichen Elemente der osmanischen Männerkleidung lassen sich auf wenige Grundtypen reduzieren. Da ist zunächst der Kaftan, eine Gewandform, die über den gesamten Orient Verbreitung gefunden hat und auf eine jahrtausendealte Entwicklung innerhalb der Kostümgeschichte zurückblickt. An einen geraden Gewandkern, dessen Breite durch die des gewebten Stoffes von ca. 65 cm vorgegeben ist, sind Ärmel, deren Form variieren kann, gerade, d. h. ohne Armkugel angesetzt, desgleichen vorne und hinten in Taillenhöhe je zwei geschweifte Seitenteile. Oft ist unter den Armen noch ein kleines Rechteck eingefügt, um ein Ausreißen beim Tragen zu verhindern. Vorne ist der Kaftan offen, zwei Dreiecke bilden den Klappverschluß. Den Halsausschnitt ziert meist ein niedriger Stehbund, und seitliche Schlitze im Rock erleichtern das Gehen und Sitzen.

Die Art des Verschlusses durch zahlreiche quer über die Brust geführte Schnüre mit Knopf und Schlinge an der vorderen Stoßkante findet sich hauptsächlich bei den Turkvölkern vielseitig ausgestaltet. Diese Querlitzen (*çapraz*) dienten schließlich im gesamten Vorderen Orient und selbst in Europa als Schmuck der Kleider. Die Knöpfe können je nach Vermögenslage des Trägers von einfachen Posamentenkugeln über silbernes Filigranwerk bis zu Rubinen und Perlen hin variieren.

Hat der Kaftan kurze Ärmel, sind diese vorne in Ellenbogenhöhe halbmondförmig ausgeschnitten (Kat. Nr. 5/17). Darunter werden *kolluk* getragen, Ärmelhüllen, die unter dem Gewand mit Bändern über Brust und Rücken befestigt waren. Sie dienten ursprünglich beim Bogenschießen der größeren Bewegungsfreiheit der Arme. Lange Ärmel sind meist länger als nötig gehalten, damit man sie bei Kälte über die Hände ziehen und vor den Fingerspitzen verknoten konnte. Kennzeichnend für die Zeremonialkleidung hoher Ränge sind die Scheinärmel (*yen*), lose herabhängende Armhüllen, die in dieser Form bis in die altorientalischen Reiche zurückzuverfolgen sind. Beim osmanischen Kaftan wurde der Arm durch einen Schlitz am oberen Ansatz des Ärmels gesteckt, so daß der Yen über den Rücken des Trägers herabhing. Schein- oder Paradeärmel zeichneten alle Würdenträger und den Padischah aus; sie waren innerhalb des Hofzeremoniells unerläßlich, da im Rang niedrigerstehende Personen nur diesen Ärmel als Zeichen der Huldigung küssen durften. Gefüttert war der Kaftan mit einem Baumwoll- oder Leinenstoff (*boğası*). Aus den Quellen geht hervor, daß er zumindest im 16. Jh. in Bursa hergestellt wurde. Das Futter konnte naturfarben oder gefärbt sein. Die Säume der Sultanskaftane waren zusätzlich auf der Innenseite mit kontrastfarbigem Satin etwa handbreit verbrämt. Als Ecklösung diente dabei oft ein aufgesticktes Flechtbandmuster, das einen zusätzlichen Schmuckeffekt ergab, wenn die Vorderklappen des Gewandes aufschlugen.

Die Kaftane für die kalte Jahreszeit (*dış kaftan*) waren nach zentralasiatischer Tradition wattiert, d. h. zwischen Oberstoff und Futter mit Baumwolle oder Seidenabfällen gefüllt und abgesteppt (*kazagendi*).

Dem gleichen Grundschnitt folgt das entari, das unter dem Kaftan getragen wurde, nur ist es aus leichterem Stoff und meist etwas kürzer gehalten als der Kaftan. Die Ärmel sind lang und schmal und im 18. und 19. Jh. wie beim Entari der Frauen zum Handgelenk hin ausgestellt.

Der *kontoş*, ein Gewand aus Wollstoff, auch mit Pelz gefüttert, unterscheidet sich vom Kaftan dadurch, daß er keinen Klappverschluß besitzt, sondern geschlossen ist und beim Anziehen durch einen Schlitz als Erweiterung des Halsausschnittes über den Kopf gezogen wurde. Er diente als Oberkleid verschiedener Hofbediensteter (z. B. *silâhdar agâsı*), denen ein seidenes Gewand oder gar ein Staatspelz nicht angemessen war.

Das *dolama* wurde immer mit Gürtel getragen, um die Säume damit aufstecken zu können, damit sie beim Arbeiten nicht hinderlich waren. Obwohl dieses Kleidungsstück keineswegs nur den *iç oğlan*, den Pagen des Herrschers, eigen war, sondern auch zahlreichen anderen Klassen am Hof oder im Heer, so hießen die İç Oğlan der zweiten Klasse nach diesem Kleid *dolamalı*, diejenigen der ersten Klasse erhielten einen Kaftan, wonach sie *kaftanlı* genannt wurden.

Die Jacken unterschiedlicher Formen sind im Grunde verkürzte Kaftane, wie die pelzgefütterten *nimten*, die von den Offizieren der Sipahi und der Silâhdare getragen wurden. Ebenso das *çepken*, dessen auf den Handgelenken aufliegende Spitzen noch an die mongolische Schulterdecke erinnern. Eine Abart des Çepken ist unter der Bezeichnung *salta* bekannt und wurde vornehmlich von den Angehörigen der Unterschicht angelegt. Das *yelek* dagegen ist ärmellos und Bestandteil der Unterkleidung.

Auch die Mäntel sind Varianten des Kaftanschnittes. Sie unterscheiden sich untereinander durch verschiedene Ärmel und Kragen, wie die *ferace* der Männer, ein vorne offener oder mit Çapraz geschlossener weiter Mantel aus Tuch oder Seide, oft mit Pelz ausgeschlagen (*samur kürklü ferace*). Davon ist der *kapanīça*, der Hofpelz des Sultans, unterschieden durch weite, zum Handgelenk hin erweiterte Ärmel, die kostümgeschichtlich einen antiken oder byzantinischen Ursprung, abgeleitet vom Dalmatikatypus, vermuten lassen. *biniş* bezeichnet einen ebenfalls sehr weitgeschnittenen Mantel, der hauptsächlich auf Reisen oder beim Reiten angelegt wurde.

Die Pelzbegeisterung der Osmanen setzte etwa mit der Zeit Mehmeds II. ein. Gentile Bellini (Kat. Nr. I/3) porträtierte den Sultan im runden Turban *örf* mit dem durchlaufenden goldgestickten Band, das sich in späterer Zeit nur im *kallâvi* erhalten hat und in einem Mantel mit großem Pelzkragen. Bald bildete sich eine genau zu befolgende Etikette heraus, und am Hofe wechselte man viermal im Jahr mit den verschiedenen Jahreszeiten die Art des Pelzes. Der Sultan gab hierzu das Beispiel. Der Pelzhandel mit Rußland verschlang ungeheure Summen. Die gewöhnlichste Form des Pelzes, immer mit der Stoffseite nach außen, hatte weite lange Ärmel, daher auch *bolyenli* genannt, und wurde bei jeder Gelegenheit zu Hause angelegt ohne allen Bezug auf Zeremonie oder Staatsdienst. Diese aufwendige warme Kleidung entstand alleine schon aus rein praktischen Gründen in Anbetracht der mangelhaften Beheizbarkeit der Räumlichkeiten in der relativ kalten Region Türkei und wegen der vielen bei Sommer und Winter im Freien stattfindenden Ereignisse.

Die *şalvar*, für Männer eine in weiten Teilen des islamischen Gebietes gebräuchliche Hosenform, setzte sich bei den Osmanen aus vier Teilen zusammen (Kat. Nr. 5/16). In der Taille wurde die sehr weite Hose von einer Zugschnur *(uçkur)* zusammengehalten. Der Schritt ist nicht separat eingesetzt, wie in anderen Ländern des Orients üblich, sondern an die Hosenbeine angeschnitten. Durch Abschrägung der äußeren Oberschenkelnaht laufen die Şalvar zu den Knien hin schmal zu und liegen am Unterschenkel eng an, im Gegensatz zu den Şalvar des Frauenkostüms. Alle Stoffarten kommen vor (Seide, Samt, Filz). Für den Winter wurden die Şalvar wattiert. Auch bei den Beinkleidern lassen sich Material und Farbe bestimmten Rängen zuweisen. Die *toman* sind weitgehend identisch mit den Şalvar, nur sind an den Beinlingen weiche Stiefel aus Saffianleder befestigt. Da diese Beinkleider nur zum Reiten getragen wurden, sind die eigentlichen Stiefel in der Art von Strümpfen gearbeitet, ohne steife Sohle und ohne Absatz zum Einhaken in den Steigbügel, wie dies beim persischen Reitstiefel der Fall ist. Auch die separat getragenen Stiefel der Osmanen sind absatzlos.

Unter dem Turban trug man eine kleine Kappe *(takke)*, bestehend aus sechs zu einer Kalotte zusammengefügten Zwickeln mit einem umlaufenden Rand, manchmal mit Versen bestickt. Beim wohlhabenden Osmanen des 18. Jh. schützte ein Kaschmirschal, dessen Paisleymuster auch gerne in Form von Stickerei auf weniger hochwertiges Material umgesetzt wurde, den Kopfbund vor dem Regen.

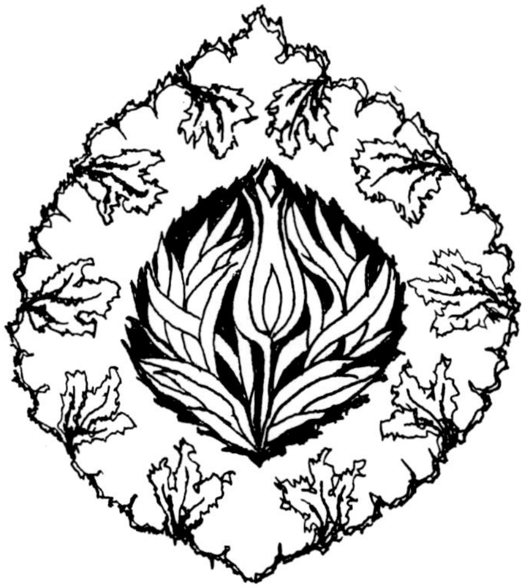

KLEIDERORDNUNG

„Kleider machen Leute". Dieser Satz ist für die osmanische Gesellschaft wörtlich zu nehmen. Die Bestimmungen über den Rang, die Hofetikette, die Kleiderordnung, die Festzüge, kurz alle öffentlichen Zere-

monien, füllen einen Großteil des Gesetzbuches der Osmanen aus. Das älteste Werk dieser Art, von Mehmed II. veranlaßt, geht schon in aller Umständlichkeit auf diese Gegenstände ein. Unter Süleyman dem Prächtigen (1520–1566) wurden diese Vorschriften unter der Bezeichnung *kanun-u teşrifat*, wörtlich „Kodex der Ehrenbezeugungen", neu formuliert. Da sich der Unterschied im Rang in erster Linie an der Kopfbedeckung ablesen ließ, entstanden die Läden der *sarıkçılar* (Bundwinder), die den Turban genau nach Anweisung formten. Danach wurde er meist nicht mehr geöffnet, sondern so belassen und bei Nichtgebrauch in ein besticktes Tuch (Kat. Nr. 5/25) eingeschlagen und auf einem Holzgestell abgestellt. Die Werkstätten der Bundwinder, die den Bedarf der Hauptstadt deckten, befanden sich einer Quelle des 17. Jh. zufolge in der Nähe der Aya Sofya. Ihre Zahl wird mit 17 angegeben. In der Folgezeit geriet besonders während der langwierigen Kriege einiges in Vergessenheit, bis unter Ahmed III. (1703–1730) von seinem Zeremonienmeister Ahmed Efendi und dessen Sohn Mehmed Teşrifatizade die Zeremonial- und Kleidervorschriften aus den vorhandenen Kanunnames noch einmal zusammengestellt wurden.
Eine Strafe wurde festgesetzt für den Fall, daß die Schneider sich unterstehen sollten, von der vorgeschriebenen Form der Kaftane und anderer Kleider abzuweichen. Gesetze, welche die Kleidung der Frauen regelten, dienten vor allem der Eindämmung von zu großem Luxus. So ließ Osman III. im Jahre 1755 die Ferace aus wertvoller Kaschmirwolle verbieten, ebenso die damals verbreitete Kopfbedeckung, eine Art tatarische Mütze von enormer Höhe. Für den Harem darf man ähnliche, den Rang bestimmende Vorschriften wie für den männlichen Hofstaat voraussetzen.
Streng gemaßregelt wurde die Kleidung der religiösen Minderheiten. Ihr Schuhwerk mußte wie ihre Oberkleidung von schwarzer, violetter oder blauer Farbe sein, unter Todesstrafe war es ihnen untersagt, statt des *kalpak* oder sonstiger dunkler Hauben den weißen Turban der Muslime anzulegen.
Die Kopfbedeckung der zentralasiatischen Türken waren Hauben aus Filz (*börk*) gewesen, teils einfache Kalotten, teils Gebilde mit mehreren Zipfeln, die Assoziationen mit unseren Fastnachtsmützen wecken oder Ähnlichkeit mit Kronen haben. Eine solche alte Form spiegelt noch die Filzhaube (*keçe*) der Janitscharen wieder, allen Legenden zum Trotz. Orhan (ca. 1324–1360) führte zunächst nur eine Unterscheidung von Militärs und Zivilisten anhand der Farbe der Kopfbedeckung durch; es war nur den Ersteren gestattet, den weißen *külah*, eine hohe, oben abgeflachte Haube zu tragen. Bayezid I. (1389–1402) dehnte sie auf das reguläre Heer und Mitglieder des Hofstaates aus, um sie von den hohen Staatsdienern abzusetzen, die rote Kopfbedeckungen trugen. Der allgemeine Brauch, den weißen Turban anzulegen, konnte sich erst zur Zeit Mehmeds des Eroberers etablieren. Seit dieser Zeit war der Külah nur noch einigen Bediensteten des Palastes eigen.
Bei allen Organisationen mit mehr oder weniger militärischem Charakter hielten sich ebenfalls die alten Haubenformen in teils bizarrer Ausschmückung und in einer genauen Staffelung vom Einfachen – gleichbedeutend mit rangniedrig – bis hin zum komplizierten Höherstehenden. Hier sind vor allem die Garden des Herrschers, die mit allerlei Funktionen innerhalb des Palastes betraut waren, zu nennen, wie die *bostancılar* mit ihren roten Filzhauben und die *solaklar* (Bogenschützen), deren hohe Federbüsche (*süpürge*) auf den Kappen (*kuka*), wenn sie den Padischah bei Aufzügen begleiteten, dessen Gesicht den Blicken der Menge entziehen sollten.
Die Einführung des weißen Turbans bei der Mittel- und Oberschicht hatte die Ausbildung einer Unzahl fantasievoller Gebilde mit oft poetischen Bezeichnungen zur Folge, um eine genaue Differenzierung innerhalb der Stände möglich zu machen. Man schrieb die Erfindung einiger Turbanformen bestimmten Sultanen zu; trat eine neue Art an deren Stelle, wurde der veraltete Kopfbund rangmäßig heruntergestuft und hielt sich noch weiterhin als Hofturban verschiedener Würdenträger. So wurde aus dem *örf* Mehmeds II. der Kopfbund der hohen Ulemas und der Mücevveze-Typus Bayezids II. sank zur Zeremonialkopfbedeckung der Staatsdiener und mancher Mitglieder des Hofstaates herab.
Einen grünen Turban statt des weißen trugen die Nachkommen des Propheten (*eşraf*), die im Osmanischen Reich einen hohen Anteil der Bevölkerung stellten. So ist der *nakibüleşraf*, ihr Oberhaupt, immer am Örf in grüner Farbe zu erkennen. Seit Beginn des 18. Jh. pflegten die Herrscher anstel-

TAFEL XXVII
Waschbecken mit Kanne (Kat. Nr. 6/2)

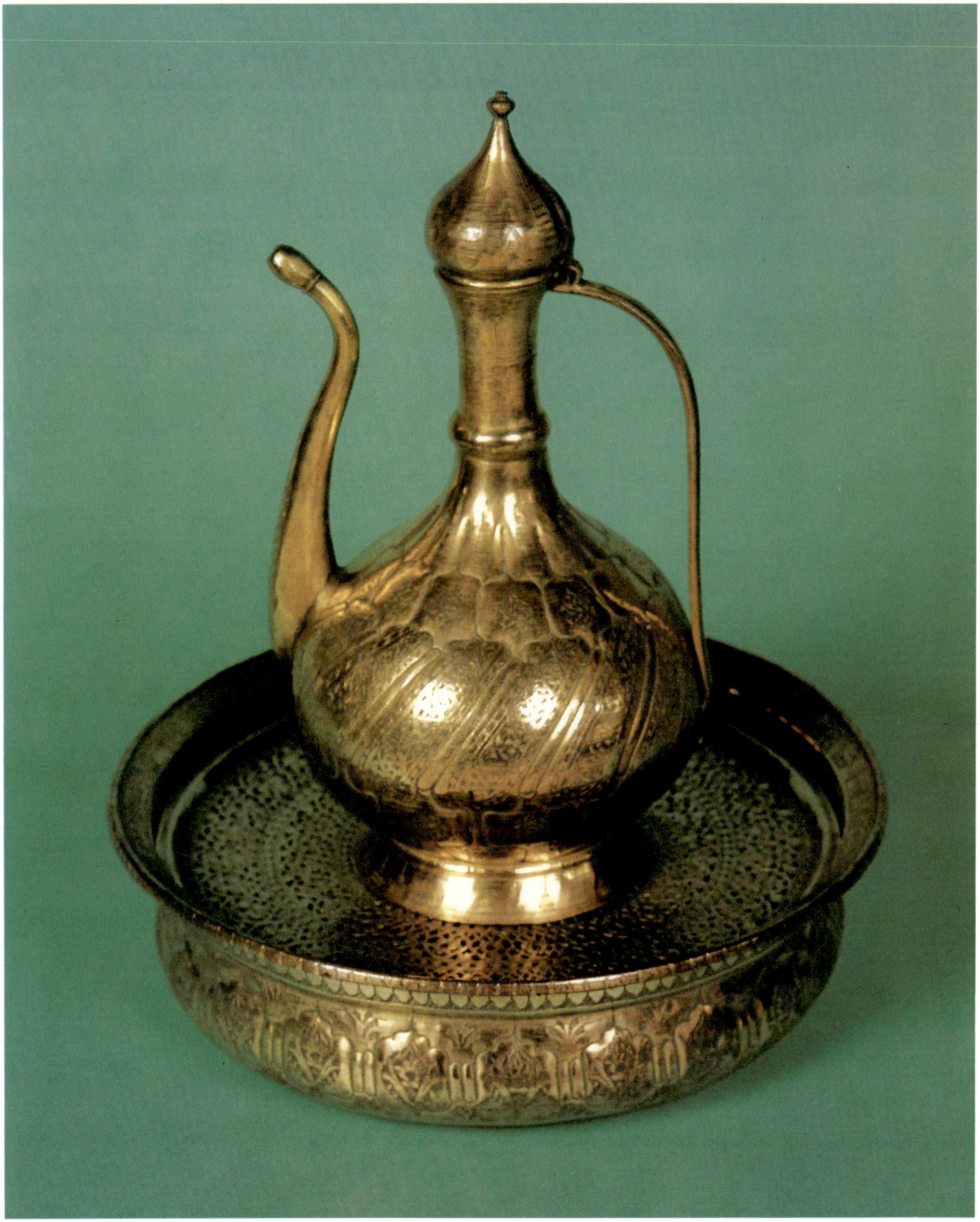

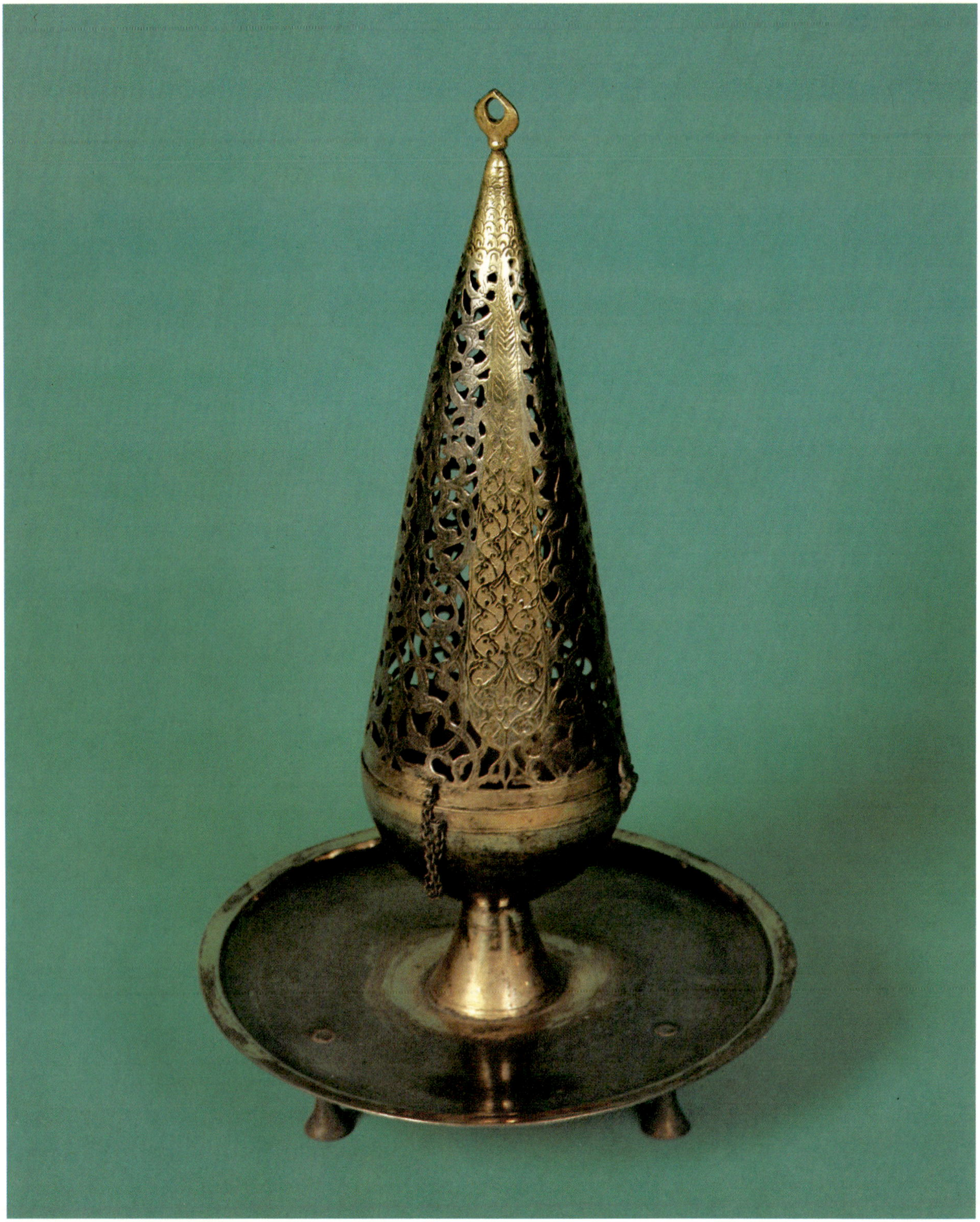

le der prächtigen Staatsturbane, die nur noch zu bestimmten Zeremonien angelegt wurden, den sog. *paşalı kavuk* (vgl. Kat. Nr. I/4) zu tragen, auch *kâtibî* genannt, da er ursprünglich zu den Paschas und den Sekretären (*kâtibler*) gehörte. Er entwickelte sich in der Folgezeit bis zur Einführung des Fez unter Mahmud II. (1808–1839) zur weitaus gebräuchlichsten Kopfbedeckung nicht nur des Padischahs und seiner hohen Beamten, sondern auch des mittleren Bürgertums bis hin zum Handwerker, natürlich mit der entsprechenden Unterscheidung in Form und Farbe. Wie die meisten Turbane bestand auch der *paşalı kavuk* aus zwei Teilen, dem Kavuk, einer Mütze mit gerade ansteigenden Seitenteilen, die wattiert und auf verschiedene Art abgesteppt waren und einem schmalen Umwund (*sarık*), der die obere Hälfte des Kavuk freiließ.

Anlässe für das Anlegen einer besonderen „Gala" waren vor allem alle öffentlichen Feste und Aufzüge, an denen die hohen Hof- und Staatsbeamten teilnahmen, also Divansitzungen, die Säbelumgürtung des neuen Herrschers, das Ausstecken der Roßschweife, bei den Geburten von Prinzen, Beschneidungs- und Hochzeitsfesten am Hofe. Ferner alle religiösen Feste wie Bayramsfeiern, der Geburtstag des Propheten und der Besuch beim Mantel des Propheten Mohammed.

ZUM GEMÄLDE DES JEAN-BAPTISTE VAN MOUR = EMPFANG DES FRANZÖSISCHEN GESANDTEN DURCH SULTAN AHMED III.

Empfänge ausländischer Gesandter durch den Padischah wurden mit Vorliebe auf die Divanstage gelegt, um den Repräsentanten fremder Monarchen durch den Anblick des Hofstaates zu beeindrucken. Da der Divan bei Tagesanbruch stattfand, mußten die Diplomaten, die gewöhnlich in Pera wohnten, noch bei Nacht aufbrechen. An einem der Stadttore, dem Bahçe Kapısı (Gartentor), wurden sie in einem dazu bestimmten Köşk vom Çavuş Başı oder Reichsmarschall erwartet, der gleichzeitig Zeremonienmeister am Hof war. Er hieß die Fremden als seine Gäste willkommen und der Zug begann, während die *Janitscharen* und *Çavuşe* vorangingen, beziehungsweise ritten. Die Pferde für die Gesandschaft hatte der Großwesir zur Verfügung gestellt. Ob der Çavuş Başı vor oder neben dem Gesandten ritt, richtete sich nach dessen Rang. In der Nähe der Hohen Pforte, dem Palast des Großwesirs, direkt unterhalb des Alay Köşkü, einem Pavillon, von dem aus der Padischah den Aufzügen zuzusehen pflegte, machte man halt, um dem Zug des Großwesirs in das Serail den Vortritt zu lassen, dem man dann bis zum zweiten Tor folgte. Im zweiten Hof fand derweil die Verteilung von Reis und Sold an die Janitscharen statt, während die Gesandten unter dem Tor, an dem die Henker des Palastes Wache hielten, auf die Rückkehr des Çavuş Başı warteten, der vorausgeeilt war, um den Besuch anzumelden. Wenn der Reichsmarschall und der Oberstkämmerer zurückkamen, traten sie vor die Gesandten und stießen mit ihren silbernen, mit Ketten behangenen Stäben wechselweise auf den Boden.

Im Divanssaal befindet sich ein vergittertes Fenster, von dem aus der Padischah ungesehen den Sitzungen beiwohnen konnte. Nach Beendigung des Divan speiste der Gesandte an der Tafel des Großwesirs, sein Gefolge an der Tafel der beiden Kaziasker und des Nişancı. Nach der offiziellen Erlaubnis zur Audienz und dem Überreichen der Geschenke wurde der Gesandte mit einem Zobel, seine Sekretäre mit Hermelinpelzen, die Vornehmeren aus seinem Gefolge mit einer Kerake aus Wolltuch, die niedrigsten mit

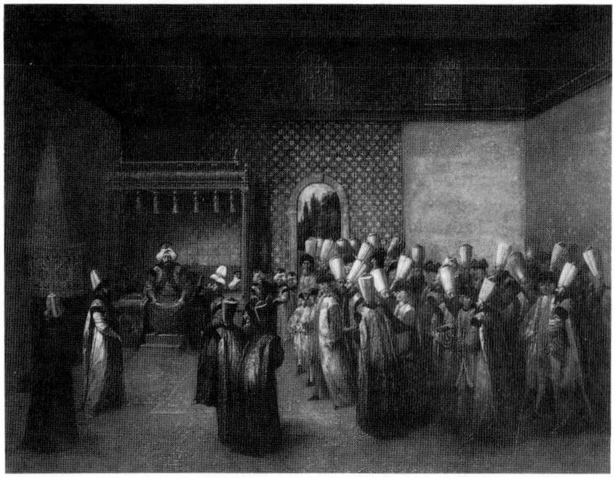

Siehe auch Farbtafel Bd. 1, Seite 53 und Kat. Nr. I/4

TAFEL XXVIII
Weihrauchgefäß (Kat. Nr. 6/4)

Kaftanen aus minderwertigem Material bekleidet und in den Empfangsraum *(arz odası)* geleitet. Für die Ehrengewänder scheint im 17. und 18. Jh. mit Vorliebe eine Stoffart verwendet worden zu sein, die den Namen *telli kitai* trägt und textiltechnisch eine Taquetébindung ist, ein Doppelgewebe, das seine besondere Steifheit durch teilweise Verwendung von Rohseide und Metallfäden erhielt. Kennzeichnend sind die Dreifarbigkeit in hellen Pastelltönen, dazu große palmettartige, meist gelbe Blütenstaudenmuster, die in der Anfangszeit relativ schlicht gestaltet sind und auf deren zangenförmigen Fiederblättern kleine Blüten liegen. Im 18. Jh. wurden diese Blütenstauden, die vorher etwa den Rücken des Trägers bedeckten, auf etwa Zweidrittel der Gesamtlänge des Gewandes ausgedehnt und komplizierter aufgefächert. Die einzelnen Motive sind durch eine umlaufende weiße Linie vom Grund abgesetzt. Da das Gefolge der Gesandten mit Kaftanen aus schlechterem Material, aber mit gleicher Musterung bekleidet wurde, führte dies in der Forschung zu einer irrtümlichen Datierung in das 14. Jh. Erst ein datierter Ehrenkaftan, den ein Sondergesandter Friedrichs II. von Preußen überreicht bekam, schuf Klarheit über diese Stoffart.

Auf dem Gemälde trägt der Padischah den schon beschriebenen Paşalı Kavuk. Die Stirn krönt der *sorguç*, eine Agraffe mit zentralem großen Stein, meist Rubin oder Brilliant, um den kleinere Juwelen radial angeordnet sind. Die Fassung der Edelsteine dient gleichzeitig als Halterung für das aufrecht stehende Federbüschel (*balıkçıl*). Gelegentlich ist am Sorguç noch eine Kette angebracht, die um den Turban herumgelegt wurde. Die Vermutung liegt nahe, daß es sich bei diesem Turbanschmuck ursprünglich um eine Kette mit Anhänger gehandelt hat, einem alten Symbol für die Souveränität des Herrschers, das bis in die Zeit der Umayyaden zurückgeht, während die Federbüschel zentralasiatischen Ursprungs sind (Kat. Nr. 7/1). Der Sorguç wurde vornehmlich vom Sultan getragen. Innerhalb der Zeremonie der Säbelumgürtung bei der Eyyub-Moschee wurde dem Herrscher diese Agraffe an den Turban geheftet. Die Farbe der Federbüschel war zu diesem Zeitpunkt noch weiß, erst nach militärischen Erfolgen über seine Feinde war es ihm erlaubt, schwarze *balıkçıl* zu tragen. Die Anzahl der Sorguç hing von der Form des Kopfbundes und der jeweiligen Mode ab. Süleyman I. (1520–1566) trug meist nur einen mit sehr hohem Federbüschel, während die Sultane des 17. Jh. drei Sorguç, zwei davon an den Schläfen aufrechtstehend und einen Sorguç in der Mitte des Kopfes, mit dem Federbüschel nach unten zeigend, ansteckten. Im 18. Jh., passend zum Paşalı Kavuk, zierte nur eine große Agraffe diesen Turban. Der Sorguç diente gleichzeitig als Auszeichnung für verdiente Untergebene. Der Padişchah nahm zu diesem Zwecke die Agraffe von seinem Turban und befestigte sie eigenhändig an der Kopfbedeckung des Untertanen.

Bekleidet ist der Sultan mit der *kapaniça*, einem Mantel aus Satin, Gold- oder Silberseraser, der mit Zobel oder schwarzem Fuchs ausgeschlagen sein mußte, welcher als großer, auf der Schulter liegender Kragen und als Verbrämung an den Ärmelsäumen und den vorderen Verschlußkanten sichtbar wird. Die Kapaniça war der Staatspelz des Sultans und neben dem Sorguç das zweite Symbol seiner Herrschaft, das in seiner Kleidung zum Ausdruck kam. Er nahm den Mantel nie anders als mit Aloërauch durchduftet unter dem Gesang der Pagen aus den Händen des *kapaniçacı*, des Bewahrers der Staatspelze, entgegen. Zu besonderen Gelegenheiten war es auch den Prinzen, dem Großwesir und denjenigen Wesiren, die mit Töchtern oder Schwestern des Sultan verheiratet waren, erlaubt, die Kapaniça anzulegen.

Das Unterkleid des Sultans wird von einem mit Gold und Edelsteinen verzierten Gürtel (*kemer*) gehalten.

Auf der Bank zu seiner Rechten steht ein zweiter Turban: die beiden Kopfbünde des Sultans gelten als Zeichen der doppelten Herrschaft über den europäischen und den asiatischen Teil des Osmanenreiches. Bei Aufzügen wurden sie vom *dülbenddar*, dem Turbanträger, vorangetragen und zum Gruß an die Menge leicht geneigt.

Die vorgeschriebene Gala des Großwesirs für Divanssitzungen und Gesandtenempfänge war der zobelgefütterte *üst kürk* aus weißem Atlas. Weitere Insignien seiner Macht sind der doppelte goldene Kaftan, womit er am Tag seiner Ernennung bekleidet wurde, in einer Zeremonie, die in Anspielung auf die Lichtsure 24,35 *nūr ʿala nūr*, d. h. „Licht über Licht", genannt wird, und wenn er in den Krieg zog, das Vorrecht, die Kapaniça und zwei diamantbesetzte Reiherbüsche am Turban zu tragen. Seine Kopfbedeckung ist hier das *kallâvi*. Es ist etwa 40 cm hoch und besteht aus zwei Teilen, einem Korbgestell und einem darübergelegten weißen Tuch. Am unteren Ende wird das kegelförmige Gebilde durch ein goldenes gesticktes Band zusammengehalten. Es stand nur denjenigen zur Verfügung, die den Rang eines Paschas von drei Roßschweifen an aufwärts oder eines Wesirs bekleideten. Normalerweise zeichneten sich innerhalb des Reiches nur drei Personen durch das Kallâvi aus: der Großwesir, der *Kapudan Paşa* und der *Hazinedar Aga*. Ein weiterer Träger konnte im 18. Jh. der *Kızlar Agası* sein, desgleichen die beiden *Kaziasker*.

Über die Köpfe der übrigen Teilnehmer des Empfanges hinweg ragen die walzenförmigen Turbane des *Çavuş Başı* und seiner *Çavuşe*. Diese *mücevveze* genannten Bünde waren Zeichen des Hof- oder Staatsdienstes, bis sie gegen Ende des 18. Jh. außer Gebrauch kamen. Sein Staatspelz ist aus Goldbrokat, mit Zobel ausgeschlagen. In der Rechten hält er den mit Silber beschlagenen Stab, mit dem er auch zur Ankündigung der Gesandten auf den Boden stößt. Die Gewänder der übrigen Çavuşe sind nicht pelzgefüttert, sondern nur verbrämt (*saçaklı*). Die Fußbekleidung aller Hof- und Staatsdiener ist aus gelbem Leder im Gegensatz zum roten Leder der Militärs und dem blauen Leder der Geistlichkeit.

Zwei Dolmetscher (*tercüman*) sind an ihren Kalpaks zu erkennen, da sie meist Christen aus ortsansässigen griechischen Familien waren. Derartige Mützen, Zeichen der nichtmuslimischen Untertanen, waren aus Leder oder Fell, aber auch aus dickem Tuch, gelegentlich aus Astrachan oder Zobel, was nur den Ärzten oder Dolmetschern zustand.

Der Gesandte und sein Gefolge, die selbstverständlich ihre Hüte aufbehalten, den Degen aber abgelegt haben, werden von je zwei Çavuşen unter den Arm gefaßt und vor den Padischah geführt, wobei man ihnen mit der Hand den Kopf zur schuldigen Verneigung beugt. Der Gesandte hält seine Anrede, die der Pfortendolmetscher dem Großwesir ins Türkische übersetzt, und dieser wiederholt sie dem Sultan. So spricht der Gesandte niemals direkt zum Herrscher und die Fälle, in denen er selber das Wort an den Diplomaten richtet, sind Ausnahmen seltener Gunst. Nach der Übergabe des Beglaubigungsschreibens ist die Audienz beendet und die Diplomaten kehren nach Pera zurück. Außer bei dieser Antritts- und Abschiedsaudienz näherten sich die ausländischen Gesandten während ihres oft mehrjährigen Aufenthalts niemals der Person des Sultans. Waren sie gerade in Ungnade gefallen, empfing man sie gar nicht oder brüskierte sie, indem man sie nicht in der vorgesehenen Gala, sondern in normaler Kleidung in den Empfangssaal bat.

So waren für alle Ereignisse die Kleider der Teilnehmenden vorgeschrieben. Diese wechselten mit dem jeweiligen Anlaß. Wurde beispielsweise auf Kriegszügen im Feld Divan gehalten – hierzu errichtete man ein spezielles Divanzelt, in dem das Zeremoniell nach den Gepflogenheiten des Palastes ablief – erschienen alle nur in Halbgala, d. h. der Großwesir im *selimi*, einer anderen Art Hofturban, und in einem weniger formellen Pelz. Dasselbe galt für die übrigen Mitglieder. Als Regel gilt, je höher der Rang, desto strukturierter die Gewandung. Überliefert ist der Inhalt des „Kleiderschrankes" von Kara Mustafa Paşa (hingerichtet 1683): Neben 15 Zobelmänteln (*samur ferace*) und 12 zobelgefütterten Kontoşen enthielt er noch weitere 73 mit Hermelin ausgeschlagene Gewänder. Dagegen wurden dem gewöhnlichen Janitscharen jährlich fünf Ellen blaues Tuch, 32 Aspern Kragengeld und 50 Ellen Leinwand, „seinen Kopf damit zu umwinden", zugeteilt. Manchmal kam es vor, daß ein Amt an Macht und Einfluß verlor oder umgekehrt. Dann dauerte es nicht lange, bis auch die Zeremonialkleidung des Amtsinhabers dem neuen Status angeglichen wurde.

Die Sultane Murad I. (1360–1389) und Mehmed III. (1595–1603) sollen nie eine andere Farbe als Weiß getragen haben, die neben Grün als Symbol für den Islam gilt. Die übrigen Herrscher gaben zumindest diesen Farben innerhalb gewisser Zeremonien, wie Säbelumgürtung und freitäglichem Moscheegang, den Vorzug. Das andere Extrem verkörperte der exzentrische Sultan Ibrahim (1640–1648), der sich fast ausschließlich in kostbare Pelze kleidete, sogar Innenräume mit Zobel dekorieren ließ und sich Blumen in den Kopfbund steckte.

Über bestimmte Funktionen des Großherrn geben neben schriftlichen Quellen und Abbildungen auf Miniaturen vor allem die Sultanskaftane im Serail Auskunft. So ist von jedem Padischah ein Gewand aus Filz aufgehoben, da alle Sultane Mitglieder von Derwischorden waren.

Während der dreitägigen Trauerzeit für einen verstorbenen Herrscher legte der gesamte Hofstaat wollene Gewänder in Schwarz oder Braun an, um den Turban wurde ein Schal aus schwarzem Musselin (*şemle*) gewunden. Bei den Seldschuken war die Trauerfarbe nach zentralasiatischem Brauch Weiß gewesen.

KISSENHÜLLEN UND DECKEN

Einen Einblick in die Ausstattung des Wohnbereiches von eher „bürgerlichem" Zuschnitt gewähren vor allem die *yastıks* und *yorgans.*

Yastiks sind oblonge Kissenhüllen aus Samt mit silberner oder silbervergoldeter Broschierung, die bei den ganz späten Stücken des 19. Jh. entfällt. Erhalten sind sie seit dem 16. Jh.; seit dem 12. Jh. werden sie in den Quellen erwähnt. Wie bei den Samtstoffen, die der Bekleidung dienten, ist das Gewebe meist aus Seide, bei späteren Stücken auch aus Baumwolle, zuerst nur in Kette und Schuß, dann im Flor (Kat. Nr. 5/19 und 5/20). Die Musterung ist im 16. und 17. Jh. im endlosen Rapport angelegt, die Motive zeigen durchweg vegetabile Elemente wie Nelkenfächer, Quatre-fleurs und dergleichen mehr. Im Laufe der Entwicklung weichen sie radialsymmetrischer Gliederung oder Kartuschenformen, die dem Dekor lederner Bucheinbände entliehen zu sein scheinen. Bei den schönsten Exemplaren findet man flächenfüllende Blütenstauden, die zierlichen Vasenformen entspringen. Die Schmalseiten faßt jeweils eine Zinnenbordüre ein, die meist Korbtulpen umschließt. Bedeutende Herstellungsorte für Yastiks waren Bilecik, Üsküdar und Aydos. Dort wurden auch Decken (*yorgan*) gewebt, abgepaßte Stücke mit umlaufenden

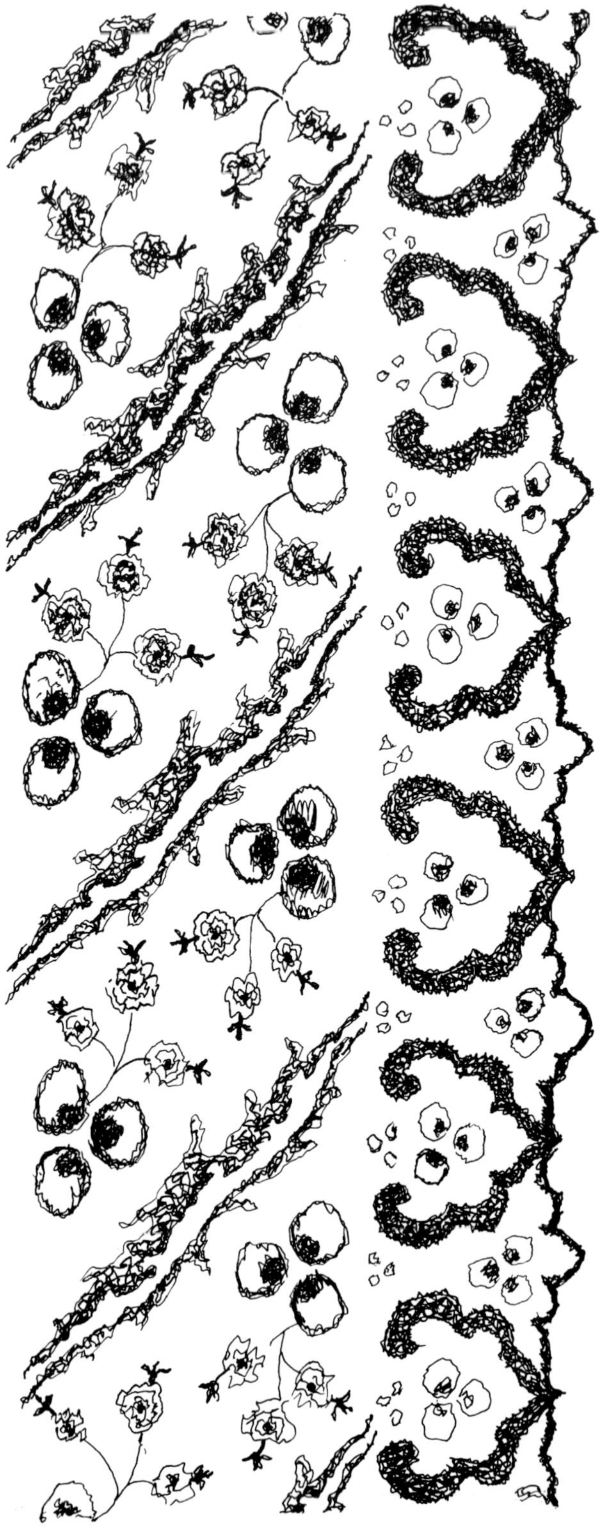

Bordüren, die wegen der geringen Webstuhlbreite in der Mitte gestoßen werden mußten.

SCHRIFT

Auch in der Textilkunst nimmt die Schrift den ihr gemäßen Platz ein, jedoch seltener bei der Kleidung. Zwar gibt es die sog. Talismanhemden der Sultane mit magischen Schriftzeichen darauf, die noch weitgehend ungedeutet sind; Koransprüche oder Verse aus der Dichtung verlieren sich jedoch höchstens in Form von Stickerei auf Kappen oder Schärpen. Unerläßlich ist die Schrift auf Fahnen und besonders auf den Grabtüchern, welche die Kenotaphe in den Türben, die man Mitgliedern der Herrscherfamilie und heiligen Männern errichtete, bedecken. Sie sind durch Zickzackbänder im endlosen Rapport gegliedert (Kat. Nr. 5/18). Zwei Farben herrschen vor: Grün und Rot, nur ein Beispiel ist aus brauner Seide bekannt. Inhaltlich weisen die grünen, in der heiligen Farbe des Islam gehaltenen Sarkophagdecken eine größere Skala an Koranversen und Gebeten (*dua*) auf. Rote Decken könnten auf die Farbe des Hauses Osman hindeuten, also für Mitglieder der Familie des Sultans reserviert gewesen sein. Einige Anrufungen, wie *ya sultan*, die nicht zu den 99 Namen Allahs gezählt werden, deuten in diese Richtung. Ebenfalls mit Schrift verziert sind die jährlich erneuerten Umhänge für die Kaaba in Mekka *(kisve)*. Die alte Hülle wurde jeweils in kleine Teile zerschnitten und diese als kostbare Reliquie verkauft. Bei der Bestattung wurden die meist handtellergroßen Fragmente neben den Kopf des Toten gelegt.

STICKEREIEN

Erst verhältnismäßig spät scheint sich die türkische Stickerei vom Vorbild der gewebten Stoffe gelöst zu haben. Zwei aus dem Besitz Şehzade Mehmeds, Sohn von Süleyman dem Prächtigen, stammende Kaftane stehen noch ganz in dieser Tradition. Aus rotem Seidenatlas gearbeitet, haben sie eine als Verbrämung an Säumen und Halsausschnitt applizierte Stickereibordüre. Das Band ist mit massivem Goldfaden völlig flächenfüllend überzogen und täuscht durch seine Arabeskensysteme in Hellblau und Rot eine Webarbeit vor (Kat. Nr. 5/4). Aus der geringen Anzahl erhaltener Exemplare von gestickten Zeremonialgewändern Schlüsse zu ziehen, wäre voreilig, wird doch das Tragen gestickter Borten (*taraz*) in einem Atemzug genannt mit den übrigen sieben Vorrechten des Herrschers, wie dem Privileg, Münzen zu prägen und dergleichen mehr.
Imitationen gewebter Textilien sind auch die Panneaux mit Spitzovalgliederung auf naturfarbigem Baumwoll- oder Leinenfond. Sogar die Stickereitechnik ahmt überzeugend die diagonalen Grate der Köperbindung nach.
Die Kunst der Stickerei, praktiziert in den Harems der Mittel- und Oberschicht, wandte sich bald anderen Objekten zu, die eher den Charakter von Accessoires und Gebrauchsartikeln haben. Zu den frühen Stücken des 16. Jh. gehören etwa 5 bis 6 cm breite Stirnbänder aus Stoff oder Leder zur Fixierung des weiblichen Kopfputzes, flächendeckend bestickt unter reichlicher Verwendung von Gold- und Silberfäden. Eines dieser Bänder soll die Stirn der Roxelane, der Frau Süleymans I., geschmückt haben (Kat. Nr. 5/7).
Weiterer Kleidungszubehör, auf dem sich die Fantasie der Stickerinnen entfalten konnte, sind Schärpen (*kuşak*) (Kat. Nr. 5/27) – immer reversibel gearbeitet, da die kunstvoll geknoteten Enden durch die Bewegungen des Körpers von beiden Seiten sichtbar wurden; Beutel (*kese*) und vor allem die Pantoffeln (*şıpşıp*), die so verschiedene Techniken wie Applikationen von Leder auf Leder über Metallfäden im Divalstich bis hin zur Perlen- und Paillettenstickerei des 19. Jh. aufweisen.
Vielfältige Funktionen erfüllte das *çevre*, ein quadratisches Tuch, dessen Kanten mit Stickerei geschmückt sind, während die Mitte als freie Fläche stehenbleibt (Kat. Nr. 5/28). Das Grundmaterial ist weiße oder auch farbige Baumwolle. Die Farbskala ist im 15. und 16. Jh. ähnlich wie bei den gleichzeitigen Webarbeiten eng begrenzt, seit dem 17. Jh. ist sie auf etwa zehn Zwischentöne erweitert. Obligatorisch ist für die im Serail erhaltenen Çevres – das bekannteste soll aus dem Besitz der sagenumwobenen Roxelane stammen – die Verwendung von Gold- oder Silberstickerei. In der Spätzeit wurden die floralen oder geometrischen Ornamente gelegentlich noch durch figürliche Szenen bereichert. Der Verwendungszweck dieser „Taschentücher“ reichte von Ehrengeschenken an ausländische Gesandte über Siegerpreise für Wettbewerbe in den traditionellen

Kampfsportarten bis hin zu Schutzhüllen für Koranexemplare. Auf Miniaturen findet man den Großherrn häufig mit einem derartigen Tuch in der Hand abgebildet.
Im Blütendekor dieser Gebrauchsgegenstände des Alltags sind nicht mehr die Symbole der Herrschaft oder religiöser Mystik zu entdecken, sondern wahrscheinlich Botschaften an heimlich Verehrte, denen man die Çevres durch Diener zukommen ließ. Die Rose als Zeichen der unerwiderten Leidenschaft und anderes mehr waren eine allgemein verständliche Sprache.
Im Topkapı Sarayı aufbewahrt hat man auch große, schürzenartige Umhänge (*önlük*), die dem Sultan zum Haar- und Bartschneiden über die Schultern gebreitet wurden (Kat. Nr. 5/23). Diese Prozedur nahm der *berber başı* (Oberbarbier) vor. Ein besonderes Ereignis war es, wenn die jungen Prinzen zum ersten Mal in einer feierlichen Zeremonie in Anwesenheit des Großwesirs die Haare geschoren bekamen, denn die Osmanen trugen den Kopf kahl bis auf eine kleine Strähne; langes Haar behielten nur die Derwische bei nach dem Vorbild des Propheten. Nach getaner Arbeit erhielt der Berber Başı aus den Händen des Großwesirs einen Ehrenpelz.
Das Fehlen von Schränken und Truhen zur Unterbringung von Kleidung, Büchern usw. verlangte nach schützenden Hüllen für diese Gegenstände. Man benutzte dafür bohças (Kat. Nr. 5/24), quadratische Tücher in den Maßen 1,20 x 1,20 m aus feinem Leinen oder leuchtenden Satin, der ganz mit freien Kompositionen geschmückt ist, bei denen man die Loslösung vom Zwang der technischen Beschränkung der Weberei spürt. Besonders die Bohças des 16. Jh. mit ihrer fortlaufenden Musterung in strenger Stilisierung haben fast abstrakte Qualitäten. Aus dem 18. Jh. sind in europäischen Sammlungen eine große Zahl von Badetüchern (*havlu*) erhalten, die in den Abmessungen etwa 1 Meter lang und 40 cm breit sind (Kat. Nr. 5/26). Der Funktion untergeordnet, bleibt der Mittelteil frei, nur die Schmalseiten sind mit polychromer Seidenstickerei unter Verwendung von Gold und Silberfäden überzogen. Die vegetabilen Elemente werden ergänzt durch Einbeziehung von Architekturteilen, wie Köşken, zierlichen Minaretten und Brücken und vereinzelt durch Verse, die reversibel gestickt sind, d. h. von beiden Seiten gelesen werden können. Die kleinere Variante des Havlu heißt *makrama*. Die regelmäßigen Hamambesuche ermöglichten es, diese Badetücher zu präsentieren, umsomehr als der durch die Religion geforderte Anstand es verlangte, auch im Bad den Körper weitgehend zu verhüllen.
Ungewöhnlich für den westlichen Betrachter sind die Stickereien auf Kriegsgerät aller Art, wie Pfeilköchern (*tirkeş*), Feldflaschen, Rundschilden (*kalkan*) und Schabracken (*saçaklı esb*), meist mit schweren Metallfäden und -plättchen auf Leder, Samt und anderen Materialien.
An die Zeit des Nomadentums erinnert der Brauch, bestimmte Zeremonien in Zelten abzuhalten, was zur Folge hatte, daß diese durch Applikationstickerei in kleine blumengeschmückte Köşke verwandelt wurden, oft sogar mit künstlichen Fenstern, deren Gitter mit Hilfe von Seidenkordeln vorgetäuscht wurden.

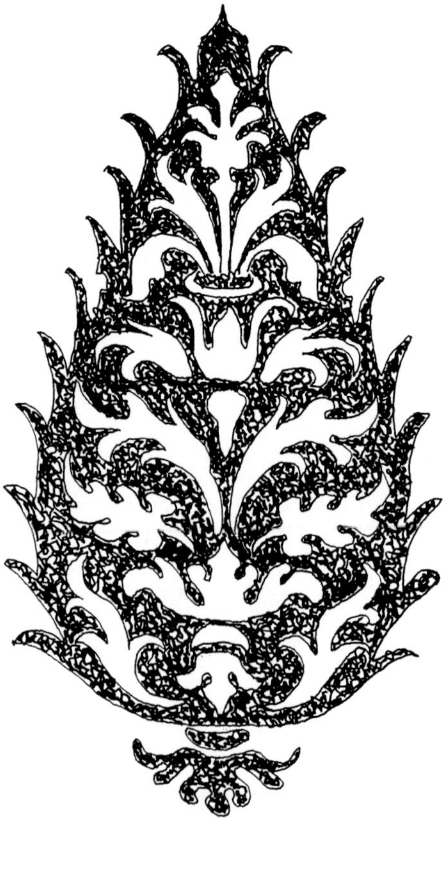

5/1

FARBTAFEL S. 196

Kaftan eines Sultans

Istanbul
2. Hälfte 16. Jh.
L 126 cm
Material: Seide, Lampas mit sparsamer Metallbroschierung

Istanbul, Topkapı Sarayı Müzesi, Inv. Nr. 13/529

Der kurzärmelige Kaftan wird durch *çapraz* geschlossen, hat seitliche Gehschlitze und einen schmalen Stehbund. Die Säume sind auf der Innenseite mit gelbem und rotem Atlas verblendet. Den cremefarbenen Grund zieren Ranken mit Blüten- und Blattgebilden in Aufsicht und Querschnitt im sog. Saz-Stil. Beeindruckend ist die atemberaubende Eleganz der Zeichnung und das Wechselspiel komplementärer Farbigkeit. Der Zierstil steht in enger Beziehung zum gleichzeitigen Fliesendekor und zur Buchmalerei: Lotos- und Päonienblüten, Rosetten, Fiederblätter mit aufliegenden kleinen Blümchen. Vergleichbare Stücke sind nur ein langärmeliger Kaftan mit nougatbraunem Fond, *Topkapı Sarayı Müzesi,* Inv. Nr. 2/164, und ein Panneau im Benaki Museum Athen, Inv. Nr. 3897. Gerade diese Stoffgruppe wird in späterer Zeit bei den historisierenden Phantasieporträts der Sultane als typisch für die Gewänder des Herrschers angesehen.

Lit.: Öz 1946, pl. XXI; Kat. Paris 1953, pl. 19; Aslanapa 1971 , pl. XXV; Mackie 1980, pl. 59; Denny 1982, pl. 123; ders. 1983, pl. 12.

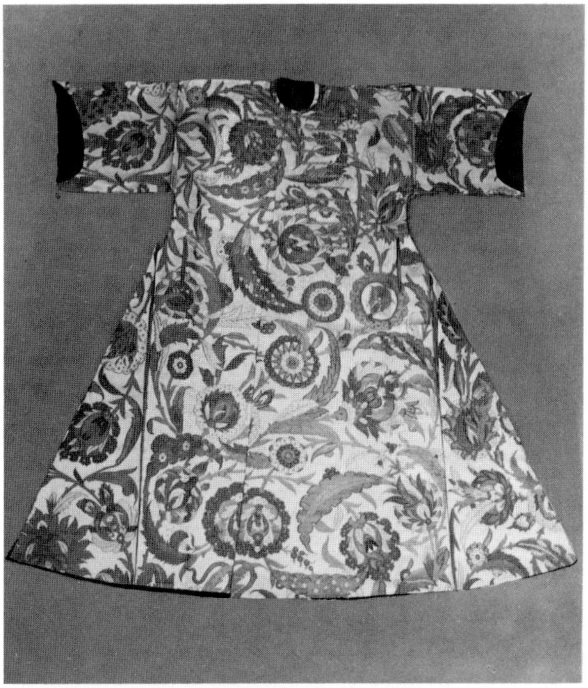

5/2

FARBTAFEL (Detail) S. 195

Kaftan eines Sultans

Istanbul
16. Jh.
L 145 cm
Material: Seide, Lampas mit silberbroschiertem Grund

Istanbul, Topkapı Sarayı Müzesi, Inv. Nr. 13/9

Reserviert für bestimmte Zeremonien waren die Gewänder mit langen Paradeärmeln, bei denen die Arme durch Schlitze an der vorderen Ansatznaht gesteckt wurden. Innenfutter: cremefarbenes Leinen mit roten Atlasverbrämungen an den Säumen. Isoliert vor dem silbernen Fond *(seraser)* stehen aufgeschnittene Samenkapseln mit gezacktem Umriß. Die Kerne im Innern sind zu einem Wabenmuster stilisiert, das durch alternierende Farbwahl von Rosa und Pistaziengrün rhythmisch bewegt wird. Die Hochblüte der Seidenweberei kennzeichnen die kühnen, großflächigen Rapporte, deren Lebhaftigkeit hier von Pastelltönen leicht besänftigt ist.

Lit.: Gönül 1967, Abb. 2.

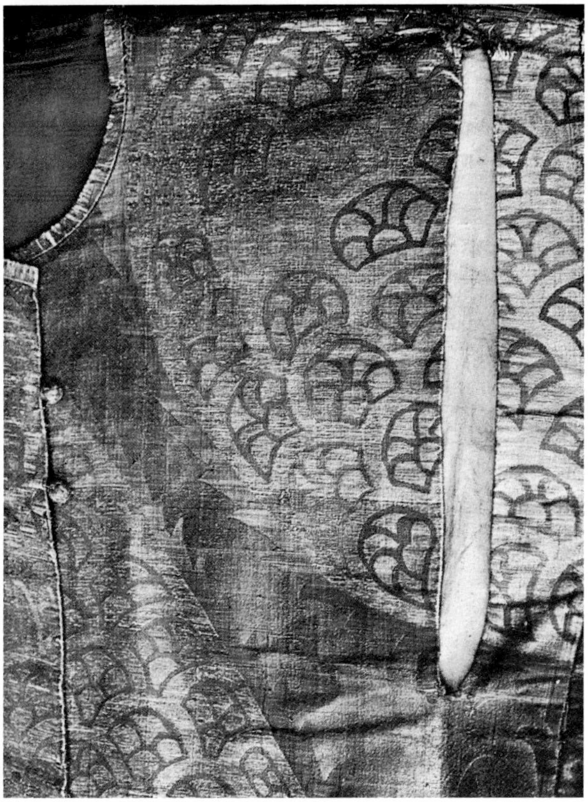

5/3
Kaftan eines Sultans

Istanbul
16. Jh.
L 135 cm
Material: Seide, Lampas mit Metallbroschierung

Istanbul, Topkapı Sarayı Müzesi, Inv. Nr. 13/177

Vom goldenen Hintergrund heben sich in dunkler Zeichnung gegen Ecru große Rosetten ab. Blüten in Aufsicht, Halbmonde und Gabelblattranken werden vom Rhomboiden strahlenförmig umrahmt, in strenger Stilisierung neben der zurückgenommen Farbigkeit und dem metallisch schimmernden Fond ein weiteres Charakteristikum des Seraser. Während die vorhergehenden Beispiele 5/1 und 5/2 vegetabile Formen umsetzten, besticht dieser Typus durch das Vereinen gegensätzlicher Elemente dekorativer, heraldischer und geometrischer Natur.

Lit.: Altay 1979, S. 13.

5/4
FARBTAFEL S. 213
Kaftan eines Prinzen

Istanbul · Mitte 16. Jh.
L 149 cm · Material: Seidenatlas, Stickerei in Zerdüz- und Sarmatechnik

Istanbul, Topkapı Sarayı Müzesi, Inv. Nr. 13/739

Der langärmelige Kaftan aus rubinrotem Atlas gehört zu den wenigen erhaltenen Zeremonialgewändern mit Stickerei. Der Linie des Halsausschnittes, der Säume und der hohen Seitenschlitze folgt eine schwere Bordüre, die flächenfüllend mit Goldfaden und blauem, rosa, rotem und schwarzem Seidenfaden bestickt ist. Blüten und Wolkenbänder werden durch ein Arabeskensystem überlagert. Dieses und ein zweites fast identisches Kleid, das sich durch eine Borte mit *cintamani* und zinnenförmig gezacktem Rand unterscheidet, sollen aus dem Besitz von Şehzade Mehmed (gest. 1543), dem Sohn Süleyman Kanunis stammen.

Lit.: Altay 1979, S. 26.

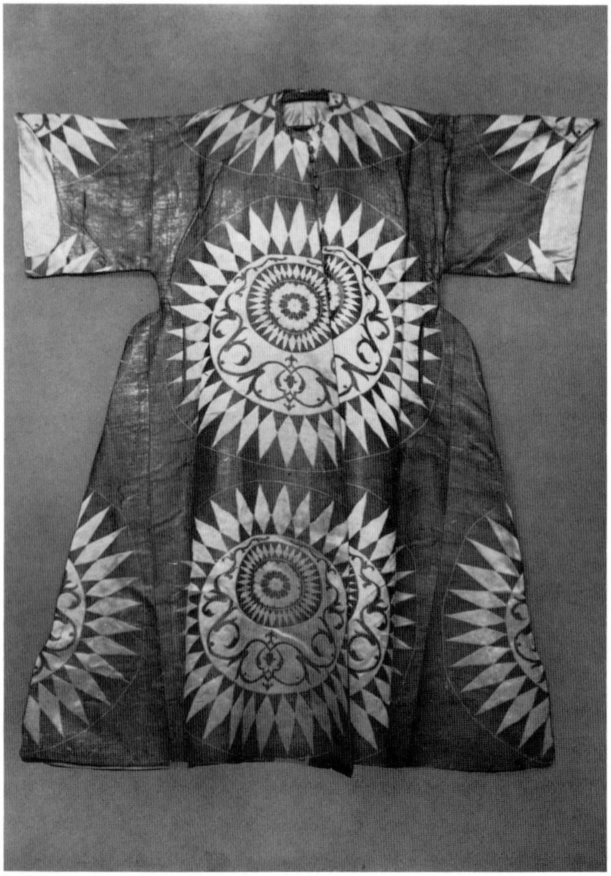

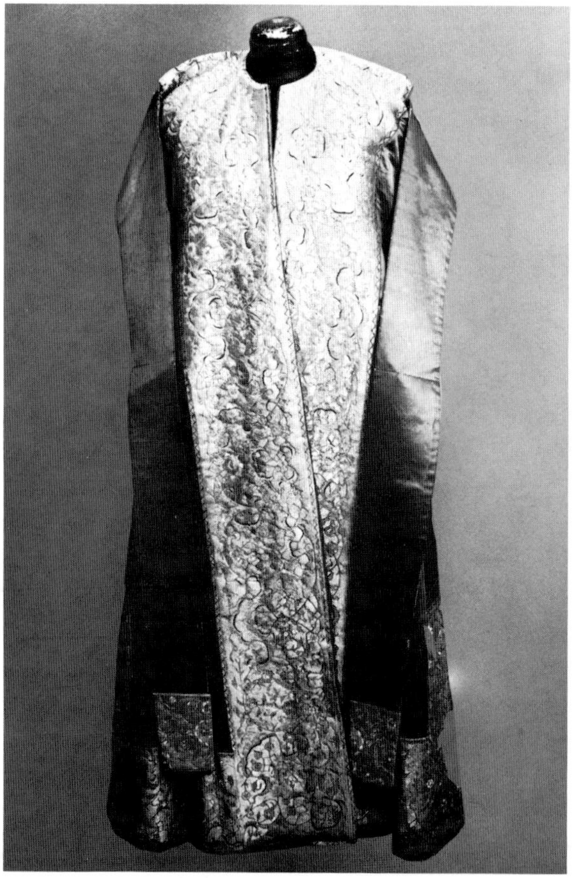

5/5

FARBTAFEL (Detail) S. 195

Kaftan eines Sultans

Bursa oder Istanbul
16. Jh.
L 154 cm
Material: Seide, Brokatsamt mit Silberbroschierung im Grund

Istanbul, Topkapı Sarayı Müzesi, Inv. Nr. 13/834

Wie die gleichzeitigen italienischen Samte kombiniert dieser Stoff aufgeschnittene und belassene Florschlingen in den karmesinroten Spitzovalen des Stufensamtes. Auch die Linienführung der Blätter und Granatäpfel, die einer Vasenform entspringen weist das Gewebe als Nachahmung eines italienischen Brokates aus. Der Granatapfel war ursprünglich von den Seidenwebern Italiens aus dem Orient adaptiert und dann in Form von Exporten italienischer Stoffe wieder an ihn zurückgegeben worden.

Lit.: Altay 1979, S. 17.

5/6

Kaftan

Bursa oder Istanbul
16. Jh.
L 130 cm
Material: Seide, Lampas mit Goldbroschierung

Athen, Benaki Museum, Inv. Nr. 3900

Symmetrische Reihen von Wellenranken, deren Granatäpfel sich rhythmisch in der Bewegung beugen. Demselben Stengel entsprießen Tulpen und ergeben so wundersame Mischformen von Gebilden, die es in der Natur nicht gibt. Dies alles ist in Gold, Weiß und Blau auf rotem Grund gewebt. Die Schrägranke, die ihren Weg über chinesische Textilimporte auch auf den Fliesendekor (Moschee Rüstem Paşa, Istanbul) gefunden hat, bleibt bis ins 19. Jh. in zierlicherer Form eines der gebräuchlichsten Muster auf osmanischen Stoffen. Die Ärmel des Gewandes sind mit einer minderwertigeren Seide repariert.

Lit.: Öz, 1951, pl. CXVIII.

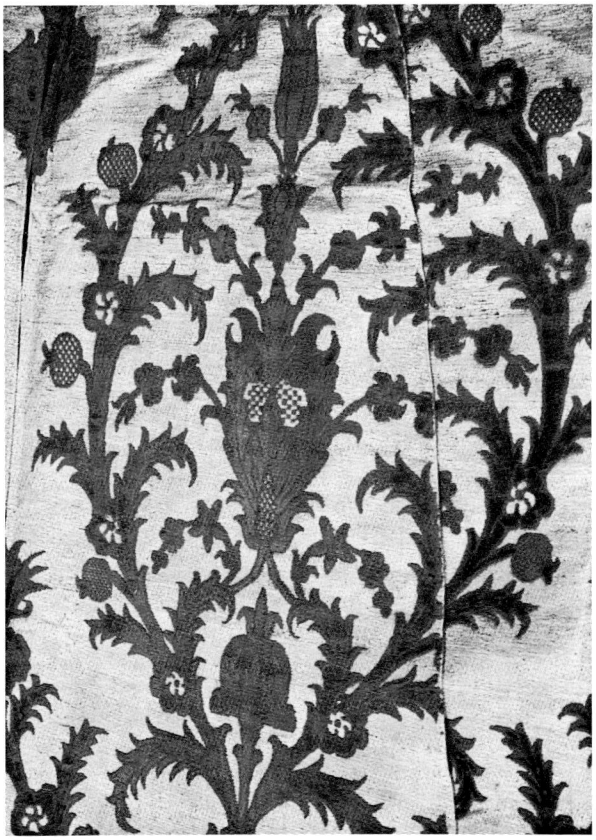

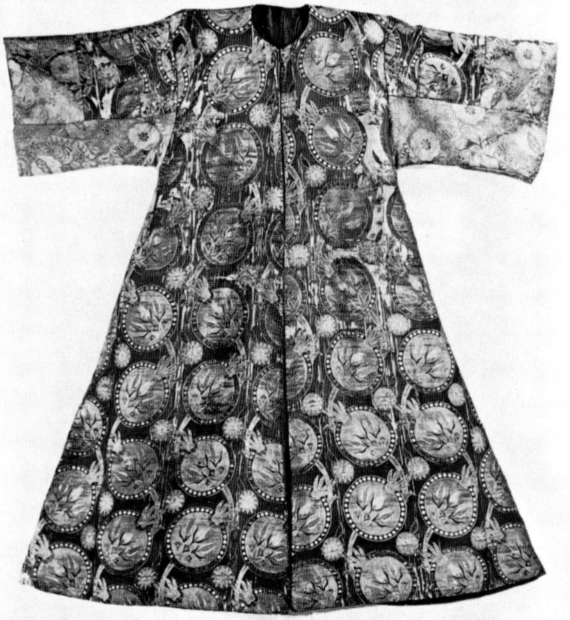

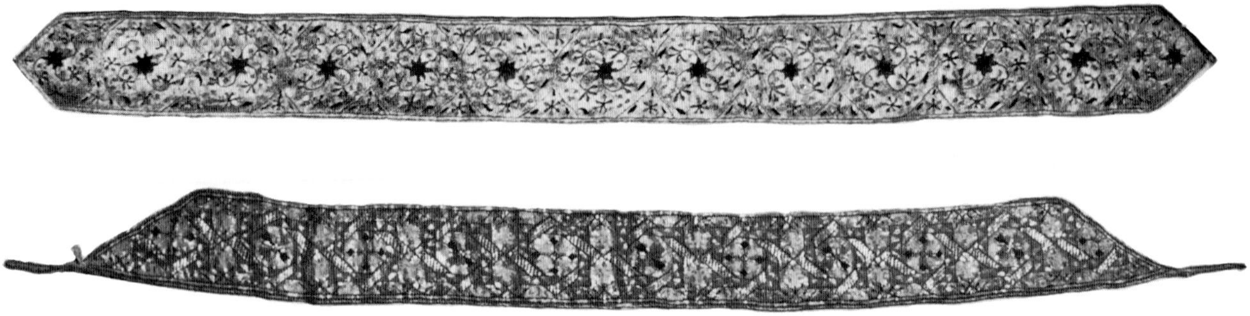

5/7
Stirnbänder

osmanisch
16. Jh.
L a) 50 cm, b) 60 cm
B a) 4,5 cm, b) 5 cm
Material: Stickerei, Seiden- und Silberfäden

Istanbul, Topkapı Sarayı Müzesi, Inv. Nr. a) 31/1480, b) 31/1477

Zwei Stirnbänder, wie sie im 16. Jh. für Frauen Mode waren. Sie erleichterten das Fixieren der Haartracht und vor allem des Kopftuches oder Schleiers, wie man aus zeitgenössischen iranischen Miniaturen ersehen kann. Vielleicht kam die Inspiration zu den vorliegenden Accessoires aus dieser Region. Beide Bänder sind völlig flächenfüllend bestickt.
Zu a): Für diese Art Kopfschmuck waren besonders typisch geometrische Muster, hier in Silber, Blau, Schwarz, Rot und Creme. Es wurde in der Türbe der Hürrem Sultan „Roxelane" (gest. 1558), der Gemahlin Süleymans des Prächtigen, gefunden und soll ihr gehört haben.
Zu b): Das zweite Stirnband ist etwas später, zur Zeit Murads III. (1574—1595) gearbeitet worden und mit einer Blütenranke in Karmesinrot, Blau und Schwarz auf silberbesticktem Fond verziert.

Lit.: a) Wien 1932, Nr. 26, b) Unpubliziert.

5/8

FARBTAFEL S. 214

Flachgewebe

Bursa oder Istanbul · 2. Hälfte des 16. Jh.
H 142 cm, B 69 cm · Material: Seide, Lampas

Krefeld, Textilmuseum, Inv. Nr. 16234

Auf himbeerrotem Grund die von Vielpässen gerahmten Tupfen des Çintamani, hier durch aufgelegte Halbmonde, Blüten und Sonnen modifiziert. Um sie sind dem indischen Formenschatz entnommene kleine Blümchen festonartig herumgeführt. Gleichzeitig kann das Auge des Betrachters die Einzelelemente zur endlosen Reihung von Blütenstauden neu ordnen.

Lit.: Stoffe mit identischem Muster publ. In: Migeon 1908, pl. 41; Flemming 1957, S. 275; Denny 1982, pl. 133.

5/9
Flachgewebe

Bursa oder Istanbul
16. Jh.
H 43,5 cm
B 28,8 cm
Material: Seide, Lampas, Goldbroschierung

Krefeld, Textilmuseum, Inv. Nr. 01299 (GB 729)

In schlichter ausdrucksstarker Komposition und reduzierter Farbgebung vereinigt das kleine Fragment isoliert vor rotem Fond stehende Musterelemente wie die drei Tupfen (*benek*) der Leopardenflecken mit ihrem Talismancharakter und rein dekorative Rosettblüten mit aufliegenden winzigen Halbmonden, die wiederum Symbole für den siegreichen Islam sind.

Unpubliziert.

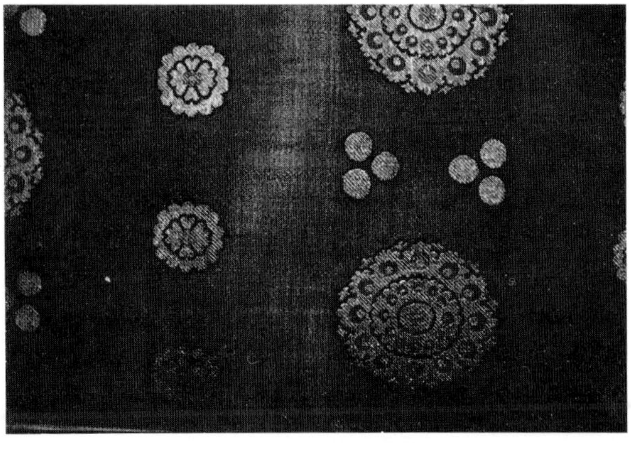

5/10
Samtbrokat

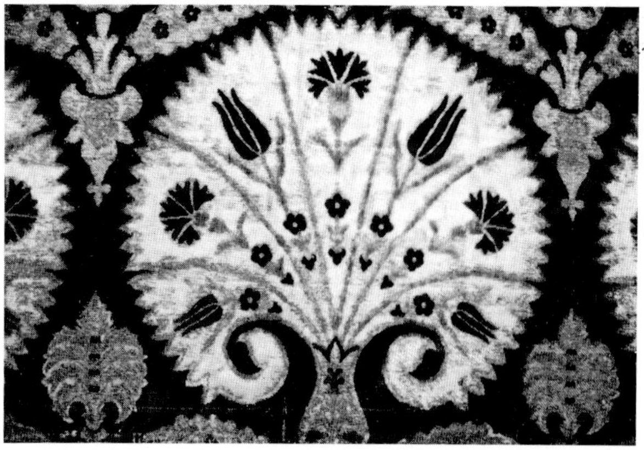

Bursa
Ende 16. Jh.
H 173,5 cm; 171 cm
B 130 cm
Material: Seide, Samtbrokat, Metallbroschierung

Krefeld, Textilmuseum, Inv. Nr. 16233

Im endlosen Rapport Nelkenfächer mit gezacktem Umriß und eingerollten Außenblättern, einem auf Bursa-Samten gehäuft auftretenden Motiv, das seltener für Flachgewebe verwendet wurde. Für die Art des Dekors hat man sich auf den Terminus „Quatre-fleurs" verständigt, nach den vorkommenden Blumen: Tulpe, Nelke, Rose und Hyazinthe. Außergewöhnlich ist hier die Hinzuziehung von Blau. Samte mit diesem und leicht abgewandelten Mustern sind in zahlreichen Sammlungen der Welt überrepräsentiert. Die Vermutung liegt nahe, daß sie z. T. für den Export nach Europa gewebt wurden.

Unpubliziert.
Ein fast identisches Stück in: Kat. Lissabon 1963, Nr. 99; ebenda 1978, Nr. 47.

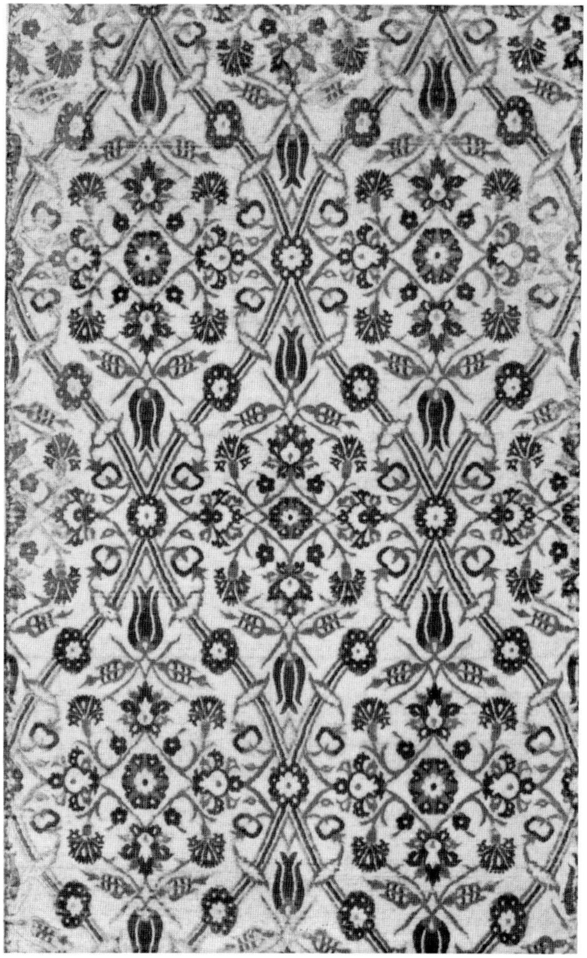

5/11
Brokatsamt

Bursa
16. Jh.
H 172 cm
B 65 cm
Material: Seide, Brokatsamt (Atlasgrund mit Silberbroschierung, Musterflor)

Frankfurt, Museum für Kunsthandwerk, Inv. Nr. 14491

Das Gewebe ist in der „klassischen" Dreifarbigkeit der Bursa-Stoffe, Karmesinrot, Pistaziengrün und Creme gehalten. Auf hellem Grund liegt ein dominierendes Rautengitter aus schmalen Linien. In den Spitzovalen, von einer zentralen Rosette ausgehend, symmetrische Gabelblattranken in Grün, die in die anstoßenden Felder weitergeführt werden und so ein gegenläufiges System ergeben. Rot sind — wie auch die mittlere Linie der gliedernden Stege — die Tulpen, Nelken, Rosetten und Granatäpfel. Die roten Streifen an den Schmalseiten trennen die Stoffbahn in Abschnitte, aus denen jeweils das Rücken- oder Vorderteil eines Gewandes bequem zugeschnitten werden konnte.

Unpubliziert.

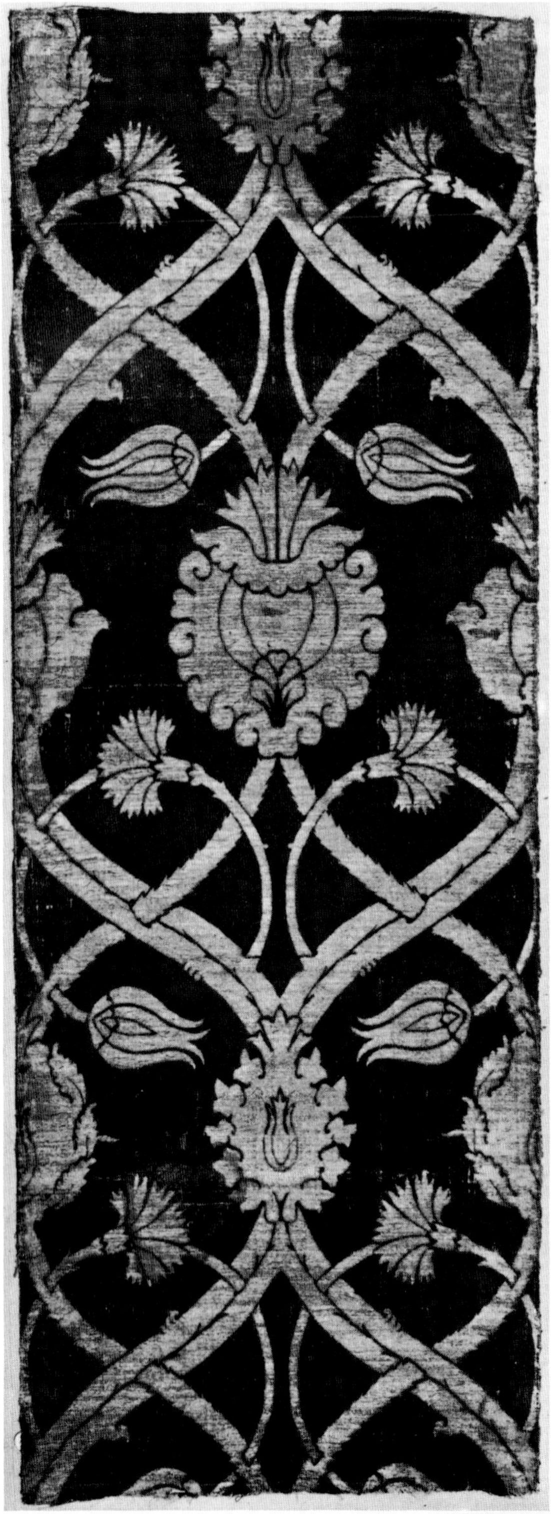

5/12
Samtbrokat

Bursa · 16. Jh. · H 167 cm, B 62 cm
Material: Seide, Samtbrokat, Muster silberbroschiert

Lissabon, Fundação Calouste Gulbenkian Museu
Inv. Nr. 191

Auf rotem Grund in strenger Denaturalisierung zwei gegenläufige Rankensysteme, die große über die Gesamtbreite des Stoffes gelegte Spitzovale formen. Die dominierende, sich wellenartig fortbewegende Ranke durchläuft aufgeschnittene Hyazinthen, während die untergeordnete durch die größeren Granatäpfel geführt wird und so eine spannungsvolle Wechselwirkung erzeugt. Beide wiederum sind verkettet durch in Gegendrehung den Ovalen entwachsende kleinere Schwünge.

Lit.: Kat. Lissabon 1982, Nr. 307.
Identisches Stück in: Schmidt 1957, Abb. 289.

5/13
Flachgewebe

osmanisch · 17. Jh. · L 135 cm, B 64 cm
Material: Seide, Lampas mit Metallbroschierung

Düsseldorf, Kunstmuseum, Inv. Nr. 15793

Statt einer eng begrenzten Anzahl von Rauten, wie bei den vorhergehenden Stoffen, füllen hier vier Rauten die Gesamtbreite des Gewebes, ein Zeichen für ein späteres Entstehungsdatum. Dafür sprechen auch die flamboyant gezeichneten Stege, deren Berührungspunkte durch Kronen markiert werden. Das Gleichgewicht hat sich zu Ungunsten der Füllungen, zierlicher Medaillons mit aufliegenden Blütenstauden, verschoben.

Unpubliziert.

5/14
Briefhülle

osmanisch · Mitte 17. Jh. · L 82 cm, B 13 cm
Material: Seide, broschiert, Atlasfutter

Karlsruhe, Badische Landesbibliothek Haus Rastatt
Inv. Nr. 232

In alternierender Reihung Früchte, einzelstehende kleinere Brombeeren und Granatäpfel und größere Kompositstauden aus denselben Arten, wobei die Granatäpfel aufgeschnitten sind und schachbrettartig stilisierte Kerne freigeben, während den Umrißlinien winzige Blüten entsprießen.
Der Briefbeutel enthielt Berat und Ahdname von Sultan Mehmed IV., ausgestellt im Juni 1649, als Bestätigung des Fürsten von Siebenbürgen, Georg II. Rákóczi.

Lit.: Kat. Karlsruhe 1955, Nr. 521.

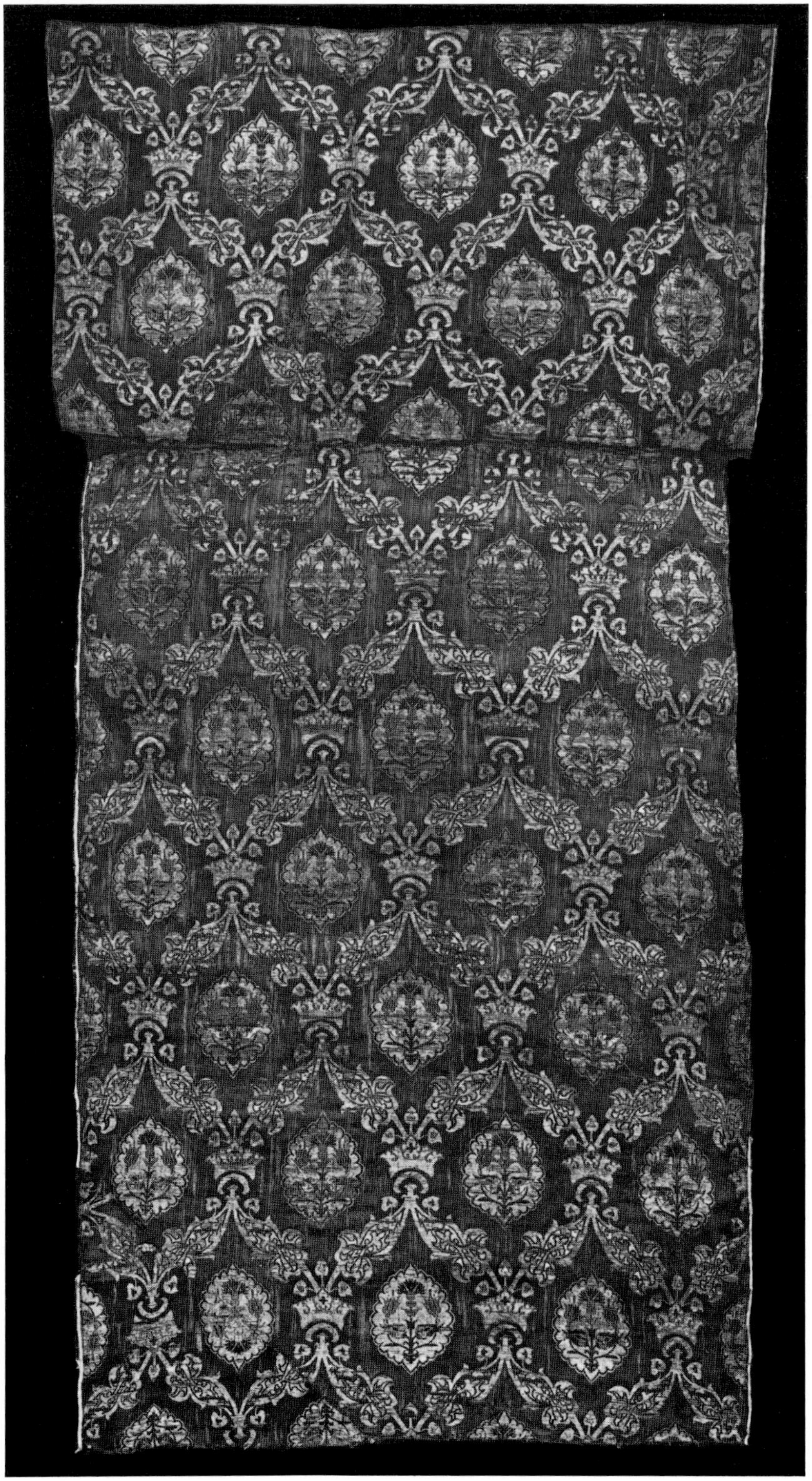

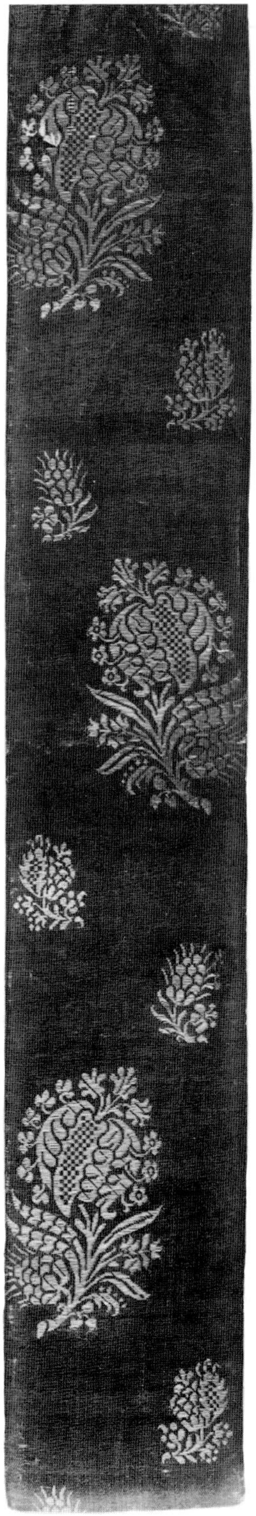

5/15
Ehrenkaftan
Istanbul · 17. Jh.
L 150 cm · Material: Seide, Taqueté

Berlin, Stiftung Preußischer Kulturbesitz, Museum für Völkerkunde, Inv. Nr. IB 562

Den langärmeligen Kaftan mit vorderem Klappverschluß und Stehbund schmücken in großflächigem Rapport Palmetten, die aufgefächert sind und einen gezackten Umriß formen. Gehalten werden sie von langgezogenen Fiederblättern in der Art eines Kranzgebindes, das Ganze vor hellem Fond in Gelb und Rot.
Vom Ende des 16. Jh. stammt eines der frühesten Beispiele dieser Stoffgruppe (Victoria and Albert Museum, Nr. 975—1907). Wie aus Miniaturen zu ersehen ist, wurde das Muster zu dieser Zeit von verschiedenen Hofchargen getragen, während es im 17. und 18. Jh. in weiterentwickelter Form für die Ehrenkaftane der ausländischen Gesandten reserviert war.

Unpubliziert.

5/16
Şalvar eines Sultans
Istanbul
17. Jh.
L 140 cm
Material: Seide, Lampas (Atlasgrund mit Silberbroschierung, Muster in Köperbindung)

Istanbul, Topkapı Sarayı Müzesi, Inv. Nr. 13/572

Die leinengefütterten Şalvar sind im Bund sehr weit geschnitten und laufen durch Abschrägung der inneren Naht zu den Knöcheln hin schmal zu. Auf cremefarbenem Grund neigen sich weiße, dunkelbraun umrandete Blütenstauden wie vom Wind bewegt in versetzter Reihung. Die Art der Gliederung geht auf Stoffe Irans und Indiens zurück, Einzelmotive, wie ineinanderverschlungene Tulpe und Nelke, sind dagegen dem osmanischen Formenschatz entlehnt.

Unpubliziert.

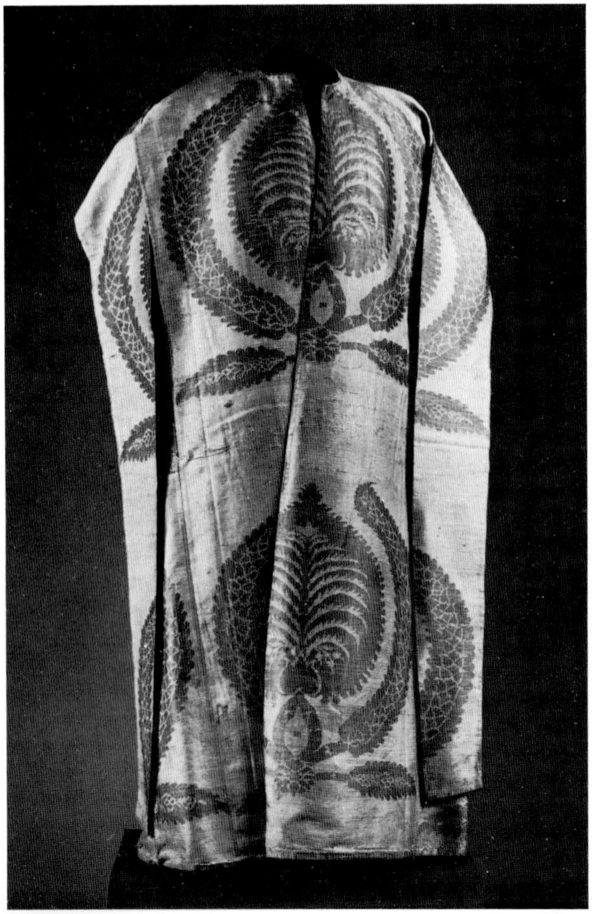

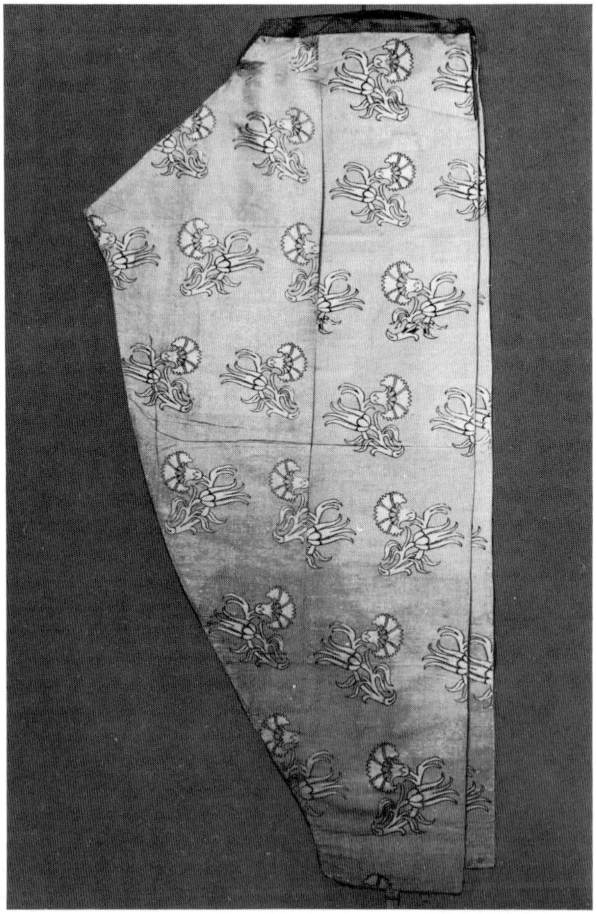

5/17
Entari eines Sultans

Istanbul
17. Jh.
L 142 cm
Material: Seide, Moiré-Rips

Istanbul, Topkapı Sarayı Müzesi, Inv. Nr. 13/644

Im Geschmack des 17. Jh. ist das Gewand im Rockteil weiter geschnitten und den Hals ziert ein etwas höherer Stehbund. Es wird durch enggesetzte Posamentenknöpfe und Schlingen geschlossen. Innen wurde es mit Halbleinen ausgeschlagen und zusätzlich an den Säumen durch cremefarbenen Satin (*canfes*) verblendet. Typisch für die Zeit ist auch die subtilere Farbgebung, der hellbraune Fond mit den weißen und himmelblauen Lotosblüten, die kleine Sonnen umschließen. Moiré-Seiden waren eine im 17 Jh. besonders geschätzte Stoffart. Eines der ältesten Beispiele dürfte der schwarze Kaftan Süleyman Kanunis sein, in dem Melchior Lorich ihn um 1558 abbildete.

Unpubliziert.

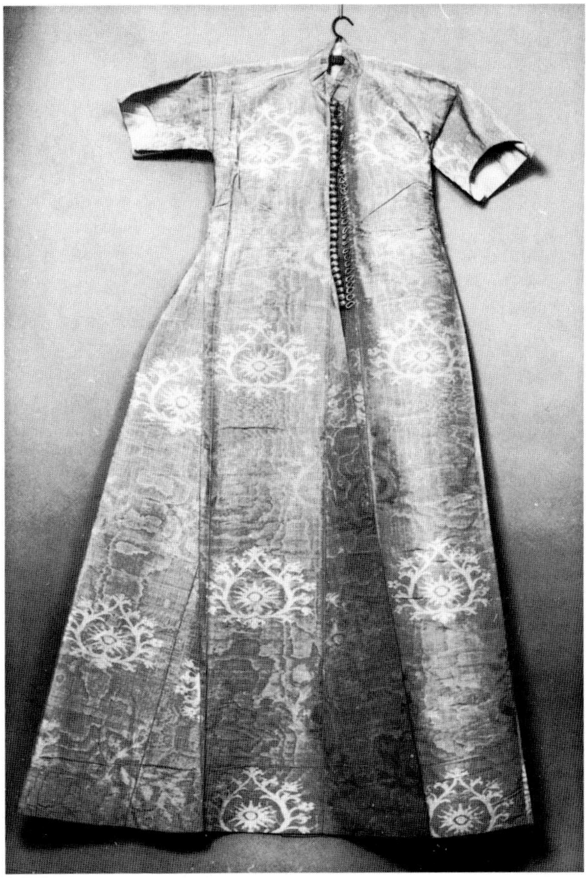

5/18
Sarkophagdecke

Istanbul oder Bursa · Ende 17. Jh.
H 148 cm, B 61 cm · Material: Seide, Lampas

Lissabon, Fundação Calouste Gulbenkian Museu
Inv. Nr. 1506

Weiße Zick-Zack-Bänder und arabische Schrift auf rotem Fond. Jeweils im breitesten Band die *šahāda*, das muslimische Glaubensbekenntnis „Es gibt keinen Gott außer Allah und Muhammad ist sein Gesandter".
„Ruhm sei Gott und seinem Lob; Ruhm sei Gott dem Größten" steht in der schmalen Reihe darunter. Über der šahāda der Beginn von Vers 144 der 2. Koransure, *al-Baqara* (Die Kuh), „*Wir sehen, daß du unschlüssig bist, wohin am Himmel du dich (beim Gebet) mit dem Gesicht wenden sollst. Darum wollen wir dich* (jetzt) *in eine Gebetsrichtung weisen, mit der du gern einverstanden sein wirst: Wende Dich mit dem Gesicht in Richtung der heiligen Kultstätte* (in Mekka)".
In den Rundmedaillons ist „*O Herrscher*" und in den Vasenformen „*O Wohltäter; O Allbarmherziger*" zu lesen.

Lit.: Kat. Lissabon 1978, Nr. 57.
Grabtücher mit identischem Muster in: Calligraphy and the Decorative Arts in Islam, London 1976, pl. 18; Kat. Berlin 1981, S. 269; Lowry 1983, pl. 160.

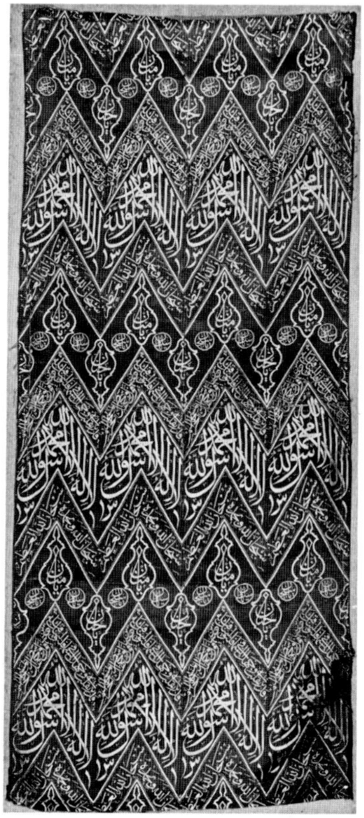

5/19

Kissenhülle *(yastık)*

Bursa · 17. Jh. · L 112 cm, B 63 cm · Material: Samt

München, Sammlung Bernheimer

Um eine mehrschichtige Rosette herum sind zwei große Lilien – vier weitere werden überschnitten – Rosen und in den Ecken Lambrequins mit feingezeichneten Blütenranken gruppiert. Das Besondere an diesem Exemplar ist die Rahmung des Mittelfeldes durch alternierende Rosetten und spiegelbildliche arabische Schriftkartuschen, die folgenden Sinn ergeben: „Stätte des Glücks" und „Segensreiche Stätte". Damit rückt das Stück in die Nähe einiger abgepaßter Samtdecken mit Inschriften, vor allem aus dem 18. Jh. Die zinnenförmigen Bordüren sollen auf die seitlichen Verschlüsse der Taschen für die Mitgift der Braut, die man im Nomadenzelt als Kissen zweckentfremdete, zurückgehen. *Yastıks* wurden nicht nur in Samt oder Samtbrokat gewebt, sondern auch als *seraser* (Textile Museum, Washington, Inv. Nr. 1.65), wie man sie, mit Perlen bestickt, im Thronsaal des Serails gern verwendete. Nicht rechteckig, eher quadratisch im Format sind die seit dem 16. Jh. bekannten, in den Harems gestickten Kissenhüllen.

Lit.: Zick-Nissen 1983, S. 1636.

5/20

Kissenhülle *(yastık)*

Üsküdar · Anfang 18. Jh. · H 120 cm, B 67 cm
Material: Seide, Baumwolle, Samtbrokat, silberbroschiert

Stockholm, Livrustkammaren, Inv. Nr. 3661

Eine der wenigen *yastık*s, die eine Geschichte haben. 1731 wurde sie von Abdi Paşa von Algier dem schwedischen König geschenkt. Im Innenfeld eine zentrale Rosette auf einem Stern aufliegend, umschlossen von einem Spitzoval. Die Spitzovale laufen in Lilien aus. In die vier Lambrequinbögen schmiegen sich Tulpen, die zur Mitte hinweisen. Rosetten bilden einen Rahmen. Die Schmalseiten akzentuiert eine Zinnenbordüre mit Korbtulpen.

Lit.: Geijer 1951, pl. 35.

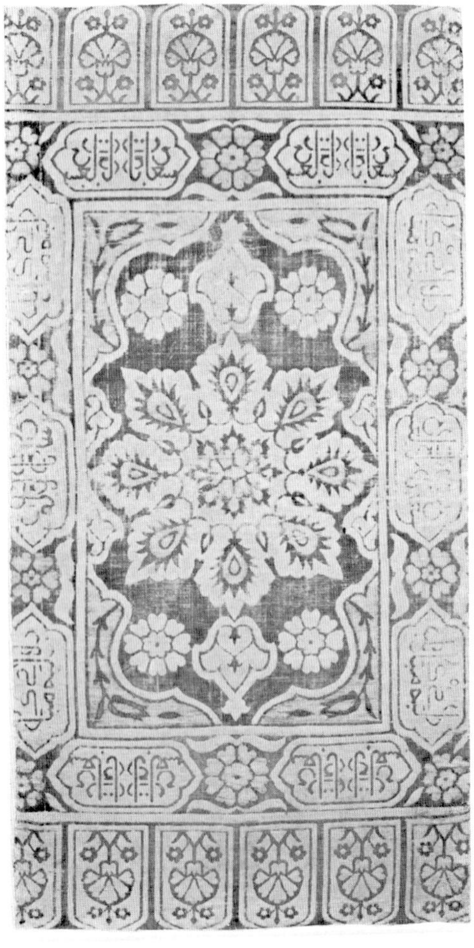

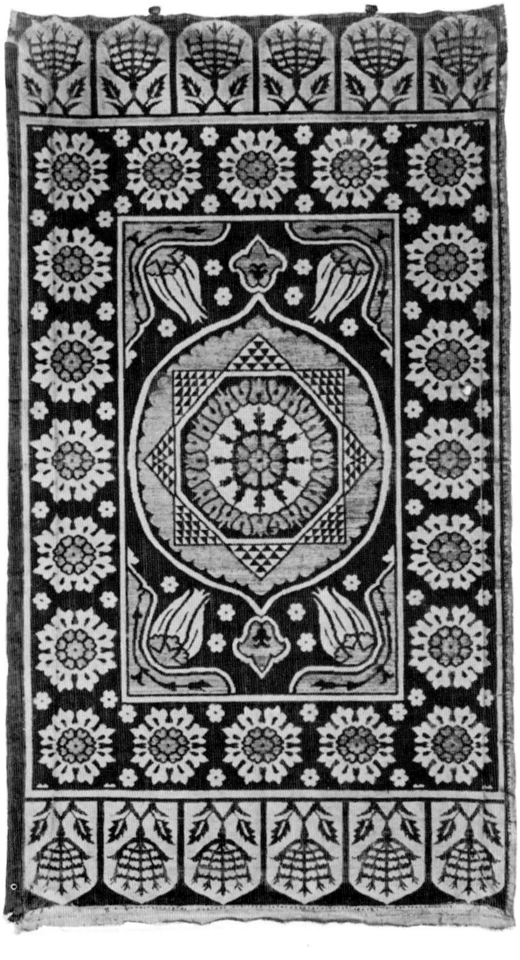

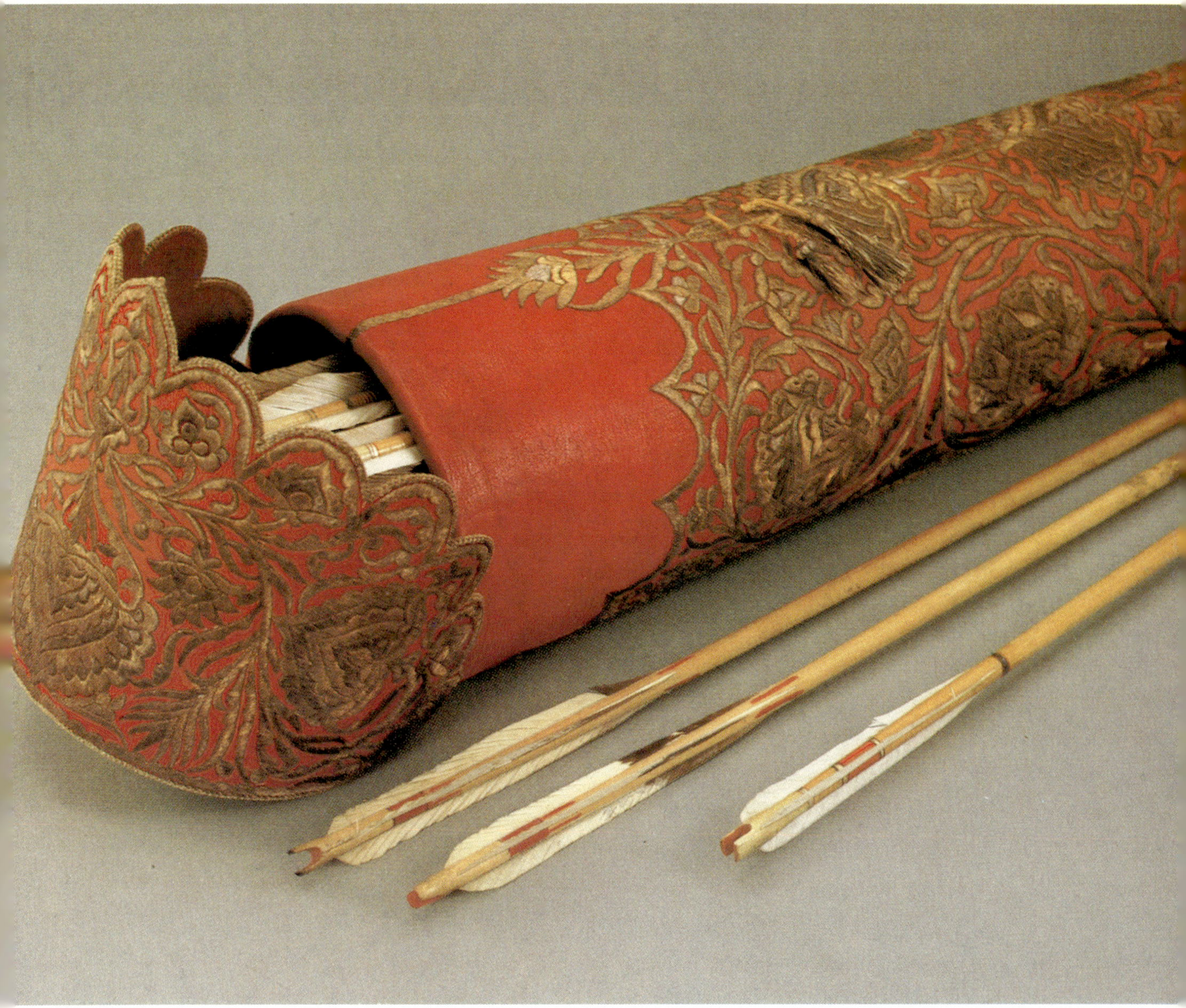

Köcher mit Pfeilen (Kat. Nr. 11/30)

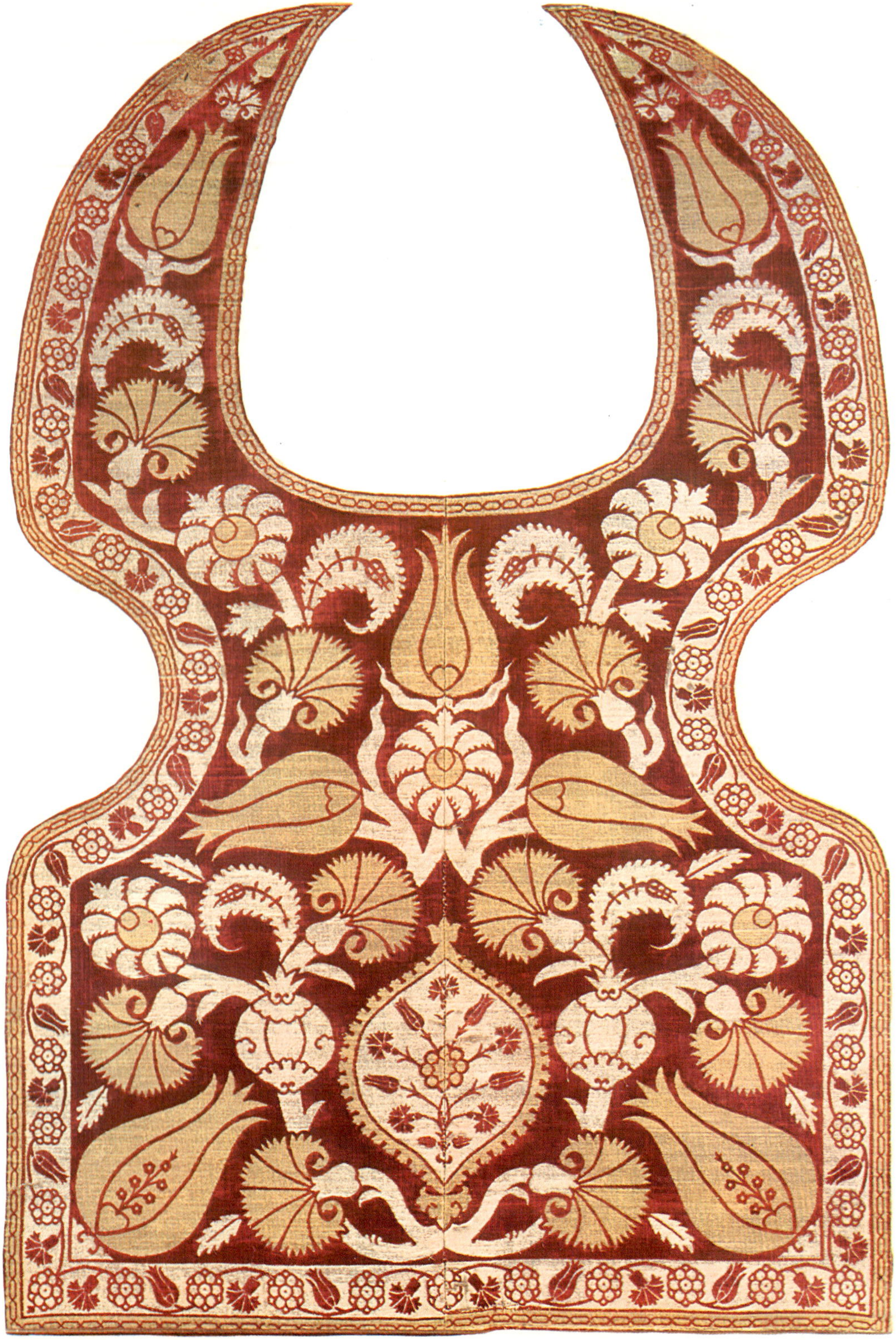

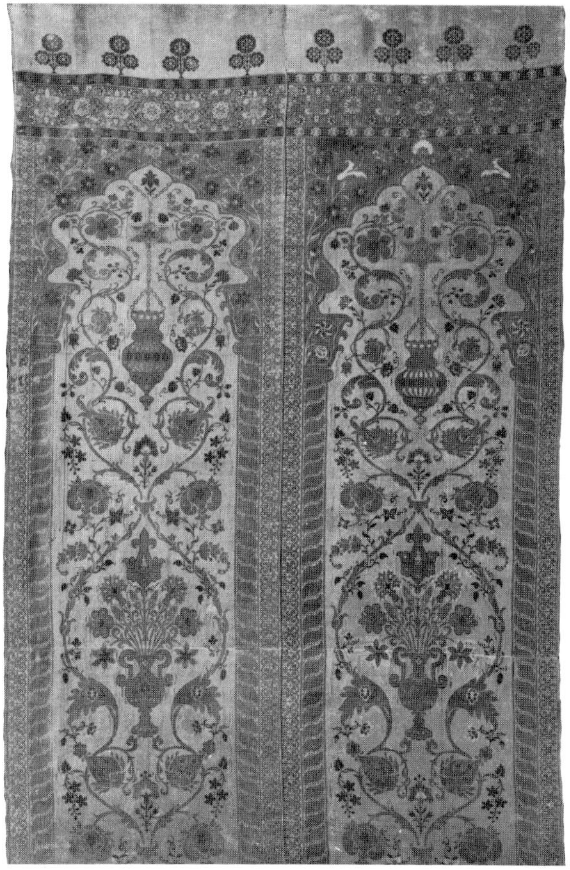

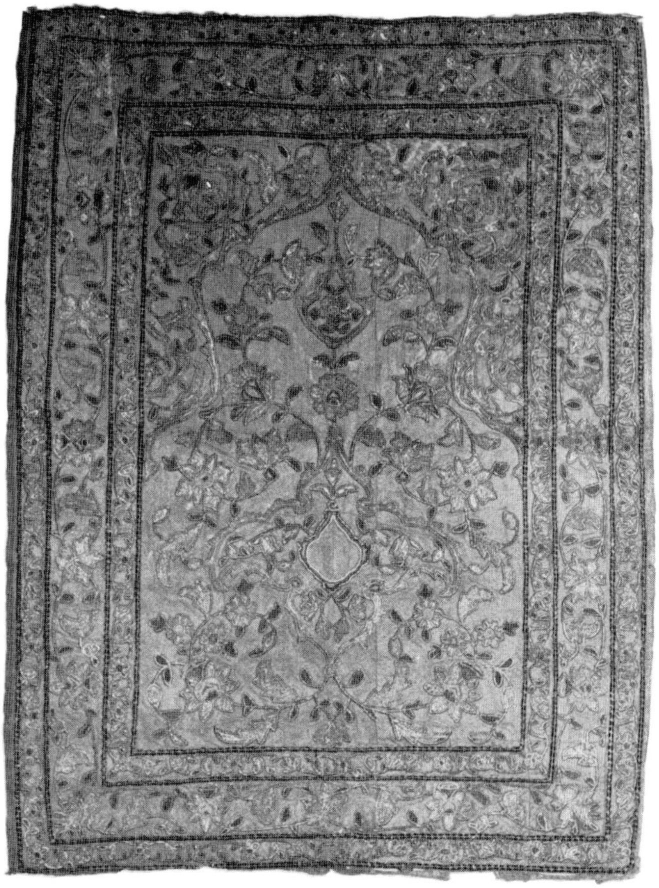

5/21
Behang

osmanisch · Ende 17. Jh. · H 300 cm, B 120 cm
Material: Seide, Atlasgrund, Metallbroschierung

Krakau, Panstwowe zbiory Sztuki na Wawelu, Inv. Nr. 4972

Lambrequinbögen, getragen von gedrehten Säulen, bilden zwei Arkaden. Auf himbeerfarbenem Fond in polychromer Seide und Metallfäden je zwei Arabesken, Weinranken mit anderen Blüten, wie vollerblühten Rosen und Glockenblumen, von unten beginnend: durch ein Diadem gezogen, teilen sie sich und schließen eine Nelke in ihrer Mitte ein, umschlingen eine Vase mit Blütenstrauß, während sich aus der Ranke, wie aus einer windzerzausten Girlande, kleinere Stengel und Blumen zu lösen beginnen. Dasselbe wird noch einmal wiederholt, bis die Arabesken einen vom Scheitelpunkt des Bogens herabhängenden Kandelaber aufnehmen und seitlich ausschwingen. Basen, Kapitelle und Bogenzwickel zieren zusätzlich Blumenranken.

Lit.: Petrus et al. 1977, S. 60.

TAFEL XXX Satteldecke (Kat. Nr. 11/25)

5/22
Gebetsteppich

osmanisch · Ende 17. Jh. · H 96 cm, B 75 cm
Material: Seide, Gold-, Silber- und Seidenstickerei auf Samt

Frankfurt, Museum für Kunsthandwerk, Inv. Nr. H. St. 21

Gebetsteppiche (*seccade*) wurden nicht nur geknüpft, sondern auch in einer Vielzahl verschiedener Techniken gestickt. Die Gliederung folgt dabei den Teppichen osmanischer Hofmanufakturen: Ein Mittelfeld flächenfüllend geschmückt mit Arabesken, die von einer zentralen Symmetrieachse ausgehen und Blüten tragen. Den Bogen der angedeuteten Gebetsnische formen Blattranken, die der Botanik näher stehen als der Architektur, vor allem da keine Säulen vorhanden sind. Gerahmt wird das Ganze durch eine umlaufende Arabeske, ergänzt von zwei schmalen Begleitstreifen. Die gebrochenen Pastelltöne und besonders die Aprikosenfarbe sind typisch auch für die Stickereien des 17. Jh. Sie gehen, zusammen mit einigen Details in der Zeichnung der Blüten und des Bogens, auf persischen Einfluß zurück.

Unpubliziert.

5/23
Rasierumhang

osmanisch · 18. Jh.
Material: Baumwolle, Seidenstickerei

München, Stadtmuseum, Sammlung Melek Lampé, Inv. Nr. 98

Die Stickereien, die im 18. und 19. Jh. im städtischen Milieu Istanbuls, Bursas und Edirnes entstanden, bilden eine verhältnismäßig homogene Gruppe, sowohl was die Kombinationsmöglichkeiten verschiedenartiger Motive, die vorher gewissen Gesetzmäßigkeiten unterlagen, angeht, als auch bezüglich der Farbwahl. Stücke mit zehn oder mehr Farben sind keine Seltenheit, neu ist das Abschattieren eines Musterelementes mit mehreren Tönen einer Gruppe.

Der Rasierumhang (*önlük*) ist in seinen Abmessungen so gehalten, daß er bequem Schultern und Körper bedeckt. In waagerechten Reihen jeweils eine Pinie und ein Zelt mit aufgeschlagenem Eingang, so daß das Innere sichtbar wird. Kleine Blüten schließen die Reihen nach oben hin ab. Aufwendig geschmückt ist der Halsausschnitt. Um ihn herum legt sich ein weites Band aus in entgegengesetzter Richtung stehenden Zelten. Kleine Schiffe scheinen an seinem Saum wie an einem Horizont entlangzusegeln.

Unpubliziert.

5/24
Decke für ein Lesepult

osmanisch · Ende 17. Jh.
Material: Seide, Stickerei

München, Stadtmuseum, Sammlung Melek Lampé, Inv. Nr. 6

Die versetzt gereihten Blüten sind eine Nachahmung gewebter Stoffe (s. 5/16), so wie sie noch im 18. und 19. Jh. in Divaltechnik auf nichtzugeschnittene Bahnen gestickt für die Frauen-*entaris* Mode waren. Bei dieser Decke (*örtü*) wurden Stauden aus einer vollgeöffneten größeren Blüte, in deren Stengelblättern eine geschlossene Knospe liegt, im enggesetzten Kettenstich (*kasnak*) auf einen seidenen Fond aufgebracht. Die Blätter sind durch sanfte Farbkontraste voneinander abgehoben.

Lit.: Unpubliziert.

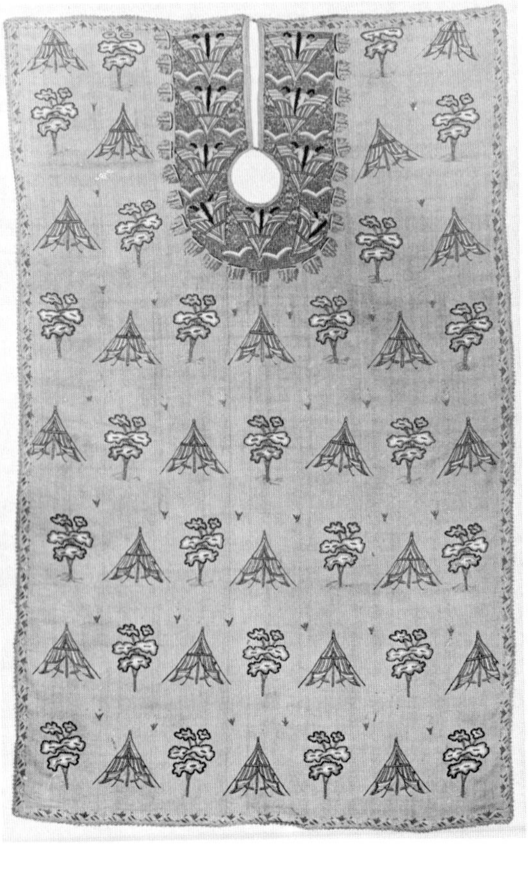

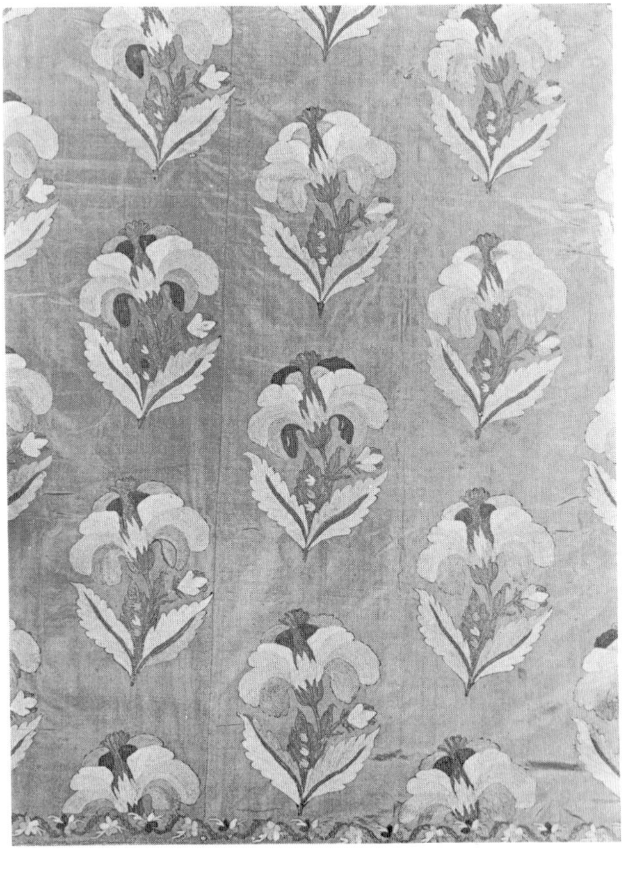

5/25

Einschlagtuch für einen Kavuk

osmanisch · 18. Jh.
112 x 135 cm
Material: Baumwollmusselin, Seidenstickerei

Privatbesitz

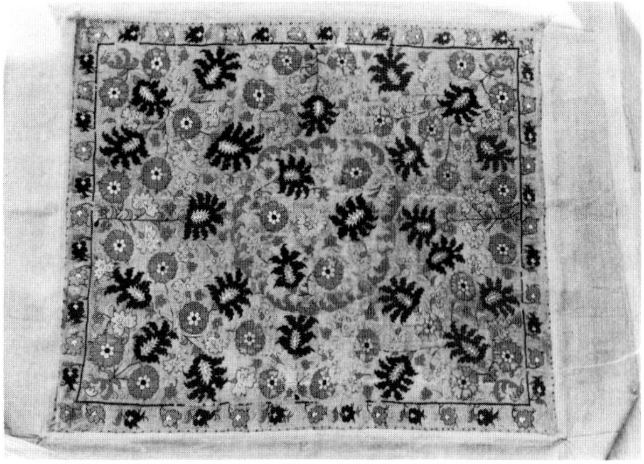

Gewellte Blätter, die sich um einen imaginären Kreis rollen, bilden ein zentrales Rundmedaillon. Hyazinthen und Kompositrosetten sind in einem inneren Ring alternierend um eine Rosette herumgelegt. Von den vier Ecken ausgehend wachsen Stauden mit denselben Blumen zur Mitte hin. Ein umlaufendes Blütenband schließt die Komposition ab.
In das Tuch wurde der Kavuk (Turbanart), wenn er nicht getragen wurde, eingeschlagen und auf einem hölzernen Gestell (*kavukluk*) aufbewahrt.

Unpubliziert.

5/26

Handtücher und Servietten

osmanisch · Ende 18.–19. Jh.
a) L 188 cm, B 91 cm
b) L 150 cm, B 85 cm
Zusätlich sind zahlreiche weitere Tücher in der Ausstellung.
Material: Baumwolle, Leinen, Seidenstickerei, Gold- und Silberfäden

a) Privatbesitz; b) München, Stadtmuseum, Sammlung Melek Lampé, Inv. Nr. 69; c) und d) Privatbesitz; e) München, Stadtmuseum, Sammlung Lampé, Inv. Nr. 51

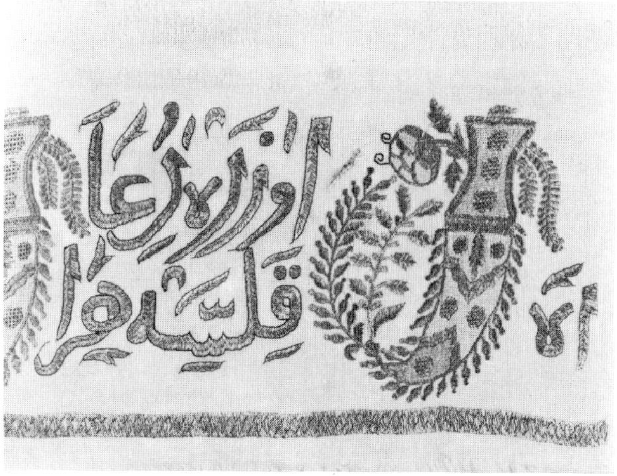

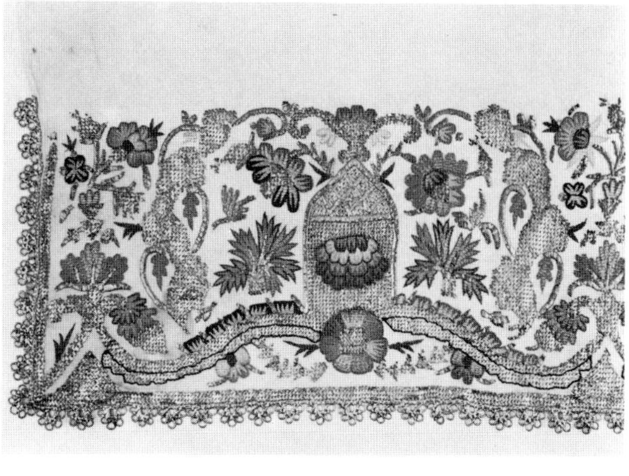

Zu den Gebrauchsartikeln des Alltags, die dekorativ zur Wirkung gebracht werden konnten, sind vor allem die Handtücher (*havlu* oder *peştemal*) und die Servietten (*yağlık*) zu zählen, beide an den Schmalseiten bestickt. Gelegentlich hat auch der Baumwoll- oder Leinengrund Einschüsse von Gold- und Silberfäden. Die Motive können sich auf florale Elemente (c und d) beschränken oder die komplette Skala von Blüten, Bauwerken, Schrift überspannen (a). Bei diesem Stück sind Blumen, eine Moschee mit zierlichen Minaretten und Schrift so gerahmt, als sähe man durch eine Kielbogenarchitektur ins Freie. Die Kompaktheit der Komposition läßt an den Einfluß bemalter indischer Stoffe denken. Im Beispiel b) trennen Dolche und schmückendes Blattwerk Schriftsegmente. Der Wortlaut ist verstümmelt, wahrscheinlich von einer Analphabetin gearbeitet.
yağlık e) Inmitten eines symmetrisch angelegten Gartens mit Blumen und Sträuchern ist ein Brunnen plaziert, aus dem eine Kaskade blauen Wassers üppig fließt.

Lit.: a) Unpubliziert; b) Katalog Ingolstadt 1979, Abb. 50; c) und d) Unpubliziert; e) Katalog Ingolstadt 1979, Abb. 60.

5/27
Gürtel
osmanisch · 19. Jh.
a) L 246 cm, B 49 cm
Material: Seide, Baumwolle, Seidenstickerei, Metallfäden

a) Privatbesitz · b) München, Stadtmuseum, Sammlung Melek Lampé, Inv. Nr. 89

Der Vervollständigung des osmanischen Kostüms dienen drei verschiedene Arten von Gürteln. Solche aus Leder mit Metallverzierungen, auch kostbaren Edelsteinen (*kemer*), für Frauen ganz aus silbernen und silbervergoldeten Flecht- oder Kettenbändern. Zum Fixieren des Entari der *kuşak*, ein Stoffschal mit üppiger Stickerei an den Schmalseiten und einem umlaufenden Band als Einfassung der Bahn (a). Als Vorlage dieses Beispiels wählte man einen Kaschmirschal, dessen Paisleymuster auf cremefarbener Seide im kleinen Mandarinstich Ton-in-Ton nachgestickt wurde. Die Gürtel wurden kunstvoll zu Schleifen verknotet. Durch den faltenreichen Bund der Şalvar zog man einen schmaleren *Uçkur,* bei dem nur die Enden mit Stickerei geschmückt sind (b), hier in Form einer breiten Zone diagonal gestellter Vasen, am unteren Ende von einer Blattranke mit Palmwedeln begrenzt.

Unpubliziert.

5/28
Taschentücher >
osmanisch · 18. und 19. Jh.
a) 88 x 80 cm ·
Material: feine Baumwolle, Seidenstickerei, Metallfäden

München, Stadtmuseum, Sammlung Melek Lampé, Inv. Nr. 78; 80; 82

Der Verwendungszweck bestickter Textilien ist häufig variabel, ganz besonders bei den çevres, die auch als Kopftücher getragen werden konnten oder kleinen Geschenken als Hülle dienten. Eines der schönsten Beispiele ist a). Es zeigt schräg von hinten gesehene Dreimaster mit wehenden Fahnen, bei denen sogar die Geschützluken der Schiffe zu erkennen sind. Tuch b) hat floralen Charakter mit Ranken aus C- und S-Schwüngen. In den Ecken sind, wie auch bei den übrigen çevres, inhaltlich zur Randbordüre passende Ornamente eingefügt, hier ein mit Blumen gefüllter Korb. Das Tuch c) zieht Elemente aus der Architektur hinzu. In eine hügelige Landschaft, die mit schlanken Zypressen bewachsen ist, sind eine kleine Moschee mit Minaretten und ein Köşk eingebettet. Große Mühe wurde auf die Einfassungen verwendet, deren Skala eine Reihe von Techniken, wie z. B. *oya*, Goldspitze und Soutache umfaßt.

Lit.: a) Katalog Ingolstadt 1979, Abb. 58; b) und c) Unpubliziert.

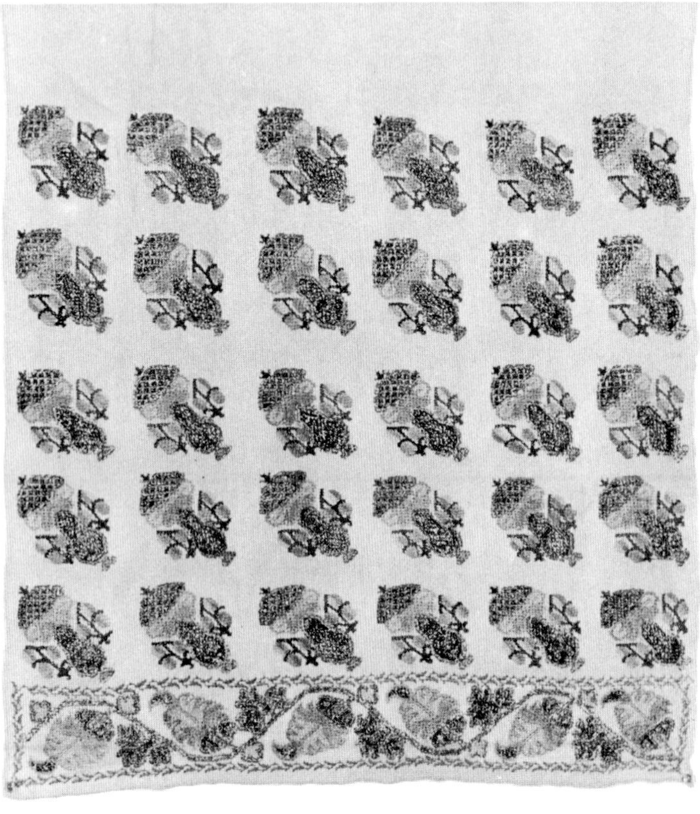

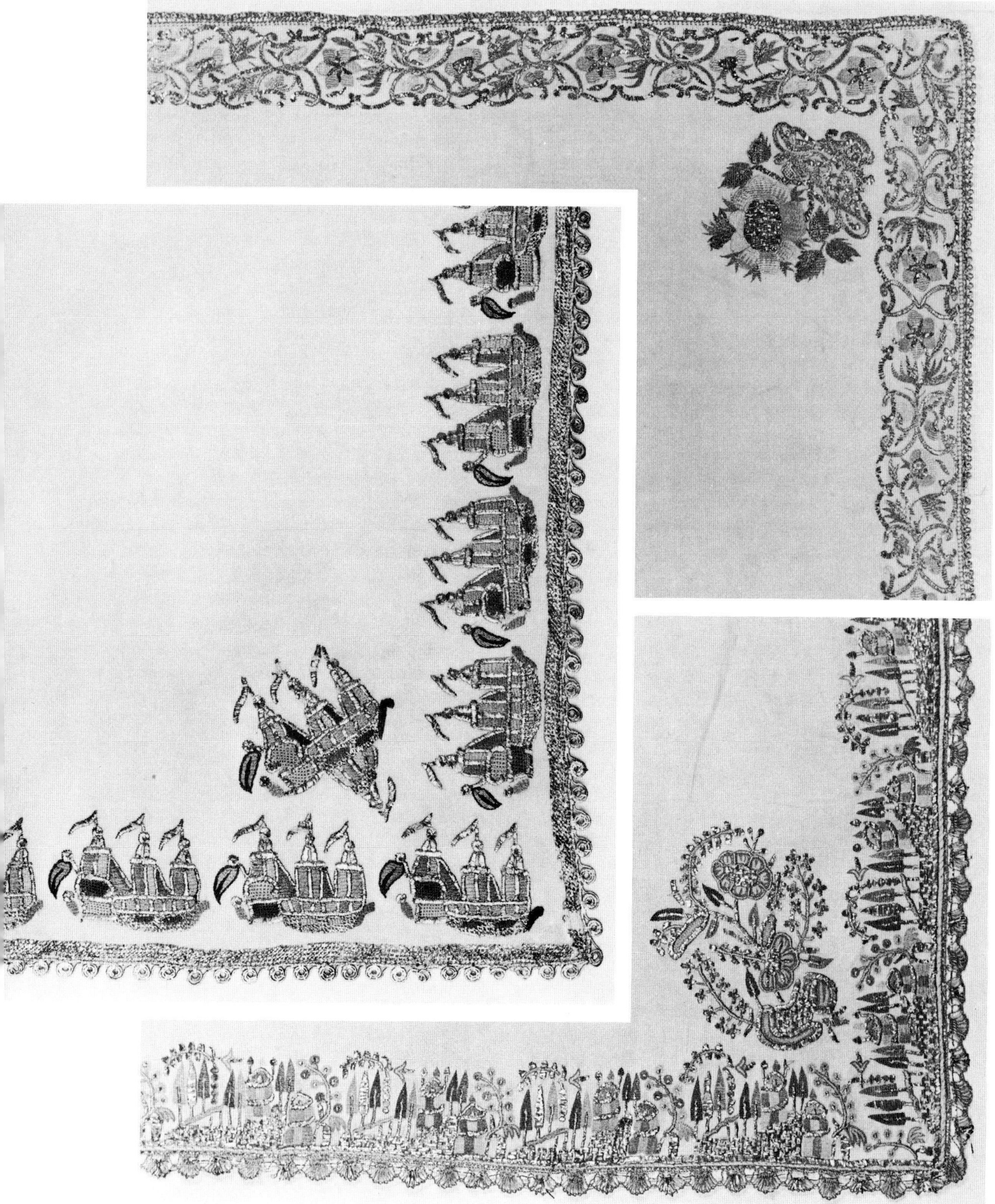

TÜRKISCHE METALLKUNST

Beispiele der türkischen Metallkunst finden wir vor allem bei militärischem Gerät, überwiegend unter den Zier- und Zeremonialgeräten des Hofes und seiner Umgebung und auch unter den alltäglichen Gebrauchsgegenständen wie Tabletts, Schalen, Näpfe, Räuchergefäße, Leuchter, Kannen und Spiegel, die in städtischen Haushaltungen ebenso wie in den Zelten der Nomaden benutzt wurden. Das türkische Kunsthandwerk verwendete in der Hauptsache Silber, etwas Gold, Kupfer und die Kupfer-Zinn-Legierung Bronze sowie die Kupfer-Zink-Legierung Messing. Eisen und Stahl spielten eher bei der Herstellung von Rüstungen und Werkzeugen eine Rolle, aber auch als Material für Schlösser und Spiegel. Blei wurde zum Löten sowie zur Feinung von Edelmetallen, Quecksilber bei der Vergoldung verwendet.

Da Gold und Silber relativ weiche Metalle sind, lassen sie sich leicht verarbeiten. Es wurden Schmucksachen daraus gefertigt, aber auch Gebrauchsgegenstände des gehobenen Bedarfs wie Schalen, Tabletts, Kannen und Leuchter. Neben derartigen, besonders vom Palast in Auftrag gegebenen Utensilien wurden auch Bucheinbände, Wiegen, Kästen, ja sogar große Gegenstände wie Thronsitze und Türen mit Gold und Silber beschlagen. Außer den Edelmetallen, die ja nur einer ziemlich kleinen Schicht zugänglich waren, bildeten Kupfer und seine Legierungen Bronze und Messing das Ausgangsmaterial für türkische Metallarbeiten. Bronze diente als Material für die Gußtechnik, für die Schmiedetechnik waren dagegen Kupfer und Messing besser geeignet.

Wie in allen anderen Bereichen des Kunsthandwerks hat auch die osmanische Metallkunst anfangs das kulturelle Erbe der Seldschuken übernommen. So wie die Seldschuken neue Formen, Techniken und Ziermotive durch die Verschmelzung ihrer eigenen mittelasiatischen Traditionen mit denen des Nahen Ostens gewannen, so schlugen auch die Osmanen, ihre historischen Nachfolger, einen ähnlichen Weg ein.

Osmanische Metallarbeiten zeigen zu Beginn seldschukische, ilhanidische, timuridische und mamlukische Elemente. Doch parallel zur strukturellen Entwicklung des osmanischen Imperiums, das sich aus vielen Ländern und Völkern zusammensetzte, wurde auch dieser Zweig des Kunsthandwerks zu einem Schmelztiegel der verschiedensten Tendenzen. Allerdings war die zentralistische Struktur der vom Serail aus gelenkten osmanischen Kunst auch auf dem Gebiet der Metallarbeiten bestimmend. Die aus den Nachbarstaaten, vergangenen Kulturen und eroberten Ländern einfließenden oder von fremden Kunsthandwerkern eingeführten Stileigenheiten wurden in den Ateliers des Hofes in ein festumrissenes Dekorationsprogramm umgewandelt, so daß innerhalb der Grenzen des Osmanischen Reiches sehr bald einige, nur wenige variierende Stil- und Schmuckelemente dominierten.

Aus der Frühzeit osmanischer Metallkunst wissen wir nur sehr wenig. Anhand der geringen Anzahl erhalten gebliebener Objekte können wir jedoch von einer unverkennbaren Übernahme der überlieferten Kompositions- und Schmuckvariationen aus der vorangegangenen Periode sprechen. Die im 14. Jahrhundert weitverbreitete Technik des aus der seldschukischen Metallbearbeitung bekannten Tauschierens ist eine für diese Zeit besonders auffällige Eigenart. In den folgenden Jahrhunderten wurde diese Einlegetechnik nicht mehr in gleichem Umfang von den osmanischen Meistern verwendet.

Über Vielfalt und Reichtum der frühen osmanischen Metallarbeiten liegen uns detaillierte schriftliche Zeugnisse vor:

Der Historiker Âşık Paşazade beschreibt die Hochzeit eines Sohnes von Sultan Murad I. Yıldırım Bayezid mit der Tochter des Germiyan-Edlen Yakub und geht auf die herbeigetragenen Geschenke ein: „*Auch Evrenos kam. 100 Sklaven und 100 Jungfrauen und 10 Knaben mit 10 Silbertabletts voller Florien,* (Golddukaten) *und weiter in Händen von 10 Knaben 10 Goldtabletts und in den Händen von 80 Knaben Kannen aus Silber und silberne Becher*[1]."

Ebenso finden wir Hinweise auf kunstvolle Metallgegenstände in den für die Geschichtswissenschaft so überaus wichtigen Reisetagebüchern:

1433 spricht der im Palast Sultan Murads II. zu Edirne empfangene Bertrandon de la Broquiere von einem großen vergoldeten Tablett und großen silbernen Trinkbechern, mit denen an der Tafel bedient wurde[2].

Leider ist von diesen viel erwähnten und aus edlen Metallen gefertigten, kunstvollen Objekten keines bis heute erhalten geblieben.

Abgesehen von Kriegsgerät wie Waffen, Helme, Panzer gibt es unter den wenigen erhaltenen Stücken eine kleine Vase, die sich im Louvre befindet, 730/1329 datiert ist und den Namen Orhan Gazis trägt, als ältestes Werk aus Metall. Sie wirkt sowohl mit ihrer Zier-Technik, den Planzenmotiven, der figürlichen Komposition und dem Dekor in „naskhi-Schrift" wie eine direkte Fortsetzung der seldschukischen tauschierten Arbeiten. Leider fehlen Vergleichsstücke dazu[3]. (Kat. Nr. 6/6).

Nachdem sich der osmanische Staat im 15. Jahrhundert zu einem Weltreich ausdehnte, begann, besonders nach der Eroberung von Istanbul 1453, eine lebhafte Entwicklung auf allen künstlerischen Gebieten, darunter auch bei den Metallarbeiten.

Außer den in den Staatsschatz übernommenen Edelmetallobjekten aus byzantinischen Kirchen kam auch durch den Sieg der Osmanen in den Auseinandersetzungen mit den anatolischen Kleinfürsten kostbare Beute in ihren Besitz[4]. Das für die Kunst der Metallbearbeitung wichtigste Ereignis dieser Epoche aber war die Eroberung der Gold- und Silberminen auf dem Balkan, vor allem aber der berühmten Silbervorkommen von Novo Brdo im Jahre 1455. Dadurch konnten die Osmanen nicht nur bis zum 19. Jahrhundert ihren Bedarf an Rohmaterial decken, sondern auch mit den in diesen Gebieten ansässigen und auf eine lange Tradition zurückblickenden Kunsthandwerkern ein reiches Arbeitspotential gewinnen, das fortan für sie tätig sein sollte. In den Lohnlisten der Kunsthandwerker, die in den Ateliers des Topkapı Palastes beschäftigt waren, sind vielfach die Namen serbischer und bosnischer Meister genannt[5].

Obwohl der Koran und die Überlieferung der Aussprüche des Propheten (Hadith) den Gebrauch von Edelmetallen verbieten, waren zur Zeit Mehmeds II., des Eroberers, die in der Schatzkammer gesammelten und im Palast genutzten Gegenstände aus wertvollen Metallen so zahlreich geworden, daß sogar fremde Quellen davon sprechen[6]. Es sind bereits Vorboten eines Verlangens nach Luxus und Kostbarkeiten, das besonders nach der Regierungszeit Bayezids II. zunimmt.

Folgende Angaben geben Aufschluß über die im internen Enderun-Schatz des Serails vorhandenen Arten von Metallgegenständen:

In der Liste des Enderun-Schatzes werden mit Datum vom 10. Şaban 910/10. Dezember 1505 goldene, silberne und gold-ornamentierte Schalen, Näpfe, Kannen, Krüge, Siebe, Näpfchen, kleine Becher und ähnliche Stücke aufgeführt. Auf einer gesonderten langen Liste werden die Metallarbeiten fremden Ursprungs angegeben, wobei Einzelheiten des Dekors, wie „goldornamentiert"„Niello", „mit Türkis" oder „mit Jade" genannt sind[7].

Erhalten gebliebene Beispiele von Metallarbeiten aus dem 15. Jahrhundert zeigen die weite Verbreitung eines Pflanzendekors aus kleinen Blüten, Zweigen und Blättern. Die gleiche Tendenz des Dekors sehen wir bei Arbeiten aus anderen Materialien in dieser Epoche wie Bucheinbänden, Holzschnitzereien und Keramik aus Iznik. Das wichtigste Element dieser auf Pflanzenornament beruhenden Stilrichtung, die sich vom 15. Jahrhundert an ausbreitet, ist das kreisförmige Ranken zeichnende und über Zweigen ausgebreitete „Rumi"-Motiv und die ihm beigeordnete, als Schmuck dienende Schrift. Nach und nach wird das aus Blüten-und Blattschmuck bestehende Rumi komplizierter, bis es schließlich im 16. Jahrhundert zur Rumi-Hatayi-Stilkomposition ausreift. In der Oberflächenbehandlung kann man teilweise timuridischen Einfluß feststellen.

Nur sehr wenige aus dem 15. Jahrhundert erhaltene Beispiele osmanischer Metallkunst sind aus Edelmetallen gefertigt. Das Material der meisten Stücke ist Kupfer oder eine seiner Legierungen. Dazu gehört auch das früheste Exemplar aus dieser Epoche in der Leningrader Eremitage. Es ist eine mit Silber tauschierte Messingschale, auf der Name und Titel Sultan Murads II. verzeichnet sind[8].

Der an dieser Schale klar erkennbare mamlukische Einfluß wiederholt sich bei einer anderen typischen Gruppe von Arbeiten. Es sind Lampen mit sechseckig-pyramidal geformten Körpern. Aus der Vielzahl dieser heute noch erhaltenen Lampen, die in Stanz-, Relief- und Ritztechnik bearbeitet, mit Rumi und Hatayi verziert sind und in Rippenrelief-Wölbungen abschließen, ist zu schließen, daß sie während der zweiten Hälfte des 15. Jahrhunderts in großen Mengen hergestellt wurden. Die Frage allerdings, ob osmanische oder mamlukische Meister sie anfertigten und ob das auf osmanischem oder mamlukischem Territorium geschah, bleibt offen. Die bekanntesten Exemplare dieser meist aus Kupfer gearbeiteten Gruppen von Lampen sind eine vergoldete Kupferlampe mit der Inschrift „Bayezid Han bin Mehmed Han“ und ihr silbernes Gegenstück[9]. Einen bedeutenden Platz unter den Arbeiten des 15. Jahrhunderts nehmen die Leuchter ein. Der seit dem 12. Jahrhundert an aus der seldschukischen, ilhanidischen, eyyubidischen und mamlukischen Periode bekannte Prototyp mit kegelstumpfförmigem Unterbau und zylindrischem Hals besteht auch in diesem Zeitabschnitt weiter. Eines der monumentalsten Beispiele dieses Typus sind die für die Moschee Bayezids II. in Edirne gestifteten und den Namen des gleichen Sultans tragenden Leuchter des Mihrabs (Kat. Nr. 6/1)[10].

Eine weitere charakteristische Gruppe des 15. Jahrhunderts bilden die vermutlich in den Balkan-Ländern hergestellten Schalen. Die Goldschmiedekunst war auf dem Balkan mit seinen reichen Gold- und Silbervorkommen seit dem Mittelalter hochentwickelt und hat auch nach der Eroberung des Gebietes durch die Osmanen weiterhin viele Produkte hervorgebracht. Obwohl einerseits Auftäge in der vom Serail bestimmten Stilrichtung erfüllt wurden, ergaben sich manchmal interessante Synthesen durch nicht ganz dem islamischen Charakter entsprechende Figuren. Schalen, die für rituellen Gebrauch in den Kirchen hergestellt wurden, sind in Ritz- und Relieftechnik bearbeitet, mit Rumi, Pflanzen- und Tiermotiven geschmückt und versilbert oder vergoldet. Die runde omphalosförmige Ausbuchtung in der Schalenmitte weist oftmals Spuren eines dort befestigten Stabes auf[12]. Diese in die Zeit von Bayazid II. datierte Gruppe von Metallarbeiten, von der ein Teil mit seinem Namen gestempelt ist, stellte man auch noch in den folgenden Jahrhunderten her, in der Zeit Sultan Selims II. sogar in größerem Umfang[13] (Kat. Nr. 6/25).

Von den noch vorhandenen osmanischen Metallarbeiten ziehen besonders die unter Sultan Bayezid II. angefertigten unsere Aufmerksamkeit an. Das ist nicht weiter erstaunlich, denn alle Quellen zur osmanischen Geschichte berichten, daß im Jahre 1509, zur Regierungszeit Bayezids II. ein gesteigertes Verlangen nach Gold und Silber, nach Luxus und Verschwendung begonnen habe: „*. . . Die osmanischen Sultane haben zuerst dieses Jahr (915 H) angefangen, aus goldenem und silbernem Geschirr zu essen. Deckelschüsseln und kleine und große Tabletts und große Schüsseln und Kannen und anderes dergleichen, alles gearbeitet aus Gold und Silber* . . .“[14].

Andererseits jedoch hat diese von den Historikern als Verschwendung bezeichnete Leidenschaft für kostbare Dinge tatsächlich die Kunst positiv beeinflußt. Sie wurde zur antreibenden Kraft für das Schaffen und auch für den Schutz der Kunsthandwerker. So erlebte die osmanische Kunst ihre glanzvollste Phase im 16. Jahrhundert, unter Bayezid II., dem zum Pomp neigenden Selim I., Süleyman dem Prächtigen, Selim II. und Murad III.

In der Zeit Bayezids II. begann man die *ehl-i hiref* (eine Art Handwerksinnung) zu gründen, Vereinigungen von Künstlern und Handwerkern, die für alle Zweige der osmanischen Kunst eine Schul-Funktion hatten. Anhand der seit Süleyman dem Prächtigen ordnungsgemäß geführten Lohn- und Gehaltsbücher können wir die Zahl der in diesen Berufsgruppen erfaßten und in einem Flügel des Topkapi-Palastes tätigen Kunsthandwerker genau verfolgen. Bei einem Vergleich des ältesten Buches, das unter dem Datum von 932/1525–26 für den Palast tätige Künstler verzeichnet, mit späteren Büchern sehen wir, daß die Zahl stetig zunimmt. Demnach wurden im Jahre 1566 an 636 Personen, 1596/97 aber an 1502 Personen Zahlungen geleistet. Wie aus den Quellennachweisen ebenfalls hervorgeht, nahmen darüber hinaus viele der den gewerblichen Innungen angehörende Künstler und Handwerker auch in der Stadt Aufträge an, arbeiteten für den Hof oder wurden dort zeitweise in Dienst genommen[15].

Die dem *ehl-i hiref* angehörenden Künstler waren in verschiedene Gruppen unterteilt, wobei die mit der Metallverarbeitung Beschäftigten gesondert zusammengefaßt waren. Darunter befanden sich die *kazganciyân*, die Metallgegenstände herstellten; die *zergerân*, die alle Goldschmiedearbeiten und Goldverarbeitungen ausführten, die *kûftgerân* und *zernişân*, für Goldtauschierung und Verzierungen zuständig, sowie die Gruppe der *hakkâk*, die Edelsteine schliffen und einsetzten.

Fast alle diese Gruppen von Kunsthandwerkern haben auch für die Entwicklung der verschiedenen Verzierungstechniken eine Rolle gespielt. Zur Anzahl der die eigentliche Metallverarbeitung ausführenden Gruppe der *kazgancı* geben wiederum die Lehnbücher Auskunft: 965/66 Muharrem/1558–59 16 Meister; 974/1566 12 Meister, 2 Gesellen;

1005/1596–97 18 Meister, 31 Gesellen[16].
Wie man sieht, trug die Ausweitung der Staatsgrenzen im 16. Jahrhundert und der damit zunehmende Reichtum und das Wohlergehen dazu bei, auch die Zahl der Kunsthandwerker zu mehren. Das Verlangen nach Dingen aus Gold und Silber am Hof, die Sitte des Gebens und Annehmens kostbarer Geschenke zu bestimmten Gelegenheiten und der für die Serailbewohner zur Gewohnheit werdende tägliche Gebrauch wertvoller Gegenstände, das alles waren zweifellos Faktoren zur Steigerung der Produktion.
Gegen Ende dieses Jahrhunderts wird der noch im 15. Jahrhundert sichtbare mamlukische und timuridische Einfluß von der osmanischen Kunst überwunden, und es entsteht ein neuer völlig unabhängiger Stil der Ornamentierung.
Zwei politische Ereignisse waren Anfang des 16. Jahrhunderts von bedeutender Tragweite für die osmanische Metallkunst. Es sind dies die Eroberung von Täbris (1514) und von Ägypten (1516) durch Sultan Selim I. Fortwirkende Faktoren dieser Siege für die Kunst waren außer den vereinnahmten Schätzen der Safawiden und Mamluken auch die Kunsthandwerker, die man aus beiden Gebieten an den Hof der Osmanen mitbrachte[17]. Besonders die von der Schule von Herat im 15. Jahrhundert beeinflußten Künstler haben sehr viel zur Entwicklung des osmanischen „Palaststils" beigetragen. Dieser zarte Stil, bei dem sich feine Verästelungen mit den ebenso fein ausgeführten Rumis zu einem äußerst dekorativen Muster vereinen, wurden neben den Verzierungen von Metallarbeiten auch für Bücher und Keramik verwendet.
Als Ergebnis der verschiedenartigen Traditionen und Kunstauffassungen, die Meister aus allen Gegenden des Imperiums in das gemeinsame Schaffen einbrachten, hatte Mitte des 16. Jahrhunderts die osmanische Kunst der Metallbearbeitung die alten früher noch augenfälligen Einflüsse abgestoßen und eine eigene Form gefunden.
Es taucht nun im Schmuck-Repertoire der Metallarbeiten des 16. Jahrhunderts neben den aus vorangegangenen Jahrhunderten bekannten Rumi-Hatayi-Dessins ein neues Motiv auf, „*saz yolu*" (Schilfblatt) genannt. Dieses Muster kombiniert das Hatayi-Motiv und große Blätter mit eingerollten Spitzen und wird während der ganzen klassischen Periode zur Verzierung vieler Gegenstände verwendet. Außer diesen stilisierten Formen beginnen Mitte des 16. Jahrhunderts aber auch Tulpen-, Rosen-, Lilien-, Zypressen- und Granatapfelmotive in relativ naturalistischer Art das Musterprogramm zu bereichern.
Unter den erhaltenen osmanischen Arbeiten des 16. Jahrhunderts aus den verschiedensten Metallen befinden sich Stücke, die graviert, relief- oder filigrangeschmückt, lochgestanzt, in Niello-Technik verziert, tauschiert oder in Auflagetechnik bearbeitet sind, wobei im allgemeinen mehrere Techniken der Ornamentierung am gleichen Werkstück angewandt wurden. Die mit Edel- oder Halbedelsteinen verzierten, „*murassa*" genannten Arbeiten geben ohne Zweifel am besten den allgemeinen Charakter dieser Epoche wieder. Diese Einlegetechnik war in jener Zeit weit verbreitet und es wurde Mode, nicht nur Metalloberflächen, Schwerter, Dolche, Gefäße, Bucheinbände, sondern auch Jaspisplaketten, Bergkristalle und sogar Porzellan mit Edelsteinen zu besetzen (Kat. Nr. 7/6).
Die Blüten- und Blattornamente auf Stoffen und Keramik dieser Periode wiederholten die auf den Metallobjekten durch Edelsteinbettung erzielten Blumenmuster. Außer der Einlegearbeit wurden die Gegenstände auch graviert oder mit Niello verziert. Oftmals war der Untergrund unter all diesem, die gesamte Oberfläche bedeckenden Zierrat nicht mehr zu sehen.
Material und Form standen zurück hinter der durch aufgesetzte Steine recht pompösen Aufmachung. Der gleiche Stil ist an den Silber- und Tombak-Arbeiten zu beobachten.
In Kontrast zu dieser prunkvollen Manier gibt es auch Beispiele großer Schlichtheit, die lediglich durch ausgewogene Proportionen und meisterhafte Verarbeitung auffallen. Weitere, aus derselben Epoche stammende Exemplare, die nur mit einem Medaillon, das eine Kartusche oder ein Winkelband enthält, geschmückt sind, stellen schon fast die Mittellinie zwischen diesen beiden extremen Stilrichtungen dar. Die uns aus der Einband- und Teppich-Kunst der Zeit bekannten, zentralen Medaillons auf ungemustertem Grund, sowie die in Ecken angeordneten Viertel-Medaillons bilden ein Standard-Schema, das in gleicher Weise bis ins 17. Jahrhundert hinein bei der Verzierung von Leseständern, Lampen und ähnlichem zur Anwendung kam.
Ein weiteres, ins Auge fallendes Merkmal der Metallverzierung ist im 16. Jahrhundert die abnehmende

Bedeutung der Schrift als dekoratives Element gegenüber den vorangehenden Jahrhunderten. Die Inschriften auf Metallarbeiten haben vom 16. Jahrhundert an und später mehr und mehr informativen, dokumentarischen Charakter.
Der ruhig-gesetzte klassische Stil osmanischer Metallarbeiten des 16. Jahrhunderts setzt sich im großen und ganzen auch im 17. Jahrhundert fort. Die Fertigung edelsteingeschmückter Kunsterzeugnisse hat auch in diesem Jahrhundert Vorrang. Besonders die in Istanbul hergestellten Silbergeräte sind Beispiele für eine alles Gewohnte jener Zeit übertreffende, hervorragende Verarbeitung.
Vieles von dem Erhaltenen sind Lesepulte, Lampen und Leuchter, die man Moscheen und Türben (Mausoleen) gestiftet hatte. Manches fällt durch schlichte Verarbeitung auf, anderes ist in Ritz- oder Lochstanztechnik verziert oder vergoldet. Die Erlesenheit einiger Stücke, die in dieser oder jener Türbe aufbewahrt werden, wie z. B. edelsteinbesetzte Gürtel, Agraffen und Kerzenständer, beweisen die Weiterführung dieser Technik mit gleicher Meisterschaft im 17. Jahrhundert (Kat. Nr. 6/25). Tulpenförmige Leuchter, deren frühestes Beispiel wir aus dem 16. Jahrhundert kennen, treten auch in diesem Jahrhundert auf, in *murassa*-Technik, aus Messing und Tombak (Kat. Nr. 6/22).
Auch sind Kupfer- und Messing-Arbeiten des 17. Jahrunderts erhalten. In einem *narh*-Heft (eine Art Preisverordnungsheft) von 1640, das uns kulturhistorisch wichtige Hinweise wie auch Aufschluß über die wirtschaftliche Lage der Zeit gibt, können wir die Preise von Metallwaren, verschiedene Sorten von Silber-, Messing- und Kupfer-Gegenständen und bestimmte Formen der Ware (Tulpenleuchter aus Messing, „Schnabelkanne für Vornehme", „Becher mit Fuß für den Palast") im einzelnen nachlesen[18].
Neben den klassischen Dessins aus dem 16. Jahrhundert beginnen im 17. Jahrhundert auch Blumenbouquets als Schmuckelement zu erscheinen. Dieses unter Einfluß des Westens auftretende Motiv wurde aus Blüten im türkischen Stil komponiert.
Die meist gravierten Kupferarbeiten dieser Periode sind mit Flechtfriesen, Lebensbäumen, Salomonssiegeln, Fischen und anderen klassischen Motiven geschmückt; daneben sieht man auch die von den Silbergeräten der Zeit her bekannten naturalistischen Granatapfelblüten und Tulpen.
Zu Beginn des 18. Jahrhundert bleiben die osmanischen Metallarbeiten noch den traditionellen Formen verbunden und auch der Naturalismus des 17. Jahrhunderts wird fortgesetzt, doch kommen Nelken, Lilien und Rosetten hinzu. Außer dem Suchen nach westlich orientierten Formen und Mustern gibt es eine andere, den klassischen Traditionen folgende Richtung. In dieser Manier gearbeitete Schreibgeräte (Abb. 86) stellen die erfolgreichsten Kunsterzeugnisse des Jahrhunderts dar. Mit Silber beschlagene, reliefgetriebene Holzkästen verschiedener Größen sind eine andere, für das Jahrhundert typische Gruppe von Arbeiten. Ein Teil dieser Kästen waren für Schenkungen an Türben (Mausoleen, Grabdenkmäler) vorgesehen, andere kamen in den täglichen Gebrauch (Kat. Nr. 6/13).
Metallarbeiten des späten 18. und 19. Jahrhunderts zeigen ganz und gar westlichen Geschmack. Die klassisch-osmanischen Formen und Muster des 16. und 17. Jahrhunderts haben ihren Platz den aus Europa importierten Barock- und Rokoko-Formen und -Motiven überlassen.
Das osmanische Kunsthandwerk versucht in dieser Epoche westliche Produkte zu kopieren, wobei mit merklichem Erfolg auch sehr gute Beispiele geschaffen wurden: gravierte und in dieser Zeit sehr gängige Ware, wie Kaffee-Service, Schnabelkannen, Tabletts, Becher und Spiegel.
Untersucht man die osmanischen Metallarbeiten dieser Zeit, die etwa in Richtung eines „türkischen Rokoko-Stils" geschaffen wurden, wird ein Geschmackswandel offenbar. An die Stelle der bunten Steine wie Rubin, Smaragd und Granat aus der klassischen Zeit von Einlegearbeiten und Goldschmiedekunst treten nun geschliffene Diamanten, Perlen und Emaille. Den Platz des getriebenen Reliefs, das eine meisterhafte Beherrschung der Stoßwerkzeuge verlangt, hat das „Façonschlagen" eingenommen.
Die immer noch verwendeten Blütenkompositionen aber werden, der Mode der Zeit gemäß, mit großen Schleifen und girlandenbehängten Körben ausstaffiert.
Die politischen und wirtschaftlichen Veränderungen, die sich in der osmanischen Welt im 19. Jahrhundert vollzogen, wirkten sich durch die von Anbeginn an vom Hof aus gelenkte, zentralistische Struktur auch auf die osmanische Kunst aus. Ohnehin hatten die im 17. Jahrhundert beginnenden militärischen und politischen Niederlagen die in den voraufgegangenen Jahrhunderten bestehende Situation des osmanischen

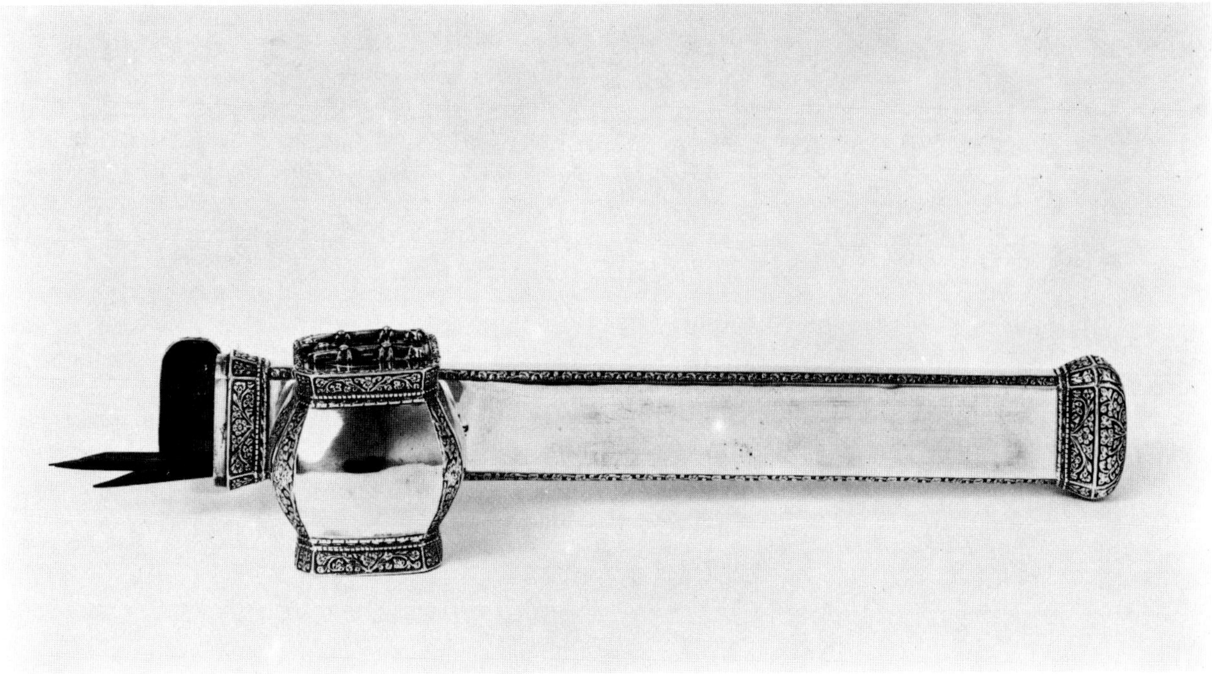

Abb. 86 Silbernes Gürtelschreibzeug mit eingeprägter Tughra Sultan Ahmeds III. 1703–30. München, Stadtmuseum

Hofes als „kunstschaffendes Zentrum" aufgehoben. Die fortschreitende Schwächung der *ehl-i hiref*-Organisation im Serail[19] und ihre gänzliche Auflösung im 19. Jahrhundert, auf der anderen Seite die immer häufiger eintretende Zwangslage, wegen finanzieller Schwierigkeiten des Staates die Gold-, Silber- und sogar Kupfer-Reserven des Staatsschatzes angreifen und der Münze zum Einschmelzen zuschicken zu müssen[20], – das alles stand in krassem Gegensatz zu Begriffen wie „Kunst-Milieu" und „Bleibende Kunstwerke".
Aus diesem Grund können die uns erhalten gebliebenen osmanischen Metallarbeiten, die auf mehrfach eingeschmolzenes und dann neu bearbeitetes Rohmaterial zurückgehen, nicht in ausreichendem Maße die Vielfalt und den Reichtum widerspiegeln, von dem die schriftlichen Quellen sprechen.
Nur anhand der durch Stiftungen für Moscheen und Türben erhalten gebliebenen Kostbarkeiten, zusammen mit denen, die der Hofschatz bewahren konnte, ist es möglich, den Reichtum an Ausdruck und Arbeitsweise dieses noch nicht ausreichend untersuchten Zweiges der osmanischen Kunst zu würdigen und den Zusammenhang mit den übrigen Zweigen der Kunst als ein harmonisches Ganzes zu sehen.

ZUR TECHNIK DER METALLVERARBEITUNG

Schmieden: Älteste Technik der Metallverarbeitung. Die Metallplatten werden auf dem Amboß und Beigeräten nach Erhitzen mit Hammer und Schlegel bearbeitet. Der Form des herzustellenden Gegenstandes entsprechend, wird entweder ausgetieft oder hochgezogen.
Bei der Fertigung weit-offener und flacher Gefäße ist das Austiefen das geeignetste Verfahren, wobei das Blech von der Gefäßinnenseite her mit Hammer und Schlegel ausgearbeitet wird, und zwar vom Rande beginnend stufenweise zur Bodenmitte hin.
Bei der Methode des Ausziehens für hohe, enge Gefäße erfolgt die Formgebung durch Hämmern des Bleches an der Außenseite, von der Bodenmitte beginnend und zum Rand hochgehend.

In beiden Fällen wird das Metall, das sich bei Schlagen verhärtet, über Feuer erhitzt und weich gemacht (Enthärtung).
Gießen: Hierbei wird das Rohmaterial geschmolzen und in vorbereitete Hohlformen gegossen. Im Gegensatz zur langsamen und mühevollen Schlagtechnik können bei der Gußtechnik mehr Stücke in kürzerer Zeit hergestellt werden.
Löten: Kleinere Teile wie Henkel, Tüllen und Stiele, die nicht in einem Stück mit angefertigt werden können, werden beim Schmieden und Gießen später gesondert gelötet. Für Gegenstände aus Gold verwendete man dabei Gold-Silber- oder Gold-Kupfer-Mischungen; für Kupfer- und Bronze-Gegenstände eine Bronze-Legierung mit hohem Zinn-Anteil und für Messing-Gegenstände ein Gemisch von Messing mit hohem Zink-Anteil als Lötmaterialien.
Drehen: Eine weitere Metalltechnik, das Ausformen auf der Drehbank, ist ein Verfahren der Serienherstellung, und seine Produkte sind nicht als Kunsthandwerk zu werten. Sie werden als Basarware für Touristen hergestellt.

VERZIERUNGSTECHNIKEN

Gravieren: Die Oberfläche der Metallgegenstände wird mit Stichel und anderen feinen Schneidewerkzeugen unterschiedlich tief geritzt und so mit Mustern geschmückt.
Treibarbeit: Hierbei werden verschieden geformte Meißel und ein Schlegel benutzt, um auf kaltem Wege die Oberfläche reliefartig zu ornamentieren. Es kann von außen oder von innen getrieben werden, je nach den Erfordernissen des Musters. Das Rippenmuster wird im allgemeinen in dieser Technik gearbeitet. Auf diese Weise werden auch Friese, die aus sich wiederholenden Motiven bestehen, mit Hilfe von Schablonen in die Metalloberfläche getrieben. Ein Reliefmuster kann aber auch im Gußverfahren erzeugt werden.
Filigran: Durch Schmelzen und Biegen von Gold- und Silberdraht, der dann in Mustern zusammengelötet und auf eine Metalloberfläche aufgesetzt wird, erzielt man die Spitzenwirkung des Filigrans. Diese hauptsächlich für Schmucksachen verwendete Technik setzt eine meisterhafte Löttechnik voraus.
Niello: Aus Schwefel, Kupfer und Blei wird eine schwarze Paste erzeugt, die nach dem Schmelzen im Tiegel in Ritzen und Vertiefungen auf der Metalloberfläche aufgetragen und eingerieben wird. Bei geringer Hitze im Ofen verflüssigt sich diese Masse und verklebt mit der Oberfläche des Metalls. Die türkische Metall-Ornamentierung verwendet diese Methode vor allem für Gold- und Silbergegenstände.
Tauschieren: Man hämmert in eingearbeitete Ritzen und Vertiefungen auf den Gegenständen oder in Bettungen, die durch Auflöten von Drähten auf der Oberfläche geschaffen wurden, ein zum Objekt in Art und Farbe kontrastierendes Material, meist ein anderes Metall, ein. Diese Technik nimmt einen besonderen Platz in der türkischen Kunst der Metallbearbeitung ein und verwendet überwiegend Gold-, Silber- und Kupfer-Drähte oder -Blätter zum Einlegen in Ritzungen und Bettungen. Ob die Tauschierungen in die Oberfläche eingesenkt oder erhaben aufgesetzt werden, hängt von verschiedenen Arbeitsverfahren ab.
Einlegearbeit und *Email*: In vorbereitete Vertiefungen oder in Bettungen, die durch aufgelötete Drähte hergestellt werden, können Edel- oder Halbedelsteine und Glasstücke eingeklebt werden. Füllt man diese Vertiefungen mit zermahlenem, farbigen Glas und schmilzt es im Ofen auf, entsteht Email.
Locharbeit: Mit Schneide- und Stanzwerkzeugen wird die Metalloberfläche ausgestochen und so ein Lochmuster erzeugt. Das Dessin wird im allgemeinen von den Ausstanzungen gebildet.
Verkleidung: Das türkische Kunstgewerbe weist viele Beispiele dieser Technik auf wie die aus Holz gefertigten Gegenstände oder auch Bucheinbände, die mit Gold- oder Silberfolie verkleidet sind. Es ist jedoch ein rein mechanisches Verfahren, bei dem durch Hämmern und Nieten Reliefmuster in Metall erzeugt werden.
Vergolden, Versilbern: Die auf chemischem Wege ausgeführte Metallauflage sieht man bei türkischen Metallarbeiten, und dabei besonders die Blattvergoldung von Kupfer, häufig nach dem 18. Jahrhundert. Beim chemischen Auflageverfahren gewinnt man ein Amalgam aus Gold- oder Silberstaub mit Quecksilber, das auf die Metalloberfläche aufgetragen und im Ofen eingebrannt wird. Wenn durch die Hitze das Quecksilber verdampft, haftet der Gold- oder Silberstaub auf der Metalloberfläche. In einem besser kontrollierbaren Auflageverfahren wird Blattgold oder -silber in jeweils gewünschter Stärke auf die mit Quecksilber bestrichene Metalloberfläche aufgelegt.

Auch hier geht beim Verdampfen des Quecksilbers im Ofen die Folie mit der Metalloberfläche eine Haftbindung ein.

1 Kayaoğlu 1984, S. 215 ff. – Vgl. Maryon 1971, S. 102 f. – Erginsoy 1978, S. 21 f.

2 Vom Hirtenzelt zur Hohen Pforte. Frühzeit und Aufstieg des Osmanenreiches nach der Chronik „Denkwürdigkeiten und Zeitläufte des Hauses 'Osman" (Menâkıb u Tevârîh-i Ali 'Osmân, dt.) vom Derwisch Ahmed, genannt 'Aşık-Paşa-Sohn. Übers., eingel. u. erkl. von Richard F. Kreutel, Graz, Wien, Köln 1959, S. 88. (Osmanische Geschichtsschreiber. 3.)

3 La Brocquière 1892, S. 191–192.

4 Inv. No. (A. O.) 7078.

5 N. Jorga, Geschichte des Osmanischen Reiches Bd. II Gotha 1909, S. 440.

6 Ehli Hiref Mevacib Teftiş Defteri, TSM Archiv D-9706/1; Çağman 1984, S. 52.

7 Babinger 1956, S. 38 ff.

8 TSM Archiv D-4; vgl. Topkapı Sarayı, Arşiv Kılavuzu, Fasikül II, Istanbul 1940, Vesika 21.

9 Raby-Allan 1982, S. 37, Abb. 14

10 TİEM, Inv. No. 170, 167.

11 TİEM, Inv. No. 139a –b.

12 G. Fehér, Craftmanship in Turkish-ruled Hungary, Budapest 1975, S. 14 ff. – Erdmann 1941, S. 9 ff.

13 Lange war es am osmanischen Hofe üblich, den Prinzen ein Handwerk beizubringen. So erlernten Selim I., Süleyman I. und später Selim II. das Goldschmiedehandwerk, was diesem Beruf großen Prestigegewinn einbrachte. Die zahlreichen Schalen mit dem Namen Selims II. sind, nach G. Fehér, als Dankbarkeitsgeste der Goldschmiede zu verstehen, die durch Selim II. große Unterstützung erfuhren und jedem Objekt, wenn es auch nicht unbedingt von ihm bestellt war, den Namen des Sultans einprägten; s. G. Fehér, Craftmanship in Turkish-ruled Hungary, Budapest 1975, S. 25.

14 Solakzade Tarihi, S. 323 f.

15 Kolerkılıç 1958, S. 28; Uzunçarşılı 1975, S. 680 f; Uzunçarşılı 1945, S. 69.

F. Çağman, Osmanlı Sanatı. In: Anadolu Medeniyetleri III, Istanbul 1983, S. 98. – Raby-Allan 1982, S. 18.

TSM Archiv D-9612; Başvekalet Arşivi Maliye Tasnifi D-6196; TSM Archiv D-9613/2

TSM-Archiv D-9706/1; O. Aslanapa, Täbriser Künstler am Hofe der Osmanischen Sultane in Istanbul. In: Anatolia 3 (1958), S. 15; für die Täbriser Künstler geben auch Auskunft: Ehli Hiref Maaş Defterleri, s. dafür: Çağman 1984, S. 68.

Kütükoğlu 1983, S. 196 ff.

TSM Archiv D-9613; das Heft des Jahres 1211/1796–97 erwähnt nur noch 6 Metallkünstler.

Uzunçarşılı 1943, S. 469. – A. Refik, Istanbul Hayatı, Istanbul 1930, Sb. 6. – Kolerkılıç 1958, S. 34, 57, 72, 76, 113. – A. Galland (ed. C. Schéfer), Istanbul'a ait günlük hatıralar I, Ankara 1949, S. 76. Tapan 1977, S. 105 ff.

6/1

Kerzenleuchter

Edirne, um 1490
H 89 cm, Dm (Fuß) 73 cm · Messing, zum Teil vergoldet

Istanbul, Türk ve Islam Eserleri Müzesi, 139 A–B

Kerzenleuchter auf Trichterfuß mit gerader, innen gekehlter Schulter und kurzem zylindrischen Hals mit Profilring. Zylindrische, nach oben verjüngte Tülle mit Profilringen. Bordüren aus herzförmigen Motiven, die Palmetten umschließen, säumen den Fuß oben und unten sowie den Halsansatz. Auf dem Hals rautenförmige Felder, darin jeweils eine *hatayi*-Blüte; auf dem Profilring reliefierte Blätter. Inschriften in *Sülüs*-Duktus auf *hatayi*-Ranken umziehen die Tülle und den Mittelteil des Trichterfußes.
Die persische Inschrift preist das Licht, das von den Kerzenleuchtern ausgeht und besagt, daß sie für den „Sultan Bayezid Han b. Mehmed Han" in Edirne gefertigt worden sind. Die Leuchter müssen für die Moschee in dem Komplex bestimmt gewesen sein, den Bayezid II. von 1484 bis 1488 in Edirne erbauen ließ. Sie wurden in der Selimiye Camii in Edirne gefunden. Die Form der Leuchter verrät den Einfluß mamlukischer Metallarbeiten. (Be)

Lit.: Kat. Paris 1953, Taf. 10; Erginsoy 1980, S. 225, Abb. 152; Kat. Istanbul 1983, Nr. E. 23.

6/2

Becken und Kanne

FARBTAFEL S. 249

Türkei, frühes 18. Jh.
Becken H 10 cm, Dm 35 cm
Kanne H 34,5 cm
Kupfer, vergoldet

Istanbul, Türk ve Islam Eserleri Müzesi, 212

Flaches Becken mit ausgezogenem Rand und durchbrochenem Filter. Gebauchte Enghalskanne mit geradem Henkel und geschweifter Tülle. Kuppelförmiger Deckel.
Auf der Außenwandung des Beckens ein Fries schildförmiger Felder, gefüllt mit Gabelranken *(rumi)* und Blüten. Auf dem Kannenbauch diagonale Felder, gefüllt mit Gabelranken, darüber und darunter schildförmige Felder, gefüllt mit schriftartigen Motiven.
Zypressenmotive auf dem Deckel, dem Halsansatz und dem Fuß. Dekor auf Becken und Kanne reliefiert und graviert. Das Waschservice, das klassischen Formen folgt, wurde im Mausoleum von Selim I. (1512–1520) gefunden.

Lit.: Kat. Istanbul 1983, Nr. E. 283. (Be)

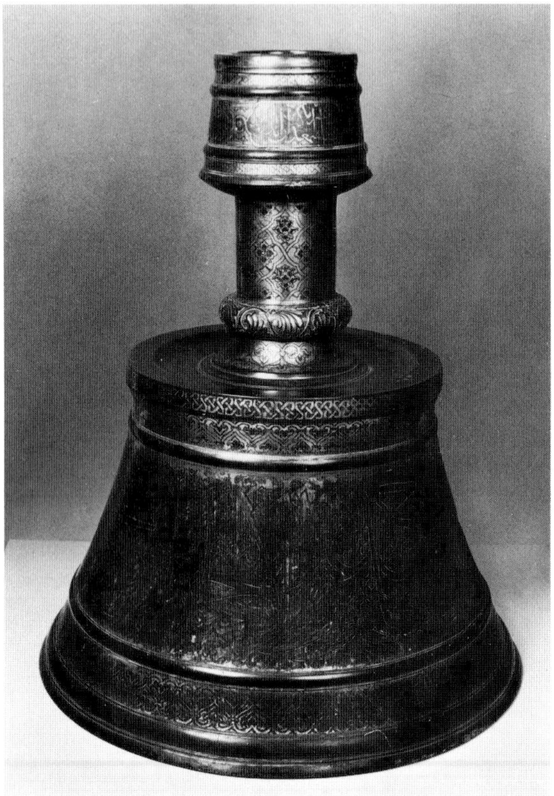

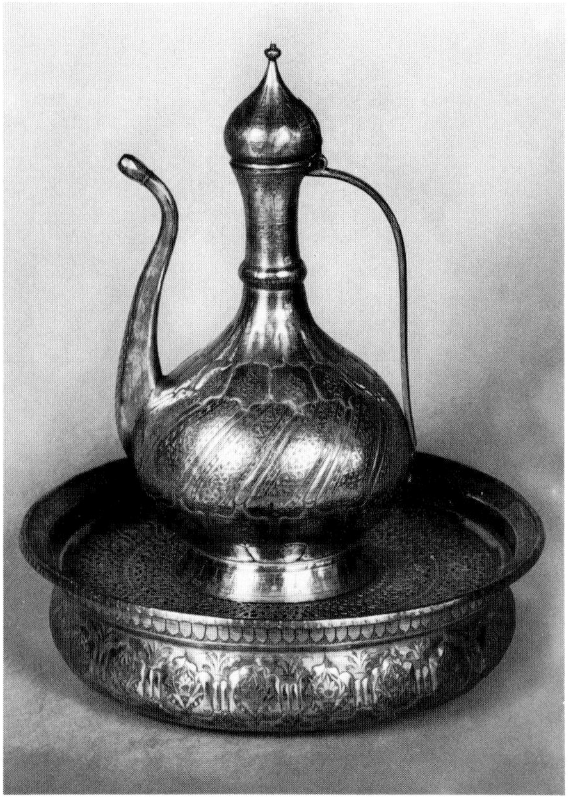

6/3

Becken und Kanne

Türkei, um 1870
Becken H 12 cm, Dm 60 cm
Kanne H 30,5 cm
Kupfer, vergoldet

Istanbul, Türk ve Islam Eserleri Müzesi, 211

Becken mit breitem, kelchförmig ausgezogenem Rand. Birnförmige Kanne mit Rocaille-Henkel, geschweifter Tülle und haubenförmigem Deckel mit Blütenknauf.
Beckenrand, Kannenkörper, Deckel und Tüllenansatz sind überzogen von einem tief eingekerbten Netz aus Rauten, gefüllt mit vertikalen und horizontalen Kerben.
Deckelknospe und Henkel sind charakteristisch für den – europäisch beeinflußten – Geschmack dieser Epoche.
Becken und Kanne tragen Inschriften, die besagen, daß sie im Jahr 1286/1869–70 dem Mausoleum von Pertevniyal Valide Sultan gestiftet wurden. Sie wurden für rituelle Waschungen verwendet. (Be)

Lit.: Kat. Istanbul 1983, Nr. E. 344.

6/4

FARBTAFEL S. 250

Weihrauchgefäß

Istanbul 1033/1623–24
H 45,5 cm, Dm 29 cm
Silber

Istanbul, Türk ve Islam Eserleri Müzesi, 18

Weihrauchgefäß mit halbkugeliger Feuerschale und zypressenförmigen Deckel auf einem Trichterfuß, der fest mit einem dreifüßigen Untersatz verbunden ist.
Der Deckel ist durchbrochen mit gravierten Gabelblattranken *(rumi)* zwischen vergoldeten, zypressenförmigen Feldern und wird bekrönt von einem Halbmond. Er trägt das Datum 1033/1623–24 und den Namen von Havva Kadın, der „Amme von Sultan Osman". Dieses Weihrauchgefäß wurde im Mausoleum von Ahmed I. (1603–1617) gefunden und wurde vermutlich von der Amme Osmans II. (1618–1622) gestiftet. (Be)

Lit.: Çulpan 1961, Abb. 41; Raby-Allan 1982, Nr. 53; Kat. Istanbul 1983, Nr. E. 257.

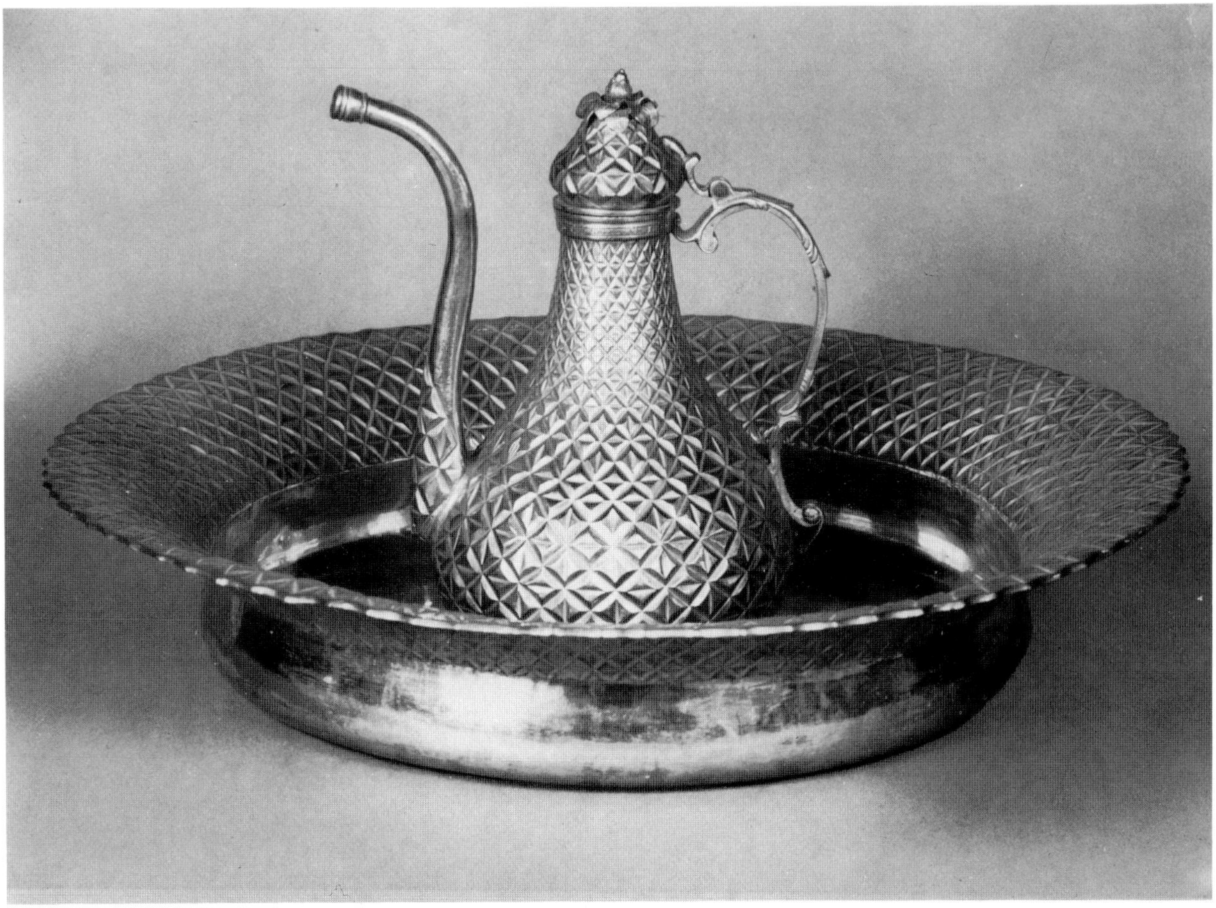

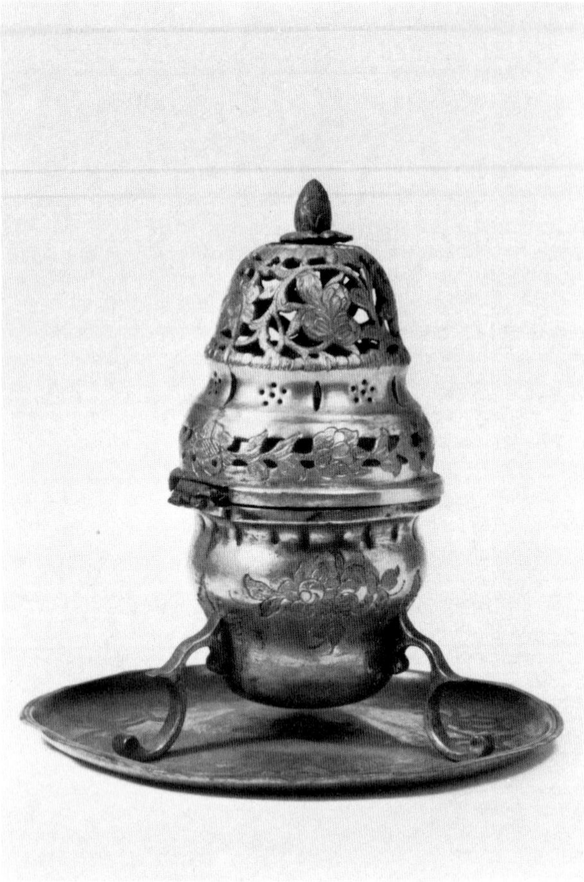

6/5

Räuchergefäß mit Untersatz

Türkei, Anfang 19. Jh.
H 20 cm, Dm 19 cm
Kupfer, getrieben, graviert, gepunzt, teilweise durchbrochen, vergoldet.

Düsseldorf, Kunstmuseum, 11734

Von geschwungenen Füßen abgestütztes Räuchergefäß mit ausbauchender Wandung und hohem glockenförmigen Deckel, der von einem Knauf in Form einer Knospe bekrönt ist. Der Untersatz wird von einer Wellenranke mit kleinen Blattablegern und großen einschwingenden Blüten umzogen. Von Blattwerk begleitete Blütenpaare liegen zwischen den Ansätzen der Füße, die von Blattfächern markiert werden. Die Wölbungen des Deckels sind durchbrochen gearbeitet: Oberhalb des schmucklosen Randes verläuft ein Pflanzenstengel mit großen Blüten und Blattpaaren, die Kuppel in eine blattbesetzte Wellenranke aufgelöst, die in prächtigen Blüten einschwingt. Der abschließende knospenartige Knauf wird von einem Blattkranz umzogen. Ein bis auf einige pflanzliche Details identisches Räuchergefäß befindet sich im Münchner Museum für Völkerkunde unter der Inv. Nr. 4454.

(Almut Hauptmann von Gladiss)

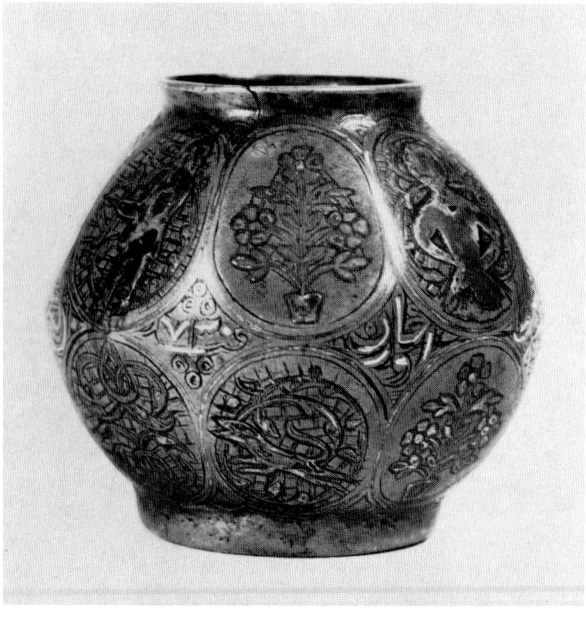

6/6

Tuschgefäß

Türkei, 14. Jh
Messing, graviert und mit Silber und Gold tauschiert

Paris, Louvre No. 7078

Kugeliges Gefäß mit flachen Schmuckfeldern, die mit einem Wechsel von Figuren und Blumen in Kübeln gefüllt sind. Auf der Schulter folgen einander u. a. ein stehender Schütze, eine Figur im Türkensitz, an der unteren Fläche unter anderem ein Reiher. Die um die Mitte entstehenden Felder zeigen eine Wortfolge mit der abschließenden Jahresangabe 730/1329—30, begleitet von der ‚Drei-Kugelgruppe'. Ein Wort ist als der Name Orhan gelesen und auf den zu dieser Zeit herrschenden Bey bezogen worden. Obwohl wir keine Kenntnis von ‚osmanischen' Arbeiten dieser Art besitzen, wird eine Zuschreibung gestützt durch Sinnfälligkeit der Dekoranordnung trotz grober Ausführung. Das Dreikugelmotiv zusammen mit der Jahresangabe entspricht dessen türkischer Bedeutung als kennzeichnender Sterngruppe zum Jahresbeginn im Frühjahr und zugleich als Konstellation des Hauses Osman. (Zi)

Lit.: Kat. Paris 1977, p. 242.

Hängezierrat (Kat. Nr. 7/2)

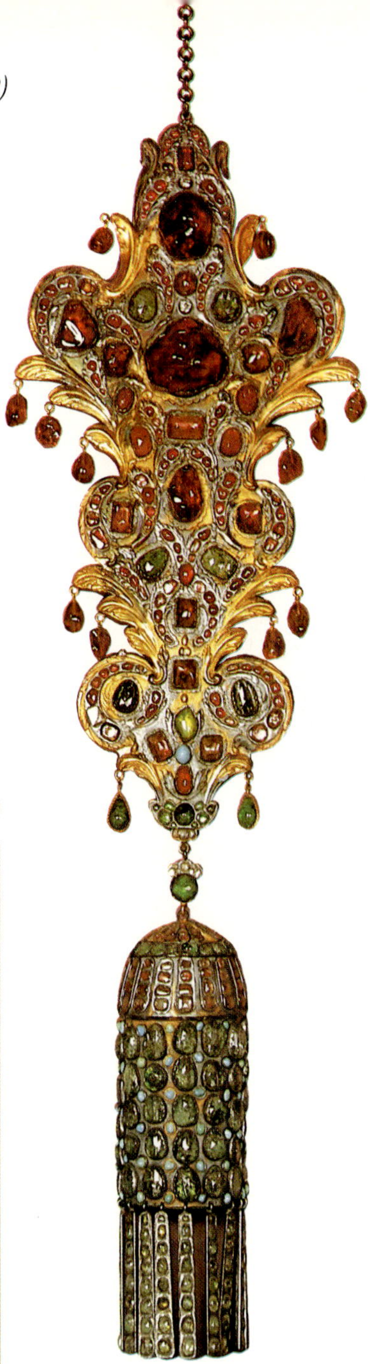

Turbanschmuck (Kat. Nr. 7/1)

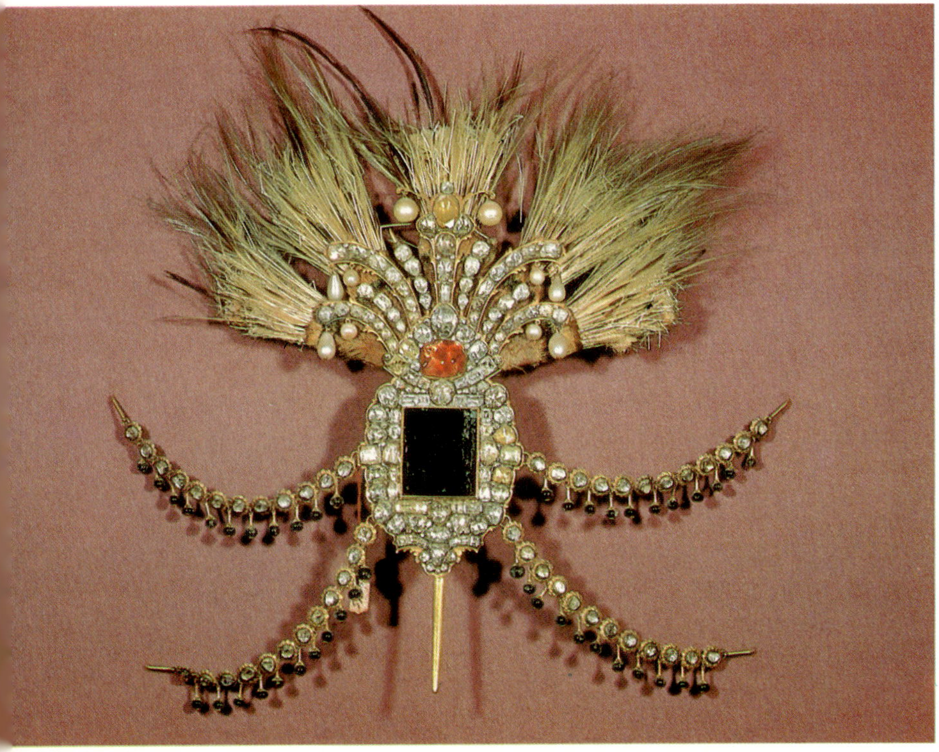

TAFEL XXXI

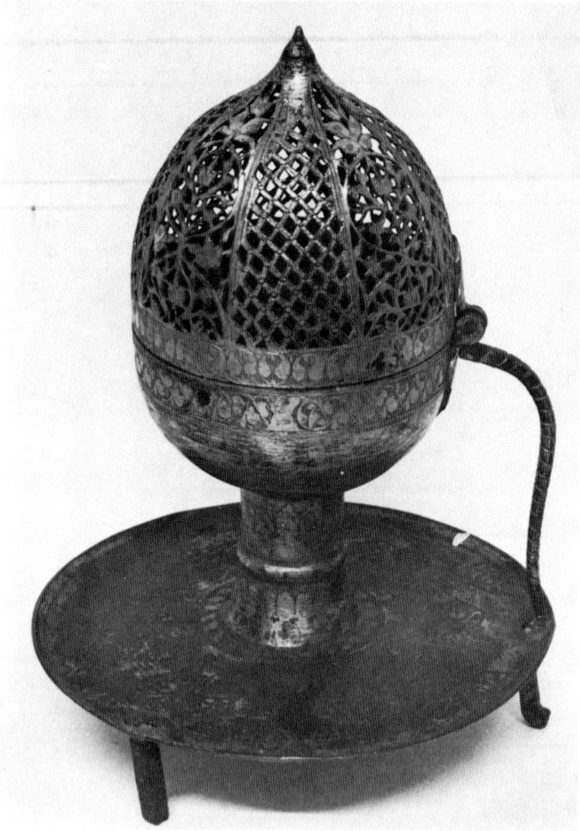

6/7
Räuchergefäß
Ägypten oder Türkei, 17. Jh.
Bronze
H 23 cm

Köln, Orientalisches Seminar der Universität, Max Freiherr von Oppenheim Stiftung, Nr. 2456

Auf Tellerfuß durchbrochener eiförmiger Körper mit Netz- und Rankenmuster. Drei Füße, seitlicher Griff.

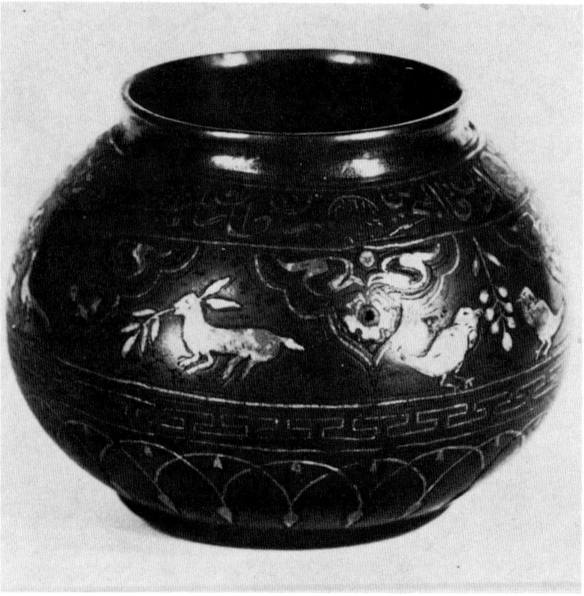

6/8
Tuschgefäß
Türkei (Istanbul ?), 16. Jh.
H 4,8 cm, Dm 3,9 cm
Bronze, Gold- und Silbertauschierung

Paris, Louvre, A. O. 7486

Gefäß von gedrückter Kugelform mit gekehlter, am Rand geweiteter Lippe. Auf dem Gefäßbauch ein Fries aus zwei Vogelpaaren, einem Hasen und einem Schützen. Darüber ein Band mit einer Inschrift in sechs Abschnitten – Ruhmesanrede auf den Herrn der beiden Länder und Meere, Sultan Süleyman, Sohn des Sultans Selim, im Jahr 941 (?)/ 1523 (oder 1520). Auf der unteren Hälfte des Gefäßes ein Mäanderfries über einer Bogenbordüre.
Außergewöhnliches Beispiel für diesen Gerättyp und für seine Entstehung im 16. Jh., da keine Nachrichten über osmanische Werkstätten für solche Arbeit überliefert sind. Gestaltung und Wahl der Dekorationsmotive entsprechen jedoch den naiven Zügen der figürlichen Darstellungen dieser Zeit, wie im übrigen auch die für die Sultane seit Mehmed II. übliche offizielle Titelfolge. (Zi)

Lit.: Chambéry 1970, Nr. 578; Kat. Paris 1977, S. 248.

6/9
Feldflasche

Türkei/Balkan, 17. Jh.
H 25,5 cm, B 17,5 cm
Kupfer, getrieben, graviert, Reste von Vergoldung
Verschluß und Deckel später

Düsseldorf, Kunstmuseum, 11753

Sich verjüngende leicht gewölbte Flasche mit abgeflachten Seiten und flachem, aus einem Stück gearbeiteten Boden und Rücken. Die gratartigen Ränder laufen am Halsansatz zusammen. Die Vorderseite wird von einer weit entfalteten Blütenstaude eingenommen, die von geschwungenen Blütenranken flankiert wird. Eine gleichartige Wellenranke mit Blattablegern und großen einschwingenden Blüten bildet den Rahmen. Am Hals werden die Blütenmedaillons von Zypressenmotiven begleitet. Der Flaschenboden bietet ein großes Blütenmedaillon, das sich auf der Rückseite der Flasche in einem Zypressenmotiv mit einbeschriebener Blütenranke und seitlichen Blütenablegern fortsetzt. Während die feinen Schraffuren großenteils wie üblich den Grund bilden, vor dem sich die Blattmotive entfalten, werden sie im Hauptmotiv zur Bezeichnung von Blatt- und Blütenformen eingesetzt. — Flaschen dieser Form sind noch aus anderen Materialien bekannt.

Lit.: Bernus/Mattah 1983, Taf. 2a.

6/10
Pulverflasche

Türkei, 17. Jh.
H 32 cm · Kupfer, vergoldet, graviert

Paris, Louvre, A. O. 3442

Beutelförmige Pulverflasche. Deckel mit drei durchbrochenen Feldern, am Knauf durch eine an der Flaschenschulter befestige Kette gehalten.
Auf der Vorderseite drei Musterzonen, oben Arabeskmedaillons und Zypressen, in der Mitte fünf paarige Zypressen mit Arabeskranke im S-Schwung sowie vier Medaillons mit Arabeskranke und abzweigender Nelke; unten desgleichen, aber mit Rosettblütenpaaren an den Spitzen der Medaillons. Die einzelnen Zonen sind durch kleingemusterte Borten mit kartuschenförmigen Unterbrechungen getrennt. (Zi)

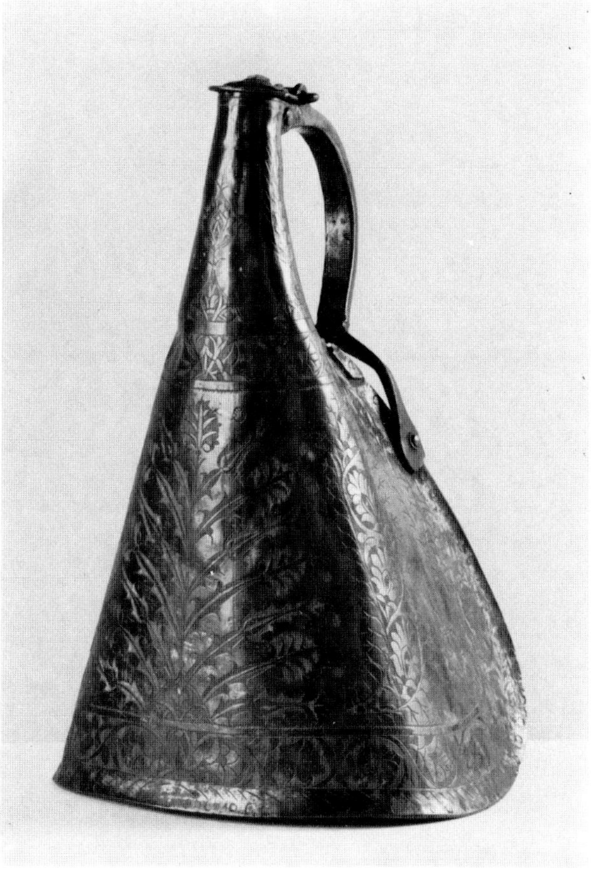

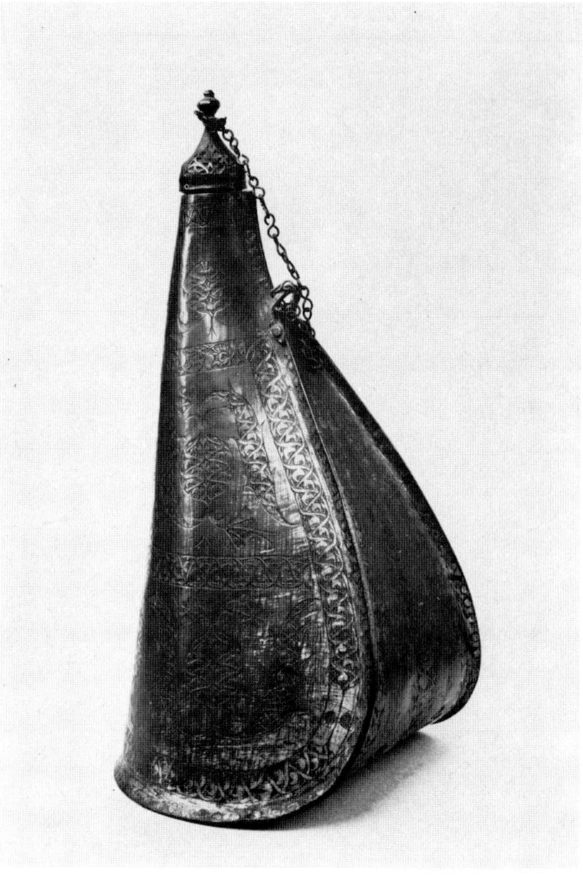

6/11
Omphalosschale
Osmanisches Reich (Istanbul oder Balkan)
15.–16. Jh.
H 3 cm, T 12 cm
Silber
Treibarbeit mit Punzierung

Berlin, Staatliche Museen Preußischer Kulturbesitz, Museum für Islamische Kunst, Inv. Nr. 2243

Emporgewölbter Boden mit Darstellung eines laufenden Hirsches nach rechts über einem Blütenarrangement, rund gewölbte Wandung mit Doppelprofilrand. In der Wandung durch Punktreihen getrennte Friesfolgen: Kanneluren, Flechtband, Kanneluren mit dreimaliger Unterbrechung durch quergerichtete Kartuschen mit Vierpaßblüte. Die Ausführung der Treibarbeit erfolgt an der Außen-, die der Punzierung auf der Innenseite.
Die Form der Omphalosschale dient dem Vergießen von Wasser sowohl für eine profane Waschung, wie für einen rituellen Akt des christlichen Kultes.
Schalen dieses Typs sind in Rumänien und in Ungarn mit Angaben aus dem 16. Jh. bekannt geworden. Ihre Dekorelemente vereinen Züge der mittelalterlich kleinasiatischen Tradition mit solchen der frühosmanischen Zeit.
Signierung: Silberstempel (Tughra).
Inschriften: An der Unterseite des Bodens die Buchstaben S^n M, eingeritzt. (Zi)

Unveröffentlicht.
Vergleiche in der Literatur: Fehér (1964).

6/12
Schale mit Applike
Osmanisches Reich (Istanbul oder Balkan)
15.–16 Jh.
H 3 cm, Dm 10,8 cm, Fuß-Dm 4,6 cm
Silber, teilvergoldet
Treibarbeit mit Punzierung; Guß

Berlin, Staatliche Museen Preußischer Kulturbesitz, Museum für Islamische Kunst, Inv. Nr. 6753

Flache Form mit runder Wandung und Doppelprofilrand. Im Boden ursprünglich durch Stift (mit Bekrönung?) befestigtes Medaillon. Am Rand von Boden und Wandung eine Folge von rankenförmig angeordneten Paaren von Blütenkelchen. In der Wandung drei radiale Spitzovale mit gelapptem Rand, die eine symmetrische Anordnung von Knospen und Blättern umfangen, und deren Spitzen an die Blütenkelche des Frieses anschließen. Den Grund der Wandung füllt eine Doppelreihe von kantig profilierten Kanneluren. Die Treibarbeit erfolgt an der Außenfläche, die Punzierung innen.
Das gegossene Medaillon zeigt in grober Schnitt- und Ritztechnik das Lamm Gottes mit Nimbus und Fahne, vor seiner Brust eine achtteilige Rosette (Stern ?). Gerahmt wird es durch einen Perlkranz und Riefelung der Kante.
Schalen dieses Typs kommen im 16. Jh. in Rumänien und in Ungarn vor, und ihre Musterelemente entsprechen der der osmanischen Blauweißkeramik um 1500. Das christliche Medaillon dürfte für den rituellen Gebrauch in einer Kirche zugefügt worden sein. (Zi)

Lit.: Erdmann 1941, Abb. 4; Erdmann 1948, S. 39, Abb. 23.
Vergleiche in der Literatur: Fehér 1975, S. 24–25, Abb. 25 u. 59.

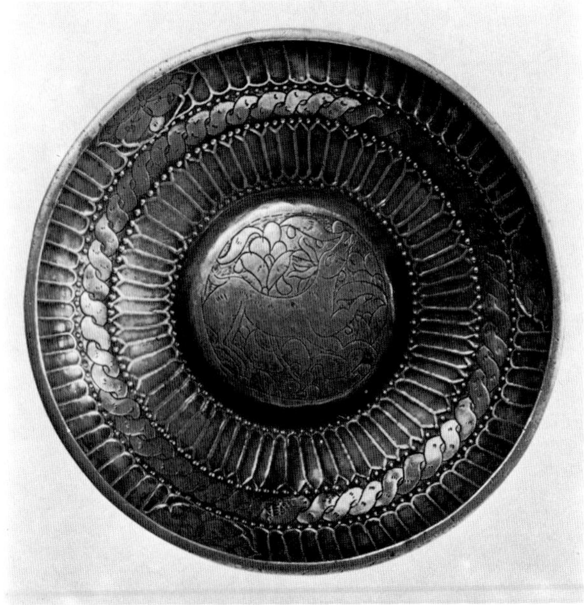

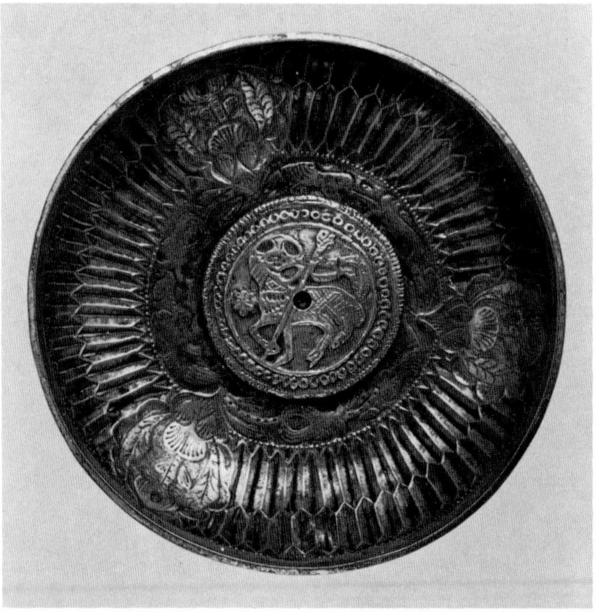

6/13
Schreibzeug *(divit)*

Türkei

L 36,5 cm, B 3,3 cm, H 7,6 cm; Dm 8,8 cm (großes Tuschgefäß), Dm 4,5 (kleines Tuschgefäß)

Messing, durchbrochen, graviert, gepunzt; Silber, Niello; Kupfer; Zinn (Lötstellen)

Privatbesitz

Rechteckiger, mit Blütenranken durchbrochener Messingköcher, an einer Seite mit Einsteckdeckel mit Öse. Auf der Vorderseite – fixiert mit Zinnlötungen – ein großes und ein kleines Tuschgefäß mit achtfach geknickter Wandung aus Messing mit Kupferböden. Auf der Oberseite kreisrunde Öffnungen, auf dem größeren Behälter ein Scharnier für den (verlorenen) Deckel.

Köcher auf der Rückseite belegt mit einem Medaillon in Silber/Niello, gefüllt mit Ranken, an den Seiten jeweils mit einer entsprechenden Halbpalmette. Vorderseite des Köchers an der Stelle, wo die Tuschbehälter angesetzt sind, nicht durchbrochen, auf der restlichen Fläche Silber/Niello-Medaillons wie auf der Rückseite, jedoch enger angeordnet. Auf den fünf vorderen Wandungsflächen der Tuschbehälter symmetrische Rankenvoluten, auf den glatten Ober- und Unterkanten Bogenfriese. Auf der Wandung des großen Behälters vier Rautenschilde mit Sternblüten in Silber/Niello. An der nichtdurchbrochenen Seite des Köchers nahe dem Rand eine Ringöse mit Resten eines geknüpften Lederbandes. Der Köcher diente zur Aufnahme der angespitzten Schreibrohre aus Rosenholz, die beiden Behälter für schwarze und rote Tusche.

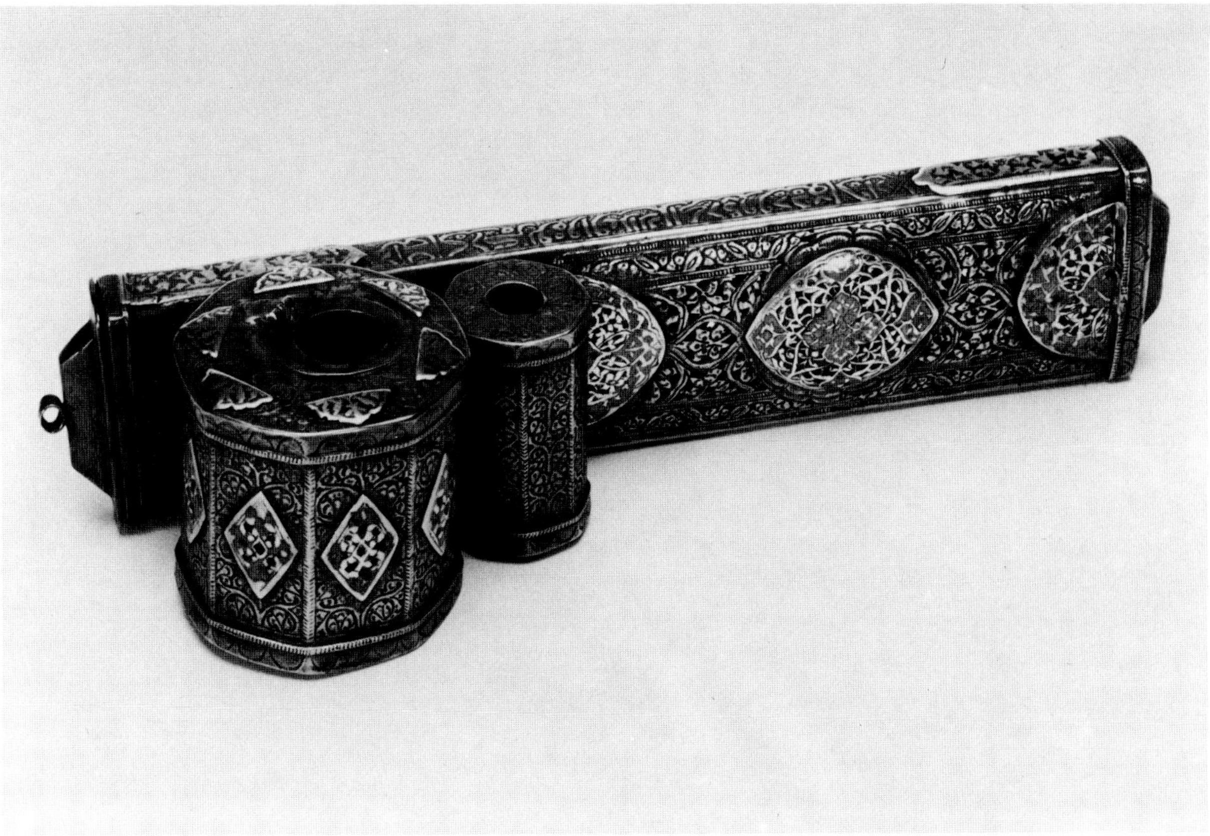

6/14
Schreibkasten

Türkei, 17.–18. Jh.
L 30,7 cm, H 19,6 cm
Kupfer, ehemals vergoldet, graviert

Paris, Louvre, 7442

Schatullenförmiger Deckelkasten mit eingezogener Mittelpartie, vorspringenden, gerundeten Schmalseiten, deren untere Kanten als Fußstütze dienen. Oblonger, rund gewölbter Deckel. An seiner Innenseite ein Platz zur Verwahrung des Tintenbausches, mit kartuschenförmiger Platte an Scharnieren zu schließen.
Der gravierte Dekor folgt den Konturen in Borten mit gegenläufigen Arabeskranken und bedeckt die Wand- und Deckelflächen mit Anordnungen arabeskgefüllter Kartuschen und Spitzovale. Auf dem Deckel entsteht dabei durch versetzte Anordnung zwischen Serien von S-förmigen Blattmotiven eine Flächenmusterung. (Zi)

6/15
Deckelkrug

>

Türkei, 2. Hälfte 16. Jh.
H 24 cm, Dm 10 cm
Kupfer, getrieben, graviert und gepunzt, vergoldet, eingetiefter Grund mit blauer Paste bedeckt.

Düsseldorf, Kunstmuseum, 16160

Walzenförmiger Krug mit abklappbarem, kuppelförmigem Deckel. Oberhalb der abgesetzten Sockelbordüre mit ihren teils goldenen, teils blauen, von vergoldeten Blüten durchsetzten Feldern, wechseln goldene Zypressen und Tulpen, denen – teilweise auf mattiertem Grund – Blütenmotive einbeschrieben sind. Zwischen ihnen tauchen geschuppte Knospenmotive auf. Der zurückgestufte blaue Grund wird von feinen goldenen Blütenzweigen und Fiederblättern durchzogen. Am Deckel wechseln goldene Blütenmedaillons mit Blütenzweigen, die auf blauem Grund entfaltet sind. (Be)

Vergleiche in der Literatur: Fehér 1967, S. 472 f., Taf. 73; Melikian-Chirvani 1975, S. 155 ff., Abb. 7, 8; Migeon 1906, S. 22 oben links.

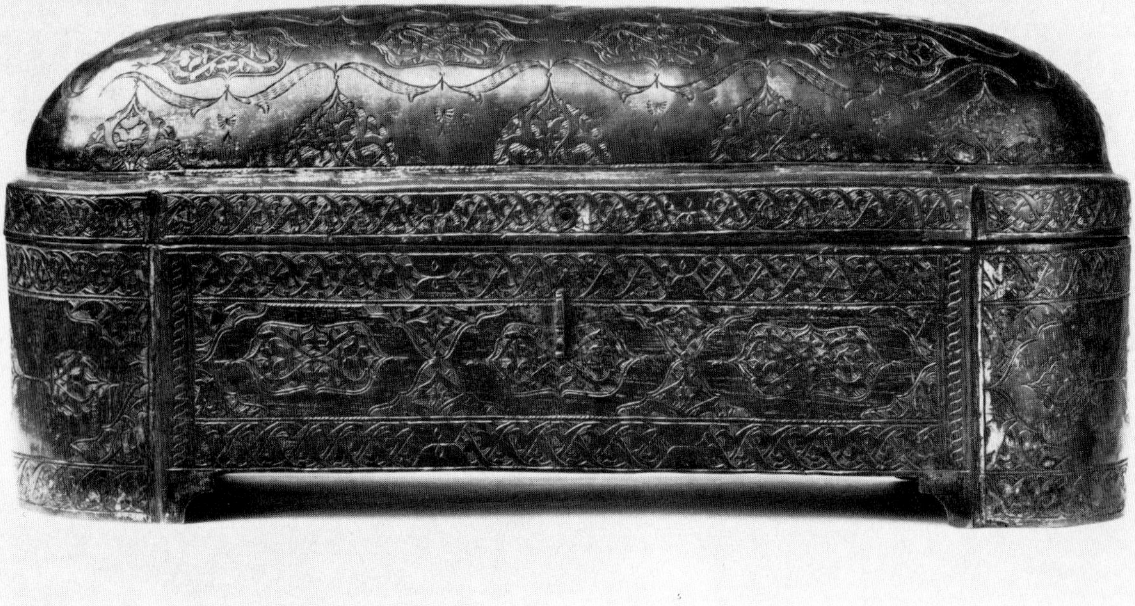

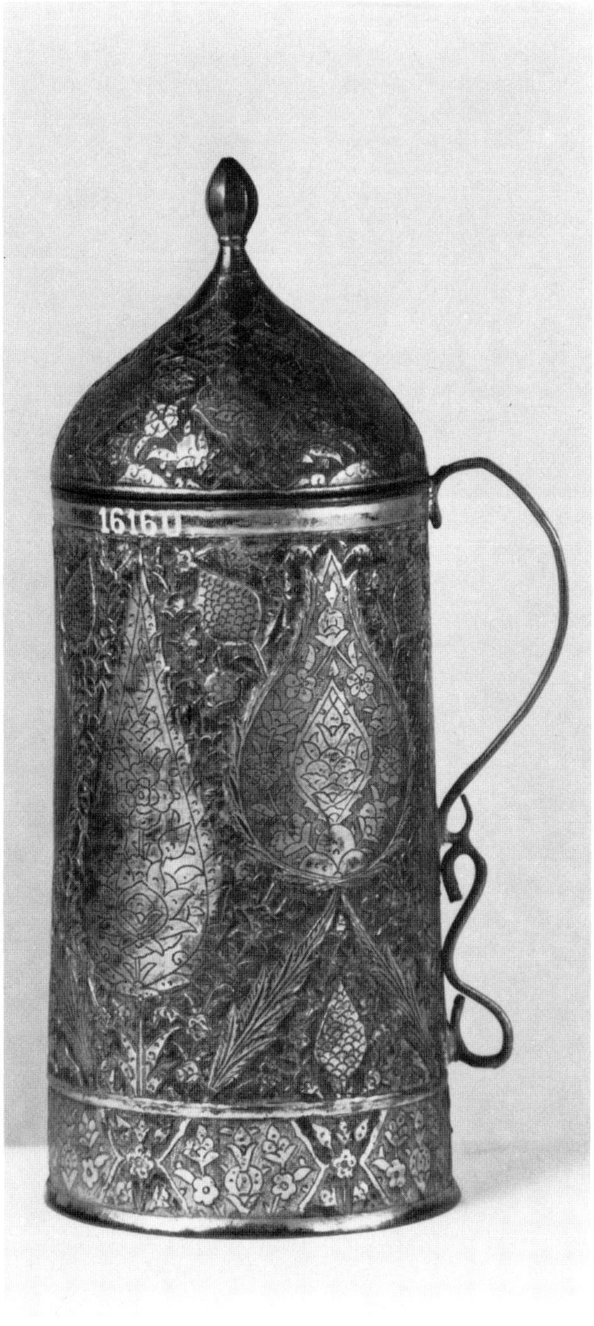

6/16

Griffring einer Tür

Osmanisches Reich (Istanbul)
Drittes Viertel 16. Jh.
B 8,5 cm, T 8,6 cm (Gitterscheibe)
Bronze, vergoldet, Guß; Dorn geschmiedet

Berlin, Staatliche Museen Preußischer Kulturbesitz, Museum für Islamische Kunst

Durchbrochene Rundscheibe mit zentraler, quadratischer Führung für den doppelläufigen Dorn, dessen Kopf auf der Vorderseite der Scheibe den Handgriff faßt.
Die Musterung der Scheibe entsteht aus einem radial ausgerichteten, dreiteiligen Arabesksystem, der Griff hat die Form eines Wolkenbandes, dessen Kontur partiell der eines Lanzettblattes folgt.
Die Arabeske entsteht hier aus drei Gabelblattpaaren, deren emporgerichtete Spitzen die zentrale Blüte über Lanzettblattranken umfangen, während ihre seitlichen Spitzen sich mit denen des folgenden Blattpaares giebelförmig treffen und achsial darunter eine Agraffe welche die Lanzettblattranke überfängt.
Zwei Griffringe gehörten zu jedem Paar von Tür- oder Fensterflügeln und sie wurden je nach Bedeutung des Baus unterschiedlich aufwendig ausgeführt. (Zi)

Lit.: Azapkapı Camii (1577, Paris).

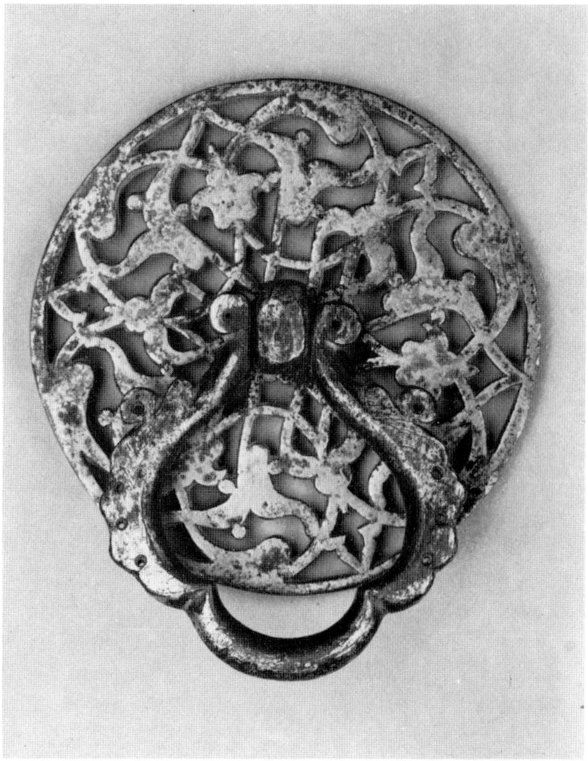

6/17
Kohlenbecken *(mangal)*

Messing, H 69,5 cm, Dm oben 78,5 cm, unten 94,5 cm, Deckel Dm 50 cm.

Berlin, Deutsches Archäologisches Institut

Der runden, ebenen Bodenplatte ist der separat gearbeitete Ständer aufgesetzt, der über getrepptem Anschwung zu einem breitrandigen Becken auslädt und dort an der Unterseite zwei massive Griffe an Scharnieren besitzt. Das aushebbare Kohlebecken hat einen vertikalen, bogig und durchbrochen ausgesägten Rand, dem mit Attaschen vier Griffe an Scharnieren angenietet sind. Den Stulpdeckel von fast gleicher Form und mit zwei seitlich vertikal angenieteten Griffen mit Zierprofil ziert zur Wärmeabgabe ausgesägte Musterung.

Äußerer Umriß, Anbringung der Griffe und Durchbruchsornamentik dienen der Bedienung und Funktion des transportablen Wärmeofens sowie Kaffee- oder Teeküche. Im Raum aufgestellt und mit glühender Holzkohle gefüllt, wurde er bei großer Kälte mit einer größeren Decke überdeckt, unter der die im Kreis Umsitzenden mit untergeschlagenen Beinen verweilen konnten. Seine nachteiligen Eigenschaften erhellen aus Gelegenheitsversen Carl Humanns „ . . . wer nie am Mangal frierend saß . . . der kennt dich nicht, du göttliche Levante.“ Sein Platz im Haus ist im Mittelpunkt des Empfangsraumes sowie im Familienraum. Nach Vergleichen dürfte solch einfache Ausführung im 19. Jh. entstanden sein. (Zi)

Lit.: Zur Gattung vgl.: Arseven 1952; S. Hakkı Eldem, Türk mimari eserleri, Istanbul (1974), Abb. 319, 327.

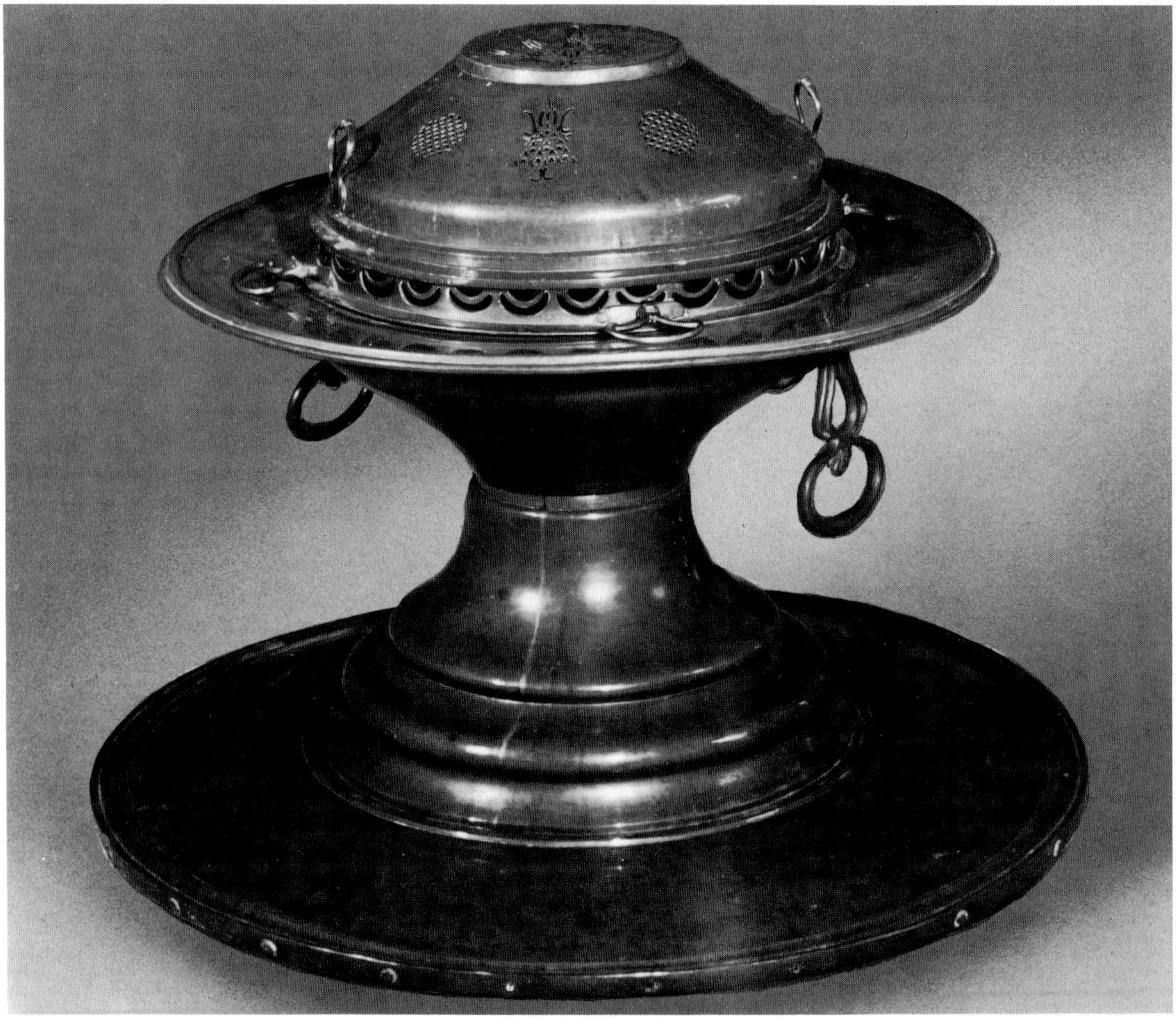

6/18

Kohlebecken *(mangal)*

Istanbul, um 1700
Messing

Köln, Orientalisches Seminar der Universität, Max Freiherr von Oppenheim Stiftung, Nr. 1960–1961

Großer gebogener Untersatz, darauf ovales geripptes Kohlebecken auf blattbesetzten Füßen. Gewölbter durchbrochener Deckel mit zwei Griffen und Knauf. Zugehörig Kohleschaufel.

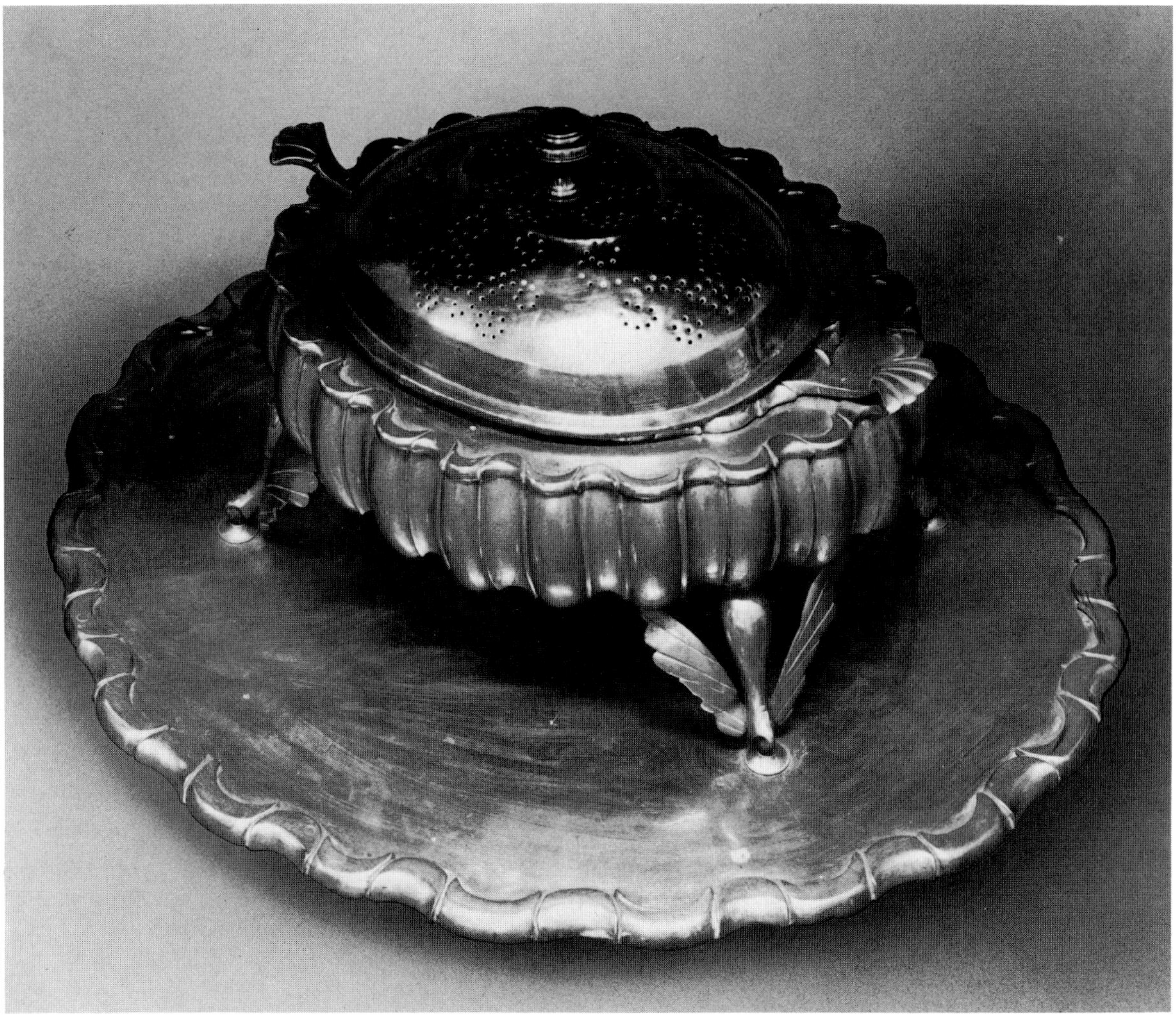

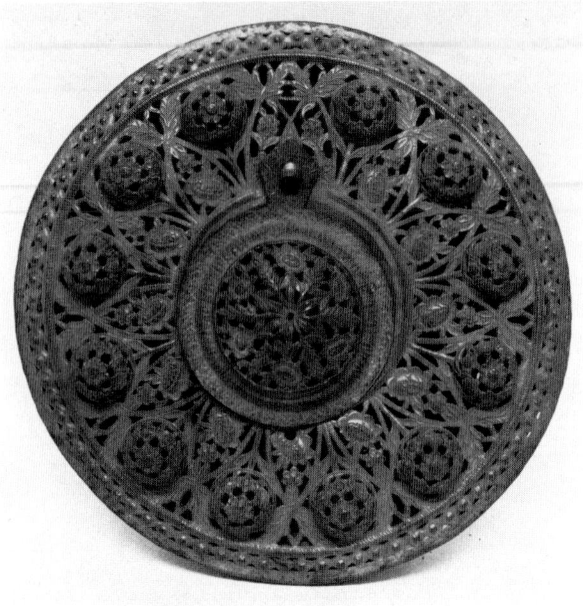

6/19

Laterne

Türkei, 17. Jh.
Kupfer vergoldet
Dm 27 cm

Köln, Orientalisches Seminar der Universität Max Freiherr von Oppenheim Stiftung Nr. 1550

Ausziehlaterne mit 12 blütenförmig durchbrochenen Buckeln auf der Oberseite.

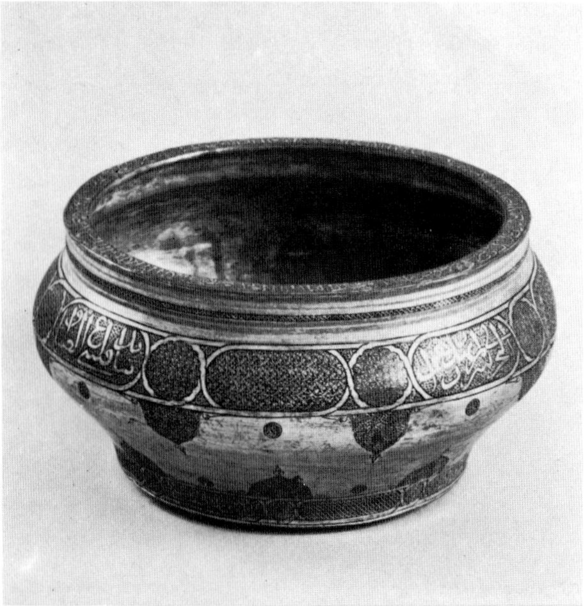

6/20

Schale

Türkei, 17./18. Jh.
H 10 cm, Dm 19 cm
Kupfer, verzinnt, graviert

Privatbesitz

Schale mit ausgebauchter, zum Fußrand verjüngter Wandung; kurzer, profilierter Hals, oben mit abgeplattetem Rand, darauf graviert eine umlaufende Inschrift.
Auf der Schulter umlaufende Bordüre aus zu Kartuschen geschlungenen Bändern. Vier Kartuschen gefüllt mit Inschriften, die übrigen mit kleinteiligen vegetabilen und geometrischen Mustern. Von der Bordüre abhängend Halbpalmetten, gefüllt mit Spiralranken, dazwischen kleinteilig gemusterte Kreisscheiben. Eine entsprechende Bordüre auf dem Fußrand.
Im Boden innen ein Medaillon aus Ringlinien mit zentraler Rosette, teilweise gefüllt mit Ringmuster.

Unveröffentlicht.
Vergleiche in der Literatur: G. Wiet, Catalogue du Musée Arabe du Caire. Kairo 1932, Taf. LXVI, LXIX.

6/21
Becken
Türkei oder Iran, 15./16. Jh. (?)
H 17 cm, Dm 17 cm
Kupfer, verzinnt und graviert

Privatbesitz

Halbkugeliges Becken mit leicht gewölbtem Boden und ausgezogener, nach außen geweiteter Lippe.
Auf dem Gefäßbauch drei durch Bänder unterteilte Zonen, deren oberste mit einer Inschrift, die mittlere mit Gabelblattranken ausgefüllt ist.
Die unterste und breiteste Zone ist durch vertikal geschweifte Bänder unterteilt, die Zwischenräume sind mit Gabelblattranken ausgefüllt.
Alle Ornamente auf einem mit Kreuzschraffuren gravierten und geschwärzten Grund.
In der Inschrift sind u. a. die Namen der 12 Imame (der Schiiten) genannt.

Unveröffentlicht.

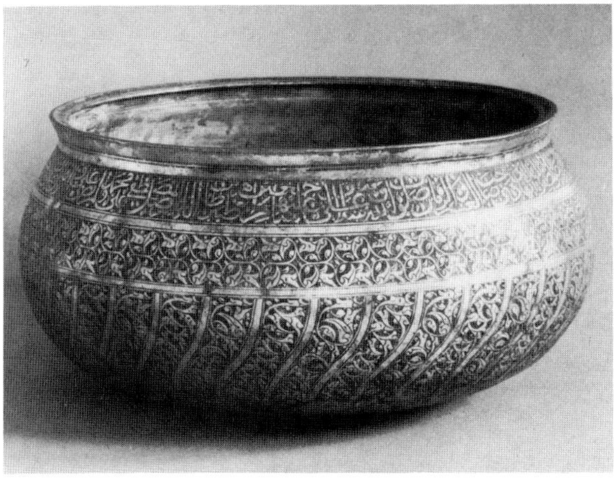

6/22
Tulpenleuchter
Türkei, 16. Jh.
H 30,8 cm, Dm 14,5 cm
Messing

London, Victoria and Albert Museum, M. 821–1928

Kerzenleuchter mit Trichterfuß und konkaver Tropfschale. Balusterschaft mit tulpenförmiger Tülle. Leuchter umlaufend profiliert und gerillt.

Lit.: Melikian-Chirvani (1982), Nr. 127.
Vergleiche in der Literatur: Petsopoulos (1982), Nr. 40 und 41.

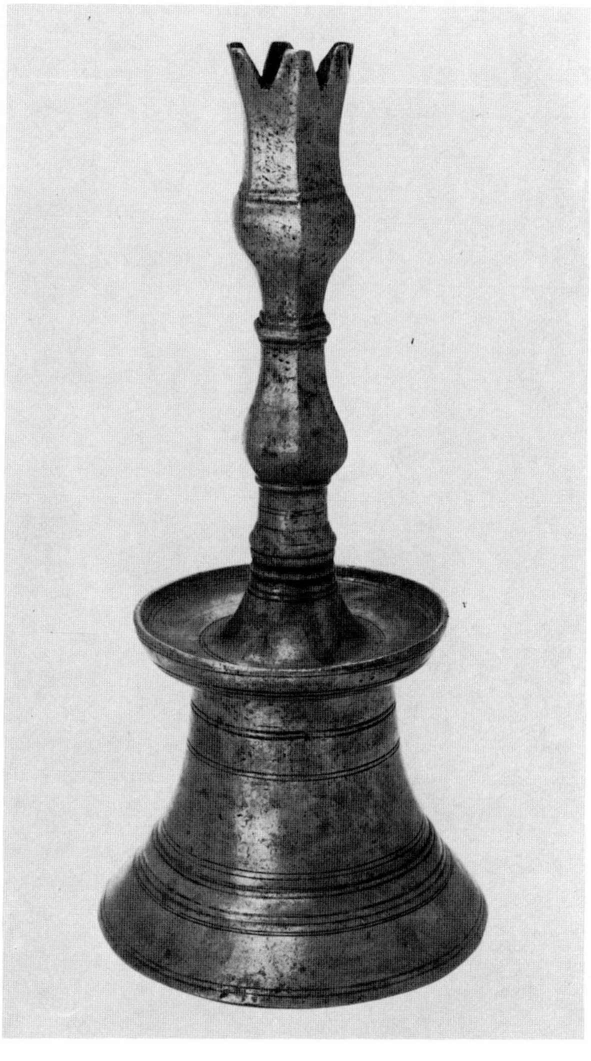

6/23
Deckelkanne

Istanbul (?) · Mitte 16. Jh. · H 16 cm, Dm 12,7 cm
Silber, vergoldet, getrieben und punziert; Henkel gegossen

London, Victoria and Albert-Museum, 158–1894

Bauchige Kanne mit zylindrischem Hals und kuppeligem Deckel mit Zinnkranz. Geschwungener Henkel mit Drachenkopf und -schwanz. Um den Leib in Reliefarbeit über gepunztem Grund eine Folge sich überschneidender Rautenfelder, gebildet durch Arabesk- und Päonienranken und zentriert durch größere Blüten. Um den Hals wellenförmige Gabelblattranke; auf dem Deckel drei Medaillons in Form des unendlichen Knotens, gefüllt mit Rosetten. Am Fuß des Knaufes Deckplatte mit Schuppenmuster; Knauf und Henkel durch eine Kette an Ösen verbunden.
Die Erhaltung von zwei weiteren Kannen dieser Art in der Eremitage in Leningrad und in einem serbischen Kloster, wo auch ein *ripide* (liturgischer Fächer) gleicher Arbeit vorhanden ist, verweisen auf eine geachtete Stellung und Wohlhabenheit der Bewohner von christlichen Gebieten, die dem osmanischen Reichszentrum verbunden waren.
(Zi)

6/24
Moschee-Ampel

Istanbul, datiert 1027/1618
H 48,7 cm, Dm (Hals) 27 cm
Silber, zum Teil vergoldet, Gold

Istanbul, Eyüp Mausoleum, 293

Ampel mit birnförmigem Körper, trichterförmigem Hals und Fuß. Auf dem Gefäßkörper vier ovale Medaillons mit abhängender *hatayi*-Blüte und -Knospe. Der Grund, auf dem diese Ornamente stehen, ist ausgeschnitten und eingelegt mit dünnem Goldblech, die Motive selbst sind graviert und vergoldet. Ähnliche Medaillons, jedoch durchbrochen, auf dem Hals und auf dem Fuß, diese jedoch ohne Binnenzeichnung, aber vergoldet.
Auf Hals, Bauch und Fuß ist die Tughra von Osman II. (1618–1622) eingestempelt. Auf dem Gefäßbauch eine Inschrift, die besagt, daß das Stück „950 dirhem" wiegt und von Sultan Osman b. Ahmed Han für das Mausoleum des Ebu Eyyüb el-Ansari gestiftet wurde, eines der Gefährten des Propheten.

Lit.: Raby-Allan 1982, Nr. 52; Istanbul 1983, Nr. E. 253.

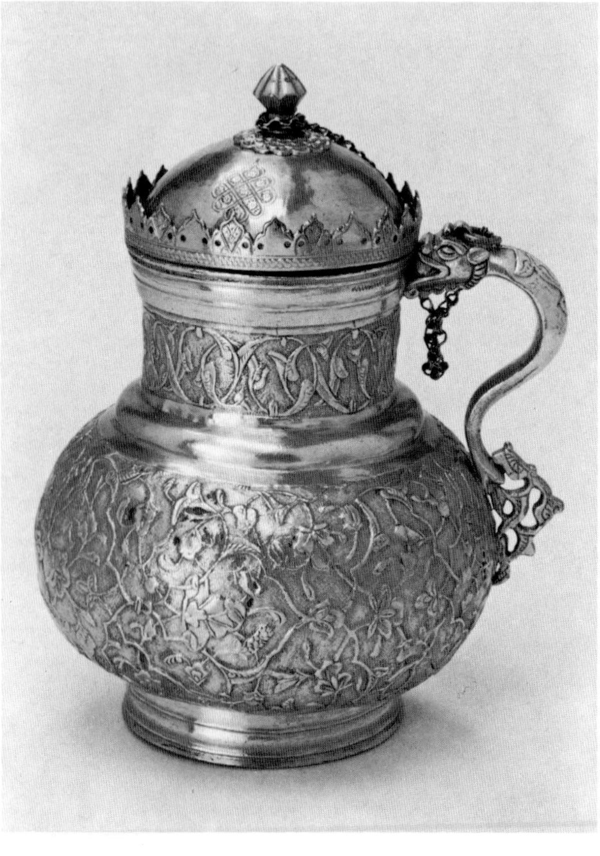

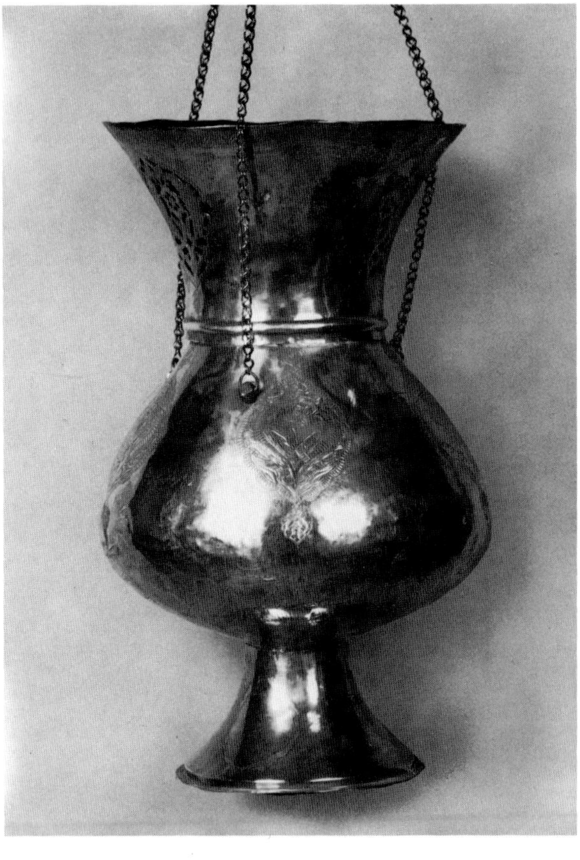

6/25
Ein Paar Kerzenleuchter

Türkei, frühes 17. Jh.
H 87 cm · Kupfer, vergoldet, Halbedelsteine

Istanbul, Türk ve Islam Eserleri Müzesi, 148 A–B

Leuchter mit aus vier Kugeln gebildeten Schäften und tulpenförmigen Tüllen. Auf den Kugeln Medaillons, graviert mit Blüten und Blättern, besetzt mit Rubinen, Türkisen und blauen Halbedelsteinen in hohen Fassungen. Zwischen den Medaillons mit Gabelranken *(rumi)* durchbrochene Felder, unterlegt mit grünem Samt. Fuß und Tülle entsprechend dekoriert.
Form und Dekor dieser Kerzenleuchter, die im Mausoleum Ahmeds I. (1603–1617) gefunden wurden, zeigen das Fortleben des traditionellen Hofstils. (Be)

Lit.: Kat. Istanbul 1983, Nr. E. 251.

6/26
Hängezierat

Istanbul, um 1876–1909
H 31 cm, Dm 25,5 cm
Silber

Istanbul, Türk ve Islam Eserleri Müzesi, 210

Hängezierat von gelängter Kugelform, an einer Kette hängend, unten mit einer silbernen Quaste versehen.
Der Körper ist diagonal überzogen von leicht gekurvten schmalen Bändern, die mit Blumenranken in Treibarbeit auf gepunztem Grund besetzt sind. Blattrosetten am oberen und unteren Ende leiten zu den Hängeösen über. Bezeichnet mit der Tughra von Abdülhamid II. (1876–1909). (Be)

Lit.: El Sanatları 1969, S. 120; Kat. Istanbul 1983, Nr. E. 359.

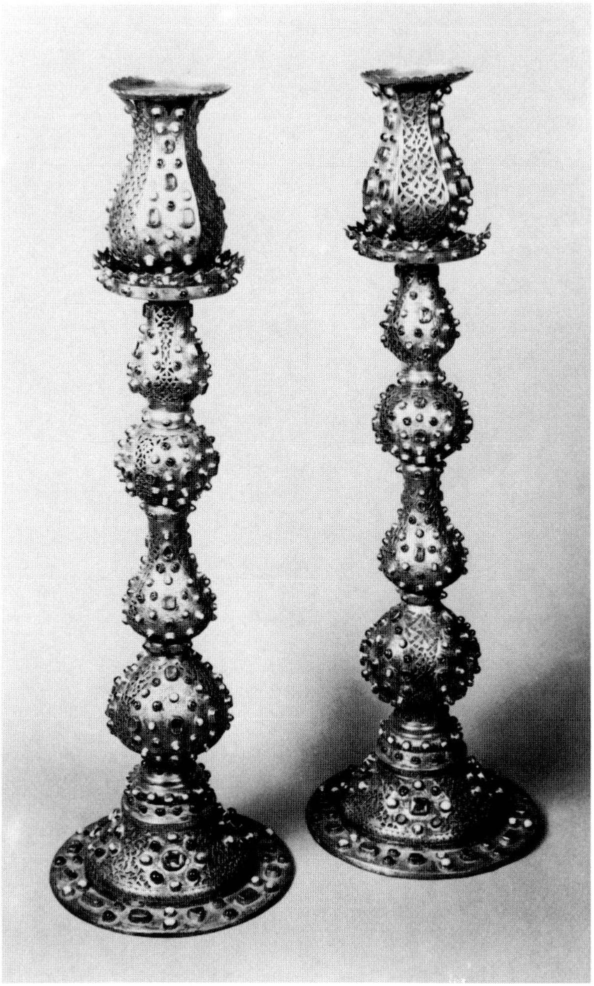

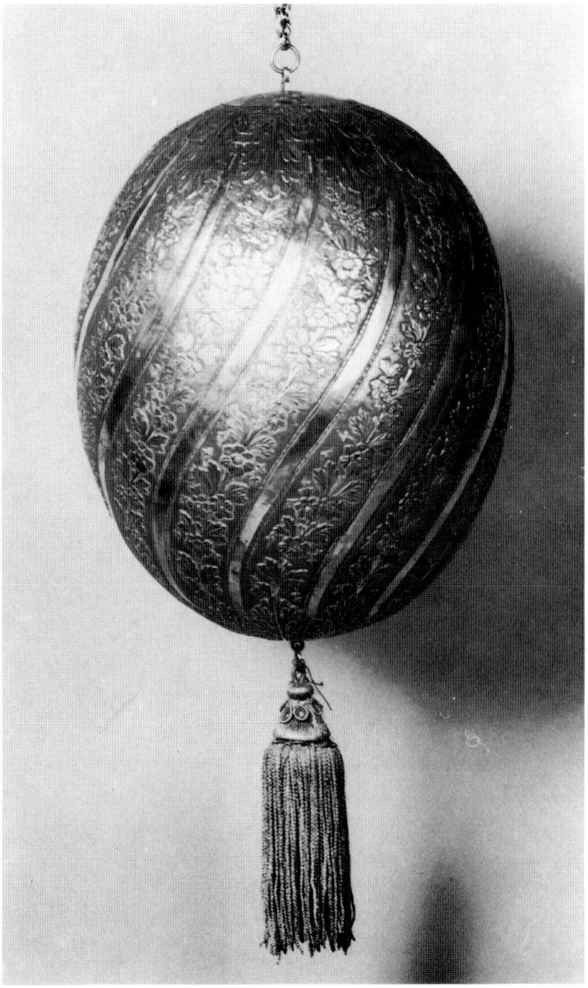

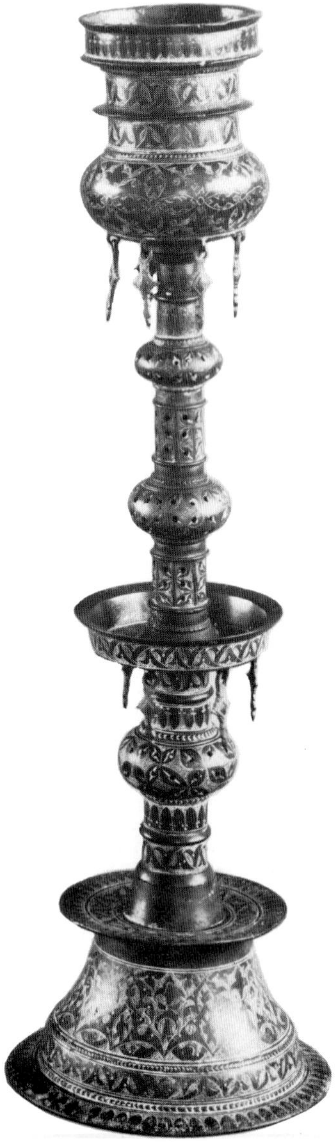

6/27

Kerzenleuchter

Türkei, 17. Jh. oder früher
H 53 cm, Dm 16,5 cm (Fuß)
Kupfer, graviert, weiß eingelegt

Privàtbesitz

Leuchter auf Trichterfuß mit aufgesetzter Platte. Schaft mit drei Ausbuchtungen, zum Teil durchbrochen, in der Mitte eine Tropfschale mit aufgebogenem Rand, daran abhängend zapfenförmige Schmuckglieder.
Tülle am Ansatz kugelig ausgebaucht, Rand und Mittelstück zylindrisch mit scheibenförmigen Profilen. Am Tüllenansatz abhängend Schmuckglieder wie am Schaft.
Leuchter flächendeckend graviert mit vegetabilen und geometrischen Mustern auf einem mit Ringpunzen bedeckten Grund, ausgefüllt mit weißlich/gelber Paste.

Unveröffentlicht.

6/28

Kerzenleuchter

Türkei, 19. Jh.
H 68 cm · Messing

Privatbesitz

Leuchter mit schlankem Schaft und glockenförmigem, mit einem Teller mit gebogtem Rand abschließenden Fuß. Zylindrische, oben und unten gekehlte und mit Profilringen versehene Tülle.

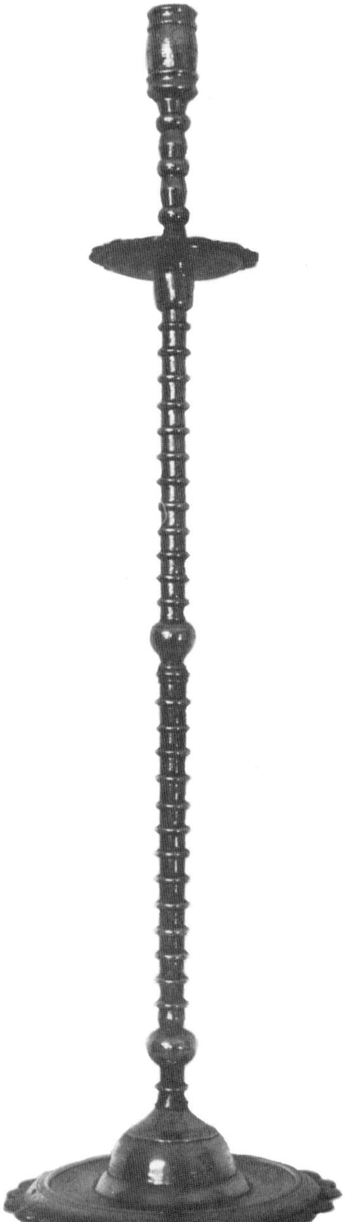

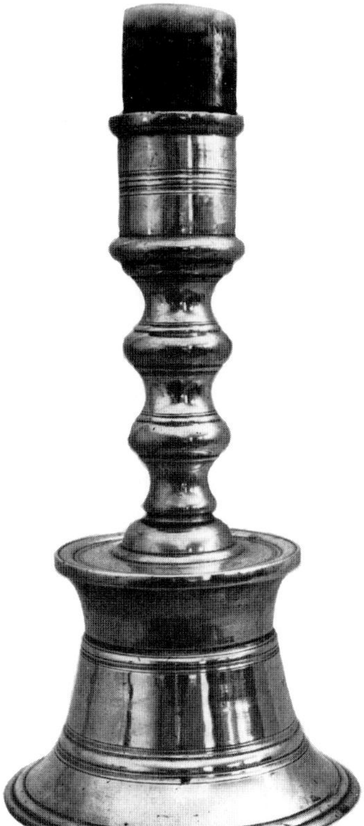
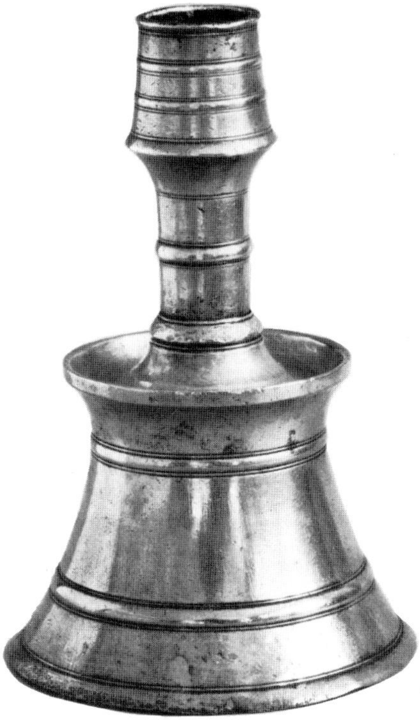
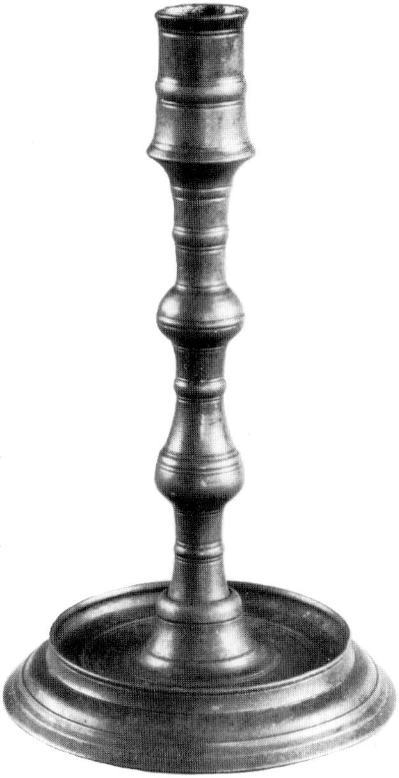

6/29

Gruppe von Kerzenleuchtern

Türkei, 17.–19. Jh. oder früher
H zwischen 16 cm und 36,5 cm,
Dm zwischen 12,5 cm und 18,5 cm (Fuß)
Bronze, Messing

Privatbesitz

Zwei der Leuchter weisen einen Kegelstumpffuß auf, zwei weitere einen Tellerfuß mit gekehlter Tropfschale. Die zylindrischen, zur Tülle hin sich zum Teil erweiternden Schäfte weisen Profilringe und gravierte Ringlinien auf. Diese Leuchtertypen gehen bis auf das 16. Jh. zurück und wurden bis in das 19. Jh. unverändert beibehalten. Ohne Inschrift und Ornament ist eine genaue Datierung nicht möglich.

Lit.: Raby-Allan 1982, Abb. 22, 33, 35–38, 47.

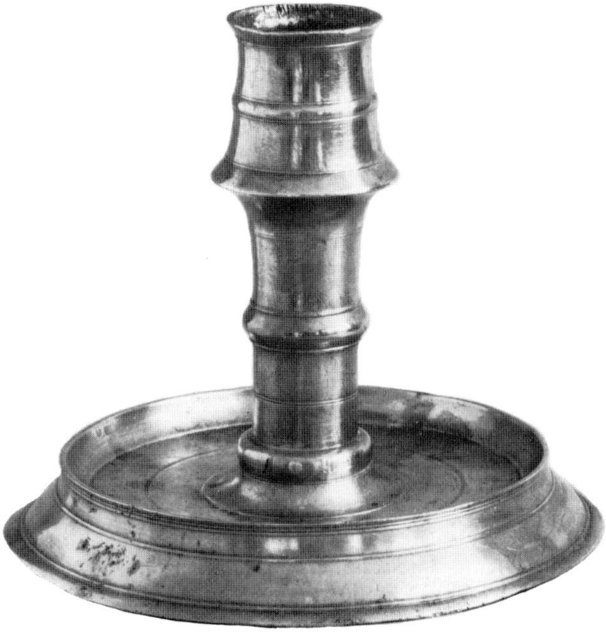

HÖFISCHE GOLDSCHMIEDEKUNST

Von allen Zweigen des osmanischen Kunsthandwerks ist die höfische Goldschmiedekunst bisher wohl am wenigsten erforscht. Dabei sind sowohl der osmanische Hofschatz, als auch die Objekte in der heutigen Schatzkammer (*hazine*) des Topkapı Sarayı Müzesi, aufgrund ihrer Kostbarkeit, ihrer Eigenheiten wie auch ihrer technischen Besonderheiten schon immer zu Ruhm und Ansehen nicht nur in der Türkei, sondern in der ganzen Welt gekommen.

VERWENDUNG VON GOLD UND SILBER

Es ist selbstverständlich, daß am Hof der Sultane mehr Gold, Silber und Juwelen als in den übrigen Bevölkerungsschichten verwendet wurden. Nach den erhaltenen amtlichen Preislisten des Jahres 1640 (hrsg. von M. Kütükoğlu) ist die Verwendung von edelsteinbesetzten oder reingoldenen Gegenständen, mit Ausnahme von Gürteln, selbst in den städtischen Kreisen Istanbuls kaum üblich gewesen, wohl aber in der griechischen und jüdischen Kaufleutegesellschaft. Wenn der Sultan Schenkungen von Gegenständen aus Gold oder anderen kostbaren Materialien und besetzt mit Edelsteinen machte oder solche Dinge beschlagnahmt wurden, berichteten die Chronisten darüber. Andererseits müßte man annehmen, daß Wesire und hochgestellte Staatsbeamte wegen der traditionellen Praxis des Hofes im Falle ihres Todes oder ihrer Absetzung den Besitz des Betroffenen einzuziehen, kein Verlangen nach Gold, Silber und Juwelen hatten. Bei Durchsicht von Archivdokumenten finden wir dennoch recht umfangreiche Listen, die den Nachlaß von Wesiren, Staatsbeamten, die verstorben, abgesetzt oder geflüchtet waren, betreffen.
Hauptsächlich die nichttürkischen Gewährsleute, die Gelegenheit hatten, im Palast zugelassen zu werden, berichten recht oft von dem Gold- und Silbergeschirr, das auf den Tafeln der Padischahs aufgestellt wurde. Demnach ist zu beobachten, daß die Verwendung von Gold- und Silbergegenständen bei Hofe seit der Zeit Mehmeds II. (1451–1481) allmählich zunahm. Natürlich kann diese Entwicklung nicht nur durch Beutestücke oder auswärtige Gesandtschaftsgeschenke erklärt werden. Das Interesse an kostbarem Gerät steigerte sich nach Mehmed II., als einige Gold- und Silberminen auf dem Balkan in die Hände der Osmanen gelangten und später auch die Silberminen im Osten in ihren Besitz kamen. Hinzu kam, daß inzwischen den Sultanen auch eigene Gold- und Silberschmiedezentren in Istanbul und Trabzon zur Verfügung standen.
Trotzdem verwendete der Hof verhältnismäßig wenig kostbare Gegenstände. Vielmehr lebten einige Padischahs sehr einfach und legten auf Juwelen und Gold- und Silberschätze keinen Wert. Der wichtigste Grund hierfür ist die Religion, denn der Prophet Muhammad verbietet in einem Hadith jeden Luxus, und damit auch den Gebrauch von Seide, Gold und Juwelen. Aber wie beim Alkoholverbot hielten sich auch hier nicht alle Sultane an die Gesetze. Es ist seltsam, daß ein solches religiöses Verbot immer dann mißachtet wurde, wenn es um die Heiligen Stätten oder Reliquien ging. Denn die wertvollsten Arbeiten, die von den Padischahs in den Hofwerkstätten und bei ihren Goldschmieden in Auftrag gegeben wurden, waren:
Ausstattungsstücke für die Kaaba in Mekka und das Grab des Propheten in Medina, Schmuck für das *Hırka-ı Saadet*-Heiligtum im Topkapı Sarayı, und erst an dritter Stelle standen Aufträge für den persönlichen Bedarf des Padischahs.
Wir erfahren außerdem, daß die späteren Sultane Selim I. und Süleyman I. in der Zeit, als sie das Amt eines Gouverneurs in Trabzon bekleideten, selbst die Goldschmiedekunst erlernten, und daß das Goldschmiedehandwerk, nach Evliya Çelebi, unter Sultan Süleyman dem Prächtigen ein angesehener Beruf war. Das hatte zur Folge, daß die osmanische Goldschmiedekunst, die zuvor lediglich übernommene Traditionen aus Persien und Zentralasien weitergeführt hatte, im 16. Jahrhundert einen eigenen Stil entwickelte und zugleich ihre höchste Blüte erlebte (Filiz Çağman, Osmanlı sanatı. In: Anadolu Medeniyetleri III, S. 101).

GOLDSCHMIEDE UND WERKSTÄTTEN

Bei den Goldschmiedewerkstätten, die dem Hofe unterstellt waren, gingen Aufträge aus dem Harem und von den Padischahs ein. Außerdem wurden auch von hochgestellten Agas des *enderun* (Verantwortliche des Palastes) Aufträge und Reparaturarbeiten vergeben. Für alle derartigen Aufträge an die Goldschmiede mußten gesonderte Löhne an die Meister, die die Arbeiten gefertigt hatten, persönlich ausgezahlt werden. Im Archiv des Topkapı Sarayı sind viele Belege hierfür zu finden, und die Eintragungen in den Ausgabebüchern lauten im allgemeinen: „Verwendetes Gold, Silber oder Edelsteine sowie Löhne der verschiedenen Meister."

In Zeiten des Wohlstandes wurden unbrauchbar gewordene, nicht mehr benötigte oder drittklassige Gegenstände aus der Schatzkammer verkauft. In Zeiten der Not dagegen wurden insbesondere Silberwaren zu einer Münzprägestätte gebracht, um daraus die zumeist aus Silber geprägten Münzen schlagen zu lassen.

In der Schatzkammer aufbewahrte, von den Angehörigen des Hofes getragene oder in deren Räumen verwendete Edelmetallgegenstände wurden recht oft auch an die Goldschmiede zur Umarbeitung gegeben. Davon ausgenommen blieben bis in unsere Tage die reich geschmückten Kästchen, Etuis und Zierate für die Reliquien in den Hırka-ı Saadet-Räumen. Diese wurden nur von Zeit zu Zeit in Ordnung gebracht oder mit neuen Verzierungen und Steinen sowie Gold- und Silberornamenten zusätzlich besetzt. Ebenso blieben einige Goldschmiedearbeiten, die Vermächtnisse der Ahnen waren, wie z. B. der Bayram-Thron, und bei traditionellen Festlichkeiten Verwendung fanden, unberührt. Bei geschilderten Voraussetzungen läßt es sich nur mit den Zeitläuften erklären, wenn auch gelegentlich – wie anhand der Archivdokumente festgestellt wurde – als heilig geltende Gegenstände wie die goldgestickten Teile der Kaaba-Hülle (*kisve*) zur Einschmelzung an die Münze geschickt werden konnten.

Es sind sicherlich noch recht bedeutende und interessante Ergebnisse zu erwarten, wenn einmal über jedes der im Topkapı Sarayı vorhandenen Objekte eingehende Nachforschungen angestellt werden. Auch wenn diese Stücke nicht immer mit einer bestimmten Person oder einem Ereignis in Verbindung gebracht werden können, wäre es wichtig, auf ihren Kunstwert einzugehen. Ferner ist bemerkenswert, daß in den Unterlagen Hinweise auf das Einschmelzen oder Umarbeiten von Gegenständen, die als Geschenke aus anderen Ländern den Sultanen überreicht worden waren, existieren. Offensichtlich spielten bei der Auswahl von Gegenständen für Einschmelzung oder Umarbeitung nicht nur praktische Gründe eine Rolle, denn die Entscheidung darüber wurde keinesfalls nur dem Oberschatzmeister überlassen.

Es ist nachweisbar, daß im Lande selbst hergestellte alltägliche Gegenstände, die beim Hofe wie auch privat gebräuchlich und von weniger wertvoller Ausführungen waren, nach einer gewissen Zeit durch die Hofleute selber wieder abgestoßen wurden. Geschah dies ohne Übereignung an die Schatzkammer, konnte es sich um Geschmeide von Frauen handeln. Anderes wurde bald nach Einbringung in die Schatzkammer wieder abgegeben – wie Kerzenleuchter, Rosenwassergefäße, Wasserkannen, Schüsseln usw., und darüber hinaus Gegenstände, die so sehr beschädigt oder abgenutzt waren, daß eine weitere Verwendung oder Aufbewahrung nicht mehr in Frage kam. Jean-Baptiste Tavernier berichtet im 17. Jahrhundert ausführlich über Gegenstände, die zum Verkauf weggegeben wurden, wobei er sein Wissen von zwei langjährigen Bediensteten der Schatzkammer bezogen hat. Tavernier beschreibt, daß der Oberschatzmeister alle zwei Jahre dem Padischah den Vorschlag unterbreitete, einige in der Schatzkammer vorhandene Gegenstände, die der Würde des Herrschers nicht mehr entsprachen oder verstaubt und durch Feuchtigkeit beschädigt waren, wie z. B. Zaumzeug, Dolche usw., zu verkaufen. Den Sultanen war bewußt, daß die Veräußerung dem Oberschatzmeister wie auch den übrigen Schatzmeistern einen schönen Profit einbringen würde, doch lehnten sie die Vorschläge nicht ab, nachdem dies offenbar zu einer festen Tradition geworden war. Ein Sachverständiger legte den Wert der ausrangierten Gegenstände fest, und nach altem Brauch wurden diese durch die *helvacı* (Helvaverkäufer) zum Verkauf aus dem Palast gebracht. Tavernier berichtet ferner, daß die mit solchen Geschäften befaßten Juden vor dem Palasttor bereits mit Geldsäcken in der Hand auf die *helvacı* warteten, um mit diesen den Handel abzuschließen. Nach diesem Bericht vermochten die Juden sogar bis in den Harem vorzudringen, um Juwelen zu verkaufen. Sie verhandelten hier nicht direkt mit den Frauen, sondern wickelten die Geschäfte über die schwarzen Eunuchen ab, wobei sie für den Handel in ein separates Zimmer geführt wurden. Aus diesen Tatsachen geht hervor, daß sowohl bei Hofe wie auch außerhalb der Handel mit Juwelen in großem Maße von Juden wahrgenommen wurde, die allerdings mit der Goldschmiedekunst nichts zu tun hatten. Die Goldschmiede selbst waren meistens Armenier, Griechen, Türken, Perser und Handwerker aus den Balkanländern.

Es fällt auf, daß bei diesen Geschäften die Hofgoldschmiede und ihre Werkstätten nicht eingeschaltet wurden. Hier muß deshalb kurz darauf eingegangen werden, ob die Hofwerkstätten und die als Meister bezeichneten und am Hofe tätigen Künstler auch alle den Hof betreffenden Aufträge erfüllen konnten.

Nach unseren Nachforschungen änderte sich die Zahl der am Hofe arbeitenden Künstler von Zeit zu Zeit. Wie auf vielen anderen Gebieten machten sich die Zeiten des Wohlstandes, der Stagnation oder Schwäche des Reiches besonders stark bei den Aufträgen für die Goldschmiede bemerkbar. So nahm die Zahl der am Hofe verpflichteten Künstler entsprechend dem Zustand des Reiches in der späteren Zeit ständig ab. Nach Angabe mehrerer Quellen betrug ihre Zahl im 16. Jahrhundert ca. zweitausend und am Beginn des 18. Jahrhunderts ca. zweihundert Personen.

Wir erfahren, daß sich in der Mitte des 18. Jahrhunderts nur sieben Goldschmiede am Hofe befanden (İsmail Hakkı Uzunçarşılı, Osmanlı devletinin saray teşkilâtı, S. 463–464). In dieser Zeit ist kein Meister für die Herstellung von *sorguç* (Turbanzierat) vorhanden. Betrachtet man die Lage des Osmanischen Reiches im 19. Jahrhundert, ist es leicht verständlich, daß diese Zahl sich noch mehr verringert hat. In Zeiten des Wohlstandes wurden die Goldschmiedearbeiten also ebenso wie andere Arbeiten für den Hof an die Hofkünstler vergeben, die in großer Zahl vorhanden waren, wobei auch die Begabung der Goldschmiede eine wesentliche Rolle gespielt haben dürfte. In schlechteren Zeiten jedoch, und bei Mangel an geeigneten Hofkünstlern, wurden auch Aufträge an städtische Meister und Werkstätten vergeben.

Menavio stellte fest, daß am Anfang des 16. Jahrhunderts ca. siebzig Goldschmiede Gold- und Silberarbeiten für den Hof gefertigt hätten, ferner, daß diese Goldschmiede Perser und Slawen waren (Julian Raby – James Allan, Metalwork. In: Tulips, Arabesques und Turbans. Yanni Petsopoulos ed. S. 20).

Da in den Quellen berichtet wird, daß die Hofgoldschmiede ihren „Titel" an ihren Läden anbringen ließen und auf diese Weise viel Geld verdienten, dürften sie auch berechtigt gewesen sein, anderweitig Aufträge anzunehmen. In einem Register des 19. Jahrhunderts (T. S. M. Archiv E. 934/70) kommt der Ausdruck *darbhane-i amire kuyumcusu Hoca Abrahm Ḵosti* (Hoca Abrahm Kosti, Goldschmied der Münze) vor, was besagt, daß neben den Hofgoldschmieden noch eine Gruppe von Goldschmieden an der kaiserlichen Münze existierte.

Zusammenfassend ist zu sagen, daß die osmanischen Goldschmiede außer ihrem Lohn noch einen Stücklohn erhielten, obwohl sie dem Hofe bzw. der Münze angehörten. Sie konnten neben der Tätigkeit für den Hof selbständig einen Laden führen. Angehörige des Hofes vergaben Aufträge auch an auswärtige Goldschmiede außerhalb der Hofwerkstätten. Die bei Hofe verwendeten Schmuckgegenstände unterschieden sich selbstverständlich in ihrer Art von denen, die von sonstigen Personen und im Volke gebraucht wurden. Obgleich manche Typen bei allen Schichten üblich waren, heben sich die höfischen Stücke durch ihre reichere und kostbarere Gestaltung ab. Es gibt auch Goldschmiedearbeiten, die nur Verwendung bei Hofe fanden, wie z. B. Throne oder Baldachine. Auch Hängezierate über dem Thronsitz wurden aus Gold, Edelsteinen und Perlen hergestellt (Kat. Nr. 7/2). Das gängigste Schmuckstück aus Gold war der *sorguç*. Diese Turbanverzierung wurde neben dem Sultan auch von Wesiren, einigen Staatsbeamten und von den Frauen des Hofes getragen. Aus Archivdokumenten ist zu entnehmen, daß oftmals reich verzierte Gegenstände der Schatzkammer für die Aussteuer der Frauen, Schwestern und Töchter des Sultans umgearbeitet wurden. Zu diesen Gegenständen gehörten in erster Linie *sorguç* und Gürtel, die offenbar reichlich vorhanden waren. Die *sorguç* für die Herrscher stellen wirkliche Meisterwerke der Goldschmiedekunst dar (Kat. Nr. 7/1). Sie wurden zeitweilig auch ausländischen Herrschern und deren Gemahlinnen als Geschenk überreicht. So nahm Agah Efendi, der als erster Gesandter der Osmanen am Anfang des 19. Jahrhunderts nach London ging, zwei *sorguç* als Geschenke für die Königin und die Prinzessin mit.

Es ist überliefert, daß Ende des 17. Jahrhunderts die

Padischahs Pelzmäntel (*kapaniçe*) zu tragen pflegten, die vorne mit Diamanten besetzt waren. Dieser Schmuckbesatz wurde *çaprast* genannt (I. Ünal, 1680 tarihli hazine defteri).
Die den Gesandten zur Überbringung an fremde Herrscher übergebenen Geschenke bildeten wesentliche Aufgaben für Goldschmiede des Hofes. Außerdem wurden folgende wichtige Personen vom Padischah mit Schmuck beschenkt:

1. der Großwesir
2. der Şeyhülislam
3. der *Şerif-i Mekke-i Mükerreme* (Herrscher von Mekka)
4. die Wesire
5. die Chane der Krim
6. der Großadmiral
7. die Woiwoden und Könige der Walachei, der Moldau, von Georgien, Serbien, Karadağ, Siebenbürgen und Ungarn (Ata tarihi. C. 1).

Nach den Büchern der Schatzkammer waren Geschenke, die diesen Personen überreicht wurden: Juwelen, Dolche, Schwerter, Pfeiltaschen, goldene Prunkmesser, Krummsäbel, mit Juwelen besetzte Mützen, Jacken, Gürtel, Kränze und Goldketten.
Die erste Vergabe von Medaillen fand unter europäischem Einfluß im Jahre 1730 statt. Die Medaillenvergabe nahm nach Sultan Abdülmecid (1839–1861) zu. Die Sitte, Orden zu verleihen, setzte dann in der Zeit Sultan Mahmuds (1808–1839) ein. Früher wurden insbesondere an Personen, die sich in den Kriegen hervortaten, *sorguç*, *tuğ* (Roßschweif) und Kränze überreicht. Den Wesiren wurde bei der Verleihung des Paschatitels Schwert, Kaftan und *tuğ* als Würdezeichen (Kat. Nr. 11/2) übergeben.
Außerdem beschenkte der Herrscher häufig die Sultansmutter, seine Gemahlinnen, Favoritinnen, Sklavinnen und Palastbeschließerinnen. Diese letzteren konnten über die ihnen etwa beim Abschluß ihrer Ausbildung als Geschenk überreichten Juwelen frei verfügen.
In den Beständen der Schatzkammern stellen die von Herrschern anderer Länder überreichten Geschenke eine bedeutende Gruppe dar. Aus den Inventareintragungen erfahren wir ferner, daß an Neujahr (*nevruz*) die Angehörigen des Hofes dem Padischah unter dem Namen *nevruziye* Goldschmiedearbeiten als Geschenk überreichten und daß der Großwesir und die Wesire dem Padischah Geschenke mit dem Namen *rikabiye* darbrachten. An einigen religiösen Festen verehrte man dem Sultan auch ein Pferd mit verziertem Sattel und Zaumzeug.

TECHNIK UND ENTWURF

Der Hof bestand bei seinen Aufträgen nicht beharrlich und bewahrend auf traditionellen Formen und Motiven der osmanischen Kunst. Man interessierte sich vielmehr für die nach dem Zeitgeschmack modisch schönen und dem eigenen Geschmack schmeichelnden Goldschmiedearbeiten, auch wenn es sich bei diesen um ausländische Kunsterzeugnisse handelte und ließ diese sogar nacharbeiten. Demzufolge erscheinen in den Archivdokumenten oft die Bezeichnungen „französische Arbeit, französisches Modell, ägyptische, ungarische oder indische Art". Hieraus ist zu entnehmen, daß diese Bezeichnungen im Lande selbst angefertigte Nachahmungen von Goldschmiedearbeiten, deren Muster auf irgendwelchen Wegen Eingang in das Osmanische Reich gefunden haben, angeben. Die Angehörigen des Hofes pflegten zeitweilig Entwürfe für die gewünschten Gegenstände selbst zu zeichnen oder nach eigenen Angaben zeichnen zu lassen, ehe diese in Auftrag gegeben wurden (T. S. M. Archiv E. 12/1338).
Nach den uns durch Evliya Çelebi und andere Quellen übermittelten Informationen beschaffte man einen großen Teil der Edelsteine, die in den Goldschmiedewerkstätten verarbeitet wurden, aus Gebieten, die innerhalb der Reichsgrenzen gelegen waren. Demnach konnte Periodot aus der Umgebung von Sivrihisar, Achat (Karneol) aus Jemen, Silber aus Gümüşhane und den Zentren auf dem Balkan (Novo Brdo) besorgt werden. Aus dem Fernen Osten kamen Jade, Diamanten aus Indien, Ralassrubine aus Badachschan, Türkise aus Nischapur, Rubine und Smaragde aus Ceylon und Perlen von den Küsten Indiens und des Fernen Ostens sowie von den Küstenländern des Roten Meeres.
Die am häufigsten verwendeten Metalle waren Gold, Silber und Tombak (Messinglegierung mit Kupfer). Diese Metalle wurden zu selbständigen Gegenständen verarbeitet, zum Teil aber auch zur Vervollständigung anderer Dinge benutzt, wie z. B. für Applikationen auf Stoffen, Leder oder Holz, für Halter, Füßchen, Deckel oder Rosetten für das am Hofe viel verwendete chinesische Porzellan.
Auf Silbergegenstände wurden in der späteren Zeit

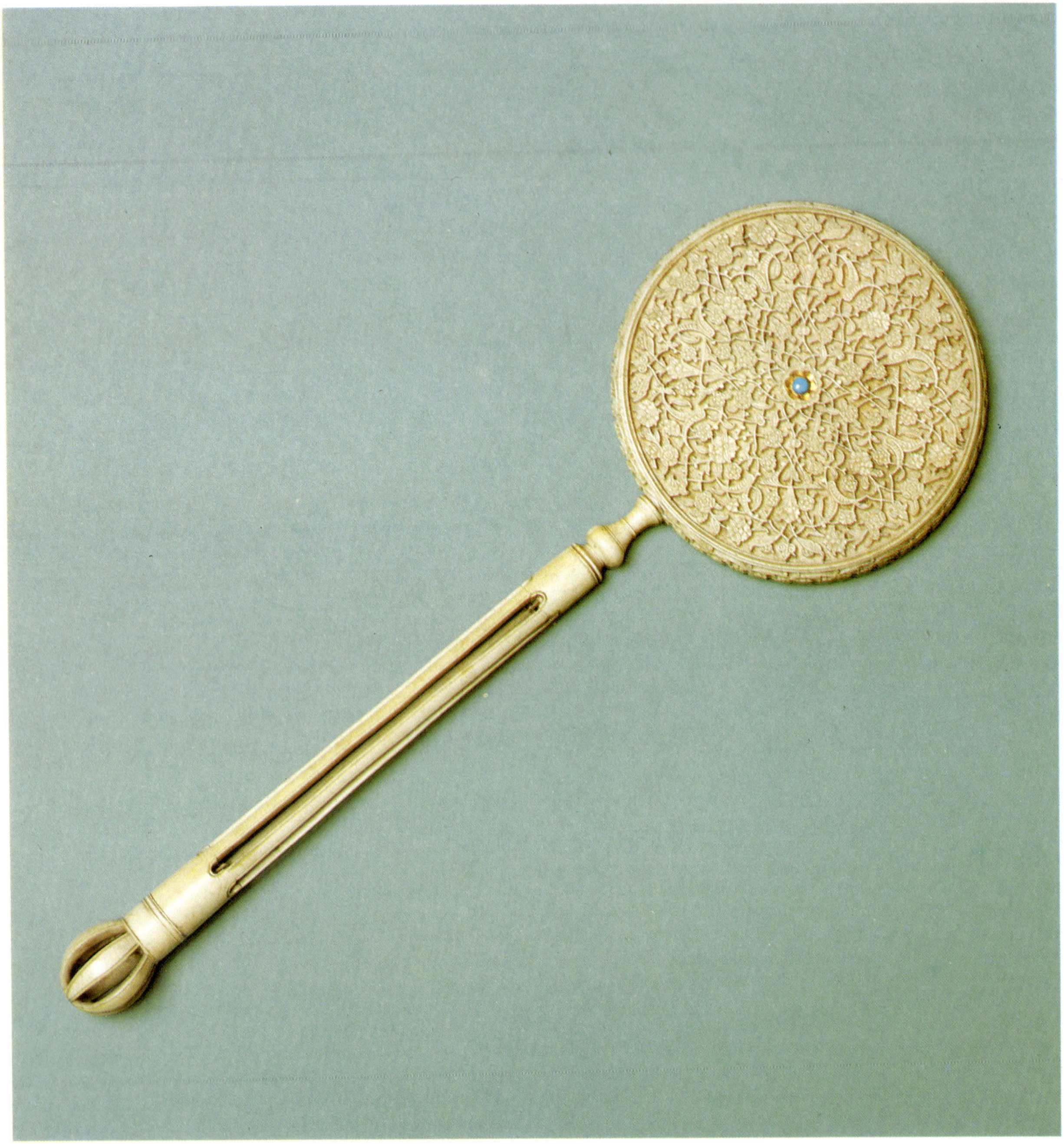

Elfenbeinspiegel (Kat. Nr. 10/1)

TAFEL XXXII

Eichstempel und die *tughra* (offizielle Signatur des Padischahs) gepunzt. Deshalb sind die Silberwaren am leichtesten zu datieren. Man stellte die Goldschmiedeerzeugnisse in den verschiedenen, im ganzen Orient traditionellen Metallverarbeitungstechniken her:

a) Bei der *kakma* (Einlegearbeit) genannten Technik, die dem Tauschieren gleicht, wurden zunächt auf das Metall die gewünschten Motive gezeichnet und anschließend ausgestochen. In die so entstandenen Vertiefungen hämmerte man dann auf kaltem Wege Gold- und Silberfüllungen ein. Diese Technik wird auch *çakma* genannt.

b) Bei der getriebenen Arbeit wurde das Metall auf weicher Unterlage von der Innenseite her mit verschiedenen Stahlwerkzeugen gehämmert; auf diese Weise entstanden auf der Innen- und Außenseite Motive in Reliefform. Diese Technik heißt *çalma*.

c) Eine mehr in Kaukasien und Ost-Anatolien verbreitete Technik ist *savad* (Nielloarbeit). Als bedeutendes Zentrum hat die Stadt Van über lange Zeit diese Technik entwickelt und beibehalten. Sie wird meistens bei Silberarbeiten angewandt. In die auf der Metalloberfläche ausgestochenen Vertiefungen wird eine schwarze Legierung aus Kupfer, Silber, Blei und Schwefel in flüssiger Form gegossen, die sich nachträglich erhärtet. Diese Arbeit ähnelt der Emailtechnik.

d) Bei der Herstellung von Gold- und Silberschmuck wurden auch traditionelle Techniken wie Filigran- und Flechtarbeit angewendet, die sich auch im städtischen und bäuerlichen Schmuck finden.

e) Unter den wichtigsten Eigenheiten der osmanischen höfischen Goldschmiedekunst sind neben den auf Gold, Silber und anderen Metallen angebrachten Verzierungen auch die Applikationen aus Edelsteinen und Gold- und Silberplättchen auf Stoffen, Holz und Leder, Glas und Jade, ja sogar Porzellan zu nennen (Kat. Nr. 7/6, 7/7). Diese Technik wird *mıhlama* genannt. Dabei werden Gold- und Silberplättchen, Perlen, Edelsteine und Jadeplättchen in dekorativer Art zumeist auf eine Unterlage aus festem Stoff appliziert. Diese Steine und Plättchen wurden außerdem noch mit Gold-oder Silberfädenstickerei umrandet. Im Topkapı Sarayı Museum sind alle Decken, Wiegendecken, Türvorhänge, Bettdecken, Pfeiltaschen, Korantaschen, Kleidungsstücke, Sitzkissen des Sultans und Stoffbezüge, wie die im Audienzsaal, auf diese Weise geschmückt worden.

(Übersetzung von Lâmia Üçer)

Abb. 87

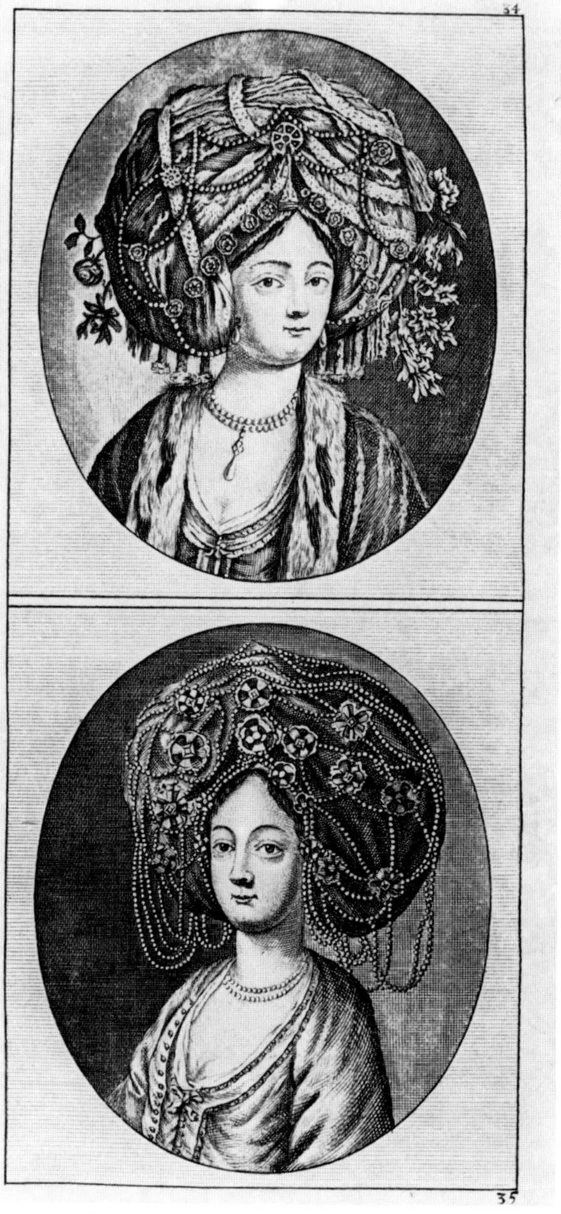

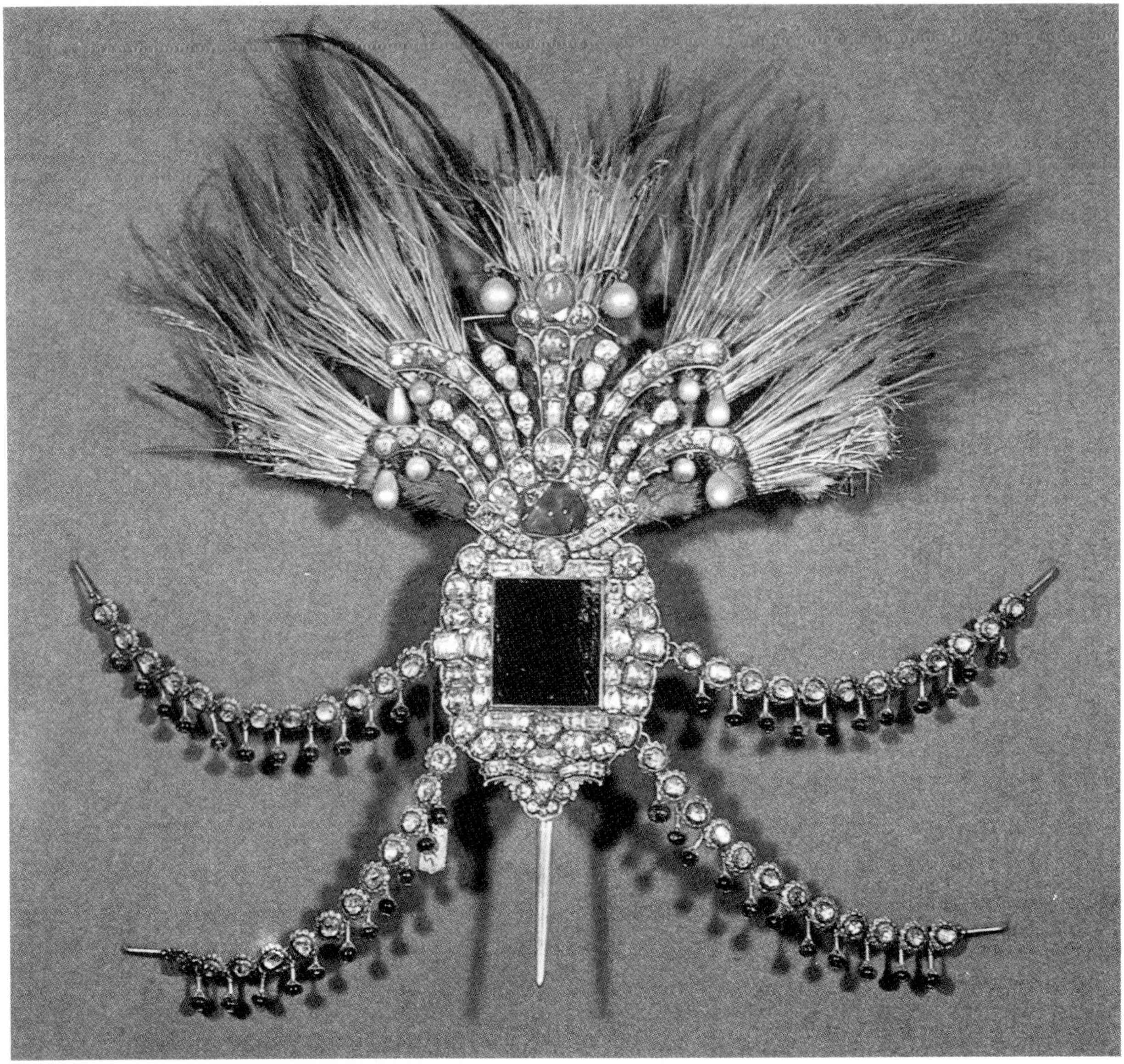

7/1

FARBTAFEL S. 285

Turbanschmuck *(sorguç)*

Osmanisch, 18./19. Jh.
Gold, Diamten, Smaragde, Perlen, Federn
H. 28 cm

Istanbul, Schatzkammer (hazine) des Topkapı Sarayı Müzesi 2/313

Den Mittelpunkt der mandelförmigen Agraffe nimmt ein flach geschliffener rechteckiger Smaragd ein, der von dicht gereihten Diamanten umgeben ist. Ein großer Rubin, begleitet von Diamanten, bildet die Bekrönung. Neun Strahlen steigen fächerförmig von dieser Spitze auf. Mit Diamanten besetzt tragen fünf Strahlen auch noch Perlenanhänger an den Enden. Reste von Reiherfedern stecken in diesen Strahlen. Der Sorguç wurde mit seinem langen Dorn im Turban befestigt. Vier Kettchen, die aus blütenförmig gefaßten Diamanten mit Smaragdtränen dazwischen bestehen, dienten seitlich als zusätzliche und schmückende Halterung. (Ro)

7/2

Hängezierat in Blattform FARBTAFEL S. 285

Osmanisch, 18. Jh.
Gold, Diamanten, Rubine, Smaragde, Beryll, Granaten
L = Kette 48 cm, Blatt 47 cm, Quaste 31 cm
B = Blatt 22,5 cm, Quaste 8,5 cm

Istanbul, Schatzkammer (hazine) des Topkapı Sarayı Müzesi, 27615

Das Schmuckgehänge besteht aus drei Teilen, die beweglich miteinander verbunden sind: einer goldenen Kette zum Aufhängen und einem blattförmigen Schmuckschild mit einem quastenförmigen Anhänger daran.
Der Umriß des Blattes ist in barocken Schwüngen und Fiederungen aufgelöst, an denen tropfenförmige Anhänger aus Rubinen und Smaragden befestigt sind.
Die Oberfläche des massiv goldenen Blattes ist ziseliert und vollständig mit großen und kleinen Rubinen, Smaragden, Diamanten, blaß blau-grünen Beryllen (oder Chrysolithen) und ceylonesischen Granatsteinen in unregelmäßiger Cabochonform besetzt.
Das halbkugelige Oberteil des Anhängers und die davon ausgehenden beweglichen Plättchen sind mit Reihen von Diamanten, Smaragden, Rubinen und Türkisen besetzt, die den Eindruck einer textilen Quaste erwecken sollen. (Ro)

7/3

Wasserflasche *(matara)* FARBTAFEL S. 141

Istanbul, letztes Viertel 16. Jh.
Bergkristall, Gold, Smaragde, Rubine · H 21 cm

Istanbul, Topkapı Sarayı Müzesi, 2/9

Der abgeflachte Leib der Wasserflasche besteht aus zwei geometrisch geschnittenen Stücken von Bergkristall. Der schlanke Hals ist angesetzt, die beiden Ausgüsse, die Bänder, welche den Körper zusammenhalten und Fuß und Hals umgeben, sind wie Trageketten aus Gold gefertigt und mit Arabesken ziseliert. Smaragde und Rubine von unterschiedlicher Größe in blütenförmigen Goldfassungen besetzen die Schnittfelder des Bergkristalls.
Zwei weitere Objekte im Schatz des Serails sind in ihrer Goldschmiede- und Steinschnittechnik eng verwandt. (Ro)

Lit.: Köseoglu, II/34; Katalog Istanbul (1983) Nr. E. 210.

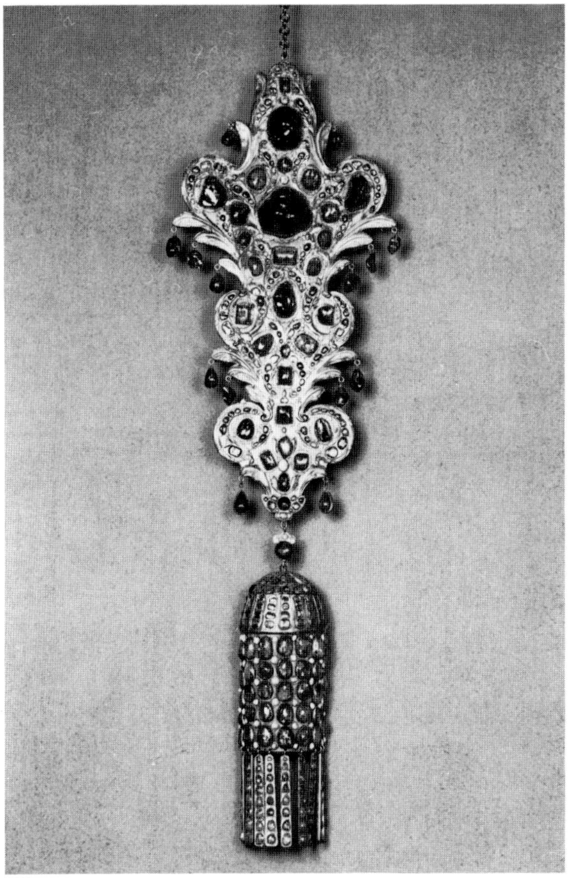

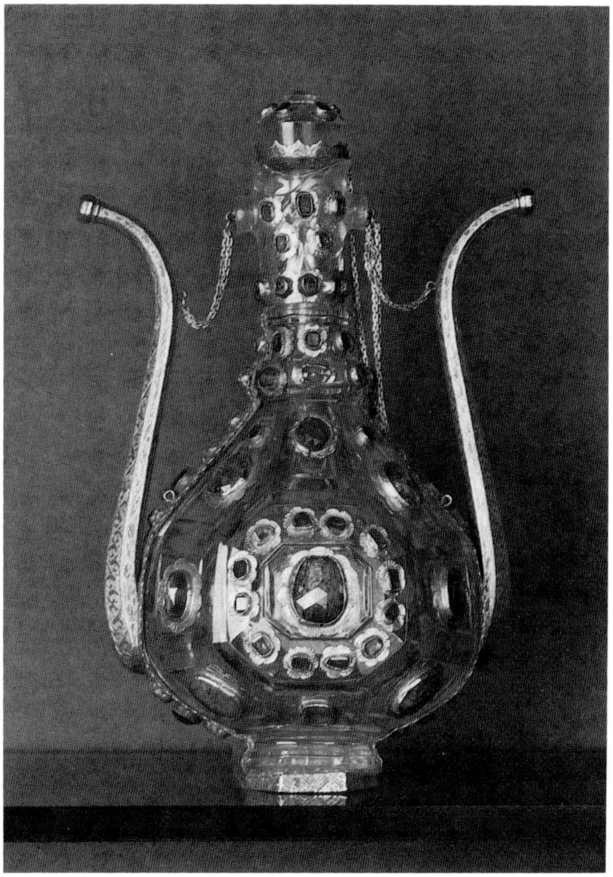

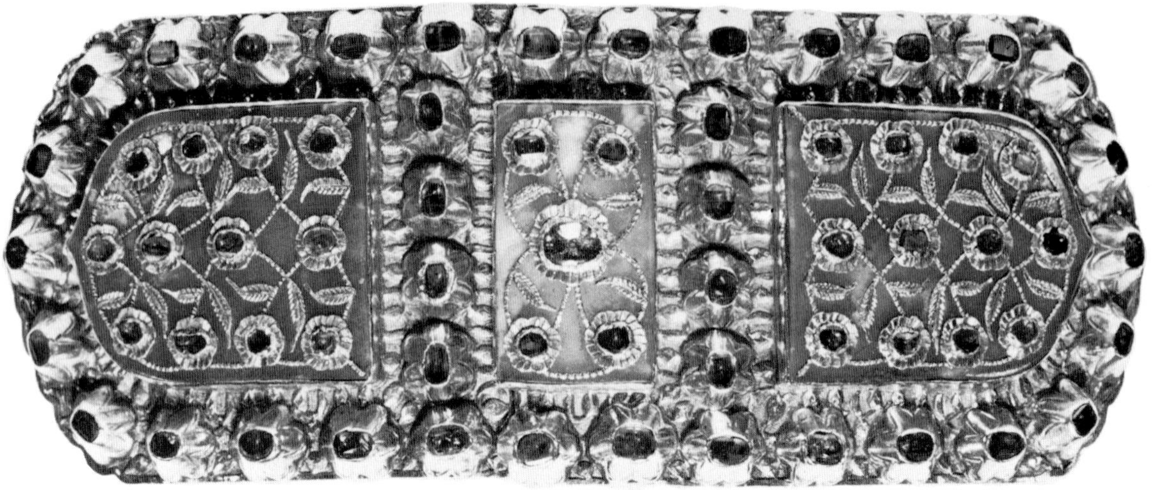

7/4

FARBTAFEL Bd. 1, S. 125

Gürtelschnalle *(kemer tokası)*

Türkei, um 1600

Gold, Jade, Rubine · L 14,5 cm, B 5,5 cm

Frankfurt, Museum für Kunsthandwerk, 14 320

Ovale, leicht gewölbte Gürtelschnalle, die mit einem Schiebescharnier zu öffnen ist. Aus getriebenem und ziseliertem Goldblech zusammengesetzt, das auch drei Jadeplatten einfaßt. Auf diesen symmetrisch angeordnete eingelassene Goldranken in leichtem Relief, denen rosettenförmig gefaßte Rubine und schlanke Blättchen entspringen. Die Jadeplatten werden von einer Reihe blütenförmig und erhaben gefaßter Rubine umgeben. An der Unterseite vier schmale Goldstege zum Durchziehen des Gürtels.
In der Technik vergleichbar sind der Jade-Deckel eines Kastens und eine Gürtelschließe in Istanbul, Topkapı Sarayı Müzesi, 2/3792 und 2/3642; publ.: Katalog Istanbul (1983) Nr. E. 267 und E. 266. (Ro)

Unpubliziert.

7/5

Gürtelschnalle *(kemer tokası)*

Türkisch, 1. Hälfte 17. Jh.

Gold, Diamanten, Rubine · L 23,3 cm, H 7,6 cm

München, Schatzkammer der Residenz, 1229

Leicht gekrümmte längsovale Schnalle mit rundem, schildförmigem Mittelteil, welches den Verschluß verbirgt. Getriebene Grate umschlingen wie dünne Ranken die ebenfalls getriebenen blütenförmigen Fassungen der Schmucksteine, die teils geschliffen, teils in unregelmäßiger Cabochonform belassen sind. Sie formieren sich in dichter Reihung auf dem Mittelstück zu einem Sternmotiv, auf den Seiten zeichnet sich ein Granatapfelmuster ab. Die Ränder tragen Blumendekor in Email auf weißem Grund. Nach der Tradition von Kurfürst Max Emanuel von Bayern (1679–1726) vor Belgrad selbst von einem Türkenpascha erbeutet. (Ro)

Lit.: Münchener Inventar 1783/WAF; Katalog Schatzkammer 1970, Nr. 1229.

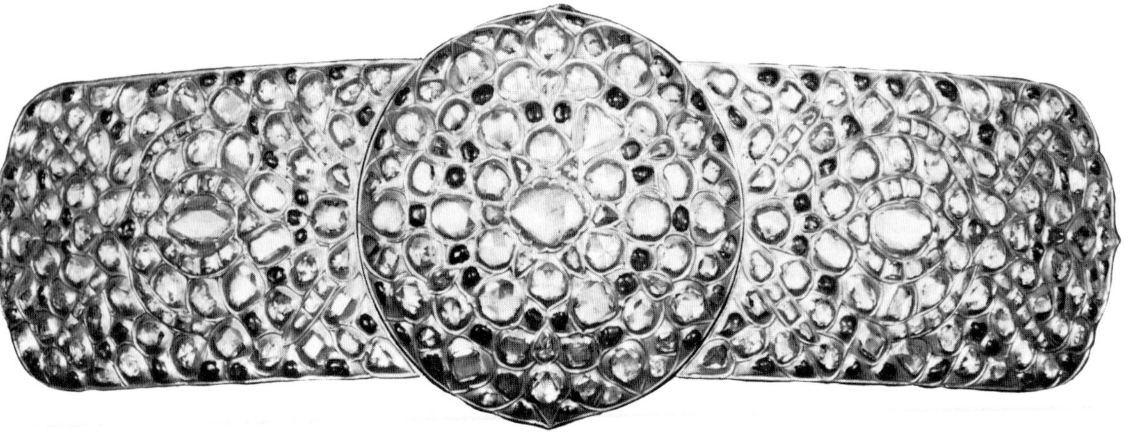

7/6

Porzellanschale mit Edelsteinbesatz

China, Istanbul, Mitte 16. Jh.
Porzellan mit Unterglasurrelief und Aufglasurfarben, Gold, Rubine

London, British Museum, 1904 7–14 I

Weiß glasierte Schale auf leicht geschrägtem Ringfuß mit über ebenem Boden rund ansteigender Wandung. Entlang der Innenwandung in linearem Relief Blattranken und Felsen, fünf der acht buddhistischen „Schätze": Rad der Lehre, Schirm, Muschel, Vase, Päonie. Im Fuß blaue Marke im Doppelring, Jiajing-Periode.
An der Außenwandung vier türkisfarbene, rot gerandete Medaillonflächen als Basis für ein lineares Goldornament: wellig gerandete Medaillons mit sechs, von Rubinen besetzten Blüten um eine zentrale siebte Blüte, deren sich überkreuzende Blattranken mit Detailgravierung zwischen den Medaillons eine weitere Blüte fassen, im unteren Wandungsbereich Einzelblüten zwischen den Medaillons, Steine in Kastenfassung *(mıhlama)*. Die Anbringung von fünf Figuren der „Schätze" beinhaltet den Ausdruck guter Wünsche für den Benutzer. Die Unterlegung der Goldschmiedearbeit durch türkisfarbene Flächen entspricht einem solchen Sinn insofern, als Jade und Nephrit im Hinblick auf Wünsche für langes Leben und Gesundheit unter Turkvölkern Tradition besitzen. Fraglich ist, ob der Farbauftrag in Hofwerkstätten erfolgte. (Zi)

Lit.: Rogers (1983), Nr. 148.
Vergleiche in der Literatur: K. Çığ, Topkapı Sarayı Müzesi, Chinese China (o. J.), Nr. 9–10; Kat. Istanbul (1983), E. 199–E. 214.

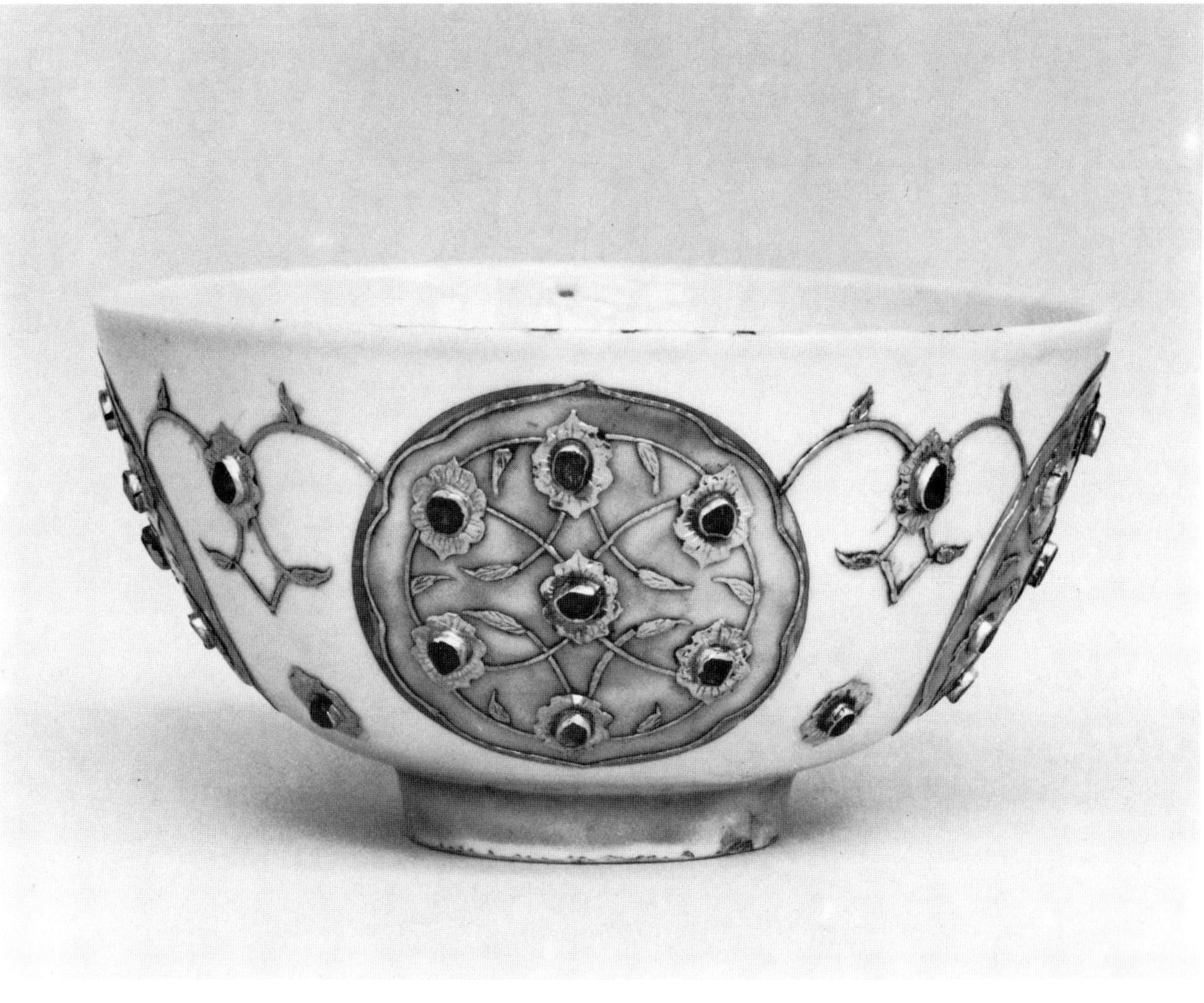

7/7

Jade-Schale

Türkei, 17. Jahrhundert
Jade (Nephrit) geschnitten, mit Goldeinlagen und Edelsteinbesatz
H 4,8 cm, L 16,5 cm

Kopenhagen, Davids Samling 5/1981 (F)

Muschelförmige, ovale Schale aus grüner Jade, seitlich viermal ausgebuchtet und mit kelchartigem Ansatz und Lippe an den Enden. Die Konturen des Bodens wiederholen den Gesamtumriß. An der Außenwandung sind Konturen und Flächen durch Goldinkrustation betont, durch korrespondierende Ranken mit Blättern und mit Blüten aus Saphiren, Rubinen und Smaragden gefüllt.
Zar Alexander III. soll die Schale von einem Emir von Buchara erhalten haben. Eine Hauptquelle für Jade war Ost-Turkestan, das Gebiet von Chotan. In der mittelalterlichen Geschichte von Chorassan spielen „grüne“ Schalen aus Türkis oder auch Jade mehrfach eine Rolle – wie auch zur Zeit Timurs. Bei zentralasiatischen Nomaden ist Jade wie der Nephrit das Material für den Regenstein, im osmanischen Bereich hatte sie Bedeutung bei den Bektaşî-Derwischen und in Hofkreisen wurde sie als Material für Schmuckglieder am Gewand und für Pferdegeschirr gewählt. Eine besondere Neigung zur Verarbeitung von Jade im osmanischen Kunsthandwerk dürfte hintergründig gefördert worden sein durch traditionelle Vorstellungen zentralasiatischen Ursprungs über die Verbindung mit Gesundheit und langem Leben, zumal Jade gleichzeitig in Erscheinung tritt mit der Aufnahme lamaistisch-buddhistischer Embleme in den Formenschatz der Dekorateure. (Zi)

Lit.: London (1976). Nr. 115.
Vergleiche in der Literatur: R. Skelton, Characteristics of later Turkish Jade carving. In: Fifth Int. Congress of Turkish Art. Budapest 1978, S. 795–807, Abb. 1–2.

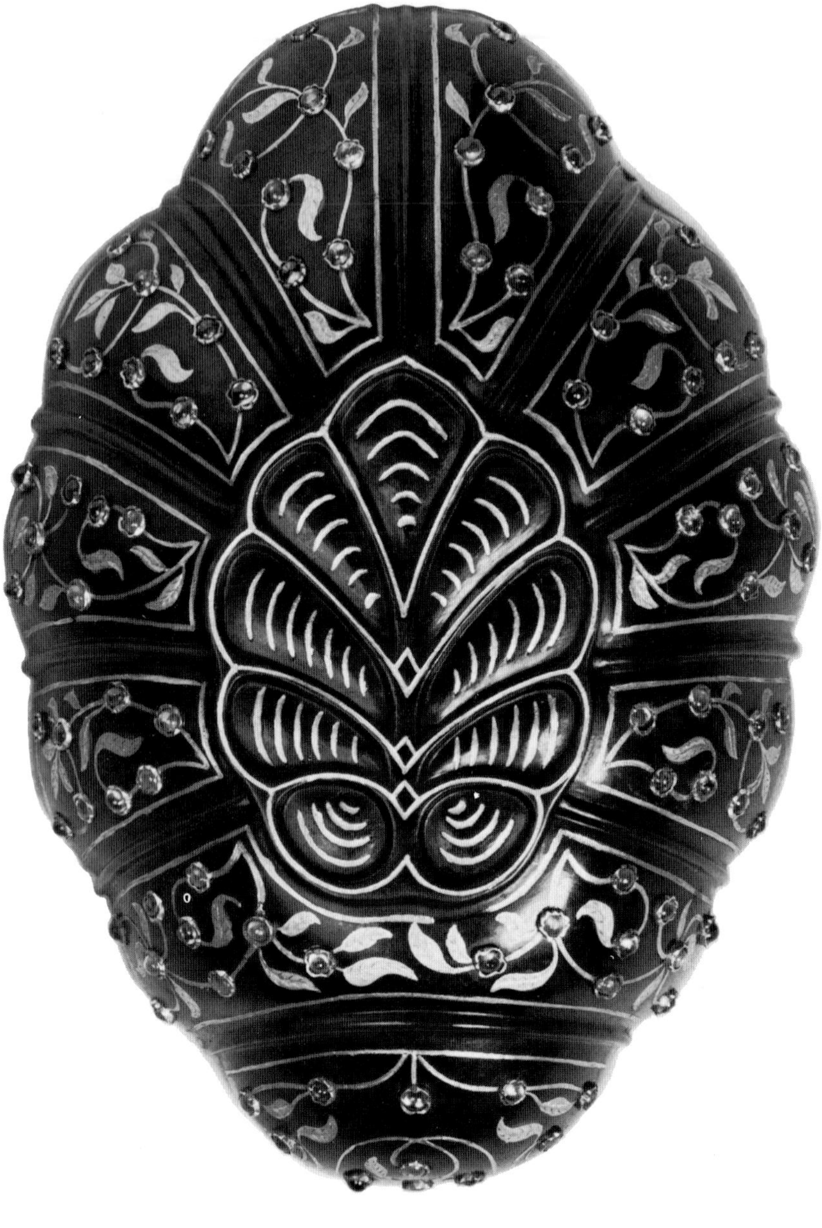

DOROTHEA ROHWEDDER

SCHMUCK

Die vielbewunderten Juwelen in der Schatzkammer des Topkapı Sarayı in Istanbul sind Meisterwerke der Goldschmiedekunst. Sie waren stets Bestandteile des Staatsschatzes, die wie Reliquien bewahrt wurden, vor allem, wenn sich Herrschernamen damit verbinden lassen.
Fragt man nach dem Schmuck der Damen des Serails und der Frauen von Hofbeamten bis hinab zu den Bürgersfrauen, so ist das Ergebnis dürftig.
Anders als bei Gebrauchsgegenständen, deren Funktion sich selten wandelte und die deshalb über Generationen hinweg in gleicher Form verwendet werden konnten, war der Schmuck genauso wie die Kleidung modischen Wandlungen unterworfen. Es ist eine allgemeine Erfahrung in der Geschichte des Schmuckes, daß kostbare Steine und Edelmetalle immer wieder zu neuen Schmuckstücken verarbeitet wurden, wenn man sie nicht überhaupt in Notzeiten „flüssig" machte, also das Metall einschmelzen ließ. So hat sich auch in der Türkei nur in Ausnahmefällen älterer Schmuck erhalten.
Es gibt zwei Möglichkeiten, eine Vorstellung vom Schmuck in osmanischer Zeit zu gewinnen. Eine Möglichkeit bieten bildliche Darstellungen von geschmückten Frauen, etwa in Trachtenbüchern oder Reisebeschreibungen, die hauptsächlich von europäischen Besuchern des Landes niedergeschrieben wurden, zum anderen sind es die traditionellen Formen des bäuerlichen und nomadischen Volksschmuckes, der bis in Anfang des 20. Jahrhunderts hinein einen festen Bestandteil der Tracht bildete. In ihm haben sich, ebenso wie in den Bestandteilen der Trachten selbst, höfische und bürgerliche Moden des 17. und 18. Jahrhunderts erhalten. Dieser Vorgang entspricht in seinem Ablauf auch der Entstehung der europäischen Volkstrachten.
Leider geben die Miniaturdarstellungen von herausgeputzten Orientalinnen oder „Möhrinnen" nur selten ein authentisches Bild ihrer Kleidung und des Schmuckes wieder. Das Gebot des Islam, daß Frauen nur weitgehend verhüllt auf die Straße gehen dürfen, verhinderte, daß allzu neugierige Blicke sich mit ihrem Putz beschäftigten. Anders verhält es sich mit Berichten, wie etwa von Lady Montagu, die im 18. Jahrhundert Zugang zum Sultanspalast und den dortigen Frauengemächern hatte, und uns viele Einzelheiten über das Leben und die Ausstattung der Damen des Hofes überlieferte.
Nach Aussage dieser Berichte und verschiedener erhaltener Kostüm- und Trachtenbücher (Kat. Nr. 4/15), bestand der weibliche Schmuck vor allem aus vielfältigem Zierrat für die Haar- und Turbantracht, aus Hals- und Stirnbändern – meist mit Anhängern –, Ohrringen und metallbesetzten Gürteln.
Leider ist aber nur in Ausnahmefällen Originalschmuck erhalten, der vor dem 19. Jahrhundert entstanden sein könnte.
Genauso wie es am Hofe üblich war, Schmuckstücke immer wieder durch Veränderungen der neuesten Mode anzupassen, geschah dies auch im städtischen Milieu. Im Gegensatz dazu blieben die Formen des Volksschmuckes beharrend und wurden, einmal zum festen Bestandteil der Tracht geworden, bis in das 20. Jahrhundert beibehalten. Die schon erwähnte Herkunft der Volkstrachten aus älteren städtischen und bürgerlichen Moden, läßt, genau wie der Schmuck, Rückschlüsse auf ihre früheren Vorbilder zu. Es werden deshalb in der Ausstellung auch einige Beispiele von volkstümlichem und nomadischem Schmuck gezeigt, um eine andeutungsweise Vorstellung vom Schmuck der osmanischen Zeit zu vermitteln.
Die bei der Schmuckherstellung bevorzugten Techniken sind Filigran- und Granulationsarbeit, die Treibarbeit von kleinen Hohlformen, Flechtarbeit und Gravur. Dazu kommt die Verarbeitung von Perlen, Edelsteinen oder Glaspasten und Zellenschmelz. Sehr beliebt ist die Verbindung vieler kleiner Teile durch Kettenglieder und das Anhängen von runden, tropfen- oder halbmondförmigen Elementen und zahlreichen Münzen. Die Verwendung von Münzen bei der Schmuckherstellung war nicht auf das Gebiet des Osmanischen Reiches beschränkt, sondern ist ein charakteristischer Zug im gesamten islamischen Bereich. Alle hier erwähnten Metalltechniken sind Allgemeingut der Gold- und Silberschmiede in den Ländern des östlichen Mittelmeeres und von Nordafrika. Schon sehr früh statten die Eltern ihre Töchter mit Schmuck aus, der dann bei der späteren Hochzeit

durch die Familie des Bräutigams bereichert wird und stets persönliches Eigentum der Ehefrau bleibt. Dieser Brauch ist eine Vorsorge nicht nur für den Fall, daß sie als Witwe zurückbleibt, sondern auch wenn sie von ihrem Mann verstoßen werden sollte. Diese durch das islamische koranische Recht begünstigte Praxis hat auch die reichliche Verwendung von Münzen als Bestandteile des Schmuckes gefördert, da diese sich sehr leicht wieder ihrer ursprünglichen Verwendung zuführen ließen. So waren früher häufig gelochte Münzen im Umlauf, die ehemals als Schmuckanhänger gedient hatten. Auch die Bezeichnung der großen osmanischen Goldmünzen als „Haremsmünzen" geht auf den Brauch der Sultane und seiner Hofchargen zurück, derartige Goldstücke ihren Favoritinnen zu verehren. Kleine und große Münzen aus Gold und Silber bereichern nicht nur Halsbänder und Stirnschmuck (Kat. Nr. 7/8), sondern auch Filigrananhänger, die unter anderem als Zopfschmuck eingeflochten werden konnten (Kat. Nr. 7/9).

Die Zahl der verwendeten Münzen kann bei einem einzelnen Schmuck auf hundert Stücke ansteigen, wie bei einem Trachtenschmuck aus Ostanatolien zu sehen ist (Kat. Nr. 7/8d). Dabei kann die Jahreszahl auf diesen Münzen auch einen sicheren Anhalt zur Datierung des Schmuckes geben. Oft sind es Münzen mit demselben Prägejahr, die entweder vom Goldschmied stempelfrisch erworben, oder auch von Bestellern zur Verfügung gestellt wurden.

Von großer Vielfalt sind die türkischen Ohrringe, die wegen ihrer Kleinheit offenbar seltener Veränderungen unterzogen oder veräußert wurden. Scheibenförmige Ohrringe mit zentrierten Mustern und von Perlenkränzen umgeben, oder auch Objekte in Halbmondform, lassen in ihren ältesten Beispielen noch Erinnerungen an frühe, vorislamische Schmucktypen erkennen (Kat. Nr. 7/11a–c). Ohrringe in Form von Halbmonden an gehängten Bügeln sind schon aus Ausgrabungsfunden der vor- und frühgeschichtlichen Periode im östlichen Mittelmeerbereich bekannt. Ähnlich haben die von Perlen umgebenen und oft auch strahlenförmig aufgebauten Filigranohrringe Vorläufer unter dem Schmuck der Damen, die auf den Mosaikbildern der mittel- und spätbyzantinischen Epoche wiedergegeben sind (Kat. Nr. 7/12). Auf Trachtenbildern sieht man immer wieder neben den Gürtelschärpen auch Gürtel mit Metallschließen oder aus Kettengliedern zusammengesetzt. Diese sind dann meist aus Filigran gearbeitet, oft teilweise vergoldet und meist auch mit kleinen tropfen- oder kugelförmigen Anhängseln verziert (Kat. Nr. 7/14). Zusätzlich konnten Kettengehänge in Halsschmuck und Gürtel eingehakt oder an der Kleidung befestigt werden.

Armbänder und Armreifen wurden im allgemeinen paarweise getragen, auch wenn sich selten beide Stücke erhalten haben.

Über die Werkstätten ist wenig bekannt. Die große Verwandtschaft mit syrischem Schmuck läßt auf regen Handel mit Schmuckobjekten schließen, die dann vermutlich an zentralen Märkten zum Kauf angeboten wurden, wo auch die nomadische Bevölkerung ihren traditionellen Schmuck erwerben konnte.

In den Städten gibt es bis heute noch in den Basaren die gesonderten Gassen der Gold- und Silberschmiede wie auch die Bereiche der übrigen Handwerker. Hier spielt, genau wie in der osmanischen Zeit, der Ankauf von gebrauchten Schmucksachen eine gleichberechtigte Rolle neben dem Verkauf neuer modischer Stücke.

7/8 a
Halsband

Türkei, 19. Jh. · L 21 cm, B 7 cm
Gold, getrieben, Filigran; Türkise, farbige Glasperlen

Privatbesitz

Halsband aus 36 länglichen, oben und unten jeweils mit drei Ringen eingeschnürten Gliedern, daran gekerbte, zapfenförmige Anhänger. In der Mitte ein Schmuckschild mit rundem Abschluß, besetzt mit Türkisen, hellblauen, roten und grünen Glasperlen in hohen Fassungen, daran anschließend zwei schmale, zungenförmige Glieder mit Filigranzacken, besetzt mit hellblauen Glasperlen.
An dem zentralen Schmuckschild drei Zapfenanhänger, daran eine mit farbigen Glasperlen und zentralem Türkis besetzte Rosette und zwei Filigrankugeln.
An den schmalen Zungengliedern tropfenförmige Anhänger, besetzt mit roten und grünen Glasperlen.
Glieder aufgenäht auf Stoffband.

7/8 b
Stirnbinde

Türkei, 19. Jh.
L 26 cm, B 5,3 cm
Gold, Filigranauflage; Türkise

Privatbesitz

Stirnbinde aus vier quadratischen und zwei dreieckigen äußeren Schilden, die jeweils durch sechs Ketten miteinander verbunden sind. Auf den Schilden aufgelegte Filigranornamente und gefaßte Türkise. Ketten jeweils paarig belegt mit Goldplättchen.
Quadratschilde und untere Ketten behängt mit 18 Goldmünzen und drei mit Türkisen besetzten Halbmonden, an denen jeweils drei Goldplättchen hängen. Je eine Goldmünze an den äußeren Spitzen der Dreiecksschilde, versehen mit Kette und Öse als Verschluß.

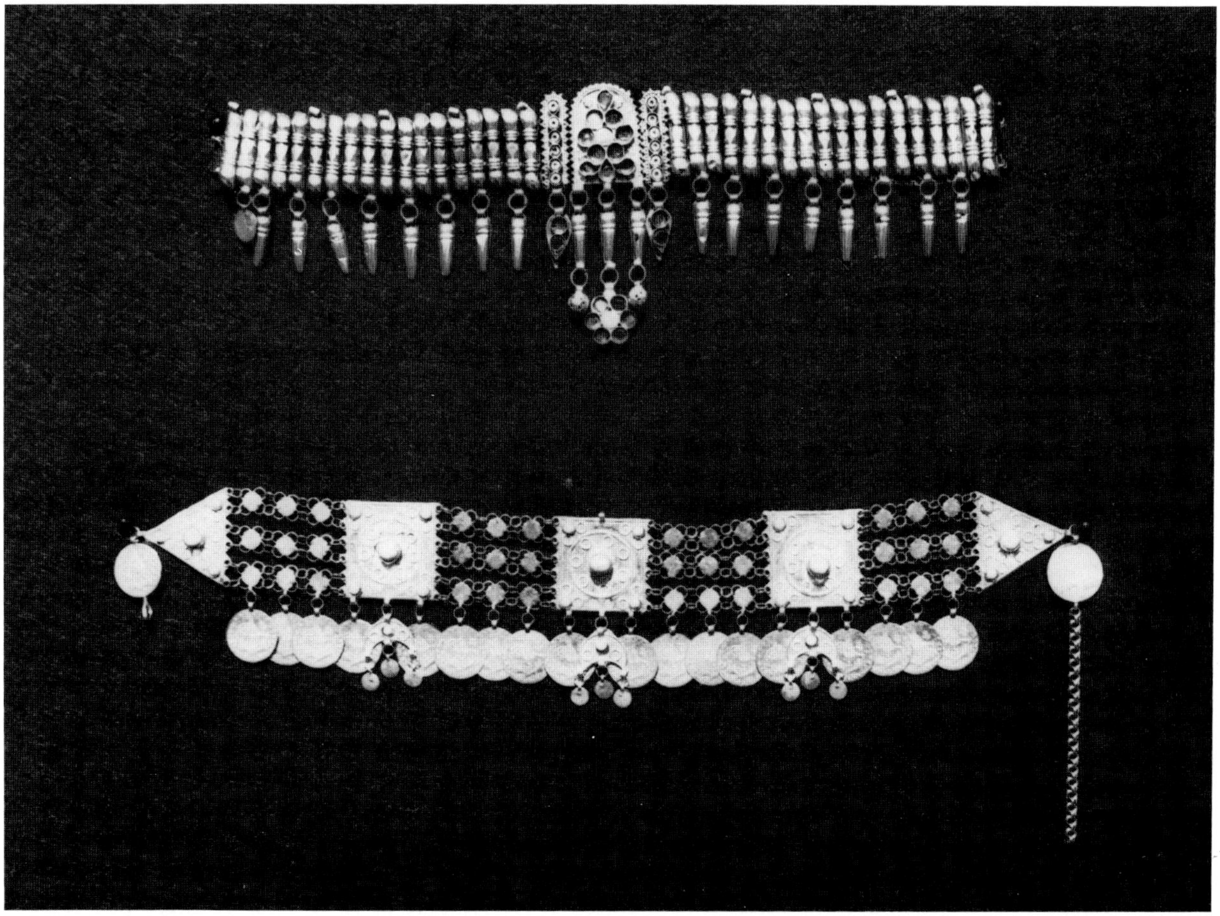

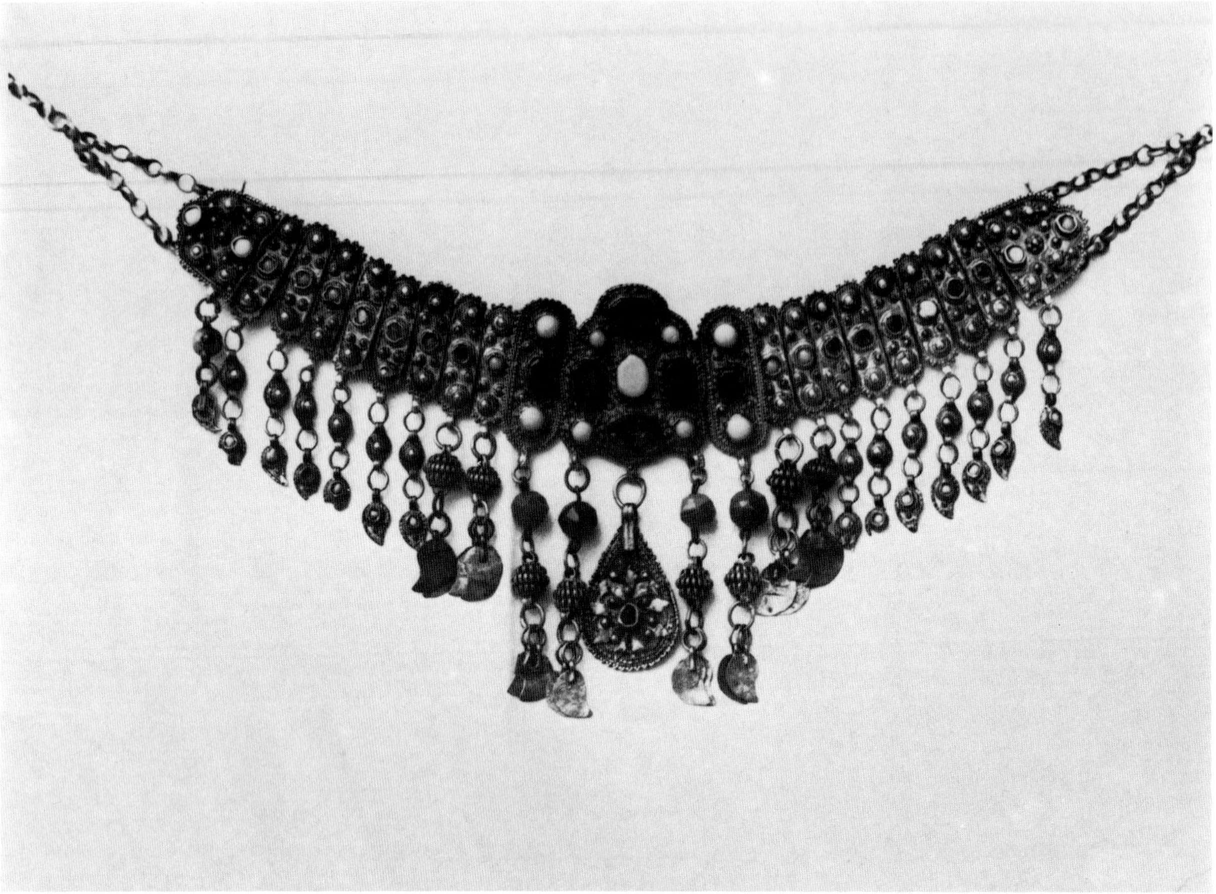

7/8 c

Halsband

Türkei, 19. Jh.
L 21/55,5 cm, B 4/8 cm · Silber, Filigran, Reste von Vergoldung; Karneol, Türkise, hellblaue und rote Glassteine.

Privatbesitz

Halsband aus sechzehn stabförmigen Gliedern mit abgerundeten Enden, seitlich mit zwei breiten Schilden abschließend. In der Mitte ein großes, geschweiftes Schild mit seitlichen schmalovalen Schilden. Alle Halsbandglieder umrandet von Kügelchen und besetzt mit Türkisen und farbigen Glassteinen, zum Teil umzogen von Perlstäben. An den Gliedern abhängend glatte und ornamentierte Kugeln und „gül"-Motive, zum Teil besetzt mit Türkisen. Bei den drei Mittelschilden zusätzlich vier Karneolperlen in den Behangketten; in der Mitte ein tropfenförmiger Filigrananhänger mit rotem Glasstein in der Mitte einer Sternrosette. Zu beiden Seiten Ketten mit Haken und Öse. Glieder auf den Rückseiten mit flachen Ösen versehen, durch die ein Lederstreifen gezogen ist.

7/8 d

Halsschmuck

Türkei, 19. Jh.
L 35 cm, B 3/27 cm
Silber; rote, blaue und grüne Glassteine

Privatbesitz

Halsschmuck aus 32 spiralförmigen Gliedern mit quastenähnlichen Enden, davon abhängend Ketten mit drei Reihen von 81 Silbermünzen (dat. 1293, 1327), dazwischen je drei Rosettscheiben, eingelegt mit farbigen Glassteinen. In der zweiten und dritten Zone des Kettenbehangs rote Glasperlen, an den drei untersten Rosettscheiben herzförmige Ornamente mit abhängenden roten Glasperlen. Halsbandglieder auf Stoffstreifen genäht. Zu beiden Seiten jeweils drei kurze Ketten, zusammengefaßt von Haken und Öse.

7/9 a

Anhänger

Türkei, 19. Jh.
L 5,8 cm
Gold

Privatbesitz

Anhänger in Tropfenform. In der Mitte eine Inschrift im Schraffurenkranz, umzogen von einer Schriftzeile. In der Spitze des Dreiecks eine weitere Inschrift: *mā šā' llāh* (wie Gott will); yā Ḥāfiẓ (oh Hafiz / oh du, der du den Koran auswendig rezitieren kannst). Moderne Fassung.

7/9 b

Zopfschmuck

Türkei, 19. Jh.
L 7 cm, B 6,5 cm
Gold, zum Teil Filigran

Privatbesitz

Drei größere und zwei kleinere tropfenförmige Filigrananhänger, die kleineren mit Filigrankugeln, besetzt mit Goldkügelchen an der Spitze. An den größeren Anhängern jeweils eine Münze und drei „güls"-Motive aus Filigran, an den kleineren vier Münzen abhängend.

7/11 a–c

Drei Paar Bügelohrringe

Türkei, 19. Jh.

a

L 7 cm
Gold, Filigran, Granulation; Türkise

Privatbesitz

Sternrosetten mit zentralen Türkisen auf den Vorder- und Rückseiten, unten halbmondförmig eingefaßt von durchbrochenem Rahmen mit Goldkugelbordüre, davon abhängend Tropfen-Motive an Ringen. An der Bügelmitte oben und am Tropfen-Behang unten jeweils drei weitere tropfenförmige Glieder mit einem Türkis auf der Vorderseite.

b

L 4,5 cm
Gold, Filigran, Granulation; Türkis, Rubin (?)

Privatbesitz

Halbmonde aus Filigran mit Granulation, beidseitig besetzt mit Türkisen und je einem Rubin (?). Außenkanten gesäumt von einem Kugelfries, daran Ringe mit zapfenförmigen Anhängern.

c

L 4 cm
Silber, vergoldet, Filigran, Granulation; Türkise, Korallen

Privatbesitz

Jeweils drei Filigrankugeln, halbmondförmig zusammengefügt, daran abhängend fünf Goldkügelchen an Ringen. An den Bügelansätzen jeweils ein gefaßter Türkis und eine Koralle.

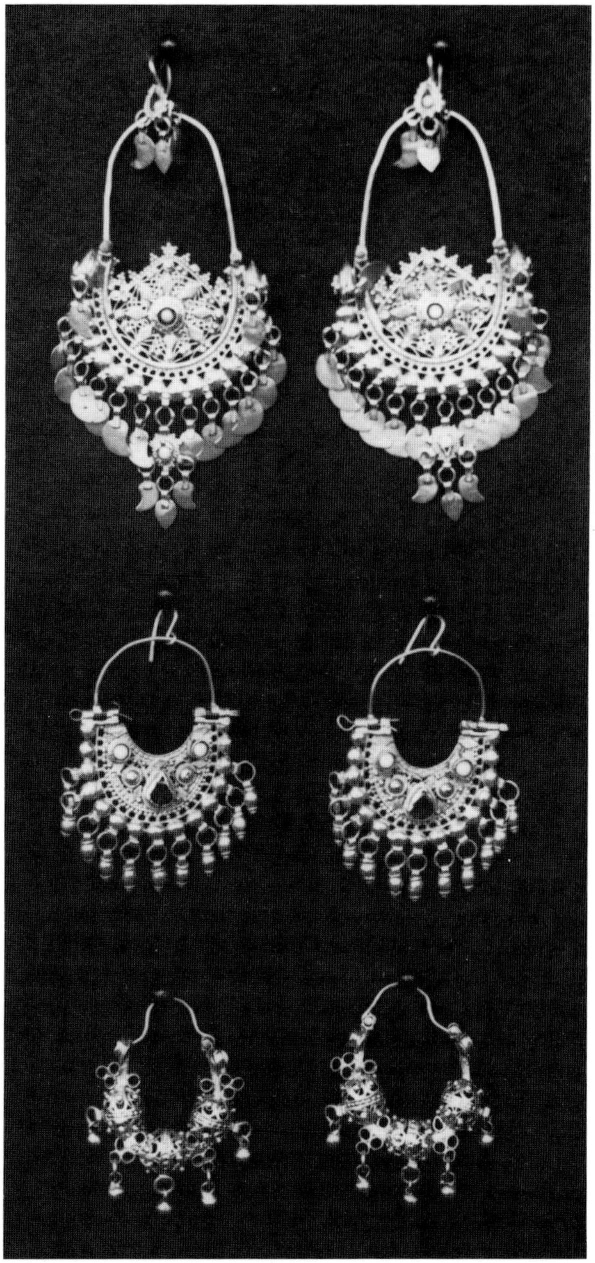

7/12 a–g
Sieben Paar Ohrgehänge
Türkei, 19. Jh.

a
L 4,3 cm
Gold, Filigran; Perlen, Türkise, Glasstein, Rubine

Privatbesitz

Ohrgehänge aus jeweils einer Scheibe, belegt mit einem Filigrannetz mit zentralem Rubin. Scheibenränder besetzt mit kleinen Perlen, umgeben von einem Kranz an Goldstiften befestigter größerer Perlen.
Auf den Bügelansätzen tropfenförmige Filigranschilde mit Türkis, bzw. türkisfarbenen Glasstein.

b
L 3,8 cm
Gold, Perlen, Smaragde

Privatbesitz

Filigranscheiben mit zentralem Smaragd, umsäumt von einem Kranz kleiner und größerer Perlen an Goldstiften. Zungenförmige Bügelansätze mit Perlbesatz.

c
L 4 cm
Gold, zum Teil getrieben; Perlen, Türkise

Privatbesitz

Ohrgehänge aus je einem vollplastischen Tropfen-Motiv in einem Kranz mit Goldstiften befestigter Perlen.
Zungenförmige Bügelansätze mit Türkisbesatz.

d
L 4 cm
Gold, zum Teil getrieben; Türkise

Privatbesitz

Ohrgehänge aus jeweils einer Buckelscheibe mit zentralem Türkis in einem Strahlenkranz von Goldstiften mit abschließenden Goldkugeln.
Bügelansätze mit Scharnier.

e
L 4,5 cm
Gold, zum Teil getrieben, Granulation; rote und türkisfarbene Glasperlen.

Privatbesitz

Ohrgehänge aus vollplastischen, tropfenförmigen Gliedern mit granuliertem Rand, besetzt mit farbigen Glasperlen.
Untere Hälfte in einem Strahlenkranz aus Spiralstiften mit abschließenden Kugeln.
Bügelansätze mit Scharnier.

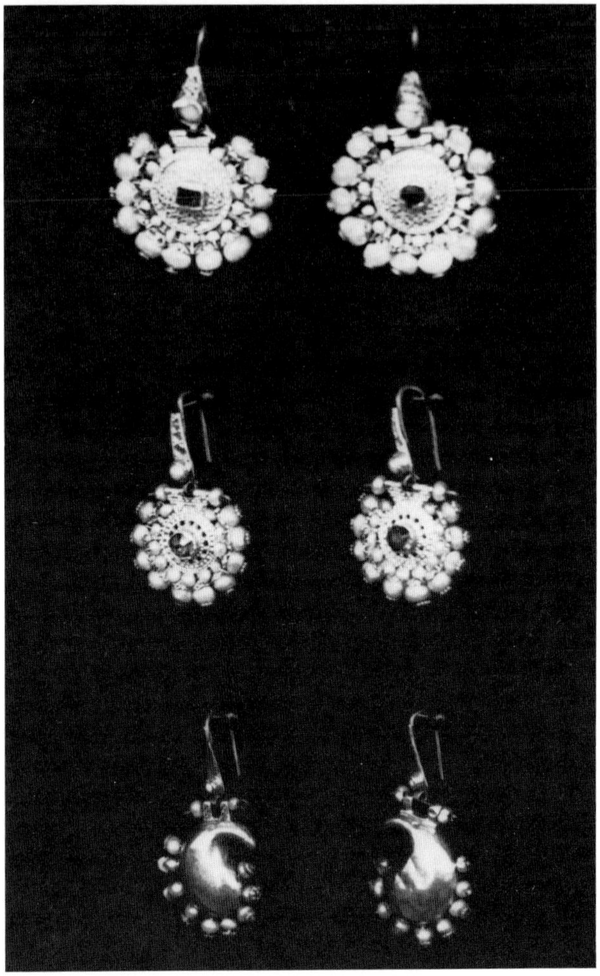

f
L 5,3 cm · Gold, Granulation; Perlen, Türkise

Privatbesitz

Ohrgehänge aus jeweils zwei durch Ringösen verbundenen Scheiben mit gezahntem Rand und granuliertem Stern in der Mitte, besetzt mit zentralem Türkis und Perlen. An der oberen Scheibe zwei, an der unteren neun Perlanhänger.

g
L 5,8 cm · Gold, Filigran; Türkise, Rubine

Privatbesitz

Filigranrosetten, besetzt mit Goldkügelchen und zentralem Rubin, durch zwei mit Ösen versehene Sterne mit einem Filigranhalbmond, besetzt mit Türkisen und Rubin, verbunden. Rosette mit drei, Halbmond mit zehn an Ringen abhängenden Goldkügelchen.

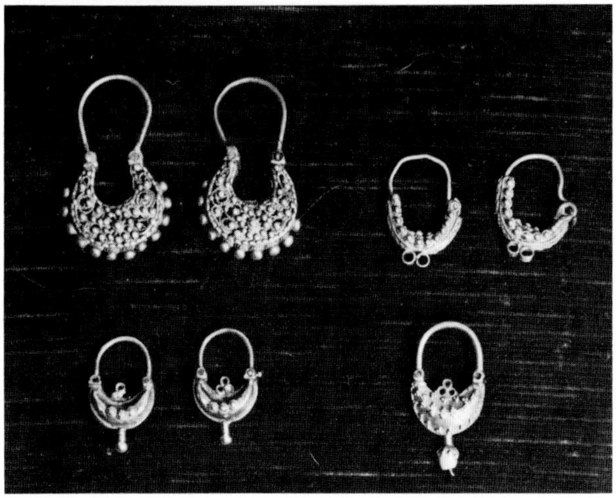

7/13
Bügelohrringe
Elektron · H 2,6 cm, B 1,45 cm

Privatbesitz

Gewölbte Goldblechhälften sind zu einem halbmondförmigen Ohrringkörper zusammengesetzt und die Nahtstellen mit Reihen von Spiraldraht besetzt. Die gewölbten Flächen schmücken Granulationskügelchen in Ringen aus Spiraldraht. Zur Aufhängung dienen Bügel, die beidseitig mit Scharnieren am Ohrringkörper befestigt sind. Einzelner Bügelohrring, mit Goldstückchen und Edelsteinen besetzt.

7/14
Schmuckgürtel
Türkei, 19. Jh.
L 81 cm, B 3,5 cm u. 6 cm (Schließe)
Silber, zum Teil vergoldet; Filigran

Privatbesitz

Gürtel aus elf schmetterlingsförmigen Schilden, bestehend aus Filigranrosetten zwischen vergoldeten Filigran-„Flügeln“. Seitlich jeweils drei Ösen, die durch drei breite Ringe jeweils mit drei schmalen, übereinander fixierten Ringen verbunden sind. Auf den Verbindungsstellen dieser Ringe kleine Rosetten. Schmetterlingsförmige Schließe mit seitlichen Filigranrosetten. Auf der Rückseite Haken und Öse, auf der Vorderseite des breiteren Teils eine weitere Öse, durch die ein kleiner Dolch in Filigranscheide zum Fixieren geschoben wird, der an einem Kettchen am schmaleren Teil der Schließe befestigt ist.

7/15
Schmuckbehang
Türkei, 19. Jh.
L 37,5 cm, B ca. 7 cm
Silber, Korallen, Türkise

Privatbesitz

Schmuckbehang, bestehend aus drei Ketten, die in der Mitte und an beiden Seiten an dreieckigen Schilden mit Ösen befestigt sind.
Kettenglieder aus runden Plättchen, besetzt mit vier Ringen, die jeweils durch zwei weitere Ringe miteinander verbunden sind. An den Verbindungsringen hängt jeweils eine zylindrische Korallenperle, an den Plättchen ein Blatt aus Filigran. Dreiecksschilde rosettenförmig durchbrochen und besetzt mit vier Türkisen in hohen Fassungen. An der Unterkante jeweils Ösen mit vier Ketten, an denen Filigranblätter und Korallen hängen. An den Dreiecksspitzen Ösen, woran jeweils eine Filigran-Buckelrosette, besetzt mit Silberperlen, befestigt ist.
An den drei Buckelrosetten befinden sich Haken, mit denen der Behang an Gürtel oder Kopfputz befestigt werden kann.

7/16
Gürtelschnalle
Türkei, 17./18. Jh.
L 11,5 cm, B 7,5 cm · Silber, Milchglas

Köln, Orientalisches Seminar der Universität, Max Freiherr von Oppenheim-Stiftung, 2770

Rechteckige Gürtelschnalle mit Blütendurchbruch und eingelegter Milchglasplatte mit eingravierten Koranversen (Sure 109, Vers 112—114; Rand: Sure 2, Vers 255).

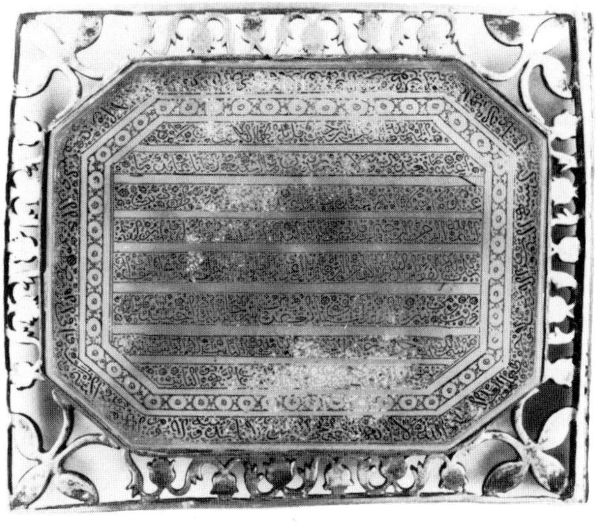

7/17
Kopfschmuck
Türkei, 19. Jh.
Dm 15,2 cm, Behang L 8 cm
Kupfer, getrieben, Filigran, neu vergoldet; ein Karneol, blaue Glassteine

Privatbesitz

Gewölbte Deckelplatte, umrandet von Kordel- und Perlfries mit anschließender Filigranbordüre aus tropfenförmigen Elementen, darin sechs Filigranbuckel mit blauen Glassteinen.
In der Mitte ein großer Filigranbuckel mit zentralem Karneol, am Ansatz Kordel- und Perlfries, umgeben von einer sternförmig angelegten Filigranbordüre mit getriebenen Halbkugeln an den Spitzen. Vom Rand abhängende Ketten aus Filigranrosetten und -Scheiben und pfeilförmigen Hohlkörpern, verbunden durch Ringe.

7/18
Ring
Türkei, 19. Jh.
Dm 2 cm, B 0,8 cm · Gold, Türkise, Diamanten

Privatbesitz

Ring aus einem in Dreiecken geknickten Band, besetzt mit Türkisen, auf den Spitzen entlang der Außenkanten des Ringes Diamantsplitter.

7/19
Zwölf Knöpfe
Türkei, 19. Jh. · Dm 1,4 cm · Silberfiligran, vergoldet

Privatbesitz

Zwölf Kugeln aus Silberfiligran, bestehend aus jeweils zwei sphärischen Rosetten, besetzt mit Kügelchen.
An jeder Kugel eine Öse mit Ringen.

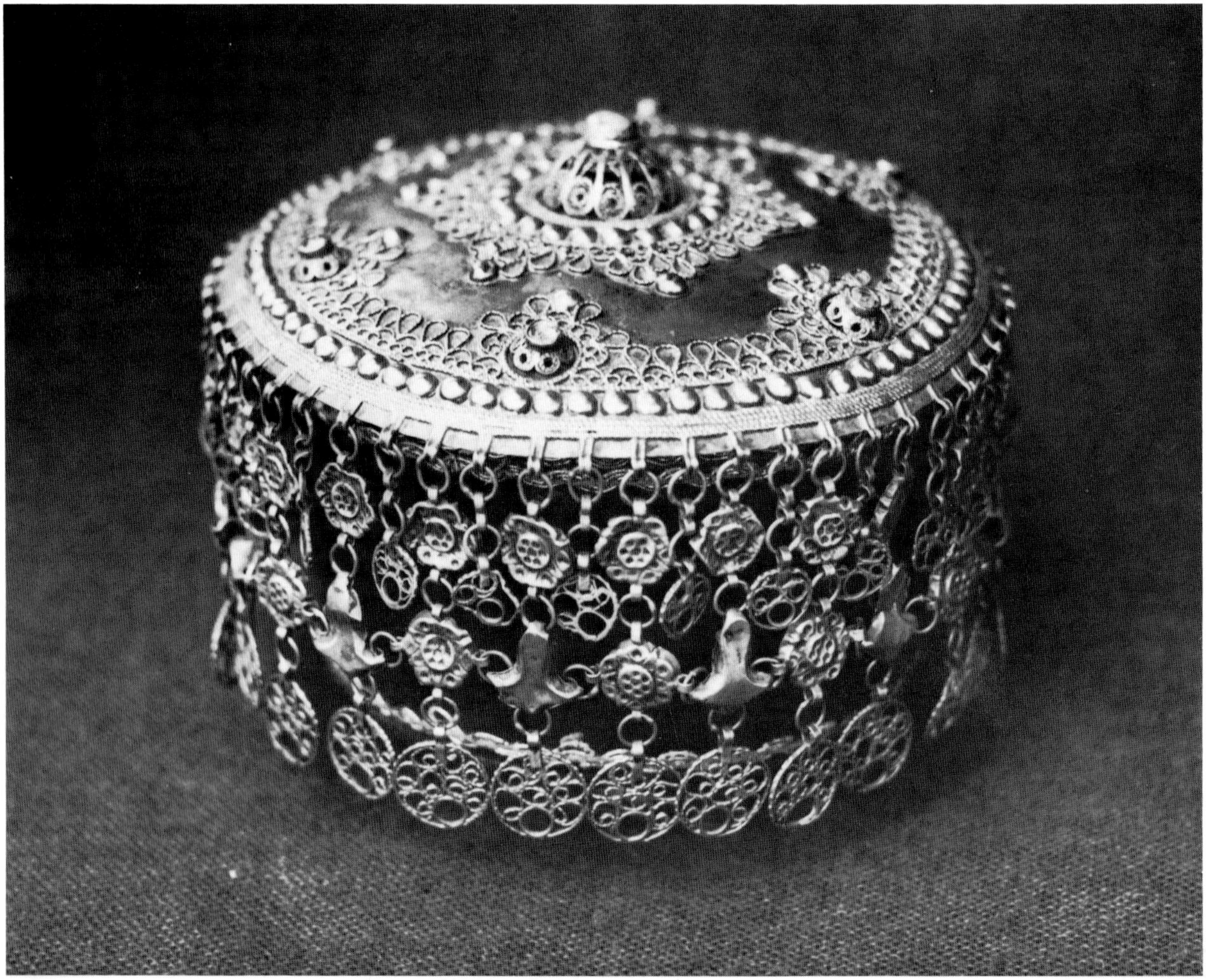

7/20

Vier Gebetsketten *(tesbih)*

Istanbul und osmanisches Reich
19. Jh.
L 36 cm, 28,7 cm, 32,5 cm, 25 cm
Perlmutt, Silber, Koralle, Ambra mit Goldstaub

Berlin und München, Ökumenische und Vergleichende Sammlung „Das Evangelium in den Wohnungen der Menschheit", Prof. h. c. G. Weinhold, 2; 5; 6; 47

Perlmutt als massive, zylindrische Perlen, zwei scheibenförmige, eine oblonge mit gefrästen Zierrillen, Quaste aus versilbertem Metall mit drei blattförmigen Anhängern. Blasse Koralle in massiven, zylindrischen Perlen – einige mit oblong gefrästen Rillen, zwei silberne in Prismenform, eine oblonge in Knospenform beschliffen.
Silberhohlkugeln mit Filigran und Resten von Glasfluß, Amber, versetzt mit Goldstaub, in Fruchtkernform geschnitten, eine Röhrenförmige mit torquierten Rillen, ein Anhänger, dessen Umriß der Derwischkappe mit Turban gleicht. Amber kam vom Indischen Ozean und diese Kette wurde in Kairo benutzt. Blasse Koralle kam von den Küsten des Mittelmeeres, Silber aus Serbien, Perlmutt von Schnecken am Persischen Golf. – Auf Seidenschnüre gezogene Perlen (arab.: *subḥa)* dienen dem Aufzählen von Lobpreisungen beim privaten Gebet, sowie zum Hersagen von Eulogien auf Allah anhand seiner 99 Namen. Die Anzahl der Perlen beträgt somit überwiegend 3 mal 33 Stück. Die Gruppen werden getrennt durch abweichend geformte Glieder (arab.: *imāma)*, die oblonge Perle an der Zusammenfassung (arab.: *yad)* gilt dem höchsten und verborgenen Namen Gottes. – Nach muslimischer Überlieferung pflegten Frauen zur Zeit des Propheten das Lobpreisen durch Legen von Kernen. Er aber gab den Rat, *Ehre sei Allah* zu sprechen oder zu singen *in Übereinstimmung mit der Zahl dessen, was er erschuf.* Der Gebrauch der Ketten kam zuerst in Sufi-Kreisen auf.

Vergleiche in der Literatur: Enzyklopaedie des Islam IV, Artikel „Subḥān Allāh"; Kriss, R. und Kriss-Heinrich, H., Volksglaube im Bereich des Islam, II (1962), S. 54–57.

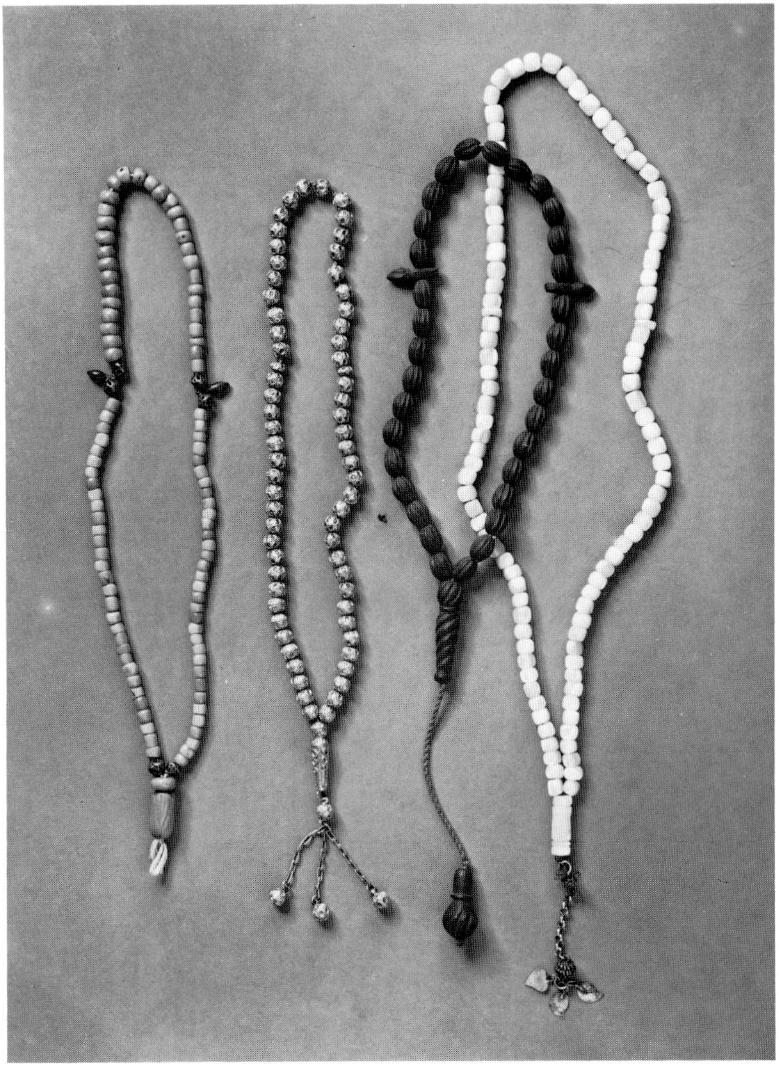

Im Bereich des Islam ist Holz stets selten und teuer gewesen, nachdem die Entwaldung der Länder des östlichen Mittelmeeres vermutlich durch die letzten Kreuzfahrerheere vollendet wurde.[1] In vielen islamischen Kulturen spielte Holz und alle daraus hergestellten Erzeugnisse deshalb nur eine untergeordnete Rolle. In der Baukunst verwendete man Holz lediglich als stützendes Element in der Übergangszone der Kuppeln und für Decken oder als Mobiliar, wie Türen und Fensterläden, Gebetsnischen *(mihrab)* und Predigtstühle *(minbar)*. Die seldschukische und osmanische Türkei war vom Holzmangel weniger betroffen als Syrien und Ägypten. Ihr standen die gewaltigen Vorräte der Wälder des Kaukasus und Pontus, von Paphlagonien, Bithynien und dem Balkan zur Verfügung. Obwohl seldschukische und frühosmanische Minbars und Türrahmen häufig Motive des syrischen Kassettenstils verwenden, bestehen sie fast immer aus massiven Füllungen von feinem Hartholz, manchmal mit Einlagen von Elfenbein, Buchsbaumholz und Metallfäden. Die Ausstattung der großen Moscheen des frühen 16. Jh. wie der Minbar der Süleymaniye-Moschee, war vorwiegend aus prokonnessischem Marmor gefertigt, obwohl die geschnittene und gemalte Dekoration an die Bearbeitung von Holz erinnert.

Die kunstvollen Mäander-Muster am erhaltenen Holzmobiliar des frühen 16. Jh., wie der Prediger-Sitz *(vaiz kürsüsü)* in der Süleymaniye-Moschee[2] und Kenotaph und Baldachin, noch am ursprünglichen Platz über dem Grab von Şehzade Mehmed im Viertel Şehzadebaşı in Istanbul (dat. 950–1/1543–4), verdanken ihre Herkunft auch den Holzarbeiten des 14. bis 15. Jh. im mamlukischen Ägypten. Das Material, welches für mamlukische Holzgegenstände verwendet wurde, war allerdings von weit geringerer Qualität. Dennoch ist ein großer Koran-Kasten und ein fünfeckiger Koranbehälter im Islamischen Museum in Kairo (Inv. Nr. 449 und 452) aus der Moschee der Umm as-Sultān Şa'bān in Kairo (gegründet 770/1368–69), mit Einlagen aus Elfenbein, Bein, Ebenholz, anderen Hölzern und Metallfäden,[3] sehr ähnlich einem kleinen Koran-Kasten im Türk ve Islam Eserleri Müzesi in Istanbul (Inv. Nr. 4669)[4]. Dieser stammt aus dem Grab von Çoban Mustafa Paşa in Gebze, der 1522 für einige Monate Gouverneur von Ägypten war. Im folgenden Jahr wurde sein Grabbau begonnen, und der Kasten muß entweder dafür hergestellt worden sein, oder war eine Trophäe, die der Auftraggeber aus Ägypten mitgebracht hatte[5].

Die osmanische Freude an feiner Holzarbeit wurde jedoch nicht nur durch die Holztechnik des mamlukischen Ägypten beeinflußt. Denn schon unter der Regierung von Bayezid II. (1481-1512) wurden Möbel von höchster Qualität und beachtlicher Individualität für den osmanischen Hof angefertigt. Das berühmteste Stück ist ein sechsseitiger Walnußholz-Kasten für einen dreißigteiligen Koran aus dem Grab von Selim II. (Kat. Nr. 8/2). Er ist signiert von einem Handwerker „Ahmad b. Hasan Kalıb-ı Fâni, 911/1505–6 datiert, und wurde für Bayezid II. hergestellt, dessen Moschee im vorangegangenen Jahr eröffnet worden war.[6] Der Deckel in Form einer zwölfseitigen Pyramide wird von einem gerippten Knauf überragt, der Kasten ist mit Ebenholz furniert, mit teilweise gefärbten Elfenbein-Streifen inkrustiert und hat Einlagen von feinster Marketerie-Arbeit. Das Innere ist schlicht, nur der Deckel zeigt Elfenbein-Streifen, die sorgfältig eingelegt sind, mit Spuren von roter Farbe, und ein Medaillon in der Spitze aus Buchsbaum, Ebenholz und anderen Hölzern sowie Messing-Einlagen, vielleicht ehemals vergoldet. Dieser Kasten ist das früheste datierte Möbelstück in echt osmanischem Stil. Stilistisch vergleichbar ist ein Walnuß-Köcher im Topkapı Sarayı Müzesi (Nr. 1/10463), der ähnlich furniert und reich eingelegt ist. Das früheste erhaltene islamische Holzgerät von vergleichbarer Qualität ist ein undatiertes Schmuckkästchen im Topkapı Sarayı Müzesi *(hazine)* mit dem Namen des Enkelsohnes von Timur, Ulug Beg (gest. 853/1449). Es besteht aus tiefrötlichem Holz und ist mit Arabesken verziert, die in mehreren Ebenen tief eingeschnitten sind. Es erinnert an die *haft qalam*-Schnitt-Technik („Siebenmeißelarbeit") bei Steinarbeiten des 15. Jh. in Herat und anderen zentralasiatischen Zentren. In der Spitze des giebelförmigen Deckels befindet sich ein blütenförmiges Medaillon mit einem Kampf zwischen Phönix und Drache. Das Kästchen muß nach der Schlacht von Çaldiran (1514) als Beutestück aus Täbris in die osmanischen Sammlungen gekommen sein, oder nach einem der zahlreichen Feldzüge Süleymans des Prächtigen gegen die Safawiden. Die Einfassung besteht aus zierlichsten Elfenbein-Intarsien – ein gebrochener Mäander, der an die „gestochene" Schrift erinnert, mit der zahlreiche Monumente in Samarkand aus der Zeit von Ulug Beg geschmückt sind –, dazu Randstreifen aus Zinnen und Prismen, die ein Zick-Zack-Muster bilden.

Das ist alles charakteristisch osmanisch, aber auch häufig belegt in der Malerei des späten 15. und frühen 16. Jh. von Täbris und bei kunstvollen Einlegearbeiten an Musikinstrumenten. Intarsienarbeiten werden auch in einem timuridischen Register genannt, das sich heute im Topkapı Sarayı Müzesi befindet.[7]

Es ist äußerst schwierig, die aufs höchste verfeinerten Möbel des osmanischen 16. Jh. alleine von so kleinen Stücken und ihrer Dekoration abzuleiten. Denn um 1500 war die großformatige Marketerie in Oberitalien hoch entwickelt, und zwar sowohl die Arbeiten *alla certosina* für Cassoni und andere Möbel als auch Kästchen und Elfenbeinarbeiten, die mit den Embriachi-Werkstätten in Verbindung gebracht werden. Dazu gehört ein Spielbrett aus dem Victoria and Albert-Museum in London (Kat. Nr. 8/7) mit Stern-Polygonen, eckigen Mäanderborten, Flechtwerk und winzigen Intarsienstreifen aus Ebenholz, Buchsbaum, weißem und gefärbtem Elfenbein und Metallfäden. Diese Technik zeichnet auch einen Buchsbaum-Kamm aus dem gleichen Museum aus (Kat. Nr. 8/8). Es gibt ein breites Typen-Spektrum an Holzarbeiten, das vom internationalen Stil der Spätgotik bis hin zu den osmanischen Möbeln reicht. Der Koran-Kasten Bayezids ist in diesem Umfeld internationaler Kunsteinflüsse nicht ungewöhnlich, und auch manche italienische, ausgefallene Embriachi-Arbeit ist weit davon entfernt, sehr schlicht zu sein. Ein gutes Beispiel ist auch der Tisch eines Kalligraphen aus dem Mausoleum Sultan Ahmeds I. in Istanbul (Kat. Nr. 8/3). Er ist mit Elfenbein und Ebenholz furniert und verbindet längliche Kreuzmotive, die der Durchbrucharbeit bei dem Kamm aus dem Victoria and Albert-Museum (Kat. Nr. 8/8) ähneln, mit einer zentralen Medaillon-Komposition über einem medaillonbesetzten Rand.

Die aus Elfenbein geschnitzten Inschriftstreifen des Korankastens von Bayezid II. erinnern an ägyptische Inschrift-Täfelchen aus Elfenbein, die aus der Regierungszeit von Qā'it Bāy (gest. 1496) stammen. Dazu tragen zwei eingelegte Koran-Kästen, die mit Çoban Mustafa Paşa und seiner Gründung in Gebze in Verbindung gebracht werden, mit Sicherheit die Signatur *'amal ustā Aḥmad al-mi 'mār bi-Miṣr* (Arbeit von Ahmed dem Architekten in Ägypten oder Cairo)[8]. Aber der Stil und die handwerkliche Arbeit des Bayezid-Kastens sind nicht ägyptisch. Blattmotive, welche die Elfenbein-Medaillons zieren, sind nicht mamlukisch oder dem späten osmanischen 15. Jh. zugehörig. Dies alles weist vielmehr auf ausländische Renegaten oder Flüchtlinge hin, die in Istanbul in einer osmanischen Umgebung arbeiteten. Der Handwerker Ahmad b. Hasan war kein Muslim der ersten Generation. Er war also, wenn er nicht versuchte, seine Spuren zu verwischen, weder ein italienischer Flüchtling noch ein Produkt der *devşirme* (Knabenlese). Sein unsinniger Beiname *kalıb-ı fâni* (Hersteller vergänglicher Formen) läßt an eine Fehlschreibung vielleicht des griechischen Kallipolis / Gelibolu denken. Wenn das auf seine Herkunft schließen läßt, sollte auch daran erinnert werden, daß die Künste und das Handwerk im östlichen Mittelmeer stark unter norditalienischem Einfluß standen.

Die Holzarbeiten des späteren 16. Jh., obwohl von vergleichbarer Qualität, entwickeln sich unabhängig und eher seltsam. Ein viereckiger *cüz*-Kasten (Istanbul, Türk ve Islam Eserleri Müzesi Nr. 5) ist wahrscheinlich in die Regierungszeit von Süleyman dem Prächtigen (1520–1566) zu datieren und wurde später von Sultan Mahmud I. (1730–1754) in der Bibliothek der Aya Sofya untergebracht. Furniert mit Ebenholz, Elfenbein und Perlmutt hat dieser Kasten einen Deckel mit Zick-Zack-Muster, welches paradoxerweise an die steinernen, mamlukischen Kuppeln des 15. Jh. in Kairo erinnert. Er hatte ursprünglich auch einen Knauf als Bekrönung, während mamlukische Kästen flache Deckel ohne Kuppelbekrönungen aufweisen. Die architektonischen Anklänge sind deshalb vermutlich auf eine weitere Entwicklung der kuppelförmigen oder pyramidenförmigen Deckeln von Embriachi-Pyxiden zurückzuführen, jedoch ohne deren überfeinerte Elemente, die im Holzwerk um 1500 zunehmend beliebt waren.

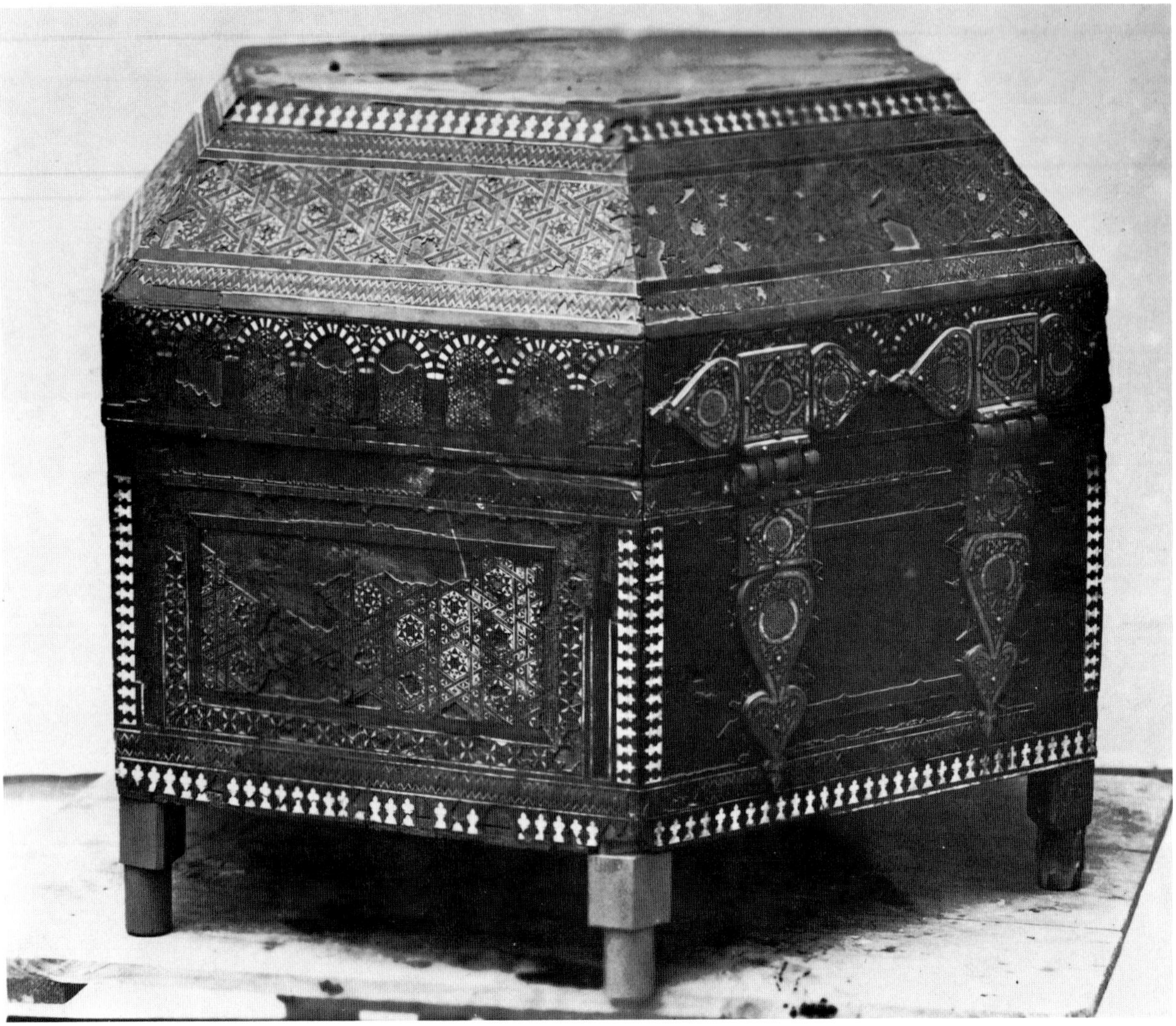

Abb. 88 Kleiner Korankasten. Holz mit Intarsien aus Ebenholz, Elfenbein und Zinn. Aus der Moschee der Umm as-Sulṭān Šaʿbān in Kairo (gegründet 1369). Kairo, spätes 14. Jh. Kairo, Museum für Islamische Kunst. Nr. 452

In der Geschichte des islamischen Möbels und der Architekturdekoration hat Perlmutt *(sedef)* schon immer eine Rolle gespielt. Im späteren 16. Jh. wurde dieses Material so behandelt, als sei es selber eine Kostbarkeit, welche man mit Einlagen verzierte. In Istanbul gibt es im Türk ve Islam Eserleri Müzesi einen flachen Koran-Kasten, der im wesentlichen nur aus einer Kuppel besteht, ohne Basis, der aber vielleicht auf einem kleinen Ständer saß (Inv. Nr. 13). Bei ihm sind Rosetten oder Rauten aus Perlmutt eingelegt mit Blattranken aus schwarzem Harz und Goldfassungen für Juwelen. Auch die Perlmutt-Sterne auf den Seiten eines hohen überkuppelten Koran-Kastens aus dem Mausoleum von Selim II. (Kat. Nr. 8/4) sind reich mit Juwelen besetzt. Der vasenförmige Abschluß aus furnierten Streifen von Ebenholz und Elfenbein gleicht den Aufsätzen auf dem *vaiz kürsüsü* (Predigtstuhl) in der Süleymaniye-Moschee, der Teil der ursprünglichen Einrichtung gewesen sein muß.

Die Verwendung von Schildpatt- *(bağa)* Furnier wurde ebenfalls erweitert. Eines der frühesten Beispiele findet sich in der osmanischen Kunst bei dem Einband eines Albums, das um 1570 für Murad III. angefertigt wurde (Istanbul, Universitätsbibliothek, F. 1426). Ein mit Silber eingelegtes Schildpatt-Kästchen, welches sich unter den Geschenken befand, die eine französische Gesandtschaft 1581 zum *sur-i hümayun* brachte (Beschneidungsfest der Sultansöhne),[9] legt nahe, daß die Leidenschaft Murads III. für dieses Material in Westeuropa bekannt war. Dies sagt allerdings nichts darüber aus, ob es auch französische Arbeit gewesen ist. Im Jahr 1578/79 erbaute Sinan einen Pavillon im Harem. Seine Türflügel verbinden geistreich Füllungen von feinster Intarsienarbeit aus Ebenholz und weißem und gefärbtem Elfenbein mit Furnieren von Elfenbein, Ebenholz, Perlmutt und Schildpatt, letzteres unterlegt mit Goldfolie. Technisch vergleichbar ist ein großer sechseckiger Koran-Kasten (Istanbul, Türk ve Islam Eserleri Müzesi, Nr. 19), der vollkommen mit glitzernden Intarsien aus Stern-Polygonen und Streifen von eckigem Mäander-Muster überzogen ist. Er trägt die Signatur von Dalgıç Ahmed Çavuş (gest. 1607/08), der zwischen 1598 und 1605 *hassa mi'marı* (Hofarchitekt) war, und gehörte vielleicht zu seinen Arbeiten für das Mausoleum von Mehmed III. an der Aya Sofya, dessen Türen ebenfalls seine Signatur tragen[10]. Die Wandlung vom Architekten zum Möbel-„Designer" ist leicht erklärbar. Denn es gehörte im späteren 16. Jh., auch zu den Pflichten des Hofarchitekten, Modelle der geplanten Bauwerke herzustellen[11]. Dieser Koran-Kasten gleicht allerdings nur entfernt einem osmanischen Mausoleum, und viele Koran-Behältnisse sind sicher ohne Beteiligung des Hofarchitekten entstanden. Doch die Architekturmodelle, die in der Palastwerkstatt gewesen sein müssen, konnten leicht von den Kunstschreinern des Palastes adaptiert werden.

Nach 1600 gibt es nur wenige Meisterwerke, die signiert, oder einem Meister zuschreibbar sind. Der von einem Baldachin gekrönte Thron von Ahmed I. in der Schatzkammer des Topkapı Sarayı wurde unter der Oberaufsicht von Mehmed Ağa hergestellt, der Nachfolger von Dalgıç Ahmed als *hassa mi'marı* war. Der Thron trägt reich gegliederte Perlmutteinlagen auf einem Untergrund von Schildpatt, und die gesamte Oberfläche ist üppig mit oliv-grünem Peridot und anderen Halbedelsteinen inkrustiert. Das Ganze offenbart einen etwas mechanischen Charakter, der aber auch die Türfüllungen und Fensterläden von Murads IV. Bağdad köşkü (1635) und Revan köşkü (1639/40) im Topkapı Sarayı kennzeichnet, wie auch den etwa gleichzeitigen Thron mit Baldachin von St. Jakobus Minor im armenischen Patriarchat St. Jakobus in Jerusalem (1656).[12] Danach folgte eine Periode des Niederganges, sowohl in der Technik wie beim verwendeten Material. Die zierlichen Einlegearbeiten, die heute so charakteristisch sind für die Basarwerkstätten in Syrien, Ägypten und Istanbul, gehen vermutlich auf eine Wiederbelebung dieser Kunst im Syrien des 18. Jh. zurück.

Obwohl es viele sehr kunstvoll eingelegte Musikinstrumente gibt (Kat. Nr. I/37, I/38), sind nur so wenige datiert, daß die Beziehung ihrer Dekoration zu europäischen oder safawidischen Vorbildern praktisch nicht zu klären ist.

Ähnliche Verzierungen wurden jedoch auch für die Holzschäftung der Feuerwaffen in der Mitte des 17. Jh. verwendet, die – wenn auch nicht immer von höchster Qualität – als „Türkenbeute" im späten 17. Jh. in europäische Sammlungen gelangten (Kat. Nr.11/14). So gibt es z. B. in Krakau Waffen mit Einlagen aus Elfenbein, das häufig eingefärbt ist, und Perlmutt mit „Ring und Punkt"– Ornament in Messing sowie Messing-Montierungen, die gelegentlich mit Halbedelsteinen inkrustiert sind. Diese Dekoration hat Ähnlichkeit mit der von großen Möbeln, obgleich Metallfäden in kunstvoll eingelegten Füllungen eine größere Rolle bei den früheren osmanischen Möbeln spielten. Sie lassen an die häufige Erwähnung von „damasziertem" Holzwerk im späten 14. Jh. bis zum frühen 17. Jh. denken. Wenn sich dieser Ausdruck auf Metalleinlagen bezieht, gibt die osmanische Holzkunst uns eine Vorstellung davon, was für eine Wirkung ursprünglich beabsichtigt war.

Dieser kurze Überblick über das osmanische Holzwerk muß notwendigerweise unvollständig bleiben. Es gibt zwar eine Reihe von monumentalen Arbeiten, die individuellen Stil und große technische Sicherheit zeigen, aber sonst praktisch nichts. Auch das Quellenmaterial ist von nur geringem Nutzen. Von den *kanunname,* d. h. Verordnungen, die sich mit den Marktpreisen befassen, erwähnt keines – soweit veröffentlicht – die Erzeugnisse der Kunstschreinerei. Anders verhält es sich beim Glas[13]. Das vollständigste *es'ar defteri* (Marktpreisregister), ist

1640/41 datiert, stammt also aus einer Zeit als der Niedergang der Großmöbel begann. Es scheint ein zuverlässiger Führer zu sein wenn man einen Überblick gewinnen will, welche Arten von kunsthandwerklichen Erzeugnissen zu diesem Zeitpunkt auf dem Istanbuler Markt waren. Bei den Möbeln, die beschrieben werden, *es'ar-i kutucuyan* („Kastenmacher"-Ware oder Kunstschreiner-Arbeit, was offensichtlich aber auch „Kastenverkäufer" meinen kann) handelt es sich danach um Ware von geringem Wert. Die teuersten Kästen hatten zwei Schubladen und waren mit Silber-Medaillons auf einem Mennige-Grund dekoriert. Andere sind mit Stanniol oder Perlmutt verziert, letzteres wird besonders bei Koran-Ständern, Tabletts und Badeschuhen erwähnt (Kat. Nr. 4/16, 8/5). Es gab auch Behälter aus Buchsbaum, Schwarzulme *(karaağaç)*, Linde oder Walnuß, die offenbar undekoriert waren, da sie billiger verkauft wurden.

Haarkämme aus Schildpatt, Buchsbaum, Knochen und Elfenbein waren sicher auch häufig reich verziert, doch weiß man nichts darüber. Die ungewöhnlich detaillierten ergänzenden Listen der Arbeitslöhne und Preise, die jedoch Juweliere, Sattler und Kürschner nicht erwähnen, nennen auch die Kunstschreiner nicht. Das darf nicht überraschen, denn die Herstellung und der Handel von Luxusgütern wurde noch immer weitgehend vom Hof kontrolliert und war deshalb auf dem Istanbuler Markt unterrepräsentiert. Das betraf offensichtlich auch die hochkünstlerischen Holzarbeiten. Wenn das zutrifft, stellen die einmaligen Kunstschreinerarbeiten des osmanischen 16. Jh. eine isolierte Gruppe dar, die keine Gemeinsamkeit hat mit den Erzeugnissen des gehobenen Schreinerhandwerkes, die für die oberen Stände und die Bourgeoisie hergestellt wurden.

(Übersetzung Dorothea Rohwedder)

1 Zum Holzhandel: W. Heyd, *Histoire du commerce du Levant au moyen-âge,* I-II Leipzig 1885–86; M. Lombard, Arsenaux et bois de marine dans la Méditerranée musulmane (VIIe–IXe siècle). In: *Le navire et l'économie maritime du moyen-âge au XVIIIe siècle.* Paris 1958.

2 J. M. Rogers, The State and the Arts in Ottoman Turkey. Part 2. The Furniture and decoration of Süleymaniye. In: *International Journal of Middle East Studies* 14 (1982).

3 G. Migeon, *Manuel d'Art Musulman.* Paris 1927, I, S. 320–2; *Islamic Art in Egypt 969–1517,* Ausstellungskatalog Kairo 1969 , Nr. 235–36.

4 E. Kühnel, *Die Sammlung türkischer und islamischer Kunst im Tschinili Köschk.* Berlin, Leipzig 1938, S. 20 und Taf. 19.

5 Michael Meinecke, Mamlukische Marmordekorationen in der osmanischen Türkei. In: *Mitteilungen des Deutschen Archäologischen Instituts. Abteilung Kairo* 27/2 (1971), S. 207–20).

6 Celal Esad Arseven, *Les arts décoratifs turcs.* Istanbul o. J., Taf. 11; E. J. Grube, Notes on the decorative arts of the Timurid period. In: *Gururaja manjarika. Studi in onore di Giuseppe Tucci.* Neapel 1974, Abb. 144.

7 M. Kemal Özergin, Temürlü sanatına ait eski bir belge: Tebrizli Ca'fer' in bir arzi. In: *Sanat Tarihi Yıllığı* VI (1976), S. 471–518.

8 Kühnel op. cit. S. 19–20 und Tafel 17.

9 Jacopo Soranzo (1581 in Istanbul) in E. Alberi, *Relazioni degli ambasciatori veneti al Senato,* seri IIIa. Florenz 1840. II, S. 241 ff.

10 M. Zarif Orgun, Mimar Dalgıç Ahmet. In: *Arkitekt* II/3–4 (1941), S. 59–62.

11 J. M. Rogers, art. cit., S. 290–2.

12 B. Narkis, *Armenian art treasures of Jerusalem.* Oxford 1980, S. 122 and Abb. 168.

13 J. M. Rogers, Glass in Ottoman Turkey. In: *Istanbuler Mitteilungen* (1984). Appendix.

14 M. S. Kütükoğlu *Osmanlılarda narh müessesesi ve 1640 tarihli narh defteri.* Istanbul 1983, S. 206–7, 303–5. Die Handschriften sind Istanbul Ü. Ktph. TY. 5831 and Topkapı Sarayı Kütüphanesi R. 1934.

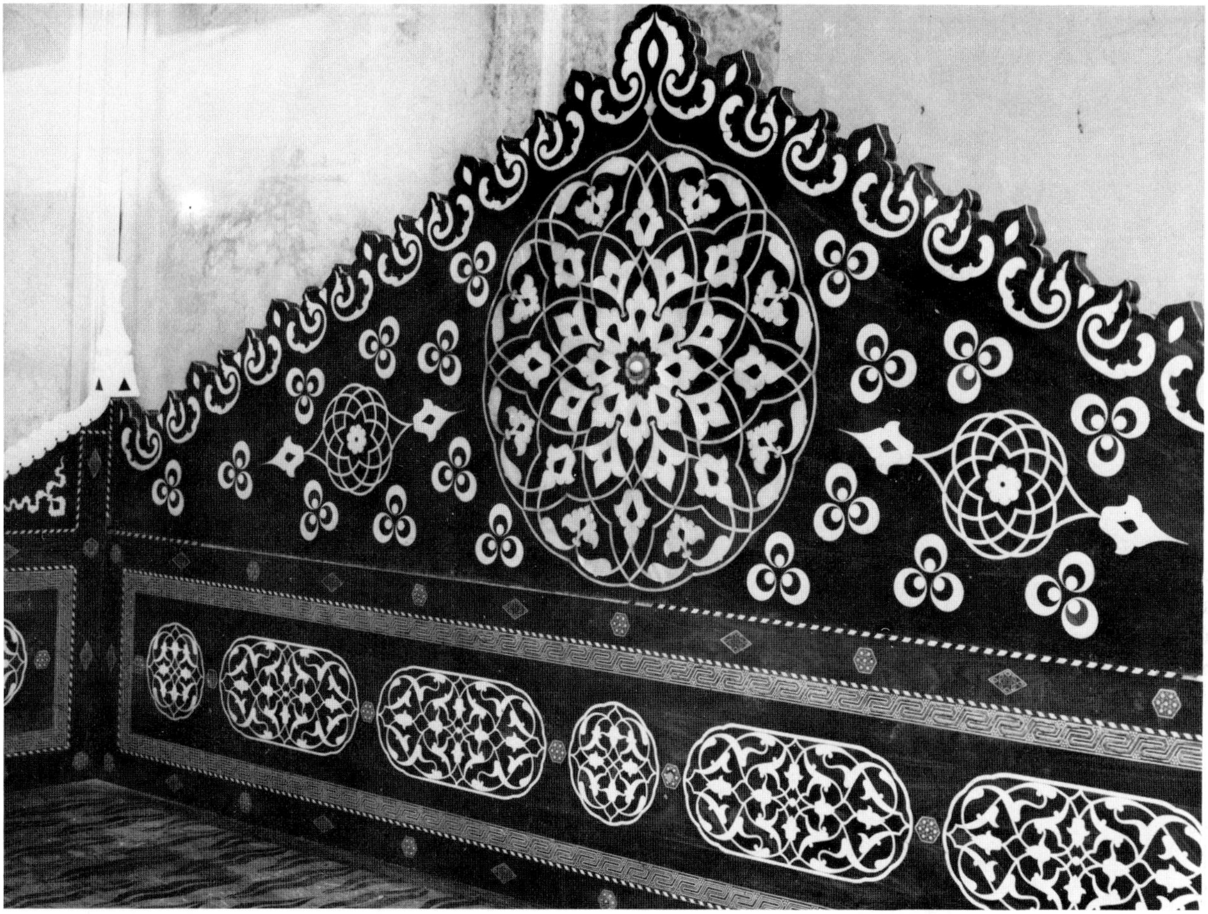

8/1
Thronbank
FARBTAFEL S. 231

Istanbul, 3. Viertel 16. Jh.
H des Sitzes 50 cm, T 129 cm, B 163 cm
Nußbaumholz, Ebenholz, Elfenbein, Türkis, Perlmutt

Istanbul, Topkapı Sarayı Müzesi 2/2879

Breite, niedrige Thronbank mit rechtwinkligen Seitenwangen und mit gelb und schwarz bemalter Sitzfläche, getragen von vier Beinen mit anliegenden Zwickelfeldern. Am Ende der Seitenwangen flankieren ansteigende Zwickel eine giebelförmige Überhöhung der Rückenfläche. Auf den Eckpfosten Elfenbeinknäufe.

Eingelegte Ebenholz- und Elfenbeinornamente decken und schmücken alle Flächen, das zentrale, achtpassige Flechtmedaillon der Rücklehne ist in Perlmutt eingelegt, ein Türkis-Cabochon bildet das Zentrum. An den Außenflächen Kassettenmusterung, die sich in zwölfzackigen Sternen konzentriert, auf den Zwickelfeldern Wolkenbänder, arabeskengefüllte Medaillons und Kartuschen entlang der innern Wandflächen. Das zentrale Medaillon der Rücklehne gipfelt in einer Knospe, ist zentriert in einer Blüte mit durchbrochenen Blättern; Knospen und Blätter überlagern das Bandgeflecht. Rechts und links davon achtpassige Bandmuster, im Grund verstreut Drei-Kugel-Formen. Während diese Formen hell auf dunkel erscheinen, wechselt die Palmettmusterung der kurvig ausgekehlten Abschlußkante zu dunkel auf hell, jedoch mit einer hellen Palmette im Gipfel.

Die Überlieferung, daß die Thronbank Murad IV. auf dem Zug nach Bagdad gedient habe, ist als irrig anzusehen. Form wie Dekor entsprechen dennoch einer Anfertigung für einen Sultan, vielleicht im Harem des Serails. Die schwarzen, welligen Streifenpaare auf der gelb bemalten Sitzfläche können mit einiger Berechtigung auf die Reminiszenz eines Tigerfells, wie das des Helden Rustam, bezogen werden — auch wenn es bei der Benutzung des Thrones durch Polster bedeckt war. Der zentrale Türkis besitzt nach türkisch-osmanischer Tradition talismanische Bedeutung. Die Form der Drei-Kugeln kann formal und analog einer so nur bei den Osmanen auftretenden, türkischen Tradition als die Angabe von „Sternen" gedeutet werden.

Diese Tradition bezieht das Motiv auf drei Sterne im Widder, die auf dem Weg der Sonne den *nevruz*-Punkt des Jahres anzeigen, während bei Streuung des Motivs auch allgemein der „gestirnte Himmel“ verstanden sein kann, der auch als „Leopardenfleckig“ bedichtet wird. Für die Gestaltung eines Sultansthrones erscheinen derartige Bezugnahmen bei Auswahl und Anordnung von Formen sinnvoll. Die Frage wäre dann, ob das zentrale Medaillon in Zusammenhang mit der Sonne und ihrem Lauf gesehen werden darf.
Von entsprechend feiner Arbeit sind auch ein Korankasten, der zuletzt in der Bibliothek der Aya Sofya Camii benutzt wurde, sowie eine zierliche Lesebank für großformatige Korane oder Handschriften (Kat. Nr. 8/3). Von vergleichbarem Aufbau ist bei mehreren historischen Illustrationen aus den Jahren 1568–1581 der Thron, den Selim II. bei offiziellen Anlässen benutzte.

Lit.: Katalog Istanbul (1983) E. 77; Atasoy (1974) pl. 11, 14, 18.

8/2

Korankasten *(Kürsî)*

Istanbul, aus dem Mausoleum von Selim II.
911/1505–06
H 82 cm, Dm 56 cm
Walnuß- und Ebenholz mit Einlagen aus Elfenbein, teilweise gefärbt, und Gold.

Istanbul, Türk ve Islam Eserleri Müzesi, 3

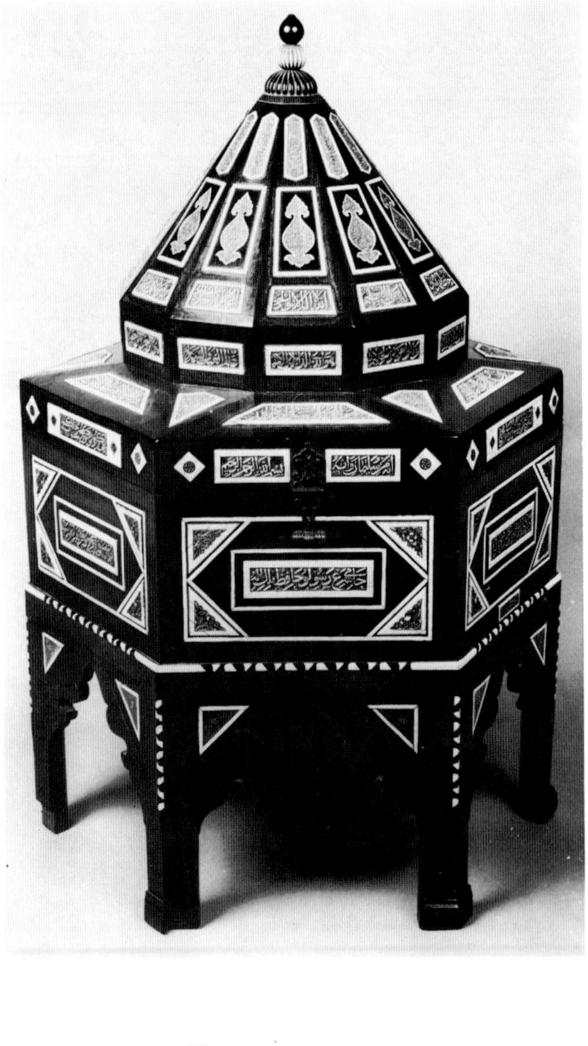

Der sechsseitige hockerähnliche Kasten steht auf bogenförmigen Beinen, sein Deckel wird von einer zwölfseitigen konischen Pyramide überragt, die in einem dreiteiligen gerippten Kugelknauf endet. Die Oberfläche ist mit Walnuß furniert, an bevorzugten Stellen auch mit Ebenholz und Elfenbein.
Geschnitzte Elfenbeinfüllungen tragen Rankenornamente und Inschriften. Sie gliedern die Seiten der Pyramide, umziehen die Kanten des Deckels und bilden geometrische Felder auf den Kastenwänden. Die Elfenbeintäfelchen des Deckels enthalten in Sülüs-Schrift verschiedene Verse aus dem Koran:
Den „Thronvers“ (2; 255), den Vers der „Schönen Namen“ (59; 22–24), den Vers „Gesandter Gottes“ (48; 28–29), den Vers „Kein Gott außer ihm“ (3; 18–19) und den Vers der Königin von Saba (27; 29).
Die rechteckigen Inschrifttafeln auf den Seiten des Kastens nennen Bayezid II. als Auftraggeber im Jahre 911/1505– 06.
Eine kleine Plakette gibt den Namen des Künstlers an: „Ahmed b. Hasan Kalıb-ı Fâni“.
Das Innere des Kastens hat drei Unterteilungen. Es ist nur im Deckel mit teilweise gefärbten Elfenbeineinlagen verziert.

Lit.: Arseven, o. J., fig. 521; Kat. Istanbul 1983, Nr. E. 19.

8/3

Arbeits- und Lesepult

Istanbul, Mitte 16. Jh.
aus dem Mausoleum von Ahmed I. (gest. 1617)
H 40 cm, B 59,5 cm, T 35,5 cm
Ebenholz und Elfenbein

Istanbul, Türk ve Islam Eserleri Müzesi, 33

Die Oberseite des rechteckigen Kastens hat eine Vertiefung, die als Buchständer *(rahle)* für große Bücher ausgebildet ist. Im unteren Teil ist eine große Schublade untergebracht, vier kleinere Schübe sind in den seitlichen Schrägen angeordnet. Sie dienten der Aufnahme des Schreibgerätes. Die gesamte Oberfläche des Möbels ist mit Elfenbeinfurnieren, die geometrische Muster bilden, überzogen. Die tieferliegende Fläche der Buchauflage ist wie ein Bucheinband dekoriert: ein Mittelmedaillon aus feinen, sich kreuzenden Halbkreisen mit palmettenförmigen Anhängern und geschweiften Eckmotiven.

Lit.: Katalog Istanbul 1983, S. 156, Nr. E. 78.

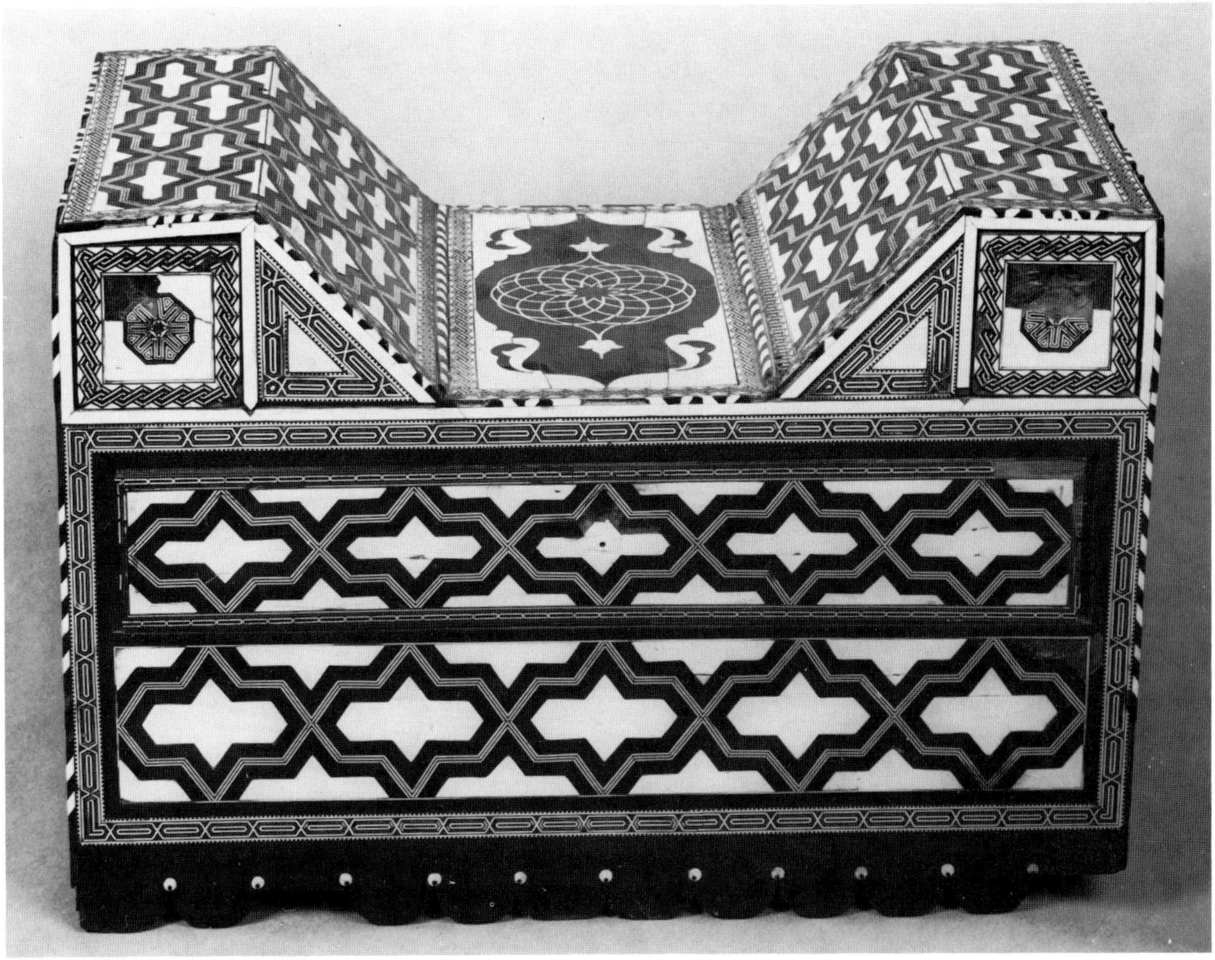

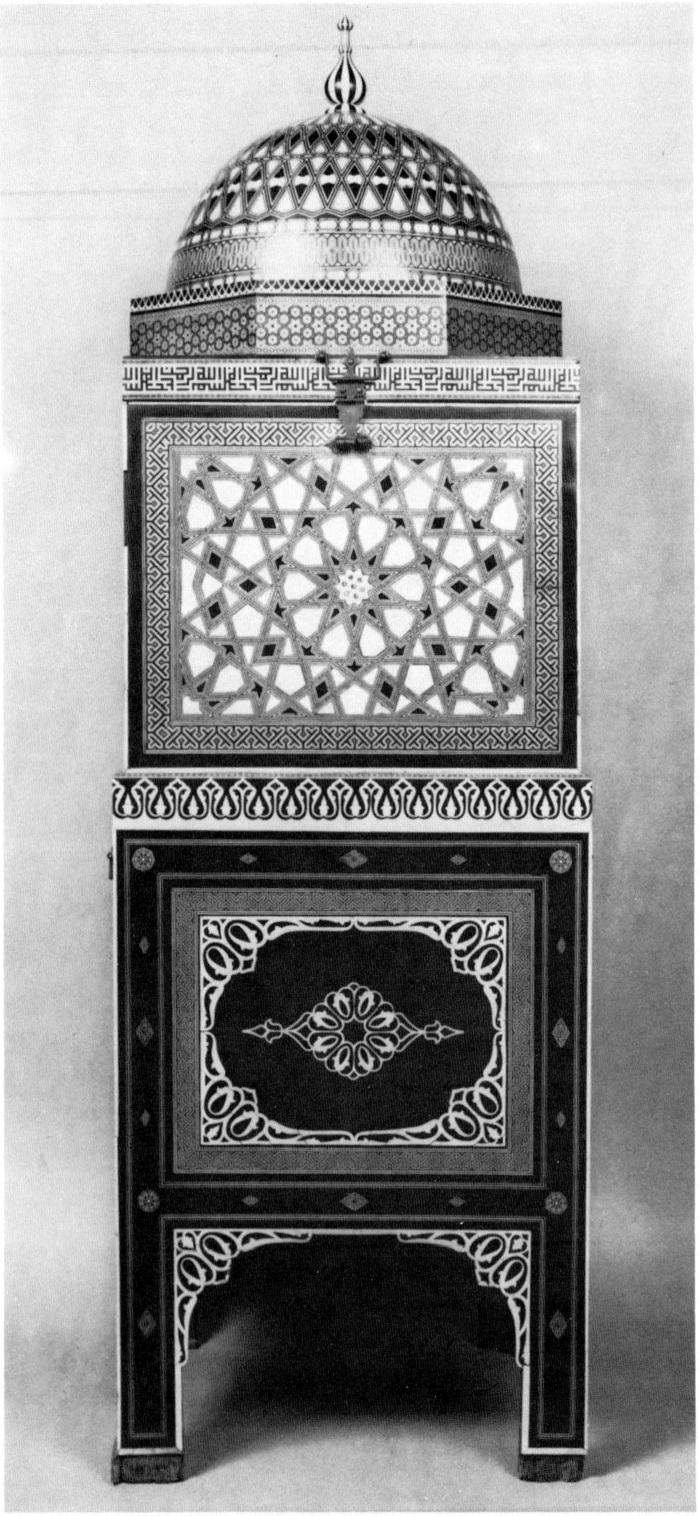

8/4

Korankasten

Istanbul, 2. Hälfte 16. Jh.
aus dem Mausoleum von Selim II. (gest. 1574)
H 165 cm, B 52,7 cm
Holz eingelegt mit Ebenholz, Mahagoni, Elfenbein, Perlmutt und Gold.

Istanbul, Türk ve Islam Eserleri Müzesi, 2

Hoher würfelförmiger Kasten auf vier Beinen mit kuppelförmigem Deckel über einer achteckigen Sockelzone. Die Dekoration aus Ebenholz-, Elfenbein- und Perlmutteinlagen steigert sich von unten nach oben zu immer zierlicheren Mustern. Die an Bucheinbände erinnernden Medaillonmotive des Sockelkastens und der Beine werden von einem blattförmigen Zinnenfries abgeschlossen. Der eigentliche Behälter ist mit geometrischen Ornamenten, die von einem zehnstrahligen Stern ausgehen, in Perlmutt geschmückt. Goldranken und -fassungen in der Mitte des Sterns trugen einstmals Edelsteine.
Den oberen Abschluß des Kastens bildet ein Fries, der in quadratischem Kufi (ma'kili), eingelegt in Ebenholz und Elfenbein, die Basmala trägt.
Stern und Sechseckmuster aus weißem und grüngefärbtem Elfenbein leiten zur Deckelkuppe über, die mit geometrischen Formen intarsiert ist, ein birnenförmiger, schwarz-weiß gebänderter Knauf bildet die Bekrönung. Das Innere des Kastens hat vier Unterteilungen für die einzelnen Bände des Korans. Die Innenseite des Deckels ist in Schwarz und Gold mit Rumi-Ranken, Medaillons und Wolkenbändern bemalt.
Der Korankasten, der aus dem Mausoleum von Selim II. stammt, wurde sicher für dieses Bauwerk hergestellt.

Lit.: Katalog Istanbul 1983, S. 197, Nr. E, 149.

8/5

Koranfaltpult *(rahle)* FARBTAFEL Bd. I, S. 144

Istanbul, 16. Jh.
H 60 cm, B 21 cm
Nußbaumholz, Perlmutt und Elfenbein

Istanbul, Türk ve Islam Eserleri Müzesi, 76

Der Koranständer besteht aus zwei miteinander verzahnten und um eine Achse schwenkbaren Brettern. Die Kanten und die Rahmen der Füllungen sind mit Flechtbandmotiven und Zackenabschlüssen aus Perlmutt- und Elfenbeineinlagen besetzt. Die Füllungen der Bretter bestehen an den Außenseiten aus zehnstrahligen Sternmotiven, die mit halbierten Sternen an den Rändern durch Flechtwerk verbunden sind und sich in einem unendlichen Rapport fortsetzten könnten. Die Innenseiten der Buchauflage tragen jeweils ein zentriertes Sternmotiv im Quadrat, das von einem Flechtband umgeben wird.

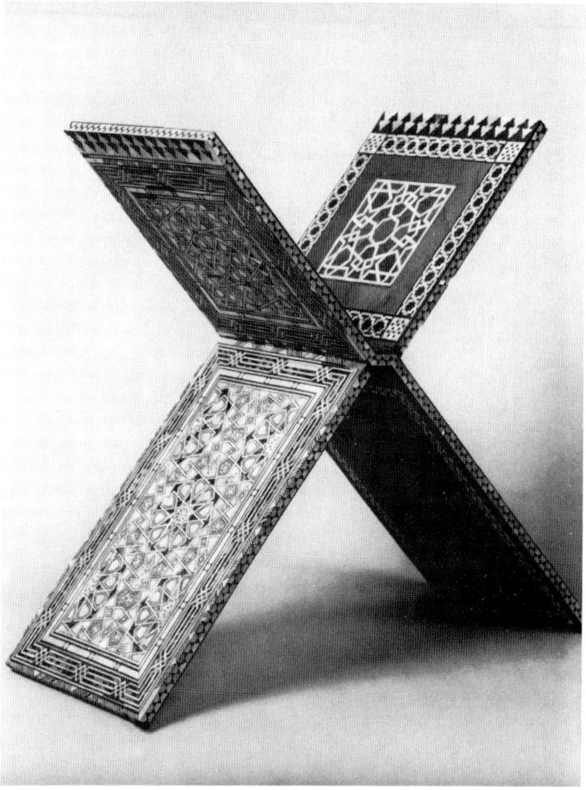

8/6

Korankasten

Istanbul, dat. 1230/1814-15
Dm 34 cm, H 37 cm

Köln, Orientalisches Seminar der Universität, Max Freiherr von Oppenheim Stiftung, Inv. Nr. 1377 (381)

Korankasten mit reichen Intarsien und neun arabischen Inschriften. Hellbraunes Holz; fünfeckig; innen mit rotem Stoff ausgeschlagen. Inschriften: Allāh ǧalla ǧalāluhu — Muḥammad ʿalaihi ʾs-salām — Abū-Bakr raḍiya ʾllāhu ʿanhu — ʿUmar ... — ʿUṯmān ... — ʿAlī ... — Hasan ... — Ḥusain ... — as-ṣāniʿ Šaraf-ad-Dīn sana 1230 —. Im Deckel 4 Risse, sonst gut erhalten.

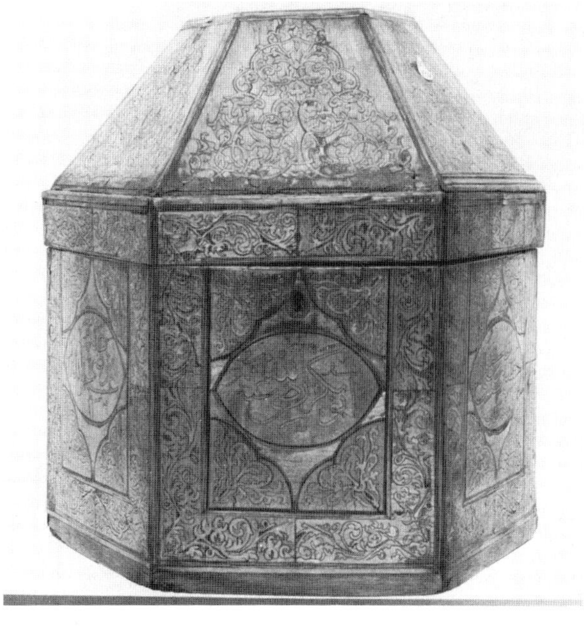

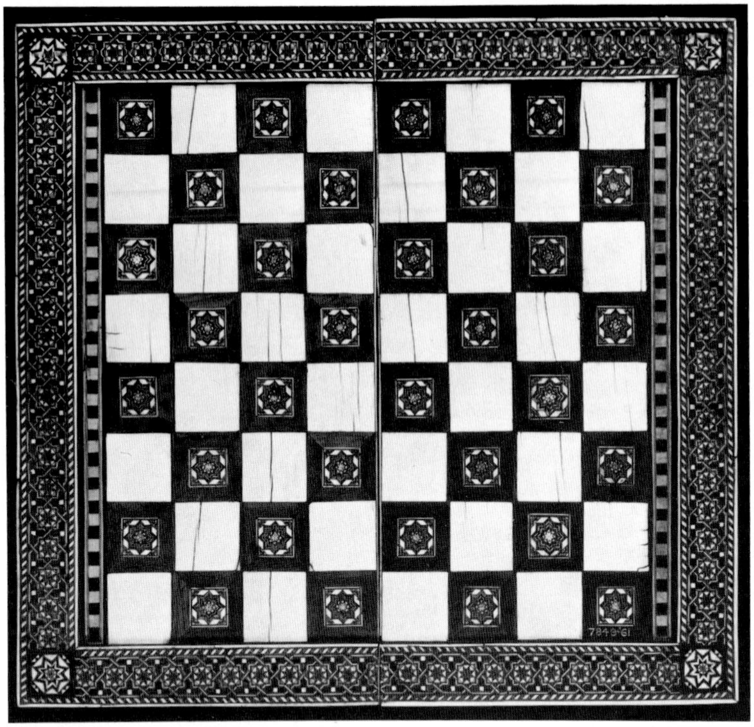

8/7

Spielbrett

Istanbul (Italien ?), um 1500
H 48,5 cm, B 53 cm, T 1,75 cm
Holz mit Einlagen aus verschiedenfarbigem Elfenbein und Kastanienholz

London, Victoria and Albert-Museum, 7849–1861

Das zusammenklappbare Spielbrett ist auf einer Seite als Schachbrett ausgebildet: Elfenbeinplatten wechseln mit Platten aus Nußbaumholz ab, die ein achtstrahliges Sternmotiv tragen. Den Rand bildet eine Bordüre aus den gleichen Sternen, die in ein Flechtband eingebunden sind. Die innere Seite ist für ein Trick-Track-Spiel oder ein ähnliches Brettspiel mit je zwölf Zackenstrahlen eingerichtet. Diese wechseln in den Farben und liegen auf einem Netz von verschlungenen Flechtbändern, die große und kleine Sterne einschließen. Den Mittelstreifen bildet ein perspektivisch wirkendes Netzmuster; eine Sternbordüre mit Flechtwerk umgibt auch diese Seite des Spielbrettes.

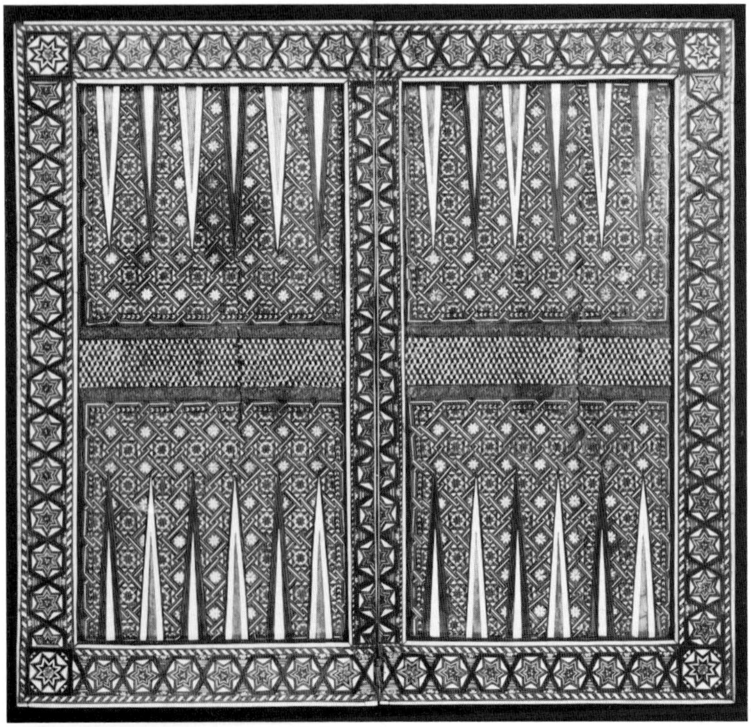

8/8

Kamm aus Buchsbaumholz

Istanbul (Italien ?), um 1500
H 16,8 cm, B 24,2 cm
Buchsbaumholz mit Einlagen aus Bein, gefärbten Hölzern und Silber

London, Victoria and Albert-Museum, 4229–1857

Der in Form eines Doppel-T gebildete Kamm besitzt ein breites durchbrochenes Mittelstück, welches ganz in geometrischen Mustern aufgelöst ist, die Silberknöpfchen tragen. Aufgelegt ist ein quadratisches Sternmotiv; eine Borte von Winkelmustern umzieht das Mittelfeld und die Endstücke des Kammes. Die Zähnung an den Langseiten ist von unterschiedlicher Stärke.

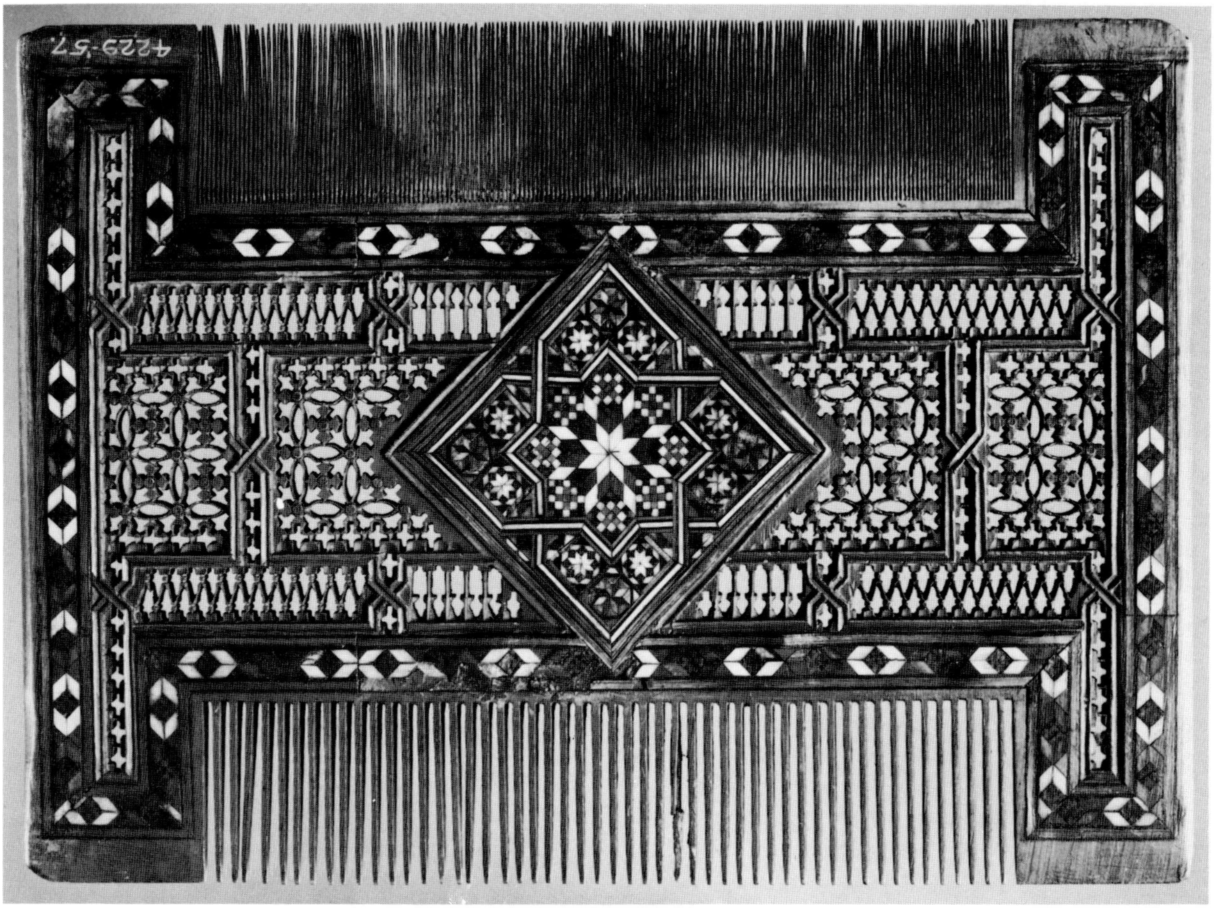

Im 16. und 17. Jh. wurde in der osmanischen Türkei nur wenig gutes Glas hergestellt. Die Osmanen waren, wie die ganze Levante, auf Importe aus den Glaswerkstätten von Venedig, später aus Böhmen und Tirol und vielleicht aus Spanien angewiesen. Nachdem gegen Ende des 18. Jh. oder im frühen 19. Jh. am Bosporus Glaswerkstätten gegründet worden waren, gingen diese schnell zur Massenproduktion über. Ihre Produkte hatten wenig Beziehung zu den kunsthandwerklichen Erzeugnissen früherer Zeit, sondern folgten mitteleuropäischen Vorbildern und ihren Entwicklungen im 19. Jh. Der technische Fortschritt trug also nichts dazu bei, das osmanische Glas von böhmischen oder venezianischen Vorbildern unabhängig zu machen. Ab 1400 hatte es beträchtliche Glasexporte aus Venedig in den Nahen Osten gegeben, d. h. nach dem Niedergang der mamlukischen Werkstätten für Gold- und Emailglas im späten 14. Jh. Einen kleinen Eindruck davon vermittelt eine gefußte Schale, die in das späte 15. Jh. zu datieren ist und in Damaskus erworben wurde (Abb. 89). Die Berichte von venezianischen Chronisten wie Marino Sanuto und Girolamo Prinli beweisen, daß, zusammen mit Metall, Wolle, Safran, Korallen und baltischem Bernstein, Glas *(vetri)* als Luxus-Exportartikel in die Levante ging, und auch die Eroberung von Syrien und Ägypten durch die Osmanen 1516/1517 wenig Einfluß auf den Umfang dieses Handels hatte.

Die früheste osmanische Darstellung von Glasmachern findet sich im *Surname-i Hümayun* (Bibliothek des Topkapı Sarayı, H. 1344, fol. 410 b – 402 a), einem Bericht über die Festlichkeiten anläßlich der Beschneidung der Söhne von Murad III. im Jahre 1582 (Abb. 69). Die „Zunft" der Glasmacher wird vorgeführt, wie sie Stücke von farbigem Glas in gebogene Stuckrahmen einfügt, deren Rankenmuster in Rot, Kobaltblau, Grün, Gelb und Weiß an einige Fenster in der Süleymaniye Moschee erinnern, die vermutlich in das 16. Jh. zurückreichen. Die Kleinheit der zusammengesetzten Stücke ergab sich vermutlich zwangsweise. Fensterglas wurde in großer Menge aus Venedig importiert und kam sicher häufig zerbrochen an, da venezianische Werkstätten offenbar niemals lernten, ihre Erzeugnisse sicher zu verpacken.

Farbglas war aber auch in zerbrochenen Stücken zu kostbar um es fortzuwerfen. So hatten die Handwerker ihre Technik der Größe der verfügbaren Stücke anzupassen. Bei den Fenstern der Moscheen des 17. Jh. wurde kein geblasenes Glas verwendet, doch die Fenster der Sultan Ahmed Moschee zeigen Muster aus sehr viel größeren Glasstücken, was vermuten läßt, daß in dieser Zeit bereits Glas in Istanbul geblasen wurde, wenn auch vielleicht noch aus importiertem Rohmaterial.

Die oben erwähnten Glasbläser im *Surname-i Hümayun* werden allerdings auch gezeigt, wie sie birnenförmige, langhalsige, grünliche Flaschen blasen, eine ganz und gar charakteristisch venezianische Form *(zuche)*. Entweder waren die Handwerker also eingekleidete Ausländer, oder auch das einfache Glas ahmte venezianische Formen nach.

Die venezianischen Gläser in Istanbuler Sammlungen sind von Charleston und Rückert publiziert worden (Annalen, 3; Festschrift Meister (1975) 245–51).

Im Zusammenhang mit den großartigen Architekturstiftungen in Istanbul und Edirne durch Süleyman den Prächtigen, Selim II., ihre Familien und Wesire, muß die Nachfrage nach ausländischem Glas gewaltig gewesen sein. Eine Bestellung von Sokollu Mehmed Pascha vom 1. Juni 1569, die durch den venezianischen Gesandten überbracht wurde, ist illustriert und zeigt lange Lampen (*cesendelli*), Moscheelampen und eine große Laterne für den Palast des Wesirs.

Mit dieser Bestellung, oder anderen aus der gleichen Zeit, läßt sich eine Gruppe von Lampen im Topkapı Sarayı in Verbindung bringen. Es sind teilweise schlichte, teils mit senkrechten Streifen oder Schnüren (*residelli*) verzierte, mit kugeligen Körpern auf ungewöhnlich hohen Füßen und mit überstehenden Schultern, einige in kontrastierenden Farben und mit Spiraldrehung. Zwei Lampen von geringer Qualität aus weinrotem oder dunkelblauem Glas sind, wie Rückert bemerkt hat, einer verschiedenartigen Gruppe von blauweißen „Abraham von Kütahya"-Moscheelampen besonders ähnlich. Sie wurden

offensichtlich alle auf einmal für die Moschee und das Mausoleum von Bayezid II. in Istanbul bestellt, sind um 1510 zu datieren und könnten in Istanbul geblasen worden sein. Dennoch bleibt die Möglichkeit bestehen, daß die Lampen importiert wurden oder der Glasbläser ein Venezianer war.
Einen weiteren wichtigen Beweis für das Vorhandensein von venezianischem Glas auf dem osmanischen Markt liefern Fundstücke aus dem Wrack eines Schiffes aus Venedig vor der dalmatinischen Küste, das 1583 gesunken ist. (Gasparetto 1973, 79–84; Roberts, Istanbul. Mitt. xxx (1984), 239–66). Seine Ladung bestand aus Waffen, Glas- und Töpferwaren, Kerzenleuchtern aus Messing, einem Stück Damast von 54 m Länge und Rohmaterialien wie Metallen, Farbstoffen und Schwefel. Unter den Töpferwaren befanden sich auch mittelmäßige Erzeugnisse aus Norditalien. Diese gemischte Ladung muß für den Markt für Luxusgüter in Konstantinopel bestimmt gewesen sein, der sowohl vom osmanischen Hof und der venezianischen Bevölkerungsgruppe mit stark europäischem Geschmack wie Griechen, Armenier oder Juden favorisiert wurde. Unter den Gläsern befanden sich Becher, Flaschen, Vasen, Krüge, einige runde Fensterscheiben, Glas in großen rechteckigen Tafeln und Spiegel, doch kein Bruchglas. Einige kleine Näpfe und Flaschen bestanden aus Kobalt-Glas, viele wiesen vertikale Fäden (*fili*) auf, andere – besonders Becher – waren aus Kristall *(cristallo)* mit Diamant-Gravur. Es gab auch viele Parfum-Spritzflaschen, ursprünglich eine Form, die von tauschierten islamischen Metallarbeiten bekannt ist, doch im späten 16. Jh. gänzlich von Venedig beansprucht wurde. Anderes waren Zierstücke: Amphorenartige Vasen auf hohem Fuß oder Krüge aus weißem Fadenglas, die in der Form den gleichzeitigen Iznik-Keramikkrügen gleichen (Abb. 90).
Menge und Vielfalt der Glastypen beweisen überzeugend die Macht Venedigs über den osmanischen Markt.

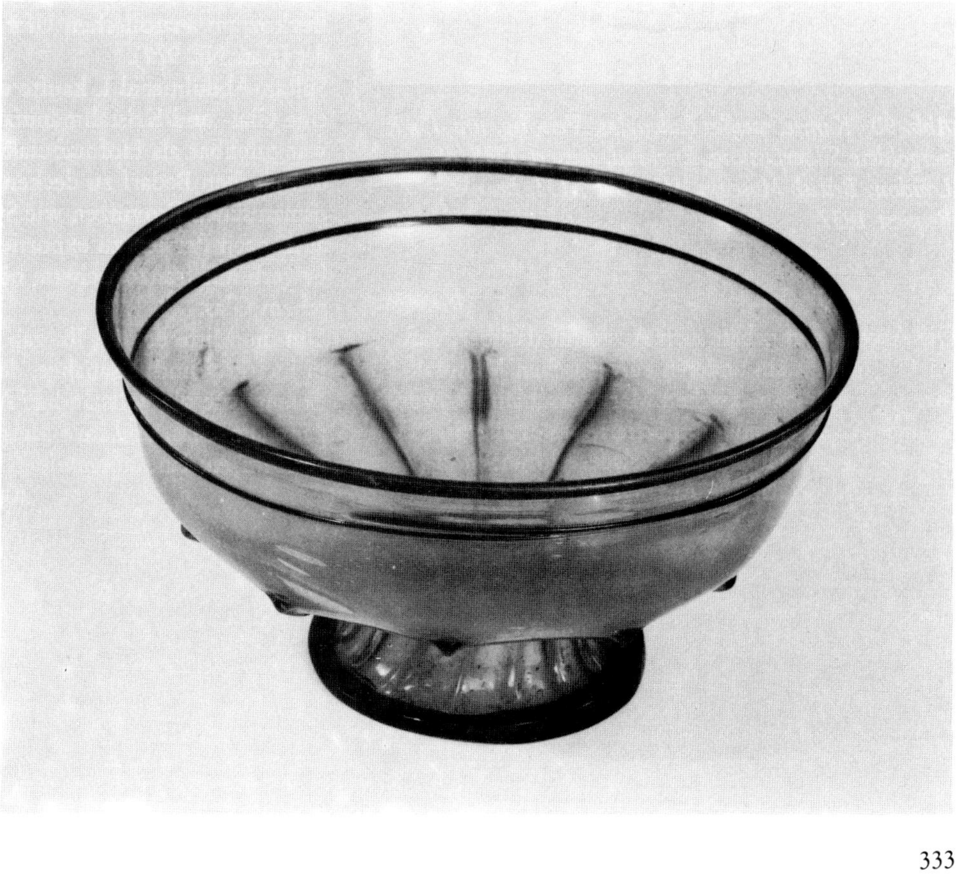

Abb. 89
Glasschale, Venedig, spätes 15. Jh., London, British Museum, MLA 1873 5–2 109, Slade Bequest.

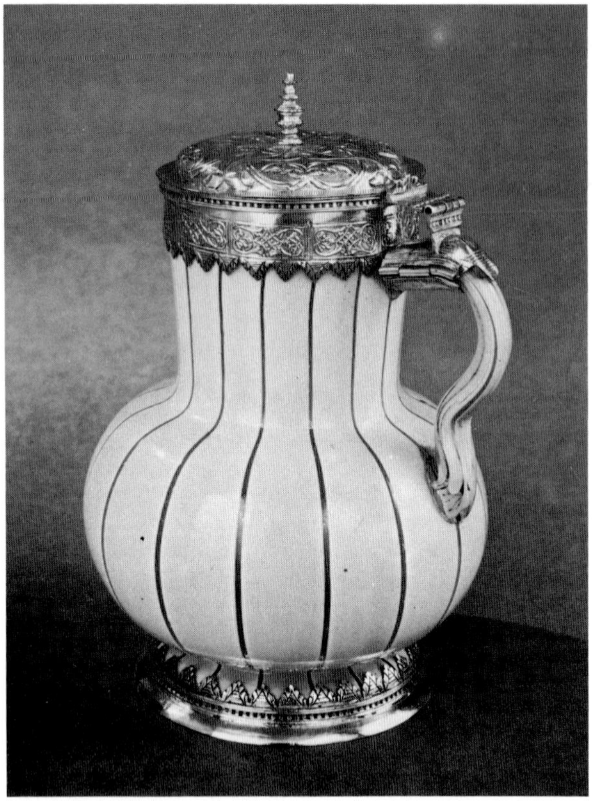

Abb. 90 Kanne, weißes Fadenglas, Venedig, um 1540; vergoldete Silberfassung, England, datiert 1548/49. London, British Museum, MLA AF 3133, Franks Bequest 1837.

Die Archivalien geben auch Auskunft darüber, daß im 17. Jh. Glas aus anderen europäischen Manufakturen auf dem osmanischen Markt erschien. Es wurde meist über Venedig importiert, wo es allerdings selten ausdrücklich in den Verladerechnungen erwähnt wird, so daß die Anfänge schwer festellbar sind. Im späten 17. Jh. hat dann jedoch Georg Kreybich, ein Glashändler aus Nordböhmen eine Reihe von Reisen unternommen, die ihn auch in den Balkan und um das Jahr 1700 nach Konstantinopel führten. Der böhmische Handel mit der Türkei wuchs schnell, und um 1750 gab es bereits ständige Warenhäuser der nordböhmischen Glaskaufleute in Konstantinopel, Beirut und Izmir. Im folgenden Jahrzehnt reisten dann auch osmanische Kaufleute nach Böhmen, um dort große Aufträge zu erteilen. Die in den Glaskatalogen dieser Kaufleute als „Türkengläser" bezeichneten Stücke mögen wohl besonders beliebt bei ihnen gewesen sein. Als schließlich in Istanbul Glaswerkstätten eröffnet wurden, folgten ihre Erzeugnisse entweder venezianischen Vorbildern oder imitierten böhmisches Glas mit Schnittverzierung, Vergoldung und Emailbemalung (Kat. Nr. 9/1).

Die erste osmanische Manufaktur, die Opalinglas und Fadenglas *(vetri a fili)* herstellte, das man dort als *çeşm-i bülbül* (Nachtigallenauge oder hellfarbig) bezeichnete, wurde unter Selim III. (1789–1807) von einem Mevlevî-Derwisch Mehmed Dede in Beykoz am anatolischen Ufer des Bosporus gegründet (Kat. Nr. 9/2).

Sultan Abdülmecid I. kaufte und vergrößerte 1846 eine Glas- und Kristallmanufaktur in Çubuklu. Diese war offenbar als Hofmanufaktur gedacht, um sowohl den eigenen Bedarf zu decken, als auch Glas in die osmanischen Provinzen wie Syrien und Ägypten oder auch nach Persien zu exportieren, offenbar im Wettbewerb mit französischem, böhmischem und italienischem Glas.

Um die Mitte des 19. Jh. gab es dann auch Betriebe in İncirköy und Paşabahçe, doch verrieten alle Erzeugnisse die vollständige Abhängigkeit von europäischem Glas, und ihre Meister wurden vermutlich auch im Ausland ausgebildet.

(Übersetzung Dorothea Rohwedder)

9/1

Glaskaraffe mit Silberbeschlag

Böhmen, 1. Drittel 19. Jh.
H. 31 cm
Kristallglas, geschliffen; Silbermontierung

Köln, Orientalisches Seminar der Universität Köln, Max Freiherr von Oppenheim Stiftung, 2425 (661)

Enghalskanne mit sanft geschweiftem Henkel auf Tellerfuß. Röhrenausguß, Halsmanschette, und Deckel mit Kugelknauf in gehämmertem Silber.
Auf der Gefäßwandung Längskerben, dazwischen Pyramidenschliff, teilweise angeordnet zu Sternrosettfiguren. Tellerfuß radial gekerbt. Auf dem Henkelrücken flach geschliffene Mulden.
Auf dem Gefäßbauch vorne ein querovales Medaillon, umrandet von einer Kugelschliffbordüre, darin die Tughra von Sultan Abdülaziz b. Mahmud (1839–1861).

Lit.: Zur Tughra vgl. Kühnel in KdO II, Abb. 26, S. 79.

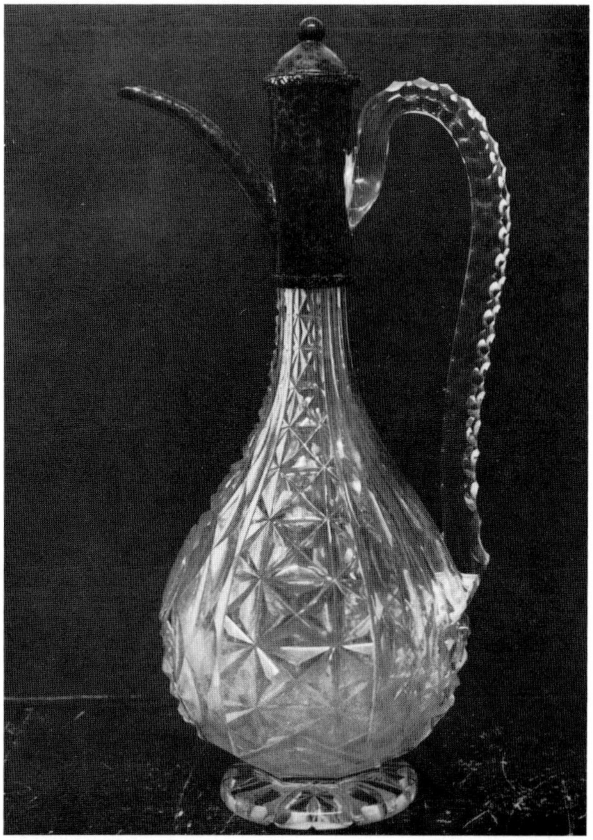

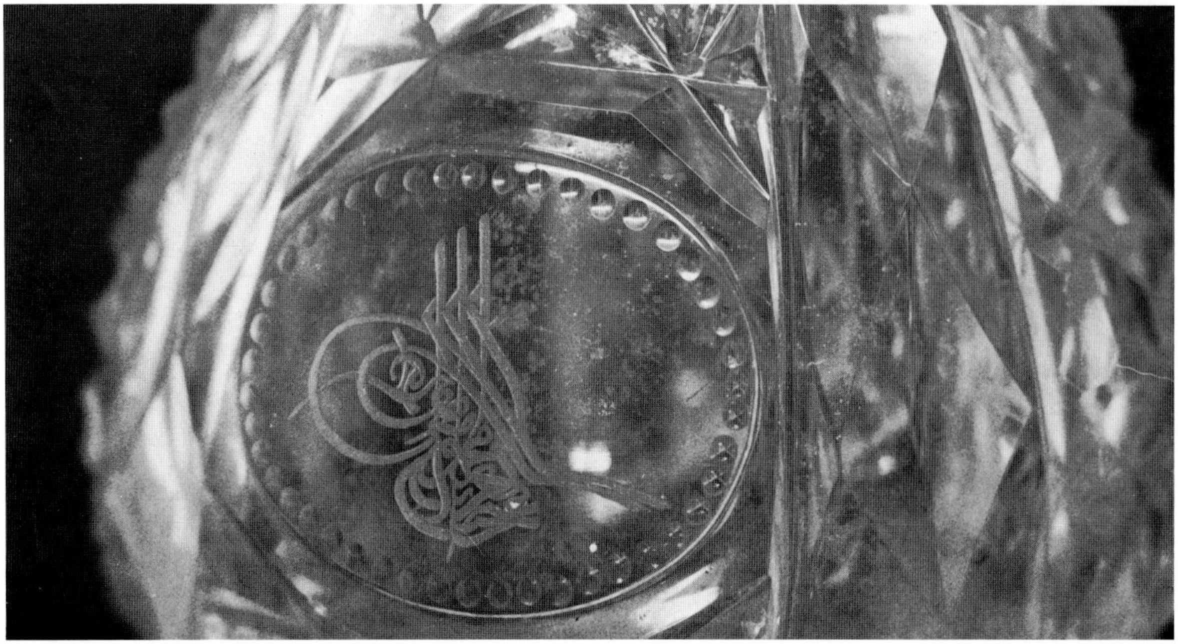

9/2

Karaffe mit Deckel

Türkei, Beykoz, Ende 18. Jh.–19. Jh.
Opakes Glas mit Streifen in drei Farben

London, British Museum, 77 10–15 4

Birnförmige Karaffe mit geschweiftem Henkel und flachem Haubendeckel mit Kugelknauf. Karaffe, Henkel und Deckel mit senkrechten Streifen in dreifarbigem stark verblichenem Glas in Weiß, Türkis und mit farblosem Überfang. Diese Glasart, die auf die venezianischen Fadengläser zurückgeht, war seit dem 16. Jh. im Orient sehr beliebt. Seit der Mitte des 19. Jh. wurde es in Beykoz unter dem Namen *çeşm-i bülbül* (Nachtigallenauge) hergestellt.

Lit.: Katalog Wien (1983), S. 348/349, Nr. 25/48.

9/3

Enghalsflasche

Türkei, Beykoz, 19. Jh.
Opakes gelbes Glas mit farblosem Überfang
H 24 cm

Privatbesitz

Flaschenbauch in gedrückter Kugelform; langer, oben verjüngter und an der Lippe ausgezogener Hals, über dem Ansatz ausgebaucht. Auf dem unteren Teil des Halses ein Ringwulst aus farblosem Glas, ein entsprechender Ringwulst umzieht als Standring den konisch hochgezogenen Boden.

Unpubliziert.

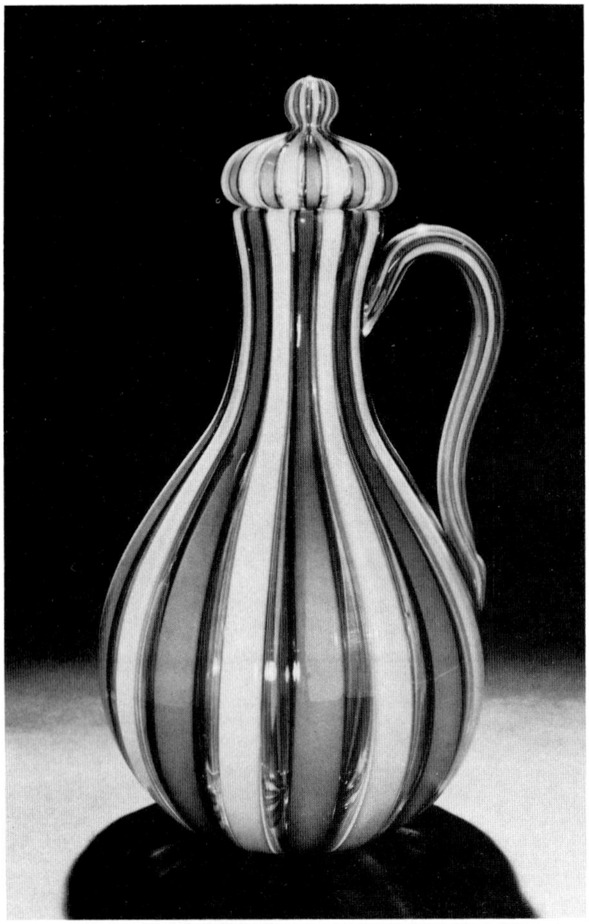

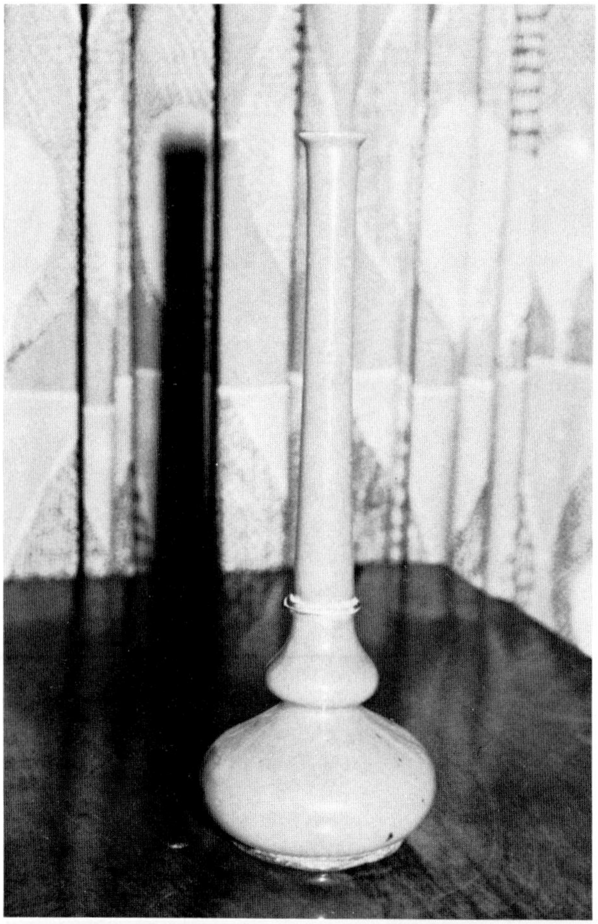

9/4

Rosenwassergefäß

Milchglas mit bunter Schmelzfarbenmalerei
H 12,3 cm

Frankfurt, Museum für Kunsthandwerk, 12992

Gefäß für Rosenwasser in Form einer Taube. Eiförmiger Körper mit gekniffen aufgesetzen Flügeln, plattem Fächerschweif und Einfüllstutzen auf dem Rücken auf drei kurzen Füßen. Kleiner ovaler Kopf, im Schnabel eine Öffnung als Ausguß. Körper und Schwanz bemalt mit farbigen Rosettblüten, der Kopf mit Tupfern.
Schmelzfarben: rot, gelb, grün; Eisenoxyd; Gold (fast ganz abgerieben)

Lit.: Arseven (1970), S. 25; Katalog Frankfurt (1980), Nr. 474.

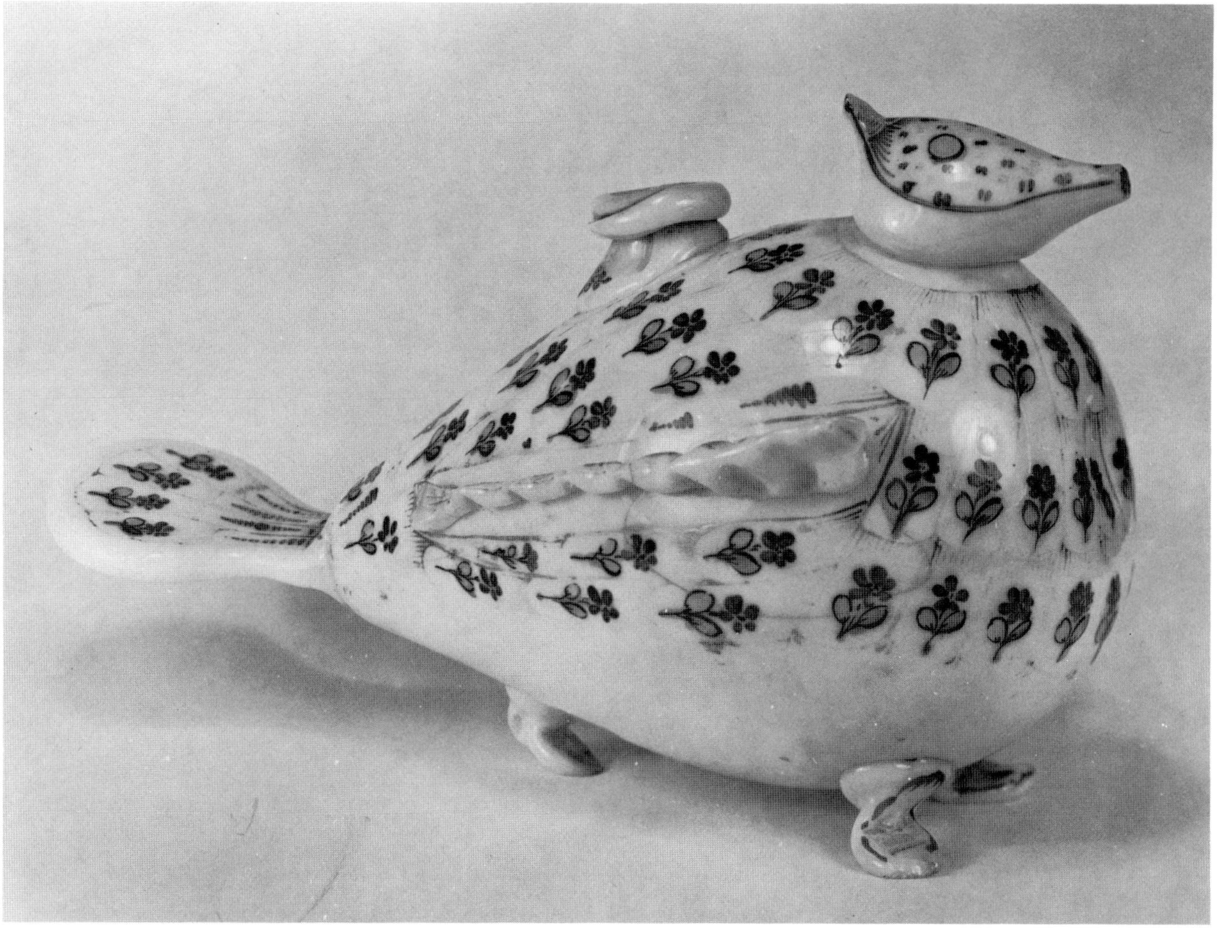

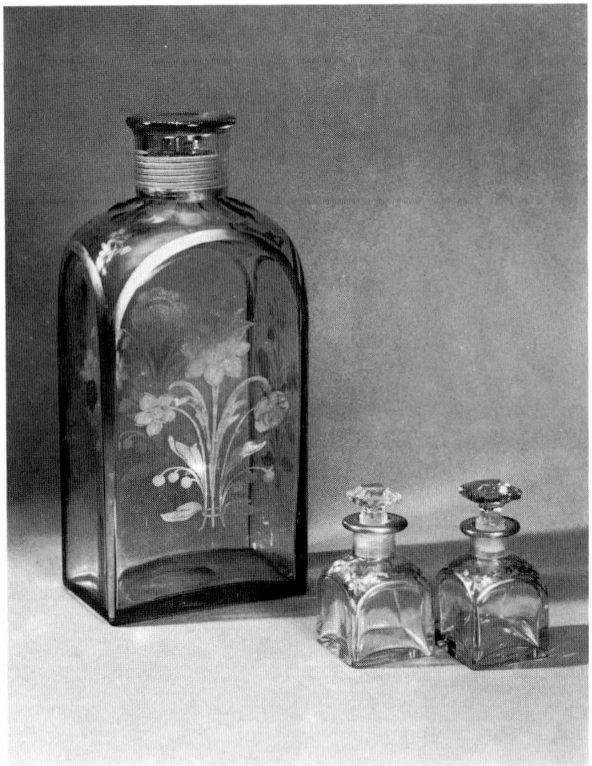

9/5 a–d
Flasche, Flacons, Deckelgefäß und Trichterglas

a Flasche
Türkei, Beykoz, 19. Jh.
Glas, zum Teil geschliffen und vergoldet · H 26 cm
Privatbesitz

Flasche mit vier abgeplatteten Seiten, bogenförmigem Abschluß und abgerundeter Schulter. Zylindrischer Hals mit ausgezogener Lippe und eingeschliffener Spiralführung für einen Schraubverschluß. Schulter am Halsansatz mit gekehltem Zungenfries. Eingepaßter Schraubstöpsel.
Auf den goldumrandeten Wandungsflächen Buketts aus Rosen, Päonien und Narzissen, Streublumen in den Schulterzwickeln.

b Zwei Flacons
Türkei, Beykoz, 19. Jh.
Glas, zum Teil geschliffen und vergoldet · H 8,5 cm
Privatbesitz

Flacons mit würfelförmigem Körper und abgerundeter Schulter, die abgeplatteten Wandungsflächen mit bogenförmigem Abschluß. Zylindrischer Hals mit breit ausgezogener Lippe.
Goldene Rosettblüten und Blattzweige auf der Schulter. Geschliffene Stopfen.

c Deckelgefäß
Türkei, Beykoz, 19. Jh.
Glas, zum Teil vergoldet · H 14,5 cm, Dm 10,5 cm
Privatbesitz

Kugeliges Gefäß mit Einsatzdeckel. Gekerbter Knauf auf zylindrischem Stiel mit Ringwulst am Ansatz.
Auf der Gefäßwandung vertikal versetzte goldene Blattrispen und Blätter, in der oberen Hälfte durch horizontale Blattwedel verbunden; goldene Ringlinien auf dem Fuß- und Lippenrand. Deckel entsprechend dekoriert, Knauf teilweise vergoldet.

d Trichterglas
Türkei, Beykoz, 19. Jh.
Glas, gepreßt, geschliffen, zum Teil vergoldet · H 12 cm
Privatbesitz

Trichterförmiges Glas auf konisch ansteigendem Tellerfuß. Wandung gerippt und von einem Fries gekehlter Schilde umzogen, oben und unten goldkonturiert, gefüllt mit Blattzweigen; an den Spitzen des Frieses unten abhängende Dreiblätter.

OSMANISCHE ELFENBEINKUNST

In der islamischen Kunst ist Elfenbein vor allem im frühen Mittelalter verwendet worden: für die Kästchen des zehnten bis elften Jahrhunderts, die geschnitzten Friese und Spielbretter aus dem fatimidischen Ägypten, die Olifant-Hörner des östlichen Mittelmeeres und schließlich die bemalten Elfenbeinkästen, die mit dem 12. Jahrhundert in Palermo in Verbindung gebracht werden.
In Europa trat nach dem Ende der Spätgotik im 15. Jahrhundert der Niedergang der Elfenbeinkunst ein, die erst in der Barockzeit wieder auflebte. Die Unterbrechung dieser beiden Traditionslinien erklärt vielleicht das Fehlen von Elfenbein in der osmanischen Kunst und seine nur begrenzte Verwendung bei Intarsienarbeiten.
Der muslimische Handel mit Indien im späten Mittelalter ist noch wenig erforscht. Nach allgemeiner Übereinstimmung der Fachleute gehörte auch Elfenbein dazu, obwohl afrikanisches Elfenbein als Material höher bewertet wurde als das indische. Indische Elfenbeinarbeiten für den nahöstlichen Markt sind möglicherweise durch eine Gruppe zylinderförmiger Kästen mit arabischen Inschriften, von denen eines den Namen von al-Malik as-Ṣāliḥ Ṣāliḥ (gest. 1354) trägt und die man deshalb etwas unbefriedigend als ägyptisch, Mitte des 14. Jahrhunderts, einordnet, belegt. Weder Dekoration noch Schrift sind typisch mamlukisch, vielmehr stammen ihre Durchbruchsmuster von geschnittenen Steinschranken des 14. und 15. Jahrhunderts in Gujarat ab. Sie wirken wie indische Druckstoffe mit mamlukischen Mustern darauf: von Kairo bestellt und in Indien ausgeführt. Für den osmanischen Markt wurde offenbar kein Elfenbein in Indien hergestellt, auch behinderten die Aktivitäten der Portugiesen im Indischen Ozean den Handel, nachdem sie im späten 16. Jahrhundert dort ein Monopol für den Elfenbeinhandel zwischen Afrika und Indien aufgebaut hatten. Die muslimischen Herrscher in Westindien baten in Istanbul um Unterstützung gegen diese Eingriffe, doch blieben alle Versuche von osmanischer Seite vergeblich.
Daher mag der Mangel an Elfenbein die Tatsache widerspiegeln, daß der Indien-Handel außerhalb ihrer Kontrolle lag.
In einem Inventar aus der Zeit von Bayezid II. von 1505 werden an Elfenbeinobjekten nur einige Peitschengriffe und ein Tintenfaß erwähnt[1]. Allerdings ist das Verzeichnis unvollständig, da man weiß, daß es in der Schatzkammer eine Elfenbeindose mit Einlegearbeit gegeben hat, die von einem Handwerker Ahmed el-Burusevî signiert und 888/1483–84 datiert sowie mit einer Inschrift für den Sultan versehen war[2].
Es erscheint überraschend, daß es nicht mehr Elfenbein gab. Andererseits werden Fischzähne *(balık dişi)*, also Walroßbein – verarbeitet und unverarbeitet –, mehrfach erwähnt und sogar Narwalzähne, oft als Hörner des Einhorns beschrieben. Walroßbein war ein traditioneller muslimischer Handelsartikel aus Moskau und dem Baltikum. Es ist kräftig gekörnt und erfreute sich im safavidischen Iran und Moghul-Indien im frühen 17. Jahrhundert großer Wertschätzung. Es gibt praktisch keine anderen Belege über Elfenbein in den osmanischen Palästen. So enthält zum Beispiel die lange Liste von Kuriositäten, Gefäßen und Schmuckstücken, die sich in dem königlichen Kasten *(mahfil-i latîf)* in der Moschee von Sultan Ahmed in Istanbul befanden (datiert Rebiüilevvel 1026/März 1617), Objekte aus Jade, Achat, Bergkristall, Alabaster und Silber oder Porzellan; das einzige Elfenbeinstück ist ein Spiegel, offenbar mit einer Elfenbeinrückseite.[3]
Im 16. Jahrhundert wurde Elfenbein im Osmanischen Reich hauptsächlich auf traditionelle Weise, für Inkrustationen oder Intarsien, verwendet; manchmal, wie bei den Täfelchen des Korankastens von Bayezid II. (datiert 911/1505–06), mit tief eingeschnittenem Blattornament ode Inschriften, die stark an die Elfenbeinschnitzereien im mamlukischen Ägypten des späten 15. Jahrhunderts erinnern. Es gibt nur wenige bisher bekannte, ganz aus Elfenbein geschnitzte Objekte. Dazu gehören Schwertgriffe, wie der von einem Krummsäbel Süleymans des Prächtigen im Topkapı Sarayı, der 933/1526–27 datiert ist[4]. Ferner die Rückseite eines Spiegels, der ebenfalls für ihn hergestellt wurde und 950/1543–44 datiert ist, mit außerordenlich tief eingeschnittenem Rankenwerk, Wolkenbändern und einer Widmungs-

inschrift für den Sultan[5]. Gürtelschließen, wie bei einem Gürtel der Mitte des 16. Jahrhunderts im Topkapı Sarayı tragen aufgesetzte Buckel, die mit schwarzer Paste eingelegt und mit Türkisen und Rubinen in Goldfassungen inkrustiert sind.[6]
Andere Gürtelschließen sind durchbrochen gearbeitet, doch stammen sie vermutlich aus Indien und nicht aus der osmanischen Türkei. Die stark eingetiefte Schnitzerei mit beträchtlichen Unterschneidungen ist eine Adaptation der gleichzeitigen dekorativen Marmorschnittkunst.
Es gibt im Nahen Osten auch eine Tradition für elfenbeinerne astronomische Instrumente, wie zum Beispiel ein Gnomon aus Elfenbein im Benaki-Museum in Athen, 739/1349 datiert und von einem mamlukischen Handwerker Abū Ṭāhir signiert.[7]
Die Biographie eines anderen Astrolabherstellers Ibn aš-Šāṭir (gest. 1375), der eine Zeitlang *muwaqqit* (Zeitwächter) an der Großen Moschee in Damaskus war, vermerkt, daß er als Elfenbeinschnitzer begonnen habe.[8] Nachdem er *muwaqqit* geworden war, mag sein Beitrag zur Herstellung von astronomischen Instrumenten nur mehr die Berechnung ihrer Parameter gewesen sein, aber nicht mehr ihre Beschriftung; dennoch ist die Verbindung von Elfenbeinschnitzerei mit der Herstellung astronomischer Instrumente hier überzeugend. Derartige mamlukische Instrumente sind mit großer Gewißheit durch die Osmanen nach ihrer Eroberung von Kairo im Jahre 1516 und der Erbeutung der dortigen Schätze übernommen worden.
Zur gleichen Zeit wurden im späten 15. Jahrhundert in Nürnberg kleine Kompaß-Sonnenuhren Mode, manchmal mit Kalendern verbunden und auf Elfenbeintäfelchen graviert. Ein Jahrhundert später entstanden davon arabische und sogar chinesische Versionen, deren Diale auf die Länge von Istanbul und andere östliche Städte eingestellt waren. Sie gaben wahrscheinlich die Anregung für einen Kompaß mit Sonnenuhr aus Elfenbein und Messing im Britischen Museum, der 988/1582-83 datiert ist (Oriental Antiquities 90 9–15 1), signiert von Bayram b. Ilyas, und eingestellt für Istanbul und die Städte der Levante.
Der Gebrauch von Elfenbein als Unterlage von Inkrustationen oder Einlegearbeit zeigt wiederum das Vergnügen der Osmanen, in der dekorativen Kunst „die Lilien zu vergolden – also das Kostbare mit noch Wertvollerem zu verschönern. Auch wurde Elfenbein gemeinsam mit Horn, Achat und Karneol für Löffel und auch Spiegelgriffe verwendet. Diese sind im allgemeinen spiralig gedreht und enthalten oft bewegliche Kugeln, die in der äußeren Wandung eingeschlossen sind. In den Augen der Westeuropäer war das eine Spielerei, die man teilweise mit den Chinesen in Verbindung brachte, die solche Gegenstände mindestens seit 1388 herstellten und es *gui gong qui* nannten (Teufelswerk), aber sie wurden auch seit 1500 in Europa gearbeitet. Seit dem 18. Jahrhundert kam Elfenbein, wie in Europa, wieder mehr in Gebrauch, so zum Beispiel für das Werkzeug der Kalligraphen, besonders für Federkästen oder Federhalter mit Verzierung in Filigranschnitzerei.

(Übersetzung Dorothea Rohwedder)

1 J. M. Rogers, An Ottoman palace inventory of the reign of Bayezid II. In: Congrès international des Etudes Ottomanes et Pré-Ottomanes, Cambridge 1984 (in the press): Topkapı Sarayı Archiv, D. 10026, neue Zählung.
2 G. Migeon, Exposition des Arts Musulmans au Musée des Arts Décoratifs. Paris 1903, Taf. 8. Früher Edmond de Rothschild-Sammlung. Heutiger Aufenthalt unbekannt.
3 Topkapı Sarayı Archiv, D. 8002, 8021, publiziert in Ö. L. Barkan, Süleymaniye cami ve imareti inşaatı. Bd. II. Ankara 1979, S. 289–90, Nr. 580-1.
4 Kat. Istanbul 1983, Nr. E. 86.
5 Ebenda E. 88.
6 Ebenda E. 87.
7 L. A. Mayer, Islamic Astrolabists and their works. Genf 1956, S. 33.
8 Ebenda S. 40-1.

10/1 FARBTAFEL S. 304

Elfenbeinspiegel

Mitte 16. Jh.
H 31 cm, Dm 10 cm
Elfenbein, Türkis (Spiegelglas)

Istanbul, Topkapı Sarayı Müzesi, 2/1804

Rückseite des Spiegels belegt mit einer durchbrochenen Elfenbeinplatte aus zentrierten Arabeskenranken. In der Mitte eine Rosettblüte mit zentralem Türkis.
Rand umzogen von einem dünnen Band aus Blättern und *hatayi*-Blüten. Der hohle, am Ansatz gedrechselte Elfenbeingriff war ursprünglich mit einer geschnitzten Elfenbeinkette am durchbrochenen Knauf versehen.

Lit.: Arseven (o. J.), Abb. 528; Kat. Istanbul (1983), Nr. E. 89.

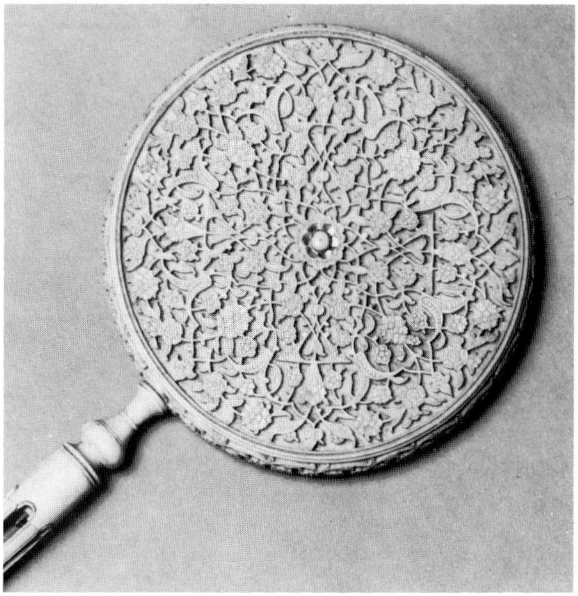

10/2

Dolchgriff

Türkei, 16. Jh.
L 12,7 cm
Elfenbein geschnitten

London, British Museum, OA. + 409

Leicht ausgebauchter Griff, eingeschnürt von zwei Perlstäben, mit palmettförmigem Ende.
Fläche überzogen von einem doppelten System symmetrisch angelegter Gabelblattranken, besetzt mit Rosettblüten. Das tiefer liegende, als Folie dienende Arabeskennetz ist zarter und feingliedriger ausgebildet als die darüber liegenden, zum Teil unterschnittenen Ranken. Griff konturiert von zierlichem Doppelprofil.

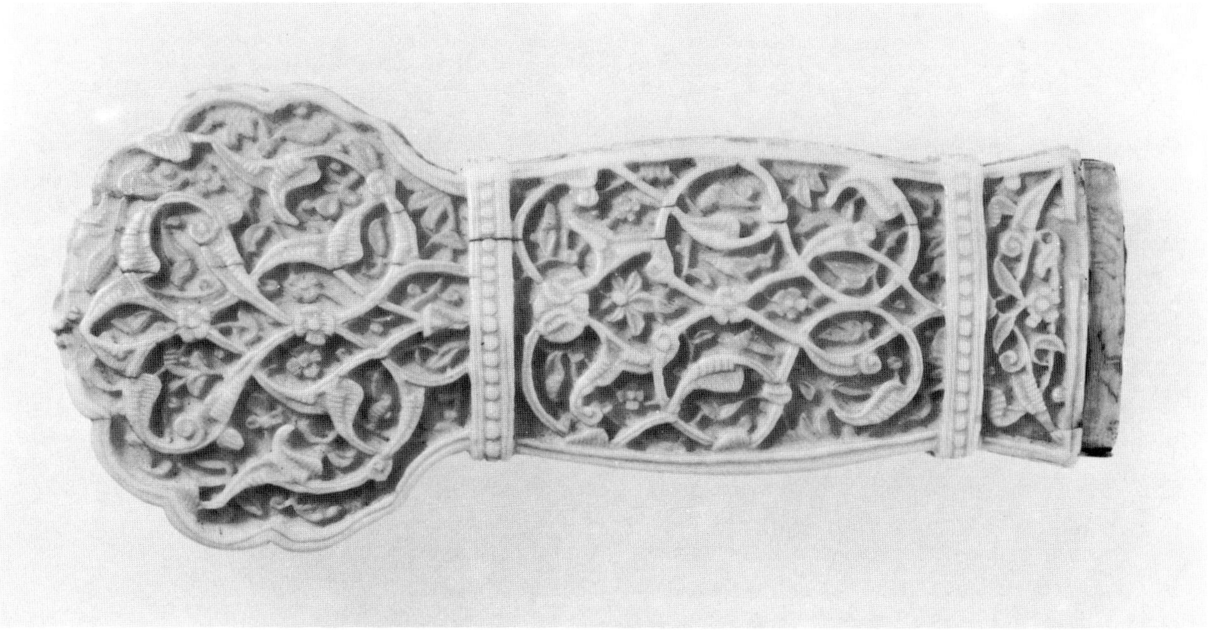

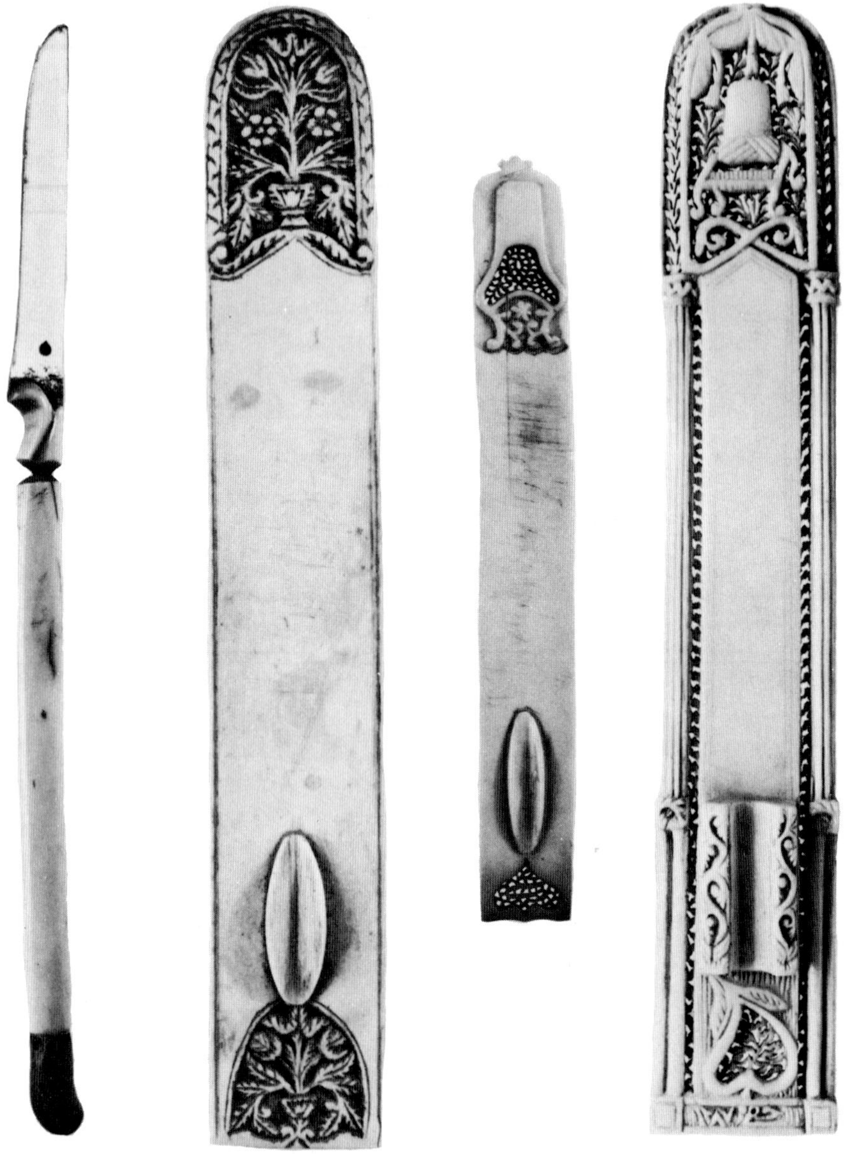

10/3
Schreibgerät
Türkei, 18. Jh.
Elfenbein
Privatbesitz

Lineale mit aufgesetzter Mulde zum Ablegen der Schreibfedern, auf einer Seite abgerundet. Die abgerundeten Seiten mit durchbrochenem und geschnittenem Dekor in Form von Blumensträußen oder Turbanen, auf der stumpfen Seite in sparsamerer Wiederholung.
Messer mit Elfenbeingriffen mit in Silber gefaßten Enden.
Blattförmige Unterlagen mit durchbrochenen Rändern zum Anspitzen der Feder.

WEHR UND WAFFEN DER TÜRKEN

So wie Tacitus in seinem Werk *Germania* den Römern die Germanen als sittlich höherstehend vorhält, stellt Fronsperger 1573 in seiner „Kriegsordnung" dem deutschen Landsknecht den türkischen Krieger gegenüber (Kriegsbuch, Frankfurt 1573, CCXIII f.). Er schreibt: *Man sehe auf der Türken Krieg, Gebrauch und Ordnung, so wird es die Erfahrung mit sich bringen, wie sie das gut Lob und Rüstung von den Teutschen an sich gezogen, auch zudem mehrmalen nunmehr wider uns gesiegt, mit Trotz, Stoltz und Mannheit in allen Sachen überlegen und sonderlich was die Kriegsläufft belanget, vil zu hurtig und scharf gewesen. Zudem so ist ihnen kein Thal, Berg noch dergleichen gefährlichs Ort zu Wasser und Land, wie hoch, tief noch weit es immer sein kann oder mag, zu entlegen noch zu gewaltig welches sie dieser Zeit besuchen, das ihnen zu unüberwindlich oder bevor möchte stahn, sondern in solchem allen scheuen sie kein Gefahr, Beschwerung, Not oder anders, wie schwer es auch sein möcht. Wagen und schlagen also vielmehr um Ehr und Ruhm wegen, ihr Leib und Leben in die Schanz, allein das sie mögen Ehr und Lob mit sich heim bringen. So gilt ihm auch wachen und schlafen eins so viel als das ander. Im Lager sind sie züchtig und still. Man hört und sieht nicht rumoren, balgen, fressen, saufen wie die Hund, wie bei uns der Gebrauch. Aber an die Feind sein sie hitzig, geschwind oder beherzigt. Es wird auch nit bald ein unnötigs Geschrei oder Auflauf bei ihnen erfunden. Halten auch sonst vor allem in Kriegsläuften gut Regiment und Gesatz. Zu dem andern, so brauchen sie auch keinerlei Weiß solchen unnötigen Überfluß, Geschmuck oder Kleidung als wir. Dann als ihr Volk zu Streit gericht ist, (sind sie) mit gewöhnlicher, schlichter Kleidung gewappnet, und darinn garnichts überflüssigs erfunden. Ihre Reisigen brauchen auch voreinander gar kein köstlichen Rüst, weder am Leib noch auf den Pferden, und wann sie streiten oder schlagen wollen, so legen sie erst Ihre Waffen, Schild und Harnisch an. Solches wird sonst fast alles hinnach geführt. Jeder hat zu einem Gemerk ein kleines Fähnlein an seiner Stangen unter seins Hauptszeichen. Haben sonst wie die Teutschen Posaunen oder Trommpeten und dergleichen Heerpauken etc.*

Weiter lesen wir bei Fronsperger . . . *sonderlich (ist) der Türken höchste Macht und Gewalt nach der besten Kriegsübung gericht, dardurch sie an Leut und Land stärker und gewaltiger dann alle andere Nationen sind worden. Es wird auch in keinem Land oder Hof solche Zier und herrlicher Pracht vernommen als bei der Türken Kriegsübung gebräuchlich. Wie ich dann glaubwürdig berichte, und zum Teil auch selbst Ihre Kriegsordnung gesehen und sonderlich in der Türkei Historien vernommen, wie dann solches fein ordentlich nachlengs begriffen, daß sie mit geübten und geschwinden anschlägigen Kriegsleuten, samt dero Rüstung und Gewehr vor andern wohl verwahrt und versehen. Erstlichen wird angezeigt und bei ihnen gebraucht ein auserwähltes geschwindes Kriegsvolk zu Roß und Fuß, so des türkischen Kaisers Palast mit stattlicher Wehr in einer Guardy verwachen samt dero Pforten innehaben und bewahren. Solche werden vor andern im Kriege gebraucht. Womit der Kaiser mitten im Haufen bedeckt (ist). Und kommt (so) oftmals, daß er über die vier- oder fünfhundert mal Tausend (Mann) stark pflegt gerüstet ins Feld zu ziehen. Und vor Feinds Gefahr halten sie sich nahe zusammen, begeben sich ungefähr in eine rund Schlachtordnung, wenn diese hergestellt ist, so gibt sich ein Haufen nach dem andern an die Feind zu setzen hinaus . . . Pflegen derhalben auch heut bei Tag viel mehr Haufen, dann bei den Teutschen in Gebrauch, gegen den Feind zu ordnen. Machen also ein Haufen zu Roß und Fuß hinter den andern, (damit) wo einer zu schwach, ihm ander zu Hülf mögen kommen.*

Wir erfahren hier von Fronsperger, dem seinerzeit sehr berühmten Kriegstheoretiker, in knappen Worten etwas von der türkischen Heeresorganisation, den Gardetruppen, den Janitscharen, *zu Roß und zu Fuß* wie er sagt und ihrer Taktik. Ihre Manneszucht stellt er der Zuchtlosigkeit der Landsknechte gegenüber. So waren die Türken über Jahrhunderte in Europa gefürchtet und unbesiegbar. Noch 1717, fast 35 Jahre nach der Entsetzung Wiens wird in allen Kirchen des Hochstifts Würzburg ein Kirchengebet gesprochen, in welchem es heißt *Dieser schröckliche Feind verlasset sich auff seine Wilde Art und vermeynet uns mit Feuer und Schwerdt zu vertilgen.* Hier wird ein anderer Aspekt der türkischen Kriegsführung deutlich, seine Wildheit. Gewiß führten sich auch die Horden der europäischen Soldateska nicht gerade erfreulich auf. Aber das waren nur Ausschreitungen, während der Türke zuerst seine *akıncı*, die „Renner und Brenner", und später die Tataren bewußt und gezielt zur Terrorisierung seiner Gegner einsetzte. Sie kämpften in der ursprünglichen Technik der Steppenkrieger, die alle Türken einstmals gewesen sind, während die Janitscharen, wenigstens in ihrer besten Zeit, wohltrainierte Krieger zu Fuß sowie bei den Geschützen waren. Im „Großen Krieg 1683–1699" verloren sie dann ihre besten Leute, und da auch ihr Rekrutierungssystem in Verfall geriet, wurde der Ersatz immer schlechter. Da sie nie gelernt hatten, in kleinen Verbänden taktisch zu kämpfen, konnten sie sich nicht mehr im offenen Feld den gutgedrillten kaiserlichen Soldaten gegenüber behaupten.

Doch wenden wir uns jetzt den Waffen der Türken zu. Als die nomadisierenden Turkvölker am Ende des ersten Jahrtausends von den zentralasiatischen Steppen in die Welt des Islam hineinströmten, brachten sie als geborene Reiter den kurzen „zusammengesetzten" Bogen (Reflexbogen) mit. Von Kindesbeinen an waren sie geübt, ihn zu Fuß und vor allem zu Roß zu gebrauchen. Ein anderes asiatisches Reitervolk, die Parther, verwendeten diese furchtbare Waffe auch: Sich scheinbar zur Flucht wendend, schossen sie rückwärts gewandt im „parthischen" Schuß ihre unfehlbaren Pfeile ab. Das gleiche beherrschten auch die osmanischen Türken. In ständiger Übung auf dem *ok meydanı*, dem „Pfeilplatz", sich trainierend, waren sie Meister dieser Waffe. Sie bildeten Schützengilden, die bis zur sogenannten Reformzeit nach 1839 bestanden. Dann aber „europäisierten" sie sich und die Kunst des Bogenmachens und Pfeilschäftens erlosch. (Vgl. Anmerkungen zur Technik der Bogen- und Pfeilherstellung S. 350) Zum Bogenschießen hatte der Türke zwei Hilfsmittel: den Siper *(siper)* und den Bogenring *(zihgir)*. Der Siper (aus dem Persischen „Schild") ist eine Pfeilrinne und soll besonders gut für den Fluchtschuß geeignet gewesen sein. Die eigentliche Rinne besteht aus Horn. Sie ist in sich leicht gewölbt, damit die Reibung des Pfeiles auf ein Mindestmaß beschränkt wird. Unter der Rinne liegt eine Platte, die auf den erhaltenen Stücken mit Haifisch- oder Rochenhaut bezogen und auf eine hölzerne Unterlage montiert ist, die sich der Hand anpaßt. Der Siper wird mit Riemen auf das linke Handgelenk geschnallt. Er soll dem Pfeil die Richtung geben und zugleich die Hand vor Verletzungen durch die Pfeilspitze schützen. Der Bogenring (Kat. Nr. 11/4), ohne den ein öfteres Schießen mit dem Reflexbogen unmöglich ist, kann aus Gold, Silber, Jaspis oder allen Arten von Horn sein. Er ist mit Leder gefüttert und wird an den Daumen der rechten Hand gesteckt. Seine verbreiterte Innenseite bedeckt die Daumenspitze. Dadurch verteilt sich der Druck der Sehne auf das ganze Glied und verhindert Verletzungen. Die Türken spannten und schossen also mit dem Daumen; diese Art nennt man die „mongolische Spannung". Es wird eine Faust gemacht, der Zeigefinger liegt dabei über dem Daumen, der die Sehne zieht; er soll aber den Daumennagel nicht ganz bedecken, damit sich die Hand leichter lösen kann. Diesen Griff nannten die Türken den „Riegel" *(mandal)*.

Die Schußweite des Bogens war beträchtlich. Truppeneinheiten konnten noch in einer Entfernung von über 500 m getroffen werden. Es wird von Weitschüssen von über 1300 m berichtet. Das Bogenschießen war, wie bei den Japanern, eine religiöse Übung; vorangehende Meditation und ein „Leermachen" wurden gefordert.

Seinen Bogen versorgte der Türke in einem Bogenköcher (persisch *kamandan*, Kat. Nr. 11/6, 11/31), der an der linken Seite getragen wurde. Viele Bogenköcher haben sich erhalten. Zwei Lederpatten bilden eine Tasche, die die Form des bespannten Bogens nachbildet, der darin bis zur Hälfte steckte, um ihn leicht ziehen zu können. Die Vorderseite ist mit Applikationen verziert oder mit Prägung versehen. Die Vornehmen trugen samtbezogene Köcher, reich mit Gold- und Silberfäden bestickt. Gegen den Regen und Straßenschmutz konnte der Bogenköcher mit einer Schutzhülle überzogen werden. Den Pfeilköcher *(tirkeş)* trug der Türke an der rechten Seite. Er war ziemlich flach und aus dem gleichen Material wie der Bogenköcher. Beide Behälter bildeten eine Garnitur, die mit gleichem Zierrat versehen war (Kat. Nr. 11/5 und 11/6) und an einem Gürtel befestigt wurde. Der Pfeilköcher lag auf der rechten Hüfte auf und war an der Oberkante zur freieren Beweglichkeit des Armes ausgeschweift. Eine weitere für die türkischen Reiter typische Waffe war der kurze Wurfspieß. Er war bis Indien verbreitet. Arabischer Herkunft, hieß er bei den Türken *cerid.* In jahrelanger Übung versuchte man, wie beim Bogenschießen, im Gebrauch der Waffe zur Meisterschaft zu gelangen. Ja man entwickelte aus dem Gebrauch der Waffe ein Kampfspiel. Ursprünglich ein höfischer Sport, wurde es ein Spiel des Volkes. Heute noch von der ländlichen Bevölkerung Anatoliens ausgeübt, ist das Dscheridspiel eine Art Turnier; man reitet in vollem Galopp, versucht zu treffen, ohne getroffen zu werden, ja sogar die Waffe des Gegners aufzufangen und damit den Gegner anzugreifen. Wer getroffen wird ist „aus" (Oppenheim, Djerid 1927, 590-17). Marsigli schreibt in seinem klassischen Werk, daß die Aghas den Wurfspieß in einem Behälter links am Sattel trügen: *Che dagli Aga so portano in una borsa al numero de trè alla sinistra della sella, e si gettano con la mano* (Marsigli, L'etat militaire 1732, II 9). Bei den erhaltenen Waffen in Bologna und Karlsruhe sind die Enden der Spieße rund. Die Waffen in Schloß Friedrichstein und Ingolstadt haben silberbeschlagene abgeflachte Enden, wohl damit man sie besser aus dem Köcher ziehen konnte (Kat. Nr. 11/7). Der Köcher ist aus Holz, mit schwarzem Chagrinleder überzogen und wie eine Säbelscheide an beiden Enden mit nielliertem Silber beschlagen. Übrigens gibt es auch Kombinationen von Schwert und Wurfspieß in einem Köcher. Wien und Leningrad besitzen Beispiele. Man konnte die Waffe auch beachtlich weit werfen. Aus alten Reiseberichten erfahren wir, daß 80 bis 100 m Wurfweite erreicht wurden (de Bruyn, Reizen 1698, 136).

Von den Spießen der Türken und ihrer Handhabung erfahren wir einiges bei Busbeck, der 1554–62 Gesandter von Kaiser Karl V. und Ferdinand bei der Hohen Pforte war. Über den türkischen Reiter schreibt er: *In der linken Hand trägt er, wenn er sie nicht lieber frei behält, einen leichten Speer, gewöhnlich grün bemalt . . . den Speer behält er so lang wie möglich bei sich; so lang er den Bogen gebraucht, klemmt er . . . ihn zwischen Sattel und Schenkel ein, so daß die Spitze hoch nach hinten steht, und behält ihn fest am Knie, so lang er mag* (Busbeck, Briefe, 1925, 152). Von dieser Art Speere haben sich einige vor allem in Wien erhalten. Sie sind bis zu 3 m lang, spiralig grün-weiß oder grün-rot bemalt und haben etwa 40 cm oberhalb des unteren Endes eine hölzerne Kugel aufgeschoben, um ein Zurückgleiten der Waffe beim Stoß zu verhindern, wie Marsigli schreibt. Er meint dazu, daß dies die Waffe der Grenzreiterei sei. Ebenfalls in den Wiener Museen finden sich Lanzen mit einer Länge von etwa 4,30 m. Auch sie sind bemalt und, um die Waffe leichter zu machen, aus zwei Hälften von ausgehöhltem Fichtenholz zusammengeleimt. An diesen Lanzen flatterten fast 2 m lange Wimpel. Piken, wie sie bei der europäischen Infanterie des 17. Jahrhunderts in Gebrauch waren, kannte der Türke nicht.

Neben Pfeil und Bogen sowie dem Wurfspeer war der gekrümmte Säbel *(kılıç)* eine gefürchtete Waffe der Türken (Kat. Nr. 11/8). Reiter und Fußvolk führten ihn, und mit einem einzigen Hieb schlug der ausgebildete Krieger dem Gegner den Kopf ab. Ein Rückenschliff im vorderen Viertel der Klinge ermöglichte auch das Stoßen mit der Waffe. Die Klinge war oft mit Inschriften in Goldtauschierung verziert. Diese sind religiösen Inhaltes, nennen aber auch den Meister, der die Waffe verfertigte, und den Besitzer der Klinge sowie die Jahreszahl. Diese hilft bei der Datierung der Grifformentwicklung. Sie beginnt mit einer leichten Biegung gegen die Griffkappe zu, nimmt im 17. Jahrhundert eine vogelkopfähnliche Form an und wird zur Knolle am Ende des Griffes im 19. Jahrhundert. Die Form der Klinge blieb in allen Phasen unverändert; denn sie war von Anfang an vollkommen (Abb. 91).

Eine weitere Waffe, die am Sattel getragen wurde, war das Schwert mit gerader Klinge *(pala)* woraus der Begriff „Pallasch" für die Hiebwaffe der schweren europäischen Kavallerie entstand. Ebenfalls am Sattel wurde der Panzerstecher *(meç)* geführt. Auch diese Waffe gelangte über die ungarischen Husaren zeitweilig nach Europa. Ihr Name gibt den Gebrauch der Waffe an.

Eine für den Balkan und die Türkei in gleicher Weise charakteristische Hiebwaffe ist der Jatagan (Kat. Nr. 11/9), der im Gürtel getragen wurde. In Europa oft irrtümlich als „Handschar" bezeichnet, ist seine Klinge einschneidig, etwa 60 cm lang, konkav gebogen und so ausgeschliffen, daß die Klinge zur Spitze hin ihre größte Breite erreicht. Damit wird dem Hieb mit dieser Waffe eine große Wucht verliehen. Der Jatagan war noch in den zwanziger Jahren unseres Jahrhunderts als Waffe des freien Gebirgsbewohners auf der Balkanhalbinsel in Gebrauch. Es sind viele Beispiele erhalten, die ebenso wie der Säbel auf der Klinge Verse aus dem Koran und dem Hadith, Meister- und Besitzernamen

sowie ein Datum tragen. Der typische Griff des Jatagan kann aus Horn oder Holz, Elfenbein oder Knochen, ja sogar aus Metall sein. Die Scheide ist mit Chagrinleder überzogen, mit Silber beschlagen oder bei späteren Exemplaren auch ganz mit reich ornamentiertem Silber bedeckt. Nach der Tradition warf der Besitzer sie beim Kampf fort, da er nach dem Sieg Zeit haben würde, sie wiederzufinden, bei einer Niederlage aber die Scheide nicht mehr benötigte.
Eine Waffe, die auch Damen mit sich führten, und die in den Höfen des Palastes, wo sonst nur die Wächter an den Toren Waffen haben durften, von den Pagen getragen wurde, war der Dolch *(hançer)*. Seine Klinge ist etwa 20 cm lang, zweischneidig und spitz zulaufend, dazu leicht gekrümmt. Griff und Scheide bestehen oft aus kostbarem Material und sind mit Steinen verziert. Sammlungen, die aus der Türkenbeute hervorgingen, besitzen kaukasische und persische, syrische, arabische, afghanische und sogar indische Dolche. Es ist verständlich, daß so eine schöne Waffe, dem Gegner einmal entwunden, weiter benutzt wurde. So fanden sich Waffen verschiedenster orientalischer Herkunft in den Händen der türkischen Krieger (Kat. Nr. 11/10a, b).
Auch das Messer *(bıçak)* darf nicht fehlen. Sein Griff ist oft in der Scheide versenkt und ebenfalls mit Edelmetall, Email und Steinen geschmückt (Kat. Nr. 11/10c).
Natürlich kannten die Türken auch die Streitaxt *(balta)* (Kat. Nr. 11/11), die am Sattel in einer Schlaufe getragen wurde. Auch die Janitscharen waren mit Streitäxten bewaffnet. Daneben kamen auch Streithämmer und Rabenschnäbel vor. Die charakteristische Waffe einer Gardetruppe, der Pejks, war das Doppelbeil mit Stoßklinge. Zum Würdezeichen entwickelte sich eine andere Waffe, die Keule *(topuz)* (Kat. Nr. 11/12). Sie hat einen birnenförmigen Kopf, der oft in mehrere Schlagblätter aufgefächert ist und in einer Schlaufe am Sattelknauf geführt wurde. Wie uns türkische Miniaturen zeigen, konnte diese Keule auch als Wurfwaffe gebraucht werden.
Im Laufe des 16. Jahrhunderts übernahmen die Türken die Feuerwaffen aus dem Westen. Das Gewehr *(tüfek)* (Kat. Nr. 11/14) entwickelte sich jedoch äußerlich zu einer besonderen Form. Der klobige Kolben wird fünfkantig, an seinem Ende befindet sich ein breiter Streifen Elfenbein mit Zierleisten; Rosetten sowie silberne Ringe schmücken die Waffe. Der damaszierte Lauf war bei den Waffen der Vornehmen mit Gold und Silber tauschiert und mit Edelsteinen besetzt. In einer kleinen Vertiefung, die wie eine Gebetsnische *(mihrab)* gestaltet wurde, stand in Gold der Name des Meisters, der den Lauf verfertigt hatte. In späterer Zeit kamen Läufe und Gewehrschlösser oft als Importe aus Frankreich oder Italien.
Auch die Pistole *(tabanca)* war bei den Türken in Gebrauch und wurde ähnlich wie das Gewehr verziert, doch war ihre Schäftung massiger als bei europäischen Beispielen. Pistolen, Kugeltaschen, Pulverhörner, Zündkrautflaschen und Waffengurte waren reich geschmückt, aus besticktem Leder oder mit Silber beschlagen (Kat. Nr. 11/15a, b). Marsigli berichtet, daß der Janitschar, wenn er keine Kugeln mehr hatte, mit seinem Beil auch Bleistangen zerhackte und sein Gewehr mit diesem gehackten Blei lud (Marsigli, L'état militaire 1732, II 17).
Schwere Geschütze besaßen die Osmanen schon im 15. Jahrhundert. Es befanden sich damals, wie auch später noch, unter dem Bedienungspersonal europäische Ausländer und Renegaten. Die Artilleristen gehörten als Truppe zu den Janitscharen und bildeten zugleich das Personal des Artilleriezeughauses *(tophane)*, in dem auch die Geschütze gegossen wurden. Die Kanonenrohre wurden auf vierrädrigen Karren mit Scheibenrädern, wie sie heute noch in Anatolien zu sehen sind, gesondert gefahren und erst vor der Schlacht oder Belagerung auf Lafetten gesetzt. Geschütze und Fahrzeuge waren auch stets mit zahlreichen Fähnchen geschmückt.

SCHUTZWAFFEN

Über die Schutzwaffen der Türken lesen wir bei Montecuccoli: *Der Türcken ihre Waffen, so ihnen zur Bedeckung dienen, sind Pantzerhemden, gepantzerte Koller, eiserne Handschuhe, welche den Arm bis an Ellbogen bedecken, Sturmhauben oder kleine Helme, große oder kleine Schilde* (Montecuccoli, Kriegsnachrichten 1736, 149). Er lobt dann, daß sie sich in dieser leichten Rüstung rasch bewegen, Schwenkungen oder Scheinfluchten vollziehen können, kritisiert aber, daß sie sich gegen schwere Kavallerie nicht zu halten vermögen. Des großen Feldherrn und Türkensiegers Beschreibung wird durch die heute noch erhaltenen Ausrüstungsstücke voll bestätigt. Im ausgehenden Mittelalter war der osmanische Türke mit einem Harnisch für Mann und Roß gepanzert. Dies war aber nicht der schwere Plattenharnisch der Europäer, sondern ein Lamellenharnisch, der aus Stahlstreifen und Kettengliedern bestand. Ihn hatten die Türken schon aus ihrer zentralasiatischen Heimat mitgebracht. Genau wie im Abendland legten sie aber im Laufe des 16. und 17. Jahrhunderts diese Rüstung ab. Man trug unter oder über dem Obergewand ein Kettenhemd, das mit vergoldeten oder silbernen Sonnen, Monden oder Sternen geschmückt sein konnte (Kat. Nr. 11/18 und 11/19). Den Unterarm und die Hand schützte man mit einem, wenn ohne Schild gefochten wurde mit zwei Panzerhandschuhen *(kolçak)* (Kat. Nr. 11/20). Die bei Montecuculi genannten Sturmhauben kennen wir auch als Kopfschutz schwerer deutscher Kavallerie des 17. Jahrhunderts. Sie haben ein Naseneisen zum Schutz des Gesichtes gegen Hiebe und einen Nackenschirm. Diese Helme kaiserlicher Reiter hießen „Zischägge“ und waren von den Osmanen übernommen (vgl. Kat. Nr. 11/16). Daneben trug der Türke „kleine Helme“, wie Montecuccoli schreibt. Es handelt sich um stählerne Kalotten, an denen seitlich und im Nacken Kettengeflecht herabhängt.

Der Rundschild *(kalkan)* ist der typisch türkische Schild (Kat. Nr. 11/21, 11/22). Er besteht aus einem eisernen Buckel, um den sich konzentrisch Weidenruten legen, die von Baumwoll- oder Seidenfäden umsponnen sind. Diese können verschiedenfarbig sein und Ornamente bilden. Besonders prunkvolle Schilde haben sich erhalten, die prächtig mit Edelsteinen besetzt und mit Goldstoff überzogen sind. Die Innenseite des Rundschildes ist in der Mitte mit einem kleinen viereckigen Kissen gepolstert, das dazu dient, Stöße oder Hiebe auf den Schild abzufedern. Über das Kissen verlaufen kreuzweise geflochtene Lederschnüre zum Erfassen der Schutzwaffe. Weitere, an Ringen befestigte Lederriemen dienten dazu, ihn über den Arm zu streifen oder an Schulter beziehungsweise Sattel zu hängen. Eine andere Art von Schilden, wohl aus dem 16. Jahrhundert, findet sich zwar in verschiedenen Sammlungen, jedoch nicht mehr in der Türkenbeute nach 1683. Der Maler Melchior Lorich zeichnete um 1560 türkische Reiter mit dieser Art Schild. Die Waffe ist etwa viereckig und längsgewölbt. Eine Seitenlänge ist über einen Meter lang, was dem Schild ein eigenartiges Aussehen verleiht. Der Ursprung dieser Schilde ist in Ungarn zu suchen, von wo sie als Kriegsbeute in die Hände der Türken gelangt sein können.

REITZEUG

Der Sattel der Türken *(eyer)* ist der aus dem Osten stammende Bocksattel (Kat. Nr. 11/23 und 11/24). Der Vorderzwiesel bildet eine Art Knauf, an dem man Waffen und Ausrüstungsstücke sowie Pistolenhalfter aufhängen konnte. Auf dem „Bock“ ist ein Sitzkissen aufgelegt, das manchmal aus reich besticktem Stoff besteht. Von Steigbügeln *(üzengi)* gibt es zwei Arten: mit breiter viereckiger Trittpatte oder mit schmalem Tritt und Ring, wobei die Form durch das Schuhwerk des Reiters bedingt ist. Es gab Stiefel mit Absätzen, an denen gewaltige Sporen getragen wurden, besonders gern bei der wilden Grenzreiterei. Hatte der Schuh nach alter Art keinen Absatz, nahm man die breiten Steigbügel. Man hatte dann am Schuh keine Sporen, sondern spornte mit dem Steigbügel. Wir finden auch Prunkschabracken, die den ganzen Pferdekörper bedecken (Kat. Nr. 11/25a, b). Sie stellen eine Art Panzerung dar, wenn sie nicht überhaupt mit Panzerplatten bedeckt sind. Prunkvoll ausgestattete Reitzeuge haben sich besonders in München erhalten. Als Rest der Pferdepanzerung alter Zeit finden sich in der Türkenbeute Roßstirnen aus Eisen. Auch das Zaumzeug der Pferde wurde reich mit Edelmetall, Steinen oder anderem Beiwerk wie z. B. Eberzähnen verziert (Kat. Nr. 11/26).

INSIGNIEN: ROSS-SCHWEIF UND FAHNE

Der Roßschweif *(tuğ)* war ein uraltes Würdezeichen, das die Türken aus ihrer zentralasiatischen Heimat mitgebracht hatten (Kat. Nr. 11/2). Er besteht aus einem Holzschaft mit einer vergoldeten Kupferkugel an der Spitze, unter der verschieden gefärbte bürstenartige Lagen von Roßhaar sitzen. Der nächste Abschnitt des Schaftes ist mit gemustertem Flechtwerk aus Roßhaar überzogen, daran hängen oben sechs rote Zöpfe. Unter dem Flechtwerk befindet sich der eigentliche Roßschweif aus Pferdehaar. Darunter ist der Schaft in verschiedener Länge wieder mit Flechtwerk bezogen. Es folgt eine Manschette aus vergoldetem Blech mit zwei Ringen, wohl damit das Feldzeichen an einem Bandelier geführt werden konnte. Der untere Teil des Roßschweifes, der mit dem oberen verzapft ist, besteht bei dem Stück im Bayerischen Armeemuseum zu Ingolstadt aus einem etwas dünneren Schaft aus Nußbaumholz, der zunächst vergoldet und dann spiralig in Rot und Gold marmoriert wurde, wobei das Gold durchschimmert. Lorich zeichnete 1556 neun verschiedene Roßschweife, wobei die Schäfte seiner Feldzeichen leicht variieren. (Katalog Melchior Lorck, 1962). Ihre Funktion war, modern gesprochen, die eines Dienstgradabzeichens. Selbstverständlich bedeuteten sie für die Türken viel mehr. Zygulski schreibt dazu: *Für die Mongolen war eine goldene Kugel immer ein Zeichen von Macht, während die Roßhaare die Sonnenstrahlen darstellten* (Zygulski, Turkish Trophies, 1972, 37). Die Zahl der Roßschweife gab die Würde des Trägers an: So hatte der Gouverneur einer kleineren Provinz, der Sancakbey, einen Roßschweif, der nächsthöhere Würdenträger, der Pascha, zwei. Dann folgte der Wesir oder „Pascha mit drei Roßschweifen" mit dreien. Der Großwesir *(sadrazam)* hatte fünf und der Herrscher neun. Diese Feldzeichen waren im Lager vor dem Zelt des Oberkommandierenden aufgepflanzt.

Bei den feierlichen Aufzügen, die bei den zeremonienliebenden Osmanen eine große Rolle spielten, ritten die Roßschweifträger, angeführt von einem sie schützenden Offizier, stets zusammen mit dem Fahnenträger, auf den wiederum die Musik folgte. Diese ganze Gruppe konnte vor oder hinter dem Würdenträger reiten.

Ein bis heute noch nicht vollständig gelöstes Problem stellen die osmanischen Fahnen dar. Aus der Türkenbeute des ausgehenden 17. Jahrhunderts entstammen zahlreiche Fahnen, die früher in Kirchen, heute in Museen aufbewahrt werden. So besitzen der Wawel in Krakau (Kat. Nr. 11/27a), die Museen in Wien, Karlsruhe, Ingolstadt und Dresden türkische Fahnen. In Budapest, Rom, Venedig, Turin und an anderen Orten Italiens sind ebenfalls Fahnen zu sehen. An den Papst in Rom sandten sowohl der Kaiser des Heiligen Römischen Reiches Deutscher Nation, als auch der König von Polen und andere Fürsten die Fahnen, die sie von den Feinden der Kirche, besonders den Türken, erbeutet hatten. In Textilsammlungen der ganzen Welt sind Fahnen der Osmanen oder deren Reste zu sehen (Kat. Nr. 11/27b). Natürlich besitzen auch das Topkapı Sarayı Müzesi sowie das Heeres- und Marinemuseum in Istanbul viele Fahnen. Von zahlreichen Stücken, die die Motten, der Staub oder das Feuer vernichtet haben, kennen wir nur noch die Beschreibungen. Ihre Zahl muß in die Hunderte gegangen sein; wie in Europa hatte jede Truppeneinheit ihre Fahne. Die in Wien und an anderen Orten bewahrten kleineren Fahnen aus Leinwand müssen dazugerechnet werden. Sie waren mit dem doppelklingigen Schwert Alis *(Zülfikar)*, der Hand der Fatima, Kugeln und anderen magischen Symbolen geschmückt. Die großen Fahnen aus Seide geben uns noch Probleme auf. Marsigli, stets unser zeitgenössischer Kronzeuge, schreibt: *Die Paschas und Wesire haben eine ziemlich große Standarte von fast der gleichen Form. Oben mit einer vergoldeten Kugel von Kupfer und bedeckt mit Schriftzügen aus Goldfäden, die man auf der Insel Chios herstellt.* (Marsigli, L'état militaire 1732, XXXIII). Die großen Fahnen, die uns erhalten sind, haben die Form eines Rechteckes, dessen Flugseite in einem Dreieck endet. Ihre Farben sind folgende: Karmesinrot – dies ist die häufigste Farbe –, Grün, Weiß, Gelb, Violett und Himmelblau, dazu ein oder zwei andersfarbige Umrahmungen. Wir kennen drei Typen:

Typ I. Mit Inschriften: das ganze Feld ist mit großformatigen Schriftzügen bedeckt.

Typ II. Mit dem doppelklingigen Schwert Alis. Um dieses Bild sind andere symbolische Figuren gruppiert: Halbmonde, Sterne, Sonnen, Salomonssiegel, die Hand der Fatima, das Çintamani-Motiv sowie Kartuschen und Medaillons mit religiösen Inschriften.

Typ III. Er ist wie Typ II, nur fehlt hier das Schwert. Der erste Typ, den Zygulski für den ältesten hält, beschwört die Kraft des islamischen Glaubens. Seine zentrale Inschrift ist das Glaubensbekenntnis des Islam: *Es gibt keinen Gott außer Allah und Muhammad ist sein Prophet.* An den Rändern der Fahne werden nochmals Allah, der Prophet Muhammad, sein Schwiegersohn Ali und die drei ersten rechtgeleiteten Kalifen angerufen. Auf der Randborte stehen auch die ersten vier Verse der 48. Sure, der Sure „Der Erfolg", die mit den Worten beginnt: *Wir haben Dir einen offenkundigen Erfolg beschieden.* Wir werden diesen Versen auf den anderen Fahnentypen noch begegnen.

Sicher müssen diese drei verschiedenen Fahnentypen eine besondere Bedeutung gehabt haben, zu der vielleicht auch die Farbe beigetragen hat.

Marsigli hilft bei der Typologie einen Schritt weiter. Wenn er schreibt, daß die Paschas und Wesire Fahnen gehabt hätten: *tutti pieni di caratteri di filo d'oro* (Marsigli, L'etat militaire 1732, 53), so wären dies die Banner *(sancak)*, die bei der Belehnung mit einer Provinz, die ja auch Sancak hieß, vom Padischah verliehen wurden. Dies entspricht dem Belehnungsvorgang im Heiligen Römischen Reich Deutscher Nation; denn das Wort „Fahnenlehen" bedeutet fast das gleiche. Wenn wir recht sehen, so sind die Banner mit den Inschriften primär zivile Würdenzeichen. Dies ist natürlich nur mit Vorsicht anzunehmen; denn militärische und zivile Ränge waren im Osmanischen Reich nicht klar zu trennen. So war ein Provinzgouverneur zugleich General. Daneben gab es aber auch rein militärische Kommandeure, denen ich den zweiten Typ, mit dem Schwert Alis, zuordnen möchte. Eine auf das Jahr 1225/1810—11 datierte Fahne dieser Art im Besitz des Stadtmuseums Münster gehört in die späteste Zeit des Osmanischen Reiches und ist gewiß eine Truppenfahne. Bleibt noch der dritte Typus, der ähnlich wie der zweite gestaltet ist, aber kein Schwert zeigt. Seine Funktion ist vorerst noch nicht zu klären. Eine große grüne Fahne, die nur noch aus der Literatur bekannt ist, sollen Truppen des Schwäbischen Reichskreises in der Wohnung eines Festungskommandanten gefunden haben (Boethius, Ruhm 1688, 2, 99). Sie war so schwer; *daß sie in der Hand nicht geführet werden mögen, sondern auf einem Pedal vor der türkischen Festung Neuhäusel aufgerichtet* (hat) *werden müssen.* Eine zweite rote Fahne dieses Typs befindet sich in Karlsruhe im Badischen Landesmuseum und soll nach der Überlieferung die Fahne des türkischen Oberbefehlshabers *(serasker)* sein, die in der Schlacht bei Slankamen 1691 erbeutet wurde. Diese Tradition ist, wie Petrasch schreibt, unbelegbar (Petrasch, Türkenbeute 1970, Nr. 2). Warum sollte diese Fahne nicht aus einer der eroberten Festungen stammen?
Zusammenfassend könnte man also sagen:
Der erste Typ, der seltener ist — nur mit Schrift —, stellt eine sehr ranghohe Fahne dar, während der zweite Typ, verziert mit dem Schwert, eine rein militärische Fahne war. Der dritte Typ, dem zweiten ähnlich, könnte eine Festungsfahne gewesen sein, genauer gesagt die Fahne des Kommandanten einer Festung.
Zum Schluß noch einige Bemerkungen über eine besonders kostbare Gruppe von türkischem Rüstzeug. Als den Truppen der christlichen Heere in den siegreichen Schlachten nach 1683 unermeßliche Beute in die Hände fiel, wurde natürlich das Kostbarste für die Fürsten und Oberbefehlshaber ausgesucht. Dieses sind die Objekte, von denen wir leider wiederum nur noch Reste in den heutigen Sammlungen bewundern können. Die Türkenbeute von Karlsruhe bietet dafür unschätzbare Zeugnisse. Aus dieser Beute hebt sich deutlich eine Anzahl von Gegenständen ab: mit vergoldetem Metall beschlagen, bis zur Nutzlosigkeit mit Jade und Steinen besetzt, entsprechen diese Stücke jenem in den Werkstätten des Serail geschaffenen „imperialen Stil", den Zygulski als „Zeichen der Würde" erklärt (Zygulski, Turkish Trophies 1972, 43). Im Serail arbeiteten in der großen Zeit des Osmanischen Reiches zeitweise 580 und mehr Handwerker, davon waren allein 58 Goldschmiede, die auch die Edelsteine einsetzten. Selbst die Damen des Harems durften nicht müßig bleiben. Sie mußten eifrig sticken und nähen und waren so in den Produktionsprozeß eingegliedert (Gibb and Bowen, Islamic society 1950, 74). Die Prunkgegenstände wurden an verdiente Krieger vergeben und dann bei Aufzügen und Paraden getragen. Bei überstürzter Flucht blieben sie in den Zelten liegen und fielen den Händen plündernder Soldaten anheim. Fand man sie im Gezelt türkischer Befehlshaber, wurden sie sogleich unter strenge Bewachung gestellt, um später in die Kuriositätenkabinette europäischer Fürsten zu wandern, die den Grundstock und Ausgangspunkt vieler unserer Kunstsammlungen und Museen bilden.

ANMERKUNGEN ZUR TECHNIK DER BOGEN- UND PFEILHERSTELLUNG

Der türkische Bogen, der von verschiedener Länge sein kann, aber immer ein Kurzbogen ist, war aus Ahornholz für die Arme, Horn und Sehnen zusammengeleimt. Auf der äußeren Seite lag die Schicht der Sehnen. Das Horn bildete die untere Seite, die sich nach innen bog. Die Arme des Bogens hatten keinen Belag, waren aber mit einer Kerbe für die Sehnenschlinge versehen. Um die Sehnenschicht vor Feuchtigkeit zu schützen, war diese Seite des Bogens mit Pferdeleder bezogen. Den besten Leim bereitete man aus den Endstücken der Sehnen, die nicht mehr zu gebrauchen waren. Die Sehnen waren vom Hinterfuß des Rindes. Seine Ohren und Haut wurden auch zur Leimherstellung gebraucht. Hinzu kam, der Tradition nach, ein Fischleim, der aus der oberen Gaumenhaut des Donaustörs hergestellt sein sollte, um optimal zu wirken. Auf die Auswahl des Ahornholzes legte man auch großen Wert. Der Baum sollte nur in der Zeit der Vegetationsruhe gefällt sein. Als Horn nahm man das schwarze Horn des Wasserbüffels oder das von jungen langhörnigen Rindern. Diese sollten im Tal des unteren Mäander geweidet worden sein. Mit einem besonderen Gerät wurde das Horn zersägt; nur die Außenhülle konnte verwendet werden, weil das Innere zu weich war. Dabei wurden die Hornstreifen aus der härteren Seite des Hornes sorgfältig von den Streifen aus der Innenseite unterschieden. Die Sehnen wurden getrocknet und so bearbeitet, daß sie Flachssträhnen ähnlich wurden. Das Ahornholz für die Arme des Bogens weichte man ein, man erwärmte es und bog es schwach; so mußte es mindestens ein Jahr in einem trockenen, warmen Raum lagern. Auch das Horn wurde in mehreren Erwärmungs- und Abkühlungsvorgängen vorbereitet und bis zur endgültigen Fertigstellung des Bogens aufbewahrt. Am Ende dieser Vorarbeiten wurde der ziemlich lange Griff geformt, der gut in der Faust liegen mußte. Bei Kriegsbögen nahm man dazu das zähe, feuchtigkeitsunempfindliche Holz des Kornelkirschbaumes.

Nach der Fertigung der Einzelteile des Bogens ging der Bogenmacher an das Zusammensetzen. Griff und Bogenarme wurden mit einer Leimmischung, vorwiegend aus Fischleim, getränkt und sorgfältig miteinander verkeilt. Der Hornstreifen wurde mit der Innenseite des Bogens verleimt. Zum Zweck besserer Haftung hatte man in die zu verleimenden Teile Rillen gezogen. Man wickelte nach dem Verleimen ein Seil um die Bogenarme, um höchste Festigkeit zu erzielen. Der Trocknungsvorgang dauerte fünf bis sechs Stunden, dann konnte das Seil wieder abgenommen werden. Nun mußte auf der Außenseite des Bogens die Sehnenschicht aufgeleimt werden. Dazu wurde der Bogen an dieser Seite ebenfalls gerillt, zu einem Halbkreis geformt und mit einer Schnur festgehalten. In komplizierten Arbeitsvorgängen wurden fünf verschieden lange Sorten von Sehnensträngen in zwei Schichten auf dem Bogen verleimt. In dieser Form eines Kringels mußte der Bogen etwa ein Jahr lang stehen, um sich zur Gänze an seine Krümmung zu gewöhnen. Je länger er so stand, desto besser wurde er. Zum Schluß erfolgten noch zwei verschiedene Justierungsvorgänge. Beim Kriegsbogen kam die Belederung hinzu. Der Bogen wurde bemalt und vom Meister signiert. Ein Kunstwerk war entstanden. Zum Schluß sei eine Bemerkung erlaubt. So im Kringel sehen wir die Bögen in unseren Museen ohne die Sehne liegen. Dabei ist aber die scheinbare Außenseite in Wahrheit die Innenseite. Ist der Bogen mit der Sehne bespannt und auch das geschah mit einem Gerät, bekommt er die uns vertraute Form des „klassischen" Bogens.

Die Bogensehnen wurden von einer besonderen Zunft, den Kirişçi, hergestellt. Kiriş heißt Sehne. Als Material nahm man Rohhaut von Kamelen und Rohseide. Für das Schießen mit dem Bogen war es besonders wichtig, daß die Sehne sich nicht dehnte, und so mußten ihre Länge und Qualität sorgsam gewählt werden. Für die mit der Sehne verzwirnten zwei Ösen, die der Aufhängung am Bogen dienten, nahm man mehrere Lagen reiner Rohseide. Die Sehne wurde dann mit einer heißen Mischung aus Bienenwachs, Harz und Fischleim, mit viel Wasser getränkt und in einem Raum getrocknet. Die Rohhaut der Sehne war vorher in einer Art Verrottungsvorgang in Wind und Wetter weichgemacht und in Streifen geschnitten worden. Nach der Trocknung der fertigen Sehne wurde sie im Sommer mit Gummiarabicum und im Winter mit Fett und Wachs eingerieben und so gepflegt.

Die Zunft der Pfeilschäfter war der der Bogenmacher ebenbürtig. Die älteren Pfeile der Türken sollen aus Rohr gewesen sein. Die späteren, wie die uns erhaltenen, waren aus Holz. Neben der Form des Schaftes unterschieden sie sich nach der Befiederung. Zu dieser wurden Adler-, Schwanen- und Taubenfedern verwendet. Für den Pfeilschaft verwendete man Tannenholz, das sorgfältig ausgewählt wurde. Das Holz mußte ganz trocken sein. Die daraus geschnitzten Stäbe wurden noch einmal im Ofen getrocknet und dann drei bis fünf Jahre gelagert. Kani schreibt, daß 60jährige Stäbe die besten seien. Für die Übungspfeile nahm man Ulmenholz. Diese hatten Beinspitzen. Die eisernen Pfeilspitzen für Krieg und Jagd waren aus Eisen, das im Wasser gehärtet und geschliffen wurde. Man kannte sechs verschiedene Formen von Eisenspitzen *(temren)*. Um die Kerbe des Pfeils für die Sehne haltbarer zu machen, wurde sie durch Horn verstärkt. Der mit einem Polierholz geglättete Pfeil wurde bemalt, wie die Exemplare in europäischen Museen zeigen. Pfeile waren sehr kostbar, daher geben uns die Quellen genau an, wie man zerbrochene repariert.

Lit.: J. Hein, Bogenhandwerk und Bogensport bei den Osmanen. In: Der Islam 14(1925). S. 289–360. 15 (1926). S. 1–78. 233–294.

ANMERKUNGEN ZUR TÜRKENBEUTE

Nach Kriegsbrauch erhielt der Feldherr, der das Entscheidende zum Sieg über den Gegner beigetragen hatte, den Löwenanteil der Beute. Das war in den Türkenkriegen immer das Gezelt des türkischen Oberbefehlshabers mit allen seinen Schätzen und der Kriegskasse, die sich dort auch befand.

Sofort nach der Eroberung des türkischen Lagers wurde dieser Teil unter strenge Bewachung gestellt. Es war das Recht des Feldherrn, im Zelt des Gegners zu schlafen. Dies tat der König von Polen Johann III. Sobieski, der nach der Schlacht am Kahlenberg am 12. September 1683 im Zelte des Großwesirs Kara Mustafa schlief. Ein Gleiches ist uns von Maximilian Emanuel, dem Kurfürsten von Bayern, überliefert. Auch er schlief nach der Schlacht bei Mohács am 13. August 1687 im Zelt des geschlagenen Großwesirs Süleyman Pascha. Staudinger schreibt dazu (Geschichte des bayerischen Heeres 2,1 S. 240): *Max Emanuel verbrachte die Nacht in dem auf seinen Beuteanteil gefallenen Prunkzelte des Großwesirs, das in seinen unglaublich umfangreichen Räumen die kostbarsten Geräte und einen Schatz von sehr wichtigen Schriftstücken barg.*

Die Schätze wurden nach München gebracht. Da diese als Privateigentum betrachtet wurden, wissen wir leider heute oft nicht, wo vieles verblieben ist. Durch Erbgang, Aussterben der bayerischen Wittelsbacher, Plünderung und Verschleuderung verschwanden zahlreiche Dinge. Drei der ursprünglich sieben Zelte sind noch vorhanden, darunter das große Audienzzelt, das im Bayerischen Armeemuseum in Ingolstadt noch seiner Restaurierung und Aufstellung harrt. Da alle Heerführer in dieser Epoche irgendwann Türkenbeute heimbrachten, befinden sich in vielen Schlössern und Museen Mitteleuropas heute noch mehr oder weniger große Bestände an funkelnden türkischen Waffen, gold- und silberbroschierten Seidenfahnen, Zelten, kostbaren Geräten und Stoffen. Letztere allerdings, soweit es sich um Kaftane handelte, dürften im 18. Jh. als Schlaf- und Morgenröcke aufgetragen worden sein. Die Zelte wurden in die späteren Feldzüge mitgenommen und gingen dabei verloren oder wurden verschlissen; Plünderungen taten ein übriges. Aber noch heute bewahrt man in Karlsruhe die Beute des „Türkenlouis", des Markgrafen Ludwig Wilhelm von Baden, deren größter Teil aus der Schlacht bei Salankamen am 19. August 1691 stammen soll. Die bereits oben erwähnte bayerische Beute, die gern mit der Schlacht bei Mohács verknüpft wird, verteilt sich leider immer noch auf drei, wenn nicht gar vier Museen. Die Beute der Polen wird in Krakau und Warschau gezeigt. Hier wird sie mit der Wiener Entsatzschlacht am 12. September 1683 verbunden, obwohl sicher vieles auch aus den zahlreichen anderen Feldzügen des 17. Jh. stammen dürfte. Auch Dresden bewahrt zahlreiche Beutestücke, die 1683 von Wien dorthin gelangt sind. Aber auch aus der Zeit, als Kurfürst Friedrich August von Sachsen, genannt „August der Starke", 1685/86 den Oberbefehl gegen die Türken hatte, dürfte einiges stammen. Die Berliner Türkenbeute ist 1945 in Polen verschollen. Die Kasseler Gegenstände, die heute in Schloß Friedrichstein zu sehen sind, stammen aus dem Feldzug, der 1716/18 unter dem Oberbefehl des Prinzen Eugen gegen die Türken geführt wurde, und den die Schlacht bei Belgrad sowie die Eroberung der Festung gleich darauf krönte. Hessen-Kasselsche und Hessen-Darmstädtische Truppen waren dabei beteiligt. Leider wurden die Kunstschätze des Prinzen Eugen, unter denen sich sicher viel interessantes und schönes Türkisches befand, von seiner Erbin sinnlos verschleudert. Nur Fragmente eines Zeltes haben sich in Wien im Heeresgeschichtlichen Museum erhalten.

Haben sich die Feldherren vor allem Schmuck und Kostbarkeiten aus der Türkenbeute für ihre Kuriositätenkabinette ausgesucht, so ist hier eine besondere Art Türkenbeute zu erwähnen, die im Schloß von Arolsen aufbewahrt wird. Es ist die Beute des Fürsten Georg Friedrich von Waldeck. Als Reichsfeldmarschall kommandierte dieser unerbittliche Gegner Ludwigs XIV. die Württemberger und die fränkischen Kriegstruppen. In der Schlacht am Kahlenberg führte er das Zentrum des christlichen Heeres. Dieser Mann, ein Methodiker, der an der Reorganisa-

tion des Heerwesens des Heiligen Römischen Reiches Deutscher Nation lange Jahre unermüdlich arbeitete, hat sich aus der Türkenbeute nicht etwa die von Edelmetall und kostbaren Steinen funkelnden Paradewaffen herausgesucht, sondern die Waffen des einfachen Kriegers, das „Komissige“. Das macht diese Sammlung so interessant und kennzeichnet diesen bedeutenden Politiker und zugleich Heeresorganisator.
Daß dem Kaiser stets die eroberten Fahnen, Roßschweife und andere Rangzeichen zu Füßen gelegt und von da größtenteils dem Papst in Rom übersandt wurden, versteht sich von selbst. Die Wiener Sammlungen geben davon noch heute Zeugnis.
Unermeßliches an Schätzen und Waffen der Türken ging in den zahllosen Schlachten und Belagerungen verloren, aber genug blieb als Beute erhalten, um uns ein vollkommenes Bild türkischen Waffenprunks und türkischen Heerwesens zu vermitteln.

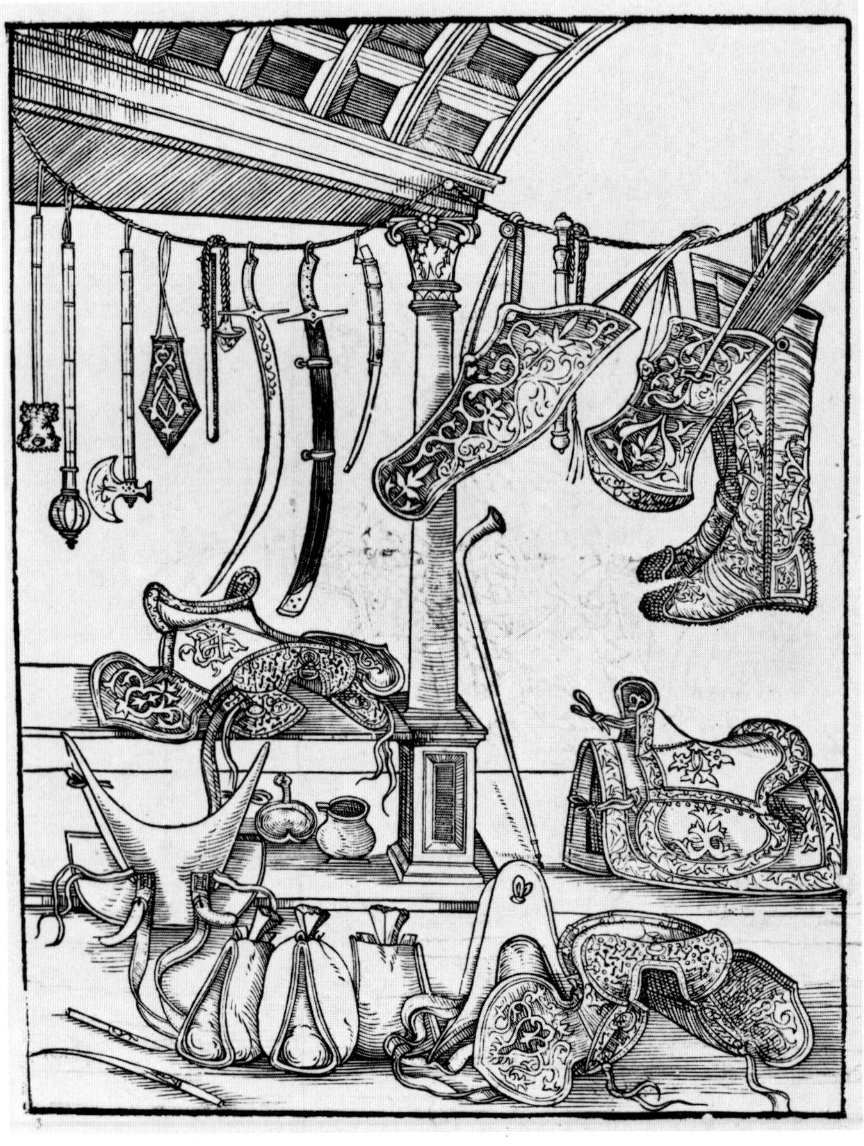

Abb. 91
Holzschnitt aus:
Siegmund von Herberstein, Actiones (Wien 1560)

11/1
Zelt

FARBTAFEL S. 232

osmanisch
Ende 17. Jh.
Seitenwand: 181 x 818 cm; Dachumfang: 1590 cm
Mat./Tech.: gefärbte Flachsleinwand, Applikationen aus Leinen, Leder und Atlas

Museum auf der Wawel, Krakau, Inv. Nr. 2537

Nicht nur wegen der zahlreichen Feldzüge, auch in Friedenszeiten, wenn anläßlich der Festlichkeiten außerhalb des Palastes für Hunderte von Personen kostbare Zelte aufgeschlagen wurden, entwickelte sich eine komplexe Struktur textiler Behausungen, die einen Ablauf des sozialen und religiösen Lebens nach den gleichen Regeln wie in den Wohnhäusern ermöglichte, so daß man mit Recht von einer Zeltkultur sprechen kann, deren Wurzeln in der Transhumanz zu suchen sind. Auf das Topkapı Sarayı nicht als Repräsentationsarchitektur im europäischen Sinne, sondern als in Stein errichtetes großes Zeltlager wurde schon mehrfach verwiesen.
Auch dieses Zelt steht, was den Innendekor angeht, in enger Beziehung zum Schmuck der Köşke. Die Zeltstangen sind wie Säulen verziert mit applizierten Basen und Kapitellen und gliedern die Seitenwände in sieben Arkaden. Drei Medaillons mit Blütenstauden und eine Rosette auf einer Basis stehen vor dem roten Hintergrund der Felder; zwei haben kleine von Schnüren vergitterte Fenster. Die Ornamentik der Decke mit ihren vierzehn Kompartimenten entspricht im Wesentlichen den Seitenwänden. Darüber ist ein Streifen mit Sternformen, eng angelehnt an Fliesenschmuck, darunter ein Fries mit Rechtecken, die wiederum die rankenverzierten Arkaden aufgreifen, zu sehen. Gerahmt von einem umlaufenden Flechtband umschließen sie zierliche Vasen mit Blütensträußen. Erneuert sind die vier hölzerne Masten, die mit weiß-roten Streifen bemalt sind, ebenso die vergoldeten Holzkugeln. Die wohl frühesten schriftlichen Informationen über die Ansiedlung einer Gilde von Zeltmachern (*mehterhane-i hayme cemaeti)* unweit des Serails gehen auf die Zeit Mehmeds II. (1444—46, 1451—81) zurück, als insgesamt 37 Personen dieser Berufsgruppe erfaßt wurden. Später wird ihre Anzahl um ein Vielfaches gestiegen sein, bedenkt man den enormen Bedarf während der Feldzüge. Aus anderen Städten des Reiches mußten zusätzlich Sticker, darunter Albanier und Bulgaren, angeworben werden. Im Aufgabenbereich der Zeltmacher lag nicht nur das Nähen, Sticken, etc., sondern auch Reparatur, Transport und die Inneneinrichtung, ein Aspekt, der die häufig zu beobachtende ikonographische Übereinstimmung im Dekor der Zeltplanen und der *yastıks* erklärt. Aufbewahrt wurden die Zelte des Hofes und der Armee in dafür errichteten Lagerhallen. Starb beispielsweise der Großwesir, brachte man sein Zelt in die Obhut des *mehterhane-i hayme* zurück.
Eine exponierte Stellung kam dem großherrlichen Zelt *(otağ-ı hümayun)* zu, galt es doch neben dem kaiserlichen Siegel, dem Münzrecht, dem Thron und anderem als eines der sieben Attribute der Souveränität des Herrschers. Es bestand aus einem Komplex mehrerer Zelte innerhalb einer *zokak* genannten Umfriedung. Fast ebenso aufwendig, aber dem Rang gemäß abgestuft, waren die Zelte der Wesire, Paschas und Würdenträger des Palastes bis hin zu den schlichten Mannschaftsunterkünften, beispielsweise der Janitscharen. Daneben gab es Zelte, die durch bestimmte Funktionen gekennzeichnet waren, wie das Divanszelt als Vornehmstes, solche zum Beten und sogar Exekutionszelte.

Lit.: Kat. Wien 1983, Nr. 12/1, S. 109. (Bi)

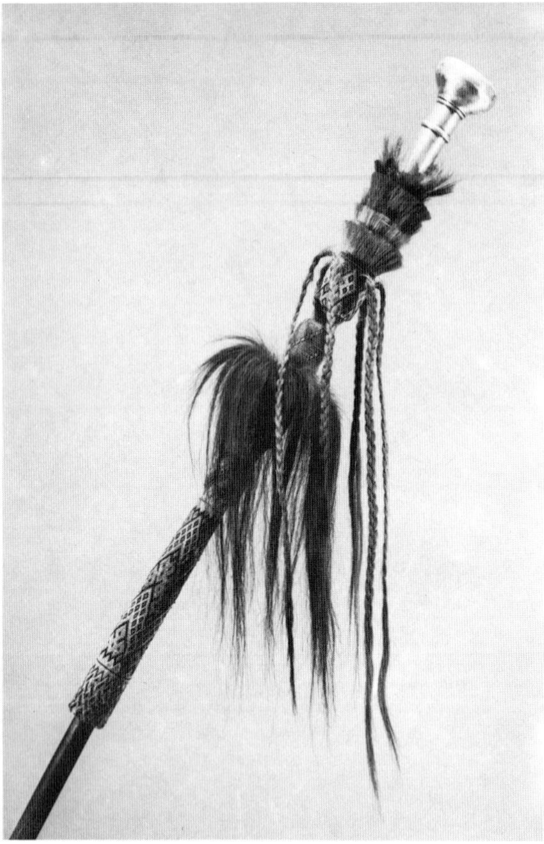

11/2

Roßschweif *(tuğ)*

türkisch, 2. Hälfte 17. Jh.
H 112 cm
Holz, Kupfer vergoldet, Roßhaargeflecht

Krakau, Państwowc Zbiory Sztuki na Wawelu, 971

Gedrechselte Holzstange von unterschiedlicher Stärke. Eine Buchse mit birnenförmigem Knopf und einer Docke aus vergoldetem Kupfer schließen das Ganze ab. Die Stange ist mit gemustertem Roßhaargeflecht überzogen. Das Geflechtmuster besteht aus roten, weißen, gelben, schwarzen und blauen einander durchdringenden Rhomben. Auf halber Höhe ist ein Büschel aus langem schwarzem Roßhaar befestigt. Der obere Teil der Stange ist von dunkelrot und schwarz gefärbtem kurz geschorenem Roßhaar in sechs Schichten umgeben. Darunter hängen sechs aus hellem und rosa gefärbtem Roßhaar geflochtene Zöpfe herab. Der Roßschweif diente, vor dem Zelt aufgepflanzt oder zu Pferde mitgeführt, als Abzeichen der militärischen Dienstgrade. Die Zahl der Roßschweife gab so die Würde der Träger an.

Lit.: Jan Sobieski, Briefe an die Königin, Hrsg. von Joachim Zeller, Deutsch von Ulrich Brewing, Berlin 1981, S. 43–44; Die Sammlungen des Königsschlosses auf dem Wawel, Warszawa 1969, S. 20; Z. Żygulski Jun., Turkish Trophies in Poland and the Imperial Ottoman Style. Armi Antiche, Torino 1972, S. 33, 37, Abb. 8; J. T. Petrus, M. Piątkiewicz-Dereniowa, M. Piwocka, The Orient in the Wawel Collection, Kraków 1977, S. 68; Kat. Wien 1983, S. 16/8.

11/3

Bogen

Türkei, 17. Jh.
L 51,5 cm
Horn, Holz, verleimte Sehnen, Leder

Badisches Landesmuseum Karlsruhe, G 19 a

Sogenannter Reflexbogen vom zusammengesetzten Typus (Holz, Horn, Fischleim); jetzt in entspanntem Zustand ohne Sehnen. Auf dem „Bauch" des Bogens befindet sich eine Inschrift in Goldlack mit Signatur des Meisters „Werk von Osman Ali" und Datierung (1097/1685–86) sowie einem Vierzeiler:

Zieh an die Brust an den Pfeil der Wimper, den Bogen der Braue
Des zehnjährigen zarten Jünglings, welchen auch Rustem anzuziehen nicht imstande wäre.
Betritt den Kampfplatz und gib eine Probe deiner Liebe und Freundschaft,
Damit bis zum Jüngsten Gericht dein Name und Ruf nicht ausgetilgt werden. *(Übersetzung: Zygmunt Abrahamowicz)*

Lit.: Kat. „Türkenlouis" Nr. 458.

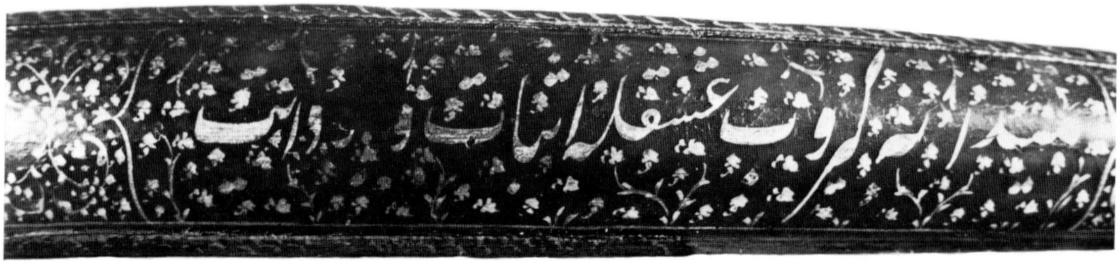

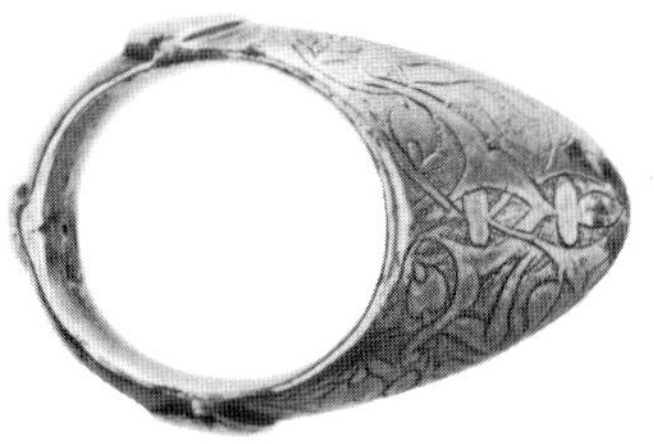

11/4

Bogenspannring

Türkei 16. Jh.
4 x 28 cm
Silber

London, British Museum, Inv. Nr. 0 A 1923, 7–14,1

Mit Arabeskenranken fein ornamentierter silberner Bogenspannring. Der Ring wird am Daumen der rechten Hand getragen, die verbreiterte Innenseite bedeckt die Daumenspitze, so daß die Sehne beim Abschnellen des Pfeiles nicht verletzt.

11/5

Köchergarnitur

Türkei 2. Hälfte 17. Jh.
Silber, Leder, Samt, Gold- und Silberfäden
a) Bogentasche: L 67 cm · b) Pfeilköcher: L 47 cm

Kassel, Staatliche Kunstsammlungen, Schloß Friedrichstein, B XVII 350,1; 355,1; 351,1

a) Bogentasche aus braunem Leder. Vorderseite mit rotem Samt bezogen, darauf Ranken- und Blütenwerk (Nelken) in Gold- und Silberstickerei (Lederriemen zum Einhaken vorhanden).
b) Pfeilköcher aus braunem Leder. Der Boden ist mit rotem Samt bezogen, der Ranken und Blüten aus Gold- und Silberfäden trägt. Die Vorderseite ist mit Ranken- und Blütenwerk (Nelken) aus Gold- und Silberfäden verziert. Die abgeschnittene Tragevorrichtung ist aus Leder, das mit rotem Leinen bezogen und mit zwei Silberrosetten am Köcher befestigt ist.

Lit.: Kat. Ingolstadt 1979, Nr. 73, Abb. 7.

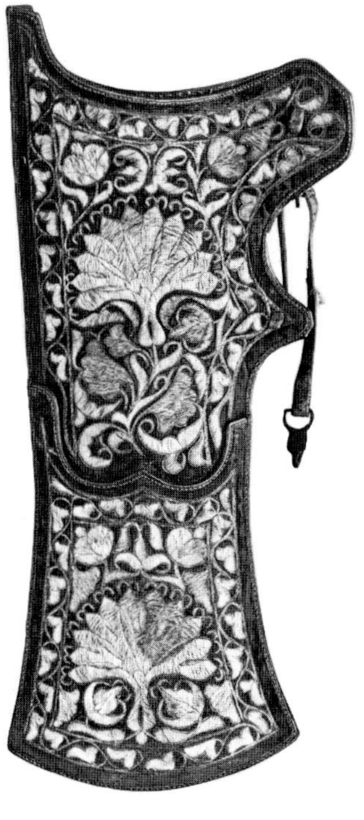

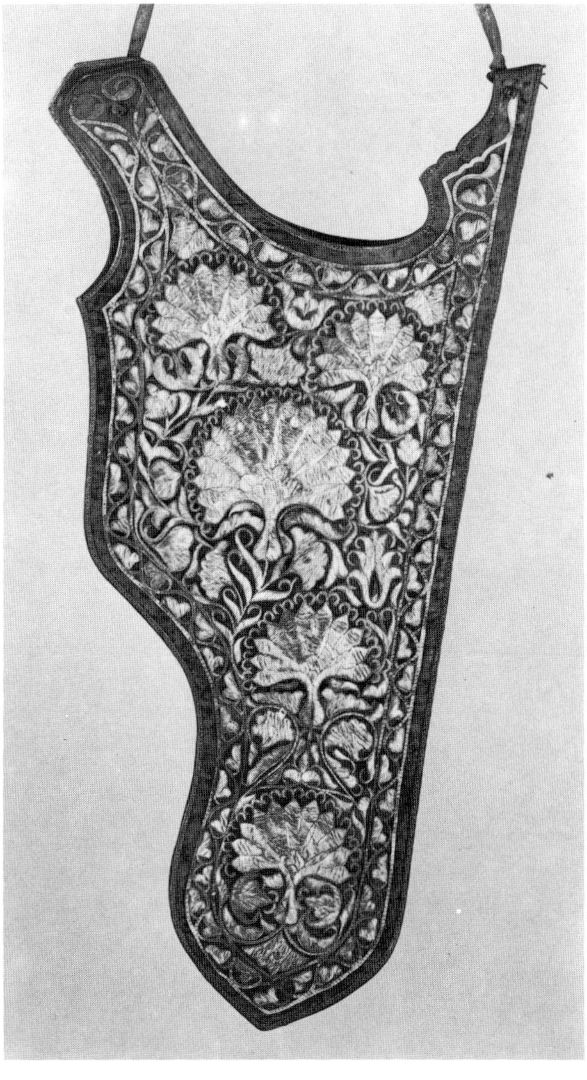

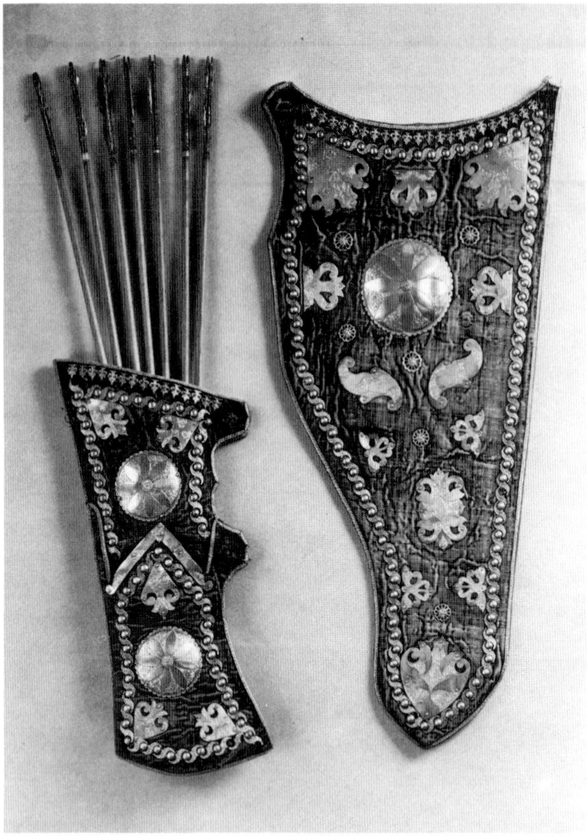

11/6

Bogen- und Pfeilköcher

Türkei, 17. Jh.
Leder, Samt, Silber
a) Bogenköcher: L 66,5 cm · b) Pfeilköcher: L 42 cm

Karlsruhe, Badisches Landesmuseum, D 94, D 98

Rotbraunes Leder mit blauem Samtbezug auf der Vorderseite und schmalem orangerotem Ledersaum. Streumusterartig besetzt mit silbernen Zierbeschlägen, darauf ziselierte Blumenranken, teilweise durchbrochen und vergoldet: In der Mitte gebuckelte Sternrosette, Füllstücke in stilisierten Blatt- und Blütenformen, dazwischen kleine Rosetten. An den Rändern silberne Nägel mit vergoldeten S-förmigen und gravierten Silberplättchen. Am Köchermund ein Palmettenfries.
Auf dem Pfeilköcher zwei gebuckelte Sternrosetten. Der Rand der Außentaschen ist mit einem schmalen teilvergoldeten und gravierten Silberstreifen eingefaßt.

Lit.: Kat. Wien 1983; Nr. 428, 471.

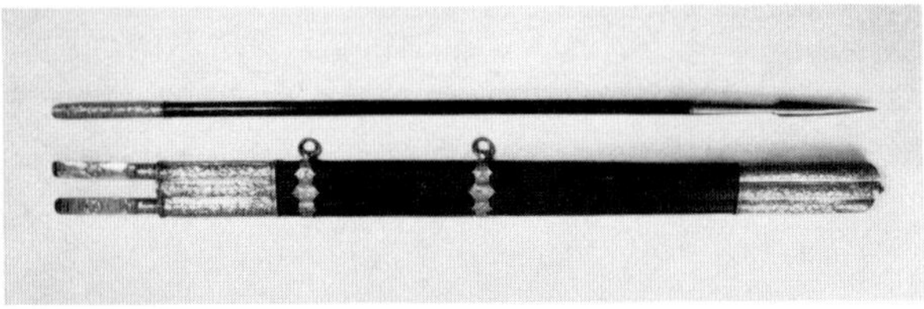

11/7

Wurfspeere mit Köcher

Türkei, 17. Jh.
Holz, Silber, Leder · L 95 cm; L der Speerspitze 21 cm

Ingolstadt, Bayerisches Armeemuseum, L 5958

Köcher aus schwarzem Holz mit drei Wurfspeeren. Zweischneidige Spitze, flaches Schaftende mit vergoldetem, verziertem Silberblech beschlagen; lederbezogener Köcher mit Montierung aus vergoldetem Silber, mit reichem Pflanzendekor.

Lit.: Kat. Ingolstadt 1979; Abb. 12, 13.

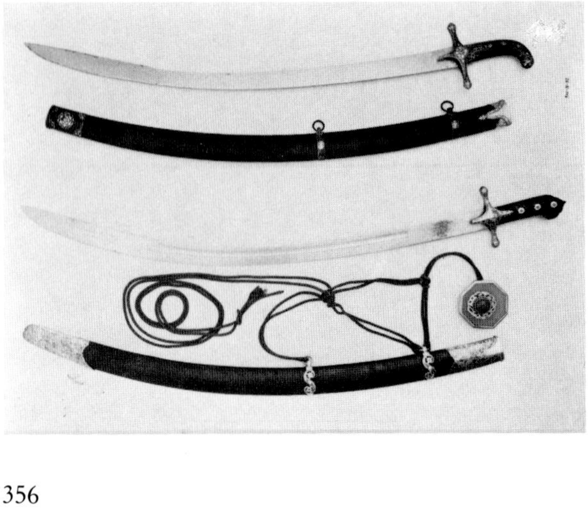

11/8

Türkischer Säbel mit Derwischstein

Türkei 18. Jh.
Stahl, Silber (vergoldet), Horn, Leder, Holz, Speckstein, Edelsteine · L 98,1 cm; L der Klinge 84,4 cm

Kassel, Staatliche Kunstsammlungen, Schloß Friedrichstein, B II, 96

Klinge mit Inschriften in Goldtauschierung, Horngriff mit Türkisen besetzt, ornamentierte Montierung aus Edelmetall und Steinbesatz. Lederbezogene Scheide mit ebenfalls reicher Montierung aus Edelmetall und Steinbesatz. Gehänge aus roter Schnur, daran achteckiger gefaßter und verzierter Stein aus Speckstein, darauf dunkelgrüner Jadecabochon. Derwischstein des Bektaşî-Ordens.

Lit.: Kat. Max Emanuel, Nr. 136; Kat. Ingolstadt 1979, Nr. 107.

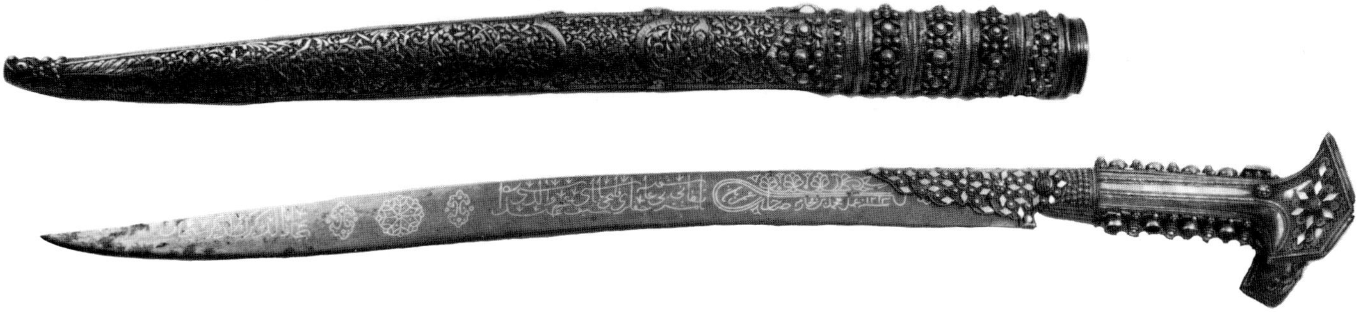

11/9
Jatagan
Türkei, 1798 · Eisen, Silber, Koralle · L 71,5 cm

Ingolstadt, Bayerisches Armeemuseum, 50–15–1

Auf der leicht geschwungenen Klinge finden sich Meistername und Datum. Der silberne Griff ist reich mit Korallen besetzt. Die dazu gehörige Scheide ist ebenfalls mit Korallen und Silber in reichem Dekor verziert.

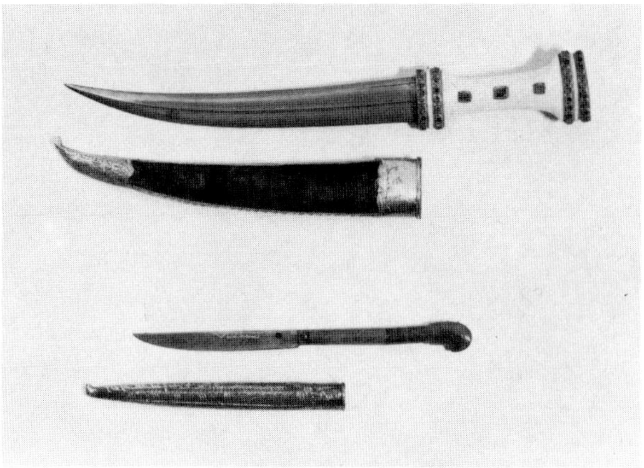

11/10 a
Dolch *(hançer)*
Türkei, Ende 17. Jh.
Eisen, Elfenbein, Silber, Korallen
Griff-L 12 cm; Klingen-L 59 cm

Karlsruhe, Badisches Landesmuseum, G 175

Griff aus Elfenbein mit zweilappigem Knauf; silbervergoldete Montierung und Zwinge, mit geschnittenen Korallen besetzt. Die zweifach gebogene Klinge hat einen verbreiterten Rücken. In die Klinge eingraviert sind Ornamente und eine Inschrift.

11/10 b
Dolch
Türkei, 17. Jh. · L 35,5 cm, B 3,1 cm

Ingolstadt, Bayerisches Armeemuseum, L 5920

Zweischneidige damaszierte Klinge, Beingriff mit Montierung aus Edelmetall und mit Steinen, samtbezogene Scheide, mit Montierung aus Edelmetall reich ornamentiert.

Lit.: Katalog Ingolstadt 1979, Nr. 140

11/10 c
Messer mit Vogelkopf
Ingolstadt, Bayerisches Armeemuseum, 5900

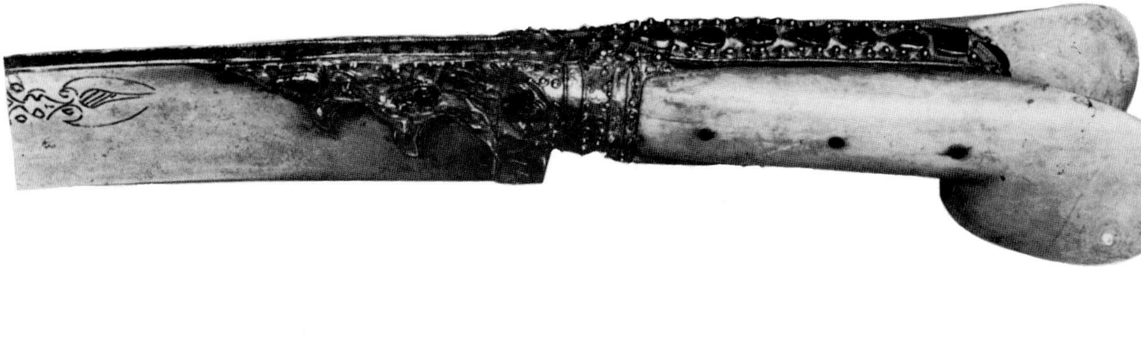

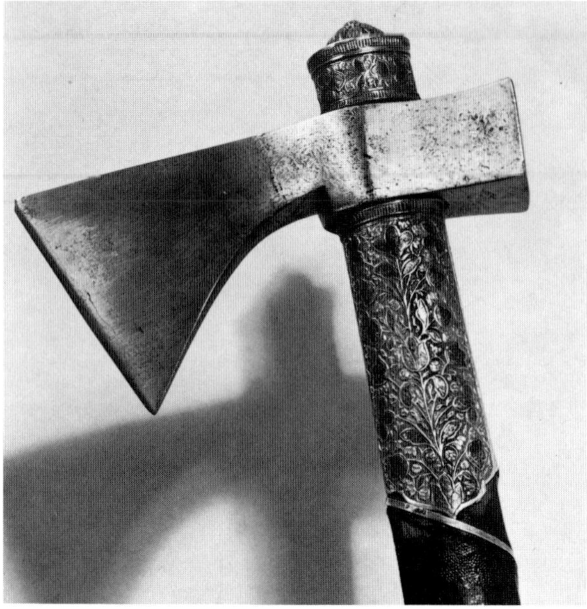

11/11
Streitbeil

Türkei, vor 1691
Eisen, Silber, Leder, Gold
L 69 cm, Blatt-L 17 cm, B 8,5 cm

Karlsruhe, Badisches Landesmuseum, Nr. D 56

Damasziertes Beil mit hammerförmigem quadratischem Rücken auf Holzgriff von ovalem Querschnitt mit schwarzem Lederüberzug; dieser ist mit einem feinen Silberstreifen spiralig umwunden. Handhabe und oberes Stielende sind mit vergoldeten Silberbeschlägen und fein ziseliertem nielliertem Blumendekor versehen.

Lit.: Kat. „Türkenlouis", S. 603, 629, 667 ff, 648.

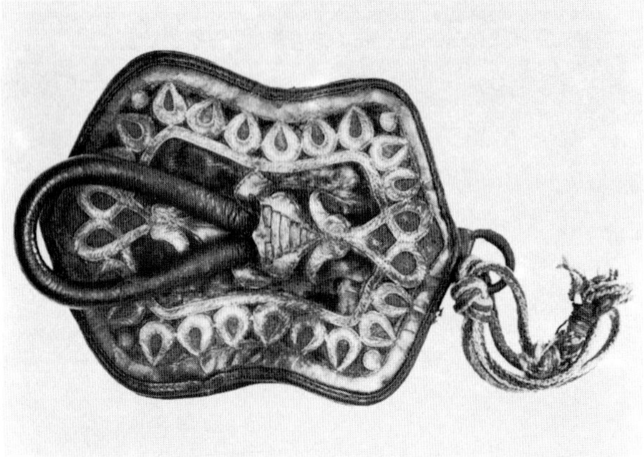

11/12
Streitkolben *(bozdoğan)* und Tragschlaufe

Türkei 17. Jh.
Holz, Silber, Leder, Samt, Seide
1) Gesamt-L Kolben 63 cm
Schlagkopf: L 10 cm, Dm 8 cm, Gewicht 0,85 kg
2) Schlaufe H 12 cm, B 9 cm

Karlsruhe, Badisches Landesmuseum, D 242, D 248

An dem braunen Holzstiel sitzen Handhabe und Tülle des Schlagkopfes aus vergoldetem Silber mit fein ziselierten Blütenranken in Streifenform, oben und unten halbkugelige Kappen. Der Kopf besteht aus acht Schlagblättern mit gelappten, gravierten Rändern und durchbrochener Arabeskenfüllung.
Die Tragschlaufe besteht aus zwei schildförmig geschnittenen, übereinander gesteppten Lederplättchen. Auf der Vorderseite gold- und silberbestickte applizierte Lederschablone auf roter und grüner Samtunterlage. In der Mitte befindet sich ein schmaler Schlitz und eine Lederschlaufe zum Einhängen des Streitkolbens.

Lit.: Rott, Abb. S. 290; Kat. „Türkenlouis", Nr. 496, 497.

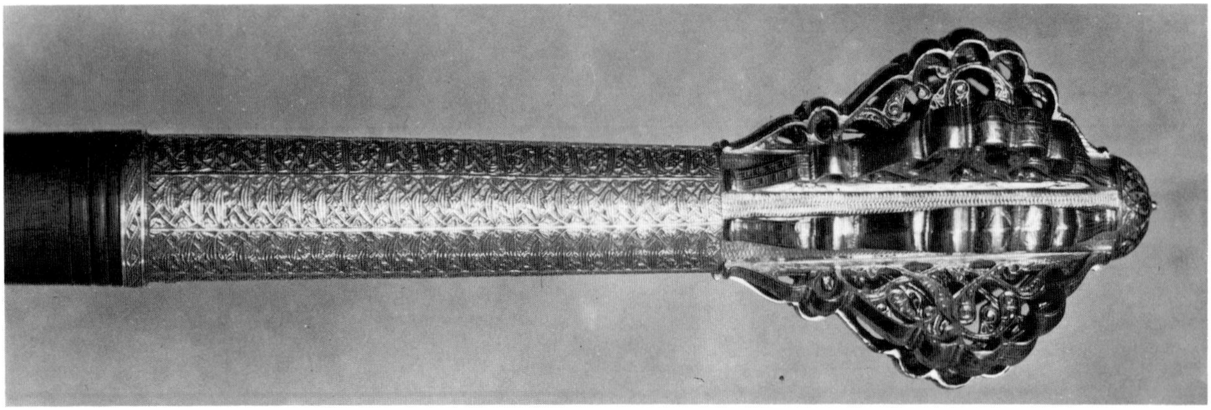

11/13
Dolchmesser *(bıçak)* mit Scheide

Istanbul, 2. Hälfte 17. Jh.
Eisen, Leder, nielliertes, graviertes, getriebenes und teilvergoldetes Silber; unleserliches Beschauzeichen
Messer 20 cm lang

Privatsammlung

Das Messer hat eine eiserne, mit wenigen goldenen Punkten verzierte Klinge und einen teils niellierten, teils reliefierten Griff. Die zugehörige Scheide aus dunklem Leder ist mit silbernem Mundblech und Ortband versehen. Das dichte vegetabile Ornament ist auf der Vorderseite getrieben und vergoldet, auf der Rückseite graviert.
Das Messer vertritt einen gut, und in verschiedenen Materialien, belegten Typ von Zierwaffen. Sein Dekor hat abendländische, wahrscheinlich durch Ornamentstiche vermittelte Voraussetzungen. Dieses und einige eng verwandte andere Messer gehören zu einer Gruppe stilistisch eng zusammengehöriger Werke der Goldschmiedekunst, die einer Hofwerkstatt zugewiesen sind und sich vorwiegend im Topkapı Sarayı erhalten haben. (Bo)

Lit.: Hans-Caspar Graf von Bothmer, Ein abendländischer Türkendolch? Zur Rezeption abendländischer Stilformen in der osmanischen Goldschmiedekunst des 17. Jahrhunderts. In: Florilegium artis. Beiträge zur Kunstwissenschaft und Denkmalpflege, Festschrift für Wolfgang Götz. Saarbrücken 1984, 18–23.
Vgl.: Kat. Istanbul 1983, E. 270–275.

11/14
Gewehr

Türkei, 1806
Holz, Silber
L 127,5 cm

Ingolstadt, Bayerisches Armeemuseum
Inv. Nr. E 72 12

Lauf gekantet, brüniert, mit Silberblechbändern an die Schaftung gefesselt. Über dem Pulversack Linienornamente in Goldtauschierung. Der Kolben ist mit Bandornamenten in Silberblech beschlagen. Auf der Unterseite des Kolbens eine blattgerahmte Koralle. Auf dem Beschlag Datum und Besitzername.

Lit.: Katalog Ingolstadt 1979, Nr. 26

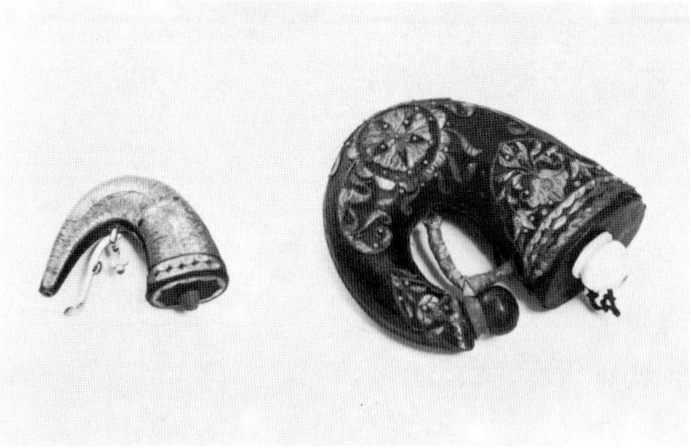

11/15 a
Kleines Pulverhorn

Bronze (?), Schildpatt, Korallen, Seide, Silber · B 12,5 cm

Kassel, Staatliche Kunstsammlungen, Schloß Friedrichstein, 26/N/85

Aus rötlichem Schildpatt. Die ornamental verzierten Beschläge sind vergoldet und mit nielliertem Silber versehen. Der Beschlag, der zur Ausschüttung des Pulvers dient, ist längsgestreift verziert, der Randbeschlag am Einguß mit rund geschliffenen Korallen besetzt. Am Deckel acht Korallen, die abwechselnd rund und mandelförmig geschliffen sind. Der Griff des Deckels und der Mechanismus, der zum Ausschütten des Pulvers dient, sind durchbrochen. An zwei Ringen ist die Tragschnur befestigt. Eine Kordel aus roter Seide und Silberfäden, an der zusätzlich eine Räumnadel hängt.

Lit.: Kat. Max Emanuel 1976, Nr. 171; Kat. Ingolstadt 1979, Nr. 30.

11/15 b
Großes Pulverhorn

Türkei, 17. Jh. · Holz, Leder, Korallen · B 17,5 cm

Ingolstadt, Bayerisches Armeemuseum 26/N/85

Pulverhorn für Artillerie, mit schwarzem Chagrinleder überzogen, in eine hölzerne Kugel auslaufend. Geschmückt mit vergoldetem Leder und Korallen. Pulverausguß aus granatapfelförmiger Elfenbeinkugel.

Lit.: Kat. Ingolstadt 1979, Nr. 32

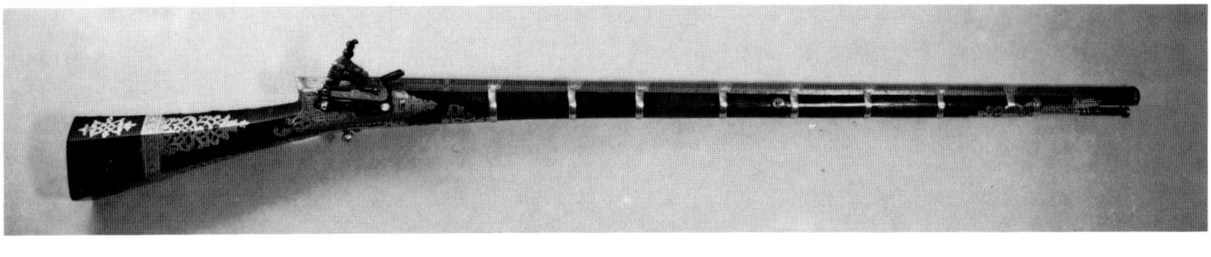

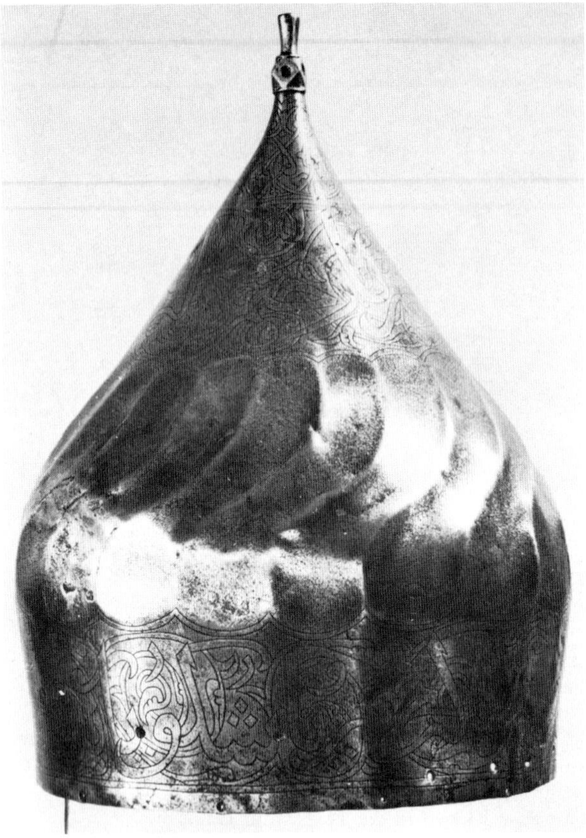 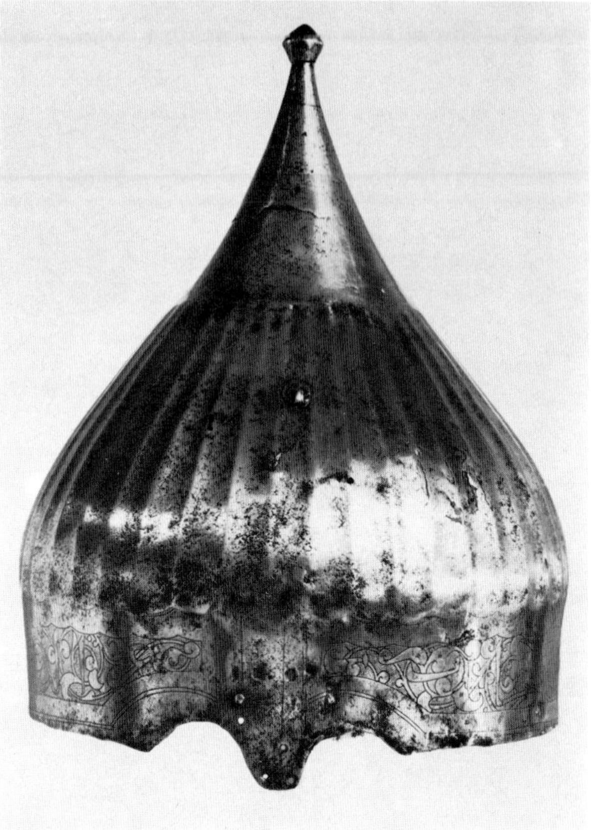

11/16
Zwei Helme

Türkei, um 1500
Eisen
1) H 33 cm
2) -

Krakau, Państwowe Zbiory Sztuki na Wawelu
Inv. Nr. 4207, 4700

Der leicht ausladende, zur Spitze hin konisch zulaufende Helm hat im mittleren Teil eine S-förmige Treibarbeit, die die Umwindung des eigentlichen Turbans (dülbend) nachahmt – am unteren Rand ist der Helm mit Löchern versehen, an denen ursprünglich Nackenschutz und Naseneisen befestigt waren. An der oberen unregelmäßigen Lochreihe war vermutlich das Futter des Helmes angebracht. Im unteren und oberen Abschnitt schließt eine Gravur mit Ranken- und Blütenwerk und kalligraphischer Inschrift an die Treibarbeit an, ebenfalls leicht ausladende nach obenhin konisch zulaufende Form. An der unteren Randbegrenzung ein Ausschnitt für die Augen; mehrere Löcher deuten darauf hin, daß ursprünglich ein Naseneisen und ein Behang aus Kettengeflecht vorhanden waren. Der Dekor ist dreigegliedert, im unteren Bereich eine Gravur mit Ranken- und Blütenwerk sowie kalligraphischer Inschrift, daran anschließend ein gradlinig gerippter Mittelteil; der stark verputzte obere Abschluß könnte ursprünglich ebenfalls eine Gravur getragen haben.

Lit.: Kat. Max Emanuel, München 1976, Nr. 112.
Z. Zygulski jun.; Stara broń w polskich zbiorach, Warschau 1982, Abb. 16, 17.

11/17
Offiziersgürtel
Türkei, 17. Jh.
Bronze
L 85 cm, B 5,5 cm

Ingolstadt, Bayerisches Armeemuseum, Inv. Nr. fehlt AM

Der Gürtel besteht aus 40 Gliedern, ist fein dekoriert aus vergoldeter Bronze, mit Blumendekor verziert. Die Schließe mit einem Buckel ist mit Rankenornamenten bedeckt, ebenso die Verschlußlasche.

Lit.: Kat. Ingolstadt 1979, Nr. 161, Abb. 18.

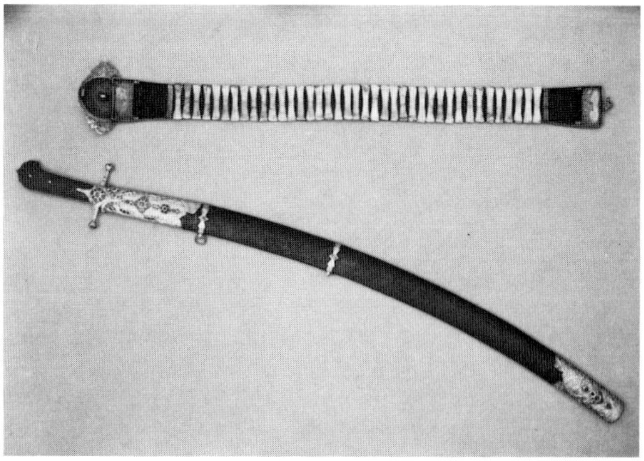

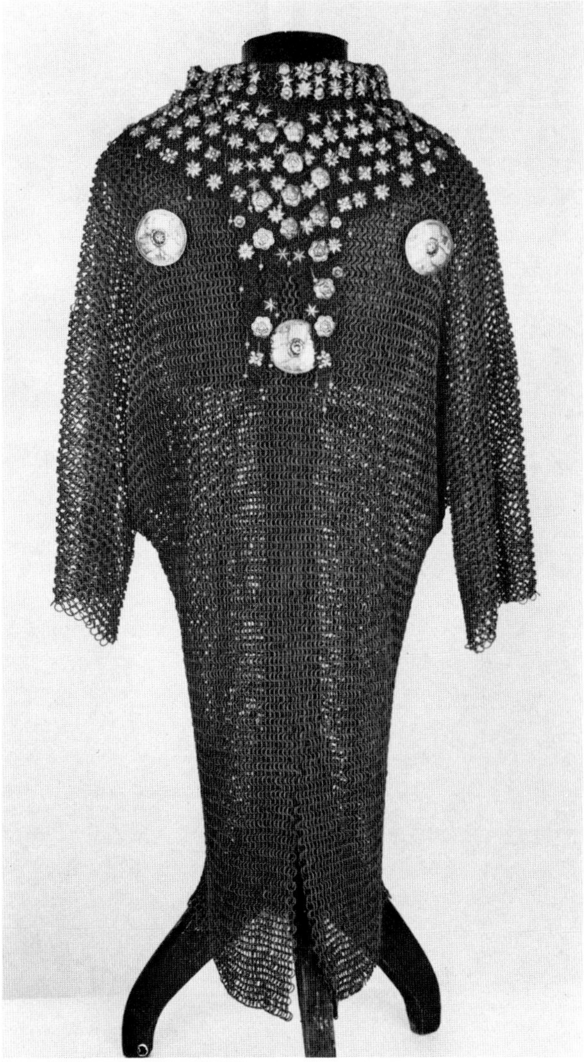

11/18
Kettenhemd mit Helmkappe
Türkei, 16./17. Jh.
Kettenhemd: H 90 cm; Helmkappe: H 47 cm
Eisen, Silber, Korallen, Gold, Stahl

Staatl. Kunstsammlungen Kassel, Schloß Friedrichstein, B XVII

Das knielange grobmaschige Panzerhemd ist mit halben Ärmeln versehen und hat auf der Brust zwei, auf dem Rücken drei ornamental verzierte Silberscheiben. Die zwei vorderen Schließen am Hals sind nur noch zur Hälfte vorhanden. Eine Art Stehumlegekragen aus feinerem Kettengeflecht schützt zusätzlich Hals, Brust und Rücken; er läuft vorn und hinten in je zwei große Zipfel aus. Der Kragen ist reich mit silbernen Sternen und viereckigen Knöpfen besetzt, dazwischen hängen an Silberdraht rote Korallenkügelchen (heute teilweise verloren).
Der Helm besteht aus einer flachen Kalotte aus Stahl mit daranhängendem feinem Kettengeflecht und ist vorn so ausgeschnitten, daß Augen und Nase bedeckt werden. Am Scheitel der Kalotte ist ein kleiner vergoldeter Ring. Um ihn läuft ein Ornament in Goldtauschierung. Der Rand des Helmes ist gleichartig verziert (die Goldornamente sind stark zerstört).

Vgl.: Kat. Ingolstadt 1979, Nr. 41.

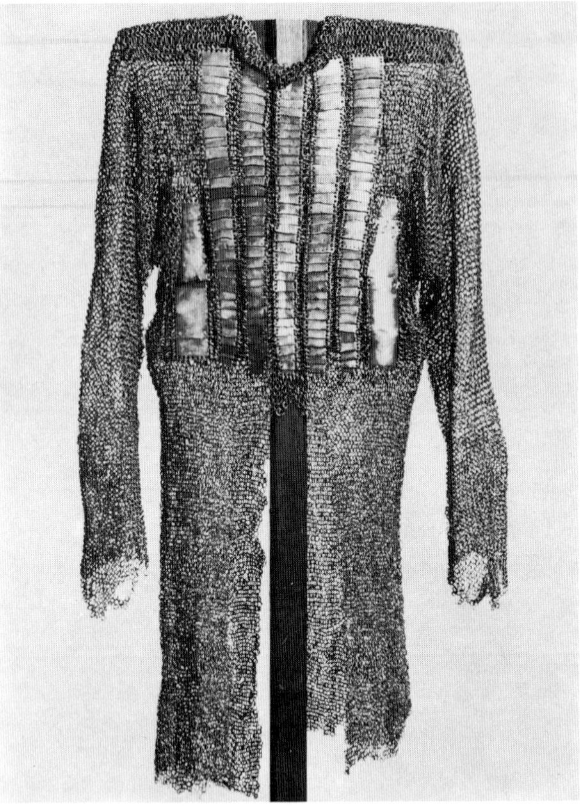

11/19

Langes Kettenhemd mit Plättchen und Lamellen

Orient, 17. Jh.
Eisen, geschmiedet

Krakau, Państwowe Zbiory Sztuki na Wawelu

Grobmaschiges Panzerhemd. An Brust und Oberbausch mit sechs Eisenplättchen verstärkt. Die vier äußersten rechts und links sind schmal, ausgeschnitten, die Armbewegung freigebend hatten vier Vorrichtungen zum Zusammenschnallen des Panzerhemdes. Eine Linke verloren sowie die Belederung.
Der Rücken ist in der Mitte durch fünf Reihen kleiner Metallplättchen verstärkt. Links und rechts davon sitzen vier (?) Seitenplatten wie vorn.
Die Form des Panzerhemdes mit Verstärkung ist von Ägypten bis Indien weit verbreitet. Sie ist nicht spezifisch türkisch. Ein nordindisches Kettenhemd im Tower hat ähnliche Verschlüsse.

Vergleiche in der Literatur: Robinson, Taf. XIV A.

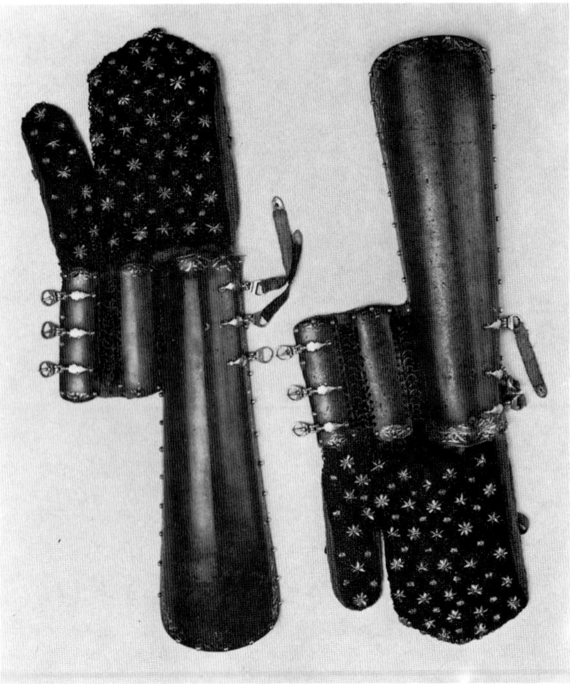

11/20

Armschienen mit Kettenhandschuhen *(kolçaklar)*

Türkei, 16./17. Jh.
Stahl, Gold, Stoff
L 53 cm

Kassel, Staatliche Kunstsammlungen, Schloß Friedrichstein, B XIV, 373, 1 und 2.

Die dem Unterarm angepaßte Stahlschiene ist am Rand mit silbernen halbkugelförmigen Nägeln besetzt, die ornamental gestaltete Goldtauschierung am Rand und im Feld ist heute stark zerstört. Der Pulsaderschutz besteht aus zwei Stahlplatten, ist mittels Ringen an die Unterarmschiene angehängt. An ihm befinden sich drei Verschlüsse aus ehemals rotem, mit Silber beschlagenem Seidenband. Der eigentliche Handschutz besteht aus einem wie ein Fausthandschuh gestalteten Stoffteil, der an der Innenseite drei Tuchspangen zum Hineinstecken der Finger besitzt. Außen ist er mit rotem Samt bezogen und mit einem feinen Kettengeflecht bedeckt. Darauf bilden Rosetten und Sterne ein Ornament aus sich kreuzenden Reihen.

Lit.: Museumsführer 1982; Kat. Max Emanuel, Nr. 115;
Vgl.: Kat. Ingolstadt 1979, Nr. 42.

11/21

Rundschild

Türkei, 2. Hälfte 17. Jh.
Weidenruten, Eisen, Lack
Dm 62 cm

Kassel, Staatliche Kunstsammlungen, Schloß Friedrichstein, B XIV, 352

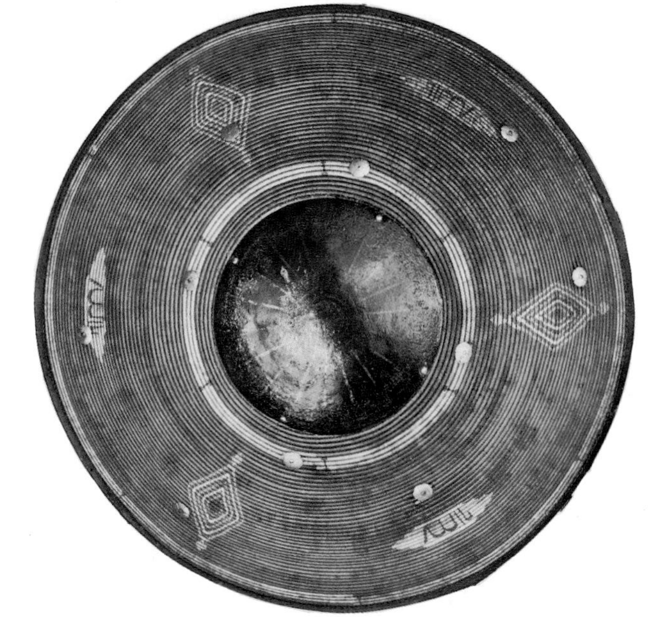

In der Mitte geschwärzter und bemalter Eisenbuckel; ein goldenes Strahlenornament bildet in der Mitte einen Wirbel und am Rand kielbogenförmige Gegenornamente. Die Weidenruten (salix babylonica) des Schildes sind mit roter Seide umwickelt. Zwischen drei rhombischen blau-weißen Ornamenten sitzen drei Kartuschen mit der Anrufung Allahs. Der Rand aus rotem Leder. Vergoldete Nieten, durch einfache Randkerbung leicht verziert, halten die Beriemung der Innenseite. Sie ist mit grünem Filz gefüttert (heute zum Teil zerstört). Der Lindenholzkern ist sichtbar. Ein viereckiges mit Leinwand bezogenes Polster für den Schutz der Faust und vier Riemen aus geflochtenem Lederwerk zum Halten des Schildes sind noch vorhanden.

Lit.: Museumsführer 1982; Kat. Max Emanuel, Nr. 117; Kat. Ingolstadt 1979, Nr. 45.

11/22

Prunkschild

Türkei, 17. Jh.
Weidenruten, Eisen, Samt, Schnüre
Dm 66,7 cm

Krakau, Muzeum Narodowe w Krakowie; V. 51

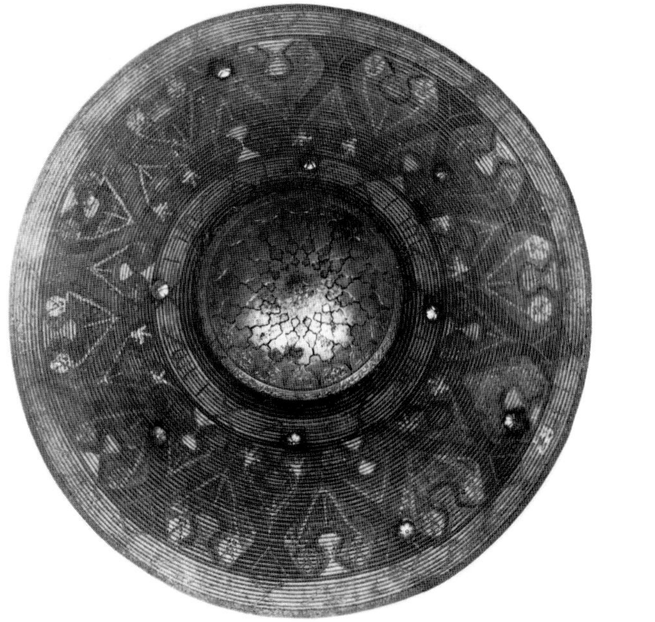

Der leicht gewölbte Rundschild ist aus Weidenruten geflochten und mit amaranten, blauen und gelben Seidensowie auch mit Silberfäden umwickelt, so daß die Fäden ein herzförmiges Muster auf der Oberfläche des Schildes bilden. In der Mitte befindet sich ein gewölbter Eisenbuckel („Umbo“) mit einer geschnittenen Rosette, von welcher strahlig geordnete Ornamentstreifen ausgehen. Der Buckel ist zusätzlich mit Goldtausia dekoriert und sein Band mit goldenen Fransen besetzt. Rings um den Buckel und am äußeren Rande des Schildes sind die Bänder mit orientalischen Inschriften. Die Innenseite ist mit Roßhaar gepolstert und mit amarantem Samt gefüttert. Die Polsterung ist mit Nieten befestigt, deren vergoldete und niellierte Köpfe rosettenförmig sind und welche auf der Innenseite Ösen und Ringe haben. Vier von diesen Nieten befestigen einen viereckigen, mit Samt bezogenen Polster, sechs weitere halten die seidenen, sich kreuzenden Tragschnüre.

Vgl. in der Lit.: Kat. Wien 1983, Nr. 16/83-16/86.

11/23

Prunksattel

Türkei, spätes 17. Jh.
Holz, Leder, Samt, Silber
H 37,5 cm, L 42 cm, B 28 cm

Karlsruhe, Badisches Landesmuseum, D 162

Sogenannter orientalischer Bocksattel. Das Holzgestell mit hohen Stegen und Knäufen ist lederbezogen. Der Vordersteg und die beiden vorstehenden Trachtenenden sind mit vergoldetem Silberblech beschlagen, das mit persischen und wilden Rosen in Niellofüllung graviert und mit Blütenranken dekoriert ist. Die Ränder sind mit feinem Doppelschnüren eingefaßt. Der gepolsterte Ledersitz, die Seitentaschen und Sattelblätter sind mit blauem Samt bezogen und mit rotem Leder eingesäumt, darauf Blumendekor und eine Broschüre in Gold- und Silberstickerei auf Ledergrund.

Lit.: Kat. „Türkenlouis" Nr. 423.

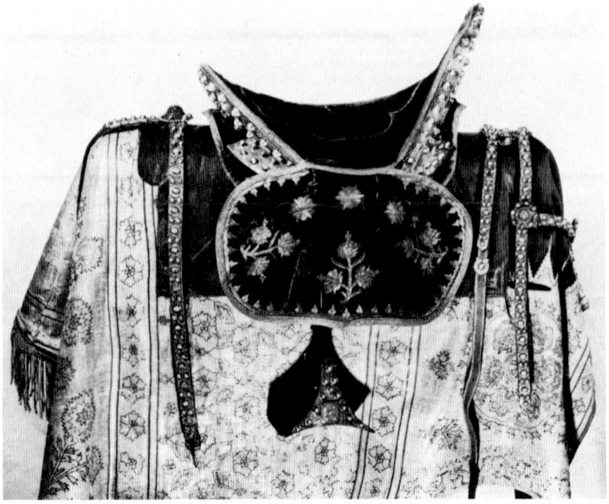

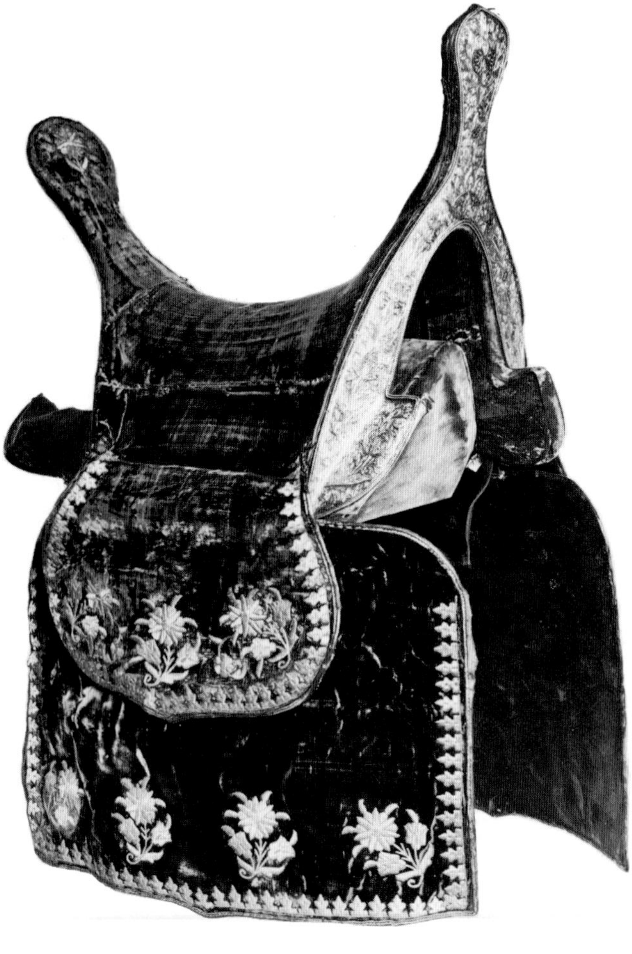

11/24

Prunksattel mit Steigbügeln, Pferdegeschirr und Decke

Türkei, 17. Jh. · Sattel: Holz, Leder, Samt, Silber
Geschirr: Leder, vergoldetes Silberblech · Decke: Seidengewebe, Leinen · Sattel: H 38 cm, B 35 cm, L 42 cm
Geschirr: L 52 cm, Brustriemen 60 und 79 cm
Decke: 205 x 154 cm

Krakau, Muzeum Narodowe w Krakowie

Konstruktion aus Holz. Der höhere Vorderbogen endet mit einem Knauf, der Hinterbogen ist halbrund. Beide Bogen und Stützbänke sind mit vergoldetem Silberblech beschlagen, welches mit kleinen ziselierten Nelkenblüten verziert und mit Türkisen und Nephritplättchen besetzt ist. Auf der linken Stützbank ist eine türkische Punze eingepreßt. Der Bezug des Sitzes und der Lappen aus karmesinrotem Samt. Die goldene Stickerei auf den Lappen besteht aus drei Rosenzweigen und drei Rosenblüten. Der Sitz und die Lappen sind mit goldener Tresse umrahmt. Die Innenseite des Sattels ist mit Leder bedeckt. Die zu dem Sattel gehörende Sattelunterlage, aus rotem Leder, ist in den Ecken mit goldener Stickerei geschmückt. An der Innenseite befindet sich ein Stempel (?) aus schwarzer Tusche. Das Geschirr besteht aus Kopfgestell und Brustriemen. Am roten Riemen sind vergoldete Silberplättchen befestigt. Jedes Plättchen ist in der Mitte mit einem halbkugeligen Türkis verziert. An den Verbindungsstellen der Riemen befinden sich Rosetten mit großen, grünen Halbedelsteinen besetzt. Die Stirnplatte ist mit Nephrit und Glasrubinen dekoriert. Die Riemen sind zum Teil mit goldener Borte benäht. Perlgrauer, silberdurchwirkter Stoff in rote und blaue Streifen gewebt. Die silberne, flache Stickerei besteht aus Nelkenblüten, bemalt mit grüner und roter Farbe.

Lit.: Kat. Wien 1983, Nr. 16/133.

11/25 a
Satteldecke

FARBTAFEL S. 268

Türkei, Ende 16. Jh.
L 186,5 cm, B 129,5 cm · Samt, gold- und silberbroschiert

Athen, Benaki Museum, 3784

Die Satteldecke aus tiefrotem Samt ist über die ganze Fläche mit stilisierten Tulpen-, Nelken- und Päonienblüten sowie Sazblättern bedeckt.
Die mit Silber- und Goldfäden ausgeführte Broschierung spart in einem zentralen Medaillon und in einzelnen Blüten und Blättern zarte Blumenrispen aus. Um den Rand läuft eine Bordüre mit Blumenranke.
Diese wohlerhaltene Decke repräsentiert in vollendeter Weise den Hofstil (auch *quatre-fleurs*-Stil) des ausgehenden 16. Jh., wie er auch auf anderen Textilien sowie Keramikarbeiten zum Ausdruck kommt.

11/25 b
Gestickte Schabracke

Türkei, 2. Hälfte 18. Jh.
H 134 cm, B 200 cm
Samt mit Goldstickerei

Warschau, Museum Narodowe SZT 180

Drei große Palmetten in Form von Blumenvasen, dazwischen Blütenzweige. Randbordüre mit Wellenranke gefüllt.

11/26
Prunkreitzeug mit Eberzahn

Kopfgestell und Schwanzriemen
Türkei, vor 1691 · Leder, Silber, Seide

Karlsruhe, Badisches Landesmuseum, D 131

Pferdekopfgestell ohne Gebißstange aus rotem Saffianleder, dicht besetzt mit schuppenförmigen Beschlägen, Silber gegossen und vergoldet, mit je einer kleinen Rosette am Mittelgrat. An Schläfen, Stirnriemen und Halfter befindet sich je eine quadratische Buckelplatte mit eingravierten Tulpen vor gepunztem Grund; als Zügel dient eine mit Gold dicht bestickte Seidenborte in Brettchenweberei. Der dreiteilige Brustriemen ist mit den gleichen Beschlägen besetzt. Daran ist eine große sechsteilige Buckelscheibe befestigt, die durch zwei Ringe mit dem Zierbehang aus zwei Eberzähnen in vergoldeter Fassung verbunden ist.
Die Fassung mit gravierten Blattranken ist mit zwei Türkisen in ovaler und einem Smaragd (Imitation) in quadratischer Fassung besetzt. Den Halbmond füllt ein angehängter Palmettenbehang aus vergoldetem Silberblech mit gravierten und durchbrochenen Arabesken. Der Schweifriemen ist wie das Kopfgestell ausgestattet.

Lit.: Kat. Wien 1983, Nr. 16/132; Kat. „Türkenlouis", Nr. 435; Renner, S. 69 – Petrasch, S. 584, 627.

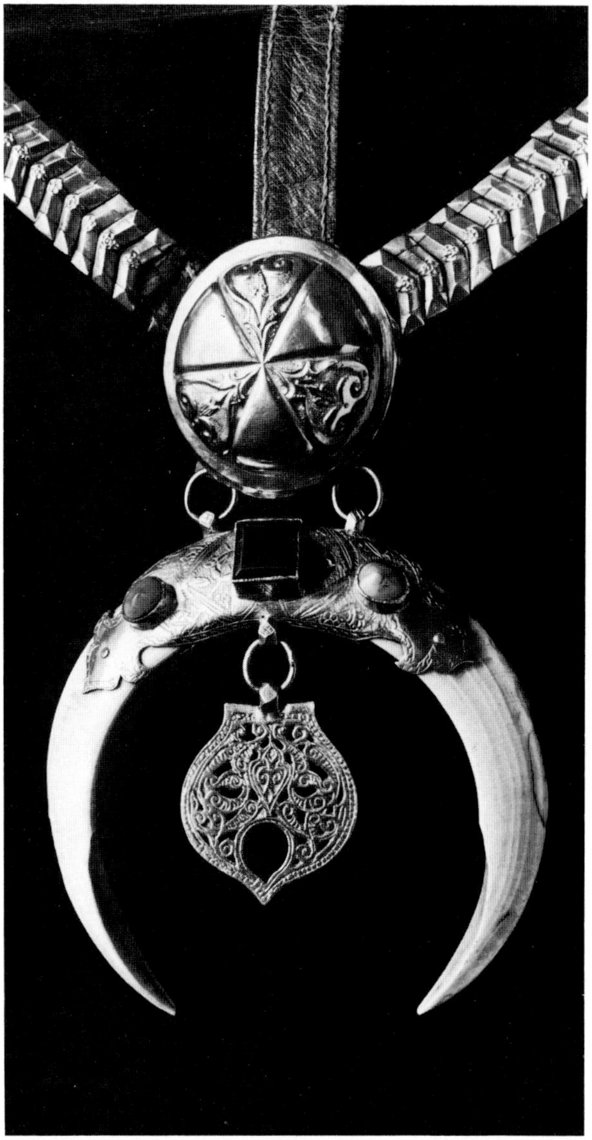

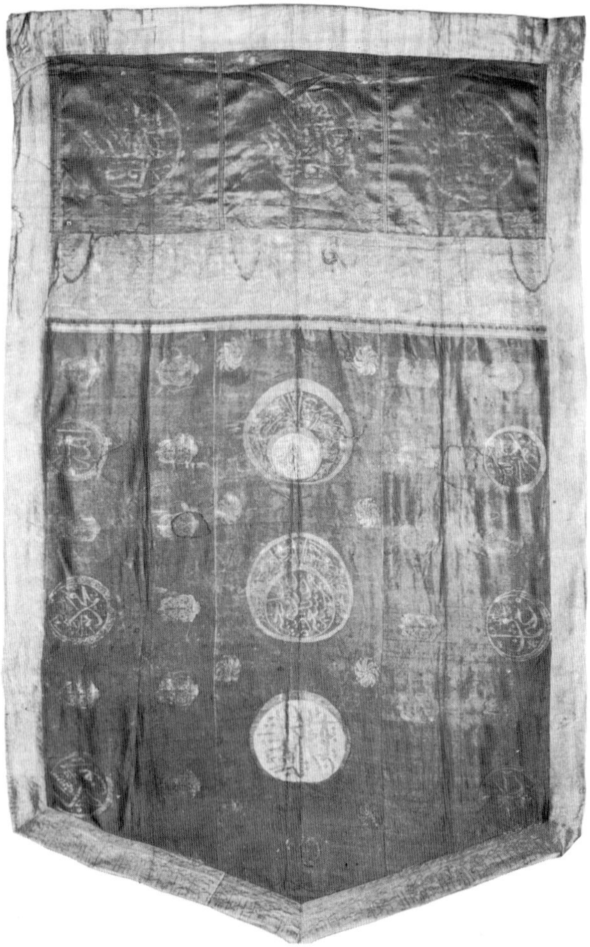

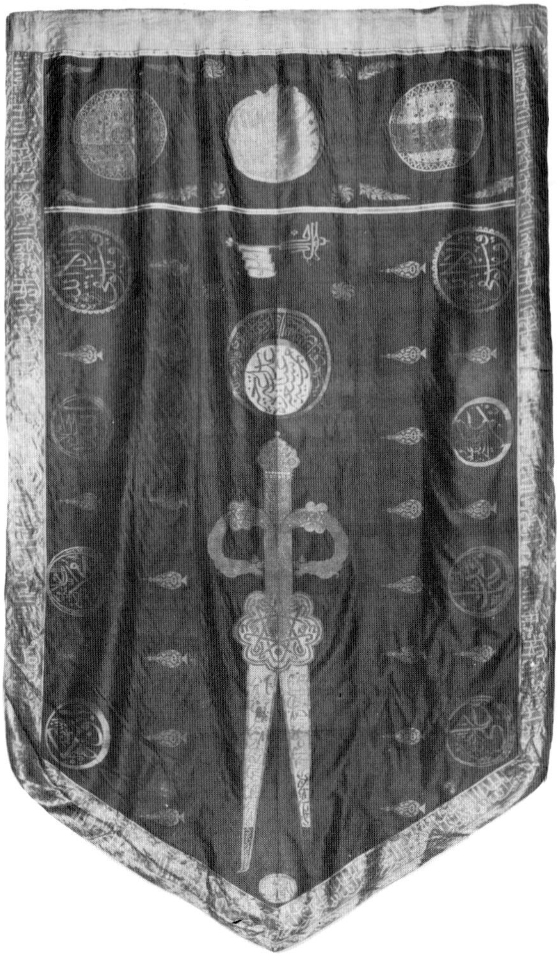

11/27 a
Fahne
Istanbul, 1225/1810–11
Seidendamast, broschiert mit Gold und Silber

Krakau, Państwowe Zbiory Sztuki na Wawelu
Inv. Nr. Dep. 514, 17682

Die rote Seidenfahne mit goldbroschierten Kalligraphien ist in drei Feldern eingeteilt und von einer breiten mattgrünen Bordüre mit Inschriften eingefaßt. Im ersten stangenseitigen Feld befinden sich drei Medaillons, jeweils mit u. a. der Basmala, umgeben von Rundwirbeln. Sie stehen gegenüber den übrigen Inschriften der Fahne auf dem Kopf. Das zweite, schmale Feld ist mattgrün und enthält 13 Kartuschen mit dem muslimischen Glaubensbekenntnis. Das große flugseitige Feld weist in der Mittellinie drei halbmondförmige Medaillons mit Koranversen (das mittlere mit Datierung) auf sowie an den Rändern sechs kleinere Medaillons mit den Namen Allah, Muhammad und denen der vier Rechtgeleiteten Kalifen. Die Zwischenräume sind mit kleinen fruchtkorbförmigen Kalligraphien und Rundwirbeln gefüllt.

11/27 b
Fahne
Istanbul, 1225/1810–11
H 324 cm, B 213 cm

Eine zweite Fahne des gleichen Typus ist im Besitz des Frankfurter Museums für Kunsthandwerk. Sie stammt offensichtlich aus derselben Werkstatt und trägt das gleiche Datum.
In der unteren Hälfte ist das zweispitzige Schwert Alis eingewebt, dessen Schneiden ebenfalls mit Inschriften überzogen sind.

Lit.: Kat. Münster 1983, S. 48 f.

11/28

Reitpeitsche mit Dolch

Türkei (?) · Silber, Leder, Schnur
Stiel-L ca. 27 cm; Klingen-L 13,7 cm; Gesamt-L 70 cm

Ingolstadt, Bayerisches Armeemuseum, 939

Reitpeitsche mit Dolch. Hohler, oben und unten kantiger Peitschenstiel mit vergoldetem gerieftem Streifen sowie Verzierung in Blattmuster. Im goldenen Streifen sitzt die Verschraubung für den im Innern des Stiels versteckten Dolch mit einschneidiger Klinge.

Lit.: Kat. Ingolstadt 1979, Nr. 9.

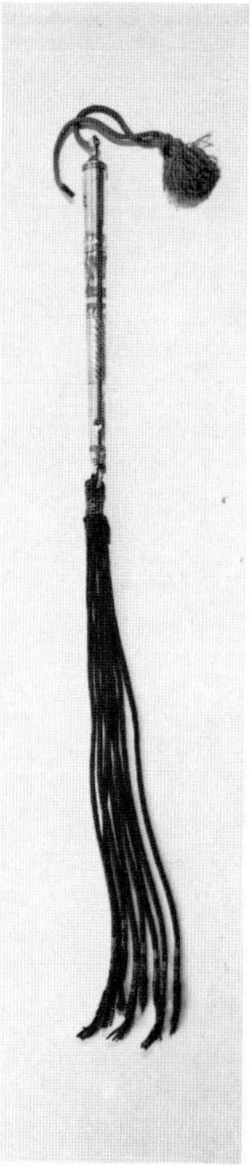

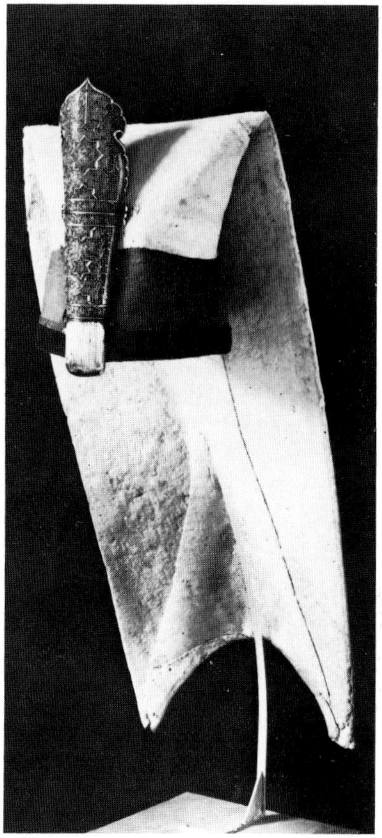

11/29

Kopie der Ketsche *(keçe)* eines Janitscharen

Original Türkei, vor 1691
Pappe, Leinen, Filz, Samt, Seide · Hauben-H 23 cm; Nackenbehang L ca. 80 cm, B ca. 35 cm; Federhülsen-H 30 cm

Karlsruhe, Badisches Landesmuseum, D 204

Haube aus Pappe mit ungebleichtem Leinenrandüberzug und blauem Leinenfutter. Herabfallender Nackenschutz aus weißem Filz. Federhülse aus Holz mit Lochöffnung zum Einstecken des Federschmuckes oder Löffels. Am Stirnrand grüner Samtbezug und braune Borte, darauf schwarzes Seidenband. Innen auf vergoldetem Gipsgrund gemalte schwarze Ornamente mit olivgrüner Füllung. Auf der Vorderseite blattförmiges vergoldetes Silberblech mit Blumenranken und Sternornamenten in Steg- und Zellentechnik; in dem rechteckigen Feld über einem großen achteckigen Stern die Schriftzeichen „Allah“.

Lit.: Kat. Karlsruhe 1970, Nr. 4–5.

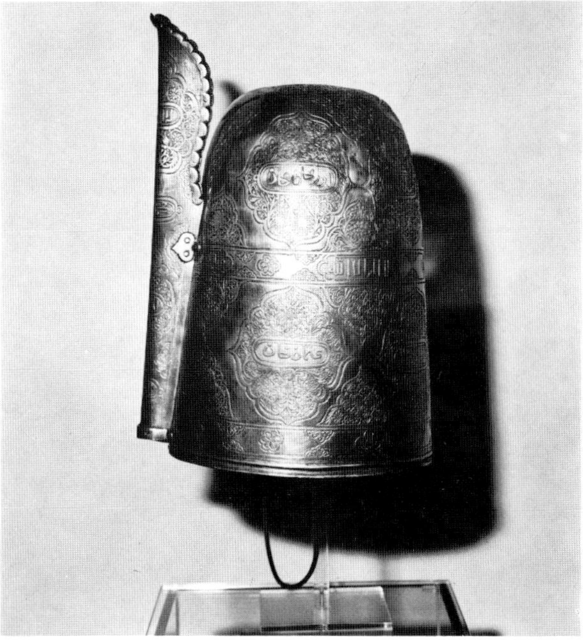

11/31

Helm eines Meldeläufers *(peyk)*

Türkei 2. Hälfte 16. Jh. · vergoldetes Kupferblech, Holz · H 31,3 cm, ohne Federhülse: H 27,5 cm

Ingolstadt, Bayerisches Armeemuseum, L 5962

Hutförmiger hoher zylindrischer Helm aus vergoldetem Kupferblech. Der reiche Ätzdekor zeigt mit Rankenwerk gefüllte Medaillons mit den Namen der ersten Padischahs bis auf Süleyman den Prächtigen (gest. 1566). In ovalen Feldern finden sich Anrufungen Allahs. Am Helmrand sowie in halber Höhe sitzt ein schmaler Querstreifen mit Rosetten und religiösen Inschriften. Am Helmscheitel befindet sich ein Stern mit Halbmond. Die Federhülse ist mit Holz gefüllt. Sie hat an der Oberkante einen feingelappten Rand, sonst den gleichen Ätzdekor wie der Helm. Die Holzfüllung zeigt Blumenmalerei auf vergoldetem Gipsgrund.

Lit.: Kat. Max Emanuel 1976, Nr. 111; Kat. Ingolstadt 1979, Nr. 40.

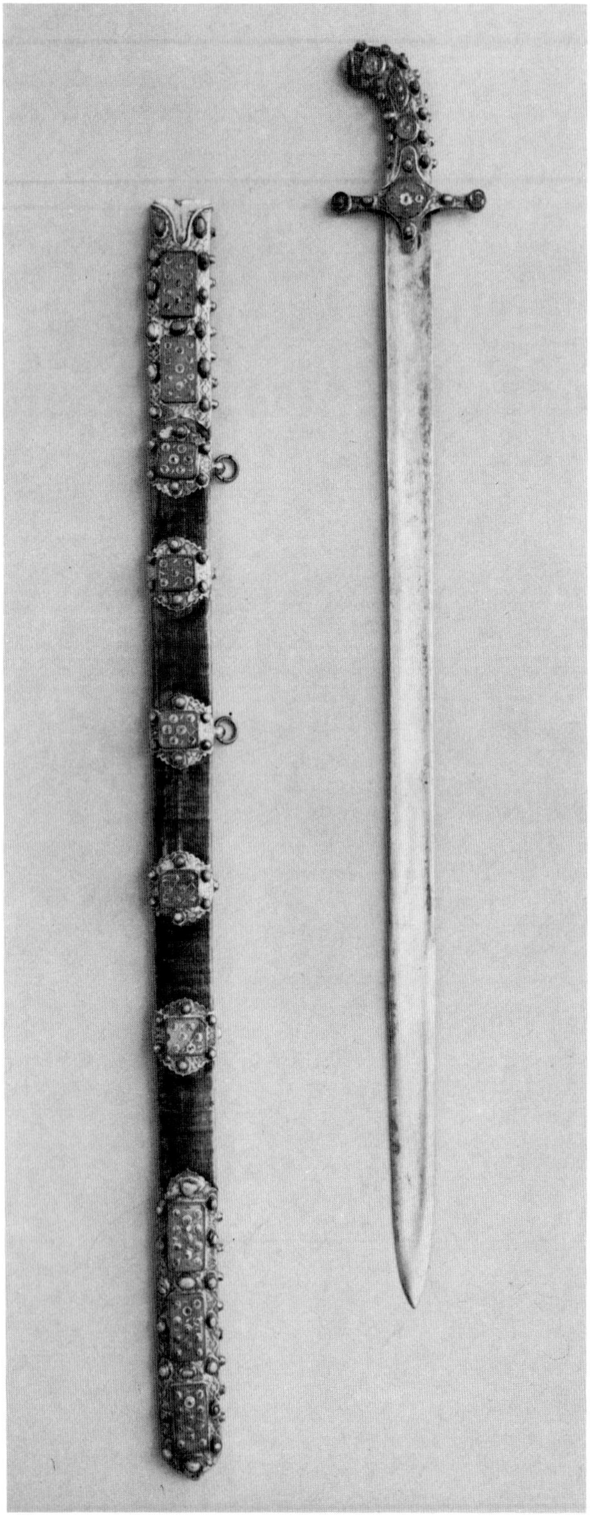

11/30

FARBTAFEL S. 267

Bogenköcher mit Pfeilen

Türkei, 18. Jh.
Leder, Holz, Eisen · H (mit Deckel) 93,5 cm
Dm oben 16 cm · Dm unten 9 cm

Frankfurt, Museum für Kunsthandwerk, 14 158

Konische Form auf kreisförmigem Grundriß. Der Deckel ist über das obere Ende des Köchers zu stülpen und an der Rückseite angenäht. An seinem Rand laufen kleine Bögen um einen mittleren spitzzulaufenden Bogen. Zwei Bänder aus Gold- und Silberfäden in der Mitte des Köcherschaftes dienen als Schließe. Der Lederbezug der Rückseite ist so gearbeitet, daß zwei Schlitze entstehen, durch die ein Trageriemen gezogen werden konnte.
Die Oberfläche ist mit symmetrisch angeordneten pflanzlichen Motiven bestickt. Der obere Rand des Bildfeldes schließt mit einer gebogten Borte ab, die den gebogten Rand des Deckels aufnimmt. Auf der Rückseite zwei senkrecht verlaufende Borten mit vegetabilen Motiven.
Die Pfeilschäfte sind aus Holz, die Schäfte im gefiederten Bereich farbig, die Pfeilspitzen sind aus Eisen.

Unpubliziert.

11/32

Pallasch

Türkei, 17. Jh. · Stahl, Silberblech, Holz, Samt
L 105 cm, Scheide: L 99 cm

Krakau, Państwowe Zbiory Sztuki na Wawelu, 169

Gerade Klinge aus Stahl, an der Spitze zweischneidig, leicht hohlgeschliffen. Scheide aus Holz, mit rotem Samt überzogen. Griff, Säbelkorb und Scheidebeschläge aus vergoldetem Silberblech, besetzt mit getriebenen, gravierten und gestochenen Ornamenten aus kleinen Blättern, Blumen und Ranken mit Palmetten, äußere Seite teilweise nielliert, reich mit Türkisen und verschiedenformigen mit Gold und kleinen Almandinen inkrustierten Jadeblättchen besetzt. Nach einer glaubwürdigen Überlieferung gehörte es ursprünglich zur Rüstkammer Johanns III. Sobieski in seinem Schloß in Żólkiew bei Lemberg.

Lit.: Warszawa 1982, S. 115. Nr. 113 a; Kat. Wien 1983, Nr. 16/52.

11/33

Handpauke

Türkei, 17. Jh.
Kupfer, Fell · H ca. 17 cm, Dm 22,5 cm

Ingolstadt, Bayerisches Armeemuseum, A 10841

Der birnenförmige Paukenkörper besteht aus vergoldetem Kupfer und zeigt eingravierte und ziselierte Blumenornamente. Reich mit Halbedelsteinen besetzte, runde und ovale Metallplatten sind aufgenietet. Am „Stiel" der Pauke eine bewegliche Öse, wohl für eine Quaste. Das Fell wird gespannt durch vier Spangen und acht Nieten, die vergoldet sind; ein lederner, mit rotem Samt überzogener Riemen dient als eine Art Abdeckung. Eine weitere bewegliche Öse, an einer der Spangen angebracht, dient zum Aufhängen des Istruments.

Lit.: Kat. Max Emanuel, München 1976, Abb. 198; Kat. Ingolstadt 1979, Nr. 16.

11/34
Feldflasche mit Metalldeckel

Türkei, 17. Jh. · Leder, Silber · H 32 cm, B 19 cm

Karlsruhe, Badisches Landesmuseum, D 231

Eine beutelförmige Flasche aus steifem rotbraunem Leder, vorne halbrund gebogen, mit flachem Rücken- und Bodenstück. Außen ist sie mit Gold- und Silberfäden auf Lederschablonen bestickt, stellenweise auch mit blauer und grüner Seide. Zwischen den Blattranken große Rosetten, an den Rändern verläuft ein Tulpenfries. Die rotledernen Wulstränder sind rot abgesteppt und mit Goldfäden überstickt. Ausgußmund und der kuppelförmig profilierte Schraubverschluß mit Kette sind aus teilvergoldetem Silber, darauf ziselierte und niellierte Blüten- und Blattranke. Die Schraubenmutter ist innen hohl mit einer siebartigen Kugelkappe aus durchbrochenen Blumenranken. Im Kopf ein zweites Gewinde mit kleinem Schraubverschluß auf separatem Silberbrettchen.

Lit.: Petrasch S. 591, 626; Kat. „Türkenlouis", Nr. 504.

11/35
Pfeilkasten mit Pfeilen

Türkei, 18. Jh.
Holz, Bein · L 29 cm, B 11,7 cm, unten 5,7 cm

Ingolstadt, Bayerisches Armeemuseum, 10.95

Pfeilkasten mit 26 Pfeilen, aus Holz, vierkantig, mit Zierleisten und Einlegearbeit aus Perlmutt und Bein, dazu Bemalung in Gold und Schwarz; Brett mit Löchern für 28 Pfeile, die vorhandenen sind 61 cm lang und haben eine beinerne Spitze.

Lit.: Kat. Ingolstadt 1979, Nr. 79.

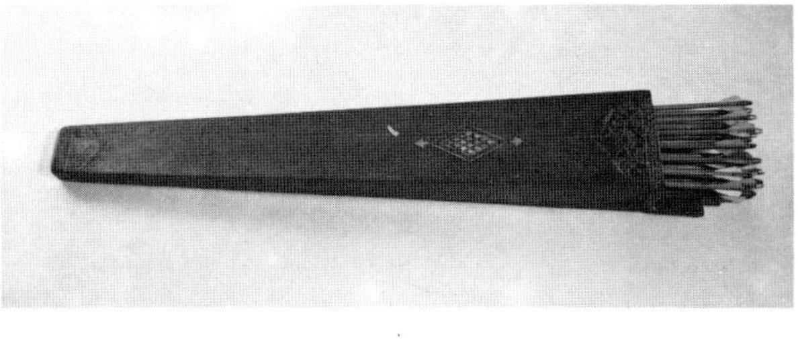

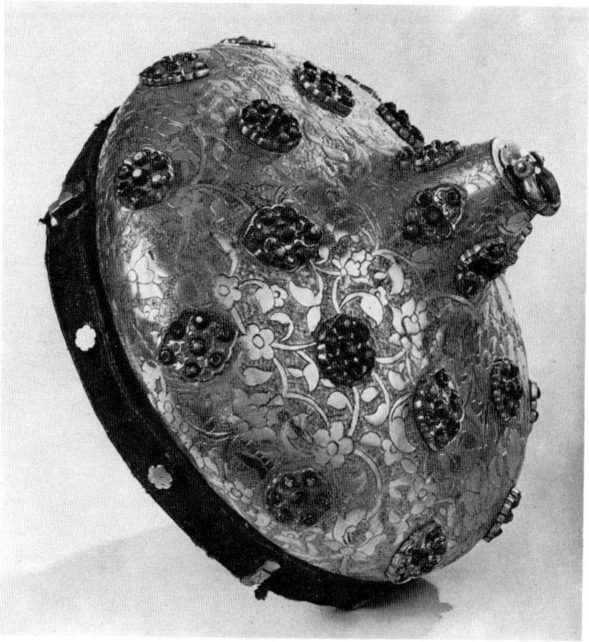

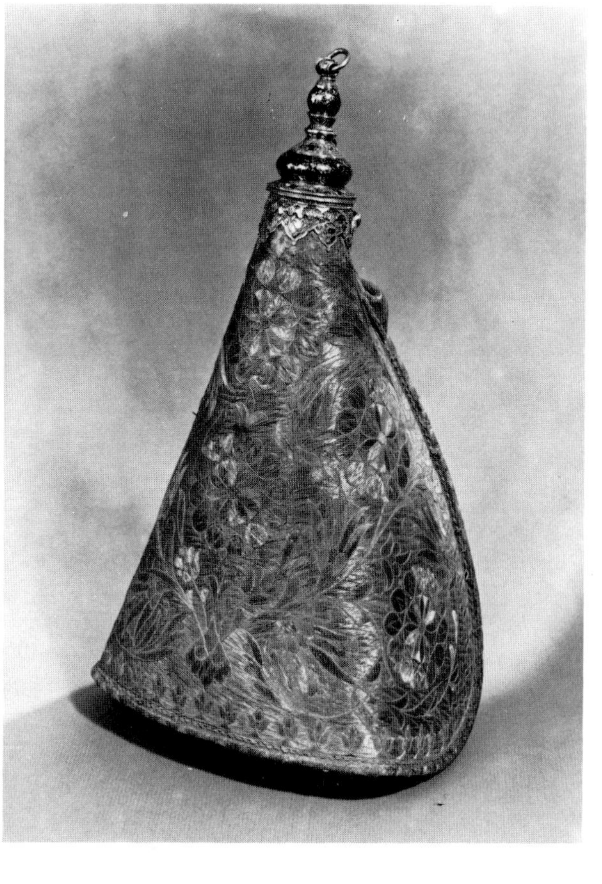

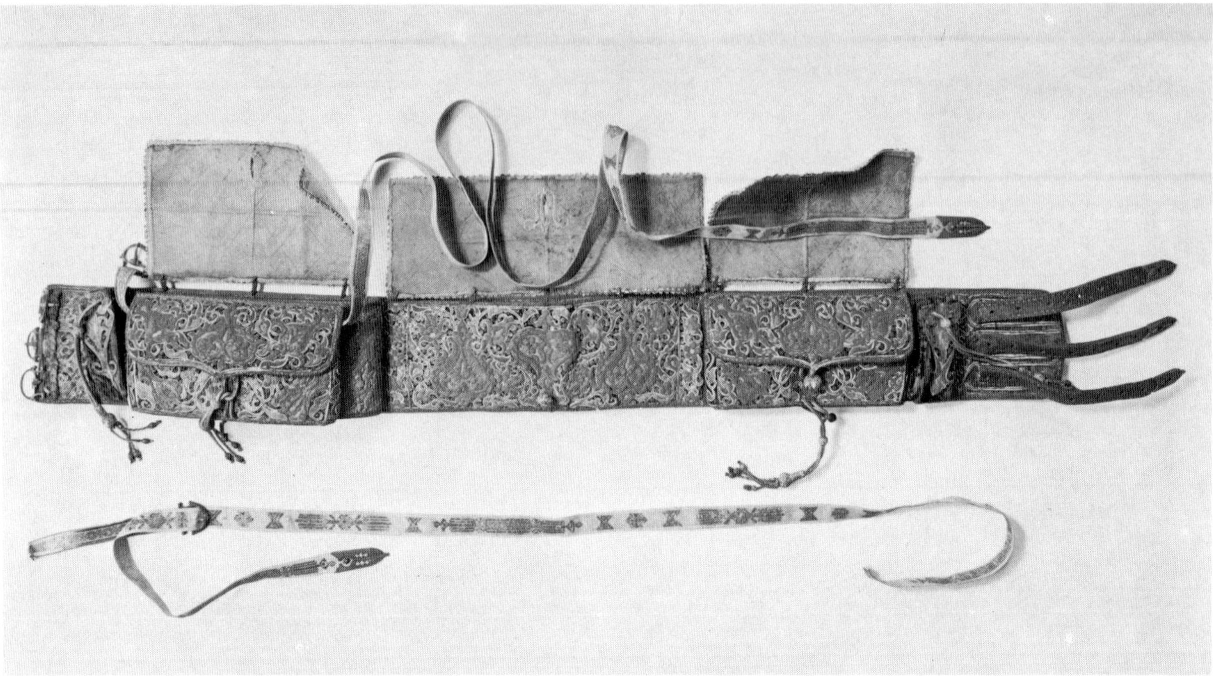

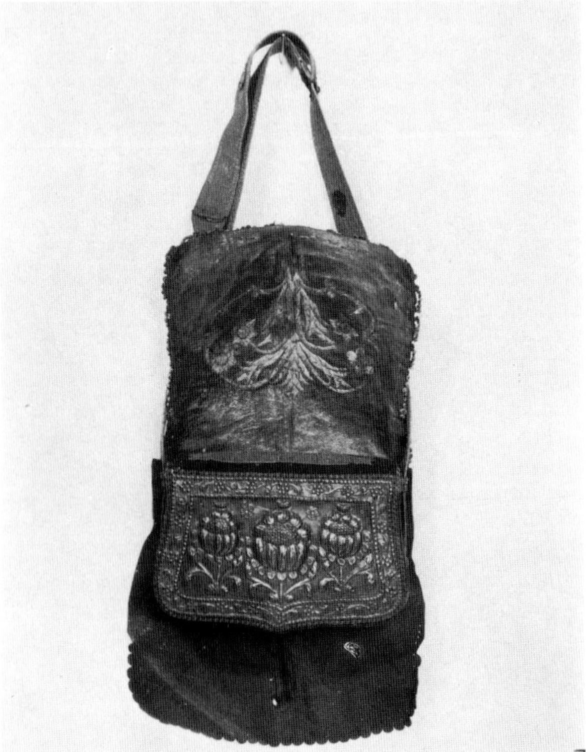

11/36 a

Leibgurt

Türkei, vor 1684
Leder, gestickt

Fürstlich Waldecksche Hauptverwaltung Schloß Arolsen

Breiter bestickter Ledergürtel mit aufgesetzten Taschen und drei Riemenverschlüssen. Ganz mit Blüten- und Palmettenmotiven bestickt. Zwei weitere Riemen zur Befestigung von Bogenköchern und ähnlichem.

11/36 b

Patronentasche

Türkei, vor 1684
Leder, gestickt, Metallbeschlag

Fürstlich Waldecksche Hauptverwaltung Schloß Arolsen

Gestickte Ledertasche am Riemen mit Klappe aus getriebenem Metall mit Blumenmotiven.

11/37

Hose eines Ringers *(kisbet)*

Osttürkei, 18. Jh.
Leder

Privatbesitz

Zu den beliebtesten Wettkampfarten im Osmanischen Reich gehörte unzweifelhaft der *güreş* genannte traditionelle türkische Ringkampf. Bekanntester Austragungsort war Kırkpınar (bei Edirne); die wochenlang von hunderten von Ringern nach Gewichtsklassen ausgetragenen Kämpfe waren ein Volksvergnügen der heißen Jahreszeit, das durch das Spiel von *davul* (Trommel) und *zurna* (Blasinstrument) noch besondere Akzente erhielt. Bei Hochzeiten und Beschneidungen wurden sie speziell zur Unterhaltung der Gäste dargeboten. Ein Moderator *(cazgır)* pflegte die einzelnen Kämpfer anzukündigen und mit anfeuernden Versen in Stimmung zu bringen. Die Kämpfer waren bis auf die weite lederne Kniebundhose nackt und kräftig von Kopf bis Fuß mit Olivenöl eingerieben.
Güreş wird bis in unsere Tage praktiziert, doch hat es etwas von seiner früheren Anziehungskraft verloren. Zahlreiche Ausdrücke aus der Ringersprache sind in die Umgangssprache eingegangen. (Ke)

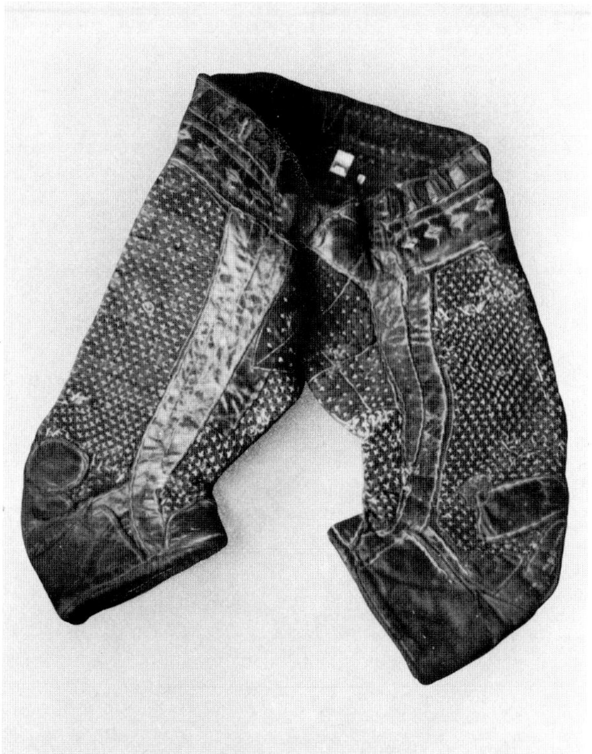

11/38

a 1 Paar Schnürstiefel
b 1 Paar Pantoffeln

Türkei, 17. Jh.
a gelbes Narbenleder
b rotes Narbenleder
c L 26,5 cm
d L 26 cm

Karlsruhe, Badisches Landesmuseum, D 210, D 216

Die Schnürstiefel aus gelbem Leder haben eine gerade, vorn abgerundete Form. An dem kurzen aufgesetzten Schaft ist seitlich ein Verschluß zum Schnüren.
Die Pantoffeln aus rotem Leder laufen nach vorne hin spitz zu. Auf der Oberseite befindet sich eine Mittelnaht. Eingesteppt ist ein Futter aus schwarzbraunem Leder.

Unpubliziert.

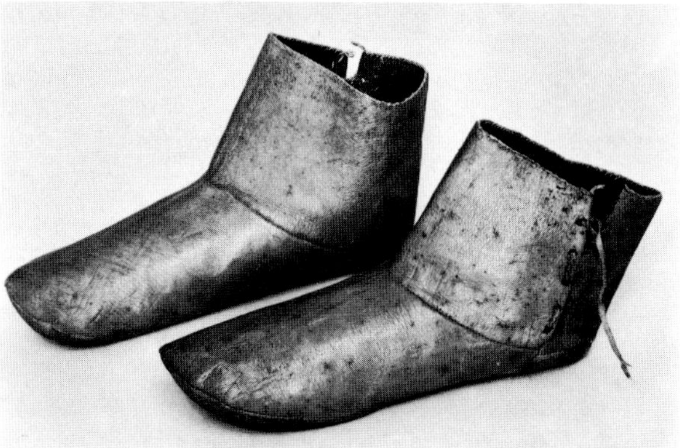

11/39
Zwei Ringkämpfer *(güreşçi)*

Türkische Miniatur, 16. Jh.
H 15,5 cm, B 10,5
Von Meister „Abdullah“

Privatbesitz

Die beiden *pehlivan* (Held) oder *güreşçi* genannten Ringkämpfer sind hier in einer Position dargestellt, die den nahen Sieg des einen schon andeutet. Daneben gab es noch andere Positionen, die den Sieg bedeuteten, z. B. wenn einer der Kämpfer den Boden mit beiden Schultern berührte *(tuş)* oder im sogenannten Joch *(boyunduruk)* die Niederlage mit dem Ruf *pes!* zugab. (Ke)

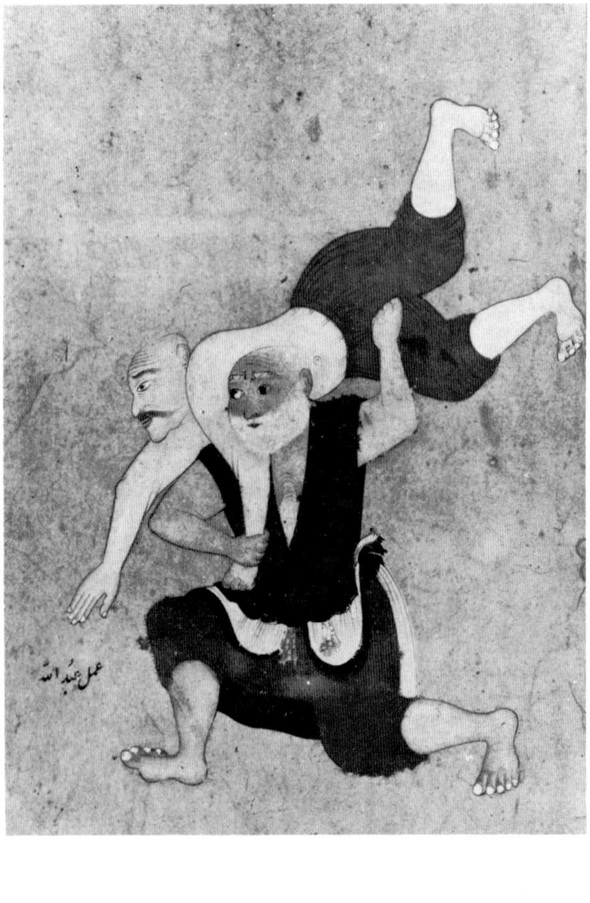

11/40
Melchior Lorich

Über das Leben des Malers, Kupferstechers und Holzschneiders Melchior Lorich (auch Lorichs, Lorch), von dessen Hand verschiedene Arbeiten in der Ausstellung gezeigt werden, sind heute nur wenige und zum Teil widersprüchliche Einzelheiten bekannt. Er ist um 1527 in Flensburg geboren und nach 1583, wohl in Kopenhagen, gestorben: nach anderen Angaben starb er 1586 in Rom. Er fand schon als junger Mann Anerkennung bei den Fürsten seiner Zeit. Stationen seiner Lern- und Wanderjahre sind Nürnberg, die Niederlande, Italien (Venedig, Bologna, Florenz, Rom), Wien, Istanbul (wahrscheinlich 1557–1561), Hamburg und schließlich Kopenhagen, wo er als Hofmaler König Friedrichs II. wirkte. Nach einer Tradition war er von 1577 bis 1580 erneut in Istanbul. Von seinem Werk sind nicht allzu viele Stücke auf uns gekommen. Die zwölf Sultansporträts, die zu seinen bekanntesten Gemälden zählten, sind verbrannt. Zeichnungen von ihm finden sich in Sammlungen in Dresden, Rom, Kopenhagen, Leiden, Hamburg, Berlin, London, München. Die Zeichnungen und Stiche, die er während seiner Reise ins Osmanische Reich und seines Aufenthaltes in Istanbul anfertigte, sind erst 1626 in Hamburg in 124 Holzschnitten veröffentlich worden unter dem Titel: „Dess Weitberühmbten, Kunstreichen vnd Wolerfahrnen Herrn Melchior Lorichs, Flensburgensis, Wolgerissene vnd Geschnittene Figuren zu Ross vnd Fuss, sampt schönen Türckischen Gebäwden, vnd allerhand was in der Türckey zu sehen“, etc. Zwei weitere Ausgaben folgten 1641 und 1646. Sie sind äußerst selten. Lorich hielt auf seinen verlorengegangenen Zeichnungen Sultan Süleyman den Prächtigen, orientalische und europäische Würdenträger, Volksszenen, Bauten, Gewänder, Tiere und antike Ruinen fest.

Lit: Allgemeines Lexikon der bildenden Künstler. Bd 23. Leipzig 1929. S. 395; Allgemeine deutsche Biographie. (Nachdruck.) Bd 19. Berlin 1969. S. 196.

(Ke)

Aus dem Besitz der Staatlichen Museen Preußischer Kulturbesitz, Kupferstichkabinett

a) Fregata Turchesa (398–7)
b) Imagine Suleimanni (385–7)
c) Janitschar und Bogenschütze (77–79)
d) Scheibenräderwagen (50)
e) Moschee und Kloster (18–19)
f) Kenotaph (106–107)
g) Harfenspielerin (121)
h) Feldzeichen (96)

DAVID A. KING

OSMANISCHE ASTRONOMISCHE HANDSCHRIFTEN UND INSTRUMENTE

Im ganzen Osmanischen Reich bestand zu allen Zeiten ein lebhaftes Interesse für Astronomie. Die Osmanen konnten dabei auf zwei ältere astronomische Traditionen zurückgreifen:
Die eine kam aus Zentralasien, wo im 15. Jahrhundert an der Sternwarte von Samarkand viele astronomische Beobachtungen und Zahlen gesammelt wurden. Die zweite Tradition, die von den Osmanen weitergeführt wurde, hatte ihren Ursprung in Ägypten und Syrien. Hier erweiterten während des 14. Jahrhunderts zahlreiche Astronomen, die an den Moscheen von Kairo und Damaskus tätig waren, das astronomische Wissen der damaligen Zeit.
Auf rein wissenschaftlichem Gebiet besaßen die Astronomen Tabellen, mit denen man die Positionen von Sonne, Mond und Planeten zu einem bestimmten Zeitpunkt berechnen konnte und weitere, in denen man die Tageszeit bei jeder Tages- oder Nachtstunde durch die zu beobachtende Höhe der Sonne bzw. bestimmter Sterne über dem Horizont nachschlagen konnte. Ebenfalls standen besondere Instrumente für die Berechnung der Tageszeit mittels trigonometrischer Formeln zur Verfügung.
Eine wichtige Rolle spielte die Astronomie für religiöse Zwecke:
Der islamische Kalender ist ein Mondkalender; seine Grundlage bildet das Erscheinen des Neumondes. Die Astronomen waren in der Lage, dieses Ereignis im voraus zu berechnen. Ebenfalls standen ihnen Tabellen zur Verfügung, mit denen die fünf täglichen Gebetszeiten, die auf astronomischen Definitionen basieren, festgelegt werden konnten. Ferner hatten die muslimischen Astronomen seit Jahrhunderten eine mathematische Methode entwickelt, mit der an jedem beliebigen Ort die Richtung der *qibla*, die „heilige Richtung" nach Mekka, festgestellt werden konnte. In diese Richtung soll sich der Muslim während seines fünfmaligen täglichen Gebetes und anderer ritueller Handlungen wenden.
Auch die Astrologie spielte eine wichtige Rolle. So bereitete man jedes Jahr mittels der bereits erwähnten Tabellen der Positionen von Sonne, Mond und Planeten Ephemeriden vor, in denen die Bewegungen dieser Himmelskörper von Tag zu Tag dargestellt waren. Aus den relativen Positionen der Sterne zueinander und zum örtlichen Horizont ermittelte man astrologische Weissagungen, die meist ebenfalls in den Ephemeriden eingetragen wurden.
Die osmanischen Astronomen haben zu diesen drei Aspekten ihres Faches eine umfangreiche Literatur hinterlassen. Handschriften ihrer Werke, die meist auf Türkisch, manchmal auf Arabisch geschrieben sind, haben sich in vielen Bibliotheken in ganz Europa und im Nahen Osten erhalten. Von diesen Quellen sind jedoch bisher nur wenige in moderner Zeit bearbeitet worden. Dazu gibt es auch zahlreiche osmanische astronomische Instrumente in vielen Museen auf der ganzen Welt. Es sollen hier an Hand einer astronomischen Handschrift und von fünf Geräten die einfachsten Aspekte der osmanischen astronomischen Tradition veranschaulicht werden.

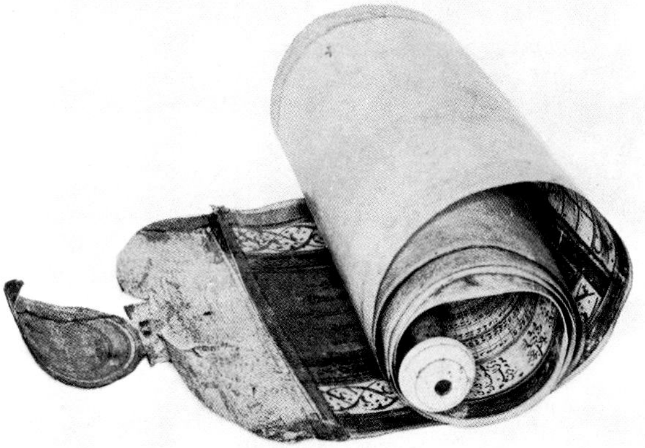

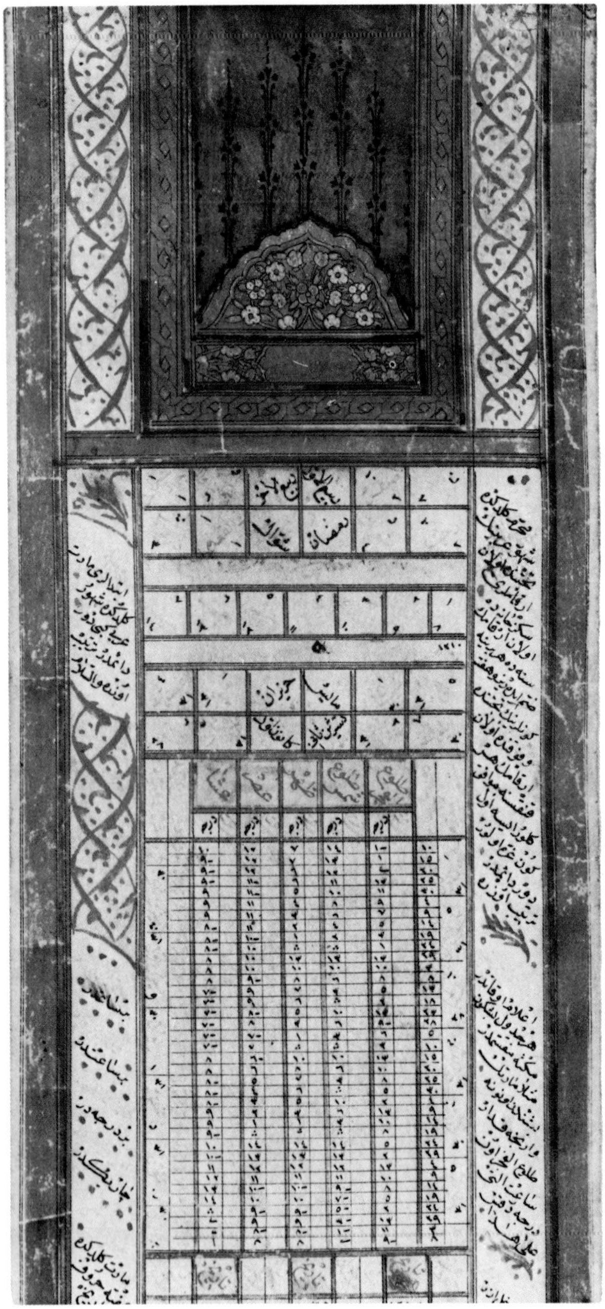

12/1

Schriftrolle

Istanbul
um 1795
L 81,3 cm, B 10,2 cm
Pergament

Oxford, Oxford University, Museum of the History of Science, 1949–50

Die Handschrift enthält zwei Arten von Tabellen für die Bestimmung der Gebetszeiten. Sie ist auf Pergament geschrieben, das in Form einer Rolle um einen Zylinder aus Knochen und Holz gewickelt ist. Die sechs Haupttabellen zeigen jeweils für einige Monate des Sonnenjahres die Gebetszeiten sowie andere Zeiten von religiöser Bedeutsamkeit an. Die Werte in den Tabellen sind bis auf die Minute für die Breite Istanbuls berechnet.

Im Islam fängt der Tag mit Sonnenaufgang an, weil der Kalender vom Erscheinen des Neumondes abhängt. Die Osmanen folgten diesem Brauch, wobei der Moment des Sonnenunterganges als zwölf Uhr gerechnet wurde. Die Tabellen sind diesem eigenartigen System gemäß aufgestellt. Das erste Gebet, das *maġrib*-Gebet, fängt mit Sonnenuntergang an. Das zweite, das *ʿišāʾ*-Gebet, beginnt mit dem Ende der Abenddämmerung, und das dritte, das *faǧr*-Gebet, mit dem ersten Erscheinen der Morgenröte. Das vierte, das *ẓuhr*-Gebet, findet mittags statt, und das fünfte, das *ʿaṣr*-Gebet, in der Mitte des Nachmittages.

An Hand dieser Tabellen ermittelte man das ganze Jahr hindurch die Dauer des Tages und der Nacht sowie den Beginn der *ʿišāʾ*-, *ẓuhr*- und *ʿaṣr*-Gebet. Man benötigte keine besondere Tabelle für das maġrib-Gebet, da dieses stets um 12 Uhr anfängt. Ferner kann man auch den Moment eines Sondergebetes *(ḍaḥwa)* in der Mittes des Vormittages sowie das *imsāk*-Gebet kurz vor Tagesanbruch im heiligen Fastenmonat Ramadan ablesen. Zum Zeitpunkt des Imsāks soll das Fasten anfangen, das während dieses Monats bis zum Sonnenuntergang eingehalten wird. Man kann mit diesen Tabellen auch den Zeitpunkt ermitteln, zu dem die Sonne in Richtung Mekka steht, wodurch sich die Gebetsrichtung ergibt. Diese letzte Tabelle diente auch zur Grundrißlegung der Moscheen, denn sämtliche religiöse Architektur sollte in Richtung Mekka ausgerichtet werden. Das vorliegende Tabellenwerk stammt höchstwahrscheinlich aus dem siebzehnten Jahrhundert und existiert in mehreren Kopien. Meistens werden diese mit einem Verfasser namens Darendeli verbunden. Am Rande dieser Rolle ist ein Bauernalmanach auf türkisch aufgeschrieben. Andere Kopien enthalten auch Tabellen zur Kalenderumrechnung. Die Rolle läßt sich ungefähr in das Jahr 1795 datieren.

Lit.: King, Astronomical Timekeeping, S. 249–250.

12/2
Astrolabium
Istanbul (?)
ᶜAbdī
1125/1713–14
Dm 13,1 cm
Messing

Oxford, Oxford University, Museum of the History of Science, 57–84/171 A, 171

Das Astrolab wurde von den Griechen erfunden und von den Muslimen weiterentwickelt. An Hand des Astrolabs wird die Bewegung der Sonne und der Fixsterne in Beziehung zum Horizont eines bestimmten Ortes in zwei Dimensionen dargestellt. Auf dem beweglichen „Netz" werden die Lagen der Ekliptik (scheinbare Laufbahn der Sonne zwischen den Sternen) und die Positionen der Fixsterne dargestellt. Dieses Netz läßt sich über Scheiben drehen, deren Markierungen den Horizonten und den Höhenparallelen eines bestimmten Breitengrades entsprechen. Um das Astrolab zu benutzen, mißt man zuerst die Höhe der Sonne zu einer bestimmten Jahreszeit oder die Höhe eines am Netz angezeichneten Fixsternes und dreht das Netz dann, bis die Lage der Sonne bzw. des Sternes im Himmel (d. h. am Netz) genau über dem entsprechenden Höhenkreis auf der Scheibe liegt. So stellt das Instrument den jeweiligen Stand des ganzen Himmels in Beziehung auf den Horizont derjenigen Breite, für die die Scheibe gefertigt wurde, dar. Man kann zum Beispiel das Netz drehen, bis die Sonne auf dem östlichen Horizont steht, und vom Umdrehungsbetrag läßt sich dann ablesen, wieviel Zeit bis zum Sonnenaufgang noch verbleibt, oder wieviel Zeit seit dem Sonnenaufgang vergangen ist.
Dieses Instrument wurde von einem sonst unbekannten osmanischen Astrolabisten ᶜAbdī im Jahre 1125/1713–14 angefertigt. Es enthält vier Scheiben, auf deren acht Seiten wir Markierungen für die folgenden Breiten finden: 21° 30' (Mekka), 24° (Medina), 30° (Kairo), 40° (?), 41° (Istanbul) und 42° (Edirne), sowie eine Universalhorizontscheibe. Auf der Rückseite stehen weitere Zeichnungen und Maßstäbe, die alle zur Zeitberechnung dienen. Im oberen linken Quadranten finden wir ein orthogonales Netz, dem modernen Millimeterpapier ähnlich, das zum Berechnen trigonometrischer Verhältnisse dient. In den zwei rechten Quadranten sind Kurven eingraviert, mit deren Hilfe man die Sonnenhöhe zu jeder temporären Stunden (d. h. jedem zwölften Abschnitt des hellen Tages) feststellen kann. Im unteren linken Quadranten befindet sich ein Maßstab, der die Sonnenhöhe mit der Schattenlänge verbindet.
Die Osmanen haben sich allerdings weniger mit Astrolabien beschäftigt, denn meistens zogen sie den einfacheren Astrolabium-Quadranten (Kat. Nr. 12/3) vor.

Lit.: Mayer, S. 32; Brieux und Maddison, sub ABDI 1.

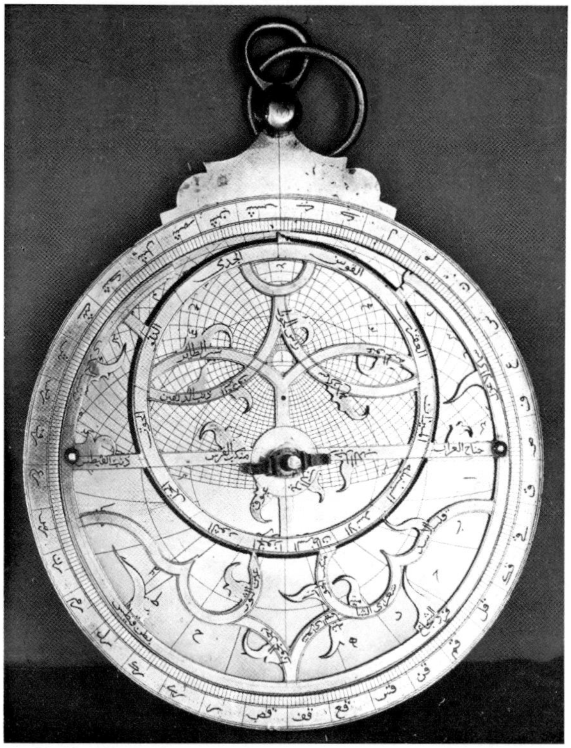

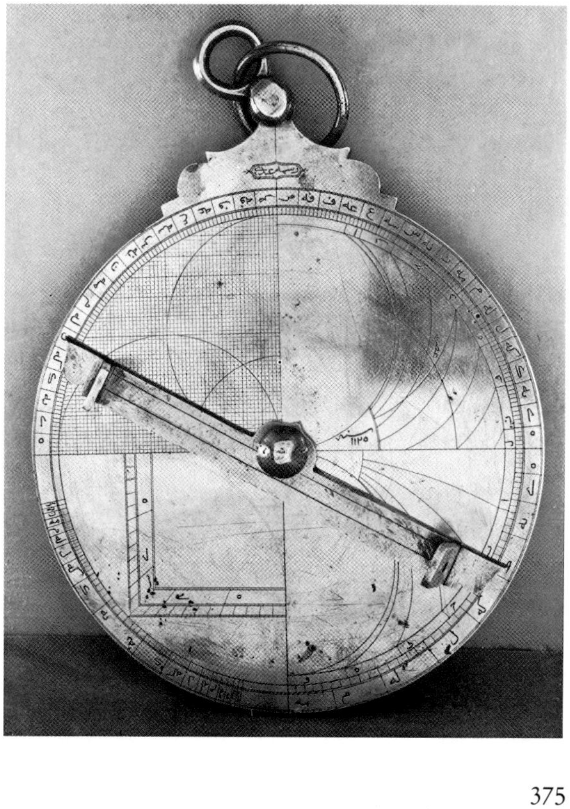

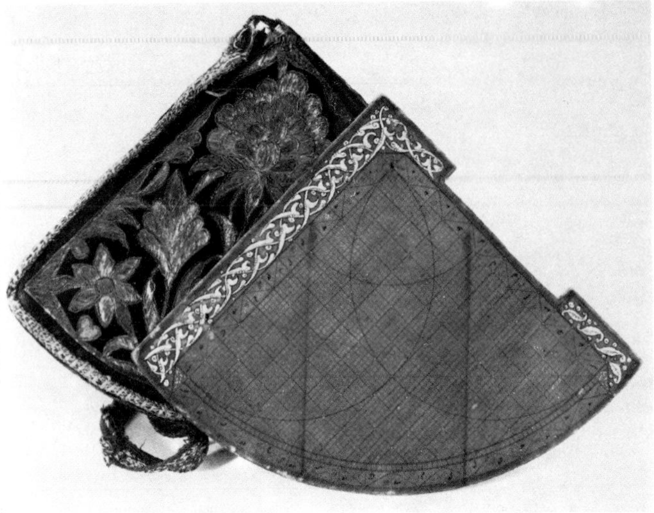

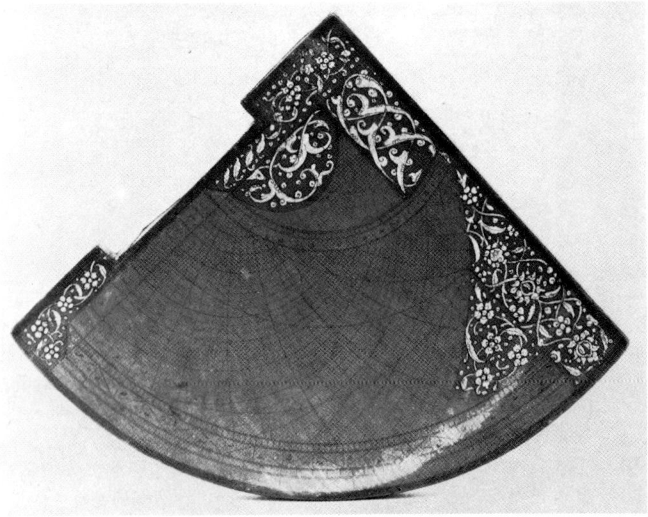

12/3

Astrolabium-Quadrant

Istanbul
Aḥmad al-Ayyūbī
1094/1682–83
Hm 10,4 cm
Holz, Elfenbein, Tasche aus Samt mit Goldfaden

Oxford, Oxford University, Museum of the History of Science, 60–70

Dies ist ein typischer Astrolabium-Quadrant, das Lieblingsinstrument der osmanischen Astronomen. Er wurde von Aḥmad al-Ayyūbī im Jahr 1094/1682–83 konstruiert. Es befinden sich zwei Arten von Markierungen darauf. Auf einer Seite steht ein Sinus-Quadrant, d. h. ein trigonometrisches Netz wie dasjenige, das auch auf der Rückseite des osmanischen Astrolabiums zu sehen ist. Mit einem solchen Netz und einem am Zentrum befestigten Faden (der jetzt fehlt) konnte der Benutzer allerlei astronomische Probleme ohne irgendwelche Berechnungen lösen. Als Beispiele nennen wir die Berechnung der Zeit aus einer beobachteten Sonnenhöhe, der gegebenen Ortsbreite und der Jahreszeit oder die Berechnung der Richtung von Mekka von irgendeinem Ort aus, wenn die Länge und Breite Mekkas sowie des Standortes gegeben war. Eine andere Art dieses Sinus-Quadranten wurde schon im neunten Jahrhundert in Bagdad erfunden.
Auf der zweiten Seite des Instruments steht ein Astrolabium-Quadrant für die Breite 41° (Istanbul). Die Markierungen sind wie bei einer dieselbe Breite bedienenden Astrolabscheibe, aber sie entsprechen nur dem Teil des Himmels, in dem die Sonne sich im Laufe des Jahres bewegt: also dienen sie nur zur Zeitbestimmung während des hellen Tages. Die Sonnenlage läßt sich mittels eines an einem Faden im Zentrum befestigten beweglichen Kügelchen darstellen. Es wird auf den entsprechenden Sonnenhöhebogen gelegt, um einen bestimmten Stand am Himmel darzustellen. Der Rest erfolgt dann wie mit dem Astrolabium.
Diese Art des Astrolabium-Quadranten wurde in Ägypten im zwölften Jahrhundert (wenn nicht früher) erfunden. Während der Zeit der Osmanen hat er fast überall in der islamischen Welt das Astrolabium als häufigst gebrauchtes Instrument der Astronomen ersetzt, außer in Persien und Indien, wo Astrolabien bis ins letzte und sogar auch im jetzigen Jahrhundert konstruiert wurden.

Die drei ausgestellten osmanischen Kompasse dienen alle zur Bestimmung der Kibla, d. h. der Richtung von Mekka. Schon im neunten Jahrhundert hatten muslimische Astronomen das komplizierte trigonometrische Problem der Bestimmung der Richtung von Mekka von einem beliebigen Ort aus gelöst. Im Laufe der Jahrhunderte hatten sie auch Tabellen ausgearbeitet, die die Kibla als Funktion der örtlichen Breite und Länge zeigten, sowie Listen von Kibla-Richtungen bestimmter Großstädte in der islamischen Welt. Die Verwendung eines magnetischen Kompasses bereits im dreizehnten Jahrhundert, wenn nicht früher, war in den Ländern des Nahen Ostens weit verbreitet, obwohl die Geschichte seines Ursprunges unklar ist.

12/4
Kibla-Anzeiger mit Sonnenuhr

Iran (?) · um 1800
Dm 7,5 cm
Holz

Oxford, Oxford University, Museum of the History of Science, 57–84/44

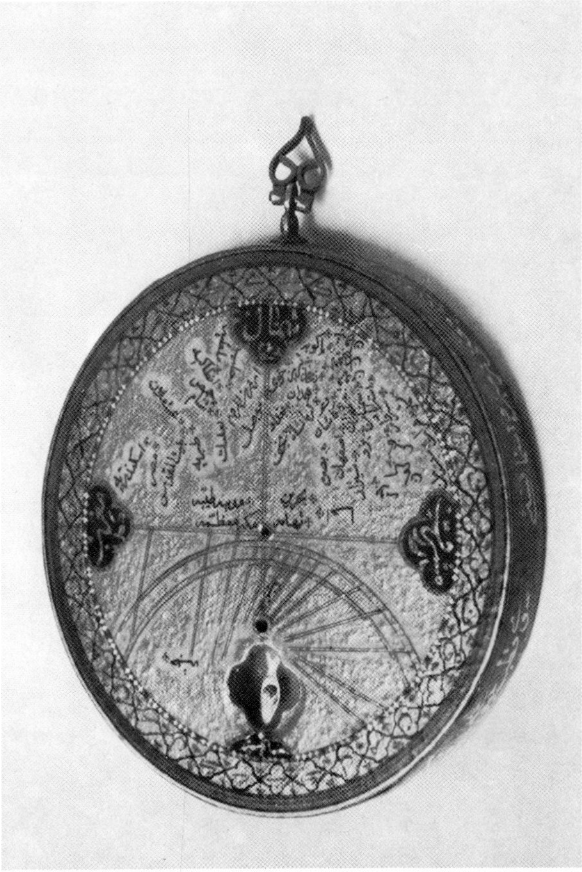

Das Instrument besteht aus einem Kibla-Anzeiger mit Sonnenuhr und mag aus dem Safawidenreich stammen, obwohl ähnliche Instrumente auch unter den Osmanen in Gebrauch waren. Die Stadt Mekka steht im Zentrum eines Kreises auf der oberen Seite des Instrumentes. Dieser Kreis wird mittels der Hauptrichtungen in vier Quadranten geteilt. Bestimmte Ortsnamen sind in ihrer relativen Stellung zu Mekka innerhalb des Kreises angeschrieben, und mit einem (jetzt verlorenen) Stab konnte man die ungefähre Richtung von Mekka sofort abschätzen. Solche einfachen Verfahren zur Kibla-Bestimmung wurden schon im neunten Jahrhundert angewendet. Da eine Mehrzahl der Orte in Iran, d. h. im nordöstlichen Quadranten, liegt, läßt sich vermuten, daß das Instrument aus Persien stammt. Unter dem Durchmesser, der die Breite Mekkas darstellt, erkennt man auch den Jemen und Äthiopien und in der Mitte dieses unbewohnten Gebiets findet man die Zeichnung einer Sonnenuhr.
Die Sonnenuhr zeigt die sogenannten babylonischen (d. h. bis Sonnenuntergang verbleibenden temporären) Stunden. Der Sonnenzeiger (das Gnomon), der seinen Schatten über die Linien der Sonnenuhr werfen sollte, fehlt jetzt, und die Breite, für welche die Sonnenuhr gezeichnet wurde, scheint nicht angegeben zu sein. Auf der Unterseite dieses Instrumentes befindet sich eine kreisförmig geschriebene Liste der Kibla-Richtungen von zweiunddreißig Städten.

Lit.: Josten, S. 26, Nr. 44.

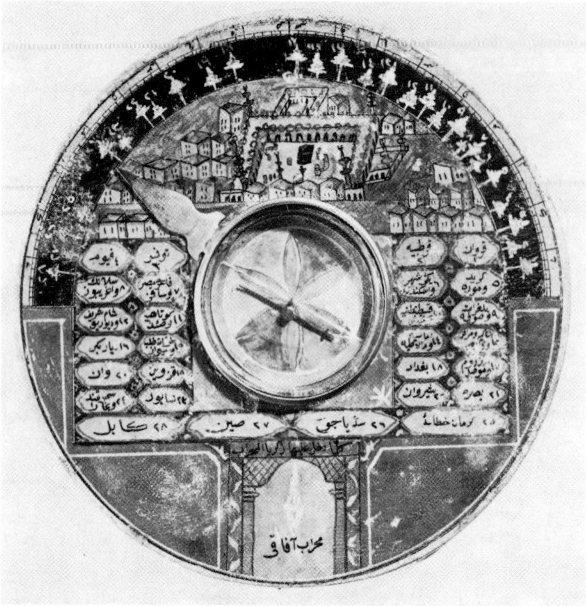

12/5
Kibla-Anzeiger
Türkei
um 1800
Dm 13,2 cm
Holz, Papier

Athen, Benaki Museum, 14715

Dieser Kompaß mit Kibla-Anzeiger weist die Kibla-Richtungen von achtundzwanzig Städten auf. Die meisten Orte liegen im damaligen Osmanischen Reich, z. B.: Belgrad, Kreta, Saloniki und Basra. Das Instrument nennt sich *miḥrāb āfāqī*, d. h. „allumfassende Gebetsnische". Die unten gemalte Nische liegt einem oben gemalten Bild der heiligen Kaaba in Mekka und deren nächster Umgebung gegenüber.
Mit solchen einfachen Tabellen und Instrumenten konnten die Osmanen ihre Gebetszeiten und die richtige Gebetsrichtung bestimmen. Es standen vielfach komplizierte Mittel zum selben Zweck sowie Berechnungsinstrumente und Tabellenbücher mit Hunderten von Seiten zur Verfügung, deren Gebrauch aber eine größere technische Geschicklichkeit verlangte und die nur von Spezialisten benutzt werden konnten. Die einfachen Gebetstabellen und Kibla-Anzeiger wie die hier beschriebenen sind die direkten Vorläufer der modernen Gebetstabellen und Kibla-Kompasse, die in den letzten Jahren ihre vielleicht endgültige Form erreicht haben. Es handelt sich um elektronische Instrumente, die den Gebetsruf zur richtigen Zeit durch Tonsignal angeben und die richtige Gebetsrichtung für jeden Ort, auf den das Gerät programmiert ist, anzeigen.

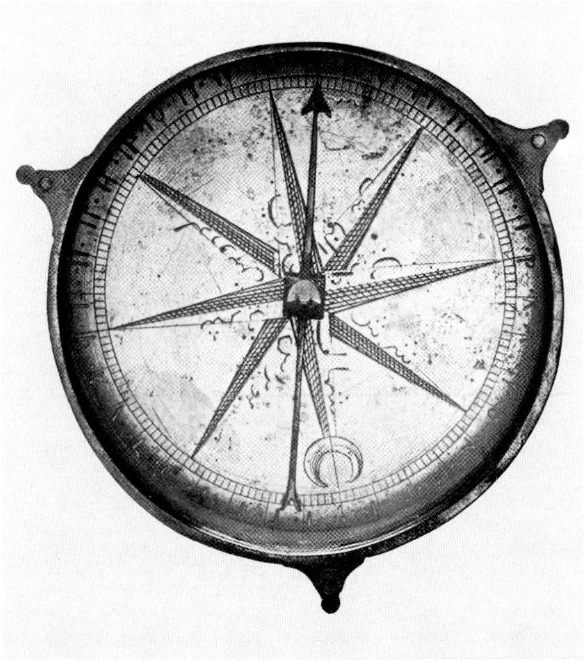

12/6
Kompaß mit Windrose
um 1800 (?)
Dm 7,1 cm
Messing

Oxford, Oxford University, Museum of the History of Science, 57–84/247

Der Kompaß besitzt einen in einzelne Grade geteilten horizontalen Maßstab unter der Nadel, eine Windrose mit den Richtungen der vier Hauptwinde und vier dazwischen befindlichen Winden und deren Namen. Auf der anderen Seite stehen die Namen von sechzehn Orten, von Paris und Cadiz im Westen bis al-Manṣūra (im heutigen Pakistan) im Osten. Solche Kompasse dienten meistens Seefahrern, aber sie lassen sich ebenfalls zur Kibla-Bestimmung benützen. Man verwendete sie auch zu magischen Zwecken: mit einem Kompaß dieser Art konnte man die Orte der sogenannten *riǧāl al-ġaib*, Vermittler zwischen der Menschheit und Gott, ermitteln. An das Dasein solcher *riǧāl* wurde unter den osmanischen Mystikern weitgehend geglaubt.

Lit.: Maddison, S. 80

ALLGEMEINE BIBLIOGRAPHIE

Meisterwerke Berlin 1980 Die Meisterwerke aus dem Museum für Islamische Kunst Berlin, Staatliche Museen Preußischer Kulturbesitz. Stuttgart [u. a.] 1980.

Kat. Ingolstadt 1979 Osmanisch—Türkisches Kunsthandwerk aus süddeutschen Sammlungen. (Ausst. Kat. Bayer. Armeemuseum Ingolstadt). München 1979.

Kat. Istanbul 1983 The Anatolian Civilisations. III: Seljuk/Ottoman. Istanbul 1983.

Kat. Karlsruhe 1955 Der Türkenlouis. (Ausst. Kat. Badisches Landesmuseum Karlsruhe). Karlsruhe 1955.

Lewis 1976 The World of Islam. Bernard Lewis ed. London 1976.

Kat. Lissabon 1963 L'art de l'Orient islamique. Collection de la Fondation Calouste Gulbenkian (Ausst. Kat. Museu Nacional de Arte Antiga). Lissabon 1963.

Kat. London 1976 The arts of Islam. (Ausst. Kat. Hayward Gallery). London 1976.

Kat. London 1983 J. M. Rogers, Islamic Art & Design, 1500—1700 (Ausst. Kat. British Museum 1983). London 1983.

Papadopoulo 1978 Alexandre Papadopoulo, Islamische Kunst. Freiburg [u. a.] 1978.

Kat. Paris 1977 L'Islam dans les collections nationales. (Ausst. Kat.) Paris 1977.

Petrasch 1977 Die Türkenbeute. Eine Auswahl aus der türkischen Trophäensammlung des Markgrafen Ludwig Wilhelm von Baden. Bearb. von Ernst Petrasch. 3. Aufl. Karlsruhe 1977.

Petsopoulos 1982 Yanni Petsopoulos, Der osmanische Stil.
In: ders. (Hrg.), Kunst und Kunsthandwerk unter den Osmanen. München 1982, S. 6—9.

Propyläenkunstgeschichte J. Sourdel-Thomine — B. Spuler, Die Kunst des Islam. Propyläenkunstgeschichte Bd. 4. Berlin 1973.

SPA A Survey of Persian Art. A. U. Pope — Ph. Ackerman, eds. London 1938/39. (Repr. Tokio 1967 u. ö.).

Kunst in der Türkei. Hrsg. Ekrem Akurgal. Fribourg, Würzburg 1980.

Turkish art. Esin Atil, ed. Washington, D. C. 1980.

Turkish Treasures Turkish Treasures. From the collection of Edwin Binney, 3rd. (Ausst. Kat. Portland Art Museum u. a.). Portland 1979.

Vers l'Orient Vers l'Orient (Ausst. Kat. Bibl. Nationale). Paris 1983.

Kat. Washington 1966 Art Treasures of Turkey. (Ausst. Kat. Washington u. a. 1966—1968). Washington 1966.

Kat. Wien 1980 Kultur des Islam (Ausst. Kat. Österr. Nationalbibliothek). Wien 1980.

SELDSCHUKEN, EMIRATE

Duda, Herbert W. Die Seltschukengeschichte des Ibn Bībī. Kopenhagen 1959.

Erdmann, Kurt Das anatolische Karavansaray des 13. Jahrhunderts. Teil I (2 Bände), Berlin 1961

Erdmann, Kurt und Hanna Das anatolische Karavansaray des 13. Jahunderts. Berlin Teil I und II, 1961; Teil III und IIII 1976.

Erdmann Das anatolische Karavansaray des 13. Jahrhunderts. Teil II und III, Berlin 1976.

Tamara Talbot Rice The Seljuks in Asia Minor. London 1961.

Schneider, Gerd Geometrische Bauornamente der Seldschuken in Kleinasien. Wiesbaden 1980.

HEERWESEN UND SEESTREITKRÄFTE

Gibb, H. A. R. und Harold Bowen Islamic Society and the West. Band I, 1. London 1957.

Parry, V. J. und Yapp. M. E. (Hrsg.) War, Technology and Society in the Middle East. London 1975.

Shaw, Stanford J. Selim III. and the Ottoman Navy. In: Turcica 1 (1969), S. 212—241.

Uzunçarşılı, İsmail Hakkı Osmanlı devleti teşkilâtından kapukulu ocakları. Band 1.2. Ankara 1943—44.

ders. Osmanlı devletinin merkez ve bahriye teşkilâtı. Ankara 1948.

Wallach, Jehuda L. Anatomie einer Militärhilfe. Die preußisch-deutschen Militärmissionen in der Türkei 1835–1919. Düsseldorf 1976.

KULTURGESCHICHTE DER MOSCHEE

[Altınay], Ahmet Refik Türk mimarları hazinei evrak vesikalarına göre. Istanbul 1937, 2. Aufl. 1977.

Ayverdi, Ekrem Hakkı Osmanlı mi'mârîsinin ilk devri. Istanbul 1966.

ders. Osmanlı mi'mârîsinde Çelebi ve II. Sultan Murad devri. Istanbul 1972.

ders. Osmanlı mi'mârîsinde Fâtih Devri (2 Bde). Istanbul 1973—1974.

ders. Avrupa'da Osmanlı mimârî eserleri (3 Bde). Istanbul 1979—1981.

Barkan, Ömer Süleymaniye Cami ve Imareti inşaatı (1550—1557). Ankara 1972—1979.

Barkan, Ö. L. — Ayverdi, E. H. Istanbul vakıfları tahrîr defteri. 953 (1546) târîhli. Istanbul 1970.

Düzdağ, M. Ertuğrul Şeyhülislâm Ebussuûd Efendi fetvaları ışığında 16. asır Türk hayatı. Istanbul 1972.

Erdoğan, Muzaffer Lâle devri baş mi'marı Kayseri'li Mehmed Ağa. Istanbul 1962.

Gökyay, Orhan Şaik Risale-i mimariyye — Mimar Mehmet Ağa — Eserleri.
In: Ismail Hakkı Uzunçarşılı'ya Armağan. Ankara 1976, S. 113—215.
Kreiser, Klaus Zur inneren Gliederung der osmanischen Stadt.
In: Zeitschrift der Deutschen Morgenländischen Gesellschaft. Supplement II. Wiesbaden 1964 S. 198—212.
Kuran, Aptullah The Mosques of Sinan.
In: Fifth International Congress of Turkish Art. G. Fehér, ed. Budapest 1978, S. 559—568.
Kürkçüoğlu, Kemal Edîb (Hrsg.) Süleymaniye vakfiyesi. Ankara 1962.
Tuglacı, Pars Osmanlı mimarlığında batılılaşma dönemi ve Balyan ailesi. Istanbul 1981.
Turan, Şerafettin Gli architetti imperiali (hassa mimarları) nell'impero ottomano.
In: Atti del Secondo Congresso Internazionale di Arte Turca. Napoli 1965, S. 259—263.

DERWISCHWESEN

Aksel, M. Türklerde dinî resimler. Yazı — resim. Istanbul 1967.
Barkan, Ömer Osmanlı Imparatorluğunda bir iskân ve kolonizasyon metodu olarak vakıflar ve temlikler.
In: Vakıflar Dergisi 2 (1942), S. 279—386.
Birge, J. K. The Bektashi Order of Dervishes. London 1937.
Elezović, Gl. Dervički redovi. Skopje 1925.
Faroqhi, S. Der Bektaschi-Orden in Anatolien (vom späten fünfzehnten Jahrhundert bis 1826). Wien 1981.
Gölpınarlı, A. Mevlânâ'dan sonra Mevlevîlik. Istanbul 1953.
Gölpınarlı, A. Tasavvuf'tan dilimize geçen deyimler ve atasözleri. Istanbul 1977.
Jacob, G. Beiträge zur Kenntnis des Derwisch-Ordens der Bektaschis. Berlin 1908.
Kerametli, C. Galata Mevlevihanesi. Istanbul 1977.
Kreiser, K. Medresen und Derwischkonvente in Istanbul: Quantitative Aspekte.
In: Économie et société dans l'Empire ottoman (fin du XVIIIe-début du XXe siècle). Paris 1983, S. 109—127.
Lifchez, Raymond und Zeynep Çelik (Hrsg.) The Dervish Lodge. (Im Druck).
Öndeş, O. Istanbul âşığı ressam Preziosi. Istanbul 1972.
Trimingham, J. S. The Sufi Orders in Islam. London 1971.
Uzluk, Ş. Mevlevilikte resim. Resimde Mevleviler. Ankara 1957.

LITERATUR UND GESELLSCHAFT

Alpay, G. K. Lāmiʿī Chelebi and his works.
In: Journal of Near Eastern Studies 36 (1976), S. 73—93.
Ambros, E. Candid penstrokes. The lyrics of Me'ālī, an Ottoman poet of the 16th century. Berlin 1982.
Andrews, W. G. Jr. An introduction to Ottoman poetry. Minneapolis-Chicago 1976.
Atasoy, N. — Çağman, F. Turkish miniature painting. Istanbul 1974.
Baer, E. Representations of „planet-children" in Turkish manuscripts.
In: Bulletin of the School of Oriental and African Studies 31 (1968), S. 526—533.
Beldiceanu-Steinherr, I. und Bacqué-Grammont, J.-L. A propos de quelques causes de malaises sociaux en Anatolie centrale aux XVIe et XVIIe siècles.
In: Archivum Ottomanicum 7 (1982), S. 71—115.
Binney, E. 3rd A lost manuscript of Murad III.
In: Fifth International Congress of Turkish Art. G. Fehér ed. Budapest 1978, S. 191—202.
Birnbaum, E. The Ottomans and Chagatay literature.
In: Central Asiatic Journal 20 (1976), S. 157—190.
Bombaci, A. Il bello al bagno.
In: Annali dell'Istituto Orientale di Napoli 1964, S. 33—48.
ders. La letteratura turca. Mailand 1969.
Boškov, V. Zum Problem des Objekts der Liebe in der osmanischen Divan-Poesie.
In: ZDMG Suppl. II, Wiesbaden 1974, S. 124—130.
Bruijn, de J. T. P. The religious use of Persian poetry.
In: Studies on Islam. Amsterdam-London 1974, S. 63—74.
Canpolat, M. Ömer bin Mezīd. Mecmūʿatü 'n-neẓā'ir. Ankara 1982.
Çavuşoğlu, M. (ed.) Yahyâ Beg. Dîvan. Istanbul 1977.
Chittick, W. C. Sultan Burhān al-Dīn's Sufi Correspondence.
In: Wiener Zeitschrift für die Kunde des Morgenlandes 73 (1981), S. 33—45.
Dankoff, R. The lyric in the romance: The use of ghazals in Persian and Turkish masnavis.
In: Journal of Near Eastern Studies 43 (1984), S. 9—25.
Faroqhi, S. The life story of an urban saint in the Ottoman Empire: Piri Baba of Merzifon.
In: Tarih Dergisi 32 (1979), S. 653—678.
dies. Seyyid Gazi revisited: the foundation as seen through sixteenth and seventeenth-century documents.
In: Turcica 13 (1981), S. 90—122.
dies. Der Bektaschi-Orden in Anatolien (vom späten fünfzehnten Jahrhundert bis 1826). Wien 1981.
Fleischer, C. H. Gelibolulu Mustafa Âli Efendi, 1541—1600. A study in Ottoman historical consciousness. Masch. schr. Diss. Princeton 1982.
Flemming, B. Türkische Handschriften, Teil I. Wiesbaden 1968.
dies. Šerīf, Sultan Ġavrī und die „Perser".
In: Der Islam 45 (1969), S. 81—93.
dies. Bemerkungen zur türkischen Prosa vor der Tanẓīmāt-Zeit.
In: Der Islam 50 (1973), S. 157—167.

dies. Fahrīs Husrev u Šīrīn. Eine türkische Dichtung von 1367. Wiesbaden 1975.
dies. Die Hamburger Handschrift von Yūsuf Meddāhs Varka vü Gülşāh. In: Hungaro-Turcica. Studies in honour of Julius Németh. Budapest 1976, S. 267—273.
dies. Die Sprachen der türkischen Dichter. Leiden 1977.
dies. Der Gāmi' ül-meknūnāt. Eine Quelle 'Ālīs aus der Zeit Süleymāns. In: Studien zur Geschichte und Kultur des Vorderen Orients. Festschrift für Bertold Spuler ... Leiden 1981. S. 79—92.
dies. Het einde der tijden bij de Turken in de 16de eeuw. In: De taal van de Islam. Nijmegen 1981. (M. O. I. Publicatie. 7.) S. 91—107.
dies. Religiöse Geschichte in der türkischen Ikonographie. In: Anatolica 10 (1983), S. 133—148.
Götz, M. Türkische Handschriften, Teil 2. Wiesbaden 1968.
ders. Türkische Handschriften, Teil 4. Wiesbaden 1979.
Griswold, W. J. The Great Anatolian Rebellion 1000—1020/1591—1611. Berlin 1983.
de Groot, A. H. The Ottoman Empire and the Dutch Republic. Leiden—Istanbul 1978.
Fuzuli Leyla and Mejnūn. Transl. by Sofi Huri. With a history of the poem, notes and bibliography by Alessio Bombaci. London 1970.
İnalcık, H. The Ottoman Empire. The Classical Age 1300—1600. Transl. by N. Itzkowitz and C. Imber. London 1973.
İz, F. Eski Türk edebiyatında nesir. I. Istanbul 1964.
ders. Eski Türk edebiyatında nazım. I. Istanbul 1966; II. Istanbul 1967.
Káldy-Nagy, G. Rural and urban life in the age of Sultan Süleyman. In: Acta Orientalia Hungarica 32 (1978), S. 285—319.
Kappert, P. Die osmanischen Prinzen und ihre Residenz Amasya im 15. und 16. Jahrhundert. Leiden 1976.
dies. Geschichte Sultan Süleymān Kānūnīs von 1520 bis 1577 oder Tabakāt ül-memālik ve derecāt ül-mesālik, von Celālzāde Mustāfā genannt Koca Nişāncı. Hrsg. ... von P. Kappert. Wiesbaden 1981.
Kellner-Heinkele, B. Aus den Aufzeichnungen des Sa'īd Giray Sultān. Freiburg i. Br. 1975.
dies. Osmanische Biographien-Sammlungen. In: Anatolica 6 (1977—1978), S. 171—194.
Kissling, H. J. Zur Geschichte des Derwischordens der Bajramijje. In: Südost-Forschungen 15 (1956), S. 237—268.
Kortantamer, T. Leben und Weltbild des altosmanischen Dichters Ahmedī unter besonderer Berücksichtigung seines Diwans. Freiburg i. Br. 1973.
ders. Die rhetorischen Elemente in der klassischen Literatur. In: Die islamische Welt zwischen Mittelalter und Neuzeit. Festschrift für H. R. Roemer ... Beirut-Wiesbaden 1979. S. 365—386.
Zâkir Şükrî Efendi. Die Istanbuler Derwischkonvente und ihre Scheiche. (Mecmu'a-i tekaya) ... hrsg ... von K. Kreiser. Freiburg i. Br. 1980.
Kut, G. Heşt bihişt, the tezkire by Sehī Beg. Cambridge, Mass. 1978.
Kutluk, I. (ed.) Kınalı-Zade Hasan Çelebi. I. Ankara 1978.
Levend, A. S. Türk edebiyatı tarihi. I. Ankara 1973.
Lugal, N. H. und Reşer, O. Sehi Bey's Tezkere. Istanbul 1942.
Majer, H. G. Vorstudien zur Geschichte der Ilmiye im Osmanischen Reich. 1. München 1978.
Menemencioglu, N. und Iz F. The Penguin Book of Turkish Verse. Harmondsworth 1978.
Meredith-Owens, G. M. Meşā'ir üş-şu'arā or Tezkere of 'Āşık Çelebi. London 1971.
Muhyî-yi Gülşenî Menâkib-i Ibrâhîm-i Gülşenî ve Şemleli-zâde Ahmed Efendi „Şîve-i tarîkat-i Gülşenîye". T. Yazıcı ed. Ankara 1982.
Pertsch, W. Verzeichnis der türkischen Handschriften. Berlin 1889.
Rescher, O. Eš-Šaqâ'iq en-no'mânijje von Taškōprüzâde. Konstantinopel-Galata 1927.
Reşer, O. Türkische Dichterbiographien II: Latîfî's Tezkere. Tübingen 1950.
ders. Taşköprüzâde's „eş-şaqâ'iq en-no'mânijje" fortgesetzt von 'Alî Mınıq ... Stuttgart 1934.
Röhrborn, K. Untersuchungen zur osmanischen Verwaltungsgeschichte. Berlin 1973.
Schimmel, A. Türkische Gedichte vom XIII. Jahrhundert bis in unsere Zeit. Ankara 1973.
dies. Mystical Dimensions of Islam. Chapel Hill 1975.
Schwarz, K. Eine Herrscherurkunde Sultan Murād II. für den Wesir Fażlullāh. In: Journal of Turkish Studies 5. 1981 (1983). S. 45—60.
ders. Die Sammlungen türkischer Handschriften in der Staatsbibliothek Preußischer Kulturbesitz (Berlin/West). In: Acta Orientalia Hungarica 37 (1983). S. 111—120.
Sellheim, R. Materialien zur arabischen Literaturgeschichte, Teil I. Wiesbaden 1976.
Smith, G. M. (ed.), Yūsuf-i Meddāh. Varqa ve Gülşāh. Leiden 1976.
Sohrweide, H. Dichter und Gelehrte aus dem Osten im Osmanischen Reich (1453—1600). In: Der Islam 46 (1970). S 263—302.
dies. Türkische Handschriften, Teil 3. Wiesbaden 1974.
dies. Mehmed Šerīf, ein Heeresrichter und Literat um 1600. In: Hungaro-Turcica. Studies in honour of Julius Németh. Budapest 1976. S. 309—314.
dies. Gelehrte Scheiche und sufische 'Ulemā' im Osmanischen Reich. In: Studien zur Geschichte und Kultur des Vorderen Orients. Festschrift für Bertold Spuler. Leiden 1981. S. 375—386.
dies. Türkische Handschriften, Teil 5 Wiesbaden 1981.

dies. Hoğa Sa'deddīn und die Perser.
In: Scholia. Beiträge zur Turkologie und Zentralasienkunde. A. v. Gabain . . . dargebracht. Wiesbaden 1981. S. 170—179.

Stchoukine, I. — Flemming, B. – Luft, P. und Sohrweide, H. Illuminierte islamische Handschriften. Wiesbaden 1971.

Tezcan, N. Lāmi'ī'nin Gūy u Çevgān mesnevisi.
In: Ömer Asım Aksoy armağanı. Ankara 1978. S. 201—225.

Tietze, A. Muṣṭafā 'Alī of Gallipoli's prose style.
In: Archivum Ottomanicum 5 (1973). S. 297—319.

ders. Muṣṭafā 'Alī's Counsel for Sultans of 1581. 2 Bde. Wien 1979—1982.

ders. The study of literature as the cultural manifestation of socio-economic changes.
In: International Journal of Turkish Studies 2 (1981). S. 44—56.

Titley, N. M. Miniatures from Turkish manuscripts London 1981.

Turan, Ş. Ibn-i Kemal. Tevârih-i âl-i Osman. I. Defter Ankara 1970.

Wannig, K.-D. Der Dichter Karaca Oğlan. Studien zur türkischen Liebeslyrik. Freiburg 1980.

Woodhead, C. From scribe to litterateur: the career of a sixteenth-century Ottoman kātib.
In: British Society for Middle Eastern Studies Bulletin 9 (1982). S. 55—74.

dies. Ta'līḳī-zāde's şehnāme-i hümāyūn. A history of the Ottoman campaign into Hungary 1593—1594. Berlin 1983.

Wurm, H. Der osmanische Historiker Ḥüseyn b. Ǧa'fer, genannt Hezārfenn, und die Istanbuler Gesellschaft in der zweiten Hälfte des 17. Jahrhunderts. Freiburg i. Br. 1971.

DAS OSMANISCHE REICH UND DER WESTEN
(Ausgewählte Literatur unter Ausschluß türkischer Titel)

Adnan-Adıvar, Abdülhak La science chez les Turcs ottomans. Paris 1939.

Babinger, Franz Istanbuler Buchwesen im 18. Jahrhundert. Leipzig 1919.

ders. Mehmed der Eroberer und Italien.
In: Byzantion (Brüssel) 21 (1951), S. 127—170.

ders. Mehmed der Eroberer und seine Zeit. Weltenstürmer einer Zeitenwende. München 1953.

ders. Der Pfortendolmetsch Murad und seine Schriften.
In: Literaturdenkmäler aus Ungarns Türkenzeit. Berlin 1927, S. 32—54 (Ungarische Bibliothek, Erste Reihe, Band 14).

ders. Reliqienschacher am Osmanenhof im XV. Jahrhundert. Zugleich ein Beitrag zur Geschichte der osmanischen Goldprägung unter Mehmed II., dem Eroberer. München 1956 (Bayerische Akademie der Wissenschaften, Philosophisch-historische Klasse, Sitzungsberiche, Jahrgang 1956, Heft 2).

ders. Vier Bauvorschläge Lionardo da Vinci's an Sultan Bajezid II. (1502/3). Göttingen 1952 (Nachrichten der Akademie der Wissenschaften in Göttingen, I. Philologisch-historische Klasse, Jahrgang 1952, Heft 1).

Flemming, Barbara Turkse discussies omtret het Christendom.
In: Historische betrekkingen tussen Moslims en Christenen. Nijmegen 1983, S. 113—126 (Midden Oosten en Islampublicatie, 9).

Goodrich, Thomas D. Ottoman Americana: the search for the sources of the sixteenth century *Tarih-i Hind-i garbi.*
In: Bulletin of Research in Humanities (New York) Autum 1982, S. 269—294.

Kahle, Paul Die verschollene Columbus-Karte von Amerika vom Jahre 1498 in einer türkischen Weltkarte von 1513. Berlin — Leipzig 1932.

Koeman, Cornelis Turkse transkripties van de 17' eeuwse Nederlandse atlassen.
In: Kartengeschichte und Kartenbearbeitung. Festschrift zum 80. Geburtstag von Wilhelm Bonacker, Geograph und wissenschaftlicher Kartograph in Berlin, am 17. März 1968 dargebracht von Fachkollegen und Freunden beider Wissenschaften. Hrsg. Karl-Heinz Meine. Bad Godesberg 1968, S. 71—76.

Köhbach, Markus Die osmanische Fassung von Istvánfy's Bericht über die erste Belagerung Wiens durch die Türken 1529 in der Chronik des İbrāhīm Peçevī.
In: Wien 1529. Die erste Türkenbelagerung. Textband zur 62. Sonderausstellung des Historischen Museums der Stadt Wien, Karlsplatz, 4. Okt. 1979 bis 10. Febr. 1980. Wien — Köln —Graz 1979, S. 93—106.

Kraelitz-Greifenhorst, Friedrich von Bericht über den Zug des Groß-Botschafters Ibrahim Pascha nach Wien im Jahre 1719. Wien 1908 (Sitzungsberichte der Akademie der Wissenschaften in Wien, Philosophisch-historische Klasse, Band 158, III. Abhandlung).

Kreutel, Richard F. Im Reiche des Goldenen Apfels. Des türkischen Weltenbummlers Evliya Çelebi denkwürdige Reise in das Giaurenland und in die Stadt und Festung Wien anno 1665. Übersetzt, eingeleitet und erklärt von . . . Graz — Wien — Köln 1963 (Osmanische Geschichtsschreiber, 2).

Lewis, Bernard The Muslim Discovery of Europe. New York — London, 1982. Deutsch: Die Welt der Ungläubigen — wie der Islam Europa entdeckte. Frankfurt a. M. 1983.

Mehmed Efendi Le paradis des infidèles. Relation de Yirmisekiz Çelebi Mehmed Efendi, ambassadeur ottoman en France sous la régence. Julien-Claude Galland transl. Gilles Veinstein ed. Paris 1981.

Mout, M. E. H. N. Calvinoturcisme in de zeventiende eeuw. Comenius, Leidse oriëntalisten en de Turkse bijbel.
In: Tijdschrift voor geschiedenis (Groningen) 91 (1978), S. 576—607.

Das Osmanische Reich und Europa 1683 bis 1789: Konflikt, Entspannung und Austausch. Hrsg. von Gernot Heiss und Grete Klingenstein. Wien 1983 (Wiener Beiträge zur Geschichte der Neuzeit, 10).

Taeschner, Franz Die geographische Literatur der Osmanen.
In: Zeitschrift der Deutschen Morgenländischen Gesellschaft 77 (1923), S. 31—80.
Teply, Karl Türkische Sagen und Legenden um die Kaiserstadt Wien. Wien — Köln — Graz 1980.
Terzioğlu, Adnan Die Beziehungen zwischen Österreich und der Türkei auf dem Gebiet der Medizin.
In: Osmanlı Araştırmaları/The Journal of Ottoman Studies (Istanbul) 4 (1984), S. 305—323.
Wurm, Heidrun Der osmanische Historiker Ḥüseyn b. Ǧa'fer, genannt Hezārfenn, und die Istanbuler Gesellschaft in der zweiten Hälfte des 17. Jahrhunderts. Freiburg i. Br. 1971 (Islamkundliche Untersuchungen, 13).

WIRTSCHAFT

Barkan, Ömer Lûtfi ,Tarihî demografi' araştırmaları ve Osmanlı tarihi.
In: Türkiyat Mecmuası 10 (1951—1953), S. 1—26.
Beldiceanu, Nicoară, Beldiceanu-Steinherr, Irène Recherche sur la province de Qaraman au XVIe siècle, étude et actes.
In: Journal of the Economic and Social History of the Orient 9 (1968), S. 1—129.
Faroqhi, Suraiya Rural Society in Anatolia and the Balkans during the Sixteenth Century, I.
In: Turcica 9 (1977), S. 161—195, und II.
In: Turcica 11 (1979), S. 103—153.
dies. Towns and townsmen of Ottoman Anatolia. Trade, crafts and food production in an urban setting, 1520—1650. Cambridge 1984.
İnalcık, Halil The Ottoman Empire: The Classical Age, 1300—1600. New York 1973.
İslamoglu, Huri — Keyder, Çaglar Ein Interpretationsrahmen für die Analyse des Osmanischen Reiches.
In: Kapitalistische Weltökonomie. Kontroversen über ihren Ursprung und ihre Entwicklungsdynamik. Hrsg. Dieter Senghaas. Frankfurt/M. 1979. S. 201—234.
Liebe-Harkort, Klaus Beiträge zur sozialen und wirtschaftlichen Lage Bursas am Anfang des 16. Jahrhunderts. Phil. Diss. Hamburg 1970.
Mantran, Robert Istanbul dans la seconde moitié du XVIIe siècle. Essai d'histoire institutionelle, économique et sociale. Paris 1962 (Bibliothèque archéologique et historique de l'Institut français d'Archéologie d'Istanbul).
Todorov, Nikolai The Balkan city, 1400—1900. Seattle (usw.) 1983. (Publications on Russian and Eastern Europe of the School of International Studies, University of Washington, 12).

OSMANISCHE MÜNZEN

Album, Stephen Marsden's Numismata Orientalia Illustrata. New York 1977.
Artuk, İbrahim ve Cevriye Istanbul Arkeoloji Müzeleri. Teşhirdeki Islâmî sikkeler kataloğu. Band II. Istanbul 1974.
Artuk, İbrahim Kanuni Sultan Süleyman adına basılan sikkeler. Ankara 1972.
Edhem, Ḫalīl Mesḳūḳāt-i 'osmānīye. Istanbul 1334/1915—1916.
Ġālib, Isma'īl Taḳvīm-i mesḳūḳāt-i 'osmānīye. Istanbul 1307/1889—1890.
Ilisch, Lutz Levantinische Gegenstempel auf französischen Münzen des 17. Jahrhunderts — Der Timminhandel in zeitgenössischen französischen Berichten.
In: Lagom, Festschrift für Peter Berghaus. Münster 1981, S. 315—326.
Jem Sultan [Holberton, William D.] Coins of the Ottoman Empire and the Turkish Republic. 2 Bände. Thousand Oaks (Calif.) 1977.
Krause, Chester L. — Mishler, Clifford Standard Catalog of World Coins. Iola (Wisconsin) 1984.
Lane-Poole, Stanley Catalogue of Oriental Coins in the British Museum, Band VIII und X. London 1883, 1890.
MacKenzie, Kenneth M. and Lachman, Samuel Countermarks of the Ottoman Empire 1880—1922. London 1974.
Pere, Nuri Osmanlılarda Madeni Paralar. Istanbul 1968.
Ölçer, Cüneyt Son altı Osmanlı Padişahı zamanında Istanbulda basılan gümüş paralar. Istanbul 1966.
ders. Yıldırım Bayezid'in oğullarına ait akçe ve mangırlar. Istanbul 1968.
ders. Sultan Mahmud II. zamanında darp edilen Osmanlı madeni paraları. Istanbul 1970.
ders. Sovyet Rusya müzelerindeki nadir Osmanlı madenî paraları. Istanbul 1972.
ders. Nakışlı Osmanlı mangırları. Istanbul 1975.
ders. Sultan Abdülmecid devri Osmanlı madenî paraları. Istanbul 1978.
ders. Sultan Abdülaziz Han devri Osmanlı madenî paraları. Istanbul 1979.
ders. Avrupa müzelerinde nadir Osmanlı madeni paraları. Istanbul 1984.
Schaendlinger, Anton C. Osmanische Numismatik. Von den Anfängen des Osmanischen Reiches bis zu seiner Auflösung 1922. Braunschweig 1973.
Valentine, W. H. Modern Copper Coins of the Muhammadan States. London 1911, Nachdruck 1969.
Wilski, Hans Gegenstempel auf Münzen des Osmanischen Reiches.
In: Geldgeschichtliche Nachrichten 11 (1976), S. 195.

BLUMEN

André, Éduard L'art des jardins. Paris 1879.
Arseven, Celal Esad Les arts décoratifs turcs. Istanbul [1952].

ders. L'art turc. Istanbul 1939.
Belon, Pierre Les observations de plusieurs singularitez & choses memorables, trouvées en Grèce, Asie, Judée, Egypte, Arabie & autres pays estranges. Anvers 1555.
Busbeck, Ogier Ghiselin von Vier Briefe aus der Türkei. Aus d. Lat. übertr. ... von W. v. d. Steinen. Erlangen 1926.
Candolle, Alphonse de Der Ursprung der Culturpflanzen. Übers. von Edmund Goeze. Leipzig 1884.
Coats, A. M. Flowers and their histories. London 1956.
Eldem, Sedad H. Türk bahçeleri. Istanbul 1976.
Fasli Gül u Bülbül, das ist: Rose und Nachtigall. Ein romantisches Gedicht, türk. hrsg. und dt. übers. durch Joseph von Hammer. Pest und Leipzig 1834.
Franke, Johannes „Hortus Lusatiae", Bautzen 1594 mit einer Biographie neu hrsg. ... von Rudolf Zaunick, Kurt Wein [u. a.]. Bautzen 1930.
Gerth van Wijk, H. L. A dictionary of plant-names. (Repr. on reduced size of the ed. Haarlem 1911–1916.) Vol. l. 2. Amsterdam 1971.
Hall, Sir A. Daniel The book of the tulip. London 1929.
ders. The genus *Tulipa*. London 1940.
Hehn, Victor Kulturpflanzen und Hausthiere in ihrem Übergang aus Asien nach Griechenland und Italien sowie in das übrige Europa. 3., verb. Aufl. Berlin 1877.
Krüssmann, Gerd Rosen, Rosen, Rosen. Unser Wissen über die Rose. Berlin und Hamburg 1974.
Marzell, Heinrich Wörterbuch der deutschen Pflanzennamen. Band 4. (Aus dem Nachlaß hrsg. von Heinz Paul.) Stuttgart und Wiesbaden 1979.
Mattioli, Pietro Andrea Kreutterbuch deß Petri Andreae Matthioli, ... gemehret und verfertigt durch Ioachimum Camerarium. Franckfort am Mayn 1590.
Möbius, Martin Geschichte der Botanik. Von den ersten Anfängen bis zur Gegenwart. Jena 1937.
Petsopoulos, Yanni Kunst und Kunsthandwerk unter den Osmanen. Aus d. Engl. übers. von H. Bartels. München 1982.
Polunin, Oleg – Huxley, Anthony Blumen am Mittelmeer. Übers. und bearb. von Dieter Podlech. 3. Aufl. München, Bern, Wien 1974.
Reinhardt, Ludwig Kulturgeschichte der Nutzpflanzen. Band 1. 2. München 1911.
Rix, M. – Phillips, R. The bulb book. London 1981.
Theodorus, Jacobus Neuw vollkommentlich Kreuterbuch ... Durch Iacobum Theodorum Tabernaemontanum. Jetzt ... gemehret durch Casparum Bauhinum. Th. 1. 2. Franckfurt am Mayn 1613.
Theophrastus Theophrasts Naturgeschichte der Gewächse. Übers. und erl. von K. Sprengel. (Nachdr. d. Originalausg. Altona 1822.) T. 1. 2. Hildesheim [usw.] 1971.
Urania-Pflanzenreich. Höhere Pflanzen. T. 1. 2. Zürich, Frankfurt a. M. 1971–74.
Wright, Richardson The story of gardening from the hanging gardens of Babylon to the hanging gardens of New York. New York 1963.

ESSEN UND TRINKEN

Boué, Ami Die Europäische Türkei. Deutsch herausgegeben von der Boué-Stiftungs-Commission der kais. Akademie der Wissenschaften in Wien. 2 Bde. Wien 1889.
Dilger, Konrad Untersuchungen zur Geschichte des Osmanischen Hofzeremoniells im 15. und 16. Jahrhundert. München 1967.
Faḫrīye Ev ḳadını. Ṭab'-i s̱ānī. Istanbul 1310/1897–8.
Kültür ve Turizm Bakanlığı Türk Mutfağı Sempozyumu Bildirileri. 31 Ekim – 1 Kasım 1981 (Ankara). Ankara 1982.
Muradgea d'Ohsson, Ignace Allgemeine Schilderung des Othomanischen Reichs. Aus dem Französischen ... mit einiger Abkürzung übersetzt und mit Anmerkungen, Zusätzen, einem Glossarium und Register versehen von Christian Daniel Beck. Leipzig 1793.
Rigler, Lorenz Die Türkei und deren Bewohner in ihren naturhistorischen, physiologischen und pathologischen Verhältnissen vom Standpunkte Constantinopel's geschildert. 2 Bde. Wien 1852.
Ünver, Süheyl Çorbayı nasıl içerdik. In: Hayat Tarih Mecmuası, yıl 4, sayı 1 (1 Şubat 1968), S. 9–11.

MUSIK

Reinhard, Kurt Die Türkei im 19. Jahrhundert. Musikkulturen Asiens, Afrikas und Ozeaniens im 19. Jahrhundert. Band 31, Regensburg 1973.
ders. Mozarts Rezeption Türkischer Musik. Kongreßbericht des Internationalen Musikwissenschaftlichen Kongresses Berlin 1974, Berlin 1981.
ders. Turkish Miniatures as Sources of Music History. In: Music in East und West. Essays in Honour of Walter Kaufmann, Festschrift Series 3, New York 1981.
ders. und Ahrens, Christian Musikdarstellungen auf türkischen Miniaturen (im Druck).
ders. und Reinhard, Ursula Musik der Türkei, Band 1: Die Kunstmusik, Band 2: Die Volksmusik. Internationales Institut für vergleichende Musikstudien. Heinrichshofen, Wilhelmshaven 1984.
Schubart, Christian Friedrich Daniel Ideen zur einer Ästhetik der Tonkunst. Wien 1806.
Uzunçarşılı, İsmail Hakkı Osmanlı devletinin saray teşkilâtı. Türk Tarih Kurumu Yayınlarından VIII. Seri-No. 15, Ankara 1945.

SCHATTENTHEATER

And, Metin Geleneksel Türk tiyatrosu. Kukla, Karagöz, Ortaoyunu. Ankara 1969.
Jacob, Georg Geschichte des Schattentheaters im Morgen- und Abendland. 2. völlig umgearbeitete Auflage. Hannover 1925.
Kúnos, Ignácz Három Karagöz-játek. Budapest 1886.

Ritter, Hellmut Karagös, türkische Schattenspiele. 3 Bde, Hannover 1924; Istanbul 1941; Wiesbaden 1953.
Tietze, Andreas The Turkish Shadow Theater and the Puppet Collection of the L. A. Mayer Memorial Foundation. Berlin 1977.

ARCHITEKTUR

Aktüre, Sevgi 19. yüzyıl sonunda Anadolu kenti mekânsal yapı çözümlemesi. Ankara 1978.
Anhegger, Robert Die Römerbrücke von Mostar. In: Oriens 7, (1954), S. 87—107.
Aslanapa, Oktay Turkish art and architecture. London 1971.
Ayverdi, Ekrem Hakkı Istanbul mi'mârî çağının menşe'i Osmanlı mi'mârîsinin ilk devri. Band 1: Ertuğrul, Osman, Orhan gaazîler, Hüdavendigâr ve Yıldırım Bâyezîd, 630—805 (1230—1402). Istanbul 1966.
ders. Istanbul mi'mârî çağının menşe'i Osmanlı mi'mârîsinin ilk devri. Band Nr. 3. 4.: Osmanlı mi'mârîsinde Fâtih devri 855—886 (1451—1481). Istanbul 1973—74.
Barkan, Ömer Lûtfi Quelqus observations sur l'organisation économique et sociale des villes Ottomanes des XVIe et XVIIe siècles. In: Recueils de la Société J. Bodin 7 (1955), S. 289—311.
ders. Süleymaniye cami ve imareti inşaatı (1550—1557). 2 Bde. Ankara 1972/79.
ders. Caractère religieux et caractère séculier des institutions ottomanes. In: Contributions à l'histoire économique et sociale de l'Empire ottoman. Leuven 1983. (Collection Turcica. 3.), S. 11—58.
Beldiceanu, Nicoară Recherche sur la ville ottomane au XVe siècle; étude et actes. Paris 1973. (Bibliothèque archéologique et historique de l'Institut Français d'Archéologie d'Istanbul. 25.)
Clark, Edward C. The Ottoman industrial revolution. In: International Journal of Middle East Studies 5 (1974), S. 65—76.
Çulpan, Cevdet Türk taş köprüleri. (Ortaçağdan Osmanlı devri sonuna kadar.) Ankara 1975.
Eldem, Sedad H. Türk bahçeleri. Istanbul 1976.
Eldem, S. H. — Akozan, Feridun Topkapı Sarayı. Bir mimari araştırma. Istanbul 1982.
Faroqhi, Suraiya Taxation and urban activities in Sixteenth-century Anatolia. In: International Journal of Turkish Studies 1 (1979—1980), S. 19—53.
dies. Urban development in Ottoman Anatolia (16.—17. centuries) In: Mimarlık Fakültesi Dergisi 7 (1981), S. 36—51.
dies. Towns and townsmen of Ottoman Anatolia. Trade, crafts and food production in an urban setting, 1520—1650. Cambridge 1984.
Gabriel, Albert Une capitale turque Brousse Bursa. 2 Bde. Paris 1958.
Goodwin, Godfrey A history of Ottoman architecture. London 1971.
Gülersoy, Çelik Story of the Grand Bazar. Istanbul 1980.
Hütteroth, W.-D. Ländliche Siedlungen im südlichen Inneranatolien in den letzten vierhundert Jahren. Göttingen 1968.
Kiel, Machiel Aspects of Ottoman-turkish architecture in Albania. In: Fifth International Congress of Turkish Art. G. Fehér, ed. Budapest 1978. S. 541—548.
Kissling, H. J. Die türkische Stadt auf dem Balkan. In: Südosteuropa-Jahrbuch 8 (1968), S. 72—83.
Kreiser, Klaus Zur inneren Gliederung der osmanischen Stadt. In: ZDMG-Suppl. II (1974), S. 198—212.
ders. Bedesten-Bauten im Osmanischen Reich. In: Istanbuler Mitteilungen 29 (1979), S. 367—400.
Kuran, Aptullah The Mosque in Early Ottoman Architecture. Chicago and London 1968.
Majer, H. G. Sozialgeschichtliche Probleme um Ulema und Derwische im osmanischen Reich. In: Tebliğeer. 1: Türk tarihi. 1. Milletlerarası Türkoloji Kongresi. Istanbul 1979, S. 218—233.
Meinecke, Michael Die osmanische Architektur des 16. Jahrhunderts in Damaskus. In: Fifth International Congress of Turkish Art. G. Fehér, ed. Budapest 1978, S. 575—595.
Müller-Wiener, Wolfgang Bildlexikon zur Topographie Istanbuls. Byzantion-Konstantinupolis-Istanbul bis zum Beginn des 17. Jhs. Tübingen 1977.
Orhonlu, Cengiz Köprücülük. In: 7. Türk Tarih Kongresi. Ankara 1970, Ankara 1973, S. 701—708.
ders. Şehir mimarları. In: Osmanlı Araştırmaları 2 (1981), S. 1—30.
Tankut, Gönül The spatial distribution of urban activities in the Ottoman city. In: Structure sociale et développement culturel des villes sud-est européennes et adriatiques aux XVIIe—XVIIIe siècles. Bucarest 1975. S. 245—265.
Todorov, Nikolai The Balkan City, 1400—1900. Seattle (usw.) 1983.
Turan, Şerafettin Osmanlı teşkilâtında hassa mimarları. In: Tarih Araştırmaları Dergisi 1 (1963), S. 157—202.
Uzunçarşılı, Ismail Hakkı Osmanlı devletinin ilmiye teşkilatı. (Türk Tarih Kurumu Yayınlarından. VIII, 17). Ankara 1965 und 1984.

BUCHKUNST

Ağa-Oğlu, Mehmet Persian bookbindings of the fifteenth century. Ann Arbor 1935.
Aksel, Malik Türklerde dini resimler yazı-resim. Istanbul 1967.
Anafarta, Nigâr Die Portraits der Sultane. Istanbul 1967.
And, Metin Turkish Miniature Painting. The Ottoman Period. Erw. Aufl. Ankara 1978.
Arseven, Celal Esad Les arts décoratifs turcs. Istanbul [1952].

Aslanapa, Oktay The art of bookbinding. In: B. Gray (Hrsg.), The arts of the book in Central Asia, 14th—16th centuries. Paris-London 1979, S. 59—91.

Atasoy, Nurhan — Çağman, Filiz Turkish Miniature Painting. Istanbul 1974.

Atıl, Esin Ottoman miniature painting under Sultan Mehmed II. In: Ars Orientalis 9 (1973), S. 103—120.

Atıl, Esin Ahmed Nakşi, an eclectic painter of the early 17th century. In: Fifth Internat. Congress of Turkish Art. G. Fehér, ed. Budapest 1978, S. 103—121.

Atıl, Esin The art of the book. In: dies. (Hrg.) Turkish art. Washington — New York 1980, S. 137—238.

Ayyubi, N. Akmal Calligraphy of West Asian Turks, In: Islamic Culture 57/1 (1983), S. 17—27.

Ayverdi, Ekrem Hakkı Fatih devri hattatları ve hat sanatı. Istanbul 1953.

Babinger, Franz Drei Stadtansichten von Konstantinopel, Galata (‚Pera') und Skutari aus dem Ende des 16. Jahrhunderts (= Österr. Akad. d. Wiss., Phil.-hist. Kl., Denkschriften, 77. Bd., 3. Abh.), Wien 1959.

Bayramoğlu, Fuat Firmans enluminés et portant l'autographe impérial. In: Turcica 11 (1979), S. 14—36.

Berthier, Annie — Halbout de Tanney, Dominique Liste des manuscrits à peintures du fond turc de la Bibliothèque Nationale de Paris. In: Turcica 13 (1981), S. 216—241.

Binney, Edwin 3rd A lost manuscript of Murad III. In: Fifth International Congress of Turkish Art. G. Fehér, ed. Budapest 1978, S. 191—202.

Blauensteiner, Kurt Beispiele osmanischer Buchkunst aus der Zeit Sultan Selims II. und Sultan Murads III. In: Wiener Beiträge zur Kunst- und Kulturgeschichte Asiens 10 (1936), S. 34—55.

Blochet, Edgar Musulman painting, XIIth—XVIIth century. London 1929 (repr. New York 1975).

ders. Les enluminures des manuscrits orientaux de la Bibliothèque Nationale. Paris 1926.

ders. Inventaire et description des miniatures des manuscrits orientaux conservés à la Bibliothèque Nationale. In: Revue des Bibliothèques S. 8—10 (1898—1900), II Teile.

Bothmer, Hans-Caspar Graf von Die islamischen Miniaturen der Sammlung Preetorius. Ausst. Kat. Staatl. Museum für Völkerkunde, München u. Universität des Saarlandes, Saarbrücken. München 1982.

ders. Ergänzungen zum malerischen Werk des Ali al-Üsküdari. (In Vorbereitung).

ders. Die illuminierten islamischen Handschriften in der Bayerischen Staatsbibliothek München. Verzeichnis der orientalischen Handschriften in Deutschland, Bd. XVI/2. (in Vorbereitung).

ders. Das Bild des Menschen in der islamischen Buchmalerei. In: Festschrift für Wilhelm Messerer zum 60. Geburtstag. Köln 1980, S. 87—102.

Çağman, Filiz Şahname-i Selim Han ve minyatürleri. In: Sanat Tarihi Yıllığı 5 (1972/73), S. 411—442.

dies. Sultan Mehmet II. dönemine ait bir minyatürlü yazma: Külliyat-ı Kâtibi. In: Sanat Tarihi Yıllığı 6 (1976), S. 333—346.

dies. The place of the Turkish miniature in Islamic art. In: Islâm Sanatında Türkler. The Turkish contribution to Islamic arts. Istanbul [1976], S. 90—94.

dies. The miniatures of the Divan-i Hüseyni and the influence of their style. In: Fifth International Congress of Turkish Art. G. Fehér, ed. Budapest 1978, S. 231—259.

dies. XV yüzyıl kâğıt oymacılık (kaat'ı) eserleri. In: Sanat Dünyamız 3/8 (1976), S. 22—27.

Çağman, Filiz — Tanındı, Zeren Topkapı Sarayı Müzesi Islam miniyatürleri. Istanbul 1979.

Caskel, Werner Schenkungsurkunde Sultan Ibrahims für die Valide Mahpeyker Sultan (Kösem) von 1049/1640. In: Documenta Islamica Inedita. Berlin 1952, S. 251—262.

Çığ, Kemal On sekizinci asır lâke tezhibcilerinden Ali al-Üsküdarī. In: Türk Tarih, Arkeoloji ve Etnografya Dergisi 5 (1949), S. 192—202.

ders. Türk oymacıları (katıgları) (so!) ve eserleri. In: Türk ve İslam Sanatları Tarihi Enstitüsü, Yıllık Araştırmalar Dergisi 2 (1957), S. 159—179.

ders. Türk kitap kapları. Istanbul 1971.

Denny, Walter B. Ceramic revetments of the mosque of Rüstem Pasha. In: Fifth Internat. Congress of Turkish Art. G. Fehér, ed. Budapest 1978, S. 269—290.

Derman, Uğur Reîsü'l — Hattâtîn Kâmil Akdik. In: Hayat Tarih Mecmuası 2,6.7 (1971) S. 43—50.

ders. The Turks and the art of calligraphy. In: İslâm sanatında Türkler (The Turkish contribution to Islamic arts). Istanbul 1976, S. 58—62.

ders. Türk hat sanatının şaheserleri. Istanbul 1982.

ders. Türk sanatında ebrû. Istanbul 1977.

Duda, Dorothea Islamische Handschriften I. Persische Handschriften (= Die illuminierten Handschriften und Inkunabeln der Österreichischen Nationalbibliothek, Band 4), Text- u. Tafelband. Wien 1983.

Edhem, Fehmi — Stchoukine, Ivan Les manuscrits orientaux de la Bibliothèque de l'Université de Stamboul. Paris 1933.

Esin, Emel Turkish miniature painting. Rutland-Tokio 1960.

Fisher, Carol G. The pictorial cycle of the Siyer-i Nebi: A late 16th century manuscript of the Life of Muhammad. Ph. D. thesis Michigan State University, 1981.

Flemming, Barbara Türkische Handschriften, Teil 1. (= Verzeichnis der orientalischen Handschriften in Deutchland, Band XIII/1), Wiesbaden 1968.

Götz, Manfred Türkische Handschriften, Teil 4. (= Verzeichnis der orientalischen Handschriften in Deutschland, Band XIII/4), Wiesbaden 1979.
Gratzl, Emil Islamische Bucheinbände des 14. bis 19. Jahrhunderts aus den Handschriften der Bayerischen Staatsbibliothek. Leipzig 1924.
Grohmann, Adolf — Arnold, Thomas W. Denkmäler der islamischen Buchkunst. Florenz 1929.
Grube, Ernst J. A school of Turkish miniature painting. In: First Internat. Congress of Turkish Arts (Ankara 1959). Ankara 1961, S. 176—209.
ders. Miniatures in Istanbul libraries. In: Pantheon 20 (1962), S. 213—226; 306—313.
ders. Malerei. In: Kunst und Kunsthandwerk unter den Osmanen. Yanni Petsopoulos (Hrsg.). München 1982, S. 193—200.
Haemmerle, Albert Buntpapier. München 1961.
Halbout de Tanney, Dominique „La Couronne des Chroniques". Un chef-d'oeuvre de la peinture ottomane au musée Jacquemart-André. In: La revue du Louvre, 1979, S. 187—198.
Haldane, Duncan Islamic bookbindings. London 1983.
Hauptmann-v. Gladiss, Almut Islamische Einbände im Kunstmuseum Düsseldorf. (In Vorbereitung).
Huard P. — Grmek, M. D. Le premier manuscrit turc rédigé par Charaf ed-Din (1465). Paris 1960.
James, David Qur'ans and bindings from the Chester Beatty Library. London 1980.
Kagitci, Mehmed Ali Ebru — Turkish marbled papers. In: Palette 30 (1968), S. 14—20.
Kat. Berlin Islamische Buchkunst aus 1000 Jahren. (Ausst. Kat. Staatsbibliothek Preußischer Kulturbesitz, Berlin—Bonn). Wiesbaden 1980.
Kat. Genf Miniatures persanes. Donation Pozzi (Ausst. Kat. Cabinet des Estampes — Musée d'art et d'histoire). Genf 1974.
Kat. München Das Buch im Orient. Handschriften und kostbare Drucke aus zwei Jahrtausenden. (Ausst. Kat. Bayer. Staatsbibliothek München). Wiesbaden 1982.
Kat. Neuerwerbungen Neuerwerbungen 1956—1974, Museum für Kunsthandwerk, Frankfurt am Main. Frankfurt 1974.
Kat. Offenbach Deutsches Ledermuseum, Katalog Heft 1: Leder, Bucheinband (usw.). Offenbach 1974.
Kat. Stockholm Oriental miniatures and manuscripts in Scandinavian collections. (Ausst. Kat. Nationalmuseum). Stockholm 1957.
Krüger, Eberhard Vom Ende einer Kunst: Die Gestaltung des osmanischen Buchdrucks. In: Gutenberg-Jahrbuch 57 (1982), S. 218—222.
Kühnel, Ernst Die osmanische Tughra. In: Kunst des Orients 2 (1955), S. 69—82.
Kurz, Otto Libri cum characteribus ex nulla materia compositis. In: Israel Oriental Studies 2 (1872), S. 240—247. Auch in: ders., The decorative arts of Europe and the Islamic East, London 1977, Kap. XXI.
Lamm, Carl Johan Miniatures from the reign of Bāyazīd II in a manuscript belonging to Uppsala University Library. In: Orientalia Suecana 1 (1958), S. 95—114.
Lowry, Heath Kalligraphie. In: Kunst und Kunsthandwerk unter den Osmanen. Yanni Petsopoulos (Hrsg.). München 1982, S. 169—184.
Martin, F. R. The miniature paintings and painters of Persia, India and Turkey from the 8th to the 18th century, 2 Bde. London—Leipzig 1912 (repr. 1968).
Meredith-Owens, G. M. Turkish miniatures in the Selīm-Nāme. In: British Museum Quarterly 25 (1962), S. 33—35.
ders. Ottoman Turkish Painting. In: The Keir Collection. Islamic painting and the arts of the book B. W. Robinson, ed. London 1976, S. 221— 230.
MMA Bull. The Metropolitan Museum of Art Bulletin (Fall 1978): Islamic Painting.
Sakisian, Arménag Contribution a l'iconographie de la Turquie et de la Perse XVe—XIXe siècles. In: Ars Islamica 3/1 (1936), S. 7—22.
Sarre, Friedrich Islamische Bucheinbände. Berlin 1923.
Schaendlinger, Anton C. Die Schreiben Süleymāns des Prächtigen an Karl V., Ferdinand I. und Maximilian II. 2 Bde., Wien 1983.
Schimmel, Annemarie Islamic calligraphy. Leiden 1970.
Schoeler Gregor Arabische Handschriften. (= Verzeichnis der orientalischen Handschriften in Deutschland, Reihe B, Band 2). (In Vorbereitung).
Schwarz, Klaus Türkische Handschriften in der Staatsbibliothek Preußischer Kulturbesitz. In: Turcica 14 (1982), S. 257—267.
ders. Eine Herrscherurkunde Sultan Murad II. für den Wesir Faẓlullāh. In: Journal of Turkish Studies 5. 1981 (1983), S. 45—60.
Schwarz, Klaus — Kurio, Hars Die Stiftungen des osmanischen Großwesirs Koǧa Sinān Pascha (gest. 1596) in Uzunǧaova/Bulgarien. Berlin 1983.
Skelton, Robert Characteristics of later Turkish jade carving. In: Fifth International Congress of Turkish Art. G. Fehér, ed. Budapest 1978, S. 795—807.
Stchoukine, Ivan La peinture turque d'après les manuscrits illustrés. Ie partie: De Sulaymān Ier à 'Oṣmān II, 1520—1622. Paris 1966.
ders. La peinture turque d'après les manuscrits illustrés. IIme partie: De Murād IV à Muṣṭafā III, 1623—1773. Paris 1971.
ders. Miniatures turques du temps de Mohammad II. In: Arts Asiatiques 15 (1967), S. 47—49.
ders. Un portrait du sultan Mohammad III par Ḥasan Naqqāsh. In: Arts Asiatiques 32 (1976),S. 3—12.
Stchoukine, Ivan — Flemming, B. — Luft P. —
Sohrweide, H. Illuminierte islamische Handschriften (Verzeichnis der orientalischen Handschriften in Deutschland, Bd. XVI/1). Wiesbaden 1971.

Struck, Gustav Handschriftenschätze der Landesbibliothek Kassel.
In: W. Hopf (Hrsg.), Die Landesbibliothek Kassel 1580—1930, Band: 2. Marburg 1930.
Surieu, Robert Sarv-é Naz. Genf u. a. 1967.
Taeschner, Franz Alt-Stambuler Hof- und Volksleben. Ein türkisches Miniaturenalbum aus dem 17. Jahrhundert. Hannover 1925 (repr. 1978).
Titley, Norah M. Istanbul or Tabriz? The question of provenance of three 16th century Nevaʾi manuscripts in the British Library.
In: Oriental Art, n. s. 4 (1978), S. 292—296.
dies. Miniatures from Turkish manuscripts. Catalogue and subject index of paintings in the British Library and the British Museum. London 1981.
dies. Persian miniature painting and its influence on the art of Turkey and India. London 1983.
dies. Early Ottoman miniature painting: two recently acquired manuscripts in the British Library.
In: The British Library Journal 9 (1983), S. 124—139.
Trésors d'Orient (Ausst. Kat. Bibl. Nationale), Paris 1973.
Umur, Suha Osmanlı padişah tuğraları. Istanbul 1980.
Wiet, Gaston Miniatures persanes, turques et indiennes. Collection de Son Excellence Chérif Sabry Pacha. Kairo 1943.
Yazır, Mahmud Bedreddin Medeniyet âleminde yazı ve Islam medeniyetinde kalem güzeli, 2. Bd. (Hrg. U. Derman), Ankara 1981.
Zebrowski, Mark Deccani Painting. London u. a. 1983.
Zick-Nissen, Johanna Türkisches Kulturgut in deutschen Museen.
In: Begegnung mit Türken — Begegnung mit dem Islam. Ein Arbeitsbuch (Hrsg. H. J. Brandt u. C. P. Haase), Teil 2.1. Hamburg 1981, S. 1—20.

KUNSTHANDWERK UND KERAMIK

Arseven, C. E. Les arts décoratifs turcs. Istanbul [1952].
Aslanapa, Oktay Türkische Miniaturmalerei am Hofe Mehmet des Eroberers in Istanbul.
In: Ars Orientalis 1 (1954), S. 77—84.
ders. Täbriser Künstler am Hofe der osmanischen Sultane in Istanbul.
In: Anatolia 3 (1958), S. 15—17.
ders. Türkische Fliesen und Keramik in Anatolien. Istanbul 1965.
ders. Pottery and kilns from the Iznik excavations.
In: Forschungen zur Kunst Asiens. In Memoriam Kurt Erdmann. Istanbul 1969, S. 140—146.
ders. Turkish art and architecture. London 1971.
ders. Die letzten Grabungsergebnisse zur Entwicklung der türkischen Keramik in Anatolien.
In: Keramos 1974, S. 64.
ders. Kütahya keramik sanatı.
In: Kütahya. Istanbul 1981—82, S. 69—82.
Atil, Esin (ed.) Turkish art. Washington, D. C. 1980.
dies. The art of the book.
In: Turkish art. E. Atil ed. Washington, D. C. 1980.
Berlin (1971) Museum für islamische Kunst, Berlin: Katalog 1971. Berlin 1971 (2. Auflage 1979).
Bidder, H. Teppiche aus Ost-Turkestan, bekannt als Khotan-, Samarkand- und Kansu-Teppiche. Tübingen 1964.
Birge, J. K. The Bektashi order of dervishes. London 1937. (Reprint: London 1965).
Çağman, F. — Tanındı, Z. Topkapı Sarayı Müzesi Islam miniyatürleri. Istanbul 1979.
Carswell, J. Pottery and tiles on Mount Athos.
In: Ars Orientalis 6 (1966), S. 77—90.
ders. Some fifteenth-century hexagonal tiles from the Near East.
In: Victoria and Albert Museum Yearbook 3 (1972), S. 59—75.
ders. Six tiles.
In: Islamic Art in the Metropolitan Museum of Art. R. Ettinghausen ed. New York 1972, S. 99—124.
ders. Kütahya tiles and pottery from the Armenian Cathedral of St. James, Jerusalem. Vol. 1. 2. Oxford 1972.
ders. Syrian tiles from Sinai and Damascus.
In: Archaeology in the Levant: Essays for Kathleen Kenyon. P. Moorey and P. Parr ed. Warminster 1978, S. 269—296.
ders. The tiles in the Yeni Kaplica Baths at Bursa.
In: Apollo Juli 1984, S. 36—43.
Cowen, J. S. Dongdasi of Xian: a mosque in the guise of a buddhist temple.
In: Oriental Art 29 (1983), S. 134—147.
Crowe, Y. Iznik and the Chinese manner: waves and vines.
In: Fifth International Congress of Turkish Art. G. Fehér ed. Budapest 1978, S. 207—214.
Denny, W. B. A sixteenth century architectural plan of Istanbul.
In: Ars Orientalis 8 (1970), S. 49—63.
ders. Blue-and-white Islamic pottery on Chinese themes.
In: Boston Museum Bulletin 72 (1974), S. 76—79.
ders. Ceramic revetments of the mosque of the Ramazan Oğlu in Adana.
In: IVème Congrès International d'Art Turc, Aix-en-Provence, 1971. Aix-en-Provence 1976, S. 57—65.
ders. The ceramics of the mosque of Rüstem Pasha and the environment of change. New York — London 1977.
ders. Turkish ceramics and Turkish painting: the role of the paper cartoon in Turkish ceramic production.
In: Essays in Islamic art and architecture in honor of Katharina Otto-Dorn. A. Daneshvari ed. Malibu, Calif. 1981, S. 29—35, 6 Taf.
ders. Dating Ottoman Turkish works in the Saz style.
In: Muqarnas. 1. New Haven — London 1983, S. 103—121.
Diez, H. F. von Denkwürdigkeiten aus Asien, in Künsten und Wissenschaften, Sitten, Gebräuchen etc. Bd. 1. 2. Berlin 1811—15.
Kat. Düsseldorf. (1973) Islamische Keramik. Hetjens-Museum, Düsseldorf 1973.
Eberhard, W. Lexikon chinesischer Symbole. Köln 1983.

Ennès, P. — L. Kalus Un plat d'Iznik à inscription turque.
In: Revue du Louvre et des Musées de France 29,4 (1979), S. 258—260.
Erdmann, K. Iranische Silberschalen des Mittelalters.
In: Berichte aus den Preussischen Kunstsammlungen 62 (1941), S. 9—17.
ders. Eine seldschukische Silberschale.
In: Jahrbuch der Hamburger Kunstsammlungen 1 (1948), S. 35—43.
ders. Die Fliesen am Sünnet odasi des Top Kapı Saray in Istanbul.
In: Festschrift für Ernst Kühnel. Berlin 1959, S. 144—153.
ders. Ka'bah-Fliesen.
In: Ars Orientalis 3 (1959), S. 193—197.
ders. Neue Arbeiten zur türkischen Keramik.
In: Ars Orientalis 5 (1963), S. 191—219.
Erdmann, H. — K. Erdmann Keramische Erwerbungen der Islamischen Abteilung 1960—1963.
In: Berliner Museen N. F. 15,2 (1965), S. 35—45.
Ettinghausen, Richard New light on early animal carpets.
In: Festschrift für Ernst Kühnel. Berlin 1959, S. 93—116.
Evliya Çelebi Narrative of travels in Europe, Asia, and Africa, in the seventeenth century, by Evliyá Efendi. Transl. from the Turkish by the Ritter Joseph von Hammer. Vol. 1. 2. London 1834—50.
ders. Im Reiche des goldenen Apfels. Des türkischen Weltenbummlers Evliyâ Çelebi denkwürdige Reise in das Giaurenland und in die Stadt und Festung Wien anno 1665. Übers., eingeleitet u. erkl. von Richard F. Kreutel. Graz, Wien, Köln 1957.
Faroqhi, S. Der Bektaschi-Orden in Anatolien (vom späten fünfzehnten Jahrhundert bis 1826). Wien 1981.
Fehér, G. Contribution au problème de l'orfèvrerie turque à l'époque de l'empire ottoman.
In: Acta Orientalia 17 (1964), S. 113—127.
ders. Craftmanship in Turkish-ruled Hungary. Budapest 1975.
Fehérváry, G. Islamic pottery. London 1973.
Frankfurt (1956) Erwerbungen 1949—1956. Museum für Kunsthandwerk, Frankfurt am Main. Frankfurt a. M. 1956.
Frankfurt (1958) Fayencen des Historischen Museums, Frankfurt am Main. Bearb. von Ludwig von Döry. Frankfurt a. M. 1958.
Frankfurt MKV (1958) Kunst und Kunsthandwerk aus dem Besitz des MKV im Museum für Kunsthandwerk, Frankfurt am Main. Bearb. von P. W. Meister und H. Jedding. Frankfurt a. M. 1958.
Frankfurt (1963) Figürliche Keramik aus zwei Jahrtausenden. Museum für Kunsthandwerk, Frankfurt am Main. Bearb. von F.-A. Dreier. Frankfurt a. M. 1963.
Frankfurt (1974) Neuerwerbungen 1956—1974. Museum für Kunsthandwerk, Frankfurt am Main. Frankfurt a. M. 1974.
Frankfurt (1977) Chinesisches Porzellan. Museum für Kunsthandwerk, Frankfurt am Main. Bearb. von Gunhild Gabbert. Frankfurt a. M. 1977.
Gerlach, Stephan Stephan Gerlachs deß Aeltern Tage-Buch, Der von zween Glorwürdigsten Römischen Käysern, Maximiliano und Rudolpho, Beyderseits den Andern dieses Nahmens . . . An die Ottomannische Pforte zu Constantinopel Abgefertigten, Und durch den Wohlgebohrenen Herrn Hn David Ungnad. . . Glücklichst-vollbrachter Gesandtschafft. . . Frankfurt am Main 1674.
Gerö, G. Türkische Keramik in Ungarn, einheimische und importierte Waren.
In: Fifth International Congress of Turkish Art. G. Fehér ed. Budapest 1978, S. 347—361.
Gervers, V. The influence of Ottoman Turkish textiles and costumes in Eastern Europe. Toronto 1982. (History, technology, and art. Monograph 4).
Gervers-Molnár, V. Turkish tiles of the 17th century and their export.
In: Fifth International Congress of Turkish Art. G. Fehér ed. Budapest 1978, S. 363—384.
Gray, B. Some chinoiserie drawings and their origin.
In: Forschungen zur Kunst Asiens. In Memoriam Kurt Erdmann. Istanbul 1969, S. 159—171.
Grube, Ernst J. Studien zur Malerei der Timuriden. I. Zur Frühstufe von Herāt, I.
In: Kunst des Orients 5 (1968), S. 1—23.
Grünwedel, A. Altbuddhistische Kultstätten in Chinesisch-Turkistan. Berlin 1912.
Hammer-Purgstall, J. von Geschichte des Osmanischen Reiches. 10 Bde. Pest 1827—35. (Nachdr. Graz 1963).
Hartner, W. — R. Ettinghausen The conquering lion, the life cycle of a symbol.
In: Oriens 17 (1964), S. 161—171.
Hasluck, F. W. Christianity and Islam under the Sultans. New York 1973.
İnalcık, H. The Ottoman Empire. The classical age 1300—1600. London 1973.
Ingolstadt/München (1979) Osmanisch-türkisches Kunsthandwerk aus süddeutschen Sammlungen. Bayerisches Armeemuseum, Ingolstadt. Staatliches Museum für Völkerkunde, München. München 1979.
İpşiroğlu, M. Ş. Saray-Alben. Diez'sche Klebebände aus den Berliner Sammlungen. Wiesbaden 1964. (VOHD. 8.)
İpşiroğlu, M. Ş. — Eyüboğlu, S. Fatih Albumuna bir bakış: Sur l'Album du Conquérant. Istanbul [um 1953].
Istanbul (1983) Anadolu medeniyetleri. 3: Selçuklu/Osmanlı. Topkapı Sarayı Müzesi, Istanbul. Istanbul 1983.
Karabacek, J. Zur muslimischen Keramik.
In: Oesterreichische Monatsschrift für den Orient 10 (1884), S. 281—292.
Karlsruhe (1975) Durlacher Fayencen 1723—1847. Badisches Landesmuseum, Karlsruhe. Karlsruhe 1975.

Kohlhaussen, H. Islamische Kleinkunst. Hamburg 1930. (Führer durch das Hamburgische Museum für Kunst und Gewerbe. 12).
Köln (1938) Kölner Fayence-Sammler stellen aus zum 50jährigen Bestehen des Kunstgewerbemuseums 1938. Köln 1938.
Köln (1966) Majolika. Kunstgewerbemuseum der Stadt Köln. Köln 1966.
Kolsuk, A. Haliç işi denilen İznik çinileri. In: Kültür ve Sanat 5 (1977), S. 52—57.
Kopenhagen (1975) Islamic art. The David Collection. Copenhagen 1975.
Kreiser, K. „. . . dan die Türckhen leiden khain Menschen Pildnuss": Über die Praxis des „Bilderverbots" bei den Osmanen. In: Fifth International Congress of Turkish Art. G. Fehér ed. Budapest 1978, S. 549—556.
ders. Archivalisch überlieferte Inschriften aus Istanbul. (Beiträge zur osmanischen Inschriftenkunde, 2). In: Istanbuler Mitteilungen 32 (1982), S. 258—278.
Kühnel, E. Islamische Kleinkunst. Berlin 1925 (2. Aufl. Braunschweig 1963).
ders. Die Arabeske. Sinn und Wandlung eines Ornaments. Wiesbaden 1949 (2. Aufl. Graz 1977).
Kurz, O. A gold helmet made in Venice for Sultan Sulayman the Magnificent, 1532. In: Gazette des Beaux-Arts 6. sér. 74 (1969), S. 249—258.
Lane, A. Later Islamic pottery: Persia, Syria, Egypt, Turkey. London 1957 (2. Aufl. 1974).
ders. The Ottoman pottery of Isnik. In: Ars Orientalis 2 (1957), S. 247—281.
Leipzig (1961) Kunsthandwerk und Plastik aus Deutschland im Museum des Kunsthandwerks, Leipzig. Hrsg. Anneliese Hanisch. Leipzig 1961.
Leunclavius, J. Particular Verzeichnuß, mit was Cerimonien, Gepräng vnnd Pracht das Fest der Beschneidung deß jetzt regierenden Türckischen Keysers Sultan Murath . . . deß dritten . . . 1582 . . . zu Constantinopol celebriert vnd gehalten worden. In: J. Leunclavius. Neuwe Chronica Türckischer nation. Franckfurt-am-Mayn 1590, S. 468—514.
Lissabon (1963) Oriental Islamic art. Collection of the Calouste Gulbenkian Foundation. Lisbon 1963.
London (1932), Hobson, R. L. A guide to the Islamic pottery of the Near East. British Museum. London 1932.
London (1960), Lane, A. A guide to the collection of tiles. Victoria and Albert Museum. London 1960.
London (1976) The arts of Islam. Arts Council of Great Britain. Howard Gallery. London 1976.
London (1982), Melikian-Chirvani, A. S. Metalwork from the Iranian world. 8th—18th centuries. Victoria and Albert Museum. Catalogue. London 1982.
Lorichs, M. Dess Weitberühmbten, Kunstreichen vnd Wolerfahrnen Herrn Melchior Lorichs, Flensburgensis, Wolgerissene vnd Geschnittene Figuren zu Ross vnd Fuss, sampt schönen Türckischen Gebäwden, vnd allerhand was in der Türckey zu sehen, etc. Hamburg 1626.
Macridy, Th. Le Musée Bénaki d'Athènes. In: Revue Museion 39—40 (1937), S. 103—165.
Meinecke-Berg, V. Marmorfliesen; zum Verhältnis von Fliesendekorationen und Architektur in der osmanischen Baukunst. In: Kunst des Orients 8, 1—2, 1972 (1973), S. 35—39.
dies. Die osmanische Fliesendekoration der Aqsunqur-Moschee in Kairo. In: Mitteilungen des Deutschen Archäologischen Instituts, Abteilung Kairo 19,1 (1973), S. 39—62, 10 Taf.
Mélikoff, I. L'Islam hétérodoxe en Anatolie. In: Turcica 14 (1982), S. 142—154.
Menzel, Th. Das Bektāši-Kloster Sejjid-i-Ghāzi. In: Mitteilungen des Seminars für orientalische Sprachen 28 (1925), S. 92—125.
Migeon, G. L'Orient Musulman. Musée du Louvre. Paris 1922.
Miller, Ju. Chudožestvennaja keramika Turcii. Leningrad 1972.
Mostafa, M. (Muḥammad Muṣṭafā) Islamische Keramik. Kairo 1956.
ders. Meisterwerke türkischer Kunst aus Sammlungen in Kairo. In: First International Congress of Turkish Art. Ankara 1961, S. 270—276.
München (1910) Ausstellung von Meisterwerken muhammedanischer Kunst. Amtlicher Katalog. München 1910.
Öney, G. Türk devri Çanakkale seramikleri. Turkish period Çanakkale ceramics. Ankara 1971.
dies. Türk çini sanatı. Istanbul 1976.
Otto-Dorn, K. Das islamische Iznik. Mit e. quellenurkundlichen Beitr. von R. Anhegger. Berlin 1941. (Istanbuler Forschungen. 13).
dies. Türkische Keramik. Ankara 1957.
Öz, T. Türk kumaş ve kadifeleri. 1: XIV.—XVI. yüzyıl. Istanbul 1946.
ders. Turkish ceramics. Ankara 1957.
Pallas, Peter Simon Sammlungen historischer Nachrichten über die mongolischen Völkerschaften. Th. 1. 2. St. Petersburg 1776—1801.
Paris (1953) Splendeur de l'art turc. Musée des Arts Décoratifs, Paris. Paris 1953.
Paris (1971) Arts de l'Islam dès origines à 1700 dans les collections publiques françaises. Paris 1971.
Paris (1977) L'Islam dans les collections nationales. Paris 1977.
Petsopoulos, Y. (Ed.) Tulips, arabesques and turbans. London 1982.
Pope, J. A. Chinese influences on Iznik pottery: a re-examination of an old problem. In: Islamic Art in the Metropolitan Museum of Art. R. Ettinghausen ed. New York 1972, S. 125—139.
Raby, J. A seventeenth-century description of Iznik-Nicaea. In: Istanbuler Mitteilungen 26 (1976), S. 149—188.

ders. Diyarbakir: a rival to Iznik.
In: Istanbuler Mitteilungen 27—28 (1977—1978), S. 429—459.

Raby, J. — Ü. Yücel Blue and white, celadon and white-wares: Iznik's debt to China.
In: Oriental Art N. S. 29 (1983), S. 38—48.

Radojković, B. Influencia turco-pérsica sobre la artesánia servia de los siglos XVI—XVII.
In: Código de artes plásticas. Novi Sad 1965. S. 130—131, Abb. 13.

Rauwolff, L. Beschreibung der Reyss Leonharti Rauwolffen, so er vor dieser Zeit gegen Auffgang in die Morgenländer . . . vollbracht. Th. 1—3. Franckfurt am Mayn 1582.

Restle, M. Reclams Kunstführer Istanbul, Bursa, Edirne, Iznik. Baudenkmäler und Museen. Stuttgart 1976.

Rogers, J. M. The state and the arts in Ottoman Turkey. 2. The furniture and decoration of Süleymaniye.
In: International Journal of Middle East Studies 14 (1982), S. 283—313.

Rogers, M. Islamic art & design, 1500—1700. London 1983.

Şahin, F. Kütahya çini-keramik sanatı ve tarihinin yeni buluntular açısından değerlendirilmesi.
In: Sanat Tarihi Yıllığı 9—10. 1979—80 (1981), S. 259—286.

ders. Kütahya'da çinili eserler.
In: Kütahya. Istanbul 1981—82, S. 111—170.

Šakota, M. Tesoro del Monasterio de Banja de Priboj. Belgrad 1981.

Sarre, F. Der Import orientalischer Keramik nach Italien im Mittelalter und in der Renaissance.
In: Forschungen und Fortschritte 9 (1933), S. 423—424.

ders. Die Fayencen von Nicaea und ihr Export nach dem Abendland.
In: Pantheon 24 (1939), S. 341—345.

Schmidt, J. Heinrich Alte Seidenstoffe. Braunschweig 1958.

Sims, G. E. The Turks and illustrated historical texts.
In: Fifth International Congress of Turkish Art. G. Fehér ed. Budapest 1978, S. 747—772.

Skelton, R. Characteristics of later Turkish jade carving.
In: Fifth International Congress of Turkish Art. G. Fehér ed. Budapest 1978, S. 795—807.

Sohrweide, H. Der Sieg der Ṣafaviden in Persien und seine Rückwirkungen auf die Schiiten Anatoliens im 16. Jahrhundert.
In: Islam 41 (1965), S. 95—223.

Spallanzani, M. Ceramiche orientali a Firenze nel Rinascimento. Firenze 1978.

ders. Le porcellane cinesi nella guardarroba romana del Cardinale Fernando de'Medici.
In: Faenza 65 (1979), S. 41—50.

ders. Ceramiche nelle raccolte medicee da Cosimo I a Ferdinando I.
In: Le arti del Principato Mediceo. Firenze 1980, S. 73—94.

ders. Metalli islamici nelle raccolte medicee da Cosimo I a Ferdinando I.
In: Le arti del Principato Mediceo. Firenze 1980, S. 95—115.

Spuler, B. Die Mongolen in Iran. Politik, Verwaltung und Kultur der Ilchanzeit 1220—1350. 3. Aufl. Berlin 1968.

Stuttgart/Hannover (1984) Osiris, Kreuz und Halbmond. Die drei Religionen Ägyptens. Emma Brunner-Traut und Hellmut Brunner, Johann Zick-Nissen. Landeshauptstadt Stuttgart, Kestner-Museum Hannover, 1984. Mainz 1984.

Tuncay, H. Topkapı Sarayı Müzesi'ndeki çini kandilleri.
In: Sanat Dünyamız 4, 12 (1978), S. 10—16.

Ünal, İ. Çini cami kandilleri.
In: Türk sanatı tarihi araştırma ve incelemeleri. II. Istanbul 1969, S. 74—111.

Wien (1977) Kunst des Islam. Schloß Halbturn. Österreichisches Museum für angewandte Kunst, Wien. Wien 1977.

Wien (1983) Die Türken vor Wien. Europa und die Entscheidung an der Donau 1683. Historisches Museum der Stadt Wien. Wien 1983.

Yetkin, Ş. Historical Turkish carpets. Istanbul 1981.

dies. Kütahya dışındaki Kütahya çinileri il süslü eserler.
In: Kütahya. Istanbul 1981—82, S. 83—110.

Zick-Nissen, J. „Die Tebriser Meister" und kunsthandwerkliche Produkte in Berliner Sammlungen.
In: Festschrift für Peter Wilhelm Meister zum 65. Geburtstag. Hamburg 1975, S. 62—70.

dies. Some rare pieces of early Ottoman blue-and-white ceramics.
In: IVème Congrès International d' Art Turc, Aix-en-Provence, 1971. Aix-en-Provence 1976. S. 249—256.

dies. Beobachtungen zur Lokalisierung, Datierung und Historie osmanischer Feinkeramik des 17. Jahrhunderts.
In: Fifth International Congress of Turkish Art. G. Fehér ed. Budapest 1978, S. 927—943.

dies. Türkisches Kulturgut in deutschen Museen.
In: Brandt, H. J. — C. P. Haase (Hrsg.). Begegnung mit Türken. Begegnung mit dem Islam. Hamburg 1981.

TEPPICHE

Aslanapa, Oktay Turkish Arts, Istanbul [um 1960].

Balpinar, Belkis-Hirsch, Udo Flatweaves of the Vakiflar Museum Istanbul, Flachgewebe des Vakiflar-Museums Istanbul. Wesel 1979.

Balpinar, Belkis Klassische Kelims.
In: Halı 6/1 (1983), S. 13 ff.

Bausback, Peter Antike Meisterstücke orientalischer Knüpfkunst. Mannheim 1975, Jubiläumsausgabe zur Jubiläumsausstellung.

ders. Kelim — Antike orientalische Flachgewebe. München 1983.

Beattie, May H. Die orientalischen Teppiche in der Sammlung Thyssen-Bornemisza. Ticino 1972.

Brüggemann W. – Böhmer H. Teppiche der Bauern und Nomaden in Anatolien. Hannover 1980.
Brüggemann, Werner Ein anatolischer Teppich mit Palmetten.
In: Weltkunst, 52. Jahrgang Nr. 15, München 1982.
Katalog Türkische Kunst Historische Teppiche und Keramik. Eine Ausstellung des Deutschen Kunstrates. 8. 5.–23. 6. 1965, Darmstadt, Mathildenhöhe.
Denny, Walter The Origin of the Designs of Ottoman Court Carpets.
In: Halı 2/1 (1979), S. 6–11.
Dimand, M. S. Oriental Rugs in the Metropolitan Museum of Art. New York 1973.
Erdmann, Kurt Neuerwerbungen der Islamischen Abteilung Berliner Museen 58 (1937), S. 36 f.
ders. Orientalische Teppiche aus vier Jahrhunderten. Ausstellung im Museum für Kunst und Gewerbe, Hamburg 1950.
ders. Arabische Schriftzeichen als Ornamente in der abendländischen Kunst des Mittelalters. Akademie der Wissenschaften und der Literatur. Abhandlungen der geistes- und sozialwissenschaftlichen Klasse. Jahrgang 1953. Nr. 9.
ders. Der orientalische Knüpfteppich. Versuch einer Darstellung seiner Geschichte. Tübingen 1955.
ders. Weitere Beiträge zur Frage der Kairener Teppiche. Berliner Museen N. F. 9, (1959), S. 22.
ders. Siebenhundert Jahre Orientteppich. Herford 1966.
ders. Die Geschichte des frühen türkischen Teppichs, London 1977.
Katalog Il Tappeto orientale dal XV al XVIII secolo. London 1981.
Göbl, Robert Der sāsānidische Siegelkanon. Braunschweig 1973. Taf. 34, 35.
Orientteppiche 16.–19. Jahrhundert, Kestner Museum Hannover, Bildkatalog, bearbeitet von Hanna Erdmann. Hannover 1966.
Katalog The Eastern Carpet in the Western World from the 15th to the 17th century. Hayward Gallery, London. 20 May–10 July 1983. London 1983.
McMullan, Joseph V. Islamic Carpets. New York 1965.
Mills, John „Lotto" Carpets in Western Paintings.
In: Halı 3/4 (1981), S. 278 ff.
Mills, John Carpets in Paintings. London 1983.
Öz, Tahsin Türk kumaş ve kadifeleri. Istanbul 1946.
Petsopoulos, Yanni Der Kelim, Fribourg 1979.
Schmutzler, E. Altorientalische Teppiche in Siebenbürgen. Leipzig 1932.
Spuhler, Friedrich – König, Hans – Volkmann, Martin Alte Orientteppiche. Meisterstücke aus deutschen Privatsammlungen. München 1978.
Sarre, Friedrich – Trenkwald, Hermann Altorientalische Teppiche. Band I. Wien–Leipzig 1926.
Katalog Kunst des Islam. Schloß Halbturn. Österreichisches Museum für angewandte Kunst. Wien 1977.
Antike anatolische Teppiche aus Österreichischem Besitz. Herausgeber Gesellschaft zur Förderung der Textil-Kunst-Forschung. Wien 1983.

KOSTÜME

Alexander, William Picturesque representations of the dress and manners of the Turks. London 1814.
Allom, Thomas Character and costume in Turkey and Italy. London 1845.
Altay, Fikret Kaftanlar. Kaftans in the Topkapi Saray Museum. Istanbul 1979. (Topkapı Sarayı Müzesi. 3.)
Arif, Paşa Les anciens costumes de l'Empire ottoman depuis l'origine de la monarchie jusqu'à la réforme du Sultan Mahmoud. Paris 1863.
Arnold, Janet The pattern of a caftan said to have been worn by Selim I (1512–20). From the Topkapi Sarayi Museum.
In: Costume 2 (1968), S. 49–52. (Journal of the Costume Society, London, Victoria and Albert Museum.)
Atasoy, Nurhan-Çağman, Filiz Turkish miniature painting. Istanbul 1974.
Atil, Esin (Ed.) Turkish art. Washington, D. C. 1980.
Bainbridge, Margaret Life-cycle rituals of the Turks of Turkey.
In: Research papers Muslims in Europe 16 (1982), S. 4 ff.
Berker, Nurhayat İşlemeler. Embroideries. Istanbul 1981. (Topkapı Sarayı Müzesi. 6.)
Bruhn, Wolfgang – Tilke, Max Das Kostümwerk. Eine Geschichte des Kostüms aller Zeiten und Völker vom Altertum bis zur Neuzeit einschließlich der Volkstrachten Europas und der Trachten der außereuropäischen Länder. Berlin 1941.
Bruyn, Cornelis de A voyage to the Levant. London 1702.
Coecke van Aelst, Pieter Les moeurs et fachons de faire de Tursz. Antwerp 1553.
Dalvimart, Octavian The costume of Turkey. London 1802.
Dupré, Louis Voyage à Athènes et à Constantinople ou Collection de portraits de vues et de costumes grecs et ottomans. Paris 1825.
Ferriol, Charles, Marquis d'Argental, Comte de Recueil de cent estampes representant differentes nations de Levant tirées sur les tableaux peints d'après nature en 1707 et 1708. . . Paris 1714.
Garnett, Lucy Mary Jane The women of Turkey and their folk-lore. Vol. 1. 2. London 1893.
Hamdî, Osman Bey – Launay, Marie de Les costumes populaires de la Turquie en 1873. Ouvrage publ. sous le patronage de la Commission impériale ottomane pour l'Exposition universelle de Vienne. Constantinople 1873.
Karabacek, Josef von Abendländische Künstler zu Konstantinopel im XV. und XVI. Jahrhundert. 1: Italienische Künstler am Hofe Muhammads II., des Eroberers 1451–1481. Wien 1918. (Kaiserl. Akad. d. Wiss. zu Wien. Denkschriften. Phil.-hist. Kl. 62, 1.)
King, Donald – Goedhuis, Michael Imperial Ottoman textiles. London 1980.

Kurz, Otto The decorative arts of Europe and the Islamic East. Selected studies. London 1977. (Studies in the history of European art. S1).
Lachaise Costumes de l'Empire turc, avec des notes explicatives; vues de Constantinople, des Dardanelles et de Smyrne, prises en 1817, 1818, 1819, 1820. Paris 1821.
Lorichs, Melchior 121 plates of Turkish costumes, animals and buildings, inlaid on 45 sheets. 1570–83.
Lorichs, Melchior Dess Weitberühmbten, Kunstreichen vnd Wolerfahrnen Herrn Melchior Lorichs, Flensburgensis, Wolgerissene vnd Geschnittene Figuren zu Ross vnd Fuss, sampt schönen Türckischen Gebäwden, vnd allerhand was in der Türckey zu sehen, etc. Hamburg 1626.
Mantran, Robert Istanbul dans la seconde moitié du XVIIe siècle. Essai d'histoire institutionelle, économique et sociale. Paris 1962. (Bibliothèque archéologique et historique de l'Institut français d'archéologie d'Istanbul. 12)
Montagu, Mary Wortley The complete letters of Lady Mary Wortley Montagu. Robert Halsband ed. Vol. 1–3. Oxford 1965–67.
Musbah Haidar, Şerifa Arabesque. London 1944.
Nicolay, Nicholas de, Sieur d'Arfeuille Les navigations, peregrinations et voyages, faicts en la Tvrqvie. Anvers 1576.
Öz, Tahsin Türk kumaş ve kadifeleri. Fasikül 1: 14.–16. yüzyıl. Istanbul 1946.
Pardoe, Julia The city of the sultan, and Domestic manners of the Turks, in 1836. Vol. 1. 2. London 1837.
Penzer, Norman Mosley The harēm: an account of the institution as it existed in the palace of the Turkish sultans, with a history of the Grand seraglio from its foundation to the present time. London 1936.
Preziosi, Amadeo Stamboul, moeurs et costumes. Victor Champier ed. Paris 1883.
Ribeiro, Aileen Turquerie. Turkish dress and English fashion in the eighteenth century. In: Connoisseur Vol. 201. No. 807 (1979), S. 16–23.
Salignac, Jean de Gontaut-Biron, Baron de Ambassade en Turquie de Jean de Gontaut-Biron, baron de Salignac, 1605–1610. Paris 1888–89.
Scarce, Jennifer M. Turkish fashion in transition. In: Costume 14 (1980), S. 144–167. (Journal of the Costume Society, London, Victoria and Albert Museum.)
Skilliter, Susan A. The letters of the Venetian ‚Sultana' Nūr Bānū and her Kira to Venice. In: Studia turcologica memoriae Alexii Bombaci dicata. Napoli 1982. (Istituto Universitario Orientale. Seminario di studi asiatici. Series minor. 19.) S. 515–536.
Stchoukine, Ivan La peinture turque d'après les manuscrits illustrés. P. 1. 2. Paris 1966–71. 1. De Sulaymān Ier à'Osmān II, 1520–1622. 2. De Murād IV à Muṣṭafā III, 1623–1773.
Tilke, Max Studien zur Entwicklungsgeschichte des orientalischen Kostüms. Berlin 1923.
ders. Orientalische Kostüme in Schnitt und Farbe. Berlin 1923.
ders. Kostümschnitte und Gewandformen. Eine Übersicht der Kostümschnitte aller Zeiten und Völker vom Altertum bis zur Neuzeit. Tübingen 1948.
ders. Trachten und Kostüme aus Europa, Afrika und Asien in Form, Schnitt und Farbe. Tübingen 1978.
Titley, Norah M. Miniatures from Turkish manuscripts. Catalogue and subject index of paintings in the British Library and the British Museum. London 1981.
Tuchelt, Klaus (Hrsg.) Les portraits des differents habillemens qui sont en usage à Constantinople et dans tout la Turquie. Türkische Gewänder und osmanische Gesellschaft im 18. Jahrhundert. Facs.-Ausg. Graz 1966.
Tugay, Emine Foat Three centuries – family chronicles of Turkey and Egypt. London 1963.
Victoria and Albert Museum, London Brief guide to Turkish woven fabrics. London 1950.
White, Charles Drei Jahre in Constantinopel, oder Sitten und Einrichtungen der Türken (Three years in Constantinople; or, Domestic manners of the Turks in 1844, dt.). 2. Ausg. Abth. 1–3. Stuttgart 1851.
Wilkie, Sir David Sir David Wilkie's sketches in Turkey, Syria and Egypt . . . in 1840 and 1841. London 1843.

STOFFE, KOSTÜME UND STICKEREIEN

Andreasyan, Hrand D. Eremya Çelebi Kömürciyan. İstanbul tarihi. XVII. asırda İstanbul. Istanbul 1952.
Altay, Fikret Kaftanlar. Istanbul 1979. (Topkapı Sarayı Müzesi, 3)
Arif, Paşa Les anciens costumes de l'Empire ottoman depuis l'origine de la monarchie jusqu' à la reforme du Sultan Mahmoud. T. 1. Paris 1863.
Aslanapa, O. Turkish art and architecture. London 1971.
Babinger, F. Die Aufzeichnungen des Genuesen Iacopo de Promontorio–De Campis über den Osmanenstaat um 1475. München 1957. (Sitz.-Ber. d. Bayer. Akad. d. Wiss. Phil.-hist. Kl. Jg. 1956, H. 8.).
ders. Dschem-Sultân im Bilde des Abendlandes. In: Aus der Welt der islamischen Kunst. Festschrift für Ernst Kühnel. Berlin 1959. S. 255–266.
Bassano, Luigi I costumi et i modi particolari de la vita de'Turchi. Ristampa fotomeccanica dell' ed. originale (Roma 1545) corredata da una introd. . . . a cura di Franz Babinger. Monaco di Baviera 1963.
Baudier, Michel Histoire generalle du serrail, et de la cour du Grand Seigneur, Empereur des Turcs. Paris 1624.
Berker, Nurhayat İşlemeler. Istanbul 1981. (Topkapı Sarayı Müzesi, 6.)
Berlin (1981) Islamische Kunst: Meisterwerke aus dem Metropolitan Museum of Art, New York. Staatliche Museen Preußischer Kulturbesitz, Berlin. Berlin 1981.

Black, D. – Loveless, C. İşlemeler: Ottoman domestic embroideries. David Black Oriental carpets exhibition catalogue. London 1978.
Brief guide to Turkish woven fabrics, (Revised ed.). Victoria and Albert Museum. London 1950.
Castellan, A. L. Moeurs, usages, costumes des Othomans, et abrégé de leur histoire. Avec des éclaircissements tirés d'ouvrages orientaux, et communiqués par M. Langlès. Ornés de 72 pl. T. 1–6. Paris 1812.
Dalsar, Fahri Türk sanayi ve ticaret tarihinde Bursa'da ipekçilik. Istanbul 1960.
Denny, Walter B. Islamic textiles and urban life: the Ottoman Turks.
In: The warp and weft of Islam.
J. L. Bacharach – I. A. Bierman ed. Seattle, Wash. 1978. S. 17–24.
ders. Dating Ottoman Turkish Works in the Saz Style.
In: Muqarnas 1 (1983), S. 103–121.
ders. Textilien.
In: Kunst und Kunsthandwerk unter den Osmanen. Yanni Petsopoulos, ed. München 1982, S. 121–167.
ders. Ottoman Turkish Textiles.
In: Textile Museum Journal 3 (1972).
Dilger, Konrad Untersuchungen zur Geschichte des osmanischen Hofzeremoniells im 15. und 16. Jahrhundert. München 1967.
Elçin, Ş. Denizli dokumacılığı üzerine notlar.
In: Türk Etnoğrafya Dergisi 5 (1962), S. 5–8.
Erdbrink, G. R. Bosscha At the treshold of felicity: Ottoman-Dutch relations during the embassy of Cornelis Calkoen at the Sublime Porte 1726–1744. Ankara 1975.
Ettinghausen, R. The Islamic period.
In: Art Treasures of Turkey. Washington D. C. 1966. S. 47–66.
ders. An early Ottoman textile.
In: Communications presented to the Congress. First International Congress of Turkish Art, Ankara 1959. Ankara 1961.
S. 133–140.
Falke, Otto v. Kunstgeschichte der Seidenweberei. Vol. 1. 2. Berlin 1913 (Neue Ausg. 1921).
Ferriol, Charles, Comte de Wahreste und neueste Abbildung des Türckischen Hofes. Nürnberg 1719.
Flemming, E. Das Textilwerk. Neu bearb. u. mit einl. Text von Renate Jaques. Tübingen 1957.
Geijer, A. – Lamm, C. J. Orientalische Briefumschläge in schwedischem Besitz. Stockholm 1944.
Geijer, A. Oriental textiles in Sweden. Stockholm 1951.
dies. Textile treasures of Uppsala Cathedral from eight centuries. Stockholm, Göteborg, Uppsala 1964.
Gönül, Macide Topkapı Sarayı Müzesinde bulunan padişah kaftanları.
In: Türk Etnoğrafya Dergisi 10 (1967). S. 59–63.
dies. Some Turkish embroideries in the collection of the Topkapı Sarayı Museum in Istanbul.
In: Kunst des Orients 6 (1969), S. 43–76.
Hammer, J. von Des osmanischen Reichs Staatsverfassung und Staatsverwaltung, dargestellt aus den Quellen seiner Grundgesetze. (Reprograf. Nachdr. d. Ausg. Wien 1815). Hildesheim 1963.
İnalcık, H. Bursa I. XV. asır sanayi ve ticaret tarihine dair vesikalar.
In: Belleten 24 (1960) S. 45–102.
Kakuk, Suzanne Über die türkische Blumensprache.
In: Acta Orientalia Hungarica 23 (1970), S. 285–295.
Kappert, P. Die osmanischen Prinzen und ihre Residenz Amasya im 15. und 16. Jahrhundert. Leiden 1976. (Nederlands Historisch-Archaeologisch Instituut te Istanbul. 42.).
Kaya, Reyhan Türk yazmacılık sanatı. Istanbul 1974.
Klebe, T. Kleidervorschriften für nichtmuslimische Untertanen des türkischen Reiches im 16. Jahrhundert. Der Neue Orient 14 (1920).
Koçu, Reşad Ekrem Türk giyim, kuşam ve süslenme sözlügü. Ankara 1967.
Kühnel, Ernst Erinnerungen an eine Episode in der Türkenpolitik Friedrich d. Gr.
In: Oriens 5, (1952), S. 70–81.
Lampé, Melek Türk işlemeleri. Istanbul 1939.
Laqueur, H.-P. Die Kopfbedeckung im osmanischen Reich als soziales Erkennungszeichen, dargestellt anhand einiger Istanbuler Grabsteine des 18. und 19. Jahrhunderts.
In: Der Islam 59 (1982), S. 80–92.
Liebe-Harkort, K. Beiträge zur sozialen und wirtschaftlichen Lage Bursas am Anfang des 16. Jahrhunderts. Phil. Diss. Hamburg 1970.
Lowry, H. Calligraphy – Hüsn-i Hat.
In: Tulips, arabesques and turbans. Decorative Arts from the Ottoman Empire. Yanni Petsopoulos ed. London 1982.
S. 169–192.
Mackie, L. W. The splendor of Turkish weaving. Washington 1973.
dies. Rugs and textiles.
In: Turkish art. E. Atil ed. Washington, D. C. 1980. S. 299–373.
Mantran, Robert Istanbul dans la seconde moitié du XVIIe siècle. Essai d'histoire institutionelle, économique et sociale. Paris 1962.
Menavino, G. A. Trattato de costumi et vita de'Turchi. Firenze 1548.
Migeon, G. – Guiffrey, J. La Collection Kelekian. Étoffes & tapis d'Orient & de Venise. Paris 1908.
Mouradgea d'Ohsson, Ignace Tableau général de l'Empire Othoman. T. 1–7. Paris 1788–1824.
Osmanisch-türkisches Kunsthandwerk aus süddeutschen Sammlungen. Bayerisches Armeemuseum, Ingolstadt. Staatliches Museum für Völkerkunde, München. München 1979.
Öz, Tahsin Türk kumaş ve kadifeleri. C. 1. 2. Istanbul 1951.
ders. Turkish textiles and velvets, XIV–XVI centuries. Ankara 1950.
Petrus, S. T. – Piatkiewicz-Dereniowa, M. – Piwocka, M. The Orient in the Wawel-Collections, Guidebook. Kraków 1977.

Reath, N. A. Velvets of the Renaissance, from Europe and Asia Minor.
In: Burlington Magazine 50 (1927), S. 298—304.
Refik, A. Onaltıncı asırda İstanbul hayatı (1553—1591). 2. basım. Istanbul 1935.
Schmidt, J. H. Alte Seidenstoffe. Braunschweig 1958.
Shepherd, D. Textiles and Near Eastern art.
In: Bulletin of the Cleveland Museum of Art 50 (1963), S. 128—129.
Splendeur de l'art turc Musée des Arts Décoratifs, Paris. Paris 1953.
Tavernier, J. B. Nouvelle relation du l'interieur du serrail du grand seigneur. Cologne 1675.
Thévenot, Jean de The Travels of Monsieur de Thevenot into the Levant. P. 1—3. London 1687.
Bruhn, Wolfgang – Tilke, Max Das Kostümwerk. Berlin 1941.
Tkanina turecka XVI—XIX w. ze zbiorów polskich. Warszawa 1983.
Tott, François Baron de Mémoires du Baron de Tott sur les Turcs et les Tartares. T. 1. 2. Amsterdam 1785.
Tuchelt, Klaus Türkische Gewänder und osmanische Gesellschaft im achtzehnten Jahrhundert. Facsimile-Ausg. des Codex „Les portraits des differens habillements qui sont en usage à Constantinople et dans toute la Turquie“ . . . Graz 1966.
Der Türkenlouis. Badisches Landesmuseum Karlsruhe, Ausstellung zum 300. Geburtstag des Markgrafen Ludwig Wilhelm von Baden im Auftrag der Badischen Kulturgemeinschaft e. V. Badisches Landesmuseum Karlsruhe. Karlsruhe 1955.
Die Türken vor Wien. Europa und die Entscheidung an der Donau 1683. Historisches Museum der Stadt Wien. Wien. 1983.
Uzunçarşılı, İ. H. Osmanlı devletinin saray teşkilâtı. Ankara 1945.
(Türk Tarih Kurumu yayınlarından 8, 15.)
Weibel, A. C. Turkish velvets of the sixteenth century.
In: Bulletin Detroit Institute of Arts 26 (1947). S. 61.
Wien (1932) Türkische Kunst aus sieben Jahrhunderten. Wien 1932.
Zajączkowski, A. „Les Costumes Turc“ du XVIIe siècle d'après un album de la Collection Polonaise.
In: Atti del secondo Congresso Internazionale di Arte Turca, Venezia 1963. Napoli 1965. S. 287—293.
ders. Un album des Costumes Turcs du XVIIe siècle.
In: Rocznik Orientalistyczny, 30 (1966). S. 77—108.
Zick-Nissen, J. Ausgewählte Beispiele des Kunsthandwerks. Osmanische und türkische Kunst vom 16. bis zum 19. Jahrhundert.
In: Weltkunst 53 (1983). S. 1636—1637.

METALLARBEITEN

Ağaoğlu, M. A brief note on Islamic terminology for bronze and brass.
In: Journal of the American Oriental Society 64 (1944), S. 218—223.
Allan, J. W. Islamic metalwork. The Nuhad Es-Said Collection. London 1982.
Aslanapa, O. Täbriser Künstler am Hofe der osmanischen Sultane in Istanbul.
In: Akten des 24. Internationalen Orientalisten-Kongresses, München 1957. Wiesbaden 1959, S. 344—345.
Babinger, F. Die Aufzeichnungen des Genuesen Iacopo Promontorio-De Campis über den Osmanenstaat um 1475. München 1957. (Sitz.-Ber. d. Bayer. Akad. d. Wiss. Phil.-hist. Kl. Jg. 1956, H. 8.).
Barrett, D. Islamic metalwork in the British Museum. London 1949.
Bothmer, Hans-Casper Graf von Ein abendländischer Türkendolch? Zur Rezeption abendländischer Stilformen in der osmanischen Goldschmiedekunst des 17. Jahrhunderts.
In: Florilegium artis. Beiträge zur Kunstwissenschaft und Denkmalpflege. Festschrift für Wolfgang Götz. Saarbrücken 1984, S. 18—23.
Çagman, F. A flask in the treasury of Topkapı Palace. Referat, 6. Kongreß für Türkische Kunst, München 1979.
dies. Saray Kuyumcusu Mehmed bin Imad ve eserleri. Istanbul 1982. (İ. Ü. E. F. Sanat Tarihi Seminer Çalışmaları. 7.)
dies. Osmanlı sanatı.
In: Anadolu medeniyetleri III. Istanbul 1983, S. 97—105.
dies. Serzergerân Mehmed Usta ve eserleri.
In: Kemal Çığ'a armağan. Istanbul 1984.
Çulpan, C. Antik devirlerden zamanımıza kadar ilâhiyat-edebiyat tıp ve sanat tarihide serviler. Bd. II. Istanbul 1961.
Dimand, M. A handbook of Mohammedan decorative arts. 3. ed. New York 1958.
Erginsoy, Ü. Turkish contributions to the art of Islamic metal work.
In: İslâm sanatında Türkler. The Turkish contribution to Islamic arts. Istanbul [1976], S. 192—204. (Türkisch: S. 180—191).
ders. Islâm maden sanatının gelişmesi. Istanbul 1978.
ders. Türkische Metallkunst.
In: Kunst in der Türkei.
Hrsg. Ekrem Akurgal. Fribourg, Würzburg 1980. S. 215—228.
Erdmann, K. Iranische Silberschalen des Mittelalters.
In: Berichte aus den Preußischen Kunstsammlungen 52 (1941), S. 9—17.
Ettinghausen, R. The Islamic period.
In: Art treasures of Turkey. Washington, D. C. 1966. S. 47—66.
Fehér, G. Contribution au problème de l'orfèvrerie turque à l'époque de l'Empire ottoman.
In: Acta Orientalia Hungarica 17 (1964), S. 113—127.
ders. Macaristan'daki Türk kuyumculuk yadigârları, Balkandaki kuyumculuğa Türk tesiri. Çeviren: H. Z. Koşay.
In: Türk Etnoğrafya Dergisi 7—8 (1964—65), S. 19—37.

Fehérvári, Géza   Islamic metalwork of the eight to the fifteenth century in the Keir Collection. London 1976.
Galland, A.   Journal d'Antoine Galland pendant son séjour à Constantinople (1672–1673). Publ. et ann. par Ch. Schefer. Paris 1881.
Iorga, N.   Geschichte des Osmanischen Reiches. Bd 1–5. Gotha 1908–13.
Kayaoğlu, A.   Bakır kap yapım teknikleri. In: Folklor ve Etnoğrafya Araştırmaları 1984.
Kolerkılıç, E.   Osmanlı imparatorluğunda para. Ankara 1958.
Kühnel, E.   Islamische Kleinkunst. 2., verb. u. verm. Aufl. Braunschweig 1963.
Kütükoğlu, M. S.   Osmanlılarda narh müessesesi ve 1640 tarihli narh defteri. Istanbul 1983.
dies.   1624 sikke tashihinin ardından hazırlanan narh defterleri. In: Tarih Dergisi 34 (1984).
La Brocquière, Bertrandon de   Le voyage d'Outremer. Publ. et ann. par Ch. Schefer. Paris 1892.
Maryon, H.   Metalwork and enamelling; a practical treatise on gold and silversmith's work and their allied crafts. 5. rev. ed. New York 1971.
Melikian-Chirvani, A. S.   Recherches sur l'école du bronze ottoman au XVIe siècle. In: Turcica 6 (1975). S. 146–167.
Meriç, R. M.   Bayramlarda padişahlara hediye edilen sanat eserleri ve karşılıkları. In: Türk san'atı tarihi araştırma ve incelemeleri. I. Istanbul 1969. S. 764–786.
Preyger, F.   Bayram tahtı. In: Türk Etnoğrafya Dergisi 13 (1973). S. 71–77.
Raby, J. – Allan, J.   Metallarbeiten. In: Kunst und Kunsthandwerk unter den Osmanen. Hrsg. Yanni Petsopoulos. München 1982. S. 17–71.
Refik, A.   Onaltıncı asırda İstanbul hayatı (1553–1591). 2. basım. Istanbul 1935.
Rice, D. S.   Studies in Islamic metal work. I–VI. In: Bulletin of the School of Oriental and African Studies 14 (1952). S. 564–578; 15 (1953). S. 61–79, 229–238, 489–503; 17 (1955). S. 206–231; 21 (1958). S. 225–253.
Sarre, F.   Sammlung Friedrich Sarre. Erzeugnisse Islamischer Kunst. Bearb. von Friedrich Sarre, mit epigraph. Beitr. von Eugen Mittwoch. T. 1. Metall. Berlin 1906.
Sarre, F. – Martin, F. R.   Die Ausstellung von Meisterwerken muhammedanischer Kunst in München 1910. III. München 1912.
Şolakzade tarihi   Istanbul 1297/1880.
Tapan, N.   Sorguçlar. In: Sanat 3, 6 (1977). S. 99–107.
Türk el sanatları.   Istanbul 1969.
Uzunçarşılı, İ. H.   Osmanlı devleti teşkilâtından kapıkulu ocakları. II. Ankara 1944.
ders.   Osmanlı devletinin saray teşkilâtı. Ankara 1945.
ders.   Sancağa çıkarılan Osmanlı şehzâdeleri. In: Belleten 39 (1975). S. 659–696.
Yücel, Yaşar   1640 tarihli es'âr defteri. Tıpkıbasım. Ankara 1982.

ASTRONOMIE

Adnan, A.   La Science chez les turcs ottomans. Paris 1939.
Brieux, A. – Maddison F.   Repertoire des facteurs d'astrolabes et de leurs oeuvres, Band I: Islam. Paris (im Druck).
Josten, C. H.   A Catalogue of Scientific Instruments from the 13th to the 14th Centuries. From the Collection of J. A. Billmeir, C. B. E.. 2. Auflage, Oxford 1955.
King, D. A.   Astronomical Timekeeping in Ottoman Turkey. In: Proceedings of the Symposium on the Observatories in Islam (Istanbul 1977). Istanbul 1980, S. 245–269.
Mayer, L. A.   Islamic Astrolabists and their Works. Genf 1956.
Maddison, F. R.   A Supplement to a Catalogue of Scientific Instruments. In the Collection of J. A. Billmeir Esq., C. B. E. Oxford – London 1957.
Maddison, F. – Turner, A.   A Catalogue of an Exhibition, ‚Science and Technology in Islam', held at the Science Museum, London, April–August 1976 in Association with the Festival of Islam. (Für den Druck vorgesehen).
The Encyclopaedia of Islam. Leiden 1913–1938 New ed. 1960 –). Artikel *Asturlāb* (Astrolab); *'Ilm al-hay'a* (Astronomie); *Kibla* (Richtung nach Mekka); *Makka; Mīkāt* (Zeitrechung und Anordnung der Gebetszeiten); *Mizwala* (Sonnenuhren).
Schmalzl, P.   Zur Geschichte des Quadranten bei den Arabern. München 1929.
Würschmidt, J.   Die Zeitrechnung im Osmanischen Reiche. In: Deutsche Optische Wochenschrift 10 (1917), S. 98–100.
Würschmidt, J.   Die Schriften Gedosis über die Höhenparallelen und über die Sinustafel. In: Sitzungsberichte der phys.-med. Sozietät zu Erlangen 60 (1928), S. 127–154.

Akıncı
Reiter der irregulären „Renner und Brenner", des unbesoldeten, auf Plünderung angewiesenen Vortrabs

Aktsche (türk. akçe, akça)
Asper (kleinste Silbermünze, dritter Teil eines Para); Tageslöhnung eines Soldaten; Geld

al marco
Im Geldhandel Verkauf nach Gewicht

Altın
Gold, Goldmünze (speziell Goldpfund)

Asper
Kleinste türkische Rechnungsmünze. 3 Kurant-Asper oder 2 1/2 gute Asper = 1 Para

Atlas
Gewebe in Atlasbindung (Satinbindung)

Basmala (türk. besmele)
Name der islamischen Einleitungsformel *bismillâh irraḥmân irraḥîm* „Im Namen des barmherzigen und gütigen Gottes"

Bayram
Feiertag, Fest

Bedesten
Derjenige Teil eines Basars, wo Antiquitäten und andere wertvolle Gegenstände verkauft werden

Bektaşî
Mitglied des auf Hacı Bektaş Veli zurückgehenden Derwischordens

Berat
Bestallungsbrief, -schreiben, Verleihungsurkunde

Bey
Bezeichnung für einen Provinzgouverneur niederer Ordnung (sancakbeyi). Titel des Herrschers über ein anatolisches Kleinfürstentum (Emirat); Stammeshäuptling

Beylerbeyi
Gouverneur einer osmanischen Großprovinz (vilayet)

Cami
(Größere) Moschee mit Minarett und Kanzel

damaszieren
Stahl oder Eisen mit feinen Mustern versehen

Derebey
Feudal-, Lehensherr, Großgrundbesitzer

Dershane
Unterrichtsraum, Unterrichtsgebäude

Derviş
Derwisch, Bettelmönch

Divan, Diwan
Gesammelte poetische Werke eines Schriftstellers; Ratsversammlung unter Vorsitz des Sultans, später des Großwesirs; zentrales Organ der Reichsregierung (divan-i hümayun)

Enderun
Innerer Teil des Sultanpalastes, wo sich u. a. die Frauengemächer sowie eine Ausbildungsschule befanden; Hofkreise

Engobe
Überzugsmasse für keramische Erzeugnisse

Fatimahand
Ein im Orient weitverbreitetes Amulett mit Abwehrcharakter. Genannt nach Fatima, der Tochter des Propheten Muhammad

Gasel
Liebesgedicht, lyrisches Gedicht

Gül
Rose; spez. Muster bei der Teppichherstellung

Hadis
Sammlung von (angeblichen) Aussprüchen oder Handlungen des Propheten Muhammad; Tradition, Überlieferung

Hamam
(Öffentliches) türkisches Badehaus; Privatbad im Haus eines Vornehmen; (allgemein) Bad, Baden

Han
Herberge, Karawanserei

Hanafiten
Islamische Rechtsschule, genannt nach Abu Hanifa (699-767)

Hanekah, Hankah
Großes Derwischkloster

Harem
Die (gesonderten) Frauengemächer, Harem

Haremlik
Frauengemächer, Harem

Has
„speziell, eigen"; alles, was dem Sultan vorbehalten ist

Haste
Bezeichnung für die stielartigen Teile der Tuğra

Hatayi
Blumenmotiv (Lotosblüte); Verzierungsart mit spiralisch verästelten Blumenmotiven, das Hatayi-Motiv im Zentrum

Hidschra (arab. hiǧra, türk. hicret)
Die Übersiedlung des Propheten Muhammad von Mekka nach Medina (16. Juli 622, Beginn der islamischen Zeitrechnung)

İlmiye
Der Teil der Osmanischen Staatseinrichtungen, der — von den Ulema verwaltet — Religion, Recht und Erziehung umfaßte

Imam
Vorbeter bei einem rituellen Gemeinschaftsgebet; Geistliches Oberhaupt; Oberster Leiter der islamischen Gemeinde

Imaret
Armenküche

Iwan
Orientalische Bauform, bestehend aus einem nach dem Hofe zu offenen, meist überwölbten Raum mit großem Bogeneingang

Janitschar
Angehöriger des Janitscharen-Korps, der „Neuen Truppe" (Yeni çeri), der ehemaligen Kerntruppe

Kafes
„Käfig", Räumlichkeiten im Serail, die den osmanischen Prinzen zugewiesen waren

Kaftan
Langärmeliger, vorn offener Überrock

Kanunname
Gesetzbuch

Kaside
Kasside (arab. Zweck-, Lobgedicht), Ode, Elegie

Knabenlese (türk. devşirme)
Die Rekrutierung von Soldaten durch die Aushebung von Knaben aus der unterworfenen Bevölkerung (vor allem Balkan), die islamisch erzogen

und für Ämter am Hof und in der Armee ausersehen wurden. Diente zum Aufbau des Janitscharen-Korps

Konak
Quartier, Herberge, Unterkunft; großes prächtiges Gebäude, Regierungsgebäude

Köşk
Schlößchen, kleiner Palast, Kiosk

Kufi
Schriftart

Külliye
Gebäudekomplex bestehend aus Moschee, Medrese, Armenküche und Wohnräumen; Universität

Kureisch
Arabischer Stamm, aus dem der Prophet Muhammad stammte

Kuruş
Kurusch, Piaster (100. Teil eines türkischen Pfunds, untergeteilt in 40 Para)

Mahalle
Stadtviertel, größeres Wohnviertel

Medrese, Medresse
Islamische juristische und theologische Hochschule; Koranschule einer Moschee

Mescit
Kleinere Moschee (in der keine Freitags- bzw. Feiertagsgebete abgehalten werden)

Mesnevi
Längeres erzählendes Gedicht im Paar-Reim

Meşrabiye
Holzvergitterung des meist vorkragenden Fensters, Raum dahinter

Mihrab
Gebetsnische (in der Moschee)

Mimarbaşı
Oberbaumeister

Minbar (türk. mimber)
Kanzel, Predigtstuhl in der Moschee

Mufti
Rechtsgelehrter, der in Rechtsgutachten Fragen religiös-rechtlicher Natur beantwortet

Muhtar
Gemeinde-, Ortsvorsteher

Mukarnas
Gestufte Nischenfüllungen („Stalaktiten")

Nesih
Schriftart

Nevruz
Persisches Neujahrsfest (22. März)

Para
Para (40. Teil eines Kurusch); Geld; Währung, Münze, Geldstück

Pascha
Titel für hohe Verwaltungsbeamte sowie für Offiziere im Generalsrang

Pendentif
Die Zwickel bei einer Kuppel über einem quadratischen Raum

Peyk
Bedienter, Lakai; Bote, Abgesandter

Quarzfritte
Glasurmasse

Rumi
Arabeske

Salomonssiegel
Sternornament mit sechs Zacken

Sancak
Sandschak, Regierungsbezirk, Teil einer Provinz

Sancakbeyi
Gouverneur

Saz
Dekor mit an den Kanten gefiederten Blättern mit Mittelrippe (eigentlich Rohr, Schilf)

Schiiten
Angehörige der Schia. Allgemeine Bezeichnung für all diejenigen Muslime, die Ali, den Vetter und Schwiegersohn Muhammads, als dessen ersten rechtmäßigen Nachfolger anerkennen

Şehremini
Oberbürgermeister

Selamlık
Die für die Männer bestimmten Räume (in einem großen Wohnhaus); Empfangsraum, Herrenzimmer; die feierliche Fahrt des Sultans zum Freitaggebet

Serail (türk. saray, seray)
Palast (des Sultans), Schloß, Palais; großes Gebäude; Hof, Hofkreise

Şeriat
Religionsgesetz, Scheriatsrecht

Sipahi
Angehöriger der Sipahis, die den wichtigsten Bestandteil der militärischen Hausmacht der türkischen Aristokratie bildeten. Sie entwickelten sich als die Provinzstreitkräfte, die von den Inhabern des Timar-Systems unterhalten wurden, zum wesentlichen Kavalleriekontingent der Armee

Subaşı
Für die Wasserversorgung und Wasserzuteilung verantwortlicher städtischer Beamter

Sufi
Mystiker (genannt nach der einfachen Wollkutte, suf)

Sülüs
Schriftart

Sultan
Säkularer Herrscher innerhalb der islamischen Welt; (Titel der osmanischen, gelegentlich auch einiger nichttürkischer Herrscher, ihrer Frauen, Töchter und Schwestern)

Sunniten
Anhänger der (orthodoxen) Sunna („Herkommen, Brauch, Sitte"), der Überlieferung über Leben, Wirken und die Aussprüche Muhammads

Talik
Schriftart

Tamga
Strichförmiges Eigentums- und Urheberzeichen

Tanzimat
Die 1839 durch einen Erlaß des Sultans Abdülmecid eingeleitete politische Reform; die (reformistische) Tanzimat-Periode

tauschieren
Mit Einlegearbeiten aus edlerem Metall, besonders Gold oder Silber, versehen

Tekke (Tekye)
Derwischkloster

Timar
Lehen

Tschintamani, Cintamani
Wolkenband-Ornament

Tuğ
Helmbusch, Federbusch, Roßschweif (Rangabzeichen für einen Sultan Großwesir oder Pascha)

Tuğra/Tughra
Namenszug des Sultans

Türbe
Mausoleum, Grabmal

Ulema
Gelehrte, Theologen

Vakıf
Die unbefristete Abtrennung einer Besitzung aus privatem Eigentum zugunsten einer gemeinnützigen Einrichtung, z. B. dem Bau und Unterhalt einer Schule oder einer Moschee

Zaviye
(Kleineres) Derwischkloster

Zikir, Zikr
Wiederholte Rezitation religiöser Formeln, in denen die Namen Gottes begegnen (besonders in Derwischklöstern)

KARTEN

Ursula Bursian, Ing. grad., Frankfurt

FOTONACHWEIS

Druckvorlagen stellten zur Verfügung:

Anders, Jörg P., Berlin; Banri Namikawa, Tokio; Graf von Bothmer, Hans-Caspar, Saarbrücken; Chuzeville, Maurice, Malakoff/Paris; Danvers, Alain, Bordeaux; Documentation photographique de la Réunion des musées nationaux, Paris; Edelmann, Frankfurt; Geins, Passau; Göbel, Lübeck; Hiltmann, Joachim, Hamburg; Knetsch, Christel, Offenbach; Landesbildstelle Rheinland, Düsseldorf; Paulmann, Karl Heinrich, Berlin; Portland Art Association, Portland; Rheinisches Bildarchiv, Köln; Rheinländer, Hamburg; Schindler, J., Wien; Schmidt, Arolsen; Schuster, Lukasz, Krakau; Seitz-Gray, Ursula, Frankfurt; Steiner, Elisabeth, Ettlingen; Woldbye, Ole, Kopenhagen.

Eigene Vorlagen aus den Archiven der Leihgeber wurden nicht besonders erwähnt.

ÜBERSICHT DER WICHTIGSTEN STÄDTE, BEDEUTENDSTEN MÜNZPRÄGEORTE UND TEPPICHKNÜPFZENTREN DES OSMANISCHEN REICHES IN DEN GRENZEN

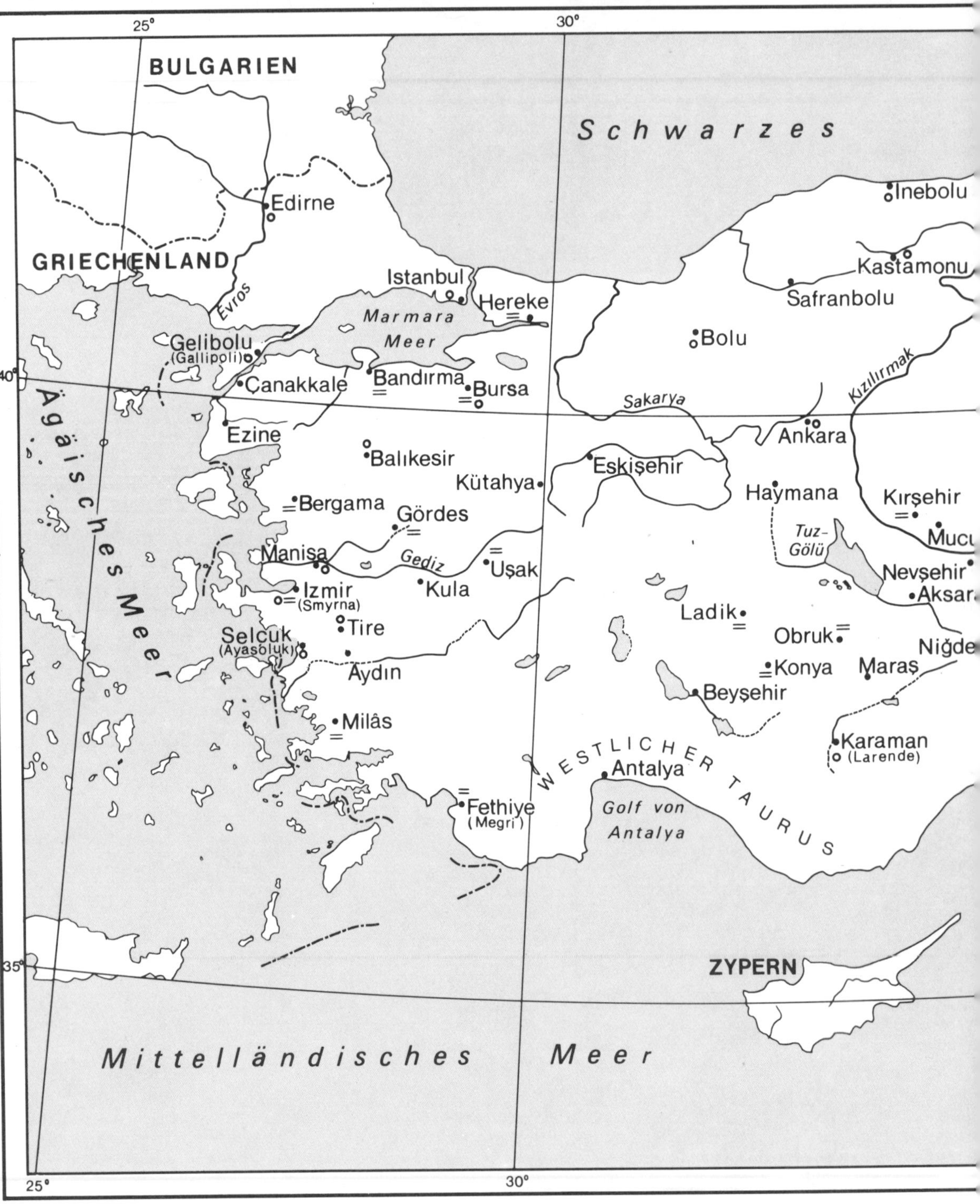